테마 1.

감각은 환경에 반응하여 우리로 하여금 기능할 수 있도록 오랜 세월을 두고 진화를 거듭하였다. 따라서 감각 간에는 서로 유사성을 공유하고 있으며, 상호작용도 한다.

테마 2

감각은 풍부한 정보를 가지고 있고 풍부한 맥락에서 발견되는 자극들을 포함하는 세계를 지각하도록 세밀하게 적응되어 있다.

테마 3

감각 수용체에 떨어지는 정보는 본질적으로 모호하지만, 우리는 전형적으로 세계와 성공적으로 상호작용할 수 있을 만큼 충분히 세계에 대해 정확한 지각을 한다.

테마 4

경험으로부터 나온 지식과 기대를 사용하는 인지 과정은 지각 조성에 도움을 준다.

색판 1

책의 네 가지 테마

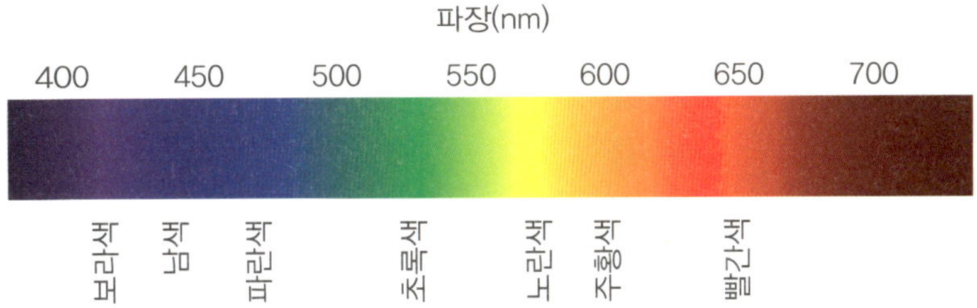

색판 2

가시광선

색판 3

대기 조망

(사진: NYS Department of Economic Development)

제 5 판

감각과 지각

Sensation and Perception

Fifth Edition

Hugh J. Foley · Margaret W. Matlin 지음

민윤기 · 김보성 옮김

PEARSON 박학사

Sensation and Perception, 5/e

Hugh J. Foley, Margaret W. Matlin

Authorized Translation from the English language edition, entitled SENSATION AND PERCEPTION, 5th Edition by FOLEY, HUGH J.; MATLIN, MARGARET W., published by Pearson Education, Inc, Copyright © 2010

KOREAN language edition published by PEARSON EDUCATION KOREA and PAK HAK SA, Copyright © 2013

Printed in Korea

ISBN 978-89-98521-03-5

역자 서문

사람들에게 있어서 감각과 지각은 생의 시작부터 마지막까지 지속되는 현상이며, 인간과 인간 또는 인간과 환경간의 상호작용을 이해하는 기초적인 메커니즘이라 할 수 있다. 이처럼 감각과 지각 분야는 심리학의 기초 분야임에도 불구하고, 현재까지 국내에 소개되고 있는 저서나 역서는 물론, 학생들을 가르치기 위한 교재 또한 극히 제한적이다. 이에 감각과 지각 분야에 관심을 가지고 있는 전공 대학생이나 대학원생 및 일반인들이 다양한 관점들을 접할 수 있는 '감각과 지각' 관련 서적이 많아졌으면 하는 소박한 기대로 Hugh J. Foley와 Margaret W. Matlin이 저술한 'Sensation & Perception(5th Edition)'을 번역하게 되었다.

이 책을 번역하게 된 계기는 역자 가운데 한 사람이 Matlin의 'Cognition(6th ed.)'이란 책을 2007년에 번역한 바 있고, 이런 인연으로 당시 Matlin 교수와 이메일을 주고받게 되었고, Matlin 교수가 보내준 'Sensation & Perception(5th ed.)'을 접하게 되었다. 이 책을 읽고 원서로 학부 수업을 진행하면서 급기야 번역 작업을 착수하게 되었다. 최근 Matlin 교수와의 이메일 교환에서 이 책의 번역 작업을 마쳤다는 것에 대해 그녀는 매우 감격해 하기도 했다.

이 책에서 저자들은 다양한 지각관련 현상들을 설명함에 있어 자신들의 경험담들을 인용함으로써 독자들이 다소 딱딱할 수 있는 지각적 원리나 접근법에 훨씬 더 친숙하게 다가갈 수 있도록 구성했다. 또한 심화학습을 통해 흥미로운 지각의 세계를 소개하고 있다. 역자들은 무엇보다도 심화학습의 내용이 독자들에게 흥미를 일으킬 것으로 생각한다. 또한 교재의 이론적 내용을 직접 경험해 볼 수 있는 여러 '해보기'는 이 원서로 수업을 진행하면서 학생들이 매우 도움을 많이 받았다는 평가에서 알 수 있듯이, 학생들이 직접 시범을 해 봄으로써 체득적인 이해를 할 수 있다는 점이 큰 강점이라 할 수 있다.

사실 이 역서가 나오기까지 거의 1년이라는 시간이 소요되었다는 점은 아쉬움으로 남는다. 일반인들이 읽기에는 다소 난해한 측면들이 있다고 판단되어, 좀 더 쉬운 말로 번역해 가는 과정에서 시간이 지체되었다. 또한 저자들의 의도를 번역에 잘 반영해야 한다는 부담감도 있었다. 그렇지만 번역 작업을 하는 내내 역자들에게는 읽는 즐거움이 있었던 것만은 사실이다.

이제 떨리는 마음으로 번역서를 세상에 내 놓는다. 번역의 오류가 있을지, 독자들이 이 번역서를 읽고 이해를 잘할지, 또 다른 걱정이 앞선다. 미흡한 부분들이 있다면 독자들의 너그러운 이해와 기탄없는 제안을 기다린다. 먼저 좋은 교재를 소개해준 Matlin 교수는 물론이고, 이제는 학계에서 은퇴한 Foley 박사에게 깊은 감사의 말을 전하고 싶다. 또한 이 책을 번역할 수 있도록 기회를 주신 박학사의 구본하 사장님께도 감사를 드리는 바이다. 마지막으로 역자의 지도를 받고 있는 충남대학교 심리학과 대학원의 이영창, 배진우, 황은지의 기여에 감사한다.

2013년 2월

역자 일동

저자 서문

1996년 말 이 책의 4판 집필을 끝낼 당시에만 해도 필자들은 이렇게 5판이 출간되리라고는 기대조차 하지 않았다. 사실 10년 정도가 지나야 겨우 5판 작업을 할 수 있을지 모른다고까지 생각하기도 했다. 아마도 Pearson/Allyn & Bacon 출판사의 Susan Hartman과 Michelle Limoges가 5판 작업을 독려하지 않았다면, 이 책은 아직 세상에 나오지 않았을 것이다. 그들은 수정 작업이 예상보다 훨씬 더 길어졌음에도 불구하고 인내하고 지지해주었다.

책을 집필한다는 것은 도전적인 일임에 틀림없다. 필자들은 지각에 대한 진정한 열정이 담긴 책을 쓰기 위해 어렵게 작업을 했다. 한편으로는 매우 복잡한 기전들이 사람의 풍부한 지각적 경험 저변에 자리 잡고 있었다. 과연 필자들이 독자들로 하여금 흥미를 잃지 않게 하면서 그런 복잡성을 얼마나 정확하게 그려낼 수 있을까? 이런 의구심과 함께 5판 작업을 하는 내내 가지고 있던 긴장은 탈고를 할 때까지 필자들을 계속 압박했다. 필자들은 생리학, 수학 또는 실험심리학 전공 지식을 요구하지 않으면서도 학생 중심의 흥미를 유발시키는 최신 정보를 포괄적으로 제공하는 그런 책을 쓰고자 노력하였다.

그러나 책은 항상 진행 중인 작업으로 보아야 한다. 기회가 된다면, 필자들은 계속해서 내용을 좀 더 개선시키는 데 주력할 것이다. 더 나아가, 연구자들은 해마다 점점 더 빠른 속도로 새롭고 흥분하게 만드는 결과물들을 내놓고 있다. 5판을 출간하기까지 수년이 소요되었다. 필자들은 이 책이 광이 나도록, 매일 책상 위에 새로운 연구 결과들을 축적하는 작업을 지속할 것이다. 그리고 6판이 완성될 때까지 이 작업을 지속하려고 한다.

이전 판을 사용하지 않은 사람들을 위해 이 책의 내용이 어떤 식으로 구성되어 있는지 알려 주고자 한다. 4판을 사용한 사람들은 이 부분을 생략하고, 5판에서 새롭게 추가되거나 변경된 내용을 언급한 부분을 읽기 바란다.

책의 구성과 특징

감각과 지각은 지각심리학 혹은 감각 및 지각심리학 강의 교재용으로 작성되었다. 주로 학부생을 위한 교재로 사용될 수 있지만, 지각심리학 분야의 개관을 원하는 대학원생들을 위한 교재로도 유용할 것이다.

5판은 네 개의 주요 부분으로 조직되어 있다. 첫 번째 부분은 서론과 지각 연구를 위해 사용되는 방법론에 관한 장으로 구성되어 있다. 두 번째 부분은 시각을 다룬 여섯 개의 장을 포함하고 있다. 세 번째 부분은 청각을 다룬 세 개의 장을 포함하고 있으며, 마지막 부분은 피부 감각, 화학물질 감각 및 지각 발달을 포함하고 있다.

1장에서는 네 개의 주요 테마가 소개되는데, 이 테마들은 이 책 전체에 걸쳐 독자들에게 다양한 화제들에 대한 연속성을 주기 위함이다:

1. 우리의 감각은 환경에 성공적으로 반응할 수 있도록 점진적으로 발달하기 때문에, 감각은 서로 유사한 점이 있을 뿐만 아니라 상호작용도 한다.
2. 우리의 감각은 정보가 풍부한 맥락에서 발견되는 자극들을 포함하고 있는 세상을 지각하도록 정교하게 적응되어 있다.
3. 감각 수용체에 떨어지는 정보는 본래 애매하지만, 일반적으로 우리는 세상에 대해 정확한 지각을 일으켜 세상과 성공적으로 상호작용할 수 있다.
4. 인지 과정은 경험으로부터 도출된 지식과 기대를 사용하게 하여, 우리의 지각 조성을 돕는다.

5판은 또한 다음과 같은 일반 특성도 포함하고 있다:

- 감각계와 지각이 일상의 경험에서 어떻게 작용하는지를 보여 주기 위해 많은 사례 제시 및 간명하고 직접적인 글쓰기 스타일 적용
- 전반적으로 예술, 교육 등 다른 분야의 적용 탐색
- 특별히 선정된 주제와 관련하여 최근 연구에 초점을 맞추고 연구방법에 대해 상세한 설명을 제공하는 13개의 심화학습 제공
- 각 장의 도입부에 장 구성에 대한 개요 제공

- 볼드체로 주요어 강조와 동일 문장에 정의 제시
- 복습 기회를 위해 장의 각 주요 절 말미에 요약 제공
- 각 장의 말미에 복습문제, 주요어, 추천도서 리스트 제공
- 책 뒷부분에 본문에서 소개된 모든 주요어와 정의를 정리한 용어설명
- 최소한의 도구를 사용하여 독자 스스로 경험할 수 있도록 한 많은 온라인 '해보기'
- '해보기'와 최신 정보 갱신을 위한 웹사이트 운영
- 지각에 관심을 가지는 교수와 학생 모두에게 도움이 되도록 Hugh Foley의 지각 웹페이지 운영: www.skidmore.edu/~hfoley/perception.htm

5판의 새로운 점

필자들은 여러 참고문헌들로부터 추출한 정보를 토대로 5판을 완성했다. 많은 학생들(필자의 대학과 다른 대학 학생들)이 이전 판에서 보완되면 좋겠다는 건설적인 의견을 주었다. 이전 판을 교재로 사용한 교수들 또한 잠정적 수정 부분에 대해 아낌없는 의견을 주었다. 선정된 검토자들도 4판에 대해 상세한 피드백을 제공해주었다. 독자들로부터 나온 이런 정보들은 실질적인 도움이 되었다. 이에 필자들은 5판에 대한 여러분들의 의견을 감사한 마음으로 기다린다.

4판과 관련하여 제공된 의견을 반영한 것 외에도 필자들은 이 책에서 다룬 연구들을 최신 연구로 갱신하였다. Lucy Scribner 도서관에 근무하는 Ruth Copans와 그녀의 동료들(특히 Interlibrary Loan에 근무하는 Amy Syrell)은 많은 리소스를 제공해주었다. 최근 연구자들이 온라인으로 연구물을 발표하는 경향이 증가하면서 이들의 도움은 매우 컸다.

이전 판을 사용한 교수들과 학생들은 글의 명료성, 관심 수준, 그리고 학생 지향의 특성을 위해 열정적으로 의견을 주었다. 필자들은 5판에 그런 특성들을 반영하였고, 어떤 것들은 추가하고, 또 어떤 것들은 수정하기도 했다.

필자들은 이 책의 일반적인 구성에 대해 매우 만족하고 있기 때문에, 5판에서는 구조적 변화를 최소화하기로 결정했다. 그러나 몇 개의 장들은 내용 구성에 변화를 주었다.

앞서 언급했듯이, 필자들이 중점을 둔 것은 새 재료를 이 책에 통합시키는 것이었다. 예를 들어, 심화학습 중 6개를 완전히 다른 내용으로 교체했고, 나머지 7개에

대해서는 내용을 보강했다. 각 장에 대해서는 집중 감찰 과정을 통해 몇 가지 변화를 주었다.

- 2장에서는 뇌 활동 측정 방법들(예: fMRI)에 대한 간략한 논의가 추가되었다.
- 3장에는 망막의 조직과 관련해서 좀 더 상세한 내용을 포함시켰다. 또한 시각 정보가 중요한 경로들(M, P 및 K뿐만 아니라 무엇과 어디 경로)을 통해 전송되는 과정을 기술하였다.
- 4장은 상위 처리과정의 역할에 대한 논의를 포함하여 시각을 위한 필요조건에 대한 논의를 시작으로, 흥미롭고 새로운 사례 연구들(예: Michael May)을 통해 시각 능력 회복이 어떤 영향이 있는지를 조명하였다. 새로운 심화학습은 안구 운동이 독서에 수반된다는 점과 관련하여 필자들의 동료인 Rebecca Johnson의 연구를 소개하였다.
- 5장은 글의 명료화와 응집성을 위해 재구성되었다. 얼굴 지각을 다룬 새로운 심화학습은 2장의 심화학습에서 논의된 몇몇 연구들의 확대 논의를 다루었다.
- 우리는 3차원의 세상에 살고 있다. 6장은 우리가 그 공간에 대한 정보를 어떻게 부호화하는지를 탐색하였다. 새로운 심화학습은 사람들이 세상을 어떻게 항행하는지를 다루었다.
- 7장에서는 먼저 기본적인 색채 지각(자극, 색채 지각의 해부학과 생리학)을 다루었다. 새로운 심화학습에서는 흥미를 주긴 하지만, 여전히 논쟁의 여지가 있는 색 명칭이 색채 지각에 미치는 효과를 살펴보았다.
- 8장은 사람들이 실제 움직임과 운동 착각을 어떻게 지각하는지에 초점을 맞추었다. 생물학적 움직임 지각을 다룬 심화학습을 최신 정보로 갱신하였다. 또한 움직임(특히 자발적 운동에 관련하여) 지각의 생리학적 기반에 대해 더 상세한 내용을 부가했다.
- 청각 체계에 대한 논의는 9장부터 시작된다. 필자들은 내이의 융모세포를 다룬 심화학습을 포함하여 장 전체를 새로운 내용으로 갱신하였다.
- 10장에서는 음고(pitch)에 대한 정보를 갱신하였다. 심화학습에는 올빼미와 박쥐 연구에 돌고래 연구를 추가시켰다. 후속 장들에서는 감각의 통합을 강조하였다(테마 1).
- 11장에는 음악과 말소리 지각에 관한 최신 정보를 포함시켰다. 심화학습에서는 시각과 청각의 상호작용을 다루었다.

- 연구자들은 온도와 통증 지각의 이해에 큰 진보를 이루었다. 필자들은 12장에 중요한 일과성 수용체 전위(transient receptor potential, TRP) 채널을 포함시켰다. 또한 촉착각(touch illusion; 고무손/팔 착각)에 관한 연구들을 추가시켰다.
- 13장은 계속해서 맛과 냄새 지각의 생리학적 기반에 관한 최근 연구 결과들을 탐색하고 있다. 동시에 냄새와 맛 지각에 중요한 인지적 기여를 포함시켰다. 새로운 심화학습은 맛과 냄새의 결합으로서 향미(flavor)라는 개념을 강조하는 내용으로 재구성되었다.
- 14장에는 영아가 모양을 어떻게 지각하는지(결국 얼굴 지각을 다시 살펴볼 수 있다)에 초점을 맞춘 새로운 심화학습을 포함시켰다. 나머지 내용들도 최신 정보로 갱신되었다.

감사의 글

필자들은 감각과 지각 5판이 출간되기까지 도움을 준 많은 사람들에게 감사한다. 먼저, 출판사의 디자인 생산부 프로젝트 매니저인 Lynda Griffiths에게 감사의 말을 전하고 싶다. 책을 만드는 과정에서 문제의 소지는 항상 디테일에 있게 마련인데, Lynda의 세심한 배려, 지적 능력, 전문 지식은 책의 가치를 향상시키는 중요한 역할을 하였다. 필자들은 그녀의 뛰어난 능력에 찬사를 보낸다. Pearson/Allyn & Bacon의 생산관리 팀장인 Roberta Sherman은 사진이나 그림의 게재허가 요청을 포함해서 각 출판 단계마다 큰 도움을 주었다. Glenview Studios의 Denise Hoffman은 5판을 위해 매혹적이고 시선을 끄는 디자인을 담당해주었다.

앞에서 언급했지만, Michelle Limoges와 Susan Hartman은 필자들이 5판 작업을 결심하게 만든 장본인들이다. 이후 Michelle은 5판 작업이 오랫동안 지체되면서 인내심을 발휘하느라 애를 먹었다. Christina Manfroni와 Paige Clunie는 능숙한 솜씨로 편집진을 보조하였다. 마지막으로, 필자들은 수년간 피드백을 전해준 Pearson/Allyn & Bacon사의 많은 세일즈 담당자들에게 감사를 전하고 싶다.

또한 원고의 사실적 및 스타일적 측면을 모두 향상시키기 위해 유용한 제언을 해준 검토자들에게도 감사를 전한다: 텍사스주립대학의 Natalie Ceballos, 웨스트버지니아주립대학의 James L. Spencer, 아이오와대학의 Ruth Spinks, 미네소타대학의 Mark Stellmack, 캘리포니아주립대학의 Martin van den Berg, 이스턴미시간대학의 Alida Westman. 이전 판(4판)에 도움을 준 검토자들에게도 내내 감사하다는 말을 전하고 싶다: 파밍턴주립대학의 Douglas Bloomquist, 오스틴주립대학의 Tom Bourbon, 인디애나대학의 James Craig, 웨스트필드주립대학의 Susan E.

Dutch, 스토니부룩 뉴욕주립대학의 David Emmerich, 서던코네티컷주립대학의 Mark Fineman, 뉴팔츠 뉴욕주립대학의 Phyllis Freeman, 델라웨어대학의 Lawrence Gulick, 오네온타 SUNY의 Lawrence Guzy, 아크론대학의 Richard H. Haude, 이스턴일리노이대학교의 Morton Heller, 오클라호마주립대학의 Larry Hochhaus, 미시간주립대학의 David Irwin, 사우스캐롤라이나대학의 Lester Lefton, 윌리엄패터슨대학의 Gloria Leventhal, 애리조나대학의 Mary Peterson, 퍼듀대학의 Janet Proctor, 세인트로렌스대학의 Alan Searleman, 서던매쏘디스트대학의 William Tedford, 보스턴대학과 유고슬라비아 베오그라드대학의 Dejan Todorovic, 클리블랜드주립대학의 Benjamin Wallace, 덴버 메트로폴리탄주립대학의 Lyn Wickelgren, 노던아리조나대학의 James Windes.

Hugh J. Foley가 전하는 감사의 글

어느덧 학계를 은퇴할 나이가 되고 보니, 내가 지금까지 학자로서 걸어온 여정에 중요한 길라잡이가 되어 준 사람들이 생각난다. 내가 글을 읽고 학습하기를 좋아하게 된 데에는 첫 스승들(Griffin과 Wanda Foley)의 공이 크다. 부모님은 내가 교육을 받고 학문의 길을 걸어오기까지 줄곧 아낌없는 지원과 지지를 해주셨다. 나를 학자로 길러준 또 다른 세 명의 스승이 있다. Julian Granberry, Dave Cross, 그리고 Dave Emmerich가 그들이다. 이 분들은 연구와 교육이라는 사랑을 나에게 심어 주었다. 나는 이런 스승들이 심어 준 학자의 소양과 가르침이 내 학생들에게도 그대로 전달되었기를 바란다.

이 학생들은 5판이 완성되기까지 큰 도움을 주었다. 스키드모어대학에서 지각심리학 과목을 수강하는 학생들은 수업에 크나 큰 열정과 에너지를 보여줌으로써, 내가 교육에 열정을 가지고 임할 수 있도록 고무시켰다. 더구나 이 책을 완성하기까지 일부 학생들(특히 Cassie Arnold, Anna Cerio, Danie King, Lawanda Peterson, Sarah Pociask, 그리고 Emily Schlemmer)과 스키드모어대학의 여러 동료 교수들(Rebecca Johnson, Chuck Joseph, Flip Phillips, 그리고 Bill Standish) 또한 큰 도움을 주었다.

마지막으로, 나는 아내이자 동료인 Mary Ann Foley에게 감사의 말을 전하고 싶다. 그녀는 그야말로 훌륭한 스승이자 언제나 나를 지지해주는 동료이기도 하다. 또한 누군가와 인생 여정을 기꺼이 공유해주는 훌륭한 성품을 가진 사람이기도 하다.

그녀는 종종 나에게 직접 말로 표현하면 되지 않겠느냐고 말하지만, 그녀를 향한 깊은 감사와 애정을 어떻게 말로 다 표현할 수 있겠는가!

Margaret W. Matlin이 전하는 감사의 글

내가 지각심리학에 관심을 갖게 된 데에는 몇 분의 교수들 덕이었고, 그들에게 감사의 말을 전하고 싶다. 내가 생물학 전공에서 심리학 전공으로 전과할 수 있도록 도움을 준 Leonard Horowitz, 스탠포드대학의 Douglas Lawrence와 Eleanor Maccoby 교수가 그들이다. 또한 대학원에서 감각과 지각 분야의 매우 탄탄한 배경을 갖도록 해 준 지도교수들(미시간대학의 Daniel Weintraub, Richard Pew, Irving Pollack, 그리고 W. P. Tanner)에게도 깊은 감사의 말을 전하고 싶다.

이외에도 감사해야 할 많은 사람들이 있다. 이 책을 감수해주고 유용한 정보를 제공해준 전문가들, 특히 Nila Aguilar-Markulis, Kathy Barsz, John Foley, Morton Heller, Peter Lennie, Daniel Levin, Arnold H. Matlin, Ray Mayo, George Rebok, Lanna Ruddy, John Sparrow, David Van Dyke, Susan K. Whitbourne 및 Melvyn Yessenow에게 감사의 말을 전하고 싶다.

남편인 Arnie Matlin에게도 감사의 말을 전하고 싶다. 사랑하는 큰딸 Beth Matlin-Heiger, Neil Matlin-Heiger, 그들의 자녀인 Jacob과 Joshua Matlin-Heiger, 그리고 작은딸 Sally Matlin과 그녀의 남편 Jay Laefer에게도 감사를 전한다. 지속적인 격려와 칭찬, 이해와 사랑을 준 모든 이들에게 깊은 감사의 말을 전한다.

차례

CHAPTER 01 서론

CHAPTER 04
시각의 기본 기능

CHAPTER 05 시각 패턴 지각 … 186

CHAPTER 07 색채 지각

CHAPTER 08
운동 지각

CHAPTER 09
청각 체계

CHAPTER 10 청각의 기본 기능

CHAPTER 11
청각 패턴 지각

CHAPTER 12 피부 감각

CHAPTER 13 화학물질 감각: 미각과 후각

CHAPTER 14 지각 발달

CHAPTER 1

서론

지각은 수세기에 걸쳐 철학자와 심리학자들의 관심을 끌어왔던 복잡한 퍼즐이다. 이 책의 한 가지 중요한 목표는 지각의 여러 기본 과정들을 이해시키는 것이다. 책의 제목은 감각과 지각(*Sensation & Perception*)으로, 이 용어들부터 정의하기로 하자. **감각**(sensation)이란 감각계의 기능 작용을 말한다. **지각**(perception)이란 감각들에 의미와 체제를 부여하는 해석 과정을 수반한다. 그러나 심리학자들은 이 두 용어 사이에 경계가 모호하다는 점을 인식하고 있다. William James(1842~1910)는 흔히 미국에서 가장 위대한 심리학자로 불린다. James(1890)는 "우리가 지각하는 것의 일부는 우리 앞에 놓인 대상에 대한 감각을 통해 발생하지만, 또 다른 일부(아마도 대부분)는 항상... 우리의 머리 안에서 나온다."(Vol.2, p.103)고 말했다. James는 우리의 지각 경험의 본질이 구성된 것임을 인식하였다. 이 책을 통해 당신은 이러한 James의 주장을 지지해주는 여러 예들을 확인하게 될 것이다.

지각과 인지 사이의 경계 또한 모호하다. **인지**(cognition)는 정보의 획득, 저장, 변환, 사용 과정을 수반한다. 지각과 인지의 경계가 명확하지 않은 이유는 많은 이론가들이 지각 또한 정보의 획득, 저장, 변환, 사용 과정을 수반한다고 믿고 있기 때문이다. 예를 들어, 학습(learning)과 기억(memory)은 인지에 중요한 역할을 하지만, 지각에도 중요한 역할을 한다. 이처럼 인지에 대해 알면 알수록 지각이 복잡하다는 것을 더욱 더 실감하게 될 것이다. 따라서 인지 과목을 수강할 것을 강력하게 권한다. 이미 출간된 인지를 다룬 몇 가지 책(예: Matlin, 2009; Solso et al., 2008)은 이 분야를 탐색할 수 있는 길라잡이가 되어 줄 것이다.

지각과 인지는 함께 작동하여 우리가 경험하는 세상을 창출한다. 예를 들어, **그림** 1.1은 도시의 한 장면을 보여주고 있다. 그 장면을 보는 순간 당신의 눈에 있는 감각 수용체들은 일련의 신경 충동을 일으키고 장면의 요소들을 부호화하게 된다. 그런 신경 충동들은 뇌 반응을 활성화시켜 합당하고 정확한 실세계 지각을 일으킨다. 당신이 가지고 있는 세상에 대한 지식은 세 개의 건물에서 구조물(예: 상이한 벽돌, 창문)을 지각하게 만든다. 당신은 건물 상단에 있는 얼굴 조각들이 실제 사람의 머리보다 크다는 것을 어떻게 알 수 있을까? 어느 건물이 당신과 가장 가까이에 있는지를 어떻게 알 수 있을까? 현재 쪽을 거꾸로 돌려보자. 이례적인 시각적 조망을 경험할 수 있을 것이다. 이런 이례적인 방향에서 건물들을 본 경험이 거의 없는 당신의 지각은 변하게 될까?

당신이 감각과 지각을 공부해야 하는 이유는 무엇일까? 여러 이유가 있겠지만, 여기서는 몇 가지만 언급하기로 한다. 다른 이유에 대해서는 이 책을 읽어가면서 확

그림 1.1 지각의 원리를 보여주기 위한 전형적인 도시의 거리 장면

인해 보도록 하자. 한 가지 이유는 철학자들의 관심사와 관련된다. 사물의 본질을 재창출, 즉 외부 세상을 마음의 내부로 가져오는 도전을 언급하고자 한다. 소위 **인식론**(epistemology)이라는 철학의 한 분야는 사물의 속성에 관한 지식을 포함하여 우리가 지식을 어떻게 획득하는지에 관심을 둔다. 인식론에서 한 가지 흥미를 끄는 관심사는 우리가 세상을 정확하게 지각할 수 있기 전에 세상에 대한 경험을 필요로 할 것인지에 관한 것이다. 예를 들어, 당신의 2개월 된 조카가 자기 코에서 침대 모서리까지 거리가 얼마나 되는지에 대해 정확한 인식을 할 수 있을까? 아니면 반복적인 뻗기, 쥐기, 부딪치기 경험을 통해 거리감을 학습해야 할까?

다른 철학적 의문 또한 같은 정도의 흥미를 자아낸다. 예를 들어, 당신이 누구이고 어디에 있는지를 경험함에 있어 지각이 중추적인 역할을 한다는 것을 고려해 볼 수 있다. 당신이 지각적 경험을 전혀 해보지 않았다고 가정하고 당신의 삶이 어떻게 될지 상상해 보라. Daniel Dennett(1978)는 자신의 에세이 "나는 어디에 있는가?(Where am I ?)"에서 지각적 경험이 중요한 역할을 한다는 점에 대해 많은 것을 언급하고 있다.

감각과 지각 연구는 심리학 역사에서 중추적인 역할을 해 왔다. 따라서 감각과 지각을 배우는 동안 심리학의 초기 연구에 대해서도 배우게 될 것이다. 감각과 지각을 탐색하면 심리학의 다른 분야에 대한 배경도 이해할 수 있다. 이미 언급했듯이, 이 두 영역은 인지(20세기 후반에 들어서면서 매우 중요한 심리학의 주제 영역이 됨)와 밀접한 관련을 맺고 있다. 또한 감각과 지각은 심리학의 여러 다른 영역들과도 연계되어 있다. 심리학개론서를 가지고 있다면, 목차를 살펴보고 각 장의 주제가 지각과 어떻게 관련되는지 살펴보라.

이 책의 각 장을 읽어가면서, 지각에서 다루는 주제들이 어떻게 일상생활에 적용되는지 떠올릴 수 있을 것이다. 예를 들어, 밤하늘의 희미한 별빛이 그것을 직접적으로 보지 않을 때 더 쉽게 탐지될 수 있는 이유를 알게 될 것이다(3장). 또한 손상되기 쉬운 청각계를 큰 소음에 노출시키지 않아야 하는 이유도 알게 될 것이다(9장). 만약 당신이 자녀를 둔 부모라면, 자녀의 지각 능력이 어떻게 발달되는지를 앎으로써 자녀를 양육하는 데 많은 도움을 얻게 될 것이다(14장). 몇몇 장(예: 3장, 9장, 14장)은 우리가 나이 들어감에 따라 경험하게 될 지각 능력의 변화를 예측해준다.

또한 지각은 교육과 작업 장면에도 직접적으로 적용된다. 예를 들어, 독서 담당교사들은 심리학자들이 안구 운동(eye movement, 4장)과 철자 식별(letter identification, 5장)에 대해 파악한 사실들을 적용시킬 수 있다(4장). 여러 장에서 다루는 주제들은 다양한 보건의료 직군에 적용될 수 있다. 예를 들면, 감각에 대한 대부분의 논의들은 감각 장애에 대한 것이다. 보건의료 전문가들은 분명히 통증 지각과 통증 감소에 관심을 가지고 있을 것이다(12장).

다소 사적이기는 하지만 또 다른 이유가 있다. 당신은 어떤 특별한 장비를 소유하고 있을 것이다. 당신의 감각계(예: 시각, 청각 등)는 매우 민감하고, 손상되기 쉽다. 그럼에도 당신은 진공청소기나 자동차가 어떻게 작동하는지에 대해 많이 알고 있다. 당신은 감각계를 가지고 여생을 살아가게 될 것이고, 따라서 감각계를 아는 것은 흥미로울 뿐 아니라 유용할 것이다. 마지막으로, 지각 공부는 분명 즐거움을 안겨 줄 것이다.

미리보기

누군가가 책을 저술하는 이유에 대해서 생각해 본 적은 없는가? 필자들이 지각 책을 저술하려는 것은 명성이나 부를 얻고자 하는 것이 아님을 말해두고 싶다. 이런 책을 저술하는 것은 어렵기도 하고 더군다나 많은 시간을 투자해야 하는 작업이다. 그러면 이 책을 저술하는 이유는 무엇이었을까? 짧게 답하면 필자들은 강의실에서 학생들을 교육시키는 일을 통해 가장 큰 즐거움을 얻는 교육자라는 것이다. 또한 필자들은 어느 장소가 되었든 학생들을 교육하는 데 중요한 역할을 할 수 있는 아이디어를 찾는 일을 즐긴다.

필자들은 지각이라는 분야가 심리학에서 핵심이라고 생각하기 때문에 지각 책을 저술하기로 한 것이다. 이 책을 읽으며 당신은 많은 지각 논제들이 다른 심리학 영역에서도 공통적으로 적용된다는 사실을 인식하게 될 것이다. 예를 들어, 대부분의 중요한 지각 문제들은 사람의 마음에서 발생하기 때문에 직접적으로 접근하기는 어렵다. 당신은 그 문제를 심리학의 핵심이라고 인식하기 십상이다. 그러나 모두가 사람의 마음에서 발생하는 것은 아니다. 우리는 다른 사람, 다른 유기체, 무생물의 세계 속에서 살고 있다. 그 세계에서 생존하기 위해서는 세계를 정확하게 지각해야 한다. 이 책은 감각들이 어떻게 우리를 그 세계 속에서 기능할 수 있게 하는가에 관한 내용으로 구성되어 있다.

여러 다른 분야들도 지각에 관심을 가지고 있다. 따라서 필자들은 지각을 적절히 논의하기 위해 해부학, 생리학 또는 신경과학에서 다룰 수 있는 주제들을 고려할 것이다. 이런 분야들은 외부 세계의 자극 에너지가 어떻게 뇌로 전달되어 처리되는지를 이해하기 위해서 매우 중요하다. 그렇지만 이 책의 초점은 분명 심리학이다.

당신이 지금 읽고 있는 장은 전체 내용을 개관하는 데 도움을 줄 것이다. 현재 장을 먼저 읽음으로써 필자들이 주제들을 어떤 식으로 조직하였는지 이해할 수 있다. 또한 책 전반에 걸쳐 제시되고 있는 개념들을 미리 살필 수 있다. 예를 들어, 다음 절에서는 감각과 지각에 대한 주요 이론적 접근법들이 논의될 것이다. 나중 장들을 읽어가면서 당신은 이 접근법들이 어떻게 다른 영역들의 연구를 이끌어 냈는지 알게 될 것이다. 또한 각 장들의 내용을 통합할 수 있도록 테마를 몇 가지로 정리하여 제공하였다. 마지막으로 이 책의 내용을 더 잘 학습할 수 있는 힌트를 제공하였다.

2장은 중요한 연구방법론을 다룬다. 주로 정신물리학(psychophysics; 물리적 자극들과 그 자극들에 대한 심리적 반응의 관계성에 관한 연구)에 초점을 맞추었는데, 따라서 2장은 물리적 자극과 그 자극에 대한 지각을 명료하게 구분하는 첫 번째 관문이 될 것이다. 2장에서는 또한 지각 과정을 더 잘 이해하기 위해 사용되는 몇몇 뇌 영상 기법들을 설명하였다.

다음 다섯 개 장(3장~7장)에서는 시각 체계(visual system)를 다루었다. 3장에서는 먼저 다른 주제를 살피기 전에 시각 장치의 구조를 이해하기 위해 시각 체계를 개관하였다. 눈의 해부학을 다루고, 시각 정보가 어떻게 뇌로 전달되는지를 논의하였으며, 뇌가 어떻게 시각 정보를 처리하는지를 탐색하였다. 따라서 3장에서는 대체로 해부학과 생리학에 초점을 맞추고 있다. 테크놀로지의 발달과 함께 연구자들은 뇌의 여러 다른 영역들이 시각 정보를 처리하는 방식을 확인하는 데 상당한 진전을 이루고 있다.

4장에서는 시각을 위한 필요조건과 명료하게 볼 수 있게 만드는 시각계의 기본 능력에 대해 논의하였다. 밝기 지각을 고려해 보자. 당신은 어느 것이 더 어둡고(현재 쪽에서 글자 부분) 또 더 밝은지(현재 쪽에서 여백)를 결정하는 과정이 간단하다고 생각할 수 있다. 그러나 곧 알게 되겠지만, 실제로 그 과정은 아직까지도 완전하게 이해되지 않을 정도로 복잡하다. 또한 4장에서는 계속해서 변하는 우리의 감각 경험에 안정성을 제공하는 '항상성(constancy)'이라는 중요한 개념을 소개하였다.

5장에서는 더 복잡한 시각 처리, 특히 모양(shape) 지각을 다룬다. 모양 지각은 인상적인 조직을 보인다(예: 출입문은 주변 건물과 동떨어진 모양으로 보인다). 우리는 또한 패턴(pattern)을 인식한다(예: 우리는 어떤 곡선을 고양이의 꼬리가 아닌 나무의 일부로 인식한다). 5장에서 다룰 논제는 심리학자들이 확인한 모양 지각의 중요한 원리는 무엇이고, 하나의 낱자가 단독으로 제시될 때보다 단어에 포함되어 제시될 때 더 빠르게 인식되는지, 그리고 어떤 사람의 얼굴을 거꾸로 보여 줄 때 그 사람을 확인하기 어려운지 등의 세 가지이다.

6장에서는 깊이(depth)와 크기(size)가 어떻게 지각되는지에 대해 살펴본다. 우리의 눈은 2차원만을 표상할 수 있다. 그럼에도 우리는 사물을 3차원으로 지각하고, 그것이 3차원 공간에 존재하는 것으로 지각한다. 본질적으로 이 문제는 2차원의 캔버스에 세상을 표현하려는 화가의 문제와 동일하다. 따라서 6장은 화가가 관심을 가질 수 있을 만한 여러 주제를 표명하고 있다고 할 수 있다. 깊이 및 크기 지각과 함께 잘못된 지각을 초래하는 착시에 대해서도 논의된다.

만약 당신이 ≪오즈의 마법사(*The Wizard of Oz*)≫라는 영화를 보았다면, 흑백

세계와 다채로운 칼라 세계의 차이점을 이해할 것이다. 7장에서는 시각계가 눈으로 들어오는 파장을 색채 지각(color perception)으로 전환시키는 과정을 탐색한다. 비록 당신이 일반적인 색각 결함을 가지고 있다하더라도 여전히 풍부한 칼라를 가진 세계를 볼 수 있다. 그러나 마치 영화에 나오는 오즈에 살고 있는 것처럼 세계를 단지 흑백으로만 볼 수 있는 사람도 있음을 알게 될 것이다.

6장을 학습하고 나면, 시각계가 3차원 공간을 어떻게 부호화하는지를 더 잘 이해하게 될 것이다. 8장에서는 사람들이 3차원 공간에서 사물들의 움직임을 어떻게 지각하는지를 설명하는 이론들을 논의한다. 또한 영화나 TV 쇼에서 보여 지는 것과 같은 여러 운동 착시(motion illusion)도 논의한다.

시각을 다룬 여섯 개의 장들을 학습하고 나면 다른 감각을 다루는 장으로 넘어가게 된다. 그러나 곧 알게 되겠지만, 감각들은 많은 부분을 공유하고 있다. 나머지 장들을 통해 시각에서 확인된 몇 가지 원리들이 또한 다른 감각에도 적용된다는 사실을 알게 될 것이다. 9장에서 11장에 걸쳐 다루게 될 청각에 대한 논의는 3장에서 5장에 걸쳐 살펴본 시각에 대한 논의와 같은 방식으로 진행된다. 즉 청각의 해부학과 생리학을 먼저 논의한 다음, 기본 청각 과정을 살펴보고, 마지막으로 좀 더 복잡한 청각 과정을 논의하였다.

9장에서는 청취를 위해 필요한 내부 장치를 살펴본다. 물리적 자극을 처리하는 귀의 구조뿐만 아니라 청지각(auditory perception)에 수반되는 신경 통로를 논의하였다. 이 논의를 통해 청각 체계는 매우 취약해서 조심하지 않으면 안 된다는 것을 학습하게 될 것이다.

10장에서는 청각의 기본적인 측면들을 살펴보았다. 음고(pitch)와 음량(loudness) 지각, 소리 위치파악, 결합음(sound combination) 지각과 같은 주제들을 다루었다. 이외에 귀가 어떤 식으로 기차의 정지 소음, 베르디 아리아를 부르는 플라시도 도밍고의 노래 소리, 삼촌의 코고는 소리를 서로 다른 소리로 부호화하는지, 어떤 결합음은 쾌하게 들리지만, 다른 결합음은 불쾌하게 들리는 이유는 무엇인지, 인간과 동물은 어떻게 소리가 다른 방향이 아닌 왼쪽에서 들린다고 판단할 수 있는 가 등이 논의된다.

11장에서는 두 개의 서로 관련된 복합음 자극 유형(음악과 말소리)의 지각에 초점을 맞추었다. 이런 복합음 자극들을 처리하는 뇌 영역들을 논의하기에 앞서, 먼저 그런 복합음의 기본적인 측면(예: 음고, 음색, 말소리)을 살펴보았다. 음악과 말소리는 둘 다 매우 복합적이어서 인지적 요인들이 그런 복합음 지각에 어떤 영향을 주는

지도 논의된다. 모국어로 형편없이 더빙을 한 외국 영화를 본 적이 있다면, 배우의 입 움직임이 그들이 산출시킨 단어들과 일치하지 않아서 짜증이 난 경험이 있을 것이다. 따라서 시각과 청각의 상호작용에 관해서도 살펴보았다.

12장에서는 피부 감각, 그리고 13장에서는 화학물질 감각들을 다루었다. 비록 이런 감각들에 대해서 각각 한 개씩의 장만을 할애하였지만, 내용의 구성은 시각 및 청각의 구성과 유사하다. 즉 감각 장치와 뇌 처리를 먼저 설명하고, 그 다음에 지각 과정을 다루었다. 이 책의 마지막 장(14장)에서는 지각 발달을 논의하였다.

12장에서는 피부와 관련된 감각들을 살펴보았다. 세계 속에 존재하는 사물과 사람들은 우리와 접촉하며, 우리는 다시 그것들과 접촉한다. 우리는 또한 여러 온도와 통증을 지각하며, 신체의 각 부위의 위치와 신체가 똑바로 서 있는지 혹은 기울어졌는지를 안다. 12장에서 다루는 주제 가운데는 당신이 아침에 손목시계를 차면서 그것이 피부에 가하는 압력을 느끼지만 어느 정도 시간이 경과한 후에는 그것을 인식하지 못하는 이유와 사람들이 통증을 느끼는 것이 왜 중요한지, 그리고 가끔씩 물이 따뜻한지 혹은 차가운지를 판단하기 어려운 이유에 관한 것들이 있다.

13장에서는 화학물질 감각들(미각과 후각)을 다루지만 실제로는 맛, 냄새, 기타 감각들을 수반하는 향미(flavor)에 초점을 맞추었다. 맛 지각에 대한 논의로, 먼저 감각 수용체를 알아보고, 다음으로 맛 지각에 영향을 주는 요인들을 살펴본 다음, 냄새 지각(후각)에 대한 논의로 넘어간다. 마찬가지로 감각 수용체를 먼저 살펴본 다음, 냄새 지각에 영향을 주는 요인들을 살펴보았다. 비록 냄새가 우리의 행동에 중요한 역할을 한다는 사실을 간과할지라도, 냄새는 분명 유기체의 행동에 중요한 영향을 미친다(당신의 행동에도 마찬가지로 영향을 줄 것이다). 또한 우리의 후각 능력이 매우 뛰어나다는 사실을 학습하고 놀라워할지 모르겠다. 우리는 우리 자신의 냄새와 우리와 가까이에 있는 사람들의 냄새를 인식할 수 있다(특히 여성은 더 민감하다). 또한 우리는 블러드하운드[1]처럼 냄새를 추적할 수 있다.

마지막 14장은 요약장이라 할 수 있다. 지각 발달을 설명하기 위해 시지각과 청지각을 다시 언급하였다. 영아는 초보적인 지각 능력(자신을 보살피는 중요한 사람들과 충분히 상호작용할 수 있을 만큼)을 지니고 태어난다는 것을 배우게 된다. 14장은 또한 경험의 중요성도 강조한다. 경험은 영아로 하여금 지각 능력을 정련할 수 있

---

1) 지중해 지역에서부터 알려지기 시작한 후각이 뛰어나며, 어깨 높이는 60~70cm 정도의 대형 사냥개이다.(역자 주)

게 해주고, 아동기에 이르면 그 능력은 더욱 정교하게 된다. 그러나 연령이 증가함에 따라 사람들의 지각 능력은 여러 요인 때문에 저하된다. 그럼에도 대부분의 사람들은 연령 증가와 함께 그런 변화에 잘 적응할 수 있다.

감각과 지각의 이론적 접근법 개관

이 절에서는 감각과 지각의 주요 접근법에 대해 개관하였다. 이 개관은 후속 장들에서 좀 더 상세히 논의될 몇몇 이론적 주제들에 대한 배경 정보를 제공한다.

감각과 지각 이론들에 대한 완전한 개관을 위해서는 아마도 2,000여 년 전 그리스 철학자들이 제안했던 지각 이론들을 살펴보는 것을 기점으로 삼아야 하고, 또한 눈의 생리학과 빛의 물리학에 대한 초기 탐구 내용들도 포함되어야 할 것이다. 하지만 필자들은 논의의 출발점을 적절한 과거 시점으로 한정하고 여섯 개의 접근법(행동주의, 경험주의, 게슈탈트, Gibson 접근법, 정보처리, 계산적 접근법)을 살펴보았다. 지각의 초기 역사에 대한 자세한 내용은 다른 참고문헌(Boring, 1942; Gordon, 2004)을 참고하기 바란다.

행동주의적 접근법

행동주의(behaviorism)는 유기체의 행동에 대한 객관적 기술을 강조한다. 행동주의는 1930년대부터 1960년대까지 미국 심리학을 지배했던 접근법이었다. 엄격한 행동주의자들은 지각과 인지 분야에 대해 불편한 심기를 가지고 있었고, 결국 행동주의가 절정기를 맞이하면서 이 시기의 연구자들은 지각이나 인지보다는 동물 행동에 초점을 맞추었다(Mandler, 2007).

지각 분야에 대한 행동주의자들의 치우친 생각에 그나마 가장 적게 영향을 받은 영역은 정신물리학이었다. 정신물리학은 물리적 자극에 대한 사람의 반응을 평가함에 있어 분명하게 정의된 방법들을 사용한다. 이러한 객관적, 양적 접근법은 행동주의 노선과 양립할 수 있었고, 따라서 행동주의가 군림하던 시기에 생존할 수 있었다. 그렇지만 이 책 전반에 걸쳐 행동주의에 대해서는 거의 언급을 하지 않는다는 점을 주목하게 될 것이다.

경험주의적 접근법

George Berkeley(1685~1753)는 기본적인 하나의 문제와 씨름하였다: 우리의 눈은 단지 사물의 높이와 너비만을 등록함에도 불구하고 어떻게 3차원, 즉 깊이를 지각할 수 있을까? 그는 '두 눈으로 사물의 거리를 판단하는 일은 경험의 결과'라는 결론에 도달했다(Berkerly, 1709/1957, Section XX). 따라서 우리는 세상에 태어날 때 깊이를 지각하지 못한다. 따라서 학습에 의해 이런 지각적 능력을 획득해야만 한다. Berkerly는 경험주의 탄생에 지대한 영향을 끼친 영국 철학자이다. 곧 논의될 게슈탈트 접근법과 마찬가지로, **경험주의**(empiricism)는 감각 정보만으로는 우리의 풍부한 지각적 경험을 채우지 못한다고 강조하였다. 대신에 우리의 뇌에 저장된 정보는 지각을 일으키기 위해 감각 입력 정보와 결합하게 된다(Gordon, 2004).

이장의 초입부에 마음의 기여와 관련하여 인용한 William James의 말에서 그가 경험주의자라는 것을 알 수 있다. 경험의 중요한 역할을 강조하기 위해 James는 신생아의 지각적 세계를 '하나의 거대한 무성하고, 와글거리는 혼돈'이라고 기술했다. 이런 혼란스런 세계로부터 신생아는 경험을 통해 비교적 질서가 있는 세계를 구축하게 된다. 그러나 발달 심리학자들은 영아들이 James가 기술한 것보다 더 나은 지각 능력을 가지고 있음을 알아냈다. 영아들의 지각적 세계는 성인의 지각적 세계만큼이나 질서가 있는 것은 아니지만, 그렇다고 무작위적이지도 않다(14장 참조).

그럼에도 불구하고, 경험주의의 어떤 형태는 근대 지각 연구를 지배해 왔다(Gordon, 2004). 비교적 최근의 관심사인 뇌 가소성(brain plasticity: 뇌 연결을 조성하는 경험의 능력)은 확실히 경험주의의 주장과 일치한다. 따라서 필자들은 이 책 전반에 걸쳐 학습과 경험의 중요한 인지적 원리에 초점을 맞추었다.

게슈탈트 접근법

다른 심리학 분야와 마찬가지로 지각 분야에서도 본성(nature)이나 양육(nurture)을 강조하는 설명을 구분해야 하는 문제에 봉착하게 된다. 분명 경험주의는 양육을 강조하는 반면, **생득론**(nativism)은 타고난 본래적 능력의 중요성을 강조한다. 신생아가 James와 다른 경험주의자들이 주장하는 것보다 더 우수한 지각적 능력을 지니고 있다는 사실은 생득론을 지지해준다.

1900년대 많은 독일 심리학자들은 행동주의와 경험주의적 접근법을 거부하였다(Koffka, 1935; Köhler, 1947; Wertheimer, 1923). Ian Gordon(2004)이 지적하듯이,

그들의 철학적 뿌리는 영국의 경험주의가 아니라 Immanuel Kant(1724~1804)이다. 이 심리학자들은 감각 입력 정보만으로는 지각을 설명하기에 부족하다는 경험주의자들의 주장에는 동의하지만, 그들은 학습의 역할 대신 사람들의 타고난 능력을 강조하였다.

5장에서 상세히 논의하겠지만, 이 심리학자들은 주로 형태 지각(form perception)에 초점을 맞추었다. **게슈탈트**(Gestalt)라는 말은 '형상(configuration)' 혹은 '패턴(pattern)'으로 번역될 수 있으며, **게슈탈트 접근법**(Gestalt approach)은 사물이 분리되고, 고립되어 있는 부분들보다는 잘 조직되어 있는 전체 구조로 지각된다는 점을 강조한다(Palmer, 1999). 따라서 우리가 보는 모양(shape)은 개개 요소들의 합 이상이다. 이와 관련해서, 20세기 초반기에 활동했던 심리학자들은 구조주의자라고 불리는 또 다른 심리학자들과 대비된다. 화학의 성공에 매우 매료되어 있던 **구조주의자들**(structuralists)은 지각을 설명함에 있어서 개별 요소들에 초점을 맞추었다. 게슈탈트 조망에서 **그림 1.2**를 볼 때 우리는 구조주의자들의 주장처럼 8개의 분리된 선분의 단순 조합으로 보지 않는다. 대신에 잘 조직된 형상, 즉 탁자를 보게 된다.

이 책 전반에 걸쳐 게슈탈트 접근법의 아이디어가 반영되어 있음을 발견하게 될 것이다. 경험주의적 접근법이 지배적임에도 불구하고, 게슈탈트 접근법은 심리적 사고(특히 조직화 원리들을 고려할 때)에 지속적으로 영향을 미친다.

Gibson 접근법

경험주의와 게슈탈트 접근법은 모두 지각을 설명함에 있어 감각 정보만으로는 충분

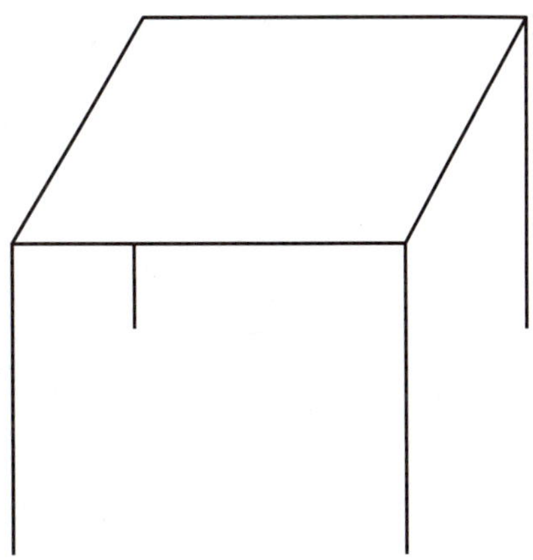

그림 1.2 잘 조직된 형상: 전체는 분리된 부분들의 합과는 다르게 지각된다.

치 않다고 가정하기 때문에 **간접 지각**(indirect perception)을 강조하는 것으로 고려될 수 있다. 이와 반대로, **직접 지각**(direct perception)은 감각 정보만으로도 충분하다고 주장한다. 즉 기억이나 추리 과정이 필요치 않다는 것이다.

직접 지각을 제안한 선구자는 James J. Gibson(1904~1979)이다. Neisser(1981)는 Gibson의 죽음을 추모하는 글에서 "Gibson은 감각기관이나 유기체가 아닌 지각될 환경에서 출발점을 찾았다"(p.215)고 쓴 바 있다. 결국 **Gibson 접근법**(Gibsonian approach)은 환경 자극 자체가 풍부한 정보를 지니고 있기 때문에 우리의 지각 또한 풍부하고 정교하다고 강조한다. 우리의 감각 수용체에 떨어지는 정보는 지각 경험을 적절하게 설명할 수 있을 정도로 풍부하다. 따라서 우리는 지각의 기저에 작용하는 심리 과정들을 설명하기 위해 정교한 이론들을 개발할 필요가 없는 것이다.

유기체는 어떻게 3차원의 세계를 지각하는가? 경험주의자들은 유기체가 깊이를 적절하게 지각하기 위해서는 경험이 중요하다고 주장한다. 게슈탈트 심리학자들은 우리가 깊이를 지각하는 데 필요한 뇌 기전을 가지고 태어난다고 주장한다. 이 두 접근법을 거부하는 Gibson은 우리가 필요한 모든 정보는 자극 안에 있다고 주장한다.

Gibson(1979)은 또한 지각 연구가 실세계 지각에 집중되어야 한다고 강조했다. 그는 어두운 방에서 머리를 고정시키는 장치를 이용하여 머리 움직임을 최소화시키면서 어두운 화면에 제시되는 흰색 막대모양을 보는 것과 같은 실험실에서 발견된 지각 경험에 대해서는 거의 가치를 부여하지 않았다.

비록 우리가 살고 있는 세상 속 지각적 정보가 믿을 수 없을 만큼 풍부할지라도, 필자들은 Gibson 접근법을 강력하게 지지하는 옹호자들은 아니다. 그럼에도 필자들은 몇몇 장에 걸쳐 지각의 Gibson 접근법에 대해 세부 사항들을 제시하였다.

정보처리 접근법

행동주의적 접근법은 결국 인지운동에 의해 밀려나게 되었는데, 이러한 인지운동의 초창기 형태를 정보처리 접근법이라 부른다(Mandler, 2007). **정보처리 접근법**(information-processing approach)을 적용하는 연구자들은 심리 과정을 확인하고 특별한 정보 이동 패턴을 제안함으로써 그런 과정들을 함께 연계시킨다. 예를 들어, 초기 상당한 영향력을 끼쳤던 모형은 감각 수용체에서 나온 정보가 일련의 단계(감각 저장소, 단기기억, 장기기억)를 거치면서 이동된다고 주장했다(Atkinson & Schiffrin, 1968). 정보가 한 단계에서 특정 처리가 되고 나면, 다음 단계로 이동되어 다른 유형의 처리가 이루어지게 된다. 더구나 단계들 간에는 복잡하게 연계되어 있어, 나중 단계는 이전 단계에서 이루어진 처리의 영향을 받는다.

정보처리 접근법은 감각 수준 이후에 진행되는 처리의 중요성을 강조한다는 점에서 Gibson 접근법과 차이가 있다. 그러나 경험주의나 게슈탈트 접근법과 달리 정보처리 접근법은 부가적인 처리들이 본래적인지 혹은 학습된 것인지를 명시하지 않는다. 그럼에도 기억은 처리에서 중요한 역할을 하기 때문에, 정보처리 접근법은 분명 경험주의 전통을 따르는 것으로 고려된다.

정보와 처리과정의 상호 연계성에 초점을 맞추고 있는 정보처리 접근법은 몇 가지 이론적 장점을 가진다. 일단 당신이 모든 것들을 정보(예: 신경 발화)로 생각하기 시작하면, 어떤 정보를 감각으로, 그리고 다른 정보를 지각, 인지, 기억 등으로 명명하기 어렵다. 그리고 당신이 얼마나 많은 처리과정이 우리의 세상 경험에 기여하는지를 깨닫는다면, 어느 한 과정에 우선권을 부여하기 어렵다. 대신에 우리는 이런 과정들이 서로 얽혀 있고 상호의존적임을 알아야 한다.

만약 그런 주장이 설득력이 있다고 생각한다면, 당신은 이 책의 조직이 편의적인 허구일 수 있음을 인식해야 한다. 즉 당신은 인지과목을 이수하지 않았을 수 있지만, 인지 과정은 어느 수준에서 지각 과정과 구분될 수 없다. 필자들은 최선을 다해 단순한 방식으로 지각 과정을 설명하려 한다. 그럼에도 불구하고 필자들은 종종 어떤 기술을 함에 있어 어쩔 수 없이 가하게 되는 부가 내용으로 복잡해질 수 있음을 미리 언급해 두고자 한다.

또한 편의상 개별 감각을 논의하기 위해 앞에서 기술한 장들로 이 책을 조직하였다. 그러나 곧 알게 되겠지만, 필자들은 반복해서 감각들이 서로 연계되어 있음을 강조하였다. 예를 들어, 이 책의 장들을 읽으면서 매우 다른 감각들에 중요한 역할을 하는 여러 뇌 영역(예: 편도체, 상구)이 있음을 주목하기 바란다.

계산적 접근법

계산적 접근법(computational approach)은 시각 자극의 풍부함을 인정한다는 점에서는 Gibson의 직접 지각 접근법과 유사하다. 그러나 직접 지각 접근법과는 다르고, 간접 지각 접근법과 더 유사한 점으로 계산적 접근법은 지각이 문제해결을 필요로 한다고 주장한다. 계산적 접근법은 또한 지각적 문제를 관심 사물에 대한 특정 지식보다는 일반적인 물리적 지식으로 해결하려고 하기 때문에 정보처리 접근법과도 다르다.

David Marr(1982)는 급작스럽게 사망하기 전까지 이 분야에서 독보적인 영향력을 끼친 연구자이다. Marr는 계산적 접근법을 잘 대변해주는 연구를 통해 인간의 시각을 수학적 모형으로 설명하려는 시도를 했다. 이런 모형들은 생리학적 정보와 잘 부합됨으로써 그 가능성은 물론 타당성까지 인정받을 수 있었다. 예를 들어, 4장에서 논의되겠지만 모서리나 경계에 의해 표상되는 변화는 시각 체계에서 매우 중요하다. Marr의 계산적 접근법은 우리가 어떻게 모서리를 지각하는지를 잘 설명해주는데, 이런 설명은 시각 체계의 생리학에 대해 우리가 알고 있는 것과 잘 부합하고 있다(3장과 5장).

지금까지 여섯 개의 접근법에 대해 간략하게 개관하였다. 각 접근법은 지각 연구에 큰 영향을 끼쳤다. 향후 논의에서 지각 연구에 영향을 주었던 이런 접근법들이 자주 인용될 것이다.

절 요약

감각과 지각의 이론적 접근법 개관

1. 행동주의적 접근법은 행동에 대한 객관적 기술을 강조한다. 결국 행동주의자들은 지각의 배후 심리 과정에는 그리 관심을 두지 않았다.
2. Berkeley는 모든 정보는 감각 지각과 경험으로부터 도출된다고 주장한 경험주의의 초기 주창자이다. 이와 유사하게 William James는 영아의 초기 지각적 경험은 무작위적이고 조직되어 있지 않다고 주장했다. 따라서 경험은 지각 능력 발달을 이끈다.
3. 게슈탈트 접근법은 우리가 사물을 분리된 부분들이 아닌 잘 조직된 전체로서 지각한다는 점을 강조한다. 게슈탈트 접근법은 모양 지각은 타고난 것이며, 학습은 그리 중요하지 않다고 주장한다.
4. Gibson 접근법은 환경 내 자극들이 풍부한 정보를 가지고 있음을 강조한다. 따라서 지각을 직접적인 것으로 생각하였다. 즉 우리는 지각을 위해 계산과 해석을 할 필요가 없다.
5. 정보처리 접근법은 정보가 일련의 단계를 거쳐 처리된다고 주장한다. 이 접근법은 감각, 지각, 기타 상위 정신과정이 분리되어 있지 않고 서로 연계되어 있다고 강조한다.
6. 계산적 접근법은 지각적 체계가 자극을 처리하기 위해 사용하는 수학적 기전이 있음을 증명해 보였다. 자극들은 많은 정보를 제공할 만큼 충분한 정보를 포함하는 것으로 고려되기는 하지만, 일반 물리학 원리들을 수반하는 상위 수준의 처리과정들 또한 지각에 기여한다.

지각의 테마

이 책은 전체에 걸쳐 네 개의 테마를 다루고 있으며, 이것들은 학습 재료를 위한 일부 부가적인 구조를 제공하고 애초에 관련이 없어 보였던 영역들 간의 패턴과 관계성을 발견할 수 있도록 하기 위함이다. 우연하게도 이 테마들은 이 책의 절충적 이론적 지향을 반영한다. 예를 들어, 두 번째 테마는 부분적으로는 Gibson의 이론에 근거를 두고 있는 반면, 네 번째 테마는 경험주의와 정보처리 접근법과 일치한다.

1. 감각은 환경에 반응하여 우리로 하여금 기능할 수 있도록 오랜 세월을 두고 진화를 거듭하였다. 따라서 감각 간에는 서로 유사성을 공유하고 있으며, 상호작용도 한다. 이 테마가 함축하고 있는 것은 감각들이 기능적(functional)이라는 점이다. 우리는 물리적 세계에서 살고 있으며, 우리의 안녕은 그 세계를 안전하게 항행할 수 있는 능력에 크게 좌우된다. 우리는 다른 인간들을 포함하고 있는 세계에서 진화해 왔음을 기억해야 한다. 인간은 사회적 동물이기 때문에, 우리의 감각계가 특히 인간의 특정 욕구에 잘 적응할 수 있다는 사실은 그리 새삼스러울 것은 없다. 예를 들어, 우리의 시각 체계는 특히 다른 인간의 움직임을 탐지하는 데 뛰어나다(8장을 보라). 또한 우리의 청각 장치는 특히 인간의 음성 주파수 대역 범위에 민감하다(10장을 보라). 신생아는 매우 뛰어난 감각들을 가지고 태어난다. 즉 신생아는 움직임을 눈으로 따라갈 수 있고, 소리를 식별할 수 있으며, 친숙한 사람들의 냄새를 알아차릴 수 있다(14장을 보라).

우리의 여러 감각들(예: 시각, 청각, 후각)은 상이한 물리적 자극들(예: 빛, 음파, 냄새)을 탐지하고 해석하도록 진화되어 왔다. 물론 우리의 감각들은 그러한 개별 자극들을 지각하기 위해 달라야 한다. 그러나 입력 자극들의 성질이 다를지라도, 각 감각계는 자체의 특별한 자극 정보를 뇌가 해석할 수 있도록 유사한 신경 발화 정보로 변환시킨다. 다른 유형의 자극 에너지는 뇌에서 처리되는 일반적인 에너지 형태로 변환된다. 그런 일반적인 신경 에너지는 감각들이 어느 정도 서로 유사하도록 만든다.

기능적 측면에서도 감각들은 유사성을 보인다. 예를 들어, 각 감각계는 변화하는 세계를 탐지하는 데 기여한다. 그런 변화에는 자극 탐지('앞에는 아무것도 없고 지금 희미한 불빛만이 보인다.')나 상태 변화 탐지('그 빛은 더 밝아졌다.')가 포함된다. 당신이 상상할 수 있듯이 변화하는 세계('그 차는 내 앞으로 다가오고 있다.')를 알아차리는 것은 매우 중요하며, 따라서 우리의 감각계들은 변화 탐지에 매우 탁월한 능력을 가지고 있다.

추측하겠지만, 자극이 계속해서 변하지 않고 있을 때, 이런 자극은 종종 감각들에게 있어 그리 중요하지 않게 된다. 예를 들어, 어떤 자극들의 존재를 지속적으로 지각하는 것은 그리 효율적이거나 유리한 것만은 아니다. 습관이 반복되는 과제에 집중하는 것으로부터 우리의 마음을 자유롭게 해주듯이 감각들은 계속해서 제시되는 자극에 순응하게 된다(그 자극의 지각 강도는 줄어드는 경향이 있다). 예를 들면, 냄새가 진동하는 라커룸에 들어가면, 다행히 시간이 조금 지나면 그 냄새에 둔감해진다. 마찬가지로 아침에 일어나서 손목시계를 찰 때 느꼈던 압력은 잠시 후면 느끼지 못한다. 이와 반대로, 우리는 계속되는 고통스런 자극에 대해서는 훨씬 덜 순응한다. 결국 우리는 통증으로부터 피하거나 줄이려는 시도를 하게 된다. 통증에 대한 순응의 결여는 다른 감각들에서 보이는 실제 순응만큼 유용하다.

감각들 간의 유사성과 상호작용의 또 다른 측면은 세상 속 사물들이 전형적으로 하나 이상의 감각에 영향을 준다는 사실이다. 예를 들어, 스토브에서 요리되고 있는 음식은 동시에 시각, 청각, 촉각, 후각, 미각을 기능하게 만든다. 우리는 분리된 감각 채널을 통해 들어오는 음식의 각 측면을 지각하는 것이 아니라 통합된 전체를 지각한다. 우리의 지각 체계는 세상에 대해 통합된 감각을 제공하도록 진화되어 왔으며, 이는 그것들이 서로 상호작용해야 한다는 것을 의미하는 것이기도 하다.

2. 감각은 풍부한 정보를 가지고 있고 풍부한 맥락에서 발견되는 자극들을 포함하는 세상을 지각하도록 세밀하게 적응되어 있다. 첫째, 감각들은 세상 속 정보의 폭넓은 배열을 포획할 수 있을 만큼 매우 잘 기능한다. 나중에 학습하겠지만, 우리의 감각계는 매우 민감하다. 예를 들어, 3장에서는 하나의 빛 광자가 광수용체의 반응을 일으킬 수 있음을 알게 될 것이다. 9장에서는 적은 양으로도 고막을 움직이기에 충분한 음압(수소 분자의 너비도 안 되는)이 청각을 일으킬 수 있음을 알게 될 것이다. 더 나아가, 우리의 감각계들은 광범한 환경에서 작동할 수 있도록 적응되어 있다. 비록 흰 눈에서 반사되는 밝은 빛이 달빛보다 수억 배 더 많은 에너지를 가지고 있을지라도, 우리는 일광과 어느 정도의 월광에서도 사물을 볼 수 있다. 이 예는 또한 우리가 매우 광범한 자극들(예: 희미한 월광에서부터 밝은 일광에 이르는)을 지각할 수 있음을 보여준다.

둘째, 이 테마는 세상이 유용한 정보로 채워져 있다는 Gibson의 주장을 따르고 있음을 주목하라. 예를 들어, 당신이 밟고 있는 카펫이나 주변 바닥의 표면 결을 수 미터 떨어진 표면 결과 비교해 보라. 결은 거리가 멀어질수록 밀도가 증가하며, 이는 표면 위 사물의 거리를 판단하고자 할 때 유용한 정보가 된다. 이제 책을 손으로 잡고 좌우로 움직여 보고, 앞뒤로 움직여 보라. 책을 앞뒤로 움직일 때 배경의 일부가 가려지다가 다시 보이는 현상이 체계적으로 발생됨을 주목할 수 있을 것이다. 당신은 마루의 결, 광원, 그로인해 발생하는 그림자를 포함한 풍부한 맥락에서 이 책을 지각하게 된다. 이런 맥락은 우리에게 책의 외관에 대해 많은 정보를 제공한다.

우리의 감각계는 매우 뛰어난 '상향' 처리(5장에서 더 자세히 논의)를 할 수 있을 만큼 민감하고 유연하다. 간단히 말해서, **상향처리**(bottom-up processing) 혹은 **자료주도적 처리**(data-driven processing)는 감각 수용체들이 풍부한 정보를 가지고 있는 자극들을 어떤 식으로 등록하는지를 설명해준다. 그러나 그런 데이터가 부가적인 처리를 필요로 하지 않을 만큼 풍부한가? Gibson과는 달리, 필자들은 이런 정보가 '하위' 수준에서 좀 더 상위 수준, 다시 말해서 우리가 세상을 정확하게 지각하기 위해 인지적 수준으로 이동될 필요가 있다고 믿는다.

3. 감각 수용체에 떨어지는 정보는 본질적으로 모호하지만, 우리는 전형적으로 세상과 성공적으로 상호작용할 수 있을 만큼 충분히 세상에 대해 정확한 지각을 한다. 이는 두 번째 테마와도 부합하는데, 외부 세상의 자극들은 풍부한 정보를 가지고 있지만, 정보가 우리의 감각에 들어올 때는 모호해진다. 예를 들어, 당신의 3차원 세상에 대한 풍부한 시각 경험을 생각해 보자. 수용체 사이트가 단지 2차원적이라는 것을 학습하고 나면, 당신은 감각계가 외부 세상과 비교해서 부족한 정보를 다루어야 한다는 것을 알게 될 것이다. 그럼에도 불구하고, 우리는 궁극적으로 그러한 애매한 정보로부터 풍부한 지각적 세상을 구축할 수 있다(Hoffman, 1998; Purves & Lotto, 2003). 우리가 이런 세상을 어떻게 구축하는지는 당연히 지각의 핵심적인 연구 주제가 된다.

일반적으로 우리의 지각은 세상과 성공적으로 상호작용할 수 있을 만큼 매우 정확하다. 그러나 곧 알게 되겠지만, 이따금씩 특별한 자극들은 우리를 엉뚱한 길로 인도한다. 후속 장들에서는 이러한 착각적 지각(감각들이 어떻게 기능하는지를 이해하는 데 도움을 주는 부정확한 지각)의 예들을 보여 줄 것이다. 예를 들어, **그림 1.3**을 보라. 두 개의 선분(AB와 AC)이 같은 길이를 가진 것으로 보이는가? 아니면 한 선분이 다른 선분보다 더 길어 보이는가? 실제로 길이를 재보면, 두 선분의 길이가 같다는 것을 알게 될 것이다. 그렇다면 왜 선분 AC가 AB보다 더 길어 보일까? 분명 우리의 지각이 실제와 차이를 보이는 예들을 살펴봄으로써 우리는 감각에 대해 많은 것을 학습할 수 있다. 그럼에도 그러한 착각적 지각은 규칙이라기보다 예외라는 것을 기억하라.

그림 1.3 두 선분(AB와 AC)은 길이가 같은가? 아니면 한 선분이 다른 선분보다 긴가? 만약 당신의 시각 체체가 정확하다면, 이 그림에서 선분의 길이가 다르게 보이는 이유는 무엇일까?

4. 경험으로부터 나온 지식과 기대를 사용하는 인지 과정은 지각 조성에 도움을 준다. 지각은 감각 수용체들로부터 나온 데이터들의 조합 이상을 수반한다. 경험주의자들이 강조했듯이, 감각 정보는 상위 인지 과정들에 의해 보완되고 변형된다. 상향처리 혹은 자료 주도적 접근은 지각 조성에서 관찰자가 가지고 있는 개념의 중요성을 강조하는 **하향처리**(top-down processing) 혹은 **개념 주도적 처리**(conceptually driven processing)와는 상반된다. 이 관점에 따르면, 관찰자들은 세상이 어떻게 조직될 것인지에 대한 축적된 아이디어를 가지고 있다. 예를 들어, 미국 네바다주의 한 목장에서 지평선 위에 있는 네 개의 다리를 가진 생명체가 보인다고 할 때 그것은 얼룩말보다는 일반적인 말로 보이기 십상이다. 우리는 '데이터'가 줄무늬에 관한 확실한 정보를 제공하지 않는 한, 그 생명체를 일반적인 말로 지각할 것이다. 맥락과 결합하여 우리가 가지고 있는 지식과 기대는 잠정적으로 모호한 데이터를 해석할 수 있게 해준다.

만약 당신이 감각에 도달하는 정보가 기본적으로 모호하다는 사실을 염두에 두고 있다면, 그 정보의 모호성을 풀기 위해 어떤 일이 발생해야만 한다는 점을 깨달을 것이다. 우리의 지식과 기대는 그러한 모호성을 사리에 맞도록 해주는 데 도움을 준다. 인간은 전형적으로 불확실성에 만족하지 않는 능동적이고 탐구하는(예: 가설 검증하는) 유기체이다. 만약 당신이 어두운 방에서 손으로 더듬어 잠옷을 찾는데, 실수로 셔츠를 잡았을 수 있다고 생각하면, 단추, 친숙한 재질감, 혹은 벨트가 있는지 등을 능동적으로 탐색할 것이다. 만약 당신이 전화 교환원의 메시지를 잘 들을 수 없다면, 교환원에게 메시지를 다시 알려달라고 요청할 것이다. 따라서 우리가 세상에 대해 가지고 있는 개념들은 모호한 상황을 분명하게 해주는 데 도움을 주며, 그런 개념들은 능동적으로 많은 다른 모호성을 분명하게 해주는 가이드 역할도 한다.

부수적으로 상향처리나 하향처리 중 어느 접근법이 맞느냐를 따지는 것은 무의미하다. 분명 우리가 그렇게 신속하고 정확하게 지각을 할 수 있는지를 설명하려면 이 두 접근법이 모두 필요하다. 우리가 주변의 매우 풍부한 자극들을 취하는 어떤 수단을 발달시키지 않았다면 세상 속에서 기능할 수 없었을 것이다. 따라서 상향처리는 필수불가결하다. 동시에 우리의 감각에 도달하는 정보는 모호하다. 하향처리는 감각 입력과 외부 자극들 간의 고 확률 정합을 가능하게 해주어, 결과적으로 세상에 대한 합당하고 정확한 표상을 초래시킨다.

내용 구성

이 책은 독자의 이해, 학습, 기억을 돕기 위해 여러 특성들을 반영시켰다. 이런 특성들을 가장 효과적으로 사용할 수 있는 방법들을 언급하고자 한다.

각 장은 개요로부터 전개된다. 장을 읽기 전에 개요를 살피고, 주제의 구조에 특별히 주목하기 바란다. 예를 들어, 2장('연구방법')의 세 개의 주요 절, 즉 '약한 강도의 자극에 대한 반응 측정', '강한 강도의 자극에 대한 반응 측정', '지각 자극에 대한 뇌 반응 측정'을 주목하라. 하위 절과 '심화 학습'절 또한 미리 내용을 파악할 수 있도록 개요에 포함시켰다.

필자들은 자주 논의될 지각 주제들의 적용 예를 제시하였지만, 항시 필자들이 다루었던 주제들이 어떻게 적용될지를 생각해 보아야 한다. 구상적 재료는 일반적으로 추상적 재료보다 더 잘 기억되기 십상이라서, 필자들은 개념들을 가능한 한 실제적인 측면에서 개념화하려고 시도했다.

이런 맥락에서 당신은 주제들을 자신의 경험에 관련시키려고 적용해 보아야 한다. 인간의 기억에 관심을 가지고 있는 심리학자들은 연구를 통해, 우리가 학습 재료를 우리 자신의 경험에 관련시킬 때 그 재료를 더 잘 회상할 수 있다는 것을 보여주었다(Rogers et al., 1977). 따라서 학습 재료들을 자신의 사적 경험에 관련시키려고 시도해 보라! 각 장의 내용을 단지 수동적으로 읽는 것에 그치지 말고, 계속해서 정보가 자신의 지각적 처리에 어떻게 적용될지 생각하면서 학습하기 바란다.

각 장에 WWW해보기로 명명된 비공식적 실험 기회를 제공하였다. 이런 해보기들을 위해 당신은 인터넷에 접속할 수 있는 컴퓨터를 활용할 필요가 있다. 어떤 해보기들은 회중전등, 종이와 연필, 설탕물 등을 필요로 할 것이다. 다른 해보기들은 전적으로 컴퓨터만으로 이루어질 것이다. 이런 해보기들은 재료를 좀 더 구상화시킬 수 있게 하며, 이를 자신의 경험에 쉽게 관련시킬 수 있도록 도와준다.

2장에서 14장에 걸쳐 각 장에는 '심화 학습'절이 있는데, 이 절을 통해 장의 내용과 관련하여 선정된 주제에 대한 최근 연구들을 살필 수 있다. 우리가 흥미를 가질 수 있는 주제를 '심화 학습'절에서 다루었다.

각 장의 본문에는 주요어를 진한체(예: **경험주의**)로 표시하였고, 정의 또한 동일 문장에 제시하였다. 주요어는 또한 장의 말미에 정리되어 있다. 책의 후반부에 있는 용어설명에는 모든 주요어의 정의가 정리되어 있다.

이 책의 이례적인 특징은 요약이 전체 장의 말미가 아닌 각 주요절 말미에 제시되어 있다는 것이다. 필자들은 두 가지 이유로 하나의 긴 요약문이 아닌 몇 개의 소요약문을 포함시켰다: (1) 재료를 반복해서 복습할 수 있고, (2) 친숙하지 않은 재료로 이동하기 전에 작은 분절 단위를 학습할 수 있다. 각 절의 말미에 이를 때 자가 테스트를 해 봄으로써 이런 특징이 갖는 이점을 경험할 수 있을 것이다. 요약을 읽고 당신이 기억하지 못했던 항목들이 어느 것인지 주시하라. 한 번 더 자가 테스트를 하고, 자신이 얼마나 정확하게 알고 있는지 재확인 해보라.

각 장은 또한 복습문제를 포함하고 있다. 어떤 복습문제들은 매우 직접적으로 장의 중요한 정보에 대해 회상을 요구한다. 다른 복습문제들은 당신이 학습한 지식을 실제적인 문제에 적용해 보도록 하거나, 해당 장이나 심지어는 몇 개의 장에서 다룬 재료들을 통합할 것을 요구하기도 한다.

각 장의 마지막에는 추천도서 목록을 제시하였다, 일반적으로 해당 장에서 다룬 주제들과 관련하여 좀 더 깊이 있는 내용을 학습하고자 하면 이 추천도서들이 도움이 될 것이다. 예를 들어 만약 당신이 특별한 주제와 관련하여 논문을 쓰고자 하거나, 그 분야에 대해 사적으로 흥미를 가지고 있다면, 이 추천도서들이 큰 도움이 될 것이다.

또한 이 추천도서들은 필자들이 장과 절을 작성하기 위해 자주 활용한 것들이다.

복습문제

1. 감각과 지각을 정의하고, 특히 그것들을 구분하기 어려운 이유를 설명하시오. **그림 1.1**을 보라. 이제 그림을 거꾸로 돌려보라. 이런 새로운 관점은 감각과 지각을 구분하는 데 어떤 도움을 줄 수 있을까?

2. 감각과 지각은 인지와 어떻게 다르고, 또 어떻게 관련되는가? 정보처리 접근법은 감각, 지각, 인지의 상호 관련성을 강조한다. 본문에서 언급한 예를 사용해서 이 개념들 간의 경계가 명확하기보다 흐릿하다는 점을 지적해 보시오.

3. 본문에서 감각과 지각이 많은 전문 직종에 적용될 수 있음을 강조했다. 당신이 원하는 전문 직종을 숙고한 다음, 책 미리보기를 다시 살펴보라. 어떤 주제들이 당신의 장래 직종과 관련될 수 있는지 말해 보시오.

4. 피자를 먹고 있다고 상상해 보라. 책 미리보기를 다시 읽고 피자를 먹는 평범한 행위의 어떤 측면들이 각 장과 관련이 있을지 말해 보시오. 시지각(visual perception)이 피자 맛에 영향을 미칠 수 있다고 생각하는가?

5. 지각에 대한 각각의 주요 접근법을 간략하게 기술하시오. 각 접근법이 **그림 1.1**에 대한 당신의 지각을 어떻게 설명해 줄지 간략하게 설명하시오. Gibson 조망에서, 사진이 특히 난해한 자극일 수 있는 이유는 무엇인가? (힌트: 실제 건물 자극의 풍부함을 건물 사진의 풍부함과 비교해 보시오.) Gibson이라면, 그런 자극들에 대해 어떤 말을 할 것이라 생각하는가?

6. 각 이론적 접근법은 지각과 관련하여 학습을 얼마나 강조하는가? (적어도 하나의 접근법으로 그것을 판단하기는 어렵다.)

7. 이론적 접근법 가운데 어느 것이 감각과 지각에 대한 당신의 현재 생각과 잘 부합하는가? 당신은 어느 접근법이 가장 합당하다고 생각하는가?

8. 감각들이 서로 유사성을 공유하고 있다는 첫 번째 테마를 다시 살펴보라. 당신이 주목한 다른 감각양상의 순응에 대해 생각해 보시오. 감각들 간에 다른 유형의 유사성을 경험해 본 적이 있는가?

9. 나머지 세 개 테마들을 다시 살펴보라. 각 테마는 당신이 이 복습문제를 매우 빠른 속도로 읽을 수 있는 이유를 어떻게 설명할지 기술해 보시오.

10. 이 책을 좀 더 효과적으로 읽을 수 있도록 준비시키는 데 도움을 주기 위해 2장을 살피고, 지각 연구법을 읽을 때 '내용 구성'절에서 언급된 특징들을 어떻게 적용시킬 수 있을지 계획해 보시오.

주요어

Gibson 접근법(Gibsonian approach)
간접 지각(indirect perception)
감각(sensation)
게슈탈트 접근법(Gestalt approach)
게슈탈트(Gestalt)
경험주의(empiricism)
계산적 접근법(computational approach)
구조주의자(structuralist)
생득론(nativism)
인식론(epistemology)
인지(cognition)
정보처리 접근법(information-processing approach)
지각(perception)
직접 지각(direct perception)
행동주의(behaviorism)

추천도서

Benjamin, L. T., Jr. (2008). *A history of psychology: Original sources and contemporary research* (3rd ed.). malden, MA: Blackwell.

특히 심리적 사고에 대해 역사적으로 중요한 인물을 다룬 Mandler의 책(아래 추천도서 중 마지막 도서)을 보완해 줄 수 있는 책으로, Benjamin은 원저의 내용에 근대 내용을 결합시켜 매우 가치 있는 책으로 엮어 놓았다.

Boring, E. G. (1942). *Sensation and perception in the history of experimental psychology*. New York: Appleton-Century-Crofts.

이 고전적인 책은 경험주의와 게슈탈트 심리학뿐만 아니라 지각에 대한 초기 접근법들을 소개하였다.

Gordon, I. E. (2004). *Theories of visual perception* (3rd ed.). New York: Psychology Press.

Gordon은 게슈탈트 이론, 경험주의, 직접 지각, 계산적 접근법에 대한 이해에 도움을 주는 장들을 제공하였다. 특히 Egon Brunswik이 집필한 장은 필자들이 가장 좋아하는 장이었고, 그 장을 읽는 내내 즐거움을 느꼈다. 각 장의 후기를 반드시 읽어 보기를 권한다.

Mandler, G. (2007). *A history of modern experimental psychology: From James and*

Wundt to cognitive science. Cambridge, MA: MIT Press.

인지심리학에 지대한 기여를 한 Mandler는 1994년에 은퇴했다. 필자들이 은퇴할 때를 생각하면 그의 발꿈치도 따라갈 수 없을 것이다! Mandler는 이 책을 통해, 근대 심리학의 맥락을 제공하는 심리학의 간략한 역사를 정리했다.

CHAPTER 2

연구 방법

약한 자극에 대한 반응 측정

탐지: 고전적 정신물리학적 측정

신호탐지이론

● 심화학습: 법정, 얼굴, 허위경보: 신호탐지이론의 적용

2지 강제선택 절차

강한 자극에 대한 반응 측정

고전적 정신물리학적 변별 측정

물리적 자극과 심리적 반응의 관계성

지각 자극에 대한 뇌 반응 측정

단일세포 연구

집합적 뇌 반응 연구

이 책을 읽고 있는 방의 조명은 얼마나 밝은가? 주위에서 발생하고 있는 소리들은 얼마나 큰가? (음악 소리인가? 사람들의 대화 소리인가?) 오랜 세월에 걸쳐 과학자들과 기술자들은 그런 자극들의 물리적 속성을 정량화할 수 있는 매우 정밀한 장비를 개발해왔다. 예를 들어, 당장 카메라 판매점에 가서 빛의 밝기를 측정할 수 있는 광도계(photometer)를 구입하거나, 전자제품 판매점에서 소리의 크기를 측정할 수 있는 소음계(sound level meter)를 구입할 수도 있다.

그러나 심리학자들은 주변 자극들의 물리적 속성에는 관심이 적고, 대신 그런 자극들의 심리적 경험에 더 관심을 두고 있다. 밝기나 음량의 내적 경험을 어떻게 측정할 수 있을까? 지각은 사적인 현상이기에 이 문제는 특히 도전을 안겨준다. 이런 과제가 얼마나 어려운지 체험하려면 잠시 책 읽기를 멈추고 친구에게 빛이 얼마나 밝아 보이는지 또는 소리가 얼마나 크게 들리는지를 말해주기 위해 어떤 방법들을 사용할 수 있을지 생각해보라.

아마도 당신은 처음에 자극의 물리적 속성 정도만 측정하면 된다고 생각했을 것이다. 단순히 물리적 자극을 그 자극의 심리적 경험과 동일한 것으로 여길 수는 없을까? 몇 가지 예를 통해 그런 접근법이 틀렸다는 것을 확인시킬 수 있다.

자동차의 시동을 켰을 때 라디오가 이미 켜져 있음을 발견한 적이 있는가? 도로 소음이 발생하는 상황에서 음악을 청취하고 있을 때, 적당했던 음악 소리가 매우 크게 느껴져서 신속하게 볼륨을 줄인 적은 없는가? (마찬가지로 잠들기 전에 설정해 놓은 알람소리의 크기가 아침에 더 크게 느낀 적이 있을 것이다) 라디오에서 나오는 소리에너지는 변함이 없음을 주목하라. 볼륨을 조절하는 다이얼도 동일한 위치에 있다. 그렇지만 음량에 대한 지각은 변할 수 있다. 환언하면, 두 개의 동일한 물리적 자극은 다른 지각을 일으킬 수 있다.

더 나아가, 두 개의 다른 물리적 자극이 동일한 지각을 일으키기도 한다. 예를 들어, 한 제품의 완두콩 수프는 다른 제품보다 소금의 양이 더 많을 수 있다. 이런 두 자극의 물리적(physical) 속성은 다르지만, 어느 것이 더 짠 맛인지 인식하지 못할 수 있다. 따라서 이는 두 제품이 심리적으로(psychologically) 동일하다는 것을 시사한다.

이런 예들은 자극의 물리적 속성과 그 자극에 대한 심리적 경험의 관계성이 복잡하다는 것을 잘 보여준다. 동일한 물리적 자극이라도 매우 다른 지각을 일으킬 수 있으며, 상이한 물리적 자극이라도 동일한 지각을 일으킬 수 있다. 물리적 자극의 속성과 그 속성에 대한 심리적 반응의 관계성을 다루는 분야를 **정신물리학**(psychophysics)이라 한다. Gustav Theodor Fechner(1801~1887)는 이미 100여전전에 이 용어를 사용했다.

구전에 의하면, Fechner는 1850년 10월 22일 아침 정신물리학에 대한 아이디어가 퍼뜩 떠오르면서 잠에서 깨어났다. 오늘날 정신물리학자들은 해마다 그날을 Fechner를 기리는 날로 정하였다(Boring, 1961; Rosenzweig, 1987). Fechner는 물리적 자극에 대한 심리적 경험을 연구하는 몇 가지 방법들을 제안했는데, 이 방법들은 오늘날까지 계속 사용되고 있다. 사실 어떤 이는 Fechner의 아이디어를 심리학에 대한 실험적 접근의 효시라고 주장하기도 했는데, 심리적 경험 연구에 엄격한 실험적 접근법을 적용시킨 최초의 인물이 바로 Fechner이기 때문이다. Hermann Ebbinghaus와 같은 다른 연구자들은 Fechner의 접근법에 의해 영향을 받았고, 그들은 Fechner의 접근법을 기억과 지각을 넘어 다른 심리학 영역에도 적용시켰다.

그림 2.1은 자극의 물리적 차원과 그 차원에 대한 지각의 관계성을 보여준다. 이 그림은 또한 정신물리학자들이 당면하는 문제가 얼마나 복잡한지도 알려준다. 그림 하단은 물리적 차원을 나타낸다. 정신물리학적 연구가 가지는 중요한 장점의 하나는 물리적 차원을 쉽게 정량화할 수 있다는 것이다.

물리적 자극이 관찰자에게 미치는 영향을 '주관적 경험'으로 표기하였다(**그림** 2.1b). 이 차원은 외부로 드러나는 것이 아니다. 주관적 경험이 의미하는 바는 개인의 지각적 경험이며 자극에 의해 유발된 뇌 세포 반응이라는 것이다. Fechner는 실제로 주관적 경험으로 묶을 수 있는 두 가지 성분, 즉 마음-신체 관계성(지각적 경험과 뇌 활동의 관계)으로 특징지어지는 것에 주로 관심을 가졌다.

물리적 자극을 정확하게 측정할 수 있더라도(차원 상의 한 점으로 나타내질 수 있더라도), 그것이 관찰자에게 미치는 영향은 그리 단순하지 않다. **그림** 2.1에서 볼 수 있듯이, 하나의 물리적 자극이 다양한 주관적 경험을 일으킬 수 있다. 이는 많은 요인들(예: 신체 내부의 '소음', 주의 산만, 다른 맥락 등)이 동일한 자극에 대해서 다른 시기에 다른 지각을 일으키는 데 영향을 줄 수 있다. 그런 변동은 시간에 따른 주관적 경험의 분류 수준 분포를 발생시킨다. 따라서 정신물리학자들이 대하게 되는 첫 번째 문제는 물리적 에너지와 주관적 경험의 관계가 일 대 일이 아니라 일 대 다수의 관계라는 것이다. 정신물리학자들은 많은 맥락 요인이 사람들로 하여금 다른 시기에 동일한 주관적 경험 수준에 대해 상이하게 반응하게 만든다고 가정한다(예: Marks & Gescheider, 2002; Poulton, 1989). 그러나 문제는 여기에서 그치지 않는다.

그림 2.1에 제시되어 있는 주관적 차원은 대개는 관찰되지 않는 가상적인 것이다. 지각적 경험은 본질적으로 사적인 경험이기 때문에, 다른 사람의 내적 경험에 대

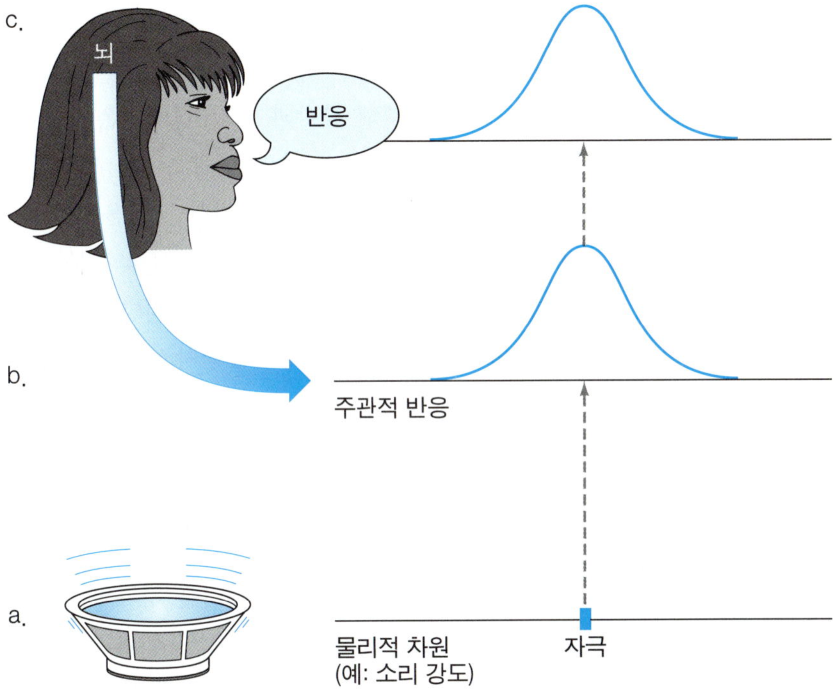

그림 2.1 정신물리학은 물리적 자극과 그것에 대한 심리적 반응의 관계성을 연구한다. 물리적 차원(a)은 쉽게 측정될 수 있다. 그러나 심리적 반응이나 주관적 경험(b)은 개인마다 다를 수 있고, 물리적 차원처럼 보편적으로 정량화되기 쉽지 않다. b에 대해 확인할 수 있는 유일한 방법은 개인에게 무엇을 경험하였는지 보고하게 하는 것이다(c). 이런 차원들 간에는 일 대 일 관계성이 없음을 주목하라. b와 c의 경우, 종 모양의 분포는 동일한 자극이 다른 시기에 다른 주관적 경험과 반응을 일으킬 수 있음을 시사한다. 예를 들어 본문에서 언급한 자동차의 라디오 소리처럼, 동일한 물리적 자극(소리 에너지)이 어떤 때는 다른 때보다 더 크게 들릴 수 있다.

해 어떤 아이디어를 얻을 수 있는 유일한 방법은 그 사람에게 어떤 행동을 하도록 하는 것이다. 따라서 **그림 2.1**에서 제시된 마지막 차원은 반응 차원이 된다. Fechner 시대부터 현재에 이르기까지 연구자들은 사람들에게 어떤 행동을 하도록 함으로써, 즉 그런 행동을 통해 수치를 도출하여 이런 사적인 지각을 측정하는 방법들을 고안하였다.

우리는 정신물리학에 왜 그렇게 관심을 가지는 것일까? 한 가지 대답은 정신물리학이 탐구를 위한 자족 영역으로 중요하다는 것이다. 만약 당신이 마음이 어떻게 작동하는지에 관심이 생긴다면, 그것은 마음이 물리적 자극들을 어떻게 처리하는지에 대해 궁금해 하는 것이다.

정신물리학은 또한 감각과 지각 연구에 기본이 되는 수단이다. 예를 들어, 당신이 청력 검사를 받아 본 적이 있다면, 당신은 정신물리학적 방법 가운데 어느 한 가지 방법을 포함하는 검사를 받은 것이다. 몇몇 감각과 지각 영역들은 누군가가 그 영역들이 정신물리학과 연계된다는 점을 지적하기 전까지 애초에는 정신물리학과 관련이 없는 것으로 보였다. 예를 들어, 4장에서 우리는 세밀한 것들을 볼 수 있는 능력인 시력(visual acuity)에 대해 논의할 것이다. 벽에 걸려 있는 시력 검사표에서 P와 R의 차이를 보고하려면 낱자의 오른쪽 하단에 있는 작은 획을 탐지할 필요가 있다.

광범한 지각 연구에서 사용되는 이외에도, 정신물리학적 기법들은 지각을 벗어난 많은 영역에서도 사용되고 있다(Crano & Brewer, 2001). 예를 들어, 인지심리학자들은 기억 연구에 정신물리학적 기법들을 사용해왔다(e.g., Rotello et al., 2004; Wixted & Stretch, 2004). 법심리학자들은 목격자 증언의 신뢰도를 포함해서 몇몇 영역에 정신물리학적 방법들을 적용해왔다(Clark, 2005; Phillips et al., 2001). 식물병리학자들은 식물의 질병 정도를 판단하는 사람들의 능력을 평가하기 위해 정신물리학을 사용해왔다(Nutter & Esker, 2006). 마지막으로 의학 분야에서는 엑스선 사진에서 유방암 탐지를 포함한 여러 측면에서 정신물리학적 방법들을 적용해왔다(Bochud et al., 2004). 연구자들은 이론이나 응용 문제를 다룰 때 흔히 정신물리학적 방법들이 매우 유용하다는 것을 발견한다.

요약하면, 정신물리학적 방법들은 이 책에 제시된 많은 연구의 기반이 되기 때문에 중요하다. 더 나아가, 이 방법들은 감각과 지각을 넘어 일상생활의 문제들에 이르기까지 실질적인 적용을 포함해서 심리학 전반에 걸친 연구 영역에 대해서 많은 것을 알 수 있게 해준다. 이제 이런 정신물리학적 기법들에 대해 본격적인 논의를 하기로 하자.

논의는 두 개의 절로 구분된다. 첫 번째 절에서는 사람들이 탐지하기 어려운 약한 강도의 자극들에 어떻게 반응하는지를 설명한다. 고전적 정신물리학적 방법들과 몇 가지 새로운 방법들이 논의된다. 두 번째 절에서는 사람들이 쉽게 탐지할 수 있는 좀 더 강한 자극들에 대해 어떻게 반응하는지를 살펴볼 것이다. 변별뿐만 아니라 물리적 강도와 정신물리학적 반응 간의 관계성을 측정하는 고전적 정신물리학적 방법들을 살핀다.

약한 자극에 대한 반응 측정

지하철 승강장에 서서 캄캄한 오른쪽 터널을 보고 있다고 하자. 기차가 들어온다는 것을 신호하는 희미한 불빛이 보이는가? 서울역으로 가는 2호선이 들어오고 있음을 신호하는 철로의 울림소리가 들리는가? 이런 문제는 탐지와 관련된다. **탐지**(detection) 연구에서는 약한 강도의 자극을 제시하고 사람들이 그 자극을 인식하는지를 살핀다.

탐지: 고전적 정신물리학적 측정

Fechner의 정신물리학적 방법의 한 가지 적용은 절대역 측정이다(Kubovy et al., 2003; Rose, 2000; Schiffman, 2003). **절대역**(absolute threshold)은 자극을 탐지할 수 없는 순간에서 겨우 탐지할 수 있는 순간으로의 급작스런 변화로 고려될 수 있다. 절대역은 **절대 임계**(absolute limen: 라틴어로 역치를 의미하는 용어)로 이해되기도 한다. 이 접근법은 **그림 2.2**에서 제시된 결과로 잘 설명될 수 있다.[1)]

7개의 강도 수준 각각을 실험 참가자에게 10회씩 무선적으로 제시하는 식으로 총 70회의 시행을 하는 실험을 한다고 해보자. (당신은 곧 이 연구가 항상자극법을 사용하고 있음을 알게 될 것이다.) 각 시행에서 실험 참가자는 자극이 보일 때 '예', 자극이 보이지 않을 때 '아니오'로 보고하도록 요청받는다. 참가자는 자극 강도가 1, 2, 3, 4에 대해 모두 '아니오'라고 반응했다고 하자(따라서 '예'로 반응한 비율은 0%이다). 그러나 자극 강도가 5 이상이 되면서 참가자는 일관되게 '예'로 보고하였다고 하자(따라서 자극을 보았다고 답한 비율은 100%이다). 따라서 이 참가자의 역치는 강도 4와 5 사이에 놓인다. 편의상 그 사람의 역치를 4.5라고 하자.

그러나 실제 탐지실험을 할 때는 **그림 2.2**와 전혀 다른 결과를 얻게 된다. 즉 **그림 2.3**에서 보여주는 것과 같은 결과를 얻기 십상이다. 이 관찰자의 경우, '예' 반응 백분율이 점진적인 증가를 보이고 있음을 주목하라. 자극 강도 3이 제시되는 10회의

---

1) 횡축은 물리적 자극의 강도(좌에서 우로 약한 강도에서 강한 강도로 증가)를 나타내며, 종축은 지각 반응(자극이 보인다는 백분율이 0%에서 자극이 100% 보인다는 보고까지)을 나타낸다. 따라서 그래프 자체는 물리적 자극과 그것에 대한 지각의 기본적인 정신물리학적 관계성을 나타낸다.

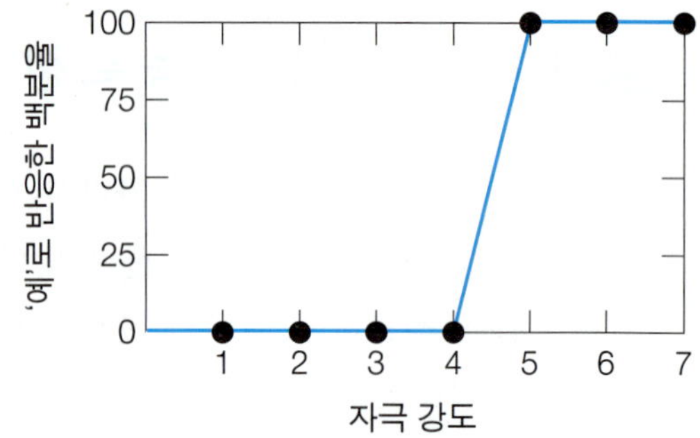

그림 2.2 급작스런 변화를 보여주는 역치의 이상적 개념. 이 사람은 자극이 보이지 않는다(0%의 '예' 반응)고 보고하다가 어느 순간부터 자극이 보인다(100%의 '예' 반응)는 반응 전환을 보이기 때문에 역치는 분명 4와 5 사이에 놓인다.

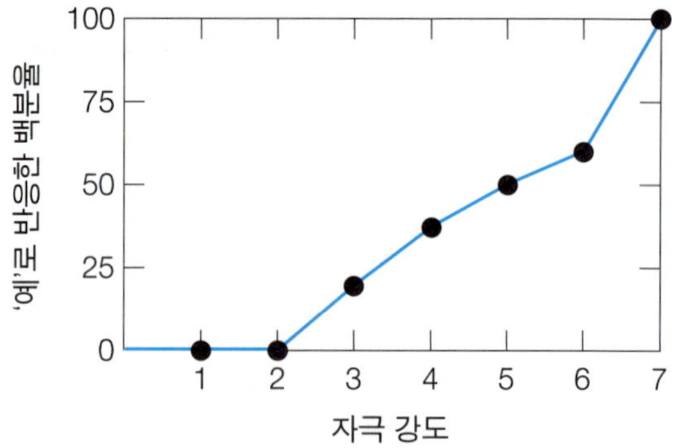

그림 2.3 점진적인 변화를 보여주는 전형적인 역치 연구 결과. 역치는 자극의 50%(50% '예' 반응)가 보고된 지점이다. 이 경우 역치는 5가 된다.

시행 가운데 2회의 시행에서 이 관찰자는 '예'라고 보고했다(따라서 종축의 20%가 횡축의 3에 대응된다). 나머지 8회의 시행에서 이 관찰자는 자극을 보지 못했다고 보고했다. 역치는 자극 강도 2('예'로 대답할 가능성이 희박)와 7('예'로 대답할 가능성이 100%) 사이에 놓인다. 그러면 역치의 위치를 어디로 정해야 할까? 정신물리학자들은 일반적으로 절대역을 시행의 50%가 보고된 자극의 강도로 정하고 있다. 따라서 **그림 2.3**의 결과에서 이 관찰자의 역치는 자극 강도 5이다.

그런데 동일한 자극인데도 때때로 다른 반응을 일으키는 이유는 무엇일까? 앞에서 예로 든 자동차의 라디오 소리를 기억하고 있다면, 이 문제가 이해될 것이다. 동일한 물리적 자극은 한 시기에 하나의 주관적 경험을 일으키며, 다른 시기에 다른 주관적 경험을 일으킬 수 있음을 기억하라(**그림 2.1b**에서 주관적 경험 분포). 따라서 자극이 비교적 큰 주관적 경험을 일으킨다면, 관찰자는 '예'라고 반응하기 십상이다. 반대로 동일한 자극이 비교적 작은 주관적 경험을 일으키는 것이라면, 관찰자는 '아니오'로 반응하기 십상이다. **그림 2.1c**에서 보여주듯이, 동일한 주관적 강도는 여러 다른 반응을 일으킬 수 있다. 물론 자극의 물리적 에너지의 양이 많을수록, 주관적 강도

표 2.1 탐지역의 몇 가지 예

감각 양상	탐지역
빛	어두운 밤 30마일(48킬로미터) 밖에서 보이는 촛불
소리	조용한 조건에서 20피트(약 6미터)까지 들리는 손목시계의 초침 소리
맛	2갈론(7.57리터)의 물에 용해된 설탕 1스푼
냄새	방 3개 규모의 아파트에 확산되는 향수 한방울
촉각	뺨 위 1센티미터 지점에서 벌의 날갯짓

출처: Galanter(1962)

수준은 높아지고, '예' 반응 확률 또한 증가한다.

표 2.1은 인간의 절대역에 대한 몇 가지 예시가 제시되어 있다. 이들 역치를 통해 감각들이 놀라울 정도의 민감성을 가지고 있음을 알게 될 것이다. 실제로 벌의 날갯짓이나 야간에 먼 거리에 놓인 촛불로 실제 실험을 수행하지는 않았다.

Fechner(1860)는 자신이 쓴 책 『정신물리학의 요소(*The Elements of Psychophysics*)』에서 세 가지 절대역 측정 방법(한계법, 조정법, 항상자극법)을 설명하였다. 지금부터 이 방법들을 각각 살펴보기로 하자.

한계법

먼저 WWW해보기 2.1을 해보고, 한계법으로 탐지역을 어떻게 측정하는지 알아보자. **한계법**(method of limit)을 사용하기 위해 먼저 확실하게 확인 가능한 자극에서 시작하여 관찰자가 "아니오, 탐지할 수 없습니다."라고 반응할 때까지 점진적으로 약한 자극을 제시한다. 이런 순서를 **내림차순 시행**(descending series of trials)이라 한다. 그 다음, 확실한 역치 이하의 자극에서 시작하여 관찰자가 "예, 탐지할 수 있습니다."로 반응할 때까지 점진적으로 자극 강도를 높여가면서 제시할 수 있다. 이런 순서를 **오름차순 시행**(ascending series of trials)이라 한다. 한계법을 사용하는 전형적인 정신물리학적 실험에서는 관찰자에게 오름차순과 내림차순 시행을 교대로 제시한다.

한계법을 사용할 때는 흔히 어떤 차순을 사용했는지에 따라 다른 역치를 얻을 수 있기 때문에 오름차순과 내림차순을 모두 사용할 필요가 있다. 이런 역치 차이는 몇 가지 실제적인 예에서 확인이 가능하다. 예를 들어 당신이 공부를 하고 있는데, 누군가 방에서 라디오를 켰다고 하자. 당신은 내림차순을 사용하여 소리 크기가 적당하다고 생각할 때까지 볼륨을 낮추도록 요청할 수 있다. 그러나 처음부터 소리가 들리지 않을 때까지 볼륨을 완전히 낮추고 오름차순을 사용하여 점차로 소리를 키워서 적정 수준에 맞추도록 하면 내림차순을 사용해서 맞춘 적정 수준보다 소리가 더 작게 설정된다.

이 두 유형의 차순은 또한 두 가지 다른 양상의 경향성을 보인다. 어떤 사람들은 **습관화 오류**(errors of habituation)를 보인다. 즉 그들은 '그 자극은 이전 것과 동일한 것 같아서 나는 같은 대답을 해야만 될 것이다.'라는 원칙을 따른다. 따라서 그들은 어느 순간 반응 패턴을 변경시키고 나서 일정 시간 오름차순에 대해 '아니오'로 계속 반응하고, 내림차순에서는 '예'라는 반응을 유지하는 경향이 있다. 다른 사람들은 **기대 오류**(errors of anticipation)를 범한다. 즉 그들은 '그 자극은 이전 것과는 다른 것 같아서 나는 대답을 달리 해야겠다.'는 정 반대의 원칙을 따른다. 그 결과, 그들은 기대에 의해 먼저 대답하려는 경향성을 보인다. 그들은 오름차순 시행에서 실제로 자극을 탐지할 수 없음에도 자극을 탐지했다고 고집한다. 내림차순에서는 실제로 자극을 탐지할 수 있음에도 자극을 탐지할 수 없다고 고집한다.

습관화 오류와 기대 오류를 어떻게 교정할 수 있을까? 만약 우리가 습관화 오류를 범하는 사람이 내림차순 시행만큼이나 오름차순 시행에서도 오류를 범하기 십상이라고 가정하면, 오류들은 서로 상쇄될 것이다. 우리가 얻은 역치는 오름차순 시행에서는 크지만, 내림차순 시행에서는 작을 것이다. 따라서 이 둘의 평균을 내면, 정확한 역치를 얻을 수 있다. 동일한 유형의 오류 상쇄가 기대 오류에서도 발생한다.

이외에도 한계법에 혼입 효과를 일으키는 한 가지 부가적인 인간 요인이 있어 그것을 통제하지 않으면 부정확한 역치가 산출될 수 있다. 가령 WWW해보기 2.1에서 모든 오름차순이 컵1에서 시작된다고 해보자. 실험 참가자는 첫 시행에서 컵4에서 단맛을 탐지할 수 있음을 주목한다. 만약 모든 시행이 동일한 자극으로 시작된다면, 그 참가자는 네 번째 컵에 이르면 맛에 주의를 주지 않은 채 단순히 '예'라고 반응하기 십상이다. 그러나 각 시행에 대해 출발점을 달리하면, 실험 참가자들이 단순히 시행의 수를 세는 것을 방지할 수 있다. 따라서 오름차순 시행은 때로는 컵1에서, 또 때로는 컵2에서 시작되는 것이 바람직하며, 마찬가지로 내림차순 시행도 컵9에서 시작하면, 때로는 컵10에서 시작되는 것이 바람직하다.

WWW해보기 2.1은 단지 8회의 시행만 실시하였다. 공식적인 정신물리학적 실험은 보통은 수십 회의 시행을 실시한다. 한계법은 관찰자가 한계에 이르렀을 때, 그리고 '예'에서 '아니오'로, 혹은 '아니오'에서 '예'로 반응을 변화시켰을 때 시행을 중지하기 때문에 그런 명칭이 붙여졌다.

조정법

조정법(method of adjustment)에서는 실험자가 아닌 관찰자가 직접 자극의 강도를 조정한다. 전형적으로 관찰자는 불연속적 조정(예: 다른 양의 물질을 함유하는 각 용액 맛보기)이 아닌 연속적 조정(예: 다이얼 조정하기)을 한다.

이 방법은 빠른 시간 내에 역치를 얻기 위해, 즉 역치의 근접치를 얻기 위해 사용될 수 있다. 그러나 이 방법은 깔끔하지 않은 경향이 있어서, 관찰자마다 역치에서 큰 변동이 나타난다. 이런 이유로 정신물리학자들은 이 방법을 다른 방법보다 덜 사용한다. 그렇다 하더라도, 라디오 소리를 거의 들리지 않게 하기 위해 직접 볼륨을 조정할 때처럼, 일상에서는 이런 방법이 흔히 사용된다.

항상자극법

항상자극법(method of constant stimuli)에서는 자극이 WWW해보기 2.2에서와 같이 무선적으로 제시된다. 실험자는 일반적으로 확실한 역치 이하의 가장 약한 자극에서부터 확실한 역치 이상의 가장 강한 자극에 이르는 5~9개의 자극들을 선정한다(이 값들은 조정법과 같은 신속한 방법으로 사전 검사를 한 후 정해질 수 있다). 항상자극이란 용어는 연구자들이 검사를 실시하기 전에 일정한 자극 세트를 선정하고, 검사가 실시되는 동안 일정한 횟수로 이 자극들을 제시한다는 점에서 그렇게 불린다.

WWW해보기 2.2에서는 각 용액에 대해 5회 제시된다. 그러나 공식적인 정신물리학 실험에서는 이보다는 훨씬 더 많이 제시된다(Gescheider, 1985). 항상자극법은 특히 자극들에 대해 사전검사를 실시해야 하기 때문에 시간이 매우 많이 소요된다. 그러나 이 방법은 다른 두 방법에서 발견되는 편향을 제거시켜 주기 때문에, 정밀한 역치를 얻기 원할 때 정신물리학자들은 이 방법을 선호한다.

실험자는 사용할 방법을 어떻게 정할까? 항상자극법은 가장 신뢰할 만한 데이터를 제공하며, 비교적 편향에서 자유롭다. 단점은 역치의 근접 수준에 있는 자극들을 선정하기 위해 사전검사가 필요하다는 것이다. 조정법은 오류를 많이 일으키며, 전형적으로 지속적인 조정이 가능한 자극들에 대해서만 사용된다. 그럼에도 불구하고, 이 방법은 항상자극법으로 사용될 자극들을 선정하기 위한 사전검사로 유용할 수 있다. 한계법은 항상자극법보다 사전 계획을 덜 요구하며, 시간을 많이 들이지 않고도 비교적 신뢰할 만한 역치를 얻으려는 실험자에게 좋은 선택이 될 수 있다.

지금까지의 논의가 역치에 집중되어 있기는 하지만, 일부 정신물리학자들은 이것을 **민감도**(sensitivity) 측정치라 주장하기도 한다. 이 용어의 전문적인 사용은 일반적인 민감도라는 용어의 사용과 밀접하다. 어떤 사람들을 매우 민감하다고 기술할 때는 전형적으로 그런 사람들이 주위의 다른 사람들에게서 미미한 (일반적으로 정서적) 변화를 탐지할 수 있음을 의미하거나, 혹은 그런 사람들이 변화를 탐지함에 있어 매우 낮은 역치를 가지고 있음을 의미하는 것이다. 민감하지 못한 사람들은 역치가 높아서 어떤 변화를 감지하려면 좀 과장해서 땅이 흔들릴 만한 지진 정도가 되어야 한다.

다시 말해서, 민감도는 역치와 역 관계에 있다. 어떤 사람이 자극에 대해 낮은 역치를 가지고 있다고 할 때는 그가 작은 강도로도 "나는 그 자극을 지각했습니다."라고 말할 수 있음을 의미한다. 따라서 역치가 낮을수록, 민감도는 높아진다. 반대로 역치가 높을수록, 민감도는 낮아진다. 예를 들어 우리가 밝은 대낮에 외출해 있다가, 어두운 방에 막 들어올 때는 희미한 불빛에 대해 높은 역치를 가지게 된다. 즉 민감도가 낮아져 있는 것이다. 그러나 어두운 방에 20분 정도 머물고 나면, 역치가 낮아져 희미한 불빛을 지각할 수 있게 된다. 즉 민감도가 높아진 것이다. 역치와 민감도는 혼동을 일으키는 용어이기 때문에, 정신물리학적 함수 그래프에서 큰 수치들이 높은 역치를 반영하는 것인지 아니면 높은 민감도를 반영하는 것인지를 주의 깊게 살펴야 한다.

지금까지 논의한 고전적 정신물리학적 방법들은 모든 시행에서 자극을 제시한다. 그러나 정신물리학자들은 동일한 자극이라도 어떤 시행에서는 탐지되고, 또 다른 시행에서는 탐지되지 않는다는 사실 때문에 당황해하곤 한다. 관찰자들이 어떤 양식의 추측 전략을 사용할 수 있다고 생각한 연구자들은 자극이 제시되지 않는 '함정 시행(catch trials)'을 삽입하기 시작했다. 그들은 사람들이 종종 함정 시행에서 자극을 지각했다고 보고한다는 것을 발견하였다. 이런 결과는 역치 이론의 틀 안에서는 쉽게 설명될 수 없었다. 그로부터 세월이 한참 지나, 관찰자들이 함정 시행에서 자극을 탐지했다고 보고하는 이유를 설명해주는 신호탐지이론이 개발되었다. Fechner의 정신물리학이 신호탐지이론과 다르기는 하지만, 실제 신호탐지이론은 Fechner의 정신물리학과 이론적 근간에서 많은 부분들을 공유하고 있다(Link, 1994).

신호탐지이론

지금까지 살펴본 고전적인 정신물리학적 방법들은 한 가지 공통되는 목표(즉 역치 측정)를 가지고 있다. 이런 목표가 갖는 함의는 탐지할 수 있는 자극과 탐지할 수 없는 자극의 경계를 이루는 자극의 강도를 결정할 수 있다는 것이다. 그러나 신호탐지

이론은 고전적 정신물리학적 방법들이 가정하는 고정된 역치 개념을 거부한다.

신호탐지이론(signal detection theory, SDT)은 고전적 정신물리학적 방법들에 의해 얻어진 역치가 두 개의 분리된 처리 과정으로 얻어진다고 주장한다: (1) 자극에 대한 관찰자의 민감도, (2) 관찰자의 의사결정 전략 혹은 기준(Green & Swets, 1966; Macmillan & Creelman, 2005). SDT를 사용하는 연구자들은 **신호**(signal)를 포함하고 있는 시행(즉 약한 물리적 자극이 제시되는)과 **소음**(noise)만을 포함하고 있는 시행(즉 물리적 자극이 제시되지 않고, 배경 소음만이 있는)에서 관찰자의 반응을 분석하여 민감도와 기준을 분리시킬 수 있다. 이 책의 테마 중 하나와 일치하는 것으로, 신호탐지이론은 하향처리의 중요성을 강조한다. 따라서 물리적 자극만으로 지각을 결정하기에는 충분하지 않고, 이를 위해서는 정신적 요인들 또한 고려되어야 한다.

이 두 개의 과정들이 어떻게 기능하는지를 명료하게 하기 위해 하나의 일화를 예로 들어 보자. 가령 휴대폰이 주머니 속에 있고, 진동으로 해 놓았다고 하자. 전화가 걸려오지 않는 평상시에 당신은 전화의 진동을 잘 감지하지 못하는가? 아니면 그럴 가능성이 별로 없다고 생각하는가? 이제 롤러코스터를 타고 있다고 해보자. 롤러코스터의 진동 때문에 전화의 진동을 감지하지 못하여 전화를 못받기 십상이다. 이 두 상황은 민감도에서 차이가 있다. 첫 번째 상황에서는 신호(전화 진동)가 매우 낮은 수준의 소음(거의 부가적인 진동이 없는 상황)에서 제시될 수 있기에, 전화 진동을 놓칠 가능성이 거의 없다. 따라서 전화 진동이 울리지 않는 상황에서 전화 진동이 있다고 보고할 가능성은 없다. 그러나 두 번째 상황은 소음 수준이 매우 높다. 따라서 당신은 존재하지 않는 진동을 느낀다고 보고하거나 실제 진동을 놓치기 십상이다. 따라서 롤러코스터를 타고 있을 때 신호 대 소음비(S/N ratio)는 훨씬 더 낮다(스테레오 시스템을 구입한 적이 있다면, 아마도 이런 개념에 대해 이미 친숙해 있을지 모르겠다. S/N 비로 민감도를 보고할 때 큰 값은 민감도 증가를 나타낸다).

이제 상황을 바꿔 당신이 원하는 회사에 지원해서 방금 면접을 마쳤다고 해보자. 그리고 면접관이 오후 3시 30분에서 5시 사이에 전화로 합격 여부를 통보하겠다고 말했다고 하자. 분명 전화 소리를 놓칠 수 없는 상황이다. 방에서 책을 읽고 있는 동안 당신은 울리지 않는 전화 진동을 잘못 감지할 수 있다. 그 시간대에 롤러코스터를 타고 있다면 전화 진동을 더 자주 감지하기 십상이다. 이전 상황들과 비교해서, 이 상황이 당신에게 훨씬 더 전화 진동을 느꼈다고 보고하게 만든 것은 어떤 변화 때문에 그렇게 되었을까? 신호 대 소음비는 여전히 동일하게 높거나(방에서 독서하기) 동일하게 낮기(롤러코스터 타기) 때문에 당신의 민감도는 변함이 없다. 다만 당신의 기대는 크게 변하였다. 이전 상황에서 당신은 전화가 울릴 것이라는 기대를 하지 않았고, 전화를 놓칠 가능성에 대해 크게 염려하지 않았다. 그러나 전화가 울릴 것으로 기대할 때, 당신은 **기준**(criterion) 혹은 자극을 감지하려는 의지를 변경시키게 된다.

이제 고전적 정신물리학자들이 사용하는 방법과 별반 차이가 없는 방법론을 사용하여 관찰자의 민감도와 기준을 측정하는 전형적인 SDT 실험에 대해 살펴보기로 하자. SDT에 대한 세부 사항들을 살펴보면, SDT가 역치 개념을 거부하는 이유를 이해하게 될 것이다.

신호탐지 실험설계

청취자에게 약한 소리를 제시해주는 가상의 실험을 살펴보도록 하자(비록 이 실험이 청취를 수반하는 것이지만, SDT는 모든 감각에 공히 잘 적용될 수 있다). 100회의 시행 가운데 소리가 제시되지 않는 50회의 소음 시행(단지 평상적인 배경 소음만 있는 시행)을 무선적으로 선정한다(이 시행들은 고전적 정신물리학적 실험의 함정 시행과 거의 동일하다는 것을 주목하라). 나머지 50회의 시행은 소음이 있는 동안 매우 약한 소리가 제시된다. 이런 시행을 **신호+소음**(signal+noise) 시행이라 한다. 이 실험의 개념을 이해하려면, 먼저 두 유형의 시행 간에 지각된 차이가 매우 작아야 한다는 것을 인식해야 한다. 다시 말해서, 만약 청취자들이 매 시행마다 소리가 제시되었다고 말한다면, 그들의 탐지능력에 대한 좋은 추정치를 얻을 수 없다. 시행은 매번 관찰자에게 어려운 결정을 내리도록 설계되어야 한다.

표 2.2는 이런 실험의 각 시행에서 발생할 수 있는 네 가지 가능한 결과를 보여준다. 소음시행에서는 어떤 결과가 발생할 수 있을까? 완벽한 관찰자는 이 시행에서 항상 자극이 제시되지 않았음을 시사하는 '아니오'로 반응할 것이다. 이는 **바른기각**(correct rejection)이다. 그러나 이따금씩 관찰자는 '예'라고 부정확한 반응을 하기도 하는데, 이는 **허위경보**(false alarm)이다. 자극이 실제로 제시될 때(배경 소음 상황에서 신호가 부가될 때), 완벽한 관찰자라면 항상 '예'로 반응할 것이다. 이를 **적중**(hit)이라 한다. 그러나 실제로 관찰자는 이따금씩 '아니오'로 반응할 수 있는데, 이를 **탐지실패**(miss)라 한다.

실험에서 얻어진 데이터를 분석할 때, 이 네 가지 결과 각각의 비율을 계산하면 된다. 그러나 적중과 탐지실패 간, 그리고 바른기각과 허위경보 간에는 보완적인 관계가 존재한다는 것을 주목하라. 따라서 위의 가상의 실험에서 50회의 소음 시행에

표 2.2 신호탐지 시행의 네 가지 가능한 결과

		관찰자 반응	
		'예'	'아니오'
신호 유무	유	적중(정)	탐지실패(오)
	무	허위경보(오)	바른기각(정)

대해 40회의 바른기각(비율=.80)을 한 청취자는 또한 10회의 허위경보(.20)를 한 것이다. 한편 50회의 신호+소음 시행에서 45회의 적중(.90)을 보인 관찰자는 5회의 탐지실패(.10)를 한 것이다. 따라서 연구자들은 바른기각과 탐지실패율은 무시하고 단지 적중과 허위경보율만을 가지고 신호탐지 실험의 결과를 분석하면 된다.[2)]

신호탐지 실험 결과

이제 한 사람의 관찰자를 대상으로 시행된 가상의 실험 결과(100회 시행에서 얻어진 적중과 허위경보율)를 살펴보도록 하자. 먼저 허위경보 데이터를 얻는 소음 시행을 살펴보기로 하자(**그림 2.4a**). 횡축은 관찰자가 주어진 시행에서 경험한 주관적 강도(임의의 단위로 측정)를 나타낸다. 종축은 관찰자에게 발생할 어떤 특별한 주관적 강도의 확률을 나타낸다. **그림 2.4a**를 보면, 대부분의 소음 시행에서 관찰자는 주관적 강도 3(분포의 정점)을 경험할 것으로 판단할 수 있다. 그러나 다른 시행에서 주관적 강도는 1보다 작거나 5보다 크지만, 이런 주관적 강도의 확률은 매우 낮다(분포의 저점).

그림 2.4에서 보여주는 주관적 강도들의 확률 분포는 무엇을 알려 주는가? 소음 시행에서는 소리가 제시되지 않는다. 후속 장들에서 알게 되겠지만, 뇌 세포는 자극을 받지 않아도 항상 발화한다. 이러한 자발적 발화를 **유지 활동**(maintained activity)이라 한다. 따라서 우리는 그 분포를 청각 정보를 처리하는 뇌 영역들의 상이한 뇌 세포 활동 수준들로부터 얻어진 것으로 생각할 수 있다. 일부 소음 시행에서는 이러한 활동 수준이 매우 낮기 때문에 그 시행에서 주관적 강도는 매우 작다(1 근처). 다른

2) 통계과목을 수강한 적이 있는 사람들은 또한 **표 2.2**와 1종 오류(실제로는 차이가 없음에도 차이가 있다고 말하는 경우) 및 2종 오류(실제로는 차이가 있음에도 차이가 없다고 말하는 경우)를 보여주는 가설검증표가 서로 유사하다는 점을 주목할 것이다. 1종 오류는 기본적으로 허위경보가 되며, 2종 오류는 탐지실패가 된다.

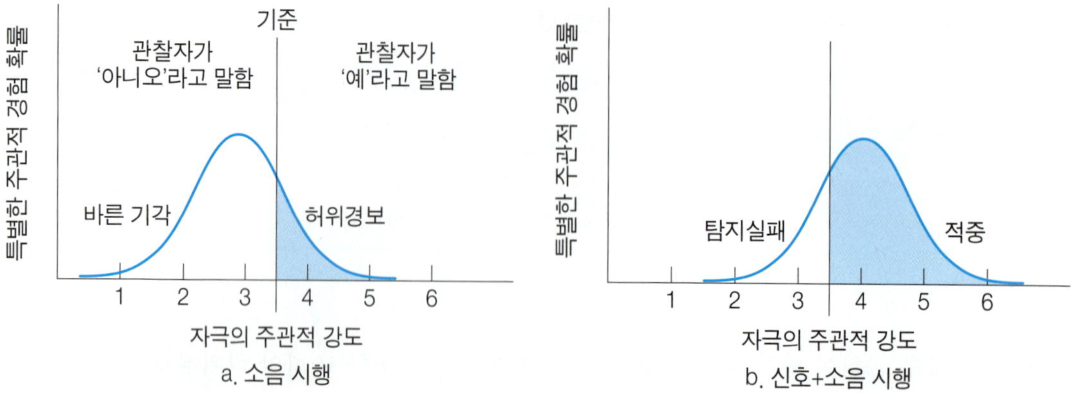

그림 2.4 신호탐지 실험의 가능한 결과를 보여주는 그래프. 관찰자는 어떤 주관적 강도를 자극의 존재에 대해 보고하기 위한 기준으로 설정한다. 자극이 기준을 초과하는 주관적 강도를 일으킬 때, 그 관찰자는 자극이 제시되었다고 말한다('예'). **그림 2.4a**는 소음(실제 신호가 없음)만 제시되는 시행을 보여준다. 관찰자는 신호를 청취하거나(허위경보–음영 영역) 청취하지 않았다고(바른기각–흰 영역) 보고한다. **그림 2.4b**는 소음에 부가하여 신호가 제시되는 시행을 보여준다. 여기서 주관적 강도가 증가하면서 분포는 오른쪽으로 이동된다는 것을 알 수 있다. 관찰자는 신호를 청취했거나(적중–음영 영역) 청취하지 않았다고(탐지실패–흰 영역) 보고한다.

시행에서는 이런 활동 수준이 매우 높아서 높은 주관적 강도(5 근처)를 이끈다. 그러나 뇌 세포 활동은 양 극단 어디에서도 거의 발생하지 않으며 대부분의 시행에서 주관적 강도는 3을 중심으로 집중된다.

다음으로 적중률을 얻을 수 있는 신호+소음 시행(**그림 2.4b**)을 살펴보기로 하자. 비록 신호+소음 분포가 소음 분포와 별개로 제시되긴 했지만, 횡축과 종축은 동일하다는 것을 주목하라. 다시 말해서, 횡축의 주관적 강도 단위들은 **그림 2.4a**와 **2.4b**에서 동일하다. 신호+소음 시행의 확률 분포는 더 큰 주관적 강도 방향으로, 즉 분포가 오른쪽으로 이동된다는 점을 제외하고는 기본적으로 소음 시행의 확률 분포와 동일하다. 사실 신호+소음 시행에서 소리 에너지의 부가는 소음 분포에서 각 점들에 일정한 양의 주관적 강도가 더해지는 것으로 생각하면 된다. 또한 **그림 2.1**과 **그림 2.4**는 표상과 해석에서 유사하다는 것을 주목하라.

그림 2.4a와 **2.4b**에서 횡축의 주관적 강도 단위들은 동일하기 때문에, 실제로 소음 분포와 신호+소음 분포를 **그림 2.5**와 같이 동일한 횡축에 위치시킬 수 있다. 비록 두 개의 분포가 동일한 횡축에 놓일지라도, SDT 실험에서는 그것들이 두 개의 다른 유형의 시행에 대한 반응을 나타낸다는 사실을 기억해야 한다.

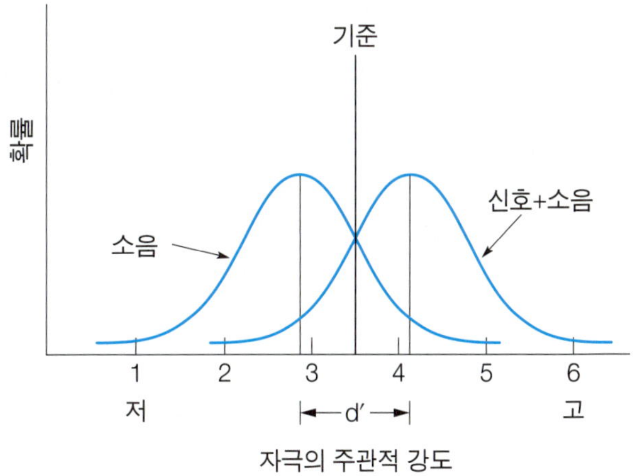

그림 2.25 신호탐지 실험 결과를 보여주는 그래프. 그래프는 두 개의 다른 유형의 시행(소음 시행과 신호+소음 시행)으로부터 얻은 데이터를 포괄하고 있다. 이 그래프는 그림 2.4와 동일하지만, 동일한 횡축에 두 개의 분포를 위치시켰음을 주목하라.

민감도와 기준의 구분

SDT의 장점 가운데 하나는 관찰자의 기준과 민감도를 모두 측정할 수 있다는 것이다. 민감도에 대한 다른 측정치가 개발되긴 했지만, 여기서는 민감도 지수로 ***d′***을 사용하기로 하겠다(Verde et al., 2006). 앞에서 얻어진 데이터에서 기준과 민감도를 어떻게 결정할 수 있을까? **그림 2.5**는 기본적으로 두 분포의 정점간 거리로 민감도(*d′*) 측정치를 정한다는 것을 보여주고 있다. 소리 에너지가 증가함에 따라, 신호+소음 분포는 소음 분포의 오른쪽으로 더 멀리 이동하게 된다. 만약 소리 에너지가 거의 미미한 수준이라면, 소음 분포와 신호+소음 분포는 거의 중복될 것이다.

그림 2.4와 **그림 2.5**는 또한 횡축을 통과하는 수직선으로 관찰자의 기준을 나타내고 있다. 만약 어떤 특정 시행이 기준보다 더 큰 주관적 강도를 일으킨다면 그 관찰자는 '예'라고 반응할 것이라는 관찰자의 결정을 나타내는 것으로 기준을 고려하면 될 것이다. 만약 어떤 시행에서 주관적 강도가 기준 아래로 떨어지면, 그 관찰자는 '아니오'로 반응할 것이다. 소음 분포를 보자. 기준의 오른쪽에 있는 분포 영역은 이 관찰자의 허위경보율(소리가 없음에도 '예'로 반응)을 나타낸다. 기준의 왼쪽 소음 분포 영역은 바른기각률(소리가 없음을 바르게 보고)을 나타낸다. 신호+소음 분포에서 기준의 오른쪽 영역은 적중률(소리가 존재할 때 '예'라고 반응)을, 그리고 기준의 왼쪽 영역은 탐지실패율(소리가 있음에도 '아니오'로 반응)을 나타낸다. 그림의 기준선은 실험 내내 관찰자가 일정하게 유지되는 고정된 기준을 가지고 있음을 시사한다.

실험자는 기준과 민감도(*d′*)를 정하기 위해 관찰자의 적중률과 허위경보율을 사

표 2.3 가상의 SDT 실험 결과

참가자	p(적중)	p(허위경보)
철수	.50	.16
영희	.69	.31
길동	.77	.40
미숙	.50	.31
병선	.60	.40

용한다. 실제 절차는 매우 간단하지만, d' 계산을 위해 통계학 지식이 필요하다.[3)] 통계학을 참조하지 않은 상태에서 이 계산 과정에 대한 직관적인 이해를 제공해보기로 하겠다. 그렇게 하기 위해서 실험에 참가한 다섯 명(철수, 영희, 길동, 미숙, 병선)의 가상의 실험 참가자를 고려해보기로 하자. 그들에게서 얻은 데이터가 **표 2.3**에 제시되어 있다.

철수와 미숙이는 적중률(.50)에서 동일하지만, 허위경보율(철수: .16, 미숙이: .31)에서는 차이가 나타났다. 또한 영희와 미숙이의 허위경보율(.31), 길동이와 병선이의 허위경보율(.40)은 동일하다. 그러나 두 경우 모두 적중률에서 차이를 보였다. 관찰자들이 유사한 적중률을 보이지만, 허위경보율에서 유사하지 않을 때, 그들의 민감도(d'으로 측정)는 다르다는 결론을 내릴 수 있다. **그림 2.6a**와 **2.6b**를 비교하면 그 이유를 알 수 있다.

먼저 소음 분포와 신호+소음 분포가 적당히 분리되어 있는 **그림 2.6a**를 살펴보자(d'=1.0). 만약 철수와 같은 민감도를 가지고 있는 관찰자들이 .50의 적중률을 얻는 기준을 설정한다면, 그들의 허위경보율은 .16에서 고정될 것이다. 좀 더 높은 .31의 허위경보율(미숙이와 같이)을 가지고 동일한 적중률을 얻을 수 있는 유일한 방법은 관찰자가 덜 민감해야 한다. 이는 d'이 1 이하임을 시사하는 것으로, 두 분포가 **그림 2.6b**에서 보여주는 것처럼 서로 중복이 많이 된다는 것을 의미한다. 한편 철수와

3) 소음 분포와 신호+소음 분포가 정상 분포임을 가정하면 정상 분포 곡선의 속성을 그대로 적용시킬 수 있다. 따라서 소음 분포의 평균으로부터 기준선까지, 그리고 기준선에서 신호+소음 분포의 평균까지 표준편차 단위 거리로 결정할 수 있다. 두 분포의 정점 간 거리, d'는 두 표준편차 단위 거리의 합이 된다.

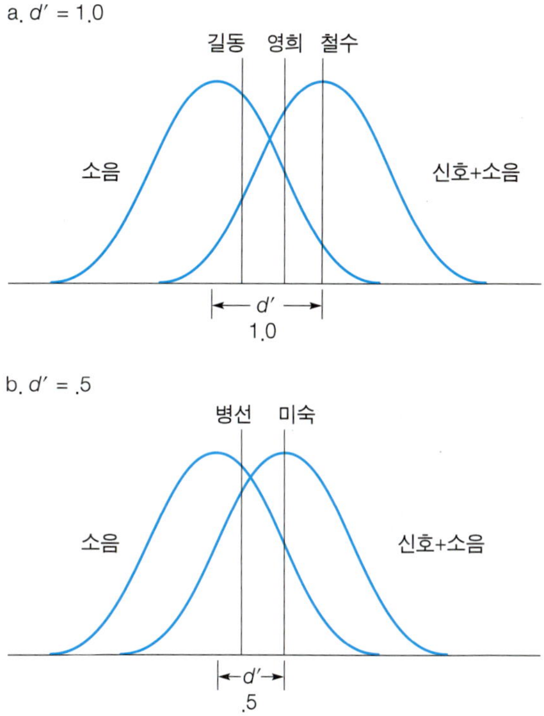

그림 2.6 민감도와 기준을 구분하기 위한 신호탐지 실험의 결과 그래프. d' 값이 크면 민감도 또한 높다는 것을 시사한다. 따라서 **그림 2.6a**의 3명의 참가자는 **그림 2.6b**의 2명의 참가자보다 더 민감하다. 철수의 기준은 길동이보다 더 보수적이고, 미숙이의 기준은 병선이의 기준보다 더 보수적이다. 영희와 미숙이는 비슷한 기준을 가지고 있지만, 영희가 더 민감하기 때문에(d'=1.0), 영희가 미숙이보다 더 많은 적중과 적은 허위경보를 보일 것이다.

동일한 민감도(그러나 덜 보수적 기준을 가지고 있는)를 가진 영희와 길동이는 적중률과 허위경보율 모두 높다. **그림 2.6a**를 보면 적중과 허위경보를 나타내는 두 분포의 면적을 확인할 수 있다.

철수, 영희, 길동이가 모두 동일한 민감도를 가지고 있다는 것을 어떻게 확신할 수 있는가? **그림 2.6a**에서 두 분포의 모양은 동일하지만, 서로 일정 거리로 떨어져 있다. 따라서 관찰자가 기준을 정할 때, 기준의 위치는 적중과 허위경보율의 특정 조합으로 정해진다. 관찰자에게서 얻은 적중률과 허위경보율을 알면, 두 비율로부터 특정 민감도를 결정할 수 있다. 철수, 영희, 길동이가 얻은 특정 적중률과 허위경보율은 세 사람이 동일한 민감도(d'=1.0)를 가졌지만, 기준에서는 차이가 있다. 이러한 원리를 이해하기 위해 WWW해보기 2.3을 해보라.

영희와 미숙이는 동일한 허위경보율(.31)을 보였다. 길동이와 병선이 또한 동일한 허위경보율(.40)을 보였다. 그러나 영희와 길동이는 각각 미숙이와 병선이보다 더 높은 적중률을 보였다. 두 사람이 동일한 허위경보률을 보이는데, 어떻게 적중률이 다를 수 있을까? 그런 차이는 단지 민감도의 차이만으로 얻어질 수 있다. 미숙이와 병선이는 영희와 길동이보다 덜 민감하다. **그림 2.6b**에서 볼 수 있듯이, 미숙이와 병선이가 보인 적중률과 허위경보율은 소음 분포에 훨씬 더 가깝게 놓이는 신호+소음 분포와 일치한다. 미숙이와 병선이가 철수, 영희, 길동이보다 민감도가 더 떨어지는 이유는 무엇일까? 음악 소리가 매우 큰 콘서트에 가거나 헤드폰으로 음악을 크게 청취하여 청력 손상을 입은 경우를 포함해서 그 이유는 많다. 또한 기준이 오른쪽으로 더 치우친 미숙이가 병선이보다 더 보수적이어서 적중률과 허위경보율이 더 낮다는 것을 알 수 있다.

기준 설정에 영향을 주는 요인

예에서 보았듯이, 관찰자들은 각자 상이한 기준을 가지고 SDT 실험에 임한다. 추측컨대, 관찰자들의 과거사는 더 보수적인 기준('나는 절대로 확신할 때까지 소리를 들었다고 말하지 않을거야')을 설정할 지, 아니면 더 개방적 기준('소리가 있을 것 같다고 느끼면 들린다고 대답할거야')을 설정할지에 영향을 미친다. 그러면 실험을 위해 기준을 변경해 달라고 요청하면 그렇게 될까? 앞에서 예로 들었던 면접 결과에 대해 전화 통보를 기다리는 경우를 생각해보자. 연구자들은 실험 동안 관찰자의 기준을 조작할 수 있다. 기준을 조작하기 위해 연구자가 사용할 수 있는 두 가지 방법을 살펴보기로 하자.

한 가지 중요한 기준의 결정인은 **지불**(payoff), 즉 특정 반응과 연합된 보상과 처벌이다. SDT가 제안되던 초기부터 연구자들은 관찰자들이 보상(예: 돈)을 얻기 위해 자신들의 기준을 조정하도록 설득당할 수 있다고 가정했다(Macmillan & Creelman, 2005). 예를 들어, 관찰자가 불빛이 존재할 때 정확하게 불빛을 보았다고 보고(적중)할 때마다 500원을 받고, 불빛이 없음에도 불빛을 보았다고 부정확하게 보고(허위경보)할 때마다 100원을 내놓아야 한다고 하자. 금전적 유인가에 의해 그 관찰자는 좀 더 개방적 기준을 채택할 것이고 불빛이 제시되었을 것 같은 느낌이 들면 즉각적으로 "예, 불빛을 보았습니다."라고 말할 것이다.

이와 반대로, 만약 관찰자가 불빛이 제시되지 않았을 때 불빛을 보지 못했다고 정확하게 보고(바른기각)할 때마다 500원을 받고, 불빛이 제시되었음에도 불구하고 불빛을 보지 못했다고 보고(탐지실패)할 때마다 100원을 내놓아야 한다고 해보자. 그 관찰자는 불빛이 제시되었다는 것을 절대적으로 확신할 때만 "예, 불빛을 보았습니다."고 말하려는 식으로 기준을 극적으로 변경시키지 않겠는가? 변동이 없는 민감도와 비교해서, 기준은 관찰자의 의사결정 전략에 의해 정해진다는 것을 주목하라.

기준에 영향을 줄 수 있는 두 번째 요인은 신호의 발생 확률이다(Macmillan & Creelman, 2005). 그러나 불행히도, 신호의 발생 확률이 미치는 영향을 평가하기 위해 연구를 수행하는 것은 매우 지루한 일이다. 더구나 신호의 발생 확률을 변화시키는 것은 관찰자의 민감도와 기준 모두에 영향을 준다.

수신자 조작 특성 곡선

신호탐지 실험에서 얻은 데이터는 흔히 적중률과 허위경보율의 관계성을 보여주는 **수신자 조작 특성 곡선**(receiver operating characteristic curve, ROC curve)으로 나타낼 수 있다(Macmillan & Creelman, 2005; Wickens, 2001). **그림 2.7**은 전형적인 ROC 곡선을 보여준다. 종축은 허위경보율을, 횡축은 적중률을 나타낸다. ROC 곡선은 어떻게 정해지는가? 특정 *d′*(예: **그림 2.5**에 제시된 *d′*)에 의해 분리되는 두 개의 분포를 생각해보자. 가령 기준선을 두 분포의 왼쪽 방향으로 더 멀리 이동시켰다고 해보자. 다음으로 적중률(약 1.0)과 허위경보율(약 1.0)을 계산한다. 이렇게 하고 나면 ROC 곡선 상에서 한 점을 표시할 수 있다. 기준선을 오른쪽으로 약간 더 이동시키면, 새로운 적중과 허위경보율을 얻게 되며, 이런 과정을 반복하면 최종적으로 완전한 곡선을 얻을 수 있다. 특정 *d′*를 가진 관찰자로부터 얻어진 데이터는 그 곡선 상에 위치되어야 한다.

어떤 주어진 ROC의 경우에 민감도는 일정하다. 즉 소리는 강도가 증가되거나

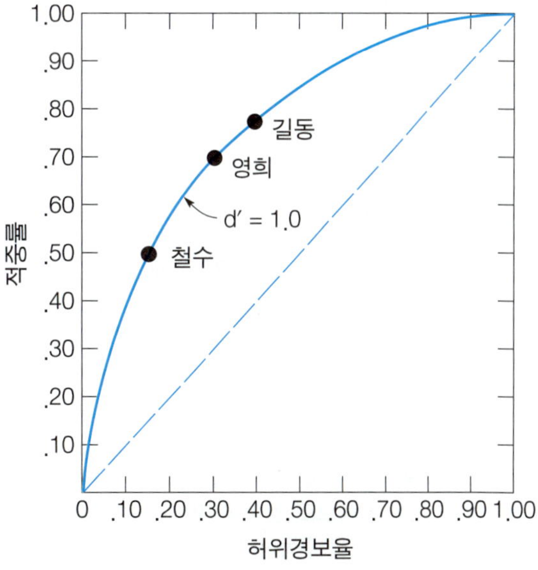

그림 2.7 신호탐지 실험 결과는 적중률에 대해 허위경보율을 나타내는 수신자 조작 특성(ROC) 곡선으로 나타낼 수 있다. 철수, 영희, 길동이는 모두 같은 민감도를 가지고 있기 때문에, 동일 곡선 상의 점들로 나타낼 수 있다. 그러나 철수는 가장 보수적이어서 ROC 곡선의 좌측에 위치한다(적중률과 허위 경보율이 모두 낮다). 길동이는 철수보다 개방적이어서 적중률이 더 높다(허위경보율 또한 증가).

감소되지 않으며, 관찰자의 지각 능력에 변화가 없다. 그러나 ROC 곡선 내에서 관찰자의 기준은 이전에 논의되었던 몇 가지 이유로 변한다. 주어진 ROC 곡선 상의 각 점은 상이한 기준을 나타낸다. **그림 2.7**은 *d′*=1.0인 경우의 ROC 곡선을 보여준다. ROC 곡선은 **표 2.4**에 제시된 결과와 일치하며, 또한 그 곡선 상에 떨어지는 철수, 영희, 길동의 민감도와도 일치한다(**그림 2.6a**). SDT 실험에서 철수가 얻은 적중률은 .50(신호+소음 시행에서 '예'로 반응한 비율)이고 허위경보율은 .16이었다. 이 두 비율의 교차점이 ROC 곡선 상에서 철수의 위치가 된다.

ROC 곡선의 왼쪽 영역은 관찰자가 '아니오'로 말하기 십상이고, '예'로 말할 가능성이 많지 않은 엄격한(보수적인) 기준을 나타낸다. 이와 반대로, ROC 곡선의 오른쪽 영역은 관찰자가 '아니오'로 말할 가능성이 낮고, '예'로 반응하기 십상인 개방적 기준을 나타낸다. 기준은 곡선이 왼쪽에서 오른쪽으로 이동하면서 점점 더 개방적이 된다. 따라서 철수는 길동이보다 더 보수적인 관찰자라고 할 수 있다.

가령 더 강한 소리(혹은 더 민감한 관찰자)로 신호탐지 실험을 반복한다고 해보자. 이 경우, ROC 곡선은 **그림 2.8**의 A와 유사한 곡선이 얻어질 것이다. **그림 2.7**로부터 얻어진 곡선 B와 비교해보라. 곡선 C는 약한 소리거나 덜 민감한 관찰자를 나타낸다. 사실 미숙이와 병선이에게서 얻어진 결과(**그림 2.6b**)는 곡선 C 상에 떨어질 것이다. *d′*가 0일 때, 관찰자는 추측에 의존했다고 볼 수 있다(즉 적중과 허위경보가 모두 빈번하게 나타남). 4개의 곡선을 비교해보라. 어떤 주어진 허위경보율에 대

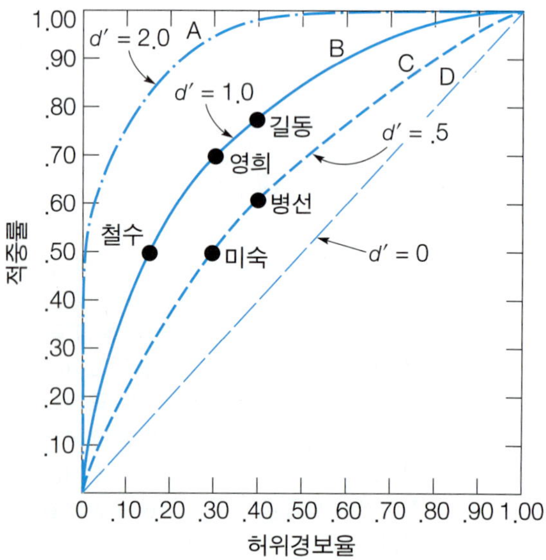

그림 2.8 네 가지 ROC 곡선 유형 (직선은 곡선의 한 가지 유형으로, *d′*=0일 때의 곡선은 직선으로 나타내진다). 곡선 상의 어느 한 점에서 민감도는 동일하지만, 기준은 변한다(각 곡선의 왼쪽 영역은 보수적 기준, 오른쪽 영역은 개방적 기준을 나타낸다). 또한 곡선이 상단, 왼쪽으로 갈수록, 민감도는 증가된다는 것을 주목하라.

해 곡선들은 적중률과 비교해서 큰 차이를 보인다는 점을 주목하라. 예를 들어, 허위경보율이 .20일 때, 곡선 A는 매우 높은 적중률을 가지며(.88), 곡선 B는 중간 정도의 적중률(.53), 곡선 C는 낮은 적중률(.32), 그리고 곡선 D는 허위경보율만큼의 적중률(.20)을 가진다.

심리학자들은 실험을 통해 적중률과 허위경보율을 얻는다. 그리고 그것들을 사용해서 *d′*를 계산한다. 확실히 그래프를 통해 적중과 허위경보를 비교하는 것은 유용하다. 즉 연구자는 하나의 그래프를 통해 관찰자의 기준과 민감도를 동시에 살펴볼 수 있기 때문이다. ROC 곡선을 그리고 해석하는 방법을 확실히 습득하기 위해 WWW해보기 2.4를 해보라.

민감도와 기준과 관련하여 어떤 유형이 최상의 관찰자일까? 당연히 *d′*가 큰 경우(소음 분포와 신호+소음 분포가 가능한 한 서로 멀리 분리되어 있는 경우)가 최상이다. *d′* 값이 크기 위해서는 적중률과 허위경보 간의 비율 차이가 커야 한다. 그러나 *d′*의 크기를 통제하지 못하는 경우가 종종 있다. 어떤 사람들은 다른 사람들보다 더 민감하다. 그들은 더 잘 보고, 듣는다. *d′*를 증가시키기 위한 실제적인 방법은 신호의 강도를 증가시키는 것이다.

특별한 민감도가 주어진 경우, 기준을 높게 설정해야 좋을까, 아니면 낮게 설정해야 좋을까? 이 질문에 대해서는 각 결과에 대한 지불(상대적 이익과 불이익)을 고려해야 하기 때문에 대답이 간단하지 않다. 기준을 낮게(개방적으로) 설정할 때의 이익은 적중률이 높아진다는 것이다. 그러나 적중률이 높은 대신 허위경보율도 높아진다는 단점도 있다. 기준을 좀 더 높게(보수적으로) 설정하면 허위경보율을 낮출 수 있다. 그러나 적중률도 낮아진다는 것을 기억하라. 다양한 상황(예: X선으로 종양 판별하기, 건물 안 연기 냄새 탐지하기, 레이더에서 착륙장으로 접근해 오는 항공기 식별하기)을 고려하고 기준을 낮게 설정해야 할지, 아니면 높게 설정해야 할지를 결정하는 것이 바람직하다.

심화학습
법정, 얼굴, 허위경보: 신호탐지이론의 적용

지금까지는 약한 강도의 소리나 불빛과 같은 단순 지각 자극 맥락에서 신호탐지이론을 논의하였다. 그러나 배심원 판단(Arkes & Mellers, 2002), 얼굴 재인(Macmillan & Creelman, 2005; O'Toole et al., 2000), 거짓말 탐지와 같은 법정 상황에서 경험할 수 있는 좀 더 복잡한 자극들도 신호탐지이론을 사용해서 연구될 수 있다. 불행히도 증거에 따르면, 배심원들이라고 해서 어떤 판단을 내릴 때 특별히 민감한 것 같지는 않다(낮은 d')(Arkes & Mellers, 2002). 범인식별과 거짓말 탐지와 같은 다른 법정 상황에서도 동일한 문제가 있을 수 있다.

사람은 사회적 동물이기 때문에 얼굴을 재인하고 얼굴 표정을 '읽을' 수 있는 능력은 매우 중요하다. 따라서 심리학자들이 얼굴 자극에 많은 관심을 가지고 있다는 것은 당연지사일 것이다. 많은 이론적 연구들이 얼굴 재인 능력에 초점을 맞추고 있지만, 이와 관련된 연구는 법정 상황에서도 중요하다. 법정의 판결 시스템이 얼굴에서 얻은 정보에 크게 의존하는 것은 분명한 것 같다. 목격자가 어떤 용의자를 범인으로 지목하는 것에서 알 수 있듯이 얼굴 재인은 매우 중요하다. 수사관들 또한 용의자가 거짓말을 하고 있는지 확인하기 위해 여러 단서에 의존하는데, 그 중 하나가 얼굴 재인이다.

목격자 증언

신호탐지이론에 대해 배운 것을 범죄를 목격한 상황에 적용시킬 수 있을까? 가령 6명의 용의자들을 동시에 일렬로 세운 뒤 그 가운데서 범인을 지목하도록 요청 받았다고 하자. 그 중 #4가 실제 범인이다(실제 상황에서는 실제 범인이 그 열에 있는지는 알지 못한다는 것을 주목하라). 만약 #4를 범인으로 지목하면, 적중한 것이다. 만약 #4를 지목하지 못하면, 그것은 탐지실패이다. 만약 그 열에서 범인의 인상과 매우 닮은 #2를 지목하면, 그것은 허위경보이다. 마지막으로 #2가 범인이 아니라고 말한다면, 바른기각을 한 것이다.

다시 적중과 허위경보에 초점을 맞추어 보자. 적중이나 허위경보율을 어떻게 계산할 것인가? 열에 있는 나머지 얼굴들(범죄를 저지르지 않은 사람들)은 소음 분포를 형성하게 된다. 그 가운데 일부는 범인의 인상과 닮았고(소음 분포의 오른쪽 끝단), 다른 사람들은 범인의 인상과는 전혀 닮지 않았다(소음 분포의 왼쪽 끝단). 실제 범인의 얼굴 또한 여러 가능한 변화(헤어스타일, 안경 등)에 의해 변동성을 가질 수 있다.

민감도 문제는 복잡하다. 목격자는 자신이 목격한 범인의 분명한 이미지를 기억할 수 있다고 생각하기 십상이고, 따라서 목격자는 범인을 쉽게 확인할 수 있다고 생각한다. 그러나 여러 요인들이 범인의 얼굴에 대한 목격자의 기억에 영향을 줄 수 있다. 더구나 열 내에서 민감도를 조작하게 만드는 방법들이 있다. 가령 목격자가 범인이 적어도 170cm의 키에 갈색 머리를 가지고 있음을 확신하고 있다고 해보자. 만약 목격자 앞에 일렬로 서 있는 사람들 중 5명은 키가 작고 검은색 머리를 가지고 있다면, 목격자는 나머지 한 사람을 자신이 진술한 사항과 일치한다고 반응하기 십상이다. 만약 실제 범인이 열에 있다고 믿는다면 그를 지목하려는 경향성이 짙어진다. 즉 목격자의 선택은 열에 있는 사람들 가운데 상대적인 선택을 하게 되는 것이다('저 사람이 내가 목격한 범인과 가장 닮았다'). 연구에 따르면, 불행히도 편향된 열은 어떤 규칙성을 일으키며, 그러한 편향된 열은 목격자의 범인 지목에 영향을 미친다(Wells et al., 2006; Wells & Olson, 2003).

신호탐지이론에 따르면, 목격자의 범인에 대한 인상에 대한 유사성 기준을 초과하는 사람은 범인으로 지목되기 십상이다("저 사람이 범인입니다"). 동시에 열에 있는 나머지 사람들은 기준 이하로 떨어질 것이다. 그러나 목격자의 기준은 변할 수 있다. 예를 들어, 목격자가 지목한 사람이 오랫 동안 구금되어 있었다는 사실을 알게 되면, 그것은 목격자로 하여금 매우 보수적인 기준을 설정하게 만들 것이다. 한편 목격자가 경찰관이 열에 범인을 세우지 않는 한 자신에게 그 열을 보도록 하지는 않을 것으로 믿는다면, 더 개방적 기준을 채택하려고 할 것이다.

시각과 다른 감각을 비교하게 될 후속 장에서 더 분명하게 알게 되겠지만, 사람들은 세상에 대한 의미를 파악하기 위해 시각 입력 정보에 크게 의존하는 경향이 있다. 가장 회의적인 사람조차도 그들이 보는 것을 믿는 경향이 있다. 법정 드라마와 실제 법정에서도 그렇지만, 범죄에 대한 목격은 매우 중요한 반면, 다른 증거는 참고하는 정도로만 다루어지거나 무시되기도 한다. 시각 정보에 대한 우리의 의존성과 환경 자극으로 얼굴의 중요성을 감안할 때, 사람들이 매우 정확하게 범인을 식별할 수 있다고 생각하지 않을 수 없을 것이다.

그러나 사실 목격자들이 범인을 식별하는 데 특별히 민감하지는 않다는 사실이 놀랍다. 점점 더 많이 DNA를 증거로 채택하면서 이미 선고를 받고 수감되어 있다가

(a)

(a)

그림 2.9 왼쪽 사진은 파가노 신부로 7명의 증언에 의해 절도범으로 지목되었다. 오른쪽 사진은 범죄 사실을 자백한 실제 범인이다. 이 두 사람을 혼동할 수 있다고 생각하는가?

출처: Bettman/CORBIS)

무죄로 밝혀진 사람만 200여 명 이상이다(Wells et al., 2006; Wells & Olson, 2003). 억울하게 범죄자로 몰린 사람들은 대부분 목격자 증언으로 범인으로 지목된 경우였다. 목격자 증언의 문제점을 보여주는 파가노 신부 사례를 살펴보자(**그림 2.9a**). 그는 다른 사람(**그림 2.9b**)이 저지른 범죄에 대해 7명의 목격자 증언에 의해 유죄 판결을 선고받았다. 이 사례의 경우, 이 두 사람을 어떻게 혼동할 수 있는지 의아해 할 것이다. 그들이 얼마나 유사해보이는가? 분명 목격자 증언에서 허위경보는 파가노 신부와 같은 죄 없는 사람을 범인으로 몰고 갈 수 있는 매우 심각한 실수이다. 그리고 그런 엉뚱한 식별은 일상적으로 발생할 수 있음이 점점 분명해지고 있다.

범인 식별에 영향을 주는 요인에 관심을 가지고 있는 연구자들이 실제 범죄 상황을 연구에 사용하기는 어렵다. 대신 연구자들은 흔히 통제된 실험실이나 사람들이 목격자 역할을 할 수 있는 현장 연구를 개발하려고 시도한다. 그런 연구들은 거의 항상 범인의 사진이나 비디오를 사용하고 나중에 실험 참가자들이 범인과 몇몇 다른 사람이 포함되어 있는 세트에서 애초에 범인으로 지정된 사람을 얼마나 잘 지목하는지를 알아보는 검사를 함으로써 간접적으로 범죄 상황을 모사한다.

먼저, 그런 연구에 참여하고 있다고 해보자. 그 다음, 자신이 실제 범죄를 목격한 사람이라고 해보자. 이 두 경험은 어떤 차이가 있을까? 많은 차이점을 말할 수 있을 것이다: (1) 만약 자신이 실제 범죄 현장을 목격했다면, 아마도 강한 정서(예: 공포, 분노 등)를 경험했을 것이다. (2) 어떤 정서는 또한 도열해 있는 사람들이나 여러 사진 가운데서 범인을 지목할 때도 발생한다. (3) 범죄 현장을 목격하는 경우는 2

차원 이미지보다는 실제 인물을 관찰하게 된다. 이외에도 몇 가지 차이점을 더 말할 수 있을 것이다. 그럼에도 불구하고, 잘못된 범인 식별은 확실히 중요한 실세계 문제와 연관된다. 실험 상황의 인위성에도 불구하고, 실험을 통해 범인 식별에 영향을 주는 요인들에 대해 중요한 사항들을 확인할 수 있다(Lindsay et al., 2007; Toglia et al., 2006). 이런 연구 결과들은 법정 판결 시스템에 점점 더 많은 영향을 미치고 있다(Technical Working Group for Eyewitness Evidence, 2003; Wells et al., 2000).

신호탐지 접근법을 사용하는 실험들은 한 가지 중요한 장점을 지닌다. 즉 *d'*를 계산함으로써 관찰자들이 이전에 보았던 얼굴('범인')과 새 얼굴('죄가 없는 사람')을 정확하게 식별할 수 있는 능력이 어느 정도인지를 결정할 수 있다. 만약 *d'*이 0에 가깝다면, 그 목격자가 범인을 식별할 수 능력은 신뢰할 수 없다. *d'*값이 크면 클수록, 범인과 죄 없는 사람을 식별할 수 있는 능력은 커진다. 그러나 *d'*값이 크다고 해서 다 바람직한 것은 아님을 기억해야 한다. 만약 범인의 열이 편향되어 있다면, 즉 지목된 범인의 얼굴과 새 얼굴이 전혀 닮지 않은 얼굴들로 열을 구성한다면, *d'*값이 커질 수 있기 때문이다. 이제 신호탐지 접근법을 사용한 몇몇 연구를 살펴보고 범인 식별에 대해 어떤 결론을 내릴지 생각해보기로 하자.

먼저 얼굴 식별 연구들에 대한 Peter Shapiro와 Steven Penrod(1986)의 개관 연구를 살펴보자. 그들은 민감도와 기준에 영향을 주는 요인들을 알아보기 위해 범인 식별에 관한 100여 개 이상의 연구들을 고찰하였다. 다양한 독립변수(예: 즉시 얼굴 기억 대 지연 얼굴 기억, 얼굴 자극 학습에 주어진 짧은 시간 대 긴 시간, 그리고 얼굴 재인에 있어서 훈련을 제공하지 않은 상황 대 훈련을 제공한 상황)에 걸쳐 기준은 거의 영향을 받지 않았으나, *d'*는 영향이 있었다. Shapiro와 Penrod가 요약한 여러 요인에 대해 평균 *d'*은 수행이 더 나은 실험 집단의 경우 .80을 넘지 않았다. 이렇게 *d'*값이 작다는 것은 범인 식별이 어려운 과제임을 시사한다.

절차 요인들이 어떻게 범인 식별에 영향을 주는지에 대해서는 이미 살펴본 바 있다. 사람들을 동시에 일렬로 세우기 절차(혹은 사진들을 동시에 제시하기)를 사용할 때, 목격자는 범인의 인상과 가장 닮은 사람을 지목하는 일종의 상대적 판단을 해야 한다(McQuiston-Surrett et al., 2006). 편향은 어떻게 극복할 수 있을까? 많은 관심을 받은 한 가지 접근법은 사람들(혹은 사진들)을 한 사람씩 차례로 제시하는 것이다. 즉 목격자에게 한 번에 모든 얼굴이나 사진이 아닌 그들이 가지고 있는 범인의 인상과 각 얼굴을 비교하도록 하는 것이다. 그러나 차례로 줄 세우기가 동시에 줄 세우기보다 더 낫다고 주장하려면 더 많은 연구가 수행되어야 한다(McQuiston-Surrett et al., 2006).

Christian Meissner 등(2005)은 이런 논제를 표명했다는 점에서 중요한 기여를 했다. 그들은 다른 요인들(표적 얼굴의 노출 빈도, 많거나 적은 보수적 지시 사용, 사진 배열의 사진 수)에 따른 순차적 사진 제시와 동시적 사진 제시의 효과를 연구했다. 이런 연구를 통해, 사람들은 순차적 제시나 동시적 제시 모두 유사한 민감도를 보였다. 다만 사람들은 순차적 제시 상황에서 일관되게 더 보수적인 기준을 설정하였다.

범인 식별에 영향을 주는 또 다른 요인은 목격자와 용의자의 인종이다. 사람들은 자신과 동일한 인종의 사람을 더 잘 식별할 수 있다는 증거가 계속해서 제시되었다. 이를 자기인종 편향(own-race bias)이라 한다(Meissner & Brigham, 2001). Kathy Pezdek 등(2003)은 유치원 아동과 3학년 학생, 그리고 젊은 성인을 대상으로 이런 편향을 연구하였다. 각 집단의 반은 백인이었고, 나머지 반은 흑인이었다. 참가자들은 두 사람(한 사람은 백인, 다른 한 사람은 흑인)이 등장하는 비디오를 시청하였다. 하루가 지난 다음, 그들은 일렬로 도열한 6명 가운데 비디오에서 보았던 사람을 식별하도록 요청받았다. 전반적으로 성인이 아동보다 약간 더 민감한 것으로 드러났다. 그러나 세 개의 연령 집단 모두에서 목격자들은 자기인종 얼굴에 대해 더 민감했다.

더 많은 연구가 필요하긴 하지만, 범인 식별이 어려운 과제임은 분명하다. 범인 식별에 수반되는 과정(자기인종 편향과 같은)에 대해 많이 알면 알수록, 잘못된 식별 가능성을 최소화하기 위한 절차적 변화를 가져올 수 있을 것이다.

거짓말 탐지

누군가가 거짓말을 하고 있다는 것을 어떻게 알 수 있을까? 사람들은 가끔씩 진정성이 있는 말이 오히려 누군가를 불편하게 만들거나 당황하게 만들 수 있다고 생각할 때 선의의 거짓말을 하기도 한다. 그러나 재판 과정에서는 용의자가 범죄 행위와 관련하여 좀 더 심각한 거짓말을 하기 십상이다. 범죄 용의자가 거짓말을 하고 있다는 것을 탐지할 수 있다는 것은 그만큼 유용할 것이다.

생물학적 거짓말 탐지는 법정에서 증거로 채택되지 않을 만큼 문제가 많기는 하다. 나중에 fMRI와 같은 거짓말 탐지에 있어 신뢰할 만한 기법들에 대해 살펴볼 것이다(Mohamed et al., 2006). 그러나 사람들이 진실 혹은 거짓 주장을 하는 사람들의 얼굴을 '읽는' 것으로 거짓말을 탐지할 수 있는지의 논제는 흥미롭다.

다시 당신은 이런 문제를 신호탐지 틀에 맞추어 이해할 수 있을 것이다. 즉 사람은 진실을 말하거나 거짓을 말하며, 관찰자는 그 사람이 진실을 말하거나 거짓을 말한다고 보고하는 상황을 생각해 볼 수 있다. 거짓말 탐지 맥락에서 적중은 관찰자가 그 사람이 거짓말을 할 때, 정확하게 거짓말을 했다고 말할 때 발생한다. 허위경보는 관찰자가 그 사람이 거짓을 말했지만, 진실을 말했다고 보고할 때 발생한다. 이 맥락(죄 없는 사람의 말을 의심하는 연구자들)에서 허위경보가 갖는 함의를 주목하자. 예상할 수 있듯이, 관찰자의 민감도와 기준은 수행에 영향을 미칠 것이다.

선행 연구는 특수 수사요원들이 다른 법 집행관들보다 거짓말을 더 잘 탐지한다고 밝히고 있다(Ekman & O'Sullivan, 1991). 후속 연구로 Paul Ekman 등(1999)은 법 집행 관계자(연방 수사관, 판사, 보안관 등)와 심리학자(임상이나 기타 전공)에게 참가자의 반은 진실을 말하고, 나머지 반은 거짓말을 하는 10개의 비디오를 시청하도록 요청했다. 법 집행관들과 임상심리학자들은 d' 점수가 1.0에 가까울 정도로 매우 우수한 수행을 보였다. 그러나 다른 전공의 심리학자들은 d'=.38로 그리 좋은 수행을 보여주지 못했다(Macmillan & Creelman, 2005). 법 집행관들과 임상심리학자들은 좀 더 개방적 기준을 설정했고, 따라서 그들은 비디오에 등장하는 사람이 거짓말을 하고 있다는 식의 고려를 더 많이 하는 경향이 있었다. 다른 전공의 심리학자들은 좀 더 보수적인 기준을 채택했다. d'값이 1.0에 가깝다는 것은 매우 뛰어난 '거짓말 탐지기'로 고려되며, 적은 오류(탐지실패와 허위경보 모두)를 일으킨다는 것을 의미한다. 다른 전공의 심리학자들이 이 과제에서 그리 좋은 수행을 보여주지 못했다는 것은 그들이 기본적으로 학생들은 거짓말을 하지 않을 것이라고 생각하는 경향이 있음을 뜻한다. 그러나 거짓말을 하는 학생들을 많이 경험하게 되면, 아마도 그 교수는 좀 더 개방적인 기준을 설정하게 될 것이다.

Meissner와 Kassin(2002)은 또한 법 집행관의 능력을 훈련받은 대학생 및 일반 대학생들과 비교하는 연구를 수행했다. 그들은 이들 세 집단 간에 차이가 없음을 발견했다. 그러나 Ekman 등(1999)의 결과와 마찬가지로, 법 집행관들은 더 개방적인 기준을 채택함으로써 일부 거짓말을 하는 사람들이 실제로 거짓말을 하였다고 바르게 식별(적중)했지만, 일부 진실을 말하는 사람들까지도 거짓말을 했다고 잘못된 식별(허위경보)을 하는 경우도 많았다.

2지 강제선택 절차

신호탐지실험에서는 관찰자에게 각각 소음이나 신호+소음 시행으로 구성된 일련의 시행에 반응하도록 요청한다. 관찰자들의 기준은 부분적으로 그들이 각 시행에 대해 어떻게 반응('예' 혹은 '아니오')할지를 결정한다.

관찰자 기준의 영향력을 최소화할 수 있는 한 가지 가능한 접근법이 2지 강제선택 절차이다(Macmillan & Creelman, 2005). **2지 강제선택 절차**(two-alternative forced choice procedure, 2AFC)에서는 시행이 두 가지 제시, 즉 표적 자극을 포함하는 제시와 표적 자극을 포함하지 않는 제시로 구성된다. 관찰자가 해야 하는 과제는 두 가지 제시 가운데 어느 것이 표적을 포함하고 있는지를 보고하는 것이다. 두 가지 제시 가운데 하나는 실제로 표적 자극을 포함하고 있기 때문에, 기대 및 기준의 영향은 최소화된다.

예상할 수 있듯이, 2AFC 과제는 단일 탐지과제보다 수월하다. 예를 들어, SDT 실험에서는 네 번의 시행이 연속해서 소음 시행이 될 수도 있다. 따라서 관찰자가 이전 시행에서 무엇이 발생했는지를 안다고 해서 그것이 어떤 특정 시행에 영향을 주지는 않는다. 그러나 2AFC에서는 관찰자에게 특정 자극의 쌍을 제시하게 된다. SDT 용어를 사용하면, 관찰자는 자극 가운데 하나는 소음이고 나머지는 신호+소음임을 안다. 따라서 관찰자는 두 자극을 비교하고 '더 강한' 자극이 신호를 포함하고 있다고 보고할 것이다. 만약 어느 자극도 더 강해보이지 않는다면, 관찰자의 적중률(표적 자극을 포함하는 제시를 바르게 선택하기)은 우연 수준, 즉 .50 근처에 머물 것이다. 표적이 좀 더 쉽게 감지되면, 적중률은 1.0에 접근한다.

연구자들은 2AFC 절차를 수정하여 각 시행에서 두 가지 이상의 절차를 포함시킬 수 있다(예: 3AFC, 4AFC 등). 더 나아가, 2AFC 절차는 사용된 자극의 수준이 관찰자의 이전 반응에 기초하여 변경되는 순응절차(adaptive procedure)와 조합해서 사용될 수 있다(Macmillan & Creelman, 2005). 예를 들어, 관찰자가 표적 자극을 포함하고 있는 제시를 정확하게 보고하면, 계속해서 자극 수준을 낮출 수 있다. 관찰자가 오류를 범하면, 그 다음 시행에서 자극 수준을 높일 수 있다.

절 요약

약한 자극에 대한 반응 측정

1. 정신물리학은 물리적 자극과 그것에 대한 심리적 반응의 관계성을 다룬다.
2. 고전적 정신물리학 방법들은 절대역, 즉 자극에 대해 시행의 50%가 보고되는 에너지의 양을 측정한다. 비 탐지와 탐지의 전환은 급작스럽게 이루어지지 않고 점진적으로 이루어진다.
3. 한계법은 체계적으로 자극의 강도를 증가 혹은 감소시킨다. 이 방법은 많은 시간을 들이지 않고서도 신뢰할 수 있는 역치를 측정할 수 있게 해준다.
4. 한계법은 습관화와 기대 오류를 교정하기 위해 오름차순과 내림차순 시행 모두를 사용할 수 있다. 이런 시행의 차순은 매번 동일한 지점에서 출발하지 않는다. 즉 이런 제시는 탐지 보고를 하기 전 관찰자가 단순히 시행을 세는 것을 막아준다.
5. 조정법은 관찰자로 하여금 겨우 탐지할 수 있을 때까지 자극의 강도를 조정하게 하는 절차이다. 이 방법은 매우 빠르게 역치를 얻을 수 있지만, 다른 방법보다 오류가 많이 발생한다.
6. 항상자극법은 무선으로 역치 근처의 자극을 제시하는 절차이다. 이 방법은 매우 정확한 역치를 얻을 수 있지만, 시간이 많이 소요된다는 단점이 있으며, 사전에 연구자에게 역치가 대략 어디에 놓일지 예측하도록 요구한다.
7. 신호탐지이론은 고전적 정신물리학적 기법들이 두 가지 요인(민감도와 기준)을 간과하고 있다는 점에서 역치라는 개념을 거부한다. 민감도는 자극의 강도와 관찰자의 민감도에 달려 있다. 자극을 보고하려는 관찰자의 의지를 측정하는 기준은 자극 발생 확률과 지불 관계(보상과 처벌)와 같은 요인들에 달려 있다.
8. 신호탐지 결과는 적중, 바른기각, 허위경보, 탐지실패로 분류된다. 이들 각각 네 개의 결과 확률은 민감도 측정치 d'와 관찰자의 기준에 달려 있다.
9. 신호탐지이론은 또한 신호+소음 시행과 소음 시행의 확률 분포로 나타낼 수 있다.
10. 매우 민감한 관찰자는 큰 d'값을 얻지만, 그 사람의 기준 또한 반응에 영향을 준다. 기준은 특정 반응에 대한 지불 관계를 포함하여 몇 가지 요인들에 의해 결정된다.
11. ROC 곡선은 적중률과 허위경보율을 사용하여 그려진다. 각 ROC 곡선들은 다른 d'을 나타낸다.
12. 신호탐지이론은 범인 식별과 거짓말 탐지에 관한 연구에서 적용되어 왔다. 연구에 따르면, 범인 식별이 특별히 정확하지는 않으며, 더구나 어떤 조건(예: 목격자와 인종이 다른 용의자 확인)에서는 더 좋지 않은 결과를 초래한다. 다만 경험이 풍부한 사람들은 거짓말 탐지에 더 좋은 수행을 보인다. 흔히 그런 사람들은 더 개방적

기준을 채택한 경우가 많다.
13. 2지 강제선택 절차(2AFC)는 관찰자 기준의 영향력을 최소화하기 위해 흔히 사용된다.

강한 자극에 대한 반응 측정

지금까지의 논의는 약한 불빛이나 소리 같은 약한 강도의 자극들에 대한 반응을 다루었다. 이제 매우 쉽게 탐지할 수 있는 자극들의 측정을 살펴보기로 하자. 일상에서는 좀 더 강한 자극들을 경험하기 십상이다. 일반적으로 우리는 중국식 레스토랑에서 주문한 산라탕(hot and sour soup)에서 신맛을 쉽게 탐지할 수 있다. 문제는 한 레스토랑이 다른 레스토랑보다 식초를 더 많이 사용하는지, 만약 그렇다면 그 차이를 식별할 수 없는지, 겨우 식별할 수 있는지, 확실하게 식별할 수 있는지의 여부이다. 지금부터는 역치 이상(suprathreshold)의 자극들에 대한 고전적 변별 측정을 다루기로 하겠다. 또한 현대적 접근법으로 S. S. Stevens(1906~1973)가 소개하고, 정신물리학자들이 자극의 물리적 크기와 이런 크기에 대한 관찰자의 추정치 간의 관계성을 밝히기 위해 사용하는 정신물리학적 접근법에 대해서도 살펴볼 것이다.

고전적 정신물리학적 변별 측정

변별(discrimination) 연구에서 연구자들은 자극이 차이가 있는 것으로 지각되기 위해 변해야 하는 가장 작은 양을 결정하기 위해 고전적 정신물리학 방법 중 한 가지 변형을 사용한다. 이런 연구에서 연구자는 시행에 걸쳐 일정하게 유지되는 **표준 자극**(standard stimulus)과 매 시행마다 변하는 **비교 자극**(comparison stimulus)을 제시한다. 한 가지 유형의 연구에서 비교 자극은 특정 스케줄에 따라 변하며, 실험자는 얼마나 많은 변화를 줄 때 관찰자가 그 비교 자극이 표준 자극과 다르다는 것을 인식하는지 그 변화량을 기록한다. 예를 들어, 선분의 길이를 결정할 수 있는 관찰자의 능력을 결정하기 위해 각 시행에서 5인치 길이의 표준 자극을 제시할 수 있다. 비교 자극은 다른 위치에서 동시에 제시되거나, 표준 자극의 앞이나 뒤에 차례로 제시될 수 있다. 연구자는 표준 자극과 매우 근접한 몇 개의 비교 자극(예: 5.05인치)과 덜 유사한 몇 개의 비교 자극(예: 5.25인치)을 제시한다. 관찰자는 단지 각 쌍의 선분에 대해 '같다' 혹은 '다르다'로 반응하면 된다. 실제 제시 절차는 나중에 기술하겠지만 어떤 정신물리학적 방법을 사용하느냐에 따라 달라진다.

관찰자들의 변별 능력은 시행의 50%가 차이 식별에 요구되는 자극의 가장 작은 변화로 정의되는 **차이역**(difference threshold 혹은 difference limen)으로 측정된다. 차이역이라는 용어는 또 다른 중요한 용어를 정의하는 데 사용될 수 있다. 심리적 감각에서 차이역은 **최소식별차**(just noticeable difference, *jnd*)를 발생시키기 위해 필요한 물리적 자극의 변화량이다. 예를 들어, 선분의 길이에서 최소식별차를 일으키기 위해 비교 자극은 5.15인치까지 길어야 한다고 해보자. 이때, 0.15인치의 차이역은 1*jnd*에 상응한다. 차이역이 물리적 자극을 지칭하는 용어라면, *jnd*는 심리적 반응을 일컫는 용어이다.

최소식별차 혹은 *jnd*는 일상생활에서 유용할 수 있다. 예를 들어, 조리하고 있는 찌개에 소금을 첨가했는데 그 찌개의 맛에 변화가 없다면, 첨가된 소금의 양이 *jnd*를 일으키지 않았다고 말할 수 있다. 혹은 추운 겨울밤 따뜻함을 느끼기 위해, 즉 *jnd*를 일으키기 위해 온도조절 장치를 5도 정도 올려야 된다는 사실을 확인할 수도 있다.

사람들에게 두 자극이 차이가 있는지를 보고하도록 하는 대신에, 다른 유형의 변별 연구에서는 사람들에게 표준 자극과 비교 자극을 비교하고 어느 자극이 '더 작은지' 혹은 '더 큰지'를 보고하도록 한다. 즉 두 자극이 동일하게 보일지라도 관찰자는 두 반응 가운데 하나의 반응을 해야 한다. 절차상의 이런 변화는 차이역을 결정하는 새로운 방법이다. 예를 들어, 선분의 길이 예에서 5인치를 표준 길이로 하여 4.75인치에서 5.25인치까지 변하는 비교 자극을 제시할 수 있다. 이런 연구에서 얻어질 수 있는 결과는 **그림 2.10**과 같다.

이런 유형의 연구에서는 비교 자극의 길이의 함수로서 '더 길다'는 반응의 백분율을 살펴볼 수 있다. 그래프를 보면 시행의 50%를 '더 길다'고 반응한 것은 이것이 변별 능력을 의미하는 것이 아니라, 표준 자극과 비교 자극을 변별할 수 없음을 시사한다. 다시 말해서, 관찰자는 '이 선분의 길이는 실제로 표준 선분의 길이보다 더 길어 보이지 않는다.'고 느끼는 것이다. 대신에 50% 지점은 관찰자가 표준 자극의 길이와 같다고 느끼는 비교 자극의 길이, 즉 **주관적 동등점**(point of subjective equality)을 나타낸다.

그렇다면 어떤 식으로 차이역을 정해야 할까? 이 경우에 연구자들은 시행의 75%를 '더 길다'고 반응한 비교 자극의 값을 상위 차이역(upper difference threshold)으로 정한다. 그리고 시행의 25%를 '더 길다'고 보고한 비교 자극의 값은 하위 차이역

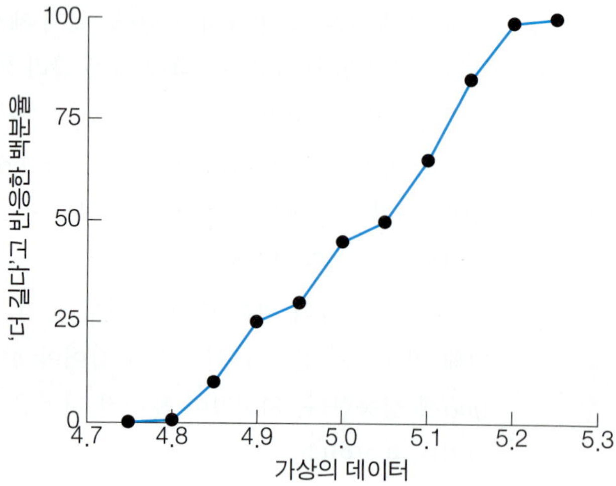

그림 2.10 변별에 대한 고전적 정신물리학적 측정을 보여주는 그래프. 이 예에서 표준 선분의 길이는 5인치이다. 여러 시행에 걸쳐 비교 선분의 길이는 4.75인치에서 5.25인치까지 변한다. 주관적 동등점은 5.05인치('더 길다'고 50% 반응한 지점)가 된다. 하위 차이역은 4.9인치이고, 상위 차이역은 대략 5.125이다.

(lower difference threshold)이 된다.[4)]

때로 차이역을 결정하는 방법을 변형시켜 참가자에게 '같다'는 반응을 할 수 있도록 허용하기도 한다. 이제 절대역을 측정하기 위한 각 고전적 정신물리학적 방법이 어떻게 변별을 측정하기 위해 적용될 수 있는지를 간략하게 살펴보기로 하자. 좀 더 자세한 설명은 다른 참고서(Baird & Noma, 1978; Gescheider, 1997)를 참조하기 바란다.

한계법을 이용한 변별 측정(method of limits for measuring discrimination)에서는 표준 자극이 고정되어 있으며, 비교 자극은 오름차순과 내림차순으로 교대로 제시된다. 예를 들어, 음고 변별의 측정을 원한다고 해보자. 특히 관찰자가 1,000Hz의 표준 자극과 차이가 있다는 것을 식별하기 위해서 비교 자극을 얼마나 변화시켜야 하는지 알고자 한다. 오름차순 시행에서는 확실히 음고가 낮은 것(예: 950Hz)으로 지각되는 소리에서 시작하여 점점 주파수가 높은 비교 자극을 제시할 수 있다. 내림차순 시행에서는 1,050Hz에서 시작하여 점차적으로 낮은 주파수의 비교 자극을 제시할 수 있다. 관찰자는 비교 자극이 표준 자극과 비교해서 더 높은 주파수를 가지는지, 혹은 더 낮은 주파수를 가지는지, 아니면 같은 주파수를 가지는지를 판단해야 한다. 여러 차례 오름차순과 내림차순 시행을 반복하고 나서 연구자는 '더 낮다'에서 '동일하다' 그리고 '동일하다'에서 '더 높다'로 전환되는 주파수들의 평균을 계산한다. 이 값들은

4) 일반적으로 차이역은 상위 차이역에서 하위 차이역을 빼고, 2로 나눈값, 즉 (5.125–4.9)/2 = 0.113이 차이역이 된다.(역자 주)

하위 와 상위 차이역을 나타낸다.

조정법을 이용한 변별 측정(method of adjustment for measuring discrimination)에서는 관찰자에게 표준 자극과 일치할 때까지 비교 자극을 조정하도록 요청함으로써 주관적 동등점을 결정할 수 있다. 비교 자극은 시행 초기에 표준 자극보다 위나 아래 수준에서 설정된다. 관찰자는 이런 조정을 여러 차례 반복하도록 요청받는다. 이렇게 하고나면, 관찰자가 표준 자극과 동일하다고 선택한 많은 비교 자극 값을 얻게 된다. 상위 차이역을 결정하기 위해 관찰자에게 표준 자극보다 겨우 높다고 느낄 때까지 비교 자극을 조정하도록 요청할 수 있다.

항상자극법을 이용한 변별 측정(method of constant stimuli for measuring discrimination)에서, 실험자는 무선 순서로 비교 자극들을 제시하고, 관찰자에게 각 비교 자극이 표준 자극보다 더 큰지 혹은 작은지를 판단하도록 요청한다. 예를 들어, 소리 변별 연구에서 비교 자극은 1,020, 1,015, 1,010, 1,005, 1,000, 995, 990, 985, 980Hz이고 1,000Hz의 표준 자극과 비교를 위해 각각 10회씩 무선 순서로 제시될 수 있다. 시행의 25%를 '더 높다'고 반응한 해당 주파수는 하위 차이역이 되고, 75%를 '더 높다'고 반응한 해당 주파수는 상위 차이역이 된다.

이런 식으로 세 가지 고전적 정신물리학적 기법들은 각각 탐지뿐만 아니라 변별을 측정하기 위해 사용될 수 있다. 앞에서 언급된 각 방법의 장점과 단점이 변별 연구에도 그대로 유지된다.

물리적 자극과 심리적 반응의 관계성

가령 물이 담긴 컵에 식초 1ml와 다른 물 컵에 식초 2ml를 첨가한다고 해보자. 두 번째 용액의 신맛은 첫 번째 용액의 두 배일까? 마찬가지로, 4개의 촛불을 켜 놓은 방은 1개의 촛불을 켜 놓은 방보다 4배 더 밝을까? 이제 이런 물리적 자극의 강도와 관찰자의 반응 크기의 관계성에 대해 논의하기로 하자. 예를 들어, 한 용액 속의 식초의 양과 그 용액이 얼마나 신맛이 나는지의 관계는 어떨까? 또한 방안의 조도와 그 조도가 얼마나 밝은지의 관계는 어떨까? 이런 문제는 정신물리학의 주요 관심사이다. 이와 관련하여 세 명의 저명한 연구자들이 내린 결론에 대해 살펴보기로 하자.

Weber의 법칙

1800년대 초에 Ernst Weber는 최소식별차에 관심을 두고 물리적 자극과 심리적 반응의 관계성을 연구했다. 그는 *jnd*를 일으키기 위해 필요한 자극의 강도 증가가 다른 자극 수준들에 걸쳐 일관된 방식으로 변한다는 중요한 원리를 찾아냈다. 일반 원리는 낮은 강도 수준에서는 *jnd*를 일으키기 위해 높은 강도 수준에서보다 더 작은 강도가 요구된다는 것이다. 이 원리는 상대성과 맥락이 지각적 경험에 중요하다는 것을 강조한다.

좀 더 공식적으로 진술하면, **Weber의 법칙**(Weber's law)은 *I*를 자극 강도라 할 때, 다음과 같은 식으로 나타내질 수 있다:

$$\Delta I/I = k$$

위의 Weber의 법칙은 '우리가 강도에 변화를 주고(Δ 혹은 델타는 변화를 의미하는 그리스 문자이다) 그것을 최초의 강도로 나눌 때, 상수(k)를 얻는다.'는 것을 나타낸다. 상수 k는 **Weber 소수**(Weber's fraction)라 불린다. 소수가 작을수록 *jnd*를 일으키기 위해 더 작은 변화가 요구되기 때문에 더 나은 식별 능력을 가짐을 의미한다.

여러 이유로 사람들은 동일한 물리적 자극에 대해 큰 범위에서 상이한 Weber 소수를 보고할 수 있다. 예를 들어, 밝기 차이를 지각함에 있어 1/60만큼 작거나 1/7만큼 큰 Weber 소수를 보고할 수 있다. 또한 Weber 소수는 종에 따라 다르다는 것을 주목하라. 말은 인간보다 밝기 차이에 훨씬 덜 민감(Weber 소수가 1/2.5)하다(Geisbauer et al., 2004).

Weber 소수를 더 잘 이해하기 위해 다음의 예를 고려해보자. 논의의 목적상, 1/14 정도의 밝기에 대한 Weber 소수를 다루기로 하겠다(Schiffman, 2003). 가령 14개의 촛불이 켜져 있는 방에 있다고 해보자. 이 방이 좀 더 밝아졌다는 것을 탐지하려면 몇 개의 촛불을 더 켜 놓아야 할까? Weber 소수는 1/14이기에 *jnd*를 일으키려면 단지 한 개의 촛불만 더 켜 놓으면 될 것이다. 이제 방에 28개의 촛불이 켜져 있다고 해보자. 이 방과 29개의 촛불이 켜져 있는 방의 밝기 차이를 식별할 수 있을까? Weber에 따르면, 관찰자들의 심리적 반응을 결정하는 중요한 인자는 변화의 절대적 크기(예: 1개의 촛불)가 아니다. 대신 변화의 상대적 크기가 중요하다. 구체적으로 말하면, 차이를 인식하려면, 14개 촛불 세트 각각에 대해 1개의 부가적인 촛불이 요구된다. 만약 표준 자극이 28개의 촛불이라면, 밝기 차이를 인식하기 위해서는 비교 자극으로 30개의 촛불이 필요하다.

어떤 유형의 자극들은 다른 유형의 자극들보다 그 변화가 더 잘 식별될 수 있다는 사실은 그리 놀라울 것도 없다. 예를 들어, 대부분의 사람들은 짠맛의 변화, 불빛의 밝기, 소리의 크기보다 선분의 길이, 무게, 전기쇼크의 수준에 대해서 그 변화를 더 잘 탐지할 수 있다(Schiffman, 2003). 그런 변화를 더 잘 식별할 수 있을 때, Weber 소수는 작아진다는 것을 이해했을 것이다. 이런 식별 능력을 생각하면서 Fechner와 Stevens의 기여를 살펴보기로 하자.

Weber의 법칙이 발표된 지 거의 2세기가 흘렀다. 이 법칙은 정신물리학 연구 결과들을 얼마나 잘 예측해 줄까? 연구는 Weber의 법칙이 다양한 정신물리학적 판단에 잘 들어맞는다는 것을 보여주었다(Schiffman, 2003). 그러나 이 법칙은 강도가 크거나 작은 자극들보다는 중간 정도의 강도를 가진 자극들을 더 잘 예측해준다.

아마 예측력보다 더 중요한 것은 Weber의 법칙 속에 녹아 있는 일반 원리들일 것이다. 첫째, 여러 이유로 인간은 모든 물리적 자극들에 대해 일관된 민감도를 가지고 있지 않다. 둘째, 종마다 동일한 물리적 자극에 대해 다른 민감도를 가지고 있다. 그리고 가장 중요한 것은 우리의 지각 체계의 기능을 이해함에 있어 지각적 경험의 상대적 변화가 절대적 변화보다 더 유용하다는 것이다.

Fechner의 법칙

Gustav Fechner는 Weber의 법칙을 사용하여 물리적 자극의 크기를 관찰자의 심리적 반응의 크기와 관련시킬 수 있는 척도를 개발하였다. 그는 *jnd*가 동일하다고 가정하고, 이런 정신물리학적 단위를 그것을 일으킨 물리적 단위의 함수로 나타내고자 했다. Weber의 법칙을 통해, 척도의 상위 끝단의 *jnd*가 실제로 척도의 하위 끝단의 jnd와 비교해서 더 큰 물리적 자극의 증가를 요구한다는 것을 이해할 것이다($\Delta I/I$는 상수로, I가 증가함에 따라 ΔI 또한 증가해야 한다는 것을 기억하라). 따라서 그 관계성은 선형적(linear)이지 않고, 곡선적(curvilinear)이다. **Fechner의 법칙**(Fechner's law)에 따르면, 그 관계성은 로그 함수(logarithmic function)이다(Schiffman, 2003). 이는 다음과 같은 식으로 나타낼 수 있다:

$$S = k \log I$$

즉 감각 크기(S)는 물리적 자극 강도(I)의 대수값을 상수(k)로 곱한 값이 된다. 다시 말해서, Fechner의 법칙은 심리적 강도가 자극 강도의 로그값에 비례한다고 진술한다.

기억하겠지만, 어떤 수의 **상용대수**(common logarithm)는 지수(exponent 혹은 power)와 같다. 즉 그 수와 같으려면 10만큼 증가되어야 한다. 대수 변환은 작은 수보다 큰 수를 더 많이 축소시킨다는 것을 아는 것이 중요하다. 다시 말해서, I가 커짐에 따라, S도 커진다. 그러나 S는 I만큼 비율적으로 커지지는 않는다. 예를 들어, k가

1의 값을 가진다고 해보자. 만약 그 자극의 강도가 100단위라 하면, S=2가 된다(100의 로그값은 2, 혹은 10^2=100이기 때문이다). 이제 그 자극의 강도를 두 배, 즉 200단위로 증가시키면, S=2.3이 된다(200의 로그값은 2.3, 즉 $10^{2.3}$=200이기 때문이다).

물리적 자극의 강도를 2배 증가시킨다고 해서 심리적 반응도 2배 증가되지는 않음을 주목하라. I가 100에서 200으로 증가함에 따라, S는 2에서 단지 2.3 정도만 증가된다. 다시 말해서, 물리적 자극과 심리적 반응은 1대1 대응 관계가 아니다. 부수적으로 Fechner의 법칙은 여러 상황에서 매우 정확한 예측력을 보이지만(그 기반이 되는 Weber의 법칙과 마찬가지로), 어떤 상황에서는 부정확하다.

Stevens의 멱함수(거듭제곱) 법칙

S. S. Stevens(1962, 1986)의 연구는 자극 강도와 심리적 반응의 관계성에 대해 대안적 견해를 제공해준다. 일반적으로 정신물리학자들은 Fechner의 법칙보다 Stevens의 멱함수 법칙이 더 정확하다는 것을 발견했다. Stevens의 멱함수 법칙에 따르면, 다음과 같은 식이 성립된다:

$$S = kI^n$$

즉 Stevens의 멱함수 법칙은 감각의 크기(S)가 n^{th} 지수만큼 증가시킨 자극의 강도(I)를 상수와 곱한 값과 같다고 진술한다.[5)]

지수의 크기는 자극의 강도와 심리적 반응의 관계성에 주요한 영향을 끼친다. 만약 지수가 정확히 1이라면, 자극의 강도와 심리적 반응 간에는 선형적(직선) 관계가 존재하게 된다. 이 관계성 그래프는 직선이 되기 때문에, 이 경우 자극의 강도 증가는 심리적 반응의 크기를 일정하게 증가시키게 된다. 지수가 1보다 크면, 자극의 강도 증가는 더 큰 심리적 반응을 일으키게 된다. 이 관계를 그래프로 그리면, 상향 방향의 기울기 곡선이 된다. 이 곡선의 경사도는 지수의 크기에 의해 결정된다. 마지막으로 지수가 1보다 작으면, 자극의 강도 증가는 작은 심리적 반응의 증가를 일으키게 된다. 사실 1보다 작은 지수의 경우 멱함수 법칙 관계성은 Fechner의 법칙이 진술한 관계성과 그 양상이 매우 유사하다.

---

5) 기억하겠지만, 수치가 지수만큼 증가된다는 것은 그 수치가 그 자체로 곱해지는 횟수를 지칭한다. 예를 들어, 10^3은 10×10×10과 같다. 더 나아가, 1 이하의 지수는 그 수에 루트(근)를 취한 것이다. 예를 들어, $9^{.5}$ 혹은 $9^{1/2}$는 9의 제곱근, 즉 3을 취해야 한다는 것을 의미한다.

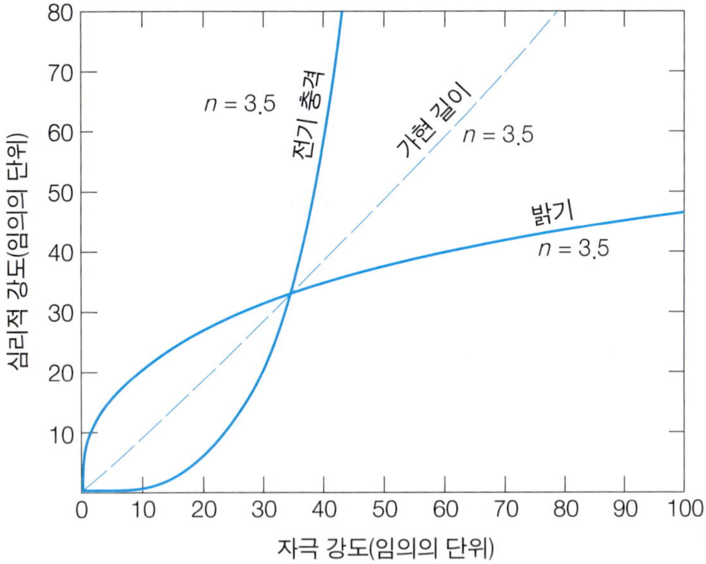

그림 2.11 Stevens의 멱함수 법칙($S=kI^n$; 여기서 n은 지수 값이다)에 기초한 자극 강도와 심리적 반응 크기의 관계성. n이 1일 때는 선형 관계성이 존재한다(예: 가현 길이). 지수가 1보다 클 때, 심리적 반응은 자극 강도보다 더 급격히 증가한다(예: 전기 충격). 지수가 1보다 작을 때, 심리적 반응은 자극 강도보다 덜 급격히 증가한다(예: 밝기) (Stevens, 1961, in Rosenblith, 1961).

그림 2.11은 각각 관계성의 유형을 나타내는 세 개의 그래프를 보여주고 있다. 사람들이 선분의 가현 길이에 대해 판단을 할 때, 일반적으로 대응은 일 대 일, 즉 선분의 길이가 길어짐에 따라 관찰자의 길이에 대한 인상도 그에 대응해서 증가된다는 것을 주목하라. 사람들이 강도가 적절히 증가하는 전기 충격에 대해 반응할 때는 충격의 강도가 급속히 증가하는 것으로 느낀다. 매우 약하게 증가하는 전기 충격의 물리적 강도의 경우, 사람들은 그 강도의 증가가 매우 크게 증가하는 것으로 지각한다. 밝기의 경우, 큰 비율로 자극을 증가시켜야만 관찰자의 적정한 심리적 반응 증가가 나타나게 된다.

전기 충격은 실제로 3.5 정도는 아닐지라도 큰 지수를 가지며(Baird, 1997), 밝기는 작은 지수를 가진다. 다른 물리적 차원들을 연구한 연구자들은 전형적으로 멱함수 지수들이 이들 두 극단 사이에 떨어진다는 것을 확인했다. 그러나 지수 값은 많은 방법론적 측면들에 의해 영향을 받는다. 따라서 멱함수 법칙은 물리적 자극 강도와 그에 대한 심리적 반응 크기에 대한 대략적인 추정치만 제공할 뿐이다.

Stevens가 관찰자의 판단을 얻기 위해 주로 사용한 기법을 **크기추정법**(magnitude estimation)이라 한다. 크기추정법에서는 관찰자에게 단순히 그들의 심리적 크기에 대한 인상에 상응하는(추정되는) 수치를 보고하도록 요청한다. 사람들은 그런 판단을 하는 데 있어 매우 능숙하다. 일반적으로 각 관찰자로부터 적은 수의 관찰만을 얻고, 여러 다른 관찰자들로부터 얻은 데이터의 평균값을 구하게 된다. WWW해보기 2.5를 통해, 크기 추정 절차를 경험해 볼 수 있다.

Stevens는 또한 **교차 양상 대응**(cross-modality matching) 절차를 사용했다. 이 방법에서는 관찰자들에게 다른 자극 양상(불빛의 밝기)을 사용하여 한 가지 자극 양상(소리의 크기)을 판단하도록 요청한다. 처음 이 방법을 접하게 되면 다소 어색하게 느낄 것이다('이 전구를 켜고, 소리의 크기와 동일한 정도로 밝기를 조절해보세요.'). 그러나 사람들은 자연스럽게 이런 실험 과제를 행한다. 스스로 이 실험을 해보라. 먼저 라디오의 볼륨을 정상 크기로 설정해 놓는다. 그런 다음, 채널을 돌려 소음이 발생하는 위치에 놓는다. 이때 들리는 소음은 흔히 정신물리학 실험에서 사용되는 백색소음과 유사하다. 이제 종이 위에 선분의 길이로 그 소음의 크기에 대한 당신의 인상이 대응되도록 그려보라. 그 다음 볼륨을 다르게 조정하고, 그때 나오는 소리의 크기와 대응되도록 또 다른 선분을 그려보라. 비록 이런 판단에 대해 확신이 없을지라도, 그렇게 그려진 선분의 길이와 그것에 대응하는 소리의 크기 수준 간에는 매우 일관된 관계성이 나타날 것이다.

교차 양상 대응법을 사용할 때, 관찰자들은 실제로 연구자에게 동시에 두 가지 자극 양상에 대한 지각에 대해 보고하는 셈이 된다. 다시 말해서, 소리의 크기에 대한 감각 크기(S)를 선분의 길이에 대한 S와 동일하도록 설정하는 셈이다. 즉 두 개의 멱함수는 동일하다(Gescheider, 1997). 사실 교차 양상 대응 관계성은 멱함수로 쉽게 기술되며, 이 함수의 지수는 두 자극 양상의 지수 비가 된다. 멱함수가 단지 물리적 자극과 지각의 관계성에 대한 대략적인 추정치라 해도, 공동 발현은 그것이 합당한 추정치임을 시사한다(Krueger, 1991; Schiffman, 2003).

지금까지 물리적 자극과 심리적 반응 크기의 관계성을 살펴보았다. 만약 우리의 지각 체계가 동등 심리적 크기 차원 위에 강도를 나타낸다고 가정하면, 그런 특정 멱함수 지수들은 의미가 있게 된다(Baird, 1997; Teghtsoonian, 1973). 후속 장들에서 살펴보겠지만, 사람들은 넓은 범위의 음고와 밝기를 지각할 수 있다. 이런 범위를 공통의 크기 차원 상에 나타내려면 시스템은 그 범위를 축약시킬 필요가 있을 것이다(1 이하의 지수 산출). 그러나 우리는 몸에 해를 입지 않을 정도의 적당한 범위의 전기충격만을 경험할 수 있다. 이런 다소 작은 범위의 자극받기를 공통의 크기 차원 상에 나타내려면, 시스템은 그 범위를 확장시킬 필요가 있다(1이상의 지수 산출). 다음 장에서 알게 되겠지만, 우리가 민감하게 수용할 수 있는 광에너지 범위를 고려할 때 지각된 밝기에 대한 지수가 작다는 것을 염두에 두기 바란다.

절 요약

강한 자극에 대한 반응 측정

1. 변별 연구는 어떤 자극이 겨우 인식될 수 있는 차이로 지각되기 위해서 얼마나 변해야 하는지를 연구한다.
2. 변별 연구는 관찰자에게 표준 자극을 비교 자극과 비교하도록 요청한다. 이런 연구는 전형적으로 최소식별차를 산출한다.
3. 변별 측정에 한계법을 적용할 때, 비교 자극은 체계적으로 증가되거나 감소된다.
4. 변별 측정에 조정법을 적용할 때, 관찰자는 비교 자극을 조정한다.
5. 변별 측정에 항상자극법을 적용할 때, 비교 자극은 무선 순서로 제시된다.
6. 세 명의 연구자(Weber, Fechner, Stevens)는 주로 물리적 자극과 심리적 반응의 관계성을 기술하는 식을 도출하였다.
7. Ernst Weber는 관찰자들이 약한 자극보다 강한 자극들을 변별하려고 할 때, 차이를 느끼기 위해 큰 변화량을 필요로 한다는 것을 확인했다.
8. Gustav Fechner는 자극의 강도가 증가함에 따라 심리적 반응 크기도 증가하지만, 그리 극적인 증가가 나타나는 것은 아니라고 주장했다. Fechner의 법칙은 심리적 반응의 크기가 물리적 자극 강도의 대수와 관련된다고 진술한다.
9. 크기추정법과 교차 양상 대응법을 사용한 S. S. Stevens는 심리적 반응의 크기가 어떤 거듭제곱 n만큼 증가하는 자극의 강도와 관련된다고 주장하였다. 일반적으로 Stevens의 예측은 Fechner의 예측보다 더 정확하다.

지각 자극에 대한 뇌 반응 측정

지금까지 논의한 방법들은 모두 지각 자극에 대한 반응을 측정하기 위해 오랫 동안 사용되어 왔다. 그러나 그것들은 모두 관찰자의 명확한 반응을 요구한다. 그런 반응은 **그림 2.1**에서 보여주듯이, 어떤 내적인 상태(지각적 경험)에 대한 신뢰할 만한 보고로 가정된다. 그러나 여러 이유로 연구자들은 그런 반응에 의존하지 않는 지각적 경험 연구에 집중하고 있다.

연구자들은 지각 자극들이 뇌 반응에 미치는 영향을 연구하기 위해 여러 상이한 접근법들을 사용해왔다. 지금부터 이런 접근법 중 몇 가지만 간략하게 설명하기로 하겠다. 먼저 개개 뉴런의 기능을 연구하는 방법을 살펴보고, 다음으로 뉴런 집단의 반응을 살피는 방법들에 대해 알아보기로 하자.

단일세포 연구

뇌의 각 뉴런의 반응을 측정하기를 원한다고 하자. 인간의 뇌에는 1천억 개 이상의 뉴런이 있어, 이런 측정은 어려운 도전과제가 될 것이다. 그래서 연구를 뇌의 특정 영역(예: 시각피질)으로 한정시킬지라도, 여전히 어려움이 해소되지는 않는다. 그럼에도, 여러 연구자들은 지각을 연구하기 위해 이런 접근법을 채택하고 있다.

Pinel(2006)이 신경 기능을 좀 더 완벽하게 설명하는 개론서를 펴내긴 했지만, 신경 기능을 완전하게 설명해주는 지각관련 서적을 기대하기는 어렵다. 아주 단순하게 신경 활동은 신경 발화율(rate of firing)로 설명될 수 있다. 뉴런은 전형적으로 음의 정지 상태(–70mV)에 있다. 뉴런이 자극을 받게 되면, **활동전위**(action potential)를 생성한다. 즉 음에서 양의 상태(+40mV)로 변한 다음, 다시 음의 상태로 되돌아가게 된다. 신경은 입력 신호와 무관하게 늘 발화(예: 활동전위 생성)한다. 그러나 어떤 유형의 입력 신호의 경우 신경 발화는 더 신속하게 일어난다(흥분). 다른 유형의 입력 신호의 경우 신경은 덜 신속하게 발화한다(억제). 연구자들은 뉴런의 발화율(증가 혹은 감소)을 변화시키는 자극들을 연구한다.

다음 장에서 논의되겠지만, David Hubel과 Torsten Wiesel(2005)은 단일 세포 기록법이라는 기법을 사용한 연구자들이다. **단일 세포 기록법**(single-cell recording)이란 단일세포의 반응을 측정하기 위해 극소형 **미세전극**(microelectrode; 약 0.01mm의 직경)을 사용하는 기법을 말한다. 이 기법은 미세전극을 살아 있는 유기체의 뇌에 삽입한다. 따라서 이 기법을 인간에게 적용하기는 어렵기 때문에 주로 동물을 대상으로 사용한다. 연구자들은 짧은 꼬리 원숭이와 같은 영장류를 포함하여 다양한 동물들을 이 기법으로 연구한다.

전형적으로 연구자들은 동물을 움직이지 못하게 한 다음, 미세전극을 그 동물의 뇌 영역에 삽입한다. (연구자들은 후에 뇌 슬라이스를 연구함으로써 미세전극의 정확한 삽입 위치를 파악한다.) 그런 다음, 연구자들은 관심 자극(예: 시각, 청각, 촉각 자극)을 제시한다. 이 과정은 많은 자극들이 어떤 반응도 유발시키지 않기 때문에 엄청난 인내를 요구한다. 이런 인내를 발휘하는 연구자는 결국 발화율의 변화를 얻는 것으로 보상을 받게 된다. 그런 발화율의 변화는 분명 뉴런이 자극의 어떤 측면을 부호화하는 수용체와 연계되어 있음을 시사한다. 후속 장들에서는 단일 세포 기록법이 특정 감각 체계를 연구하기 위해 어떤 식으로 사용되는지에 대해 더 자세히 논의될 것이다.

집합적 뇌 반응 연구

어떤 연구자들은 개개 뉴런의 반응보다는 여러 뉴런들의 집합적 반응을 연구한다. 이런 연구자들은 여러 다른 접근법들을 사용하지만, 그 방법들은 비침습적이어서 인간에게도 사용될 수 있다.

몇 가지 접근법은 뉴런들의 집합적 전기 반응을 다룬다. 예를 들어, 어떤 연구자들은 여러 뉴런의 집합적 반응을 연구하기 위해 두피에 전극을 부착하는 **뇌파 검사**(electroencephalography, EEG)를 사용한다. EEG 데이터는 흔히 서로 구별이 되는 파들이다. 따라서 이 방법은 연구자들이 자극을 제시하고 파의 패턴 변화를 살피는 단일세포 기록법과 유사하다. 물론 EEG에서 기록되는 파들은 개개 뉴런의 활동전위가 아니기 때문에 매우 다르다고 볼 수 있다. 그러나 큰 차이점은 어느 파를 특정 뉴런에 귀속시킬 수 없을 뿐만 아니라, 뇌의 특정 위치에도 귀속시킬 수 없다는 것이다. 뇌 활동의 특정 영역을 확인하는 데 관심을 가지는 연구자들은 다른 방법들을 사용한다.

후속 장들에서 연구자들이 뇌 반응을 지도화할 수 있도록 해주는 여러 새로운 방법들이 있음을 알게 될 것이다. 흔히 그렇듯이 테크놀로지의 진보는 이런 방법론적 진보를 이끌어 낸다. 매우 유용하기는 하지만, 어떤 연구자들은 이런 방법들로부터 얻은 결과에 대한 해석에 의구심을 갖기도 한다(Schermer, 2008; Weisberg et al., 2008).

앞으로 언급될 뇌 지도(brain mapping)를 가능하게 하는 두 가지 접근법은 양전자 방출 단층 촬영술과 기능적 자기공명 영상이다. **양전자 방출 단층 촬영술**(positron emission tomography, PET)은 방사성 물질을 혈류 속에 주입시킨다. 그 화학 물질이 뇌에 도달하면, 뇌 반응 영상이 컴퓨터로 생성된다. 따라서 연구자들은 다양한 자극을 제시하고 그에 따른 뇌 반응 변화를 관찰할 수 있다.

기능적 자기공명 영상(functional magnetic resonance imaging, fMRI)은 지각 연

구에서 널리 사용되고 있다. 비록 이것이 비침습적 기법이긴 하지만, 필요한 자기장을 생성하기 위해 참가자에게 소음이 심한 튜브 안에서 움직이지 않고 자세를 유지할 것을 요구한다. fMRI의 한 가지 중요한 장점은 지도의 상대적 정확도이다(수 밀리미터 사이에서 정확도 유지). PET 스캔과 마찬가지로, 연구자들은 자극을 제시하고 참가자의 뇌 반응 변화를 관찰하면 된다. 물론 이런 방법들을 통해 우리는 특정 자극의 처리에 관여하는 여러 뇌 영역을 확인할 수 있다.

절 요약

지각 자극에 대한 뇌 반응 측정

1. 뉴런들의 활동전위(흥분이나 억제)의 변화는 중요한 신경 신호이다. 연구자들은 개개 뉴런의 반응을 연구하기 위해 단일세포 기록법을 사용한다.
2. 뇌파 검사(EEG)는 연구자로 하여금 뉴런들의 집합적 반응을 연구할 수 있도록 해준다. 그러나 이 검사를 통해 반응의 특정 위치를 결정하기는 어렵다.
3. 뇌 활동 지도를 얻기 위한 두 가지 비침습적 방법으로 양전자 방출 단층 촬영술(PET)과 기능적 자기공명 영상(fMRI)이 있다.

복습문제

1. 약한 자극(시각, 청각, 촉각, 통증, 후각, 미각 등 각 영역)을 연구하고 싶다고 할 때, 정신물리학이 어떻게 관련될 수 있는지 기술하시오. 각각의 경우에 대해 탐지역을 측정하기 위해 한계법(혹은 적절한 변형을 시킨 방법), 조정법, 항상자극법을 어떻게 사용할지 간략하게 설명하시오.

2. 한계법을 사용할 때 오름차순과 내림차순 시행을 모두 사용해야 하는 이유는 무엇인가? 항상자극법에서는 이런 두 가지 유형의 시행에 대해 염려할 필요가 없는 이유는 무엇인가? 마찬가지로 한계법을 사용할 때 초기 제시 자극을 변화시켜야 하는 이유는 무엇이고, 항상자극법을 사용할 때는 이런 절차가 필요하지 않은 이유는 무엇인가?

3. 세 가지 고전적 정신물리학적 방법 각각의 장점과 단점을 시각 자극을 예로 들어 기술하시오.

4. 가령 당신이 커피 자판기 옆에 서서 커피가 다 되었다는 신호인 빨간 불빛이 켜지기를 기다리고 있다고 하자. 신호탐지이론을 이 상황에 적용시키고 민감도와 기준의 측

면을 설명해보시오. 이제 신호 발생과 당신의 반응과 관련하여 이 상황에서 얻어질 수 있는 네 가지 가능한 결과를 설명해보시오.

5. 다음 질문을 ROC 곡선에 적용시켜 보시오.

   1) 만약 d'이 크면, 적중률은 d'이 작을 때보다 더 클 것인가 아니면 작을 것인가?

   2) d'을 어떻게 측정하는가?

   3) 가령 철수는 0.5의 d'값을 가지며, 영희는 1.5의 d'값을 가진다고 하자. 만약 그들이 동일한 적중률을 보인다면, 그 둘 중에 누가 허위경보율이 더 클 것인가?

   4) ROC 곡선 상의 어느 한 점은 **그림 2.5**의 확률 분포에서 기준선의 위치와 어떻게 관련되는가?

6. 신호탐지이론이 목격자 증언 연구에서 유용할 수 있는 이유는 무엇인가? 생김새가 매우 유사한 사람들의 열에서 얻어지는 d'에 어떤 요인들이 영향을 미칠 수 있는가? 가령 범인 식별을 위한 전형적인 d'이 1.0이라고 하자. 만약 당신이 매우 보수적인 기준을 설정하였다면 적중률과 허위경보율에 어떤 영향을 주겠는가?

7. 색채 변별을 측정하기 위해 세 가지 고전적 정신물리학적 방법을 각각 어떻게 사용할 수 있는지 설명하시오. 그런 다음, 문제 1에서 언급된 각 감각 영역(색채 변별 부가)에서 강한 강도의 자극들을 연구하고 싶다면, 정신물리학이 어떻게 관련될 수 있는지 논하시오. 변별 연구 및 물리적 자극과 심리적 반응의 관계성에 관한 연구들을 모두 언급하시오.

8. 500g의 쇠와 500g의 깃털 중 어느 것이 더 무거운가? 나이가 어린 아동들은 이 질문에 대해 멈칫하거나 엉뚱한 대답을 할 수 있다. 그 이유는 무엇일까? 그들은 아마도 어느 것이 더 무거운지를 생각하기보다 어느 것이 더 무겁게 느껴지는지를 생각하기 때문일 것이다. 쇠의 무게와 깃털의 무게에 대해 Weber 소수를 어떻게 결정할 수 있는가? 만약 소수가 다르다면, 그것은 무엇을 의미하는가?

9. 물리적 자극과 심리적 반응의 관계성을 다룬 절에서 물리적 자극의 변화가 전형적으로 심리적 반응의 확대나 축소로 변환된다고 언급한 바 있다. 이를 Fechner와 Stevens를 인용하여 논하시오.

10. 만약 당신이 인간의 지각에 대해 알고 싶다면, 정신물리학적 방법들은 어떤 역할을 하겠는가? 생리적 방법들(예: EEG, fMRI)은 어떤 역할을 하겠는가? 적절한 지각 이론을 개발하기 위해 뇌 기능을 완전히 이해하는 것이 중요하다고 생각하는가? 그 이유는?

주요어

교차 양상 대응(cross-modality matching)
기능적 자기공명 영상(functional magnetic resonance imaging, fMRI)
기대 오류(errors of anticipation)
기준(criterion)
내림차순 시행(descending series of trials)
뇌파 검사(electroencephalography, EEG)
단일 세포 기록법(single-cell recording)
미세전극(microelectrode)
민감도(sensitivity)
바른기각(correct rejection)
변별(discrimination)
비교 자극(comparison stimulus)
상용대수(common logarithm)
소음(noise)
수신자 조작 특성 곡선(receiver operating characteristic curve, ROC curve)
습관화 오류(errors of habituation)
신호(signal)
신호+소음(signal+noise)
신호탐지이론(signal detection theory, SDT)
양전자 방출 단층 촬영술(positron emission tomography, PET)
오름차순 시행(ascending series of trials)
적중(hit)
절대역(absolute threshold)
정신물리학(psychophysics)
조정법(method of adjustment)
조정법을 이용한 변별 측정(method of adjustment for measuring discrimination)
주관적 동등점(point of subjective equality)
지불(payoff)
차이역(difference threshold 혹은 difference limen)
최소식별차(just noticeable difference, *jnd*)
크기추정법(magni-tude estimation)
탐지(detection)
탐지실패(miss)
표준 자극(standard stimulus)
한계법(method of limit)
한계법을 이용한 변별 측정(method of limits for measuring discrimination)
항상자극법(method of constant stimuli)
항상자극법을 이용한 변별 측정(method of constant stimuli for measuring discrimination)
활동전위(action potential)
2지 강제선택 절차(two-alternative forced choice procedure, 2AFC)
Fechner의 법칙(Fechner's law)
Weber의 법칙(Weber's law)

추천도서

Baird, J. C. (1997). *Sensation and judgment: Complementary theory of psychophysics*. Mahwah, NJ: Erlbaum.

Baird는 정신물리학 분야에 많은 기여를 한 연구자이다. 이 책에서 그는 여러 다른 영역들의 연구들을 요약하고 통합하면서 정신물리학 분야에 대한 훌륭한 스냅 사진을 제공했다.

Gescheider, G. A. (1997). *Psychophysics: The fundamentals* (3rd ed.). Mahwah, NJ: Erlbaum.

이 책은 대학원 수준의 교재로 개발된 것이기는 하지만 일반인도 충분히 읽을 수 있을 만큼 명료한 설명을 싣고 있다. 이 책의 한 가지 특징은 각 장마다 학생들이 풀어야 하는 정신물리학 문제들을 수록해 놓았고, 그 해답을 부록에 제공했다는 것이다.

Macmillan, N. A., & Creelman, C. D. (2005). *Detection theory: A user's guide* (2nd ed.). Mahwah, NJ: Erlbaum.

이 장에서는 신호탐지이론에 대해 간략한 소개 정도만 제공했지만, 이 이론의 사용에 대해 더 자세히 알고 싶다면 이 책이 도움을 줄 것이다. Macmillan과 Creelman은 신호탐지이론의 광범위한 적용을 다루면서 독자에게 내용을 확실히 숙지시키기 위해 많은 연습문제를 제공하였다.

Stevens, S. S. (1986). *Psychophysics: Introduction to its perceptual, neural, and social prospects*. New Brunswick: Transaction.

Stevens 사후에 출판된 이 책은 그의 이론과 연구에 대해 쉽게 읽을 수 있도록 구성되어 있다. 그러나 신호탐지이론과 같은 다른 주제들에 대해서는 다른 책을 권하고 싶다.

CHAPTER 3

시각 체계

시각 체계는 눈과 시각 정보를 처리하는 중요한 여러 뇌 영역들로 구성된다. 이 체계는 전자기 에너지의 일부를 신경 에너지로 변환시켜 활용할 수 있게 해준다. **변환**(transduction)이란 한 가지 형태의 에너지를 다른 형태의 에너지로 전환시키는 과정으로, 모든 감각들은 변환기의 역할을 한다. 먼저 시각 자극의 전자기 에너지를 설명한 후에 변환이 일어나는 눈의 구조에 대해 논의할 것이다. 그 다음, 변환의 결과로 발생한 신경 에너지가 뇌의 여러 영역에서 어떻게 처리되는지 살펴보기로 한다.

시각 자극

빛이 없으면 우리는 주변 세상을 볼 수 없다. 빛이란 무엇인가? 빛이 입자(particle)인지 아니면 파(wave)인지에 대한 논쟁에 대해서는 잘 알고 있을 것이다. 여기서

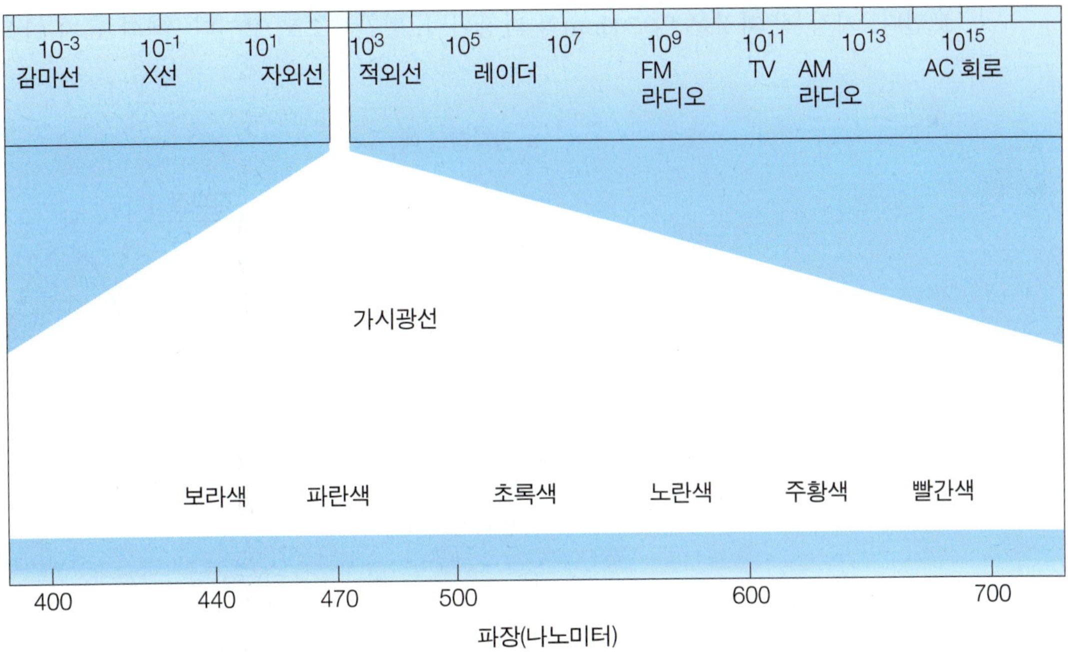

그림 3.1 전자기 방사선 스펙트럼: 전기적으로 충전된 입자들에 의해 생성되는 모든 형태의 파 연속체. 400nm와 700nm 사이의 좁은 대역을 주목하라(그림 하단에 이 좁은 대역의 확대 그림이 제시되어 있으며, 또한 책의 표지 안쪽에 있는 색판2에서도 볼 수 있다). 이 좁은 영역은 인간이 볼 수 있는 유일한 대역으로 가시광선 스펙트럼이라 부른다.

는 빛을 일종의 전자기 방사선으로 고려할 것이다. **전자기 방사선**(electromagnetic radiation)이란 전기적으로 충전된 입자들에 의해 생성된 모든 형태의 파를 말한다. **그림 3.1**에서 보여주듯이, 인간이 볼 수 있는 가시광선(visible light)은 전체 전자기 방사선 스펙트럼에서 아주 작은 부분에 해당된다. 우리의 눈에 도달하는 빛의 일부는 태양, 전구, 컴퓨터 스크린, 촛불과 같은 광원으로부터 직접 나온다. 그런 광원들은 전형적으로 광역의 스펙트럼에 걸쳐 방사선을 방출한다. 또한 광원으로부터 나온 빛은 종이, 직물, 피부 등의 표면에 반사된 후 간접적으로 우리 눈에 도달하기도 한다. 하지만 그러한 표면들은 스펙트럼의 일부만 반사시키고 나머지는 흡수해 버리는 경향이 있다(7장 참조).

빛은 **파장**(wavelength), 즉 파가 한번 반복되는 동안(1주기) 빛이 이동한 거리로 설명될 수 있다. **그림 3.2**는 파장이 파의 두 정점 사이의 거리임을 보여주고 있다. **그림 3.2a**의 광파는 **그림 3.2b**의 광파보다 더 긴 파장을 가지고 있다.

파장은 통상적으로 나노미터로 측정된다. **나노미터**(nanometer, nm)는 10억분의 1미터(10^{-9}m)이다. 우리가 볼 수 있는 가장 짧은 파장은 약 400nm이며, 보라색으로 보인다. 가장 긴 파장은 약 700nm의 파장이며, 빨간색으로 보인다. 책의 표지 안쪽

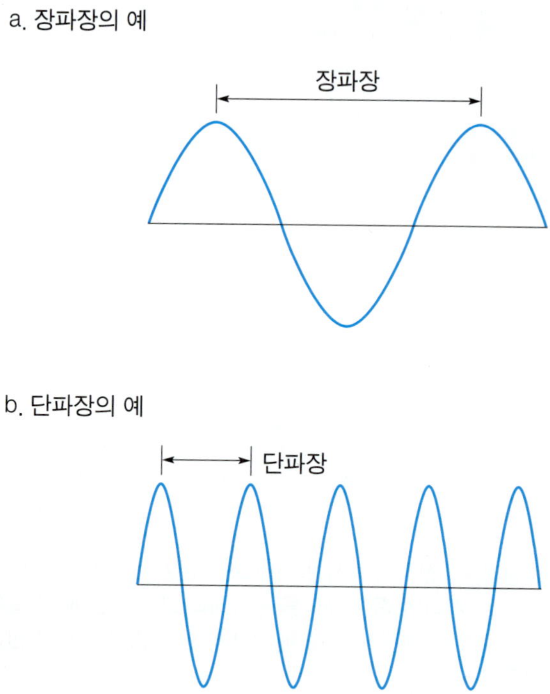

그림 3.2 파장이 다른 광파의 예. 파장이란 1주기 동안 파가 이동한 거리(두 정점 간의 거리)를 말한다.

에 있는 색판2는 보라색에서 빨간색까지의 스펙트럼을 보여준다. 요약하면, **빛**(light)은 약 400nm에서 700nm의 범위에 걸친 파들로 구성된 전자기 방사선 스펙트럼의 일부이다.

인간은 이 파장 범위에 민감하지만, 다른 유기체들은 이보다 더 길거나 짧은 파장도 감지할 수 있다. 예를 들어, 독사(예: 방울뱀)와 보아뱀은 가시광선보다 더 긴 파장을 가지는 적외선을 감지하는 감각 기관을 가지고 있다. 이런 동물들은 놀랍게도 먹이감에 대해 세밀한 열 감지 영상을 만들어 낼 수 있다(Ebert & Westhoff, 2006; Schwarzschild, 2006). 다른 동물들(예: 개미, 박쥐, 벌, 새, 설치동물)은 인간이 볼 수 없는 짧은 파장을 가지는 자외선을 감지할 수 있다(Winter et al., 2003). 따라서 인간에게는 단조롭고 구별할 수 없는 생김새를 가진 어떤 종의 암컷 새들이 그 종의 수컷 새들에게는 매우 다르게 보인다(Goldsmith, 2006).

지금까지는 광파의 길이에 초점을 맞추었다. 색채시를 다루는 장(7장)에서 더 자세히 논의되겠지만, 광파의 길이는 시각 자극의 색상과 관련이 있다. **색상**(hue)이란 부분적으로 광파장에 의해 발생되는 색에 대한 관찰자의 심리적 반응을 말한다. 이외에도 광파는 두 가지 다른 중요한 특성, 즉 순도와 진폭이 있다. **순도**(purity)란 단일 파장 대 혼합 파장의 구성 정도를 말한다. 이것은 시각 자극의 **채도**(saturation)와 관련이 있다(예: 밝은 빨간색 대 탁한 빨간색). 마지막으로 **진폭**(amplitude), 즉 광파의 높이는 시각 자극의 밝기와 관련이 있다. **그림 3.3**은 광파가 정점의 높이에서 어떤 차이가 있는지를 보여준다. **그림 3.3a**에서 보여주는 파는 **그림 3.3b**에서 보여주는 파보다 더 큰 진폭을 가진다. 즉 그 정점이 더 높다. 더 큰 진폭을 가지는 광파는

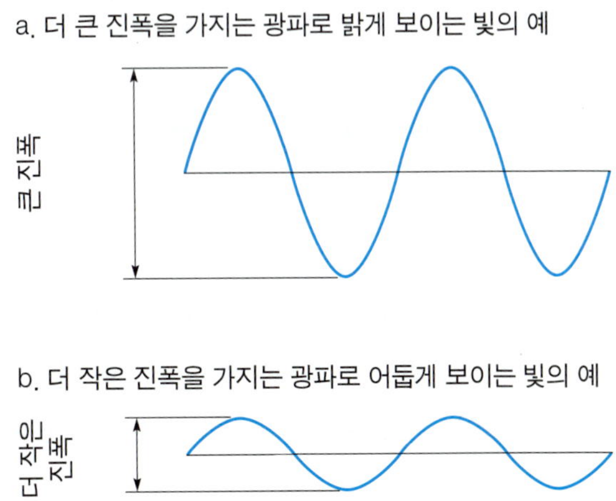

그림 3.3 진폭이 다른 광파의 예. 진폭은 자극에서 나오는 광 에너지의 양으로 고려될 수 있다.

전형적으로 더 밝은 것으로 지각된다.

지금까지 세 가지 속성의 쌍을 언급했음을 주목하라: (1) 파장과 색상, (2) 순도와 채도, (3) 진폭과 밝기. 각 쌍의 첫 번째 속성은 물리적 자극의 특징을 묘사하는 데 반해, 두 번째 속성은 그와 관련된 지각적 경험을 나타낸다. 그 관계성은 고정된 것이 아님을 염두에 두어야 한다. 예를 들어, 어떤 조건에서는 동일한 파장이라 하더라도 다른 색상으로 지각될 수 있다. 다른 조건에서는 서로 다른 파장들이 같은 색상으로 지각될 수 있다.

절 요약

시각 자극

1. 빛은 전자기 스펙트럼의 일부이다. 광파장(나노미터로 측정)은 약 400nm(보라색으로 보임)에서 700nm(빨간색으로 보임)의 범위를 가진다. 다른 유기체들은 전자기 스펙트럼의 다른 부분에 민감하지만, 이런 파장들은 인간의 시각 체계가 반응하기에는 너무 길거나 짧다.
2. 빛은 또한 순도, 진폭, 파장으로 기술될 수 있다.
3. 파장, 순도, 진폭은 물리적 자극을 기술하는 반면, 색상, 채도, 밝기는 지각을 기술한다.

눈의 구조와 기능

인간의 눈은 점보 올리브 정도의 크기지만, 많은 과제들을 수행한다. 이제 눈의 여러 부분들과 시각 자극을 처리함에 있어 그것들의 역할에 대해 살펴보기로 하자.

각막, 공막, 안구전방

안구는 약 24mm의 직경을 가진 약간 납작한 모양의 구형이다. **공막**(sclera)이라 불리는 바깥쪽 흰 막은 액체로 채워져 있어 눈의 구형을 유지시킨다. 눈을 움직이는 근육은 공막의 외부에 부착되어 있다(Oyster, 1999).

안구의 앞부분에는 공막과 연결되어 있으며 약간 튀어나온 투명한 **각막**(cornea)이 있다. 당신이 누군가를 옆에서 본다면, 각막과 공막을 모두 볼 수 있다(**그림 3.4**).

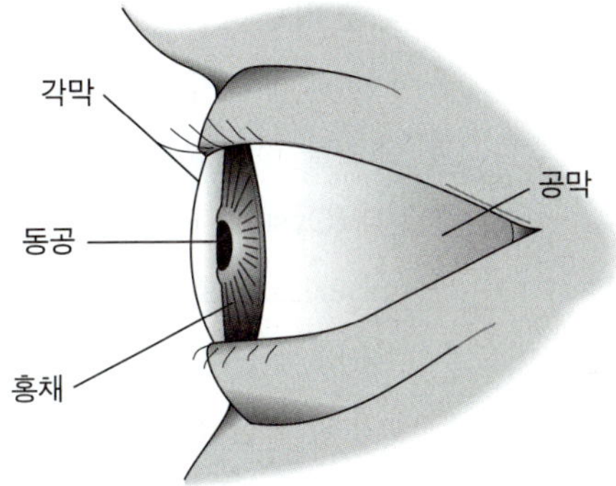

그림 3.4 눈의 외양. 각막은 들어오는 광선을 굴절시켜 안구 뒷부분에 있는 광수용체에 떨어지도록 하는 투명막이다. 홍채는 빛이 통과하는 동공의 크기를 변화시키기 위해 확장되거나 수축된다.

공막과 각막은 동일한 콜라겐 섬유로 이루어져 있는데, 서로 다르게 보이는 이유는 무엇일까? 공막은 섬유들이 두껍고 강도를 위해 서로 연결되어 있기 때문에 투명하지 않다. 이와 반대로, 각막은 섬유들이 얇고 균일하게 분포되어 있기 때문에 투명하다(Oyster, 1999).

시각 자극으로부터 나온 빛은 안구의 후면을 구성하고 있는 망막에 수렴된다. 각막은 이 과정의 출발 지점이다. 눈으로 들어오는 광에너지의 2/3 이상이 각막에서 수렴된다.

각막이 기형적일 때, **난시**(astigmatism)가 발생되며, 이 경우 사람들은 들어오는 빛의 일부에 대해 흐릿한 이미지를 경험하게 된다. 때로는 난시로 인해 신경이 비정상적으로 발달할 수 있기 때문에, 소아과 의사들은 이른 연령 단계에서 난시를 확인하는 것이 중요하다고 말한다. 렌즈를 착용하면 난시를 교정할 수 있는데, 비록 나중에 교정 렌즈 사용이 광학적 문제를 일이킬 수 있더라도 초기 난시의 발견과 교정으로 신경 이상을 최소화시킬 수 있다(Harvet et al., 2007, 2008).

각막에서 발생할 수 있는 다른 문제들은 그것이 눈의 앞부분에 위치해 있기 때문에 발생하는 것들이다. 각막은 우연하게 손상을 입을 수 있다(외상, 찰과상, 혹은 외부에서 눈에 유입되는 해로운 입자에 의해)(Asbury & Sanitato, 1992). 이외에 여러 질병들이 각막에 영향을 줄 수 있다(Biswell, 2004). 손상 정도가 심한 경우에는 각막을 수술로 대체할 수 있다. 많은 다른 이식 수술과 달리 각막 이식은 성공률이 높다. 각막에는 혈관이 적게 분포되어 있어서 이식이 비교적 수월하고, 조직 이식 거부 위험도 낮다(Biswell, 2004; Oyster, 1999).

그러면 혈관이 적은 각막은 어떻게 영양분을 공급받을 수 있을까? 신체의 여러 부분들은 혈관을 통해 영양분을 공급받는다. 그러나 각막에 있는 혈관들은 들어오는 빛을 차단하는 역할을 한다. 대신에 각막에 있는 세포들은 뇌 주변의 뇌 척수액과 유사한 액체인 **수양액**(aqueous humor; humor는 액체를 의미한다)으로부터 영양분과 산소를 공급받는다. 혈장(blood plasma)은 몇 단계의 여과를 거쳐 수양액으로 전환된다(Oyster, 1999). 이 액체는 동공을 거쳐 각막 바로 뒤에 있는 **안구전방**(anterior chamber)으로 흐른다.

수양액은 지속적으로 반복 순환되지만, 매일 빠른 속도로 교체된다. 그러나 수양액이 안구전방으로 빠져나가는 통로가 막히는 경우도 있다. 이러한 차단은 안압 상승을 일으켜 종국적으로 안구 뒷부분의 시신경 유두(optical disc)에 있는 민감한 신경 세포들을 손상시킬 수 있다. 이것을 **녹내장**(glaucoma)이라 부른다.

녹내장을 가지고 있는 미국인은 약 3백만 명으로 추산되며, 그 가운데 10만 명 정도는 그로 인해 실명을 하는 것으로 보고된다. 이 질병은 눈에 잘 띄지 않는데, 초기 단계에서는 말초 시력의 점차적인 상실이 나타난다. 결국 안과 진단을 자주 받지 않으면 이런 질병을 가지고 있는지조차 모르는 경우가 많다. 초기 진단을 위한 가장 좋은 방법은 **안압측정**(tomometry)으로, 안압 상승 수준을 측정하는 것이다(Chang, 2004; Oyster, 1999). 이 검사는 각막을 마취하고, 장비를 이용해 각막에 압력을 가하여 내부 압력을 측정한다.

만약 녹내장이 적시에 진단되면, 특수 약물을 통해 안압을 감소시킬 수 있다(Riordan-Eva, 2004). 그러나 안압 상승이 적시에 탐지되지 않게 되면, 안과 수술을 통해 수양액을 방출시키는 방법도 있다(Oyster, 1999; Riordan-Eva, 2004).

홍채와 동공

대부분 유기체는 넓은 범위의 조명 조건에서 기능해야 한다. 예를 들어, 광도는 주간이 야간보다 400억 배 더 클 수 있다(Rodieck, 1998). 시각 체계는 이런 광범한 조명 조건들을 어떻게 다룰까? 이 질문에 대한 부분적인 대답은 곧 논의될 망막의 광수용체에서 찾을 수 있다. 그리고 나머지 대답은 홍채와 동공에서 찾을 수 있다.

홍채(iris)는 안구전방 뒷부분에 위치해 있는 색소를 가진 근육환이다(**그림 3.5**를 보라). **동공**(pupil)은 실제로 광정보가 통과하는 홍채 중앙의 개방구이다. 홍채는 두 가지 유형의 근육을 가지고 있다. 하나는 **수축**(constrict) 혹은 폐쇄(동공을 작게 만드는 역할)를 위해 작용하고, 다른 하나는 **확장**(dilate) 혹은 개방(동공을 크게 만드는 역할)을 위해 작용한다. 빛이 밝으면 홍채는 반사적으로 수축되고, 빛이 희미할 때

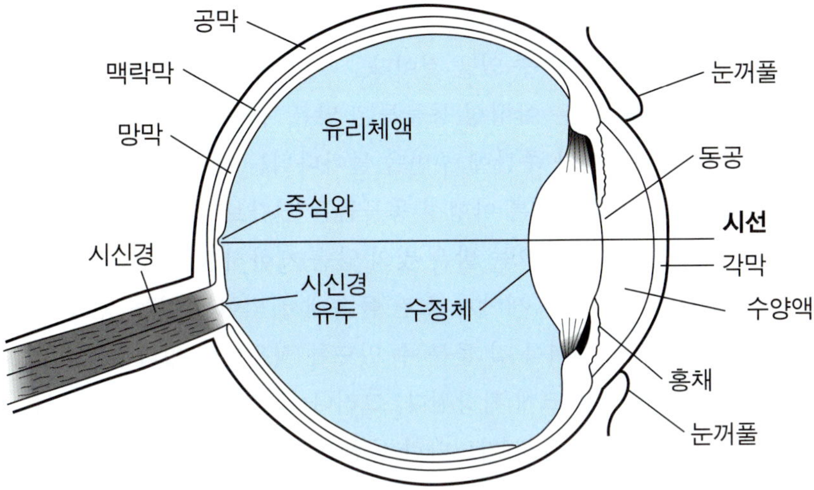

그림 3.5 인간의 눈 구조. 각막과 수정체는 들어오는 빛을 굴절시켜 망막, 특히 중심와에 맺히도록 한다. 그림 3.4에서 보여주듯이, 동공은 눈의 색깔을 결정해주는 홍채 중앙에 있는 개방구이다.

는 확장된다. 빛이 거의 가용적이지 않을 때 확장된 동공이 가능한 많은 빛을 수용할 수 있게 해주는 것이다. 이 과정을 이해하기 위해 WWW해보기 3.1을 해보라.

그러나 밝은 햇볕이 있는 상황에서는 어떤 일이 일어날까? 과도하게 많은 빛이 안구를 통해 확산되면 선명하게 볼 수 없게 된다. 만약 선글라스를 쓰지 않고 햇볕이 강한 해변에 나오게 되면, 아마도 당신은 외부 조망을 선명하게 보기 위해 손으로 눈을 가려야 할 것이다. 따라서 눈은 안구 주위에서 반사되어 들어오는 빛의 양을 최소화시킬 필요가 있다.

불투명한 공막은 빛의 대부분이 투명한 각막을 통해서만 들어오도록 해준다. 비교적 불투명한 홍채 또한 들어오는 빛을 제한시키는 역할을 하는데, 좀 더 어두운 눈 색깔(예: 갈색)은 연한 눈 색깔(예: 파란색)보다 빛을 더 효율적으로 제한시킬 수 있다. 홍채의 독특한 눈 색깔은 색소(멜라닌), 질감, 그리고 홍채 바깥층의 혈관들에 의해 결정된다. 또한 인간의 경우 안구 뒷부분은 실제로 어둡기 때문에 과도한 빛의 일부를 흡수한다.

동공 수축의 주요 장점이 눈으로 들어오는 빛의 양을 최소화시키는 것으로 생각할지 모르겠다. 그러나 밝은 햇볕 조건에서 동공이 완전히 수축되었을 때조차도 많은 양의 빛은 그대로 눈으로 들어온다. 대신에 수축된 동공의 주요 장점은 밝은 빛으로 하여금 사물의 초점이 선명하게 맞추어지도록 거리를 증가시킨다는 것이다. 만약 카메라에 대해 잘 알고 있다면, 이 원리를 카메라의 구경(aperture)에 의해 조절되는 심도의 깊이로 이해할 수 있을 것이다.

고양이와 같은 야행성 동물들은 낮은 수준의 광조건에서 인간보다 더 잘 본다. 그렇다면 고양이가 주간에 주변을 돌아다니는 데에도 아무런 문제가 없는 이유는 무엇일까? 고양이와 다른 야행성 동물들은 인간보다 동공 크기를 훨씬 더 작게 조절할 수 있어 눈으로 들어오는 밝은 빛의 양을 제한시킬 수 있다. 비록 야행성은 아니지만, 물범(harbor seal)은 시야가 흐린 물속에서 먹이를 찾는 동시에 밝은 햇볕이 내리쬐는 육지에서도 새끼를 잘 돌볼 수 있도록 적응되어 있다(Renouf, 1989). 수중에 있을 때 물범의 동공은 크게 확장된다. 그러나 물 밖으로 나오면 동공은 크게 축소된다. 사실 난시의 특별한 유형(가느다란 동공을 가진)은 밝은 빛 조건에서 물범의 시각을 향상시키는 데 도움을 줄 수 있다(Hanke et al., 2006). 그러나 가느다란 동공이 동공의 크기를 최소화시키는 데 있어 중요한 조건은 아니다(Land, 2006). 대신 가느다란 동공은 빛이 중앙보다는 각막과 수정체의 보다 넓은 영역을 통해 들어올 수 있도록 해준다. 결과적으로 동물은 어둡고 밝은 빛 조건 모두에서 인간보다 더 잘 볼 수 있다.

동공은 왜 검은색으로 보일까? 눈의 내부 구조를 볼 수 없는 이유는 무엇일까? 이 문제를 이해하기 위해 탁자 위에 작은 물체를 올려놓은 다음, 종이타월을 세우고 물체가 그 중앙 튜브에 놓이도록 해보자. 이제 종이타월 중앙에 있는 튜브를 들여다보고 그 물체가 보이는지 확인해보라. 이 과제는 몇 가지 이유로 어렵다. 첫째, 튜브로 들어가는 대부분의 빛은 흡수된다. 둘째, 내려다보기 위해 얼굴을 종이타월 중앙으로 가져가면서 광원이 차단될 것이다. 또한 측면에서는 튜브의 바닥을 볼 수 없을 것이다. 다른 사람의 눈 안을 살펴보려고 시도할 때도 이와 유사한 문제에 봉착하게 된다.

눈의 질병을 전문으로 다루는 **안과의사**(ophthalmologist)는 눈의 내부를 들여다볼 수 있는 **검안경**(ophthalmoscope)이라는 특수한 장비를 사용한다(Chang, 2004). 검안경은 특수 거울과 렌즈가 갖추어져 있어 눈에서 나오는 빛이 관찰자에게 반사되도록 해준다. 때문에 우리가 일반적으로 보는 검은색 동공 대신에 의사들은 눈의 내부 구조를 볼 수 있는 것이다. 우리도 플래시를 사용하여 다른 사람의 얼굴 사진을 찍을 때 간혹 눈의 내부를 보기도 한다. 상세한 것은 볼 수 없지만, 플래시가 눈의 뒷부분에 있는 혈관을 조명해줌으로써 동공이 빨간색으로 나타나는 것이다.

수정체

수정체(lens)는 동공 바로 뒤에 위치하며 투명 구조이다. 수정체의 핵은 임신 기간 동안 형성되며, 나머지 층들은 나중에 형성된다. 핵은 바깥층보다 더 단단하며, 양파처럼 배열되어 있는 길쭉한 섬유들을 포함하고 있다(Oyster, 1999). 앞에서 각막이 눈으로 들어오는 빛을 굴절시킨다는 것을 알았다. 수정체가 적절히 기능할 때 광파를 눈의 뒷면에 있는 광수용체(photoreceptors)에 맺히도록 하는 과제를 완수한다(Harper & Shock, 2004).

수정체는 가까운 거리에 있는 사물을 보기 위해 소위 **조절**(accommodation)이라는 과정을 통해 두꺼워진다(Glasser, 2006). 19세기 독일 생리학자인 Hermann von Helmholtz는 처음으로 이러한 조절 기전을 설명하였다.

모양근(ciliary muscle)은 수정체를 둘러싸고 있으며, **모양소대**(zonules)라 불리는 작은 섬유들에 의해 수정체에 부착되어 있다(**그림 3.6**을 보라). 원거리(6m 이상)에 있는 사물을 볼 때, 모양근은 이완하여 팽창하면서 모양소대를 당기게 된다. 이런 조절이 이루어지지 않은 상태의 수정체는 평평한 모양이 되어, 눈으로 들어오는 빛의 굴절이 최소화된다(**그림 3.6a**를 보라). 근거리에 있는 사물을 볼 때, 모양근은 수

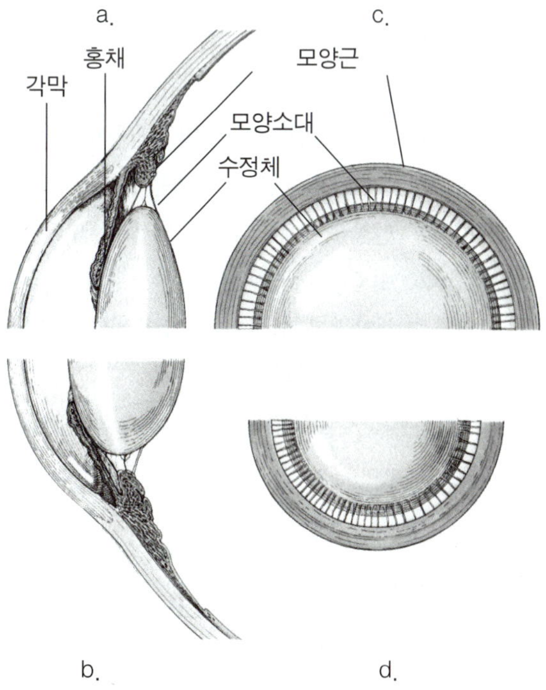

그림 3.6 조절작용에 따른 수정체 변화를 보여주는 눈의 전면 횡단면. a와 b는 측면에서 본 수정체이고, c와 d는 전면에서 본 수정체이다. a와 c는 이완된 모양근 상태를 보여주고 있다. 모양근이 이완되면, 이것은 또한 팽창하면서 모양소대를 당기게 되어 수정체는 평평해진다(원거리 사물을 보기 위해 조절되지 않은 상태). b와 d는 수축된 모양근 상태를 보여준다. 모양근이 수축하게 되면, 모양소대를 당기지 않음으로써 수정체의 두께는 증가하게 된다(근거리 사물을 보기 위해 조절된 상태)

출처: Koreyz & Handelman, 1988(Carol Donner로부터 인용 허가를 받음).

축하게 된다. 이러한 수축은 모양소대를 이완시켜 수정체의 두께를 증가시킨다(**그림 3.6b**를 보라). 이러한 조절된 상태의 수정체는 빛을 크게 굴절시키며, 이는 근거리 사물에 초점을 맞추기 위해 필수적이다(Koretz & Handelman, 1988). 따라서 수정체의 모양 변화를 통해 사물은 사물의 거리와 관계없이 망막에 뚜렷하게 초점이 맞추어질 수 있다.

그러나 나이가 들어감에 따라 수정체는 조절 능력을 점차 상실하게 된다. 45세 정도가 되면, 대부분의 사람들은 근거리 사물의 초점 맞추기를 어려워한다. 이런 조절 문제를 **노안**(presbyopia)이라 하는데, 이는 나이가 들어감에 따라 자연스럽게 수정체가 두꺼워짐으로써 발생하는 현상이다(Glasser et al., 2001; Kasthurirangan & Glasser, 2006). 즉 수정체의 탄력성이 줄어들면서 더 이상 조절 능력이 기능하지 못하게 되는 것이다. 따라서 노안을 가진 사람들은 근거리 사물들을 보는 것이 어려워져 독서를 할 때 팔 길이 정도의 거리에서 글을 읽는 경향이 있다. 이러한 문제를 교정하기 위해 대부분은 돋보기(혹은 확대경)나 이중 초점 안경을 사용한다.

수정체는 빛을 통과시키기 위해 투명해야 한다. **백내장**(cataract)은 수정체가 혼탁해지는 것으로 외상, 질병 혹은 자외선 노출로 인해 발생할 수 있다(Harper & Shock, 2004). 많이 진행되지 않은 경우, 백내장을 확인하려면 특별한 장비가 필요하다. 진행 단계에서 수정체는 우윳빛을 띠게 되는데, 다행히 초기 단계에서 검안경(ophthalmoscope)으로 검진될 수 있다. 백내장은 시력을 잃은 전 세계 사람의 절반 이상을 설명해준다(Whitcher, 2004). 특히 노인에게서 주로 발생하는데, 65세 이상의 미국 노인들의 절반 이상이 이에 해당된다(Harper & Shock, 2004). 백내장이 진행될 때, 혼탁한 수정체는 수술로 제거될 수 있다. 일반적으로 감염 수정체를 제거한 후 **인공수정체**(intraocular lens)라 불리는 대체 수정체가 이식된다(Harper & Shock, 2004; Oyster, 1999).

지금까지 살펴본 각막에서 수정체에 이르는 여러 구조들은 상의 초점이 눈의 광수용체에 맺히도록 하는 역할을 한다. 광에너지의 실제적인 변환은 망막에서 이루어진다. 지금부터 이 중요한 시각 체계의 요소를 살펴보기로 하자.

망막

망막(retina)은 원추체(cones)와 간상체(rods)라 불리는 **광수용체**(photoreceptors)와 잠시 뒤 좀 더 자세히 논의될 여러 종류의 신경세포들을 포함하고 있다. 이 중요한 눈의 구조는 종이 한 장의 두께보다도 얇다. 망막은 여러 층으로 이루어져 있으며, 눈의 후면에 가까운 층에 광수용체들이 분포되어 있다(이런 배열에서 빛은 광수용체에 도달하기 전에 망막의 여러 층들을 통과해야 하는데, 그 층들은 매우 투명하다). 광수용체들은 빛을 흡수하고 이를 **뉴런**(neuron) 혹은 신경세포가 전송할 수 있는 정보로 변환시킨다.

그림 3.5에서 중심와의 위치를 확인할 수 있다. **중심와**(fovea)는 문장 끝의 마침표 크기보다 작은 영역이다. 광수용체들은 중심와에 가장 조밀하게 분포되어 있기 때문에, 망막의 이 부분은 가장 선명한 시력을 일으킨다. 사실 당신이 이 단락을 읽고 있는 동안 눈은 새 단어들을 중심와에 등록시키기 위해 도약을 한다. 현재 쪽에 있는 단어들은 다 읽을 수 있을 것처럼 보이지만, 어느 한 단어에 초점을 맞추면, 그 단어로부터 3cm 이상 떨어져 있는 단어들은 흐릿하게 보이고 읽기도 어려울 것이다. 그런 단어들은 중심와를 벗어난 망막 영역에 맺히기 때문에 선명도가 크게 떨어진다. WWW해보기 3.2를 통해 이를 경험해보라.

인간은 각 망막의 중앙에 하나의 중심와를 가지고 있지만, 이런 배열이 공통적이라고 가정해서는 안 된다. 많은 포유동물들은 중심와를 가지고 있지 않는 반면, 어떤 새들은 각 눈에 두 개의 중심와를 가지고 있기도 하다(Bennett & Thery, 2007; Coimbra et al., 2006).

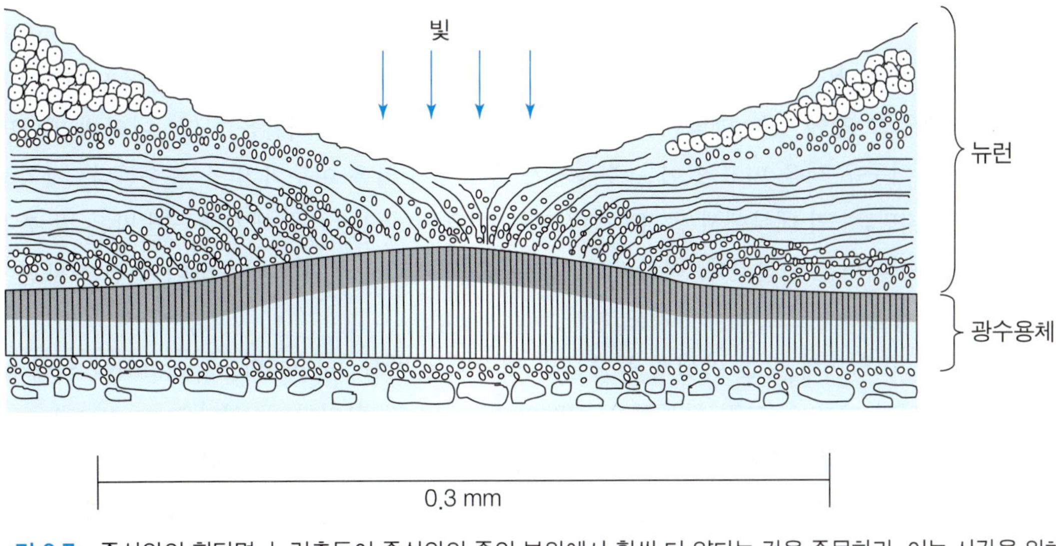

그림 3.7 중심와의 횡단면. 뉴런층들이 중심와의 중앙 부위에서 훨씬 더 얇다는 것을 주목하라. 이는 시각을 위해 매우 중요한 이 영역에 있는 광수용체들에 광선이 쉽게 도달할 수 있도록 해준다.

그림 3.7은 중심와의 횡단면을 보여준다. 세포의 상층들은 중심부(중심와)에서 얇아진다는 것을 주목하라. 이런 배열은 들어오는 빛이 그 층들을 쉽게 통과하여 망막의 이 중요한 영역에 도달하도록 함으로써 선명한 시각을 제공할 수 있게 해준다.

이제 **그림 3.5**로 돌아가서 시신경유두라 명명된 망막 영역을 확인하라. 시신경은 시신경유두에서 눈을 빠져 나간다. **시신경**(optic nerve)은 망막에서 나온 정보를 전송하는 뉴런 다발이다. 시신경유두는 광수용체를 가지고 있지 않기 때문에 이 망막 영역에 맺히는 이미지는 볼 수 없다. 따라서 시신경유두는 맹점(blind spot)을 형성하게 된다. 맹점에 대해서는 4장에서 더 논의될 것이다. 맹점의 존재를 확인하기 위해 WWW해보기 3.3을 해보라.

안구후방

안구후방(posterior chamber)은 망막과 수정체 사이에 놓여 있다(**그림 3.5**를 보라). 이 부분은 안구의 모양을 유지하고 망막에 영양분을 공급하는 역할을 하는 젤리와 같은 물질인 **유리체액**(vitreous humor)을 포함하고 있다(Oyster, 1999). 유리체액에서 나오는 압력은 외부 압력에도 불구하고 안구가 거의 구형을 유지할 수 있도록 해준다. 유리체액 안에는 부유물 혹은 **플로터**(floaters)라 불리는 고형물들이 떠다닐 수 있다. 우리가 어느 정도 밝은 흰색 표면을 볼 때 실제로 눈에서 떠다니는 이런 플로터들을 볼 수 있을 것이다. 연령이 증가면서 이런 플로터들은 점점 더 늘어난다.

그림 3.5는 눈의 뒷부분의 공막(sclera) 바로 안쪽에 있는 맥락막을 보여주고 있다. **맥락막**(choroid)에는 여러 개의 작은 동맥과 정맥류가 망막 뒤로 뻗어 있다. 맥락막은 그 앞에 있는 망막에 영양분과 산소를 공급해주는 역할을 한다. 이외에 맥락막은 어두운 색을 띠고 있어 광수용체가 흡수하지 않은 여분의 빛을 흡수한다. 기억하겠지만, 눈의 내부에서 굴절과 반사되는 미광(stray light)을 제거해주면 밝은 빛 조건에서 시력은 증진된다. 맥락막의 혈관들은 때때로 플래쉬를 사용하여 촬영한 사진에서 빨간색 눈으로 나타나기도 한다.

고양이와 같은 야행성 동물들의 맥락막은 반사 표면(**피막**, tapetum)에 의해 대체되기 때문에, 그런 동물들은 소량의 빛을 더 잘 탐지할 수 있다(Land & Nilsson, 2002). 플래쉬를 사용한 고양이 사진에서 눈이 빛나는 것처럼 보이는 것을 보았을 것이다. 그렇게 빛나는 눈은 플래쉬가 피막에 반사되어 나타난 현상이다. 피막은 밝은 빛에서 선명하게 보는 것을 방해한다.

절 요약

눈의 구조와 기능

1. 공막, 각막, 홍채, 동공은 외부에서 보이는 눈의 구조들이다.
2. 홍채의 전면 투명막인 각막은 빛을 굴절시켜 망막에 초점이 맺히도록 해준다. 각막 기형은 난시를 초래한다.
3. 수정체의 모양은 조절 과정을 통해 변하면서 근거리와 원거리 사물들의 초점을 맞춘다. 수정체가 혼탁해지는 경우를 백내장이라 한다.
4. 눈은 각각 다른 물질로 채워진 두 개의 방을 가진다. 안구전방은 수양액, 그리고 안구후방은 유리체액을 포함하고 있다. 두 물질은 영양분을 공급하고, 유리체액은 안구의 모양을 유지시키는 역할도 한다.
5. 맥락막은 동맥과 정맥을 포함하고 있으며, 여분의 빛을 흡수하기도 한다.
6. 망막은 빛을 흡수하고 전자기 정보를 뉴런이 전송할 수 있는 정보로 변환시킨다. 망막은 가장 선명한 시각을 일으키는 중심와와 광수용체가 없어서 맹점을 일으키는 시신경유두를 포함하고 있다.

망막의 구조와 기능

시각에서 망막은 매우 중요하기 때문에, 망막에 있는 세포들의 유형에 대해 상세히 살펴보기로 하겠다. **그림 3.8**은 일반적인 여섯 종의 세포들을 보여주고 있다. 실제로 망막에는 50여종의 세포가 포함되어 있음이 확인되었지만, 여기서는 이들 여섯 종의 세포만을 논의하기로 하겠다(Masland, 2001a, 2001b; Rodieck, 1998).

원추체와 간상체는 광정보를 신경정보로 변환시키는 두 가지 유형의 광수용체이다. **원추체**(cones)는 조명 수준이 높은 조건에서 색채 지각을 제공한다. **간상체**(rods)는 조명 수준이 낮은 조건에서 시력을 제공하지만, 원추체에서 색채 지각을 일으키는 동일한 파장들이 간상체에 떨어질 때는 단지 흑백의 지각만을 일으킨다. 원추체와 간상체에서 나오는 정보는 다른 세포들을 거쳐 뇌의 시각 영역으로 보내진다. 이런 정보는 **양극세포**(bipolar cells)를 통해 사슬의 다음 수준인 신경절세포로 전달된다. **신경절세포**(ganglion cells)는 양극세포로부터 정보를 받아 그것을 뇌로 보낸다.

광수용체로부터 양극세포, 신경절세포로 이어지는 상호접속 사슬은 수직 사슬로 고려될 수 있다. 그러나 정보는 또한 수평세포와 아마크린세포를 통해 망막을 수

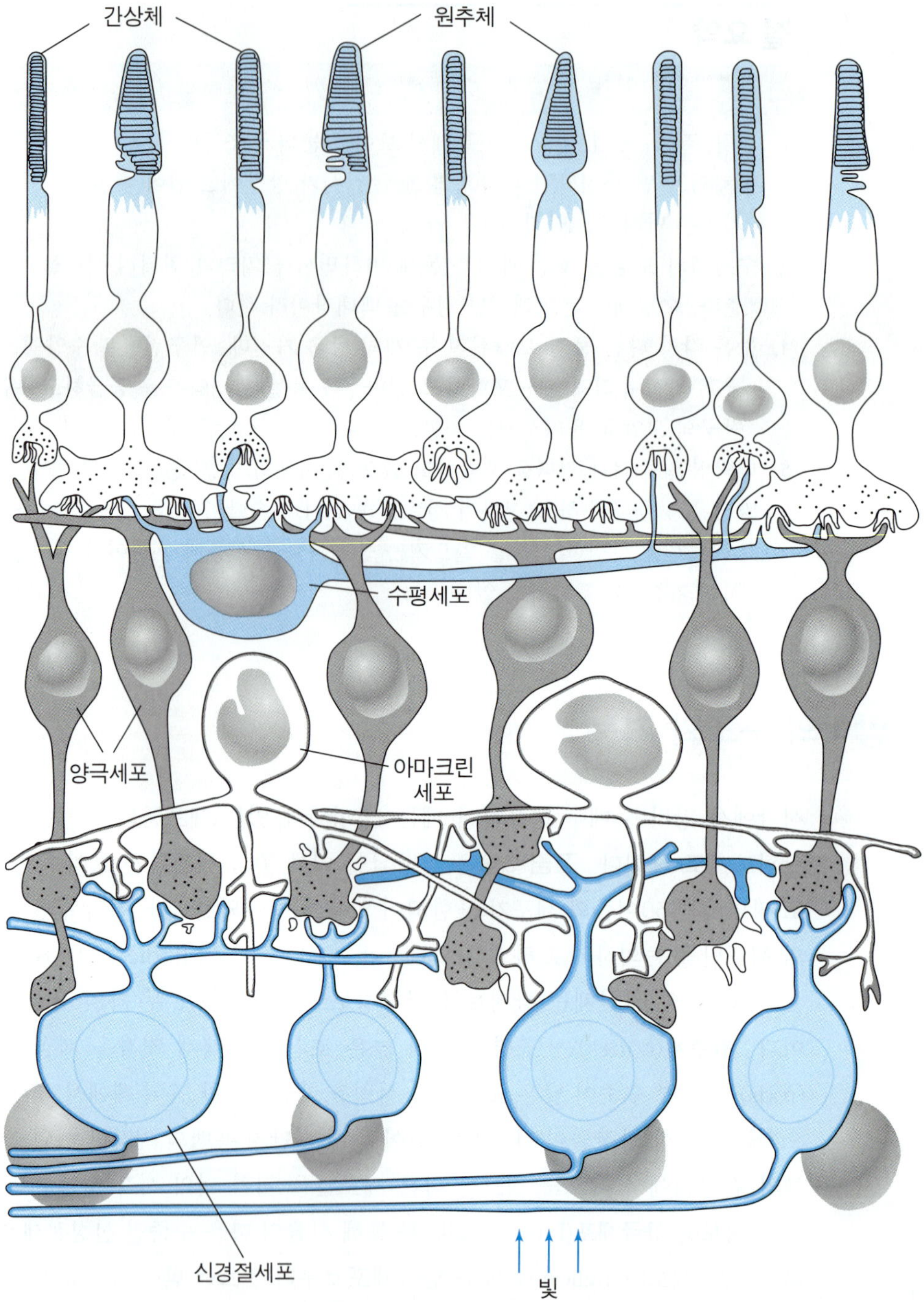

그림 3.8 망막의 세포 유형. 이들 세포 사이의 복잡한 접속을 주목하라. 또한 유입된 빛이 간상체와 원추체에 도달하기 전에 신경절, 양극, 아마크린 및 수평세포층을 통과해야 한다는 것도 주목하라.

출처: J. E. Dowling & B. B. Boycott, Prganization of the Primate Retina: Electron Microscopy. *Proceedings of the Royal Society of London*, Series B, 166, 80–111.

평으로 가로질러 보내지기도 한다. 이런 수평적 접속에 대해서는 4장과 5장에서 더 언급하기로 하겠다. 여기서는 여러 유형의 **수평세포**(horizontal cells)가 양극세포 및 다른 수평세포들과 소통한다는 정도만 이해하면 될 것이다. 다양한 유형의 **아마크린세포**(amacrine cells)는 양극세포, 신경절세포 및 다른 아마크린세포들과 소통한다. 분명 이런 수평(측면) 접속은 광수용체에서 시작하여 신경절세포까지 이동되는 시각 신호를 처리하는 데 관여한다.

그림 3.8을 보면, 이전에 언급했듯이 빛이 광수용체에 도달하기 위해서는 여러 세포층들을 거쳐야 한다는 것을 알 수 있다. 그러나 이들 망막층은 매우 얇고 투명하다는 것을 기억해야 한다. 이제 광수용체를 시작으로 나머지 세포들에 대해 좀 더 상세히 살펴보기로 하겠다. 그 후에 망막 수준에서 수직과 수평적 소통 모두를 허용하는 몇 가지 종류의 세포들을 다루기로 하자.

광수용체

간상체와 원추체는 **광색소**(photopigments)라는 화학물질을 통해 광에너지를 변환시킨다. 광색소는 광수용체 내에 있는 수평 원판과 같은 구조들에 있다(**그림 3.8**에서 광수용체의 상단 부위를 보라). 간상체와 원추체는 이런 원판을 1,000~2,000개 정도를 포함하고 있으며(Fain, 2003), 각 원판은 30억 개의 분자들을 가지고 있다(Soderquist, 2002).

광색소는 두 가지 성분, 즉 **옵신**(opsin)이라는 큰 단백질과 **레티날**(retinal)이라는 생체 분자를 가지고 있다(Oyster, 1999; Soderquist, 2002). 레티날 성분은 모든 광색소에서 발견된다. 레티날은 비타민A로부터 생성되기 때문에 이런 비타민의 고갈은 시각(특히 야간시)에 나쁜 영향을 미친다. 레티날은 모든 광색소에서 발견되지만, 옵신의 정확한 형태는 광색소마다 다르며, 그 결과 광색소들은 광에너지에 대한 민감도가 각기 다르다(Cornish et al., 2004).

각 광색소는 넓은 범위의 광에너지를 흡수하지만, 다른 부분에서보다 전자기 스펙트럼의 어느 한 부분에서 더 많은 빛을 흡수한다. **그림 3.9**에서 보듯이, 간상체는 496nm영역에서 더 많은 빛을 흡수한다(원추체로 보면, 이 파장은 전형적으로 초록색을 일으킨다는 것을 기억하라). 원추체 체계에서 발견되는 세 가지 광색소는 각각 한 가지 파장에 특히 반응이 크다. 420nm에서 정점을 갖는 S원추체, 530nm에서 정점을 갖는 M원추체, 그리고 560nm에서 정점을 갖는 L원추체가 그것이다(세 가지 광

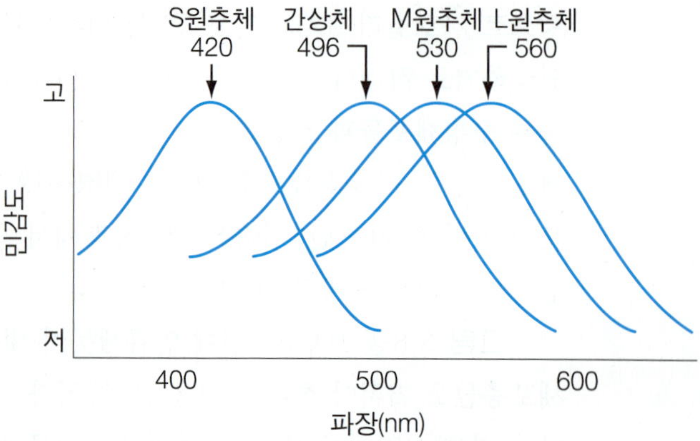

그림 3.9 광색소의 민감도 곡선. 세 가지 원추체 체계(S원추체, M원추체, 그리고 L원추체)는 각각 상이한 파장에서 최대 민감도를 보인다. 또한 간상체는 원추체 민감도와 겹치는 파장 범위에 민감하다는 것을 주목하라.

색소의 중요성은 7장 색채 지각 이론을 다룰 때 논의된다).

다른 고등 영장류와 마찬가지로 대부분 인간은 네 가지 종류의 광색소(간상체에서 한 종류, 원추체에서 세 종류)를 가지고 있다. 하지만 새와 같은 어떤 종들은 세 가지 이상의 상이한 원추체 체계를 가지기도 하며(Bennett & Thery, 2007; Goldsmith, 2006), 정형적이지는 않지만 일부 사람들은 네 가지 원추체 체계를 가지기도 한다(Jameson et al., 2001; J. Neitz et al., 1993; M. Neitz & J. Neitz, 1998). 7장에서 두 가지 원추체 체계를 가지는 또 다른 비정형적인 상황에 대해서도 논의할 것이다. 일부 야행성 영장류와 해양 포유류 같은 다른 종들은 두 종류의 원추체 체계만을 가진다(Jacobs, 2003). 그리고 인간에게는 극히 드문 경우이지만, 어떤 종들은 원추체는 없고 간상체만 가지고 있다(Hirt & Wagner, 2005). 많은 과학자들은 이런 상이한 원추체 체계의 배후에 있는 매우 다양한 옵신을 야기하는 유전 정보를 찾기 위한 연구를 진행하고 있다.

원추체와 간상체는 그것들의 변환 기능을 어떻게 수행할까? 그것들은 어떻게 광에너지를 시각 체계를 통해 전송될 수 있는 에너지 형태로 전환시킬까?

완전히 컴컴한 방에 있을 때 두 가지의 각 광색소 성분은 안정적 상태에 놓이게 되는데, 이때는 소위 암전류(dark current)라 불리는 안정기 음전위(대략 –35mV)를 초래한다(Fain, 2003). 그러나 빛이 광색소 분자에 도달하면 그 분자는 불안정 상태가 되고, 빠른 변화를 일으킨다(Frishman, 2001; Rodieck, 1998).

예를 들어 간상체에서 발견되는 색소인 **로돕신**(rhodopsin)을 고려해보자. 로돕신과 다른 광색소를 와해시키는 데 수반되는 과정은 매우 상세하게 밝혀졌다(e.g., Palczewski et al., 2006). 빛이 로돕신에 닿으면 레티날과 옵신은 분리되면서, 레티날이 변형을 일으킨다. 이 과정은 먼저 G-단백질을 활성화시켜 몇 가지 빠른 중간 단계들을 촉발한다(Oyster, 1999; Rodieck, 1998). (G-단백질은 중요한 화학적 메신저의 한 가지 예이다. G-단백질은 맛과 냄새 지각에 중요한 역할을 하는데, 이에 관해서는 13장에서 다시 논의할 것이다.)

궁극적으로 광색소의 와해는 과분극화라는 광수용체의 등급반응(graded response)을 초래한다(Fain, 2003; Frishman, 2001). **과분극**(hyperpolarization)이란 광수용체의 전위가 음의 안정기 상태에서 좀 더 음의 상태로 변화하는 것을 말한다. 다시 말해서, 음전위(분극화)가 더 음화된다는 것이다. 이런 전위 변화는 상호접속된 신경세포들에게 광에너지가 광색소에 도달했음을 알리게 된다. 우선, 빛은 광수용체에서 과분극화를 일으킨다. 그 후 광수용체의 반응은 접속된 양극세포들과 수평세포들에 과분극화를 일으킨다.

과분극화는 자극에 대한 이례적인 반응이다. 대부분의 뉴런들은 음에서 양의 상태[**탈분극**(depolarization)이라 불리는 과정]로의 등급반응으로 자극에 반응한다. 그러나 광수용체가 빛에 노출되면 그 수용체는 대부분 뉴런들의 안정기 상태와 유사한 음전위(-70mV)로 과분극화된다(Pinel, 2006). 따라서 광수용체들의 과분극을 이례적인 반응으로 생각하거나, 아니면 광수용체들의 '정상적인' 상태가 빛에 노출되어 있는 것으로 생각할 수 있다. 어둠에 의해 자극될 때 광수용체의 전위는 대부분의 뉴런과 마찬가지로 양전기를 띠게 된다.

광수용체는 계속된 자극에 반응하기 위해 광색소를 재생시켜야 한다. 예를 들어 간상체에서 비타민A 및 기타 물질들은 로돕신과 옵신을 재생시키는 데 기여한다. 조명이 밝은 조건에서 간상체들은 충분히 빠른 속도로 로돕신을 재생시킬 수 없다. 따라서 주간에 우리는 원추체만을 사용해서 보게 된다. 원추체 또한 광색소를 재생시킬 필요가 있다. 그러나 원추체는 광색소들을 재생하는 동안에도 계속 기능할 수 있다. 원추체들은 빛이 광색소를 태우기에 충분히 밝기만 하면 기능을 계속할 수 있다(Rodieck, 1998).

광수용체 자체도 일부는 주기적으로 재생된다. 광수용체 외곽 부위에 원판과 같은 구조들이 있음을 **그림 3.8**에서 볼 수 있다. 연구자들은 새로운 원판들이 더미의 기저부에 형성되고, 그 더미는 기저에서 멀리 움직인다는 것을 알아냈다. 이른 아침에 간상체는 그 더미의 외곽 부위에 있는 원판들을 퇴출시킨다. 이 과정을 **원판 박리**(disc shedding)라 한다. 원추체들은 초저녁에 원판을 박리시키는데, 매일 박리시키지 않는다는 점을 제외하면 유사한 과정이 원추체에서도 일어난다(Oyster, 1999). 두 경우 모두 광수용체는 활성화가 된 이후에는 스스로 소생한다.

망막의 이중 이론

우리는 간상체와 원추체가 매우 다르다는 것을 논의하였다. 그것들은 각각 가장 민감하게 반응하는 파장에 영향을 미치는 광색소에서 차이가 있고, 그로 인해 초래되는 색 경험에서도 차이가 있다(간상체에서는 무채색, 원추체에서는 유채색). 그것들은 또한 원판 박리 타이밍에서도 다르다. 사실 1세기 전만해도 연구자들은 인간에게서 나타나는 두 종류의 광수용체의 상이한 특성에 기초하여 **이중 이론**(duplex theory 혹은 duplicity theory)을 제안하였다. 지금부터 이 두 유형의 광수용체에 대해 좀 더 자세히 살펴보기로 하자. **표 3.1**은 이 두 유형의 광수용체 차이점을 보여준다.

모양과 분포차이

그림 3.10에서 볼 수 있듯이, 광수용체는 서로 다른 모양을 가지고 있다. 원추체는 전형적으로 끝으로 가면서 가늘어지지만, 간상체는 비교적 무딘 끝을 가지고 있다.

인간의 눈은 각각 약 1억 개의 간상체와 5백만 개 정도의 원추체를 가지고 있다.

표 3.1 원추체와 간상체의 비교

특성	원추체 명소시(유채색)	간상체 암소시(무채색)
모양	뾰족한 끝	무딘 끝
개수	5백만	1억
분포	망막 전역, 그러나 중심와에 집중	중심와 중심부에는 없지만, 중심와 주변에 집중
최상의 기능을 위해 필요한 조명 조건	밝은 조건	어두운 조건
각 신경절세포(수렴)에 대한 상대적 수용체 개수	소수	다수
시력	좋음	나쁨
민감도	나쁨	좋음
원판 박리	저녁	아침
광색소	3종	로돕신
암순응	빠름(고 식역)	느림(저 식역)

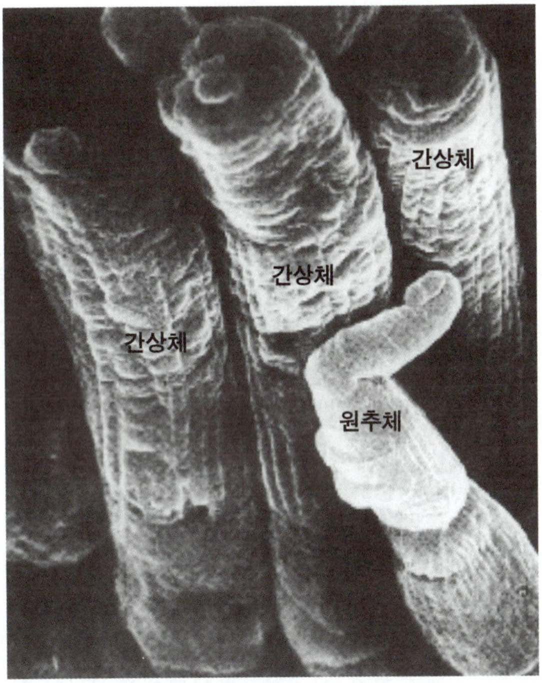

그림 3.10 간상체와 원추체의 전자현미경 관찰(사진제공: Frank Werblin 박사)

그림 3.11에서 알 수 있듯이, 원추체는 망막 중앙의 중심와 근처에 가장 조밀하게 집중되어 있다. 중심와의 중앙에는 약 7,000여 개의 원추체가 포함되어 있지만 간상체는 없다. 그러나 중심와 주변에는 원추체와 간상체가 모두 분포되어 있다(Curcio et al., 1990; Oyster, 1999). 이와 반대로, 간상체는 중심와의 중앙 부위를 제외하고 망막의 거의 전체에 분포되어 있다. 가장 간상체가 많이 집중되어 있는 부위는 중심와의 중앙에서 약 7mm 반경의 부위이다. 이 영역의 간상체 밀도는 중심와에 있는 원추체 밀도와 거의 동일하다. 간상체는 조명이 낮은 조건에서 사용되며 중심와의 중앙에 간상체가 분포되어 있지 않다는 점에서 예상할 수 있듯이, 야간에 중심와에 등록되는 작은 사물들에 대해서 시각은 열악하다. 천문학자들은 '비껴보기(averted vision; 주변시)' 혹은 관찰하기를 원하는 작은 별의 측면을 보는 법을 터득하였다. WWW해보기 3.4를 통해 이 방법을 경험해 볼 수 있다.

간상체와 원추체는 분포에 있어서 다를 뿐만 아니라, 원추체의 세 가지 유형도 서로 다르게 분포되어 있다. 예를 들어 S원추체는 숫자가 적고, M과 L원추체가 망막, 특히 중심와에 분포된 원추체의 주류를 이룬다(Rodieck, 1998). 더구나 중심와에 분포되어 있는 M과 L원추체의 비율에도 큰 차이가 있다. 어떤 사람들은 거의 동수의 M

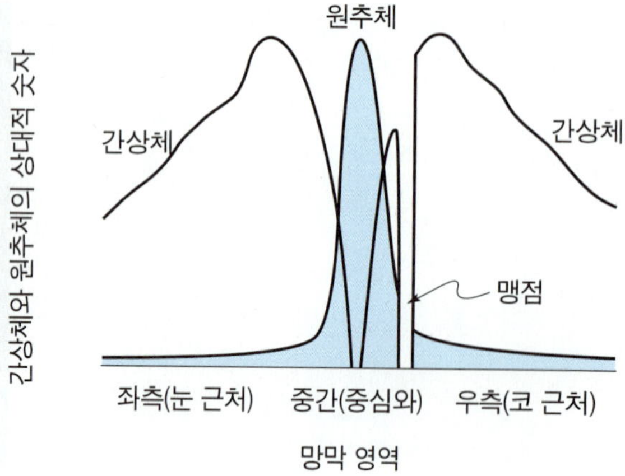

그림 3.11 왼쪽 눈의 망막에 분포되어 있는 간상체와 원추체. 원추체는 중심와, 간상체는 중심와의 외곽 영역에 집중되어 있다. 시신경이 눈을 빠져 나가는 지점으로 시신경 유두에 의해 형성되는 맹점에는 광수용체가 존재하지 않음을 기억하라.

과 L원추체를 가지고 있는 반면, 어떤 사람들은 L원추체를 더 많이 가지고 있기도 하다(Hofer et al., 2005).

민감도와 시력차

동공을 살펴볼 때 언급했듯이, 우리는 항시 넓은 범위의 빛의 강도를 경험하면서 살아간다. 사람들은 조명 수준이 매우 낮은 조건과 높은 조건 모두에서 생존해야 했기 때문에 두 개의 매우 다른 유형의 광수용체들을 발달시켜 왔다.

광에너지를 언급할 때, **민감도**(sensitivity)란 소량의 빛을 탐지할 수 있는 능력을 말한다. 간상체는 광에너지로 자극을 받을 때 로돕신이 쉽게 와해되기 때문에 매우 민감하다. 사실 연구자들은 이미 수 십 년 전에 간상체가 1개의 빛 광자(photon)에 반응할 수 있다는 것을 알았다(Hecht et al., 1942). 따라서 간상체는 낮은 조명 조건에서 시력을 제공한다. 그러나 간상체는 흑백 혹은 **무채색**(achromatic) 시각만을 제공한다. 이렇게 간상체를 사용하는 시각을 **암소시**(scotopic vision; scotopic이란 용어는 '어두움'을 의미하는 그리스어 *skot*와 '눈'을 의미하는 *opia*에서 파생되었다)라 한다.

빛 강도가 증가되면서(예: 망막에 떨어지는 광자율) 간상체는 포화되고 무력해진다. 이제 낮은 조명 조건에서 약한 반응만을 보였던 원추체가 힘을 발휘하기 시작한다. 밝은 빛에서 원추체는 특별히 효율적이며 유채색을 볼 수 있게 해준다. 원추체를 사용하는 시각을 **명소시**(photopic vision; photopic이란 용어는 '빛'을 의미하는 *phot*라는 그리스어에서 파생되었다)라 한다.

중간 정도의 빛 강도에서는 간상체와 원추체가 모두 활동을 한다. 즉 원추체를

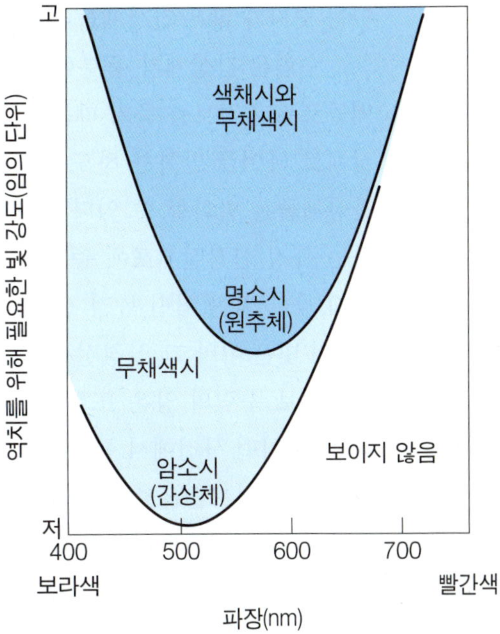

그림 3.12 명소시(원추체)와 암소시(간상체) 역치 곡선. 명소시 곡선은 세 가지 원추체 체계의 평균 민감도를 나타낸다. 간상체는 원추체보다 훨씬 더 민감하다는 것(예: 더 낮은 역치)을 주목하라. 명소시 곡선의 상부 영역에서 우리는 자극을 색이 있는 것으로 볼 뿐만 아니라 흑백도 볼 수 있다. 우리는 암소시와 명소시 곡선 사이에 떨어지는 자극들을 볼 수 있지만, 그 자극들을 (파장과 관계없이) 흑백 혹은 회색으로 본다. 암소시 곡선 아래에 떨어지는 자극들은 전혀 보이지 않을 것이다. 따라서 600nm에서 자극은 강도가 암소시 곡선의 접지점까지 증가되어야만 보일 수 있다. 그러나 600nm의 파장이 주황색 감각을 일으킬 수 있을지라도 그 강도가 명소시 곡선보다 더 클 때까지는 회색조로만 보일 것이다.

출처: Chapanis(1949)

발화시키기에 충분하지만, 그렇다고 간상체의 발화를 완전히 중지시킬 정도가 아닌 빛의 강도가 있다. 간상체와 원추체를 모두 사용하는 시각을 **박명시**(mesopic vision; mesopic이란 용어는 '중간'이라는 의미를 가지고 있는 *meso*라는 그리스어에서 파생되었다)라 한다.

그림 3.12는 간상체(암소시)와 원추체(명소시)의 민감도 차이를 보여준다. 그림에서 세 가지 원추체 유형을 함께 고려해보자. 간상체는 일반적으로 색과 연합된 스펙트럼의 한 부분에 대해 최대 민감도를 보이기는 하지만, 단지 흑백 시각만을 제공해준다는 것을 기억하라.

간상체는 약한 밝기를 가진 자극에 대해 원추체보다 더 강한 반응을 일으키기 때문에, 간상체는 원추체보다 더 민감하다. 그러나 이들 광수용체가 신경절세포와 접속하는 방식은 간상체로 하여금 더 민감하게 만든다. 각 눈은 대략 1억 5백만 개의 광수용체를 가지고 있다. 이들 광수용체에서 나오는 정보는 모두 1백만 여 개의 신경절세포를 거쳐 전송된다. 결국 정보의 수렴 과정이 발생한다. 즉 많은 광수용체들이 각 신경절세포를 공유하게 되는 것이다. 그러나 그런 공유는 일정하지 않다. 정보의 큰 묶기 혹은 **수렴**(convergence)은 간상체와 원추체에서 이루어진다. 중심와에 있는 하나의 원추체는 하나의 신경절세포와 연결될 수 있다. 그리고 망막의 가장자리에 분포해 있는 숫자가 많은 간상체들은 많은 수가 하나의 신경절세포와 연결된다.

수렴은 간상체가 풍부한 망막 영역에서 더 큰 민감도를 제공한다. 수렴은 그 영역들로부터 정보를 묶기 때문이다. 하나의 특정 간상체에 떨어지는 광에너지는 그 간상체로 하여금 발화를 하도록 하기에 불충분할 수 있다. 그러나 서로 접속하는 다른 간상체들은 발화할 수 있다. 그리고 이런 누가 효과를 발휘하여 그것들이 모두 접속하는 특정 신경절세포에 충분한 자극을 일으킬 수 있는 것이다. 이와는 반대로 동일하게 약한 빛이 어떤 특정 신경절세포와 연결되는 하나의 원추체에 떨어진다고 해보자. 이 빛은 아마 그 신경절세포를 흥분시키기에 충분하지 않을 것이다.

정보 수렴의 양은 또한 세부를 볼 수 있는 **시력**(acuity)에도 영향을 미친다. 예를 들어 어떤 사진에서 특정 부분을 상세하게 보고자 할 때, 망막에 있는 각 수용체에서 나오는 정보들은 이웃해 있는 수용체들로부터 나오는 정보들과 분리되어야 한다. 만약 수용체 집단들로부터 나온 정보를 묶는다면, 시력은 떨어질 것이다. 예를 들어 100개의 수용체 세포들이 하나의 신경절세포를 공유하는 영역에 흑백의 얇은 선들로 구성된 디자인이 떨어진다고 해보자. 흰 선들이 간상체를 발화시키기에 충분한 에너지를 산출하는 한, 그 신경절세포 또한 발화할 것이다. 그러나 체크보드 패턴이나 반은 검고, 반은 흰 사각형 또한 그 신경절세포를 발화시킨다는 것을 기억하라. 이 결과는 광자극이 존재한다는 것을 신호한다. 다시 말해서, 특정 신경절세포의 발화는 자극의 존재를 신호하게 되지만, 그 자극에 대한 세부를 제공해주지는 않는다.

따라서 원추체와 간상체는 시력과 민감도에 상이한 기여를 한다. 원추체는 더 좋은 시력을 제공하며, 간상체는 더 큰 민감도를 제공한다. 이는 부분적으로 수렴의 차이 때문에 생기는 차이다. 수렴이 클수록 민감도는 커지는 반면, 시력은 희생된다. 수렴이 작으면 민감도는 작아지지만, 시력은 좋아진다.

암순응 차이

원추체와 간상체는 빛에 대해 차별적인 민감도를 가질 뿐만 아니라 조명의 변화에 순응하는 속도에서도 차이를 보인다. 원추체와 간상체가 순응에서 어떤 식으로 차이를 보이는지 살펴보기로 하자. 광에너지 맥락에서 **순응**(adaptation)이란 특정 광에너지에 대한 민감도의 변화를 말한다(Lamb, 1990). **암순응**(dark adaptation)은 어두운 곳에서 눈의 민감도 증가이며, **명순응**(light adaptation)은 빛에 대한 눈의 민감도 감소이다. 두 유형의 순응은 어둡거나 밝은 조명 조건으로 기억될 수 있다.

종들은 밝은 조명에서 어두운 조명으로 서서히 이동하는 세계에서 진화되어 왔다. 그러나 기술혁신의 결과로 우리는 스위치 조작만으로 밝은 조명에서 어두운 조명으로(혹은 그 반대로) 전환되는 급작스런 변화를 경험하고 있다. 만약 당신이 이미 영화 상영이 시작된 후에 극장 안으로 들어간 적이 있다면, 암순응이 순간적으로 일어나는 과정이 아님을 알 것이다. 밝은 곳에 있다가 어두운 극장 안으로 들어가면 일시적으로 아무 것도 보이지 않게 된다. 그러나 잠시 시간이 지나면 서서히 극장 내부가 보이게 된다.

많은 실험실 연구들은 암순응을 연구해왔다. 전형적인 연구로 한 관찰자에게 처음에 **순응 자극**(adaptation stimulus)이라 부르는 강한 빛을 몇 분 동안 노출시킨다. 그런 다음 관찰자를 완전히 어두운 조명 조건에 두고, 작은 광점을 탐지하도록 하여 역치를 측정한다. 이 광점을 **검사 자극**(test stimulus)이라 한다. 역치는 2장에서 논의된 빛 강도의 오름차순을 사용하여 측정될 수 있다. 실험자는 관찰자가 검사 자극을 탐지했다고 보고한 강도(역치)를 기록한다. 그 다음, 실험자는 관찰자가 완전히 암순응 할 때까지 여러 시점에 걸쳐 역치를 반복하여 측정한다. **그림 3.13**의 그래프는 한 눈에 대한 전형적인 순응 곡선을 도식적으로 보여주고 있다. WWW해보기 3.5를 통해 암순응을 경험해보라.

그림 3.13에서 빛이 완전히 꺼지고 일정 시간 동안 나타난 곡선의 변화에 주목하라. 처음에 관찰자가 빛을 탐지하려면 그 빛은 비교적 강해야 한다. 그러나 30분이 경과하면 암순응은 거의 완료된다. 즉 민감도는 높아지고 역치는 낮아진다(예: 관찰자는 낮은 강도의 빛을 탐지할 수 있다). 사실 이 시점에서 눈은 밝은 빛에 노출되었을 때보다 약 100,000배 더 민감해진다. **그림 3.13**과 같은 **암순응 곡선**(dark

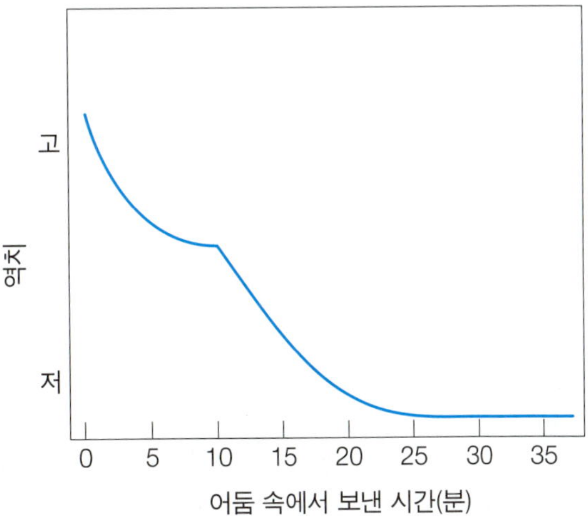

그림 3.13 어둠 속에서 보낸 시간과 탐지(역치)될 수 있는 빛 강도의 관계성을 보여주는 암순응 곡선. 역치가 낮다는 것은 민감도가 높다는 것을 의미한다. 암순응이 시작되고 약 10분 정도 지나 곡선이 꺾인다는 것을 주목하라(그림 3.14에서 더 자세히 설명).

adaptation curve)은 어둠 속에서 보낸 시간과 역치, 혹은 관찰자가 겨우 탐지할 수 있는 빛의 강도 간의 관계를 보여준다.

원추체와 간상체 맥락에서 암순응을 언급하는 이유는 무엇일까? 전형적인 암순응 실험에서(**그림 3.13**), 연구자들은 검사자극을 원추체와 간상체 모두에 떨어지는 망막 영역에 제시한다. 어둠 속에서 약 5~10분 정도 경과한 후 발생하는 곡선의 꺾임을 주목하라. 곡선의 첫 부분은 원추체 활동을 나타내며, 두 번째 부분은 간상체 활동을 나타낸다.

그러면 연구자들은 원추체와 간상체의 차별적 암순응을 어떻게 측정할 수 있을까? 먼저 원추체부터 살펴보기로 하자. 만일 원추체의 암순응을 살펴보려면, 무엇을 해야 할까? 당연히 원추체만 분포되어 있는 망막의 한 지점(중심와의 중앙)으로 접근해야 한다! 만약 실제로 작은 검사자극을 사용하고, 그것이 중심와의 중앙 지점에만 떨어진다는 것을 확인한다면, **그림 3.14a**와 같은 결과를 얻을 것이다. 대안으로 간상체는 흥분시키지 않으면서 원추체만 흥분시키는 광자극(예: 700nm에 가까운 빛)을 사용할 수 있다. 처음 몇 분 동안 역치는 빠르게 떨어진다는 사실을 기억하라. 그러나 이 시점에서 민감도 수준은 낮고 역치는 비교적 높게 유지된다.

간상체의 암순응 검사는 조금 더 어렵다. 망막에 간상체만 가지는 사람(**단색형 색각자**, monochromat)을 찾아 검사하는 것이 이상적일 것이다. 그러나 실제로 색

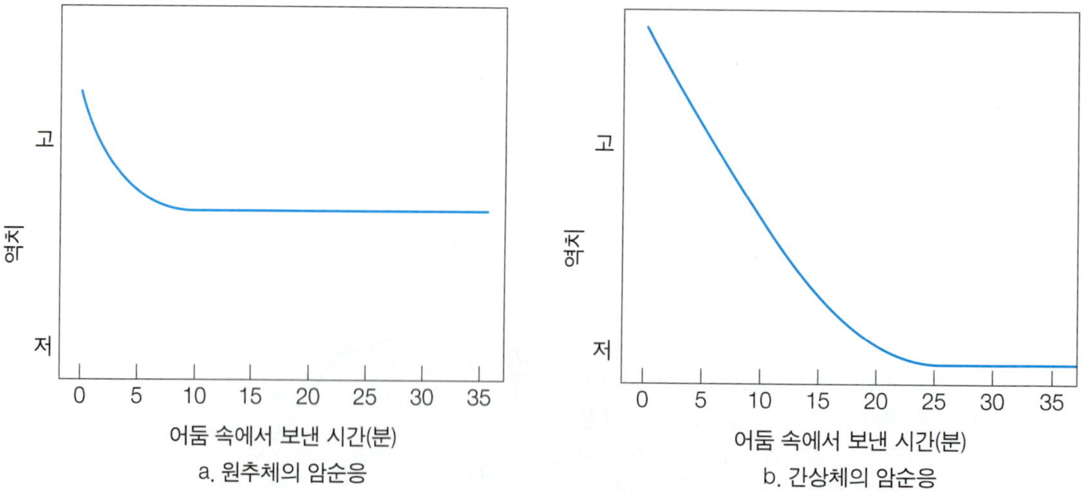

그림 3.14 원추체(a)와 간상체(b)의 암순응 곡선. 원추체는 매우 빠르게 순응하지만, 10분이 지나면 더 이상 민감도는 증가되지 않음을 주목하라(역치가 낮아질수록, 민감도는 커진다). 간상체 또한 빠르게 순응하지만, 민감도는 10분이 될 때까지 원추체보다 낮다. 간상체는 20분이 지날 때까지 계속해서 민감도가 높아진다.

을 볼 수 없는 단색형 색각자를 찾기는 매우 어렵다. 대신에 검사자극을 망막의 주변 영역(간상체는 많이 분포되어 있고 원추체는 거의 없는 중심와로부터 약 20도 떨어진 지점)에만 제시함으로써 원추체의 존재를 최소화시킬 수 있다. 어느 경우든 **그림 3.14b**에서 보여주는 것과 유사한 암순응 곡선을 얻을 수 있을 것이다. 역치는 약 5분 동안 비교적 높은 수준을 유지하다가, 급격히 낮아져 나중에는 매우 낮은 수준으로 떨어진다.

암순응은 일반적으로 30분 정도면 완료되지만, 많은 요인들이 그 속도에 영향을 미친다(Norton & Corliss, 2002). 그 요인에는 검사자극의 크기와 모양, 검사자극을 연속적으로 제시할 것인지 아니면 켜짐-꺼짐(on-and-off) 패턴으로 제시할 것인지 등이 포함된다. 다른 요인으로는 동공의 크기, 순응 자극의 강도, 색 및 제시시간 등을 들 수 있다. 예를 들어 강한 순응 자극은 암순응 과정을 40분까지 연장시킬 수도 있다(Hood & Finkelstein, 1986; Lamb & Pugh, 2004, 2006).

따라서 암순응 과정은 두 단계로 진행된다. 초기 단계에서는 원추체가 조명 조건의 변화에 신속하게 순응한다. 그러나 원추체는 간상체만큼 민감하지 않기 때문에, 약한 빛 자극을 탐지할 수 없을 것이다. 간상체 역시 조명 조건의 변화에 순응하기 시작하지만, 원추체보다는 느리게 진행된다. 다행히 간상체는 원추체보다 민감하기 때문에 비교적 낮은 조명 수준에서도 기능할 수 있다. 간상체는 우리에게 색채시가 아닌 무채색시를 제공한다는 것을 기억하라. "밤에 모든 고양이들이 회색으로 보인다"는 말을 들었을지 모르겠다. 인간에게 마멀레이드색(marmalade-colored)의 고양이는 원추체가 기능하는 주간에는 실제로 주황색으로 보인다. 하지만 암순응이 일어난 야간에는 단지 간상체만이 기능하기 때문에 그 고양이는 회색으로 보이게 된다.

그림 3.12를 다시 보면, 간상체가 장파장을 가진 빛(스펙트럼의 빨간색 끝단)에 비교적 민감하지 않다는 것을 알 수 있을 것이다. 이미 언급했듯이, 원추체의 암순응을 검사하면서 이런 사실을 확인해 볼 수 있다. 민감하지 않은 원추체의 특성 또한 매우 실제적인 함의를 가진다. 만약 우리의 눈이 암순응되고 그 상태를 유지하기를 원한다고 하면, 빨간색 등을 켜면 될 것이다. 예를 들어, 아마추어 천문가가 빨간색 조명에서 별을 관찰함으로써 자신을 정향시킬 수 있다. 빨간색 빛은 원추체를 발화시키기에 충분한 자극을 제공하지만, 간상체에는 영향을 주지 않을 것이다. 따라서 그 사람은 암순응을 그대로 유지할 수 있을 것이다. 그의 간상체는 망원경을 통해 희미한 천체를 볼 때 가장 민감할 것이다.

눈은 어떻게 어둠 속에서 시간이 지나며 빛에 더 민감해지는 것일까? 연구자들은 아직 이 질문에 완전한 답변을 내놓지 못하고 있다. 그러나 몇 가지 요인을 고려해 볼 수 있다. 첫째, 이미 언급했듯이 강한 빛에 노출되었다가 어두운 곳으로 이동할 때 동공은 확장된다. 동공이 완전히 열릴 때는 가장 작게 열렸을 때보다 약 16배나 더 크다. 인간의 눈은 더 많은 빛이 들어오게 함으로써 민감도를 다소 증가시킬 수 있다. 동공의 크기 변화는 제한된 방식으로 빛에 대한 눈의 민감도를 증가시킨다. 그러나 암순응된 눈은 명순응된 눈보다 100,000배 정도 더 민감하다. 따라서 이와 비교해서 동공 확장의 영향력은 매우 미미하다고 볼 수 있다.

눈으로 하여금 어둠 속에서 더 민감해지도록 하는 두 번째 중요한 요인은 암순응된 눈이 더 고농도의 로돕신을 가진다는 것이다. 이미 언급했듯이, 로돕신은 강한 빛에서 와해된다. 빛이 꺼지면 로돕신 수준은 다시 증가된다. 광수용체에서 가용한 색소의 농도는 암순응 수준을 결정하는 주요 요인이다(Lamb & Pugh, 2006; Pugh, 1988).

뇌 또한 민감도에 기여한다. 뇌는 상대적 밝기(즉 어떤 사물의 밝기를 그 주변 사물들의 밝기와 비교)에 반응하도록 상이하게 연결되어 있다. 따라서 사물의 밝기가 감소될 때 반응의 절대 수준은 상대적 반응보다 덜 중요하다. 분명히 뇌의 연결 방식은 암순응된 눈의 민감도에 기여한다. 그것을 넘어서 뇌 혹은 망막 자체에서 일어나는 일주기 생체 리듬은 어떤 종들의 경우 야간에 빛에 대해 더 민감해지도록 만든다(Barlow, 1990; Barlow & Kaplan, 1993). **일주기 생체 리듬**(circadian rhythm; 이 용어는 '대략'을 의미하는 *circa*와 '하루'를 의미하는 *dies*라는 라틴어에서 파생되었다)이란 수면과 섭식을 포함한 많은 행동에 영향을 미치는 24시간 동안의 생리적 변화 주기를 말한다. 망막에서 멜라토닌 호르몬의 합성은 일주기 생체 리듬을 보이며, 암순응과 명순응 모두에 중요하다(Tosini, 2000). 이것은 간상체 민감도를 증가시킴으로써 암순응을 돕는다(Wiechmann et al., 2003).

암순응에 관한 지금까지의 논의는 원추체와 간상체의 중요한 차이를 강조하였다. 원추체는 간상체보다 더 빠르게 순응하지만, 간상체보다 훨씬 덜 민감하다. 간상체는 원추체보다 느리게 순응하지만, 낮은 조명 조건에서 더 나은 시각을 제공한다. 영화 감상을 마치고 극장에서 밝은 외부로 나오면, 눈은 매우 부시게 된다. 그러나 명순응을 통해 우리의 눈은 빠르게 햇볕에 순응한다. 이제 원추체와 간상체의 차이를 확실하게 보여주는 이 과정에 대해 살펴보기로 하자.

명순응 차이

암순응이 완료되기까지는 약 30분이 소요된다. 이와 반대로 명순응은 1분 정도면 완료된다(Hood & Finkelstein, 1986). 명순응이 일어나는 동안 동공은 반사적으로 작아지는데, 이는 눈을 통해 빛이 덜 들어오도록 해준다. 어두운 조명에서 밝은 조명으로 변화가 일어난 직후 간상체는 탈색되고(예: 로돕신 와해) 더 이상 기능하지 않게 된다. 그러나 이후부터 빛은 원추체가 기능할 수 있도록 해준다. 암순응의 배후 과정이 복잡하듯이 명순응 과정 또한 복잡하다(Shapley et al., 1993).

이미 언급했듯이, 우리는 명순응 동안 빛에 덜 민감해진다. 그러나 한 낮에 받는 조명 수준에서 우리는 빛에 민감할 필요는 없다. 대신 우리는 사물을 선명하게 볼 수 있는데, 원추체가 그렇게 할 수 있도록 해준다.

수직 연결: 양극세포와 신경절세포

그림 3.9에서 볼 수 있듯이, 광수용체들은 정보를 신경절세포와 접속하는 수평세포로 보낸다. 망막은 많은 다른 유형의 양극세포와 신경절세포를 포함하고 있다. 하지만 우선 중요한 몇 가지 세포만을 다루기로 하겠다. 일반적으로 연구자들이 여러 세포들을 확인하기는 했지만, 아직까지 그 세포들의 기능이 다 확인되지는 않았다. 여전히 모양이 다르다는 것은 기능 또한 다를 것으로 가정하는 것이 합당하다.

먼저 원추체들의 연결에 대해 살펴보기로 하자. M과 L원추체는 각각 두 개의 **소형수평세포**(midget bipolar cells)와 접속한다. 하나는 광수용체 활동 증가(예: 빛의 강도 증가)에 반응하는 '흥분성(on)' 소형양극세포이다. 다른 하나는 광수용체 활동의 감소에 반응하는 '억제성(off)' 소형양극세포이다. 이러한 배열은 우리의 시스템이 빛의 강도 변화에 반응하도록 설계되어 있음을 시사한다. 그리고 각 소형양극세포들은 전형적으로 하나의 **소형신경절세포**(midget ganglion cells)와 접속한다.

S원추체의 경우는 상황이 약간 다르다. S원추체는 M과 L원추체와 접속하는 '억제성' 소형양극세포에도 접속한다. 그러나 이들 S원추체는 산재성(diffuse) 수상돌기를 가지는 '흥분성' 양극세포에도 접속하기 때문에 그 연결은 더 복잡하다. 이들 양극세포들은 여러 다른 S원추체로부터 오는 정보를 수렴한다. 양극세포는 그 정보를 **두 발 갈라진 작은 신경절세포**(small bistratified ganglion cells)로 보낸다. 이 신경절세포들은 S원추체 입력을 M과 L원추체 입력과 비교하는 기능을 하는 것으로 보인다(Rodieck, 1998).

시각 체계의 또 다른 수렴은 많은 광수용체와 접속되는 나무 모양의 수상돌기군을 가지는 '산재성' 양극세포류에서 일어난다. **산재성 원추체 양극세포**(diffuse cone bipolar cells)는 최대 10개의 원추체와 접속하며, 그 정보를 **파라솔 신경절세포**(parasol ganglion cells)로 보내는 것으로 보인다. 복잡하게 산재된 수상돌기를 가진 이들 신경절세포들은 파라솔과 닮았다.

간상체와 접속하는 양극세포들(**간상체 양극세포**, rod bipolar cells) 또한 최대 50개의 간상체와 접속하는 수상돌기를 가질 정도로 산재적이다. 이런 양극세포들은 정보를 아마크린세포로 보내며, 이 정보는 종국적으로 원추체로부터 입력 신호를 받는 동일한 신경절세포로 전송된다(Masland, 2001a; Oyster, 1999). 이런 신경절세포들의 공유는 의미가 있다. 첫째, 간상체와 원추체 둘 모두에 대한 신경절세포들의 사용이 더 효율적이다. 둘째, 박명시(mesopic conditions) 조건(간상체와 원추체가 모두 활성화될 때)을 제외하고, 원추체들은 간상체가 활성화되지 않을 때 신경절세포에 정보를 보낸다(반대로 간상체는 원추체가 활성화되지 않을 때 신경절세포에 정보를 보낸다).

일부 신경절세포들은 실제로 광색소(멜라놉신)을 포함하고 있으며, 그 자체로 광수용체 기능을 하기도 한다(Barinaga, 2002; Berson, 2003; Rollag et al., 2003; Wong et al., 2005). 이 신경절세포들은 동공의 크기와 일주기 생체 리듬을 조절하는 중요한 역할을 한다.

적당한 자극을 받게 되면 신경절세포는 활동전위를 생성하게 된다. 2장에서 살펴보았듯이, 활동전위는 음의 안정기 상태(일반적으로 –70mV)에서 양전기 상태(일반적으로 +40mV)로의 신경전위의 신속한 변화이다. 광수용체에서 발생하는 과분극화와 달리, 이 과정은 탈분극화(극성의 변화)이다. 세포들이 활동전위를 생성시키고 나면, **불응기**(refractory period)라는 휴식 상태로 돌아간다. 이 불응기 동안, 세포들은 안정전위를 회복한다.

시각 자극이 없는 경우, 신경절세포들은 비교적 낮은 발화율(자발적 혹은 **유지 활성**, maintained activity)을 유지한다(Rodieck, 1998). 즉 세포가 자극이 없을 때에도 뉴런은 어느 정도는 활성화된다. 양극세포에서 나오는 정보는 신경절세포의 흥분이나 억제를 초래한다. **흥분**(excitation)은 유입된 정보가 신경절세포의 발화율을 증가시킬 때 발생된다. **억제**(inhibitation)는 유입 정보가 신경절세포의 발화율을 감소시킬 때 발생된다.

2장에서 단일세포 기록법에 대해 간단하게 설명한 바 있다. 이제 신경절세포(그리고 지금 논의하려고 하는 대부분의 신경 기능)를 연구하기 위해 단일세포 기록법이 어떻게 사용될 수 있는지 살펴보기로 하자. 연구자들은 원숭이나 고양이 같은 실험동물의 시각 체계 내 정확한 지점에 미세전극을 삽입한다. 예를 들어 신경절세포를 연구하기 위해 미세전극을 눈을 빠져나간 시신경에 삽입한다. 그런 다음, 작은 광점들을 동물(동물의 머리 움직임을 제한시키는 동안)의 정면에 설치된 스크린에 제시한다. 그리고 연구자는 이들 자극에 대한 신경절세포의 반응을 기록한다. 자극을 받을 때 신경절세포의 활성화 변화를 일으키는 망막의 지점을 신경절세포의 **수용장**(receptive field)이라 부른다.

신경절세포의 수용장은 어떻게 구성되어 있을까? 포유류에서 이런 수용장들은 거의 원형으로 이루어져 있다(Pinel, 2006). 일반적으로 두 가지 유형의 수용장이 있다: (1) 중심흥분-주변억제(on-center, off-surround) 또는 (2) 중심억제-주변흥분(off-center, on-surround). 이런 수용장들의 주변은 흔히 중심과 반대가 되는(길항적) 방식으로 반응하기 때문에 **길항적 주변**(antagonistic surrounds)이라 불린다. 예를 들면, 만약 신경절세포가 중심흥분-주변억제 수용장을 가지고 있다면, 수용장의 중심에 빛을 노출시킬 때 신경절세포의 전기적 반응이 발생된다. 즉 그 세포는 활성화를 보일 것이다. 그러나 만약 빛이 주변, 즉 수용장의 외곽에 노출되면 그 신경절세포는 억제를 보일 것이다. 만약 빛이 수용장의 어떤 영역에도 도달되지 않으면, 그 신경절세포는 이미 언급했듯이 낮은 비율의 자발적 발화만 할 것이다.

더 나아가 만약 빛이 전체 수용장에 노출되면, 중심에서의 활성화는 주변에서의 억제보다 약간만 더 클 것이다. 그리고 전체적으로 낮은 발화율을 보이게 된다(빛이 없을 때보다 약간만 더 높은 정도). 따라서 사용된 광자극의 크기가 중요한 이유를 이해했을 것이다. 자극이 너무 크면 전체 수용장을 자극하게 될 것이고, 연구자는 발화율의 변화를 놓치기 십상이다. **그림 3.15**는 중심흥분-주변억제 신경절세포가 이런 네 가지 상황에서 어떻게 반응하는지를 보여주고 있다.

두 번째 유형의 수용장은 정반대의 방식으로 반응한다. 이 수용장은 중심억제-주변흥분 배열을 가진다. 이 유형의 수용장을 가지는 신경절세포는 주변을 빛으로 자극하면 더 자주 발화할 것이고, 중심을 빛으로 자극하면 더 적게 발화할 것이다. 이 세포들이 **그림 3.15**에서 보여주는 네 가지 자극 상황에 어떻게 반응할지 이해하기 위해 잠시 생각해보라.

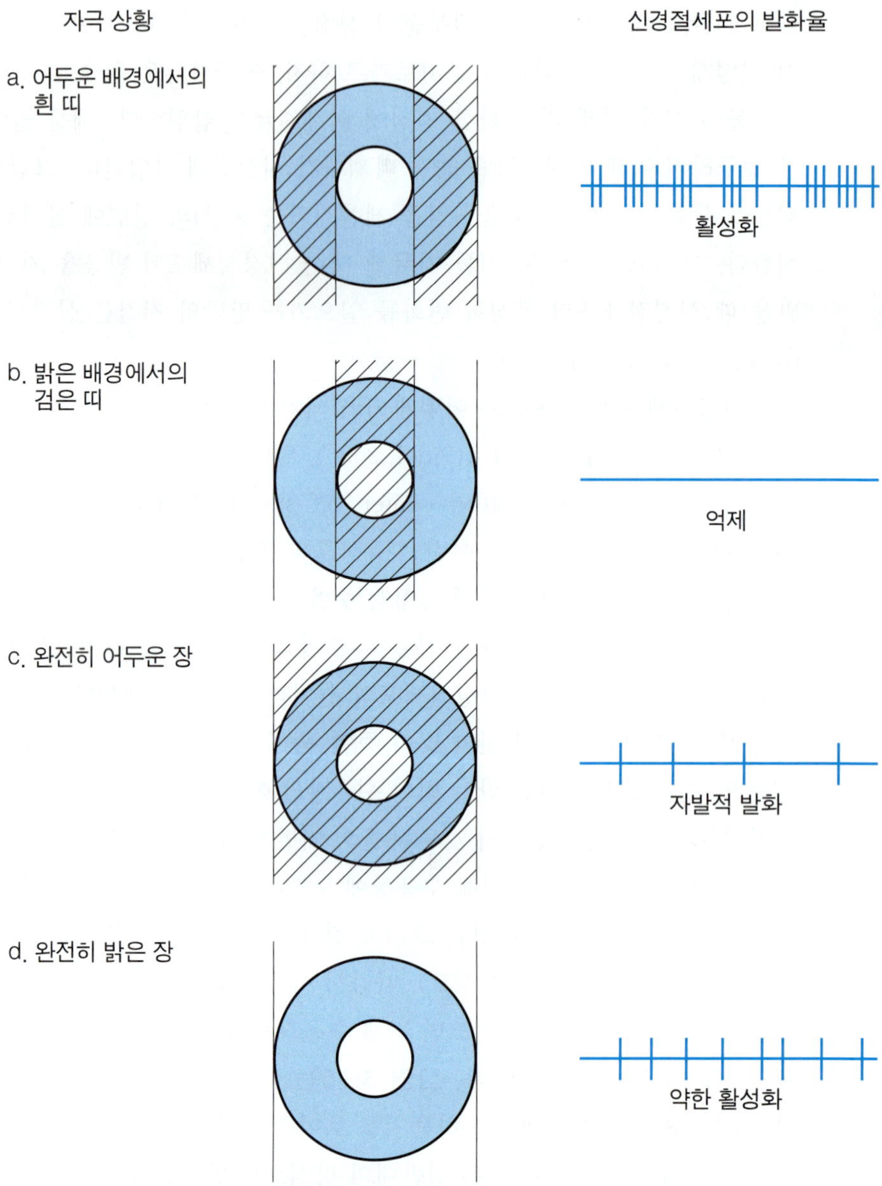

그림 3.15 네 가지 자극 상황에 반응하여 중심흥분-주변억제 신경절세포에 의해 유발된 전기적 반응. 망막의 수용장 자극은 중심이 주로 자극될 때(a) 신경절세포의 흥분을 일으키며, 주변이 주로 자극될 때(b) 신경절세포의 억제를 일으킨다. 수용장에 어떤 빛도 떨어지지 않을 때(c), 신경절세포는 불규칙하게 발화한다(자발적 발화). 빛이 수용장 전체를 자극할 때(d), 신경절세포는 약간만 활성화된다.

지금까지 수용장을 확인하기 위한 단일세포 기록법의 사용법에 대해 간략하게 살펴보았다. 혹시라도 이런 단일세포 기록법이 손쉬운 과정이라고 생각할지도 모르겠다. 그러나 실제로 그 과정은 매우 난해하다. 미세전극은 망막의 어떤 영역에 접속될 신경절세포로부터 반응을 기록하는 것임을 염두에 두기 바란라. 따라서 연구자들은 정확한 위치를 찾을 때까지 전체 시각장에 자극을 이동시켜 가며 세심하게 살펴야 한다. 위치도 중요하지만 자극의 크기, 모양, 이동 방향도 어떤 세포들의 경우에는 중요하다. 이것은 인고의 과정이며, 특정 세포에 대해 수용장을 발견하기까지 오랜 시간이 소요된다. 시각 체계 연구로 유명한 David Hubel은 이 과정을 손톱깎이로 잔디를 깎는 것에 비유하였다(Hubel, 1990).

망막에서 시각피질까지의 경로를 다룰 때 양극세포와 신경절세포에 대해 좀 더 논의하기로 하고, 이제 망막에서의 측면(수평) 연결에 대해 살펴보기로 하겠다.

측면 연결: 수평세포와 아마크린(무축삭)세포

곧 알게 되겠지만, 시각 입력은 뇌에서 매우 복잡한 방식으로 처리된다. 그러나 많은 처리가 망막 안에서도 일어나는 것 또한 사실이다. 그러한 처리는 수평세포들과 아마크린세포들의 측면 연결 때문에 발생한다. 연구자들은 두 가지 유형의 수평세포와 30종 이상의 아마크린세포를 확인했다. 그러나 서로 다른 세포들의 많은 측면 연결을 통해 이루어지는 처리의 정확한 본질에 대해서는 아직까지도 완전하게 밝혀지지 않았다(Masland, 2001a).

두 가지 유형의 수평세포들은 서로 접속하는 세포 유형에 따라 다르다(Oyster, 1999; Rodieck, 1998). 그러나 모든 수평세포들은 앞에서 논의한 수용장의 길항적 주변을 생성하는 데 중요한 역할을 한다. 그 세포들은 빛 강도의 공간적 차이에 반응하기 때문에, 다음 장에서 논의될 외측 억제(lateral inhibition)를 일으키는 데도 중요한 역할을 하기도 한다.

아마크린세포들이 많다는 사실만으로 그것들이 시각 정보를 처리하는 데 매우 다양한 역할을 할 것으로 예측할 수 있다. 일반적으로 아마크린세포들은 양극세포와 다른 아마크린세포들로부터 입력 정보를 수용하고, 그 입력을 다시 양극세포, 다른 아마크린세포, 그리고 신경절세포로 보낸다(Rodieck, 1998). 이제 몇 종의 아마크린세포들과 그 기능에 대해 살펴보기로 하자.

이전에 간상체 양극세포들이 종국적으로 원추체에서 나오는 정보를 수용하는 동일한 신경절세포로 정보를 보낸다는 사실을 언급한 바 있다. 사실 그 세포들은 간상체 양극세포들로부터 원추체 양극세포들로 정보를 전송하는 아마크린세포들(AII 이라 부르는)을 통해서 정보를 보낸다(Masland, 2001a; Rodieck, 1998).

연구자들은 한때 어떤 신경절세포들이 망막에 맺힌 이미지의 움직임에 민감하다고 생각했다(Masland & Raviola, 2000). 분명히 이런 민감성의 상당 부분은 아마크린세포들 때문이다. 예를 들어 스타버스트(starburst; 수상돌기가 넓게 뻗쳐 있는 모양에서 명칭 유래) 아마크린세포는 방위에 민감할 뿐만 아니라 빛 강도의 변화에도 민감하다.

우리의 눈은 계속해서 움직이기 때문에, 안구의 전체 움직임에 기인하는 것이 아닌 망막에서의 움직임을 탐지하는 것이 중요하다. 다축색(polyaxonal; 축색들이 매우 광범하게 퍼져 있는 모양에서 명칭 유래) 세포라 불리는 또 다른 유형의 아마크린세포는 망막에서 이런 변별을 하는 중요한 역할을 하는 것으로 보인다(Olveczky et al., 2003). 8장에서 운동 지각을 논의할 때, 많은 운동 지각이 망막을 넘어서 발생해야 한다는 것을 살펴보게 될 것이다. 그러나 이런 다축색 아마크린세포들은 눈 자체의 움직임에 기인하는 신경절세포의 발화를 억제시키는 중요한 역할을 하는 것으로 보인다.

아마크린세포들은 신경절세포들의 활성화를 조율하는 중요한 역할을 하는 것으로 보인다. 많은 경우 이런 아마크린세포들은 비교적 광범한 영역으로 뻗어 있는 수상돌기들과 축색들을 통해 상당히 넓은 장들을 가진다. 아마크린세포들이 비교적 협소한 장을 가지는 다른 경우들도 있다. 아마크린세포들은 또한 그것들이 방출하는 신경전달물질들에서 차이를 보인다. 시각 연구에서는 이런 여러 아마크린세포들이 시각 처리에 어떻게 기여하는지를 밝히는 연구가 많이 진행되고 있다.

절 요약

망막의 구조와 기능

1. 망막에는 광수용체, 양극세포, 신경절세포, 수평세포 및 아마크린세포들이 포함되어 있다.
2. 광에너지는 간상체와 원추체에 있는 광색소를 와해시킨다. 이 과정은 광수용체로 하여금 과분극을 일으키는데, 이는 시각 경험을 촉발하는 신경 신호가 된다.
3. 원추체는 조명 조건이 좋은 조건에서 유채색시를 허용한다. 원추체는 망막 전체에 분포되어 있지만, 중심와에 집중되어 있다. 원추체들은 전형적으로 신경절세포와 일 대 일 방식의 접속을 한다. 결과적으로 원추체의 시력은 우수하지만, 민감도는

떨어진다.

4. 간상체는 조명 조건이 낮은 경우에 무채색시를 허용한다. 간상체는 중심와를 벗어난 망막의 주변 영역에 집중되어 있고, 많은 간상체들이 각각의 신경절세포를 공유한다. 결과적으로 간상체 영역의 시력은 떨어지지만, 민감도는 높다.
5. 원추체와 간상체는 밝은 조명 조건에서 어두운 조명 조건으로 변할 때의 반응이 다르다(암순응). 원추체는 빠르게 순응하지만 비교적 민감하지 않다. 간상체는 좀 더 느리게 순응하지만, 매우 어두운 조명 조건에서 시력을 제공한다. 눈이 어둠 속에서 완전히 순응하기까지 약 30분 정도 소요된다.
6. 원추체와 간상체는 또한 어두운 조명 조건에서 밝은 조명 조건으로의 변화에 다르게 반응한다(명순응). 원추체는 빠르게 순응하면서 사물을 명확하게 볼 수 있게 해준다. 간상체는 빠르게 표백되면서 밝은 조명 조건에서 기능을 하지 않게 된다.
7. 신경절세포의 전기적 활성화는 미세전극을 신경절세포에 삽입하는 단일세포 기록법을 사용함으로써 연구된다. 신경절세포의 수용장은 중심흥분-주변억제 혹은 중심억제-주변흥분이다.
8. 아마크린세포와 수평세포는 망막 내에서 측면 연결을 제공함으로써 수직 연결을 제공하는 세포들(예: 광수용체, 양극세포, 신경절세포)의 활동에 영향을 준다.

망막에서 시각피질까지의 경로

뇌에서 일어나는 시각 처리 과정을 상세히 논의하기에 앞서, 먼저 일차 경로에 대해 알아보기로 하자.

망막과 망막을 벗어나서 일어나는 모든 시각 정보 처리의 목적을 생각해보자. 시각 체계의 목적이 외부 세계의 정확한 표상을 뇌의 어느 장소(보고 있는 것을 그대로 생생하게 보여주는 메가 화소의 스크린)에 구축하는 것이라고 생각할지 모르겠다. 문제는 그런 스크린을 보기 위해서는 뇌의 어떤 내부 실체(homunculus; 뇌 소인 혹은 '작은 인간')를 가정할 필요가 있다는 것이다. 그것은 있음직하지 않은 일이다! 대신 뇌를 감각으로부터 기본적인 정보를 수용하는 정보 수집 장치로 생각하는 것이 더 합당하다. 세상과 상호작용하는 경험은 뇌로 하여금 그것이 수용하는 정보에 기초하여 '세상'을 구축할 수 있도록 해준다(e.g., Zeki, 2001). 이것은 테마3과 일치한다.

지금부터 제공되는 뇌의 시각 처리에 대한 설명은 간략하게 요약한 것이기 때문에, 시각 처리를 강에서 바다로 흐르는 물과 같은 식의 정보 흐름 정도로 생각하게 할지 모르겠다. 그러나 시각 처리는 결코 그렇게 단순하지 않다. 뇌의 여러 영역들은 복잡한 방식으로 서로 상호접속하고 있기 때문이다. 따라서 시각 정보는 눈에서 뇌로 직접 전송되는 것이 아니다.

연구자들은 뇌의 시각 처리를 탐색하기 위해 흔히 인간이 아닌 다른 종들(예: 원숭이)을 사용한다. 최근 연구들(주로 fMRI를 사용한 연구)은 다른 종들을 통해 확인된 뇌 영역들을 인간의 뇌 영역에서도 유추할 수 있음을 확인했다(Orban et al., 2004; Sereno & Tootell, 2005; Tootell & Hadjikhani, 2001; Van Essen et al., 2001). 따라서 여기서는 인간과 다른 종들에 대한 연구들을 함께 고려하고, 시각 정보를 처리하는 뇌의 상이한 영역들을 기술하기로 하겠다.

뇌의 한 영역이나 다른 영역에 초점을 맞추더라도 뇌 영역들은 서로 연결되어 있다는 점을 기억해야 한다. 곧 알게 되겠지만, 시각 정보에 직접적으로 관여하지 않는 영역들도 우리의 시각 경험에 중요한 역할을 한다. 만약 시각 체계가 정서적 정보를 처리하는 뇌 영역들과 접속하지 않는다면, 우리는 사람들의 얼굴에 나타난 정서적 표현을 파악하기 어려울 것이다. 우선 시각 정보 처리에 중요한 역할을 하는 뇌의 여러 다른 영역들 각각에 대해 살펴보기로 하겠다. 그러나 지각적 경험은 여러 뇌 영역들의 누적 활동으로부터 초래된다는 점을 염두에 두면, 각 영역의 역할을 우리가 지각이라고 부르는 아름다운 모자이크의 작은 조각으로 여길 수 있을 것이다.

망막에서 시각피질로의 정보 전송

망막을 논의하면서 신경절세포들이 시신경을 통해 눈에서 빠져 나간다는 것을 알았을 것이다. 시신경은 거의 우리의 작은 손가락 굵기 정도이다. **그림 3.16**은 위에서 내려다본 뇌의 모양으로 시각 경로에서 시신경과 다른 구조에 대한 명칭이 제시되어 있다. 시신경을 따라 전송되는 정보는 이미 망막에서 집중적인 처리가 이루어진 상태이다. 망막과 다른 영역에 있는 뉴론들 간의 상호접속은 정보 처리를 돕는다. 처리는 정보가 이동하는 두 뉴런 사이의 작은 틈, 즉 **시냅스**(synapse)에서 이루어진다.

그림 3.16을 보면서, 시신경에서 신경절세포의 첫 번째 시냅스는 중뇌의 양측 각각 두 개의 구조(상구와 외측슬상핵) 중 어느 하나에서 이루어진다. **상구**(superior colliculus)는 중뇌의 시상 바로 아래에 있다. **외측슬상핵**(lateral geniculate nucleus, LGN)은 시상 내부에 있다. 따라서 시각 정보가 눈을 떠나면, 첫 번째 후속 처리가 이 두 위치에서 이루어진다. 그 다음 시냅스는 대뇌피질의 뒷부분, 즉 **시각피질**(visual

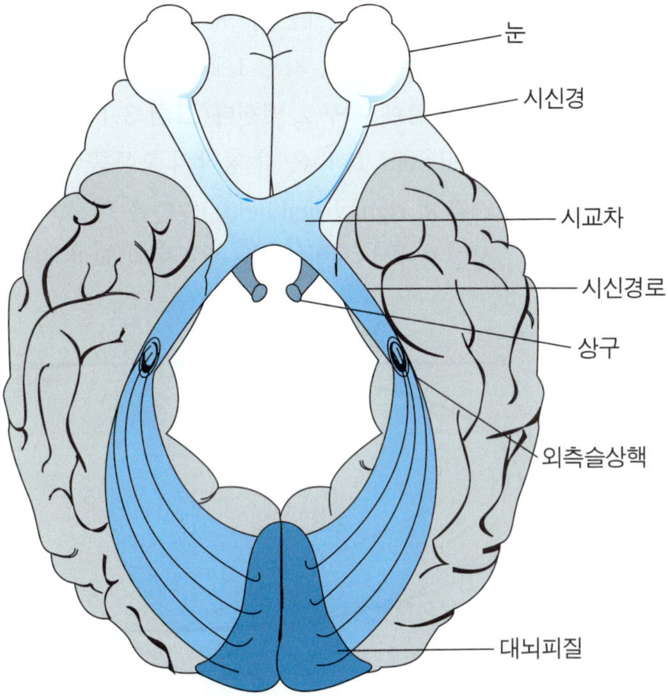

그림 3.16 눈에서 뇌까지의 시각 경로. 시신경에 있는 다수의 신경절세포들의 첫 번째 시냅스는 외측슬상핵에서 이루어진다. 시각 경로에서 그 다음 시냅스는 대뇌피질의 후두엽에서 이루어진다.

cortex)이라 불리는 영역에서 이루어진다.

눈에서 시각피질과 그 이후까지의 정보 이동을 추적하면서 이들 구조에 대해 좀 더 자세히 논의하기로 하자.

시교차

시신경에 있는 대부분의 신경절세포들은 LGN까지 뻗는다. 그러나 그 전에 신경절세포의 절반은 뇌의 대측으로 진행한다. **그림 3.16**에서 두 개의 시신경이 함께 진행하거나 교차하는 **시교차**(optic chiasm)에 주목하라. 시교차라는 용어에서 '시(optical)'는 '눈으로 하는 것'을 의미하며, '교차(chiasm)'는 그리스 문자 *X*(chi)에서 나온 것으로, 교차하는 모양(X)에서 그 용어가 붙여졌다. 시교차에는 시냅스가 없으며, 단지 각 시신경 부분이 뇌의 대측으로 교차되는 위치이다.

왼쪽 눈의 왼쪽 절반에서 나온 신경절세포들은 시교차에서 교차되지 않는다. 대신 그것들은 동측의 왼쪽 LGN으로 진행한다. 마찬가지로 오른쪽 눈의 오른쪽 절반에서 나온 신경절세포는 뇌의 우측으로 진행한다. 그러나 왼쪽 눈의 오른쪽 절반에서 나온 신경절세포는 시교차에서 오른쪽으로 교차해 진행한다. 오른쪽 눈의 왼쪽 절반은 뇌의 왼쪽으로 교차해 진행한다.

실제로 시각 체계는 두 유형의 교차를 제공한다. 첫 번째 교차는 상이 망막에 맺히기 전에 발생된다. 가령 1에서 8까지의 숫자를 본다고 하자. 눈의 광학 때문에, 외부 상은 망막에 거꾸로 맺힌다(**그림 3.17**). 사물을 볼 때면 사물의 왼쪽(**왼쪽 시각장**, left visual field, LVF)은 각 망막의 오른쪽에 등록된다. 이와 반대로 사물의 오른쪽(**오른쪽 시각장**, right visual field, RVF)은 각 망막의 왼쪽에 등록된다.

시신경에서 이루어지는 세포들의 교차 진행을 통해, 두 눈의 왼쪽 시야에서 오는

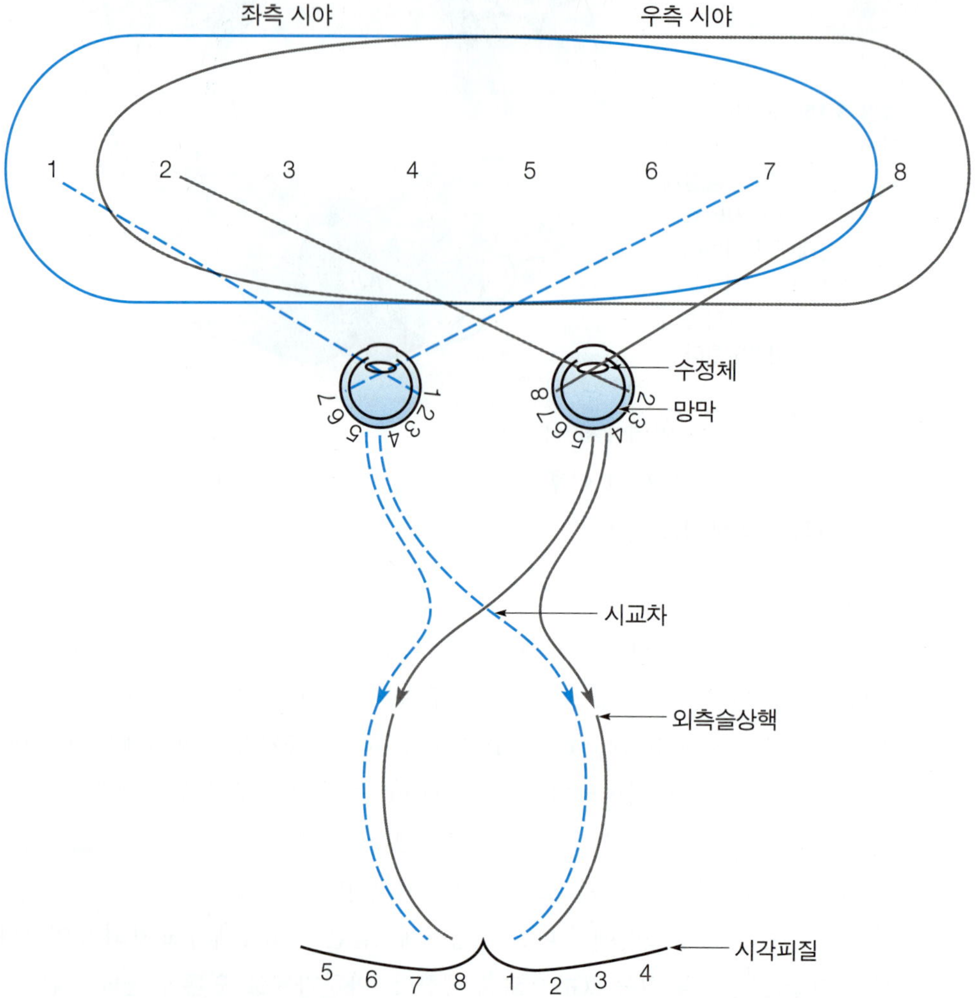

그림 3.17 두 유형의 교차(망막에서의 교차, 시교차에서의 교차)를 보여주는 시각 처리 모형도. 눈의 광학은 오른쪽 시야에서 오는 정보를 망막의 왼쪽에 떨어지도록 한다. 시교차에서 발생하는 교차는 각 눈의 동측에서 오는 정보를 동측 뇌반구에 보내 처리하도록 한다(예: 각 눈의 왼쪽에서 나오는 정보는 좌반구로 보내지며, 오른쪽에서 나오는 정보는 우반구로 보내진다).

정보(숫자 1, 2, 3, 4)는 LGN과 뇌의 우반구 시각피질로 전송된다. 이에 대해 혼동을 일으킬 수도 있으므로 **그림 3.17**을 주의 깊게 살펴보기 바란다.

이런 복잡한 교차 방식이 존재하는 이유는 무엇일까? 6장에서 살펴보겠지만, 두 망막에 맺히는 상들은 서로 작은 차이가 있는데, 이는 인간으로 하여금 세상을 3차원으로 볼 수 있게 해준다. 시교차에서 발생하는 교차는 각 망막에서 나오는 중요한 정보가 시각피질의 동일 방향에 있는 영역으로 보내질 수 있게 해준다. 왼쪽 시야에 있는 사물을 고려해보자. 이 사물은 오른쪽과 왼쪽 망막 모두에 등록되지만, 두 출처에서 나오는 정보는 최종적으로 정보를 조합시키는 우반구 시각피질로 보내진다.

그림 3.16을 보라. 시교차 이후의 신경절세포 다발을 **시신경로**(optic tract)라 부른다는 것을 주목하라. 처음의 신경절세포 집단을 **시신경**(optic nerve)이라 하고, 그 다음 시교차 이후에 그것들의 재집단화가 이루어지는데, 그때는 시신경로라 부른다. 그러나 시냅스가 없기에 망막에서 나온 정보는 변환되지 않은 그대로 임을 기억하라. 따라서 명칭의 변경은 시신경로가 각 눈의 절반에서 오는 정보를 포함하고 있다는 사실을 반영한다. 그러나 두 개의 정보 출처는 시각 체계의 후반부에 도달될 때까지 분리된 채로 유지된다. 시신경로 섬유들은 두 영역으로 뻗으며 일부는 상구로 뻗지만, 대부분은 LGN으로 뻗는다.

세 개의 병렬적 시각 경로

이제 정보가 눈에서부터 LGN과 시각피질로 이동되는 세 가지 중요한 시각 경로에 대해 논의하기로 하자. 세 가지 시각 경로는 망막에서부터 비롯된다.

첫 번째 경로는 **작은 세포 경로**(parvocellular pathway; 라틴어인 *parvus*는 '작은'이란 의미)로, 이를 줄여 **P경로**(P pathway)라 한다. 이 경로는 통상적으로 단일 원추체들로부터 나온 입력을 받는 소형양극세포와 소형신경절세포에서 시작된다는 사실에서 이런 명칭이 붙여졌다. 원추체는 중심와에 집중되어 있기 때문에 소형신경절세포 또한 중심와에 집중되어 있다. 소형신경절세포들은 가장 일반적인 신경절세포로 전체 신경절세포의 70% 정도를 차지한다. 이 신경절세포들이 자극을 받게 되면 지속 반응을 보이지만, 비교적 자극에 대해 느리게 반응한다. 원추체와 소형신경절세포들로부터 나온 입력 정보와 관련하여 P경로는 지배적으로 색과 자극의 세부 정보를 수반하는 임무를 맡지만, 이 경로는 특별히 민감하지는 않다.

두 번째 경로는 **큰 세포 경로**(magnocellular pathway; 라틴어 *magnus*는 '큰'이란 의미)로 이를 줄여서 **M경로**(M pathway)라 한다. 이 경로는 파라솔 신경절세포와 접속하는 산재성 양극세포(diffuse bipolar cells)에서 기원된다. 파라솔 신경절세포는 전체 신경절세포의 10% 정도로 비교적 수가 많지 않다. 이 세포들은 비교적 빠른 속도로 정보를 전도시킨다. 파라솔 신경절세포들은 자극을 받게 되면, 빠른 활동전위를 일으킨다. 또한 파라솔 신경절세포들은 많은 광수용체들로부터 입력 정보를 받기 때문에 더 큰 수용장을 가지며, 소형세포들이 제공하는 상세 수준을 제공할 수 없다. 파라솔 신경절세포들은 다른 유형의 원추체들로부터 입력 정보를 받기 때문에 색 정보에 민감하지 않다. 하지만 수렴이 발생하면 파라솔 신경절세포들은 비교적 빛에 민감하다. 결국 M경로는 밝기 차이와 중간 혹은 빠른 운동 지각을 수반한다.

세 번째 경로는 **K경로**(Koniocellular pathway)로, 이 경로의 입력은 두발 갈라진 작은 신경절세포로 정보를 전하는 S원추체 '흥분성' 양극세포들로부터 나온다. 이 신경절세포들은 S원추체 입력을 M과 L원추체 입력과 비교하는 역할을 한다(Rodieck, 1998). 따라서 색채 지각에 부분적인 역할을 하지만, 소형신경절세포만큼은 아니다. 이들 세포에서 발생하는 수렴 때문에 소형신경절세포들의 민감도는 크지 않다. 그러나 그 수렴은 파라솔 신경절세포들보다 적으므로 특별히 빛에 민감하지는 않다.

표 3.2에 신경절세포와 세 개의 경로에 대한 특징을 요약하였다. 이제 LGN과 그 너머로 진행하는 이들 세 가지 경로를 추적해보기로 하자.

외측슬상핵

외측슬상핵(lateral geniculate nucleus, LGN)이란 용어에서 외측(lateral)이란 측면을 의미하는데, 하나의 LGN이 각 시상의 측면에 위치해 있다. 슬상(geniculate)이란 '무릎과 같이 구부러진다'는 의미로 **그림 3.18**을 보면 이해가 될 것이다. 핵(nucleus)이란 '작은 너트'를 의미한다. 따라서 외측슬상핵은 무릎과 같이 구부러지는 작은 너트 모양을 하고 있으며, 뇌의 측면에 위치해 있다.

P, M, 그리고 K경로 체계의 신경절세포들은 LGN에서 첫 시냅스를 일으킨다. 세 개의 경로는 LGN에서 시각피질로 계속 진행된다. LGN으로 들어오는 신경절세포들은 시교차를 거쳐야 하기 때문에, LGN이 수용하는 입력 정보는 두 눈으로부터 나온다. 그러나 두 눈으로부터 나온 입력 정보는 LGN에서 층별로 분리된다. LGN은 여섯 개 층만 명명되어 있어서 **그림 3.18**을 통해 명확하게 확인되지는 않지만 실제로는 12개의 층으로 이루어져 있다. 1번과 2번 층은 M경로로부터 입력 정보를 받고, 3번 층에서 6번 층까지는 P경로로부터 입력 정보를 받는다. 각 층 아래에는 육안으로 확연하게 구분이 되지는 않지만 K경로(koniocellular pathway; 그리스어 *konio*는 '먼지'

표 3.2 세 가지 경로를 촉발하는 신경절세포의 특성

특성	신경절세포 유형		
	소형	파라솔	두발 갈리진 작은
경로	P(작은 세포)	M(큰 세포)	K(과립성 세포)
수용장의 성질	중심-주변	중심-주변	중심-주변
세포체 크기	작다	크다	작다
수상돌기의 장 크기	작다	크다	크다
신경절세포의 비율	70%	10%	10%
양극세포 입력	소형	산재성	S 원추체 '흥분성'
전도 속도	느림	빠름	매우 느림
세부에 대한 민감도	높다	낮다	낮다
빛에 대한 민감도	낮다	높다	낮다
파장에 대한 민감도	있다	없다	있다
LGN 접속	상단(배측) 4개 층	하단(등측) 2개 층	6P와 M층 이하 하부층

를 의미)로부터 입력 정보를 받는 층(바닥 위의 먼지 층과 같은)이 있다. 1, 4, 6번 층(그리고 그것들 바로 아래 K 층들)은 LGN으로부터 머리의 대측 눈에서 나오는 입력 정보를 받는다. 2, 3, 5번 층(그리고 그것들 바로 아래 K층들)은 LGN으로부터 머리의

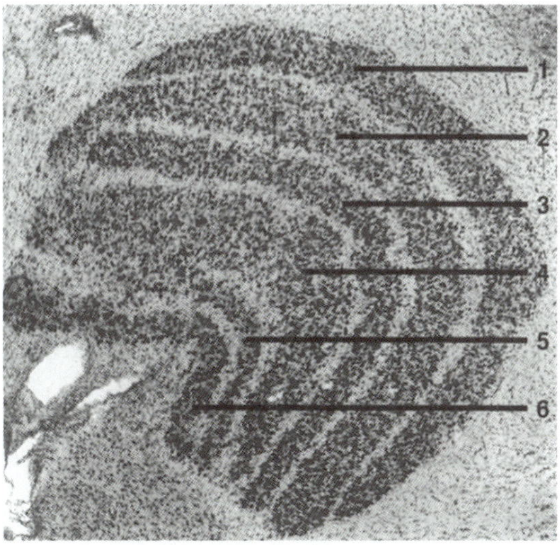

그림 3.18 외측슬상핵. P와 M경로를 두 눈으로부터 분리시키는 6개 층을 주목하라.

사진 제공: Joseph G. Malpeli와 Frank H. Baker 박사

동측 눈에서 나오는 입력 정보를 받는다.

지금까지 P, M, 그리고 K경로가 LGN 내부의 층들에 배열되어 있음을 살펴보았다. 게다가, 이 세포들은 각 층 안에서 특정 순서를 가지고 있으며 그 순서를 **망막위상적**(retinotopic)이라 부른다. 이는 LGN 내 세포들의 위치가 망막에서의 세포들의 위치와 대략적으로 대응을 이루기 때문이다. 따라서 LGN에서 서로 근접해 있는 세포들은 망막에서 서로 근접해 있는 광수용체들로부터 정보를 받으며 이러한 망막위상적 조직은 시각피질의 특징이다.

LGN세포들은 신경절세포로부터 입력 정보를 받는다. 따라서 그것들은 망막 신경절세포와 같은 기능을 한다. 다시 말해서, LGN세포들은 중심흥분 혹은 억제와 길항적 주변을 갖는 원형의 수용장을 가진다(Xu et al., 2002). 그러나 LGN이 단지 시각피질로 가는 도중에 위치한 중계소 역할만 하는 것은 아니다(Pasternak et al., 2003). LGN 입력 정보는 망막뿐만 아니라 뇌의 다른 영역들에서도 온다. 사실 LGN에서 발생하는 시냅스의 90% 이상은 망막이외의 영역들에서 오는 것들이다(Kaplan et al., 1993). 뇌의 다른 영역들로부터 오는 입력 정보들은 출구나 여과기의 기능을 하는 LGN에게 있어 중요하다.

M과 P경로의 기능을 살핀 많은 연구들은 주로 LGN 층들을 손상시켜 그 기능을 확인했다. 불행히도 이런 연구들은 K경로가 밝혀지기 전에 수행된 것들이다. 따라서 손상은 K경로에도 영향을 미쳤을 것으로 생각할 수 있다.

LGN에서 시각피질까지의 경로는 다른 교차나 시냅스가 없기 때문에 비교적 직접적이다. 그러나 시각피질을 논의하기 전에 상구를 잠시 살펴보기로 하자.

상구

두 개의 상구(superior colliculus)는 시각피질, 즉 각 시신경로에 하나씩 있다. 대부분의 신경절세포들은 LGN으로 진행하지만, 소량은 상구로 직접 진행한다. 이런 신경절세포들의 성질이 아직까지 완전히 이해되는 것은 아니지만, 큰 수상돌기 장들을 가지고 있으며, 일부는 K경로에서 이어지는 것으로 보인다(Boothe, 2002; May, 2006).

상구와 LGN은 유사점이 많다. 예를 들어 오른쪽 시각장 정보는 왼쪽 상구로 들어가며, 왼쪽 시각장 정보는 오른쪽 상구로 들어간다. 상구는 또한 여러 층들을 가지고 있으며 그 세포들은 망막위상적 조직을 보인다. 그러나 LGN과는 달리 상구 층들은 서로 접속을 한다(May, 2006). LGN과 마찬가지로 상구는 그 활동을 조율하는 시각피질로부터 입력 정보를 받는다. 시각 처리 경로는 상구로부터 LGN의 K층들로 계속 이어지고, 다시 시상을 통해 시각피질로 뻗는다.

이처럼 상구는 시각 신경절세포들과 시각피질로부터 입력 정보를 받는다. 그러나 청각 체계와 피부 감각(예: 접촉) 또한 정보를 상구로 보낸다. 이러한 비시각적 정보는 시각 입력 조직과 공간적으로 일치하도록 배열된다. 따라서 상구는 여러 감각 기관에서 오는 정보를 통합하는 역할을 한다(Stein & Meredith, 1993). 이는 테마 1과 일치한다. 이외에도 상구는 눈 운동을 통제하는 역할도 하는데 이것은 4장에서 논의하겠다.

시각피질

그림 3.19는 시지각과 관련된 주요 영역들을 포함한 뇌의 측면도를 보여주고 있다. 시각피질은 목 바로 위쪽인 머리 뒷부분에 있다. 대뇌피질은 시각피질 외에도 여러 다른 영역들로 이루어져 있으며, 인간의 기능을 위해 모두 중요하다. 한편 포유류 이외의 동물에게 있어 대뇌피질은 극히 작거나 아예 존재하지 않는다. 하지만 원숭이와 침팬지 같은 일부 영장류에게 대뇌피질은 매우 중요하며, 인간에게는 필수적이다.

대뇌피질은 고작 2mm의 두께를 가지고 있다. 이 커버는 정교하게 주름이 잡혀 있다. 이 주름을 다 펼치면 전체 면적이 약 1,400cm^2 정도로, 21인치 TV 화면 정도의 크기가 된다. Hubel과 Wiesel(1979)이 언급했듯이, 대뇌피질의 주름은 이러한 커다란 구조가 인간의 두개골 크기의 상자 안에 꾸려져야 하기 때문에 생긴 것으로

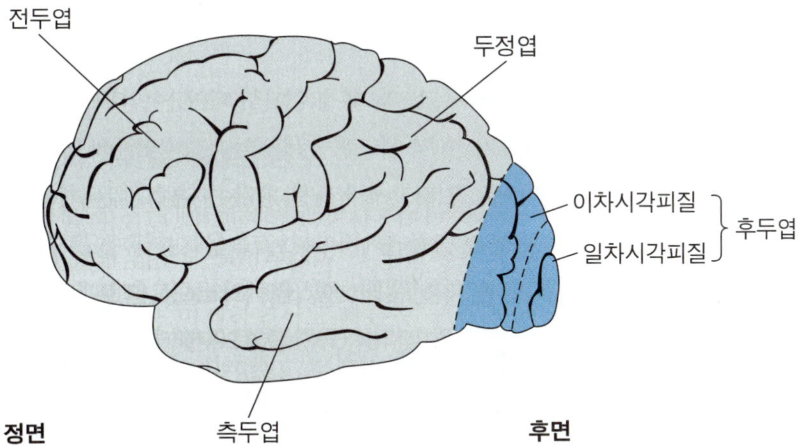

그림 3.19 대뇌피질의 후두엽에 있는 시각피질.

보인다.

시각피질은 일차와 이차시각피질로 분류된다(**그림 3.19**를 보라). 외측슬상핵에서 나온 뉴런들은 시각피질 혹은 **선조피질**(striate cortex) **17영역**(Area 17)이라고도 불리는 **일차시각피질**(primary visual cortex, V1)에서 멈춘다. 선조(striate)란 '줄이 있는'이란 의미이다. 이미 1776년에 Francesco Gennari는 이 피질 영역의 해부학적 차이가 기능의 차이를 일으킨다고 주장한 바 있으며(Glickstein, 1988), 이 영역이 시각에 중요하다는 주장은 1800년대 중반에 이르러서 확고해졌다.

그림 3.21에서 볼 수 있듯이 두개골과 가장 가까이에 있는 외층은 1층이며, 가장 안쪽에 6층이 있다. 이런 수치 명명 체계에서, LGN에서 나온 세포들은 4층 하부영역(4C층)에서 멈춘다. 망막의 광수용체로부터 나온 모든 신경 정보는 양극세포, 신경절세포, LGN을 거쳐 최종적으로 일차시각피질의 4C층으로 보내진다.

LGN의 망막위상적 조직은 시각피질의 4C층에서도 유지된다. 그러나 이런 망막위상적 배열을 문자 그대로 받아들여서는 안 된다. 예를 들어 모나리자 그림을 볼 때, 그녀의 완벽한 얼굴(완벽한 미소를 가진)이 시각피질에서 표상되는 것은 아니다.

여러 요인들이 피질 표상과 원래의 이미지의 차이를 일으킨다. 예를 들면 시각피질 뉴런의 절반은 망막의 극히 작은 영역인 중심와에서 오는 정보를 수용한다. 따라서 비교적 넓은 시각피질 영역이 중심와에 등록된 비교적 작은 사진의 부분을 부호화하게 된다. 이렇듯 피질과 관련하여 중심와에서 나오는 정보의 과잉 표상을 **피질 배율**(cortical magnification)이라 한다. 모나리자 그림에 대한 지각은 실제로 그 그림의 여러 부분에 대해 발생한 중심와의 고정점들로부터 나온 정보의 조합인 것이다. 따라서 각 고정점으로부터 나온 정보를 저장하는 뇌 영역들은 지각에 중요한 역할을 하게 된다.

LGN에서와 마찬가지로, P, M, K경로에서 나오는 입력 정보들은 또한 피질의 4C층에서 분리된다. 게다가 4C층에 있는 세포들은 신경절세포 및 LGN세포들처럼 중심-주변 수용장을 가지고 있다. 시각피질의 다른 뉴런들은 매우 다른 수용장을 가지고 있다.

시각피질 뉴런

시각피질에 대한 이해는 성실한 여러 연구자가 있었기에 가능했다. 이런 연구자 중 David Hubel과 Torsten Wiesel(2005)은 선각자라 할 수 있다. 그들은 연구 결과를 1950년대에 처음으로 발표하기 시작했고, 급기야 1981년에는 Roger Sperry와 함께 생리학 분야에서 노벨상 공동 수상자로 선정되기도 했다. Hubel과 Wiesel은 애초에 시각피질에 있는 신경세포들의 특성을 밝히기 위해 단일세포 기록법을 사용하였다. 그들은 시각피질이 어떤 패턴을 부분별로 분석할 수 있다는 결과를 제시하여 많은 심리학자들을 흥분시켰다.

Hubel과 Wiesel(1965, 1979, 2005)은 시각 처리의 앞 단계에서 발견되는 중심-주변 패턴과 다른 반응 양상을 보이는 각각 두 가지 유형의 뉴런을 분리시켰다. 그 명칭은 매우 직접적인데, 단순피질세포와 복합피질세포가 그것이다.

단순세포 **단순세포들**(simple cells)은 일차시각피질의 4B층에서 발견되며, 바로 아래에 있는 4C층 뉴런들로부터 입력 신호를 받는다. 시각 처리의 앞 단계에 있는 뉴런들은 대략 둥근 모양의 수용장을 가지지만, 단순세포들은 선과 모서리에 가장 격렬하게 반응한다(Pinel, 2006). 이는 연구에서는 흔한 경우로 우연히 발견된 것이다. Hubel과 Wiesel은 고양이의 시신경 세포들로부터 반응을 유발시키는 것으로 확인된 모든 종류의 자극들을 제시함으로써 선조피질의 단일세포들을 연구하고 있었다. 어느 날 실험 도중에 Hubel과 Wiesel은 자극 제시 장치에 새로운 유리 슬라이드를 삽입하였는데, 실수로 생긴 그 슬라이드의 그림자는 미세전극이 삽입된 세포를 발화시켰다(Schiller, 1986). Hubel과 Wiesel은 신속하게 그 고양이의 시야에 선분으로 변경시켜 제시하였고, 4B층에 있는 세포들이 그 선분에 활발히 반응한다는 것을 발견하게 되었다.

이 세포들은 매우 선별적이다. 첫째, 빛은 시각장의 특정 위치에 떨어져야 한다. 그 위치에서 빛을 확산시킬 때 이 세포들은 반응하지 않는다. 즉 이 세포들은 작은 광점에 대해서만 반응을 한다. 또한 선분이 어떤 방위를 가질 때만 세포들은 활발하게 반응하며 가장 효과적인 선분의 방위는 세포마다 다르다. 더 나아가, 이 세포들은 매우 유별나서 15° 정도만 방위가 변해도 반응을 멈추어 버린다. 예를 들어, 12시를 가리키는 시계의 시침에 최적 반응을 보이는 어떤 세포는 시침이 단지 15° 앞으로 이동하여 12시 30분 위치에 가면 반응을 멈춘다.

그림 3.20a는 이 세포가 몇 가지 다른 방위를 가진 선분에 대한 전기적 반응을 보여준다. 이 세포는 선분이 수평일 때는 낮은 자발적 발화 수준만 유지하고, 선분이 수직에 가까울수록 더 많은 발화를 일으킨다. 그러나 최대 발화율은 선분이 수직일 때만 발생한다. 이런 선분의 방위각과 세포의 반응률의 관계를 그래프로 나타낼 수 있는데 이 그래프를 **방위 조율 곡선**(orientation tuning curve)이라 한다(**그림**

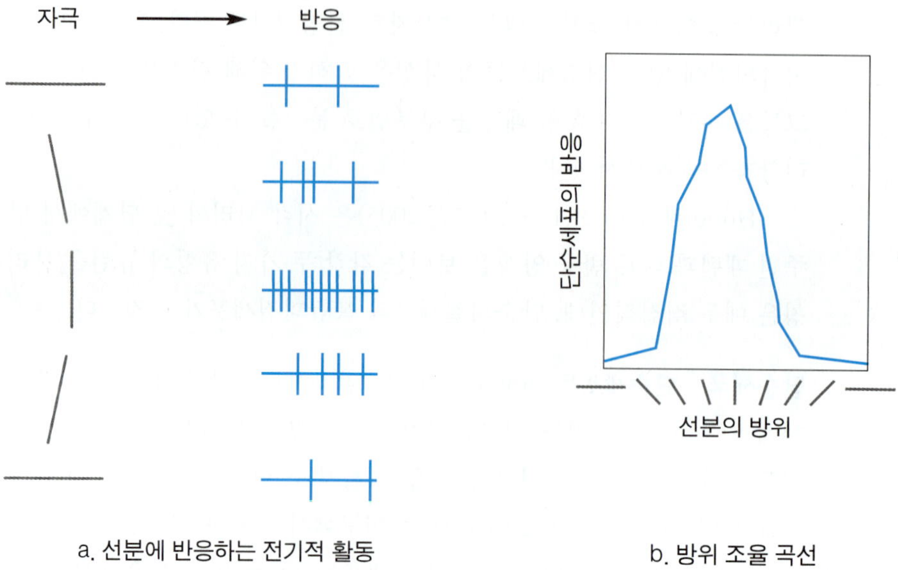

그림 3.20 다른 방위를 가진 선분들에 대한 단순세포 반응. 이런 세포들은 매우 선별적이다. 자극이 수직일 때 최대 발화율이 발생하고 자극이 작은 각도로 회전될 때 발화율은 현저히 떨어진다는 것을 주목하라(a). 이러한 선별성은 방위 조율 곡선(b)에서 명확하게 드러난다. 이 단순세포는 선분이 수직일 때 반응률이 최대이다.

3.20b). 유사한 조율 곡선을 다른 세포들에 대해서도 얻을 수 있지만, 어떤 세포들은 대각선이나 수평선과 같은 다른 방위에 최대 반응을 보인다.

복합세포 일반적으로 **복합세포들**(complex cells)은 피질의 2, 3, 5, 6층에서 발견된다(그러나 4층에는 단순세포들만 존재한다). 복합세포들은 움직이는 자극에 가장 잘 반응한다(Pinel, 2006). 앞에서 단순세포들이 망막의 특정 위치에 등록된 선분들에 가장 잘 반응한다는 것을 알았다. 이와 반대로, 복합세포들은 선분이 특정 방향으로 움직일 때(예: 수직선이 오른쪽이 아닌 왼쪽으로 움직일 때) 특히 매우 격렬한 전기적 반응을 보인다. 어떤 복합세포들은 단안시 활성화를 보이지만, 많은 복합세포들은 두 눈 가운데 어느 한쪽이나 두 눈 모두 자극될 때 반응한다. 사실 두 눈으로부터 입력 신호를 받는 복합세포들은 깊이 지각에 기여한다(Read, 2005).

일부 단순피질세포들과 일부 복합피질세포들은 끝-멈춤세포로 불린다. **끝-멈춤세포들**(end-stopped cells)은 자극이 그 세포의 수용장 내에 끝이 있을 때 가장 격렬하게 반응한다(Frishman, 2001). 끝-멈춤세포의 수용장을 벗어나 확장되는 선분이나 모서리는 발화를 덜 일으킨다. 따라서 이들 세포들은 특히 모서리와 다른 경계를 탐지하는 데 유용하다.

시각 처리의 더 상위 수준으로 가면서도 일관된 경향성이 나타나고, 세포들은 더 선별적 경향성을 보인다. 광수용체들은 빛이 그것들에 도달될 때 반응한다. 신경절세포와 LGN세포들은 수용장 중심의 자극이 주변 영역과 대비될 때 더 강하게 반응한다. 단순세포들은 선분이나 모서리를 요구하며, 복합세포들은 움직이는 선분이나 모서리를 요구한다. 끝-멈춤세포들은 선분이 그것들의 수용장 내에서 끝나는 경우에 강하게 반응한다.

최근에 Hubel과 Wiesel을 포함한 여러 연구자들은 시각피질의 구조와 관련하여 부가적인 측면들을 밝히는 연구를 수행했으며, 일차시각피질이 일련의 기둥으로 배열되어 있다는 사실을 밝혔다.

피질 구조

개개 세포들의 속성을 탐구하는 동안, Hubel과 Wiesel은 자신들이 '아키텍처(architecture)'라고 명명한 속성에 흥미를 가졌다(Hubel, 1982). 그리고 연구자들이 여러 피질층에 걸쳐 미세전극을 점점 더 깊이 삽입했을 때, 그 경로에 있는 모든 세포들이 특정 방위의 선분들에 대해 가장 높은 발화율을 보인다는 것을 발견하였다. 특정 방위를 가진 자극들에 반응하는 세포들의 수직 계열은 기둥(column)이라 불린다(Pinel, 2006). **그림 3.21**은 피질 표면과 직각으로 미세전극을 삽입할 때 어떤 방식으로 많은 세포들을 통과하게 되는지를 보여주고 있다. 이 세포들은 모두 45° 각도를 가진 선분이 시각장에 제시될 때 가장 높은 발화율을 일으킨다. Hubel과 Wiesel은 일차시각피질의 2mm 직경의 어느 한 지점에 미세전극을 삽입하였다. 그 다음 동물을 관찰하고, 그 기둥 안에 있는 세포들이 선호하는 방위를 기록하였다. 그리고 1mm 이내의 단위로 위치를 변경시켜 가면서 기록을 반복하였다.

Hubel과 Wiesel은 미세전극을 이전 위치에서 0.05mm로 이동시킴으로써 이전에 제시된 선분의 방위에 더 이상 반응하지 않는 다른 세포 기둥을 찾아냈다. 그 결과 선호하는 방위는 선분을 10°로 회전시켰을 때 바뀌었다. 예를 들어 이전에 검사한 기둥에 있는 세포들이 45° 각도로 기울어진 선분에 가장 높은 반응률을 보였다고 해보자. Hubel과 Wiesel은 그 기둥에서 0.05mm 옆의 기둥에 있는 세포들이 55°로 기울어진 선분에 가장 높은 반응률을 보인다는 것을 발견한 것이다.

Hubel과 Wiesel은 피질 전역에 걸쳐 1mm 거리로 미세전극을 반복적으로 이동시켜 가며, 선호 자극이 수평선에서 수직선으로 점차 변하고, 다시 수평선으로 돌아

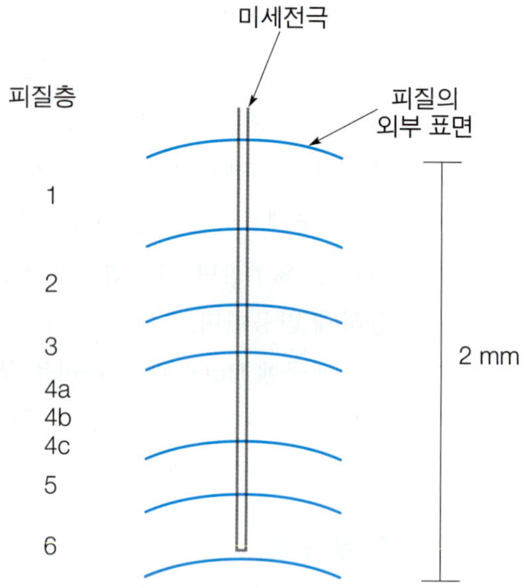

그림 3.21 전극을 시각피질에 삽입할 때, 전극이 통과하는 지점에 있는 모든 세포들은 특정 방위를 가진 선분에 최대로 반응을 한다. 이런 세포의 수직 계열은 기둥이라 불린다.

오는 일련의 기둥을 확인했다. **그림 3.22**는 이런 결과를 모형도로 보여주고 있다. (4C층은 방위 선호보다 중심–주변 선호를 보이는 세포들을 가지고 있기 때문에, 그 층은 여백으로 표시되어 있다.) 자극–방위 선호의 완전한 주기를 확인하기 위해서는 18개에서 20개의 기둥이 요구되기 때문에, Hubel과 Wiesel은 이런 기둥의 순서를 **초기둥**(hypercolumn)이라 칭했다.

그림 3.22는 3차원 모형도이다. 세 번째 차원은 '오른쪽 눈 우세'와 '왼쪽 눈 우세'로 분류되어 있고 피질 세포들은 두 눈으로부터 오는 정보를 수용한다. 하지만 일반적으로 세포들은 어느 한 눈에 더 높은 반응률을 보이며 이러한 경향성을 **눈 우세**(ocular dominance)라 부른다. **그림 3.22**에서 앞부분에 있는 세포군은 왼쪽 눈에 들어오는 자극에 더 크게 반응한다. 그 뒷부분에 있는 세포군은 오른쪽 눈에 들어오는 자극에 더 반응적이다.

모든 기둥은 자극 방위에 대한 선호와 눈 우세를 공유함으로써, 그것들이 모두 유사할 것이란 생각을 갖게 만든다. 그러나 각 세트 안의 각 기둥은 시각장의 어느 특정 위치와 대응한다. 따라서 시각피질의 V1의 모든 작은 패치(1mm와 2mm 깊이 정도) 내의 시각피질은 여러 자극–방위 선호, 두 종류의 눈 우세(오른쪽 눈과 왼쪽 눈), 그리고 다양한 위치를 부호화한다. 시각피질의 이런 모든 부분들의 역할은 아직까지 완전히 밝혀지지 않았다. 그러나 이러한 정교한 조직이 시지각을 지원하는 방식은 놀랍다고 할 수 있다(테마 1과 2).

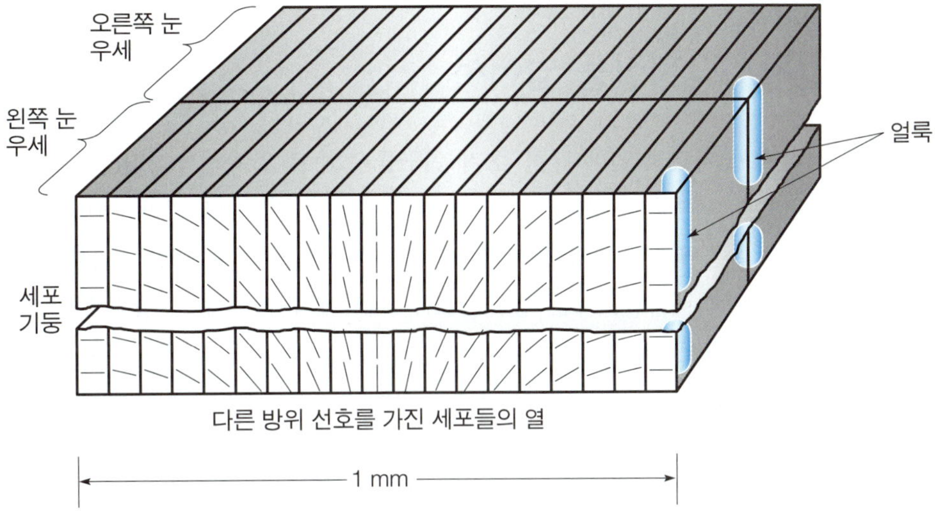

그림 3.22 초기둥 모형도. 초기둥은 모든 피질층(I에서 VI까지)에 있는 세포들, 모든 방위 선호를 가지는 세포들, 오른쪽 눈과 왼쪽 눈의 눈 우세를 가진 세포들을 포함한다. 그림 중간에 있는 빈공간은 IVC층으로 이 층에 있는 세포들은 방위에 민감하지 않음을 나타낸다. 초기둥 내에 산재되어 있는 얼룩(blobs)은 색에 대한 정보를 전송한다. 그림에서 볼 수 있듯이, 어떤 수직 기둥은 하나의 특정 방위에만 민감한 세포들을 포함하고 있다. 그러나 미세전극을 수평으로 다른 위치에 삽입하면, 수용장의 방위는 체계적으로 변한다.

V1에 대한 후속 연구에서는 방위에 민감하지 않은 뉴런 패치들을 찾아냈다. **그림 3.22**에서 보듯이, 이 뉴런들은 '얼룩'[실제 명칭은 사이토크롬 옥시데이즈 블럽(cytochrome oxidase blobs)이지만, 얼룩이라는 명칭으로도 충분하다]이라 불린다. **얼룩**(blobs)은 색 정보를 제공함으로써 초기둥에서 발견되는 공간 방위 정보를 보충해준다(Pinel, 2006). 얼룩에서 색 정보가 주어진다는 사실에서 P경로가 K경로처럼 얼룩에 입력 정보를 제공한다는 점을 인식할 필요가 있다(Boothe, 2002).

기둥 내에서 얼룩들은 서로 결합하지 않으며, 얼룩들 사이의 공간은 소위 **간얼룩**(interblobs)이라 불리는 세포로 채워져 있다. 간얼룩은 방위에 민감하지만, 파장에는 민감하지 않기 때문에 기둥에 있는 다른 세포와 더 닮았다. 간얼룩은 또한 P경로로부터 입력 신호를 받는다.

물론 최종적으로 우리는 깊이를 가지고 움직이는 색이 있는 사물들의 세상을 지각한다. V1에 있는 뉴런들은 우리의 풍부한 지각적 경험을 제공하는 데 있어 중요한 역할을 하는 것이 분명하다. 그러나 망막에서 획득된 시각 정보의 처리는 V1을 넘어서도 계속된다. 이제 그 영역들에 대해 살펴보기로 하자.

심화학습

일차시각피질을 넘어서

시각에서 피질 처리에 관한 초기 연구들은 주로 일차시각피질(V1)을 집중적으로 살폈다. 많은 연구자들이 V1에 대해 계속 연구를 진행해왔지만, 어떤 연구자들은 일차시각피질을 넘어서 다른 영역들의 기능을 탐구하였다. **그림 3.19**에서 보여주듯이, 뇌의 뒷부분에 있는 다른 영역들 또한 시각에 관여한다. 집합적으로 이 영역들을 **이차시각피질**(secondary visual cortex; 일차시각피질에 대적하는 용어) 혹은 **선조외피질**(extrastriate cortex)이라 부른다. **그림 3.23**에서 보듯이, 몇 개의 시각 영역들이 일차시각피질의 앞에 있다. 이들 영역들은 각각 시각 처리에서 중요한 역할을 한다. 그러나 이 영역들은 거기서 멈추지 않고 정보를 뇌의 다른 영역으로 보낸다.

V1 이후의 영역들을 논의할 때 이미 신경절세포에서 V1까지 살펴본 수용장 특성을 기억하기 바란다. 이런 후속 영역들에 있는 세포들은 매우 특정한 입력 정보 유형에 가장 잘 반응할 것으로 기대할 수 있다. 또한 시각 처리를 담당하는 앞 영역들에 있는 세포들 간의 상호접속은 후속 영역들에서 발견되는 수용장의 특수성에 기여한다고 생각하는 것이 합당하다. 또한 수용장들은 더 특수할 뿐만 아니라 크기에서도 더 크다(Bullier, 2002).

전체적으로 30개 이상의 상이한 뇌 영역들이 시각 정보 처리에 관여한다(Frishman, 2001). 이 영역들과 그것들 간의 접속을 지도로 그리면 접시에 담긴 스파게티와 미트볼을 닮았다(Van Essen et al., 1992). 이제 V1 이후로 확장되는 몇 개 영역들의 기여에 대해 간략하게 살펴보기로 하자.

이미 논의된 시각 경로, 특히 P와 M경로에 대해 계속해서 탐색해보자. 몇 가지 이유에서 K경로에 대한 논의는 더 이상 진행하지 않도록 하겠다. 그 이유는 K경로에 대한 연구가 최근에 이루어지고 있음이다. 또 다른 이유는 K경로가 (여러 구별이 되는 세포류가 있어) 복잡할 뿐 아니라 V1에서 통합되는 P, M, 그리고 K입력 신호들을 분리시켜 연구하기가 어렵다는 점이다(Sincich & Horton, 2005). 예를 들어, P와 K경로는 정보를 V1의 얼룩으로 보낸다. 그럼에도 불구하고 또 다른 K경로를 포함해서 뇌 전역에 걸쳐 병렬적 정보 경로들이 뻗어 있다(Hendry & Reid, 2000).

P경로는 **무엇 경로**(What pathway; 색-형태 경로)를 제공한다. 이는 또한 이제 막 논의하게 될 측두엽 하단으로 흐르기 때문에, 복측(ventral, 하부) 경로라고도 불린다. K경로 또한 무엇 경로에 해당된다(Boothe, 2002; Bullier, 2002). 명칭에서 알

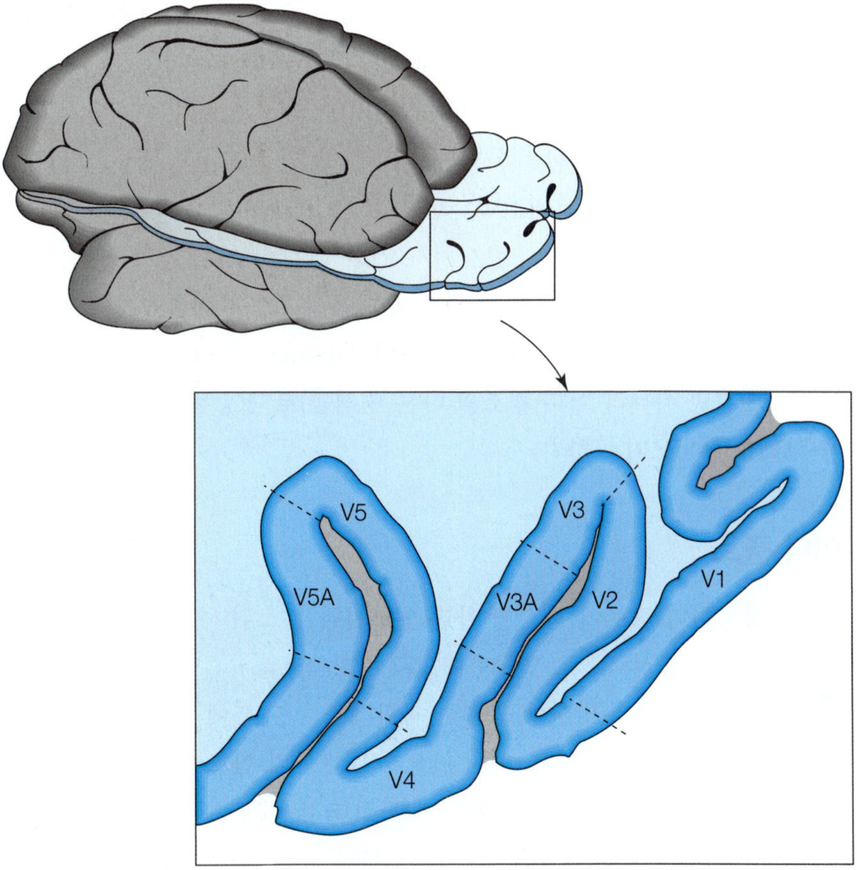

그림 3.23 V1 영역(일차시각피질)과 V2에서 V5까지의 영역(이차시각피질).

출처: Zeki(1993)

수 있듯이 이 경로는 대상 지각에 중요하다.

M경로에서 오는 정보는 **어디 경로**(Where pathway; 운동 경로)로 보내진다. 이 경로는 또한 정보가 두정엽(측두엽 위)으로 이동되기 때문에, 배측(dorsal, 상부) 경로라고도 불린다. 두정엽에 있는 세포들은 방향에 민감하며 위치 정보를 부호화한다(Boothe, 2002; Pasternak et al., 2003).

두 경로는 V2와 V3을 거치므로 먼저 이 두 영역들을 논의하기로 하자. **그림 3.23**에서 볼 수 있듯이, V2는 V1과 이웃해 있다. 다른 영역들(예: LGN)이 V2에 입력 신호를 제공하더라도 대부분의 입력 신호는 V1에서 온다. V1과 마찬가지로 V2도 방위와 방향에 민감한 세포들을 포함하고 있다. 더구나 V2는 망막위상적 조직과 피질 배율(cortical magnification)을 보여준다. V2 내 정보는 일련의 줄무늬들(진하면서 얇고 두꺼운 줄무늬와 옅은 줄무늬)에서 조직되어 있는 것으로 보인다. 하지만 V1과 달리 V2의 대부분의 세포들은 양안 부등(binocular disparity)을 보이고 있어 그것들은 두 눈에서 오는 입력 신호를 통합시켜야 한다(Pasternak et al., 2003). 이후 V2 영역은 신호를 V1에 다시 보내고 V3, V4, V5로도 보낸다.

V3 영역은 V2 바로 옆에 있으면서 V1과 V2에서 직접 입력 신호를 받는다. 이 영역에 있는 세포들은 방위와 방향 모두에 민감하다는 점에서 V2 세포와 유사하다. 그러나 V2 세포들은 대비와 색에 더 민감하다(Pasternak et al., 2003). 신호는 V3에서 V4와 V5(뿐만 아니라 어디 경로의 다른 영역들)로 전송된다. 어디 경로와 무엇 경로를 차례로 살펴보기로 하자.

어디 경로

V5 영역 어디 경로에 관심을 가진 연구자들은 소위 MT(중측두 영역)라고도 불리는 V5 영역을 중점적으로 연구했다. V1, V2, V3 및 V4 영역들은 V5에 입력 신호를 보낸다. 따라서 V1의 방향에 민감한 복합세포들은 V5에 강력한 입력 신호를 직접적으로 제공한다. V2, V3 및 V4에서 나오는 대부분의 신호는 V1에서 비롯된 것이지만, 이 영역들은 V1에서 나온 신호를 V5에 도달하기 전에 처리한다. 또한 K경로(LGN)와 상구에서 나온 신호 중에는 V5로 직접 전송되는 입력 신호도 있다(Born & Bradley, 2005).

망막위상적 조직과 시각피질의 다른 영역들에서 발견되는 중심와 정보에 대한 강조는 V5에서도 발견된다. 더 나아가 V5 또한 방향에 민감한(방위에 민감하기보다) 기둥들로 조직되어 있다. 두 눈에서 나온 입력 신호는 V5에서 이용되어야 하는데, 이 영역의 많은 세포가 양안 부등에 민감하기 때문이다(Born & Bradley, 2005).

V5가 1970년대 초에 처음으로 확인된 이래로 연구자들은 이 영역이 움직임 지각에 실제적인 역할을 한다고 생각했다(e.g., Zeki, 1993). 좀 더 최근 증거에 따르면, 움직임 지각의 상당 부분은 실제로 V1에서 발생된다. V5의 역할은 V1에서 나오는 대상의 움직임에 대한 정보를 통합시키는 것으로 보인다. 또한 V5는 대상의 움직임을 배경 움직임과 구별하도록 돕는다. 최근 증거는 V5가 움직이는 대상들의 구조 판단에 도움을 준다는 것을 시사한다(Born & Bradley, 2005).

V5가 손상되면 움직임 지각에 문제가 발생하는 **동작맹**(akinetopsia)이라는 조건

을 초래한다(Zeki, 1993). 연구자들은 V5의 양측이 손상되어 이런 장애를 가지게 된 L.M. 이라는 여성을 집중 연구했다(Rizzo et al., 1995; Zihl et al., 1983; Zihl et al., 1991). 빠르게 움직이는 표적뿐만 아니라 시각적 노이즈 배경에서 움직이는 표적들은 L.M.에게 혼동을 안겨 주었다. 움직임에 대한 그녀의 지각적 경험은 일련의 정지된 스틸 사진들로 묘사될 수 있다. 그러므로 온통 움직이는 대상(예: 자동차)으로 채워진 세상에서 살아간다는 것은 그녀에게 매우 도전적인 일이었을 것이다.

연구자들은 또한 특정 뇌 영역에 강력한 자성(magnetic)을 주어 인간의 뇌 영역에서 이루어지는 처리를 일시적으로 중단시킬 수 있게 되었다(경두개 자기자극, transcranial magnetic stimulation). V5의 활동을 중단시킴으로써 움직임 지각과 움직이는 표적에 대한 행위(예: 날아오는 공을 손으로 잡기)에 영향을 줄 수 있다는 것이다(Beckers & Homberg, 1992; Schenk et al., 2005). 다른 종을 대상으로 V5에 병변을 유도할 때도 시각적 노이즈가 움직임 지각을 더욱 방해하는 현상을 포함하여 여러 움직임 지각 요소가 영향을 받았다(Pasternak et al., 2003). 따라서 많은 연구 결과들을 종합해보면, V5가 움직임 처리에 중요한 역할을 하는 것이 분명하다(Grill-Spector & Malach, 2004). 움직임 지각에 대해서는 8장에서 더 자세히 살펴볼 것이다.

V5 이후의 영역들 어디 경로 정보는 V5에서 두정엽 피질의 여러 다른 영역들로 전송된다. 정보는 그 경로 중간에 있는 매우 큰 수용장을 가진 뉴런들을 포함하고 있는 MST(내측 상 측두, medial superior temporal) 영역을 거친다. 이 영역은 망막에서의 이미지 이동을 우리 자신이 세상 속에서 움직인 결과로 생각하게 만드는 **광학적 흐름**(optic flow) 지각에 중요하다(Pasternak et al., 2003). 광학적 흐름은 James J. Gibson 이론의 중요한 개념으로 8장에서 다시 논의될 것이다. MST 영역은 안구 움직임(수의적 불수의적 모두)에도 관여한다. 어디 경로의 다른 영역들은 움직임 지각이나 움직임 정보를 다른 지각 정보와 통합시키는 일에 관여하는데, 이 영역들에 대해서는 8장에서 논의될 것이다.

무엇 경로

V4 영역 어디 경로에 대한 논의가 주로 V5 영역에 집중되듯이, 무엇 경로와 관련해서는 V4 영역을 먼저 살펴보아야 한다. V4는 V1, V2(특히 얇고 옅은 줄무늬 영역들) 및 V3로부터 직접 입력 신호를 수용한다. 앞에서 언급했듯이 V4는 V5와 접속해서 어디와 무엇 경로 간에 의사소통 수단을 제공한다. 그리고 V4는 하측두피질

(inferotemporal cortex)로 신호를 전송한다.

V4 영역의 세포들은 V1 뉴런들과 많은 속성들을 공유한다. 즉 그것들은 방위와 움직임에 민감하다. 그러나 V4 영역의 뉴런 대부분은 3차원 대상을 확인하는 데 유용한 양안 부등을 보인다. 또한 V4 영역은 복잡한 모양과 결(texture) 정보를 처리하는 중요한 역할을 하는 것으로 보인다(Pasternak et al., 2003). 다만, V4의 경계에 대해서는 일부 논쟁이 있고, 색채 지각에 대한 역할과 관련해서는 더 많은 논쟁이 있다(Grill-Spector & Malach, 2004).

V4 영역이 손상된 사람들로부터 얻어진 증거는 이 영역이 색채 지각에 중요한 역할을 한다는 것을 시사한다. 그 영역의 손상은 **뇌성 색맹**(cerebral achromatopsia)이라는 장애를 초래한다(Bouvier & Engel, 2006; Heywood & Kentridge, 2003; Zeki, 1993). 만약 그런 손상이 양측성(뇌의 양쪽 반구 모두에 영향을 주는)이라면, 이 장애를 가진 사람들은 세상을 마치 완전한 흑백 TV를 보는 것과 같은 경험을 하게 된다. 단측성인 경우에는 한쪽 시각장에서 색을 볼 수 없다.

그러나 V4가 색 중추라는 증거는 아직 확인되지 않고 있다. 먼저 그런 병변이 자연적으로 발생될 때, 그 영역만이 병변이 있는 경우는 드물어서 여러 영역이 영향을 받기 십상이다. 둘째, 사람들이 색채시만 손상을 입기는 드물다. 따라서 다른 결함들(예: 공간 시각)이 일반적으로 색채 결함과 함께 발견된다. 마지막으로, 이 영역의 손상이 완전한 색채 지각 상실을 초래하지 않는 사례들도 있다.

대조적으로 원추체로부터 LGN과 V1까지의 P경로로 색 부호화 정보가 전송되는 것은 분명하다(e.g., Lennie & Movshon, 2005). 그 정보는 색채 지각에 특별히 관여하는 사이트가 없음에도 무엇 경로로 계속 전송된다(Grill-Spector & Malach, 2004). 색과 형태 정보는 모두 대상 지각에 중요한 역할을 하는데, 무엇 경로의 다른 영역들이 특별히 그 역할을 담당한다.

하측두피질 **하측두피질**(inferotemporal cortex, IT)은 피질의 측면(측두엽) 하단에 있으며, 무엇 경로의 종착지이다. **그림 3.18**에서 볼 수 있듯이, 측두엽은 후두엽 전면 뇌의 아래 부분을 차지한다. IT는 V2, V3 및 V4로부터 입력 신호를 받는다. 뇌의 다른 영역들 또한 IT로 신호를 보낸다.

일반적으로 입력 신호를 받는 IT는 V1, V2, V3 및 V4 세포들과 일부 유사점을 공유한다. 비록 IT에서 발견되는 수용장이 더 크지만 IT 세포들도 동일하게 방위, 길이, 파장 등과 같은 자극의 단순 세부특징에 반응한다. 그러나 다른 점은 IT의 일부 세포들이 매우 복합적인 패턴에 민감하다는 것이다(Pasternak et al., 2003). 더구나 학습은 수용장의 특성을 조성하는 것으로 보인다.

물론 이 영역에 대한 초기 연구는 이 수용장들의 복잡한 특성에 대해 어떤 단서도 찾아내지 못했다. Thompson(1985)은 특히 이 피질 영역에 대한 초기 연구를 생생하게 보고했다. Charles Gross 등은 IT 영역 세포의 수용장에 대한 지도를 그리기 위해 단일세포 기록법을 사용하였다. 그들은 광점(spots of light), 막대 등과 같은 평범한 시각 자극을 원숭이에게 제시했다. 뉴런들은 이 자극들에 대해 약하게 반응하긴 했지만, 폭발적인 전기적 반응을 보이지 않았다. 이 연구자들은 시간을 더 투자하여 어떤 특정 세포를 연구했지만, 여전히 매우 미미한 반응만 보였기 때문에 포기하고 다른 세포를 연구하기에 이르렀다.

이 시점에서 한 연구자는 그 세포와 안녕을 고하는 표시로 손을 흔들었다. 그러자 그 세포는 갑자기 움직이는 손에 빠른 반응을 보이기 시작했다. 우연히 중대한 발견이 이루어지는 순간이었다. 연구자들은 즉시 여러 손 모양의 자극들을 만들어 원숭이의 눈앞에서 흔들어 보였다. 그들은 세포로부터 가장 격렬한 반응을 일으키는 자극이 원숭이의 발 모양과 같은 똑바로 세운 손 모양이라는 것을 찾아냈다.

연구자들은 Gross 등이 발견한 신체 부위뿐만 아니라 의자, 빌딩, 도구, 단어들과 같은 특정 대상에 민감한 IT 뉴런들을 찾아냈다(Grill-Spector & Malach, 2004). 더구나 이 세포들은 **그림 3.24**에서 볼 수 있듯이 기둥의 형태로 배열되어 있다. 여러 대상 지각 이론들은 우리가 복잡한 대상을 재인하는 과정에서 그런 대상들의 독특한 세부특징이나 요소를 함께 통합시킨다고 가정한다. 대상 지각에 대해서는 5장에서 더 자세히 논의될 것이다.

그런 반응 특정성은 연구자들로 하여금 농담조로 '할머니 세포(grandmother cell)'가 존재할지 모른다는 생각을 갖게 만들었다. 할머니 세포는 매우 특정적인 자극에 대해 가장 신속하게 반응하는 세포로, 할머니의 얼굴만큼 특정적임을 의미한다(Gross, 2002). 분명히 할머니와 같은 특정적인 자극을 볼 때 여러 뇌 영역들이 활성화를 보인다. 그럼에도 연구에 따르면, 어떤 뉴런들은 매우 특정적 수용장을 가지고 있어 특별한 대상이나 얼굴에 매우 선별적으로 발화한다(Gaschler, 2006; Quiroga et al., 2008; Quiroga et al., 2005). 얼굴은 얼굴을 처리하기 위한 측두엽의 특정 영역[방추얼굴영역(Fusiform Face Area, FFA)이라 불리는 방추회의 일부]의 존재와 일치하는 매우 특별한 유형의 대상으로 보인다(e.g., Kanwisher, 2003).

뇌의 다른 영역들 또한 시지각에 관여한다. 구체적으로 말하면, IT는 정서에 중

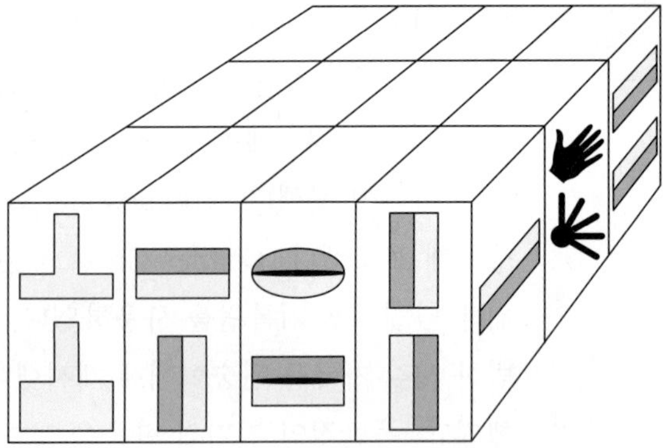

그림 3.24 하측두피질에서 확인된 기둥 조직. 각 기둥에 있는 세포들이 민감하게 반응하는 세부특징에 주목하라.

출처: Stryker(1992)

요한 변연계와 접속한다. 보통은 변연계를 얼굴 지각에 관여하는 것으로 생각하지 않을 수 있지만, 실제로 중요한 역할을 한다. 예를 들면 변연계의 어떤 구조(편도체)가 손상된 한 여성은 공포를 느낄 수 없었다(Allman & Brothers, 1994). 그녀 자신의 공포는 물론 다른 사람의 얼굴에 나타난 공포도 지각할 수 없었다. 분명 시지각은 광범한 뇌 구조들을 수반하는 복잡한 과정임에 틀림없다.

일차시각피질에서 IT까지의 경로는 대상 지각에 중요하다. 물론 이 경로에 정보가 전달되지 않으면 대상 지각에 문제가 발생하게 된다. 이 시점에서 모든 대상 지각이 IT에서 발생한다는 건전한 회의론에 빠져 있을지 모르겠다. 이제 이 경로의 어떤 부분들이 손상되어 나타나는 대상과 얼굴 지각 문제를 살펴보기로 하자.

실인증 IT 손상은 흔히 어떤 형태의 실인증(agnosia; 그리스어로 *gnosis*는 "알지 못함"의 뜻을 가지고 있음)을 초래한다. **시각적 대상 실인증**(visual object agnosia)을 가진 사람은 기본적인 시각 능력에는 문제가 없지만, 대상이나 대상의 사진을 확인할 수 없다(e.g., Farah, 2004). 그러나 실인증을 가진 사람들은 연필, 우산, 안경이 어떻게 생겼다는 것은 이해한다. 그들은 기억으로부터 그 대상들을 그림으로 그릴 수 있다(**그림 3.25**를 보라). 더구나 그런 사람들은 대상을 짧게 제시받고 나서도 그것들을 그대로 그릴 수 있는데, 이는 그들이 보는 데는 전혀 문제가 없음을 시사하는 것이다. 그러나 대상의 사진을 볼 때, 실인증을 가진 사람들은 그것이 무엇인지 확인할 수 없다.

예를 들어, S.M.은 많은 연구가 이루어진 시각 실인증을 가진 남자이다(e.g., Behrmann & Kimchi, 2003a; Behrmann et al., 2005; Behrmann et al., 2006). 그는 1994년에 발생한 자동차 사고로 우측 하측두피질에 손상을 입었으며, 교정 렌즈를

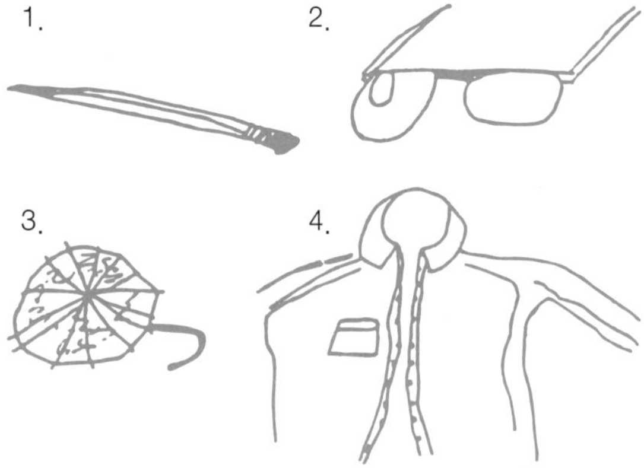

그림 3.25 실인증 환자가 그린 그림(연필, 안경, 우산, 셔츠). 기억으로부터 이 대상들을 그리고 나서, 그 사람은 자신이 그린 대상이 무엇인지 확인할 수 없었다.

출처: Jankowiak et al.(1992)

통해 정상 시력을 유지하고 있었다. 그는 선분의 길이 판단과 같은 단순한 시각적 판단을 하는 데 문제가 없었다. 그러나 S.M.은 대부분의 사람이 쉽게 확인할 수 있는 단순한 대상의 사진들을 볼 때, 사진의 1/3 정도를 확인하지 못했다. 그는 엉뚱하게 도토리 코코넛 혹은 문어 거미와 같은 식으로 말하기도 했다. S.M.이 가지고 있는 장애는 전체에 대한 감각에 도달하기 위해 사진의 부분들을 통합시키는 데 문제를 보이기 때문에 **통합 실인증**(integrative agnosia)으로 명명되었다(Behrmann & Kimchi, 2003b; Behrmann et al., 2006).

실인증에는 몇 가지 다른 유형이 있는데, 이는 뇌의 다른 영역들에 손상이 있음을 의미한다. 어떤 경우에는 대상과 사람의 얼굴 모두를 확인하는 데 어려움을 겪는 반면, 또 어떤 경우에는 얼굴 확인은 문제가 없지만 대상 확인에 문제를 보인다(Moscovitch et al., 1997). 그러면 대상을 확인할 수 있지만, 얼굴을 확인할 수 없는 장애를 살펴보기로 하자.

얼굴 실인증 **얼굴 실인증**(prosopagnosia) 환자들은 얼굴 확인이 불가능하다(Duchaine & Yovel, 2008; Harris & Aguirre, 2007). 얼굴 실인증을 가진 한 남자는 매우 익숙한 아내의 얼굴을 볼 수는 있지만, 그녀가 누구인지 재인할 수 없었다. 사실 그는 자신의 얼굴조차도 확인할 수 없었다. 얼굴 실인증에 대한 초기 보고는 클럽에서 자신을 계속 쳐다보는 다른 남자에게 화를 낸 한 신사에 관한 것이었다. 그것은 실제로 거울에 비친 자신의 모습을 보고 반응한 것이었다.

시각적 대상 실인증을 가진 사람들과 마찬가지로, 얼굴 실인증을 가진 사람들은 얼굴의 모든 부분들을 확실하게 볼 수 있다. 그러나 얼굴은 세밀한 것들로 채워져 있는 매우 복잡한 대상이라 할 수 있다. 얼굴 실인증에 대한 한 가지 가능한 해석은 이런 장애는 얼굴에만 특정적이지 않다는 것이다. 따라서 그것은 단지 매우 복잡한 대상에 대한 시각 실인증의 한 가지 유형으로 고려된다. 또한 얼굴 실인증은 한 범주 내의 개개 예들을 구분할 때 발생하는 문제일 수 있다. 따라서 얼굴 실인증을 가진 사람들은 얼굴과 얼굴이 아닌 것을 구분할 수는 있지만, 얼굴 부류의 예나 자동차나 동물 유형과 같은 어떤 범주 내의 복잡한 대상들을 구별할 수 없다.

아직까지 논쟁이 있기는 하지만, 축적된 증거는 얼굴 실인증이 얼굴에만 특정적이라는 생각을 지지해주고 있다. **방추얼굴영역**(FFA)으로 불리는 IT의 매우 작은 영역이 얼굴 지각에 중요한 것으로 보인다(Kanwisher, 2006). FFA가 손상되면 얼굴 실인증이 초래된다(Kanwisher & Yovel, 2006). 이 장애의 특정성에 대한 한 가지 흥미로운 증거가 얼굴 실인증을 가진 한 목양 업자에게서 얻어졌다. 그는 양들의 얼굴을 재인하고 각각의 이름을 부를 수 있지만, 사람의 얼굴은 재인할 수 없었다(McNeil & Warrington, 1993).

얼굴 실인증은 타고난 것일 수 있다. 연구자들은 이 장애를 **선천성 혹은 발달적 얼굴 실인증**(congenital or developmental prosopagnosia)이라 부른다(Behemann & Avidan, 2005; Duchaine & Yovel, 2008). 이와 같은 여러 얼굴 실인증 유형의 특정적 신경 사이트는 아직 확실하게 밝혀지지는 않았다. 그럼에도 가족 성원들이 동일한 얼굴 확인 문제를 보인다는 것은 이 문제가 유전적일 가능성을 배제할 수 없다(De Haan, 1999; Duchaine & Nakayama, 2006). 덧붙여 예상할 수 있듯이, 얼굴 실인증과 무관하게 얼굴을 확인할 수 없다는 것은 사회적 상호작용에도 문제를 일으킬 수 있다(Duchaine & Nakayama, 2006).

맺음말

지금까지의 논의는 지각에 대한 상향 혹은 자료주도적 접근을 강조하는 것이었다. 수용체로부터 수집된 정보는 시각 처리 체계의 상위 수준으로 전송된다. 테마 2는 인간의 감각계가 세상의 풍부한 가용 정보를 수집하는 데 적응적임을 강조하고 있다. 이 테마와 부합하게, 이 장은 우리의 시각 체계가 매우 정교한 유형의 처리 과정을 통해 정보를 전파하도록 설계되어 있음을 강조했다.

우리의 시각 체계는 여러 수준을 가진 광대역 전자기 에너지로 채워진 세상에서 기능할 수 있도록 발달되었다. 인간은 전자기 에너지의 일부만을 지각하도록 순응되어 왔지만, 그 범위 내에서도 매우 잘 기능한다. 또한 우리는 여러 감각들로부터 오는 정보가 뇌(예: 상구와 어디 경로에서)에서 함께 통합되는 방식을 살펴보았다. 이는 테마 1과 일치한다.

아직까지 인지 과정이 우리의 지각을 조성한다는 테마 4를 탐구하지 못했다. 이런 이전 지식은 시각 처리의 상위 영역들(특히 IT)과 관련된다. 최근 연구는 기억 영역들과 뇌의 시각 영역들 간에 일어나는 중요한 결속에 초점을 맞추고 있다(e.g., Bar et al., 2006; Fenske et al., 2006). 이후의 논의에서는 하향 혹은 개념주도적 처리의 중요성을 강조할 것이다. 시각 처리의 상위 수준(IT와 같은)의 역할과 관련한 논의는 하향처리의 중요성을 보여주는 데 초점을 맞출 것이다.

이 장은 시각 체계 내에서 이루어지는 기능의 특정화에 초점을 맞추었다. 그러면 만약 우리의 시각 체계가 독립적으로 기능하는 많은 영역들로 구성되어 있다면, 우리가 모두 공유하는 세상에 대한 단일한 지각에 어떻게 도달할 수 있을까? 몇몇 사람들은 이런 단위 지각의 문제를 결합 문제(binding problem)로 언급한다. 결합 문제란 우리가 어떻게 색, 모양, 움직임 정보를 함께 통합시키는지, 즉 시각 경험의 더 작은 조각들을 어떻게 통합시키는지를 말한다(Blaser et al., 2005). 이것은 또한 우리가 어떻게 통합된 전체 지각 경험에 도달할지에 대한 좀 더 폭넓은 문제로 생각할 수도 있다. 우리는 이 질문에 명확하게 답할 수 없지만, 대답은 피질의 다른 위치에 있는 뉴런들의 공통적인 발화 리듬에서 찾을 수 있을 것이다(Palanca & DeAngelis, 2005; Thiele & Stoner, 2003). 이런 광범위한 질문에 대한 궁극적인 대답을 찾는 것은 시지각에서도 중요하지만, 의식의 본질과 관련해서도 대단히 중요하다(Logothetis, 1999; Revonsuo, 1999; Zeki, 2001).

절 요약

망막에서 시각피질까지의 경로

1. 시각 체계는 두 가지 유형의 교차를 가지고 있다: (a) 시각 재료는 수정체에 의해 망막에 상이 거꾸로 맺히고, (b) 각 시신경 섬유의 절반이 시교차에서 교차된다. 이런 교차의 결과로 시각장의 왼쪽에서 오는 신호는 머리의 오른쪽으로 들어가고, 시각장의 오른쪽에서 오는 신호는 머리의 왼쪽으로 들어간다.
2. 시교차 이후의 시신경은 시신경로라 불린다. 시신경로는 움직임 탐지에 중요한 상구와 시각 입력 정보를 처리하는 중요한 정거장 역할을 하는 외측슬상핵으로 뻗는다.

3. 외측슬상핵은 두 눈에서 오는 정보를 분리시키는 층들로 조직되어 있다; LGN세포들은 신경절세포와 같은 기능을 한다.
4. 시각 처리의 상위 수준을 담당하는 시각피질은 일차시각피질(17영역, 선조피질 및 V1로도 불림)과 이차시각피질(선조외피질이라고도 함)로 분리된다.
5. 외측슬상핵으로부터 나오는 신경 메시지는 망막위상적 배열을 가진 V1의 4C 층으로 들어간다.
6. 4C 층의 바깥 일차시각피질에는 기본적인 두 가지 유형의 뉴런, 즉 단순피질세포(선과 모서리에 반응)와 복합세포(움직임에 반응)가 존재한다. 두 유형의 세포 중 일부는 끝–멈춤세포로, 수용장 내에 끝이 있는 선분들에 반응한다.
7. V1에 있는 뉴런들은 기둥으로 배열되어 있다. 각 기둥에 있는 세포들은 어떤 특정 방위를 가진 선분에 가장 잘 반응한다. 이웃 기둥에 있는 세포들은 방위가 10° 정도까지만 변하는 선분에 가장 높은 반응률을 보인다.
8. 초기둥은 자극–방위 전체 주기 선호를 갖는 일련의 기둥들이다. 그 피질에 있는 세포들은 눈 우세와 위치뿐만 아니라 자극–방위 선호에 따라 배열되어 있다.
9. 초기둥 안에는 방위에 민감하지 않은 세포 영역들이 위치해 있다. 이 영역들을 얼룩이라 부르며, 그것들은 색채 지각에 중요하다. 얼룩과 얼룩 사이에는 간얼룩 세포라 불리는 뉴런 영역이 있다.
10. 세 가지 시각 경로(P, M, K)에는 상이한 신경절세포(소형, 파라솔, 두발 갈라진 작은)가 있으며, 망막에서 분기된다. 각 경로는 다른 특성과 기능을 가지고 있다.
11. 이차시각피질은 일차시각피질로부터 정보를 수용한다. 이차시각피질 내에는 두 가지 경로, 즉 어디 경로와 무엇 경로가 있다.
12. 어디 경로는 공간 위치 파악에 중요하다. 이 경로는 일차시각피질로부터 이차시각피질을 거쳐 두정엽으로 뻗는다. 무엇 경로는 대상 재인에 중요하다. 이 경로는 일차시각피질로부터 이차시각피질을 거쳐 측두엽으로 뻗는다.
13. 실인증을 가지고 있는 사람들은 기본적인 시각 능력을 가지고 있지만, 대상을 재인할 수 없다. 따라서 그런 사람들은 사진에서 세세한 부분들을 모두 볼 수 있고, 그들이 본 대상의 분명한 그림을 그릴 수 있다. 그러나 자신이 그린 그림의 대상을 재인할 수 없다. 얼굴 실인증을 가진 사람들은 얼굴에 대해 특정적 실인증을 가진다.

복습문제

1. 이 장의 초입부에 시각 자극에 대해 논의하였다. 빛과 관련하여 세 쌍의 속성을 열거

하시오. 각 쌍에서 어느 것이 물리적 자극과 관련되며, 또 어느 것이 심리적 반응과 관련되는지 상술하시오. 우리는 (a) 단파장, (b) 장파장, (c) 저진폭 파장, 그리고 (d) 고진폭 파장에 대해 어떤 심리적 반응을 하는가?

2. 인간이 볼 수 있는 전자기 방사선 스펙트럼의 부분을 논하시오. 그 스펙트럼과 관련해서 종들 간에 민감해하는 부분과 광수용체의 차이점에 대해 설명하시오.

3. 공막, 홍채, 동공, 수정체의 위치와 기능을 다시 살펴보고, 빛이 어떤 식으로 망막에 초점이 맺혀지는지 설명하시오.

4. 중심와란 무엇이며, 어디에 위치해 있는가? 중심와와 연계해서 원추체와 간상체의 분포에 대해 기술하시오. 망막의 중심와와 비중심와 영역의 시각적 능력을 수렴 문제가 어떻게 관련되는지 주목하면서 비교하시오.

5. 간상체와 원추체는 많은 측면에서 차이가 있다. 이런 차이점을 가능한 한 많이 열거하시오. 원추체와 간상체에 대해 암순응과 명순응 과정을 비교하시오. 이 두 과정의 실제적 적용(예: 고속도로의 조명의 밝기와 색 스펙트럼 개발)에 대해 제안해보시오.

6. 망막의 신경절세포에 대해 어느 정도 논의가 되었다. 여러 신경절세포들 유형들의 차이점에 대해 기술하시오. 신경절세포는 유사한 수용장 모양을 가지고 있다. 그런 수용장 모양이 시각 경로의 후반부에 있는 세포들과 어떻게 다른지 기술하시오.

7. 외측슬상핵과 시각피질의 4C층에 있는 뉴런들의 배열이 망막위상적임을 설명한 바 있다. 이 두 영역들과 관련하여 망막위상적이라는 용어를 논하시오.

8. V1의 나머지 층들, 즉 4C층의 위와 아래에 있는 층들에 있는 뉴런들의 기능은 무엇인가? 단순 및 복합피질세포들이 4C층에서 발견되는 입력 신호로부터 어떻게 활성화되는가? 끝-멈춤세포들은 어떻게 다른가? 얼룩들은 어떻게 다른가?

9. 흔히 연구자들은 시각 경로의 특정 영역들이 손상된 사례를 통해 그 특정 영역의 기능을 이해하게 된다. P경로, M경로, K경로, 세 경로 모두(P, M, K), 상구로 진행하는 신경절세포, V1, V4, V5, V1에서 두정엽까지의 경로, 혹은 V1에서 IT까지의 경로에 손상을 입게 될 때의 영향에 대해 기술하시오.

10. 실인증이나 얼굴 실인증을 가진 사람의 지각적 경험을 기술해보시오. 그런 사람들이 대상이나 얼굴의 상세 정보를 볼 수 있는 이유는 무엇일까? 실인증이나 얼굴 실인증은 우리의 시각 체계 조직에 대해 무엇을 알려 주는가?

주요어

각막(cornea)
간상체 양극세포(rod bipolar cells)
간상체(rods)
간얼룩(interblobs)
검사 자극(test stimulus)
검안경(ophthalmoscope)
공막(sclera)
과분극(hyperpolarization)
광색소(photopigments)
광수용체(photoreceptors)
광학적 흐름(optic flow)
길항적 주변(antagonistic surrounds)
끝-멈춤세포(end-stopped cells)
나노미터(nanometer, nm)
난시(astigmatism)
노안(presbyopia)
녹내장(glaucoma)
뇌성 색맹(cerebral achromatopsia)
눈 우세(ocular dominance)
뉴런(neuron)
단색형 색각자(monochromat)
단순세포(simple cells)
동공(pupil)
동작맹(akinetopsia)
두발 갈라진 작은 신경절세포(small bistratified ganglion cells)
레티날(retinal)
로돕신(rhodopsin)
망막(retina)
망막위상적(retinotopic)
맥락막(choroid)
명소시(photopic vision)
명순응(light adaptation)
모양근(ciliary muscle)
모양소대(zonules)
무엇 경로(What pathway)
무채색(achromatic)
민감도(sensitivity)
박명시(mesopic vision)
백내장(cataract)
변환(transduction)
복합세포(complex cells)
불응기(refractory period)
산재성 원추체 양극세포(diffuse cone bipolar cells)
상구(superior colliculus)
색상(hue)
선조외피질(extrastriate cortex)
선조피질(striate cortex)
소형수평세포(midget bipolar cells)
소형신경절세포(midget ganglion cells)
수렴(convergence)
수양액(aqueous humor)
수용장(receptive field)
수정체(lens)
수축(constrict)
수평세포(horizontal cells)
순도(purity)
순응 자극(adaptation stimulus)
순응(adaptation)
시각적 대상 실인증(visual object agnosia)
시각피질(visual cortex)
시교차(optic chiasm)
시냅스(synapse)
시력(acuity)
시신경(optic nerve)
시신경로(optic tract)
신경절세포(ganglion cells)
아마크린세포(amacrine cells)
안과의사(ophthalmologist)
안구전방(anterior chamber)
안구후방(posterior chamber)
안압측정(tomometry)
암소시(scotopic vision)
암순응 곡선(dark adaptation curve)
암순응(dark adaptation)
양극세포(bipolar cells)
어디 경로(Where pathway)

억제(inhibitation)
얼굴 실인증(prosopagnosia)
얼룩(blobs)
오른쪽 시각장(right visual field, RVF)
옵신(opsin)
외측슬상핵(lateral geniculate nucleus, LGN)
왼쪽 시각장(left visual field, LVF)
원추체(cones)
원판 박리(disc shedding)
유리체액(vitreous humor)
유지 활성(maintained activity)
이중 이론(duplex theory 혹은 duplicity theory)
이차시각피질(secondary visual cortex)
인공수정체(intraocular lens)
일주기 생체 리듬(circadian rhythm)
일차시각피질(primary visual cortex, V1)
전자기 방사선(electromagnetic radiation)
조절(accommodation)
중심와(fovea)
진폭(amplitude)
채도(saturation)
초기둥(hypercolumn)
탈분극(depolarization)
파라솔 신경절세포(parasol ganglion cells)
플로터(floaters)
피막(tapetum)
피질 배율(cortical magnification)
하측두피질(inferotemporal cortex, IT)
홍채(iris)
확장(dilate)
흥분(excitation)
K경로(Koniocellular pathway)
M경로(M pathway)
P경로(P pathway)

추천도서

Baird, Hubel, D. H., & Wiesel, T. N. (2005). *Brain and visual perception: The story of a 25-year collaboration*. New York: Oxford.

노벨상 수상자이기도 한 이들 두 저명한 학자들은 그들의 약력과 함께 발표한 논문과 강의에 대한 적요를 제공해주고 있다. 비록 이 책이 제한된 공간에 자신들의 연구에 대해 많은 내용을 요약해 놓기는 했지만, 이 연구자들이 논하는 그들의 삶을 이 책을 통해 엿볼 수 있다는 것은 무한한 즐거움이 아닐 수 없다.

Oyster, C. W. (1999). *The human eye: Structure and function*. MA: Sinauer.

Oyster는 이 책을 통해 망막에 대한 많은 내용을 포함해서 눈의 구조에 대해 상세한 정보를 제공하였다. 구조에 대한 강조를 위해 이 책은 유용한 흑백 일러스트레이션을 많이 제공하고 있다.

Pinel, J. p. J. (2008). *Biopsychology* (7th ed.). Boston: Allyn & Bacon.

이 책의 내용은 매우 체계적으로 정리되어 있고, 일러스트레이션 또한 유용하다. 특히 시각 체계와 지각의 기전을 다룬 장이 관련있다.

Riordan-Eva, p., & Whitcher, J. p. (Eds.). (2007). *Vaughn & Asbury's general ophthalmology* (17th ed.). New York: McGraw-Hill Medical.

대부분의 안과학 교재들은 광범한 의학적 배경 지식을 요구하지만 이 책은 쉽게 쓰였고, 구성도 잘 되어 있다. 그러나 임상적 지향이 일반인에게는 어려울 수 있다. 예를 들어 수정체를 다룬 장은 수정체가 어떻게 작용하는가에 대한 설명보다는 수정체가 잘못될 수 있는 측면에 더 초점을 맞추고 있다.

Rodieck, R. W. (1998). *The first steps in seeing*. MA: Sinauer.

Oyster의 책과 일부 중복이 있지만, Rodieck(1937~2003)은 이 책을 훌륭한 일러스트레이션과 상세한 내용으로 꾸몄다. 특히, 빛을 특별한 주파수에서의 광자로 기술하는 것과 빛을 파장을 가지는 것으로 기술하는 것의 구분과 관련한 주석을 보기 바란다.

CHAPTER 4

시각의 기본 기능

정상 시각을 위한 필요조건

- 모서리가 중요하다
- 변화가 중요하다
- 상위 처리과정과 경험이 중요하다

광에너지 지각

- 광에너지와 밝기 지각
- 밝기 항등성
- 밝기 지각에 대한 설명
- 지각조직화는 밝기 지각에 선행한다
- 밝기 지각의 복잡성에 대한 추가 논의

시력

- 시력 측정
- 시력에 영향을 주는 눈의 특성
- 시력에 영향을 주는 자극의 특성

안구 운동

- 이향 운동
- 심화학습: 동향 운동

3장에서는 시지각의 해부학과 생리학을 개관했다. 혹시라도 내용을 너무 깊이 다루어서 이해하기 어려웠다고 느꼈을지 모르지만, 기본 원리만을 다루었다고 말하려는 필자들에게 동의해주리라 믿는다. 분명 시각 체계가 매우 복잡하다는 느낌을 받았을 것이다. 이 장에서는 시각 체계가 시각 자극의 일부 단순한 측면들을 해석하려고 시도하는 방식들을 탐구하며 이런 복잡성이 왜 필요하게 되었는지 이해시키고자 한다.

단순해 보이는 질문으로 시작해보자: 우리가 주변 세상을 잘 보려면 무엇이 필요할까? 분명 각막/수정체 시스템에 의해 수용체(망막)에 초점이 맞추어질 시각 자극(전자기 스펙트럼의 작은 부분에서 오는 에너지)이 필요할 것이다. 여기까지는 이 과정이 필름에 빛의 초점을 맞추기 위해 렌즈를 사용하는 카메라나 디지털 카메라의 광센서와 같다. 그러나 곧 인간의 시각 체계와 카메라는 큰 차이가 있다는 것을 보여주는 많은 예들을 접하게 될 것이다.

이 장에서는 먼저 시각 체계와 정교한 카메라의 주요 차이점을 보여주는 몇 가지 기본적인 시각 과정에 초점을 맞추었다. 그 다음 우리가 표면의 밝기를 지각하는 방식과 선명한 시각을 일으키는 과정을 살펴볼 것이다. 마지막으로, 대상의 초점을 확실하게 맞출 수 있게 해주는 안구 운동의 유형에 대해 간략하게 논의할 것이다.

정상 시각을 위한 필요조건

여기서는 꿈이나 환상 속에서 가지는 시각 경험이 아닌 정상 시각을 논의하고 있음을 인식해야 한다. 3장에서 논의했지만, 정상 시각을 위해서는 광범한 전자기 방사선으로부터 눈이 감지할 수 있을 만큼 충분한 광에너지가 필요하다. 그러나 '충분한'의 의미는 일정치 않다. 즉 사람의 눈이 빛에 순응될 때는 더 많은 광에너지가 필요하기 때문이다.

기본적으로 각막과 수정체는 광수용체가 광에너지를 신경 에너지로 변환시키는 망막에 그 광에너지가 집중되도록 한다. 그런 다음, 신경 충동은 시각 경로를 통해 전송된다. 3장에서는 시각 자극을 처리하는 우리의 능력에 영향을 주는 눈과 뇌의 문제에 대해서 논의한 바 있다. 그러나 여기서는 온전한 시각 체계를 가정하고 논의를 진행할 것이다. 아직 다루지는 않았지만, 앞으로 배우게 될 시지각은 몇 가지 다른 요인들에 의존한다.

먼저 광에너지가 도달된 이후의 시각과 수용체 체계를 위한 몇 가지 필요조건들(특히 모서리와 변화의 필요성)을 살펴보기로 하겠다. 다음으로 테마 4와 일치하는 내용으로 시지각이 중추 과정과 경험에 따른 지극히 능동적인 과정임을 살펴볼 것이다.

모서리가 중요하다

모서리(edge) 혹은 **윤곽**(contour)은 색, 명도 혹은 밝기에서 급작스런 변화가 일어나는 공간 내 한 위치로 고려될 수 있다(Hesse & Georgeson, 2005; Regan, 2000). 명도와 밝기라는 두 특성은 명확한 구분이 어렵지만 매우 중요하다(Gilchrist, 2006). **명도**(brightness)란 광에너지의 지각된 강도를 말한다(예: 지각된 휘도[1]). 따라서 망막에 떨어지는 광에너지는 그것이 광원에서 나온 것인지, 아니면 표면에서 반사된 것인지에 따라 명도가 다를 수 있다. 그러나 광원은 밝기를 가지고 있지 않다. **밝기**(lightness)란 어두운 것에서 밝은 것에 이르는 표면의 지각된 반사도(reflectance)를 말한다. 예를 들어 자주색은 어둡지만, 핑크색은 밝다. 따라서 사람들이 색으로 지각하는 파장을 반사시키는 대상조차도 **색이 없는 것**(achromatic)으로 고려될 수 있다. 이는 마치 흑백 TV 화면에서 대상을 보는 것과 같다. 표면은 고유한 속성으로서 밝기를 가지며, 밝기는 표면이 반사시키는 빛의 비율에 달려 있다. 밝기 지각에 대해서는 잠시 뒤에 논의될 것이고, 색채 지각은 7장에서 다룰 것이다.

잠시 주위를 둘러보면 많은 모서리를 볼 수 있을 것이다. 지금 읽고 있는 쪽에 있는 각 글자들도 모서리를 포함하고 있다. 낱자 *I*의 수직선의 경우, 왼쪽 모서리와 오른쪽 모서리가 있다. 마찬가지로 낱자 *I*의 상단과 하단의 수평선에서도 모서리를 확인할 수 있다.

모서리의 중요성을 확인하기 위해 모서리가 없는 장면을 고려해보자. 그것을 **전체장**(Ganzfeld)이라 부른다. 만약 빨간색으로 되어 있는 전체장을 본다면, 처음에는 보이는 것이 있을 것이다. 그러나 10～15분 정도가 지나면, 그 경험은 급격하게 변

---

1) 휘도와 조도를 구별해야 한다. 휘도(luminance)란 표면이 반사하거나 흡수하는 빛의 양의 차이를 말하며, 측정치는 cd/m^2($candela/m^2$) 혹은 FL(foot lambert)로 나타낸다. 조도(illumination)란 대상의 표면에 직접 가해지는 에너지의 양을 말하며, 측정치는 럭스(lux) 혹은 fc(foot candles)로 나타낸다(10.76 lux=1fc).(역자 주)

하여 전체가 균일한 암회색으로 보일 것이다. 장의 색과 무관하게 일정 시간이 지나면 균일한 암회색 장을 지각하게 되는 것이다. 전체장이 어떻게 작동하는지 이해하기 위해 WWW해보기 4.1을 해보면 중요한 시각 원리, 즉 모서리가 없으면 볼 수 없다는 원리를 확인할 수 있다. 광에너지가 잘 기능하고 있는 수용체 체계에 떨어지더라도, 그 자극이 모서리를 가지고 있지 않으면 아무것도 볼 수 없다. 그러나 우리는 전체장이 얼마나 밝은지와 같은 기본적인 지각 경험의 총체적 변화에 대해서는 민감하다. 만약 전체장의 빛의 양을 서서히 변화시키면, 사람들은 그 변화를 탐지할 수 없을 것이다. 그럼에도 불구하고, 간파할 수 없을 만큼 아주 서서히 휘도를 증가(혹은 감소)시키면, 사람들은 전체장이 밝아졌다고(혹은 어두워졌다고) 보고할 수 있다 (Gilchrist, 2006).

일상 경험에서는 모서리가 도처에 있기 때문에 우리는 전체장과 유사한 경험을 거의 할 수 없다. 그러나 심한 눈 폭풍 속에서 고립된 적이 있는 사람들은 이와 유사한 경험을 보고하기도 한다. 그런 백시현상(whiteout) 조건이 우리에게 매우 큰 혼동을 안겨줄 것이라는 것은 충분히 상상이 가능하다.

외측 억제

모서리가 중요하다는 사실을 알았기에 이제 우리의 시각 체계가 모서리를 돋보이게 하는 기전을 갖추고 있다는 사실은 그리 놀랍지 않을 것이다. 이 과정을 **외측 억제**(lateral inhibition)라 부른다. 빛이 망막의 한 지점에 도달할 때마다, 망막은 다른 인접 지점들의 신경 활동을 억제한다. 광원이 강할수록 인접 지점들의 억제는 더 커진다.

외측 억제는 투구게(Limulus)의 겹눈(compound eye)에서 처음으로 연구되었다 (Hartline et al., 1956). 투구게 겹눈의 광수용체들은 각각 독립적으로 빛을 등록하며, 개별적으로 신경 세포에 부착되어 있다(이와 반대로, 3장에서 살펴 본 인간의 망막은 몇 가지 광수용체들이 각 뉴런을 공유하도록 배열되어 있다). 투구게 눈의 각 광수용체는 비교적 크기 때문에, 연구자들은 이웃해 있는 광수용체들을 자극하지 않으면서 하나의 광수용체를 자극할 수 있다. 또한 연구자들은 그 광수용체와 대응하는 신경 세포를 선별할 수 있고, 그 신경 세포의 전기적 반응을 기록할 수도 있다.

그림 4.1은 전형적인 외측 억제 연구를 보여주고 있다. Hartline 등은 빛을 1지점에 있는 광수용체에 제시하였다. 그에 대응하는 신경 세포의 전기적 반응은 **그림 4.1a**에 있다. 그림에서 볼 수 있듯이 전기적 반응은 강하다. 그 다음 연구자들은 1

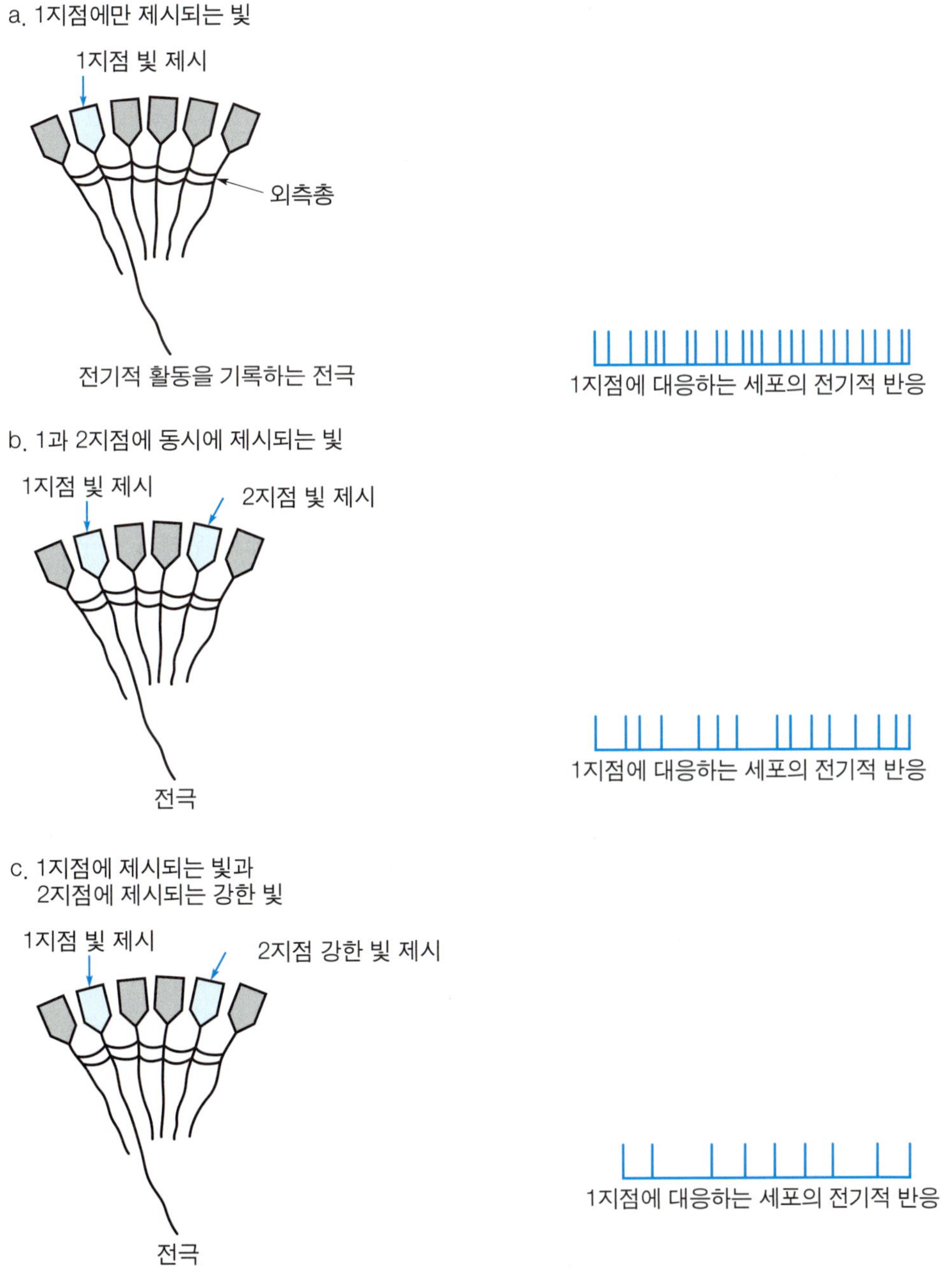

그림 4.1 투구게의 겹눈을 사용한 외측 억제 연구 모형도. 그림 4.1a에서 1지점의 광수용체에 제시된 빛은 그 광수용체의 전기적 반응을 증가시켰다. 그림 4.1b에서 1지점의 광수용체는 동일한 자극을 받지만 또 다른 빛이 그 광수용체를 자극하는 2지점으로부터 외측층(lateral plexus)을 통해 전달되는 억제 때문에 발화가 줄어들었다. 그림 4.1c는 2지점에 빛의 강도를 증가시킬 때 1지점의 광수용체의 발화는 더 억제된다는 것을 보여준다.

지점과 2지점의 광수용체에 빛을 동시에 제시하였다(**그림 4.1b**). 그 결과 1지점에 대응하는 신경 세포의 전기적 반응은 확실히 감소되었다. 그리고 연구자들이 2지점에 빛의 강도를 증가시켰을 때, 1지점에 대응하는 신경 세포의 전기적 반응은 더 감소되었다(**그림 4.1c**).

따라서 투구게의 광수용체 전기적 반응은 광수용체의 자극 수준뿐만 아니라 인접해 있는 광수용체들의 자극 수준에 달려 있다. 이웃해 있는 광수용체들이 자극을 받으면 받을수록, 그 신경 세포의 전기적 반응은 감소된다. 다시 말해 외측 억제가 작동한다는 것이다. 투구게에서 외측 억제를 일으키는 기전은 광수용체들을 연결시켜 그것들로 하여금 서로의 전기적 반응에 영향을 주는 원시 통신망인 외측총(lateral plexus)이다.

인간의 망막은 투구게의 시각 체계보다 훨씬 더 복잡하지만, 망막의 외측 접속 체계는 어느 정도 유사한 방식으로 작동한다. 3장에서 우리가 투구게의 외측총과 동일한 기능을 하는 수평세포에 대해 살펴본 것을 떠올릴 수 있을 것이다.

외측 억제는 비효과적인 과정처럼 보일 수 있다. 그렇다면 이웃해 있는 수용체들의 발화를 억제하는 목적은 무엇일까? 외측 억제는 모서리 지각을 고양시키는 작용을 하며, 모서리는 지각을 위해 중요하다. **그림 4.2**는 외측 억제가 어떤 식으로 모서리를 드러나게 하는 지를 보여주는 단순한 모형도이다.

그림 4.2a에서 보듯이 물리적 자극은 광도계(photometer)와 같은 장비로 측정되며, 더 약한 강도의 빛에서 더 강한 강도의 빛으로의 변화에 의해 발생되는 모서리이다. 광원은 모서리의 어두운 측면 상에서 광수용체들의 반응을 40단위까지, 그리고 밝은 측면 상에서는 100단위까지 일으킨다(**그림 4.2b**).

가령 수평세포들이 각 수용체에서 나오는 억제 신호를 이웃 수용체로 전하고, 이 억제 신호는 송신자 반응의 10%에 해당된다고 하자. 따라서 40단위의 활동을 일으키는 어느 수용체는 이웃해 있는 각 수용체들에 4단위의 억제 신호를 보내고, 100단위의 활동을 일으키는 수용체는 이웃해 있는 각 수용체에 10단위의 억제 신호를 보내게 된다. **그림 4.2c**는 각 수용체가 두 개의 이웃해 있는 각 수용체로부터 얼마나 많은 억제를 받게 되는지를 보여준다. (수용체 *a*와 *h*는 이웃해 있는 수용체의 반응을 보여줄 수 없기에 논의하지 않기로 한다). **그림 4.2d**에 제시된 수치들은 억제를 감하고 남은 전체 출력 신호를 보여준다. 전체 출력 신호를 그래프로 나타내면 **그림 4.2e**와 같다.

따라서 우리의 시각 체계는 어두운 면과 밝은 면의 대비를 확대시킴으로써 망막

a. 빛 강도

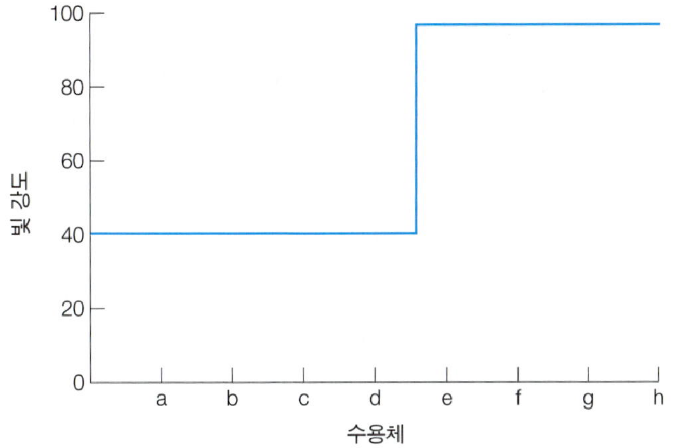

	a	b	c	d	e	f	g	h
b. 원래의 전기적 반응	40	40	40	40	100	100	100	100
c. 좌측 이웃으로부터의 억제		-4	-4	-4	-4	-10	-10	
우측 이웃으로부터의 억제		-4	-4	-10	-10	-10	-10	
d. 전체 출력 (원래의 활동-억제)		32	32	26	86	80	80	

e. 지각된 명도

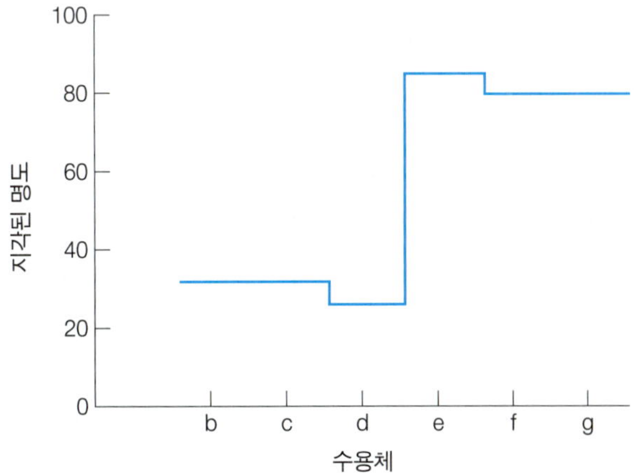

그림 4.2 모서리를 드러나도록 하는 외측 억제의 작용 방식에 대한 모형도. 빛의 강도 변화가 수용체 d와 e(그림의 a부분) 사이에서 급격하게 일어난다. 그림의 b는 40(수용체 a에서 d까지)에서 100(수용체 e에서 h까지) 단위(임의의 단위)까지의 가상의 수용체 반응 등급을 보여준다. 수용체들 간의 억제적 외측 연결 때문에, 이웃해 있는 수용체들의 발화는 본래의 반응에서 10%까지 감소된다(그림의 c부분). (반응 등급과 억제율은 그것을 보여주기 위해 임의로 선정된 수치이다.) 외측 억제의 통신망 효과는 수치(그림의 d)와 그래프(그림의 e)로 예시되어 있다. 외측 억제가 없다면, 반응 등급의 변화는 물리적 자극(그림의 a)에서 보이는 것처럼 계단식 함수가 될 것이다. 그러나 외측 억제가 작용하면서 반응 등급의 변화는 다른 두 전환 지점보다 전환점(수용체 d와 e 사이)에서 더 급격해진다.

에 도달하는 정보를 개선시킨다. 대상은 통상적으로 명확한 경계나 모서리에 의해 적절히 정의될 수 있다. 테마 2와 일치하듯이 우리의 시각 체계는 그런 모서리들을 탐지하도록 적응되어 있다. 더구나 우리의 시각 체계는 외측 억제를 통해 유입되는 모서리 정보를 고양시킨다.

외측 억제와 마하의 띠

외측 억제는 모서리를 고양시킬 뿐만 아니라 마하의 띠로 알려진 지각적 현상을 일으키기도 한다. 오스트리아의 물리학자이자 철학자인 Ernst Mach는 1895년에 처음으로 이 띠를 기술하였다. **마하의 띠**(Mach band)에서 사람들은 빛의 물리적 분포가 변하지 않음에도 단일 띠 내에서 밝은 띠와 어두운 띠를 지각하게 된다(Ratliff, 1984). WWW해보기 4.2를 통해 마하의 띠를 경험해보라.

마하의 띠는 이미 존재해 있는 물리적 대비가 더 확대된다는 점에서 외측 억제의 산물이라 할 수 있다. 어두운 부분에서 밝은 부분으로 변하는 모서리가 있을 때 외측 억제는 어두운 부분은 약간 더 어둡게, 밝은 부분은 약간 더 밝게 해준다. 동일한 과정이 마하의 띠(WWW해보기 4.2를 보면 모서리의 측면 경계들)를 생성시킨다. 물리적 자극과 그 자극에 대한 지각을 구분하기 바란다. 마하의 띠는 물리적 세계에서는 존재하지 않는다. 따라서 광도계로는 그 존재를 탐지할 수 없다. 마하의 띠는 지각적 현상으로 물리적 세계에서는 그에 상응하는 짝을 찾을 수 없는 것이다.

변화가 중요하다

우리가 어떤 대상을 보기 위해서는 수용체에 충분한 광에너지가 떨어져야 하고, 적어도 하나 이상의 모서리가 있어야 한다. 그것이 전부일까? 또 다른 요소가 시지각을 위해 중요한데, 그것은 시간에 따른 변화(change over time)이다. 모든 다른 조건들이 존재하더라도, 이 변화가 없으면 우리는 볼 수 없게 된다. 모서리는 공간에서의 변화를 나타내므로 지각적 경험을 위해 변화가 중요하다는 것은 충분히 공감할 것이다.

변화 발생을 보장하기 위해 인간의 시각 체계는 **불수위적 안구 운동**(involuntary eye movements)을 통해 지속적으로 변화를 일으킨다. 불수의적 안구 운동이란 우리가 세상을 조망할 때 발생하는 자발적이고, 무의식적이며, 피할 수 없는 미세한 눈의 움직임과 떨림(혹은 진전)을 말한다(Engbert & Kliegl, 2004; Martinez-Conde et al., 2004; Martinez-Conde et al., 2006). 우리의 눈은 세 가지 유형의 불수의적 운동을

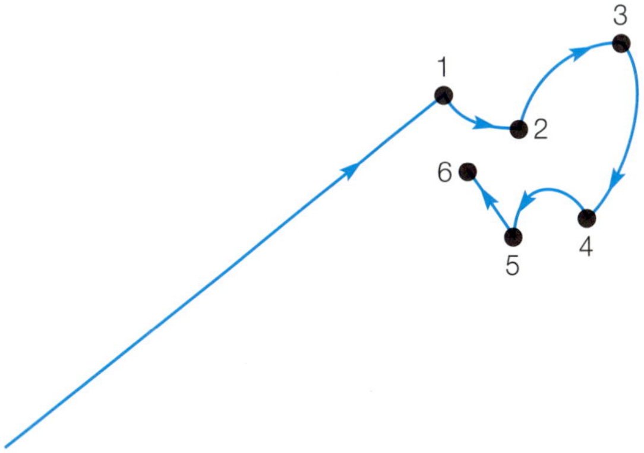

그림 4.3 불수의적 안구 운동의 예. 각 점에 표기된 숫자들은 안구의 응시 순서를 나타낸다. 점들 간의 시간 간격은 약 0.2초 정도이다. 점 1과 2 사이의 거리는 원추체 4개 정도의 거리이다. 불수의적 안구 운동의 방향은 무선적이다.

일으킨다: (1) 매우 미세한 일정한 떨림(tremor), (2) 느린 표류(drift), 그리고 (3) **미세안구도약운동**(microsaccade)이라 불리는 빠르게 도약하는 운동.

떨림은 매우 미세한 거리(거의 원추체 하나 정도의 거리)에서 발생한다. 표류는 좀 더 긴 거리(대략 원추체 12개 정도의 거리)에서 발생한다. 눈은 빠른 (약 25ms) 미세안구도약운동을 집행한다(추측컨대, 표류 후에 망막에 다시 상을 되돌리기 위해). 그러나 미세안구도약운동은 표류보다 더 긴 거리에서 발생할 수 있다. 이런 불수의적 안구 운동은 모서리를 광수용체들의 앞과 뒤로 움직여 일정한 변화를 일으키는 작용을 한다. **그림 4.3**은 전형적인 안구 운동의 유형들을 보여주고 있다. 방향, 곡률, 이동 거리가 무선적임을 고려해보면, 시각장의 어느 한 지점을 계속 응시하고 있더라도 불수의적 안구 운동을 통해 계속해서 변화가 일어나게 되는 것이다.

세상을 조망할 때 우리는 이런 불수의적 안구 운동을 의식하지 못한다. 이런 인식을 못한다는 것은 부분적으로 시각 경험의 풍부함 때문이다. 즉 만약 전체 시각장이 미세하게 위와 아래, 그 다음 왼쪽으로 도약한다면, 우리의 시각 체계는 실제 장면의 움직임에 의해 유발된 망막의 변화 다루기를 거부할 것이다. 그러나 밋밋한 시각 환경에서는 실제로 이런 불수의적 안구 운동을 탐지할 수 있다. WWW해보기 4.3을 통해 불수의적 안구 운동을 경험해보라.

초기 천문학자들 가운데는 처음으로 이런 불수의적 안구 운동의 효과를 주목한 이들도 있었다(Hochberg, 1971). 천문학자들이 별을 관찰하는 동안 별은 주위를 움직이는 것처럼 보였다. 흩어진 광점들의 시각장은 매우 밋밋해서 천문학자들은 별들의 작은 떨림을 느낄 정도로 자신들의 불수의적 안구 운동을 지각할 수 있었다. 테마 3의 맥락에서 이 경험을 생각해보자. 우리가 눈으로 한 지점을 응시할 때조차도 불수의적 안구 운동은 모서리를 망막에서 움직이게 만든다. 그러나 뇌로 보내지는 신호 또한 안구의 움직임에 기인하기보다는 세상에서 발생하는 실제 움직임에 기인할 수 있다. 밋밋한 시각 조건과 같은 환경에서는 망막의 변화를 세상에서 발생하는 실제 움직임에 기인하는 것으로 지각한다. 하지만 풍부한 시각 맥락이 있는 환경에서는 동일한 망막 변화를 세상에서 발생하는 실제 움직임에 기인하는 것으로 지각하지 않는다. 대신에 우리의 시각 세계는 안정적인 것으로 보인다. 8장에서 이런 불수의적 안구 운동의 역할과 망막의 변화에 기인한 운동 지각의 일반적인 문제를 살펴볼 것이다.

변화가 시각을 위해 중요하다는 것을 어떻게 확인해 볼 수 있을까? 한 가지 접근법은 불수의적 안구 운동에 기인하는 변화를 제거하는 것이다. 그러나 어떻게 제거할 수 있을까? 연구자들은 이미지가 항상 정확하게 동일한 망막의 한 지점에 고정되도록, 즉 **고정된 망막상**(stabilized retinal image)을 생성시키는 여러 방법들을 고안해냈다(Martinez-Conde et al., 2004). 이전에는 실제로 각막 위에 직접 일종의 콘택트렌즈를 설치하는 방법을 사용했었다. 그러나 기술이 진보하면서 안구 운동 탐지기(eye-movement detector)를 사용해서 컴퓨터가 디스플레이를 제어할 수 있도록 함으로써 이미지를 망막의 동일 위치에 고정시킬 수 있다. 안구 운동이 탐지될 때, 컴퓨터는 이미지가 망막의 동일 지점에 유지되도록 그 이미지를 이동시킬 수 있다. 이런 접근법을 통해 불수의적 안구 운동은 지속되지만, 이미지는 망막의 동일 지점에 유지될 수 있다.

또 다른 (다소 위험성을 내포하고 있는) 접근법은 근육마비제를 주사하여 불수의적 안구 운동을 할 수 없도록 만드는 것이다. John Stevens(Stevens et al., 1976)는 자신이 무엇을 경험하고 있는지 연구자에게 신호(실험을 중단해 달라는 요청을 포함해서)하기 위해 사용되는 한쪽 팔을 제외하고 직접 마비를 겪었다. 이런 접근법은 눈을 움직일 수 없게 만들기 때문에 전체 시각장을 고정시킬 수 있다.

충분한 빛이 정상적인 수용체 체계에 떨어지며, 모서리가 존재하는 상황을 염두에 두기 바란다. 그러면 모서리가 망막에 고정될 때 어떤 일이 벌어질까? 마비 사례처럼 어떤 모서리도 망막에서 움직이지 않는다면, 우리는 아무것도 볼 수 없을 것이다. 전혀 변화가 없다는 것은 전체장(Ganzfeld)과 유사한 상황으로, 일시적 맹시가 초래될 것이다. 만약 망막에 어떤 대상의 상을 고정시키면, 그 상의 경계는 점차적으로 사라지다가 급기야는 대상 전체가 보이지 않게 될 것이다. 그러면 고정된 대상의 위치에서는 무엇을 보게 될까?

Krauskopf(1963)의 연구는 상이 고정될 때 어떤 일이 발생하게 될지에 대해 알려 준다. 그는 안쪽은 빨간색 원판으로 되어 있고 그 외곽은 초록색 링으로 구성된 자극을 제시하고, 안쪽의 빨간색 원판을 고정시켰다. 외곽 링은 고정되지 않았기 때문에 관찰자들은 초록색 링을 계속 볼 수 있었다. 이때 빨간색 원판에게는 어떤 현상이 나타났을까? 그것은 고정되어서 보이지 않게 되었다. 그러면 관찰자들은 가운데가 뚫려 있는 초록색 링을 보았을까? 그렇지 않다. 그들은 원판 내부에 대해 광수용체들이 여전히 빨간색 빛을 수용한다는 사실에도 불구하고, 전체가 초록색인 둥근 원판을 보았다. 색채 지각(7장)을 논의할 때 이 결과를 기억하기 바란다.

Krauskopf의 결과는 모서리가 중요하다는 것을 부가적으로 보여주었다. 이 결과를 해석한 결론 중 하나는 시각 체계가 매우 효율적이라는 것이다. 변화하는 것들(모서리)을 보고, 그 모서리의 외곽 색으로 모서리와 모서리 사이의 영역들을 채운다. 이 과정이 장면 속 모든 지점의 색을 결정하는 것보다 더 효율적인 이유를 알 수 있는가? 만약 컴퓨터의 페인트 프로그램에서 채우기 기능을 사용해 본 적이 있다면, 이 과정이 왜 효율적인지 이해할 수 있을 것이다. Krauskopf 연구의 참가자들이 본 유일한 모서리는 초록색 외곽과 그 주변 사이에 있기 때문에, 그들은 무의식적으로 초록색으로 전체 디스크를 채운 것이다.

이런 채움 혹은 메움(filling-in) 과정은 고정된 망막 상을 요구하지 않는다. 우리는 이런 채움 과정(맹점에서)을 항시 경험한다. 사실 맹점에서 발생하는 채움 과정은 매우 효율적이어서 17세기에 들어서야 그 존재를 발견할 수 있었다(Allbright & Stoner, 2002). WWW해보기 3.3을 통해 맹점에서 발생하는 매우 기본적인 채움 현상을 경험할 수 있다. 눈을 움직여 검은 점이 맹점에 등록되도록 할 때, 그 점은 보이지 않게 된다. 결국 그 지점은 흰 공백으로 보이는데, 그것은 시각 체계가 검은 반점을 흰 부분으로 채운 것이다. 한 눈을 감고 다른 눈을 움직여 맹점이 본문에 맞추어지도록 현재 페이지 위에 가져가 보라. 맹점이 있다는 것을 전혀 인식하지 못할 것이다. 이 경우 우리의 시각 체계는 맹점을 둘러싼 망막에 등록된 낱자들로 맹점을 채운 것이다. 물론 실제로 그렇게 채워진 낱자들을 읽을 수는 없다. 사실 우리는 중심와에서 떨어진 영역에 맺힌 낱자들을 읽기 어렵다.

맹점에 채워진 정보의 복잡성은 매우 흥미롭다(Ramachandran, 2003; Ramachandran & Gregory, 1991). WWW해보기 4.4에서 이런 복잡성을 확인해보라. 즉 맹점 주변의 맥락을 어떻게 해석하느냐에 따라 맹점을 매우 다른 방식으로 채우게 된다는 것을 주목하라.

지금까지 우리는 고정된 망막 상과 맹점에서 발생하는 채움 과정을 살펴보았다.

a. Lashley의 암점 b. Lashley가 실제로 본 것

그림 4.4 Lashley의 암점 효과. 왼쪽 그림(a)은 Lashley가 그의 친구를 볼 때의 암점 위치를 보여주고 있다. 오른쪽 그림(b)은 Lashley가 실제로 본 장면이다. 친구의 머리 영역은 채움 과정에 의해 머리 뒤편의 벽지 패턴으로 메워졌음을 주목하라.

채움 과정의 또 다른 예가 시각 체계의 손상으로 맹시, 즉 **암점**(scotomas)[2)]을 가진 사람들에게서 발견된다. Pinel(2006)은 암점의 흥미로운 사례로 저명한 심리학자인 Karl Lashley의 경험을 인용했다. Lashley(1941)는 중심와 근처의 시각에 영향을 주는 암점을 가지고 있었다. 그는 자신의 암점이 실제로 친구의 머리를 흔적이 없이 지워버린 상황을 설명하였다. **그림 4.4**에서 보듯이, Lashley는 자신의 시각장에서 빗금친 원 부분을 보지 못했다. 대신 암점에 의해 영향을 받은 그 영역은 주변 정보로 채워졌다. 맹점에서 관찰되는 현상과 마찬가지로, 시각 체계는 어떤 영역을 매우 복잡한 패턴으로 채울 수 있다.

맹점이나 암점에서 정보가 채워지는 과정(그것이 인위적이든 자연발생적이든 간에)은 연구자들의 관심을 끌었다(e.g., Albright & Stoner, 2002; Pessoa & De Weerd, 2003). 몇몇 행동 연구에서는 채움이 시각 처리의 초기 단계(예: 일차시각피질)에서 발생함을 시사했다. 그러나 fMRI 연구에 따르면, 채움 과정이 일차시각피질에서 발생된다는 증거는 없으며, 채움이 시각 처리의 후기 단계에서 발생됨을 시

2) 일차시각피질에 손상을 입으면 손상된 부위의 반대편 시야 일부를 볼 수 없는데, 이 보이지 않는 부위를 암점이라 한다.(역자 주)

사했다(Awater et al., 2005; Cornelissen et al., 2006; Mendola et al., 2006; Zur & Ullman, 2003).

비록 모든 사람이 다 확신하는 것은 아니지만(e.g., Gilchrist, 2006), 연구자들은 모서리 정보가 밝기를 판단하는 데 중요한 역할을 한다는 좋은 증거를 발견했다(e.g., Becker & Anstis, 2004). 분명 모서리는 시각 체계에서 중요한 정보원이다. 더구나 망막에서 모서리의 위치는 시간에 따라 변하는데, 불수의적 안구 운동이 그런 경우이다. 마지막으로 자극이 발생하는 풍부한 맥락의 중요성은 맹점과 암점에서 발생하는 채움 과정에서 분명해진다. 이러한 보완 과정이 하위 처리과정에 기인하는지, 아니면 상위 처리과정에 기인하는지의 여부는 계속해서 논란이 되고 있다. 그러나 상위 처리과정이 지각에 중요한 역할을 하는 것만은 확실하다.

상위 처리과정과 경험이 중요하다

Richard Gregory(1997)가 지적하듯이 어떤 사람들은 "지각을 외부에 있는 것을 수동적으로 받아들이는 과정, 즉 세상과 면해 있는 창문으로 본다"(p.2). 만약 우리 자신의 지각적 경험을 반영하면, 우리도 지각을 수동적인 것으로 생각할 수 있다. 결국 우리는 주변 세상의 모든 풍부함을 그저 바라만보고 노력을 들이지 않고서도 지각하는 것으로 보인다. 그러나 연구자들은 '시각적 의식의 역치 이하에서 지속적으로 작동하는 유기 장치'를 강조한다(Brown & Thurmond, 1993, p. 200). 이런 무의식적 과정은 지각을 위해 필수적이다. 즉 지각은 매우 능동적인 경험 기반 과정이다(Hoffman, 1998; Purves & Lotto, 2003). 물론 이런 조망은 전적으로 테마 4와 일치한다. 그러면 경험의 중요한 역할에 대해 살펴보기로 하자.

볼 수 없는 조건으로 태어나서 수년을 살아온 사람을 상상해보자. 만약 그 사람의 시력이 회복된다면, 과연 그 사람은 무엇을 보게 될까? 이런 질문을 처음으로 제기한 사람은 17세기 철학자인 William Molyneux이다. 현대 의학의 발달과 함께 실제로 이 질문과 관련하여 몇 가지 사례를 제시할 수 있게 되었다.

회복된 시각과 관련한 세 가지 사례는 경험의 역할에 대해 중요한 통찰을 제공한다. Richard Gregory와 Jean Wallace(Gregory, 1974)는 S. B.라는 사람에 대한 연구 결과를 보고하였다. 20년 후에 Oliver Sacks(1995)는 Virgil이라는 한 남자의 경험을 보고하였다. 좀 더 최근에 와서, Ione Fine 등(2003)은 Michael May 사례를 보고하였다(Kurson, 2007을 보라). 이 세 사례의 공통점은 이들이 초년기에 시력을 상실했다가 오랜 세월이 지난 뒤에 시력을 회복했다는 것이다.

사례를 모두 살펴보면 확연한 유사점을 찾아볼 수 있다. 기본적인 시각 능력(색채 지각, 시력 등)은 수술 후 매우 빠르게 회복되었다(일부 시력 손상이 여전히 유지되기는 했어도). 그러나 얼굴 지각과 같은 좀 더 복잡한 시각 과제들은 이들에게 꽤나 도전적인 것이었다. 종국에는 S. B.와 Virgil 모두 앞을 보지 못하지만 능력과 재능이 있는 사람에서 자신감 없고, 시각적인 혼란을 겪는 사람으로 변했다.

Michael May는 S. B.나 Virgil보다는 시각 회복에서 더 잘 적응한 것으로 보인다. 부분적으로 그는 시각을 본질적인 지각 능력이기보다는 '금상첨화(icing on the cake)'로 생각했던 것으로 보인다. 그리고 Michael May가 대상과 얼굴 지각(무엇 경로를 보라)에서 어려움을 겪기는 했지만, 움직임 지각(어디 경로를 보라)은 매우 유능했다. 그렇지만 시각적 운동 지각은 그에게 혼동을 주기도 했다. 예를 들어 Michael May는 자신의 시력 상실에 잘 적응했고, 심지어 스키(동반자의 도움을 받지만)도 배웠다. 그러나 수술 후 스키를 탈 때 그는 시각 정보의 혼란스런 흐름 때문에 종종 눈을 감곤 했다.

회복된 시각을 가진 사람에 대한 사례들은 분명 경험이 중요하다는 증거를 제공한다. 첫째, 이들은 오랫 동안 시각적 경험을 가지지 못했다. 따라서 시각이 회복된 후 그들은 모두 보는 법을 학습해야 했다. 둘째, 오랫 동안 시각적 경험이 부족했다는 것은 분명 시각 피질의 조직에 영향을 주었을 것이다. 즉 앞을 보지 못한 시점부터 내내 눈에서부터 시각 피질까지의 입력 정보 전송은 없었을 것이다. 이렇게 입력 정보가 없는 상태가 되면 뇌는 스스로 재조직화하는 경향이 있다(Baker et al., 2005; Baseler et al., 2002; Kaas, 2000; Merzenich et al., 1984). 볼 수 없는 상태가 된 이후의 경험으로 인한 재조직화는 시각 능력을 완전하게 복구시키기 어렵게 만든다. 분명 경험의 확장된 기간이 차후 피질의 재조직화를 위해 필요하다고 주장할 수 있다.

만약 회복된 시각을 가진 사람이 이후 오랫 동안 시각 입력을 경험한다면, 시각 정보의 피질 처리가 향상될 것으로 예측하는가? 예를 들어 Michael May가 시각 정보를 사용함에 있어 시간이 흐르면 흐를수록 점점 더 나아질 것으로 기대하는가? 적어도 하나의 사례는 희망적인 메시지를 준다(Ostrovsky et al., 2006). S. R. D.는 선천성 백내장을 가지고 태어났고, 12세 되던 해에 백내장을 제거하였다. 인공 수정체를 이식하지 않았기 때문에, 그녀의 시력은 형편없었다. S. B., Virgil, 그리고 Michael May는 시각이 회복된 직후부터 주기적으로 시각 능력을 검사받았다. 이와 반대로 S. R. D.는 수술 후 20년이 지날 때까지 그런 검사를 받지 않았다. 따라서 그녀의 시각 능력 발달 과정은 추적될 수 없었다. 그러나 S. R. D.의 시각 능력을 평가했을 때, 그녀는 시각이 회복된 직후 회복된 시각을 가진 사람들이 매우 힘들어 하는 과제(예: 얼굴 지각, 얼굴 정보를 통해 성별 판단하기) 수행에 전혀 어려움을 보이지 않았다.

시지각에서 경험의 역할을 탐색하는 또 다른 방법은 정상시를 가진 사람들을 대상으로 시각 입력을 변경시키는 것이다. 알다시피 눈의 광학은 외부 대상을 망막에 역전된 상이 맺히게 한다. 1800년대 말 George M. Stratton은 망막에 역전된 상이 맺히도록 하는 안경을 사용한 바 있다. Stratton은 처음에 모든 유형의 문제들을 전부 경험하였다. 그러나 역전된 입력을 경험한 후, 그는 적응하기 시작했다. 여러 연구는 재배열된 시각 입력에 대한 적응 연구를 통해 환경 내 대상들과의 상호작용이 중요하다는 것을 공통적으로 강조했다(e.g., Held, 1965, 1980). 이 연구에 대해서는 14장에서 더 언급될 것이다.

여기서는 시지각이 광수용체에 떨어지는 광에너지를 훨씬 벗어난 결과임을 보여주고자 했다. 시각은 모서리, 변화, 상위 처리과정, 그리고 경험을 필요로 하는 매우 능동적인 과정이다(Hoffman, 1998; Peterson et al., 2007; Purves & Lotto, 2003). 이제 매우 기본적인 시각 과정(시각장의 어느 부분이 더 밝고, 또 어느 부분이 더 어두운지에 대한 판단)으로 주의를 돌리기로 하자.

절 요약

정상 시각을 위한 필요조건

1. 대상을 보기 위해서는 물리적 자극과 온전한 시각 체계가 필요하다(3장에서 논의).
2. 전체장은 모서리가 없는 밋밋한 시각 자극이다. 전체장을 오랫 동안 응시하는 사람들은 눈으로 들어오는 빛의 색과 관계없이 밋밋한 암회색 장을 본다고 보고한다. 따라서 모서리는 시각 체계에서 매우 중요하다.
3. 광수용체들 간의 측면 접속에 의해 발생하는 외측 억제는 모서리를 고양시키고 마하의 띠를 발생시키는 작용을 한다.
4. 고정된 망막 상에 관한 연구는 모서리가 중요하며, 시각 체계는 망막 상에서 대상의 위치 변화가 필요하다는 것을 보여준다. 우리가 한 곳을 계속해서 응시하려고 시도할 때조차도 이런 변화는 불수의적 안구 운동을 통해 발생한다.
5. 주변 맥락은 맹점(혹은 암점을 가진 사람)에서 발생하는 채움 혹은 메움 과정을 위해 매우 중요하다.
6. 시각은 상위 처리과정을 수반하는 능동적 과정이다.

7. 회복된 시각과 재배열된 시각 입력에 대한 적응 사례 연구들은 경험이 시지각에 매우 중요하다는 것을 보여준다.

광에너지 지각

3장에서 이미 논의했듯이 광에너지는 망막 수용체에서 신경 에너지로 변환된다. 광수용체에 빛이 많이 도달할수록 뉴런들의 발화율은 높아진다는 것을 알았다. 그래서 광수용체에 빛이 많이 도달하면 그 영역을 더 밝은 것으로 지각하고, 광수용체에 빛이 적게 떨어질 때는 그 영역을 더 어두운 것으로 지각한다고 가정할 수 있다. 이런 설명은 밝기 지각을 광도계와 같은 도구를 이용해서 측정하는 것에 비유하여 **광도 측정 접근법**(photometric approach)이라 한다. 그러나 광에너지와 지각된 밝기의 관계성에 대한 단순한 설명은 정확하다고 볼 수 없다. 대신 어떤 자극에 대한 밝기 지각은 자극이 발생한 풍부한 맥락에 의해 결정된다(테마 2).

광에너지와 밝기 지각

여기서는 수용체에 떨어지는 물리적 자극과 그것에 대한 심리적 반응에 대한 구분을 강조하고자 한다. 우리는 진폭이나 강도를 포함한 광파(light wave)의 여러 측면을 측정할 수 있다. 또한 에너지 수준에 대한 우리의 심리적 반응은 밝기(lightness)로 고려될 수 있다. 즉 광에너지가 많을수록 더 밝다는 지각을 하게 된다. 앞에서 언급했지만, 밝기란 표면의 무채색 특성(흰색, 회색, 검은색)에 대한 지각을 말한다.

밝기와 가장 밀접하게 대응되는 물체의 물리적 속성은 광에너지의 진폭이 아니라, 표면에서 반사된 빛의 백분율이다. 이 속성을 **알베도**(반사율, albedo)라 한다. 표면은 그것에 떨어지는 광에너지를 일정한 비율로 반사시킨다. 따라서 높은 알베도를 가진 물체(예: 달이나 흰 종이)는 그것에 떨어지는 광에너지의 상당 양을 반사시킨다. 달이나 종이는 그림자 속에 있을 때도 여전히 동일한 백분율로 빛을 반사시키지만, 반사시킬 광에너지는 적기 때문에 빛을 덜 반사시킨다. 한편 낮은 알베도를 가진 물체(예: 현재 페이지에 있는 글자나 어두운 색의 양복)는 그것에 떨어지는 광에너지의 적은 양을 반사시킨다.

이 시점에서 우리의 시각 체계가 밝기를 결정하기 위해 표면의 알베도를 평가하

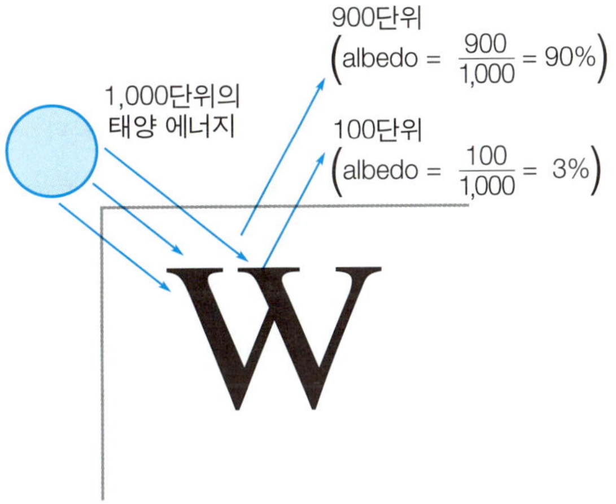

그림 4.5 밝기 지각에 수반되는 물리적 자극의 예. 검은색 문자 W는 3%의 알베도를 가지기 때문에 태양에 의해 생성되는 빛을 1,000단위로 가정했을 때 단지 30단위만 반사시킨다. 문자 밑의 흰 여백은 90%의 알베도를 가지므로 900단위의 빛을 반사시킨다. 현재 페이지를 전등에 의해 10단위 이하의 빛이 생성되는 실내로 옮기면 밝기 항등성이 발생한다. 이렇게 강도가 떨어진 빛 조건에서 검은색 문자는 0.3단위를 반사시키고, 흰 여백은 9단위를 반사시킨다. 실내에서 흰 여백은 실외에서의 검은색 문자보다 광에너지를 더 적게 반사시킨다(30단위의 빛과 100단위의 빛). 그럼에도 불구하고, 우리는 두 조명 조건에서 쉽게 흰 여백을 흰색으로, 문자를 검은색으로 본다. 따라서 광에너지의 절대량이 밝기 지각을 결정하는 유일한 요인은 아니다.

는 것으로 가정할지 모르겠다. 그러나 불행히도 시각 체계는 표면의 알베도를 직접 평가할 수 없다. 이 점을 확인하기 위해 책에 있는 글자와 종이의 알베도를 고려해보자. 검은색 글자는 그것에 떨어지는 빛의 3%만 반사시키는 데 반해, 흰 종이는 빛의 90%를 반사시킨다(**그림 4.5**).

다른 조명 조건에서는 검은색 글자가 흰색 종이보다 더 많은 에너지를 반사시키기도 한다. 가령 화창한 날 실외에서(1,000단위의 조도) 책을 읽는다고 해보자. **그림 4.5**에서처럼 검은색 글자가 3%의 알베도를 가진다면, 그 글자는 1,000단위 중 3% 혹은 30단위만 반사시킬 것이다. 이제 실내로 들어와서 다소 낮은 조명 조건(10단위의 조도)에서 흰 여백을 본다고 하자. 만약 여백이 90%의 알베도를 가지고 있다면, 흰 여백은 10단위의 90% 혹은 9단위를 반사시킬 것이다. 따라서 실제로 어두운 조건에서 흰 여백으로부터 눈으로 들어오는 광에너지(9단위)보다 밝은 조건에서 검은색 글자로부터 눈으로 들어오는 광에너지(30단위)가 더 많다.

이 예는 광수용체에 떨어지는 광에너지가 밝기 지각을 결정하기에는 충분치 않다는 것을 보여준다. 그것은 동일한 양의 빛이 밝은 빛에서 낮은 알베도를 가진 표면과 어두운 빛에서 높은 알베도를 가진 표면으로부터 눈으로 들어올 수 있기 때문이다. 또한 이 예는 우리가 표면의 알베도를 평가할 수 없음을 시사한다. 단지 우리는 광수용체에 떨어지는 광에너지의 양만을 알 수 있다. 만약 회색 표면을 본다면 그것이 중간 정도의 조명 조건에서 회색 종이인지, 어두운 조명 조건에서 흰색 종이인지, 매우 밝은 조명 조건에서 검은색 종이인지 분간하기 어렵다.

이때 "그렇지만 나는 광에너지의 양과 관계없이 그것이 흰 종이인지 말할 수 있습니다!"라고 항변할 수 있다. 그리고 그 평가가 단순한 과정이 아님을 의심하지 않더라도, 그 말은 맞는 말이다. Ted Adelson이 제공한 **그림 4.6**을 보면 그림의 배열은 우리의 시각 체계에 완벽한 합당성을 준다. 우리는 체크보드 패턴 위에 원통이 세워져 있고, 광원이 우측에서 들어오는 그림을 볼 수 있다. A와 B로 표기된 두 개의 사각형은 밝기가 다르게 보인다. 하지만 실제로 그것들의 밝기는 동일하다! 그럼에도 우리에게는 두 개의 사각형이 동일한 밝기를 가지고 있는 것으로 보이지 않는다. 그림자가 진 흰 사각형이 빛에 노출되어 있는 흰 사각형보다 빛을 덜 반사시키는 것이 당연하다. 사실 이 그림처럼 그림자 속 흰 사각형(사각형 B)은 빛에 노출되어 있는 검은 사각형(사각형 A)과 동일한 양의 빛을 반사시킨다. 밝기 지각은 오로지 망막에 떨어지는 광에너지의 절대량에 의해서만 결정되는 것이 아님을 차차 이해할 것이다.

표면의 밝기를 지각할 수 있는 능력과 관련하여 몇 가지 설명들을 살펴보기 전에 먼저 중요한 한 가지 지각적 원리를 논의할 필요가 있다. 만약 여러 조명 조건에서 책

Edward H. Adelson

그림 4.6 Ted Adelson의 해보기. A와 B로 표시된 사각형을 비교해보라. 어느 사각형이 더 어두운가? 당신은 두 사각형이 동일한 밝기를 가지고 있다는 것을 알면 놀랄 것이다. 이를 확인하기 위해 그림의 나머지 부분들을 가리고, 두 사각형만 보일 수 있도록 해보라. 분리시켜서 보면, 그 두 사각형이 같은 밝기를 가지고 있음을 쉽게 확인할 수 있다. 그러면 그것들이 전체 맥락 속에서는 왜 같은 밝기를 가지고 있는 것으로 보이지 않을까?

을 펼쳐보면, 흰 여백은 희게, 그리고 글자는 검게 유지되고 있음을 알 수 있을 것이다. 사실 사람들은 지면에 떨어지는 빛의 양이 매우 적을 때도 이런 구별을 할 수 있다(Arend, 1994). 광수용체에 떨어지는 광에너지의 애매함을 알고 있는 상황에서, 표면의 지각된 밝기가 여러 다른 조명 수준에서도 변하지 않는다는 사실은 우리를 당혹스럽게 만든다. 따라서 밝기 지각과 관련한 여러 설명을 논의하기 전에, 이런 중요한 원리를 먼저 이해하고 넘어가기로 하자.

밝기 항등성

우리가 일상에서 흔히 경험하듯이, 어떤 대상의 지각된 밝기는 조명이 변하더라도 동일하게 유지된다. 이런 현상을 **밝기 항등성**(lightness constancy)이라 한다. **항등성**(constancy)이란 우리가 대상을 다른 식으로 보더라도 그 대상의 특성이 동일하게 유지되는 경향성을 말한다. 이런 경향성은 대단히 중요하다! 보는 조건이 변할 때마다 시각 체계가 대상의 특성을 다르게 지각하게 만든다고 상상해보자. 종이는 어떤 조명 조건에서는 하얗게 보이고, 다른 조건에서는 회색으로, 그리고 또 다른 조건에서는 검게 보인다. 그런 시각 체계를 가지고 살아간다는 것은 분명 혼란스러운 삶이 될 것이다.

우리는 망막에 등록되는 대상과 달리, '외부' 대상들을 언급하기 위해 다른 용어를 사용할 필요가 있다. **원격 자극**(distal stimulus)이란 용어는 지면의 글자와 같은 '외부' 대상을 말하는 것이며, **근접 자극**(proximal stimulus)이란 감각 기관과 접촉하는 대상의 표상을 말한다. 시각 자극으로 망막과 접촉하지 않는 것은 원격 자극이 된다. 즉 원격이라는 용어를 '거리가 떨어져 있는'으로 기억하면 될 것이다. 일반적으로 항등성은 원격 자극에 대한 우리의 지각이 근접 자극의 변화에도 불구하고 동일하게 유지될 때 일어난다.

연구자들은 밝기, 크기, 모양, 색을 포함한 대상의 여러 특성에 대한 항등성을 연구해왔다. 항등성이 가지는 한 가지 함의는 동일한 하나의 근접 자극이 여러 다른 원격 자극으로부터 초래된다는 것이다. 예를 들어 어떤 조명 조건에서 흰색 자극은 더 밝은 조명 조건에서의 검은색 자극과 동일한 망막 자극을 일으킬 수 있다. 근접 자극의 모호성뿐 아니라 그런 모호성을 해결하는 시각 체계의 능력은 테마 3과 일치한다.

후속 장에서 다른 항등성들을 다루기로 하고, 지금은 밝기 항등성에 대해서만 언급하기로 하자. 대상이 다른 조명 조건에서 동일한 밝기를 가진 것으로 보인다는 것을 WWW해보기 4.5를 통해 경험해 볼 수 있다.

밝기 지각과 밝기 항등성은 밀접하게 연관되어 된다. 즉 우리가 밝기를 어떻게 지각하는지에 대한 좋은 설명은 표면이 어떻게 조명의 변화와 무관하게 동일한 밝기를 가지는 것으로 보이는지에 대한 설명도 된다. 이 시점에서 빛이 떨어지는 표면의 알베도가 중요하다. 눈에 반사되어 들어오는 빛의 양 또한 중요하다. 그러나 이런 유형의 정보는 어느 것도 밝기 항등성을 일으키기에 충분하지 않을 뿐만 아니라, 밝기 지각을 설명하기에도 충분치 않다는 것을 알고 있을 것이다. 그렇다면 무엇이 밝기를 결정할까?

밝기 지각에 대한 설명

19세기 독일 생리학자인 Hermann von Helmholtz(1866)는 밝기 지각에 대한 초기 이론을 내 놓았다. Helmholtz는 우리가 표면의 밝기를 지각할 때 조명 수준에 대해 무의식적 추론을 한다고 주장하였다. 다시 말해서, 지금 읽고 있는 글자는 실외에서는 우리가 햇빛이 매우 밝다는 사실에 민감하기 때문에 검은 색으로 보인다. 흰 여백은 우리가 실내의 빛이 훨씬 덜 강하다는 사실에 민감하기 때문에 실내에서 흰색을 유지한다. Helmholtz의 접근이 밝기 지각과 밝기 항등성을 모두 잘 설명하고 있다고 볼 수 있을까?

Helmholtz의 이론은 매우 논리적이다. **그림 4.5**에 기술된 시나리오를 생각해 보자. 만약 피사체에 떨어지는 빛이 1,000단위라고 하면, 대상이 그 빛의 상당 백분율을 반사시키거나(높은 알베도) 매우 적게 반사시킨다고(낮은 알베도) 말할 수 있다. 그러나 Helmholtz의 이론에 따르면, 망막에 떨어지는 정보는 매우 모호하다. 표면에서 반사되어 눈으로 들어오는 정보에 의존하지 않는다면 우리는 어떻게 조명 수준을 평가할 수 있을까? 연구는 사람들이 환경에서 조명 수준을 효율적으로 판단할 수 없음을 시사한다(Rutherford & Brainard, 2002). 특히 사람들은 주변 조명(ambient light)과 다른 방식으로 조명되는 표면에 민감하지 않다(Cavanagh, 2005; Ostrovsky et al., 2005). 후속 장에서 살펴보겠지만, Helmholtz는 지각의 주요 논제를 확인할 수 있는 재능을 발휘했지만, 그의 설명은 후속 연구들에 의해 빈번하게 수정되곤 했다.

Helmholtz가 주장한 무의식적 추론 대신에, 여러 다른 밝기 지각 이론들은 핵심 개념으로 대비를 강조하였다(Gilchrist, 2006). 그런 대비이론 가운데 하나가 Hans

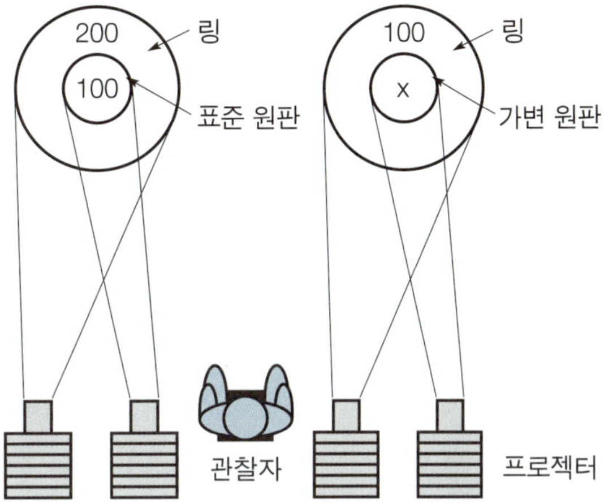

그림 4.7 비율원리를 보여주는 Hans Wallach(1948) 연구. 관찰자들은 표준 링과 원판을 보고 가변 원판이 표준 원판의 밝기와 대응되도록 가변 원판의 강도를 조정하였다. Wallace는 표준 링과 원판뿐만 아니라 가변 원판의 링의 밝기를 통제했다. 결과는 관찰자가 가변 원판에 대한 오른쪽 링의 비율과 표준 원판에 대한 왼쪽 링의 비율이 동일해지도록 가변 원판의 밝기를 조정했음을 보여주었다. 이 경우, 표준 링과 원판의 비율은 2:1이고, 관찰자는 가변 원판이 50이 되도록 조정했다.

Wallach(1948)의 이론이다. Wallach의 **비율원리**(ratio principle)에 따르면, 대상의 밝기를 결정하는 중요한 요인은 장면 속 다른 대상의 명도와 비교되는 해당 대상의 명도이다. 따라서 흰 지면은 (넓은 범위의 조명 조건에서) 글자보다 훨씬 더 많은 광에너지를 반사시키기 때문에 흰색으로 보인다.

Wallach의 비율원리는 관찰자들이 각각 링으로 둘러싸인 두 개의 원판을 보는 연구에서 얻어졌다. 그림 4.7에서 보듯이, Wallach는 표준 원판과 링뿐만 아니라 가변 원판과 링의 강도 수준도 설정했다. 그는 관찰자에게 가변(이차) 원판의 강도를 표준 원판의 강도와 대응되게 조정하도록 지시했다. 그리고 Wallace는 관찰자가 행한 대응이 가변 원판의 링 강도에 의해 영향을 받는다는 것을 발견했다. 결과는 관찰자가 가변 원판과 링의 비율이 표준 원판과 링의 비율과 같아지도록 원판의 강도를 조정했음을 보여주었다. 관찰자는 두 개의 원판의 밝기(예: 회색 음영)가 동일하게 보이도록 조정하려고 했음을 주목하라.

밝기 지각의 비율원리에 따르면, 관찰자는 자극의 절대적 강도보다는 상대적 강도에 주의를 준다. 어떤 대상은 매우 적은 광에너지를 반사시킨다. 그러나 장면 속 다른 대상들보다 더 밝다면, 밝게 보일 것이다(예: 밝은 회색 혹은 흰색으로까지). 우리는 같은 장면 내에 있는 여러 대상이 반사시키는 빛에 대한 정보를 통합시키기 때문에 대상들이 서로 근접해 있을 필요는 없다(e.g., Arend, 1994).

밝기 항등성은 조명이 변하더라도 대상의 상대적 강도가 동일하게 유지되기 때문에 일어난다. 따라서 보는 조건과 관계없이 흰 여백에서 반사되는 빛과 글자에서 반사되는 빛의 비율은 약 30:1이 된다. 따라서 흰색 셔츠는 달빛 아래서 보이는 것 중에 가장 밝은 대상이기 때문에 밝게 보인다. 검은색 구두는 한 낮에 보이는 것 중에서 가장 어두운 대상이기 때문에 어둡게 보인다.

연구에 따르면 비율원리는 매우 넓은 범위의 조명 조건에 걸쳐 잘 적용된다. 예를 들어 Alan Jacobsen과 Alan Cilchrist(1988)는 1,000,000:1의 범위에서 반사되는 광에너지를 변화시켰다. 그 결과 관찰자들의 반응은 비율원리와 일치했다.

그럼에도 불구하고 비율원리와 대비이론에 대해 문제점들이 지적되고 있다. 그 중 한 가지 문제점은 그런 접근법들이 표면을 어떻게 흰색과 같은 특정 무채색으로 지각하게 만드는 지에 대해서 이해시키지 못한다는 점이다. 즉 비율원리는 표면이 더 밝거나 어둡게 보이는 이유를 예측하는 중요한 임무를 수행하지만, 우리가 세상을 볼 때 더 밝거나 어두운 것으로 보지는 않는다(우리는 다만 흰색과 검은색을 볼 뿐이다!). 예를 들어 각각 1/3씩 밝아지는 네 개의 표면을 보고 있다고 하자. 비율원리를 토대로 어느 표면을 더 밝거나 어두운 것으로 볼 지 명확해진다. 그렇지만 비율원리는 우리가 실제로 어떤 표면을 흰색이나 검은색으로 명명할지 알려 주지 못한다.

이 문제를 해결하기 위해 몇몇 연구자들은 기점(anchors) 도입을 제안했다(Bressan, 2006; Gilchrist, 2006; Gilchrist et al., 1999; Logvinenko, 2002). 예를 들어 어떤 배열에서 가장 밝은 표면을 흰색으로 고려한다면, 그것은 특정 무채색을 배열 표면들에 할당하도록 해준다. 사실 사람들이 단지 두 개의 무채색(회색과 검은색)만을 볼 경우 일반적으로 회색 표면을 흰색으로, 검은색 표면을 회색으로 보기 십상이다(Li & Gilchrist, 1999). 또한 시각 장면은 다양한 조도(도처에서 햇빛, 밝은 백열등, 그림자 등)를 포함할 수 있다. 따라서 시각 체계는 장면에서 표면의 밝기를 해석하는 데 필요한 기점들을 결정하기 전에 먼저 그 장면을 조직해야 한다. 후속 논의에서는 밝기를 결정하기에 앞서 장면을 조직화하는 것이 왜 중요한지를 살펴볼 것이다.

밝기 지각을 이해하기 위한 또 다른 접근법은 경험의 중요성을 강조한다(Purves & Lotto, 2003; Purves et al., 2004). 실질적으로 이 접근법은 Egon Brunswik(1903~1955)의 확률적 기능주의(probabilistic functionalism)[3] 전통을 따른다. 이런 경험주의 이론에 따르면, 시간이 지나면서 사람의 환경과의 상호작용 경험은 그 사람에게 '거기에' 무엇이 있다는 기대(확률)를 제공한다. 따라서 만약 두 개의 대상이 밝기가 다르고 그 차이가 세상을 항행하는 데 중요하다면, 사람들은 그 대상들을 밝기에서

3) 마음은 환경 자극 사이의 관계성 구조를 탐색하여 반응 구조와 부합되게 계산을 수행한다. 즉 원격 환경 단서와 반응 사이의 관계를 확률적 관계로 처리한다는 개념.(역자 주)

차이가 있는 것으로 지각할 것이다. 추측컨대, 만약 그 차이가 실제적인 중요성이 없다면, 대상의 밝기 차이를 지각하지 못할 수 있다. 이견이 분분한 심리학적 연구 세계에서 당연히 이 접근법에 대한 비판도 있다는 것을 예상할 것이다. 그럼에도 이런 경험적 접근법은 테마 3, 4와 일치한다.

지각조직화는 밝기 지각에 선행한다

밝기 지각은 매우 기본적인 지각 능력이라고 생각할지 모르겠다. 그러나 검증된 이론에 따르면, 우리는 장면 속 대상의 밝기를 지각하기 전에 먼저 시각 장면을 조직해야 한다(Agostini & Proffitt, 1993; Gilchrist, 1977, 1980, 2006). 다시 말해서 우리는 먼저 대상들의 밝기를 판단하기에 앞서 어느 대상들이 함께 묶이는지를 결정해야 한다. 이 상황은 밝기 자체가 조직화 단서로 작용할 수 있다는 사실 때문에 더 복잡해진다(Rock et al., 1992). 조직화 원리에 대해서는 5장에서 더 자세히 논의될 것이다.

자극들이 지각되는 맥락은 매우 중요하다(테마 2). 맥락의 역할에 대한 한 가지 고전적인 예가 동시 밝기 대비(simultaneous lightness contrast)이다(**그림 4.8**). 흰 사각형의 중앙에 있는 작은 회색 사각형은 검은색 사각형의 중앙에 있는 회색 사각형과 동일한 밝기를 가지고 있지만, 더 어둡게 보인다.

동시 밝기 대비는 단순해 보일 수 있다. 즉 표면은 밝은 배경 상에서 더 어둡게, 어두운 배경 상에서는 더 밝게 보인다는 단순한 규칙을 추출했을지 모르겠다. 또한 그 효과를 설명하기 위해 외측 억제라는 개념을 인용할 지도 모르겠다. 과연 정말 단순할까? 시각 체계가 조직화 능력을 가지고 있다는 것을 빨리 이해하기 위해 Paola Bressan(2001)이 개발한 **그림 4.9**를 살펴보자.

밝은 배경에서 회색 사각형들은 어두운 배경에서의 동일 회색 사각형들보다 더

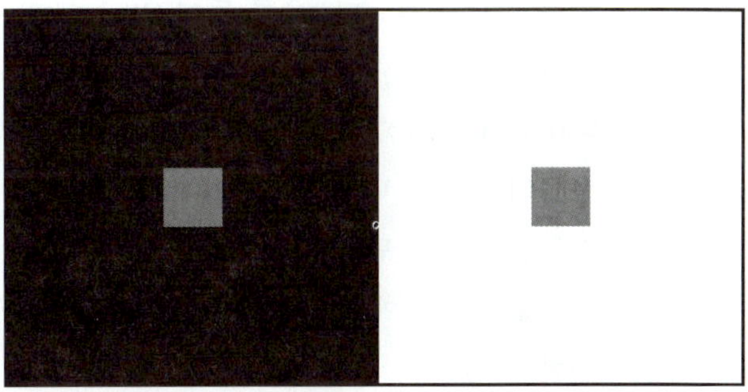

그림 4.8 동시 밝기 대비. 두 개의 작은 사각형을 비교해보라. 밝기에서 차이가 있는가? 맥락 때문에, 내부 사각형이 밝은 배경에서는 더 어둡게 보이기 십상이다. 반대로 내부 사각형이 어두운 배경에서는 더 밝게 보인다.

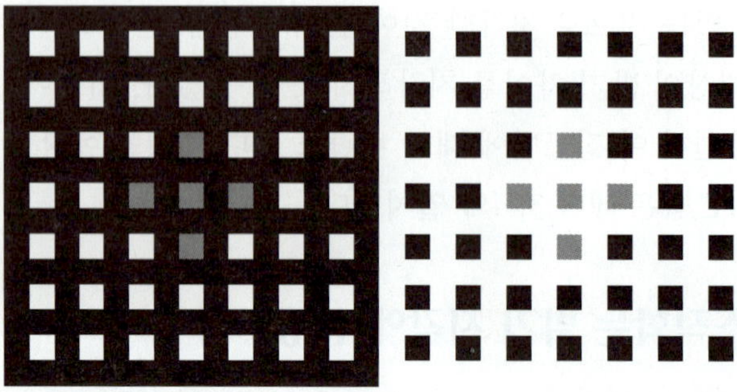

그림 4.9 동시 밝기 대비(그림 4.9)를 토대로 우리는 밝은 배경에서 작은 회색 사각형들이 어두운 배경에서보다 더 어둡게 보인다고 기대할 것이다. 그러나 Paola Bressan이 발견한 것처럼 시각 체계는 먼저 장면을 조직화한다. 즉 직접적으로 면해 있는 배경에서 작은 회색 사각형들을 비교하는 대신, 작은 사각형을 모두 비교하게 된다. 작은 흰색 사각형들의 맥락에서 회색 사각형들은 더 어둡게 보인다. 작은 검은색 사각형들의 맥락에서 회색 사각형들은 더 밝게 보인다.

밝아 보인다는 것을 주목하라. 왜 이런 현상이 일어난 것일까? 우리의 시각 체계는 먼저 장면을 조직화한 다음, 두 개의 다른 배경에서 (그리고 전면에서) 사각형 배열을 보고 있다고 판단하는 것으로 보인다. **그림 4.9**의 오른쪽 그림에서, 중앙에 있는 다섯 개의 회색 사각형을 제외하고 나머지 사각형들은 검은색이다. 조직화에 의해 회색 사각형들의 가현적 밝기는 나머지 검은색 사각형들에 의해 결정된다. 따라서 회색 사각형들이 흰 표면상에 있더라도, 우리의 시각 체계는 사실상 다른 검은색 사각형들과 비교해서 밝기를 판단한다. 검은색 사각형들과 비교해서 회색 사각형들은 더 밝게 보이는 것이다. 동일한 유형의 비교가 왼쪽 그림에 있는 사각형들에게도 적용되는데, 이 장면에서는 회색 사각형들이 나머지 흰색 사각형들과 비교해서 더 어둡게 보인다.

또한 관찰자로부터 동일한 깊이에 있는 것으로 보이는 대상들은 함께 집단화될 수 있다. 대상들의 밝기는 동일한 깊이(공면)에서 다른 대상들과 비교됨으로써 판단되는 것으로 보인다. 예를 들어 Gilchrist가 행한 실험은 밝기 판단이 관찰자로부터 동일 거리에 있는 것으로 지각되는 대상들의 상대적 강도에 의존한다는 것을 보여주었다(Gilchrist, 1977, 2006). 이와 반대로, 망막 상에서 서로 근접해 있는(그러나 관찰자로부터 거리가 다른 것으로 지각되는) 대상들의 상대적 강도는 덜 중요하다. 즉 관찰자들은 밝기 판단을 하기에 앞서 깊이 지각 판단을 먼저 해야만 한다.

밝기 판단에 앞서 이루어지는 깊이 판단의 중요성을 보여주는 또 다른 방법은 투명한 표면으로 둘러싸인 환경을 고려하는 것이다. 선글라스를 착용할 때 세상이 어

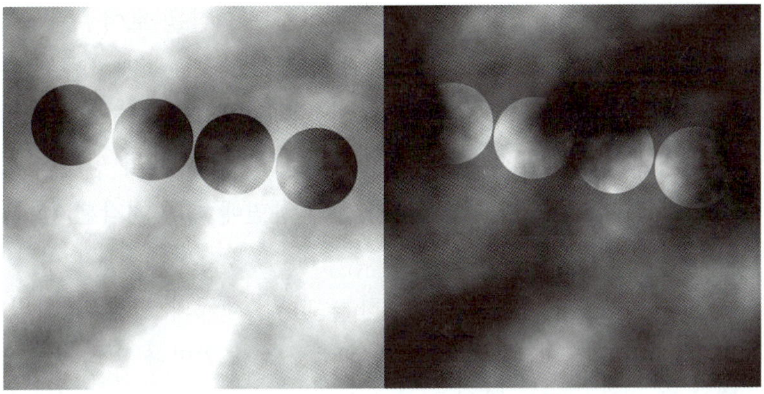

그림 4.0 맥락의 역할을 보여주는 Barton Anderson이 개발한 예. 각 그림의 달들이 다른 밝기를 가진 것으로 보일지라도, 왼쪽 그림의 달들과 오른쪽 그림의 달들은 밝기가 동일하다.

출처: Reprinted by permission from Macmillan Publishers Ltd: *Nature*, *434*, 79–83. (copyright© 2005.)

떻게 보일지 생각해보자. 자신과 세상 사이에 일부 선명한 칼라 표면이 보인다고 말할 수 있다. 그러나 모든 것들이 더 어둡게 보일지라도 대상의 상대적 밝기를 판단하는 데는 전혀 문제가 없다(Gilchrist, 2005). Barton Anderson 등은 투명한 표면 뒤에 있는 대상들의 지각된 밝기에 관심을 가졌다(Anderson et al., 2006; Anderson & Winawer, 2005; Singh & Anderson, 2006).

조직화의 영향을 보여주는 한 가지 예로 **그림 4.10**에 있는 달을 살펴보자. 두 경우 모두 시각 체계는 그 장면을 층으로 조직하는 것으로 보인다. 즉 작은 뭉게구름 뒤의 층에 달이 있는 것으로 조직화한다. 그러나 왼쪽 그림에 있는 구름은 밝게 보이고(명회색) 오른쪽 그림의 구름은 어둡게 보인다(암회색). 그러나 두 개의 달 세트는 어떤가? 왼쪽 그림의 달들은 검게 보이고, 오른쪽 그림의 달들은 하얗게 보이기는 해도 두 달의 밝기가 동일하다는 사실을 믿을 수 있는가!

동일한 밝기를 가진 자극들이 다르게 지각되는 이유는 무엇일까? 각 그림에서 왼쪽 끝에 있는 달들의 왼쪽 측면이 어둡다는 것에 주목하라. 왼쪽 그림에서 시각 체계는 검게 보이는 것이 밝은 구름의 뒤에 있는 달의 본래적 밝기에 기인하는 것으로 해석한다. 오른쪽 그림의 경우는 매우 어두운 구름에 의해 가려진 달이 본래 흰색이기에 하얗게 보이는 것이라 해석한다. 조직화를 다르게 함으로써 매우 다른 밝기 지각이 초래되는 것이다.

장면의 어떤 조직화는 완전히 마음속에서 발생할 수 있다. 마하의 띠로 명성을 얻은 Mach는 조직화가 밝기 지각에 미치는 역할을 보여주는 좋은 예를 제시하였다. WWW해보기 4.6을 통해 마하의 책(Mach's book)을 경험해 볼 수 있다. 현재 논의의 목적 상 중요한 현상은 지각된 깊이 관계를 변화시키고 나면, 마하의 책 양쪽 면의 가현적 밝기가 달라진다는 것이다. 동일한 광에너지가 망막에 도달한다는 사실에도 불구하고, 지각은 변한다. 따라서 책의 양면에 대한 지각된 깊이는 밝기 지각에 중요하다.

따라서 밝기 판단은 이웃하는 망막 자극의 단순한 대비 이상을 수반한다. Wallach의 단순한 비율원리에서부터 우리가 얼마나 멀리 달려왔는지 주목하라! 위에서 든 예들은 모두 밝기를 지각하기 전에 먼저 장면을 조직화하는 것이 중요하다는 점뿐만 아니라 밝기 지각이 단순하지만은 않다는 사실을 보여주고 있다. 이제 밝기 지각을 설명하는 완벽한 이론이 되기 위해서는 얼마나 정교해야 하는지를 보여주는 다른 예들을 살펴보기로 하자.

밝기 지각의 복잡성에 대한 추가 논의

지금까지의 논의만으로도 밝기 지각이 복잡한 과정이라는 것을 알았을 것이다. 즉 우리는 장면의 표면 밝기를 판단하기에 앞서 먼저 그 장면을 조직화할 필요가 있다. 그렇게 하기 위해 우리는 분명 표면이 공간에서 어디에 위치해 있는지 알 필요가 있고, 또한 관심을 두고 있는 표면 바로 옆에 있지 않더라도 '유사한' 표면들과 비교해서 그 표면의 밝기를 지각하는 것으로 보인다.

밝기 지각을 고려할 때 중요한 역할을 하는 다른 요인들도 있다. 앞에서 살펴본 Helmholtz의 접근법 맥락에서 보면, 장면의 조도 지각이 도움을 준다. 주위를 돌아보면 다양한 조명을 관찰할 수 있을 것이다. 즉 방의 어느 부분들은 햇빛에 노출되어 있고, 다른 부분들은 백열등에 노출되어 있으며, 또 그림자가 드리워진 부분들도 있을 것이다. 물론 부분적으로 그 장면의 조도 성질을 판단할 필요가 있다. 그러나 조도를 잘못 판단하면 어떤 일이 벌어질까?

Gelb(1929)는 조도의 성질과 관련하여 시각 피질을 속이는 고전적인 밝기 지각 연구를 했다. 관찰자들은 어두운 방에 앉아서 검정색 벨벳으로 만들어진 원판을 보았다. Gelb는 숨겨 놓은 프로젝터를 사용해서 **그림 4.11**에서 보여주는 것처럼 정확하게 검은색 벨벳 원판에 빛을 투사시켰다. 관찰자들은 흰색 원판을 보았다고 보고하였다. Gelb의 결과가 이해되는가? 관찰자들은 숨겨진 광원의 존재를 탐지할 수 없었기

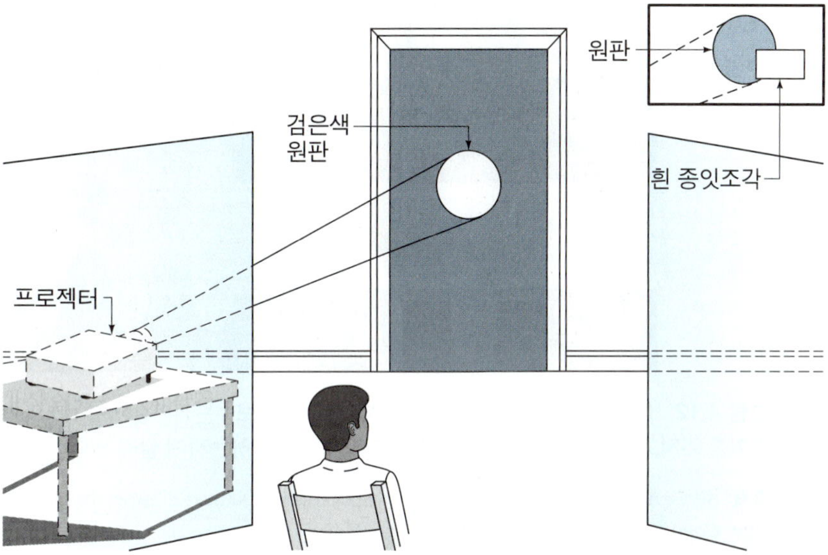

그림 4.11 Gelb(1929)의 실험. Gelb는 관찰자가 방에는 별도의 조명이 없다는 가정을 하도록 보이지 않는 곳에 프로젝터를 숨겨 놓았다. 프로젝터에서 나온 빛은 회전하는 벨벳 원판에만 투사되었고, 이때 관찰자는 그것이 흰색이라고 보고했다. 그 다음 흰 종잇조각을 숨겨진 프로젝터에서 나오는 빛의 경로에 붙여놓자관찰자는 원판을 검은색으로, 흰 종잇조각을 흰색으로 보았다. 하지만 이런 경험에도 불구하고 흰 종잇조각을 제거시켰을 때, 그 관찰자는 다시 원판을 흰색으로 보고하였다.

때문에, 조명이 방 전체에 걸쳐 일정하다고 가정만 할 수 있었다. 조명을 받은 검은색 원판은 방에 있는 다른 대상보다 훨씬 더 많은 빛을 반사시켰고, 따라서 관찰자들은 그것이 매우 높은 알베도를 가진 것으로 추론할 수밖에 없었다.

그 다음, Gelb는 원판 앞에 작은 흰 종잇조각을 붙여 놓았다. 이제 빛은 검은색 원판뿐 아니라 흰 종잇조각에도 투사되었다. 그러자 관찰자들은 원판이 검은색이라고 보고하였다. 흰 종잇조각을 빛에 투사되도록 붙이고 나면, 검은색 원판에서 반사된 빛의 비율은 흰 종잇조각에서 반사된 빛과 비교해서 작아지기 때문이다. 관찰자들이 그 원판이 사실 검은색이었다는 사실을 알고 나면, 그 원판이 검은색이라는 확신을 계속 고수하게 될까? 실제로 Gelb가 흰 종잇조각을 제거시켰을 때, 사람들은 다시 흰 원판을 보고했다. Gelb의 연구는 사람들이 알베도를 직접적으로 지각하는 것이 아니라는 앞서 살펴본 결과를 확증시켜 주었다. 만약 사람들이 알베도를 직접 지각한다면, 숨겨진 프로젝터로부터 기만당하지 않았을 것이다.

조명을 숨어서 제시하지 않아도, 밝기 지각은 기만당할 수 있다. **그림 4.12**를 보면(Adelson, 2000) 뱀착시(snake illusion)에는 밝기가 동일한 8개의 회색 다이아몬

그림 4.12 8개의 다이아몬드에 밝기의 차이가 있어 보이는가? 실제로 8개의 다이아몬드는 동일한 밝기를 가지고 있다. 밝기 지각은 장면을 어떻게 조직화하는지에 달려 있다.

출처: Adelson, E. H. (2000). Lightness perception and lightness illusion. In M. S. Gazzaniga (Ed.), *The New Cognitive Neurosciences*. Cambridge, MA: MIT Press.

드가 있다. 사실 오른쪽 네 개의 다이아몬드는 밝기가 같아 보이는데, 이것들이 다른 배경에 놓여 있음에도 밝기가 같아 보인다는 사실에 약간 당황할 수 있다. 반면 왼쪽 상단에 있는 두 개의 다이아몬드는 더 밝게 보이며, 왼쪽 하단에 있는 두 개의 다이아몬드는 더 어둡게 보인다. 이 효과는 이미 살펴보았듯이 장면을 어떻게 조직화하는지에 달려 있다. 지각된 깊이와 투명도 또한 영향을 준다. 그럼에도 밝기가 동일한 주위의 표면에서도 다이아몬드들의 지각된 밝기가 다르다는 것은 매우 흥미롭다.

밝기 지각에 영향을 주는 또 다른 요인은 표면들이 서로 급전하는 윤곽보다는 부드러운 밝기 변환(혹은 기울기)이다. Purves와 Lotto(2003)는 **그림 4.13**에서 볼 수 있는 Craik-O'Brien-Cornsweet 효과라는 강력한 일러스트레이션을 개발했다. 여기서 물체의 상단은 어둡게 보이고, 하단은 밝게 보인다. 분명 이 두 표면의 밝기가 차이가 있다고 확신할 것이다. 이제 손가락으로 그림의 상단과 하단 사이의 접지면이 가려지도록 대보고, 두 표면의 밝기가 어떻게 변하는지 살펴보라. 두 표면의 밝기는 동일해 보일 것이다. 따라서 가현적 밝기 차이를 일으키는 것은 두 표면 사이의 접지면 기울기 정보(gradient information)이다.

밝기 판단에서 이런 모든 복잡성과 오류를 확인하고 나서 이제 밝기 지각과 항등성을 어떻게 설명할 수 있을까? 불행히도 현재로선 우리가 밝기를 어떻게 지각하는지를 완전하게 설명해주는 이론은 없다. 그러나 우리는 특별히 어려운 지각 상황에 봉착하게 되면서 여러 접근법들의 장·단점을 판단할 수 있다. 더구나 연구자들은 계

그림 4.13 물체의 상면이 하면보다 더 어둡게 보이는가? 그림자를 보고 광원의 위치를 말할 수 있는가? 이 물체의 두 면의 실제 밝기를 판단하기 위해 손가락을 두 부분의 접지면이 가려지도록 대보라. 이제 두 면의 밝기가 동일해졌는가?

출처: Purves & Lotto, 2003. Image by R. Beau Lotto at www.lottolab.org.

속해서 이론을 수정해 나가고 있다(Gilchrist, 2006). 따라서 맥락이 밝기 지각에서 중요하긴 하지만, 직접적으로 둘러싸여 있는 맥락이 반드시 중요한 것은 아니다. 그리고 밝기는 광에너지에 대한 절대적 정보보다 상대적 정보의 영향을 받지만, 어떤 기점들(anchors)이 필요하기도 하다.

지금까지 단순 무색광(achromatic light) 지각에 영향을 미치는 여러 요인들에 대해 알아보았다. 이제 다른 기본적인 시각 과정들에 주의를 돌려보자. 3장에서 시각 체계를 논의하면서 시각 자극의 세부를 보기 위해서는 중심와가 필요하다는 것을 알았다. 먼저 3장에서 언급된 시력(acuity)의 개념과 시력에 영향을 주는 요인들을 살펴보기로 하자. 그런 다음 대상이 움직이는 동안 사람들이 시력을 어떤 식으로 유지하는지 논의하기로 하겠다.

절 요약

광에너지 지각

1. 대상들은 알베도 혹은 반사되는 빛의 백분율에서 차이가 있다. 밝기 항등성은 알베도가 낮은 대상들이 광범하게 변하는 조명에서 어두운 것으로 보이고, 높은 알베도를 가진 대상들은 광범하게 변하는 조명에서 밝게 보인다.
2. 밝기 지각에 대한 여러 설명들이 있다. Wallach의 비율원리에 따르면, 지각된 밝기는 장면의 표면에서 반사된 빛의 상대적 양에 의해 결정된다. 비교적 적은 빛을 반사시키는 시각장의 대상들은 어둡게 보이고, 비교적 많은 양의 빛을 반사시키는 대상들은 밝게 보인다. 어떤 설명들은 비율원리를 기점(예: 가장 밝은 표면은 흰색이다)과 조합시키기도 한다.
3. 지각 조직화는 밝기 지각에서 매우 중요하다. 지각된 밝기는 함께 집단화되는 대상들(서로 이웃해 있지 않더라도)의 반사율을 비교함으로써 얻어진다. 대상들은 관찰자로부터 동일한 깊이에서 발생하는 지각을 포함하여 여러 이유로 집단화된다.
4. 정확한 밝기 지각은 숨겨진 광원이나 새로운 자극 출현에 의해 방해를 받는다.

시력

시력이 좋지 않은 사람들은 시력의 중요성을 잘 알고 있을 것이다. 안경이나 콘택트렌즈를 사용하지 않는 것만으로도 망막에 초점을 가져올 수 없어 나타나는 여러 문제를 경험하게 된다.

시력(visual acuity)이란 장면의 세부를 볼 수 있는 능력이다. 따라서 시력은 공간에 있는 자극들의 변별 능력과도 관련된다. 실제로 시력은 여러 방법으로 측정될 수 있다(Smith & Atchison, 1997). 어떤 유형의 시력은 두 개의 검은 점들을 희미한 하나의 대상이 아닌 두 개의 분리되어 있는 대상들(흰 배경 속에서 서로 매우 근접해 있는)로 변별할 수 있는 능력으로 측정된다. 그런 시력은 친구가 가까이 와서야 발진(햇볕에 적당히 탄 것이 아닌)을 가지고 있음을 알아차릴 수 있게 해준다.

시각도는 시력을 평가하는 중요한 개념이다. **시각도**(visual angle)는 눈에서부터 표적의 외부 윤곽에 이르는 두 개의 선분을 확장시켰을 때 형성되는 각의 크기를 의

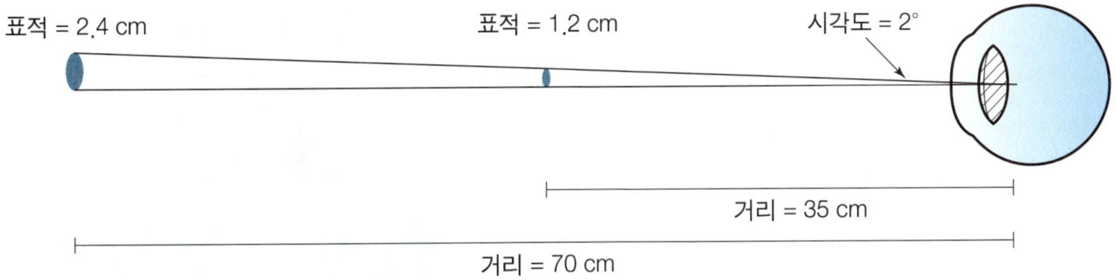

그림 4.14 시각도. 두 개의 표적 원들은 동일한 2°의 시각도를 이룬다. 따라서 그것들은 망막에 동일한 상이 투사된다. 그러나 먼 거리에 있는 표적(70cm)이 가까이에 있는 표적(35cm)보다 더 크다. 거리에 대한 정보가 없다면, 시각 체계는 두 대상의 크기를 정확하게 추정할 수 없다.

미한다. 시각도[4)]는 특정 거리에 구애를 받지 않기 때문에 유용한 측정치가 된다. 따라서 태양이 달보다 훨씬 더 클지라도, 달이 더 가까이에 있기 때문에 그 두 개의 천체 대상은 거의 동일한 시각도를 가진다(0.5° 혹은 30분). **그림 4.14**에서 보듯이, 만약 2.4cm의 직경을 가진 대상을 팔 길이(70cm)에서 본다면, 2°의 시각도가 형성된다. 그 직경(1.2cm)과 거리(30cm)를 반으로 줄여도 시각도는 여전히 2°를 유지한다.

따라서 시력이 좋은 사람이 시각도 1분(1/60도)으로 분리되어 있는 두 개의 검은 점을 탐지할 수 있다는 것은 그 점들이 2ft(약 60cm) 떨어져 있든, 20ft(약 600cm) 떨어져 있든 문제가 되지 않음을 의미한다. 1분의 시각도를 유지하려면 2ft에 있는 점들은 서로 근접해야 하고, 20ft에서는 더 벌어져서 떨어져 있어야 한다.

또한 3장에서 중심와는 5°의 시각도를 가진다는 것을 설명한 바 있다. 더 나아가 간상체가 없는 중심와의 중앙(원추체가 가장 집중 분포되어 있는)은 2°의 시각도를 가진다. 이제 이 정보는 의미가 있다. 예를 들어 팔 길이(70cm)에서 직경 2.4cm의 대상은 가장 예민한 시력을 제공하는 중심와의 중앙에 떨어질 수 있다. 그리고 70cm의 거리에서 2.4cm 직경을 가진 두 개의 대상보다 직경이 더 큰 대상은 중심와에 함께 떨어질 수 없다.

---

4) 시각도는 (H/D)의 아크탄젠트(수동식 계산기에서는 tan–1로 표시되어 있음) 값을 계산하면 된다. 여기서 H는 대상의 크기이고, D는 눈과 대상 사이의 거리를 나타낸다. 따라서 표적의 크기가 5cm이고 거리가 50cm인 경우, arctan(5/50) 혹은 arctan(0.1)의 값, 즉 5.7이 시각도가 된다(혹은 시각도를 분으로 나타낼 수 있는데, 1°는 60분이 된다).(역자 주)

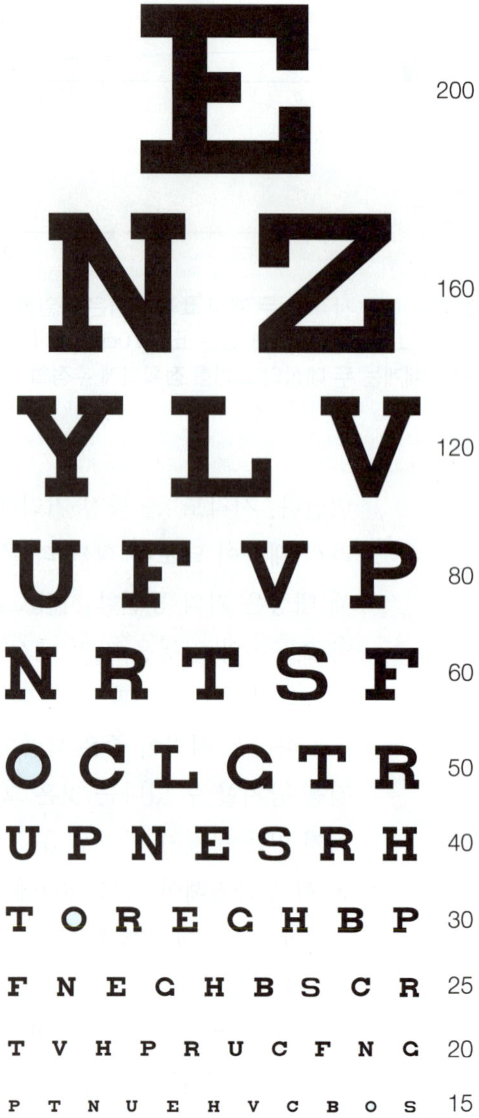

그림 4.15 스넬렌 시력표. 이 그림은 실제 시력표의 축소판이다. 정상 크기의 시력표에서 20/20 시력을 가진 사람은 20ft 거리에서 아래에서 두 번째 줄에 있는 문자들을 알아볼 수 있다. 그림의 축소판의 경우, 20/20 시력을 가진 사람은 30in(대략 팔 길이) 거리에서 마지막 줄에 있는 문자들을 읽을 수 있다. 만약 시력표의 오른쪽에 30으로 표시된 줄만 읽을 수 있다면, 당신의 시력은 20/30이 된다(정상 시력을 가진 사람이 30ft에서 읽을 수 있는 것을 20ft에서 읽을 수 있다는 의미이다).

시력 측정

시력은 여러 방식으로 측정될 수 있다. 가장 일반적인 시력 측정 방법은 네덜란드 안과 의사였던 Hermann Snellen(1834~1908)이 개발한 스넬렌 시력표(Snellen eye chart)이다. 스넬렌 시력표는 표준 선별검사로 많이 사용되고 있다. **그림 4.15**에서 보듯이 시력표는 큰 문자에서부터 작은 문자로 배열된 문자열을 가진다. 관찰자는 특정 위치에 있는 문자의 명칭을 말하도록 지시받게 된다. 검사자는 관찰자가 어느 한쪽 눈이나 다른 쪽 눈을 사용해서 정확하게 명칭을 말할 수 있는 가장 작은 문자의 줄을 확인한다.

스넬렌 시력표 상에서 시력은 전형적으로 관찰자의 수행을 다른 관찰자들의 수행과 비교함으로써 측정된다. 가령 시력표에서 20ft(6m) 떨어진 거리에 서 있다고 하자. 만약 정상 시력을 가진 사람이 20ft에서 읽을 수 있는 문자들을 당신도 읽을 수 있다면, 당신의 시력은 20/20이 된다. 그러나 시력이 좋지 않다면, 그 문자들을 읽기 위해 좀 더 가까이 접근해야 한다. 만약 정상 시력을 가진 사람이 40ft에서 확실하게 볼 수 있는 문자들을 시력표로부터 20ft 떨어진 거리에서 확인할 수 있다면, 당신의 시력은 20/40이 된다. 세계보건기구(WHO)는 교정 후 20/400 이하의 시력을 가진 사람들을 '앞을 보지 못하는 사람'으로 분류하였다(Whitcher, 2004). 미국의 경우는 교정 후 좀 더 나은 눈의 시력이 20/200 이하면 맹증(blindness)으로 정의한다. 그런 정의를 토대로 시각 장애인은 정상 시력을 가진 사람이 200ft에서 읽을 수 있는 시력표를 20ft에서 확인할 수 있는 사람이다.

그러나 스넬렌 시력표는 몇 가지 문제점을 가지고 있다. 그 중 하나는 검사를 받기 위해서 표적 문자들의 명칭을 알아야 한다는 것이다. 때문에 다양한 관심사를 반영하기 위해 다른 시력 측정 방법들이 개발되었다. 그 검사 중 하나(Lea 검사)가 어린 아동의 시력을 측정하기 위해 일반적인 대상의 사진들을 사용하는 것이다. 다른 검사들은 자극의 확인을 요구하지 않지만, 자극의 방위를 보고하도록 하여 시력을 측정하기도 한다. 검사자는 여러 다른 위치에 작은 틈을 가진 다양한 크기의 고리를 사용하기도 한다(Landolt rings; 란돌트 고리). 이런 검사들은 사람들에게 틈이 있는 위치나 E가 기울어진 방향을 지적하도록 하는 방식으로 검사를 한다(Chang, 2004). 그러나 스넬렌 시력표는 실제적인 의의를 지닌다. 실생활에서 성인들은 어느 정도 떨어진 거리에서 문자를 확인할 필요가 있으며, 스넬렌 시력표는 그것을 확인하여 측정하기 때문이다.

시력에 영향을 주는 눈의 특성

눈의 두 가지 특성이 시력에 중요한 역할을 한다. 3장에서 우리는 망막에서 원추체의 분포가 시력에 어떤 식으로 영향을 주는지에 관해 논의한 바 있다. 중심와에 있는 원추체들은 일 대 일 방식으로 신경절세포와 접속하기 때문에, 시력에 결정적인 영향을 준다. 먼저 원추체 분포가 시력에 어떻게 기여하는지 살펴보고, 망막에 상의 초점을 맺는 데 영향을 주는 요인들에 대해 논의하기로 하자.

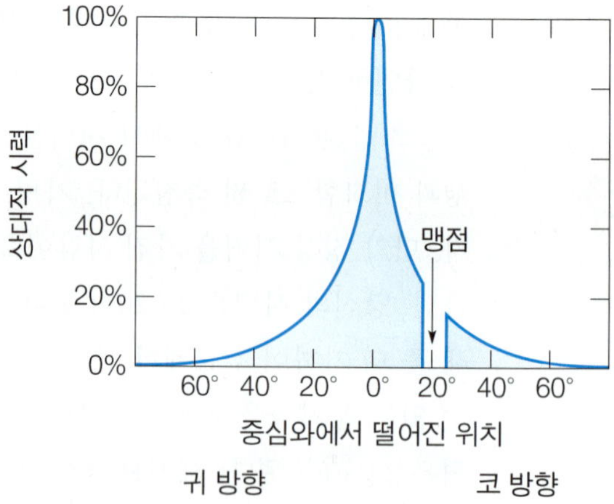

그림 4.16 망막의 위치에 따른 상대적 시력. 3장에서 논의했듯이, 가장 좋은 시력은 중심와의 중앙 부위에서 발생된다(100%라고 하자). 그리고 중심와 양 측면의 시력은 떨어진다. 맹점(중심와의 한쪽 측면에서 약 20° 벗어난 지점)에는 수용체가 없기 때문에, 그곳에는 시력이 없다.

원추체 분포의 영향

원추체 분포가 시력에 미치는 효과를 WWW해보기 4.7을 통해 확인해보라. 대략 눈의 중앙에서 2°를 점유하고 있는 간상체가 없는 중심와 영역에 등록되는 문자들을 확실하게 볼 수 있을 것이다. 이 영역은 너무 작아서 대략 18인치 떨어진 지점에서 책을 들고 있을 때 10개 정도의 문자만 중심와 영역에 떨어지게 된다. 그 중심을 벗어나면 매우 짧은 거리지만 시력은 급격하게 떨어진다. **그림 4.16**은 망막의 여러 위치의 상대적 시력을 보여준다. 그림에서 확인되는 것처럼 중심와의 중앙에서 10° 정도 벗어나면 상대적 시력은 중심와 시력의 30%까지 떨어진다.

망막에 상의 초점 맺기

3장에서 논의했듯이, 각막은 맨 처음 눈에 들어오는 빛을 굴절시킨다. 그 다음에 수정체가 빛을 더 굴절시킨다. 각막은 일정한 양으로 광선을 굴절시키지만, 수정체의 모양은 망막으로부터 떨어진 대상의 거리에 따라 변한다. 먼 거리에 있는 대상을 볼 때 수정체는 얇아진다. 그러나 가까운 거리에 있는 대상을 볼 때 수정체는 두꺼워지면서 굴절력을 증가시키는데, 이를 **조절**(accommodation) 과정이라 한다. 조절 과정을 통해 가까운 거리에 있는 대상의 초점이 중심와에 맺히도록 동공 수축(장의 깊이를 크게 하기 위해)과 안구 운동이 따른다(Glasser, 2006).

조절을 일으키는 신호는 흐릿한 망막상과 그 대상이 가까이에 있다는 지시(안구 운동과 같은)이다. 그러나 가령 수정체를 조절할 수 없다고 해보자(노안이나 수정체가 없는 사람처럼). 각막의 광학적 파워는 비교적 먼 거리에 있는 대상을 볼 수 있게 해준다. 하지만 문제는 가까운 거리에 있는 대상을 보려고 할 때 발생한다. 그 대상의 상은 대상으로부터 나오는 광선이 망막이 아닌 망막보다 뒤에 초점이 모아지기 때문에 망막에 흐릿하게 맺히게 된다. 그렇지만 굴절 수정체가 없는 사람들이 시력을 증진시킬 수 있는 방도는 없다. 다만 나이가 들지 않았다면 수정체는 여전히 굴절력을 가지고 있어 가까운 거리에 있는 대상으로부터 나오는 광선이 망막에 맺히도록 모양을 변화시킬 수 있다.

정상적인 초점 맺기 먼저 정상적인 조절 능력을 가진 눈의 초점 맺기를 살펴보자. 컴컴한 밤에 모든 방향으로 빛을 방출하는 촛불을 상상해보자. 만약 그 촛불이 멀리 있다면, 실제 눈에 도달하는 광선은 거의 병렬적일 것이다. (실제로 방출되는 광선의 매우 작은 세그먼트만 눈에 도달된다). 그러나 촛불이 가까이에 있으면, 방출되는 광선의 보다 큰 세그먼트가 눈에 도달된다. 결국 그 광선은 확산적(병렬적이 아닌)일 것이다.

그림 4.17을 보고 불꽃의 끝에 집중해보자. 그리고 촛불이 멀리 있는 두 가지 상황을 고려해보자. 가령 가까이에 있는 대상을 보고 있었고, 수정체가 조절되었다고 하자. 그 다음 멀리 있는 불꽃의 끝으로 시선을 옮긴다면, 두꺼운 수정체(4.17a)는 광선을 굴절시켜 망막보다 앞에 초점을 맞추게 될 것이다. 망막의 흐릿한 상은 수정체의 두께를 조절할 필요가 있다는 신호가 된다. 따라서 수정체를 더 얇게 조절함으로써(4.17b) 광선은 적절히 굴절되어 망막에 정확하게 모아지게 된다.

이제 촛불이 가까이에 있는 두 가지 상황을 고려해보자. 만약 불꽃의 끝에서 나오는 광선이 조절된 눈에 들어오게 되면(4.17c), 두꺼운 수정체는 망막에 초점을 맞추기에 충분한 정도로 광선을 굴절시킬 수 있다. 그러나 만약 수정체가 조절되지 않는다면(4.17d), 얇은 수정체는 광선의 초점을 망막에 맺히기 위해 충분히 굴절을 시키지 못하게 된다. 만약 빛이 망막을 지나가 버린다면, 광선의 초점은 망막의 뒤에 맺히게 될 것이다. 망막의 흐릿한 상은 수정체 조절을 위한 신호가 된다. WWW해보기 4.8을 통해 조절을 경험해보라.

수정체에 부착되어 **모양근**(ciliary muscle)이라는 작은 근육은 수정체의 조절 작용을 돕는다. 이 근육이 수축되면, 수정체는 두꺼워져서 가까이에 있는 대상을 볼 수 있게 해준다. 이 근육이 이완되면, 수정체는 얇아져서 먼 거리에 있는 대상을 볼 수 있게 해준다. 젊은 성인의 경우 조절을 통해 시야의 거리 변화를 조정하는 데 약 0.4초가 소요된다.

조절 과정은 눈의 내부 근육을 수반한다는 점을 기억하라. 불수의적 안구 운동

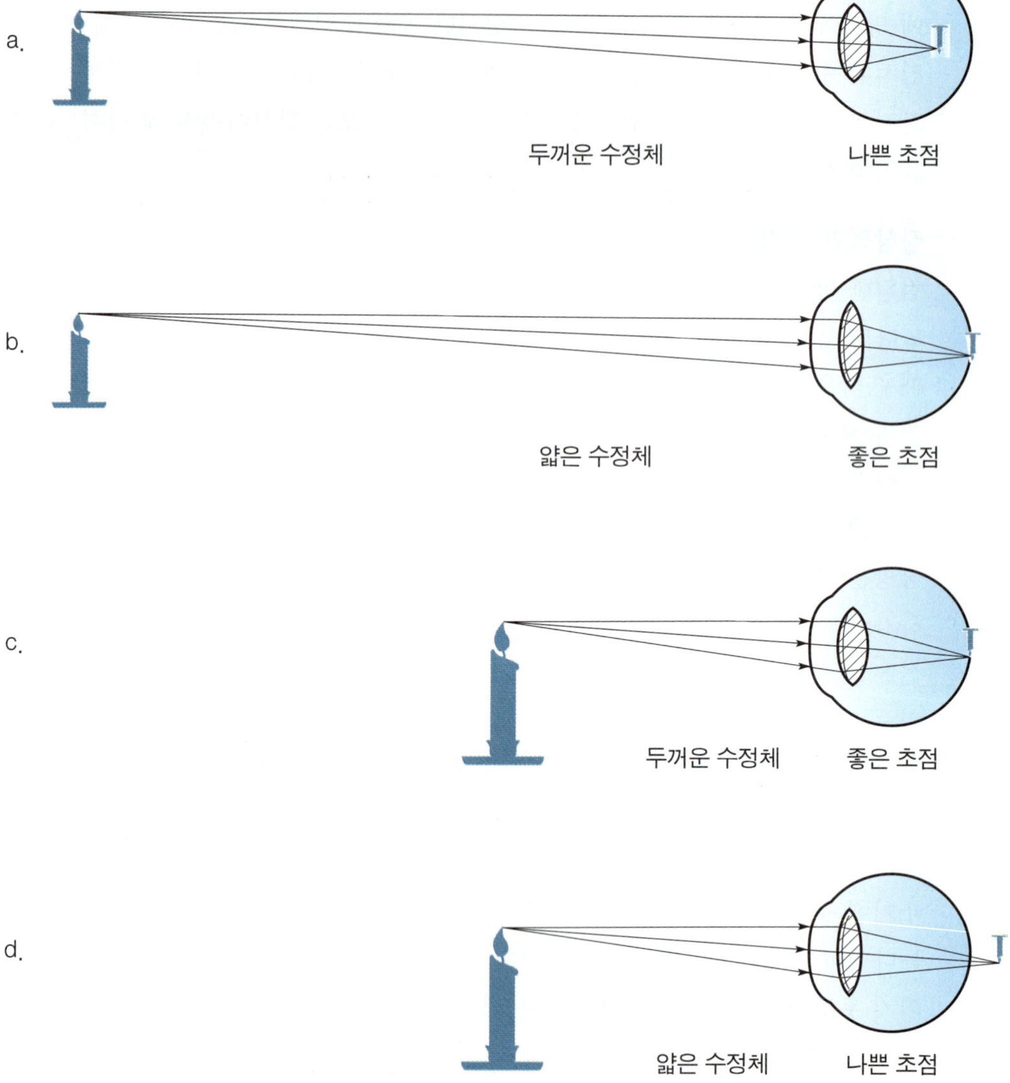

그림 4.17 조절. 먼 거리의 경우 수정체가 두꺼우면, 들어오는 빛이 너무 많이 굴절되어 망막이 아닌 그 앞에 상의 초점이 맺히게 된다(a). 결국 빛이 망막에 도달할 때 그 상은 흐릿해진다. 좋은 시력을 산출하고 먼 거리에 있는 대상을 보기 위해 수정체는 어느 정도 얇아져야 한다(b). 가까이 있는 대상의 경우 수정체가 두꺼우면, 들어오는 빛을 충분히 굴절시켜 상의 초점이 망막에 맺히게 된다(c). 그러나 만약 수정체가 얇다면, 상은 망막보다 뒤에 맺히게 되어 망막에 흐릿한 상이 맺히게 된다(d).

에 대해서는 이미 살펴보았고, 안구 운동은 다음 절에서 논의되는데 이런 안구 운동은 모두 눈의 외부 근육을 작용시킨다.

정상적인 눈은 멀리 있는 한 지점에 초점을 맞출 수 있다. 확실히 볼 수 있는 가장 먼 지점을 **원점**(far point)이라 한다. 가까이 있는 대상은 눈에서 겨우 몇 센티미터 앞에 접근될 때까지 초점이 유지될 수 있지만, 그보다 더 가까이 접근하게 되면 수정체의 곡률은 한계에 도달하게 된다. 조절의 한계를 경험하기 위한 간단한 해보기로 눈 가까이에 손가락을 가져가 보라. 손가락을 선명하게 볼 수 있는 가장 가까운 지점을 **근점**(near point)이라 한다.

초점의 문제 지금까지는 정상적인 눈의 능력에 대해 논의하였다. 불행히도 많은 사람들의 안구와 수정체의 모양은 망막에 상을 선명히 맺히지 않게 만들기도 한다. 따라서 일정 거리에 있는 한 점이 흐릿하게 보일 수 있다. **근시**(myopic 혹은 nearsighted)를 가진 사람들은 가까운 거리의 대상들은 볼 수 있지만, 대상이 멀어질수록 선명하게 볼 수 없다. 근시를 가진 사람들은 먼 지점에 초점을 맞추기 어렵다. 실제로 그런 사람들은 1미터 이상 떨어진 지점에서 대상을 선명하게 볼 수 없다. 정상 시력을 가진 사람들과 비교해서, 근시를 가진 사람들은 원점과 근점의 거리가 더 짧다. 물론 코 근처의 대상을 볼 수 있는 능력을 향상시킨다고 해서 먼 거리의 대상을 선명하게 볼 수 있는 능력 상실이 보상되는 것은 아니다. 따라서 근시안을 가진 대부분 사람들은 교정렌즈를 착용한다.

근시안의 경우는 비록 근시가 다른 원인에 의해 발생되었을지라도 전형적으로 정상보다 더 긴 안구를 가지고 있다. **그림 4.18**은 안구가 길어진 경우를 보여주고 있다. 근시안의 경우, 교정을 하지 않으면(심지어 아주 얇은 렌즈를 사용해도), 먼 거리에 있는 대상의 상이 망막 앞 지점에 맺히게 된다. 그러나 근거리 대상의 경우, 근시안은 선명하게 볼 수 있다. **그림 4.17d**를 보면 그 이유를 알 수 있다. 만약 수정체가 정상 눈에서 얇아지면, 근거리 대상은 눈의 뒤에 초점이 맞추어진다. 근시안의 경우, 안구가 길어졌기 때문에 얇아진 수정체로 근거리 대상의 초점을 맞출 수 있다. (**그림 4.17d**에 있는 안구가 약간 더 길어졌다고 상상해보라.) 따라서 정상 시력을 가진 사람들은 근거리 대상들을 보기 위해 수정체를 두껍게 조절하게 된다. 이와 반대로, 근시안의 경우는 얇아진 수정체로 근거리 대상을 본다. 근시안의 사람들은 근거리의 대상을 볼 수 있지만, 원거리 대상의 상이 망막의 앞에 맺힌다는 것을 주목하라.

근시는 **그림 4.18**에서 볼 수 있듯이 교정 렌즈를 통해 교정될 수 있다. 교정 렌

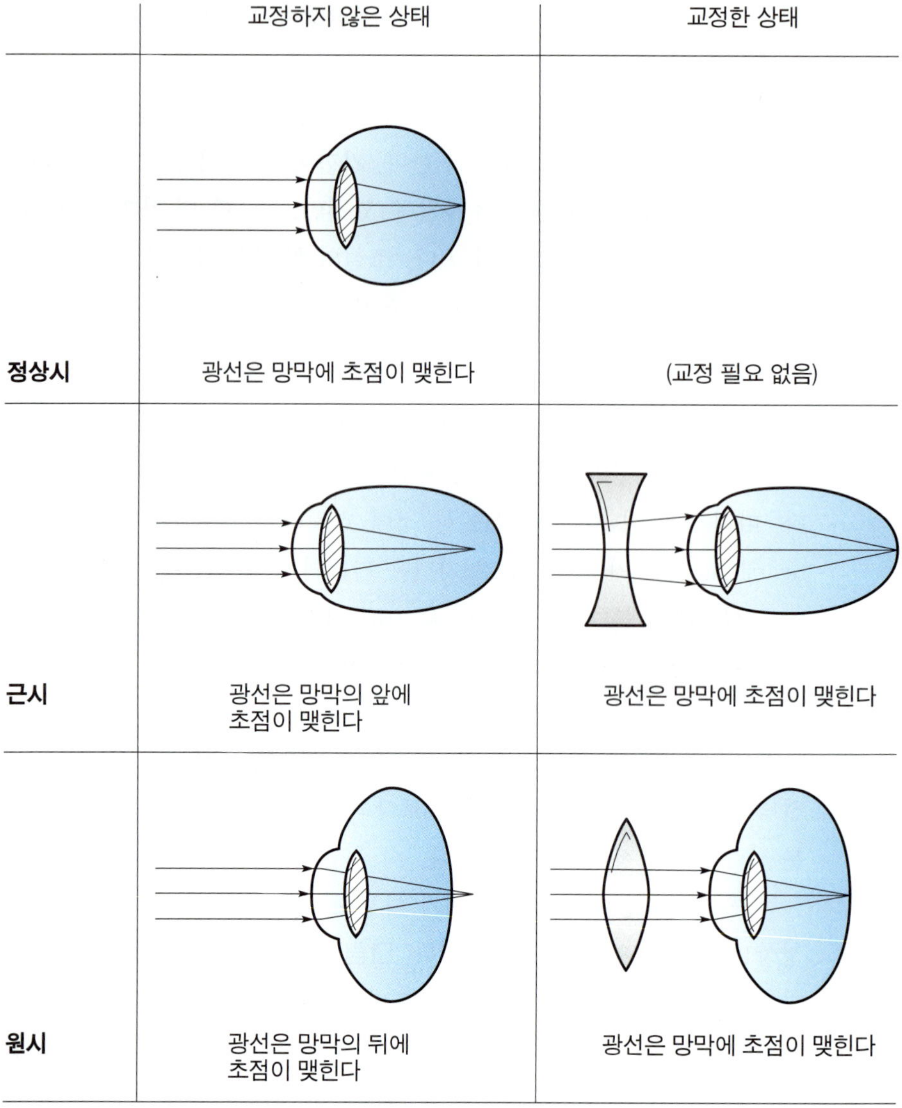

그림 4.18 정상시, 근시, 원시의 시각 능력 비교. 원거리 대상의 경우, 정상시는 수정체를 얇게 조절하여 상의 초점을 망막에 맺히게 할 수 있다. 그러나 근시는 원거리 대상의 초점을 맞출 수 없다. 만약 수정체가 두꺼워지면, 빛은 더 크게 굴절되어 상의 초점이 망막의 앞에 맺히게 된다. 이 경우 교정 렌즈가 대상과 눈 사이에 설치되어야 한다. 교정 렌즈를 통해 빛은 망막에 초점이 맺힐 수 있다. 원시의 경우는 전혀 다른 문제에 봉착하게 된다. 즉 이 경우 상의 초점은 망막의 뒤에 맺히게 된다. 원시는 수정체를 두껍게 함으로써 대상의 초점을 맞출 수 있기에, 원거리 대상의 초점을 맞출 수 있다(그래서 원시라는 용어를 사용한다). 그러나 근거리 대상의 경우, 원시는 대상의 초점을 맞추기 위해 수정체를 충분히 두껍게 조절할 수 없다. 따라서 교정 렌즈가 필요하다. 교정 렌즈는 근시와 원시를 가지고 있는 사람들 모두 정상시를 가진 사람들의 경우와 유사한 방식으로 수정체의 조절을 허용한다.

즈가 어떤 방식으로 광선이 수정체를 통과한 후 정확하게 망막에 모아지도록 그 광선을 더 확산시키는지 주목하라. 교정 렌즈를 사용하는 근시안의 사람은 정상시를 가진 사람의 시력과 유사하다. 교정 렌즈는 애초에 원거리 대상에 대한 시력을 교정하려는 의도로 사용되었는데, 부수적으로 근거리 대상에 대한 시력에도 영향을 준다. 교정 렌즈를 착용하는 근시안의 사람들은 교정 렌즈를 착용했을 때, 교정 렌즈가 없이도 볼 수 있는 근거리 대상에 초점을 맞출 수 없다. 만약 당신이 근시안이고 교정 렌즈나 안경을 착용한다면, 손가락을 눈에 얼마나 가까이까지 가져가야 선명한 상을 유지하는지 교정 렌즈를 착용한 상태와 착용하지 않은 상태에서 비교해보라.

근시가 왜 그렇게 많은 사람들(미국인의 30% 이상)의 문제가 되었을까? 근시의 한 가지 원인은 유전적 소인이다(e.g., Hammond et al., 2004). 이외에 근시는 경험에 기인하기도 한다(Chen et al., 2003; Schwartz, 2004). 예를 들어 독서와 같은 근접 작업을 수행하는 데 들인 시간은 근시의 정도와 상관이 있다. 그러나 상관이 있다 해서 그것이 인과관계를 의미하지는 않는다. 그렇다고 사람을 대상으로 실험적으로 근접 작업의 효과를 연구하는 것은 비윤리적이다. 그래서 연구자들은 원숭이, 나무두더지, 병아리와 같은 동물을 대상으로 이 문제를 탐구해왔다. Young(1981)은 원숭이에게서 근시가 어떻게 발생하는지를 연구함으로써 이런 상관 문제를 추적하였다. 원숭이에게 읽기를 가르쳐서 근시를 유도하는 대신에, Young은 눈에서 20인치 이상 벗어난 장소에 아무런 대상도 두지 않는 조건에서 원숭이들을 사육함으로써 근접 대상들에 대한 집중적인 경험을 제공하였다. 3년이 지나자 그 원숭이들은 모두 근시안이 되었다. 다른 연구자들은 동물들에게 오랜 기간 동안 안경(예: 병아리 안경)을 착용시킴으로써 근시를 유도하였다. 추측컨대, 근접 작업을 수행하는 경우 여러 안근들에 발생된 긴장이 근시를 일으키는 기여 인자로 보인다.

원시(hypermetropic 혹은 farsighted)를 가진 사람들은 원거리 대상은 볼 수 있지만, 근거리 대상을 선명하게 볼 수 없다. 원시는 전형적으로 정상보다 안구 길이가 짧아지면서 발생하게 된다. 정상시를 가진 사람들은 얇게 조정된 수정체를 통해 원거리 대상을 본다. 그러나 원시를 가진 사람들이 정상시를 가진 사람과 유사한 얇은 수정체를 통해 원거리 대상을 보면, 대상은 망막을 벗어난 지점에 초점이 맺히게 된다. **그림 4.18**에서 보듯이 광선이 눈을 통과하여 진전되면 눈의 뒤쪽에 초점이 모아진다. 그러나 원시를 가진 사람들은 두꺼워진 수정체로 광선을 더 많이 굴절시킴으로써 대상의 초점을 맞출 수 있다. 정상시와 원시를 가진 사람들 모두 원거리 대상을 선명하게 볼 수 있지만, 정상시를 가진 사람들은 얇은 수정체를 사용하는 반면, 원시를 가진 사람들은 두꺼운 수정체를 사용하게 된다. 또한 정상시를 가진 사람들은 근거리 대상을 볼 때 수정체를 두껍게 조절하지만, 원시를 가진 사람들의 수정체는 이미 두꺼워져 있어 근거리 대상을 보기 위해 수정체를 더 두껍게 조정할 수 없다. 따라서 교정 렌즈를 통해 원시를 가진 사람들(그리고 근시를 가진 사람들)은 근거리와 원거리 대상을 정상시를 가진 사람들처럼 조절할 수 있다.

시력에 영향을 주는 자극의 특성

자극의 여러 특성들이 시력에 영향을 준다. 스넬렌 시력표에서 확인했듯이, 한 가지 확실한 특성은 자극의 크기이다. 특히 매우 작은 자극들을 일정 거리에서 보기는 어렵다. 물론 이 특성은 칼라 코믹 스트립이나 TV 영상이 실제로 매우 작은 무수한 점들로 구성된 것이라는 사실을 무시할 수 있게 해주기도 한다.

시력에 영향을 주는 또 다른 특성은 대비이다. 즉 스넬렌 시력표가 흰색 배경이 아닌 암회색 바탕으로 구성되었다고 해보자(혹은 흰 종이 위에 밝은 회색으로 인쇄된 문자들을 상상해보자). 대비가 중요하다는 것을 인식하게 될 것이다(Brabyn et al., 2001; Brabyn et al., 2007). 고대비 조건에서 보이는 동일한 자극을 저대비 조건에서는 확실하게 보기 어렵다. 불행히도 그래픽 아티스트들은 대비의 중요성을 인식하지 못하는 것 같다. 대학교에 붙어 있는 홍보포스터들을 살펴보라. 암적색 배경에 인쇄된 검은 글자나 주황색 배경에 인쇄된 노란색 글자와 같은 예들을 종종 발견하게 된다.

분명히 이런 시력 문제들은 낮은 조명 조건에서 간상체에 의존해야 하기 때문에 발생한다. 간상체들은 신경절세포로 더 많이 수렴되기 때문에, 간상체 시각(암소시)에서는 항시 시력이 낮아질 수밖에 없다. 원추체 시력(명소시)은 3cd/m^2 이상에서 효과적이며, 우리는 약 30cd/m^{2}의 휘도(luminance) 수준에서 독서를 할 때 편안함을 느낀다. 휘도를 대략 80cd/m^{2}까지 증가시키면 시력도 증가되는데, 휘도가 그 이상으로 증가되면 시력은 미세하게만 향상된다(Ricci et al., 1998). 시력을 검사하는 최적 조건을 제공하기 위해 세계보건기구는 80~160cd/m^2 범위의 휘도 조건을 권고하고 있다.

휘도가 시력에 미치는 영향을 확인하기 위해, 우리가 일상적으로 하루 동안 경험하는 매우 밝은 조건(예: 햇빛이 강렬한 정오의 실외)에서 매우 어두운 조건(예: 창문으로 어떤 빛도 들어오지 않고, 전등도 켜지 않은 심야의 방안)에 이르는 여러 휘도 수준을 고려해보라. 이들 각 조건에서 **그림 4.15**의 스넬렌 시력표를 약 10ft 떨어진 거리에 두고 문자들을 확인해보라. 어느 줄의 문자를 모두 정확하게 확인할 수 있는가? 휘도가 감소하게 되면 시력 또한 저하되지 않는가?

절 요약

시력

1. 시력은 세부를 볼 수 있는 능력이다.
2. 스넬렌 시력표는 관찰자들에게 표적 문자를 확인하도록 요청함으로써 시력을 측정한다.
3. 시력은 상의 초점을 맞출 수 있는 능력, 상을 망막에 위치시키기, 대상을 보는 밝기 조건 등을 포함한 몇 가지 요인들에 의해 영향을 받는다.
4. 조절이란 모양근이 수축하여 수정체를 더 두껍게 조정함으로써 수정체의 굴절력을 증가시키는 과정이다. 조절이 없다면, 근거리 대상에서 나오는 광선들은 망막이 아닌 망막의 뒤에 초점이 모아진다.
5. 근시를 가지고 있어 원거리 대상을 볼 수 없는 사람들은 전형적으로 정상 안구보다 더 길어진 안구를 가진다. 따라서 원거리 대상의 상은 망막보다 앞에 초점이 맺히게 된다.
6. 원시를 가지고 있어 근거리 대상을 볼 수 없는 사람들은 전형적으로 정상 안구보다 더 짧은 안구를 가진다. 따라서 원거리 대상의 상은 망막보다 뒤에 초점이 맺히게 된다.
7. 자극의 크기와 자극의 배경과의 대비는 모두 시력에 영향을 미친다. 조명 수준이 낮은 경우 또한 시력을 저하시킬 수 있다.

안구 운동

이미 논의했듯이, 우리의 눈은 매우 미세한 불수의적 안구 운동으로 인해 항상 움직인다. 지금부터는 다른 유형의 안구 운동에 대해 살펴보기로 하겠다. 3장에서 이미 살펴보았지만, 우리는 대상의 상이 중심와에 맺힐 때 가장 선명하게 볼 수 있다. 가장 좋은 시력은 2°의 시각도를 가진 중심와의 간상체가 없는 부위에서 발생한다. 따라서 세상을 선명하게 보려면, 우리는 눈을 움직일 필요가 있다(2°의 시각도는 팔 길이에서 대략 500원짜리 동전 크기에 해당한다).

기본적으로 조절과 안구 운동은 모두 시력을 위해 중요하다. 여기서는 시력과 관련이 있는 두 가지 기본적인 안구 운동 유형을 논의해보자. 팔 길이에서 책을 들고 인쇄된 글자들을 보라. 수정체가 얇아지면서 두 눈의 시선 배열은 예각을 이루게 된다. 그 거리에서 책을 읽는 동안, 눈은 계속 글자들을 주사해야 한다. 그러나 두 눈의 시선이 형성하는 각도는 눈이 움직이는 동안에도 일정하게 유지된다. **동향 운동**(version movements)이란 시선이 형성하는 각도가 비교적 일정하게 유지되면서 같은 방향으로 안구가 움직일 때의 안구 운동을 지칭하는 용어이다.

이제 본문을 겨우 읽을 수 있을 정도가 될 때까지 책을 천천히 눈에 가깝게 이동시켜 보자(근점을 결정하기 위해 해보았던 것을 기억할 것이다). 수정체와 눈은 어떤 일이 발생할까? 수정체는 근거리 글자의 초점을 중심와에 맞추기 위해 조절될 것이다. 뒤에 논의되겠지만, 눈은 두 눈의 시선이 더 넓은 각도를 형성하기 때문에 이향 운동이 발생하게 된다. 이제 이런 근거리에서 글자를 읽을 때 필요한 안구 운동은 동향 운동이다. 벌어진 각도가 그대로 유지되기 때문이다. 먼저 두 시선이 형성하는 각도 변화를 초래하는 이향 안구 운동부터 논의하기로 하자. 그런 다음 동향 운동을 좀 더 자세히 살펴보기로 하겠다.

이향 운동

이향 운동(vergence movements)이란 대상의 초점을 맞추기 위해 전후 방향으로 대상이 움직일 때 발생하는 안구 운동으로 두 눈의 시선이 형성하는 각도가 더 작아지거나 커지는 안구 운동을 말한다. 좀 더 구체적으로 근거리 대상을 보기 위해 코 쪽으로 움직이는 각 눈의 시선에 따라 우리의 눈은 **수렴**(converge)하게 된다. 원거리 대상을 볼 때는 코로부터 멀어지는 각 안구의 시선에 따라 우리의 눈은 **확산**(diverge)하게 된다.

이향 운동의 목적은 두 눈으로 하여금 동일 표적에 초점을 맞추도록 하는 것으로, 시력을 유지하는 데 중요하다. WWW해보기 4.9를 통해 관심 대상에 두 눈이 초점을 맞추지 못할 때 복시(double vision)를 경험하게 된다는 것을 확인해보라. 이향 운동은 그 속도가 초당 10°를 초과하지 않을 정도로 다소 느리다(Hallett, 1986). 평균 이향 운동은 약 1초가 소요되는데, 이 속도는 다른 안구 운동과 비교해서 비교적 느리다고 할 수 있다. 또한 이향 운동은 조절(눈 내부 근육을 사용하는)보다도 느리다 (시각 체계가 원거리 대상과 근거리 대상 사이에서 시선을 변경시킬 때 두 과정을 모두 사용하기는 하지만).

Hoffman과 Sebald(2007)는 수렴이 거리 착각에 의해 영향을 받는다는 것을 발견하였다. 적절한 조명 조건에서 오목 얼굴 가면은 볼록 얼굴로 보인다. 만약 코를 선명하게 보기를 원하면, 눈은 공간에서 그것의 실제 위치에 수렴되어야 한다. 그럼에도 불구하고, 사람들의 눈은 코의 가현적(근접) 위치에 수렴된다. 이는 마치 우리의 시각 체계가 정상(볼록) 상태에서 얼굴을 보기 위해 약간 덜 선명한 상에 관대함을 발휘하려는 것처럼 보인다.

6장에서는 이향 운동을 거리 지각과 관련지어 살펴볼 것이다. 어떤 환경에서 우리는 대상의 거리 지각을 위한 단서의 하나로 수렴도를 사용한다. 두 눈이 정면을 보고 있을 때, 우리는 더 먼 거리의 대상에 초점을 맞출 수 있다. 또한 눈이 안쪽으로 회전할 때, 우리는 더 가까운 대상들에 초점을 맞출 수 있다.

심화학습

동향 운동

일정 거리에서 누군가 당신을 주시하고 있다는 느낌을 경험해 본 적이 있는가? 혹은 대화 도중에 상대방이 당신을 전혀 쳐다보지 않고 있다는 경험을 해 본적이 있는가? 인간은 사회적 동물이기 때문에, 우리는 다른 사람의 응시 방향에 매우 민감하다. 여러 이유로 심리학자들은 응시 지향 연구에 상당한 관심을 보인다. 대상들을 분명하게 보고 세상의 관심 대상들에 초점을 맞추기 위해 우리는 눈을 움직여야 한다. 따라서 안구 운동을 관찰하면 그 사람의 관심사가 무엇인지 알 수 있다. 유아를 연구하는 심리학자들은 이런 사실을 반영하는 방법들을 개발해왔다. 유아들은 자신들의 관심사를 직접 말할 수 없으므로 연구자들은 그들이 어떤 대상에 관심을 가지는지를 판단하기 위해 그들의 눈을 관찰한다(e.g., Fantz, 1961). 14장에서 유아의 지각을 연구하기 위해 연구자들이 이런 기법을 어떻게 사용하는지에 대해 살펴볼 것이다.

어떤 경우에 연구자들은 사람의 응시 방향을 관찰하는 것만으로도 많은 것을 알아낼 수 있다. 그러나 미세하면서도 빠른 안구 운동을 기록하기 위해서는 매우 정교한 장비가 필요하다(Henderson, 2006). 초기 안구 추적기(eye-tracking equipment)는 주체하기 어려울 정도로 커서 실험실 연구에서만 제한적으로 사용되었다. 그러나 최근 장비들은 휴대용으로 개발되어 연구자들은 자연 상황에서도 안구 운동을 연구할 수 있게 되었다. 그리고 정교한 장비를 사용하면서 두 가지의 중요한 안구 운동 유형(추적 운동과 도약운동)에 대해 풍부한 정보를 얻을 수 있게 되었다.

추적 운동

새가 시각장을 가로 질러 날아갈 때, 우리는 날아가는 새의 상이 중심와에 계속 유지되도록 하기 위해 눈으로 그 새를 추적해야 한다. 이때 발생하는 안구 운동을 **추적 운동**(pursuit movements)이라 한다. 정지된 장면을 볼 때는 추적 운동을 하지 못한다. 따라서 추적 운동을 하기 위해서는 일반적으로 환경 내에 운동이 존재해야 한다.

추적 운동은 몇 가지 중요한 특성을 가지고 있다. 우선 추적 운동은 비교적 느려서 일반적으로 초당 30°와 100° 사이의 속도를 보인다. 추적 운동의 두 번째 속성은 부드럽고 연속적이라는 것이다. 사실 이러한 중요한 특성을 강조하기 위해 종종 부드러운 추적 운동(smooth pursuit movements)으로 언급하기도 한다.

사람들은 흔히 추적 운동과 도약 운동을 구분한다. 그러나 그것들은 다르기보다는 유사한 점이 더 많다(Burke & Barnes, 2006; Krauzlis, 2004, 2005). 예를 들어 이들 두 안구 운동은 모두 소뇌, 상구, V5(MT) 영역 및 전두엽 안구 운동 영역(frontal eye field)을 포함하는 유사한 뇌 사이트 네트워크를 수반한다(Carpenter, 2005; Ilg et al., 2005; Krauzlis, 2005; Robinson & Fuchs, 2001). 본질적으로 우리의 시각 체계는 중심와에 관심 대상이 등록되도록 하는 안구 운동의 통제 문제에 봉착하게 된다. 그렇게 하려면 추적 운동, 도약 운동, 혹은 이 두 운동의 조합이 필요하다.

도약 운동

세상을 조망할 때, 우리는 매우 넓은 시각장을 보게 된다(그리고 모두 선명하게 보이는 것 같다). 그러나 실제로는 중심와에 떨어지는 부분만 선명하게 보인다. 선명하게 보이는 것의 일부는 눈의 일련의 경련 운동에 기인한다. 도약 운동(saccadic movement)은 한 고정점에서 다음 고정점으로의 신속한 안구 이동을 일컫는 용어이다. 이런 운동은 관심 대상의 이미지 위치를 중심와에 가져오기 위해 필요하다. 우리는 눈이 한 지점에서 다른 지점으로 이동하는 **도약**(saccade)이 일어나는 동안에는 볼 수 없다. 대신 우리는 도약 운동의 멈춤, 즉 **응시정류**(fixation pause) 시에 볼 수 있다. 그 다음에 우리는 응시점들을 토대로 시각장의 보다 큰 부분의 선명한 합성 장면을 짜 맞추기 한다. 따라서 이때는 기억이 수반된다.

특성 도약 운동은 몇 가지 중요한 특성을 지니고 있다. 첫째, 도약 운동은 가장 빈번하게 발생하는 안구 운동이다. 깨어 있는 동안에는 매초 3회 정도의 도약 운동이 발생하는데, 이는 휴식하는 동안의 심장박동수보다 더 빈번한 것이다(Carpenter, 2000; Findlay & Gilchrist, 2003). 둘째, 도약 운동은 부드럽다기보다는 경련에 가깝다. 셋째, 도약 운동은 빠르다(부드러운 추적 운동이나 이향 운동보다 훨씬 더 빠르다). 가장 빠른 도약 운동의 최고 속도는 초당 600° 이상으로 추정된다. 넷째, 추적 운동을 통제하는 뇌 사이트가 도약 운동도 통제한다(Carpenter, 2005; Girard & Berthoz, 2005; Krauzlis, 2005; Robinson & Fuchs, 2001). 마지막으로, 눈의 근육들은 하루 내내 도약 운동에 관여하지만 피로를 느끼지 않는다.

이제 시간에 따른 도약 운동의 위상(phases)을 살펴보기로 하자. 도약 운동을 계획하는 데는 0.20초(200msec) 정도가 필요하다. 만약 연구 참가자들이 특정 신호를 볼 때마다 도약 운동을 하도록 지시를 받는다면, 신호를 보고난 후 눈을 움직이기 시작하기까지 0.20초의 지연이 있는 것이다. 이런 지연 시간은 도약 운동에 소요되는 시간(눈이 움직이는 거리에 따라 0.02초에서 0.10초)보다 길다. 도약 운동의 속도 때문에, 망막의 이미지 정보는 도약 운동 동안에 흐릿해진다. 이런 문제를 피하기 위해 시각 체계는 **도약 운동 억제**(saccadic suppression)[5]라는 기전을 발동시켜 그런 입력 정보를 무시할 수 있다(Findlay & Gilchrist, 2003). 비록 도약 운동에 의해 발생된 정보의 흐림을 억제시킬 수 있더라도, 도약 운동 동안에 발생할 수 있는 다른 운동은 지각이 가능하다(Castet et al., 2002; Caster & Masson, 2000). 도약 운동의 최종 단계는 눈이 새 주기를 시작하기 전에 약 0.20초 동안 유지되는 응시정류이다. 여러 도약 운동에서 얻어진 정보들은 소위 **경유 도약 운동 통합**(transsaccadic integration)이라는 과정을 통해 모두 통합된다.

안구 운동에 대한 좀 더 완전한 이해를 위해 안구 운동을 통제하는 근육에 선천적인 문제가 있는 A.I.의 사례를 살펴보자(Land et al., 2002). A.I.는 그녀의 머리 전체를 사용해서 도약 안구 운동과 유사한 운동을 일으켜야 했다. 그녀가 일으킨 도약 안구 운동은 실제 도약 운동보다도 빈도가 더 낮고, 더 느리며, 더 오래 지속되었다. 그럼에도 불구하고, A.I.는 머리를 움직여서 매우 효율적으로 세상을 항행하는 법을 익혔다.

---

5) 안구의 빠른 움직임이 일어날 때, 상대적으로 중요한 정보를 담고 있는 단서를 통해 정보를 활용할 수 없으므로 안구의 빠른 움직임을 최소화하려는 시선 조절 전략.(역자 주)

물론 정상적으로 도약 운동을 일으키는 것이 훨씬 더 효율적이다. 그리고 우리는 그런 도약 운동을 다양한 목적을 위해 사용하기도 한다. 이런 도약 운동이 우리가 세상을 지각하고, 그 속에서 간단한 과제를 완수하고 독서를 하는 데 어떤 역할을 하는지 간단히 살펴보기로 하자.

실제 환경 장면 문제는 분명하다. 우리는 3차원 세상을 항행하고 있지만, 중심와에 맺히는 세상의 극히 일부분만을 선명하게 볼 수 있다. 우리는 어떤 식으로 먼저 어디를 볼지를 결정하는가? 그 다음 응시는 어디를 지향하는가? 그리고 무엇이 있다는 것을 확인하기 위해 얼마나 많은 응시를 해야 하는가? 일반적으로 연구자들은 관찰자에게 실제 환경 장면들을 보여주고 그들의 안구 운동을 연구함으로써 이런 질문들에 대해 답을 구한다. 연구자들은 또한 휴대용 안구 추적기를 사용해서 사람들이 자연스럽게 일상의 활동을 하는 동안 그들의 안구 운동을 연구한다.

실제 환경에서 발생하는 안구 운동의 기본적인 사항에 대해서는 이미 살펴본 바 있다. 즉 우리는 시각장에 있는 어떤 표적을 응시한 다음, 장면 속 다른 표적을 응시하기 위해 매우 빠른 도약 운동을 일으킨다. 그리고 기억할 것은 우리가 도약 운동을 하는 동안에는 사실상 아무것도 볼 수 없다는 것이다. 따라서 우리가 보는 것은 응시가 고정되는 동안에만 가능하다. 따라서 우리는 도약 안구 운동을 통해 1초 동안 3회(혹은 4회)의 응시점을 만들어 낸다. 대개의 경우 응시는 0.20초에서 0.30초의 범위에서 이루어지지만, 장면에 따라서는 더 길어지기도 한다(1초까지).

최초 응시점을 생각해보자. 우리가 처음으로 응시한 것이 무선적이었다고 생각하는가? 전혀 그렇지 않다. 어떤 연구자들은 우리의 최초 응시는 실물에 대한 어떤 인식이 없이 모서리의 대비와 같은 하위 수준의 정보에 기초하여 이루어진다고 주장한다(e.g., Henderson & Ferreira, 2004a). 아무것도 없는 공간을 보는 것은 얻을 것이 없기 때문에 그것은 분명 현명한 규칙이다. 그러나 우리는 그보다 더 낫다. Mark Becker 등(2007)은 우리의 최초 응시는 디스플레이의 이례적인 정보로부터 발생된다는 것을 보여주는 기발한 두 개의 실험을 수행했다. 연구자들은 참가자들에게 먼저 빈 화면 중앙의 한 지점을 응시하도록 한 다음, 사진을 제시했다. 사진은 특이 사항이 전혀 없는 장면이거나 방위(예: 가족사진에서 얼굴이 거꾸로 된 장면)나 색(예: 초록색 손)에서 이례적인 장면이 포함되었다. 이례적인 사진을 볼 때, 참가자들은 제일 먼저 거꾸로 된 얼굴이나 초록색 손을 응시하는 경향이 있었다. 사람들이 낯선 대상을 최초로 응시했다는 것은 그들이 그 장면을 충분히 이해했기 때문임을 시사한다.

이런 결과를 통해, 이제 우리가 최초 응시를 한 시각 장면에서 많은 것을 학습한다는 사실에 대해 그리 놀라지는 않을 것이다. 사실 많은 다른 실험 패러다임을 통해 얻은 결과들은 우리가 장면의 요지(gist)를 추출할 수 있는 능력을 가지고 있음을 확증해주었다(Oliva, 2005; Oliva & Torralba, 2006; Underwood, 2005).

그러면 무엇이 도약 운동으로 하여금 그 다음 응시를 지향하게 할까? 다시 하위 수준의 지각적 정보(예: 채워져 있거나 비어 있는 공간 탐지)가 중요한 역할을 한다. 즉 우리로 하여금 빈 공간을 무시하도록 해준다. 그러나 우리는 또한 디스플레이의 변화에 이끌리게 되는데, 따라서 우리는 어떤 대상을 담기 위해 사용되는 빈 영역을 응시하거나 갑자기 출현하는 대상을 응시한다(Brockmole & Henderson, 2005; Henderson & Ferreira, 2004a). 이는 인지적 정보가 또한 도약 운동을 지향시키는 역할을 한다는 것을 시사한다(테마 4). 즉 우리가 장면의 어느 한 측면(예: '저 가족의 경제적 배경은 어떨까?')에 대해 알고자 할 때의 도약 안구 운동과 응시는 그 장면의 다른 측면(예: '사진 속의 저 사람은 몇 살이나 되었을까?')을 알고자 할 때와는 상당히 다르다.

일상 활동 몇몇 연구 팀들은 우리가 시각적으로 인도되는 행위를 하는 동안 어떻게 눈을 움직이는지를 확인하려는 흥미로운 연구를 수행했다. 그들은 사람들이 운동하기, 운전하기, 요리하기, 차 마시기 등과 같은 여러 활동을 하는 동안의 안구 운동을 연구했다(Findlay & Gilchrist, 2003; Hayhoe & Ballard, 2005; Land et al., 1999; Shinoda et al., 2001). 이 연구들은 위에서 살펴본 연구 유형과는 다르다. 이 연구에서는 사람들이 단순히 실제 장면을 관찰하는 것이 아니라 직접 환경 속 대상들을 다룬다. 즉 안구 운동은 행위를 인도하고, 이런 안구 운동은 행위가 이루어지기 전에 발생한다는 것을 확인했다.

차 만들기나 샌드위치 만들기와 같은 비교적 간단하고 잘 연습된 활동을 할 때 발생하는 안구 운동은 몇 가지 기본 범주로 분류될 수 있다(Findlay & Gilchrist, 2003; Land & Hayhoe, 2001). 우리는 이 과제를 위해 필요로 하는 대상들(예: 차 주전자, 식빵)에 응시를 지향한다. 관심 대상의 위치에 따라 어떤 도약 운동은 상당히 크게 이루어지기도 한다. 일단 위치를 파악하고 나면, 그 대상으로 운동을 지향하기 위해 대상을 본다. 한 대상(예: 주전자 뚜껑, 칼)에서 다른 대상(예: 주전자, 잼)으로 응시점을 이동시킨다. 마지막으로, 어떤 조건(예: 물이 끓고 있는지, 식빵에 잼이 발라져 있는지)을 확인한다. 이 과제를 완수하는 동안 일어난 응시 시간들 또한 비교적 길다(예: 물이 끓고 있는지 확인하는 것).

이런 유형의 연구는 분명 모니터에 제시된 고정된 사진을 보는 동안 일어나는 안구 운동을 확인하는 연구를 보완해준다. 이들 두 접근법의 주요 차이점은 실험실 환경에 대한 실험자 통제와 상황이 얼마나 실제적인지(외적 타당도)에 있다. 연구자들은 고정된 사진의 내용을 엄격하게 통제할 수 있다. 그러나 연구자들이 사람들에게 그 환경에서 자유롭게 돌아다닐 수 있게 허용하면, 통제력은 약해진다. 지금부터는 독서 상황에서의 안구 운동 연구로 주의를 돌려보기로 하겠다. 이 연구는 흔히 고정된 텍스트 디스플레이를 사용하지만, 그것은 우리가 일상에서 읽는 텍스트의 전형이라 할 수 있다. 따라서 독서 상황에서의 안구 운동 연구들은 통제력이 높을 뿐만 아니라 매우 실제적이기도 하다.

독서 당신은 이 책을 읽는 동안 발생하는 도약 안구 운동을 인식하지 못할 것이다. 사실 응시와 도약 운동이 반복해서 일어나고 있지만, 안구 운동이 독서를 하는 동안 매우 부드럽게 이루어지는 것으로 생각할지 모르겠다(Rayner, 1998; Rayner & Liversedge, 2004; Rayner et al., 2005; Reichle & Laurent, 2006). 자연 장면을 볼 때처럼, 독서를 할 때 각 응시 지속시간은 구와 단어의 성질에 따라 변한다(.05초에서 .5초 이상). 도약 안구 운동은 매우 짧은 시간(.02초에서 .05초)에 이루어지는데, 통상적으로 눈은 우측으로 6개에서 9개 낱자까지 이동된다. 그러나 어떤 도약 운동은 단지 한 개 낱자 정도의 짧은 거리에서 이루어지기도 하고, 어떤 도약 운동은 20개 낱자만큼 길게 이루어지기도 한다(Rayner et al., 2005). **회귀성 도약 운동**(regressive saccades)이라 부르는 다른 도약 운동은 실제로 다시 학습하기를 원하는 단어들을 응시하기 위해 눈을 뒤로 이동시킨다(Inhoff et al., 2005; Vitu, 2005). 물론 텍스트 줄의 끝에 이르면, 눈은 다음 줄의 처음으로 이동된다.

안구 운동에 대한 앞의 논의에서 확인했듯이, 독서를 하는 동안 발생한 도약 운동은 무선적이지 않다. 정보가 중심와에 떨어질 때조차도 우리의 시각 체계는 도약 운동을 지향시키기 위해 중심와 밖의 망막 입력 정보를 사용한다. 눈이 실제 환경에서 빈 공간으로 이동하지 않는 것처럼, 도약 운동은 단어 사이의 여백으로 눈을 이동시키지 않는다. 그러나 여백은 단어들 간의 경계를 표시해주는 것이기 때문에 중요하다. 따라서 시각 체계는 다음 응시 지점을 결정할 수 있다. 사실 어떤 단어들(예: 짧은 단어, 특히 the와 같은 정관사)은 다른 단어와 묶여서 도약 운동으로부터 생략된다.

그리고 어떤 단어를 응시할 때, 눈은 일반적으로 단어의 중앙을 기점으로 그 왼쪽을 도착지로 삼는다.

하나의 낱자를 응시하는 경우, 우리는 실제로 낱자들과 여백의 좌측(약 4개 지점)과 우측(약 15개 지점)의 일정 범위를 지각한다. 이 범위를 **지각폭**(perceptual span)이라 한다(Rayner & Liversedge, 2004). 물론 우측의 일부 지점들은 중심와를 벗어나기 때문에, 우리는 실제로 눈으로 들어오는 단어들을 다 읽을 수 없다. 그러나 다음에 무엇이 있을 것임을 파악하는 데 도움을 주는 미리보기를 얻을 수 있다.

Rebecca Johnson 등(2007)은 그 정보가 얼마나 특정적인지를 보여주는 일련의 실험을 수행했다. 캠브리지대학 연구자들이 사람들은 단어 속 낱자들이 뒤섞여 있는 텍스트를 읽을 수 있음을 밝혀냈다는 이메일을 누군가로부터 받았을지 모르겠다. 의심스러우면 WWW해보기 4.10을 해보라. 그 이메일은 장난 메일이었고(캠브리지대학에서는 그런 연구를 행한 적이 없다), 그 주장 또한 전혀 근거가 없다(Grainger & Whitney, 2004; Rayner et al., 2006). 그러나 들어오는 단어의 낱자들을 변화시키면, 이것은 다른 변화를 준 것보다 더 큰 부적 효과를 미친다는 것은 사실이다.

Johnson 등은 연구 참가자들에게 컴퓨터 화면에 제시되는 여러 구(passages)를 속으로 읽도록 했다. 각 구에는 변형이 없거나, 각각 두 개의 가운데 있는 낱자들 혹은 두 개의 마지막 낱자들이 서로 교환되어 있거나, 두 개의 가운데 있는 낱자들이 다른 낱자들로 치환되어 있거나, 두 개의 마지막 낱자들이 다른 낱자들로 치환된 하나의 표적 단어가 포함되어 있었다. 독자의 눈이 표적 단어로 이동하기 시작하면, 컴퓨터는 그 표적 단어를 변화를 주지 않은 실제 표적 단어로 대치시켰다.

예를 들어, "*Christopher's tiny fleas performed flawlessly in the miniature circus*"라는 문장을 예로 들어 보자. 표적 단어 *fleas*에 대해 어떤 참가자에게는 변화가 없는 단어를 제시하지만 다른 참가자의 경우 *flaes*(중앙 낱자 교환), *flesa*(마지막 낱자 교환), *fluos*(중앙 낱자 치환), 혹은 *fleve*(마지막 낱자 치환) 중 어느 하나가 제시된다. 애초에 어떤 단어가 제시되든지 간에 일단 독자의 눈이 표적 단어로 움직이기 시작하면, 컴퓨터는 그 단어를 변화를 주지 않은 실제 단어로 대치시켰음을 기억하라.

만약 지각폭에서 우측의 낱자들에 대한 외현 정보가 거의 없다면, *fleas*에 대한 어떤 대치도 눈이 그 표적 단어로 움직일 때, *fleas*를 처리하는 시간과 차이를 보이지 않는다. 그러나 변형을 시키지 않을 때나 변형된 낱자를 포함할 때보다 사전에 치환된 낱자가 포함될 때는 *fleas*를 응시하는 시간이 더 길었다. 따라서 독서는 사실상 눈으로 들어오는 단어가 오자를 포함하는 경우 방해를 받는다. 더 나아가 독서는 눈으로 들어오는 단어가 정확한 낱자를 포함하지만, 두 낱자가 교환되어 있을 때도 방해를 받는다. 모든 경우에서 첫 두 낱자(*fl*)는 동일하며, 오류가 없다는 것을 주목하라. 그러나 만약 *fleas* 미리보기가 *fleve* 미리보기보다 더 도움이 되는 *flesa* 미리보기와 비교하면, 그 단어를 더 효과적으로 읽을 수 있다.

예측할 수 있듯이, 유능한 독서가는 무능한 독서가보다 안구 운동을 더 잘 사용한다. 즉 유능한 독서가의 경우 도약 운동은 더 길고, 회귀성 도약 운동은 더 적고, 응시는 더 짧다. 극단적인 예로 순수실독증(pure alexia)을 가진 사람은 단어의 개개 낱자를 응시하며 단어를 읽는다(Rayner & Johnson, 2005).

독서 상황에서의 안구 운동에 대해 간략하게 살펴보았음에도, 그 과정이 단순하지 않다는 것을 충분히 이해했을 것이다. 또한 3장을 통해 시각의 기본 과정들이 복잡하다는 것을 알았을 것이다. 후속 장들은 사람에게 매우 단순해 보이는 지각 과정들을 설명하려는 시도로 연구자들이 탐구하는 복잡한 과정들을 더 살펴보게 될 것이다. 사실 지각 연구의 큰 매력은 이렇게 숨겨진 과정들을 찾아내는 것이다.

이 시점에서 당신은 세상을 바라 볼 때 사방에 있는 것들이 여기저기 불쑥 튀어나오지 않음에 머리를 긁적이거나 어떻게 그런 것인지 의아해 할 수 있다. 결국 우리의 눈은 일련의 미세한 불수의적 운동뿐만 아니라 이향 및 동향 운동을 한다. 여기서는 신체 운동의 영향에 대해서는 논의조차 하지 않았다. 하지만 우리는 세상이 온통 움직임 속에 존재한다고 신호하는 모든 망막 정보에도 불구하고 안정된 세상을 지각한다는 것을 주목해야 한다(테마 3). 또한 사람들이 생각하는 것이나 눈의 움직임에 의해 행하는 것에 대해서도 많은 것을 이해했을 것이다.

절 요약

안구 운동

1. 이향 운동은 두 시선이 형성하는 각이 변할 때 발생한다. 눈은 근거리 대상을 보기 위해 수렴하고, 원거리 대상을 보기 위해 확산한다. 이향 운동은 동향 운동보다 느리다.
2. 눈의 동향 운동은 두 시선이 형성하는 각이 일정할 때 발생한다. 동향 운동은 추적

운동과 도약 안구 운동을 포함한다.

3. 시각 체계는 움직이는 표적을 따라가기 위해 추적 운동을 사용한다. 이런 운동은 느리고 부드러우며, 표적의 속도와 대응되는 속도를 보인다.
4. 도약 안구 운동은 하나의 응시점에서 다음 응시점으로의 빠른 눈 이동이다. 이런 운동은 번번하게 발생되며, 경련성 운동이고, 빠른 운동이며, 탄도성 운동이다. 도약 안구 운동은 크게 피로를 일으키지 않는다.
5. 실제 환경 장면을 볼 때 우리는 빈 공간을 응시하지 않는데, 이는 장면의 단순한 요소들이 응시를 유도한다는 것을 시사한다. 또한 우리는 장면의 이례적인 부분을 응시하는데, 이는 우리가 그 장면에 대해 기본적인 이해를 하고 있음을 시사한다. 더구나 도약 안구 운동과 응시는 장면의 어느 부분을 학습하려는 지에 따라 달라진다.
6. 움직이기, 운동하기, 운전하기, 차 만들기, 독서하기와 같은 다양한 실생활 과제를 수행할 때, 우리는 일련의 도약 안구 운동과 응시를 반복하게 된다. 도약 안구 운동의 크기와 응시 지속시간은 인지적 요인들을 포함한 여러 요인들에 달려 있다.
7. 유능한 독서가는 무능한 독서가보다 더 나은 안구 운동을 함으로써 읽고 있는 단어들의 의미를 수집한다.

복습문제

1. 시각의 필수조건들은 무엇이며, 그 조건들은 우리의 시각 체계가 카메라의 기능과 분명한 차이점이 있다는 것을 어떤 식으로 알려 주는가?

2. 외측 억제와 마하의 띠의 관계성을 다시 살펴보시오. 그런 다음 외측 억제에 대한 정보를 3장에서 살펴본 수용장에 대한 정보와 통합시켜 보시오. 수용장들은 어떻게 외측 억제를 일으키는가?

3. 개구리는 불수의적 안구 운동을 하지 않는다. 개구리의 시지각에 대해 이런 기능 결핍은 어떤 함의를 가지는지 논하시오. 개구리의 머리를 움직이지 못하게 하면 어떤 일이 발생할지 예측해 보시오.

4. 밝기 항등성에 대한 이론적 접근법들을 논하시오. 알베도는 밝기 항등성 판단에 어떤 역할을 하는가? 항등성이 일어나지 않는 몇 가지 예를 들고, 이들 각 예가 밝기 항등성의 이론 중 어느 것으로 설명될 수 있는지 논하시오.

5. 지각을 수동적인 과정으로 생각하는 친구들이 있을지 모르겠다. 지금까지 논의한 정보를 이용해서 그런 친구들에게 지각이 능동적인 과정이라는 주장을 펴보시오.

6. 시각 체계와 시력에 영향을 미칠 수 있는 자극의 특성을 모두 생각해보라. 이 모든 요인들을 토대로 시력이 최상일 수 있는 상황을 기술해 보시오. 그리고 시력이 최악일 수 있는 상황을 기술해 보시오.

7. 안구 운동의 네 가지 유형을 말하고, 각각의 기능을 설명하시오. 다음 각 상황에서 발생할 수 있는 안구 운동 유형은 무엇인가? (a) 당신은 오른쪽에서 왼쪽 대각선 방향으로 날아가는 새를 보고 있다. (b) 당신은 다른 사람의 동공을 들여다보고 있지만, 당신의 눈은 아주 약간만 움직인다. (c) 당신은 미술 전시품을 유심히 들여다보고 있다.

8. 3장에서 시지각에 중요한 여러 구조를 논의한 바 있다. 이장에서 다룬 여러 주제를 논의하기 위해 그 정보를 적용하여, 다음 몇 가지 질문에 답하시오. (a) 망막, 특히 중심와에 대해 알고 있는 당신의 지식은 어떻게 도약 안구 운동을 이해하는 데 도움을 줄까? (b) 시각 피질의 어느 영역이 추적 운동과 관련한 중요 정보를 처리할까? (c) 어느 시각 경로가 밝기 지각을 위해 중요할까?

9. 근거리 대상을 볼 때 눈에서 발생하는 조절 과정을 기술하시오. 그리고 이런 초점 맞추기가 근시와 원시에서 어떤 식으로 비정상적으로 이루어지는지 약술하시오. 근시나 원시는 각각 어떻게 교정될 수 있는가?

10. 조절 동안 눈의 근육들에 의해 수행되는 초점 맞추기를 이 장에서 언급한 다른 안구 운동들과 비교해 보시오(근육들의 위치와 운동 속도에 대한 언급 포함).

주요어

경유 도약 운동 통합(transsaccadic integration)
고정된 망막상(stabilized retinal image)
근시(myopic 혹은 nearsighted)
근점(near point)
근접 자극(proximal stimulus)
도약 운동 억제(saccadic suppression)
도약(saccade)
동향 운동(version movements)
마하의 띠(Mach band)
명도(brightness)
모서리(edge)
모양근(ciliary muscle)
미세안구도약운동(microsaccade)
밝기 항등성(lightness constancy)
밝기(lightness)
불수위적 안구 운동(involuntary eye movements)
비율원리(ratio principle)
색이 없는 것(achromatic)
수렴(converge)
시각도(visual angle)
시력(visual acuity)
알베도(albedo)
외측 억제(lateral inhibition)
원격 자극(distal stimulus)
원시(hypermetropic 혹은 farsighted)
원점(far point)

윤곽(contour)
응시정류(fixation pause)
암점(scotomas)
이향 운동(vergence movements)
전체장(Ganzfeld)
조절(accommodation)
지각폭(perceptual span)
추적 운동(pursuit movements)
항등성(constancy)
확산(diverge)

추천도서

Findlay, J. M., & Gilchrist, I. D. (2003). *Active vision: The psychology of looking and seeing*. New York: Oxford.

안구 운동 특성에 대해 개관이 잘되어 있는 책이다. 후반부에 탐색, 독서, 자연 장면을 보는 동안 발생되는 안구 운동을 논의하고 있다. 아마도 이런 흥미를 끄는 영역에 대해 이 책보다 더 잘 소개해 놓은 책을 찾기는 어려울 것이다.

Gilchrist, A. (2006). *Seeing black and white*. New York: Oxford.

Gilchrist는 밝기 지각의 설명에 대한 역사적 전개와 그 설명에 대해 분석하였다. Gilchrist는 처음부터 밝기 지각 연구에 전념해왔고 완벽한 설명은 아니지만, 이 책은 그 분야에 대한 Gilchrist의 조망을 명확하게 제시해준다.

Henderson, J. M., & Ferreira, F. (Eds.). (2004). *The interface of language, vision, and action: Eye movements and the visual world*. New York: Psychology Press.

이 편저를 통해 독서와 자연 장면 지각하기 등을 포함한 관련 주제들에 대해 유익한 내용들을 접할 수 있다. 게다가 시각 탐색, 언어 이해 등의 주제를 다룬 다른 장들도 매우 유익하다.

Pessoa, L., & De Weerd, p. (Eds.). (2003). *Filling-in: From perceptual completion to cortical reorgization*. New York: Oxford.

이 편저를 통해 전체는 아니지만 일부 흥미를 주는 장들을 발견할 수 있다. V. S. Ramachandran의 머리말은 매우 유익하다.

CHAPTER 5

시각 패턴 지각

이전 두 개의 장에서는 시각 체계의 기본적인 측면들을 살펴보았다. 3장에서는 광에너지가 신경 처리기에서 요구하는 에너지로 변환되는 과정을 논의했고, 4장에서는 시각을 위한 필수 조건들을 살펴보면서 모서리와 변화의 중요성을 강조했다. 우리는 의식적으로 모서리를 인식하지 않더라도, 그것에 주의를 주도록 요청할 때 분명 그것을 주목할 수 있다. 예를 들어 당신은 현재 페이지에 있는 글자들을 모서리 패턴으로 쉽게 지각할 수 있다. 책의 표지는 배경 속에서 모서리 정보로 채워진 형태를 형성하고 있다. 그러나 모서리는 많지만, 우리는 모서리를 보지 않는다! 우리는 글자, 책, 얼굴, 테이블, 의자, 벽을 본다. 물론 이런 대부분의 대상들은 3차원적이다. 모양 지각의 논의를 단순화시키기 위해, 그런 대상들의 깊이를 어떻게 지각하는지에 대한 대부분의 논의는 다음 장으로 미루기로 하겠다.

이 대상들은 독특한 모양이나 형태를 가지고 있어, 모양이나 형태라는 용어를 쉽게 정의할 수 있다고 생각할지 모르겠다. 그러나 이들 용어에 대해 정확한 정의를 내리기는 매우 어렵다(Peterson, 2001). **모양**(shape)이나 **형태**(form)는 하나 이상의 모서리를 가지기 때문에 여기서는 논의의 목적 상 단순히 우리가 보는 것으로부터 드러나는 영역으로 고려할 수 있다. 따라서 책의 모양은 모서리의 특별한 배열로 결정된다.

커피 머그잔과 같은 단순한 대상을 여러 각도에서 보라. 그 머그잔의 테두리가 원형이라고 가정하면, 우리는 그것을 위에서 똑바로 내려다 볼 때만 망막에 원형의 상이 형성될 것임을 이해할 수 있을 것이다. 대부분의 조망에서 그 테두리는 망막에 타원형의 상을 형성한다. 그럼에도 불구하고 그 머그잔의 테두리는 둥근 형태로 지각된다. 그런 대상 모양 지각에서의 안정성은 항등성으로 이해될 수 있다.

항등성 개념은 4장에서 이미 소개된 바 있다. 지각 항등성은 근거리(망막) 자극의 변화에도 불구하고 원거리 자극을 거의 변하지 않는 것으로 지각할 때 발생한다는 것을 기억하라. **모양 항등성**(shape constancy)은 대상이 망막상의 변화에도 불구하고 동일한 모양을 유지하는 것으로 보인다는 것을 의미한다. 물론 보는 관점에 따라 대상의 모양도 달라 보이는 그런 세상 속을 항행하는 것은 매우 심각한 문제를 일으킬 것이다.

그러면, 새로운 관점에서 대상들을 볼 때 우리는 어떻게 그 대상들을 재인할 수 있을까? 이 질문은 대상 지각과 재인을 이해하려고 시도하는 연구자들이 당면하는 여러 도전 가운데 하나이다. 먼저 대상 지각의 고유한 미스터리들을 밝히기 위한 몇 가지 시도들을 살펴보기로 하자. 그 다음에 모양 지각의 복잡성을 보여주는 예(논의될 접근법들에게 도전을 안겨주는 예)를 언급하기로 하겠다.

모양과 패턴 지각에 대한 접근법

시각 체계는 책과 같은 대상을 지각하기 위해 특정 모서리들을 어떤 식으로 함께 처리하는가? 모양 지각에 대한 접근법들은 대상의 모서리들을 어떤 식으로 통합하여 그 대상에 대한 지각에 도달하는지, 그 과정을 밝히려는 시도를 한다. 4장에서 설명했듯이, 많은 과정들(깊이 지각을 포함)이 밝기 지각에 기여한다. 마찬가지로 모양 지각에도 많은 배후 과정들이 있을 것으로 예측할 수 있다. 일부 과정은 계열적으로 발생한다. 즉 한 과정의 출력은 다음 과정의 입력을 제공한다. 나머지 과정들은 동시에 병렬적으로 발생한다.

1장에서 어떤 과정들은 상향(자료 주도적), 그리고 다른 과정들은 하향(개념 주도적)처리로 기술된 바 있다. 감각 수용체로부터 데이터를 분석하는 시각 경험의 초기 단계는 **상향(자료 주도적)처리**를 수반한다. 데이터가 도착하면 여러 모양들을 재인하는 과정이 시작된다. 이 과정은 자극과 감각계의 중요성을 강조하는 테마 2를 반영한다.

하향(개념 주도적)처리는 지각을 결정함에 있어 관찰자가 가지고 있는 개념의 중요성을 강조한다. 하향 처리에서 관찰자들은 세상이 어떻게 조직되는지에 대한 기대와 개념을 가지고 있다. 그들은 어떤 대상들은 어떤 상황에서 발견되기 십상이라고 믿는다. 이러한 기대와 개념은 여러 모양을 재인하는 과정에도 개입된다. 따라서 지각은 사전 지식, 기대, 의도에 의해 영향을 받는다(Peterson, 2007). 사실 테마 4와 일치하는 것으로, 그런 인지 요인들은 입력 자극의 초기 처리에 영향을 미칠 수 있다.

이제 모양 지각에 대한 몇 가지 접근법에 대해 살펴보기로 하겠다. 각 접근법을 살펴보는 동안 그것이 상향처리를 강조하는지, 아니면 하향 처리를 강조하는지 확인해보라. 물론 우리가 어떤 모양을 지각할 때, 두 처리가 모두 사용된다는 것을 가정할 수 있을 것이다.

공간 주파수 분석 접근법

공간 주파수 분석 접근법(spatial frequency analysis approach)은 모서리에 초점을 맞추는 대신에 모양에 대한 단서로서 휘도 변화에 초점을 맞춘다(Regan, 2000). 이 접근법에 따르면, 시각 체계는 자극을 더 밝은 줄무늬와 어두운 줄무늬로 분리시킨다(Palmer, 1999). 이런 줄무늬들의 패턴[**정현파 격자**(sinusoidal gratings)라고도 함]이 모양 지각과 어떤 관계가 있는지 잘 이해되지 않을 것이다. 프랑스 수학자인 Jean Baptiste Joseph Fourier(1768~1830)의 기여가 아니었다면, 이런 패턴을 모양 지각의 잠정적 블록으로 생각하지 못했을 것이다.

푸리에 분석

푸리에의 수학적 기여는 공간 주파수 분석의 기초를 제공하였다는 것이다. 비록 시각 자극에 초점을 맞출지라도, 그의 업적은 9장과 10장에서 다루게 될 음파(sound waves) 분석에도 적용된다. **푸리에 분석**(Fourier analysis)은 자극을 기본적인 성분을 이루는 정현파로 분석하는 방법이다(Palmer, 1999). **정현파**(sine waves)란 3장에서 논의된 광파와 닮은 부드러운 파형을 말한다. **그림 5.1a**에서 보듯이 파형은 규칙적으로 반복되는데, 높은 강도에서 낮은 강도로 주기적으로 변한다. **그림 5.1a**는 정현파와 이것이 흐릿한 줄무늬 세트를 가진 자극과 어떻게 대응되는지를 보여주고 있다. 이 정현파는 **그림 5.1b**의 좁은 수평 분절과 대응된다. **그림 5.1b**는 어두운 줄무늬와 밝은 줄무늬가 반복되는 일련의 흐릿한 줄무늬 세트, 즉 정현파 격자를 보여주고 있다. (어두운 줄무늬들은 정현파의 낮은 강도 영역, 그리고 밝은 줄무늬들은 높은 강도 영역을 나타낸다).

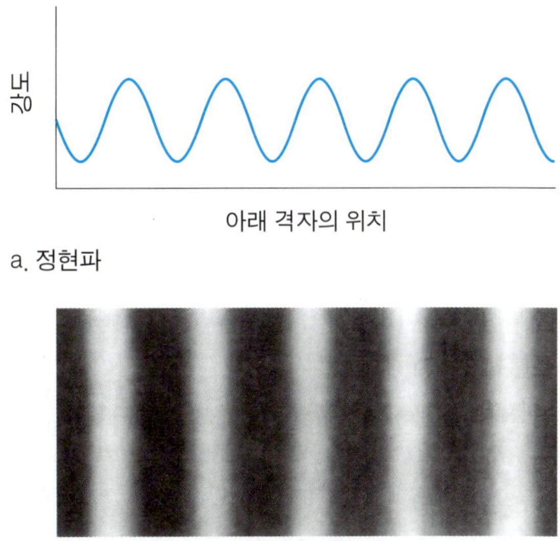

a. 정현파

b. 정현파 격자

그림 5.1 정현파(a)와 그에 대응되는 정현파 격자(b). 격자의 어두운 줄무늬는 정현파의 저점과 대응된다. 격자의 밝은 줄무늬는 정현파의 정점과 대응된다.

푸리에는 복합파동이 여러 성분의 정현파 격자들로 분석될 수 있음을 보여주었다(Regan, 2000). 줄무늬 세트에서 선택된 어떤 수평 줄무늬의 성분을 이루는 정현파 유형들을 고려해보자. 가령 **푸리에 합성**(Fourier synthesis)으로 알려진 과정으로 일련의 정현파들을 모두 결합시킨다고 해보자(푸리에 분석은 자극을 성분 정현파로 분석하는 것이고, 이와 반대로 자극의 패턴을 일으키기 위해 정현파들을 결합시키는 과정을 푸리에 합성이라 한다). **그림 5.2**에서처럼, 동일한 수평 거리에서 1, 3, 5, 그리고 7 주기를 가지는 일련의 정현파를 가지고 있다고 하자. 이 파형들을 모두 결합시키면, 푸리에 합성은 **그림 5.2**의 하단에 있는 파형을 산출한다. 이것은 **그림 5.3a**에서 보여주는 사각파(square wave)와 닮았다. **그림 5.3b**에서 보듯이 사각파는 일련의 어두운 줄무늬와 밝은 줄무늬가 규칙적으로 반복되는 패턴으로, 그 모서리가 흐릿하지 않고 뚜렷하다. **그림 5.3**에 제시된 사각파를 산출하려면, **그림 5.2**에 제시된 다섯 개 이상의 정현파를 결합시켜야 한다.

공간 주파수

정현파 격자를 어떻게 시각 처리과정과 관련지어 기술할 수 있을까? **그림 5.1b**의 격자는 약 2주기/인치의 공간 주파수를 가지고 있다. 그러나 이런 측정 시스템은 시각 과정을 논의하고자 할 때는 그리 유용하지 않다. 만약 그 패턴이 코에서 4인치 떨어

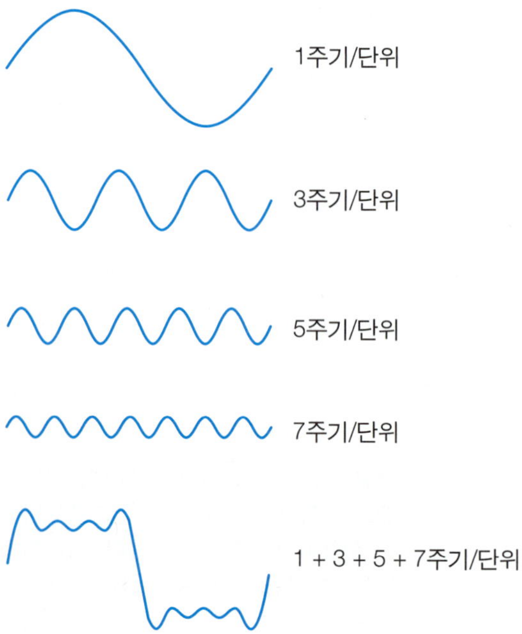

그림 5.2 네 개의 정현파가 결합되어 산출된 복합파동은 사각파와 닮았다. 푸리에 분석은 복합파에서 네 개의 성분 정현파로 분리시키는 과정을 수반한다. 푸리에 합성은 복합파를 산출하기 위해 네 개의 정현파를 결합시키는 과정을 수반한다.

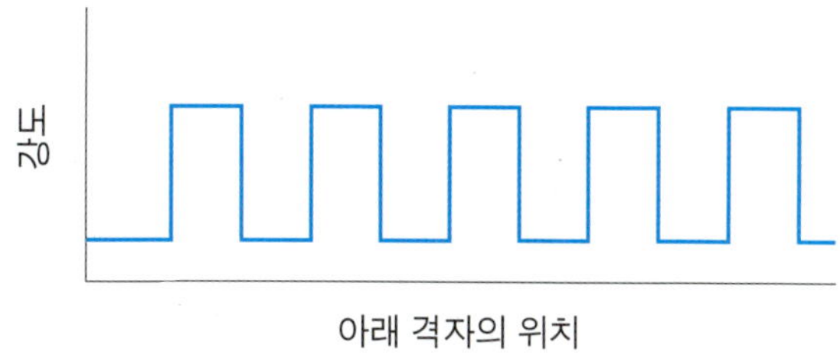

a. 사각파

b. 사각파의 강도 분포

그림 5.3 사각파(a)와 그에 대응되는 강도 분포(b). 특히 **그림 5.1**에서 어두운 영역에서 밝은 영역으로의 부드러운 변환이 이 그림에서는 급작스런 변환으로 대치되고 있음을 주목하라.

진 거리에 제시되면, 줄무늬들은 비교적 넓어 보일 것이다. 그러나 4피트의 거리에서는 비교적 협소하게 보일 것이다. 이런 모호성 때문에 공간 주파수는 전형적으로 각각의 시각도에서 주기수로 측정된다.

4장에서 논의했듯이 **시각도**(visual angle)란 눈에서 표적의 외곽 모서리까지 뻗는 두 개의 시선으로 형성되는 각의 크기를 말한다. 시각도는 각도, 분, 초로 측정되며, 원은 360도를 가진다. 그러나 눈은 머리의 뒤나 머리의 바로 위에 있는 영역을 볼 수 없기 때문에, 시각도는 항상 360도 이하가 된다. 시간이 분과 초로 분할되듯이, 공간에서 각도도 분과 초로 분할될 수 있다. 각 각도는 60분에 해당되며, 각 분은 60초에 해당된다.

시각도의 크기는 표적의 크기와 눈에서부터 표적까지의 거리에 달려 있다. 같은 거리에서 표적이 커지면, 시각도 역시 커진다. 또한 표적으로부터 멀어짐에 따라 시각도는 점점 작아지게 된다.

그림 5.1을 다시 보라. 그런 다음 이 책을 손으로 쥐고 눈에서 35cm 떨어진 지점에 위치시켜 보라. **그림 5.1**은 그 거리에서 1주기 격자를 보여준다. 다시 말해서, 어두운 영역과 밝은 영역을 포함하는 하나의 주기는 시각도 1도 내에서 관찰된다. 이제 책을 70cm(이전의 2배) 떨어진 거리로 이동시키면, 2주기 격자에 도달하게 된다. 혹은 **그림 5.1**에서 보여주는 것과 동일한 수평 거리에서 줄무늬들을 2배 더 증가시키면, 마찬가지로 2주기의 격자를 생성시킬 수 있다.

대비 민감도 함수

지금까지 언급된 패턴은 흑과 백의 고빈도 줄무늬로 구성된 것이다. 검은색과 회색 격자 줄무늬들을 반복하면 대비는 줄어든다. 관찰자가 줄무늬의 반복 패턴과 균등한 회색 패치를 구분할 수 없는 지점에 이르면 두 줄무늬 유형의 대비는 감소하게 된다. 예를 들어 연구자는 **그림 5.1**에 제시된 것과 같은 1주기 격자를 가지고, 관찰자가 그 교대 패턴을 균등한 회색 패치와 구분할 수 없다고 보고할 때까지 대비를 점차로 줄일 수 있다(이런 정신물리학적 방법을 한계법이라 부른다는 것을 기억할 것이다). 이 절차는 아마도 0.1주기/도와 50주기/도 사이에서 공간 주파수를 갖는 여러 격자를 사용해서 반복될 수 있다.

그림 5.4는 공간 주파수와 민감도의 관계성을 나타내는 전형적인 **대비 민감도 함수**(contrast sensitivity function)를 보여준다. 세로축은 민감도를 나타낸다. 2장의 논의를 기억하겠지만, 높은 민감도는 낮은 역치에 대응된다. 민감도는 4~5주기/도의 공간 주파수를 가진 격자에 대해서 가장 높다(Palmer, 1999). 따라서 관찰자들은 특별히 이런 특정 격자와 회색 패치를 변별해 내는 데 있어 우수하다. 사실 관찰자들은 어두운 줄무늬와 밝은 줄무늬의 대비가 매우 낮을 때도 여전히 그 격자를 지각할 수 있다. 1주기/도 이하의 공간 주파수와 10주기/도 이상의 공간 주파수는 이런 두 줄무늬 유형 간에 훨씬 더 높은 대비를 요구한다. 부수적으로 만약 매우 잘 볼 수 있는 '이

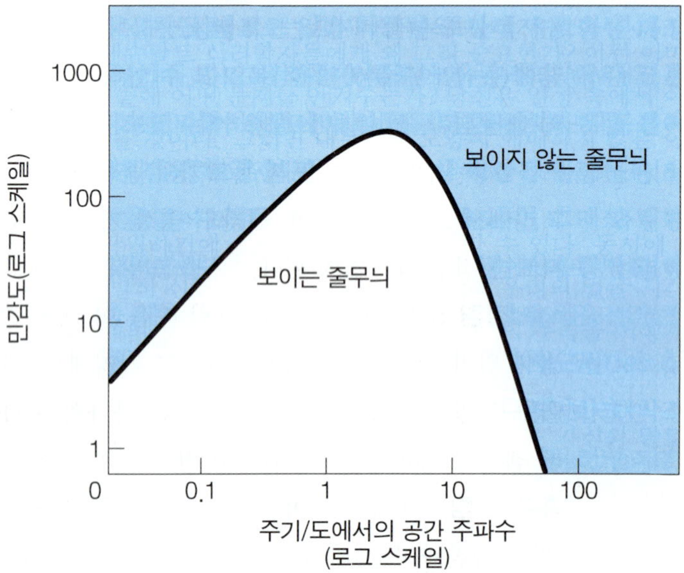

그림 5.4 진한 선은 성인의 전형적인 대비 민감도 함수를 나타낸다. 대부분의 성인은 약 5주기/도의 공간 주파수(함수의 최고점에 해당)에 대해 최대 민감도를 보인다. 100주기/도 이상의 높은 공간 주파수를 가진 줄무늬들은 대부분의 성인들에게는 보이지 않는다.

상적인' 격자가 무엇인지 알고자 한다면, **그림 5.1**을 약 2.1m 떨어진 거리에서 관찰해보라.

Fergus Campbell과 John Robson(1964, 1968)은 공간 주파수 정보의 중요성을 처음으로 인식한 연구자들이다. 그들은 시각 체계가 각각 특정 공간 주파수에 가장 잘 반응하는 몇 가지 뉴런 세트들을 가지고 있다고 주장했다. 시각 피질의 V1 영역에 있는 이 뉴런들은 수용장 크기에 따라 특정 공간 주파수에 민감하다(Wandell, 1995). 이 뉴런들의 특정 공간 주파수에 대한 민감도는 다중 **공간 주파수 채널**(spatial frequency channels)을 만들어 낸다. 이런 다중 분석기들은 특히 역치 근처의 자극에 대한 대부분의 패턴 지각을 설명할 수 있다.

수용장 크기 차이는 뉴런들로 하여금 어떻게 특정 공간 주파수에 조율하도록 할까? 3장에서 조율 곡선(tuning curves)을 논의할 때, 시각 피질의 단순 세포들이 어떤 방위에 더 잘 반응한다는 것을 언급했다. 마찬가지로 특정 공간 주파수에 대해서도 조율 곡선들이 얻어질 수 있다.

예를 들어, **그림 5.5a**에서 보여주는 중심-흥분과 주변-억제(on-center, off-surround) 배열을 가지는 특정 세포를 고려해보자. 만약 정현파 격자를 흰 부분은 중심을 자극시키고 회색 부분은 주변을 자극시키도록 제시하면, 그 세포는 높은 비율의 반응을 보일 것이다. 그러나 만약 정현파 격자가 넓은 줄무늬들(예: 낮은 공간 주파수)을 가지고 있다면, 중심의 강한 흥분은 주변의 강한 억제에 의해 감쇄될 것이다(**그림 5.5b**를 보라). 마지막으로, 만약 정현파 격자가 좁은 줄무늬들(예: 높은 공간 주파수)을 가지고 있다면, 중간 정도의 중심 흥분은 중간 정도의 주변 억제에 의해 감

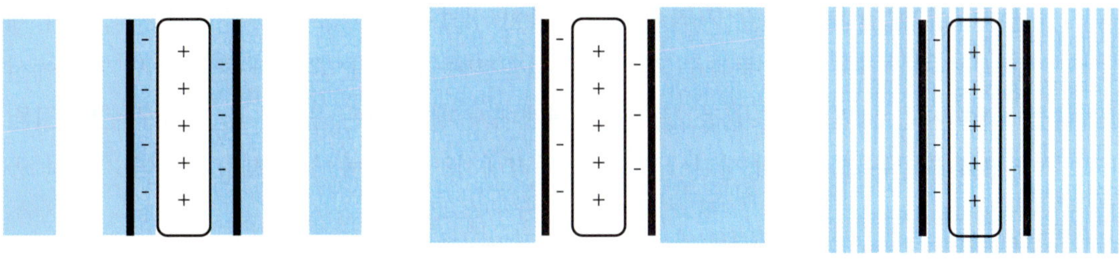

그림 5.5 세 가지 다른 공간 주파수가 중심-흥분, 주변-억제 단순 피질 세포들에 어떻게 영향을 주는지를 보여주는 예. a에서 공간 주파수는 자극의 높은 강도가 모두 중심에 떨어지기 때문에(그리고 주변에는 거의 떨어지지 않기 때문에) 가장 높은 발화를 일으킨다. b에서 공간 주파수는 중심을 자극하지만, 주변도 자극하여 유발된 억제가 발화를 감소시킨다. c에서 공간 주파수는 매우 높아서 중심과 주변을 모두 자극함으로써 낮은 발화를 초래시킨다.

쇄될 것이다(**그림 5.5c**를 보라).

그러나 당연히 우리는 **그림 5.5a**보다 더 높거나 낮은 주파수를 가지는 정현파 격자를 지각할 수 있다. 예를 들어, 넓은 수용장을 가진 뉴런 세트는 0.5주기/도의 공간 주파수에 가장 잘 반응한다. 다른 뉴런 세트는 1주기/도, 그리고 또 다른 뉴런 세트는 6주기/도, 10주기/도 등의 주파수에 가장 잘 반응한다. **그림 5.4**에서 보듯이, 시각 체계를 구성하고 있는 모든 뉴런들의 대비 민감도 함수를 토대로 살펴보면, 4~5주기/도가 가장 이상적인 주파수이다.

공간 주파수 분석 예 자극이나 시각 체계를 고려할 수도 있지만, 공간 주파수에 기초해서 시지각을 생각해보는 것이 매우 유용하다. 세상 속 자극들은 높은 공간 주파수 정보(예: 세부)뿐만 아니라 낮은 공간 주파수(예: 넓은 명암 교대 패턴)로 특징지어질 수 있다. 더구나 시각 체계에 있는 세포들은 수용장 크기에서 차이가 있는데, 이는 공간 주파수마다 상이한 민감 채널들을 만들어 낸다. 결국 모양 지각에 대한 대부분의 접근법은 공간 주파수 분석의 기여를 인식하고 있다.

많은 연구들이 시지각에 대한 공간 주파수 분석의 기여를 확인해주었다(Schwartz, 2004). 그러나 몇몇 연구들을 시각화하는 데 어려움이 있다. 다행히 Phillipe Schyns과 Aude Oliva(1999)는 공간 주파수 채널의 작동에 대해 생생한 일러스트레이션을 제공하는 하이브리드 이미지를 개발했다. 이는 하나의 이미지에 낮은 공간 주파수 정보와 높은 공간 주파수 정보를 결합시킴으로써 얻어진다. 결과적으로 하이브리드 이미지를 보는 거리에 따라 지각은 달라질 수 있다.

그림 5.6의 하이브리드 이미지를 살펴보자(Oliva et al., 2006). 가까이에서 이미지를 보면, 그림자가 있는 자전거로 보일 것이다. 그러나 더 먼 거리에서 보면, 오토바이로 보인다. 가까운 거리에서 오토바이 정보는 낮은 주파수이기 때문에, 시각 체계는 자전거의 높은 주파수 정보에 초점을 맞추게 된다. 그러나 충분히 먼 거리에서 이미지를 보면, 자전거 정보는 시각 체계에게 매우 높은 주파수를 가지게 된다(**그림 5.4**에 있는 그래프의 상단 끝점). 그 거리에서는 오토바이 정보가 관찰이 가능한 공간 주파수가 된다.

공간 주파수 분석은 시각 자극의 처리과정을 이해하는 한 가지 방법으로 매우 유용하다. 동시에 모양 지각은 공간 주파수를 넘어 그 이상의 것이 관여될 것으로 예측할 수 있다. 이제 모양 지각에 대한 영향력 있는 다른 접근법을 살펴보기로 하자.

그림 5.6 그림의 하이브리드 이미지는 낮은 공간 주파수와 높은 공간 주파수 정보의 역할을 잘 보여준다. 지금 보고 있는 이 그림이 무엇으로 보이는가? 이제 멀리 이동한 다음 그림을 다시 보라. 무엇이 보이는가? 자전거에서 오토바이로 지각의 변화가 일어나는 것은 공간 주파수 정보가 변했기 때문이다.

출처: Oliva et al.(2006)

게슈탈트 접근법

1장에서 게슈탈트 심리학을 간략하게 소개한 바 있다. 고전적 게슈탈트 접근법과 가장 밀접하게 연관되어 있는 세 명의 심리학자는 Max Wertheimer(1923), Kurt Koffka(1935), Wolfgang Köhler(1947)이다. **게슈탈트 접근법**(Gestalt approach)에 따르면, 우리는 대상을 분리되거나 고립된 부분들보다는 잘 조직된 '전체'(whole)로 지각한다. 이런 강조는 지각 처리에 대한 **전역적 지향**(holistic orientation)의 전형이다. 따라서 우리가 경험하는 지각적 전체는 단순히 그것의 부분들의 합이 아니다(Palmer, 2002). WWW해보기 5.1을 통해 개별 세부특징 이상을 처리하는 원리를 경험할 수 있다.

전역적 게슈탈트 접근법은 공간 주파수 분석과 같은 분석적 지향과는 확연하게 구분된다. **분석적 지향**(analytical orientation)은 지각적 경험을 일으키기 위해 결합되는 성분 요소들의 중요성을 강조한다. 그러나 이들 두 개의 지향은 상보적인 것으로 생각해야 한다. 즉 지각은 전역적 처리와 분석적 처리 모두에 의존한다.

게슈탈트 심리학자들은 집단화의 법칙, 전경의 '좋은 형태'[좋은 형태의 법칙(Prägnanz)의 법칙으로 알려진), 그리고 전경-배경 관계성 등 곧 논의하게 될 영역을 연구하였다. 그들이 내 놓은 많은 아이디어들은 시각 처리의 초기 단계에서 추출된 모서리들을 조직하는 방법들을 제공하고 있기 때문에 모양 지각을 이해하는 데 있어 여전히 중추적인 역할을 하고 있음을 알게 될 것이다.

집단화 법칙

Max Wertheimer(1923)는 집단화의 게슈탈트 법칙을 처음으로 기술하였다. 이 법칙들은 WWW해보기 5.2와 **그림 5.7**을 통해 이해될 수 있다. 다섯 개의 집단화 법칙(law of grouping)들은 어떤 요소들이 함께 집단화가 되는지를 기술한다.

1. **근접성의 법칙**(law of proximity)은 우리가 서로 근접해 있는 요소들을 하나의 단위로 보는 경향이 있음을 기술한다.
2. **유사성의 법칙**(law of similarity)은 우리가 서로 유사한 요소들을 하나의 단위로 보는 경향이 있음을 기술한다.
3. **연속성의 법칙**(law of good continuation)은 우리가 직선이나 부드러운 곡선으로 배열된 요소들을 하나의 단위로 보는 경향이 있음을 기술한다.
4. **폐쇄성의 법칙**(law of closure)은 전경이 어떤 틈을 가질 때, 우리는 틈을 메워 그 전경을 온전한 전경으로 보는 경향이 있음을 기술한다.
5. **공통운명의 법칙**(law of common fate)은 요소들이 같은 방향으로 움직일 때, 우리는 그것들을 하나의 단위로 보는 경향이 있음을 기술한다.

좋은 형태의 법칙

Kurt Koffka는 **좋은 형태의 법칙**(law of Prägnanz)에 대해 "기하학적으로 몇 가지의 가능한 조직 중에서 실제로 최상이면서, 가장 단순하고, 가장 안정적인 모양을 가지는 하나의 조직이 발생한다."고 기술했다(Koffka, 1935, p.138). 예를 들어 좋은 형태의 법칙은 몇 가지 기하학적 전경들(예: 원과 정사각형)이 다른 것들(예: 타원형과 직사각형)보다 더 낫다고 예측한다.

그림 5.8은 적어도 두 가지 방식으로 해석될 수 있는 디자인을 보여준다. 즉 두 개는 우측 하단 모서리가 잘린 작은 정사각형이 있는 세 개의 정사각형을 나타낼 수 있다. 혹은 서로 중첩되어 있는 세 개의 정사각형을 나타낼 수도 있다. 좋은 형태의 법칙은 우리가 서로 중첩되어 있는 세 개의 정사각형을 볼 것으로 예측한다. 그렇게 함에 있어 우리는 또한 폐쇄성의 법칙을 적용할 것이다. 즉 각 정사각형은 완전한 형태를 가지고 있는데, 두 개의 정사각형의 모서리가 가려져 있는 것으로 보기 십상이다. 이 부분은 완성 처리과정을 논의할 때 다시 살펴보기로 하겠다.

좋은 형태는 게슈탈트의 조직화 법칙들의 배후에서 작용하는 일반 원리로 고려될 수 있다. 즉 이 법칙들은 좋은 혹은 단순한 전경을 산출하기 위해 작동한다. 아이러니하게도 단순성(simplicity)이나 복잡성(complexity)을 정의하기는 쉽지 않다

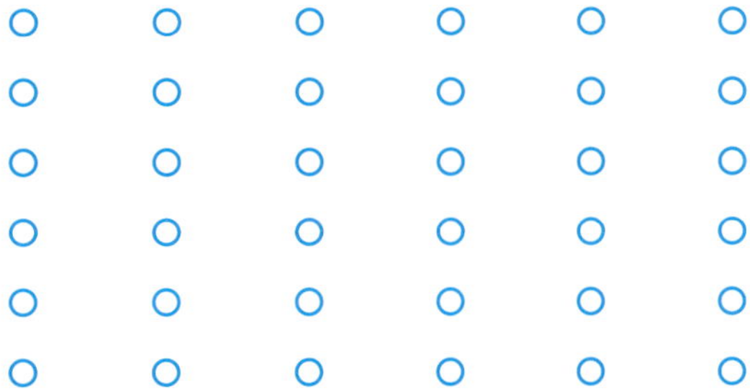

a. **근접성의 법칙.** 이 배열은 가로줄의 세트보다는 세로줄의 세트로 지각된다. 서로 근접해 있는 항목들은 함께 집단화된다.

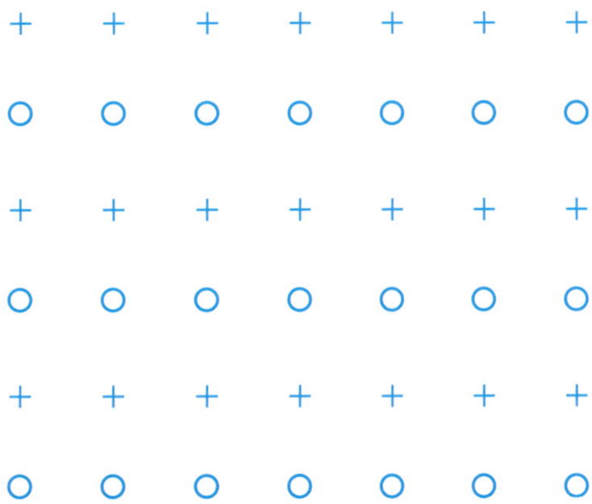

b. **유사성의 법칙.** 이 배열은 세로줄보다는 가로줄의 세트로 지각된다. 서로 유사한 항목들은 함께 집단화된다.

c. **연속성의 법칙.** 이 배열은 지그재그 선분과 그 선분과 교차하는 곡선으로 지각된다. 각 선분은 교차하기 전부터 동일 방향으로 진행되고 있다. 즉 이 전경은 아래 두 개의 요소로 구성된 것으로는 보이지 않을 것이다:

창문을 통해 나뭇가지들을 보고, 서로 교차하고 있는 두 개의 나뭇가지에 초점을 맞추어라. 당신은 분명 두 개의 직선을 보지 서로 직각으로 꺾인 선을 보지 않을 것이다.

d. **폐쇄성의 법칙.** 완전하게 선이 연결된 원은 아니지만 이 그림은 원으로 지각된다.

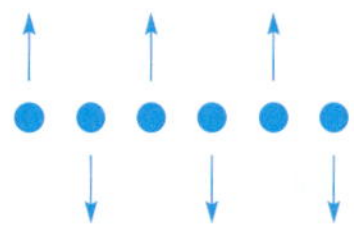

e. **공통운명의 법칙.** 동시에 첫 번째, 세 번째, 다섯 번째 점들이 동시에 위로 움직이고, 두 번째, 네 번째, 여섯 번째 점들이 아래로 움직인다면, 같은 방향으로 움직이는 점들은 함께 속한 것으로 지각된다.

그림 5.7 게슈탈트의 다섯 가지 집단화 원리의 예

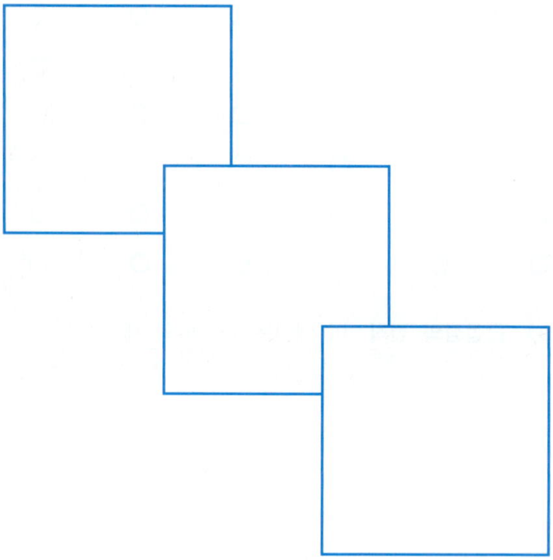

그림 5.8 좋은 형태의 법칙 예. 이 법칙은 그림을 세 개의 중첩되어 있는 정사각형으로 볼 것으로 예측한다. 그렇게 보는 것이 그림에 대한 가장 단순한 해석이기 때문이다.

(Donderi, 2006). 따라서 좋은 형태의 법칙이 직관적인 매력을 가지기는 하지만, 그것을 정의하기는 매우 어렵다(Cutting, 2007).

전경-배경 관계성

집단화 법칙을 다루면서 우리는 사람들이 어떤 배열의 요소들을 어떤 규칙에 따라 조직한다는 것을 알았다. 좋은 형태의 법칙을 다루면서 우리는 사람들이 세 개의 중첩된 정사각형과 같이 단순한 해석을 할 수 있게 형태를 조직하는 경향이 있음을 알았다. 조직화는 무선적이지 않다. 즉 우리는 세상 속에서 패턴을 지각한다. 디자인의 부분들도 전경과 배경으로 조직된다. 두 영역이 공동의 경계를 공유할 때, **전경**(figure)은 분명하게 정의된 모서리를 가진 뚜렷한 모양이 된다. **배경**(ground)은 전경을 제외한 나머지 부분이다. 예를 들어 책상(배경) 위에 놓인 책(전경)을 보라. 전경-배경 관계성이란 개념은 게슈탈트 심리학자들의 가장 중요한 기여 가운데 하나이다. WWW해보기 5.3은 가현적 깊이 관계성을 포함하여 전경이 배경으로부터 분리되는 것을 보여준다.

덴마크 심리학자 Edgar Rubin(1915~1958)은 처음으로 배경에 대해 무엇이 전경을 구성하게 하는지를 명료화시키려고 시도했다. 그는 전경이 배경보다 관찰자에게 더 가깝고, 두드러진 모양을 가진다는 점을 주목했다. Rubin은 또한 역전 가능한(혹은 다중 안정적) 전경으로도 유명하다. **애매한 전경-배경 관계성**(ambi-guous figure-ground relationships)은 전경과 배경이 수시로 역전되는 상황, 즉 전경이 배

그림 5.9 꽃병-얼굴 전경은 전경-배경 관계성의 잠정적 모호성을 보여준다. 우리는 어두운 배경에서 흰 꽃병을 볼 수 있거나, 흰 배경에서 어두운 부분의 서로 마주보고 있는 얼굴들을 볼 수 있다. 얼굴과 꽃병을 동시에 보기는 매우 어렵다는 점을 주목하라.

경이 되었다가, 다시 전경이 되는 상황이다. 이런 역전성은 흔히 자발적으로 발생된다. **그림 5.9**는 Rubin의 꽃병-얼굴 역전성 전경을 보여주고 있다. 원격 자극이 변하지 않더라도 우리는 흰 꽃병이나 서로 마주보고 있는 얼굴의 윤곽을 볼 수 있다. 이런 해보기가 게슈탈트 심리학자들에게 왜 그렇게 중요한지 이해할 수 있는가? 자극의 요소들이 모양을 정의해준다면 우리의 지각은 변하지 않을 것이다. 물론 모양 지각이 전적으로 자극의 부분들에 의해 정의되는 것은 아니다.

네덜란드 출신의 아티스트 M. C. Escher(1898~1972)는 관람자들에게 자신의 작품을 통해 지각적 트릭을 보여주기를 즐겼다. 우리는 Escher의 몇몇 작품에서 이런 애매한 전경-배경 관계성을 엿볼 수 있다. 예를 들어 그의 작품 중 서클 리미트 4(Circle Limit IV)[1]를 보면, 밝은 부분의 천사 형상들과 어두운 부분의 악마 형상들이 수시로 전경과 배경으로 역전된다.

---

1) 네덜란드 그래픽 아티스트인 M. C. Esher의 1960년대 네 번째 작품으로 '지옥과 천국'(Hell and Heaven)이라는 부제가 붙어 있다.(역자 주)

Circle Limit IV

때로 배경에서 두드러지는 것이 도움이 되지 않을 때도 있다. 물론 이것은 위장의 원칙이다. 많은 유기체들은 정상적인 배경에서 자신들을 탐지하기 어렵게 만드는 자연 위장술을 발달시켰다. 사실 위장된 전경들 가운데 어떤 것들은 그것들이 움직이기 전까지 배경과 구분이 되지 않기도 한다(Regan, 2000).

게슈탈트 원리 탐구

게슈탈트 접근법은 심리학 연구, 특히 대상 지각에 지속적인 영향을 주고 있다. 여기서는 게슈탈트 조직화 원리를 탐구하고 그것을 확장시킨 연구들을 중심으로 간략하게 개관하기로 하겠다. 또한 전경과 배경을 분리시키는 과정을 이해하려고 시도한 연구를 살펴볼 것이다.

앞에서 언급했듯이 게슈탈트의 폐쇄성 원리와 밀접하게 연관되는 개념이 **무형완성**(amodal completion)이라는 것인데, 사람들은 불완전한 이미지(예: **그림 5.8**의 부분적으로 가려진 두 개의 정사각형)의 손실된 윤곽을 완성시키려는 경향이 있다. 이 과정은 또한 대상 지각의 초기 단계에서 발생될 수도 있다. 많은 연구자들은 이런 처리 과정의 본질에 관심을 가졌다(e.g., Albert, 2007; de Wit et al., 2006; Lee & Vecera, 2005). 예를 들어, Mary Ann Foley 등(2002, 2007)은 사람들에게 친숙한 대상들의 완전한 사진들과 불완전한 사진들을 제시하였다(**그림 5.10**). 불완전한 사진들은 주로 검은색 사각형과 같은 다른 대상으로 일부를 가림으로써 이미지를 불완전하게 만든 것이다. 나중에 사람들에게 사진들이 완전한 것이었는지 혹은 불완전한 것이었는지를 물었을 때, 그들은 빈번하게 불완전한 사진들을 완전한 사진들로 보았다고 주장했다. 완전한 사진을 불완전한 사진으로 보았다는 주장은 거의 없었다. 이 결

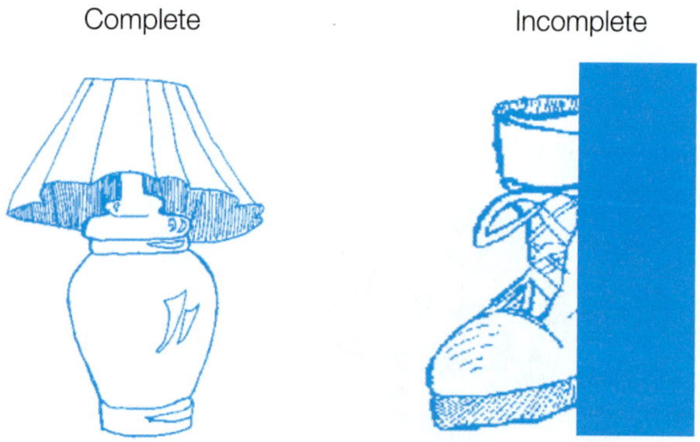

그림 5.10 무형완성 연구에서 사용된 자극의 예. 사람들에게 먼저 그림과 같은 일련의 완전한 대상들과 불완전한 대상들의 사진들을 제시하였다. 검사 시행에서 사람들은 불완전한 사진을 완전한 사진으로 보았다고 보고했다. 사람들은 불완전한 대상을 그들의 마음의 눈으로 완전한 대상으로 완성시키기 때문에 이런 결과가 얻어지기 십상이다.

출처: Foley et al.(2007)

과는 무형완성 과정의 이점을 시사한다.

게슈탈트 심리학자들이 많은 지각 조직화 원리를 제시하긴 했지만, 다른 연구자들도 새로운 원리를 제시해왔다. 예를 들어 Stephen Palmer(2003a)는 **공통영역**(common region)이라는 조직화 원리를 제안했다. 이 원리에 따르면, 사람들은 동일 영역 내에서 발생하는 자극들을 함께 집단화시키는 경향이 있다. 미국 지도를 보자. 당신은 피츠버그(PA)를 해리스버그(PA)와 집단화시키는가 아니면 콜럼버스(OH)와 집단화시키는가? 피츠버그가 실제로는 콜럼버스와 더 지역적으로 가까움에도 불구하고, 사람들은 그 지역을 해리스버그(혹은 팬실바니아주의 다른 도시)와 같은 지역으로 집단화시키는 경향이 있다. **그림 5.11**에서 볼 수 있듯이, 두 플래카드의 단어들은 동일한 배열을 가지고 있지만, 단어들을 묶는 영역을 변화시킴으로써 메시지는 반전된다. 과연 얼마나 많은 사람들이 그림의 하단 플래카드의 메시지를 지지할 것이라 생각하는가?

또 다른 원리로 사람들은 밝기나 색 등과 같은 균일한 시각 속성들의 서로 연결된 영역을 지각할 때, 입력 자극을 하나의 단위로 조직화한다는 **균일 연결성**(uniform

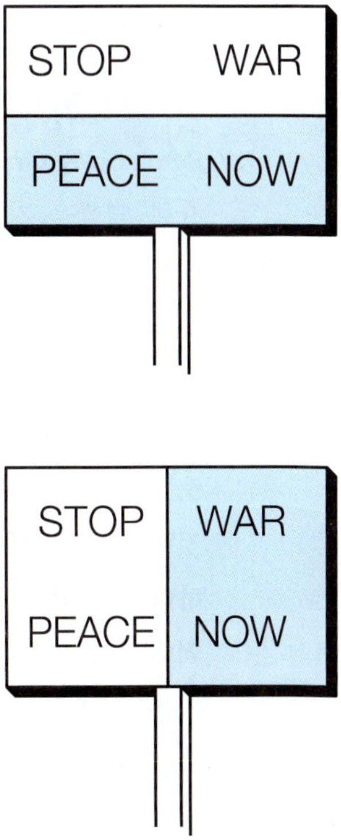

그림 5.11 두 플래카드는 공통영역의 중요성을 잘 보여준다. 네 개의 단어 중에 두 개의 단어에 대한 공통영역을 변화시킴으로써 이 두 플래카드의 메시지는 반전된다.

출처: Reprinted from *Cognitive Psychology*, *24*(3), Stephen E. Palmer. Common region: A new principle of perceptual grouping. p. 12. (copyright© 1992, with permission from Elsevier.)

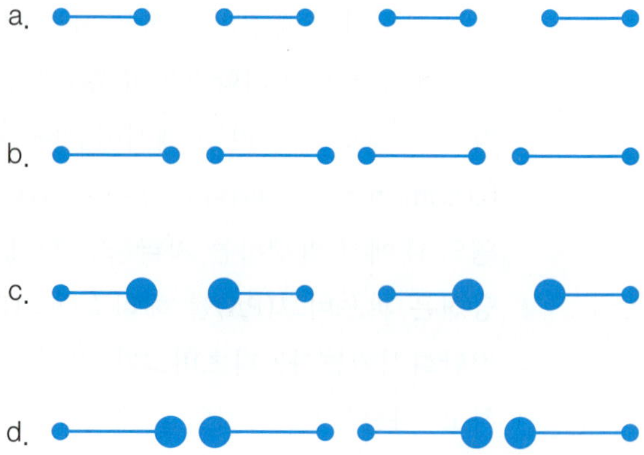

그림 5.12 균일 연결성 원리가 작동하는 네 개의 패턴. 각 패턴에서 선분들은 두 점들을 연결해 하나의 패턴을 생성시킨다. 연결성은 게슈탈트의 근접성의 법칙(b), 유사성의 법칙(c), 동시에 제시된 근접성과 유사성 법칙(d)을 압도할 수 있다.

출처: Palmer & Rock(1994)

connectedness)이 있다(Palmer, 2003b). **그림 5.12**는 균일 연결성이 어떻게 작동하는지를 보여준다. 이 원리가 근접성과 유사성의 법칙을 얼마나 쉽게 압도하는지 주목하라. Palmer와 Irvin Rock(1922～1995)는 균일 연결성이 시각 장면에서 매우 잘 작동된다고 주장했다. 그러나 균일 연결성이 모양 지각에서 확실한 역할을 하듯, 다른 조직화 원리들 또한 중요성에서 보면 거의 같다(Kimchi, 2003b; Peterson, 2001).

연구자들은 전경-배경 조직화의 기본 과정에 큰 관심을 가진다. 한 수준에서 어떤 대상을 재인하기 위해 먼저 그것을 배경과 분리된 전경으로 구별해야 한다는 주장은 논리적인 것처럼 보인다(Palmer, 2002). 그러나 Mary Peterson 등은 대상 재인의 어떤 형태가 전경-배경 조직화에 선행되어야 한다고 주장한다(Peterson, 2003; Peterson & Grant, 2003). Peterson은 모양 지각의 초기 단계에서 기억과 경험의 중요한 역할을 지지해주는 많은 연구를 수행했다(e.g., Peterson & Enns, 2005). 물론 Peterson의 입장은 전적으로 테마 4와 일치한다.

첫째, **그림 5.13a**를 본 다음 **그림 5.13b**를 보라. 두 그림의 중앙에 있는 어두운 대칭 영역이 계속해서 전경으로 보이는가? 일반적으로 사람들은 **그림 5.13b**보다는 **5.13a**에서 어두운 영역을 전경으로 보기 십상이다. 왜 그럴까? 추측컨대, **그림 5.13b**의 흰 부분은 서 있는 여성이 둘로 분리되어 있는 실루엣으로 보이기 때문일 것이다. '트릭'은 둘 중 하나의 그림을 거꾸로 한 것을 제외하면, 두 그림자극은 동일하다는 것이다. 두 자극은 방위를 제외하고 동일하기 때문에, 두 경우 모두 어두운 영역이 전경으로 보여야 하는 것이다. Peterson 등은 사람들이 **그림 5.13b**의 안쪽 어두운 영역을 전경으로 보는 데 더 어려움을 가진다고 주장했다. 따라서 사람들은 자극을 전경과 배경으로 조직하기에 앞서 대상(흰 실루엣)을 지각해야 한다.

이제 계산적 접근법을 살펴보기로 하겠다. 공간 주파수 분석과 게슈탈트 조직화

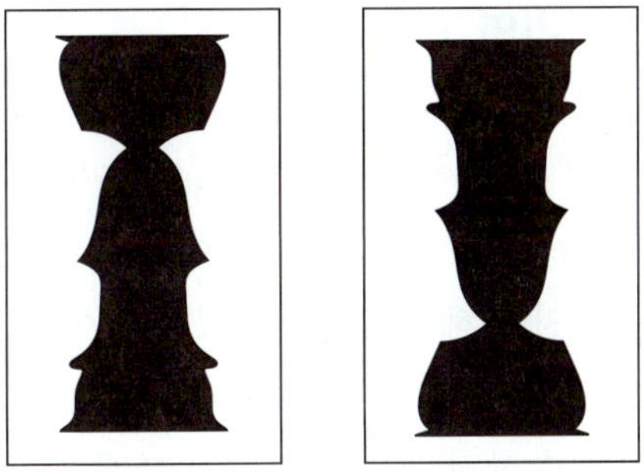

a. b.

그림 5.13 Peterson 등이 전경-배경 조직화보다 대상 지각이 선행된다는 것을 보여주기 위해 사용한 두 개의 패턴. a는 단지 b를 거꾸로 세운 것이다. a 그림에서는 가운데 어두운 영역을 전경으로 보기 십상이다. 그러나 b그림에서는 흰 영역을 두 개로 분리된 여성의 실루엣으로 보기 쉽기 때문에, a 그림과 비교해서 중앙의 어두운 영역을 전경으로 보기는 쉽지 않다.

출처: Peterson, M. A., Harvey, E. M., & Weidenbacher, H. J. (1991). Shape recognition contributions to figure-ground reversal: "Which Route Counts?" *Journal of Experimental Psychology: Human Perception and Performance*, *17*, 1075-1089.

원리가 모두 이 접근법에서 중요하다는 것을 주목하라.

계산적 접근법

계산적 접근법(computational approach)은 세상을 표상하기 위해 필요한 시각적 처리과정을 공식적으로 정의하고자 시도했다. 계산적 접근 이론가들은 흔히 망막에 떨어지는 정보의 유형과 세상의 표상을 산출하는 정보처리 프로그램을 개발하는 데 관심을 가진다. 가장 단순한 미생물조차 이런 과제를 매우 쉽게 해결하지만, 계산적 접근 이론가들은 과제를 수행하는 인공 시스템을 프로그램화하기 매우 어렵다는 것을 발견했다(Bruce et al., 2003).

계산적 접근법을 강조하는 많은 연구들은 시각 처리의 초기 단계 혹은 하위 수준의 장면 분석에 초점을 맞추었다. 그러나 이 이론가들은 상위 수준 처리과정의 작동을 분명하게 인식하고 있다(Gordon, 2004). 예를 들어 어떤 대상을 집으로 재인하려면 집이 무엇인지 알고 있어야 한다(Ullman, 1996). 따라서 계산적 접근법은 그런 특정 지식을 통합시켜야 한다. 동시에 계산적 접근 이론가들은 세상에 대한 특정 정보보다는 물리적 원리에 대한 일반 지식의 역할을 강조한다.

David Marr의 기여

David Marr(1945~1980)는 계산적 시각(computational vision) 개발에 지대한 영향을 끼쳤다. 계산적 접근 이론가들은 Marr가 일찍 사망한 이후 수십 년 동안 많은 진보를 이루었다(Bruce et al., 2003). 그럼에도 Marr의 공헌을 기술함으로써 계산적 접근법에 대한 일반적인 이해를 얻을 수 있을 것이다. Marr는 지각 과정을 세 가지 수준(계산적 이론, 표상과 알고리듬, 하드웨어 실행)으로 분석했다(Gordon, 2004). 계산적 이론은 비교적 추상적이긴 해도 시각 체계가 직면하는 지각적 문제와 가장 밀접하게 관련된다. 그런 문제 중 하나는 '망막의 변화에도 불구하고 우리는 왜 세상을 불변하는 것으로 보는가?'이다.

자연은 여러 가지 다른 하드웨어를 사용하여 잠정적으로 다른 방식(알고리듬)을 통해 동일한 문제를 해결할 수 있다. 알고리듬과 하드웨어의 구분은 소프트웨어와 컴퓨터를 구분하는 것과 거의 같다. 보고서 작성 문제를 해결하기 위해 우리는 몇 개의 다른 워드프로세서 프로그램 중 하나를 선택할 것이다. 선택된 프로그램의 버전들은 컴퓨터 제품마다 그 실행이 달라질 수 있다. 때문에 이 문제를 해결하기 위해 우리가 해야 할 일은 하드웨어를 선택하는 것이다. 워드프로세서의 알고리듬 실행을 위해 사용되는 실제 프로그램 혹은 코드는 실제적으로 다를 수 있음을 주목하라.

연구자들은 시각의 신경해부학과 신경생리학을 탐색할 때 주로 하드웨어 실행을 살핀다. 궁극적으로 우리는 하드웨어를 이해해야 하지만, Marr는 시각의 하드웨어를 연구하는 것이 과연 우리가 시각 과정을 이해하는 데 도움을 줄지에 대해서는 의구심을 가지고 있었다. 그는 이 접근법을 새의 비행을 이해하기 위해 깃털을 연구하는 것에 비유했다. 대신 Marr는 우리가 새의 비행(뿐만 아니라 새의 날개 해부학)에 대해 더 나은 이해를 구하기 위해서는 공기역학(aerodynamics)을 공부해야 한다고 주장했다. 마찬가지로, 우리가 모서리 탐지 문제를 해결하기 위해 필요한 원리들에 대해 알고자 한다면, 시각에 수반되는 알고리듬과 하드웨어의 성질을 잘 이해해야 한다.

모서리에서 모양 지각까지

4장에서 모서리 탐지의 중요성에 대해 논의한 바 있다. 계산적 접근법 또한 시지각의 초기 단계에서부터 모서리 탐지가 중요하다는 것을 강조한다. Marr(1982)는 모서리 탐지의 출발점으로 부호 변환점이라는 개념을 도입했는데 **부호 변환점**(zerocrossing)이란 함수가 양(positive)에서 음(negative)으로 변하는 지점을 말한다. 이 부호 변환

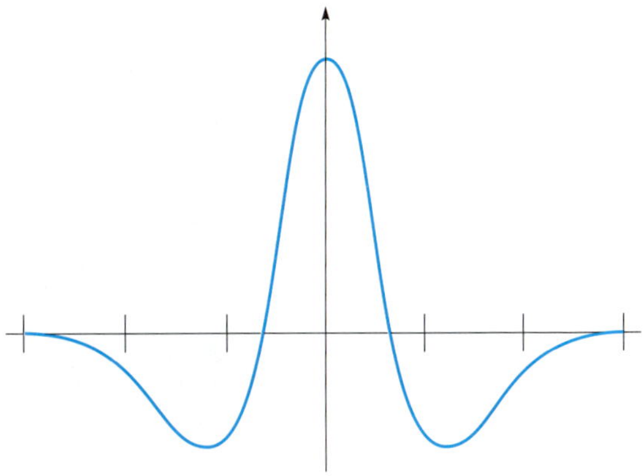

그림 5.14 멕시코 모자 필터의 중심을 기준으로 한 횡단면. 가로축은 영역을, 세로축은 강도를 나타낸다.

점은 시각장에서 강도 변화가 있을 때 발생한다. 수학적으로 **멕시코 모자 필터**(Mexican hat filter)라 불리는 특정 필터가 부호 변환점을 탐지할 수 있다(Gordon, 2004). **그림 5.14**는 함수의 중심을 기준으로 한 횡단면을 보여주고 있다. **그림 5.15b**의 3차원 표상을 보면, 그 필터를 왜 그렇게 부르는지 이해할 수 있을 것이다(멕시코 사람들이 쓰는 모자와 닮았다).

이 필터로 이미지를 통과시키면 어떻게 될까? 부분적으로 이것은 사용되는 필터의 크기에 달려 있다. **그림 5.15**에서 원 사진(a)은 wide와 narrow 멕시코 모자 필터 모두로 분석되었고, 각각 c와 d에서 보여주는 두 개의 사진이 산출되었다. 두 경우 모두 모서리와 얼룩이 원래의 이미지로부터 추출된 것인데, narrow 필터일수록 세부를 산출한다.

3장에서 논의된 수용장을 기억하면, 멕시코 모자 필터와 그 필터를 산출하는 것으로 보이는 하드웨어 사이에 밀접한 연관성이 있음을 이해할 것이다. 신경절세포의 중심-흥분, 주변-억제 수용장은 **그림 5.15**에서 보여주는 멕시코 모자 필터를 위에서 내려다 볼 때의 형태와 많이 닮았다. 다시 말해서, 광수용체들 간의 측면 접속은 모서리 산출 필터로서 기능할 수 있는 수용장을 산출하는 것이다.

계산적 접근법은 확실히 공간 주파수 접근법에 의존한다. 앞에서 다룬 내용을 되짚어보면, 수용장(필터)의 너비가 뉴런이 가장 민감하게 반응하는 공간 주파수를 결정한다는 것을 알 수 있다(Bruce et al., 2003). 필터가 좁은 너비를 가질수록 더 높은 공간 주파수에 민감하다. 추측컨대, 시각 피질은 다중 공간 주파수 분석기로부터 입력 신호의 부호 변환점 지도를 수용하고 그것들을 원래의 이미지 표상으로 결합시킬 것으로 예상된다.

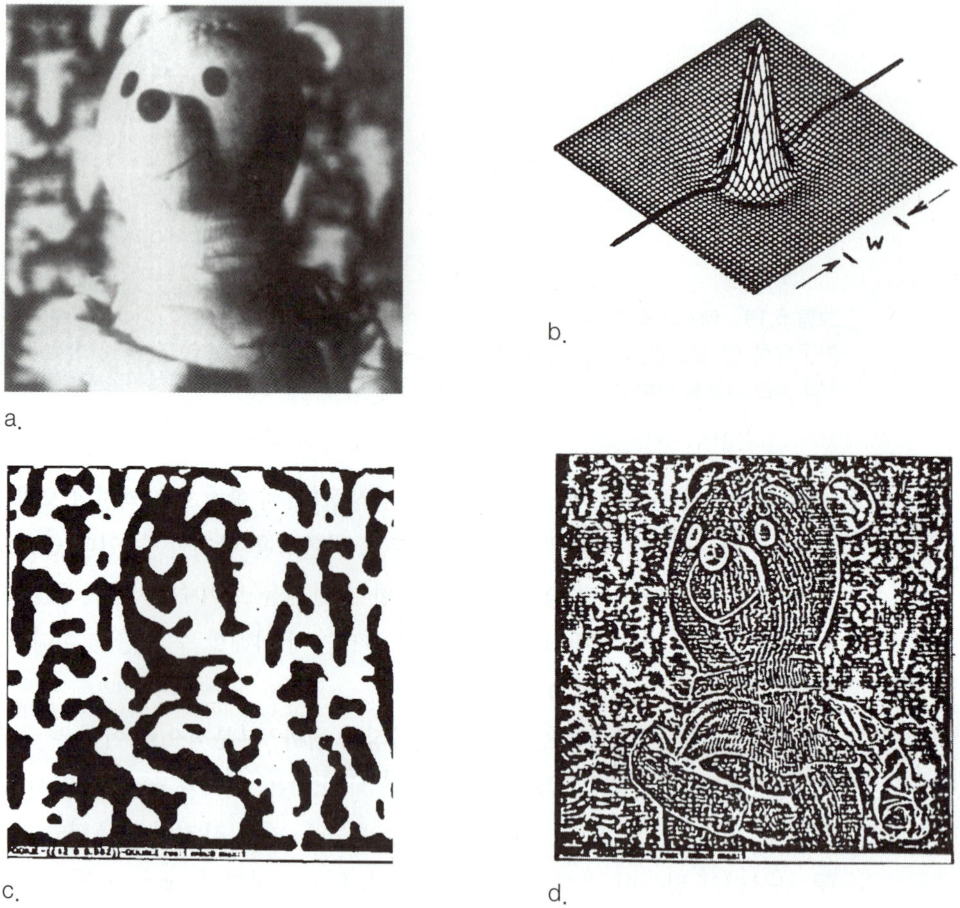

그림 5.15 멕시코 모자 필터를 사용한 사진 분석. a는 원 사진을 보여주고 있다. b는 멕시코 모자 필터의 3차원 캡처로, 중심을 통과하는 진한선은 **그림** 5.14의 횡단면과 일치한다. wide 필터(b에서 너비 W가 넓은 필터)로 a의 사진을 분석하면 c가 산출된다. narrow 필터(b에서 W가 좁은 필터)로 그 사진을 분석하면 d가 산출된다.

출처: Richards et al.(1988)

Marr(1982)에 따르면, 필터에서 나오는 정보는 초벌 스케치를 만들어 낸다. **원시 초벌 스케치**(raw primal sketch)는 '모서리 분절들의 국소적 방위와 유형, 강도 변화 정도를 각 지점에 명시하는 정확한 위치를 나타내는 상세 지도'와 같다(Marr, 1982, p.71). 앞에서 논의한 게슈탈트 원리와 같은 조직화 원리들은 원시 초벌 스케치의 요소들에 작용하여 요소들을 집단으로 묶고 완전한 초벌 스케치를 산출하게 만든다.

이런 조직화 원리들은 José Marroquin이 디자인한 **그림** 5.16에 있는 패턴을 볼

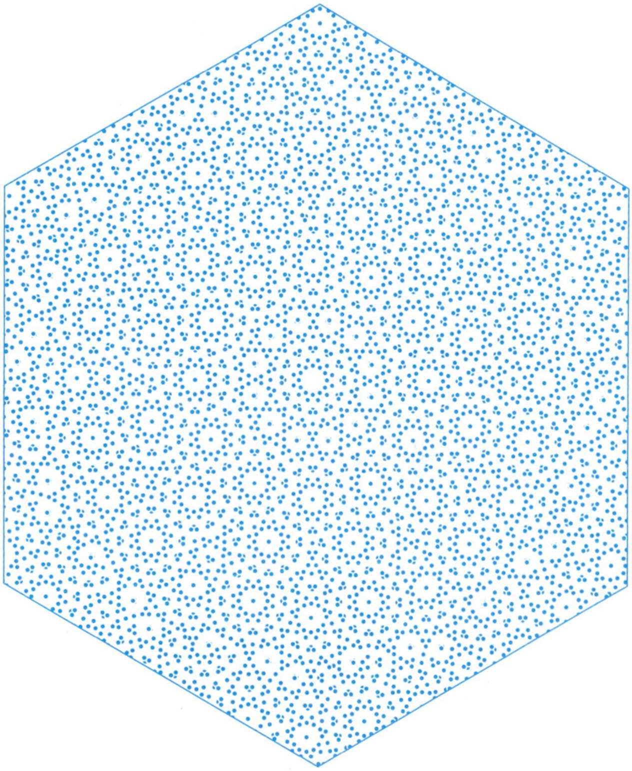

그림 5.16 시각 체계에서 조직화 원리의 작동을 보여주는 예. 이 그림을 응시하다 보면, 여러 개의 다른 모양을 보게 된다. 대부분의 모양은 크기가 다른 원들이지만, 정사각형과 직사각형도 보인다. 그림의 한 요소는 하나의 모양의 부분이 되지만, 동일한 요소들이 다른 모양의 부분이 되기도 한다는 것을 주목하라.

출처: Marroquin, J. L. Master's Thesis, MIT(1976), Marr(1982)

때 확연해진다. 시각 체계가 그림 속 요소들을 어떻게 재조직하는지 주목하라. 시각 체계는 그 디스플레이를 **가상의 선**(virtual lines: 실제로는 그곳에 존재하지 않는 선)으로 정의할 수 있는 '대상들'로 조직하는 것으로 보인다. 이런 가상의 선들은 계산적 이론에서 중요한 역할을 한다. 이런 가상의 선들은 곧 이어 논의하게 될 착각적 윤곽(illusory contours)의 전구체이다.

우리는 2차원(2D) 망막 입력 정보로부터 어떻게 3차원(3D) 정보를 추출할 수 있을까? (이 주제에 대해서는 6장에서 상세히 다룰 것이다). 3차원 추출 과정의 첫 단계는 전경과 배경을 결정하는 것으로, 어떤 계산적 접근 이론가들은 이에 대한 알고리듬을 개발하기도 했다(Peterson & Skow, 2008).

Marr는 3차원 표상이 두 단계를 통해 얻어진다고 주장했다. **2.5D 스케치**(2.5D sketch)라 부르는 첫 번째 단계는 관찰자 조망에서 보이는 표면의 시각장 내 표상이다. 스케치는 모든 3D 정보를 완전하게 캡처하지 않으면서, 그렇다고 완전히 2차원적이지도 않음을 의미하기에 2.5D로 명명된다. 2.5D 스케치는 운동으로부터 도출된 정보뿐만 아니라 두 망막에 맺혀진 상들의 차이로부터 도출된 정보와 함께 전체 초벌 스케치로부터 만들어진다(Bruce et al., 2003). 2.5D 스케치는 관점 의존적(viewpoint-dependent)이기 때문에 관찰자가 새 조망에서 대상을 보게 되면 그 대상 재인이 그리 효율적이지는 않을 것이다.

Marr는 우리가 대상을 재인하기에 앞서 먼저 2.5D 스케치를 대상 중심(object-centered)의 표상으로 변환시킨다고 주장했다. 이런 대상 중심의 **3D 스케치**(3D sketch)는 2.5D 스케치보다 더 정확하게 깊이를 표상해준다. 그 표상은 더 이상 관점에 의존적이지 않다. 따라서 우리는 다른 조망에서도 대상을 재인할 수 있는 것이다. Marr의 견해와 달리 어떤 이론가들은 관점 의존적 표상이 여전히 대상 재인에서 중요하다고 주장한다(Peissing & Tarr, 2007). 새로운 조망에서 대상을 볼 때 수반되는 일부 계산적 비용이 있다는 것이다. 결국 어떤 대상 지각 이론도 관점 의존적일 수밖에 없다(Biederman, 2007).

대상 지각에 대한 Marr의 접근법은 구조적 기술 모형(structural-description model)이라고 할 수 있다(Tarr & Vuong, 2002). 우리는 여러 가소성 원통들을 정신적으로 결합시켜 3D 스케치를 만들 수 있다. 각 원통을 진흙으로 만들어진 것으로 생각해보자. 그러면 원통을 압착시킬 경우 얇아질 수도 있다. 또한 한쪽 끝만 압착시키면, 그 원통을 원뿔로 만들 수도 있다.

가령 여러 크기의 원통들을 가지고 있다고 하자. **그림 5.17**에서 볼 수 있듯이, 이 원통들을 여러 방식으로 결합시키면 매우 유연하게 여러 대상의 표상을 얻을 수 있다. 원통들을 사용해서 여러 대상을 구성해보는 것은 특별한 조망에서 보이는 대상의 부분들과 숨겨진 부분들을 예측할 수 있도록 해주기 때문에 유용하다. 그런 표상을 생성하기 위해 사람들은 정신적으로 여러 원뿔이나 원통을 다른 위치와 각도에서 서로 부착시켜 볼 수 있다. 여섯 개의 원통으로 개략적인 사람의 형상을 만드는 것도 가능할 것이다. 두 개의 다리 원통을 줄이고, 두 개의 팔 원통을 늘이면 이제 유인원의 형상을 얻을 수 있다. 여섯 개의 원통을 방위와 크기를 변화시켜 타조의 형상을 만들 수도 있다.

이와 유사한 구조적 기술 모형으로 Biederman의 **성분에 의한 재인 접근법**(recognition-by-components approach)을 들 수 있다(Palmer, 2003b). 재인을 이끄는 성분은 **지온**(geon: geometric icons를 줄인 말)이라는 기본 모양들이다. Biderman은 비교적 적은 수의 지온으로부터 방대한 대상들의 배열을 만들어 낼 수 있다고 주장했다. 이 지온들은 Marr의 원통과 매우 유사하다고 느낄 것이다. 그러나 Biederman의

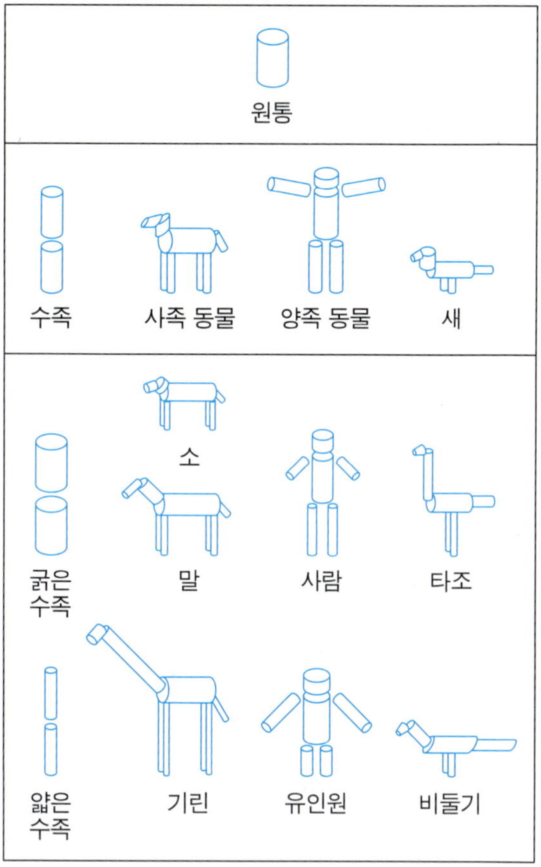

그림 5.17 여러 모양을 구성할 수 있는 원통의 가소성을 보여주는 그림. 예를 들면, 단지 여섯 개의 원통만으로 기본적인 양족 동물(biped)의 모양을 만들 수 있다. 여섯 개의 원통의 차원을 조작하면 인간이나 유인원의 형상을 만들 수도 있다.

출처: Merr, D., & Nishihara, H. K. (2000). Representation and recognition of the spatial organization of three-dimensional shapes. *Proceedings of the Royal Society of London*, Series B, 269–294.

모형에서 지온은 순전히 2차원적인 초벌 스케치로부터 3차원 정보를 추출할 수 있게 해준다(Bruce et al., 2003; Peterson, 2001). 성분에 의한 재인 접근법은 또한 대상 재인에 대한 하향처리의 기여를 인식한다. 여러 가지 증거가 대상 재인에 대한 이 접근법이 설득력을 가지고 있음을 지지한다(Biederman, 2007).

그러나 재인은 모든 성분 지온들이 처리될 것을 요구하지 않는다. 예를 들어, **그림 5.18**에서 우리는 단지 몇 개의 지온으로 구성된 펭귄 형상을 좀 더 완벽하게 그린 펭귄 그림만큼 쉽게 재인할 수 있다(이는 만화가의 작업을 수월하게 해주는 점이다).

모양 정보의 출처

테마 2가 강조하듯이, 자연 자극들은 풍부한 정보의 출처들이다. 계산적 접근 이론가들이 당면하는 과업의 일부는 대상의 모양을 도출하기 위해 사용되는 자연 자극에서 정보의 유형을 확인하는 것이다. 계산적 접근 이론가들은 모양 지각에 도

그림 5.18 비록 왼쪽 그림이 적은 수의 지온만을 포함하고 있지만 둘 중 어느 그림에서도 펭귄을 쉽게 재인할 수 있다. 모양을 재인하기 위해서 구성 지온들을 모두 분석할 필요는 없다.

출처: Reprinted from *Computer Vision, Graphics, and Image Processing, Irving Biederman*, Human Image Understanding: Recent Research and a Theory. copyright© 1985, with permission from Elsevier.

움을 주는 자극들의 여러 상이한 측면들(예: 움직임, 명암법, 결, 색)을 확인하였다(Regan, 2000). 이 이론가들은 "(　)에 의한 모양확인[shape-from-(　)]"과 같이 자극의 중요한 측면을 빈칸에 채우도록 하여 모양 정보를 발생시키는 자극의 측면을 확인하려는 시도를 한다. 이제 모양에 대한 이런 정보 출처들 가운데 일부를 살펴보기로 하겠다.

움직임에 의한 모양 확인(shape-from-motion)은 대상의 3D 모양에 대한 많은 정보가 그것이 움직일 때 얻어진다는 것을 시사한다(Giaschi, 2006; Regan, 2000). 6장에서 논의하겠지만, 2D 표면에 투사된 3D 대상의 그림자를 볼 때 그 대상이 어떤 깊이를 가지고 있는지 전혀 알지 못할 것이다. 그러나 오래 전 Hans Wallach(1953)가 주목했듯이, 대상을 움직이면(즉 2D 그림자가 움직이면), 그 대상은 즉시 3차원적으로 보인다. 덧붙여 8장에서 생물학적 움직임(biological motion)을 논의할 때 우리는 모양 확인에서 움직임의 파워를 알게 될 것이다.

망막에 투사된 상은 2D이기 때문에, 계산적 접근 이론가들은 움직이는 2D 상으로부터 3D 모양을 도출하는 알고리듬을 개발하였다(Regan, 2000). 신경생리학 연구 또한 움직임으로부터 모양을 추출할 수 있는 우리의 능력을 확인시켜 주었다(Hou et al., 2006; Peuskens et al., 2004). 모양에 대한 이런 단서는 우리가 나이가 들어가면서 점점 그 영향력이 감소하게 된다는 점에서 흥미롭다(Blake et al., 2008; Norman et al., 2008).

계산적 접근 이론가들은 대상에 드리워진 빛이 3D 모양에 대한 중요한 단서를 제공한다고 하였다. 이런 단서를 **명암법에 의한 모양 확인**(shape-from-shading)과 **하이라이트에 의한 모양 확인**(shape-from-highlights)이라 한다(Khang et al., 2007; Norman et al., 2004). 위를 둘러보고 많은 대상들(예: 얼굴)이 공통적으로 가지는 곡률(curvature)이 다른 영역들보다 빛을 덜 받는 영역들을 생성시킨다는 것을 주목하라. 머리 바로 위의 전등은 코와 턱 아래에 그림자를 생성시킨다. 대상에 부착되어 있는 이런 그림자들은 그 대상의 모양에 대한 중요한 정보를 제공한다. 명암법에 의한 모양 확인은 또한 신경생리학적 증거에 의해 지지된다(Georgieva et al., 2008). 그림자의 역할에 대해서는 깊이 지각을 다루는 6장에서 더 논의될 것이다.

또한 당구공이나 사람 얼굴의 이마와 같이 광이 나는 표면들이 광원을 보다 더 직접적으로 반사시킨다는 것을 주목하라. 그런 하이라이트 또한 대상의 모양에 대한 중요한 단서가 된다(Fleming et al., 2004). 컴퓨터 그래픽은 깊이와 밝기에 대해 생생한 감각을 제공하는 데 이런 단서를 효과적으로 사용할 수 있게 해준다.

계산적 접근 이론가들은 모양 정보를 제공하는 자극의 다른 측면들도 확인했다. 이러한 여러 단서들은 3차원 모양 지각에 효과적이기 때문에 다음 장에서 더 다루기로 하고, 여기서는 모양과 패턴 지각에 대한 다른 접근법들을 계속해서 논의하기로 하자.

세부특징 통합 접근법

지금까지 살펴본 모양 지각에 대한 접근법들은 주의의 역할에 대해서는 특별히 언급하지 않았다. 주의는 다양한 의미를 가진 용어이다. 여기서는 **주의**(attention)를 정신적 활동의 집중으로 정의하도록 한다. Anne Triesman 등은 주의(특히 공간 주의)의 중요한 역할을 강조하는 **세부특징 통합 접근법**(feature-integration approach)을 제안했다. Treisman(2006b)에 따르면, 우리는 장면을 특정 위치를 가진 대상 파일(object files)이라 부르는 지각적 단위로 조직한다. 어떤 대상은 장면 속에서 변하거나 움직일 수 있기 때문에, 우리는 이 대상 파일들을 계속해서 갱신해야 한다. 대상 파일은 우리가 색, 모양, 방위와 같은 대상의 여러 세부특징을 결합시키는 수단이다.

이 모형에 따르면, 세부특징들은 초기 단계에서 자동적으로 부호화된다. **전주의 처리**(preattentive processing)는 시각장에서 병렬처리를 사용하는 세부특징들의 자동적 등록을 수반한다. **병렬처리**(parallel process)는 많은 표적들을 동시에 처리할 수 있도록 해준다. 따라서 우리는 대상의 여러 다른 유형의 세부특징들과 위치들을 부호화한다(M. E. Wheeler & Treisman, 2002).

세부특징들의 결합은 **초점주의**(focused attention)를 통해 이루어진다. 초점주의는 분리되어 있는 세부특징들을 하나의 단위 대상으로 결합시키는 접착제 역할을 한다. 전주의 처리와 달리, 초점주의는 계열처리를 요구한다. 그리고 **계열처리**(serial processing)는 표적들을 한 번에 하나씩 처리할 것을 요구한다.

Treisman이 이런 병렬과 계열처리 조합을 제안하게 된 계기는 무엇일까? 세부특징 통합을 예증해주는 몇 개의 연구를 간략하게 살펴보기로 하자. 한 연구에서 Treisman과 Gelade(1980)는 개별 세부특징들이 전주의 처리 단계에서 자동적으로 처리된다면, 표적은 이것이 이웃해 있는 무관련 항목들과 다를 경우 신속하게 탐색될 것이라고 주장했다. 그것은 자동적으로 돌출되어 보일 것이다. 일련의 연구에서 Treisman과 Gelade는 만약 하나의 표적 세부특징이 방위, 색, 곡률과 같은 단순 세부특징과 관련해서 무관련 항목들과 다르다면, 관찰자는 그 표적이 30개의 항목 배열 속에 있을 때도 세 개의 항목 배열 속에 있을 때만큼이나 빠르게 탐지할 수 있음을 발견했다.

다른 연구에서 Treisman과 Souther(1985)는 사람들이 어떤 단순 세부특징이 표적에 제시되어 있을 때 전주의 처리를 사용하지만, 동일한 세부특징이 표적에 없을 때는 초점주의 처리를 사용해야 한다는 것을 발견했다. **그림 5.19**는 Treisman과 Souther의 연구에서 사용된 것과 유사한 디스플레이를 보여주고 있다. **그림 5.19a**에서 표적은 선분이 있는 원이다. **그림 5.19b**에서는 선분이 없는 원이 표적이다. 디스플레이 a에서 알 수 있듯이 선분이 있는 원은 돌출되어 보이지만, 디스플레이 b에

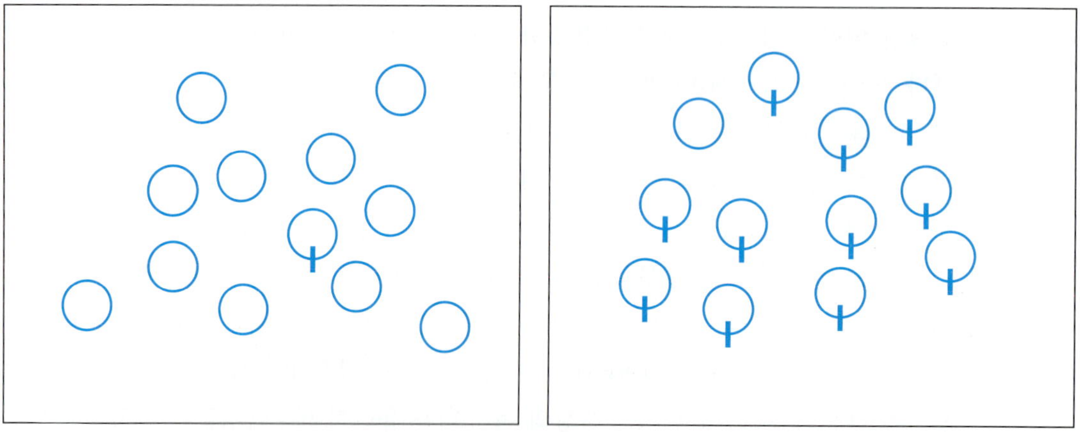

a. b.

그림 5.19 당신은 a와 b 중 어느 것에서 다른 자극을 찾기 더 수월한가? 그 이유는 무엇인가?

출처: Treisman, A. M., & Souther, J. (1985). Search asymmetry: A diagnostic for preattentive processing of separable features. *Journal of Experimental Psychology: General, 114*, 285–310.

서는 표적을 찾기 위해서 더 면밀히 살펴보아야 한다.

만약 대상의 모든 세부특징들을 개별적으로 처리한다면, 그것들이 항상 적절하게 결속되지 않을 가능성이 있다. 예를 들어 주의가 산만하거나 과부하가 걸려 있다면, 우리는 세부특징들을 부적절하게 결합시킬 수 있다. 주위 환경이 초점주의로 대상을 보는 일을 방해할 때 세부특징들을 부적절하게 결합시키는 **착각접합**(illusory conjunction)이 발생될 수 있다(Treisman, 2006a). 착각접합을 일으키려고 시도하는 대부분의 실험들은 매우 짧은 노출을 사용한다. 짧은 디스플레이 노출에서 관찰자들은 빨간색 O의 바로 옆에 있는 초록색 E를 빨간색 E로 지각할 수 있다.

배열 속 자극들의 조직 또한 착각접합에 중요한 역할을 한다. 따라서 사람들은 특히 근접성, 유사성 혹은 좋은 연속성(게슈탈트 원리들)에 의해 집단화되는 대상들에 대해 착각접합을 일으키기 쉽다. Esterman 등(2004)은 자극의 범주 또한 착각접합에 영향을 준다는 것을 발견했다. 즉 짧게 제시된 배열(예: 37E)에서 만약 숫자 7이 빨간색이고 3과 E가 검은색이라면, 사람들은 E보다는 3을 빨간색으로 잘못 지각하기가 쉽다. 마찬가지로 글자의 세부특징들은 주위 글자에 의해 영향을 받기 십상이다.

일치하지 않는 결과들을 토대로 연구자들은 세부특징 통합 접근법의 몇 가지 측면들을 수정했다. 그럼에도 이 접근법은 계속해서 주의가 모양 지각에 영향을 준다는 점을 이해시키는 중요한 틀로 사용되고 있다. 특히 연구자들은 세부특징 결합에 수반되는 뇌 영역들을 포함해서 결합 문제에 관심을 갖고 있다(Esterman et al., 2007; Robertson, 2003).

원형 대응 접근법

지금까지 우리는 모양과 패턴 지각에 대한 네 가지 접근법(공간 주파수 분석, 게슈탈트 접근법, 계산적 접근법, 세부특징 통합 접근법)을 살펴보았다. 다른 조망, 즉 **원형 대응 접근법**(prototype-matching approach)에 따르면 우리는 기억 속에 추상적이며, 이상화된(idealized) 패턴들을 저장하고 있다. 어떤 특정 대상을 볼 때 우리는 그것을 **원형**(prototype) 혹은 이상적 전경과 대응시킨다. 만약 대상이 원형과 일치하면, 우리는 그 패턴을 재인할 수 있다. 만약 일치하지 않으면, 우리는 일치할 때까지 계속해서 다른 원형과 대조시키는 과정을 진행한다. 예를 들어 우리는 새의 원형을 저장해 놓았을 것이다. 이 원형은 어떤 크기(아마도 작은 크기), 어떤 세부특징(예: 부리, 날개, 깃털), 어떤 능력(예: 날 수 있다)을 가진 유기체를 나타낸다. 이 원형은 깃털의 특정 색깔이나 부리의 특정 모양을 명세할 필요는 없다. 따라서 원형은 추상적이다. 어떤 새를 볼 때, 우리는 보고 있는 그 유기체가 원형과 대응이 되면 그것을 새로 재인하게 된다.

원형 대응 관점은 유연하다. 원형은 잘 정의된 모든 세부특징을 가진 특정 패턴이 아니라 일반 패턴이다. 예를 들어 우리는 펭귄을 새로 재인할 수 있다. 더구나 우리는 낱자가 일그러졌을 때도 그 낱자를 재인할 수 있다. 낱자 M을 고려해보자. **그림 5.20**에서 다양한 M을 볼 수 있다. 이 낱자들은 모두 다르지만 우리는 이것들을 모두 M으로 재인한다. 또한 우리는 **그림 5.20**의 상단 줄에 보이는 방위가 서로 다른 M자들과 크기가 다른 M자들도 모두 M자로 재인할 수 있다.

원형이 어디에서 오는 것인지 의아해 할지 모르겠다. 많은 연구들은 원형이 상이한 예들을 반복적으로 경험함으로써 얻어지는 것임을 시사한다(e.g., Love et al., 2004; Smith et al., 2008). 따라서 **그림 5.20**에 있는 모든 낱자들이 M이라는 것을 안다면, 우리는 M성을 결정하는 본질적인 특성들을 추출할 수 있다. 그 원형은 "대략 위로 뻗는 수직선 획, 우측 하단으로 뻗는 획, 우측 상단으로 뻗는 획, 아래로 뻗는 수직선 획"과 같은 것일 수 있다. 만약 발달심리학자인 Jean Piaget의 연구를 알고 있다면, 원형 형성을 그의 동화(assimilation)라는 개념과 관련시킬 수 있을 것이다.

원형 대응 접근법을 형판 대응 접근법과 혼동하지 마라(Palmer, 2003b). **형판 대응 접근법**(template-matching approach)에 따르면, 우리는 많은 형판 혹은 특정 패턴들을 기억 속에 저장하고 있다(Rolls & Deco, 2002). 예를 들어 어떤 낱자를 볼 때 우리는 그것이 형판 가운데 어느 것과 일치하는지를 결정한다. 만약 일치하면 그 낱자를 재인하게 된다. 형판과 일치하지 않으면, 다른 형판을 검색한다. 어떤 면에서 형판

그림 5.20 우리가 위의 자극 모두를 M으로 쉽게 재인할 수 있다는 사실은 우리의 시각 체계가 매우 유연하다는 것을 시사한다. 이러한 유연성이 형판 대응 접근법과도 일치해 보이는가?

은 자물쇠와 같고, 낱자는 열쇠와 같다. 열쇠는 적절한 모양에서 약간만 달라져도 자물쇠를 열지 못할 것이다.

그러나 다른 거리에서 어떤 대상을 지각하는 문제를 고려해보자. 근거리에서 그 대상은 비교적 큰 망막상을 일으킬 것이다. 그리고 거리가 멀어지면서 그 대상은 비교적 작은 망막상을 일으킬 것이다. 이런 문제를 극복하기 위해 일부 이론가들은 형판에 척도화 요소(scaling component)를 추가시킴으로써 크기가 변하는 형판을 가정할 수 있게 하였다.

각 패턴을 적절한 형판과 대조시킨다는 아이디어는 우리가 시각 맥락에서 발견되는 복합 수용장에 대해 알고 있는 것과 상당 부분 일치한다. 따라서 이 접근법은 비교적 단순한 모양(예: 정사각형, 삼각형, 낱자, 손모양의 자극)에 잘 적용된다. 그러나 형판 대응 접근법은 좀 더 복잡한 대상들에 대해서는 잘 적용되지 않는다. 즉 세상의 모든 대상들을 재인할 수 있으려면 우리는 셀 수 없을 정도로 많은 형판들을 필요로 할 것이다. 그렇지만 동시에 어떤 뉴런들이 특정 대상들을 부호화한다는 발견(Gaschler, 2006; Quiroga et al., 2008)은 형판의 개념이 현실적일 수 있음을 시사한다. 분명히 인간이 엄청난 양의 시각 정보를 저장할 수 있음은 사실이다(Brady et al., 2008). 이런 정보 저장 용량은 원형과 형판 개발 모두를 지지해준다.

원형과 형판 대응 접근법은 모두 대상을 재인하기 위해 비교되어야 하는 지각적 경험과 정신적 표상 사이의 구분을 강조하고 있기 때문에 유용하다. 대상 재인에 대한 어떤 접근법도 어느 시점에서는 어떤 형태의 대응을 가정해야 한다.

절 요약

모양과 패턴 지각에 대한 접근법

1. 모양이나 형태는 특정한 모서리 배열들에 의해 결정된다. 우리는 상향과 하향처리, 그 둘의 조합을 통해 모양을 지각한다.
2. 공간 주파수 분석 접근법은 복잡한 장면을 각각 다른 정현파 격자에 상응하는 그 성분 요소인 정현파(sine waves)로 분할하는 데 푸리에 분석이 사용될 수 있다고 가정한다. 사람들은 각각 뉴런들의 수용장에 의해 결정되는 서로 다른 이상적인 주파수를 가지는 다중 공간 주파수 채널을 가지고 있다. 그러나 전반적으로 사람들은 4~5주기/도의 공간 주파수를 가진 격자에 가장 민감하다.
3. 게슈탈트 접근법은 우리가 대상을 분리된 부분들보다는 잘 조직된 '전체'로 본다고 강조한다. 대상 지각은 근접성, 유사성, 좋은 연속성, 폐쇄성, 공통운명의 법칙을

포함한 집단화 법칙들에 따라 요소들의 조직화를 통해 이루어진다.

4. 좋은 형태의 법칙이란 전경을 좋은, 단순한, 그리고 안정적인 것으로 지각하는 경향성을 말한다. 따라서 어떤 전경들은 다른 전경들보다 더 낫고, 형편없는 전경보다 기억 속에 더 쉽게 부호화된다.
5. 전경-배경 관계성에서 전경은 배경과 대조적으로 분명하게 정의된 윤곽으로 확연한 모양을 가진다. 또한 전경은 더 가깝고 더 지배적인 것처럼 보인다. 애매한 전경-배경 관계성에서는 전경과 배경이 수시로 역전된다.
6. 시각장의 유사 영역들을 함께 연결하는 균일 연결성 원리는 시지각의 초기 단계에서 작동되는 것으로 보인다. 어떤 연구자들은 전경-배경 관계성이 시지각의 초기 단계에서 결정된다고 생각하지만, 다른 연구자들은 실제로 전경-배경 조직화에 선행하는 대상 지각의 어떤 형태가 있다고 주장한다.
7. 계산적 접근법에 따르면, 우리는 일련의 처리과정을 통해 모양 지각을 달성한다. 우리 시각 체계의 원형 수용장은 모서리 정보를 추출하는 멕시코 모자 필터처럼 작용한다. 그런 다음, 모서리 정보는 초벌 스케치에 결합된다. 다른 정보와 결합이 이루어진 초벌 스케치는 2.5D 스케치를 산출한다. 완전한 표상, 즉 3D 스케치는 2.5D 스케치를 다른 정보와 결합함으로써 얻어진다.
8. 움직임에 의한 모양 확인, 명암법에 의한 모양 확인, 그리고 하이라이트에 의한 모양 확인을 포함해서 많은 요인들이 모양 지각을 돕는다.

19. 세부특징 통합 접근법은 주의의 중요성을 강조한다. 이 접근법은 모양 지각이 두 개의 처리과정, 즉 병렬처리(전주의 처리)와 계열처리(초점주의)로부터 얻어진다고 주장한다.

10. 원형 대응 접근법은 사람들이 지각상을 기억 속에 저장되어 있는 이상적 전경이나 원형과 대응시킴으로써 대상을 재인한다고 주장한다.

맥락이 모양과 패턴 지각에 미치는 영향

맥락은 여러 심리학 영역에서 중요한 역할을 한다. 예를 들어 극장에서 "불이야!"라고 외치는 상황과 사격장에서 "불이야!"라고 외치는 상황의 차이를 고려해보자(Capaldi & Proctor, 1994). 어떤 경우에 맥락은 중요하다! 맥락은 일반적으로 지각, 특히 모양 지각에 매우 중요한 역할을 하는 것으로 보인다.

맥락은 적어도 두 가지 측면에서 생각해 볼 수 있다. 첫째, 맥락을 표적 자극 주

그림 5.21 대상 지각에서 맥락의 역할을 보여주는 예. 두 줄의 첫 문자는 동일하지만, 윗줄에서는 B로, 아랫줄에서는 13으로 지각된다는 것을 주목하라. 또한 동일한 기호 o가 윗줄에서는 o로, 아랫줄에서는 0으로 지각된다는 것도 주목하라.

변의 자극으로 생각할 수 있다. 그런 자극들은 표적 자극에 대한 우리의 지각에 영향을 줄 수 있기 때문이다. 따라서 **그림 5.21**을 볼 때, 우리는 동일한 자극을 상단 줄에서는 B로, 하단 줄에서는 13으로 읽을 것이다. 둘째, 맥락을 지각자의 마음속에 존재하는 것으로 생각할 수 있다. 우리의 경험, 기분, 각성 상태는 사건 지각에 영향을 줄 수 있음을 주목해 본 적이 있는가? 하향처리는 자극이 해석 맥락을 생성함에 있어 지각자의 지식의 역할을 강조한다. 따라서 컴퓨터 프로그램 전문가는 초보자는 알지도 못하는 코드에서 결함을 지각할 수 있다.

분명히 이 두 유형의 맥락은 서로 관련이 있다. 만약 탐색하고 있는 장면의 유형을 알고 있다면, 우리는 그 장면에서 발견되기 쉬운 대상의 유형에 대한 중요 정보에 의존할 수 있다. 만약 우리가 '심리학 건물'이라는 장면을 보고 있다면, 우리는 영화배우인 메릴 스트립이나 대문호인 셰익스피어보다는 지각심리학 교수를 발견하기 십상이라는 것을 알고 있다. 맥락 자극들은 우리가 그 맥락에서 보는 사람들을 확인함에 있어 도움을 주는 맥락을 제공하는 심적 기대(mental expectation) 세트를 불러낸다.

지금부터는 맥락이 지각에 영향을 미치는 몇 가지 측면들을 살펴볼 것이다. 먼저 단어 맥락에서 낱자 지각을 살펴보고, 다음으로 시각 장면 속 대상들의 지각에 초점을 맞출 것이다. 마지막으로 맥락이 착각적 윤곽을 어떻게 일으키며, 어떻게 자극들에 대해 지각적 착오를 일으키는지를 살펴보기로 하겠다.

단어 맥락에서 낱자 지각

이 지구상에서 인간은 다른 인간, 동물, 나무, 산 등과 같은 다양한 형태들을 보면서 살고 있다. 진화론적 관점에서 문어(written language)는 비교적 최신품이다. 그러나 문어 속 낱자의 모양은 우리의 삶에 중추적인 역할을 한다. 문어는 인간의 발명품 중 비교적 최신품일 뿐만 아니라 구어만큼 변이가 많다는 점을 기억하자.

이 책을 읽는 동안 당신은 계속해서 낱자들의 독특한 모양을 처리하고 그것들로부터 의미를 추출하게 된다. 그런 처리과정은 집중연구 영역이며, 그 중 일부는 4장에서 살펴본 바 있다. 많은 연구자들은 우리가 개개 낱자들을 어떻게 부호화하는지를 연구하였다(Grainger et al., 2008). 어떤 연구자들은 이 절에서 집중적으로 다루게 될 맥락에서의 낱자 지각에 초점을 맞추었다. 이 연구는 특히 맥락이 지각에서 중요한 역할을 한다는 논지(테마 2)에 중요하다. 또한 이 연구는 하향처리의 중요한 기여를 보여준다(테마 4).

여기서는 주로 단어우월효과에 관심을 둔다. **단어우월효과**(word-superiority effect)에 따르면, 우리는 낱자들이 서로 관련이 없는 낱자의 열 속에 있을 때보다 단어 속에 있을 때 그 낱자들을 더 잘 지각한다. 예를 들어 낱자 *R*은 그것이 *GIETR*이라는 비단어 속에 있을 때보다 *TIGER*라는 단어 속에 있을 때 더 잘 지각된다. Cattell(1886)은 이미 100여 년 전에 단어우월효과[**단어이해효과**(word-apprehension effect)라고도 함]를 처음으로 확인했다. 그는 일련의 낱자들을 10msec 동안 제시하고, 관찰자들에게 보았던 낱자들을 가능한 한 많이 보고하도록 요청했다. 그가 무선 낱자들을 제시했을 때, 관찰자들은 일반적으로 4~5개 정도의 낱자만을 보고했다. 그러나 영어 단어들을 제시했을 때, 관찰자들은 일반적으로 3~4개의 단어들을 보고했다. 즉 관찰자들은 무선 낱자 조건보다 몇 배 더 많은 낱자들을 보고한 것이다.

단어우월효과는 일반적으로 Gerald Reicher(1969)와 Daniel Wheeler(1970)가 이 현상에 관심을 가질 때까지 오랫 동안 무시되어 왔었다. 소위 Reicher-Wheeler 과제를 수행하는 관찰자들은 먼저 4음절 단어(예: *WORK*), 발음이 가능한 유사 비단어(예: *GORK*), 혹은 의미도 없고 발음도 어려운 4음절 비단어(예: *ORWK*)와 같은 자극을 본다. 각 자극은 매우 짧은 시간(예: 50msec) 동안 제시된다. 제시된 즉시 네 개의 낱자는 시각적으로 차폐되고, 동시에 한쪽 측면에 두 개의 낱자가 제시된다. 이 낱자들은 네 개의 낱자 위치 중 한 위치에 제시되었고, 관찰자들에게 두 낱자 중 어느 것이 실제로 자극 속에 있었던 것인지 보고하도록 요청한다. 예를 들면 *WORK*이라는

단어가 제시된 다음, 다음과 같은 디스플레이가 따른다:

$$\begin{array}{c} \quad\quad\quad D \\ ----- \\ \quad\quad\quad K \end{array}$$

관찰자들은 앞서 제시된 자극의 네 번째 위치에서 *D*를 보았는지 아니면 *K*를 보았는지 보고하면 된다. 두 낱자는 모두 영어 단어를 구성한다는 것을 주목하라. 따라서 관찰자는 영어 단어를 완성할 수 있는 낱자 추측 전략을 사용할 수 없다. 더 나아가, 이 실험은 Cattell의 연구에 가해질 비난도 모면하게 해준다(아마도 관찰자들은 단어 속에 있든, 단독으로 제시되든 관계없이 낱자들을 동일하게 지각할 수 있지만, 그들은 단어들을 더 잘 기억한다. 따라서 더 많은 항목들을 보고할 것이다). 그러나 Reicher–Wheeler 과제는 관찰자들이 단지 두 개의 대안 가운데 하나를 선택해야 하기 때문에 오로지 관찰자들의 기억에 의존하지 않는다. 따라서 이 과제는 단어우월효과가 단어에 대한 두 개의 중요한 이점(추측과 기억)을 제거시켰을 때에도 지속하는지를 살필 수 있게 해준다. Reicher–Wheeler 과제를 사용한 많은 연구들은 단어우월효과를 지지해주었다(Frainger et al., 2003; Laszlo & Federmeier, 2007).

장면 맥락에서 대상 지각

고립된 낱자 지각에 초점을 맞춘 연구자들과 마찬가지로, 다른 연구자들은 고립된 대상들의 지각에 초점을 맞추었다. 예를 들어 계산적 접근 이론들은 모양 지각이 그것이 제시되는 맥락에 대해 알지 못하는 상황에서 발생할 수도 있음을 강조한다. 따라서 우리의 시각 체계는 원추, 원통, 혹은 방위 정보를 가진 지온들을 결합시켜 대상중심의 3-D 모양을 구축할 수 있다. 어떤 연구자들은 대상 지각에서 맥락의 중요성을 강조한다. 예를 들어 Julian Hochberg는 심성 구조들이나 도식들이 대상 지각에 중요하다는 입장을 견지함으로써 좀 더 강력한 하향 접근법을 취한다(Peterson et al., 2007). 지금부터 대상 지각에서 맥락의 중요성을 연구한 몇 개의 연구를 선별적으로 살펴보기로 하자.

Stephen Palmer는 많은 연구를 통해 대상 지각에서 맥락의 역할을 확인했다(Palmer, 1999, 2003b). 예를 들어 Palmer는 자연 장면에서 대상 재인을 연구했다. 우리는 부엌에서는 식빵, 현관에서는 우편함, 그리고 밴드에서는 드럼을 발견하기 쉽다는 것을 알고 있다. Palmer는 관찰자들에게 **그림 5.22**의 왼쪽에 있는 것과 같은

그림 5.22 Palmer의 실험에서 사용된 맥락 장면과 표적 대상들. 사람들은 적절한 맥락이 주어질 때 짧은 순간 제시된 대상들(a의 식빵과 같은)을 더 정확하게 재인한다.

출처: Palmer, S. E. Visual perception and world knowledge: Notes on a Model of Sensory-Cognitive Interaction. In D. A. Norman & D. E. Rumelhart (Eds.), *Explorations of Cognition*. San Francisco: Freeman.

장면들을 보여주었다. 그리고 그들에게 **그림 5.22**의 오른쪽에 있는 것들과 같은 그림들을 매우 짧게 보여주었다. 어떤 경우에는 그 그림이 식빵(**그림 5.22a**)과 같이 장면에 잘 어울리는 것이었고, 다른 경우에는 비록 어울리지는 않지만 우편함(**그림 5.22b**)과 같이 장면에 잘 어울리는 모양과 유사한 것이었다. 또 다른 경우에는 드럼 모양(**그림 5.22c**)과 같이 전혀 장면과 어울리지 않는 그림이 제시되기도 했다. 마지막 조건의 경우, 관찰자들에게 어떤 맥락 장면도 제시하지 않았다. 즉 그들에게 어떤 맥락도 없이 그림을 확인하도록 요청했다. 각 조건에서 관찰자들은 대상의 명칭을 보고하고, 그들의 보고가 얼마나 정확하다고 확신하는지를 평가하도록 요청했다.

그림이 장면에 어울리는 것일 때(예: 부엌에서 식빵), 관찰자들의 그림 확인은 84%의 정확도를 보였다. 맥락 장면이 없을 때는 정확도가 크게 감소되었지만, 그림(예: 우편함이나 부엌에서 드럼)이 장면에 대해 부적합하였을 때도 정확도가 감소되었다. 물론 그림을 더 오래 제시하면 관찰자들은 그것이 이례적인 장면에서 제시되더라도 정확하게 확인할 수 있었다.

맥락이 대상 지각에 미치는 효과를 연구하는 또 다른 접근법은 장면 속에서 어떤 대상을 찾는 시간을 연구하는 것이다. 이 접근법을 사용한 몇몇 연구자들은 맥락이 대상의 시각 탐색에 미치는 영향을 지지하는 결과를 얻었지만, 다른 연구자들은 그 효과를 발견하지 못했다(Hollingworth & Henderson, 1998). 그러나 장면의 성질이 우리가 그 장면 속 대상을 어떻게 처리하는지에 영향을 미친다는 것이 점점 더 확실해지고 있다(Becker et al., 2007; Brockmole & Henderson, 2008). 연구는 장면 속 이례적인 자극을 우리의 눈이 지향한다는 것을 보여준다. 이런 결과들은 우리가 장면의 성질을 잘 알고 있다는 것을 시사한다(Greene & Oliva, 2008).

Helene Intraub 등은 사람들이 장면 지각에 맥락을 사용한다는 것을 보여주기

그림 5.23 이 그림을 살짝 본 다음, 책을 덮고 백지에 이 그림을 스케치해보라.

위해 다른 접근법을 사용했다(Intraub, 2007). Intraub의 초기 연구를 살피려면 약간의 드로잉이 필요하다. 아티스트 수준까지는 필요 없고, 대략적인 스케치 정도면 충분하다. **그림 5.23**을 살짝 본 다음, 그 그림을 보지 말고 가능한 한 똑같은 그림을 그려보라. (따라서 그 그림을 보지 않으려면 교재를 덮기 바란다).

사람들이 사진틀 안에 타이트하게 담긴 사람의 머리나 농구공과 같은 사진(어떤 경우는 사진틀 때문에 일부가 가려진)을 볼 때, 나중에 그 사진 속 실제 장면보다 더 많은 장면을 본 것으로 기억한다. Intraub는 사람들이 실제 본 것보다 더 많은 것을 보았다고 보고하는 이런 경향성을 **경계확장**(boundary extension)이라 했다. 당신이 그린 스케치와 **그림 5.23**을 비교해보라. 경계확장이 나타났는가?

앞에서 불완전 대상들의 무형완성과 게슈탈트 원리를 논의한 바 있다. 경계확장도 원 자극 속의 실제 정보를 넘어선다는 점에서 이와 유사하다. 그러나 경계확장은 대상에 포괄되어야 하는 정보를 추가시켜 그 대상을 완성시킨다는 점에서 차이가 있다.

우리가 실제로 본 것 이상의 장면을 지각하는 이유는 무엇일까? 경계확장을 설명하기 위해 Intraub는 하향처리 해석을 적용시켰다. 그녀는 사람들이 원 사진에 있는 정보에 기초하여 심적 표상(도식)을 활성화시킨다고 생각했다. 그러나 활성화된 표상은 원 사진 속에 실제로 제시되지 않은 요소들을 포함한다. 결국 사람들이 나중에 그 사진을 재현하려고 시도할 때, 그들은 실제 사진에 부가하여 도식에 따른 기억을 활성화시키게 된다.

경계확장은 실제로 많은 이해를 제공해준다. 우리가 세상을 볼 때, 우리가 보고 있는 장면의 부분만이 중심와에 떨어진다는 점을 염두에 두어라. 경계확장은 유용한 정보를 포함하는 장면의 부분에 대한 예기성 안구 운동으로부터 초래된다(Intraub et al., 2006). 장면의 보이지 않는 부분에 있음직한 것이 무엇인지 알고 있다는 것(지식)은 우리의 시각 처리과정을 인도한다. 그런 점에서 Intraub의 연구는 하향처리가 안구 운동에 미치는 영향에 관한 다른 연구와도 잘 부합된다.

여기서 살펴본 연구는 대상지각에서 하향처리의 중요성을 잘 보여준다. 물론 그런 결과들은 전적으로 테마 4와 일치한다. 맥락은 분명 대상 지각에 영향을 미칠 수 있다. 이런 영향력은 특히 우리로 하여금 실제로 존재하지 않는 대상들을 지각하는 데 맥락이 중요한 역할을 한다는 것을 분명하게 해준다.

착각적 윤곽

착시(illusion)는 부정확한 지각이다. 착시에서 우리가 보는 것은 대상의 실제 특성과 대응되지 않는다. 착시는 흥미로운 현상인데, 특히 우리의 지각 과정에 대해 많은 것을 알려준다. 예를 들어 착시는 우리에게 근접자극이 애매하다는 것을 알려준다(테마 3). 많은 모양 지각 이론에 문제를 안겨주는 몇 가지 착각 자극에 대해 살펴보기로 하자.

우리는 가끔 구체적인 윤곽이나 모서리가 배경으로부터 모양을 분리시키지 않을 때라도 어두운 배경에서 모양을 볼 수 있다. **착각적 윤곽**(illusory contour) 혹은 **주관적 윤곽**(subjective contour)이란 물리적으로는 존재하지 않는 모서리를 말한다. 다시 말해서, 맥락만으로도 모서리나 윤곽 지각이 일어날 수 있다는 것이다. Gaetano Kanizsa(1976)는 주관적 윤곽을 연구하면서, 지금은 Kanizsa 정삼각형으로 불리는 도형을 만들어 냈다(**그림 5.24**). 우리는 세 개의 검은색 원과 일부 윤곽만이 제시된 삼각형 배경에서 흰색 삼각형을 볼 수 있다. 비록 실제로는 어떤 선분도 없지만 흰색 정삼각형의 각 변은 연속적인 윤곽선이 있는 것으로 보인다. (Marr의 가상 선분을 기억하는가?) 이 가현적 모서리들은 모양 지각에 대한 이론적 접근법들에 문제를 안겨

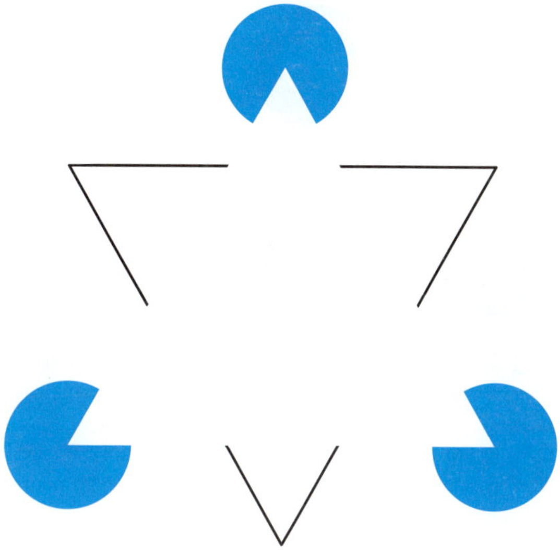

그림 5.24 흔히 Kanizsa 정삼각형이라 부르는 정삼각형을 지각하게 만드는 착각적 윤곽의 예

준다.

우리는 존재하지도 않는 흰색 정삼각형을 볼 수 있을 뿐만 아니라 그 정삼각형을 흰 배경보다 더 밝은 것으로 본다. 물론 Kanizsa 삼각형과 그 배경은 밝기가 동일하다. 삼각형의 지각된 밝기는 외측 억제와 관련이 있을 수 있지만, 완전한 설명이 제시되지 않고 있다(Hoffman, 1998). Donald Hoffman이 지적했듯이, 착각적 전경들이라고 해서 모두 착각적 밝기를 일으키는 것은 아니다. 더구나 착각적 전경을 생성하지 않아도 가현적 밝기 변화를 일으킬 수 있다. **그림 5.25**에서 보듯이, 착각적 도형의 모서리와 밝기의 두드러짐은 모두 유도 도형들이 얇아지거나 더 적은 선분들을 가질 때 약해진다(Lesher & Mingolla, 1993).

우리가 주관적 윤곽을 보는 이유는 무엇일까? 강조점에 따라 생리학적인 설명에서부터 인지적 설명에 이르는 여러 설명이 가능하다. Hoffman(1998)의 조망에서 보면, 모든 선분은 불연속적 신경 입력으로부터 구축된다. 따라서 주관적 선분은 실제 선분과 전혀 다른 것이 아니다. 그러한 접근법은 잠정적으로 모서리 지각에 대한 연구 영역에서 주관적 윤곽에 대한 연구를 통합하는 것으로 보인다. 또한 이런 접근법은 모양 지각에 수반되는 기본적인 생리학과 인지적 과정 모두를 고려한다. 이런 조망에서 보면, 착각적 윤곽은 시각의 여러 영역에서 발생하는 채움 과정으로 발생된다(Grossberg, 2003).

Hoffman의 입장은 전적으로 V1 세포들이 착각적 윤곽과 실제 선분 모두에 반응

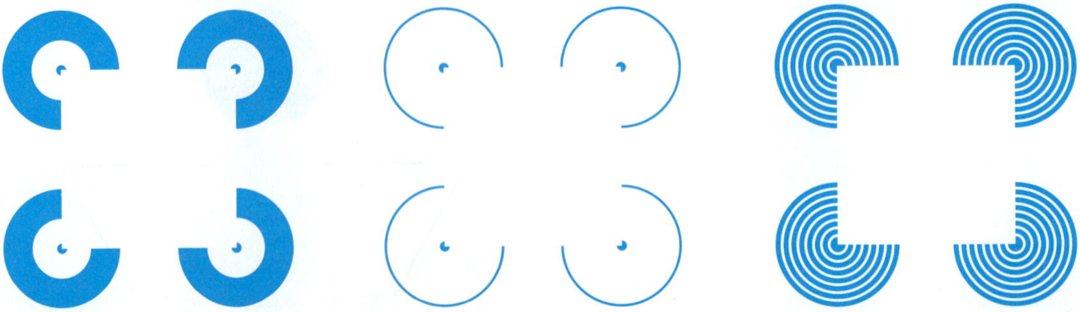

그림 5.25 상이한 유도 영역들에 의해 형성되는 세 가지 착각적 정사각형의 예. 유도 영역들이 착각적 정사각형의 지각된 밝기와 모서리의 두드러짐 모두에 어떻게 영향을 주는지 주목하라.

출처: Reprinted from *Vision Research*, Gregory W. Lesher & Ennio Mingolla, The role of edges and line-ends in illusiory contour formation. Copyright © 1993, with permission from Elsevier.

한다는 결과와 일치한다(Maertens & Pollmann, 2005). 연구 결과들은 V1, V2 및 다른 뇌 영역들이 착각적 윤곽을 처리한다는 것을 보여준다(Mostaser-Kouhsari et al., 2007; Seghier & Vuilleumier, 2006). 착각적 윤곽에 대한 그런 하위수준의 설명을 지지해주는 많은 증거들이 있기는 하지만, 다른 연구자들은 상위수준의 과정을 가정한다(e.g., Gillam & Nakayama, 2002).

어떤 연구자들은 착각적 윤곽을 설명하기 위해 게슈탈트 원리를 사용한다. 좋은 형태의 원리에 근거하여 연구자들은 우리가 의미 없고, 조직이 안 된 부분들보다는 단순하고, 친숙한 전경들을 보려는 성향을 가지고 있기 때문에 주관적 윤곽을 본다고 주장한다. **그림 5.24**에서 우리는 쇄기를 가진 세 개의 원들과 V자 모양의 세 개 선분을 교대로 볼 수 있음을 주목하라. 그러나 이 그림에 대한 해석은 불필요하게 복잡하다. 대신 우리는 그 그림을 정리하기 위해 배경 앞에 단순한 흰색 정삼각형을 두는 식으로 깊이 단서(6장에서 자세히 설명)를 사용한다. 이런 해석은 우리가 세 개의 원에 있는 특별한 틈, 즉 정삼각형은 단지 그 부분들을 가리고 있다고 보는 이유를 설명해준다. 어떤 연구자들은 신경 원리를 게슈탈트 원리와 조합하여 착각적 윤곽을 설명하기도 한다(Qiu & von der Heydt, 2005; von der Heydt, 2003).

인지적 조망은 지각을 가설 검증 및 문제 해결로 본다. 이 조망에서 보면, 착각적 윤곽은 시각 체계가 무엇이 전경이고 무엇이 배경인지의 문제를 해결하려고 시도하는 과정에서 발생된다. 따라서 우리는 질서를 부여하기 위해 하향처리를 사용한다(테마 4). 그런 의미에서 인지적 접근법은 게슈탈트 접근법과 매우 닮았다. **그림**

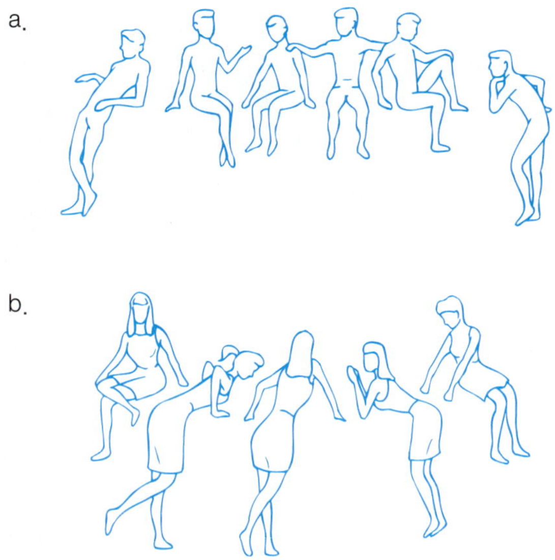

그림 5.26 사람들의 각 위치에서 발생되는 착각적 전경의 예(Bonaiuto et al., 1991).

5.26을 보면, 그런 인지적 과정이 착각적 대상의 윤곽을 산출하는 데 중요한 것으로 보인다(Bonaiuto et al., 1991).

말할 필요도 없이, 착각적 윤곽은 모양 지각에 대한 여러 접근법에 실제적 문제를 안겨준다. 결국 착각적 윤곽은 향후 집중적인 연구가 이루어질 필요가 있다.

맥락에 의한 모양 왜곡

맥락은 흔히 우리가 세상 속 대상을 정확하게 표상할 수 있도록 돕는다. 그러나 이미 살펴본 바 있듯이, 맥락은 또한 우리를 엉뚱한 길로 인도하기도 한다. 맥락은 왜곡된 모양을 만들어 내기도 한다. 예를 들어, **그림 5.27**은 검은색 선과 흰색 선이 서로 꼬이도록 디자인하여 생성된 두 개의 뒤틀린 선 묶음 착시(twisted-cord illusion) 예를 보여준다. 맥락이 어떻게 전경의 방위와 모양을 엉뚱하게 지각하게 만드는지 주목하라.

그림 5.28에서 선분의 방위나 기하학적 도형의 모양이 맥락에 의해 왜곡되는 다른 착시의 예들을 보게 될 것이다. 예를 들어, **그림 5.28a**에서 두 개의 수평 선분들은 비록 중간 부분이 불룩하게 보일지라도 평행하다. 이와 반대로, **그림 5.28b**의 두 수평 선분들은 중간 부분이 오목하게 들어간 것으로 보인다. **그림 5.28c**와 **5.28d**는 주위 선분들에 의해 왜곡된 원과 정사각형을 보여준다. **그림 5.28d**는 6장에서 폰조 착시(Ponzo illusion)를 다룰 때 다시 언급될 것이다.

a.

b.

그림 5.27 뒤틀린 선 묶음 착시. LIFE의 각 낱자의 수직선들이 서로 평행한가? b에서 나선 모양을 보고 있는가? 낱자들이 부분적으로 이례적인 방위를 가지고 있지 않다는 것을 눈금자를 사용해서 확인해보라. b에서 나선 모양이 실제로 일련의 동심원들이라는 것을 확인하기 위해 나선 모양을 손가락으로 따라가 보라.

절 요약

맥락이 모양과 패턴 지각에 미치는 영향

1. 연구에 따르면, 맥락은 패턴 지각에서 중요하다. 맥락은 도움이 될 수 있지만, 엉뚱한 길로 이끌기도 한다.
2. 우리는 낱자들이 서로 관련이 없는 낱자의 열 속에 있을 때보다 단어 속에 있을 때 그 낱자들을 더 잘 지각한다(단어우월효과). Cattell은 1886년에 이 효과를 처음으로 밝혔다. Reicher-Wheeler 과제를 사용하는 연구자들은 단어우월효과를 계속해서 확증해주고 있다.
3. 계산적 접근법은 자극 자체의 정보를 토대로 대상 지각을 설명하려고 시도한다. 그러나 많은 연구들은 대상이 있는 맥락 혹은 장면이 중요하다는 것을 보여주고 있다. 예를 들어, 우리는 대상이 적절한 맥락에서 그 대상을 더 빠르게 지각한다.
4. 착각적 윤곽 도형에서 우리는 그 모양과 배경 사이에 어떤 모서리도 존재하지 않지

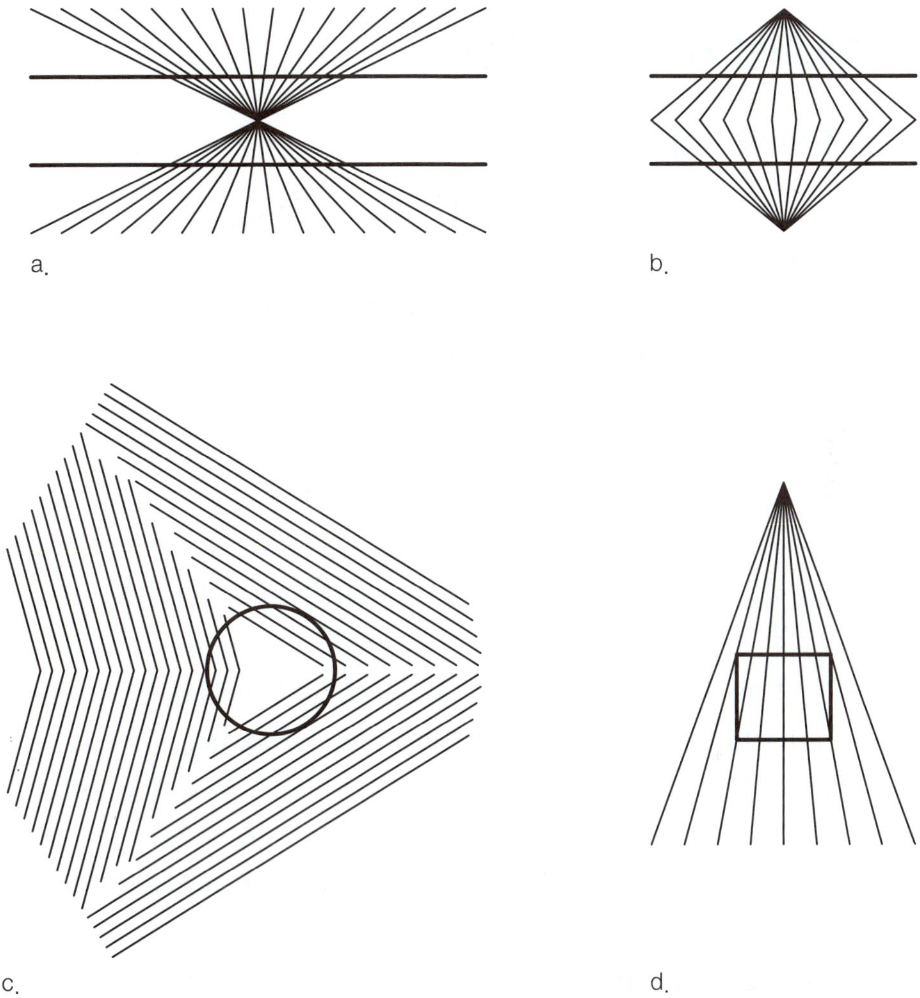

그림 5.28 맥락에 의해 발생된 모양 왜곡의 예들. 일반적으로 맥락은 그림 5.21처럼 지각에 도움을 준다. 그러나 이 그림들을 보면, 맥락은 a와 b에서 보이는 두 개의 평행선과 c와 d에서 보이는 원과 정사각형을 왜곡시킨다는 것을 알 수 있다.

만 윤곽을 본다. 연구자들은 착각적 윤곽에 대해 생리학적, 상향처리 설명 및 하향처리 설명을 포함한 몇 가지 설명을 제시해왔다.

5. 일반적으로 맥락이 모양 지각을 돕기는 하지만, 착각적 윤곽과 기타 뒤틀린 선 묶음 착시와 같은 다른 착시들은 맥락이 이따금씩 엉뚱한 지각을 일으킬 수 있음을 보여준다.

모양과 패턴 지각의 특별 주제

모양 지각에서 시간의 역할

모양 지각은 순간적으로 이루어지는 것이 아니고 어느 정도의 시간을 요한다. 결국 우리는 대상이 무엇인지 정확하게 판단할 수 있기 전에 대상의 제시 여부를 먼저 말하기 십상이다(Mack et al., 2008). 시각 장면에 대한 우리의 지각은 어느 정도 시간이 경과한 후에 발생한다. 망막의 중심와 영역은 높은 시각적 민감성을 일으킨다. 그러나 중심와는 시각장의 매우 작은 부분만을 걸칠 수 있다. 그럼에도 불구하고, 전체 시각장은 매우 상세한 것으로 보인다. Julian Hochberg가 오래 전에 지적했듯이, 전체 시각장에 대한 이런 선명도는 일련의 응시 결과이다(Enns & Austen, 2007; Hayhoe, 2007). 따라서 대부분의 대상들에 대한 우리의 지각은 단일 망막 상에 의해 발생되는 것이 아니다. 대신 우리의 시각 체계는 최종 상을 산출하기 위해 여러 가지 분리된 응시들을 통합한다.

모양 처리가 시간을 요한다는 사실을 보여주는 또 다른 방법은 역행 차폐라는 현상이다(Breitmeyer, 2007). **역행 차폐**(backward masking)에서는 중복되는 두 번째 자극이 따를 때 짧게 제시된 자극을 더 보기 어렵다. 두 번째 전경이 첫 번째 전경을 차폐하고, 따라서 차폐가 역방향으로 작용한다는 것을 주목하라.

Werner(1935)는 역행 차폐를 처음으로 밝힌 연구자로 관찰자들에게 **그림 5.29a**와 같은 검은색 정사각형을 매우 짧게 제시했다. 정사각형이 사라진 즉시, 그 자리에 **그림 5.29b**와 같은 윤곽만 있는 정사각형 모양이 대체되었다. Werner는 검은색 정사각형을 윤곽만 있는 모양의 안쪽 경계에 딱 들어맞도록 구성하였다. 그는 검은색 정사각형을 매우 짧게 제시한 다음, 약 0.15초 동안의 회색 표면을 보여준 후 윤곽만 있는 정사각형 모양을 보여주었다. 이런 순서로 제시했을 때, 관찰자들은 첫 번째 정사각형을 보지 못했다고 보고한다.

그림 5.29 차폐 연구에서 사용된 모양들. 만약 검은색 정사각형(a)이 짧게 제시되고 신속하게 외곽만 있는 정사각형(b)이 따른다면, 사람들은 처음에 제시된 검은색 정사각형을 보지 못한다.

a. b.

Werner는 순행 차폐, 즉 첫 번째 전경이 두 번째 전경을 차폐하는 경향성을 발견하지 못했다. 그가 윤곽만 있는 정사각형(**그림 5.29b**)을 먼저 제시하고, 그 다음 검은색 정사각형(**그림 5.29a**)을 제시했을 때, 관찰자들은 두 전경을 모두 지각했다. 시지각에서 역행 차폐는 순행 차폐보다 더 쉽게 일어난다.

연구자들은 모양의 내부 윤곽이 다른 모양의 외부 윤곽과 일치하는 전경들 외에 다른 전경들도 사용하여 이런 차폐를 확인했다(e.g., Francis & Cho, 2008). 차폐의 중요한 속성은 다른 자극이 윤곽 정보를 간섭할 때 관찰자들은 그 모양을 보지 못할 것이라는 것이다. 역행 차폐 연구는 지각에서 시간 요인이 중요하다는 것을 보여주었다. 어떤 모양 직후에 제시되는 다른 모양은 모양 지각에 영향을 줄 것이다. 특히 다른 모양이 이전 모양이 제시된 직후 매우 빠르게 제시되면, 이전 모양의 윤곽을 지각하지 못한다.

애매한 전경

Rubbin의 꽃병/얼굴 착시(**그림 5.9**)는 애매한 전경의 한 예이다. [다중안정상(multistable images)이라는 전경들을 보았을지 모르겠다]. 중요한 점은, 자극은 변하지 않는데 그 자극에 대한 우리의 지각은 변한다는 것이다. 동일한 상에서 다른 자극의 지각을 예측할 수 있는 모양 지각 이론을 개발하는 것이 얼마나 어려운지 상상해보라. **그림 5.30**은 애매한 전경의 고전적 예이다. 노인이 보이는가, 아니면 젊은 여성이 보이는가? 지각을 변화시킬 수 있는가?

Hoffaman(1998)이 지적했듯이, 우리는 모양의 부분들을 구성하는 전문가이다. 예를 들어, **그림 5.31**의 애매한 그림들을 거꾸로 세우면, 점들의 위치가 그림의 다른 위치에 있음을 주목하라. 따라서 Schroeder의 계단(**그림 5.31a**)을 위에서 내려다보는 계단으로 볼 때, 점들은 모두 두 번째 계단에 찍혀 있다. 그러나 아래에서 위로 올려다보는 계단으로 볼 때는 한 점은 첫 번째 계단에, 그리고 두 번째 점은 그 바로 위의 계단에 있게 된다. 마찬가지로 **그림 5.31b**에서 세 개의 점들은 모두 하나의 정육면체 세 면에 각각 찍혀 있지만, 이 그림을 거꾸로 보면 각 점이 이웃해 있는 세 개의 정육면체 각 면에 찍혀 있다.

이런 애매한 전경들은 특히 우리의 흥미를 끈다. 하나의 자극이 어떻게 두 개의 반전 해석을 이끄는가? 시각 체계가 하나의 해석에서 다른 해석으로 변경시키는 이유는 무엇일까? 이 질문에 대답하기 위해 연구자들은 모양 지각에 수반되는 처리과

그림 5.30 이미지를 거꾸로 하지 않은 채 두 개의 다른 면을 볼 수 있는 전경. 이 이미지를 처음 보는 순간, 노인이 보이는가, 아니면 젊은 여성이 보이는가?

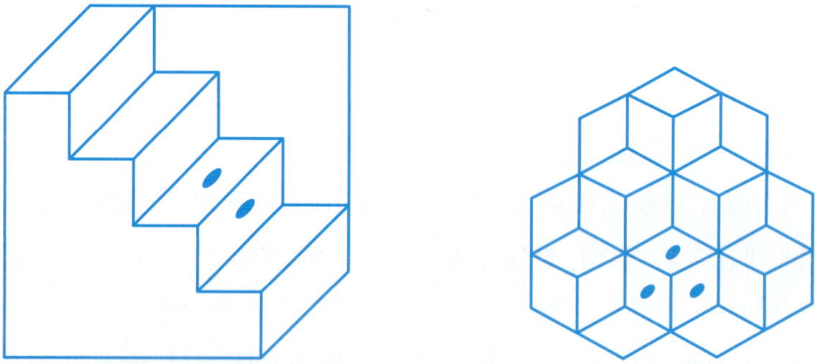

a. b.

그림 5.31 두 개의 애매한 전경들. 우리는 Schroeder의 계단(a)을 위에서 내려다보거나 아래에서 올려다보는 것으로 지각할 수 있다. b에서는 여섯 개의 정육면체나 일곱 개의 정육면체를 볼 수 있다. (만약 일곱 개의 정육면체가 잘 보이지 않는다면, 책을 거꾸로 돌려보라). 두 그림에서 지각이 교환될 때 점들이 어떻게 그림의 다른 위치에 찍히게 되는지 주목하라.

출처: Reprinted from *Cognition*, *18*, 1–3, D. D. Hoffman & W. A. Richards, Part of recognition. p. 32, copyright© 1984, with permission from Elsevier.

정들에 대해 훨씬 더 많은 것을 밝혀내야 한다. 그러나 동일한 자극이 다른 지각을 일으킬 수 있다는 사실은 자극을 벗어나 다른 요인들이 지각적 경험에 기여할 수 있음을 시사한다.

이례적 자극 방위의 효과

테마 4가 강조하는 경험의 중요성은 우리가 이례적인 방위에서 세상을 볼 때 자명해진다. 우리는 이례적인 방위에서 대상들을 거의 경험하지 않기 때문에, 이 경우, 우리의 지각은 붕괴된다. 그런 새로운 방위는 거울 하나만 있으면 간단하게 얻어진다(Gregory, 1996). 우리는 자주 거울을 사용하지만, 거울상의 본질과 관련하여 여러 오류를 범한다(Bertamini et al., 2003; Hecht et al., 2005; Lawson et al., 2007). 예를 들어 사람들은 종종 누군가(예: 거울을 보면서 그림을 그리는 사람)가 실제로 거울로 무엇을 보고 있는지 혼동을 일으킨다. 우리는 책을 쉽게 읽을 수 있지만 거울 앞에 책을 세워 놓고 거울에 반사된 글을 읽으려 하면, 그것이 그리 쉬운 과제가 아님을 알 것이다. 거울상의 신기성을 확인할 수 있는 또 다른 방법은 오로지 거울상을 보면서 복잡한 대상을 추적해보는 것이다.

서두에서 언급했듯이, 우리의 시각 체계는 여러 조망에서 대상을 지각하는 데 능숙하다. 동시에 우리는 어떤 조망들이 다른 조망들보다 대상을 더 보기 쉽다. 결국 전형적인 조망에서 보이지 않을 때 대상을 재인하기는 더 어려울 것이다. **그림 5.32**는

그림 5.32 우리는 여러 다른 조망에서 대상을 재인할 수 있다. 그러나 어떤 조망들은 다른 조망들보다 더 도전적인 과업을 안겨준다. 그림에서는 어떤 대상이 보이는가?

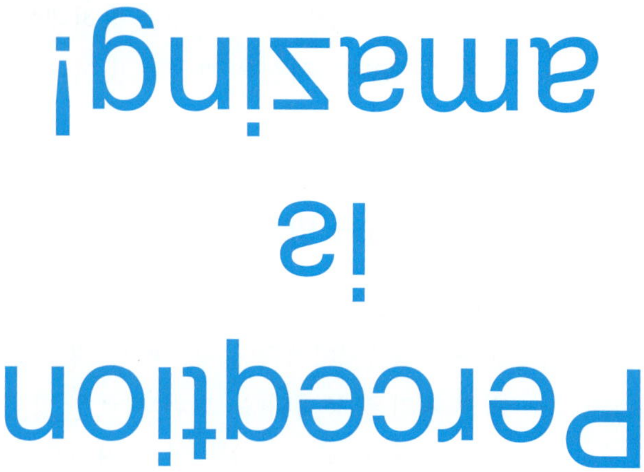

그림 5.33 거꾸로 되어 있지만, 이 글을 읽을 수 있는가? 책을 거꾸로 돌려서 정상적인 방위에서 그 글을 확인해보라. 어떤 문제점이 있는지 확인할 수 있는가? 이례적인 방위에서 그 문제가 확연하게 보이지 않은 이유는 무엇일까?

그림 5.34 방위는 동일한 자극을 완전히 다른 방식으로 보게 한다. fantasy와 reality를 구분할 수 있는가? 책을 거꾸로 돌려보라. 여전히 fantasy가 보이는가?

어떤 대상일까? (만약 확인하기 어렵다면, 본문을 읽거나, 웹페이지를 참조하라).

역전(180도 회전)과 같은 또 다른 이례적인 방위를 고려해보자. 우리는 특정 방위에서 책을 보는 데 익숙하다. 책을 거꾸로 회전시킨 채 글을 읽기는 어려울 것이다. **그림 5.33**에서 보여주듯이, 우리는 거꾸로 된 글에서 오자를 탐지하기 어려울 것이다. 얼굴 역전을 논의할 때 이 효과를 기억하라.

상을 거꾸로 할 때의 효과는 모순을 찾기 어렵다는 것에 한정되지 않는다. 사실 어떤 모양의 경우, 그 모양을 거꾸로 했을 때 완전히 다른 해석이나 의미를 일으킨다. 예를 들어 정상인의 두드러진 특징 가운데 하나는 환상과 현실을 구분할 수 있는 능력이다. **그림 5.34**에서는 fantasy가 보이는가, 아니면 reality가 보이는가? 이 그림을 거꾸로 돌려서 확인해보라.

6장에서 살펴보겠지만, 역전은 깊이 정보의 반전을 이끌기도 한다. **그림 5.35**를 보고 점선이 전경의 봉우리에 떨어지는지, 아니면 골짜기에 떨어지는지 판단해보라. 이제 그림을 거꾸로 돌려본 다음, 점선이 어디에 떨어지는지 확인해보라.

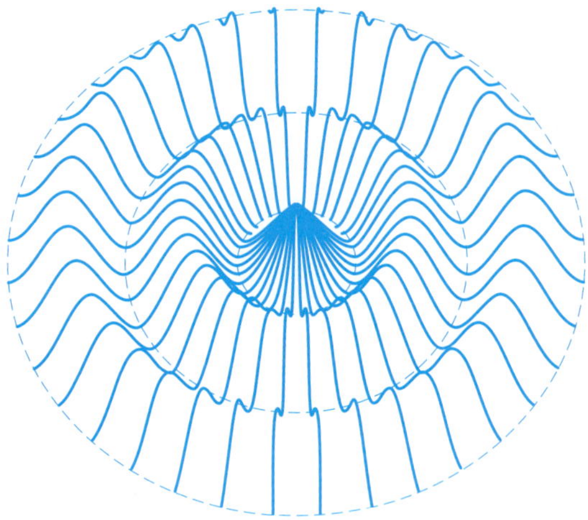

그림 5.35 방위의 변화가 자극의 지각에 미치는 효과를 보여주는 또 다른 예. 현재 방위에서 점선은 골짜기에 떨어진다. 이제 책을 거꾸로 돌려보고, 어떤 일이 발생하는지 살펴보라.

출처: Reprinted from *Cognition*, *18*, 1–3, D. D. Hoffman & W. A. Richards, Part of recognition, p. 32, copyright© 1984, with permission from Elsevier.

각 전경에서 물리적 자극은 방위를 제외하고 변한 것이 없음을 주목하라. 즉 망막에 떨어지는 상은 동일한데, 우리는 한 방위에서 확연했던 것이 다른 방위에서는 괴리가 있음을 탐지하기 어렵다는 것을 발견하게 된다(**그림 5.33**). 다른 상황에서 우리는 하나의 특정 방위에서 전경을 볼 때 두 가지 가능한 형태 가운데 하나만을 본다(**그림 5.34**).

이러한 이례적 방위의 개념을 기억하고, 곧 이어 논의될 얼굴 지각을 살펴보기 바란다. 비록 얼굴이 매우 중요한 모양이기는 하지만, 우리의 시각 체계에 도전을 안겨주기도 한다(특히 이례적인 조망에서 그것을 볼 때).

심화학습
얼굴 지각

인간은 사회적 동물이기에 인간의 얼굴은 매우 중요한 모양이라 할 수 있다. 이전 장에서 우리는 얼굴 지각과 목격자 확인(2장) 및 얼굴 실인증(3장)에 대해 논의했었다. 그런데 얼굴 지각에 대한 연구가 많지 않아서 몇 개의 연구만 다룰 수밖에 없다는 점이 안타깝다. 지금부터 얼굴 재인, 얼굴 매력도, 그리고 얼굴의 신경적 처리에 초점을 맞추기로 하겠다.

얼굴 재인

앞에서는 대상의 모양 지각을 살펴보았다. 대상 재인의 기본적인 문제는 흔히 얼굴 재인 문제와는 다르다. 즉 연구자들은 사람들이 어떻게 **그림 5.32**에서 보여주는 물병과 같은 대상을 재인할 수 있는지를 궁금해한다. 전형적으로 연구자들은 사람들이 표적 대상이 도출되는 대상군을 어떻게 확인하는지에 관심을 갖는다. 의자를 어떻게 재인할까? 책은? 얼굴 재인을 연구할 때, 관심의 초점은 우리가 '얼굴들'이라 부르는 대상군의 특정 구성원을 확인하는 것으로 옮겨간다. 연구자들은 "그것은 얼굴이다"로 말할 수 있는 능력에는 관심이 없고, 대신에 "그것은 지각심리학 전공교수의 얼굴이다"로 말할 수 있는 능력에 관심을 둔다.

그러나 얼굴과 다른 대상에 대한 물음을 동일하게 던질 수 있다. 다른 얼굴 사진들 중에서 가장 친한 친구의 얼굴 사진을 확인할 수 있는가? 다른 집들이 나와 있는 사진들 중에서 당신의 집 사진을 확인할 수 있는가? 그런 재인 과정의 복잡성에 대해 고려해보자. 인간의 얼굴은 기본적으로 동일하다. 그것들은 거의 모두 둥근 모양을 하고 있으며, 거의 동일한 위치에 동일한 특징들(예: 입, 눈, 코, 귀)을 가지고 있다. 기본적으로 유사하다는 점을 고려할 때, 우리는 어떻게 얼굴에 기초하여 사람들을 확인할 수 있을까? 집들(특히 이웃의 경우) 또한 유사한 도전을 안겨준다. 즉 박스 모양의 집에서 유사한 위치에 유사한 특징들(예: 현관문, 창문, 지붕)을 발견할 수 있다. 한 가지 주요 연구 문제는 시각 대상 재인의 기저 과정들이 얼굴 재인에도 적용될 수 있는지의 여부이다.

우리가 대상들을 재인할 때 그것이 얼굴인지 아니면 집인지를 판단하기 위해 세부특징들이나 세부특징들의 배열에 의존할까? 세부특징들의 배열에 초점을 맞추는 처리과정을 **전역적**(holistic) 혹은 **형상적**(configural) 처리라 한다. 전역적 처리가 대상 지각에서 중요한 역할을 하는 것은 분명하다(Kimchi, 2003a; Kimchi et al., 2005). 그러나 성인 얼굴 지각에서 전역적 처리의 중요성은 더 중추적이다(Schiltz & Rossion, 2006; Tanaka & Farah, 2003). 즉 사람들이 얼굴의 세부특징들을 명확히 지각할지라도, 얼굴 재인에 중요한 것은 세부특징들의 배치이다(Bartlett et al., 2003).

얼굴의 전역적 처리를 확인하는 한 가지 방법은 **그림 5.36**처럼 세부특징들을 흐릿하게 만드는 것이다. 비록 이미지가 매우 작고 흐릿하지만, 우리는 사진 속 인물들이 누구인지 재인할 수 있을 것이다. 배치 정보가 그대로 유지되고 있기 때문에 그런 가능한 것이다(Sinha et al., 2006). 비록 어린 아동들이 세부특징에 집중할지라도,

그림 5.36 얼굴의 전역적 처리. 위의 사진들은 작고 흐릿하긴 하지만, 그들이 누구인지 확인할 수 있을 것이다. (알파벳순으로 Hillary Clinton, Angelina Jolie, Jay Leno, Barack Obama, Amold Schwarzenegger, Oprah Winfrey).

4세 정도가 되면 얼굴을 전역적으로 처리한다(de Heering et al., 2007; Pellicano et al., 2006).

역전된 얼굴

앞에서 사람들은 흔히 어떤 방위에서 대상들을 확인하는 데 더 어려움을 겪는다는 것을 살펴본 바 있다. 얼굴에서도 동일한 현상이 나타난다. 예를 들어 정면 사진과 비교해서 옆얼굴의 프로파일 사진을 확인하는 것은 더 어렵다(McKone, 2008). 그리고 상하가 뒤바뀐 얼굴이 제시될 때는 처리가 특히 더 어렵다(Robbins & McKone, 2003).

전역적 처리는 특히 얼굴에 대해 중요한데, 상하가 뒤바뀐 얼굴은 그런 처리를 방해한다(Mondloch & Maurer, 2008; Rossion, 2008). 그러나 연구자들은 역전된 얼굴이 얼굴 재인을 어떤 식으로 방해하는지에 대해서는 서로 다른 주장을 하고 있다(Goffaux & Rossion, 2007; Sekuler et al., 2004; Sekunova & Barton, 2008). 얼굴 지각에서 중요한 뇌 영역(방추얼굴영역, fusiform face area)은 역전된 얼굴 효과를 처리하는 사이트로 보인다(Yovel & Kanwisher, 2005).

Peter Thompson(1980)은 사람들이 상하가 뒤바뀐 얼굴에서 세부특징들의 주요 변화에 민감하지 않음을 확인했다. **그림 5.37**에서 보듯이, Thompson은 전직 영국수상인 Margaret Thatcher의 얼굴 사진 두 장을 뒤집어 놓았다. 그러나 왼쪽에 있

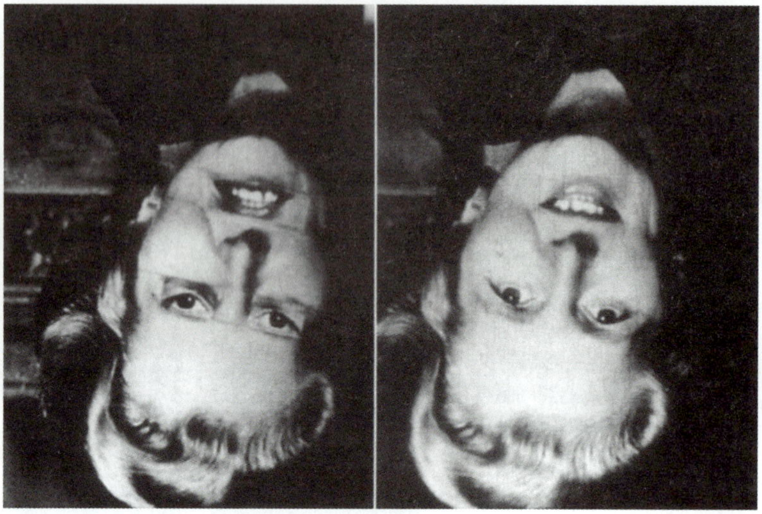

그림 5.37 이 두 얼굴이 다르게 보이는가? 상하가 뒤바뀐 얼굴은 전역적 처리를 방해한다. 즉 이런 얼굴들은 얼굴의 세부특징 차이를 탐지하기 어렵게 만든다. 왼쪽의 Margaret Thatcher 사진에서 다른 부위는 상하가 뒤바뀌었지만, 눈과 입은 뒤바뀌지 않았다. 이런 이례적인 방위에서 두 얼굴이 차이가 거의 느껴지지 않을지라도, 책을 거꾸로 돌려 보면 두 사진이 현저하게 다르다는 것을 확인할 수 있다.

출처: Thompson(1980)

는 사진의 경우, 그녀의 눈과 입은 정상적인 위치가 되도록 하였다. 우리는 얼굴을 역전시킨 이 두 장의 사진을 볼 때 거의 차이를 느끼지 못할 것이다. 그러나 두 사진이 바른 위치가 되도록 책을 거꾸로 돌려보면, 그 사진들은 현저하게 달라진다. 이제 여러 연구자들은 이런 상하가 뒤바뀐 역전된 얼굴을 *Thatcherized* 얼굴이라 부른다(Carbon et al., 2007; Wade, 2008).

얼굴의 매력

어떤 얼굴을 다른 얼굴보다 더 매력적으로 보이게 만드는 요소는 무엇일까? 분명 우리는 매력적으로 느끼는 얼굴을 확인할 수 있을 것이다. 그렇다면 과연 우리의 선택은 다른 사람들의 선택과 비슷할까? 비록 미인을 정량화하기는 어렵다고 생각할지 모르겠지만, 연구자들은 얼굴을 아름답게 만드는 요소를 상당 부분 확인했다.

얼굴의 매력에 토대가 되는 한 가지 요소는 대칭이다(Jones et al., 2007; Little et al., 2007). 대칭(symmetry)은 분명 인간이나 다른 종들에게 있어 세상 속 대상들의 중요한 특성이다(Lehrer, 1999; Little et al., 2008; Sasaki et al., 2005). 따라서 대칭

그림 5.38 정교한 모핑 알고리듬(Tiddeman et al., 2001)을 통해 20개의 얼굴에서 평균적인 얼굴들을 만들어 냈다. (Images courtesy of faceresearch.org.)

은 미인의 구성 요소 중 하나라고 말할 수 있다. 물론 얼굴의 비대칭은 일반적으로 국소적이다. 즉 눈이 코의 양쪽 옆으로 나란히 위치하고, 입은 코 아래 중앙에 위치하는 것 등이 그것이다. 그렇다면 비뚤어진 코와 같은 국소 부분이 대칭에서 살짝 벗어났다고 해서 얼굴을 덜 매력적으로 지각하게 만들까?

얼굴의 매력에 토대가 되는 또 다른 요소는 평균(averageness)이다. 얼굴의 대칭이 매력적이긴 하지만, 그 얼굴은 평균적이지 않다는 식으로 말할 수 있다. 그렇다면 평균이란? 이 경우 평균은 수학적 용어이다. 평균적인 얼굴이 되기 위해서 연구자들은 먼저 수많은 얼굴 표본을 수집하고, 개개 얼굴들의 수학적 평균이 되는 합성 얼굴을 만들어 낸다. **그림 5.38**에서 보듯이 두 개의 얼굴은 각각 20개의 얼굴 표본들의 평균을 보여주고 있다. 이 얼굴들은 매력적인가? WWW해보기 5.4를 해보라. 이런 얼굴의 평균화가 지각된 매력에 미치는 영향을 경험할 수 있을 것이다.

원형에 대한 이전 논의에 따라 평균적인 얼굴을 많은 예들의 토대가 되는 원형으로 생각하는 것이 도움이 될 듯하다. 이 관점으로 보면, 매력은 경험의 결과로 얻어지는 것이라 생각할 수 있다. 즉 인생 여정을 거치는 동안 우리는 매력이 있는 모델로 사용되는 원형적인 얼굴에 기여하는 얼굴들을 보아왔다. 그러나 아주 어린 유아들조차도 매력적인 얼굴 보기를 선호한다(Hoss & Langlois, 2003; Quinn et al., 2008). 따라서 인간은 어떤 얼굴에 대해서는 매력적인 것으로 보려는 선행경향성이 있는 것으로 보인다.

매력적인 얼굴이 많은 얼굴들의 수학적 평균에 가까울수록 그 얼굴은 서로 유사하다. 그러나 매력적이지 않은 얼굴들은 평균과는 거리가 멀고, 서로 유사해 보이지도 않는다. 즉 매력적이지 않은 얼굴들은 여러 면에서 매력적인 평균 얼굴과 차이를 보인다. 이 가설을 검증하기 위해 Timothy Potter 등(2007)은 먼저 매력적인 얼굴과 매력적이지 않은 얼굴 사진들을 수집하였다. 사람들은 7점 유사성 척도로 얼굴의 쌍을 평정했다. 예측대로 사람들은 매력적인 얼굴을 매우 유사하다고 판단했고, 매력적이지 않은 얼굴들에 대해서는 훨씬 덜 유사한 것으로 판단했다.

평균화 과정은 또한 얼굴을 더 대칭적인 것으로 만든다. 그러나 평균과 대칭의 개별적 영향은 조사할 필요가 있다. 어떤 연구자들은 대칭이 평균화 과정과 별개로 중요하다고 주장한다(e.g., Rhodes et al., 2007; Rhodes et al., 1999). 그리고 다른 연구자들은 대칭은 매력도에 거의 영향을 주지 않는다고 주장하기도 한다(예컨대 Bronstad et al., 2008).

매력은 그 근원을 진화 과정에서 찾을 수 있기 때문에 얼굴 연구의 중요한 부분이다. 즉 사람들은 매력적인 사람들과 짝을 맺으려 한다. 대칭과 평균은 유전적 적합도에 관한 중요한 정보를 신호하기 때문에 유용할 수 있다(Rhodes, 2006). 사람의 호르몬 상태가 지각된 매력에 영향을 미친다는 결과는 매력의 생물학적 중요성을 지지해준다(Jones et al., 2008; Welling et al., 2008).

얼굴의 신경적 처리

얼굴이 망막에 등록되면, 그 정보는 일반 경로(LGN, 일차시각피질, 이차시각피질)를 통해 전송된다. 3장에서 살펴보았듯이, 측두엽의 방추회에 있는 방추얼굴영역(FFA)은 얼굴 정보 처리의 중추 영역이다(Tsao & Livingstone, 2008). FFA는 얼굴 세부특징들에 대해 개별적으로 반응하지 않는다. 즉 이 영역은 얼굴을 전역적으로 처리한다(Schiltz & Rossion, 2006). 그러나 FFA는 다른 대상들에 대해서도 반응하기 때문에, 얼굴에만 특정적인 것은 아니다. 어떤 연구자들은 FFA가 많이 경험을 한 대상들을 처리하고, 이 가운데 얼굴이 포함된다고 주장했다(Gauthier & Bukach, 2007; Tarr & Gauthier, 2000). 다른 연구자들은 얼굴 정보의 전문적 처리를 주장한다(McKone et al., 2007; Robbins & McKone, 2007).

얼굴은 얼굴 지각을 전문으로 담당하는 뇌 영역을 가진 매우 특별한 대상의 부류일 수 있다. 그러나 뇌의 여러 영역들이 얼굴 정보를 처리한다는 점을 기억해야 한다(O'Toole, 2004). 얼굴의 정서적 측면을 부호화하는 데 있어 변연계의 역할에 대해서는 이미 언급한 바 있다. 따라서 편도체는 얼굴 지각에서 중요한 역할을 한다(Adolphs, 2007; Taylor et al., 2008). 다중 뇌 영역들이 지각 정보를 처리한다는 생각은 앞으로도 계속 논의되는 테마이다.

절 요약

모양과 패턴 지각에 관한 특별 주제

1. 모양 지각은 전형적으로 시간이 지나면서 구축된다. 이는 몇 개의 도약 안구 운동의 최종 산물인 이미지들의 통합에 기초가 된다.
2. 차폐는 하나의 자극이 두 번째 자극의 처리를 간섭하는 좀 더 일반적인 현상의 예이다. 역행 차폐에서 나중 자극은 선행 자극을 차폐할 수 있다. 시각적 역행 차폐는 순행 차폐보다 더 쉽게 발생된다.
3. 모양 지각에서 학습의 역할은 우리가 얼굴이나 문자와 같은 매우 친숙한 대상들을 이례적인 조망에서 볼 때 확연해진다.
4. 애매한 전경들은 상위 처리과정의 작동을 잘 보여준다. 하나의 자극이 완전히 다른 지각을 일으킬 수 있기 때문이다.
5. 인간은 사회적 동물이기 때문에, 얼굴은 중요한 자극이다. 얼굴은 전역적으로 처리되기에 우리의 얼굴 재인 능력은 우수하다(얼굴이 흐릿하게 보일 때조차도). 그러나 역전된 얼굴은 전역적 처리를 방해한다.
6. 대칭적이고, 여러 얼굴로부터 얻어진 평균으로 추출된 원형과 일치하면 얼굴은 매력적으로 보인다.
7. 어떤 연구자들은 얼굴이 특정 방식으로 처리된다고 주장한다(예: FFA). 그러나 다른 연구자들은 얼굴은 우리가 많은 경험을 한 다른 대상들을 처리하는 방식과 유사하게 처리된다고 주장한다.

복습문제

1. 심리학개론 수업을 수강하고 있는 다른 학생에게 설명해준다고 상상하면서 상향(자료주도적)처리를 설명하시오. 상투적인 암기식 정보가 아닌 자신의 말로 설명하되, 이 장에서 제시된 예를 사용하시오. 모양 지각에 대한 접근법 중에서 상향처리에 가장 의존하는 접근법은 어느 것인가? 상향처리는 특정 접근법들에서 어떤 역할을 하는가?

2. 논의 전반에 걸쳐 하향(개념 주도적)처리의 중요성을 강조하고 있다. 하향처리란 무엇인가? 모양 지각에 대한 접근법 중 이런 유형의 처리에 가장 의존하는 접근법은 어느 것인가?

3. 3장에서 시지각의 해부학적, 생리학적 기반(본질적으로 시각의 하드웨어)을 살펴본 바 있다. 모양 지각에 대한 각 접근법들을 시각의 해부학과 생리학 지식을 기반으로 평가해보시오.

4. 테마 2는 대상 지각에서 풍부한 맥락의 중요성을 강조한다. 모양 지각에서 맥락의 중요성을 지지해주는 몇 가지 예(이 장에서 제시된 예)를 드시오.

5. 시골길을 운전해 가고 있다고 하자. 농장 바로 옆에 세워진 '계란 판매'라는 대충 손으로 쓴 표지판을 보고 있다. 당신의 이 표지판 글자에 대한 재인을 여러 접근법(공간 주파수 분석 접근법, 형판 대조 접근법, 원형 대조 접근법, 계산적 접근법, 그리고 세부특징 통합 접근법)으로 설명해보시오. 만약 당신이 대도시 아파트 입구에서 이런 표지판을 본다면, 그 표지판을 읽기 어려웠을 거라고 생각하는가?

6. 책을 읽고 있다고 상상해보자. 단어우월효과는 어떻게 독서를 촉진시키는가? 맥락은 어떻게 독서를 촉진시키는가? 독서를 하는 동안 어떤 식으로 도약 안구 운동이 수반되는가?

7. 주관적 윤곽을 가진 전경의 예를 그려보시오. 당신이 그런 그림에서 주관적 윤곽을 어떻게 설명하겠는가? 주관적 윤곽은 모양 지각에 대한 여러 접근법들에 어떤 문제를 안겨주는가?

8. 애매한(다중 안정적) 이미지가 게슈탈트 심리학자들에게 왜 그리 중요한가? 이런 이미지들은 모양 지각에 대한 접근법들에 어떤 문제를 안겨주는가? 당신은 일상 속에서 이런 애매한 모양을 거의 볼 수 없을 것이다. 그러면 대부분의 모양이 애매하지 않은 이유는 왜 일까?

9. 우리의 얼굴 지각 능력은 매우 탁월하기에 수많은 얼굴들을 재인할 수 있다. 동시에 2장에서 논의했듯이 사람들은 특별히 신뢰할 만한 목격자가 아니다. 우리의 얼굴 지각과 재인 능력의 우수함과 범죄 피의자를 확인함에 있어서 우리의 능력 부족을 어떻게 조화시킬 수 있는가?

10. 지금까지 학습한 것을 모두 고려하여 모양 지각에 수반되는 처리과정을 자신의 말로 설명해보시오. 철봉에 매달려 계속 돌고 있는 사람과 같이 이례적 방위에서의 원격 자극에서부터 출발하시오. 계속 돌고 있기 때문에 그 사람의 얼굴은 망막의 한 지점에

맺히지 않을 것이다. 그 사람을 어떻게 재인하게 될지를 설명하기 위해 어떤 접근법이 가장 유용하다고 생각하는가?

주요어

가상의 선(virtual lines)
게슈탈트 접근법(Gestalt approach)
경계확장(boundary extension)
계산적 접근법(computational approach)
계열처리(serial processing)
공간 주파수 분석 접근법(spatial frequency analysis approach)
공간 주파수 채널(spatial frequency channels)
공통영역(common region)
공통운명의 법칙(law of common fate)
균일 연결성(uniform connectedness)
근접성의 법칙(law of proximity)
단어우월효과(word-superiority effect)
단어이해효과(word-apprehension effect)
대비 민감도 함수(contrast sensitivity function)
멕시코 모자 필터(Mexican hat filter)
명암법에 의한 모양 확인(shape-from-shading)
모양 항등성(shape constancy)
모양(shape)
무형완성(amodal completion)
배경(ground)
병렬처리(parallel process)
부호 변환점(zerocrossing)
분석적 지향(analytical orientation)
상향(자료 주도적)처리bottom-up (data-driven) processing
성분에 의한 재인 접근법(recog-nition-by-components approach)
세부특징 통합 접근법(feature-integration approach)
시각도(visual angle)
애매한 전경-배경 관계성(ambi-guous figure-ground relationships)
역행 차폐(backward masking)
연속성의 법칙(law of good continuation)
움직임에 의한 모양 확인(shape-from-motion)
원시 초벌 스케치(raw primal sketch)
원형 대응 접근법(prototype-matching approach)
원형(prototype)
유사성의 법칙(law of similarity)
전경(figure)
전역적 지향(holistic orientation)
전주의 처리(preattentive processing)
정현파 격자(sinusoidal gratings)
정현파(sine waves)
좋은 형태의 법칙(law of Prägnanz)
주관적 윤곽(subjective contour)
주의(attention)
착각적 윤곽(illusory contour)
착각접합(illusory conjunction)
착시(illusion)
초점주의(focused attention)
폐쇄성의 법칙(law of closure)
푸리에 분석(Fourier analysis)
푸리에 합성(Fourier synthesis)
하이라이트에 의한 모양 확인(shape-from-highlights)
하향(개념 주도적)처리[Top-down (conceptually driven) processing]
형태(form)
형판 대응 접근법(template-matching approach)
2.5D 스케치(2.5D sketch)
3D 스케치(3D sketch)

추천도서

Hoffman, D. D. (1998). *Visual Intelligence: How We Create What We See*. New York: Norton.

Hoffman의 책은 내용 구성이 잘 되어 있을 뿐만 아니라 호기심과 사고를 자극한다. 그는 모양 지각의 많은 논제뿐만 아니라 색과 운동 지각도 다루었다. 제목에서 추론할 수 있듯이, Hoffman은 지각에서 하향처리를 강조한다. 그는 많은 운동 증명을 개발하여 이 책에 수록하였다. 그의 웹페이지에서 이를 확인할 수 있다: www.cogsci.uci.edu/personnel/hoffman/vi6.html.

Peterson, M. A., Gillam, B., & Sedgwick, H. A. (Eds.). (2007). *In the Mond's Eye: Julian Hochberg on the Perception of Pictures, Films and the World*. New York: Oxford.

Julian Hochberg는 지각 과정에 대한 우리의 이해에 지대한 영향력을 끼쳤다. 이 책은 많은 Hochberg의 주요 논문들은 물론 이 책을 위해 그가 특별히 집필한 장을 포함하고 있다. 이외에 그의 제자들과 많은 지지자들이 Hochberg의 영향력의 범위를 보여주는 장 구성에 기여했다.

Peterson, M. A., & Rhodes, G. (Eds.). (2003). *Perception of Faces, Objects, and Scenes: Analytic and Holistic Processes*. New York: Oxford.

이 편저의 모든 장들은 우리가 5장에서 다룬 내용과 관련이 있다. 편저자 가운데 몇 사람(예: Kimchii, Peterson, Tarr)은 대상 지각을 다루었고, 다른 편저자들(예: Bartlett 등, Tanaka와 Farah, McKone 등)은 얼굴 지각을 다루었다. 또한 연구자들은 몇 장에 걸쳐 장면 지각에 많은 관심을 표명하기도 했다.

Regan, D. (2000). *Human Perception of Objects: Early Visual Processing of Spatial Form Defined by Luminance, Color, Texture, Motion, and Binocular Disparity*. Sunderland, MA: Sinauer.

제목이 시사하듯이, Regan은 여러 출처(휘도 등)로부터 모양 지각이 어떻게 일어나는지를 상세히 설명하고 있다. 이 책과 8장에서 추천된 Bruce 등(2003)이 출간한 책은 모양 지각에 대한 계산적 접근법을 다루고 있다. 만약 푸리에 분석을 좀 더 자세히 이해하고 싶다면, 이 책의 부록 중 하나를 참고하기 바란다.

CHAPTER 6

깊이와 크기 지각

지금까지 우리는 시각의 생물학적 측면을 시작으로, 모서리 탐지와 밝기 지각 같은 시각 처리과정을 살펴보았다. 이런 논의를 통해 우리는 사람들이 어떻게 모서리를 모양으로 조직화하는지, 그리고 세상을 바라보는 동안 어떻게 패턴이 발생하는지와 같은 좀 더 복잡한 시각 과정을 이해하였다.

이제 시지각이 단순한 과정이 아님을 알았을 것이다. 단순한 모서리 탐지조차도 매우 복잡한 과정임을 이해했을 것이다. 결국 인간의 시각 능력이 작은 기적에 가깝다고 생각했을지 모르겠다. 이런 기적 가운데 하나가 세상을 3차원으로 볼 수 있는 우리의 능력이다. James Todd(2004)가 말했듯이, "이런 능력이 우리의 지각적 경험을 위한 것이 아니었더라면, 3차원 모양에 대한 시지각은 수학적으로는 불가능한 것이라고 결론을 내려야 했을 것이다"(p.115). 복잡하기는 하지만, 우리의 시각 체계는 2차원인 망막 입력정보에 기초하여 생생한 깊이감을 제공하도록 진화해왔다. 각 눈의 망막은 단지 2차원 방식(상-하, 좌-우)으로만 정보를 직접적으로 부호화할 수 있다. 하지만 우리는 어떤 3차원 대상을 가까이 있는 것으로, 다른 대상을 멀리 있는 것으로 본다. 4장에서 밝기 지각, 그리고 5장에서 전경-배경 구분을 논의할 때, 깊이 정보의 중요성을 언급한 바 있다. 따라서 이것들을 개별적으로 탐색한다 하더라도, 그것들의 처리과정은 강력하게 서로 연관되어 있음을 깨달아야 한다.

이제부터는 깊이 지각의 몇 가지 배후 과정을 탐색할 것이다. 아마도 일반 사람들은 시각 체계가 깊이감을 제공하기 위해서 어떻게 작동하는지를 알아갈수록 의구심만 커질 것이다.

곧 알게 되겠지만, 깊이 지각과 매우 밀접하게 관련되어 있는 것이 바로 대상의 크기 지각이다. 따라서 깊이 지각을 논의한 다음에 크기 지각을 논의할 것이다. 크기 지각을 논의하는 동안 또 다른 중요한 항등성(크기 항등성)에 대해서도 살펴보기로 하겠다. 마지막으로 세 번째 테마인 우리의 망막에 맺힌 자극의 모호성에 주목할 것이다. 이런 모호성으로 인한 부산물 중 하나는 놀라울 정도로 유능한 시각 체계가 때로는 우리를 엉뚱한 길로 들어서게 한다는 것이다. 가장 흥미를 끄는 착시가 깊이와 크기 지각의 배후 과정에 수반된다. 따라서 몇 가지 착시들을 살펴볼 것이다. 5장에서 언급했듯이, 착시는 본질적으로 흥미를 끌지만, 더 중요한 것은 착시가 시각 체계의 기능에 대한 정보를 제공해준다는 것이다.

먼저 깊이 또는 거리 지각을 일으키는 원리들을 설명하기로 한다. 대부분의 다른 지각적 경험들과 마찬가지로 깊이 지각은 자동적으로 발생한다. 깊이 경험의 즉시성 때문에 우리는 이런 지각적 경험의 배후 과정에 대해서 거의 의식하지 못한다.

주변을 마치 처음 보는 것처럼 살펴보라. 생생한 깊이감에 주목하고, 어떻게 깊이를 볼 수 있는지 설명해보라. 두 개의 건물이나 두 사람 중 어느 것이 당신과 더 가까이 있는지 말할 수 있는가? 당신을 향해 날아오는 공을 어떻게 잡을 수 있는가? 또는 날아가고 있는 새의 거리(혹은 크기)를 어떻게 판단할 수 있는가? 깊이 지각에 대한 보다 분석적인 접근법을 취하는 심리학자들과 함께한다면 많은 원리들을 이해할 수 있을 것이다.

3차원 세상 지각

당신은 얼마나 많은 깊이 단서들을 확인했는가? 지금부터 중요한 깊이 혹은 거리 단서들을 살펴보기로 하겠다. 하지만 그 전에 거리 지각이 무엇을 의미하는지 이해하고 넘어가기로 하자.

거리 지각(distance perception) 또는 **깊이 지각**(depth perception)이란 시각 장면에 있는 두 개 이상의 대상들 사이의 거리 관계를 지각할 수 있는 능력을 말한다. 세 가지 유형의 거리 혹은 깊이 관계를 고려해 볼 수 있다. 첫째, **자기중심적 거리**(egocentric distance)는 관찰자로부터 떨어져 있는 대상의 거리이다. 전방에 있는 자동차가 얼마나 떨어져 있는지를 추정할 때, 우리는 자기중심적 거리를 판단하는 것이다. 둘째, **상대적 거리**(relative distance)는 두 대상간 거리 추정이다. 이 거리는 관찰자가 직접적으로 관여되지 않기 때문에 **대상중심적 거리**(allocentric distance)라고도 한다. 도서관이 체육관보다 식당에서 더 가깝다는 판단을 하는 것은, 우리가 상대적 거리를 판단한 것이다. 마지막으로 앞 장에서 언급했듯이, 우리는 대상을 3차원적으로 지각한다. 대상들은 높이와 너비 이외에 깊이 혹은 두께를 가지고 있다. 따라서 책을 읽는 동안, 우리는 펼쳐져 있는 페이지가 표지보다 더 우리와 가깝고, 표지와 현재 페이지 사이가 채워져 있는 물체로 지각하게 된다. 물론 위의 상황은 모두 지각 경험의 동일한 여러 배후 원리가 적용되는 거리 혹은 깊이 지각을 수반한다.

대상의 거리를 판단하는 데 사용되는 망막 정보를 살피는 것으로 거리 지각에 대한 논의를 시작하기로 하자. **그림 6.1**은 깊이에 대한 망막 단서들을 정리한 것이다. **단서**(cue)란 우리로 하여금 자동적이고 자발적인 판단을 내릴 수 있도록 해주는 요인이다.

일반적으로 우리는 대부분의 깊이 단서들을 지각하기 위해 두 눈을 사용하지만,

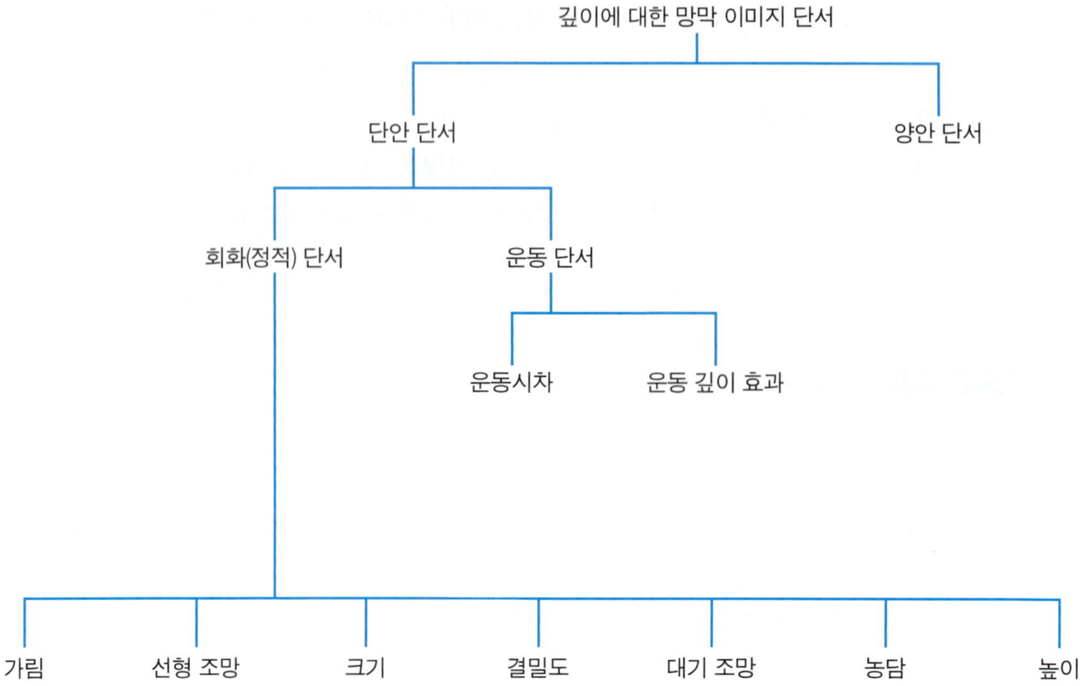

그림 6.1 깊이 혹은 거리에 대한 망막 단서들의 분류 도식

한 눈만으로도 동일한 지각을 할 수 있다. 이렇게 한 눈으로도 효과적인 깊이 지각을 할 수 있기에 이를 **단안 단서**(monocular cue)라 한다. 당신이 주위의 풍부한 깊이 경험을 일으키는 출처를 생각해보았다면, 아마도 몇 가지 단안 깊이 단서들을 확인했을 것이다. 여러 단안 단서들은 사실적인 그림이나 사진과 같은 3차원 세상의 2차원적 표상을 볼 때도 효과적이다. 다른 단안 깊이 단서들은 장면 속에서 자극들이 움직일 때도 발생된다.

다음으로 깊이 지각에 대한 두 눈의 기여를 살펴보자. 우리가 가까이 있는 대상을 볼 때, 왼쪽 망막에 맺힌 상과 오른쪽 망막에 맺힌 상은 약간 다르다. **양안 단서**(binocular cue)는 왼쪽과 오른쪽 망막에 맺힌 상들의 이런 부등 때문에 작동된다.

이외에 눈 근육에서 나오는 정보에 기초된 두 개의 다소 약한 단서들도 살펴볼 것이다. 마지막으로 거리 지각에 관한 몇 가지 이론적 접근법을 논의할 것이다. 5장에서 살펴보았듯이, 연구자들은 여러 방식으로 모양 지각에 접근한다. 먼저 깊이 지각에 대한 두 가지 접근법을 살펴본 다음, 깊이 지각에 적용될 수 있는 계산적 접근법을 다시 논의하기로 하겠다.

단안 깊이 단서

대부분의 거리 정보원은 한 눈에서 나온다. 이런 단안 요인을 '2류 시민' 정도로 생각할지 모르지만, 우리는 멀리 있는 대상들의 거리를 판단할 때 오로지 단안 단서에 의존한다는 사실을 기억해야 한다. 단안 깊이 단서의 효과를 확인하기 위해, 한쪽 눈만 볼 수 있음에도 불구하고 훌륭한 성취를 이룬 직업 운동선수들을 고려해보자. 전적으로 단안 단서에만 의존해야 함에도 Wesley Walker(축구선수), Eddie Shannon(농구선수)과 같은 선수들은 매우 훌륭한 성취를 이루었다.

먼저 정적인 장면에서 발견할 수 있는 단안 단서들을 살펴보고, 이어서 움직임을 요구하는 단안 깊이 단서들을 논의하기로 하겠다. 이런 단서들을 개별적으로 논의하더라도, 그것들은 함께 작동하여 깊이감을 일으킨다는 것을 기억해야 한다. 게다가 단서들이 발생하는 장면의 맥락 또한 자기중심적 거리 감각에 영향을 미친다(Lappin et al., 2006).

회화 깊이 단서

세상의 사실적 묘사에 관심을 두고 있는 화가들이 해결해야 하는 한 가지 실제적인 문제가 있다. 즉 어떻게 2차원 캔버스 위에 3차원 공간을 묘사할 수 있을까? 어떤 의미에서 그것은 우리의 시각 체계가 해결해야 하는 문제이기도 하다. 어떻게 2차원의 망막으로부터 3차원 세상을 구축할 수 있을까? 그렇게 하기 위해서 우리의 시각 체계는 **회화 단서**(pictorial cue) 혹은 움직이지 않기 때문에 **정적 단서**(static cue)라 불리는 단서 세트를 사용한다. 화가들은 그림에서 거리를 표현하기 위해 이런 단서들을 이용한다.

가림 중첩(interposition 혹은 overlap)으로도 불리는 **가림**(occlusion)은 하나의 대상이 다른 대상을 부분적으로 가린다는 것을 의미한다. 중첩이 발생할 때, 우리는 부분적으로 가려진 대상이 완전하게 보이는 대상보다 더 멀리 있다고 판단한다. 예를 들면 책은 그것이 부분적으로 가리고 있는 책상보다 우리에게 더 가깝다. 5장에서 언급했듯이, 우리는 가려진 대상을 심적으로 완전한 모양으로 복구할 수 있다(무형완성). 가림은 가장 중요한 단안 단서 중 하나이다.

비록 깊이 단서들을 개별적으로 논의할지라도, 이 단서들은 함께 작동하여 깊이감을 일으킨다는 점을 기억하라. 가림은 정적인 단서지만, 움직이는 디스플레이에서도 깊이감을 일으킨다(Gray et al., 2008). 더 나아가 가림은 양안부등 단서와 결합하여 중요한 역할을 한다(Pianta & Gillam, 2003; Sachtler & Gillam, 2007).

선형 조망 **선형 조망**(linear perspective)은 화가들이 2차원 표면에 3차원의 세상을 나타내고자 할 때 주로 사용하는 단서이다. **그림 6.2**는 선형 조망의 한 예를 보여준다. 화가는 두 개의 평행한 철로를 정확하게 그리기 위해서 두 철로가 지평선의 소실점에서 만나도록 그려야 한다. 물론 철로 간의 실제 거리는 일정하다. 그러나 이 거리는 지평선에 접근해 감에 따라 점점 더 작은 망막의 부위를 점하게 된다.

선형 조망은 다음 두 단서들과 밀접하게 연관되어 있다. 우선 근거리 대상들은 원거리 대상들보다 통상적으로 더 크다. 마찬가지로 선형 조망의 결과로서, 지면에서 근거리 대상들은 원거리 대상들보다 더 크고, 더 세세하다. 많은 연구자들이 주목했

그림 6.2 몇 가지 단서를 보여주는 사진. 당신으로부터 가까이 있는 자갈들을 멀리 있는 자갈들과 비교해 보면 (더 크고 구별이 더 용이함), 결밀도의 변화를 확인할 수 있다. 평행한 두 개의 선로는 거리가 멀어지면서 지평선의 소실점에서 만나게 되는데, 이는 선형 조망을 보여주고 있다. 선로는 목침 위에 놓이기 때문에 목침은 선로 아래에 있음이 분명하다(가림). 시각장 아래에 있는 대상들은 더 가까이에 있는 것으로 보이며, 지평선에 가까운 대상들은 더 멀리 있는 것으로 보인다(높이 단서). 철로 목침들이 동일한 크기를 가지고 있다는 것을 알고 있다는 것은 거리가 멀어질수록 목침의 망막상도 작게 맺힌다는 것을 알 수 있게 해준다(Photo by Ron Pretzer).

듯이, 지면에서의 정보는 거리 지각에서 매우 중요하다. 선형 조망은 거리 판단에 중요한 표면 정보의 한 가지 유형이다(Cook et al., 2008; Wu et al., 2007).

크기 단서 **크기 단서**(size cue)는 대상의 크기가 거리 추정에 영향을 준다는 것을 의미한다. 한 가지 크기 단서 유형은 친숙한 대상들에서 나온다. 대상들은 흔히 그것들의 표준 크기로 확인되기 때문에, 특정 대상의 **친숙한 크기**(familiar size)는 유용한 단서가 될 수 있다. 예를 들어 우리는 대부분의 책들이 얼마나 큰지 알고 있다. 선형 조망을 염두에 두고, 만약 이 책이 우리의 망막에서 작은 공간을 점유한다면, 우리는 책이 멀리 있다고 판단할 것이다.

친숙한 크기는 상대적 거리 판단에 효과적인 단서가 된다(Howard, 2002). 그러나 다른 거리 단서들이 더 효과적일 수 있다. 게다가 많은 연구자들이 주목했듯이 친숙한 크기에 의존할 때, 이따금씩 엉뚱한 판단을 하기도 한다. 예를 들어 우리가 애디론댁 스타일의 의자(Adirondack chair)에 친숙하지 않더라도, 의자는 전형적인 크기를 가진 친숙한 대상이다. 따라서 **그림 6.3a**와 같은 의자를 본다면, 아마도 우리는 그 의자가 비교적 가까이에 있다고 생각하기 쉽다. 그러나 **그림 6.3b**를 보면, 우리

a. b.

그림 6.3 알려진 크기는 깊이에 대한 효과적인 단서가 된다. 그러나 크기가 이례적인 대상을 접할 때, 우리의 깊이 지각은 왜곡될 수 있다. 만약 a에서 보여주는 애디론댁 스타일의 의자를 정상적인 크기로 지각하면, 우리는 그것이 비교적 가까이에 있다고 지각할 것이다. 그러나 친숙한 크기를 가진 다른 대상이 포함되면(b), 우리는 그 의자가 실제로 일반 의자보다 훨씬 더 크다는 것을 알게 된다.

는 그 의자가 매우 큰 것임을 알아차리게 된다. 이런 의자의 이례적인 크기는 그 거리에 대해 엉뚱한 지각을 일으킬 수 있다.

물론 많은 대상들이 표준적인 크기를 가지고 있지 않거나, 전혀 새로운 것일 수 있다. 새로운 대상의 **상대적 크기**(relative size, 다른 대상들과 비교하여 그 대상의 상대적 크기)는 두 대상 중 어느 것이 더 가까이 있는지를 알려 주는 유용한 단서가 될 수 있을까? 테마 3과 일치하는 것으로, 망막상의 크기는 애매한 단서이다. 큰 망막상은 멀리 떨어진 큰 대상 또는 가까이에 있는 작은 대상에 기인할 수 있다. 따라서 지각된 거리는 대상의 크기를 판단하는 데 매우 중요하다. 우리는 친숙하지 않은 대상에 대해서 다소 혼동을 일으킬 수 있다. 대상의 크기를 안다는 것은 그것의 거리를 판단하는 데 도움을 준다. 그러나 대상의 크기를 판단하기 위해서는 그 거리를 알아야 한다.

William Ittelson과 Franklin Kilpatrick(1951)의 고전적 연구를 살펴보자. 그들은 사람들에게 풍선 두 개의 거리를 판단하도록 요청했다. 두 개의 풍선은 실제로 같은 거리만큼 떨어져 있었지만, 실험실 내부가 어두워서 거리 단서들이 활용되기 어려웠다. 연구자들은 풍선을 팽창시켜서 크기를 변화시켰다. 사람들은 큰 풍선이 가까이 있는 것으로 보고하였다. 풍선이 부풀려지면서 그 풍선은 공간에서 앞으로 당겨진 것처럼 보였다. 풍선의 바람을 빼면, 그 풍선은 공간에서 뒤로 물러난 것처럼 보였다. 물론 우리는 일상의 상황에서는 거리 단서를 볼 수 있지만, 이 상황은 이례적이다. 그러나 거리 단서들을 가용할 수 없을 때, 새로운 대상이 큰 망막상을 산출하면 우리는 그것을 더 가까이 있는 것으로 지각할 것이다.

결밀도 **결밀도**(texture gradient)란 표면을 비스듬하게 볼 때, 거리가 멀어짐에 따라 표면의 결이 촘촘해진다는 사실을 말한다. 주위의 지면을 유심히 살펴보면 결밀도를 볼 수 있을 것이다. 이 단서가 선형 조망과 연관되는 이유를 알겠는가? 결을 구성하는 단위들(예: 바닥 타일이나 돌)은 같은 크기로 장면 속에 존재하지만, 그것들은 바로 앞에 있을 때보다 멀리 있을 때 더 작게 보이고 서로 더 조밀하게 보인다. **그림 6.2**의 자갈에서 결밀도를 볼 수 있다. 가까이에 있는 철로 주변의 자갈들은 더 크고 상세하게 보인다. 반면 먼 거리에 있는 자갈들은 더 작고, 덜 상세하게 보인다.

James J. Gibson(1950)은 거리 지각에서 결밀도의 역할을 처음으로 강조한 심리학자 중 한 사람이다. 우리는 잠시 후 거리 지각에 대한 Gibson의 접근법을 살펴볼 것이다. Gibson이 주목했듯이 결밀도는 우리가 대상들을 측정할 수 있는 척도를 제공해준다. 따라서 세 개의 결 단위를 가진 근거리 대상은 역시 세 개의 결 단위를 가진 원거리 대상과 크기가 동일하다(결 단위가 바닥 타일이든, 카펫의 올이든, 혹은 조약돌이든 관계없이).

결밀도는 깊이에 대한 강력한 단서로 작용하는데, 심지어 단순한 도식적 표상까지도 확실한 깊이감을 제공하기에 충분하다. 예를 들면 **그림 6.4**의 세 부분은 모두 동일한 정도로 복잡한 3차원의 모양을 보여주고 있다. **그림 6.4a**는 결밀도 정보뿐만 아니라 농담 정보도 포함하고 있다. 그림 b와 c는 결밀도 정보만을 가지고 있지만, 그 모양은 쉽게 확인된다. 이처럼 매우 복잡한 대상에 대한 묘사는 사용된 실제 결이 비교적 중요하지 않게 보이기 때문에 전역적 분석 수준에서 일어나는 것처럼

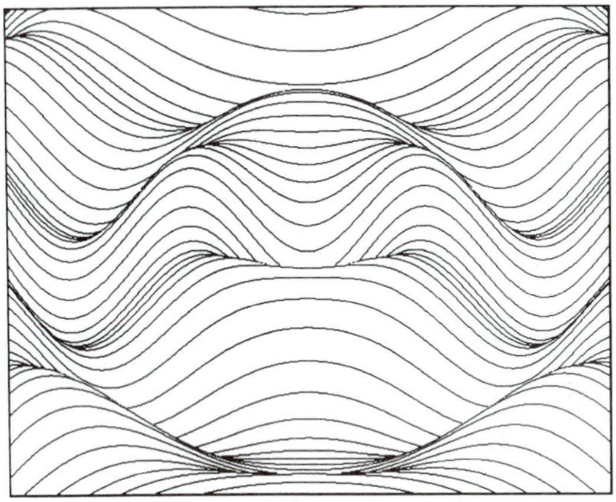

a.

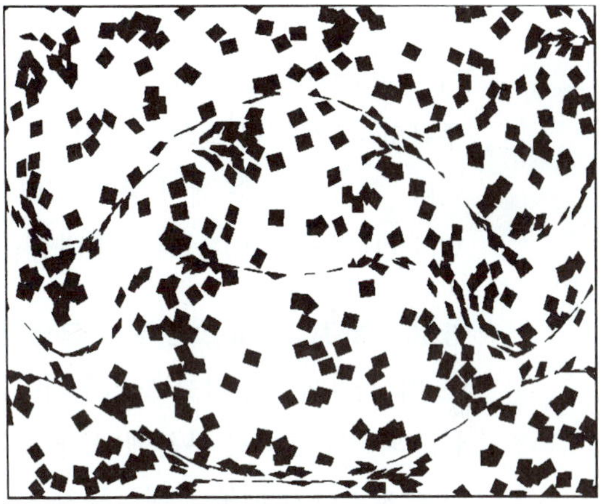

b.

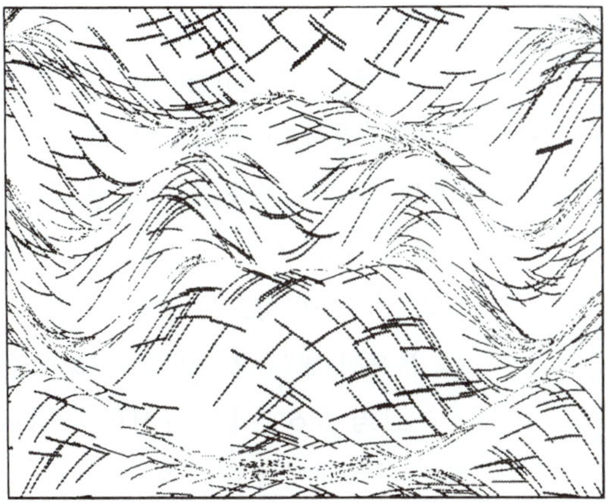

c.

그림 6.4 2차원으로 표현된 복잡한 3차원 모양. 그림 a의 모양은 윤곽선과 약간의 농담으로 표현되어 있다. 동일한 모양에 대해 그림 b는 결밀도로만 표현되었다. 그림 c는 다른 방식의 결이 사용되었고, 농담의 정보가 최소화되었다. 대상의 모양을 파악함에 있어 (농담 정보가 부재한 가운데) 결밀도의 효과성을 주목하라.

출처: Todd & Akerstrom, 1987; Todd & Reichel, 1990

여겨진다.

대기 조망 **대기 조망**(atmospheric perspective 혹은 aerial perspective)이란 가까운 대상과 달리 멀리 있는 대상들이 흐릿하고 푸르스름하게 보이는 관찰을 일컫는다. 이 효과는 우리로부터 멀리 있는 대상 사이에 존재하는 공기가 투명하지 않기 때문에 발생한다. 그런 의미에서 대기 조망은 가림의 한 유형이라 할 수 있다. 일반적으로 가림은 관찰자로부터 멀리 있는 개의 일부분을 나무가 가리는 것으로 생각할 수 있다. 대기 조망에서 이런 가림을 일으키는 것은 공기의 미세한 입자들이다. 이런 누적 입자들은 부분적으로 먼 거리에 있는 대상에 대한 시야를 흐리게 한다.

더 나아가 공기 입자들이 대상으로부터 반사되는 빛을 약간 변화시키기 때문에 대상은 푸르스름하게 보이게 된다. 따라서 근거리 대상들과 비교해서, 원거리 대상들은 더 흐릿하고 푸르스름하게 보이는 것이다. 책의 안표지에 있는 색판3은 대기 조망의 예를 보여주고 있다. 멀리 있는 산이 약간 흐릿하고 푸르스름하게 보인다는 것을 주목하라. 사실적 회화 속 언덕을 본 적이 있다면, 그것 역시 푸르스름하게 보일 것이다. 화가들은 수 세기 동안 이런 거리 단서를 사용해왔다. 예를 들어 Leonardo da Vinci(1452~1519)는 원거리 대상을 그릴 때, 파란색을 사용하기도 했다.

농담 **농담**(shading)은 빛과 그림자 패턴에 의해서 제공되는 단서이다. 한 대상은 다른 대상 위에 그림자를 드리우거나, 표면에 그림자를 드리울 수 있다. 농담은 대상의 돌출되거나 들어간 부분에 대한 정보뿐만 아니라, 평평하거나 굴곡진 부분에 대한 정보도 제공하기 때문에 대상들의 모양을 정의하는 데 도움을 준다(Koenderink & van Doorn, 2003).

우리는 똑바로 선 상태에서 머리 위의 조명에 의해 생기는 그림자를 보는 것에 익숙하다(Gerardin et al., 2007). 결과적으로 우리는 마치 광원이 머리 바로 위에 있는 것처럼(심지어 머리를 거꾸로 역전시키더라도) 그림자를 해석한다(Howard, 2002). **그림 6.5**를 보고 그림에서 농담이 볼록한 원들과 오목한 원들로 이루어진 가현적 깊이를 어떤 식으로 생성시키는지 주목하라. 이제 책을 거꾸로 돌려보는 대신에 머리를 아랫방향으로 돌려서 그 그림을 다시 보라. 이때 오목한 원들은 볼록한 원으로, 볼록한 원은 오목한 원으로 바뀐다는 것을 주목하자.

그림 6.6에서도 유사한 농담 효과를 경험할 수 있다. 정 방향에서 보면 사진은 화산 가운데에 호수가 있는 것처럼 보일 것이다. 이제 사진을 거꾸로 돌리거나, 머리를 아래 방향으로 돌려서 사진을 다시 보라. 어두운 그림자 부분이 더 이상 볼록한 모

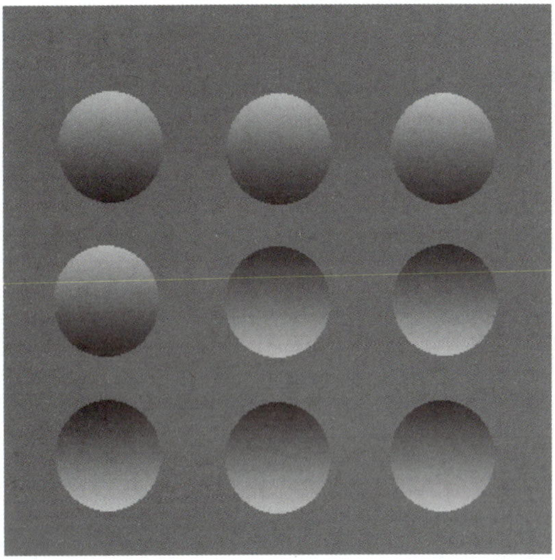

그림 6.5 농담이 깊이 지각에 미치는 효과. 어떤 원들이 오목하게 보이는가? 다른 원들은 볼록하게 보이는가? 책을 움직이지 말고, 머리를 아래로 향하게 하여 그림을 보라. 원들의 가현적 깊이가 변하는가?

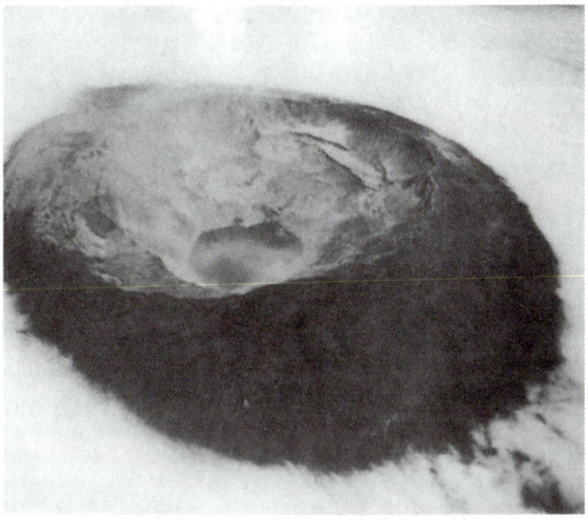

그림 6.6 이 사진을 보고 어느 표면이 당신과 더 가까운지 판단해보라. 이제 책을 거꾸로 돌려보고, 어느 표면이 당신과 더 가까이 있는지 판단해보라.

출처: Reprinted with permission from the cover of *Science*, *169*, July 31, 1970. Copyright 1970 American Association for the Advancement of Science.

양으로 보이지 않을 것이다. 이제 그림자가 있는 영역은 작은 화산이 분출하고, 산마루가 호수로 덮여 있는 오목한 모양으로 보일 것이다. 이 결과를 5장에서 논의한 역전(inversion)이 모양 지각에 미치는 효과와 비교해보라.

광원의 위치는 모양과 깊이 지각에 영향을 미친다(Koenderink et al., 2006). 할로윈(10월 31일 밤)이나 유령 이야기를 들려줄 때, 턱 아래에서 위로 회중전등을 비추어 얼굴을 왜곡되게 보이는 장난을 해본 적이 있을 것이다. 그림 6.7에서 볼 수 있듯이, 대상을 다른 방향에서 조명하면 이미지 지각을 변화시키는 농담을 만들어 낼 수 있다. 구겨진 종이의 세 가지 이미지 차이를 무시하고 농담에 의해 나타난 가현적 깊이에 주목하라.

5장에서 주목했듯이, 그림자와 다른 밝기 정보는 대상의 깊이를 볼 수 있도록 돕는다(특히 그 대상들이 움직이고 있을 때)(Norman, Todd et al., 2004). 그림자가 생긴 영역을 광원으로부터 더 멀리 떨어진 것으로 해석하듯이, 우리는 밝은 영역을 빛으로부터 더 가까이 있는 것으로 해석한다. 표면에 광택이 있으면(예: 금속 크롬, 잘 닦아서 윤이 나는 사과) 밝은 부분이 발생할 것이고, 이는 깊이에 대한 강력한 단서가 된다(Fleming et al., 2004). 농담과 밝은 부분이 존재하지 않으면, 깊이 관계를 판단

그림 6.7 한 장의 구겨진 종이에서 보이는 세 가지 이미지. 왼쪽 사진은 왼쪽에서 조명을 한 것이고, 중앙 사진은 아래에서 조명을 한 것이며, 오른쪽 사진은 오른쪽에서 조명을 한 것이다. 조명의 방향 차이가 어떻게 이미지를 변화시키는지 주목하라. 이미지 변화와 관계없이 각 이미지는 농담으로 인한 깊이감을 일으킨다.

하기 훨씬 더 어려운 것이다(Liu & Todd, 2004).

높이 단서 **높이 단서**(height cue) 혹은 고도 단서(elevation cue)는 지평선 근처의 대상들이 지평선에서 멀리 떨어진 대상들보다 더 멀리 있는 것으로 보이는 관찰이다. 이 말이 혼란스러울 수 있으므로 **그림 6.8**을 보고 설명하기로 하겠다. 그림에 있는 수평선은 지평선을 나타내기 때문에, 삼각형들이 지상에 놓여 있는 것으로 해석될 수 있다. 삼각형 b가 지평선에 더 가까이 있기 때문에 우리는 이것을 삼각형 a보다 더 멀리 떨어진 것으로 해석한다. 동일한 지평선 접근 규칙이 구름에도 적용된다. 구름 b는 구름 a보다 지평선에 더 가까이 있기 때문에 우리는 구름 b가 더 멀리 있는 것으로 해석한다. 가까운 창밖을 바라보면서 이 관계성이 '실제 삶'에서 확인된다는 것을 경험해보라. 지평선 근처의 대상들은 멀리 떨어져 있는 반면에, 지평선에서 멀리 있는 대상들(시각장의 위나 아래)은 가까이에 있음을 기억하자.

높이 단서에 대한 인식은 고대 그리스 시대로 거슬러 올라갈 정도로 오래되었다. 사실 높이 단서에 대한 첫 기술은 BC 300년 즈음에 그리스에 살았던 수학자 Euclid로부터 나왔다. Euclid는 기하학 원리들을 개발한 것으로 더 잘 알려져 있다.

거리 정보에 대한 다른 단안 단서를 살펴보기 전에 회화 단서들을 다시 살펴보자. 이 단서들에는 가림, 선형 조망, 크기(친숙한 크기와 상대적 크기), 결밀도, 대기 조망, 농담 및 높이 등이 포함된다. 가림은 회화 단서 중 가장 기본적인 것이다. 그리고 다른 세 개의 단서들은 서로 관련되어 있다. 선형 조망 때문에 같은 거리나 영역은 가까울수록 더 큰 망막상을 맺고, 멀어질수록 더 작은 망막상을 맺는다. 결과적으로, 평행한 선로 사이의 간격은 거리가 증가함에 따라 좁아지고, 대상들은 거리가 증가함에 따라 더 작아진다. 그리고 결 요소들은 거리가 증가함에 따라서 작아지고 희미해

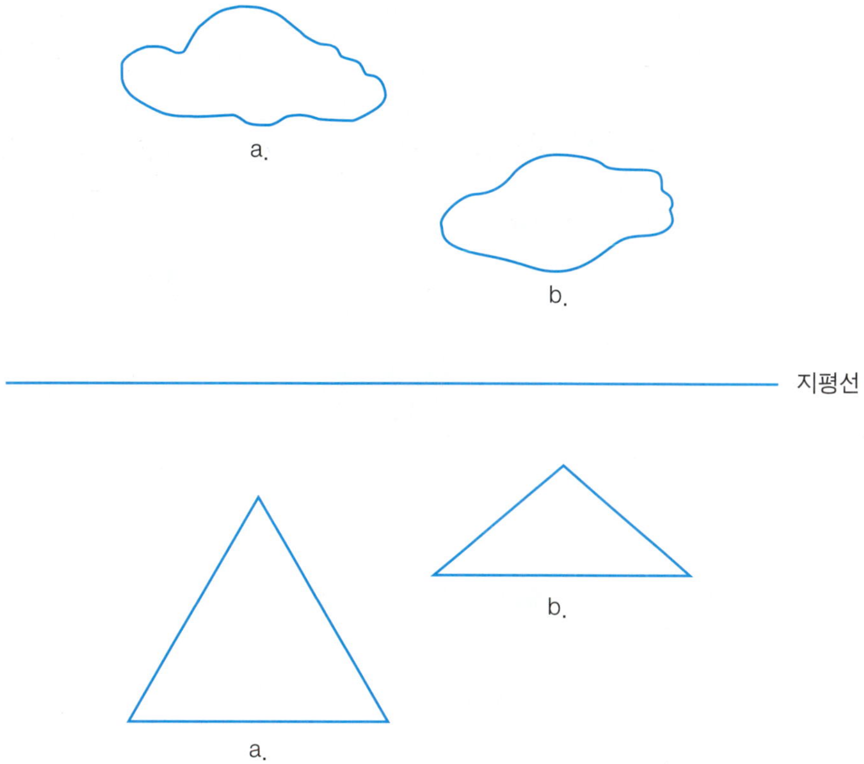

그림 6.8 높이 단서. 지상에 있는 대상들은 시각장에서 더 높이 있는 것이 더 멀리 있는 것이다. 공중에 있는 대상들은 시각장에서 더 낮게 있는 것이 더 멀리 있는 것이다.

진다. 대기 조망과 농담은 모두 조명을 수반하는 요인들이다. 마지막으로 높이 단서는 시각장에서의 대상들의 위치를 수반한다.

우리가 살고 있는 3차원의 세상을 둘러보면 많은 단안 단서들을 확인할 수 있다. 단안 단서들이 2차원 표면에 효과적으로 깊이 효과를 발생시킨다는 사실은 그것이 곧 회화 단서가 됨을 의미한다. 이 점을 확인하기 위해 WWW해보기 6.1을 해보라. 이제 화가들이 이런 회화 깊이 단서들을 어떻게 사용하는지 살펴보기로 하자.

2차원 표면에서 회화 깊이 단서

WWW해보기 6.1이 도움이 되었을 것이다. 유명한 화가가 아니더라도 우리는 2차원 표면 위에 3차원 공간을 잘 나타낼 수 있다. 뛰어난 화가들은 단안 단서들을 매우 효과적으로 사용함으로써 작품에 깊이감을 잘 표현할 수 있다.

그러나 회화 깊이 단서들을 사용하는 것이 고대 예술가들에게는 쉬운 일이 아니

그림 6.9 Helen Fabi Smagorinsky의 작품 Genesee Country(1981). 사용된 깊이 단서와 사용하지 않은 깊이 단서를 확인해보라. 이 작품의 깊이감은 얼마나 잘 표현되어 있는가?

었다. 그래서 3차원 세상을 정확하게 묘사하려고 시도했지만 실패한 작품의 예들을 쉽게 발견할 수 있다. 또한 정확한 거리 표상에 관심을 두지 않은 근대 화가들도 있었다. 미국의 민속 작가들을 고려해보자. **그림 6.9**는 20세기 뉴욕 북부지방 출신 화가인 Helen Fabi Smagorinsky의 작품이다. 이 그림은 인상적인 생동감과 활동감을 보여주고 있지만, Smagorinsky는 깊이를 정확하게 묘사하려고 하지 않았다. 예를 들어 Smagorinsky는 회화 단서들을 전혀 사용하지 않았다: 크기(후방에 있는 사람들과 전방에 있는 사람들의 크기가 같다는 것을 주목하라), 결밀도, 선형 조망, 그리고 대기 조망. 그녀는 약간의 농담을 사용했다. 그리고 가림과 높이는 확실한 거리 단서의 역할을 하고 있음을 주목하라.

2차원 표면에 3차원 세상을 정확하게 묘사하려는 화가들의 의지는 급기야 회화 깊이 단서를 활용할 수 있게 해주었다. 르네상스 시대의 화가들은 평평한 캔버스에 거리감을 줄 수 있는 깊이 단서들을 연구했다. 1423년 Filippo Brunelleschi(1377~1446)는 자신의 그림에 선형 조망을 나타낼 수 있는 특수 장비를 사용했다(Goldstein, 2001). Leonardo da Vinci와 같은 몇몇 르네상스 시대의 화가들은 그들

그림 6.10 Marie-Denise Villers(1774~1821)의 작품 Young Woman Drawing. 이 작품에서 깊이 지각을 일으키는 단서들을 찾아보라. 한 눈을 감고 다른 눈에 손으로 동그랗게 구멍을 만들어 마치 망원경을 보듯이 대고 그림을 다시 보라. 그림의 깊이감을 더 잘 느낄 수 있는가? 그 이유는?

출처: The Metropolitan Museum of Art, Mr. and Mrs. Isaac D. Fletcher Collection, Bequest of Isaac D. Fletcher, 1917(17.120.204). Image©The Metropolitan of Art.

의 작품에 회화 깊이 단서를 광범하게 활용했다.

후대의 화가들은 회화 깊이 단서를 매우 능숙하게 사용할 수 있게 되었다. 프랑스 화가인 Marie-Denise Villers(1774~1821)의 초상화(**그림 6.10**)를 살펴보자. 이 초상화는 많은 단서들이 사용되었다: 크기(멀리 있는 사람을 작게 표현), 선형 조망

그림 6.11 John Pugh의 작품 Study with Sphere and Water(1999). 이 trompe l'oeil(눈을 속이는) 벽화는 플로리다주 잭슨빌에 있는 University of North Florida에 있다. Pugh의 다른 작품들은 www.illusion-art.com/에서 볼 수 있다.

(멀리 떨어진 건물의 수렴선들), 농담(여성의 드레스에 깊이 정보 제공), 중첩(여자의 왼쪽 팔이 창문과 자신의 몸 일부 를 가림), 그리고 높이 단서(멀리 보이는 커플이 여자보다 더 높은 곳에 있음).

단서를 매우 효과적으로 활용한 어떤 작품들은 거의 2차원적이라고 말하기 어려울 정도이다. **트롱프뢰유**(*Trompe l'oeil*)[1]는 프랑스어로 '눈을 속이다'란 뜻인데, 이런 작품들은 2차원 표면에 아주 생생한 깊이감을 생성해 냄으로써 눈을 속인다. **그림 6.11**은 John Pugh의 창작 벽화(*Study with Sphere and Water*)이다. 평면은 2차원이지만, Pugh는 그림 단서들을 매우 효과적으로 사용했다.

물론 가장 깊이감을 잘 살린 그림일지라도 실제로는 2차원적이다. 그리고 곧 논의하게 될 다른 깊이 단서들은 그림을 3차원적으로 보게 하는 것을 방해할 수 있다(Goldstein, 2001). 우리는 시각장이 그림에 국한되도록 축소된 화면을 통해 한 눈으로 그림을 바라봄으로써 깊이감을 고양시킬 수 있다.

3차원 세상을 2차원 표면에 묘사할 때 실질적으로 약간의 변형이 요구된다. 예를 들어, **그림 1.3**을 다시 보자. 선형 조망과 다른 회화 깊이 단서들의 사용에 주목할

---

1) 프랑스어로 '눈속임'이란 뜻으로 2차원 평면 회화를 3차원의 입체로 착각하게 만드는 그림을 말한다. 정밀한 묘사를 통해 사물의 실제 모습과 유사하게 그리기 때문에 보는 사람이 깜짝 놀랄 수밖에 없는 착시 그림이다.(역자 주)

그림 6.12 2차원 일러스트레이션을 통해 3차원적 공간을 지각하게 될 때 착시가 일어날 수 있다는 것을 보여주는 착시를 일으키는 방. 카펫의 전면이 더 긴가 아니면 방의 뒷면이 더 긴가? 이외에 이 그림에는 두 가지 다른 착시도 존재한다. 자를 가지고 재볼 때까지 자신의 눈을 신뢰하지 마라!

출처: Gillam, 1998. Image courtesy of Barbara Gillam.

수 있다. 만약 우리가 실제로 그런 3차원 장면을 본다면, A에서 C까지의 거리는 A에서 B까지의 거리보다 더 멀다. 그러나 2차원 그림에서 그 선들의 길이를 측정해보면, 두 선의 길이가 같다는 것을 알게 될 것이다.

그림 6.12는 그림 깊이 단서들을 효과적으로 사용한 실내를 보여준다. 그러나 그런 단서들은 다른 문제들을 야기하는데, 그 중 일부는 나중에 논의될 것이다. 예를 들어 양탄자 앞부분의 너비가 뒷벽의 너비와 실제로 같다는 것을 주목했는가? 자로 직접 확인해보라. 물론 실제 3차원의 실내에서는 양탄자의 너비가 실내 너비보다 더 작을 것이다.

분명히 3차원 세상을 2차원 표면에 표현하는 데는 어떤 교묘함이 숨어 있게 마련이다. 어떤 화가들은 교묘한 눈속임을 발휘하여, 3차원 세상에서는 구축될 수 없는 대상들의 2차원적 표상을 창출해 낸다. 그런 기교를 발휘한 초기 화가로 William Hogarth(1697~1764)를 들 수 있는데, 그의 작품 '*False Perspective*'는 그런 기교가 잘 드러나 있다. 그런 불가능한 그림들은 5장에서 언급한 독일 화가 Maurits C. Escher(1898~1972)의 작품에서도 볼 수 있다. **그림 6.13**은 불가능한 도형이다. 이 도형을 처음 접했을 때, 당신은 이것이 불가능한 도형이라고 느꼈는가? 만약 시선을 도형의 작은 부분들에 한정시키면, 각 부분은 3차원 세상에서 쉽게 볼 수 있는 것들

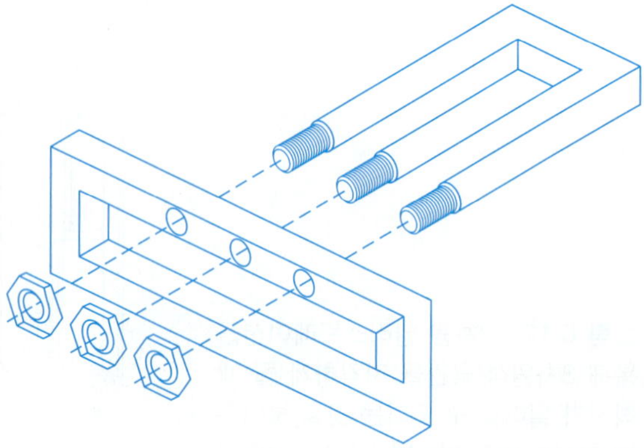

그림 6.13 세 개의 다리, 한개 슬롯을 가진 위젯, 틀, 그리고 너트들은 모두 불가능한 도형이다. 단순한 2차원적 선분으로 그려진 것으로 보면 이 도형은 대수롭지 않아 보인다. 그러나 3차원적 대상을 2차원적으로 나타낸 것으로 볼 때 우리는 이 청사진으로부터 그런 대상을 구현하기는 어렵다는 것을 알게 된다.

출처: Gardner(1988)

이다. 그러나 그 도형을 전체적으로 조망하면, 그것이 불가능하다는 것을 확인할 수 있다.

어떤 도형을 불가능한 것으로 묘사하는 것은 어떤 사람들에게는 도전이다. 이런 도전에 반응하여 Jerry Andrus, Shigeo Fukuda, 그리고 Walter Wick와 같은 사람들은 불가능한 대상의 3차원적 버전을 구현하였다. 이렇게 하는 것이 실제로 가능하지만, 3차원 도형은 어느 하나의 특정 시각에서 조망되어야 한다. 예를 들어, Andrew Lipson은 Escher의 불가능한 도형의 별난 레고 버전을 만들었다. 6장을 다룬 웹페이지에 들어가면 Andrew의 사이트에 접속할 수 있다.

움직임을 수반한 단안 깊이 단서들

지금까지 살펴본 회화 깊이 단서들은 정지된 장면에서 효과를 발휘한다. 그러나 우리의 시각적 경험 대부분은 우리가 머리와 몸을 움직여 대상을 지나치게 되면서 움직이는 대상이나 움직이는 망막을 수반한다. 이런 움직임은 모양 지각(5장)과 깊이 지각의 중요한 단서가 된다. 이런 관찰은 우리의 지각적 경험들이 서로 연관되어 있다는 점을 강조한다. 지금은 깊이 지각을 논의하고 있지만, 밝기 지각이 깊이에 의존한다는 것은 이미 4장에서 언급된 바 있다.

운동 지각과 관련하여 더 자세한 논의는 8장으로 미루기로 하겠다. 이 장의 목적상, 세상 속에서 이루어지는 우리의 움직임은 대상들의 상대적 깊이에 대한 중요한 정보를 수반한다는 정도만 기억하면 될 것이다. 마찬가지로 우리가 정지 상태에 있더라도 주위 세상에 존재하는 대상들의 움직임은 깊이감을 제공할 수 있다. 물론 정지되어 있는 사진은 이러한 정보를 제공해주지 않기 때문에, 운동 단서들은 회화 단서라 할 수 없다. 사실 회화 단서들을 사용한 그림을 보면서 움직인다면, 생생한 깊이감을 느끼기 어렵다는 것을 알게 된다.

운동 시차 **운동 시차**(motion parallax)란 우리가 머리를 움직일 때, 서로 다른 거리에 있는 대상들이 다른 방향과 다른 속도로 움직이는 것처럼 보이는 현상을 말한다(Ono & Wade, 2005). 시차는 위치의 변화를 의미한다. 따라서 운동 시차란 우리의 움직임으로 인해서 발생하는 대상의 위치 변화를 말하는데, 이를 두 개의 다른 시점(그리고 위치)에서 찍은 세상의 스냅 사진으로 생각할 수 있다. 그런 의미에서 운동 시차는 다음 절에서 논의될 양안부등과 유사하다(Gillam, 2007). 양안부등(binocular disparity)이란 다른 위치(두 눈)에서 얻게 되는 두 개의 동시적 이미지에 의존한다. 그리고 운동 시차는 다른 위치(움직임으로 인해서 발생하는)에서 얻게 되는 최소한 두 개의 순차적 이미지에 의존한다. 이 두 경우 모두에서 초점(focal point)은 우리의 지각적 경험에 중요한 역할을 한다. 운동 시차가 어떻게 깊이감을 제공하는지 확인하기 위해 WWW해보기 6.2를 해보라.

운동 시차는 모양과 거리 정보의 중요한 근원이다(Nawrot et al., 2008). 그러나 그것의 효과성은 4장에서 논의된 추적 안구 운동에 의존한다(Mitsudo & Ono, 2007; Nawrot & Joyce, 2006). 테마 3과 일치하는 것으로, 운동 시차로 인한 망막상의 변화는 근거리나 원거리 대상들에 대해 유사하다. 따라서 추적 안구 운동은 깊이 정보를 명확히 해주는 데 도움을 준다.

운동 시차가 강력한 깊이 단서이긴 하지만, 당신은 이런 머리 움직임이 얼마나 많은 정보를 제공하는지 주목해본 적은 없을 것이다. 창가로 가서 창틀의 한 부분을 주목해보자. 그리고 손을 눈앞에 위치시켜 보자. 이제 머리를 왼쪽으로 움직여 보자. 당신의 손은 반대 방향, 즉 오른쪽으로 움직이는 것처럼 보일 것이다. 이와 반대로 당신이 초점을 맞추고 있는 창틀 너머로 보이는 대상들은 왼쪽으로 움직이는 것처럼 보일 것이다. 따라서 그 대상들은 당신의 머리 움직임과 같은 방향으로 움직이는 것처럼 보일 것이다.

대상들이 움직이는 것처럼 보이는 방향은 중심와에 등록된 장면의 부분, 즉 응시점과 관련된다는 것을 기억하라. 응시점 앞에 있는 대상들은 당신의 움직임과 반대 방향으로 움직이는 것처럼 보인다. 반대로 응시점 뒤에 있는 대상들은 당신의 움직임과 같은 방향으로 움직이는 것처럼 보인다. 야간 운전을 할 때, 마치 달이 당신을 따라오는 것 같다는 경험을 해본 적이 있을 것이다. 다른 원거리 대상들과 마찬가지로 달은 당신이 움직이는 같은 방향으로 움직이는 것처럼 보인다.

운동 깊이 효과 3차원 대상의 움직임은 그것의 구조에 대한 단서들을 제공하기 때문에 일반적인 용어로 움직임에 의한 구조(structure-from-motion; 약어로 SfM)라 부른다. 이런 단서의 하나를 **운동 깊이 효과**(kinetic depth effect)라 한다. 즉 정지된 상태에서는 평평하게 보이는 도형이 일단 움직이기 시작하면 깊이를 가진 것으로 보이는 것이다. 회전하는 도형을 통해 운동 깊이 효과를 확인할 수 있는 WWW해보기 6.3을 해보라.

운동 깊이 효과는 회전하는 대상들의 그림자를 통해 처음 확인되었고, 이후 여러 연구들을 통해 계속해서 탐색되었다. 가장 잘 알려진 실험 세트의 하나로 Wallach와 O'Connell(1953)은 철사를 구부려서 만든 도형의 2차원 투사가 그 도형이 정지된 상태에서는 평평하게 보이지만, 회전을 시키면 3차원적으로 보인다는 것을 발견했다. 이와 유사하게 표면 위에 점들이 있는 투명한 구(sphere)는 회전할 때 입체로 보인다(Hoffman, 1998).

대부분의 다른 깊이 단서들은 운동 깊이 효과를 일으키지 않음을 주목하라. 예를 들면 중첩, 농도, 그리고 결 밀도와 같은 단서들은 운동 깊이 효과를 일으키지 않는다. 그렇다하더라도 일단 도형이 회전을 하면, 어떤 부분들은 다른 부분들보다 더 빠르게 움직이며, 또한 각각 다른 방향으로 움직인다는 것을 주목하게 될 것이다. 이런 유형의 움직임은 관찰자로 하여금 그림자가 있는 대상이 3차원적임에 틀림없다는 결론을 내리게 만든다. 그러나 일단 움직임이 멈추면, 그 대상은 2차원적인 것으로 해석될 것이다.

지금까지 깊이에 대한 여러 단안 망막 단서들을 논의하였다. 그러나 이 단서들을 개별적으로 다루었다고 해서 그것들이 개별적으로 기능한다고 생각하면 안 된다. 예를 들어 운동 깊이 단서들은 매우 중요하지만, 특히 앞에서 논의된 회화 단서들과 조합적으로 작용할 때 중요하다(Ni et al., 2005; Tozawz & Oyama, 2006). 또한 깊이에 대한 운동 단서들은 곧 논의될 양안 단서들과도 조합적으로 작용한다(Cao & Schiller, 2002; Ichikawa et al., 2003). 다중 단서의 중요성은 14장에서 살펴보게 될 노화에 따른 변화를 고려할 때 분명해진다. 실제로 사람들은 나이가 들어가도 다중 깊이 단서들을 계속해서 잘 사용하지만, 운동 단서의 사용 효율성은 점점 더 줄어든다(Blake et al., 2008; Norman et al., 2008; Norman, Clayton et al., 2004).

영화

1800년대 등장하기 시작한 근대 활동사진(modern motion picture)은 몇 사람이 운

그림 6.14 영화 제작에서 사용되는 이동촬영 장면의 예. 카메라가 왼쪽에서 오른쪽으로 이동해 감에 따라 변하는 중첩 단서들이 어떻게 아이, 남자, 벽에 있는 사진의 상대적 깊이감을 제공하는지 주목하라.

동 착시를 일으키는 장치를 개발하면서 비롯되었다. 정지되어 있는 사진들은 회화 단서들에 제한되어 있기는 하지만, 사진들을 움직이면 운동을 수반하는 단안 깊이 단서들의 이점을 살릴 수 있다. 이를 통해 활동사진은 풍부한 깊이감을 보여주게 된다.

예를 들어 카메라는 운동 시차를 일으키기 위해 우리의 머리 움직임을 모사할 수 있다. 트랙을 따라 카메라를 옆으로 움직이는 특수 촬영 기법인 이동 촬영(tracking shot)은 운동 시차를 효과적으로 모사해준다. **그림 6.14**는 카메라가 옆으로 움직이면서 찍을 수 있는 일련의 프레임으로부터 가져온 대표적인 세 장의 장면을 보여준다. 만약 카메라가 남자에게만 초점을 맞추고 카메라를 오른쪽으로 움직이면, 그 남자 앞에 있는 아이는 왼쪽으로 움직이는 것처럼 보이며, 벽에 있는 그림들은 동일하게 오른쪽으로 움직이는 것처럼 보인다.

활동사진은 또한 정지해 있는 관찰자에게 보여지는 것으로 깊이를 가진 움직임을 모사할 수 있다. 비록 카메라가 움직이지 않더라도, 활동사진의 순서는 깊이감을 제공하기 위해 운동 깊이 효과를 사용할 수 있다. 영화 ≪*The Matrix Reloaded*≫의 오프닝 장면을 감상해보라(Herbert et al., 2005).

흔치 않지만 아마도 3D 영화를 잘 알고 있을 것이다(Zone, 2007). 이런 영화들이 완전한 깊이감 경험을 제공하는 것은 우리의 왼쪽과 오른쪽 눈에 약간씩 다른 상들을 전송시킴으로 가능하다(일반적으로 이를 위해 특수 안경이 사용된다). 이제부터는 3D 영화에서 깊이감을 일으키는 양안 단서에 대해 살펴보기로 하겠다.

양안부등

지금까지 몇 가지 단안 깊이 단서들과 2차원 표상으로부터 3차원을 창출하는 데 대한 그것들의 적용에 대해 살펴보았다. 단안 단서들 때문에 한 쪽 눈이 실명하였거나 한 쪽 콘택트렌즈를 잃어버린 사람들은 두 눈이 정상인 사람과 거의 대동소이하게 이런 단안 깊이 단서들을 사용해서 깊이를 지각할 수 있다. 그러나 한 쪽 눈으로 들어오는 입력 정보만 수용하는 사람은 가까이 있는 대상들의 깊이에 대해 한 가지 중요한 단서를 놓치게 된다. 이제부터 두 눈에 약간씩 다른 상이 맺혀질 때 경험하게 되는 깊이감에 대해 살펴보기로 하겠다.

양안부등과 입체시

우리의 두 눈은 약 2.5인치(6.3cm) 떨어져 있는데, 분명 큰 거리는 아니다. 그렇기는 하지만, 이 거리는 주위 대상들이 서로 다른 거리에 있을 때마다 두 눈으로 하여금 세상에 대해 약간씩 다른 시야를 갖게 만든다. **양안부등**(binocular disparity)이란 두 눈에 각각 다른 정보가 등록되는 것을 말한다.

양안부등을 경험하기 위해, 왼손 엄지손가락을 눈에서 왼쪽으로 약 6인치(15.2cm) 떨어진 거리에 위치시켜 보라. 그 다음, 오른손 엄지손가락을 머리 정면에서 2피트(60cm) 떨어진 거리에 위치시켜 보라. 이제 오른손 엄지손가락을 응시하라. 머리를 고정시킨 채, 왼쪽 눈은 감고, 오른쪽 눈을 뜬다. 오른손 엄지손가락에 어떤 일이 일어나는가? 같은 위치에 있는 것으로 보이는가? 이제 오른쪽 눈은 감고 왼쪽 눈을 뜬다. 왼손 엄지손가락이 뒤에서 앞으로 도약하는 것으로 보이는가? 오른손 엄지손가락은 부등을 일으키지 않지만, 왼손 엄지손가락은 부등을 일으킨다. 양안부등은 **입체시**(stereopsis)로 알려진 능력, 즉 두 눈으로 깊이를 판단하는 데 필요한 정보를 제공해주기 때문에 중요하다(Schor, 2003).

양안부등의 개념을 좀 더 상세히 이해하기 위해 호롭터라는 개념을 소개하기로 하겠다. **그림 6.15**는 두 가지 다른 부등 상황에 대한 도식적 예를 보여준다. 두 경우 모두 눈은 F지점에 있는 대상에 응시점을 맞추고 있다. F지점의 응시점을 기준으로 관찰자로부터 등거리에 위치한 모든 지점들을 연결하면 **호롭터**(horopter)라는 가상의 곡선이 그려진다. 앞의 해보기에서 했듯이 엄지손가락들을 위치시켜 보라. 양 측면에 걸쳐 엄지손가락을 통과하는 곡선을 상상해보라(그렇지만 눈으로부터 2피트 떨어진 거리를 유지해야 한다). 이 곡선이 바로 호롭터이다. **파눔 영역**(Panum's area)이라 불리는 영역, 즉 호롭터 상에 있거나 그 앞에 있는 대상들은 하나

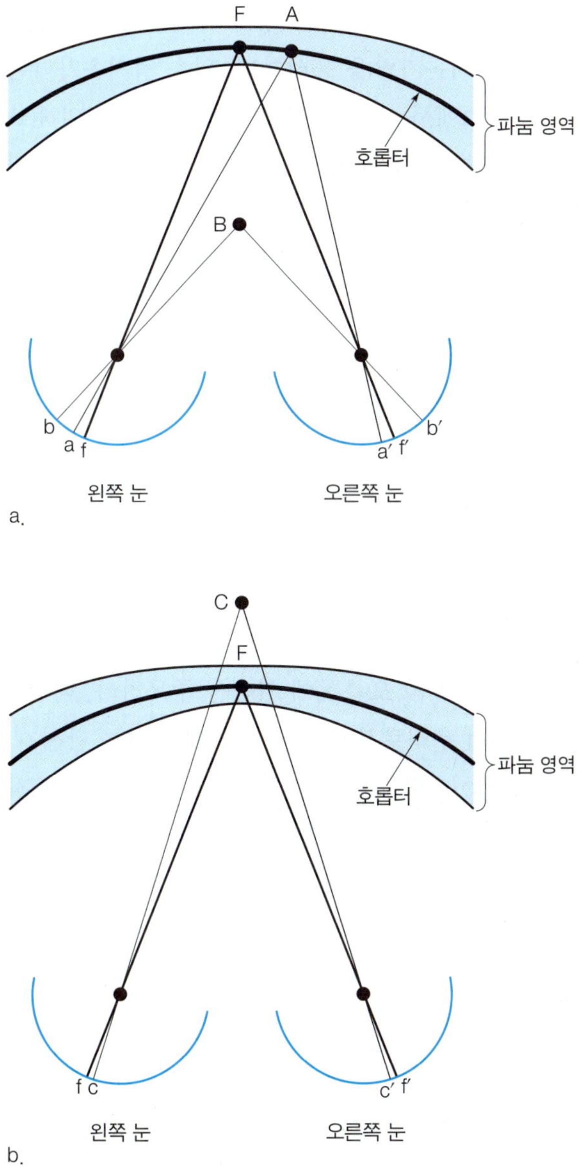

그림 6.15 이 그림은 양안 깊이 단서를 보여준다. 두 그림에서 눈은 F지점에 있는 대상을 응시하고 있다. A지점에 있는 다른 대상은 응시하고 있는 대상과 등거리에 있다. 두 경우 모두 양쪽 망막의 동일 위치에 동일한 상이 맺힌다. 호롭터에서 벗어난 대상들은 양안부등을 일으킨다. 이 경우 상들은 두 망막의 다른 영역에 맺힌다. 그림 a는 응시하고 있는 대상의 앞에 있는 대상들에 의해 발생되는 교차부등을 보여준다. 또한 그림 b는 응시하고 있는 대상의 뒤에 있는 대상들에 의해 발생되는 비교차부등을 보여준다.

출처: Patterson & Martin, 1992. Reprinted with permission from *Human Factors*, *34*(6).

의 상으로 융합될 수 있다. 파눔 영역 밖에 있는 대상들은 전형적으로 이중상을 일으킨다. 오른손 엄지손가락을 응시하면, 왼손 엄지손가락은 두 개로 보일 것이다.

그림 6.15a에서 A지점에 있는 대상은 F지점의 응시 대상과 관찰자로부터 같은 거리에 있다. 그림에서 볼 수 있듯이, 응시 대상은 각 망막에 동일한 상대적 위치에 상이 맺힌다(왼쪽 눈과 오른쪽 눈 각각 f와 f′으로 표시). A지점에 있는 대상은 관찰자로부터 등거리에 있기 때문에(즉 호롭터 상에 있음), 그 상 역시 각 망막의 동일한 상대적 위치에 맺힌다. 그러나 A지점에 있는 대상은 응시 대상의 오른쪽에 있기 때문에 그 상은 각 망막에서 응시 대상의 왼쪽에 맺히게 된다. A와 F지점에 있는 대상들은 모두 어느 망막에서도 부등이 나타나지 않는다. 결국 대상들은 정확하게 등거리에 있는 것으로 보인다.

그림 6.15a에서 B지점에 있는 대상은 어떨까? B지점에 있는 대상은 호롭터 앞쪽에 위치해 있다. 따라서 그 대상의 상은 두 망막(b와 b′으로 표시)에서 서로 다른 지점에 맺히게 된다. 호롭터 앞쪽에 있는 대상들은 **교차부등**(crossed disparity)을 일으키는데, 그 이유는 상이 각 망막의 응시점 밖에서 교차되기 때문이다. b는 f의 왼쪽에 있지만, b′은 f′의 오른쪽에 있음을 주목하라. 따라서 교차부등은 대상들이 응시 대상과 비교해서 우리로부터 더 가까이에 있다는 단서가 된다.

그림 6.15b는 다른 상황을 보여준다. 여기에서 C지점에 있는 대상은 호롭터 뒤에 위치해 있다. 여전히 부등이 일어난다는 점을 주목하라. 이 대상의 상은 두 망막의 다른 위치에 맺힌다(c와 c′으로 표시). 그러나 이 경우에 두 눈에 맺히는 상은 모두 응시 대상의 안쪽에 떨어진다. 호롭터 뒤에 있는 대상들은 **비교차부등**(uncrossed disparity)을 일으키는데, 이는 대상들이 응시 대상과 비교해서 우리로부터 더 멀리 있다는 단서가 된다.

양안부등은 주로 근거리 대상들의 깊이 지각에 효과적이다. 연구는 전형적으로 사람들이 단지 단안 정보보다는 양안 정보를 사용할 때 근거리 대상들의 거리를 더 정확하게 판단한다는 것을 보여주었다(e.g., Roumes et al., 2001). 거리를 단안으로 판단하든 양안으로 판단하든 관계없이, 사람들은 원거리 대상들을 실제보다 더 가까이 있는 것으로 부정확하게 지각하는 경향이 있다. 하지만 한 연구는 사람들이 단안으로 거리를 판단할 때 더 정확했음을 보여주었다(Foley et al., 2004).

따라서 양안부등과 단안 단서들은 깊이감을 일으킨다. 그러나 이 단서들은 정확한 자기중심적 거리감을 제공하지 않을 수 있다. 즉 장면이 많은 깊이 단서들(예: 양안부등, 결, 운동 등)을 제공할 때조차도, 사람들은 깊이를 정확하게 판단하지 못할 수 있다(Todd & Norman, 2003). John Foley 등(2004)은 "우리의 공간 지각 체계는 그리 잘 설계되어 있지도 않고, 정확하지도 않지만, 우리 대부분이 무탈하게 살아 있도록 하기에는 충분하다"(p.154)고 말했다. 강력한 지지 증거는 없다 하더라도, 이는 전반적으로 테마 3과 일치한다.

양안부등이 정확한 자기중심적 거리감을 제공해주지는 않을지라도, 생생한 깊이감을 제공하는 것만은 확실하다. 더구나 이미 언급했듯이, 우리는 깊이 단서들을 개별적으로 사용하지 않는다. 예를 들어 부등은 농담과 가림 단서와 결합적으로 작용하여 깊이감을 일으킨다(Anderson, 2003; Zhang et al., 2007). 지금부터는 연구자들이 깊이 단서로서의 양안부등을 어떤 식으로 탐구했는지 살펴보기로 하자.

사진의 깊이감 생성을 위한 양안부등의 사용

Charles Wheatstone(1802~1875)은 깊이 지각에 대한 지식을 넓히는 데 크게 기여한 입체경을 개발하였다. **입체경**(stereoscope)은 약간씩 다른 관점에서 가져온 두 개의 장면 사진을 제시하는 장치다. 전형적으로 이 두 개의 관점은 거의 인간의 눈과 유사하게 분리되어 있다(약 2.5 인치).

입체 사진(stereoscopic picture)은 하나는 오른쪽 눈, 다른 하나는 왼쪽 눈에 제시되는 두 개의 사진으로 구성된다. 두 개의 사진이 입체경을 통해 동시에 제시되면, 이 사진들은 융합을 통해 3차원 장면을 만든다. WWW해보기 6.4에 있는 입체 사진들이 약간씩 차이가 있음을 주목하라. 각 눈이 적절한 조망에서 두 상을 융합시키면, 생생한 깊이감을 경험할 수 있다. 입체경은 19세기에 대중화되었고, 뷰마스터(viewmaster)라는 현대판 입체경이 출시되기도 했다.

입체경은 또한 다양하게 실용화되고 있다. 예를 들면 항공 측량과 우주 계획(우주탐사 로봇 Mars Rover)에서는 정확한 깊이를 제공하는 입체 사진들을 사용한다. 이 경우 사진 촬영에 사용되는 두 대의 카메라가 지표면의 가현적 깊이를 강조하기 위해서 일정 거리를 두고 장착된다. 3D 역량을 가진 시각 디스플레이들 또한 다양하게 적용되고 있다(Post & Task, 2006). 특히 의학 분야(로봇 수술 장면 등)에서 이런 디스플레이들의 활용성이 크다(e.g., Bhadri et al., 2007; Bhayami & Andriole, 2005; Vasilyev et al., 2008).

우주 비행사들은 우리가 입체 사진을 만들기 위해 사용하는 방식으로 월면 풍경을 입체적으로 사진 촬영한다. 그들은 한 발에 체중을 이동시켜 한 장면의 사진 하나를 촬영한 다음, 다른 발로 체중을 이동시켜 같은 장면의 다른 사진을 촬영한다. 체중을 이동시키는 것은 실제로 적절한 양으로 사진들을 전치시키는 효과를 갖는다. 이런 기법으로 얻어진 두 장의 사진을 사용하면, 입체경을 통해보는 것과 같은 입체 사진을 생성시킬 수 있다.

입체시 연구를 위해 입체 사진들을 사용할 때의 한 가지 문제점은 입체 사진들이 종종 양안부등은 물론 회화 깊이 단서들까지도 통합시킨다는 점이다. 따라서 깊이감이 오로지 양안 정보로부터만 발생한 것이라고 확신할 수 없다. 이 문제를 해결하기 위해 Bela Julesz(1928~2003)는 무선점 입체도(random-dot stereogram)를 개발하였다(e.g., Julez, 2006). **그림 6.16a**의 경우, 단독으로 볼 때 의미 있는 상(사진)이 나타나지 않는다. 또한 무선점 입체도에는 어떤 회화 거리 단서들도 없다. 따라서 입체시만이 두 상이 융합할 때 나타나는 가현적 깊이를 설명할 수 있다. 이런 사실 때문에 무선점 입체도는 입체시에 관심을 가진 연구자들이 선호하는 도구가 되었다.

처음에는 아마 무선점 입체도를 융합시키기가 쉽지 않음을 발견하게 될 것이다. 하지만 사람들은 시간이 경과하면서 점점 무선점 입체도를 융합시키는 데에 익숙해진다(O'Toole & Kersten, 1992). 무선점 입체도와 밀접하게 관련되어 있는 것은 착각적 깊이 경험이다. 반복되는 패턴을 제시할 때(예: 반복 패턴을 가진 벽지, 또는 천정과 바닥의 작은 점들의 배열), 사람들은 종종 패턴의 일부가 튀어나온 것처럼 보인다고 보고한다. 이런 현상은 패턴에서 반복되는 요소들이 두 망막에 일치되지 않는 상을 맺기 때문에 나타날 수 있다(Ninio, 2007).

본질적으로 그런 자극들이 발생시키는 깊이감은 시각 체계가 대응문제를 적절히 해결하지 못한 결과이다(Goutcher & Mamassian, 2005). **대응문제**(correspondence problem)란 우리의 시각 체계가 두 망막으로부터 나오는 입력 신호를 통합하는 과정에서 겪게 되는 곤란을 말한다. 일반적으로는 두 망막으로부터 나오는 입력 신호는 명확해서 대응문제는 비교적 간단하게 해결된다. 따라서 먼저 왼쪽 눈으로 책을 보고, 그 다음에는 오른쪽 눈으로 보면 두 개의 상이 매우 유사하다는 감을 얻는다. 비록 모서리의 위치가 두 망막 상에서 동일하지 않더라도, 왼쪽 눈에 맺힌 상에서 좌측 상단 모서리는 오른쪽 눈에 맺힌 상의 동일한 모서리와 자연스럽게 결합된다.

흔히 바닥이나 천정 타일과 같은 어떤 반복 패턴을 볼 때, 우리는 시각 체계가 더 심각한 대응문제에 직면하게 됨을 인식할 것이다. 왼쪽 눈에 맺힌 상에서 세 개의 작은 검은 점 가운데 어느 패턴이 오른쪽 눈에 맺힌 검은 점 패턴과 결합될까? 만약 우리의 시각 체계가 두 개의 상에서 서로 엉뚱한 부분들을 결합시킨다면, 자극 속에 존재하지 않는 깊이를 지각할 수도 있다. 사실 시각 체계는 대응문제에 대한 여러 가능

a.

1	0	1	0	1	0	0	1	0	1
1	0	0	1	0	1	0	1	0	0
0	0	1	1	0	1	1	0	1	0
0	1	0	Y	A	A	B	B	0	1
1	1	1	X	B	A	B	A	0	1
0	0	1	X	A	A	B	A	1	0
1	1	1	Y	B	B	A	B	0	1
1	0	0	1	1	0	1	1	0	1
1	1	0	0	1	1	0	1	1	1
0	1	0	0	0	1	1	1	1	0

1	0	1	0	1	0	0	1	0	1
1	0	0	1	0	1	0	1	0	0
0	0	1	1	0	1	1	0	1	0
0	1	0	A	A	B	B	0	0	1
1	1	1	B	A	B	A	0	0	1
0	0	1	A	A	B	A	0	1	0
1	1	1	B	B	A	B	0	0	1
1	0	0	1	1	0	1	1	0	1
1	1	0	0	1	1	0	1	1	1
0	1	0	0	0	1	1	1	1	0

b.

그림 6.16 Julesz의 무선점 입체도의 예. 그림 a에 있는 두 개의 그림은 중앙 영역을 제외하고 나머지는 동일한 무선점 디스플레이이다. 그림 b에서 볼 수 있듯이, 중앙의 직사각형 영역은 두 시야에서 전치되어 있다. 즉 좌측 시야의 경우 정사각형 영역은 다섯 번째 세로줄부터이고, 우측 시야의 경우는 네 번째 세로줄부터이다. (정사각형 영역은 그림의 나머지 부분에서 돌출되어 보이도록 하기 위해 1과 0 대신에 A와 B로 명기되어 있는데, A를 검은점, 그리고 B를 흰점으로 고려할 수도 있다). 이런 두 패턴의 전치로 양안부등이 발생한다면, 정사각형이 무선점 배경 위로 부양된 것으로 보일 것이다. WWW해보기 6.4에서 입체시에 의한 깊이 지각을 경험할 수 있다. 어떤 단안 깊이 단서도 없기 때문에, 깊이감은 양안부등을 통해서만 얻어져야 한다. 정사각형이 즉시 보이지는 않을 수 있는데, 그 패턴을 계속 주시하다 보면 종국에는 무선점 배경 위로 정사각형이 돌출되는 것을 볼 수 있다.

출처: Julesz(2006)

한 해결책을 놓고 갈팡질팡할 수 있다(Goutcher & Mamassian, 2006).

이와 관련된 현상은 **그림 6.17**과 같은 자동입체도이다. **자동입체도**(autostereogram)란 적절한 관찰로부터 양안 깊이 정보가 수반되는 이미지를 말한다(Tyler & Clarke, 1990). 인기 있는 매직아이(Magic Eye)라는 책은 이런 이미지들로 구성되어 있다. 우리의 시각 체계는 자동입체도의 대응문제를 적어도 두 가지 방법으로 해결할

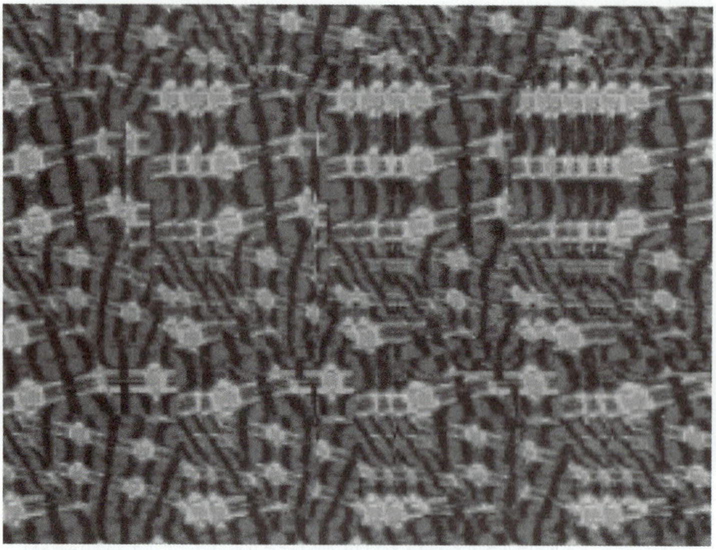

그림 6.17 자동입체도(autostereogram). 처음에는 이 이미지를 3차원으로 지각할 수 없을 것이다. 코를 이 이미지 위로 가져간 다음, 이미지 정면을 주시하면서 머리를 천천히 뒤로 이동시켜 보라. 다시 말해서, 응시점을 이미지에 가져가려고 하지 말라. 종국에 가서 단순한 이미지가 떠오른다. (힌트: 등장할 이미지는 그리스 문자 Ψ이다)

수 있다. 첫 번째 해결책은 그 그림을 단지 힐끗 보고 평평한 무선 패턴을 야기하는 것이다. 다른 해결책은 창문을 통해 밖의 경관을 보듯이 전체를 조망하는 것이다. 이런 조망을 취할 수 있을 때, 자동입체도를 평평한 그림으로 보는 동안 당신이 연결시켰던 부분들이 실제 서로 연결되어 있는 부분들과 분리된다.

자동입체도는 무선점 입체도보다 지각하기 더 어렵다. 사실 어떤 사람들은 자동입체도에서 깊이를 지각하는 것이 거의 불가능하다. 자동입체도에서 깊이를 지각하는 데 어려움을 겪는 사람들은 또한 양안부등에 기인하는 깊이 지각에도 어려움을 겪는 경우가 흔하다(Wilmer & Backus, 2008).

양안경합

각 눈에 제시된 약간씩 다른 상들은 전형적으로 깊이 정보를 수반하는 단일한 상으로 융합된다. Julesz(2006)는 이를 **사이클롭스**(cyclops; 그리스 신화에 나오는 눈이 하나인 Cyclops라는 괴물)라 칭하였다. 그러나 만약 각 눈에 제시된 상들이 너무 차이가 난다면, 이 상들은 단일 지각 표상으로 융합되지 않는다. 상들이 융합될 수 없을 때 **양안경합**(binocular rivalry)이라는 상황이 발생하게 된다. 전형적으로 우리의 시각 체계는 한 눈을 통해 상을 지각하며, 다른 눈을 통해 그 상의 부분을 억압한다. 하향처리의 역할을 시사하는 것으로 우리가 처음에 두 가지 가능성 중 하나를 보거나 상상했다면, 우리는 그것을 먼저 보기 십상이다(Pearson et al., 2008). 몇 초 뒤에는 억압된 상이 더 두드러지면서 이제 우리는 억압된 눈을 통해 그 이미지를 지각하게 된다(Paffen et al., 2008). 실제로 나이가 들어감에 따라 억압이 증가한다는 사실은 흥미롭다(Norman et al., 2007).

결국 양안 지각은 경합과 입체시 모두를 수반한다(Blake, 2003). 초점을 맞추고 있는 대상에서 멀리 떨어져 있는 대상들은 두 망막의 다른 영역에 상이 맺히기 때문에 융합될 수 없다. 파눔 영역 밖에 떨어지는 대상들은 융합될 수 없기 때문에, 양안 지각에서 경합은 일반적인 현상이다. 그러나 상들이 융합될 수 없을 때는 단지 한 눈에서 나오는 입력 신호를 의식적으로 인식할 수 있다. 그러면 억압된 입력 신호는 어떤 일이 일어날까? 이 질문은 양안경합과 의식 사이의 연결고리를 제공해주기 때문에 흥미롭다(Mitchell et al., 2004).

양안경합은 실제적인 활용도를 가지고 있다(예: 위조지폐 탐지). 입체경을 사용하여 진짜 지폐를 한쪽 눈에 제시하고, 위조지폐로 의심되는 지폐를 다른 눈에 제시하는 것이다. 두 지폐의 미세한 차이도 즉시 탐지될 수 있다. 따라서 시각 체계는 양안 입력 신호의 차이에 매우 민감하다는 것을 알 수 있다.

깊이에 대한 안근 단서

두 가지 다른 잠정적 깊이 단서들은 망막 정보에 기반을 두지 않는다. 대신 이 단서들은 두 눈의 수정체 모양이나 위치를 조절하는 근육으로부터 나오는 입력 신호에 기반을 둔다. 비록 이 단서들이 깊이에 대한 정보를 부분적으로 제공할 수 있다하더라도, 이것들은 우리가 지금까지 논의했던 단서들보다 훨씬 덜 유용한 것으로 보인다.

조절(accommodation)은 다른 거리에 있는 대상들에 초점을 맞출 때 수정체 모양이 변하는 현상이다. 멀리 있는 대상을 볼 때 수정체는 비교적 얇아지며, 가까이 있는 대상을 바라볼 때는 비교적 두꺼워진다. 따라서 수정체의 모양을 조절하는 안근들은 거리에 따라 대상들에 다르게 반응한다. 그러나 조절은 거리 단서로는 다소 약하다. 심지어 10피트 이내의 짧은 거리에서도 그렇다(Howard, 2002).

4장에서 살펴보았듯이, **수렴**(convergence)은 두 눈이 근거리 대상들을 보기 위해 수렴 혹은 안쪽으로 움직이는 현상이다. 지평선에 있는 원거리 대상을 본 다음, 코

끝에 손가락을 두고 손가락 끝에 초점을 이동시키면 수렴을 경험할 수 있다. 10피트 정도 떨어진 거리에 있는 대상을 볼 때, 눈들은 수렴하지 않는다(어느 눈도 안쪽으로 회전하지 않는다). 더 나아가 10피트 떨어진 대상을 응시하다 10마일 떨어진 대상을 응시하더라도 눈의 위치는 변하지 않는다. 이와 반대로 10피트 떨어진 대상을 응시하다 10인치 떨어진 대상을 응시하는 경우 수렴각은 크게 변한다. 수렴은 팔 길이 안쪽의 거리에 있는 대상들에 대해 유용한 정보를 제공한다(Viguier et al., 2001). 그러나 나머지 가까운 거리의 경우, 수렴만으로는 정확한 깊이 지각을 일으키지 못한다(Howar, 2002; Logvinenko et al., 2001).

거리 지각에 대한 접근법

거리 지각에 대한 세 가지 중요한 이론적 접근법으로 Gibson 접근법, 경험주의 접근법, 그리고 계산적 접근법을 들 수 있다. 이 세 가지 접근법들의 강조점은 서로 다른데, Gibson의 입장은 환경 입력 정보들의 풍부함을 강조한다(테마 2). 그리고 경험주의 입장은 기억과 인지 과정들을 강조한다(테마 4). 이전에 논의했듯이, 계산적 접근법은 기계를 이용하여 깊이를 가진 세상을 지각할 수 있게 하는 프로그램을 개발하고자 하였다(Marr, 1982; Pizlo, 2008). 본질적으로 계산적 접근법은 계산을 행하는 기계로 하여금 풍부한 환경으로부터 깊이를 추출하게 하려면 어떤 '지식'과 어떤 '지각적 능력'이 필요한지를 묻는다. 이제부터 이 세 가지 접근법에 대해 좀 더 상세히 살펴보기로 하자.

직접 지각 접근법

James J. Gibson에 따르면, 망막에 도달하는 시각 자극은 풍부한 정보를 가지고 있다. James Cutting(2007)은 **직접 지각**(혹은 **깁슨**) **접근법**(direct perception or Gibsonian approach)을 'Gibson에게 있어 정보는 환경 속에 존재하며 그냥 가져다 활용하기만 하면 되는 것'으로 정리하였다(p. 499). Gibson의 주장에 따르면, 자극은 올바른 지각을 허용할 정도로 충분한 정보를 포함하고 있다. 즉 Gibson은 시각 정보가 내적 표상 혹은 정신적 처리과정을 수반하지 않는다고 주장했다(Greeno, 1994; Nakagama et al., 2006).

Gibson(1979)은 실세계 장면에서는 대부분의 전통적인 단서들(가림, 선형조망, 크기, 대기조망)이 깊이 지각을 위해 필요한 것은 아니라고 주장하였다. 그는 학생 조종사들에 대한 연구를 통해 이런 결론에 도달했다: 깊이 단서들에 기초된 테스트들이 학생 조종사들의 성공 혹은 실패를 예측하지 못하였다. 따라서 Gibson은 많은 단안 단서들이 거리에 대한 적절한 정보를 제공하지 못한다는 의심을 품게 되었다.

초기 논문에서 Gibson(1950)은 거리에 대한 정보 출처로 결밀도의 중요성을 강조했다. 이미 논의했듯이 결밀도는 관찰자로부터 대상들이 얼마나 떨어져 있는지를 측정할 수 있는 척도를 제공한다. 결밀도에 대한 Gibson의 강조는 그의 좀 더 일반적인 대지 이론의 일부이다. **대지 이론**(ground theory)에 따르면, 거리 지각은 환경 내 표면들이 제공하는 정보에 의존한다. 지면, 바닥, 건물의 벽들은 모두 정보를 제공하는 표면의 예이다. 실세계에서 이런 표면들은 우리로 하여금 대상들의 거리를 알 수 있도록 도와준다. 창문을 통해 밖을 바라볼 때, 우리가 보는 대상들은 공중에 떠 있지 않다. 대신 지면은 배경으로 작용하여, 직접적으로 거리를 알 수 있다(Gibson, 1979). 최근 연구는 거리 지각에 지면 정보가 중요하다는 것을 반복적으로 확인해주었다(Bian et al., 2006; He et al., 2004; Wu et al., 2004). 천정과 같은 다른 표면들 역시 유용한 깊이 정보를 제공한다(Thompson et al., 2007).

앞에서 주목했듯이 관찰자 혹은 대상은 움직이기 십상이다. Gibson은 후속 연구(예: Gibson, 1966)에서 깊이 지각에서 움직임이 중요하다는 것을 밝혔다. 결국 Gibson은 완전히 정적인 방식으로 세상을 지각하는 유기체들의 지각적 경험에는 전혀 관심을 두지 않는다.

Gibson은 운동 시차가 소위 운동 조망이라는 좀 더 일반적인 패턴의 부분이라고 주장했다. **운동 조망**(motion perspective)이란 관찰자가 세상 속에서 움직이면서 보게 되는 대상들이 지속적으로 변함을 의미한다. 우리가 정면의 어느 한 지점을 향해 똑바로 접근해 가면, 주위 대상들은 그 지점에서부터 멀리 움직이는 것처럼 보인다. 도서관에서 정면을 응시하면서 책이 놓여 있는 양쪽 진열대 사이를 똑바로 걸어가면 **그림 6.18**에서 보여주는 것과 같은 운동 조망감을 경험할 수 있을 것이다. 8장에서 그런 주위 대상들의 광학적 흐름이 어떻게 풍부한 공간 정보를 제공하는지에 대해 좀 더 논의하기로 하겠다(Warren, 2008).

Gibson은 **행동 유도성**(affordance) 개념 혹은 대상들에 따라 사람이 수행할 수 있는 행위를 강조하였다(Heft, 2003; Jones, 2003). 비록 Gibson이 환경의 풍부함을 강조하였을지라도, 어떤 대상의 많은 행동 유도성을 알기 위해서는 경험이 필요하다. 따라서 큰 나무는 오르거나, 끌어안거나, 또는 완벽한 지지대가 될 수 있지만, 그것을 던지거나 쉽게 뛰어 넘지는 못한다. 한 장의 종이처럼 어떤 대상들은 풍부한 행동 유도성을 가지고 있다(Cutting, 1993). 우리가 글을 쓸 때, 종이는 글을 명료하게 전하

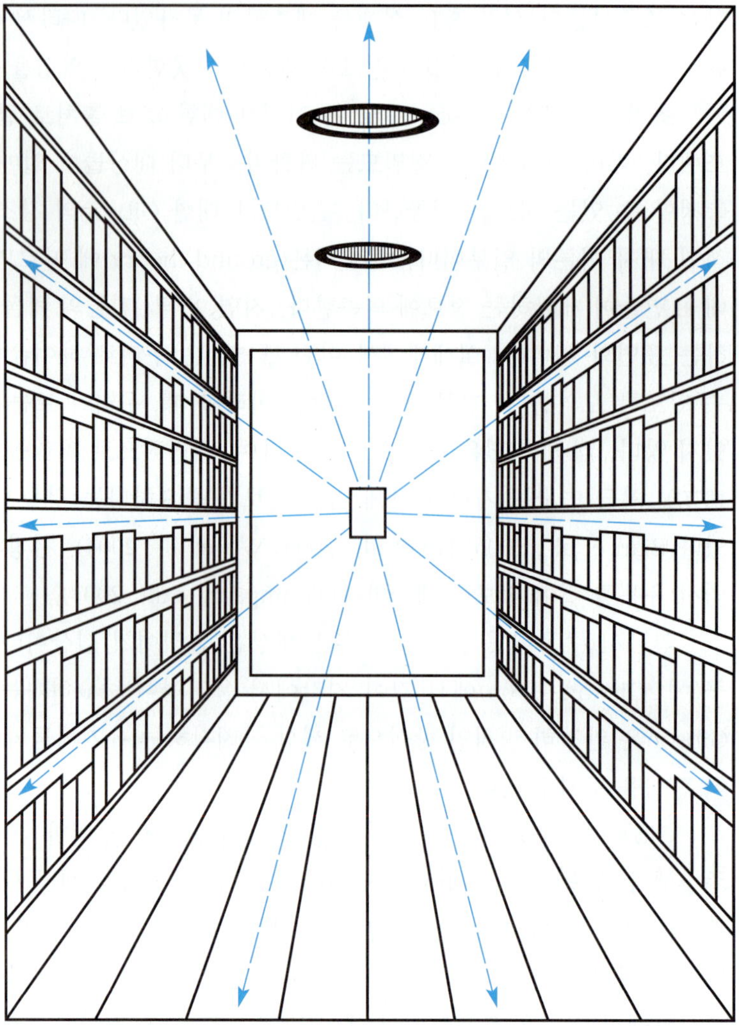

그림 6.18 광학적 흐름의 정적 예시. 만약 당신이 걸어가고 있는 동안 대상들의 상대적 움직임에 주의를 기울인다면, 광학적 흐름이라는 개념을 더 잘 이해할 수 있을 것이다. 정면에 있는 한 대상에 초점을 맞추면서 그것을 향해 똑바로 접근해 가면 당신으로부터 가까이 있는 대상들은 빠르게 뒤로 지나치는 반면, 응시점 근처에 있는 대상들은 거의 움직임이 없다는 것을 주목할 수 있다.

는 수단이 된다. 그러나 종이를 구겨 휴지통에 던지기 전까지 행동 유도성은 흔히 공고성을 갖는다.

한 장의 종이 역시 풍부한 깊이감을 안겨주는 사진을 포함할 수 있다. 일부 자연적이고 진화적인 의미에서 사진은 분명 새로운 항목이다. 그럼에도 불구하고 Gibson은 우리가 어떻게 사진에서 깊이를 지각할 수 있는지를 설명하려는 시도를 했으며,

그는 이를 **간접 지각**(indirect perception)이라고 불렀다. 사실 우리가 사진에서 깊이를 어떻게 지각하는지를 설명하려는 Gibson의 시도는 그의 이론 확장에 기여했다(Cutting, 1993). 그의 접근법의 한 가지 약점은 회화 깊이 단서들에 의지하지 않은 채 회화 깊이를 설명하려 했다는 것이다.

Gibson이 지각적 사고에 미친 영향은 크다. 그럼에도 불구하고 Zygmunt Pizlo (2008)가 지적했듯이 "Gibson은 소망적인 사고에 사로잡혀, 3D 시각 공간을 재구성하기 어렵다는 점을 지극히 과소평가했다"(p.80). 우리는 환경 속에 존재하는 깊이 정보가 매우 풍부하다는 Gibson의 주장에 동의한다(테마 2). 동시에 게슈탈트 심리학자들이 주장했듯이, 우리의 지각은 흔히 자극들과는 다르다. 나중에 논의하게 될 착시는 우리의 거리 지각이 종종 정확하지 않음을 잘 보여준다(Purves & Lotto, 2003). 다른 경우로 우리는 어떤 자극 안에 실제로 존재하는 것 이상을 지각하기도 한다(Proffitt, 2006b; Stefanucci et al., 2008). 만약 당신이 높은 곳을 두려워한다면 높은 곳을 두려워하지 않는 다른 사람들보다 그 높이를 더 높은 것으로 판단할 수 있다. 정서와 지각의 이러한 관련성에 대해서는 나중에 다시 논의하게 될 것이다.

지금부터는 우리가 어떻게 연합과 기대로 시각 자극을 풍부하게 하는지를 강조하는 깊이 지각에 대한 경험주의자들의 입장에 대해 논의하기로 하겠다. 이들은 지각이 학습뿐만 아니라 인지적 과정도 수반한다고 주장한다.

경험주의 접근법

1장에서 살펴보았듯이, **경험주의**(empiricism)는 모든 정보가 감각적 지각과 경험으로부터 나온다고 주장하는 철학적 접근이다. 예를 들어 우리는 거리를 지각하는 법을 알고 태어나지 않는다. 즉 우리는 학습을 통해서 이런 기술을 습득해야 한다.

1709년 Bishop George Berkeley는 *An Essay Towards a New Theory of Vision*(새로운 시각 이론을 위한 에세이)이라는 제목의 에세이에서 경험주의자 입장을 정리하였다. 기본적으로 Berkeley가 고심했던 문제는 망막에 등록된 자극이 단지 2차원, 즉 높이와 너비만을 가지고 있다는 것이었다. 그럼에도 불구하고 우리는 깊이 혹은 거리도 지각한다. 대상 자체에서 거리를 감지할 수 없는데 그 대상이 얼마나 떨어져 있는지를 어떻게 판단할 수 있을까(Berkeley, 1709/1957, p.13)? 우리는 망막 크기 정보(대상이 망막에서 차지하는 공간의 양)를 가지고 있지만, 거리는 이와 동일한 방식으로 망막에 등록될 수 없다. 그런데도 우리는 여전히 깊이를 지각할 수 있는데, 어떻게 이런 지각이 일어날 수 있을까?

Berkeley는 우리가 학습과 경험을 통해서 거리를 지각하게 된다고 주장했다. 즉 우리는 여러 거리 단서들을 거리에 대한 운동감각 정보와 연합시키는 학습을 한다. 여기서 **운동감각 정보**(kinesthetic information)는 우리가 대상들과 상호작용하면서 수용하는 모든 근육 정보를 포함하는 비시각적 정보이다. 예를 들면 우리는 멀리 떨어져 있는 대상을 향해 걸어가는 동안 근육 정보를 수용한다. 사실 사람들이 무거운 가방을 메고 그 대상을 향해 걸어갈 때 지각된 거리는 더 길다(Proffitt et al., 2003). 따라서 우리는 운동감각 정보를 다양한 유형의 시각적 거리 단서들(예: 단안 깊이 단서들)과 연결시키기 때문에 거리를 간접적으로 지각하게 되는 것이다. Berkeley의 이론에서는 운동감각 정보가 일차적이고, 시각은 이차적이라는 것을 주목하라.

경험주의 전통에 따르면, 망막상만으로는 깊이 지각을 일으키기에 충분치 않다(이는 2차원으로 제한되어 있기 때문이다). 오로지 경험을 통해서 망막 정보를 고양시킬 때 우리는 세상을 깊이를 가진 것으로 볼 수 있게 된다. 경험의 중요한 역할은 대체로 테마 4와 일치한다.

Jilian Hochberg는 경험주의자들이 제안한 깊이 지각 이론을 확장시켰다(Peterson et al., 2007). 그의 접근법은 시각적 세계를 해석함에 있어 지각자의 능동적 역할을 강조한다. Hochberg는 우리가 주위 대상들과 끊임없이 상호작용한다고 주장한다. 결국 우리는 어떤 기대를 발달시키게 된다. 새로운 장면에 처할 때, 우리는 지각하려고 기대하는 것을 지각하게 된다. 즉 우리는 눈앞에 있는 증거에 대해 가장 합당한 해석을 구성하게 되는데, 이런 해석이 바로 우리가 실제로 보는 것이 된다.

경험주의 전통을 계승한 많은 근대 지각 이론가들은 그들의 접근법을 **구성주의 이론**(constructivist theory)이라 칭했다. 구성주의 이론에 따르면, 지각자는 유입 자극을 지각으로 전환시키는 내부의 구성적(문제해결) 처리과정을 가지고 있다. 기본적으로 구성주의 이론은 자극이 애매한 경우가 흔하다고 가정한다(테마 3). 이때 지각자의 과업은 문제를 해결하는 것이다. 즉 환경 속 대상들의 어떤 배열이 가장 망막에 등록되는 자극을 산출하기 쉬울까? 5장에서 논의했듯이 어떤 이론가들은 사람들이 **그림 5.24**와 같은 착각적 윤곽을 볼 때, 흰색 삼각형이 배경 도형을 가리고 있는 것이 가장 그럴듯한 설명이라고 추론함으로써 '해결'한다고 주장한다. 마찬가지로 구성주의 이론은 사람들이 깊이 지각 문제들을 해결하기 위해 다른 거리에 있는 대상들에 대한 자신들의 경험을 사용한다고 주장한다.

요약하면 경험주의 입장은 망막에 맺힌 시각 자극이 적절한 깊이 정보를 제공해 주지 않는다고 주장한다(테마 3). 따라서 Richard Gregory가 주장하듯이, 지각은 일종의 가설 검증 과정이다(Gordon, 2004). 우리의 시각 체계는 깊이 정보를 결정하기 위해 다른 정보를 망막 단서들과 조합시키는 방식을 학습한다.

계산적 접근법

우리는 모서리와 모양 지각의 맥락에서 계산적 접근법을 논의한 바 있다(5장). **계산적 접근법**(computational approach)의 목표는 복합 자극들의 지각을 일으킬 수 있는 규칙과 절차의 세트를 개발하는 것이다. 계산적 접근법은 구성주의 접근법 및 직접 지각 접근법과 많은 특징들을 공유하고 있다. 따라서 계산적 접근법은 지식이 지각을 위해 중요하다고 진술한다. 그러나 지식은 구성주의 접근법이 상정한 것보다 더 일반적이다. 예를 들면 Marr(1982)는 인간이 대상의 명칭이나 기능에 대한 특별한 지식을 가지고 있지 않으면서도 대상을 지각할 수 있음을 보여주기 위해서 Warrington과 Taylor(1978)의 연구를 사용했다. 결국 계산적 접근법에 따르면, 우리는 책상 위에 있는 작은 원통형의 대상이 펜일 가능성에 대해 어떤 특별한 지식을 사용하지 않으면서도 책상 위에 있는 펜을 지각할 수 있다.

계산적 접근법은 특별한 지식보다는 일반적인 지식(예: 물리학 및 기하학 법칙)을 사용하여 복잡한 장면을 개개 대상들과 모양들로 분석하려고 시도한다. 직접 지각 접근법과 달리, 계산적 접근법은 지각에 있어 사전 지식의 중요성을 인식한다. 더 나아가 계산적 지향을 가지고 있는 연구자들은 단순히 깊이 지각을 일으키는 요인들을 확인하지 않는다. 또한 계산적 연구자들은 또한 컴퓨터가 시각 입력 정보에서 깊이 정보를 추출할 수 있는지 알아보기 위해 프로그램을 통해 이런 요인들을 모사한다.

직접 지각 접근법과 마찬가지로, 계산적 접근법은 시각 입력 정보의 풍부함을 인식한다. 그러나 계산적 접근법은 지각이 직접적이라고 진술하지 않는다. 대신에 몇 가지 지각적 모듈이 입력 정보를 하위수준에서 처리하는 동안 동시에 작동된다고 주장한다. 모듈(module)이란 제한된 기능을 가지고 있으며, 그 기능을 신속하게 수행하며, 특정 신경 구조를 가지고 있으며, 중앙 처리에 접근할 수 없는 개별 처리기이다(Fodor, 1983; Marr, 1982).

이미 논의했듯이 계산적 접근법은 시각 입력 정보를 처리할 수 있는 컴퓨터 알고리듬을 개발하려고 시도한다. 수반되는 실제 계산은 개론 수준의 지각 교재에서 다루기에는 너무 복잡하다. 대신에 깊이 지각에 수반되기 십상인 모듈을 기술하기는 수월하다. 따라서 계산적 접근 이론가들은 운동, 농도, 결, 양안부등 정보에서 3차원 모양을 산출할 수 있는 알고리듬을 개발하려고 시도한다(Pizlo, 2008). 어떤 계산적 접근

이론가는 깊이 지각이 상이한 처리 모듈로부터 수행되는 입력 정보들의 조합을 통해 일어난다고 주장했다(Sedgwick, 2001).

전체적으로 깊이 지각에 대한 중요한 요인들에 입각해서 계산적 접근법이 직접 지각 접근법 또는 구성주의 접근법과 그리 차이가 있는 것으로 생각하지 않을지 모르겠다. 그러나 계산적 접근법은 심적 작용을 일으키는 정도(직접 지각 접근법이 허용하는 것보다 더)와 특정 지식을 가정하는 정도(구성주의 접근법이 허용하는 것보다 덜)에서 차이가 있다.

3차원 대상 지각

5장에서는 모양 지각에 대한 논의를 단순화시키기 위해 2차원적인 대상들을 주로 다루었다. 그리고 세상 속 대상 대부분이 3차원적이라는 현실을 무시했다(Tyler, 2006). 모양 지각의 논의를 잠깐 정리하고 넘어가기로 하자.

지금까지 논의한 대부분의 깊이 단서들은 자기중심적 거리뿐만 아니라 대상들의 3차원성 지각에도 중요하다. 예를 들어 우리는 밝기(빛과 그림자), 결 정보, 운동, 양안부등과 같은 단서들 때문에 어떤 대상을 3차원으로 지각할 수 있다(Todd, 2004). 그러나 다른 연구자들(e.g., Pizlo, 2008; Purves & Lotto, 2003)은 우리가 애매한 망막상을 인식할 수 있게 해주는 처리과정들에 초점을 맞춘다. 그들은 깊이 지각을 어떤 특별한 3차원 대상이 2차원 망막상을 일으킬 가능성에 대해 판단하는 것으로 생각한다.

실제로 수반되는 과정이 무엇이든, 우리가 3차원 대상을 지각하는 것만큼은 확실하다. 게다가 우리의 경험은 대상들을 3차원적이고 도드라진 것으로 지각할 수 있게 해준다(테마 4). 결국 오목한 대상을 볼 때, 우리는 그 대상을 볼록한 대상으로 잘못 지각하기도 한다. **그림 6.19**에 있는 두 개의 사진을 보라. 당신은 그 둘 모두 볼록한 얼굴로 지각하기 쉽다. 그러나 왼쪽에 있는 얼굴은 오목한 얼굴이다(이마 부분의 글자를 주목하라). 아래쪽에서 빛이 비추어지는 대상을 보는 것이 이례적이기는 하지만, 당신은 오목한 가면을 볼록하며 아래에서 빛이 비추어진 것으로 지각하기 쉽다.

얼굴 착시 현상(hollow-face illusion)은 얼굴에만 국한되지 않는다. 우리는 다른 오목한 대상(예: jello molds)을 볼록한 것으로 보는 경향이 있다. 이런 경향성은 여러 이유 때문에 발생되는데, 그 중에는 대상들을 볼록한 것으로 보려는 우리의 성향과 얼굴과 같은 특정 볼록 대상들에 대한 친숙성이 있다(Hill & Johnston, 2007).

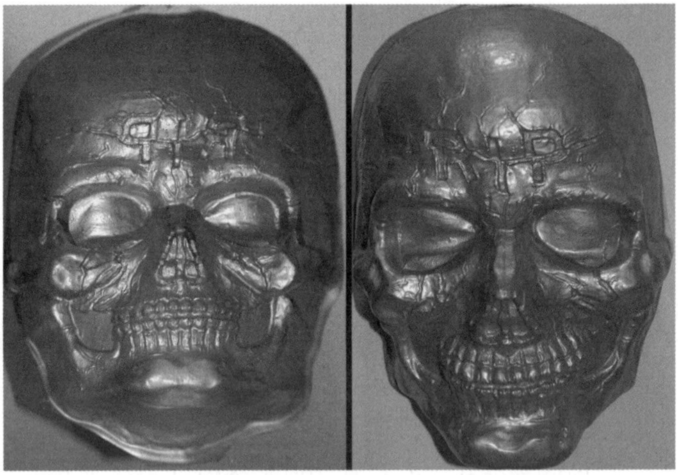

그림 6.19 할로윈 가면 사진. 하나는 가면의 외부를 찍은 사진(볼록한 얼굴)이고, 다른 하나는 가면의 내부(오목한 얼굴)를 찍은 사진이다. 그럼에도 당신은 두 가면을 모두 볼록한 가면으로 보기 십상이다. (오목한 가면은 왼쪽에 있는 것이다. 어느 방향에서 조명을 비춘 것 같은가?)

심화학습

나는 어디에 있는가? : 3차원 세상의 항행

지금까지 지각이 능동적인 과정이라는 여러 증거들을 살펴보았다. 우리는 망막의 입력정보를 수동적으로 받아들이지 않고, 그것을 능동적으로 처리한다. 그러나 지각이 능동적이라는 것을 이해할 수 있는 다른 방법도 있다. 즉 지각은 목적을 가지고 있다는 것이다. 우리는 대상들을 손으로 잡거나 피하기 위해 그 대상들을 지각한다. 우리는 공간을 성공적으로 이동하기 위해 공간을 지각한다. 다시 말해서, 우리는 행동을 하기 위해 지각을 한다(Proffitt, 2006a). 그러므로 손으로 잡을 수 없는 거리에 있는 대상까지의 거리는 그 대상에 도달할 수 있도록 돕는 도구(예: 빗자루)를 가지고 있다면 더 짧아 보일 것이다(Witt & Proffitt, 2008; Witt et al., 2005).

우리는 3차원 세상에 살고 있으며, 그 세상을 성공적으로 항행하기 위해서 심적으로 그 공간을 표상할 필요가 있다. 지금까지 깊이 지각에 대한 많은 단서들과 이론적 접근법들을 살펴보았다. 어떤 단서들(예: 운동감각 깊이)은 공간 배열보다 3차원 대상을 지각하는 데 더 유용하다(Cutting & Vishton, 1995). 어떤 단서들이 깊이를 가장 효과적으로 신호하는지, 혹은 어떤 접근법이 우리의 깊이 지각에 대해 가장 잘 설명하는지와 관계없이, 궁극적으로 우리는 상당히 정확한 주위의 공간감을 생성시켜야 한다.

길 찾기와 인지 지도

공간의 심적 표상에 대한 관심은 Edward Tolman(1886~1959)에 의해서 시작된 것으로 보인다. 그는 인지 지도(cognitive maps)라는 심적 표상의 존재를 시사하는 영향력 있는 논문을 발표하였다(Tolman, 1948). 당신은 캠퍼스에서 가장 눈에 띄는 건물을 기준으로 현재 당신이 있는 장소를 지적할 수 있게 해주는 인지 지도를 가지고 있는가? 기억이 3차원 세상을 항행하는 데 중요한 역할을 하는 것은 확실하다. 그러나 이런 내적 지도의 은유가 인간이 어떻게 세상을 항행하는지를 특징지어 주는 최상의 방법은 아니다(Wang & Spelke, 2002).

지각적 세계와 물리적 세계의 구분을 강조할 때, 우리는 분명 이 둘 간의 대응이 정확하지 않음을 인식한다. 우리의 지각 체계는 완전히 정확하지 않은 공간감을 제공하도록 진화되어 왔지만, 이는 우리가 세상을 성공적으로 항행하기에 충분할 만큼 정확하다(테마 3). 사실 시각이 손상된 사람들도 동일한 항행 문제를 가지고 있다. 그러나 그들 또한 공간 조직화에 대한 감각을 발달시킨다. 다만 그것은 비시각적 단서에 기반된다(cf. Rieser et al., 2008).

사람들의 내적 공간감은 확실히 항행을 위해 의존하는 지도나 GPS 시스템보다는 정확도가 떨어진다. 앞에서 논의했듯이, 깊이 단서들을 넘어서 여러 다른 요인들이 우리의 거리 지각에 영향을 준다. 예를 들어 우리가 무거운 가방을 메고 있거나 또는 가파른 언덕을 오르고 있을 때는 거리가 더 멀어 보인다(Proffitt et al., 2003; Stefanucci et al., 2005).

인지적 요인이 공간 감각에 영향을 미친다는 것은 그리 놀랄 일은 아니다. 우리는 혼잡한 도심과 비교해서 그림과 같은 마을을 걸을 때 거리가 더 먼 것으로 지각한다(Crompton & Brown, 2006). 또한 우리는 오래된 정보가 계속해서 거리 추정에 영향을 준다는 사실을 발견한다. Claus-Christian Carbon과 Helmut Leder(2005)는 사람들에게 독일의 여러 도시들 간의 거리를 판단하도록 요청했다. 비록 동독과 서독이 1990년에 통일되었음에도 불구하고, 몇 년 후 사람들은 마치 철의 장막이 여전히 국가를 분단시켜 놓고 있는 것처럼 거리를 판단하였다. 사람들은 이전의 서독(예: 하노버)과 이전의 동독(예: 마그데부르크)에 위치해 있는 도시들 간의 거리를 이전 국가 내에 위치해 있는 거의 동일한 거리의 도시들(예: 에르푸르트와 마그데부르크)과 비교해서 과대추정하는 경향을 보였다.

공간에서 대상의 위치 판단

Walter Gogel(1918~2006)은 공간에 대한 지각적 경험을 현상학적 기하학(phenomental geometry)이라 칭하였다(e.g., Gogel, 1993). 환경 내 대상들을 정확하게 파악하기 위해서 우리는 대상의 자기중심적 거리, 관찰자와의 상대적 대상의 방향, 그리고 관찰자 혹은 대상이 움직이고 있는지에 대한 정보가 필요하다.

지금까지는 사람들이 어떻게 자기중심적 거리를 판단하는지에만 초점을 맞추었다. 대부분의 경우 길 찾기는 움직이지 않는 대상들(예: 건물, 거리, 탁자, 의자) 속에서의 개인 항행으로 고려될 수 있다. 지금부터는 공간에서 움직이는 대상들의 위치를 어떻게 판단하는지를 탐색한 연구들을 살펴보기로 하겠다. 예측했겠지만, 상향처리와 하향처리 모두 움직이는 대상들의 위치를 지각하는 데 도움을 준다(Whitney, 2006). 운동 지각에 대해서는 8장에서 더 자세하게 논의하기로 하겠다.

많은 스포츠는 운동선수에게 공간에서 움직이는 대상의 위치를 판단하고 연결시킬 것을 요구한다(예: 잡기, 차기, 치기). 지금 우리는 공간 지각을 생각하고 있기 때문에 이런 과업이 매우 복잡한 것처럼 여겨질 수 있다. 그럼에도 불구하고, 타고난 운동선수가 아닌 사람들조차도 이런 과업을 잘 수행할 수 있다. 어떻게 그렇게 할 수 있을까?

야구나 소프트볼에서 타자와 같이 정지해 있는 관찰자를 생각해보자. 타자는 공이 던져진 순간부터 순식간에 수집된 매우 적은 양의 정보만을 가지고, 배트를 언제 그리고 어디로 휘둘러야 할지를 판단해야 한다(Bahill, 2005). 공의 회전(공의 회전하는 실밥으로 탐지할 수 있는)을 본다면 타자는 그 공의 속도와 방향을 판단하는 데 도움이 될 수 있다. 흥미로운 것은 훌륭한 타자들은 실제로 공을 더 크게 지각한다는 것이다(Witt & Proffitt, 2005). 골프선수들 역시 크기를 잘못 지각한다. 뛰어난 골프선수들은 실제로 홀을 더 크게 지각한다(Witt et al., 2008). 이런 효과가 심리적인 것이기는 하지만, 분명히 수행과 상관이 있다. 크기 지각에 대해서는 나중에 더 논의될 것이다.

불가능한 과제처럼 보이기는 해도 사람들은 배트로 움직이는 공을 칠 수 있다. 그러면 먼저 날아오는 공을 생각해보자. 야수들은 어떻게 그 공을 잡을 수 있을까? 공은 움직일 뿐만 아니라, 야수 또한 움직인다. 다소 난해한 상황이다. 따라서 야수들은 공을 잡기 위해서 다양한 책략을 사용한다(Gray & Sieffert, 2005). 예를 들어 야수들은 날아가는 공을 낚아채려고 하거나, 공이 낙하하는 지점을 미리 예상하여 그 위치에서 공을 기다린다.

공의 궤적을 판단하는 것은 어렵다(특히 관찰자가 움직이고 있을 때). 야수들은 날아오는 공의 궤적에 대한 기하학적인 속성을 판단하기 위해 시각도를 사용하는 것으로 보인다(Shaffer & McBeath, 2002; Shaffer et al., 2003). 또한 선형 궤적을 판단할 때의 동일한 원리들이 인간이나 개나 관계없이 프리스비(플라스틱 원반)를 잡는 데에도 적용되는 것으로 보인다(Shaffer et al., 2004; Shaffer et al., 2008). 야수들이 공의 궤적에 대한 정확한 감각을 가지고 있지 않더라도, 여전히 공을 잡을 수 있다는 것은 흥미롭다(Shaffer & McBeath, 2005). 거리 지각에 대한 앞선 논의와 일치하듯이, 우리의 지각은 정확성에서는 완전하지 않지만, 그것만으로도 세상과 상호작용하는 데 문제가 없다.

공간 지각의 결함

우리는 지각적 경험이 이례적인 사람들을 통해 지각적 기능화에 대해 많은 것들을 배울 수 있다. 일부의 사람들이 경험하는 공간 문제의 예로 일측성 무시(unilateral neglect)와 공간 방위(spatial orientation) 문제에 대해 간략하게 살펴보기로 하자.

단지 세상의 반쪽만 경험할 수 있다고 가정해보라. 이는 일측성 무시를 가진 사람의 공간 경험이다(Robertson, 2004). 이 장애를 가진 사람들은 식판의 한 쪽 측면에 있는 음식만 섭취하거나, 페이지 절반에 있는 글자들만 읽을 수 있다(Humphreys & Riddoch, 2001). 뇌의 두정엽 손상이 흔히 일측성 무시를 초래한다. 우측 두정엽에 손상을 입은 사람에게는 마치 공간의 왼쪽 절반이 사라진 것처럼 보인다.

다른 사람의 경우, 모든 공간이 존재하지만 위치를 잘못 지각한다. 만약 음식을 취하기 위해 어느 방향으로 접근할지 알지 못한다면 그 음식이 100야드 떨어진 거리에 있다는 것을 안다고 해서 유리할 것은 전혀 없다. 방향을 혼동해서 음식이 실제로는 우측 100야드 지점에 있는데, 좌측 100야드 지점에 그 음식이 있는 것으로 보인다면 우리의 삶은 얼마나 힘들지 상상이 갈 것이다!

A. H.는 이런 유형의 위치 파악 결함을 가진 사람이다(McCloskey, 2004; McCloskey et al., 1995). 물체가 그녀의 왼쪽에 있음에도 그녀는 종종 그 물체를 잡으려고 오른쪽으로 손을 뻗는다. 일상생활에서 A. H.는 자신의 손이 그 물체로부터 멀리 있음을 볼 수 있기 때문에 스스로 수정이 가능하다. 몇 가지 검사들은 위치 파악 장애가 특히 정지된 대상들에 대해 실제로 존재한다는 것을 보여준다. 동시에 A.

H.는 다른 감각들에서 위치 파악의 문제를 보이지는 않았다. 또한 그녀는 대상 확인과 같은 다른 시각 과제들에 대해서 어려움을 보이지 않았다. 5장에서 착각적 결합을 논의하면서, 모양 정보는 위치 정보와 별개로 처리된다는 것을 언급한 바 있다. 따라서 A. H.의 결함은 일측성 무시와는 전혀 다른 공간적 결함인 시각적 위치 파악 기전에 특정적인 것으로 보인다.

깊이 지각의 생리적 기초

특별한 지각적 경험은 일반적으로 뇌의 한 영역 이상을 관여시킨다. 3차원 공간에 대한 경험도 마찬가지다(Morgan, 2003). 3장에서 주목했듯이, 상구는 시각 입력 정보를 다른 감각 정보와 조합하여 공간 지도를 제공한다. 상구는 안구 운동을 지시하는 뇌 영역이기 때문에 깊이 지각에 중요한 역할을 한다고 볼 수 있다.

단안 깊이 단서들은 두 눈에서 나오는 입력 정보를 필요로 하지 않는다. 그러나 그런 단서들 중 일부는 운동을 필요로 한다. 따라서 운동을 처리하는 뇌 영역들은 깊이 지각에 중요하다. 일단 운동의 신경 처리에 대한 논의는 8장으로 미루기로 하겠다. 양안부등(양안경합에서처럼)은 두 눈으로부터 들어오는 입력 정보를 요구하기 때문에 그 정보는 두 눈으로부터 나오는 정보를 조합하는 세포들에서만 발생할 수 있다. 우리의 깊이 지각이 어떻게 많은 유형의 단서들(단안과 양안 모두)로부터 발생하는지에 대해서는 이미 논의한 바 있다. 따라서 많은 뇌 영역들이 깊이 경험에 기여한다(Orban et al., 2006).

모든 시각 깊이 정보는 망막에서부터 시작되어 세 개의 시각 경로(M, P, K)를 통해 전송된다. M경로는 깊이에 대한 운동 깊이 단서들을 전송하며(예: 운동 시차), P경로는 양안부등에 대한 중요한 정보를 전송하는 것으로 보인다(Schiller et al., 2007). 비록 P경로가 양안부등 정보를 위해 중요해 보이기는 하지만, 각 눈으로부터 나오는 입력 정보는 일차시각피질(V1)에 도달할 때까지는 분리되어 있음을 기억하라.

연구자들은 V1에서 양안부등에 민감한 세포들을 발견하였다(Cumming & DeAngelis, 2001; Durand et al., 2007; Trotter et al., 2004). 이런 **부등-선택적 세포들**(disparity-selective cells)은 실제로 두 눈에서 나오는 입력 정보에 수반되는 상이한 유형의 부등에 반응한다. 어떤 세포들은 수평부등, 또 어떤 세포들은 수직부등, 그리고 다른 세포들은 두 눈 간의 위상차에 반응한다. 수평부등은 깊이 지각에 가장 중요하고, 수직부등은 공간에서 대상들의 위치를 판단하는 데 도움을 준다(Read & Cumming, 2004, 2006). 위상부등은 대응문제를 해결하는 데 기여한다(Read & Cumming, 2007). 그러나 Jenny Read(2005)가 지적했듯이, 이런 V1 세포들이 깊이 지각에 중요하긴 하지만, 입체시는 더 상위의 피질 영역에서 발생한다.

깊이 지각에 중요한 영역 중 하나는 MT영역(V5)이다. 3장에서 주목했듯이, 이 피질 영역 또한 부등-선택적 세포들을 가지고 있다(Born & Bradley, 2005). MT는 또한 깊이에 대한 다른 단서들을 양안부등 정보와 조합하는 영역이기도 하다. 예를 들어 MT영역은 선형 조망 정보와 부등 정보를 조합하는 것으로 보인다(Welchman et al., 2005). 운동 시차와 안구 운동 단서들 역시 MT영역에서 부등 단서와 조합되어 깊이 정보를 제공하는 것으로 보인다(Nadler et al., 2008).

우리는 또한 공간을 성공적으로 항행하기 위해 공간 기억을 필요로 한다. MT는 공간 기억을 담당하는 영역으로 보이지는 않는다(Campana et al., 2006). 대신 해마가 공간을 표상하는 데 중요한 역할을 한다(Moser et al,, 2008). 또한 해마는 특정 공간 위치에 강력하게 반응하는 세포(장소 세포)를 가지고 있다(Best et al., 2001; Postman et al., 2004). 그러나 해마는 복잡한 뇌 부분이다. 즉 해마는 공간 기억뿐만 아니라 대상에 대한 기억에 대해서도 역할을 한다(Broadbent et al., 2004). 게다가 해마가 손상되어도 공간 기억에는 문제가 없다(Rosenbaum et al., 2005; Shrager et al., 2007; Shrager et al., 2008). 따라서 향후 공간 지각에서 해마의 정확한 역할을 밝히는 연구가 수행되어야 한다.

절 요약

거리 지각

1. 단안 깊이 단서 중, 움직임을 요구하지 않는 회화 단서들은 다음과 같다.
   a. 가림은 부분적으로 가려진 대상이 그것을 가리는 대상보다 더 멀리 있는 것으로 판단하는 데 도움을 주는 단서이다.
   b. 평행선이 먼 지점에서 서로 만나는 것처럼 보이는 선형 조망은 중요한 회화 단서이다.
   c. 크기(친숙하거나 상대적인)는 선형 조망과 연관되는 깊이 단서이다.
   d. 결 밀도 혹은 거리가 멀어질수록 표면 밀도가 증가하는 것 역시 선형 조망과 연관된다. Gibson은 자신의 접근법에서 결 밀도를 사용했다.
   e. 대기 조망은 멀리 있는 대상이 흔히 흐리고 푸르게 보임을 알려준다.

f. 농담은 깊이 정보를 제공하는데, 그 이유는 조명이 표면 전체에 고르게 비치지 않으며 광원에서 멀리 있는 대상은 더 흐릿하게 보이기 때문이다.
g. 높이 단서는 지평선 가까이에 있는 대상들이 관찰자로부터 멀리 떨어져 있음을 알려준다.

2. 화가들은 2차원 표면 위에 3차원적 세상을 매우 현실적으로 나타내기 위해 회화 깊이 단서들을 사용한다.
3. 두 개의 단안 깊이 단서는 운동(관찰자나 관찰자 주변 대상)을 수반한다.
   a. 운동 시차는 머리를 옆으로 움직일 때 서로 다른 거리에 있는 대상들이 다른 방향으로 움직이는 것처럼 보이도록 해주는 단서이다.
   b. 운동감각 깊이 효과 때문에 대상의 2차원적 투영은 그 대상이 회전할 때 깊이를 가지고 있는 것처럼 보인다.
4. 회화 단서 외에도, 영화는 운동 깊이 단서들을 사용할 수 있다.
5. 양안부등에서, 두 눈은 각각 두 개의 약간씩 다른 상을 맺는다. 이것은 근거리 대상들에 대한 중요한 거리 정보원이다. 입체시는 양안부등 단서들로부터 얻어지는 깊이감이다.
6. 양안부등은 입체도, 무선점 입체도, 그리고 자동입체도에서 작용한다.
7. 덜 유용하지만 두 개의 깊이 단서가 안근에서 나온다. 수정체의 조절은 약한 깊이 정보를 제공한다. 수렴은 근거리 대상들을 보기 위해 눈이 함께 움직이는 양안 단서이다. 수렴은 팔 길이 정도의 짧은 거리에 있는 대상들에 대해 유용한 깊이 정보원이 되기도 한다.
8. Gibson의 깊이 지각에 대한 직접 이론은 시각 자극이 풍부한 정보를 가지고 있다고 주장한다. 결 밀도와 운동 조망이 특히 중요하다.
9. 깊이 지각에 대한 경험주의 입장은 우리가 여러 거리 단서들을 운동감각 정보와 연합시킴으로써 거리를 지각한다고 진술한다(시각 자극 자체만으로는 부족하다). 근대에 들어 구성주의 이론을 포함한 경험주의의 변형은 우리가 무엇을 지각하는지를 결정함에 있어 기대와 문제해결 능력의 중요성을 강조한다.
10. 계산적 접근법은 구성주의 이론과 Gibson의 직접 지각 이론의 측면들을 조합하였다. 이런 학제적 분야의 연구자들은 깊이와 거리를 지각하기 위해 컴퓨터에 의해 사용될 수 있는 수학적 모델들을 개발해왔다.
11. 여러 깊이 단서들을 통해 사람들은 우리가 살고 있는 3차원 세상을 표상할 수 있다. 이러한 공간적 표상은 사람들로 하여금 세상을 성공적으로 항행할 수 있도록 해준다.
12. 움직이는 대상의 궤적에 대한 시각도 정보를 사용하여 사람들은 대상을 추적하고

잡을 수 있다.

13. 일측성 무시나 방향 결함을 가지고 있는 사람들은 공간 지각 기전의 취약성을 잘 보여준다. 뇌 손상(예: 두정엽)은 공간의 일부분이 사라지는 원인이 된다.
14. 여러 뇌 영역들이 공간 정보를 처리한다. M경로는 운동 정보, P경로는 양안부등 정보를 전송한다. 일차시각피질(V1)은 부등 정보를 처리하는 세포들을 가지고 있지만, MT(V5)는 여러 유형의 깊이 정보를 통합하는 것으로 보인다.
16. 해마는 공간 기억을 포함하여 기억에 관여하는 중요한 영역이다. 장소 세포들은 특정 위치들에 반응한다.

크기 지각

우리는 노력 없이도 세상을 지각할 수 있기에 지각이 단순하다고 생각할 수 있다. 물론 이 책의 은밀한 한 가지 목적은 가장 단순한 지각이라도 복잡한 과정들을 통해 얻어지는 산물임을 이해시키는 것이다. 우리는 세상을 둘러보고 어떤 건물이 멀리 있고, 다른 건물은 가까이 있음을 안다. 우리는 전형적으로 이러한 거리 판단에 수반되는 어떤 계산과정도 인식하지 못한다. 거리 지각에 영향을 주는 여러 요인에 대해서는 이미 살펴본 바 있다.

마찬가지로, 우리는 세상을 둘러보고 어떤 대상들이 크거나 작은지를 안다. 지각은 즉시, 그리고 노력을 들이지 않고도 발생된다. 하지만 이미 논의했던 다른 주제들로부터 그 배후 과정들이 매우 복잡하리라는 것을 예측할 수 있을 것이다. 먼저 크기 지각에 영향을 주는 요인들을 살펴보고, 그 다음에 또 다른 중요한 항등성, 즉 크기 항등성에 주의를 돌리기로 하자.

크기 지각에 영향을 주는 요인들

이미 언급했듯이, 거리 지각과 크기 지각은 서로 밀접하게 연관되어 있다. 예를 들어 대상들의 알려져 있는 크기는 그 대상들의 거리에 대한 단서로 작용한다. 논의를 좀 더 단순화시키기 위해, 먼저 우리로부터 같은 거리에 있는 대상들의 크기 지각에 영향을 주는 요인들부터 살펴보기로 하자. 그런 다음, 어떤 대상의 지각된 거리가 지각된 크기를 판단함에 있어 얼마나 중요한지에 대해 알아볼 것이다.

관찰자로부터 같은 거리에 있는 대상들의 크기 판단

두 개의 대상이 우리로부터 같은 거리에 있을 때, 우리는 둘 중 어느 것이 더 큰지를 어떻게 판단할까? 두 개의 원이 관찰자로부터 같은 거리에 있다는 것을 알 수 있다면, 해결은 간단하다(더 큰 시각도를 가진 원이 더 큰 원이다). 물론 크기 지각은 이처럼 단순하지는 않다. 대상의 거리 판단이 항상 쉬운 것만은 아니다. 우리는 종종 매우 다른 모양을 가진 대상들의 크기를 판단해야 할 때가 있다.

여러 연구자는 대상의 모양이 그것의 크기 지각에 영향을 준다는 것을 밝혔다. Anne Anastasi(1908~2001)는 이 분야의 몇몇 초기 연구를 수행했다. Anastasi(1936)는 정사각형이나 원이 같은 면적의 별이나 마름모보다 더 작게 보인다는 것을 밝혔다. 일반적으로 길쭉한 모양의 대상들은 같은 크기지만 뭉뚝한 모양보다 더 크게 보인다.

그러나 모양이 지각된 크기에 영향을 주는 유일한 자극 특성은 아니다. 자극이 제시되는 맥락 역시 중요하다(테마 2). 큰 배경 위에 제시되는 대상은 작은 배경 위에 제시되는 동일한 크기의 대상보다 더 작게 보인다. 마찬가지로 **그림 6.20**에서 보듯이 주위 대상들도 크기 지각에 영향을 미친다. **그림 6.20**의 a(에빙하우스 착시)에서 두 개의 내부 원들은 실제 크기가 같지만, 더 큰 주위의 원들에 둘러싸인 왼쪽의 내부 원이 더 작게 보인다. Anastasi의 연구를 통해 예상할 수 있듯이, 자극의 모양은 다른 요인들이 영향을 주듯이 착시에도 영향을 준다(Roberts et al., 2005; Rose & Bressan, 2002). 한편 다른 문화권에 있는 사람들(예: Namibia의 Himba족)도 착시를 경험하지만, 어떤 경우에는 영어권 문화의 사람들보다는 덜 경험한다(deFockert et al., 2007).

두 번째 착시에서도 맥락의 효과를 관찰할 수 있다. **그림 6.20**의 b에는 두 개의 동일한 원(검사 자극)과 화살표(유도 자극)가 있다. 만약 유도 자극이 없이 두 원을 제시하면, 그 두 원의 크기가 동일하다는 판단을 내리는 데 어려움이 없을 것이다. 하지만 유도 자극이 착시를 일으키는 맥락을 제공한다. 이런 맥락이 크기 지각에 미치는 효과와 밝기 지각의 Wallach의 비율 원리(4장)가 서로 유사하다는 점을 주목하라.

관찰자로부터 다른 거리에 있는 대상들의 크기 판단 대상의 모양, 대상이 제시되는 맥락 및 기타 요인들은 모두 크기 지각에 영향을 미친다. 이러한 모든 요인들 외에, 대상과 관찰자 간의 지각된 거리 또한 크기 지각에 영향을 미친다. 관찰자와 대상 사이의 자기중심적 거리는 그 대상의 지각된 크기를 판단하는 데 중요하다. 따라서 지각된 거리와 지각된 크기는 불가분의 관계에 있다.

그림 4.14를 다시 보라. 매우 상이한 거리에 있는 두 개의 대상들이 동일한 근

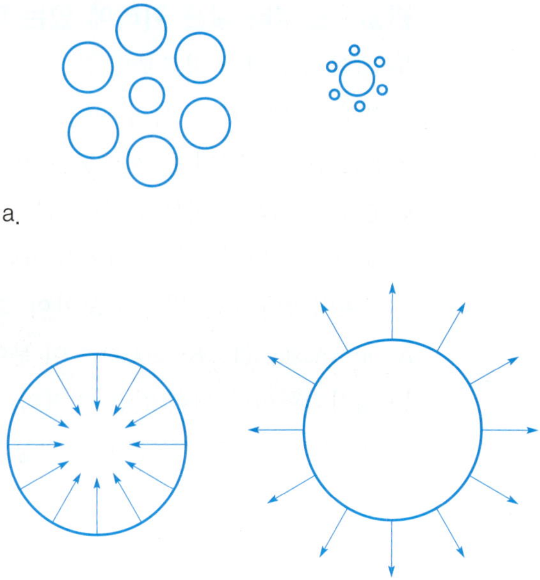

a.

b.

그림 6.20 맥락에 의해 발생되는 면적 착시의 두 가지 예. a에서 두 개의 내부 원들은 크기가 동일하다(에빙하우스 착시). b의 두 원도 동일한 크기를 가지고 있다.

접상(proximal image)을 투영할 수 있다. 따라서 한 대상의 크기는 다른 대상의 두 배지만, 두 배 더 멀리 떨어져 있을 수 있다. 더 나아가 두 대상은 동일한 시각도를 가질 수 있으며, 그것들의 상은 망막의 동일 영역에 맺히게 된다. 결국 망막상만 가지고는 크기 판단이 애매하다(테마 3). 만약 대상들이 서로 다른 거리에 있는지를 판단할 수 없다면, 그 대상들의 크기가 다르다는 것을 판단하기 어렵다.

1881년에 발견한 사람의 이름을 딴 Emmert 법칙을 통해 크기와 거리의 관계성을 확인해 볼 수 있다. 먼저 Emmert 법칙의 기본 원리를 이해하기 위해 WWW해보기 6.5를 해보라. 이 해보기가 부적잔상(negative afterimage)을 사용한다는 것을 주목하라. WWW해보기 6.5에 있는 원을 응시하면 순응이 일어난다. 검은색 원에서 시선을 다른 곳에 두면, 흰색 원이 나타난다. 그러나 그 원의 지각된 크기는 그것을 보는 배경에 달려 있다. **Emmert 법칙**(Emmert's law)에 따르면, 더 먼 표면에서 투영된 잔상은 가까운 표면에 투영된 동일 잔상보다 더 크게 보인다(Howard, 2002). Emmert 법칙은 다음과 같은 등식으로 나타낼 수 있다:

$$\text{지각된 크기} = K(\text{망막상의 크기} \times \text{지각된 거리})$$

이 등식(K는 상수)은 대상의 지각된 크기가 망막상과 그 대상의 지각된 거리의 함수라고 진술한다. 이 등식이 WWW해보기 6.5를 어떻게 설명하는지 주목하라. 잔상은 일정한 망막상 크기(그리고 *K*는 상수)를 가지고 있다. 따라서 그 값들은 모든 조망 조건에서 동일하다. 그러나 가까운 표면에서 먼 표면으로 시선을 옮기면, 지각된 크기와 지각된 거리는 모두 변한다. 이것은 지각된 거리의 증가(시선을 먼 표면으로 옮길 때)는 지각된 크기도 증가된다는 것을 의미한다. 결국 지각된 크기는 먼 표면(적어도 1야드까지)에서 더 커진다(Lou, 2007). 하지만 1야드 이상 멀리 떨어진 표면에서 잔상을 지각하는 것은 지각된 크기에 거의 영향이 없다.

Emmert 법칙이 잔상을 다루기는 하지만, 이 법칙은 지각된 크기와 가현 거리의 중요한 관계성을 잘 보여준다. 대상(원격 자극)의 지각된 거리 변화에 상응하여 수반되는 망막상(근접 자극)의 크기 변화는 우리로 하여금 그 대상을 일정한 크기를 가진 것으로 지각하게 만든다. V1이 망막 크기보다는 대상의 가현적 크기를 부호화한다는 점은 흥미롭다(Murray et al., 2006; Sterzer & Rees, 2006). 이제부터 이런 중요한 항등성에 주의를 돌려보기로 하자.

크기 항등성

크기 항등성(size constancy)은 대상이 망막상의 크기가 변함에도 불구하고 동일한 크기를 가진 것으로 지각됨을 의미한다. 여기서 주목할 것은 대상의 근접(망막) 크기가 그것이 얼마나 멀리 떨어져 있는지에 따라 축소되거나 확대되지만, 그 대상의 원격 크기는 같다는 점이다. 대상이 눈으로부터 멀리 움직임에 따라 시각도와 망막상이 어떻게 변하는지를 알기 위해 WWW해보기 6.6을 해보라. 4장에서 이미 논의했듯이, 시각도란 대상이 망막에 형성시킨 호(arc)의 크기를 말한다. 망막 크기란 대상이 망막에서 차지하는 공간의 양을 말한다. 시각도와 망막 크기는 밀접하게 연관되어 있는 용어들이다.

크기 항등성이 실세계에서 어떻게 작동되는지에 대해 생각해보자. 교수가 특별히 중요한 내용을 주지시키기 위해 몇 발짝 앞으로 나간다고 해서 학생들의 눈앞에서 마법처럼 커지지는 않는다(망막상은 커질지 모르지만). 자동차가 우리로부터 멀어질 때, 우리는 그 자동차가 성냥갑 크기로 줄어드는 것으로 보지 않는다. 분명히 크기 항등성은 중요한 적응적 역할을 한다.

우리가 교수나 자동차의 크기를 알고 있기 때문에 크기 항등성이 발생되는 것이라고 주장할지 모르겠다. 그렇다. 친숙성은 크기 항등성을 갖게 하는 데 도움을 주지만(Wagner, 2006), 크기 항등성은 거리 정보가 제시되는 한에 있어서는 친숙하지 않은 대상에게서도 나타난다. 따라서 흰 종이를 오려서 만든 무선적인 모양은 그런 이례적인 모양으로부터 우리의 거리가 변해도 거의 같은 크기로 보인다. 그렇다 하더라도 친숙한 크기와 다른 인지적 요인들은 분명 크기 지각에 더 영향을 미칠 것이다(테마 4).

거리 정보와 크기 항등성

일상에서 우리는 어떤 대상이 얼마나 멀리 떨어져 있는지를 말할 수 있을 만큼 거리에 대해 충분한 정보를 가지고 있다. 이론적으로 우리는 대상의 거리에 대한 지식과 그것의 망막상 크기에 대한 지식을 조합하여, 대상이 실제로 얼마나 큰지(즉 대상의 원격 크기)를 판단할 수 있다.

한 고전적 실험은 거리 정보가 크기 항등성에 중요하다는 것을 보여주었다(Holway & Boring, 1941). **그림 6.21**에서 보듯이, 관찰자는 두 개의 어두운 복도 중 왼쪽 복도를 마주보도록 앉았다. 오른쪽 복도에는 약 10피트에서부터 120피트까지의 거리 중 어느 지점에 표준 자극이 설치될 수 있었다. 표준 자극은 원이었고, 그 크기는 관찰자로부터 거리가 어느 정도 떨어져 있는지와 관계없이 시각도 1도를 유지하면서 체계적으로 변할 수 있었다. (따라서 그 원은 10피트 거리와 비교해서 120피트 거리에서는 12배 더 크다.) 왼쪽 복도에는 10피트 거리에 비교원이 제시되었고, 관찰자는 특정 검사 자극의 크기와 일치하도록 그 비교원의 지름을 조절하도록 지시를 받았다.

이 연구는 네 개의 실험 조건으로 구성되었다.

1. 모든 거리 정보를 가지는 정상적인 양안 관찰 조건
2. 모든 다른 거리 정보가 존재하는 상황에서 단안 관찰 조건

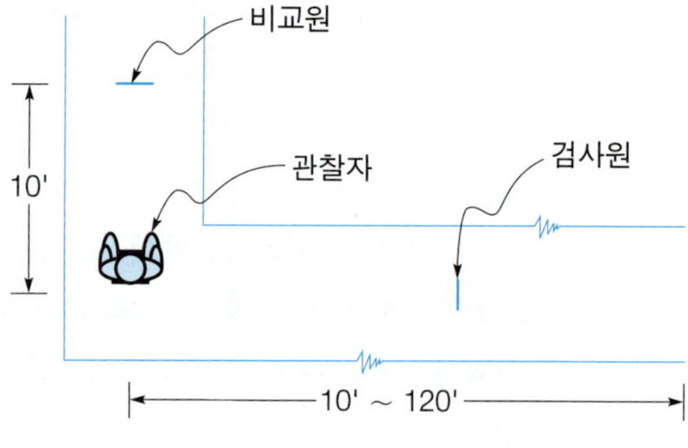

그림 6.21 Holway와 Boring의 실험 설정. 관찰자는 시각도가 일정한 여러 다른 거리에 있는 검사원을 관찰한다. 관찰자는 네 개의 다른 조건에서 검사원을 관찰하고 그 검사원과 크기가 같도록 비교원의 지름을 조절하였다.

3. 운동 시차(머리 움직임 요인)를 통해 가용 거리 정보를 제거한 구멍을 통해 관찰하는 단안 조건
4. 거의 모든 거리 정보를 제거하고, 복도에 설치된 휘장에 난 구멍을 통해 관찰하는 단안 조건

관찰자에게 가용한 거리 정보의 양이 각 조건마다 다르다는 것을 주목하라.

그림 6.22는 네 개 조건 각각에서의 관찰자 수행을 보여주고 있다. 먼저 가이드라인으로 그림에 있는 두 개의 점선을 보라. 상단의 점선은 관찰자들이 완전한 크기 항등성을 가지고, 거리와 관계없이 대상이 정확하게 동일한 크기를 유지하는 것으로 보일 때의 수행을 나타낸다. 하단 점선은 관찰자들이 전혀 크기 항등성을 가지고 있지 않을 때(실제 크기를 판단함에 있어 사람들이 그 대상의 거리가 아닌 단지 망막의 크기만을 고려할 때) 보일 수 있는 수행을 나타낸다.

이제 네 개 조건에서 사람들이 어떤 수행을 보였는지 주목해보자. 사람들이 많은 거리 정보를 가질 때, 그들은 양안 조건이든 단안 조건이든 관계없이(조건 1과 2) 크기 항등성을 보였다. 단안/구멍 조건(3)과 단안/구멍/휘장 조건(4)에서는 항등성이 나타나지 않았다. 즉 사람들은 원거리 대상들을 매우 작게 추정하였다. 거리에 관한 정보가 없다면, 사람들은 크기 항등성을 보이지 않을 것이다.

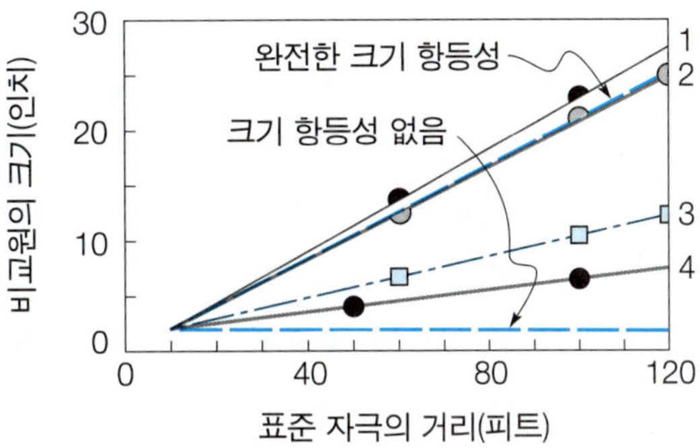

그림 6.22 Holway와 Boring 실험에서 네 개의 관찰 조건에 따른 수행 결과. 하단 수평 점선은 크기 항등성이 없음을 나타낸다. 시각도는 일정하기 때문에, 관찰자들이 거리를 고려하지 않는다면, 검사원은 항상 동일한 크기를 가진 것으로 보일 것이다. 대각선으로 기운 점선은 완전한 크기 항등성을 나타낸다. 관찰 조건이 1에서 4로 변하면서 관찰자들은 점점 더 제한된 거리 단서들을 사용한다. 거리 단서가 존재할 때, 관찰자들은 크기 항등성을 보여준다. 거리 단서가 부재한 경우 관찰자들은 크기 항등성을 상실한다.

크기 항등성에 대한 설명

연구자들은 크기 항등성을 몇 가지 방식으로 설명하고자 시도했다. 이미 언급한 바와 같이, 친숙한 크기는 크기 항등성에 도움을 준다. 만약 우리가 연필이 얼마나 큰지 알고 있다면, 거리가 변하더라도 그 크기를 추정할 수 있다. 물론 **그림** 6.3에서 보여주는 것처럼 친숙한 크기는 가끔 지각을 엉뚱한 방향으로 인도하기도 한다.

크기 항등성에 대한 가장 일반적인 설명은 크기-거리 불변 가설이다. 이 설명은 친숙하거나 친숙하지 않은 대상 모두에게 적용된다. **크기-거리 불변성 가설**(size-distance invariance hypothesis)에 따르면, 관찰자는 대상의 망막상 크기와 지각된 거리를 조합하여 그 대상의 지각된 크기를 계산한다. 이 가설은 Emmert 법칙과 유사하다. Emmert 법칙으로부터 도출될 수 있는 또 다른 예측을 주목해보자. 만약 두 대상이 동일한 망막상 크기를 가진다면, 멀리 있는 것으로 보이는 대상은 더 큰 것으로 지각될 것이다. 이런 고전적 이론은 경험주의자인 Helmholtz(1866)가 처음 제안한 것이다. 그러나 이 원리를 글자 그대로 받아들여서는 안 된다. 그렇다고 객관적인 크기를 알기 위해서 주머니에서 계산기를 꺼낼 필요는 없다. 사실 우리는 이런 처리과정을 거의 인식하지 못할 것이다.

Gibson은 장면 속 관계성에 기초하여 크기 항등성에 대한 또 다른 설명을 제시했다. 이미 언급했듯이 Gibson의 직접 지각 접근법에 따르면, 우리는 자극에 존재하는 정보로부터 환경을 직접 지각할 수 있다(Gibson, 1959). 예를 들어, 사람들은 주위 영역의 결 정보와 비교하여 대상의 크기를 파악한다. 앞에서 살펴보았듯이 Gibson은 거리 지각에서 결을 강조했다. 즉 결은 그의 크기 항등성 이론에서도 중요하다. 크기 항등성에서 결이 얼마나 중요한지 확인하려면 WWW해보기 6.7을 해보라.

Gibson의 자극 자체의 가용 정보에 대한 강조는 테마 2를 지지해준다. 그러나 Gibson은 망막상으로부터 정보를 추출하기 어렵다는 점을 과소평가하고 있다(Howe & Purves, 2005a; Pizlo, 2008).

특히 항등성과 관련하여 중요한 Gibson의 개념은 불변성이다. **불변성**(invariants)은 시간과 공간에 걸쳐 지속되는 지각의 측면으로 어떤 유형의 변형에도 변하지 않음을 의미한다. 예를 들어 WWW해보기 6.7에서 종이 두 장과 그것을 둘러싸고 있는 결 단위의 관계성은 크기 항등성을 일으키기에 충분한 정보를 제공한다. 거리와 관계없이 같은 종이는 변함이 없는 결의 단위수를 가리게 된다. 따라서 우리는 크기가 변하지 않는다고 말할 수 있다. 불변성의 개념에 대한 직관적 호소에도 불구하고, 이 개념은 애초에 Gibson이 기대했던 것만큼의 설명력을 가지지 못한다(Pizlo,

2008).

Mark Wagner(2006)는 자신이 제안한 크기 항등성 이론을 Jack Baird와 함께 확장시켰다. 그들이 개발한 **변형 이론**(transformation theory)은 두 단계를 포함하고 있다. 첫 번째 단계는 망막에 근접 자극이 생성되는 단계이다. 이 단계는 엄밀하게는 물리적 과정에 해당된다. 두 번째 단계는 심리적 단계로, 망막상을 공간 지각으로 변환시키는 단계이다. 즉 자극의 시각도 지각에 오류가 발생할 여지가 있는 것이 바로 두 번째 단계이다.

거리 지각에 대한 논의를 통해 경험주의자와 Gibson의 전통 모두 타당한 설명을 제공한다는 결론을 내릴 수 있다. 더 나아가, 계산적 접근법 또한 거리 지각의 여러 요소들을 포착하였다. 우리는 거리에 대한 매우 많은 정보원들을 고려할 수 있기 때문에 비교적 정확하게 거리를 판단할 수 있다. 마찬가지로, 여기서는 몇 가지 요인들이 정확한 크기 항등성 지각에 기여한다는 것을 주목하는 것으로 크기 항등성에 대한 논의를 접고자 한다. 즉 대상들은 친숙성, 크기-거리 불변 가설, 대상의 상대적 크기, 주위 영역의 결 때문에 동일한 크기로 보인다.

절 요약

크기 지각

1. 대상의 자기중심적 거리는 대상의 정확한 크기 지각에 중요하다. 모양과 주위 맥락을 포함해서 몇 가지 다른 요인들 또한 대상의 지각된 크기에 영향을 준다.
2. Emmert 법칙은 크기 지각과 거리간의 중요한 관계성을 잘 보여준다. 비록 이 법칙이 잔상에 기초하고는 있지만, 크기 지각이 일반적으로 거리 지각에 어떤 식으로 의존하고 있는지를 설명하는 데 유용하다.
3. Holway와 Boring의 고전적 실험은 정확한 크기 지각에 거리 정보가 중요하다는 것을 보여주었다. 거리 정보가 없는 경우, 사람들은 시각도만을 근거로 크기를 판단해야 한다.
4. 크기 항등성은 대상의 원격 크기가 근접 변화에도 불구하고 일정하게 유지될 때 발생된다. 크기-거리 불변성 가설, Gibson의 직접 지각 설명, 2단계 변형 이론을 포함한 몇 가지 이론들이 크기 항등성을 설명하기 위해 제안되었다.

거리와 크기 착시

거리와 크기 지각에 대한 논의는 주위 세상에 대한 적절한 정보를 제공하는 많은 요인들에 초점을 맞추었다. 모양 지각에서 살펴보았듯이, 우리의 지각은 항상 현실적이지는 않다. 만약 우리가 지각하는 대부분이 착시라면 우리는 오랫 동안 살아남지 못했을 것이다. 따라서 착시의 매력적인 부분은 그 희소성에 있다고 할 수 있다. 그러나 심리학자들에게 있어 착시는 시각 체계의 기능화에 대한 단서를 제공해주기 때문에 중요하다. 지각적으로 비정상적인 사람들을 연구함으로써 정상 지각에 대한 많은 것들을 이해할 수 있듯이, 착시를 연구함으로써 지각에 대해 많은 것들을 알 수 있다. 곧 살펴보겠지만, 거리와 크기 착시는 특히 흥미를 불러일으킨다.

애매한 깊이 혹은 거리 정보

사람들(특히 우리 문화에서)은 2차원의 그림을 3차원의 공간으로 지각하는 경향성을 가지고 있다. 이런 경향성은 후반부에 다루게 될 많은 착시를 유발시킨다. 어떤 2차원 그림들은 5장에서 논의된 애매한 도형들과 닮았고, 2차원이나 3차원으로 보일 수 있다. **그림 6.23**의 Necker의 정육면체는 이런 도형으로 가장 많이 알려져 있다. 우리는 Necker의 정육면체를 3차원 대상으로 지각하기 십상이지만, 이 도형을 2차원 대상으로도 볼 수 있다. 5장에서 살펴본 애매한 도형처럼, Necker의 정육면체를 보는 동안 우리는 그 방위가 자발적으로 변하는 것을 볼 수 있을 것이다(3차원이 유지되는 동안).

이런 애매한 도형의 또 다른 예는 꽤 오래된 것이다. **그림 6.24**는 1306년 이탈

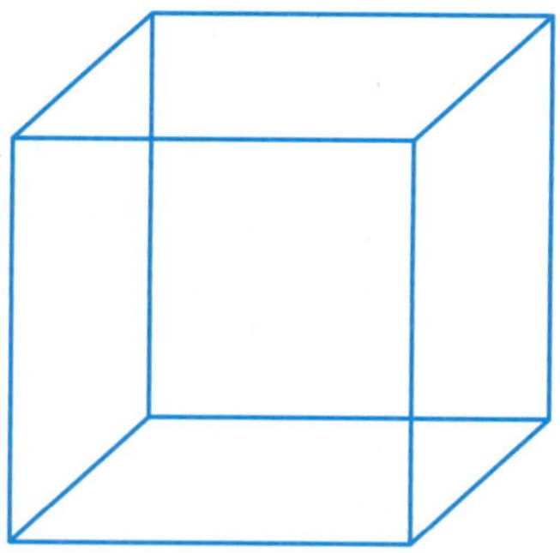

그림 6.23 Necker의 정육면체. 1832년 화학자인 Louis Albert Necker가 처음으로 이 애매한 도형을 기술하였다.

리아 파도바(Padua)에 지어진 아레나 성당의 바닥에 새겨진 육각형 패턴으로, 전체 바닥이 이 육각형 패턴으로 채워져 있다. 평평한 여섯 조각의 흰색 별 모양이 전경으로, 어두운 부분이 배경으로 지각된다는 것을 주목하라. 또한 그 패턴을 깊이를 가진 세 개의 정육면체로도 볼 수 있다. 사실 우리는 두 가지 다른 방식으로 세 개의 정육면체를 볼 수 있다. Necker의 정육면체처럼 우리는 처음에는 세 개의 정육면체 세트를 보다가, 자발적으로 또 다른 정육면체 세트가 보인다는 것을 발견하게 될 것이다.

선분 길이 혹은 거리에 대한 착시

그림 6.25는 1800년대 말 처음으로 입증된 가장 널리 알려져 있는 착시 중 하나인 Müller-Lyer 착시이다. **Müller-Lyer 착시**(Müller-Lyer illusion)에서 두 개의 수평선분은 실제로 같은 길이를 가지고 있지만, 날개가 밖으로 뻗은 선분은 날개가 안으로 뻗은 선분보다 10% 더 길어 보인다(Howe & Perves, 2005a). 따라서 날개가 안으로 향한 도형이 10인치의 길이를 가지고 있다면, 날개가 밖으로 향한 도형은 9인치가 되

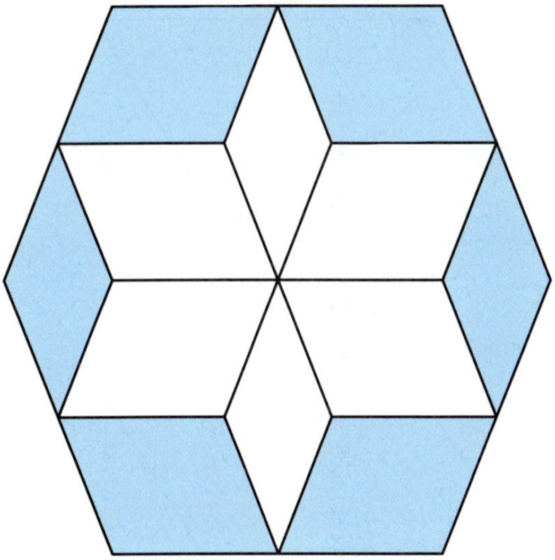

그림 6.24 이 도형은 이탈리아 파도바의 아레나 성당의 바닥에 새겨진 육각형 패턴이다. 이 성당은 1306년에 세워졌다. 당신은 이 도형을 순수한 2차원 도형으로 지각할 수도 있고, 2차원 표상을 3차원 공간으로 지각할 수도 있다.

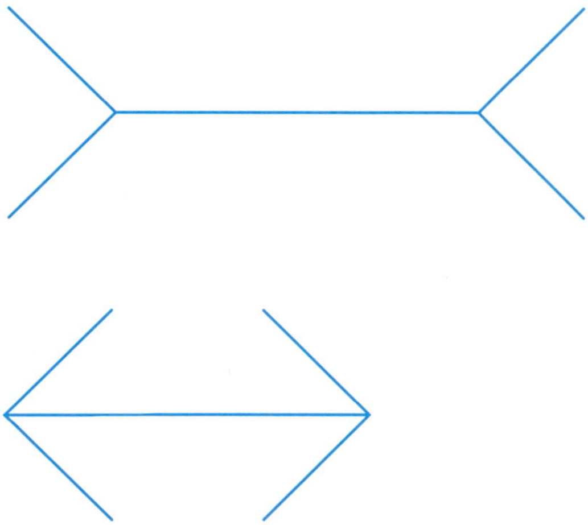

그림 6.25 Müller-Lyer 착시. 두 수평선분 중 어느 것이 더 긴가?

어야 사람들이 두 선분의 길이를 같은 것으로 지각할 수 있다.

연구자들은 이런 착시를 확인하기 위한 많은 연구를 수행했다(Howe & Preves, 2005b). 그러는 동안 심리학자들은 **그림 6.26**에서 보여주는 것들을 포함한 Müller-Lyer 착시의 많은 변형을 연구했다. 인상 깊게도 모든 변형들에서 착시가 강력하게 발생한다. 사실 Müller-Lyer 착시는 너무 강력해서 앵무새마저도 착각할 정도였다(Pepperberg et al., 2008).

또 다른 선분-길이 착시로 **그림 6.27**에 두 개의 버전으로 제시된 **Sander의 평행사변형**(Sander's parallelogram)이다. a_1a_2(혹은 b_1b_2)의 거리는 a_2a_3(혹은 b_2b_3)의 길이와 동일하다. 그럼에도 불구하고, a_1a_2의 거리는 a_2a_3의 거리보다 훨씬 더 길어 보인다. 유도 평행사변형을 무시하면, $a_1a_2a_3$ 도형을 거꾸로 선 이등변 삼각형으로 볼 수 있을 것이다. 만약 그렇게 할 수 있다면, 자로 재보지 않아도 선분의 길이가 동일하다는 것을 확신할 수 있다. 그러나 **그림 6.27b**의 선분들이 거리가 동일하다는 것을 확인하려면 자로 재볼 필요가 있을지 모르겠다.

그림 6.28은 **수평-수직 착시**(horizontal-vertical illusion)라 불리는 선분-길이

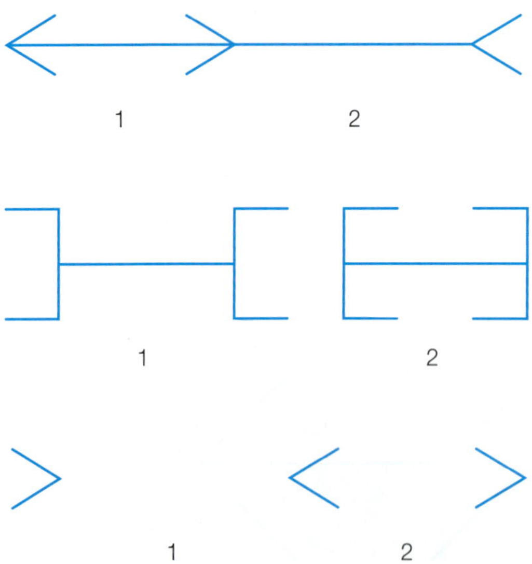

그림 6.26 Müller-Lyer 착시의 몇 가지 변형. 각 도해에서 1과 2 선분은 같은 길이를 가지고 있다.

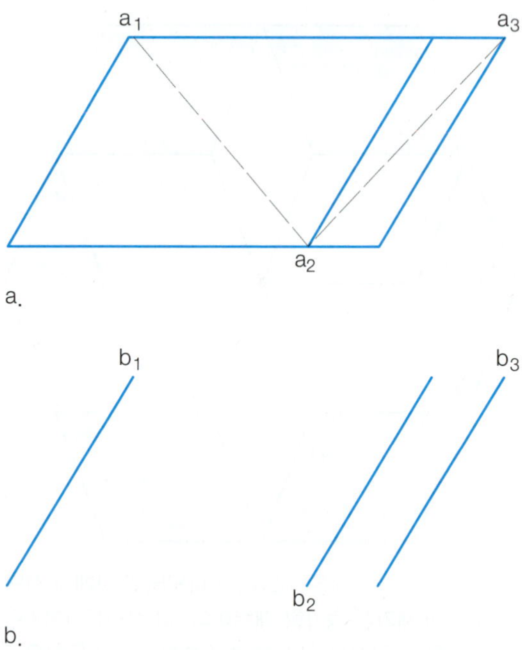

그림 6.27 Sander 평행사변형의 두 개 버전. a_1a_2, a_2a_3, b_1b_2, b_2b_3는 모두 길이가 같다.

그림 6.28 수평-수직 착시와 톱햇 착시라 불리는 한 가지 변형. 수평선과 수직선은 길이가 같다.

그림 6.29 미국 미주리주의 세인트루이스에 있는 Gateway Arch. 수평-수직 착시의 또 다른 예. (Photo courtesy of St. Louis Regional Commerce & Growth Association)

착시를 보여주고 있다. 이는 탑햇(top hat, 서양의 남성 정장용 모자) 착시와 유사하다. 수평선과 수직선의 길이가 같다는 것을 믿을 수 있겠는가? 일반적으로, 사람들은 수직선을 수평선보다 더 길게 지각한다.

수평-수직 착시는 지면상에서의 선분에만 국한되는 것은 아니다. 사람들은 종종 주차 요금 징수기, 가로등의 기둥, 빌딩과 같은 수직 물체들의 높이를 과대평가한다. 따라서 서 있는 나무는 잘려서 누어 있는 같은 길이를 가진 나무보다 더 길어 보인다. 이런 착시로 유명해진 건축물의 예가 미국 세인트루이스에 있는 Gateway Arch이다(**그림 6.29**). 측정해 보고서야 높이와 너비가 같다는 것을 확인할 수 있다(실제 높이와 너비는 630피트이다).

그림 6.30은 **폰조 착시**(Ponzo illusion)를 보여준다. 그림의 a는 단지 몇 개의 선분만으로 선형 조망의 인상을 준다는 점을 주목하라. 그림의 b는 거리 단서들이 부가되어 우리로 하여금 멀리 있는 막대가 가까이 있는 막대와 동일한 망막상 크기를 가지기 때문에 더 길어야 한다는 점을 확신시킨다. 우리는 그림의 a에 있는 도형을 착

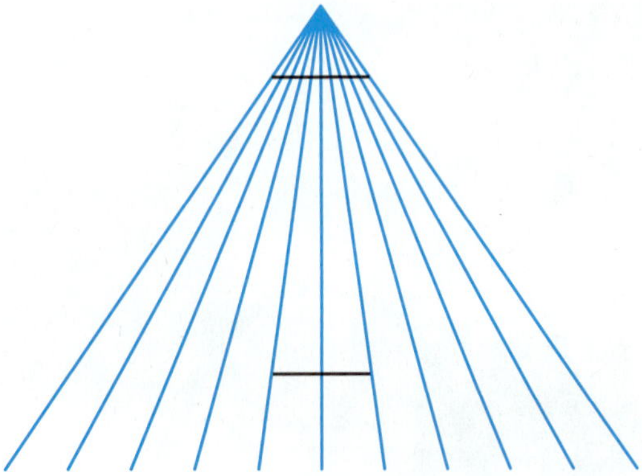

a.

b.

그림 6.30 폰조 착시. a에서 두 개의 수평 선분은 실제로 같은 길이를 가지고 있다. b에서 두 개의 막대 또한 같은 길이를 가지고 있다. 두 그림에서 깊이 단서들은 우리로 하여금 위에 있는 선분이나 막대가 더 멀리 있다는 것 알려준다. 거리 정보는 이런 착시를 어떻게 설명할 수 있을까? b에서 결 밀도의 파워를 주목하라. 사진에서 당신은 어느 지면이 움푹 들어간 부분인지 지적할 수 있는가(상단 막대 바로 윗부분)? (Photo by Ron Pretzer)

시라 부를 수 있다. 그림 b에 그려진 현장은 분명 깊이를 가지고 있어서 크기 항등성은 위에 있는 막대를 더 길게 보이도록 이끈다. 착시에서의 '부정확한' 지각과 크기 항등성에서의 '정확한' 지각사이의 경계는 극히 모호하다. 가령 관찰자가 특별한 지시가 없음에도 선분 그림 속의 어떤 단서들을 깊이 단서로 해석한다고 해보자. 이 경우, 두 개의 동일한 길이를 가진 도형이 객관적인 길이에서 같지 않다고 판단하는 것을 **착시**라 한다. 더 많은 깊이 단서들이 존재할 때, 두 개의 같은 길이를 가진 도형이 객관적 길이에서 같지 않다고 판단하는 것을 **크기 항등성**이라 한다. 사실상 착시와 크기 항등성 간의 구분은 임의적인 것처럼 보인다.

선분 길이와 거리 착시에 대한 설명

연구자들은 거리 착시에 대해 많은 설명들을 제시해왔다. 그러나 현재 이런 착시의 기반에 대해서는 일치되는 설명이 없다(Day, 2006; Howe & Purves, 2005a).

착시에 대한 한 가지 심리학적 설명은 잘못 적용된 항등성을 포함한다. **잘못 적**

용된 항등성 설명(misapplied constancy explanation)에 따르면, 관찰자들은 착시에서 어떤 단서들을 크기 항등성을 유지하는 단서들로 해석한다. 따라서 관찰자들은 크기 항등성에 기초하여 길이를 판단하며, 멀리 있는 것처럼 보이는 선분이 더 길다고 판단할 것이다(Ramachandran & Rogers-Ramachandran, 2008). 이 설명은 특히 폰조 착시와 연관된다. **그림 6.30a**를 다시 보고, 상단 선분이 실제로 더 멀리 있는 것으로 보이는지 주목하라. 이 설명에 따르면 우리는 상단 선분이 더 멀리 있는 것으로 보이기 때문에 더 길다는 결론을 내리게 된다.

지금까지 논의한 여러 착시들은 착시 도형을 마치 사진처럼 3차원 공간을 2차원으로 나타낸 것으로 해석함으로써 설명될 수 있다(Gillam, 1998). Barbara Gillam은 이 설명이 어떤 식으로 작동하는지를 **그림 6.12**를 통해 효과적으로 입증해 보였다. 당신이 그 그림을 처음 접할 때는 이례적인 것이 없어 보였을 것이다. 그러나 그 방은 착시로 가득 차 있다. 앞에서 살펴보았지만, 카펫 앞부분의 길이는 벽면의 길이와 같다. 만약 포함되어 있는 모서리를 추적해보면, 각각이 날개의 한쪽이 없는 Müller-Lyer 착시의 절반처럼 보인다는 것을 발견할 것이다. 가현적 깊이 때문에 뒤에 있는 개가 더 커 보일지라고, 두 마리의 개는 크기가 동일하다(폰조 착시처럼). 마지막으로 카펫의 앞에서 뒤까지의 길이는 카펫 뒷부분의 길이와 같다(수평-수직 착시).

잘못 적용된 항등성 설명은 사람들이 수렴되는 선분(직선 조망)과 같은 그림 회화 단서들에 대한 경험을 가지고 있기 때문에 착시에서 거리 단서들에 민감하다고 주장한다. 비록 폰조 착시가 2차원 디스플레이기는 하지만, 사람들은 수렴 선분들을 깊이를 신호하는 것으로 해석하기 위해 자신들의 경험을 사용한다. 이 관점에 따르면, 경험이 중요한 요인이다(테마 4). 따라서 시각적 착시는 잠정적으로 애매한 망막상들을 해석하는 과정에서 마음이 능동적인 역할을 한다는 것을 지지한다. 불행히도, 잘못 적용된 항등성은 여러 다른 시각적 착시를 설명해주지 못한다.

잘못 적용된 항등성 접근법은 폰조 착시와 같은 몇몇 착시만을 설명할 수 있다. 그러나 다른 접근법들도 이런 착시를 설명함에 있어 거의 같은 효력을 갖는다. 소위 **부정확한 비교 설명**(incorrect comparison explanation)이라는 설명은 판단이 잘 되지 않는 도형의 부분들에 의해 관찰자들의 지각이 영향을 받는다고 진술한다(Rock, 1997). 예를 들어 폰조 착시에서 상단 선분을 볼 때 사람들의 주의는 사선에 더 쉽게 끌리게 된다. 사선은 하단 선분에서 멀리 떨어져 있어 지각된 길이에 어떤 영향도 줄 수 없다. 따라서 상단 선분이 조망 단서와 무관하게 더 긴 것으로 지각되는 것이다(Pressey & Epp, 1992).

Müller-Lyer 착시에서는 선분의 양 끝에 있는 날개가 사람들의 주의를 끌어, 날개가 밖으로 향해 있는 버전이 더 길어 보이게 만든다. 따라서 관찰자들은 이 착시에서 선분을 날개 부분과 분리시킬 수 없다. 실험 결과는 이런 설명을 지지해주고 있다. 예를 들어, 날개 부분을 선분과 다른 색으로 표시하면 날개 부분이 비교에 영향을 덜 주게 되어 Müller-Lyer 착시가 크게 감소한다.

생리학적 접근으로 **안구 운동 설명**(eye-movement explanation)은 착시가 실제 안구 운동의 차이 혹은 안구 운동에 대한 준비에서의 차이로 설명될 수 있다고 진술한다. 안구 운동이 Müller-Lyer 착시와 일치한다는 몇몇 증거가 있기는 하지만, 안구 운동이 다른 기하학적인 착시들을 설명할지는 불분명하다(Knox & Bruno, 2007). 착시에 대한 강력한 생리학적 설명들은 지각 연구에 미치는 신경과학의 영향력 확산과 함께 점점 더 파급적이 될 것이다(Hayashi et al., 2007; Qiu et al., 2008; Read & Cumming, 2005).

지금까지 논의된 접근법 어느 것도 선분-길이 착시 모두를 완벽하게 설명해주지는 않는다. 예를 들어, William Prinzmetal 등은 폰조 착시와 같은 착시들에 대해 경사-항등성 설명(tilt-constancy explanation)을 제안했다(Prinzmetal & Beck, 2001; Prinzmetal et al., 2001). 그들은 경사와 같은 단서들이 폰조 착시를 설명하는 데 도움을 준다고 주장하였다. 그들은 관찰자들이 경사(약 30°) 위치에 있을 때 폰조 착시의 효과가 실제로 증가한다는 것을 발견했다. 그렇지만 Müller-Lyer 착시는 경사에 의해서 영향을 받지 않는다. 각 착시는 적어도 이런 설명 가운데 어느 하나뿐만 아니라 아직 밝혀지지 않은 다른 요인들에 의존하는 것으로 보인다.

면적 착시

앞에서 이미 면적과 관련된 몇 가지 착시들을 살펴본 바 있다(**그림 6.20**). 거리 착시와 달리 면적 착시는 2개의 차원을 포함한다. 손에 들고 있는 책의 페이지는 즉시 면적 착시를 보여 줄 것이다. 한 페이지에서 여백이 차지하는 비율은 어느 정도일까? 여백이 대략 3분의 1 정도를 차지하고 있다고 추정했는가? 만약 그보다 더 적은 비율을 추정했다면, 당신은 **여백 착시**(margin illusion)의 희생자가 된 것이다. 사람들은 전형적으로 한 페이지에서 차지하는 여백의 면적을 과소평가한다.

에임즈 방

또 다른 고전적 크기 착시로 이를 만들어 낸 Adelbert Ames(1952)의 이름을 딴 에임즈 방이 있다. **에임즈 방**(Ames room)은 통상적인 방처럼 지각되기 때문에 가현 크기에서 왜곡을 일으키는 이례적인 모양을 가진 방이다. 구멍을 통해서 샌프란시스코의 과학 체험관(Exploratorium)에 전시된 방과 같은 에임즈 방을 보면 **그림 6.31a**와 같은 장면을 보게 된다. 두 소녀가 같은 키를 가지고 있다는 사실을 믿을 수 있는가?

에임즈 방은 실제로 육면체 형태로 이루어져 있다. 따라서 뒤쪽에 있는 벽은 직사각형이 아니다. 즉 오른쪽 모서리는 왼쪽 모서리보다 훨씬 가까우면서 짧다. **그림 6.31b**에서 보여주듯이, 뒤쪽 벽은 실제로 관찰자로부터 멀리 기울어져 있다. 그러나 한 눈으로 보면, 정상적인 정육면체 형태의 방으로 보인다. 에임즈 방은 기막힌 아이디어로 만들어진 구조물이기 때문에 망막에 제시된 모든 단서들이 통상적인 형태의 방과 일치한다(Day, 1993). 결과적으로 우리는 그 방을 통상적인 정육면체 모양의 방으로 지각한다. 일단 해보면 크기 착각 경험을 피할 수 없을 것이다.

달 착시

만약 당신이 달밤에 산책하는 것을 좋아한다면, 아마도 보름달의 크기가 변하는 것처

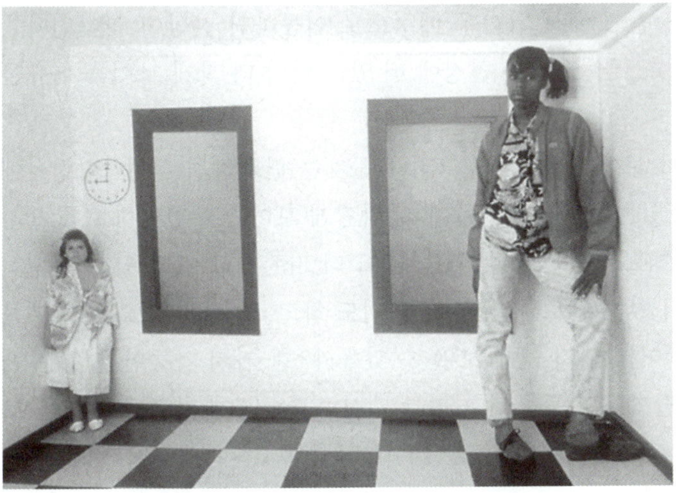

a.

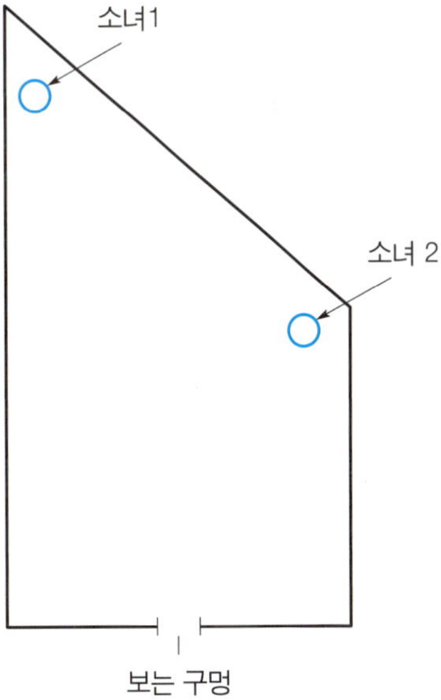

b.

그림 6.31 에임즈 방. 소녀들은 실제로 같은 키를 가지고 있다! 방의 독특한 구조 때문에(b를 보라), 소녀1은 관찰자로부터 훨씬 더 멀리 있는 것으로 보인다. 균형이 잡힌 정상적인 방에 대한 경험과 에임즈 방은 착시 경험을 일으키는 공모자이다.

출처: © 1990, The Exploratorium photograph by Susan Schwactzenberg.

럼 보이는 것을 경험했을 것이다. **달 착시**(moon illusion)로 인해 관찰자들은 일반적으로 지평선에 떠 있는 달이 천정(zenith) 또는 중천에 떠 있는 달보다 50% 더 커 보인다고 보고한다(Ross & Plug, 2002). (이와 유사한 착시가 태양에서도 발견되지만, 태양을 직접 볼 수는 없다.) 달의 시각도와 거리는 변함이 없음에도, 달의 가현 크기가 변하는 이유는 무엇일까?

Helen Ross와 Cornelis Plug(2002)는 달 착시를 설명하는 여러 시도들을 종합 고찰하였다. 물리적 설명(예: 대기가 지평선의 달을 확대시킨다)은 지평선과 천정에 떠 있는 달의 사진을 비교함으로써 배제될 수 있다. 남은 설명들은 테마 4와 일치하는 인지적인 것이다(Westheimer, 2008). 달의 가현 크기가 변하려면, 거리나 시각도 혹은 이 둘 다를 잘못 지각하기 때문이다.

거리 오지각의 한 가지 주요 출처는 맥락이다(Ross & Plug, 2002). 천정에 떠 있는 달은 하늘에 고립되어 있고, 단지 멀리 있는 별들만이 그 주변에 있을 뿐이다. 결국 그것이 멀리 있는 것으로 보이지 않는다. 반대로 지평선에 떠 있는 달은 멀리 있는 나무, 건물, 산 뒤로 보이게 된다. 이런 맥락 단서들로 인해, 사람들은 지평선에 떠 있는 달을 천정에 떠 있는 달보다 더 멀리 있는 것처럼 지각한다(Kaufman et al., 2007). (이 설명은 시선을 먼 곳에서 가까운 배경으로 이동하면 잔상이 작아진다는 Emmert 법칙과 유사하다.) **그림 6.32**는 천정에 떠 있는 달이 더 작게 보이는 이유를 설명하고 있다.

지금까지 문제가 없어 보이지 않는가? 그러나 문제는 단순하지 않다. 지평선에 떠 있는 달이나 천정에 떠 있는 달 중 어느 달이 더 가깝게 보이는지 판단하도록 요청하면, 관찰자들은 전형적으로 지평선에 떠 있는 달이 더 가깝다고 보고한다! 지평선에 떠 있는 달은 천정에 떠 있는 달보다 더 멀리 있기도 하고, 더 가깝기도 하기 때문에 지평선에 떠 있는 달이 어떻게 더 크게 보일 수 있을까? 한 가지 가능한 설명은 시각 체계가 무의식적으로 달까지의 등록된 거리를 계산한 후, 달의 지각된 크기를 도

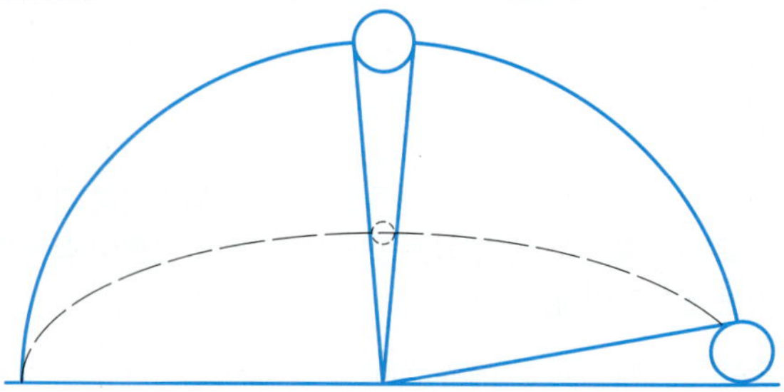

그림 6.32 달의 가현적 거리가 달의 크기 판단에 미치는 효과. 맥락 효과는 지평선의 달이 더 멀리 있는 것으로 보이게 하여, 사람들로 하여금 그것을 더 큰 것으로 지각하게 만든다. 천정에 떠 있는 달은 더 가깝게 보이기 때문에, 사람들은 그것을 더 작은 것으로 지각한다.

출한다는 것이다. 나중에 사람들에게 달까지의 거리를 의식적으로 판단하도록 요청하면, 그들은 더 큰 대상들이 더 가까이에 있다는 단순한 규칙을 적용한다.

Ross와 Plug(2002)는 이러한 설명을 **더 멀리–더 크게–더 가까이 이론**(further–larger–nearer theory)이라고 하였다. 비록 그런 설명이 만족스럽지 못하다는 것을 발견하더라도, 가시적 지형(visible–terrain) 효과는 달 착시의 상당 부분을 잘 설명해주는 것으로 보인다.

달 착시를 설명하는 것이 왜 그렇게 어려울까? 무엇보다도, 사람들은 비교적 가까운 거리조차도 과소평가하는 경향이 있음을 염두에 두어야 한다. 매우 먼 지형의 거리는 더 큰 문제를 야기하게 되는데, 이는 사람들로 하여금 먼 거리에 있는 큰 지형지물의 크기를 잘못 판단하게 만든다(Higashiyama & Shimono, 1994). 하물며 사람들이 실제로 경험한 적도 없는 천체에 있는 대상들의 자기중심적 거리를 판단하는 것이 얼마나 어려운지 상상해보라. 결국 사람들이 지평선에 떠 있는 달조차도 그 크기를 유의미하게 과소평가한다는 것은 그리 놀랄 일이 아니다. 어느 누구도 달을 올려다보고, 그 직경이 미국 영토의 길이와 같다는 것을 정확하게 알고 있는 사람은 없다.

궁극적으로 달 착시는 보다 일반적인 크기와 거리 지각 이론의 맥락 내에서 이해되어야 한다(Ross & Plug, 2002). 완벽한 크기 지각 이론이 없이 달 착시를 설명하려고 시도하는 것은 헛된 일이 될 것이다.

절 요약

거리와 크기 착시

1. 선분 길이와 거리 착시에는 Müller–Lyer 착시(그리고 많은 변형), Sander의 평행사변형, 수평–수직 착시, 폰조 착시 등이 있다.
2. 일부 착시에 대한 대표적인 한 가지 심리학적 설명으로 착시에 존재하는 단서들을 크기 항등성을 유지하기 위한 단서로 해석하는 잘못 적용된 항등성 설명이 있다. 연구는 깊이 단서에 대한 경험이 이런 착시들을 고양시킨다는 것을 밝혔고, 이는 잘못 적용된 항등성 설명을 지지해주는 결과이다. 그러나 이런 설명이 모든 착시를 설명해주지는 못한다.
3. 부정확한 비교 설명은 관찰자들이 자신들의 판단을 도형의 부정확한 부분들에 기반을 둘 때 착시가 발생한다고 말한다. 따라서 폰조나 Müller–Lyer 착시에서 수평 선분을 판단할 때, 사람들의 판단은 착시의 유도 요인들에 의해 영향을 받는다.
4. 안구 운동 패턴과 같은 좀 더 생리학적인 설명들은 몇몇 착시 효과를 잘 설명해준

다. 궁극적으로 뇌 연구는 착시 지각과 관련된 많은 논제들을 표명해 줄 수 있을 것이다.

5. 두 개의 중요한 면적 착시에는 에임즈 방과 지평선에 떠 있는 달이 천정에 떠 있는 달보다 50% 더 커 보이는 달 착시가 포함된다.
6. 많은 요인들이 달 착시에 기여한다. 한 가지 주요 요인은 맥락과 관련된 것으로, 관찰자와 달 사이에 있는 대상들 때문에 지평선에 떠 있는 달이 더 멀리 있는 것처럼 보인다. 그러나 달의 크기 추정은 매우 복잡한 판단이다. 따라서 연구자들은 좀 더 완벽한 크기 지각 이론을 가지고 있어야지만 달 착시를 설명할 수 있을 것이다.

복습문제

1. 이 장을 읽지 않더라도 당신은 아마 친숙한 크기와 같은 몇 가지 거리 단서들을 열거할 수 있을 것이다. 그러나 다른 깊이 단서들에 대해서는 그리 명확하게 언급하지 못할 것이다. 이들 단서들을 기술하고, 거리 지각과 관련된 이론들에 있어서 그 단서들이 얼마나 중요한지 지적하시오.

2. 이 장에서 논의한 많은 거리 단서들은 우리로 하여금 거리를 정확하게 측정할 수 있게 해주지는 못하기 때문에 거리에 대한 '상대적' 단서들이다. 그럼에도 불구하고, 사람들은 가까운 거리는 비교적 정확한 추정을 한다. 만약 있다면 어느 단서들이 상대적이 아닌 절대적 거리 지각을 일으킬 수 있는지 설명해보시오. 그런 다음, 깊이 단서들이 가까운 거리들에 대한 절대적 정보를 어떤 식으로 제공할 수 있는지 설명하시오.

3. 사실적 깊이 묘사에 관심을 갖고 있는 화가들은 시각 체계가 직면하는 동일한 문제를 해결해야 한다(즉 그들은 2차원 표면 위에 3차원 지각을 창출해 내야 한다). 트롱프뢰유(Trompe l'oeil)라는 그림은 이와 관련하여 특히 효과적이다. 트롱프뢰유 그림은 착시 그림인가? 이 장에서 논의된 착시 중 얼마나 많은 것이 깊이를 회화로 나타내기 위해 사용되는 동일한 원리로부터 발생하는 것으로 보이는가?

4. 양안 깊이 단서들을 기술하시오. 무선점 입체도와 자동입체도가 중요한 이유는 무엇인가? 이제 당신이 깊이 단서들에 대해 모두 안다고 하고, 단안 단서들과 비교해서 양안 단서들이 얼마나 중요한가? (양안 단서들이 유용한 공간적 환경을 생각하시오.)

5. 거리 지각과 관련하여 직접 지각 접근법, 경험주의 접근법, 계산적 접근법을 요약하시오. 계산적 접근법이 나머지 두 접근법과 비교해서 어떤 면이 유사하고, 차이가 있는지 설명하시오. 어느 접근법이 당신의 깊이 경험을 가장 잘 설명해 줄 수 있는가? 그

이유는?

6. 당신의 공간 표상은 얼마나 정확한가? 눈을 감고 가까이에 있는 물체를 손을 뻗어 잡아보라. 아니면 방에서 좀 더 멀리 떨어져 있는 대상들을 가리켜보라. 그것들의 자기중심적 거리를 추정해보라. 이 과제를 꽤나 정확하게 수행한다는 것을 발견하게 될 것이다. 어떤 요인들이 당신의 공간감에 기여하는가? 당신의 공간감은 경험에서 나온다는 Berkeley에 동의하는가? 아니면 공간 지각은 본래적인 것이라고 생각하는가? 당신의 주장을 지지해주는 증거로 어떤 것을 사용하겠는가?

7. 다이어트를 하는 사람들에게 도움을 주는 하나의 방법은 식사는 작은 그릇을 이용해서 하라는 것이다. 크기 지각에서 어떤 요인이 작은 그릇에 음식이 많이 있다고 생각하게 만들까? 크기 지각을 편향시키는 다른 요인들은 무엇일까?

8. 항등성, 특히 크기 항등성이 중요한 이유는 무엇인가? 이 질문에 답하기 위해 항등성이 존재하지 않는 세상을 돌아다니는 자신을 상상해보라. 구체적인 경험을 기술해보시오(예: 날아오는 공 잡기).

9. 크기 항등성을 유지하는 데 어떤 기전이 중요한가? 크기 항등성을 이해하는 데 Emmert 법칙은 얼마나 유용한가? 만약 거리 단서들을 이용할 수 없지만 다른 단서들이 존재한다면, 크기 항등성이 유지될 수 있다고 생각하는가? 달의 크기가 다르게 보이는 이유는 무엇인가?

10. Anastasi는 평행사변형이 동일한 면적을 가진 정사각형보다 더 커 보인다는 것을 발견하였다. 평행사변형의 면적을 잘못 지각하게 만드는 요인을 확인할 수 있는지 알기 위해 시각적 착시를 설명하는 이론들을 검토하시오. (힌트: 그림 6.23에 있는 Necker의 정육면체 윗면을 보라.) 시각적 착시에 대한 설명 중 어느 것이 이 장에서 언급된 각 착시를 가장 잘 다룰 수 있는가? 특히 면적 착시에 초점을 맞추시오.

주요어

가림(occlusion)
거리 지각(distance perception)
결밀도(texture gradient)
경험주의(empiricism)
계산적 접근법(computational approach)
교차부등(crossed disparity)
구성주의 이론(constructivist theory)
깊이 지각(depth perception)
농담(shading)
높이 단서(height cue)
단서(cue)
단안 단서(monocular cue)
달 착시(moon illusion)
대기 조망(atmospheric perspective 혹은 aerial perspective)
대상중심적 거리(allocentric distance)

대응문제(correspondence problem)
대지 이론(ground theory)
변형 이론(transformation theory)
부등-선택적 세포(disparity-selective cells)
부정확한 비교 설명(incorrect comparison explanation)
불변성(invariants)
비교차부등(uncrossed disparity)
상대적 거리(relative distance)
상대적 크기(relative size)
선형 조망(linear perspective)
수렴(convergence)
수평-수직 착시(horizontal-vertical illusion)
안구 운동 설명(eye-movement explanation)
양안 단서(binocular cue)
양안경합(binocular rivalry)
양안부등(binocular disparity)
에임즈 방(Ames room)
여백 착시(margin illusion)
운동 깊이 효과(kinetic depth effect)
운동 시차(motion parallax)
운동 조망(motion perspective)
운동감각 정보(kinesthetic information)
입체 사진(stereoscopic picture)
입체경(stereoscope)
입체시(stereopsis)
자기중심적 거리(ego-centric distance)
자동입체도(autostereo-gram)
잘못 적용된 항등성 설명(misapplied constancy explanation)
정적 단서(static cue)
조절(accommodation)
직접 지각(혹은 깁슨) 접근법(direct perception or Gibsonian approach)
친숙한 크기(familiar size)
크기 단서(size cue)
크기 항등성(size constancy)
크기-거리 불변성 가설(size-distance invariance hypothesis)
파눔 영역(Panum's area)
폰조 착시(Ponzo illusion)
행동 유도성(affordance)
호롭터(horopter)
회화 단서(pictorial cue)
Emmert 법칙(Emmert's law)
Müller-Lyer 착시(Müller-Lyer illusion)
Sander의 평행사변형(Sander's parallelogram)

추천도서

Julesz, B. (2006). *Foundations of cyclopean perception*. Cambridge, MA: MIT.

영향력이 있는 책으로 1971년에 초판이 발행되었으나, 오랫 동안 절판 상태로 있었다. Thomas Papathomas와 Flip Phillips에 의해 재간된 새판은 입체시에 관심을 가진 학생들에게 유용한 리소스로 활용되고 있다. 이 책에서 양안부등에 관한 Julesz의 사고를 수반하는 많은 무선점 입체도를 발견할 수 있다.

Morgan, M. (2003). *The space between our ears: How the brain represents visual space*. New York: Oxford.

Morgan은 일반 독자를 대상으로 깊이 지각을 알리려는 목적으로 이 책을 펴냈다. 따라서 이 책은 읽기가 수월하여 거의 노력을 들이지 않고서도 학습이 가능하다. Morgan이 구성한 내용이 다소 두서가 없긴 해도 부가적인 유람은 항상 흥미를 준다.

Pizlo, Z. (2008). *3D shape: Its unique place in visual perception*. Cambridge, MA: MIT.

Pizlo는 3차원 모양 지각에 대한 여러 접근법(예: 경험주의, 직접 지각, 계산적 접근법)을 개관하고 비평하였다. 또한 그는 전경-배경 조직화로 시작하는 다른 접근법도 제안하였다. 그의 접근법은 깊이 단서를 표적으로 삼고 있지는 않지만, 대신 2차원 망막상을 일으키는 가능한 3차원 대상들에 대한 제약조건의 성질과 작용에 초점을 맞추었다.

Robertson, L. C. (2004). *Space, objects, minds, and brains*. New York: Psychology Press.

만약 공간 정보 부호화에서 뇌의 역할에 관한 연구를 살핀 책에 관심을 가지고 있다면, 이 책이 적격이다. Robertson은 공간 지각의 신경과학과 신경심리학에 대해 잘 조직된 개관을 제공하였다. 일측성 무시에 대한 그녀의 논의는 특히 흥미로운 부분이다.

Ross, H. E., & Plug, C. (2002). *The mystery of the moon illusion: Exploring size perception*. New York: Oxford.

만약 달 착시에 대해 더 알고 싶다면, 이 책이 적격이다. Ross와 Plug는 오랫 동안 달 착시 연구를 해왔기 때문에 이 책은 달 착시에 관한 한 매우 독보적이라 할 수 있다. 이 책은 달 착시(그리고 크기 지각)를 이해하기 위해 연구자들이 제시한 많은 접근법들을 요약하고 평가하였다.

CHAPTER 7

색채 지각

오즈의 마법사에서 도로시와 토토는 자신들이 캔자즈에 있지 않다는 것을 가리키는 많은 단서들에 주목한다. 오즈는 낯선 생명체들은 물론이고 생생한 색채들이 존재하는 세상이다. 잠시 멈추고, 색이 없다면 세상이 얼마나 달라 보일지를 생각해보자. 한편으로 그것은 그리 나쁘지는 않을지 모른다. 우리는 분명 흑백 TV로 오즈의 마법사와 같은 영화를 감상하는 것에 감사할 것이다. (상상하기 어렵겠지만, 일반 TV로 흑백 영상만 시청하던 시절이 그리 오래전 얘기가 아니다!) 그러나 색이 우리의 세상에 대한 지각을 더 풍부하게 해준다는 것은 분명한 사실이다.

Christine Ladd-Franklin(1847~1930)은 일찍이 색을 본다는 것이 적응과 관련해서 많은 이점을 안겨준다는 입장을 견지했다. 한 가지 유형의 광수용체만 가진 생물들은 밝기 구분은 가능하지만, 색 구분은 어렵다(Verdon & Adams, 2002). 그것들이 보는 세상은 마치 흑백 TV 화면에 보이는 것과 같다. 평야를 가로질러 접근하는 포식자를 피하기에는 충분하겠지만, 위장한 포식자가 은밀히 덤불 사이로 접근하는 것을 탐지하기 어려울 것이다. 식물을 주식으로 하는 단색시 동물들은 분명 잠정적 음식물을 구분하는 데 어려움을 겪을 것이다.

색각 결함의 맥락에서 곧 논의하겠지만, 두 개의 다른 유형의 광수용체는 각각 색채시각의 일부를 담당한다. 사실 대부분의 포유동물은 두 가지 유형의 광수용체만을 가지고 있다. 인간을 제외한 일부 다른 종들은 세 가지 유형의 광수용체를 사용하도록 진화되었다(Arrese et al., 2006; Davies et al., 2007). 결국, 이 종들은 광대역 파장들을 구분할 수 있다. 이런 색채시각은 생물체들로 하여금 과일을 더 잘 탐지하거나 다양한 종류의 초록색 잎들을 구분할 수 있게 해준다(Gegenfurtner & Kiper, 2003; Sumner & Mollon, 2003). 사실상 색은 다양한 탐지 과제를 돕는다(Kingdon & Kasrai, 2006).

진화론적 결과 외에도, 색채 지각은 우리의 일상에도 중요한 역할을 한다. 색채 지각은 연구자들이 꾸준하게 연구해온 주제이다. 이장에서는 먼저 색의 물리적 측면들과 색 혼합에 초점을 맞춘다. 다음으로 이전에 소개했던 시각 체계에 대한 내용을 색채 지각 이론에 대한 논의와 함께 개관, 확대하여 살펴보기로 하겠다. 또한 여러 색 현상을 논의하기 전에 색채시각의 개인차도 살펴보기로 하겠다.

색의 본질

우리가 일반적으로 사용하는 용어인 대상의 색은 몇 가지 성분을 가지고 있다. 색채 지각을 기술하기 위해 세 가지 용어, 즉 색상(hue), 채도(saturation), 명도(lightness)가 사용된다. 3장과 4장에서 논의했듯이, 물리적 차원은 일반적으로 이런 각 특성을 결정한다. 4장에서 살펴보았듯이, 광원의 강도는 우리의 밝기(brightness) 경험을 결정한다. 표 7.1에서 보듯이 파장은 주로 대상의 색상, 순도는 기본적으로 채도, 반사되는 빛의 양은 기본적으로 밝기를 결정한다.

먼저 약 400nm(보라색으로 보임)에서 약 700nm(빨간색으로 보임)의 범위의 파장에 대한 심리적 반응인 **색상**(hue)을 살펴보기로 하자. 색상은 지각이다. 즉 세상 밖에서 우리는 많은 상이한 파장들을 가진 빛만을 발견할 뿐, 색상을 보는 것이 아니다. 따라서 빨간색(혹은 다른 색상)은 우리의 머릿속에서 파생된 것이다.

이런 구분을 이해했던 사람이 유명한 영국 출신의 과학자 Isaac Newton(1643~1727)이다. Newton은 1665년 여름 캠브리지 트리니티(Trinity)대학에서 학부 과정을 마쳤다. 역병을 피하기 위해 Newton은 링컨셔카운티의 외곽지역에 있는 자신의 고향으로 귀향했다. 그는 고향에서 빛의 성질에 대한 연구와 더불어 미적분과 중력 이론을 개발하는 귀중한 시간을 보낸 것으로 보인다.

그 당시 박람회에서는 새로운 물품으로 프리즘을 판매하고 있었고, 따라서 사람들은 프리즘을 통해 스펙트럼을 관찰할 수 있다는 것을 잘 알고 있었다(Mollon, 2003). 그러나 사람들은 백색광이 기본적인 것이며, 프리즘 자체가 교재의 앞표지 안쪽에 있는 색판2에 있는 것과 같은 스펙트럼을 생성한다고 생각하고 있었다. Newton의 많은 업적 가운데 하나는 백색광이 실제로 프리즘을 통해 더(보라색) 혹은 덜(빨간색) 굴절된 파장들의 조합으로 이루어졌다는 것을 밝힌 것이다. 게다가 이런

표 7.1 색의 물리적 속성과 지각적 속성의 일반적인 관계

물리적 속성	지각적 속성
파장	색상
순도	채도
반사율	명도
강도	밝기

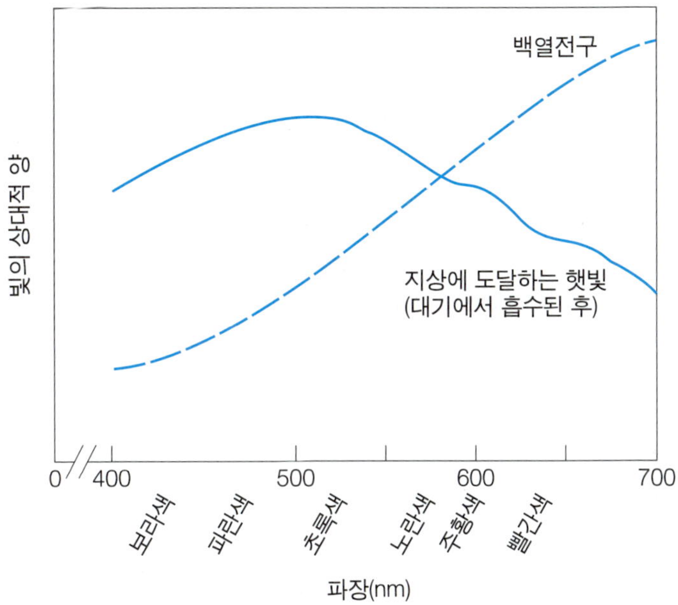

그림 7.1 햇빛과 백열전구의 광파장 성분. 둘 다 빛의 모든 파장을 포함하고 있다. 그러나 햇빛과 비교해서 백열전구는 단파장대의 에너지는 적고, 장파장대의 에너지를 더 많이 포함하고 있다.

파장들은 기본적인 것인데, 그 이유는 다른 프리즘들을 통과하는 이런 개별 파장들은 색상에 영향을 미치지 않기 때문이다. Newton은 또한 모든 개별 파장들을 조합하면 백색광이 산출된다는 것을 확인하였다.

직관적 조망에서 보면, 햇빛은 많은 다른 파장들로 구성된 것처럼 보이지 않는다. 그럼에도 불구하고 **그림** 7.1에서 알 수 있듯이, 햇빛은 가시 스펙트럼의 모든 파장들을 어느 정도까지 다 포함하고 있다. 부수적으로 백열전구의 빛도 상이한 파장을 모두 포함하고 있지만, 장파장을 더 많이 포함하고 있음을 주목하라.

우리의 직관과 일치하지 않는 또 다른 관찰은 대상들이 마치 색을 가지고 있는 것처럼 보이지만, 실제로는 그 대상들이 스펙트럼의 선택된 영역으로부터 빛을 반사시킨다는 사실이다. 청바지는 푸른색으로 보이며, 푸르게 보이는 것은 청바지에 있는 주머니처럼 청바지와는 분리될 수 없는 특성이다. 그럼에도 불구하고, 청바지는 그 표면이 대부분의 장파장과 중파장을 흡수하고(스펙트럼에서 빨간색, 주황색, 노란색, 초록색 부분), 스펙트럼의 파란색 부분의 빛을 주로 반사시키기 때문에 파랗게 보이는 것이다. 마찬가지로 흰색 셔츠는 전체 스펙트럼의 빛을 반사시키고, 검정색 신발은 빛을 거의 반사시키지 않는다. 그래서 우리가 지각하는 색은 부분적으로는 표면에 떨어지는 빛의 성질(조도)과 빛이 떨어지는 표면의 흡수 및 반사율의 성질에 의해서 결정된다.

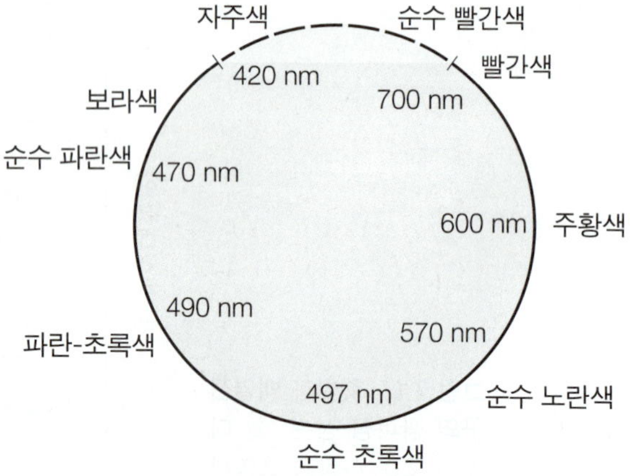

그림 7.2 색환(가시광선 스펙트럼의 모든 파장을 조직하는 방법). 배열은 서로 유사해 보이는 색들(예: 빨간색과 주황색)을 서로 가까이에 위치시키고, 서로 상반되는 것으로 보이는 색들(예: 빨간색과 초록색)을 서로 반대 위치에 배치시킨 것이다.

또한 Newton은 1704년에 발표한 논문에서 일반적인 색 조직 방법을 제안했다(색환). **그림 7.2**에서 보여주듯이, **색환**(color wheel)은 테두리를 따라 모든 종류의 파장을 배열시킨 원이다. 사람들이 유사하다고 지각하는 색들은 서로 가까이에 위치되어 있다. 따라서 노란색은 빨간색과 초록색 근처에 위치된다. 그러나 매우 다른 것처럼 보이는 빨간색과 초록색은 색환에서 서로 분리되어 있다.

다음으로 색환의 상단 점선을 주목하라. 이 부분은 스펙트럼의 어느 부분에서 나오는 단일 파장으로 기술될 수 없는 **비스펙트럼 색상**(nonspectral hue)을 나타낸다. 대신에 다른 색들을 조합하면 이 색들을 산출할 수 있다. 자주색은 빨간색과 파란색의 조합이다. 마찬가지로 연구에 따르면 빨간색의 최상의 예로 한 가지 색을 선택하도록 요청하면, 사람들은 파란색조가 약간 포함된 빨간색을 선택한다.

또한 어떤 색들은 색환에 포함되지 않았다는 것을 주목하라. 갈색과 핑크색이 없으며, 은색 및 금색과 같은 더 이국적인 색도 마찬가지다. 사실 매장에서 살 수 있는 크레용 중 일부만 색환에 있다. 황갈색이나 카네이션핑크, 혹은 담홍색이나 연보라색은 어디에 있을까? 색환의 외곽은 단일 파장으로 산출될 수 있는 **단색**(monochromatic colors)만을 포함시킨다. 따라서 색환을 완성하기 위해서는 비스펙트럼 색상들이 추가되어야 한다.

색상 이외에, 우리의 색채 경험은 밝기와 채도에 의해서도 결정된다. 4장에서 대상들이 그 표면에서 반사시키는 빛의 양이 다르다는 논의를 기억하고 있는가? 대상에 비춰지는 빛의 강도와 관계없이, 우리는 그 대상의 밝기를 일정한 것으로 지각하는 경향이 있다. 따라서 **명도**(lightness)란 색의 가현적 반사율을 말하는 것이다. 즉 밝기는 물리적 특성인 반사율에 대한 심리적 반응을 말한다.

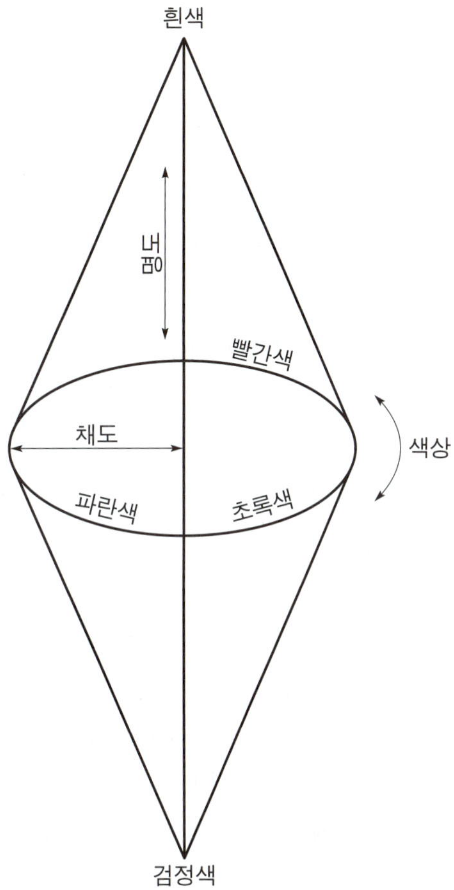

그림 7.3 색 입체(색상, 채도, 명도에 따라 모든 가시 파장들을 나타내는 방법). 이 그림을 이 책 뒤표지의 안쪽에 있는 색판 4와 비교해보라.

색상, 밝기, 채도는 단일 색환으로 쉽게 나타내질 수 없다. 대신에 **그림 7.3**의 색 입체도에서 보듯이 3차원의 색 표상이 요구된다. **색 입체**(color solid) 또는 **색 방추**(color spindle)는 모든 색의 색상, 채도, 명도를 나타낸다. 이 책의 뒤표지 안쪽에 있는 색판 4는 색 입체의 한 가지 예를 보여준다.

색 입체의 중심을 관통하는 축은 4장에서 논의한 바 있는 **무채색**(achromatic color)을 나타낸다(흰색, 회색, 검정색). 색 입체를 일련의 색환을 하나씩 쌓아올린 것으로 생각할 수 있다. 색 입체의 어느 지점에서 수평 절단면을 취하면, 특정 명도와 연합되는 색환을 보게 된다. Newton 색환은 색 입체의 중간 부분을 수평으로 절단한 면으로 고려될 수 있다. Newton 색환의 중앙에는 중간 정도의 회색이 놓이게 된다. 색 입체의 상부에는 밝은 회색과 연합되어 있는 밝은 색들이 위치된다. 하부에는 어두운 회색과 연합되어 있는 어두운 색들이 위치된다.

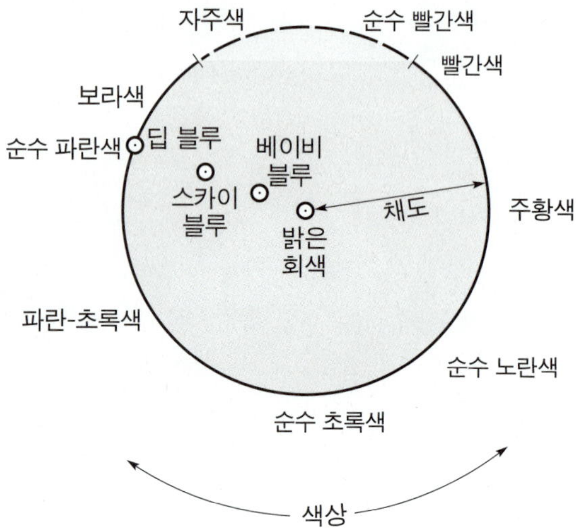

그림 7.4 색상환 + 채도(색상에 가산되는 백색광의 양에 대한 심리적 반응). 색상환 테두리에 놓여 있는 채도가 높은 파란색(백색광이 가산되지 않은)은 진한 색상으로 지각된다. 색상환의 중심에 가까운 채도가 낮은 파란색(많은 백색광이 추가된)은 훨씬 연한 색상으로 지각된다(예: 베이비 블루).

그림 7.4는 색 입체의 한 가지 가능한 절단면을 나타낸다. 이 절단면 내의 모든 색들은 동일한 명도를 가지고 있지만, 순도는 다르다. 자극의 물리적 **순도**(purity)는 단색광에 가산되는 무색광의 양으로 결정된다. 순도가 높고, 무색광이 가산되지 않은 색은 원의 테두리에 배열된다. 원의 중심부로 갈수록 순도는 낮고 가산되는 무색광의 양이 많은 색을 보게 된다. 원의 중심은 주된 단일 파장이 아니라 광파들이 골고루 혼합된 색조, 즉 회색을 나타낸다.

파란색에서 흰색으로, 즉 외곽에서 안쪽으로 진행해 감에 따라 진한 파란색에서 연한 파란색(예: 스카이 블루와 베이비 블루)으로 변해간다. 이미 논의했듯이, 이 물리적 특성은 관례적으로 순도라 불린다. 그러나 색의 가현적 순도는 **채도**(saturation)라 불린다. 순도는 물리학에서 나온 용어이며, 채도는 심리적 반응을 나타낸다. 따라서 아주 연한 파란색은 심리적 반응을 기술하는 말로하면 매우 채도가 낮은 색으로 언급된다. 더 나아가 무채색(회색, 검정색, 흰색)은 모두 채도가 낮은 색이다.

당신은 색 입체가 원통형이 아닌 양 끝이 뾰족한 형태로 되어 있는 이유가 궁금할 것이다. 그 대답은 채도와 명도의 어떤 조합이 불가능하기 때문이라는 것이다. 예를 들면 채도가 높은 매우 어두운 색이나 연한 색은 있을 수 없다. 색 입체의 양끝 부분으로 접근해감에 따라 무색광은 너무 강해서 단색광들을 압도하게 된다. 당신은 종종 감청색 스웨터를 검정색으로 오인하는데, 스웨터의 파란색은 거의 탐지되지 않을 만큼 반사율이 매우 낮기 때문이다. 즉 높은 채도는 너무 어둡거나 또는 너무 밝지도 않은 중간 수준의 명도에서만 가능하다.

절 요약

색의 본질

1. 색은 대략 400nm에서 700nm의 범위의 파장에 대한 심리적 반응이다. 따라서 색은 단지 지각하는 사람의 마음에만 존재할 뿐이다. 색상은 광파의 길이에 대한 심리적 반응이다.
2. Issac Newton은 색 이해에 많은 기여를 했다. 그는 테두리를 따라 단색 파장을 나타낸 색환을 개발하였다. 색환은 또한 자주색 및 순수 빨간색과 같은 비스펙트럼 색상도 보여준다.
3. 색의 가현적 순도를 채도라 한다. 색환에서 중심에 가까운 색상들은 채도가 낮고, 테두리에 가까울수록 색상들은 채도가 더 높아진다.
4. 색 입체는 색상, 채도, 명도(물리적 용어인 반사율에 대응)를 나타낸다. 명도는 수직 차원을 따라 나타내진다. 색 입체의 수평 단면은 색환과 같다. 이런 입체는 가장 폭이 넓은 부분이 중간 정도의 명도를 나타내는 방식으로 구성된다.

색 혼합

색을 혼합할 때 어떤 일이 발생할까? 실제로 두 가지 다른 방식으로 색을 혼합할 수 있다. **감산 혼합**(subtractive mixture) 방법은 염료나 물감을 섞거나, 두 개 이상의 색 필터를 겹쳐 놓고 광원을 그곳에 통과하도록 비추는 것을 의미한다. **가산 혼합**(additive mixture) 방법은 스펙트럼의 다른 부분들로부터 나오는 광선들을 함께 모으는 것을 의미한다. 감산 혼합은 단일 광원만을 포함하는 반면, 가산 혼합은 개별 광원들로부터 나오는 색들을 조합한다.

두 유형의 색 혼합은 색채 지각 이론의 발달에 실질적인 영향을 끼쳤기 때문에 논의되어야 한다. 그러나 동일한 색채 지각 원리들이 감산과 가산 혼합 모두에 작용된다는 사실을 염두에 두어야 한다.

감산 혼합

가령 당신에게 파란색과 노란색을 혼합하면 어떤 색이 나올지 물어보았다고 해보자. 만약 당신이 '초록색'이라고 대답한다면, 당신은 이미 감산 색 혼합에 익숙한 것이다.

이미 언급했듯이 감산 혼합은 물감을 혼합하거나 색 필터들을 함께 겹쳐 놓는 것을 포함한다. 이를 감산이라 부르는 이유는 백색광선이 필터를 통과하거나 물감에 떨어질 때, 스펙트럼의 일부가 흡수되거나 또는 제거되기 때문이다. **그림 7.5**에서 보듯이, 파란색 페인트는 백색광으로부터 나오는 노란색, 주황색, 빨간색(장파장)을 흡수한다. 스펙트럼의 보라색, 파란색, 초록색 부분에서 나오는 빛만이 통과하여 눈에 들어오게 된다. 그러나 노란색 페인트는 보라색과 파란색(단파장)을 흡수한다. 결국 파란색과 노란색 페인트를 혼합하면, 중파장만이 어느 페인트에 의해서도 흡수되지 않기에 우리는 초록색을 보게 되는 것이다.

염료나 물감을 혼합할 때마다 감산 혼합을 다루는 것임을 기억하라. 화가들이 팔레트에서 물감을 혼합하거나 캔버스에 다른 색 위에 한 가지 색을 덧칠하는 것은 감산 혼합을 행하는 것이다. 만약 방을 다시 페인트칠을 한다면, 당신은 감산 혼합에 대해 염려해야 한다. 파란색 페인트 위에 노란색 페인트를 덧칠하면 보기 싫은 초록색으로 바뀌기 때문이다. 색 필터로 작업하는 사람들 또한 감산 혼합에 대해 신중히 고려해야 한다. 예를 들어, 다양한 색 셀로판지를 사용하는 윈도우 디스플레이는 두 가지 색이 겹쳐질 때 의도치 않은 새로운 색이 나타날 수 있다.

어떤 종류의 색들이 감산 혼합 기법으로부터 초래되는지 어떻게 알 수 있을까? 불행하게도, 어떤 특정 물감이 어떤 파장들을 흡수할지 정확하게 예측하기는 어렵다. 개개 물감들이 어떤 파장을 흡수할지 정확하게 알지 못한다면, 물감의 혼합 결과를 정확하게 예측할 수 없다. 시행오차에 의존하는 대신 화가들은 자신들의 팔레트에 있는 색들을 결정하기 위한 다양한 체계를 개발해왔다(e.g., Sideway, 2002; Wilcox, 2002). 유화, 아크릴화, 수채화, 디지털 그래픽 중 어느 작업을 하든, 특히 초보 화가들에게 있어 색 혼합을 파악하는 것은 큰 도움이 된다.

가산 혼합

색의 가산 혼합은 물감이 아니라 색 조명을 혼합하는 것임을 염두에 두기 바란다. 따라서 당신이 텔레비전을 볼 때, 당신이 보는 모든 색들은 세 개의 다양한 강도를 가진 광원들의 조합에서 나오는 것이다. 감산 색 혼합과 달리, 가산 혼합에서는 각 광원의 파장이 실제로 수용체에 도달하게 된다. 색환이 어떻게 가산 색 혼합을 예측하는 데 사용되는지 살펴보고 나서, 당신이 경험했을법한 가산 색 혼합의 예들을 살펴보기로

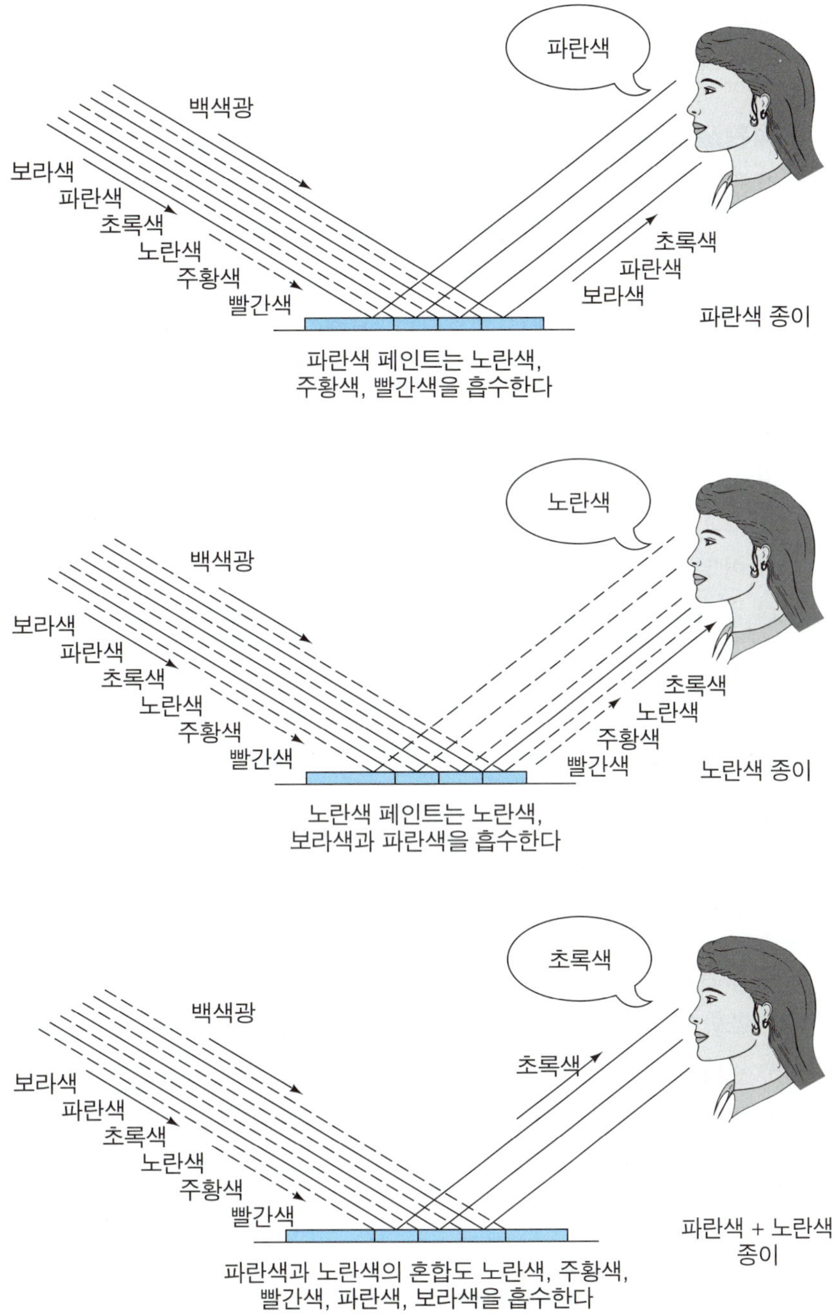

그림 7.5 파란색과 노란색 페인트의 감산 혼합. 최종적으로 지각되는 초록색은 파란색이나 노란색 페인트에서 흡수되지 않는 파장으로부터 초래된다. 다시 말해서, 감산은 페인트들의 수준에서 발생한다.

출처: Lindsay & Norman(1977)

하겠다. 마지막으로 중요한 개념인 조건등색 맞추기[1](metameric matching, 분광 조성이 다른 두 색이 같은 색으로 보이는 현상)에 대해서 살펴볼 것이다.

색환을 이용한 가산 혼합 예측

색환으로 돌아가 보자. **그림 7.2**를 보고 파장들이 환 주변부를 따라 고르게 배열되어 있지 않다는 것을 주목하라. 약 420nm에서 500nm의 스펙트럼 영역들은 분명히 균등하게 분할되어 있지 않다. 이런 균등하지 않은 분포는 색환에서 정반대 위치에 보색을 위치시키는 데도 필요하다. **보색**(complementary hues)은 그것들의 가산 혼합의 결과로 무채색이 산출된다. 채도가 높고 보색의 강도가 같은 두 개의 불빛을 혼합하면, 회색이 산출된다는 것을 주목하라. 왜 이런 색상들이 보색 관계인지는 색채 시각 이론들을 살펴보고 나면 더 잘 이해할 수 있을 것이다.

그림 7.6은 두 개의 보색, 즉 파란색과 노란색 빛을 혼합할 때 가산 혼합의 결과가 어떻게 나올 지를 보여준다. 부수적으로 이 두 색은 초기 논란의 중심에 놓여 있었던 것이다. Newton은 단지 여러 다른 색들을 혼합할 때만 백색광이 산출될 수 있다고 확신했지만, 다른 연구자들은 파란색과 노란색 빛의 조합만으로도 백색광을 충분히 산출할 수 있다고 주장했다(Mollon, 2003).

같은 양의 보색을 가산 혼합하면 무채색이 산출된다. 그렇다면 양에서 차이가 나는 다른 색들을 가산 혼합하면 어떤 색을 볼 수 있을까? 일반적으로 채도가 낮은 두 색 중간의 어느 한 색이 산출될 것이다. 결과를 예측할 수 있는 개략적인 방법은 다음과 같다:

1. **그림 7.2**의 색환에서 두 개의 색을 선으로 연결한다.
2. 조합에서 각 빛의 상대적인 양을 나타내기 위해 선분에 한 점을 찍는다.
3. 원의 중심에서 그 점을 통과하여 원의 테두리에 이르도록 두 번째 선분을 그린다.
4. 원의 테두리에 도달한 선분의 끝은 색 이름을 알려 줄 것이다. 중심에서 점까지의 거리는 채도를 알려준다.

---

1) 조색(調色, color matching)이란 두 개 이상의 기본색(primary color) 도료를 조합하여 색시편(color sample)의 색과 동일한 색을 재현하는 것을 말한다. 조색에는 조건등색 맞추기(metameric matching)와 무조건등색 맞추기(isomeric matching)가 있는데, 조건등색 맞추기란 광원과 눈의 시감분포를 고려하여 일정한 광원시감에 대해 두 가지 색이 일치하도록 하는 방법이며, 무조건등색 맞추기란 가시광선 영역에서 대상의 분광반사율을 맞추는 방법이다.(역자 주)

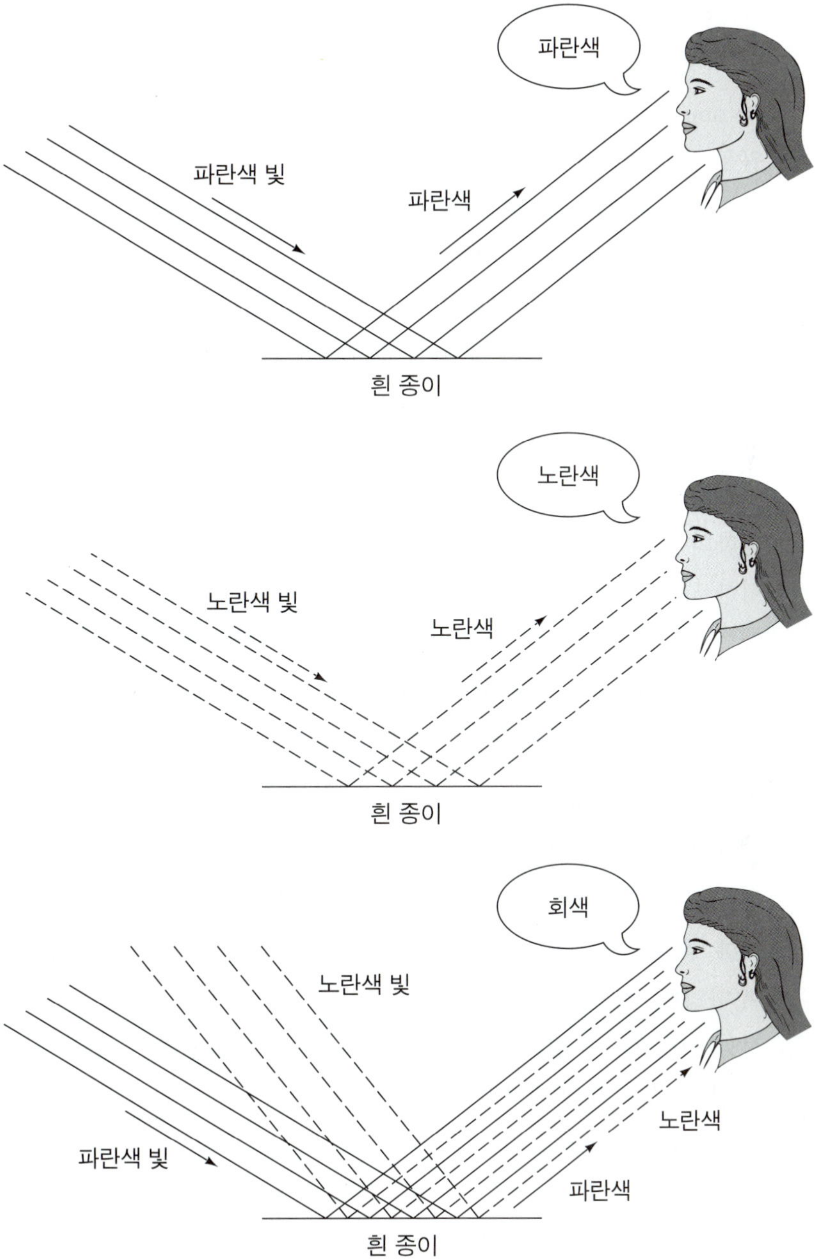

그림 7.6 파란색과 노란색 빛의 가산 혼합. 혼합 결과로 산출되는 회색은 광수용체에 도달하는 파란색과 노란색 빛 모두로부터 초래된다. 다시 말해서, 가산은 광수용체에서 발생한다.

출처: Lindsay & Norman(1977)

이 예측은 대략적일 뿐이며, 더 정확한 예측을 위해서는 원 형태가 아닌 '색환'을 사용할 필요가 있다(Valberg, 2005). 1931년에 국제조명위원회(International Commission on Illumination, CIE)는 색판7에서 보여주는 것과 같은 색 공간의 2차원 표상을 제시하였다.

가산 혼합은 채도가 높을 수 없음을 지적해야 한다. 두 색을 가산 혼합할 때마다, 색환에서 두 색을 잇는 선분의 어떤 지점도 그 원의 테두리에 놓일 수 없다. 대신에 채도가 덜 떨어지는 영역에 놓이게 된다. 만약 두 색이 유사하다면, 가산 혼합은 여전히 높은 채도를 유지할 수 있다. 그러나 만약 두 색이 보색이거나, 동일한 양이 혼합된다면, 채도가 크게 떨어지는 색이 산출될 것이다. WWW해보기 7.1을 통해 가산 혼합과 채도 문제를 명확하게 이해할 수 있을 것이다.

감산 혼합의 경우, 파란색과 노란색의 혼합은 초록색을 산출한다. 그러나 가산 혼합의 경우, 파란색과 노란색의 혼합은 회색이 산출된다. 따라서 두 혼합 기법은 상이한 결과를 산출한다. 혼합이 발생하는 시점이 두 기법을 구분하는 데 도움을 준다. 감산 색 혼합의 경우, 도료의 조합은 빛 자극이 눈에 도달하기 전에 일어난다. 가산 색 혼합의 경우는 광원의 조합이 빛 자극이 눈에 도달한 후에 일어난다. 두 기법을 WWW해보기 7.2를 통해 경험해보라.

일상에서의 가산 혼합의 예

일상에서 우리가 서로 다른 색이 혼합된 광선들을 보기란 흔치 않은 일이다. 가산 혼합을 할 수 있는 좀 더 일반적인 방법은 아주 작은 색 조각들을 나란히 위치시키는 것이다. 예를 들면 컬러 텔레비전은 전형적으로 빨간색, 초록색, 파란색 점들을 사용하여 다양한 색을 만들어 낸다. 통상적인 시청 거리에서 이 점들은 매우 작고 조밀해서 정상 시력으로 구별하기 어렵다. 우리의 눈은 여러 가지 색을 혼합시켜 다채로운 색을 본다. 우리가 텔레비전을 시청할 때, 실제로 눈앞의 점들을 보고 있음을 확인하기 위해 WWW해보기 7.3을 해보라.

화가들 또한 페인트를 가지고 가산 혼합을 만들어 낸다. **점묘법**(pointillism)이라는 기법은 캔버스에 물감의 불연속점들을 적용하는 것이다. 이 방법을 사용하여 화가는 그 화가의 팔레트에 없는 색채 지각을 창출시킬 수 있다. 어느 정도 떨어진 거리에서 보면 점들은 함께 혼합되어 보이지만, 가까이에서 보면 개개 점들이 보인다. **분할주의**(divisionism)라는 또 다른 기법은 좀 더 큰 색 조각들의 상호작용 효과에 기초된다. 이런 효과의 하나인 동시 색 대비(simultaneous color contrast) 효과는 나중에 논의될 것이다.

예를 들어, Georges Seurat(1859~1891)는 팔레트에 많은 미세 색조들을 혼합하지 않았다. 사실 그의 가장 유명한 그림에는 단지 약 12개의 색만 사용되었다. 일부 물감들은 아마도 감산 혼합의 형태, 즉 그 물감들에 흰색을 혼합해 가면서 채도를 낮추는 방식이 사용된 것으로 보인다(Lanthony, 1997). 그러나 이렇게 적은 수의 물감으로 Seurat는 《그랑드자트섬의 일요일 오후(Un Dimanche aprés-midi a l'Ile de la Grande-Jatte/ Sunday Afternoon on the Island of the Grand Jatte)》라는 작품에서 보여주듯이 방대한 범위의 색을 산출시킬 수 있었다. 뒤표지 안쪽의 색판 5는 이 작품을 보여주고 있다(정밀함에 있어서는 어느 정도 피할 수 없는 표현의 부재가 보임). 이 작품은 아마도 신인상주의 운동에서 점묘법과 분할주의 기법을 모두 표현한 가장 대표적인 예일 것이다. 작품을 자세히 들여다보면 점묘법에서 사용된 물감의 작은 점들을 볼 수 있을 것이다. 적절한 거리에서 작품 전체를 감상하면 개개 점들이 전혀 보이지 않는다는 점을 주목하라.

지금까지 두 가지 색의 혼합에 대해서 논의하였다. 마찬가지로 세 가지 색들이 균등하게 혼합될 때, 각 색을 나타내는 세 개의 점들을 연결하고, 그 다음 그 세 점을 연결하여 얻은 삼각형의 중심을 계산하면 산출되는 색도 예측할 수 있다. 혼합이 균등하지 않으면, 혼합된 색은 더 많은 양이 포함되어 있는 색조를 띠게 된다.

가산 혼합과 조건등색 맞추기

초기 색채 이론가들은 조건등색 맞추기라는 가산 색 혼합 유형에 의해 많은 영향을 받았다. **조건등색**(metamers, 이성체라고도 함)이란 정확하게 동일하게 보이지만 물리적으로 다른 자극들로 이루어진 빛의 쌍을 말한다. 두 개의 색 조각을 상상해보자. 왼쪽에 있는 조각은 중간 정도의 채도를 가진 파란색-초록색이고, 이 색은 단일 광원에서 나온 색이다. 오른쪽에 있는 조각은 채도가 높은 보라색과 초록색이 같은 정도로 혼합되어 산출된 색 조각이다(WWW해보기 7.1에서 검은 점으로 나타낸 것처럼). 이 두 조건등색은 물리적으로는 다르지만 우리의 눈은 구분하지 못한다.

조건등색 맞추기(metameric matching) 실험에서, 관찰자는 표적 색(빛의 단일 파장으로 구성된)을 제시받고, 표적 색과 같은 색이 되도록 다른 파장들을 가진 빛들을 혼합하도록 요청받는다. 정상 색채시각을 가진 관찰자는 세 가지 다른 색의 빛을 적당한 양으로 혼합하여 스펙트럼의 각 색에 대한 조건등색 맞추기를 할 수 있다. 대개 세 가지 색의 빛은 빨간색(650nm), 초록색(530nm), 그리고 파란색(460nm)이다. 정상 색채시각을 가진 사람은 단지 다른 두 가지 색의 빛만을 제시하고 혼합하도록 할 때 조색을 할 수 없을 것이다. 이런 관찰은 초기 색채 이론가들로 하여금 인간이 세 가지 유형의 색 수용체를 가지고 있다고 주장하게 만들었다. 다음 절에서 이런 입장의 배후 논리를 보여주기 위해 조건등색 맞추기를 더 자세히 기술하기로 하겠다.

절 요약

색 혼합

1. 감산 혼합법은 우리가 도료를 혼합하거나, 색 필터를 함께 위치시키는 것을 뜻한다. 스펙트럼의 부분들은 감산되거나 필터들에 의해서 흡수된다. 혼합으로 초래되는 색을 예측하는 것은 흡수 패턴이 복잡하기 때문에 어렵다.
2. 가산 혼합법은 다른 색을 가진 광선들을 함께 혼합한다는 것을 뜻한다. 색환을 사용해서 혼합 색을 예측할 수 있다. 실험실 밖에서 가산 혼합은 컬러 텔레비전과 점묘법이라 불리는 미술 기법으로 행해질 수 있다.
3. 가산 혼합법은 동일하게 보이지만 물리적으로는 다른 빛의 부분들, 즉 조건등색을 산출할 수 있다.

색채시각의 해부학과 생리학

이미 3장에서 광수용체에서부터 뇌 영역에 이르는 색채시각 정보에 관여하는 구조들에 대해 논의한 바 있다. 기억하겠지만, 인간의 망막은 세 개의 상이한 원추체 시스템(각각 빛의 다른 파장에 가장 민감한)을 포함하고 있다. 이런 세 종류의 원추체를 각각 가장 민감하게 반응하는 파장에 기초하여 S(단파장), M(중파장), L(장파장)이라 칭한다. **그림 7.7**은 이런 세 가지 원추체들의 민감도를 보여준다. M과 L곡선이 많이 겹친다는 것을 주목하라. 다시 말해서, 이 곡선들은 **분광감도**(spectral sensitivity) 혹은 원추체들이 빛을 흡수하는 스펙트럼 영역에서 크게 차이가 나지 않는다. 마지막으로 M과 L곡선은 거의 전체 가시분광 영역에 걸쳐 어느 정도는 다 흡수하고, S곡선은 가시분광의 거의 절반 정도의 영역에 걸쳐 흡수한다는 점을 주목하라.

색 정보는 P경로를 경유하여 뇌의 시각 중추로 전송된다. 이 논의를 좀 더 확장해보기로 하겠다. 그것을 위해 두 개의 매우 영향력 있는 색채시각 이론, 즉 삼원색설과 대립과정설을 논의할 것이다. 이 두 이론 간에 제기되는 논쟁을 해결하려는 과정

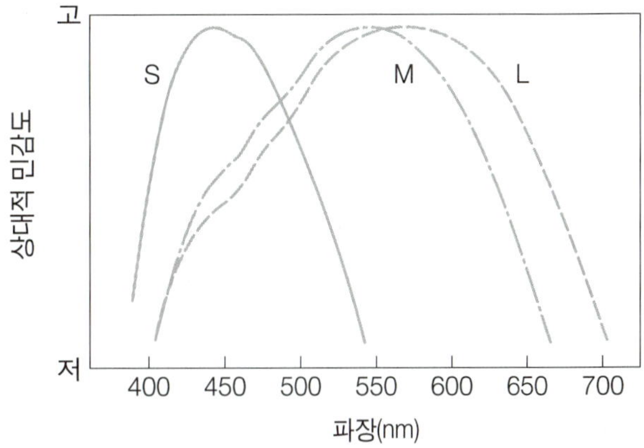

그림 7.7 세 가지 원추체 색소의 흡수 곡선. 비록 세 가지 시스템이 상당히 중복되기는 하지만, 각각은 다른 파장에 대해 최대 민감도를 보인다. 이 그래프 선들은 **그림 3.9**에서 보여주는 다소 양식화시킨 선들보다 더 정확하다는 점을 주목하라.

출처: Adapted from Gegenfurtner & Kiper(2003)

에서 연구자들은 색채시각을 더 잘 이해하게 되었다. 여전히 논쟁의 여지가 남아 있지만, 크게 염려하지 않아도 된다.

이제 색이 망막의 광수용체들에 의해 어떤 식으로 부호화되는지를 살펴보고, 다음으로 뇌가 수용체에서 나온 정보를 어떤 식으로 처리하는지 알아보기로 하자.

원추체 모자이크와 삼원색설

3장에서 논의했듯이, 인간은 세 개의 상이한 원추체 시스템을 가지고 있다. 현재는 원추체에 대한 많은 세부를 확인할 수 있는 정교한 기술이 있다. 그러나 이런 기술이 나오기 전까지 오랜 세월 동안 몇몇 과학자들만이 인간이 각각 특정 스펙트럼 영역의 빛에 차별적인 민감도를 보이는 세 종류의 색 수용체를 가지고 있다고 주장했다. 이런 색채시각의 **삼원색설**(trichromatic theory)은 앞에서 언급된 조건등색 맞추기 연구를 포함한 논리적이고 세심한 관찰로부터 나왔다.

삼원색설의 원조로 1600년대 Isaac Newton(앞에서 언급한 프리즘을 통한 연구)과 1800년대 세 명의 연구자를 들 수 있다. 이들은 전자기 방사선 연구를 수행한 스코틀랜드 출신의 물리학자 James Clerk Maxwell, 로제타 스톤(Rosetta stone) 문자를 해독한 것으로 유명해진 영국 출신 물리학자 Thomas Young, 그리고 Hermann von Helmholtz이다. 삼원색설은 Young–Helmholtz이론이라고도 불린다.

삼원색설과 조건등색 맞추기

이 초기 이론가들은 세 개의 상이한 원추체 시스템이 있음을 확인시켜주는 후속 연구를 이미 예측할 수 있었다는 점은 인상적이다. 그들은 정상 색채시각을 가진 사람들이 표적 색을 조색하기 위해 세 개의 다른 빛을 혼합할 필요가 있음을 알고 있었다(조건등색 맞추기). 그들은 또한 세 개의 원추체 가운데 어느 하나가 문제가 생김으로써 나타날 수 있는 색각 결함에 대해서도 정확하게 알고 있었다. 색각 결함에 대해서는 나중에 살펴보기로 하겠다. 지금은 먼저 조건등색 맞추기가 어떻게 삼원색설을 지지해주는지에 대해 살펴보기로 하자.

그림 7.7을 통해 조건등색 맞추기를 잘 이해할 수 있다. 관찰자는 보통 세 개의 일차색(primary color) 파장인 650nm(빨간색), 530nm(초록색), 460nm(파란색)를 조절한다는 것을 기억하라. 이들 각 빛은 망막에 어떤 효과를 일으키는가? **그림 7.7**의 수평축에서 650nm를 통과하는 수직선을 그려보면, 650nm의 빛이 L원추체에서는 적은 양이 흡수(그리고 발화)되고, M원추체에서는 훨씬 더 적은 양이 흡수되며, S원추체에서는 사실상 거의 흡수되지 않음을 알 수 있다. 530nm의 빛은 L원추체에서는 상당한 양이 흡수(그리고 발화)되고, M원추체에서는 그보다 약간 더 많은 양이 흡수되며, S원추체에서는 소량이 흡수된다. 460nm의 빛은 어떨까? L원추체에서는 적은 양의 활성화가 일어나고, M원추체에서는 약간 더 많은 양의 활성화가 일어나며, S원추체에서는 훨씬 더 많은 양의 활성화가 일어난다는 것에 동의하는가?

이제 세 가지 원추체의 상대적인 흡수량과 발화량을 통해 색 정보가 어떻게 망막 수준에서 부호화되는지를 잘 이해했을 것이다. 조건등색 맞추기 연구를 좀 더 자세히 살펴보기로 하자. 가령 당신이 관찰자에게 580nm(노랑)의 표적 색을 제시했다고 해보자. 이 표적 색은 L과 M원추체 모두에서 많은 양이 흡수되고(L원추체가 M원추체보다 조금 더 많이 흡수), S원추체에서는 전혀 흡수되지 않는다. 관찰자는 많은 양의 530nm와 650nm의 빛을 혼합함으로써 약간 푸르스름한 색을 띠는 노란색 빛을 산출하게 되어 상당히 유사한 조색을 행할 수 있다. 그 이유는 무엇일까? 위에서 논의한 530nm와 650nm 빛의 흡수 패턴을 함께 고려하면, 결과를 매우 잘 예측할 수 있을 것이다. 즉 L과 M원추체 모두 높은 흡수율을 갖지만, L원추체가 약간 더 많은 양을 흡수하고(이는 우리가 원하는 것이다), 그리고 S원추체는 소량을 흡수할 것이다(이것은 표적 색에는 제시되지 않기에, 우리가 원하는 것이 아니다). 완벽한 조색을 얻기 위해서는 세 번째 일차색(460nm)이 사용되어야 한다. 그러나 기존 혼합에 이를 추가한다고 하더라도 여전히 S원추체 시스템에서 원하지 않는 활동 증가가 나타날 것이다. 대신 관찰자는 노란색 표적에 마지막 일차색을 소량만 추가하면 된다. 조건등색 맞추기 실험에서는 흔히 일차색 가운데 어느 하나의 색을 표적에 소량 추가시켜야 한다는 것이 밝혀졌다.

삼원색설의 다른 지지 증거

정교한 테크놀로지가 개발되면서 연구자들은 세 종류의 색 수용체를 지지해주는 생리학적 증거를 내놓기 시작했다. 예를 들어, William Rushton(1901~1980)은 인간이 적어도 두 종류의 원추체는 확실히 가지고 있음을 발견하였다. Rushton(1958)은 광선을 인간 관찰자의 눈에 투사하고, 빛이 사라졌을 때와 나타났을 때의 조건을 비교하였다. 이런 비교를 통해 그는 M과 L원추체 시스템의 존재를 밝혀냈다. 그러나 Rushton은 S원추체 시스템에 대한 증거는 찾지 못했다.

이후 연구자들은 S원추체를 밝혀내기 위해 다른 기법을 사용했다. S원추체는 망막에 있는 원추체의 5~10% 정도 밖에 되지 않기 때문에 연구자들이 그것을 찾아내기는 쉽지 않았다(Solomon & Lennie, 2007). 좀 더 최근에 David Williams 등은 고해상도의 적응광학 영상법(adaptive-optics imaging)을 사용해서 세 가지 원추체 시스템의 분포도를 작성하였다(Hofer et al., 2005; Putnam et al., 2005). 지금은 S원추체가 망막 전체에 걸쳐 매우 규칙적인 패턴으로 분포되어 있다는 사실이 확연해졌다. 반면에, M과 L원추체는 대부분의 사람들에게서 무선적인 패턴으로 분포되어 있다. M과 L원추체는 대부분 사람들의 망막에 있는 원추체의 90% 이상을 차지한다. 그러나 M과 L원추체가 차지하는 비율은 정상 색채시각을 가진 사람들마다 차이가 있다. 어떤 사람의 경우 그 비율이 거의 동일한 반면, 다른 사람의 경우 L원추체가 M원추체보다 훨씬 더 많다.

지금까지는 정상 색채시각을 가진 사람들을 다루었다. 일찍이 Arthur König (1856~1901)는 색각 결함이 세 가지 원추체 중 어느 하나의 문제로부터 야기된다는 것을 정확하게 예측하였다(Pokorny, 2004). 이런 색각 결함을 가진 사람들을 고려할 때, 원추체 시스템의 변산성은 여전히 크다. 정상과 비정상 색채시각을 가진 사람들에 걸쳐 나타나는 원추체 시스템의 모든 변산성의 근원은 무엇일까? 전적으로 유전자가 주범이다!

이런 광색소와 유전자 코딩의 본질에 대한 세부는 Jeremy Nathans 등(1989; 1986)에 의해서 확인되었다. 이미 3장에서 간상체가 로돕신을 포함하고 있으며, 빛이 간상체에 도달하면 이 로돕신은 레티날과 옵신으로 분리된다는 것을 설명한 바 있다. 마찬가지로, 원추체는 레티날과 특정 파장에 가장 민감하게 반응하는 특정 옵신을 포함하고 있다(Nathans, 1999; Solomon & Lennie, 2007). 상이한 유전자들이 S, M, L원추체에서 발견되는 옵신의 특성을 결정한다(Sharpe et al., 1999). M과 L원추체에 있는 옵신은 X염색체에 부호화되며, 이는 나중에 논의하겠지만 색채시각의 개인차에 영향을 미친다.

세 가지 원추체 시스템의 정확한 분포 특성에서 어느 정도 변산성이 있긴 하지만, 대부분의 사람들은 삼색형 색각자임이 분명하다. 동물의 왕국에서는 삼색형 색각이 비교적 드물다는 것 또한 분명하다(Rowe, 2002). 그러나 일부 영장류와 기타 종들은 삼색시를 발달시켰다(Arrese et al., 2002; Jacobs & Rowe, 2004). 그러나 이색시를 가진 종들이 훨씬 더 일반적이다. 인간에게 약간의 도움을 받으면, 그런 종들도 삼색시를 가질 수 있다. 예를 들어, Gerald Jacobs, Jeremy Nathans 등(2007)은 세 번째 원추체 시스템을 쥐에 형성시킬 수 있었다. 이처럼 유전적으로 변형된 삼색시 쥐는 보통의 이색시 쥐보다 색 스펙트럼에 더 큰 민감도를 보여주었다.

삼색시는 인간에게는 일반적일지 모르지만, 옵신의 형태를 약간만 변화시켜도 원추체가 민감하게 반응하는 파장을 충분히 변화시킬 수 있다. 이런 유전적 차이로 인해, 네 가지 다른 유형의 원추체를 가진 여성들도 있다(Jameson et al., 2001). 네 개의 원추체 시스템을 가질 때의 효과에 대해서는 나중에 언급하기로 하겠다.

어떤 사람들이 세 개 이상의 원추체 시스템을 포함하는 망막을 가지고 있다는 증거가 있더라도, 원추체로부터 나오는 입력 정보는 세 개의 독립적인 채널로 결합된다. 계속해서 이 세 가지 대립 채널들에 대해 논의하기로 하겠다.

대립과정설

Young-Helmholtz 삼원색설의 논리에도 불구하고, 모두 다 이 이론을 설득력이 있다고 보지는 않았다. 그런 회의론자 중 한 사람이 독일 생리학자인 Ewald Hering(1834~1918)이었다. 색채 지각에 대한 어떤 관찰들이 Hering으로 하여금 의문을 품게 만들었다. 예를 들어 그는 관찰자들이 파란색을 띤 초록색 혹은 노란색을 띤 빨간색과 같은 색 혼합을 보고하기는 쉽지만, 초록색을 띤 빨간색 혹은 노란색을 띤 파란색과 같은 색 혼합은 거의 보고하지 않음을 발견했다.

이러한 관찰을 토대로 Hering은 세 가지 색 수용체 대신, 세 가지 색 수용체 쌍이 있다고 주장하였다. 이 쌍의 각 색은 보색으로 구성되는데, 이것이 그 색들이 혼합될 수 없는 이유이다. Hering은 세 개의 대립 쌍, 즉 빨간색-초록색, 노란색-파란색, 흰색-검은색을 제안했다.

부적 잔상 역시 이런 대립 쌍들에 대한 근거를 제공한다. **부적 잔상**(negative afterimage)은 어떤 영상 다음에 영상이 나타나는 것을 의미하기에 적합한 용어로 보인다. 더 나아가, 잔상의 색은 대립 쌍에서 보색(혹은 부적)이다. 당신은 분명히 부적 잔상을 경험해보았을 것이다. 예를 들어, 밝은 조명 아래서 색판 6(뒤표지 안쪽에 있음)을 놓고 잠시 응시해보라. 그 다음 평평한 종이를 바라보면, 부적 잔상을 경험하게 된다. 빨간색은 초록색 잔상을 일으키며, 파란색은 노란색 잔상을 일으킨다.

Hering은 시각 체계가 색을 지각하기 위해 대립과정을 사용한다고 주장했다. 가장 일반적인 형태로 **대립과정설**(opponent-process theory)은 하나의 색이 제시될 때 세포들의 활동이 증가되고, 다른 색이 제시될 때 활동이 감소되는 방식으로 자극에 반응한다고 명시한다. 예를 들어, 초록색이 제시될 때 발화율이 증가하는 세포는 빨간색이 제시될 때는 발화율이 감소한다. 다시 말해 각 세포는 스펙트럼의 어떤 영역에 대해서는 활성화를, 다른 영역에 대해서는 억제를 보여준다. Hering은 이런 대립과정들이 신경계의 상위 수준보다는 수용체 수준에서 발생한다는 잘못된 주장을 폈다. 따라서 애초의 대립과정설은 삼원색설과 대립될 수밖에 없었다.

Hering의 이론은 Hurvich와 Jameson(1957)의 '색채시각의 대립과정설'이라는 제목의 논문이 발표되기 전까지는 널리 인정받지 못하고 있었다. 이 연구자들의 정신물리학적 연구의 목적은 대립색의 모든 지각을 소멸시키는 데 필요한 색의 빛의 양을 결정하는 것이었다(Knoblauch, 2002). 예를 들어 그들은 관찰자들에게 빨간색 빛을 보여주고, 그들이 그 빛이 더 이상 빨간색으로 보이지 않는다고 보고할 때까지 추가시켜야 했던 초록색 빛의 양을 측정하였다. (가산 색 혼합에 대한 논의에서 세심하게 선정된 빨간색과 초록색 표본들의 적절한 양은 빨간색도 아니고 초록색도 아닌 중립색을 산출시키는데, 이는 빨간색과 초록색이 서로 보색이기 때문이라는 점을 기억할 것이다.) 이 절차는 다른 빨간 색조와 초록색, 노란색, 파란색의 여러 색조들에 대해서도 반복 실시되었다.

이 실험을 통해 Hurvich와 Jameson은 대립 반응 함수들을 직접적으로 측정할 수 있는 기법을 개발함으로써 색채 연구에 지대한 공헌을 하였다. 곧 상세하게 살펴보겠지만, 망막의 세 가지 원추체 시스템들 간의 수평적 연결은 이런 대립과정들을 일으킨다(Lennie, 2000). 결국 삼원색과 대립과정 이론가들은 모두 옳았다. 삼원색 이론가들은 색채 지각에 관여하는 수용체들을 정확하게 확인하였고, 대립과정 이론가들은 수용체 이후의 색 정보 조직을 정확하게 확인한 것이었다.

광수용체 이후의 색 부호화

지금 논의하려는 상당 부분은 3장의 내용과 중복된다. 따라서 시각 경로에 관한 내용을 다시 살펴보고 현재 논의를 진행하는 것이 도움이 될 것이다. 색채 지각에 중요한 P경로가 논의의 상당 부분을 차지할 것이다. 지금부터 전개되는 논의는 3장의 논의를 보완하고 확장시키는 것이라 할 수 있다.

망막과 LGN에서의 대립과정

이제 우리는 정상적인 색채 지각을 위해서 적어도 세 가지 원추체 시스템으로부터 나오는 입력 정보가 필요하다는 것을 알게 되었다. 동시에 우리는 두 개의 대립 쌍(빨강–초록과 노랑–파랑)이 색을 부호화한다는 것도 알았다. 우리의 시각 체계는 세 가지 유형의 원추체로부터 어떻게 네 개의 대립 색들을 획득하는 것일까?

먼저 대립과정이 어디에서 발생하는지 살펴보자. 원추체들이 중심과 길항적 주변을 가지는 원형 수용장을 가지고 있다는 것을 학습한 3장을 참고해야 할지 모르겠다. 실제로 각 원추체는 두 개의 다른 수용장 중심을 활성화시킬 것이다. 왜냐하면 각 원추체는 전형적으로 흥분성(+)과 억제성(–) 소형양극세포 모두와 접속하기 때문이다. 길항적 주변은 주변 원추체들로부터 양극세포로 대립 입력 정보를 보내는 수평연결에 기인한다. 따라서 흥분성 양극세포에서 길항적 주변은 반응을 억제시킬 것이다. 억제성 양극세포에 대해 길항적 주변은 반응을 흥분시킬 것이다.

다음으로 이런 수용장의 일반적인 개념이 어떤 식으로 대립과정을 일으키는지 고려해보자. **그림 7.8**에서 보듯이, 실제로는 여섯 개의 상이한 대립 기전이 존재한다(Valberg, 2005). 비록 정확하다고 볼 수는 없지만, M과 L원추체에 기반을 둔 네 개의 기전들을 초록색–빨간색으로 생각하는 것이 도움이 될 것이다. M원추체는 이웃해 있는 S와 L원추체로부터 대립 입력 정보를 수용한다. 그러나 S원추체의 수가 적어서, M원추체들은 L원추체들에서 나오는 대립 입력 정보만을 수용한다. 따라서 한 가지 유형의 수용장은 +M 중심과 –L 주변을 갖게 된다. 만약 중파장의 빛이 이 전체 수용장에 떨어지면 어떤 일이 발생할까? 그 중심은 중파장 빛에 의해 흥분되고 주변은 중파장 빛에 민감하지 않기 때문에 수용장의 전체 발화는 증가한다(흥분). 따라서 +M/–L 수용장은 중파장(예: 초록색) 빛의 존재를 신호한다. 만약 장파장 빛(예: 빨간색)이 수용장에 떨어지면 어떤 일이 발생할까? 중심은 장파장 빛에 민감하지 않지만 주변은 장파장 빛에 의해서 자극될 때 억제 입력 정보를 보내기 때문에 발화는 감소한다(억제). 마지막으로 이 수용장이 어떻게 단파장의 빛에 반응하는지 살펴보자. **그**

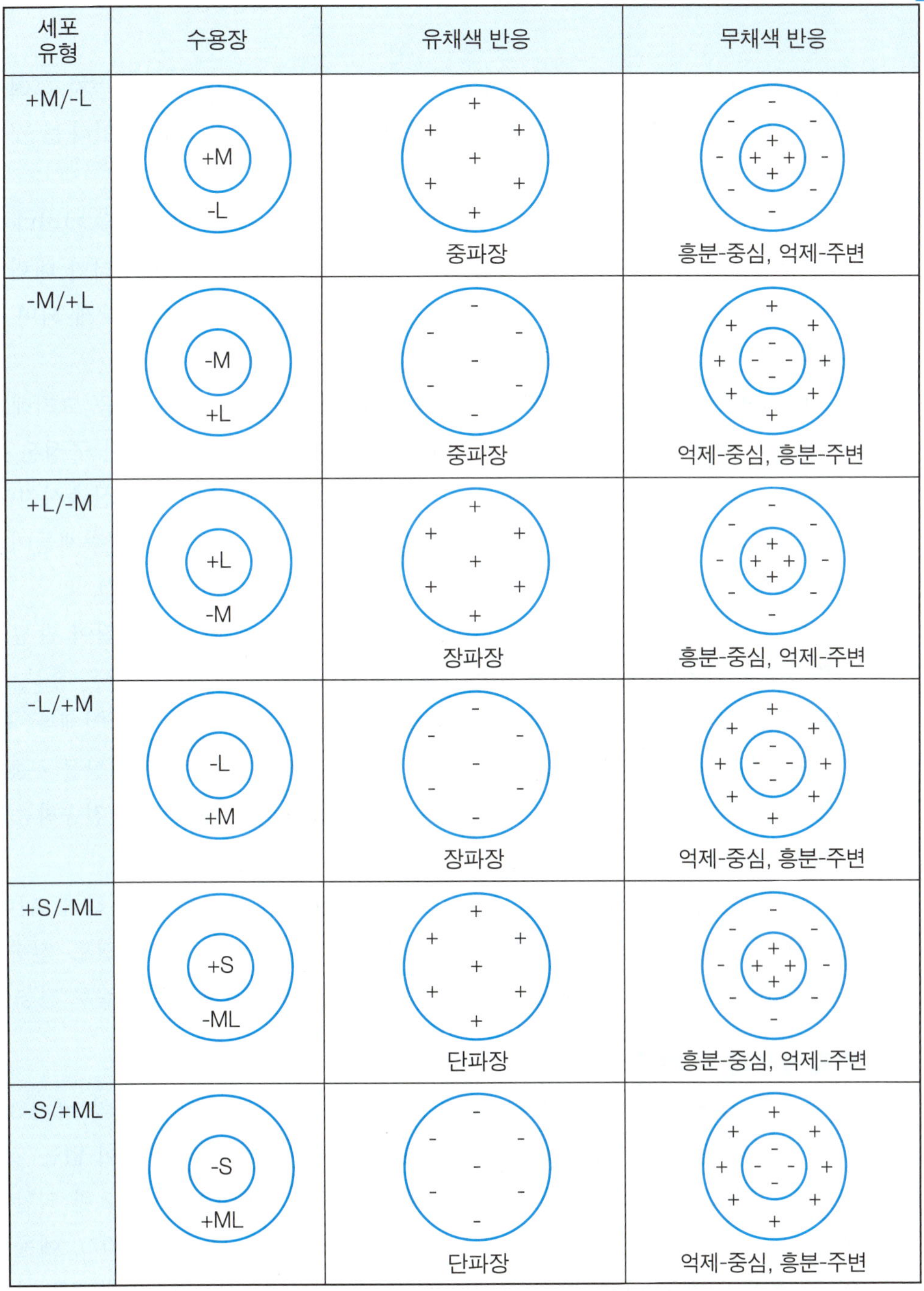

그림 7.8 여섯 개의 원형 수용장 유형. 각 수용장은 중심과 길항적 주변을 가지고 있다. 첫 네 개의 수용장은 그것들의 유채색 반응 때문에 초록색–빨간색으로 명명할 수 있음을 주목하라. 따라서 중파장 빛(예: 초록색)은 +M/–L 수용장을 가진 세포의 발화를 감소시킨다. 마지막 두 개의 수용장은 그것들의 유채색 반응 때문에 파란색–노란색으로 명명할 수 있다. 무채색 빛(예: 흰색)의 경우 이 수용장들은 흥분–중심, 억제–주변이나 억제–중심, 흥분–주변 수용장으로 기능한다.

림 7.8을 보고 –M/+L 수용장이 어떤 식으로 여러 빛 파장에 반응하는지 그려보라. 당신은 이런 수용장을 가진 세포들을 초록색–빨간색으로 언급할 수 있다는 것을 이해할 수 있는가?

당신은 또한 L원추체 중심을 가진 수용장의 기능을 파악할 수 있을 것이다. M원추체 중심을 가진 수용장들에서처럼, L원추체는 사실상 M원추체로부터만 대립 입력 정보를 수용한다. 따라서 수용장의 한 유형은 +L 중심과 –M 주변을 갖게 되며, 다른 유형은 –L 중심과 +M 주변을 갖게 된다.

마지막으로 파란색–노란색을 신호하는 두 개의 다른 대립 기전을 고려해보자. S원추체는 M과 L원추체 모두로부터 대립 입력 정보를 수용한다. 이런 구성은 두 개의 다른 수용장 유형, 즉 +S 중심과 –ML 주변, –S 중심과 +ML 주변을 산출시킨다. 그러나 수용장은 S원추체에게 있어 좀 혼란스러울 수 있다. 즉 주위 M원추체들이 항상 –S 중심에 대해 길항적이지는 않기 때문이다(Solomon & Lennie, 2007).

백색(무채색)광이 이런 수용장을 가진 세포들에 떨어지면 어떤 일이 발생할까? **그림 7.8**의 마지막 종렬에서 보듯이, 세 개의 흥분–중심 대립 기전들은 흥분–중심, 억제–주변 수용장으로 작용한다. 세 개의 억제–중심 대립 기전들은 억제–중심, 흥분–주변 수용장으로 작용한다. 따라서 이런 대립 기전들은 색 정보 이상을 부호화한다(Lenni & Movshon, 2005). 색 이외에도 망막으로부터 나온 정보를 전송하는 신경절세포들은 또한 휘도 정보, 공간 정보, 운동 정보 등도 부호화한다.

M과 L원추체는 결국 P경로로 이어지는 신경절세포를 자극하게 된다. 3장에서 주목했듯이, 그 정보는 외측슬상핵(LGN)을 거쳐 시각피질로 전송된다(Gegenfurtner, 2003). S원추체 정보 또한 LGN(K경로)을 거쳐 시각피질로 전송된다.

피질에서의 색 부호화

LGN 이후 색 정보는 일차시각피질(V1)을 거쳐, 시각피질의 다른 영역(예: V2, V3, V4)으로 전송된다. 한 때 연구자들은 V1이 색채 지각과는 거의 관련이 없는 것으로 생각한 적이 있었다. 그러다 점차 연구자들은 색채 지각에서 V1이 중요한 역할을 한다는 것을 인식하기 시작했다(Hurlbert, 2003; Solomon & Lennie, 2007). 예를 들어 연구자들은 V1에서 이중 대립 수용장(double-opponent receptive fields)을 가진 세포를 발견하였다(Gegenfurtner & Kiper, 2003). 이 세포들의 수용장 중심은 L원추체의 입력 정보에 의해서 흥분되며, M원추체의 입력 정보에 의해서는 억제된다. 한편, 주변은 L원추체의 입력 정보에 의해 억제되며, M원추체의 입력 정보에 의해 흥분된다. 이런 세포들은 색채 항등성에 중요한 역할을 담당한다(Hurlbert, 2003).

3장에서 P, M, K경로를 소개한 바 있다. P경로에 있는 뉴런은 색과 모양에 대한 정보를 전송한다. 그러나 어느 시점에서 시각 체계는 색, 모양, 운동과 같은 정보를 분리시킬 필요가 있다. 현재 연구자들은 마카크 원숭이를 연구하면서 이런 과정들을 살피고 있다. 이들 연구에 따르면 V1과 V2에는 두 눈에서 나오는 입력 정보를 수용하는 세포들이 있으며, 이 세포들은 색에 민감하다. 따라서 V1의 일부 양안 세포들은 색을 신호하고, 다른 일부는 깊이를 신호한다(Peirce et al., 2008).

다른 장들에서도 보겠지만, 연구자들은 종종 특별한 유형의 지각(예: 음악, 말소리)을 담당하는 뇌 중추를 탐색한다. 이와 유사하게, 어떤 연구자들은 V4가 '색 중추'라고 주장하기도 한다. 사실, 인간에게 있어 V4에 해당하는 영역이 손상되면 색채시각의 상실이 나타나기도 한다. 그러나 그런 손상은 다른 결함들도 수반하기에 V4는 색채 지각을 포함하여 다른 더 많은 기능도 담당하는 것으로 보인다. 더구나, V4에서 색채 조율 세포들이 차지하는 비율은 시각피질의 다른 영역들에서 발견되는 비율보다 더 높지는 않다(Gegenfurtner & Kiper, 2003). 뇌의 무수히 많은 영역들은 모든 지각 과정에 관여하며, 따라서 어떤 특정 유형의 지각을 담당하는 단일 '중추'가 있다고 말하기는 어렵다.

절 요약

색채시각의 해부학과 생리학

1. 삼원색설은 1800년대 중반에 제안되었으며, 때로 Young-Helmholtz 이론으로 불리기도 한다. 삼원색설은 망막이 세 가지 다른 유형의 수용체들을 가지고 있다고 주장한다. 보다 최근 증거는 이런 세 가지 원추체의 존재(그리고 그것의 유전적 기반)를 확증해주었다.
2. Hering은 1800년대 말에 대립과정설을 제안하였다. 최근 이론에 따르면, 대립과정들이 수용체 이후의 수준에서 작용한다. 초록색과 빨간색, 파란색과 노란색, 검정색과 흰색은 서로 대립적으로 작용한다.
3. 원추체는 정보를 신경절세포와 특정 파장(예: 단파장, 중파장, 장파장)에 대해 중심이 흥분(+)이나 억제(–) 반응을 하는 원형 수용장을 가진 LGN세포로 보낸다. 이외에, 수용장은 주변 원추체들로부터 오는 억제성 입력 정보에 의해 형성되는 길항적 주변을 가지고 있다. 따라서 이런 세포들은 초록색-빨간색 혹은 파란색-노란색으로 고려되는 수용장들을 가지고 있다.

4. 시각피질의 많은 영역들(예: V1, V2, V3, V4)이 색채 지각에 관여한다. V1 전에, 개개 뉴런들은 다른 유형의 정보(예: 색, 형태, 운동)를 전송한다. 그러나 시각피질 내에서는 다른 유형의 정보가 각각 다른 영역에서 처리된다. 그렇다 하더라도, 시각피질이 하나의 색 중추를 갖고 있는 것으로 보기는 어렵다.

색채시각의 개인차

이전 장들에서 사람들이 시각 경험에서 차이를 보이는 많은 측면들을 기술한 바 있다. 색채시각은 유전자와 연관되어 있기 때문에, 사람들은 색채 경험에서 큰 차이를 보인다. 여기서는 생물학적 차이에 기인한 색채시각에서의 개인차에 초점을 맞추기로 하겠다. 또한 경험이 색채 지각의 차이를 일으킬 수 있다는 것도 논의될 것이다.

색각 결함

어떤 사람들은 색상이 다른 두 색의 차이를 말할 수 없다. 우리는 흔히 이런 사람들이 보이는 문제를 '색맹(colorblind)'으로 부르지만, 이 용어는 너무 강하다. 사실 색을 전혀 구분할 수 없는 사람들은 소수이다. 따라서 우리는 색맹이라는 용어 대신에 색각 결함이라는 용어를 사용하기로 하겠다. **색각 결함**(color-vision deficiencies)을 가진 사람들은 상이한 색을 구분하는 데 어려움을 겪는다.

남성의 약 8%는 적-녹(red-green) 색각 결함을 가지고 있는 반면, 여성은 0.4% 정도만 이 결함을 가지고 있다(Birch, 2001). 다시 말해서, 만약 한 방에 남성 250명과 여성 250명이 모여 있다면, 그 가운데는 대략 남성 20명과 여성 1명 정도는 색 구분에 문제가 있는 사람일 것이다. 이런 색각 결함은 X염색체와 연관된다. 남성은 하나의 X 염색체만을 가지고 있기 때문에, 이런 결함에 더 취약하다.

색각 결함은 두 가지 이유에서 논의가 필요하다. 첫째는 이 문제가 매우 일반적이라는 것이다. 당신이 색각 결함일 수도 있고, 주변에 색각 결함을 가진 친구들이 있을 수 있다. 둘째는 색각 결함이 색채 이론에 중요한 함의를 가진다는 것이다. 여기서는 색각 결함을 어떻게 진단하는지를 먼저 살펴보고, 그 다음에 이런 결함의 원인에 대해 살펴보기로 하겠다.

색각 결함 진단

누군가가 특정 색을 구별하지 못한다는 것을 어떻게 판단할 수 있을까? 색채시각 연구자들은 적-녹 색각 결함을 진단하는 여러 방법을 개발해왔다. 한 가지 방법은 여러 색으로 구성된 배경 위에 상이한 색들로 이루어진 형상을 가진 어떤 대상(예: 숫자)을 확인하도록 하는 것이다. 예를 들어, **이시하라 색각검사**(Ishihara Test)는 관찰자에게 상이한 색을 가진 원들의 패턴 속에 숨겨진 숫자를 탐지하도록 하는 검사이다(Dain, 2004). 색판 6(뒤표지 안쪽)에 이시하라 색각검사의 예가 있다. 아동과 글자나 숫자를 모르는 사람들을 검사하기 위해서 임상전문가는 38개 그림으로 구성된 이시하라 검사(38-plate Ishihara Test)의 하위 항목이나 여타의 다른 검사들을 사용할 수 있다(Birch, 2001).

또 다른 방법은 사람들에게 조색(color matching) 과제를 실시하는 것이다. 애노말로스코프(anomaloscope)는 조건등색 맞추기의 원리에 기반을 둔 장비이다. 피검자는 원의 한 쪽 절반이 노란색이고, 나머지 절반의 흰 공백에 빨간색과 초록색을 혼합하여 제시되어 있는 노란색과 대응이 되도록 시도하게 된다. 색각 결함을 가진 사람들의 실수는 예측과 진단이 가능하다.

마지막 방법은 색을 배열하는 것이다. Farnsworth-Munsell 검사는 이런 유형의 색채시각 검사법의 예이다. 만약 당신이 이런 유형의 검사를 받아 보았다면, 움직일 수 있는 한 묶음의 원판과 각 끝에 색 원판이 매달린 쟁반을 보았을 것이다. 피검자의 과제는 하나의 기준색에서 시작하여 다른 색까지 순서대로 움직일 수 있는 원판들을 배열시키는 것이다. 움직일 수 있는 원판들의 배열을 통해 임상 전문가는 세 개의 원추체 시스템 가운데 어떤 것이 문제가 있는지를 탐지할 수 있다.

망막 색각 결함

색채시각 유형들이 **표 7.2**에 요약되어 있다. 만약 당신이 정상 색채시각을 가지고 있다면, 당신은 정상 삼색형 색각자이다. **정상 삼색형 색각자**(normal trichromat)는 스펙트럼 상의 모든 다른 색들을 대응시키기 위해서 빨간색, 파란색, 초록색의 세 가지 색을 필요로 한다. 삼색형 색각자라는 단어는 '3(tri)'과 '색(chroma)'을 뜻하는 두 의미로 구성되어 있다.

연구자들은 종종 비정상적인 능력을 가진 사람들을 연구함으로써 지각 체계의 기능에 대해 많은 것을 확인하게 된다. 초기 색채 이론가들은 조건등색 맞추기 실험으로부터 얻은 증거뿐만 아니라, 이상 색채시각에 대한 정보에 의해서도 영향을 받

표 7.2 색채시각 유형(정상과 결함)

분류	원추체 결함	기술
정상 삼색형 색각자	없음	정상 색채시각
이상 삼색형 색각자		
적색각 이상(제1색약)	L원추체	적-녹에 둔감
녹색각 이상(제2색약)	M원추체	적-녹에 둔감
청색각 이상(제3색약)	S원추체	청-노에 둔감
이색형 색각자		
장파 색각 결함	L원추체	적-녹에 둔감
중파 색각 결함	M원추체	적-녹에 둔감
단파 색각 결함	S원추체	청-노에 둔감
단색형 색각자	모두	색채시각 없음

았다. 리본, 꽃, 그리고 다른 대상들을 자극으로 사용하여 자신의 색각 결함을 연구한 John Dalton(1798/1948)의 보고서는 초기 이 분야의 연구에 지대한 영향을 끼쳤다. Dalton은 가족 중 일부 남자 형제들에게서도 나타나듯이, 자신의 형도 자신과 유사한 방식으로 색을 경험한다는 것을 발견하였다. 이런 관찰을 통해, 이론가들은 색각 결함이 세 개의 원추체 시스템 가운데 어느 하나에서 나타나는 비정상성과 일치하며, 이러한 비정상성은 유전적인 것과 연관되어 있다는 생각을 하게 되었다(Sharpe et al., 1999).

가장 일반적인 형태의 색각 결함은 **이상 삼색형 색각자**(anomalous trichromat)이다. 이상 삼색형 색각자는 세 가지 원추체 시스템을 모두 가지고 있기는 하지만, 그 가운데 어느 하나가 비정상적인 흡수 스펙트럼을 가지는 것이다. **표 7.2**에서 보듯이, 비정상적인 원추체 시스템은 세 가지 다른 유형의 이상 삼색시를 결정한다(Birch, 2001). 비정상성에 따라, 이상 삼색형 색각자는 약간 혹은 좀 더 심각한 색채 지각 손상을 경험한다. 남성의 약 6%가 이상 삼색형 색각자이며, 이들 대부분은 비정상적인 M원추체를 보유하고 있다(Smith & Pokorny, 2003).

반면에 **이색형 색각자**(dichromat)는 세 가지 원추체 시스템 중 두 개만 가지고 있는 사람이다. 결과적으로 이색형 색각자는 자신이 볼 수 있는 모든 색들을 대응시키기 위해서 단지 두 개의 일차색만 사용하게 된다. **그림 7.7**을 보고 세 개의 곡선 중 하나가 사라졌다고 상상해보라. 이색형 색각자가 어떤 표적 색의 조색을 위해 단지 두 개의 색만을 사용할 수밖에 없는 이유를 이해하게 될 것이다. 이색형 색각자가 일반적인 여러 다른 종들처럼 이색형 색각자인 사람도 색을 볼 수 있다. 그러나 이색형 색각자는 삼색형 색각자가 쉽게 구분하는 색들에 대해 어려움을 겪는다. 분명한 것은, 이색형 색각자는 이상 삼색형 색각자가 경험하는 것보다 더 심각한 색채 결함을 가진다는 것이다. 다행인 것은 이색형 색각자는 비교적 드물다는 것이다(남성의 2%).

세 가지 원추체 시스템 중 어느 하나의 상실은 각각 세 가지 유형의 이색형 색각자를 초래한다. 장파 색각 결함과 중파 색각 결함이 가장 일반적인 유형으로 각각 남성의 약 1% 정도에서 나타난다. 이런 색각자들의 세상에 대한 지각은 유사한데, 모두 빨간색과 초록색을 혼돈하기 때문에 '적-녹 색맹'이라고도 한다. **장파 색각 결함**(protanope)은 L원추체를, **중파 색각 결함**(deuteranope)은 M원추체를 가지고 있지 않다. 이런 이색형 색각자들은 망막에 있는 원추체의 수에서는 차이가 없다(Carlson, 2007). 이는 장파 색각 결함의 경우도 마찬가지인데, S원추체의 수에서는 문제가 없지만, M원추체의 수가 더 많다. 그러나 중파 색각 결함은 S와 L원추체의 수가 일반적이어서 M원추체가 없는 것으로 보인다. 따라서 중파 색각 결함은 정상 색채시각보다 더 적은 수의 원추체를 보유한다(Carroll et al., 2004).

이색형 색각자의 세 번째 유형은 인구 5천명에서 1만 명 가운데 한 사람 정도가 단파 색각 결함일 정도로 드물다(Birch, 2001). 파란색과 노란색을 혼동하는 **단파 색각 결함**(tritanope)은 S원추체가 부족하다. 이 결함은 X염색체와 연관되지 않기 때문에 남성과 여성 모두에게서 동일한 비율로 발생한다(그러나 거의 드물다).

세상이 이색형 색각처럼 보인다면 어떨까? Graham과 Hsia(1958)의 연구가 실마리를 제공해준다. 이들은 놀랍게도 오른쪽 눈은 정상 색채시각을 가지고 있으나, 왼쪽 눈은 중파 색각 결함을 가지고 있는 여성을 찾아냈다. 이 연구자들은 각 눈에 다른 색을 제시하고, 그 여성에게 조색을 하도록 요청했다. 예를 들어 그들은 색각 결함이 있는 눈에 빨간색을 보여주고, 정상 색채시각을 가진 눈에 제시된 색이 다른 눈에 제시된 빨간색과 같은 색상이 될 때까지 조절하도록 요청했다. 그들은 그녀의 색각 결함이 있는 눈이 초록색과 보라색 사이에 있는 모든 색들을 파란색으로 보며, 초록색과 빨간색 사이에 있는 모든 색들을 노란색으로 본다는 것을 발견하였다.

이색형 색각자의 상황이 극히 암울할 것으로 추정해서는 안 된다. 사실 이색형 색각자는 매우 빠르게 깜빡이는 색 자극을 탐지하는 데 있어 삼색형 색각자보다 더 나을 수 있다(Sharpe et al., 2006). 더구나, 일부 색을 구분하는 데 어려움을 가지고 있다는 점을 제외하면 이색형 색각자는 거의 정상 시력을 가지고 있다. 비록 색이 탐색과 변별을 위해 극히 유용한 것이 사실이지만, 그렇다고 해서 색채시각이 결정적인 능력은 아니다. 대부분의 동물들은 삼색형 색각자가 지각하는 전체 범위의 색으로 세상을 보지 못하더라도 매우 잘 생존하고 있다. 더 나아가, 색각 결함은 실제로 수세기 동안 주목을 받지 못했을 만큼 '색맹'인 사람들이 사회에서 거의 무리 없이 역할을 하며 살아가고 있다. 사실 대부분의 이색형 색각자들은 정상 삼색형 색각자들처럼 색을 볼 수는 없지만, 많은 색 용어들을 정확하게 사용하는 법(아마도 지각된 밝기 차이에 기초하여)을 학습할 수 있다(Wachtler et al., 2004).

그러나 이색형 색각자가 실제적인 어려움에 직면하는 경우도 있다. 예를 들면 교통신호등이 빨간색과 초록색인 것이 불행이지 않을까? 현재의 교통신호등 체계가 표준화될 때까지(세 개의 불빛을 수직 형태로 배열한 신호등에서 빨간색은 가장 위에 위치된다), 운전 중 교차로에 진입하는 장파 색각 결함과 중파 색각 결함을 가진 운전자들은 위험한 추측 게임을 벌여야만 했다. 이제 그들은 단순히 가장 위에 있는 신호등이 켜질 때 멈추기만 하면 된다.

색각 결함에 대한 정보는 이전에 논의한 색채시각 이론과 잘 부합한다. 수용체 수준에서의 결과와 일치하듯이, 색각 결함은 특정 원추체 시스템의 기능 상실에서 발생된다. 수용체 수준 이상의 결과들과 일치하듯이, 빨간색을 볼 수 없는 사람들은 또한 초록색을 보는 데도 어려움을 가지며, 파란색을 볼 수 없는 사람들은 노란색도 보기 어렵다.

지금까지 세 개의 색에 기초하여 조색을 할 수 있는 삼색형 색각자와 두 개의 색에 기초하여 조색을 하는 이색형 색각자에 대해서 논의하였다. 이제부터는 단색형 색각자에 대해서 살펴보기로 하겠다. **단색형 색각자**(monochromat)는 단지 하나의 색으로 나머지 모든 색을 조색해야만 하는 사람이다. 이런 사람에게 모든 색은 유사하게 보이기 때문에 진정한 색맹이라 할 수 있다. 다행스러운 것은 이 장애가 3만 명 당 1명 정도로 발생 빈도가 비교적 드물다는 것이다(Caroll et al., 2008).

여기서는 단일 원추체 시스템을 가진 색각 결함보다는 간상체 단색형 색각자에 초점을 맞출 것이다. 예상했을지 모르지만, 유전적 돌연변이(CNGB3라는 유전자)가 간상체 단색형 색각자의 상당 부분을 설명해준다(Kohl et al., 2005; Sundin et al., 2000). 불행히도 간상체 단색형 색각자는 시력 저하, 밝은 빛(예: 태양빛)에 대한 과도한 민감도, 안구 응시의 지속성 결여 등을 포함해서 다른 시각적 문제들도 가지고 있다. 간상체 단색형 색각자의 망막에는 원추체가 없다(Carroll et al., 2008).

뇌의 색채시각 결함: 대뇌 색맹

대뇌 색맹(cerebral achromatopsia)은 **그림 7.9**에서 보여주듯이 복내측 후두 피질의 손상으로 인한 색채시각 상실이다(Bouvier & Engel, 2006; Heywood & Kentridge, 2003). 색을 볼 수 없다는 것은 장애로 정의될 수 있다. 대뇌 색맹을 가진 사람들의 시력은 정상적이어서 형태는 명확하게 볼 수 있지만, 모든 것들이 회색조로 보인다(Zeki, 1993). 손상이 한 쪽 반구에만 있는 경우, 대뇌 색맹을 가진 사람은 시각장의 반은 색을 보지만, 나머지 반은 흑백을 보게 된다(Heywood & Cowey, 2003).

대뇌 색맹을 가진 사람들이 정상적으로 기능하는 원추체를 가지고 있다는 점을

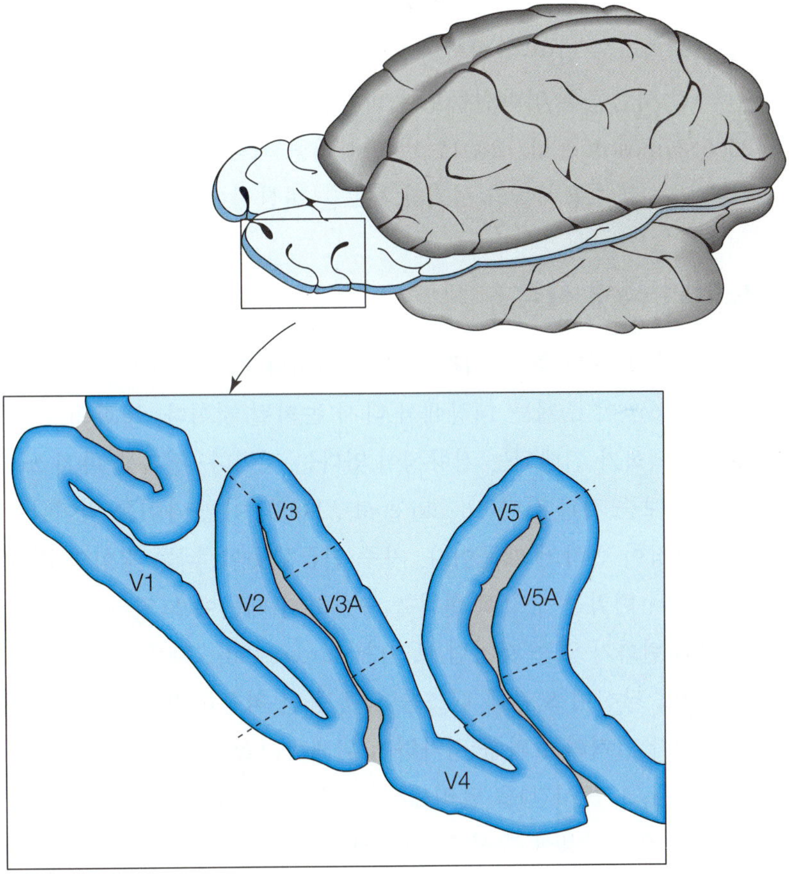

그림 7.9 이 그림은 피질의 한 절단면을 확대시킨 것이다. 그림의 윗부분은 뇌의 수평 절단면(절단면을 살짝 뒤로 빼낸)을 보여주고 있다. 그림의 하단 네모 상자는 후두엽 영역을 확대시킨 것이다.

출처: Zeki(1993)

주목하는 것이 중요하다. 따라서 원추체에서 나오는 입력 정보가 필요하지만, 색채 지각을 하는 데는 충분치 않다. 이전에도 주목했듯이, 뇌의 이 영역은 색채시각에 중요하지만, 색 중추는 아니다(Solomon & Lennie, 2007). 그렇게 보는 한 가지 이유는 뇌의 이 영역에 입은 손상은 색채 지각 외에도 다른 시각 결함까지 수반하기 때문이다.

세 가지 이상의 원추체 시스템

3장에서 주목했듯이, 많은 새들은 세 개 이상의 원추체를 가지고 있다(Beason & Loew, 2008; Goldsmith, 2006). 그 결과, 새들은 자외선을 볼 수 있다. 어떤 사람들(전형적으로 여성들) 또한 세 개 이상의 원추체를 가지고 있다. 그러나 그 효과는 가시 스펙트럼을 넘어 자외선까지 확장되지는 않는다. 대신에 네 개의 원추체 시스템을 가진 사람들은 일반인들보다 파장을 더 정확하게 구별할 수 있다(Jameson et al., 2006; Jameson et al., 2001). 비록 삼색형 색각자가 표준적이기는 하지만, 인간의 망막에 있는 광수용체들의 성질과 분포는 변산성이 크다.

노화와 색채 지각

앞장에서, 노화가 흔히 시각 능력의 저하와 연합되어 있음을 주목한 바 있다(Schieber, 2006). 이 주제는 14장에서 다시 논의될 것이다. 노화의 한 가지 부작용은 수정체의 황색화가 진행되는 경향성이 있다는 것이다. 결과는 마치 노란색 필터로 들어오는 빛을 보는 것과 같다(Suzuki et al., 2005). 이는 나이를 먹어감에 따라 망막에 도달하는 파장이 변하기 때문이다. 자주 언급했듯이, 뇌는 경험의 결과로 적응한다. 결과적으로 뇌 변화는 수정체 변화를 수반하기 때문에 노인들은 현색(color appearance)에 거의 변화가 없는 것처럼 보인다(Hardy et al., 2005).

만약 당신이 노란색 렌즈를 오랫 동안 착용하면 어떤 일이 일어날까? 이처럼 변형된 시각 입력의 효과를 평가하기 위해서, Jay Neitz 등(2002)은 사람들에게 매일 시간 비율(4, 8, 12시간)을 달리해서 색 렌즈를 착용하도록 했다. 다른 결과들과 마찬가지로, 렌즈를 착용한 즉시 그 사람의 색채시각은 영향을 받았다. 그러나 렌즈를 착용하고 며칠이 지나자 변화가 더 확실하게 나타났다. 더구나 렌즈 착용을 중지한 후, 사람들의 색채 지각은 2주일 동안 정상으로 돌아오지 않았다. 분명히, 지각적 경험은 뇌 기능을 변화시키며, 그로 인해 지각도 영향을 받는다.

더 나아가, 노인들은 종종 백내장에 걸리기 때문에 수정체를 깨끗한 인공 수정체로 교체하는 교정 시술이 요구된다. 이런 변화가 색채 지각에도 영향을 줄까? 데이터에 따르면, 확실히 영향을 준다(Delahunt et al., 2004). 백내장을 제거한 즉시, 대부분의 사람들에게서 색채 지각의 확연한 변화가 나타났다.

절 요약

색채시각의 개인차

1. 여러 이유로 사람들은 색채 지각에서 현저한 차이를 보인다.
2. 연구자들은 색채시각의 개인차를 평가하기 위해서 다양한 검사를 개발하였다. 이런 검사에는 색 배경 상에서 색 자극 탐지하기(예: 이시하라 검사), 애노말로스코프를 사용한 조색이나 색 조각 배열하기(예: Farnsworth-Munsell 검사)가 있다.
3. 삼색형 색각자는 정상 색채시각을 가지고 있다. 이들은 어떤 표적 색을 조색하기 위해 세 가지 색을 사용한다.
4. 이상 삼색형 색각자는 세 가지 원추체 시스템 가운데 어느 하나가 이례적인 흡수 스펙트럼을 가지고 있는 경우이다. 결과적으로 이들의 조색은 정상 삼색형 색각자의 조색과 다르다.
5. 이색형 색각자는 다른 모든 색들의 조색을 위해 두 개의 기본색만 사용하는데, 이는 세 가지 원추체 시스템 가운데 어느 하나가 없기 때문이다. 장파 색각 결함(L원추체 결여)과 중파 색각 결함(M원추체 결여)은 빨간색과 초록색을 볼 수 없다. 단파 색각 결함(S원추체 부재)은 파란색과 노란색을 볼 수 없다. 이런 색각 결함은 색채시각 이론들과 일치한다.
6. 이색형 색각자는 정상 시력을 가지고 있으며, 심지어 밝기 차이에 기초하여 색을 구분할 수도 있다.
7. 단색형 색각자는 하나의 색만으로 나머지 모든 색들을 조색한다. 이런 사람들이 진정한 색맹이라 할 수 있다.
8. 비록 완벽하게 기능하는 세 가지 원추체를 가지고 있더라도, 대뇌 색맹을 가진 사람들 또한 진정한 색맹이라 할 수 있다.
9. 노화는 수정체의 착색에 영향을 미치고, 그로 인해 망막에 도달하는 파장에도 영향을 미친다. 그럼에도 불구하고, 노인들은 현색의 변화를 거의 보여주지 않는다(뇌 변화에 기인하는 것으로 보임).

색채 관련 현상

지금까지 색채 지각의 감각적 요인들에 대해서 논의했다(색 자극이 망막에서부터 피질에 이르기까지 어떤 식으로 처리되는지). 그러나 4장에서 논의한 밝기 지각과 밝기 항등성을 생각해보자. 자극의 지각된 밝기가 오로지 망막의 활동에 의해서만 결정되지 않는 것처럼, 색도 전적으로 망막의 활동에 의해서만 결정되는 것은 아니다. 주위 맥락은 자극의 지각된 밝기에 크게 영향을 미치는데, 색채 지각에도 영향을 준다(MacLeod, 2003b). 게다가 테마4와 일치하는 것으로, 색채 지각에는 사전 지식과 기대가 관여된다. 따라서 S, M, L원추체의 활동 수준이 동일하더라도 주위 맥락과 경험에 따라 상이한 색채 지각이 일어날 수 있다.

여기서는 이런 망막 이외의 요인들이 색채 지각에 미치는 영향을 확인해주는 다양한 색채 관련 현상들을 논의할 것이다. 이런 색채 관련 현상들은 자극의 색이 부분적으로 그것의 파장, 강도, 순도 이외의 다른 요인들에 의해서 결정될 수 있음을 명확하게 해줄 것이다. 먼저 색채 항등성에 초점을 맞추고자 하는데, 이는 지각된 색이 망막에 도달하는 파장의 변화에도 불구하고 동일하게 유지될 수 있음을 잘 보여주기 때문이다.

색채 항등성

4장에서 이미 항등성 개념을 소개한 바 있다. 일반적으로 항등성은 원격 자극에 대한 우리의 지각이 근접 자극의 변화에도 불구하고 동일하게 유지될 때 발생한다. 이런 항등성은 우리로 하여금 안정된 세계를 지각하도록 돕는다.

색채 항등성(color constancy)은 대상에 조명되는 빛의 파장 변화에도 불구하고 그 대상에게 동일한 색 명칭을 사용하는 우리의 경향성을 의미한다. 예를 들어 우리는 한낮에 자연광 아래에서 대상들을 보며, 밤에는 인공광 아래에서 그것들을 본다. 그런데도 우리는 두 유형의 조명 조건 모두에서 대상들에 동일한 색 명칭을 부여한다. 햇빛과 비교해서 백열등 아래에서 장파장 에너지가 증가한다는 것을 보여주는 **그림 7.1**을 다시 보면, 항등성은 매우 기묘한 현상이라 할 수 있다.

색채 항등성 평가

먼저 Edwin H. Land(1909~1991)가 개발한 색채 항등성 시범을 고려해보자. 그는 각각 매우 상이한 광원으로 조명되는 색 조각으로 구성된 세 개의 자극을 제시하였다. 첫 번째 자극으로 빨간색 조각, 두 번째 자극으로 파란색 조각, 세 번째 자극으로 초록색 조각에서 동일한 파장을 반사시키는 조명이 선별되었다. 만약 우리의 색채 감각이 엄격하게 우리가 수용하는 물리적 정보로부터 나온다면, 관찰자들은 이 세 개의 조각 모두에 대해 동일한 색으로 보고해야 한다. 그러나 관찰자들은 강력한 색채 항등성을 보여주었다. 즉 그들은 각각 세 조각의 색을 정확하게 확인하였다. 밝기 항등성처럼, 우리의 색채 지각은 망막에 도달하는 절대적 파장에 의존하지 않는다. 대신에 색채 지각은 우리가 보고 있는 대상들 간의 반사율 관계성에 의존한다.

Land의 시범에도 불구하고, 연구자들이 실험실에서 색채 항등성을 연구하면서 얻은 결과는 그들로 하여금 색채 항등성의 존재에 대해 의문을 품게 만들었다(Foster, 2003; Hurlbert, 1999). 어느 누구도 실제로 약한 형태의 색채 항등성에 의문을 제기하지 않는다. 즉 색 명칭은 조명의 변화와 무관하게 일정할 것이다. 대신에 그들은 더 강력한 형태의 색채 항등성에 의문을 제기하면서, 조명의 변화와 무관하게 대상의 현색이 일정하게 유지된다고 주장하였다. 나중에 논의하겠지만, 색 명칭은 파장 범위를 포괄하는 범주이다. 따라서 당신이 여전히 동일한 색 명칭을 부여하더라도, 조명의 변화는 대상의 현색을 변화시킬 수 있다.

어떤 상점의 형광등 조명 아래에서 '완벽'하게 보이는 파란색 카펫을 고려해보자. 자연광이나 백열등 조명이 있는 거실에 깔았을 때, 완벽하게 보였던 그 카펫이 보잘것없는 것으로 보일 수 있다(그러나 우리는 여전히 그 카펫의 색을 파란색으로 부를 것이다!). 따라서 색 명칭이 변하지 않아도 현색은 크게 변할 수 있다.

여러 방법을 사용해서 현색을 평가한 실험실 연구들은 전형적으로 정확하다고 할 만한 색채 항등성을 확인했다(Foster, 2008). 즉 만약 완전한 색채 항등성을 1로, 완전한 비항등성을 0으로 정의하면, 이런 연구들은 .70에서 .80 사이의 범위의 색채 항등성을 발견한 것이다. 사실 어떤 실험실 조건에서는 색채 항등성이 거의 완벽에 가깝다(Ling & Hurlbert, 2008).

그러나 실험실은 색채 항등성을 연구하기 위한 최적의 장소는 아니다. Brunswik와 Gibson의 전통에서 보면, 색채 항등성은 자연 세계에서 안정성 창출을 위해 발달되었다고 주장할 수 있다. 이와 관련해서, 실험실 연구에서 사용되는 자극들은 너무 제한적이라 할 수 있다. 따라서 자연 조건에서 색채 항등성을 연구하는 것이 바람직하다(MacLeod, 2003a, Shevell & Kongdom, 2008). 자연 장면에서 발견되는 색 범위와 시간 경과에 따른 조명의 변화를 포함한 여러 이유로 이 같은 연구는 큰 가능성을 가진 색채 항등성 연구가 될 것이다(Foster, 2008).

색채 항등성에 대한 설명

우리는 어떻게 색채 항등성을 유지할 수 있을까? Helmholtz에 따르면, 다양한 조명에서 동일 대상을 경험하고 나면, 우리는 그 대상이 백색광에서는 어떻게 보일지에 대해 무의식적인 추론을 한다. Hering은 기억 때문에 색이 일정하게 유지된다고 생각했다. 다시 말해서, 대상의 색과 다른 속성들은 영구히 고정된다는 것이다. 현재 이론들은 매우 복잡하긴 해도, 점점 더 이런 주장들을 잘 예측해주고 있다.

Johanes von Kries(1853~1928)는 아직까지도 영향력이 있는 초기 이론을 제시하였다. 1905년 그는 조명이 광수용체에 적응적 변화(색채 순응)를 일으킨다고 주장했다. 이런 변화는 반사되어 들어오는 빛에 대한 우리의 지각에 영향을 미친다(Shevell, 2003a). 대상에 떨어지는 조명은 우리의 눈에도 도달하게 되어, 광원에 존재하는 파장에 비례해서 눈에 영향을 미치기 때문에 이 이론은 직관적 호소력을 가지고 있다. 조명은 우리의 시각 체계에 기준점을 제공하여, 반사되어 들어오는 빛을 해석하는 데 사용될 수 있다.

유사한 이론은 Edwin Land의 레티넥스[retinex, 망막(retina)+피질(cortex)] 이론이다(Valberg, 2005). **레티넥스 이론**(retinex theory)은 주로 자극의 반사율 패턴에 대한 지각에 기초하여 색채 지각과 색채 항등성을 설명하려고 시도한다(Land, 1977). 본질적으로 시각 체계는 자극의 가장 밝은 부분을 결정한 다음, 그 부분이 '흰색' 인지를 결정하려고 시도한다. 만약 4장의 밝기 지각에 대한 논의를 기억한다면, 당신은 이 이론이 밝기 지각 이론들과 유사하다는 것을 인식할 수 있을 것이다(Gilchrist, 2006).

von Kries의 이론이나 레티넥스 이론 어느 것도 색채 항등성을 완전하게 설명해주지는 못한다. 그럼에도 불구하고, 이 이론들은 더 복잡한 이론들의 배후 역할을 하고 있다. 그런 복잡한 계산적 이론들은 상이한 처리 단계에서 작동할 수 있는 기전들을 통합하는 데 필요하다. 예를 들어, 그런 기전 가운데 한 가지는 장면에서 발견되는 동시 색 대비의 부호화일 수 있다(Hurbert & Wolf, 2004). 계산적 모형들이 많이 제시되었다는 것은 제안된 모형들이 부분적으로 적절치 않다는 점뿐만 아니라, 색채 항등성 영역에 대한 관심도를 시사하는 것이다.

색채 항등성에 기여하는 중요한 한 가지 요인은 우리의 초기 시각 경험이다.

Yoichi Sugita(2004)는 이례적인 조명 조건에서 원숭이들을 길렀다. 광대역 광 스펙트럼(예: 햇빛) 대신에, 원숭이들은 단일 파장을 가진 빛으로 조명되는 방에서 양육되었다. 다른 연구자들은 색채 항등성에 거의 영향을 주지 않는 단일 단색광 조건에서 동물들을 양육했다(Brenner & Cornelissen, 2005). 그러면 이 조건은 Sugita의 연구와 무엇이 다를까? 그는 매분 네 개의 다른 파장을 무선적으로 변화시켰다. 따라서 매일 12시간의 조명 시간 동안, 원숭이 방의 단색광은 매분 바뀌었다. 1년 후, 그 원숭이들은 정상적인 조명 조건으로 옮겨졌다. 색채 지각은 비교적 정상적이었지만, 그 원숭이들은 조명의 변화를 고려할 수 없었다. 즉 지속적으로 변하는 조명하에서 길러진 원숭이들은 색채 항등성을 보이지 않았다. 적어도 9개월 동안 정상적인 조명 조건에서 생활하였음에도 그 원숭이들은 색채 항등성을 계속해서 보여주지 않았다.

동시 색 대비와 계속 색 대비

동시와 계속 색 대비는 모두 색채 지각에서 맥락의 중요성을 보여준다. 어느 효과도 변칙은 아니며, 그것들은 색채 지각에서 전형적인 시나리오이다. 즉 대상들은 거의 고립해서 존재하지 않는다. 따라서 주위 대상들(공간이나 시간에서)의 색은 그 대상의 색에 영향을 준다(MacLeod, 2003b). 다시 말해서, 자극으로부터 눈으로 들어오는 빛의 파장(들)은 지각된 색채를 결정하기에는 충분치 않다.

동시 색 대비를 보여주는 WWW해보기 7.4를 해보라. '동시'라는 의미는 말 그대로 '같은 시간에'를 의미하며, 따라서 **동시 색 대비**(simultaneous color contrast)는 동시에 존재하는 다른 색 때문에 현색이 변할 수 있음을 의미한다. WWW해보기 7.4에서 중성색인 회색은 파란색 배경에서 약간 노란색으로 보인다는 것을 주목하라. 그러나 이 색은 노란색 배경에서는 약간 파란색으로 보인다. 동시 밝기 대비(4장)와 마찬가지로, 색채 지각은 맥락에 의해 영향을 받는다. 이 원리는 화가인 Josef Albers(1888~1976)의 몇몇 작품에서 관찰될 수 있다.

Vebjørn Ekroll은 자신의 박사학위 논문과 선행 연구에서 동시 색 대비를 연구해왔다(Ekroll, 2005; Ekroll et al., 2004; Ekroll et al., 2002). 예를 들어, Ekroll은 사람들이 유채색 배경과 비교해서 무채색 배경(예: 검정색)에서 색들을 다르게 지각한다는 것을 보여주었다(MacLeod, 2003b). 게다가 사람들은 얼룩덜룩한 배경(예: 여러 다른 색들이 섞여 있는 배경)과 비교해서 균일한 배경(예: 전체적으로 빨간색이 균일한 배경)에서 색들을 다르게 지각한다. 분명 맥락은 색채 지각에서 중요하다.

WWW해보기 7.5는 계속 색 대비를 보여준다. **계속 색 대비**(succesive color contrast)는 사전에 제시된 다른 색 때문에 현색이 변할 수 있음을 의미한다. 부적 잔상과 마찬가지로, 특정 색을 가진 도형을 응시하다, 그 색을 제거하면 잠시 보색이 보인다. 따라서 잠시 동안 밝은 파란색을 응시하면 약간 노란색을 띤 다른 색이 보인다.

계속 색 대비는 색채 순응이 근원이다. **색채 순응**(chromatic adaptation)은 장시간 지속해서 어떤 색을 보게 되면, 그 색에 대한 반응이 감소된다는 것을 의미한다. 순응은 우리의 모든 감각계에서 발견되는 일반적인 현상이다. 순응은 감각계가 유사성을 공유한다는 테마 1의 또 다른 예이다. 색채 순응의 경우, 두 종류의 기전 중 어느 하나(또는 둘 다)가 관여된다. 특정 색에 지속적으로 노출되면 이 색과 연합된 광색소가 고갈되고, 다른 광색소는 비교적 높은 수준을 유지하게 된다. 혹은 이 현상이 대립과정 수준에서 순응을 수반하는 것일 수도 있다. 예를 들어, 파란색을 응시하면 점점 파란색 반응이 약해지게 되고, 그 대립이 되는 노란색이 상대적으로 강해진다. 결국 파란색 조각을 응시한 관찰자는 노란색 잔상을 보게 된다.

이 효과가 광수용체의 순응에 기인하는 것이 아니라는 증거가 Celeste McCullough(1965)로부터 나왔다. 사람들은 두 개의 다른 자극을 연속적으로 제시받는다. 한 자극은 검정색과 초록색의 수직 줄무늬가 교차하는 것이었다. 다른 자극은 검정색과 빨간색의 수평 줄무늬가 교차하는 것이었다. 이 두 자극을 반복적으로 노출시킨 후, McCullough는 수평과 수직의 검정색-흰색 바둑판 모양의 줄무늬 배열을 제시하였다. 사람들은 흰색 수평 줄무늬가 초록 색조로, 흰색 수직 줄무늬가 빨간 색조로 보인다고 보고하였다. 따라서 계속 색 대비는 방위 특수적이다. 게다가 그 효과는 며칠 동안 지속된다. 이 두 결과들은 망막 수준의 설명을 배제하는 것으로 보인다. 처음 보고된 이래로, 연구자들은 McCullogh 효과의 원인을 설명하려는 시도를 계속해 오고 있다.

주관색

대부분의 색채 현상들은 색 자극들을 포함하고 있는 반면에 **주관색**(subjective colors)은 흑백 자극에 의해서 유발되는 색채 인상이다. WWW해보기 7.6을 해보고, 색이 없는 도형이 어떻게 주관색을 일으킬 수 있는지 확인해보라. Fechner는 이런 현상을 처음으로 주목한 사람이다. 19세기 후반에, Charles E. Benham(1894)은 이런 주관색들을 생성시키는 팽이(spinning top)를 개발하였다. 이 팽이가 회전할 때, 사람들은 곡선을 따라 채도가 낮은(흐릿한) 색들을 볼 수 있다.

색들이 실제로 우리의 시각 체계 내에서 발생된다는 것을 어떻게 확신할 수 있을까? 프리즘이 스펙트럼의 색들을 분리시키는 것처럼 회전이 백색광을 그 성분 요소들로 분리시킬 수 있을까? 이 질문은 Benham의 팽이가 회전하는 동안 컬러 사진을 촬영함으로써 답변이 될 수 있다. 만약 색이 실제로 자극에 있는 상이한 파장들로 추적될 수 있다면, 컬러 필름은 시각 체계와 동일한 색을 등록할 것이다. 그러나 팽이 사진은 컬러가 아닌 회색으로 보인다. 대답은 자극 내에 있는 것이 아니라, 관찰자 안에 놓여 있다.

연구자들은 그런 주관색에 대해 많은 이론들을 제시했다. 예를 들어 Garrett Kenyon 등(2004)은 P경로에 있는 피질 뉴런들의 길항적 주변이 그런 효과에 기여한다고 주장했다. 이 뉴런들은 색과 휘도 대비 모두에 대한 정보를 전송한다. Benham의 팽이와 유사한 방식(어두운 막대에 의한 어두운 장 이후에 밝은 장이 따라오는 방식)으로 그들이 가정한 모형 뉴런을 자극하면 빨간 점을 제시할 때와 유사한 발화 패턴을 일으킨다.

푸르킨예 이동

체코슬로바키아의 생리학자 Johannes Purkinje(1787~1869)가 1825년에 이 현상을 처음으로 언급하였기에, 이 현상에 그의 이름을 붙이게 되었다. **푸르킨예 이동**(Purkinje shift) 때문에, 명소시(원추체) 조건에서 암소시(간상체) 조건으로 변함에 따라 여러 파장에 대한 우리의 민감도는 단파장으로 이동하게 된다. 원추체가 여전히 기능할 수 있을 만큼 충분히 빛이 밝지만, 간상체 또한 기능할 수 있을 만큼 충분히 어두울 때 **박명시**(mesopic) 조건이 존재하게 된다. 3장에서 주목했듯이 접두사 *meso*는 '중간'을 의미하며, 따라서 *mesopic*은 명소시(photopic)와 암소시(scotopic) 조건의 중간 정도를 의미한다. 푸르킨예 이동을 예증해주는 WWW해보기 7.7을 해보라.

그림 7.10은 푸르킨예 이동의 원인을 명료화하는 데 도움을 준다. 명소시 조건에서, 두 개의 파장(예: 480nm와 600nm)은 동일한 빛으로 보인다. 다시 말해서, 시각 체계는 두 파장에 대해 거의 동일하게 민감하다. 이제 암소시 조건에 접근해 감에 따라 민감도가 어떻게 변하는지 비교해보자. 간상체는 단파장에 더 민감하다. 따라서 480nm 파장은 600nm 파장보다 더 밝아 보일 것이다.

박명시 조건에서, 간상체의 활동 증가는 단파장을 더 밝게 보이도록 만든다

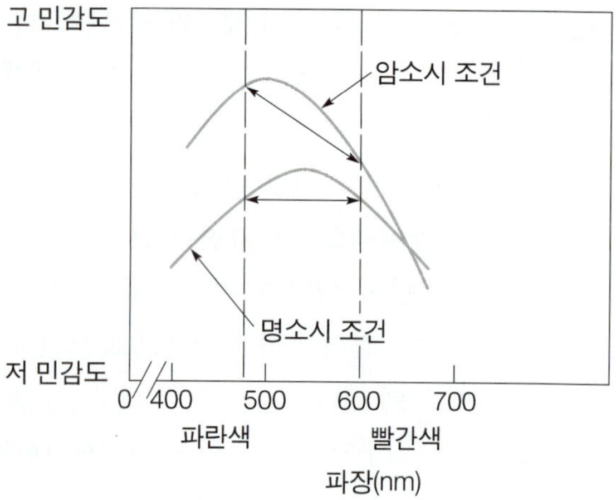

그림 7.10 푸르킨예 이동. 명소시 조건(원추체)에서 파란색과 빨간색의 밝기는 동일하다. 암소시 조건(간상체)에서는 파란색이 빨간색보다 더 밝은 것으로 지각된다. 그러나 간상체만 관여하기 때문에 파란색과 빨간색은 모두 회색으로 보인다. 박명시 조건은 이 두 곡선 사이에서 일어난다. (아래 곡선을 들어 올려서 위에 있는 곡선처럼 만든다고 상상해보라.) 박명시 조건에서는 원추체와 간상체가 모두 기능한다. 따라서 박명시 조건에서는 원추체와 간상체의 조합 정보가 파란색 꽃을 빨간색 꽃보다 더 밝게 보이도록 만든다.

(Anstis, 2002). 3장에서 원추체가 중심와에 집중되어 있으며, 간상체는 주변에 더 많이 분포되어 있다는 것을 언급했다(**그림 3.11**을 보라). 시각 체계가 암순응됨에 따라, 시각장 중심에서 단파장의 밝기에 어떤 일이 일어날지 예측할 수 있는가? 주변부에서는 어떤가? 그렇다. 사실상 암순응된 눈에 있어 시각장 주변부에 투영된 동일한 파란색은 시각장 중심부에 투영될 때보다 더 밝게 보인다.

기억색

매우 기초적인 수준에서 계속 색 대비는 기억을 수반한다. 만약 시각 체계가 처음에 제시된 색을 기억하지 못한다면, 나중에 제시되는 색에 대한 지각은 영향을 받지 않을 것이다. 그러나 기억은 다른 방식으로 색채 지각에 영향을 미칠 수 있다. 바나나, 사과, 브로콜리를 상상해보자. 이 과일과 채소들의 색에 대한 우리의 기억은 매우 강력하다(Hurlbert & Ling, 2005). 사실 그런 여러 가지 색을 가진 대상들을 단순히 상상하는 것만으로도 색 정보를 처리하는 뇌의 영역들이 활성화된다(Rich et al., 2006).

13장에서도 살펴보겠지만, 이런 기대 색과 다른 경우, 음식의 맛에 영향을 줄 수 있다. 대상의 전형적인 색에 대한 기억 또한 그 대상에 대한 색채 지각에 영향을 미친다. **기억색**(memory color)에서, 대상의 일반적인 색은 그 대상의 실제 색에 대한 지각에 영향을 미친다. 따라서 사과는 실제보다 더 빨갛게 보일 수 있다.

예를 들어 Hansen 등(2006)은 사람들에게 색 반점(예: 노란색)을 무채색(예: 회색)으로 보이도록 조절하게 했을 때 매우 정확하게 수행한다는 것을 발견했다. 그러나 만약 사람들이 (반점 대신에) 바나나에서 같은 색을 조절하도록 하면, 그들은 바나나를 약간 파란 색조의 회색으로 만드는 경향이 있다. 다시 말해서, 바나나의 일반적인 색에 대한 기억이 사람들로 하여금 실제 회색을 노란 색조를 가진 것으로 보도록 만든다. 바나나를 회색으로 보이도록 하려면, 약간의 파란색을 가지고 '기억된 노란색'을 차감시킬 필요가 있다. 우리의 지식과 기대는 종종 우리의 지각을 조성할 수 있다. 테마 4에 부합하는 것으로, 하향처리는 우리의 지각에 영향을 미친다. 계속해서 우리가 색에 부여한 명칭들이 그 색에 대한 지각에 영향을 미칠 가능성에 대해서 탐색해보기로 한다.

심화학습
색 명칭과 색채 지각

가시 스펙트럼이 연속적이라는 사실에도 불구하고, 사람들은 파장을 색 범주로 조직화하는 경향이 있다. 심리학자들은 색 범주화를 넘어 많은 영역에서 이러한 일반적인 **범주화**(categorization) 경향성을 연구했다. 범주화를 할 때, 우리는 대상들을 유사하거나 동일한 것으로 취급한다. 예를 들어 음식을 육식, 채식, 후식 등으로 범주화할 때, 우리는 형태가 다름에도 한 범주 내에 묶인 모든 항목들을 유사한 것으로 취급한다. 따라서 초록 완두콩, 오크라(okra), 감자, 가지는 모두 모양이 다름에도 채소로 분류된다. 마찬가지로 우리는 스펙트럼의 단파장 끝에 있는 여러 파장들을 구분할 수 있지만, 이 색들을 모두 '파란색'(영어로는 *blue*, 스페인어로는 *azul*)이라 부른다.

따라서 다른 언어를 사용하는 사람들은 동일한 대상과 개념에 대해 다른 단어를 가진다. 그러나 가령 두 개의 언어가 동일한 단어를 가지고 있지 않다고 가정하자. 예를 들어, 영어(혹은 스페인어) 화자들은 어떤 파장을 '*lue*(혹은 *azul*)라고 명명하고, 다른 파장을 *green*(혹은 *verde*)이라고 명명한다. 그러나 영어, 스페인어와 달리, 어떤 언어들은 영어의 *green*과 *blue*라고 구분해서 명명하는 파장들에 같은 명칭을 사용한다. 웨일즈어(Welsh)와 같은 언어들은 '접착제' 언어(glue language)라고 불린다. 두 개의 파장에 동일한 명칭을 사용하는 사람은 그것들이 동일 범주의 구성원이라고 말한다. 이는 또한 영어나 스페인어 사용자와 달리 그런 언어를 사용하는 사람들이 실제로 두 개의 파장을 같은 색으로 본다는 것을 의미하는 것인가?

두 명의 언어학자, Edward Sapir(1884∼1939)와 Benjamin Lee Whorf(1897∼1941)는 처음으로 언어가 인지 및 지각에 영향을 미친다는 입장을 견지한 사람들로,

그런 입장을 Sapir-Whorf 가설이라 한다. 이 가설을 지지해주는 증거로 에스키모어가 영어보다 눈을 지칭하는 단어들을 더 많이 가지고 있다는 것을 예로 들 수 있다. 모든 사람이 눈의 동일한 '연속체'를 경험할지라도, 눈의 특성은 어떤 사람들의 삶에서는 더 중요해서, 그들의 언어는 눈에 대해 더 많은 범주를 만들어 낸다. 이런 주장은 실제로 도시전설[2)]이다(e.g., Pullum, 1991). 예를 들어, 에스키모어는 단일 언어가 아니며, 사람들이 주장하는 만큼 눈과 관련된 단어의 수가 많지도 않다. 그럼에도 불구하고, 어떤 언어들은 영어보다 눈에 대해 더 많은 용어들이 있기 때문에 사실성은 있다. 그 현상은 우리의 언어가 지각에 영향을 줄 수도 있다는 기본적인 생각을 확인시켜 준다. 그 가설은 논란의 소지가 있다. 색 명칭이 색채 지각에 영향을 미친다는 것은 여전히 논란거리이다.

여기서는 먼저 언어들 간의 색 명칭의 차이에 관한 몇몇 연구들을 고찰하고, 그 다음에 그런 언어 차이가 색채 지각에 영향을 미친다는 증거를 탐색해보기로 하겠다.

색 범주는 보편적일까?

닭이 먼저인가, 계란이 먼저인가? 이 질문에 대한 정답은 없다. 색 범주가 먼저인가, 색 명명이 먼저인가? 마찬가지로 확실하게 대답할 수 없는 당혹스런 질문이다. 출발점으로 정상 색채시각을 가진 인간들이 동일한 광파장을 경험하기 위해 동일한 기본적인 시각 장치를 사용한다고 가정할 수 있다. 그 논리에 기초해서 우리는 인간의 색채 경험은 보편적이며, 다양한 언어에서 발견되는 색 명칭들은 그런 일반적인 경험에 기초된다는 결론을 내릴 수 있다. **보편론자**(universalist) 입장을 취하는 사람들은 색 범주가 모든 사람들에게 공통되지만, 언어마다 그런 범주에 대해 다른 명칭들을 부여했다고 믿는다. 즉 모든 사람들은 명칭 자체는 다를지라도(예: 영어에서 *blue*와 스페인어에서 *azul*) 일치하는 방식으로 가시 스펙트럼을 범주화한다는 것이다. 어떤 증거가 그런 보편주의자 입장을 지지해 줄까?

먼저 다양한 언어에서 사용되는 색 명칭부터 살펴보자. 초기 연구는 대단위 산업국가들에서 사용하는 광범한 언어를 조사했다. Brent Berlin과 Paul Kay(1969)에 따르면 사람들은 영어 화자들이 사용하는 파란색, 초록색, 노란색, 주황색, 빨간색,

---

2) 도시전설은 근현대를 무대로 한 전설의 일종이지만, 여기서는 출처가 불분명한 이야기를 뜻하는 용어로 사용된 것으로 보임.(역자 주)

핑크색, 갈색, 보라색, 검은색, 흰색, 회색이라는 명칭에 해당하는 11개의 기본 색 범주를 사용한다고 보고했다. 이 목록에는 무채색(흰색, 검은색, 회색), 비스펙트럼색(핑크색, 갈색, 보라색), 스펙트럼색(파란색, 초록색, 노란색, 주황색, 빨간색)이 포함된다는 것을 주목하라.

예측했겠지만, 이런 11개의 색 범주가 모든 언어에서 발견되는 것은 아니다. 그러나 11개에 해당하는 명칭을 포함하지 않는 언어들은 특별한 하위세트들을 가지는 경향이 있는데, 사람들은 이를 색 명칭 발달의 보편적 진화 경향성에 대한 증거로 고려한다. 예를 들어 흰색과 검은색에 대한 명칭이 먼저 등장하였다. 그 다음에 대립과정 색(빨간색, 파란색, 파란색, 노란색)에 대한 명칭이 등장하였다. 모든 국가의 사람들은 색채 지각에 대해 동일한 기본 기전들을 공유하고 있기 때문에, 당신은 색 범주가 그 기전들과 일치할 것으로 예측할지 모르겠다.

적은 수의 색 명칭을 가지고 있는 언어들은 색 공간의 모든 것을 그런 소수의 용어를 사용해서 명명한다. 따라서 베린모어(Berinmo, 파푸아 뉴기니 언어) 화자는 겨우 다섯 개의 용어(*nol*, *wap*, *mehi*, *kei*, *wor*)만을 사용하여 민속지학자가 제시한 330여 개의 색칩을 모두 명명했다. 우리가 파란색과 초록색(또한 보라색과 갈색)으로 명명하는 파장들을 그들은 모두 *nol*이라 부른다. 우리가 핑크색, 초록색, 노란색으로 부르는 좀 밝은 색들에 대해서 그들은 *wap*라 부른다. 우리가 빨간색과 진한 핑크색(혹은 갈색, 주황색, 보라색)이라 부르는 색들을 고려해보자. 베린모어 화자는 이 색들을 *mehi*라고 부른다. 우리가 갈색, 초록색, 파란색 혹은 보라색이라 부르는 파장들을 그들은 *kel*이라 부른다. 우리가 핑크색과 초록색이라 부르는 파장들을 그들은 *wor*라 부른다.

베린모어는 초록색과 파란색(둘 다 *nol*이라 부름)을 구분하지 않기 때문에 '접착제' 언어라 할 수 있다. 이처럼 대립과정 색들의 명칭은 처음에 보편론자들이 생각했던 것과 일치하지 않는 것으로 보인다. 여러 언어에서 사용되는 색 명칭들이 보편주의자들이 가정한 색 범주와 일치하지 않을 수 있는가? 이는 색 명칭이 임의적이라고 주장하는 **상대론자**(relativist)의 입장이다.

다른 언어들(예: 아프리카 나미비아의 힘바어)은 상대론자들이 자신들의 입장을 지지해주는 것으로 고려하는 베린모어와 유사하다(Davidoff et al., 1999; Roberson et al., 2005). Paul Kay와 Terry Regier(2007)와 같은 보편론자들은 동일한 베린모어 색 명칭을 조사했고, 그들은 데이터가 실제로 보편론자 입장을 지지해준다는 결론을 내렸다. 그러나 그들의 결론은 그들이 편의적으로 사용한 통계분석에서 얻은 결과일

뿐이다(Dedrick, 2006). 색 명칭의 잠정적 영향을 논의하기에 앞서, 아직 언어가 발달되지 않은 영아들로부터 얻은 증거를 살펴보기로 하자. 만약 색 범주가 임의적인 것이 아니라 보편적인 것이라면, 영아들은 어떤 파장들이 일차색(예: 대립과정 색)이고, 다른 파장들은 이차색(예: 일차색들 간의 경계에 있는 비스펙트럼색)이라는 것을 시사하는 행동을 보여주어야 한다.

일련의 연구에서 Anna Franklin 등은 영아의 색 범주화를 탐구했다. 초기 연구자들의 결과와 일치하듯, Franklin 등은 전언어시기에 있는 영아들이 색(특히 우반구에 제시된 색들)의 범주 지각을 보인다는 것을 발견했다(Franklin & Davies, 2004, 2006; Franklin et al., 2008). 14장에서 발달 연구에서 사용되는 방법론에 대해 더 자세히 언급할 것이다. 지금은 단지 영아들이 동일 색 명칭 범주 내에 포함되는 두 파장(예: 두 개의 파란색조)을 구별하는 데 비교적 느리다고만 말하기로 하자. 더구나 영아의 변별은 나이가 들어 색 명칭을 획득해도 변하지 않는다(Franklin et al., 2005). 이런 데이터는 분명 보편론자 입장을 지지해주는 것이다.

이 영역에서의 논쟁은 많은 연구를 낳았다. 어떤 증거는 색 범주가 보편적임을 시사하며, 다른 증거는 색 명칭은 임의적임을 시사한다. Kay와 Regier(2006)가 지적했듯이, Sapir–Whorf 가설은 상대론–보편론 논쟁에서 중요한 역할을 한다. Sapir–Whorf 가설을 지지하는 어떤 상대론자는 언어는 색채 지각에 영향을 미친다고 주장한다. 일반 색 범주에 대한 강조 때문에, 보편론자는 언어가 색채 지각에 영향을 미치지 않는다는 주장을 할 것으로 기대한다. 그러나 Sapir–Whorf 가설을 지지해주는 데이터가 축적됨에 따라 상황은 복잡해졌다. 예를 들어, 어떤 연구자들은 색 범주가 보편적이긴 하지만, 언어가 색채 지각에 영향을 미친다고 주장한다(Kay & Regier, 2006). 이와 관련된 연구를 살펴보기로 하자.

장미꽃의 이름을 다른 이름으로 바꾼다면 장미꽃에 대한 지각도 바뀔까?

≪로미오와 줄리엣≫에서 셰익스피어는 "장미꽃을 어떤 다른 이름으로 불러도 여전히 달콤한 향기가 날걸요"[3)]라고 썼다. 분명히 셰익스피어가 Sapir–Whorf 가설의 강

3) 장미꽃은 그 이름이 장미꽃이 아니더라도 향기롭기는 매 한 가지다. 즉 중요한 것은 이름이 아니라 실체라는 의미.(역자 주)

력한 대변인은 아니었을 것이다. Sapir–Whorf 가설의 직관적 호소력에도 불구하고, 설득력 있는 지지 데이터는 없다.

초기 연구자들은 여러 언어가 가지고 있는 색 명칭의 수와 관계없이 사람들이 마치 유사한 색 범주를 가지고 있는 것처럼 행동한다는 것을 보여주었다. 두 개의 다른 색의 쌍을 상상해보자. 쌍 가운데 하나는 우리가 '파란색'(예: 연한 파랑과 진한 파랑)이라고 칭하는 두 개의 파장을 포함하며, 다른 쌍은 우리가 '파란색'이라 칭하는 파장과 '초록색'이라고 칭하는 파장을 포함한다. Sapir–Whorf 가설은 영어 사용자가 파란색–파란색 쌍을 파란색–초록색 쌍보다 더 유사한 것으로 취급할 것으로 예측한다. 이 가설은 또한 '접착제' 언어를 사용하는 사람은 파란색–파란색 쌍을 파란색–초록색 쌍과 다른 형태로 취급하지 않을 것으로 예측한다. 그러나 여러 측정을 통해 연구자들은 사용 언어에서 색 용어의 수가 얼마나 있는지와 관계없이 사람들은 매우 유사한 구분을 한다는 것을 발견했다. 따라서 사용 언어는 그 사람의 지각에 영향을 미치지 않는 것으로 보인다.

그러나 이와 유사한 절차를 사용한 Debi Roberson 등은 언어가 색채 지각에 영향을 미친다는 것을 밝혔다(Davidoff et al., 1999; Roberson et al., 2000). 예를 들어, Bernmo와 Himba는 색 공간에서 서로 유사하게 위치하지만 동일하지 않은 다섯 개의 기본 색 명칭만을 사용하였다. 다양한 변별 및 기억 과제를 사용하여 Roberson 등(2005)은 영어 화자들이 베린모어나 힘바어 화자들과는 다른 범주 지각을 보여준다는 것을 발견하였다. 예를 들어 파란색–초록색 구분은 영어 화자들에게서는 매우 두드러지지만, 베린모어나 힘바어 화자들에게는 그렇지 않았다. 한편 힘바어 화자들에게는 두드러지는 구분(예: 기본적으로 노란색–초록색 대 초록색–파란색을 의미하는 dumbu–burou)이 영어나 베린모어 화자들에게는 두드러지지 않았다.

어떤 언어들은 영어보다 더 많은 색을 구분한다. 예를 들어 러시아어는 밝은 파란색(glouboj)과 어두운 파란색(sinij)을 구분한다(Paramei, 2007). Jonathan Winawer 등(2007)은 영어 사용자들이 더 밝은 파란색과 더 어두운 파란색에 대해 유사한 방식으로 반응을 한다는 것을 발견하였는데, 이는 범주 지각 연구 결과와 일치한다. 만약 범주들이 보편적이라면, 러시아어 화자들은 그런 파란 색조들에 대해 유사한 방식으로 반응했을 것이다. 그러나 그렇지 않았다. 영어 화자들과 달리 러시아어 화자들은 두 개의 어두운 파란색이나 두 개의 밝은 파란색을 구분하는 것보다 밝은 파란색과 어두운 파란색을 훨씬 더 빠르게 구분하였다. 다시 말해서, 비록 이 과제가 기억을 포함하지 않더라도, 러시아어 화자들에게 있어 goluboj–sinij 경계는 영어에서 파란색-초록색 경계와 유사하다.

점점 더 많은 증거들이 언어가 색 범주 지각에 영향을 미친다는 생각을 지지해주고 있다(Roberson & Hanley, 2007). 색 구분에 대해 우반구 우세를 보여주는 어린 아동들과는 달리 성인들은 좌반구 우세를 보여준다(Drivonikou et al., 2007; Gilbert et al., 2006). 그런 결과는 분명히 언어-지각 상호작용을 지지해준다. fMRI를 사용한 연구자들은 색 변별 과제에 언어처리 영역들이 관여한다는 것을 보여주었다(Tan et al., 2008). 점점 더 Sapir-Whorf 가설을 지지해주는 쪽으로 무게가 실리는 것 같다.

진실은 어디에서 거짓일 수 있는가?

가장 완고한 상대론자조차도 시각 체계가 색채 지각에서 중요한 역할을 한다는 점은 인정하고 있다. 게다가 색 명칭은 실제로 임의적이지 않다. 상이한 언어들은 명칭 경계를 서로 상이한 위치에 긋지만, 명칭 정하기는 체계적이다. 어떤 언어도 색 명칭들을 색 공간에 무선적으로 뿌려놓지는 않는다. 동시에 보편론자들은 점점 더 색채 지각에서 언어의 역할과 문화를 인정하는 추세이다(Jameson, 2005b).

앞에서 삼원색설과 대립과정설 간의 논쟁이 종국에는 소산되었음을 주목한 바 있다. 상대론-보편론 논쟁이 길어질지 모르지만, 연구자들은 분명 색 명칭과 색채 지각의 논제를 해결할 수 있는 새로운 방법들을 찾을 것이다(Jameson, 2005a; Regier et al., 2007).

절 요약

색채 관련 현상

1. 대상은 일정 범위의 조명에서 같은 색으로 보인다. 이러한 현상(색채 항등성)은 세상에 대한 우리의 지각 안정성을 일으키는 항등성의 한 예이다.
2. 동시 색 대비에서, 현색은 동시에 존재하는 다른 색 때문에 변한다. 예를 들어 회색은 노란색 배경에서 약간 파랗게 보인다.
3. 계속 색 대비에서, 현색은 앞서 제시된 다른 색 때문에 변한다. 예를 들어, 흰색은 앞서 제시된 노란색 때문에 약간 파랗게 보인다. McCullogh 효과는 계속 색 대비가 망막의 변화에 기인하는 것이 아님을 시사한다.

4. 주관색은 Benham의 팽이처럼 흑백 자극으로부터 초래되는 파스텔 색이다.
5. 푸르킨예 이동에서, 시각 체계의 민감도는 박명시 조건에서 단파장 쪽으로 이동한다.
6. 기억색에서, 대상의 전형적 색에 대한 우리의 기대는 그 대상의 실제 색에 대한 지각에 영향을 미친다.
7. 범주화에서 우리는 대상들을 유사하거나 같은 것으로 취급한다. 예를 들어 어떤 색들은 그것들이 구분될 수 있음에도 모두 파란색으로 분류된다.
8. 보편론자들은 색 명칭이 모든 사람에게 공통적인 색 범주들로부터 나온다고 주장한다. 상대론자들은 색 명칭은 임의적이라고 주장한다. 또한 그들은 언어에 존재하는 색 용어들이 색채 지각에 영향을 준다고 믿고 있는데, 이는 언어가 인지와 지각에 영향을 준다는 Sapir–Whorf 가설을 지지하는 것이다.
9. 베린모어, 힘바어, 러시아어 화자들로부터 얻은 증거는 Sapir–Whorf 가설을 지지해준다. 게다가 일부 편재화와 뇌 영상 연구들은 언어와 색채 지각 간의 연계성을 지지해준다.

복습문제

1. 색채시각이 우리의 선조들에게 준 몇 가지 진화적 이점에 대해 생각해보자. 예를 들어, 포식자가 색을 봄으로써 얻을 수 있는 이점은 무엇일까? 초식동물이 색을 볼 수 있다면 어떤 이점을 얻을 수 있을까? 삼색형 색각자가 이색형 색각자보다 더 적응적 이점을 가질 수 있는 이유는 무엇일까?

2. 다음은 색 혼합의 한 가지 예를 든 것이다. 이것이 감산 혼합인지 가산 혼합인지 설명하시오. (a) 당신은 보라색과 파란색 털실로 스웨터를 뜨개질하고 있다; (b) 당신은 진한 파란색이 칠해져 있는 벽 위에 연초록색 페인트로 칠을 하고 있다; (c) 당신은 계란 노른자에 빨간색 식용색소를 혼합하고 있다; (d) 당신은 손전등 하나에 초록색 셀로판을 붙이고, 다른 손전등에는 빨간색 셀로판을 붙인 다음, 흰 종이에 두 전등을 동시에 비추고 있다. 가능한 많은 조합으로 각 혼합 색을 예측해보시오. 보색의 가산 혼합을 할 때 어떤 일이 발생하겠는가?

3. Young과 Helmholtz가 제안한 삼원색설과 Hering이 제안한 대립과정설을 요약하시오. 이 이론들이 애초에 서로 부합되지 않았던 이유는 무엇이고, 두 이론의 논쟁은 어떤 식으로 해결되었는가?

4. 여섯 개의 색 대립과정 수용장의 기능을 이해하고 있다는 것을 확인하기 위해 –M 중

심과 +L 주변 수용장을 가진 신경절세포의 반응을 설명하시오. 만약 당신이 단파장의 빛(예: 우리가 소위 '파란색'이라 부르는 것)으로 수용장에 기여하는 모든 원추체들에 조명을 하면, 어떤 현상이 일어날까? 만약 당신이 장파장 빛(예: 우리가 소위 '빨간색'이라 부르는 것)으로 수용장에 기여하는 모든 원추체들을 조명하면, 어떤 일이 일어날까? 만약 당신이 햇볕(예: 소위 우리가 '백색광'이라 부르는 것)으로 수용장에 기여하는 모든 원추체를 조명하면 어떤 일이 일어날까?

5. 빨간색 전등으로 당신의 좌측 시각장을 비춘다고 상상해보라. 망막에서 시각피질 영역에 이르는 그 빛의 처리과정을 추적해보시오.

6. 색채 지각과 시력에서 정상 삼색형 색각자가 세 가지 유형의 이색형 색각자와 어떻게 다른가? 각 유형의 이색형 색각자가 일상의 색채 변별에서 어려움을 겪을 수 있는 것은 무엇인가? 간상체 단색형 색각자나 대뇌 색맹을 가진 사람은 정상 삼색형 색각자와 색채 지각에서 어떤 차이를 보이는가?

7. 가령 색채시각에 대해 많이 알고 있지 못한 사람이 그가 관찰한 현상에 대해 다음과 같은 질문을 던졌다고 해보자. 당신은 어떤 설명을 하겠는가? (a) 파랑새가 멀리서는 회색으로 보이는 이유가 무엇인가? (b) 흰 셔츠가 빨간색 조끼를 입으면 약간 초록 색조로 보이는 이유는 무엇인가? 파란색 렌즈를 낀 안경을 벗으면 세상이 약간 노란 색조로 보이는 이유는 무엇인가? 빨간색 신호등이 멈춤 신호판 근처의 파란색 자동차보다 황혼 무렵에 더 진하게 보이는 이유는 무엇인가?

8. 우리는 여러 항등성 현상을 살펴본 바 있다. 색채 항등성을 근접 자극과 원격 자극으로 설명해보시오. 정상적인 시각 조건에서 자연적으로 발생하는 자극을 사용할 때 색채 항등성을 더 쉽게 발생시킬 수 있는 이유는 무엇인가?

9. 만약 언어가 색채 지각에 미치는 영향에 관심을 가지고 있다면, 영아와 다른 문화권의 사람들을 연구해야 하는 이유는 무엇일까? 색 명칭과 관련하여 당신 자신은 보편론자로 보는가, 아니면 상대론자라고 보는가? 그 이유는 무엇인가? 이 두 접근법을 지지해주는 증거를 기술하시오.

10. 테마 4는 지각에서 인지적 요인(예: 하향처리)의 역할을 강조한다. 이 장에서 색채 지각이 망막에 떨어지는 광파장을 넘어 훨씬 더 많은 것을 수반한다는 전제를 지지해주는 예를 가능한 한 많이 들어 보시오.

주요어

가산 혼합(additive mixture)
감산 혼합(subtractive mixture)
계속 색 대비(succesive color contrast)
기억색(memory color)
단색(monochromatic colors)
단색형 색각자(monochromat)
단파 색각 결함(tritanope)
대뇌 색맹(cerebral achromatopsia)
동시 색 대비(simultaneous color contrast)
레티넥스 이론(retinex theory)
명도(lightness)
무채색(achromatic color)
박명시(mesopic)
범주화(categorization)
보색(complementary hues)
보편론자(universalist)
분광감도(spectral sensitivity)
분할주의(divisionism)
비스펙트럼 색상(nonspectral hue)
삼원색설(trichromatic theory)
상대론자(relativist)
색 방추(color spindle)
색 입체(color solid)
색각 결함(color-vision deficiencies)
색상(hue)
색채 순응(chromatic adaptation)
색환(color wheel)
순도(purity)
이상 삼색형 색각자(anomalous trichromat)
이색형 색각자(dichromat)
이시하라 색각검사(Ishihara Test)
장파 색각 결함(protanope)
점묘법(pointillism)
정상 삼색형 색각자(normal trichromat)
조건등색 맞추기(metameric matching)
조건등색(metamers)
주관색(subjective colors)
중파 색각 결함(deuteranope)
채도(saturation)
푸르킨예 이동(Purkinje shift)

추천도서

Birch, J. (2001). *Diagosis of defective colour vision* (2nd ed.). New York: Elsevier.

이 소책자는 색각 결함에 대해 매우 가치 있는 개관을 제공한다. 색각 결함의 기원과 그런 결함을 탐지하기 위해 설계된 많은 검사들에 대해 살펴볼 수 있다.

MacLaury, R. E., Paramei, G. V., & Dedrick, D. (Eds.). (2007). *Anthropology of color: Interdisciplinary multilevel modeling*. Philadelphia: John Benjamins.

이 장의 심화학습절에서 색 명칭과 색채 지각을 다룬 바 있다. 만약 이 주제에 대해 더 많이 알고자 한다면, 이 책의 여러 장들은 매우 흥미로운 내용들을 제공해 줄 것이다.

Mausfeld, R., & Heyer, D. (Eds.). (2003). *Colour perception: Mind and the physical world*. New York: Oxford.

이 책은 색채 지각과 관련된 여러 논제를 16개장에 걸쳐 다루고 있다. 특히 장마다 제시해 놓은 주석들을 읽는 재미가 있다. 심리학자들은 확실히 논쟁을 좋아하는 것 같다! 만약 철학자들을 그 논쟁으로 끌어들인다면 논의는 매우 흥미로울 것이다.

Shevell, S. K. (Ed.). (2003). *The science of color* (2nd ed.). New York: Elsevier.

컬러 일러스트레이션으로 잘 구성된 편저이다. 저명한 색채시각 연구자들(예: Williams, Brainard, Wandell, Smith, Pokorny)이 각각 8개의 장을 집필했다. 어떤 장들은 다른 장들보다 더 자세한 내용을 다루고 있지만, John Mollon의 색채시각의 역사에 대한 개관은 훌륭한 출발점이다. Peter Lennie가 매우 복잡한 내용을 간결한 글로 기술한 색채 지각의 생리학을 다룬 장은 매우 유용하다.

CHAPTER 8

운동 지각

주위에 아무 것도 없고, 움직임도 전혀 없는 상황을 상상해보라. 그런 정적인 상황은 드물다. 산만함을 최소화시키기 위해 독서실의 칸막이 책상과 같은 최소의 활동만을 할 수 있는 장소를 선택해서 책을 읽을 수는 있다. 그럼에도 불구하고 우리는 숨쉬고, 책장을 넘기고, 노트 필기를 하고, 시계를 쳐다보는 등의 움직임을 보인다. 우리의 일상 역시 지속적인 움직임을 수반하는 활동으로 채워져 있다. 우리의 여가 또한 움직임을 수반한다(TV, 영화, 스포츠, 게임, 춤 및 기타 활동). 교실에서는 교수가 움직이고 있고, 학생들은 몸을 흔들며, 손에 쥐고 있는 펜으로 노트 필기에 여념이 없다. 사회적 상황에서는 누군가 우리에게 다가와 말을 건네면서 입과 신체를 움직이다가 사라진다. 도로에서는 우리 곁을 스치는 자전거를 피하기도 하며, 그러다 우리에게 다가오는 소방차나 구급차를 보고 길가로 비껴서기도 한다.

6장에서 논의했듯이, 시각 체계는 어떤 대상의 공간적 위치를 판단하기 위해 단안과 양안 단서들을 사용한다. 그러나 대상들은 동일한 상대적 위치에 그대로 머물러 있지는 않다(대상들이 움직이거나, 우리 자신이 움직이거나). 여기서는 먼저 환경 내 대상들의 움직임뿐만 아니라 우리 자신의 움직임을 탐지할 수 있는 인간의 시각 능력을 다루기로 한다. 다음으로, 매우 중요한 유형의 운동(인간과 다른 동물들에 의해 생성되는)을 살펴보고, 또한 실제 운동 지각 이해에 기초가 되는 착각적 운동 경험에 초점을 맞추기로 하겠다. 또한 시각적 운동 지각을 설명하기 위해 제안된 이론들을 논의하기로 하겠다. 마지막으로 연구자들은 시각 운동 지각의 생리학적 기초를 이해하는 데 큰 진전을 이루었고, 따라서 이런 진전 중 몇 가지를 간략하게 살펴볼 것이다.

실제 움직임에 대한 시지각

우리는 시각을 논의할 때 **망막상**(retinal image)이라는 용어를 종종 사용한다. 그러나 대상의 상은 망막의 한 위치에 계속 머물러 있지 않는다. 즉 지속적으로 대상이 움직이거나 눈이 움직인다. 사실 4장에서 논의했듯이 망막의 움직임은 시각에서 중요하다. 만약 상이 망막에 고정되어 있다면, 그 상은 점차적으로 흐릿해질 것이다. 게다가 대상의 운동은 우리로 하여금 모양과 깊이 같은 그 대상의 속성을 지각할 수 있게 해준다.

운동 지각이 중요하다는 것을 확인하기 위해 우리가 연속적인 운동을 지각할 수 없다고 가정해보자. 스트로보스코프 불빛으로 조명되는 어두운 방에 있어 본 적이 있는가? 만약 스트로보스코프 불빛이 매우 빠르게 교대되면, 주위의 운동은 갑작스럽게 바뀌는 것처럼 보일 것이다. 만약 스트로보스코프 불빛이 느리게 교대되면, 세상은 일련의 스틸 이미지로 지각될 것이다. 이런 지각은 운동 지각을 담당하는 뇌 영역이 손상된 L. M.의 주간 시각 경험이다(Heywood & Zihl, 1999). 다가오는 차가 처음에는 상당히 먼 거리에 있는 것처럼 보이다가, 한 순간 바로 눈 앞에 있는 것으로 보일 때 거리 횡단이 얼마나 어려울지 상상해보라.

빠르게 움직이는 차가 일반화되기 전에라도 세상에서 발생하는 움직임은 위험이나 기회를 신호한다. 결국 다가오는 생명체를 보거나 듣는 것은 분명 적응적 가치를 제공한다(Barrett, 2005; Maier & Ghazanfar, 2007). 예를 들어 충돌 지점에서 우리를 향해 접근해 오는 대상이 있다면, 우리는 그것을 피하거나 잡으려 할 것이다. 그러나 만약 그 대상이 우리를 지나쳐 갈 것으로 판단되면, 우리는 어떤 행위를 취할 필요가 없다. 매우 어린 영아들조차도 그런 판단을 할 수 있다(Kayed & van der Meer, 2007; Schmuckler et al., 2007).

이제부터 관찰자의 움직임이나 관찰자가 주시하는 대상과 사람들의 움직임을 포함한 실제 움직임에 초점을 맞추기로 하겠다. 먼저 움직임을 지각할 수 있는 우리의 능력에 영향을 주는 요인들을 논의할 필요가 있다. 다음으로, 우리가 지속적으로 움직인다는 사실 때문에 복잡해질 수 있는 운동 지각 문제를 논의하기로 하자.

운동 탐지

시각 체계는 얼마나 유능하게 운동을 탐지할 수 있을까? 이 질문은 얼핏 간단해 보이지만, 실제로는 매우 복잡하다. 일단은 '상황에 달려 있다' 정도로만 해두자. 많은 연구들이 단일 대상의 운동 지각을 다루었다. 분명 대상의 속도는 운동 지각에 영향을 미친다. 예를 들어 정상적인 조건 하에서 우리는 풀이 자라는 것이나 시계의 시침 움직임을 탐지할 수 없다. 이런 움직임들은 너무 느리기 때문이다. 다른 극단으로 우리는 극히 빠른 운동을 탐지할 수 없다(Palmer, 1999). 따라서 우리는 초당 1,000피트 속도로 움직이는 총알을 볼 수 없다.

그러나 속도가 운동 탐지에 영향을 주는 유일한 요인은 아니다. 대상이 움직이는 거리 또한 중요하다. 통상적으로 말하면, 간단한 대상의 운동이 탐지되기 위해서 대상은 적어도 1/60분의 거리를 움직여야 한다(Sekuler et al., 2002). 이 측정치를 더 잘 이해하기 위해 360도의 원을 생각해보자. 1도는 60분으로 나누어질 수 있다. 따라서 각 분은 전체 원의 1/21,600이 된다. 최적 조건으로 우리는 각 2에서 3분 정도의 매우 짧은 거리로 움직인 움직임을 탐지할 수 있다(Tayama, 2000). 그러나 모든 조건이 적절하더라도, 대상이 각 1분 이하로 움직이면 우리는 그 운동을 탐지하지 못할 것이다.

우리는 그 자극이 중심와에 떨어질 때만 그런 작은 거리로 움직인 움직임에 민감하다. 망막의 주변은 중심와보다 움직임에 덜 민감하다. 그러나 망막 주변 영역이 운동에 민감하지 않다고 추론해서는 안 된다. 예를 들어 만약 주변 영역에 맺힌 대상이 움직이면, 우리는 그것이 정지되어 있을 때보다 더 쉽게 볼 수 있다. 이를 확인하기 위해 WWW해보기 8.1을 해보라. 주변시에서 움직이는 대상들에 얼마나 자주 주의를 주는 경향이 있는지 주목하라. 예를 들어 운전을 하고 있을 때, 우리는 왼쪽 차선에서 접근해오는 자동차나 오른쪽에서 움직이는 보행자를 볼 수 있다.

이외에도 많은 다른 요인들이 단일 대상의 운동 지각에 영향을 준다(Sekuler et al., 2002). 우리는 휘도가 높은 조건이나, 자극을 좀 더 오랜 시간 볼 수 있을 때, 그 자극의 운동을 더 잘 탐지할 수 있다. 자극의 맥락 또한 중요하다. 우리는 비어 있는 배경보다 고정된 결을 가진 배경 속에서 자극을 볼 때 운동을 더 쉽게 탐지할 수 있다. 또한 절대적 운동보다 상대적 움직임을 더 탐지하기 쉽다. 즉 움직이고 있는 다른 대상들의 맥락에서 어떤 대상을 볼 때 그 대상이 움직이고 있음을 더 쉽게 판단할 수 있다.

그런 맥락에서의 운동 탐지를 연구하기 위해 연구자들은 움직이는 점 배열을 포함한 자극들을 개발하였다. 이런 디스플레이를 **무선점 이동도**(random-dot cinematograms)라 하는데, 이는 6장에서 논의된 무선점 입체도(random dot stereograms)를 상기시킨다. 만약 모든 점들이 무선적으로 움직인다면, 어떤 응집적 운동이 출현하지 않을 것이다. 그러나 이런 점들 가운데 작은 비율(예: 5%)의 점들이 함께 움직이기 시작하면, 사람들은 다른 점들의 무선적 움직임 가운데서 공통 움직임을 탐지할 수 있다.

따라서 본래의 질문으로 돌아가면 사람들은 운동(특히 상대적 운동) 탐지를 매우 잘 한다고 할 수 있다. 그러나 특히 이상적이지 않은 조건에서 어떤 자극들의 움직임은 탐지되기 어렵다. 다시 말해서, 조명이 어두운 조건에서 망막의 주변에 밋밋한 배경 속에서 발생하는 대상의 움직임은 탐지가 어렵다.

관찰자 움직임

지금까지 대상의 움직임과 이런 움직임을 탐지할 수 있는 시각 체계의 인상적인 능력을 살펴보았다. 그러나 사람들은 움직이지 않고 그대로 있는 경우가 드물어 환경에서 발생하는 운동 지각은 좀 더 복잡해진다. 그런 복잡성을 이해하기 위해 움직이고 있는 배구선수가 움직이는 공의 경로를 추적하기 위해 추적 안구 운동을 사용하는 경우를 생각해보자. 그 선수는 빠르게 움직이는 공에 초점을 맞추기 위해 자신의 몸, 머리, 눈을 움직여야 할 뿐만 아니라 네트와 역시 움직이고 있는 주변 동료 선수들의 위치를 파악하고 있어야 한다.

움직이면서 세상을 조망하는 상황을 고려할 때 몇 가지 의문이 제기된다. 우리가 움직일 때 우리의 움직임은 망막 상의 변화를 일으키지만 왜 세상은 정지된 것처럼 보일까? 어떤 정보가 사람들로 하여금 환경에서 발생하는 움직임의 방향을 탐지할 수 있게 해줄까? 우리가 움직이는 동안 주위 대상들의 움직임을 얼마나 잘 판단할 수 있을까? 지금부터 이런 질문들에 대해 어떤 대답을 할 수 있는지 탐색해보도록 하자.

자기 운동과 안정적인 세상 지각

우리가 환경 안에서 움직이는 데도 세상은 안정적으로 유지된다는 사실을 고려해보자. 테마 3과 일치하듯이, 망막 상의 운동 정보는 모호하다는 사실을 고려하자(Purves & Lotto, 2003). 즉 세상에서 발생하는 여러 다른 움직임은 우리의 망막에 동일한 변화 패턴을 일으킬 수 있다. 더구나 만약 우리가 움직이지 않는 대상을 관찰하는 동안 머리를 움직인다면, 우리는 또한 망막에 동일한 변화 패턴을 일으킬 수 있다. 어떤 망막 변화가 세상 속 움직임에 기인하고, 또 어느 것이 자신의 움직임에 기인하는 것인지 어떻게 판단할 수 있을까?

이 문제를 해결하기 위해 우리는 몸이 공간에서 움직이고 있다는 감을 가지고 있어야 한다. 신체 운동에 관한 일부 정보는 전정 및 운동감각(12장 참조)으로부터 나온다. 또 일부는 근육의 작용을 신호하는 근육 신경으로부터 나온다(근육에서 뇌까지의 정보 유입). 물론 우리는 뇌의 운동 영역에서 나오는 신호를 통해 신체의 움직임을 조절한다(뇌에서 근육까지의 정보 유출). Charles Sherrington(1857~1952)은 정보 유입(inflow)이 자기 운동(self-motion) 지각에 가장 중요하다고 생각했다. Sherrington의 생각에 반기를 든 사람은 바로 Helmholtz로, 그는 정보 유출(outflow)이 중요하다고 주장했다. 이 논쟁에서는 대부분의 증거가 정보 유출의 중요성을 지지해 줌으로써 Helmholtz가 승리했다(Munoz, 2006; Wurtz, 2008). 나중에 동반 방출 이론(corollary discharge theory)을 논의할 때, 이런 운동 신호를 기억하기 바란다.

자기 운동 방향 지각

복잡한 고속도로에서 운전할 때 우리의 망막에 떨어지는 복잡한 운동 패턴을 생각해 보라. 만약 당신의 차 바로 앞에서 달리고 있는 다른 차를 보고 있다면, 그 차의 상은 망막에서 비교적 안정적으로 유지될 것이다. 정지되어 있는 표지판이나 천천히 움직이는 차량과 같은 주변시에 있는 대상들은 당신이 그것들을 지나치는 동안 흐릿하게 보일 것이다. 연구자들은 망막에서의 이런 복잡한 운동 패턴을 **광학적 흐름의 장**(optic flow field)이라 부른다. Gibson의 전통을 잇는 직접 지각 이론가들은 광학적 흐름의 장이 운동 방향을 포함한 자기 운동의 여러 측면들을 결정하는 데 중요하다고 주장한다(Bruce et al., 2003). 다른 연구자들은 운동 방향을 결정함에 있어 광학적 흐름의 장이 필요하기는 하지만, 충분조건은 아니라고 주장한다(Loomis et al., 2006; Macuga et al., 2006). 그러나 시각 정보가 우리의 움직이는 방향을 결정하는 데 있어 지배적인 역할을 하는 것은 분명하다(Wilkie & Wann, 2005).

시각장 내의 대상들의 움직임과 함께 관찰자의 움직임은 망막에 복잡한 광학적 흐름 패턴을 생성한다(Warren, 2008). 이런 광학적 흐름 패턴의 풍부한 정보는 우리로 하여금 무엇이 움직이고 있는지(우리 자신, 우리 주위에 있는 대상들, 혹은 둘 다)를 결정할 수 있게 해준다. 우리는 종종 다른 방향을 보면서 한 방향으로 움직이는 경우가 있다. 그런 조건에서 광학적 흐름 패턴은 우리의 움직임 방향을 정확하게 판단하게 해주는 풍부한 정보 출처를 제공한다.

사실 우리는 우리 자신의 움직임과 주위 대상들의 움직임을 매우 정확하게 판단할 수 있다. 우리는 걷는 동안, 다른 대상에 부딪치거나 구멍에 빠지지 않는다. 육상선수와 수영선수들은 서로 충돌하는 일이 거의 없다. 우리는 4도 이하의 정확도를 가지고 자기 운동 방향을 지각할 수 있다(Warren, 2008). (시각도에 관한 기억을 위해 그림 4.14를 다시 살펴보기 바란다.)

움직이는 주위 대상 지각

앞에서 살펴보았듯이, 움직임 지각은 많은 적응적 가치를 지닌다. 우리는 자주 움직이기 때문에 주위 대상들의 위치, 즉 그것들이 움직이고 있는지를 지각할 수 있다는 것은 중요하다. 앞에서 언급한 배구선수와 같은 운동선수들은 자신들이 움직이는 동안 여러 움직이는 대상들의 위치를 추적하고 있어야 하는 사람들 가운데 단지 한 가지 예이다. 운동선수가 아니더라도 우리는 움직임으로 채워진 세상 속을 매우 능숙하게 움직인다. 예를 들어 운전을 하는 동안 당신은 다른 차량, 보행자, 다른 대상을 얼마나 잘 추적하는지 고려해보라.

진화 역사에서 보면, 인간들은 최근에 들어서야 자동차를 빠른 속도로 움직일 수 있게 되었다. 그럼에도 불구하고, 대부분의 사람들은 빠른 속도로 움직이는 차량을 매우 잘 다룰 수 있다. 그러나 사고도 발생한다. 최근 통계에 의하면, 자동차 사고의 30%는 후방 충돌이 차지하고 있다(Li & Milgram, 2008). 그런 사고의 상당 부분의 경우, 두 차량 간 속도 차이는 비교적 작다. 따라서 빠르게 움직이는 동안 사람들은 다른 차량과 접촉하는 시간을 잘못 판단할 수 있다.

물론 자동차를 운전할 때 발생하는 움직임은 실제이다. 그러나 많은 연구자들은 시뮬레이터(전형적으로 컴퓨터에 의해 생성되거나 통제되는)를 사용해서 그런 움직임을 연구한다. 어떤 경우에 연구자들은 자극에 대해 더 큰 통제력을 획득하기 위한 운동을 모사하기도 한다. 다른 경우, 연구자들은 사람들이 부상을 당하지 않도록 하기 의해 운동을 모사한다. 이유야 어떻든 간에 연구자들은 그런 가현적 운동을 실제 운동의 적절한 상사로 취급함은 분명하다(Krekelberg, 2008). 나중에 논의하겠지만, 그 가정은 우리가 실제 운동과 유사한 방식으로 가현적 운동을 처리한다는 점에서 합당해보인다. 그러나 실제로 자동차를 운전하면서 얻는 결과들은 시뮬레이터를 통해 얻는 결과와 다를 수 있음을 기억해야 한다(e.g., Rock et al., 2006).

여러 상이한 시각 단서들이 환경 내 대상의 위치 변화 지각에 기여한다(Kim & Grocki, 2006). 접근해오는 대상에 대한 한 가지 단서는 상이 맺힌 망막 영역이 점점 더 커진다는 것이다[**확장**(looming)이라 부르는 과정]. **그림** 8.1에서 보여주듯이, 우리가 바로 앞차에 가까이 접근하면 할수록 그 차량의 시각도는 커진다. 이런 확장율은 우리로 하여금 접촉 시간[τ(타우)라 부르는]을 추정할 수 있게 해준다(Berthoz, 2000).

확장은 여러 상황에서 중요한 운동 단서로 작용한다. 이미 언급했듯이, 아주 어

그림 8.1 자극 확장의 예. 확장은 접촉 시간에 대한 단서로 작용한다. 자동차가 트럭과 가장 먼 거리에 있을 때, 그 트럭의 시각도는 가장 작다. 자동차가 트럭에 가까이 접근해감에 따라, 트럭의 시각도는 커진다. 즉 망막에 맺힌 트럭 상의 면적이 점점 커진다.

린 아동들조차 확장 단서에 민감하다(Schmuckler et al., 2007). 예를 들어 어린 아동들은 확장되는 대상이 자신들과 접촉될 것인지를 탐지할 수 있다. 성인들은 확실히 확장 단서에 민감하다(Neppi-Modona et al., 2004). 분명 확장 단서는 운전을 할 때 중요한 역할을 할 수 있다. 당신이 운전을 하고 있는데, 앞차의 정지등이 작동을 하지 않는다고 해보자. 그런 조건에서 앞차의 확장은 당신의 주의를 환기시켜 브레이크를 밟도록 해줄 것이다(Terry et al., 2008). 그러나 주의가 산만해 있다면(예: 핸드폰 통화중), 당신은 신속하게 반응하지 못할 것이다.

물론 일반적으로는 앞차에 대한 확장 정보 말고도 더 많은 정보가 있을 것이다. 정지등은 전형적으로 당신에게 그 차가 속도를 줄이고 있음을 경고한다. 차가 브레이크를 밟고 있음을 운전자에게 주지시키는 데 도움을 주기 위해 자동차 제조회사들은 현재 대부분 차량의 뒤 유리창에 부가적인 정지등을 장착한다. 이런 혁신은 지각 연구가 실생활에 잘 적용되고 있음을 보여주는 것이다. 더불어 정지등의 색을 빨간색에서 노란색으로 바꾸면 더 나은 안전을 제공해줄 수도 있다(McIntyre, 2008). 앞장들에서 상이한 파장들에 대한 민감도를 살펴본 바가 있는데, 노란색 등이 더 잘 보이는 이유를 이해할 수 있겠는가? 또한 확장을 모사하여 중심에서부터 확장하는 것처럼 보이는 정지등을 만드는 것도 유용할 수 있다. 야간에 그런 정지등을 본 운전자라면 일반 정지등을 볼 때보다 더 신속하게 감속할 수 있을 것이다(Li & Milgram, 2008).

심화학습

생물학적 운동 지각

사람들은 사람 및 다른 동물을 포함한 대상들에 의해 생성된 구조화된 운동에 매우 민감하다(Hiris, 2007). 여기서는 **생물학적 운동**(biological motion) 혹은 살아 있는 생명체의 움직임 패턴에 대해 논의하기로 하겠다(Blake & Shiffrar, 2007; Troje, 2008). 물론 생물학적 운동은 실제 움직임이다. 그러나 생물학적 운동에 관한 대부분 연구는 실제로 움직이는 유기체의 이미지를 사용하지 않는다. WWW해보기 8.2에서 확인할 수 있듯이, 연구자들은 흔히 움직이는 점빛들로 구성된 디스플레이를 사용한다. **점빛 디스플레이**(point-light display)는 전형적으로 관절(예: 어깨, 엉덩이, 무릎)에 소수의 전등(예: 10~12개)을 부착시키는 것으로 구성된다.

당신은 그런 디스플레이들로 실제 생물학적 운동을 얼마나 효과적으로 모사할 수 있을지 의심할지 모르겠다. 그러나 점빛 디스플레이는 생물학적 운동을 추출하기 위해 필요한 것 이상의 더 많은 정보까지 수반한다(Gold et al., 2008). 게다가 연구는 관찰자들이 점빛 디스플레이로부터 풍부한 정보를 판단할 수 있음을 보여주었다(어떤 유기체가 움직이는지, 그들이 무엇을 하는지, 같은 종의 구성원들 간에 미묘한 차이까지 포함). 사실 우리는 그 디스플레이에 매우 짧은 시간 노출되더라도, 그런 판단을 할 수 있을 만큼 인상적인 수행을 할 수 있다.

점빛 디스플레이로부터 생물학적 운동 판단

Gunnar Johansson(1973, 1975)은 처음으로 생물학적 운동 지각에 대한 체계적인 연구를 수행했다. Johansson은 동료 연구자의 어깨, 팔꿈치, 손목, 엉덩이, 무릎, 발목에 각각 작은 전구를 부착하였다. 그런 다음, 그는 어두운 방안에서 움직이는 그 동료를 촬영했다. 이렇게 하여 만들어진 점빛 디스플레이에서 관찰자는 어둠 속에서 움직이는 불빛 이외에는 아무 것도 보지 못한다. 연구자들은 수년이 지나면서 몇 가지 변형된 점빛 디스플레이를 개발하기도 했다(Thornton, 2006).

예측했을 수 있겠지만, 움직이지 않는 점빛 디스플레이는 특별한 정보를 수반하지 않는다. 그러나 빛들이 움직이기 시작하면, 관찰자의 과제는 훨씬 쉬워진다. Johansson(1975)은 점빛 디스플레이가 움직이기 시작하자마자 관찰자들이 그 빛들이 인간의 몸에 부착되어 있음을 빠르게 지각한다는 것을 발견했다. 연구자들은 관찰자들이 움직이는 불빛을 보고 걷거나 뛰고 있는지를 말할 수 있으며, 절뚝거린다는 것을 탐지할 수도 있고, 날아오는 물건을 피하고 있다는 것을 판단할 수 있음을 발견했다.

지금까지 제시된 증거를 통해 당신은 점빛 디스플레이에 수반된 정보로부터 많은 양의 정보를 추출할 수 있는 사람의 능력에 큰 인상을 받았을 것이다. 이런 능력 때문에 점빛 디스플레이가 장착된 사람과 유사하게 우리는 야간에 반사가 되는 옷을 입은 보행자들을 더 쉽게 탐지할 수 있다(Owens et al., 1994).

사람들은 다른 사람들의 생물학적 운동을 탐지할 수 있을 뿐만 아니라 동물의 생물학적 운동도 지각할 수 있다. 사실 사람들은 역동적 점빛 디스플레이에서 움직이는 동물의 유형(원숭이, 낙타, 고양이, 말, 돼지 등)도 매우 정확하게 판단할 수 있지만, 움직이지 않는 디스플레이에서는 그런 판단이 어렵다(Blake & Shiffrar, 2007).

다른 동물들도 생물학적 운동을 탐지할 수 있을까? 물론 생물학적 운동은 인간뿐 아니라 다른 종의 생존을 위해 생태학적으로 중요하다. 동물들은 어느 동물이 잠정적 동료이고, 또 어느 동물이 잠정적 먹이인지, 또 어느 것이 잠정적 포식자인지 알기 위해 다른 동물의 운동을 재인할 필요가 있다. 따라서 동물들은 생물학적 운동의 점빛 디스플레이 해독 능력이 매우 뛰어나다. 예를 들어 고양이는 걷고 있는 고양이의 역동적 점빛 디스플레이와 생물학적 운동을 보이지 않는 역동적 디스플레이를 잘 구분할 수 있다(Blake, 1993).

생물학적 운동 지각 발달

생물학적 운동 지각은 본래적이다. 예를 들어 사실상 시각 능력이 없는 갓 부화된 병아리들은 다른 유형의 움직임보다 걷고 있는 암탉의 점빛 디스플레이를 선호한다(Vallortigara et al., 2005). 사실 이 병아리들은 걷고 있는 고양이의 운동보다 걷고 있는 암탉의 운동을 더 좋아한다. 안타까운 것은 이들 병아리들이 비생물학적 운동보다 걷고 있는 고양이의 생물학적 운동을 더 좋아한다는 점이다. 따라서 병아리들은 분명 생물학적 운동에 반응하지만, 매우 정교한 방식으로 반응하는 것 같지는 않다.

인간은 어떨까? 이 질문과 관련하여 Francesca Simon 등(2008)은 2일이 된 영아들에게 걷고 있는 암탉, 걷고 있는 암탉을 거꾸로 한 점빛 디스플레이와 무선 운동을 보이는 점빛 디스플레이를 보여주었다. 그녀는 이 영아들이 이미 인간의 운동을 주시했을 수 있기 때문에 암탉의 점빛 디스플레이를 사용하였다. 걷고 있는 암탉을 본 적이 없을지라도, 2일 된 영아들은 생물학적 운동을 주시하기를 선호했다. 결국 병아리와 인간은 모두 생물학적 운동을 탐지할 수 있는 능력을 가지고 태어나는 것이 확실해 보인다. 흥미로운 것은 영아들이 나이가 들어가면서 인간의 생물학적 운동을 관찰하는 경험이 많아지는 동안 실제로 다른 유형의 생물학적 운동에 대해서는 점점 덜 민감해진다는 점이다(Pinto, 2005). 우리는 태어날 때부터 생물학적 운동을 지각하도록 준비가 되어 있다. 그러나 경험이 더해지면서 우리는 더 정교한 생물학적 운동 지각 능력을 발달시킨다.

점빛 디스플레이의 사회적 정보

인간은 사회적 동물이다. 따라서 우리는 생물학적 운동으로부터 많은 정보를 추출할 것으로 예측할 수 있다. Randolph Blake와 Maggie Shiffrar(2007)는 그들의 개관 논문에서 점빛 디스플레이가 사람들로 하여금 성별과 성적 지향까지도 우연 수준 이상으로 판단할 수 있게 해준다고 보고하였다. 또한 사람들은 특히 다른 사람의 점빛 디스플레이와 상호작용하는 점빛 디스플레이로부터 사람의 정서 상태도 판단할 수 있다.

독특한 걸음걸이를 가진 친구가 있는가? 점빛 디스플레이로 그 친구를 확인할 수 있을까? 인간은 점빛 디스플레이를 토대로 사람들을 확인하는 법을 매우 잘 학습하는 것으로 밝혀졌다(Loula et al., 2005; Troje et al., 2005; Westhoff & Troje, 2007). 사실 개인이 걷고 있는 옆모습을 보여주는 점빛 디스플레이를 확인하고 나면, 사람들은 후에 다른 방향(예: 정면에서 걷는 모습)에서도 그 사람을 확인할 수 있다.

생물학적 운동 방해

사람들이 점빛 디스플레이로부터 많은 정보를 추출할 수 있음을 살펴보았다. 그러나 또한 생물학적 운동이 여러 방식으로 방해받을 수 있다는 것을 예측할 수 있다. 예를 들어 얼굴 지각과 안면실인증을 고려해보자. 사회적 생명체로서 우리는 얼굴 지각을 중요하게 생각하지만, 신경 손상은 이런 얼굴 지각을 방해할 수 있다. 생물학적 운동도 이와 유사하게 방해를 받을 수 있을까? 여러 상이한 신경 손상 장애는 생물학적 운동 지각을 방해할 수 있다. 생물학적 운동 지각에 중요한 역할을 하는 뇌의 한 영역[상측두열(superior temporal sulcus, STS)]을 고려해보자. STS의 비정상적 기능(자폐증에서 발생할 수 있는)은 생물학적 운동 지각을 방해할 수 있다(Troje, 2008).

신경에 전혀 이상이 없는 사람들에게서도 생물학적 운동이 방해받을 수 있다. 한 가지 접근법은 생물학적 운동이 전형적으로 다양한 움직임으로 채워진 맥락(그 가운데 일부는 다른 유기체로부터 나오는 생물학적 운동일 수 있다)에서 발생한다는 현실을 고려한다. 사람들은 만약 다른 운동이 점빛 디스플레이에 존재하면 그 디스플레이에서 생물학적 운동을 얼마나 잘 구분해 낼 수 있을까? 즉 생물학적 운동을 차폐시키려는 목적으로 디스플레이에 관련이 없는 불빛을 더 추가시킨 점빛 디스플레이에서 사람들은 생물학적 운동을 얼마나 잘 지각할 수 있을까?

많은 연구자들은 관련이 없는 불빛을 추가시킬 때 생물학적 운동 지각이 얼마나 방해를 받는지를 탐색했다. 점빛 디스플레이[**그림 8.2a**의 중앙에 불빛을 정지시키는 방식(실제로는 그림에서 보여주는 윤곽선은 제시되지 않음)으로 보여주는]가

화면의 중앙에서 움직인다. **그림 8.2b**에서는 생물학적 운동의 여러 정지된 이미지를 보여주고 있다. 점빛 디스플레이는 여러 방해 자극과 함께 제시될 수 있다(**그림 8.2a**의 왼쪽과 오른쪽에 있는 그림).

일반적으로 말해서, 차폐가 일관된 방식으로 작용하면(모든 불빛이 정지되거나 같은 방향으로 모두 움직이는 방식), 사람들은 생물학적 운동을 쉽게 탐지할 수 있다(Thornton, 2006). 예를 들어 Bennett Bertenthal과 Jeannine Pinto(1994)는 66개의 차폐용 점빛들이 생물학적 운동을 탐지할 수 있는 사람들의 능력에 영향을 주지 않음을 보여주었다. 그러나 사람들은 차폐 불빛들이 생물학적 운동과 혼동이 될 수 있는 방식(예: 세 쌍의 불빛들이 마치 팔이 움직이는 것처럼 움직인다)으로 움직일 때 생물학적 운동을 탐지하기 어렵다.

또 다른 접근법은 점빛 디스플레이를 구성하는 불빛들을 뒤섞어 놓는 것이다. 연구자들은 그렇게 하기 위해 불빛의 점등 타이밍과 궤적에 무선적으로 변화를 준다. 예를 들어, Hiris 등(2005)은 점빛 보행자의 불빛에 대한 움직임의 지속시간을 달리함으로써 점빛 디스플레이를 뒤섞었다. 즉 보행자가 오른쪽으로 움직일 때 오른쪽 팔꿈치 불빛이 오른쪽으로 움직이지 않는다고 해보자. 대신 이 팔꿈치 불빛은 시

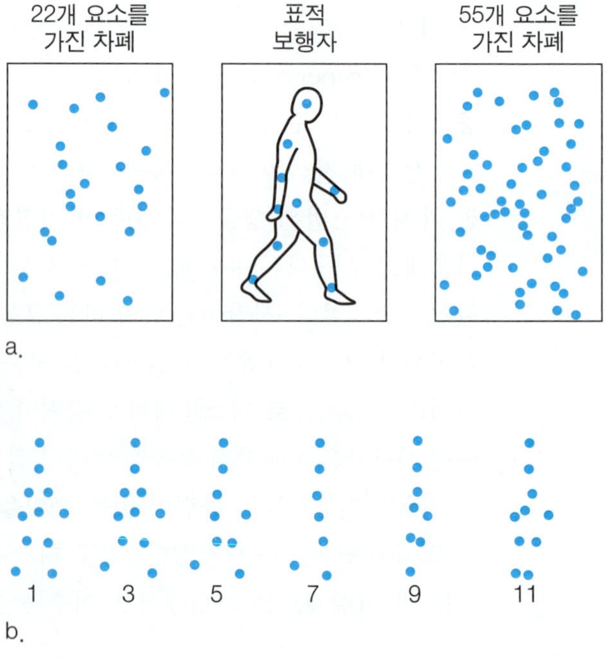

그림 8.2 점빛 디스플레이에서 보여줄 수 있는 생물학적 운동의 정지된 이미지의 예. a에서 보이는 보행자 윤곽선은 관찰자에게는 제시되지 않는다. 여러 연구들은 a의 왼쪽과 오른쪽 그림에서처럼 불빛을 추가시킴으로써 생물학적 운동을 차폐시키려는 시도를 하였다. b는 오른쪽 방향으로 움직이는 사람과 일치하는 점 움직임을 보여준다.

출처: Cutting et al.(1988)

간 지연이 있은 후에 오른쪽으로 움직인다. 이제 각 불빛의 움직임이 지연된다고 해보자. 지연되는 시간의 양뿐 아니라, Hiris는 11개의 보행자 불빛을 88개의 차폐 불빛 배경 속에서 제시하였다. Hiris는 차감시간(offset time)이 매우 짧아도, 사람들은 여전히 움직이는 차폐점들 속에서 생물학적 운동을 탐지할 수 있음을 발견하였다. 차감시간이 증가하면서 수행도 감소되었다. 그러나 연구자들이 점빛 디스플레이를 뒤섞어 놓았을 때도 사람들은 여전히 움직임의 방향을 판단할 수 있었다(Troje, 2008).

거꾸로 세운 얼굴을 지각하기 어렵듯이, 거꾸로 세운 몸도 지각하기 어렵다(Reed et al., 2003). 따라서 연구자들이 생물학적 운동을 방해하기 위해 사용하는 마지막 전략은 점빛 디스플레이를 거꾸로 세우는 것이다. 이렇게 역전된 점빛 디스플레이는 생물학적 운동 지각을 크게 방해한다(Troje & Westhoff, 2006).

생물학적 운동은 특별한가?

인간과 다른 동물들은 생물학적 운동을 탐지할 수 있는 능력을 가지고 태어나는 것으로 보인다. 우리가 점빛 디스플레이에 기초하여 구별할 수 있는 행위 범위는 실로 놀랍다. 더 나아가, 우리는 생물학적 운동이 왜곡이 되거나 많은 시각적 노이즈가 있는 맥락에서 제시될 때조차 그것을 지각할 수 있다.

그래서 생물학적 운동은 특별하다고 할 수 있는가? 아마도 우리는 다른 대상의 운동 지각과는 다른 방식으로 생물학적 운동을 지각하는 것 같다(Blake & Shiffrar, 2007). 그러나 인간은 무생물체의 구조화된 운동을 지각하는 데도 능숙하다(Hiris, 2007). 후속 연구들을 통해 우리의 생물학적 운동 지각이 얼마나 특별한지 밝혀질 것으로 기대한다.

지금까지는 실제 움직임 지각에 초점을 맞추었다. 그러나 운전 시뮬레이터와 점빛 디스플레이를 소개함으로써 약간 논의의 초점이 흐려졌을지 모르겠다. 우리는 계속해서 착각적 운동을 살펴볼 것이다. 이를 통해 착각적 운동의 예들이 실제 운동과 더 유사한지 자문해보기 바란다.

절 요약

실제 움직임에 대한 시지각

1. 대상들은 거의 망막에 정지된 상을 투영하지 않는다. 결국 우리는 운동을 지각할 수밖에 없다. 더구나 운동 지각은 많은 적응적 가치를 제공한다(움직이는 대상을 피하거나 잡을 수 있게 해준다).
2. 우리의 운동 탐지 능력은 자극의 휘도, 정지되어 있는 배경의 존재, 움직임이 발생하는 망막의 영역에 의해 영향을 받는다.
3. 우리는 항시 움직이더라도(그래서 망막에 움직임을 일으킴), 세상을 안정적인 것으로 지각한다. 그렇게 하기 위해 우리는 망막 상에서 어느 움직임이 자기 운동에 기인하는 것인지 구별할 수 있어야 한다.
4. 우리의 움직임으로 발생하게 되는 광학적 흐름의 장은 우리의 움직이는 방향을 포함해서 움직임에 대한 많은 정보를 제공해준다.
5. 우리는 확대와 같은 시각적 단서를 사용해서 주위 대상들의 움직임을 지각하는 데 능숙하다. 그런 단서들은 우리로 하여금 자동차 운전을 성공적으로 할 수 있게 해준다. 후방 충돌이 많이 발생하는 것은 우리가 주위 움직임의 변화에 반응하기 어렵다는 것을 시사한다(특히 주의가 산만할 때).
6. 유기체는 특히 생물학적 운동을 지각할 수 있는 능력을 갖도록 진화해왔다. 사실 생물학적 운동 지각은 타고난 것으로 보인다. 점빛 디스플레이는 우리로 하여금 낯선 사람의 성별과 우리가 알고 있는 사람의 정체와 같은 사회적으로 중요한 정보를 지각할 수 있도록 해준다.
7. 우리는 생물학적 운동 지각이 매우 정확할 뿐만 아니라 노이즈가 있는 가운데서도 생물학적 운동을 잘 지각할 수 있다. 그러나 생물학적 운동을 거꾸로 세워놓으면 우리의 지각 정확성은 떨어진다.

착각적 운동

세상에서 발생하는 실제 움직임에 대한 우리의 지각에 초점을 맞추는 것으로 운동 지각에 대한 논의를 개시했다. 지금부터는 앞장들에서 착각적 경험을 논의한 것처럼, 가현적 혹은 착각적 운동에 대해 논의하기로 하겠다. **착각적 운동**(illusory movement)이란 관찰자들이 대상의 움직임을 잘못 지각하는 현상을 말한다.

먼저 실제 운동과 사실상 구분이 되는 것으로 보이는 스트로보스코픽 운동을 논의하기로 하자. TV를 시청하거나 영화를 감상할 때 우리는 사람들이 화면 속에 실제로 존재하는 것이 아님을 분명히 알고 있지만, 우리가 보고 있는 움직임이 착각이 아니라고 주장할지 모르겠다. 만화영화나 비디오 게임을 할 때, 우리는 운동감을 느낀다. 이 예들에서 우리가 실제로는 빠르게 제시되는 일련의 '정지' 사진들을 보고 있다는 사실을 시각 체계에서는 완전히 망각하고 있다.

어떤 착각들은 움직이고 있는 대상들의 궤적을 잘못 지각하게 만든다. 예를 들어, 야구선수들은 종종 라이징 패스트볼(rising fastball)[1]을 언급한다. 그러나 타자가 패스트볼이 솟아오르는 것처럼 지각할지라도, 실제로는 착각이다(Bahill, 2005; Bahill & Baldwin, 2004). 여기서는 정지된 대상들을 움직이는 것처럼 보이게 만드는 몇 가지 요인들에 논의의 초점을 맞추기로 하겠다.

스트로보스코픽 운동

스트로보스코픽 운동(stroboscopic movement)은 빠른 자극 패턴에 의해 망막의 다른 부위들에서 발생되는 운동 착각이다. 스트로보스코픽 운동을 확인하는 일반적인 절차는 불빛을 한 위치에 짧게 비추는 것이다. 0.1초(혹은 그 이하) 후에 다른 불빛을 다른 위치에 짧게 비춘다. 이런 절차를 반복할 때 관찰자들은 일반적으로 그 불빛이 첫 번째 위치에서 두 번째 위치로 이동하는 것처럼 보인다고 보고한다. 비록 연속 제시 사이의 경로가 애매할지라도(경로는 곡선적이거나 소용돌이 모양이 될 수도 있다), 사람들은 자극 제시 사이의 가장 짧은 경로(직선)를 지각하는 경향이 있다. 5장에서 언급된 게슈탈트 심리학자인 Max Wertheimer는 이런 현상을 처음으로 연구하였다.

만약 두 자극의 공간적 분리와 타이밍이 적절하다면, 스트로보스코픽 운동은 강력한 운동 착각이 될 수 있다. 대신 두 섬광 자극의 타이밍이 정확해야 한다. 예를 들어, 어떤 자극 조건의 경우, 공간에서 움직이는 대상 지각을 일으키는 데 약 60msec이 이상적인 간격이다. 흥미로운 것은 동일한 조건에서 약 100msec의 간격은 **파이 운동**(phi movement) 감각을 초래하는데, 이는 관찰자들이 움직임을 보았다고 보고하기는 하지만, 간격을 이동하는 실제 대상을 지각할 수 없는 현상이다. 만약 간격이 약 200msec보다 길면, 가현 운동은 지각되지 않는다(두 불빛이 단지 켜졌다 꺼지는 것

1) 높은 직구임에도 불구하고 솟아오르는 것처럼 보이는 착각.(역자 주)

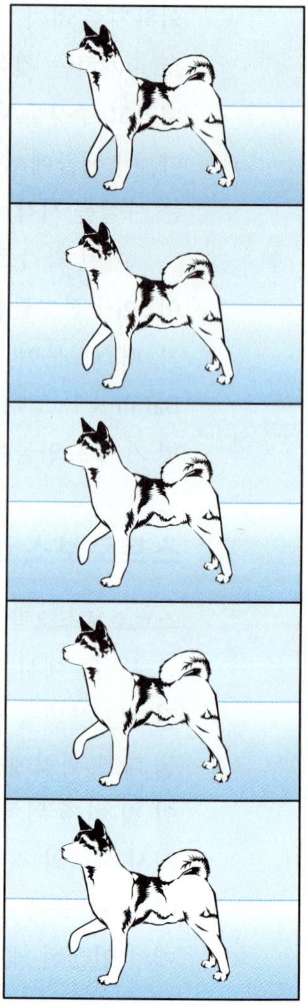

그림 8.3 플립북이나 모션픽처를 구성하는 개별 스틸 사진들. 만약 1위치에서 2위치로 각 연속 사진들을 적절한 속도로 제시하면, 개의 오른발이 움직이는 것처럼 보일 것이다. 개의 발은 실제로는 움직이지 않기 때문에, 이 예는 스트로보스코픽 운동으로 불리는 착각적 운동의 한 형태를 보여주는 것이다.

으로 보일 뿐이다).

플립북(flip books)[2)]은 물론 모션픽처(motion pictures; 영화)는 움직임 지각을 일으키기 위해 스트로보스코픽 운동을 사용한다. 기본적으로 영화 필름은 **그림 8.3**에서 보여주듯이 순서적으로 제시되는 일련의 정지 사진들이다. 이런 일련의 개개 스냅 사진들이 움직임 지각을 일으킨다는 것에 대해 신기해 한 적은 없는가? 관찰자들은 영사기를 통해 매우 빠른 속도로 연속 제시되는 각 프레임에 노출되기 때문에 움

2) 움직임의 한 장면 한 장면을 연속적으로 공통된 규격의 종이에 그리고 그것을 연속적으로 넘겼을 때 그림이 움직이는 것처럼 보이게 하는 애니메이션 도구.(역자 주)

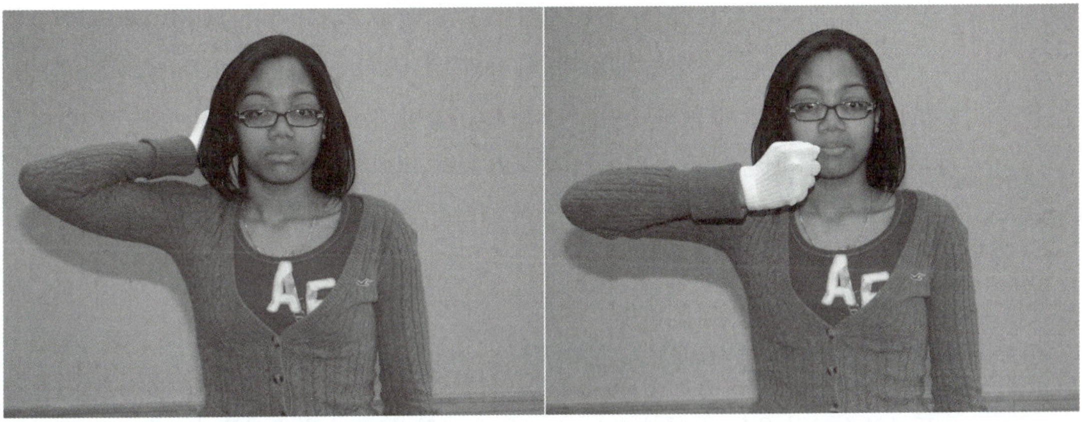

그림 8.4 두 개의 생물학적 운동 프레임. 왼쪽 프레임과 오른쪽 프레임 사이의 가장 짧은 경로는 이 여성의 머리를 관통하는 것이다. 빠른 속도로 제시하면, 사람들은 그런 생물학적으로 불가능한 행위를 지각하게 된다. 제시 속도가 느려지면, 사람들은 더 실제적인 경로를 지각하게 된다. 즉 이 여성의 손이 머리를 우회하여 움직이는 것으로 본다.

출처: Shiffrar(1994)

직임을 지각하게 된다(**그림 8.3**에서 개의 발은 1위치에서 2위치로 스트로보스코픽 운동을 보여준다). 우리는 정지된 장소의 연속이 아닌 한 장소에서 다른 장소로의 움직임을 지각하게 된다.

스트로보스코픽 운동에 관한 대부분의 연구들은 간단한 자극(예: 빛점, 정사각형 등)을 사용한다. 예를 들어, WWW해보기 8.3은 스트로보스코픽 운동의 세 가지 예를 보여준다. 비록 실제 운동이 제시되지 않더라도, 시각 체계는 변하는 자극들이 움직이는 것으로 해석한다. 변화율과 다른 대상의 존재를 포함해서 많은 요인들이 이러한 착각적 운동에 영향을 준다.

간단한 대상을 보여주는 연속 프레임 대신, 연구자들은 또한 두 개의 다른 자세를 취하는 사람의 사진들을 사용하기도 한다. 심화학습에서 보았듯이, 사람들은 특히 다른 사람의 운동 패턴에 민감하다. 만약 사람들이 두 자세 사이의 가장 단순한 경로를 추정하기 어려운 두 개의 자세를 취하고 있는 사람의 연속 프레임을 본다면 어떤 일이 일어날까?

그림 8.4는 그런 생물학적 운동의 예를 보여준다. 왼쪽 사진이 먼저 제시되고, 그 다음에 오른쪽 사진이 제시된다. 두 프레임 사이에서 이 여성의 오른손의 가장 짧은 이동 경로는 머리를 직접 관통하는 것이다. 물론 그녀의 손의 실제 경로는 머리를 우회하는 것이다. 만약 우리가 스트로보스코픽 운동을 일으키기 위해 빠르게 제시되

는 이 두 개의 사진을 본다면, 그 여성의 손이 어떻게 움직일 거라고 생각하는가?

우리가 무엇을 지각할지는 두 사진이 제시되는 속도에 달려 있다(Shiffrar, 2001). 제시 속도가 매우 빠르면, 우리는 불가능한 경로를 지각할 것이다. 즉 이 여성의 손이 머리를 관통해서 움직이는 것처럼 보일 것이다! 그러나 제시 속도를 좀 더 느리게 하면, 우리는 생물학적으로 타당한 경로를 지각할 것이다. 즉 그녀의 손이 머리를 우회하여 움직이는 것처럼 보일 것이다.

정지 자극에서 움직임 지각하기

스트로보스코픽 운동이 실제 운동과 매우 유사하다는 점이 흥미롭다. 예를 들어 실제 운동과 스트로보스코픽 운동은 둘 다 유사한 망막 활동을 일으킨다. 지금부터는 정지되어 있는 대상들이 움직이는 것처럼 보이는 오지각 상황을 다루기로 하겠다. 이따금씩 착각을 일으키는 것은 운동의 유형에 달려 있다. 따라서 자극을 지각하는 맥락은 착각적 운동을 지각하게 하는 데 관여한다. 자극 자체가 착각적 운동을 일으키는 경우도 있다.

자동 운동

자동 운동(autokinesis)은 완전히 어두운 방에서 고정된 불빛이 움직이는 것처럼 보일 때 발생한다. WWW해보기 4.3을 해보면, 자동 운동 효과를 경험할 수 있다. 알다시피 우리의 눈 근육은 지속적으로 매우 작은 안구 운동을 일으킨다. 그런 운동은 풍부한 맥락에서 불빛을 보는 경우에 발생한다. 그러나 균일하게 어두운 배경에서 그 불빛만을 볼 때, 시각 체계는 아무런 맥락 정보를 가지지 않게 된다. 그런 조건에서 장시간 그 불빛을 보면, 그 불빛이 무선적으로 움직이는 것처럼 보일 것이다. 예상했겠지만, 다른 불빛들을 추가적으로 제시하면 자동 운동 효과는 최소화되거나 제거된다. 이런 운동은 분명 착각이다. 그러나 자동 운동 효과는 실제 운동을 처리하는 뇌 영역(MT)을 활성화시킨다(Riedel et al., 2005).

유도된 운동

Karl Duncker(1903~1940)는 유도된 운동을 처음으로 연구한 게슈탈트 심리학자이다. **유도된 운동**(induced movement)은 정지되어 있는 대상이 그것의 맥락 참조틀(contextual frame of reference)을 반대 방향으로 움직일 때 움직이는 것처럼 보이는 착각적 운동이다. 비록 시각 체계가 실제 운동을 잘못 지각하더라도, 그것은 안전한 배팅이라 할 수 있다(즉 대상은 주위를 움직이는 경향이 있다). 유도된 운동에 대한 전형적인 연구로 관찰자는 어두운 방에서 정사각형 틀에 둘러싸인 한 점의 불빛을 본다(Duncker, 1929; Wallach, 1959). 정사각형 틀이 오른쪽으로 움직일 때, 관찰자는 그 틀은 정지되어 있고, 불빛이 왼쪽으로 움직이는 것으로 지각한다. 달이 밝고 하늘은 구름이 많이 끼어 있을 때 어떤 유도된 운동이 발생하는지 확인해보라. 달은 실제로는 정지되어 있고, 그 앞에 있는 구름이 움직인다. 결국 달은 구름의 움직임과 반대 방향으로 움직이는 것처럼 보일 것이다.

유도된 측면 운동(lateral induced motion)외에, 연구자들은 다른 유형의 유도된 운동에도 관심을 가진다. 예를 들어 유도된 회전 운동이 가능하다(Reinhardt-Rutland, 2003). 사람들이 원형으로 움직이는 외부 자극을 볼 때, 정지되어 있는 내부 원판은 반대 방향으로 움직이는 것처럼 지각한다. 측면이나 유도된 회전 운동에서 유도 대상들은 모두 관찰자로부터 동일 거리에 있다. 그러나 다른 연구는 깊이 운동을 유도할 수 있음을 보여주었다(Harris & German, 2008).

자기 운동 착각

우리가 움직이고 있지 않지만, 움직이고 있는 것처럼 보이게 만드는 맥락은 또 다른 유형의 유도된 운동을 일으킬 수 있다. 출발 직전에 정차되어 있는 기차 안에 앉아 있고, 옆 트랙의 기차가 움직이는 상황을 경험해본 적이 있는가? 당신은 자신이 앉아 있는 기차가 움직이는 것처럼 느끼기 십상이다. 실제로는 움직이고 있지 않는데(그리고 다른 대상이 움직이는데) 자신이 움직이고 있다고 지각하는 것을 때로 **자기 운동 착각**(self-motion illusion) 혹은 시각적으로 유도된 자기 운동이라 한다. 이미 친숙한 연구자인 Mach(Mach의 띠와 Mach의 책)와 Helmholtz가 처음으로 이런 착각을 기술하였다.

시각 체계는 그런 착각이 기차가 실제로 움직이는 상황을 복제하기 때문에 혼동을 일으키기 십상이다. 즉 기차가 움직이는 동안 당신은 전면을 보고 있거나 책을 읽고 있을 수 있다! 동시에 창문 밖 풍경이 주변시에 빠르게 움직인다. 자기 운동 착각은 자기 운동과 일치하는 주위 운동으로 그 시나리오를 모사한다.

움직이는 동안 고정된 상에서 움직임 지각하기

자기 운동 착각은 우리가 움직이고 있지 않을 때 우리 자신이 움직이고 있다고 지각하게 만든다. 또한 우리 자신의 움직임이 우리로 하여금 움직임이 없을 때 움직임을 지각하게 만들 수 있다. 많은 화가들(예: Patrick Hughes, Dick Termes)은 사람들

그림 8.5 Pinna-Brelstaff 착시. 만약 당신이 머리를 이 그림의 중앙점을 보면서 앞뒤로 움직이면, 두 개의 주변 동심원을 구성하는 대상들은 서로 반대 방향으로 움직이는 것처럼 보일 것이다.

출처: Reprinted from *Visual Research*, *40*, 16, Baingio Pinna & Garvin J. Brelstaff, "A New Visual Illusion of Relative Motion," p. 6. (copyright© 2000 with permission)

이 작품을 감상하면서 움직일 때 마치 움직이는 것처럼 보이는 작품을 창작해왔다(Papathomas, 2007).

이런 착각적 운동을 경험하기 위해 **그림 8.5**의 중앙점을 보라. 중앙점을 응시하면서 머리를 앞뒤로 움직여 보라. 두 개의 동심원을 구성하고 있는 다이아몬드 모양의 대상들은 완전히 정지되어 있지만 회전하는 것처럼 보일 것이다. Baingio Pinna와 Gavin Brelstaff(2000)는 이런 착시를 소개하였고, 그들의 이름을 따서 이 착시를 Pinna-Brelstaff 착시라 했다. 이 착시에서는 자극의 두 가지 요소가 중요하다. 첫째, 당신은 디스플레이의 중앙을 응시하기 때문에 가현 운동을 일으키는 대상들은 주변시에 맺힌다. 둘째, 운동 방향은 대상의 측면 농담 위치에 기인하는데, 이는 그 대상들에 가현적 깊이감을 제공한다.

운동 잔효

지금까지 우리는 동시적 움직임(눈, 머리, 혹은 주위 대상들의)이 정지된 대상을 움직이는 것처럼 지각하게 만드는 착시를 살펴보았다. 이제 이전 움직임이 정지된 대상을 움직이는 것처럼 지각하게 만드는 상황을 고려해보기로 하자. **운동 잔효**(movement aftereffects)는 우리가 연속적인 움직임을 본 다음, 다른 표면을 볼 때 발생한다. 새 표면은 반대 방향으로 움직이는 것처럼 보인다(Snowden & Freeman, 2004).

당신이 폭포를 볼 기회가 있다면 운동 잔효를 확인할 수 있을 것이다. 폭포수를 몇 분 동안 응시하다가, 근처 나무나 바위로 시선을 옮겨보라. 이 정지되어 있는 대상들은 폭포수와 반대 방향으로 움직이는 것처럼 보일 것이다. 유도 자극(폭포수)을 더 오랫 동안 보면 볼수록, 잔효는 더 강해진다. 운동 잔효의 예를 WWW해보기 8.4를 통해 확인해볼 수 있다.

운동 잔효는 7장에서 논의된 계속 색 대비와 무채색 잔상과 같은 잔효와 닮았다. 이 현상에 대한 한 가지 설명은 시각 처리에 관여하는 세포들의 순응 혹은 피로를 포함한다. 그러나 단순한 순응이나 피로를 가지고 색채 현상(예: McCullough 효과)을 완전하게 설명할 수는 없다. 마찬가지로, 단순한 하위 수준의 기전으로 그런 운동 잔효를 설명하기에는 부족하다. 즉 상위 수준의 처리가 관여되기 십상이다(테마 4).

움직이는 것처럼 보이는 고정된 상

특히 옵아트(op art)[3] 장르를 다루는 일부 화가들은 운동감을 제공하는 정지 자극을 창출해왔다. Aklyoshi Kitaoka는 정지되어 있는 작품에 운동감을 부여한 심리학자이자 화가이다. 예를 들어 그의 웹페이지를 방문하면, Kitaoka의 '움직이는 뱀(Rotating Snakes)'이란 작품을 볼 수 있는데, 이 작품은 대부분의 관찰자들에게 살아 있는 운동감을 준다. Kitaoka의 작품은 인터넷 상에서 매우 유명하다.

맥락에 의해 발생하는 운동 오지각

Stuart Anstis는 맥락이 사람들로 하여금 운동을 오지각하게 만든다는 여러 해보기를 제시해왔다. 예를 들어 Anstis와 Clara Casco(2006)는 배경이 움직일 때 사람들이 움직이는 작은 대상들(예: 파리)의 움직임을 잘못 지각한다는 것을 발견했다. 그들은 이 효과를 **비행하는 파란병 착시**(Flying Bluebottle illusion)라 불렀다. 두 마리의 파리가 시계방향으로 움직인다. 그러나 배경이 시계방향이나 시계반대방향으로 움직이면, 그 파리의 궤도 크기나 운동 방향을 잘못 지각할 수 있다.

Anstis(2007)는 두 선분('젓가락')의 운동을 창문을 통해 관찰하거나 그렇지 않은지에 따라 변하는 젓가락 착시(chopstick illusion)를 연구했다. 창문을 통해 관찰되

---

3) optical art(시각적 미술)의 약칭으로 1960년대 미국에서 일어난 추상 미술의 장르이다. 기본적으로 회화에 의해 시각적 착각으로 발생하는 색채상이나 조형상의 변화를 추구하고, 또한 조각 작품에 의해 시점의 이동이나 작품의 변동으로 일어나는 조형상의 변화를 추구하는 작품을 창작한다.(역자 주)

는 선분들은 시계방향으로 움직이는 것처럼 보인다. 창문을 통하지 않고 관찰되는 선분들은 시계반대방향으로 움직이는 것처럼 보인다. Anstis는 또한 두 개의 정사각형(하나는 노란색이고 다른 하나는 파란색)이 수평 경로를 따라 부드럽게 앞뒤로 움직이는 발자국 착시(footsteps illusion)를 연구했다(Howe et al., 2006). 그러나 검은색과 흰색의 수직 막대 세트 상에서 관찰되는 두 개의 정사각형은 더 이상 부드럽게 움직이는 것으로 보이지 않고, 스터터 스텝(stutter step; 약간 정지하면서 진행하는 스텝)으로 보인다. 이런 강력한 착시들을 글로 이해하기보다 Anstis의 웹페이지를 직접 방문하여 눈으로 확인하기 바란다.

절 요약

착각적 운동

1. 스트로보스코픽 운동은 망막의 다른 위치에 자극을 연속적으로 제시해 줌으로써 발생한다. 효과적인 운동 착각을 일으키기 위해 자극들 간의 거리와 타이밍이 중요하다.
2. 사람들은 가장 직접적인 경로를 따라 가현 운동을 지각하는 경향이 있다. 적절히 빠른 제시를 통해 이런 경향성은 사람들로 하여금 불가능한 생물학적 운동을 지각하게 만들기도 한다.
3. 맥락(혹은 맥락의 부재)은 착각적 운동에 영향을 미칠 수 있다. 예를 들어 어두운 방에서 고정된 작은 불빛을 관찰할 때, 그 불빛은 움직이는 것처럼 보인다(자동 운동). 주위 맥락이 움직일 때, 우리는 대상이 움직이는 것처럼 오지각을 하거나(유도된 운동), 우리 자신이 움직이는 것처럼 지각하기도 한다(자기 운동 착각).
4. 움직임 잔효는 연속적인 움직임을 관찰한 후에 발생된다. 정지된 대상들이 이전에 관찰한 움직임과 반대 방향으로 움직이는 것처럼 보인다.
5. 비행하는 파란병 착시, 젓가락 착시, 발자국 착시와 같은 착시들은 맥락이 운동 오지각을 일으킬 수 있다는 것을 확인시켜준다.

운동 지각에 대한 이론적 설명

우리는 어떻게 운동을 지각할까? 대상의 상이 망막에서 움직일 때마다 운동을 지각하게 된다고 답할지 모르겠다. 이 대답은 적절해 보이기는 하지만, 완전하지는 않다. 당신이 현재 페이지에 있는 내용을 읽어 내려가고 있다면, 단어들의 상이 망막에서 계속 움직이게 될 터인데, 이 경우 단어 상들은 망막에서 움직이지만, 그렇다고 그것들이 움직이는 것으로 지각하지는 않는다. 더 나아가 눈이 부드러운 추적 운동으로 새들이 날아가는 것을 추적할 때, 새의 상은 망막에서 거의 동일한 위치에 유지된다. 상은 망막에서 움직이지 않지만, 우리는 운동을 지각하는 것이다. 운동 지각은 망막 위에서 발생하는 상의 움직임 이상이 수반되어야 한다.

지금까지 운동 지각은 우리 자신의 움직임을 지각하게 해주고, 주위 대상들의 움직임도 지각하게 해주는 복잡한 과정이라는 것을 확인하였다. 운동 지각을 설명하는 적절한 이론이 되려면 이런 모든 과정들이 어떻게 발생하는지를 설명할 수 있어야 한다. 운동 지각에 대한 이런 이론적 접근법 가운데 두 가지, 즉 직접 지각 접근법과 계산적 접근법은 이미 살펴본 바 있다. 따라서 여기서는 새로운 접근법인 동반 방출 이론을 먼저 논의하기로 하겠다.

동반 방출 이론

동반 방출 이론(corollary discharge theory)에 따르면, 시각 체계는 망막에 등록되는 움직임과 안구 운동을 지시하는 뇌가 보낸 신호와 비교한다. 동반 방출 이론은 특별히 우리가 정상적인 안구 운동을 하는 동안 움직임을 지각하지 못하는 이유를 설명하려고 시도한다. 이 이론은 망막 위의 움직임이 있을 때와 움직임이 없을 때 우리가 움직임을 지각하는 이유를 설명할 수 있다. 이 이론은 또한 망막 위에 움직임이 있을 때와 움직임이 없을 때 움직임을 지각하지 못하는 이유도 설명할 수 있다.

동반 방출 이론은 뇌가 안근에 메시지를 보낼 때, 동시에 그 메시지의 복사본을 어떤 시각 체계의 구조(비교기)에 보낸다고 주장한다. 이 복사본을 동반 방출이라 한다. 여기서 **동반**(corollary)이란 말은 '관련된'이란 의미이다. 다음 절에서 이 과정에 관여하는 뇌 구조들을 살펴볼 것이다. 지금은 단지 이 과정의 도식적 표상을 보여주는 **그림 8.6**에 제시된 **비교기**(comparison structure)만을 살펴보기로 하겠다. Richard Gregory(1997)는 동반 방출 모형의 이 부분을 눈과 머리에 보내지는 운동 신호(motor signals)를 추적한다는 의미에서 **눈-머리 체계**(eye-head system)라 했다.

상들은 세상이 움직이거나 눈이 움직임으로 해서 망막 위에서 움직이게 된다. Gregory는 이 부분을 **상-망막 체계**(image-retina system)라 했다. 이 비교기가 상-망막 체계에서 나오는 입력 신호와 눈-머리 체계에서 나오는 입력 신호가 다르다는 것을 탐지할 때, 사람들은 운동을 지각한다. 감각 신호(상-망막)가 동반 방출 기대(눈-

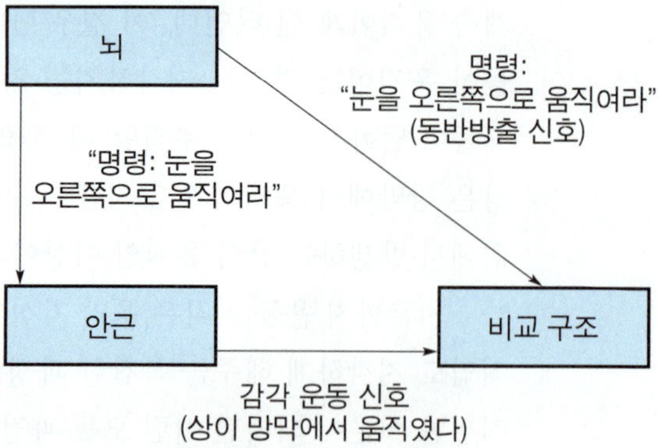

그림 8.6 동반 방출 이론의 도식적 표상. 뇌가 눈을 움직이도록 신호를 보낼 때, 동반 방출 신호가 비교기로 보내진다. 망막 위의 움직임은 감각 신호를 초래하고, 그 신호도 또한 비교기로 보내진다. 감각 신호가 동반 방출 신호와 일치할 때, 관찰자는 움직임을 지각하지 못한다. 그러나 감각 신호가 동반 방출 신호에 의해 예기되지 않으면 관찰자는 움직임을 지각하게 된다.

머리)와 일치할 때, 그 정보는 취소되고, 사람들은 어떤 운동도 지각하지 못하게 된다. 네 가지 예를 통해 이 이론을 명확하게 이해해보기로 하자.

동반 방출 이론의 네 가지 결과

감각 입력 신호와 동반 방출 신호의 상호작용으로 초래될 수 있는 네 가지 결과를 살펴보기로 하자. 먼저 눈이 고정된 두 가지 경우부터 살펴보자. 첫째, 만약 정지되어 있는 대상들을 직접 보고 있다면 어떤 일이 발생할 것으로 생각하는가? 눈은 고정되기에 어떤 동반 방출 신호도 생성되지 않을 것이다. 마찬가지로, 눈은 움직이지 않기에 시각장에 있는 대상들은 망막의 동일 위치에 그대로 유지된다. 동반 방출 신호도 없고, 망막으로부터 감각 입력 신호도 없기 때문에, 움직임은 지각되지 않을 것이다.

둘째, 눈이 고정된 상태에서 다른 사람이 눈앞을 지나치는 경우를 생각해보자. 다시 눈-머리 체계는 움직이라는 명령을 받지 않으므로 동반 방출 신호는 발생되지 않는다. 그러나 시각장에서 움직이는 사람은 상-망막 체계에 움직임을 일으킨다. 동반 방출 신호는 없지만, 망막으로부터 감각 입력 신호가 생성되기 때문에, 움직임이 지각된다. 다시 말해서, 실제 감각 입력 신호는 동반 방출 기대를 취소시킨다. 이런 실제 감각 입력 신호와 동반 방출 신호 사이의 불일치는 운동 지각을 일으킨다.

마지막 두 개의 경우는 눈이 움직이는 상황이다. 박물관에서 움직이지 않고 서 있는 여성, 경비원, 그리고 사진을 보고 있다고 해보자(그림 8.7a). 눈을 오른쪽에서 왼쪽으로 움직여 그 장면을 주사할 때, 관찰자의 뇌는 눈을 움직이도록 명령을 하달함으로써 동반 방출 신호를 생성시키게 된다. 오른쪽에서 왼쪽으로 주사하는 동안, 여성은 관찰자의 시각장에서 왼쪽에서 오른쪽으로 이동하게 된다. 그 여성, 경비원, 사진의 망막상은 모두 동반 방출 신호에 의해 발생되는 기대와 일치하는 방식으로 움

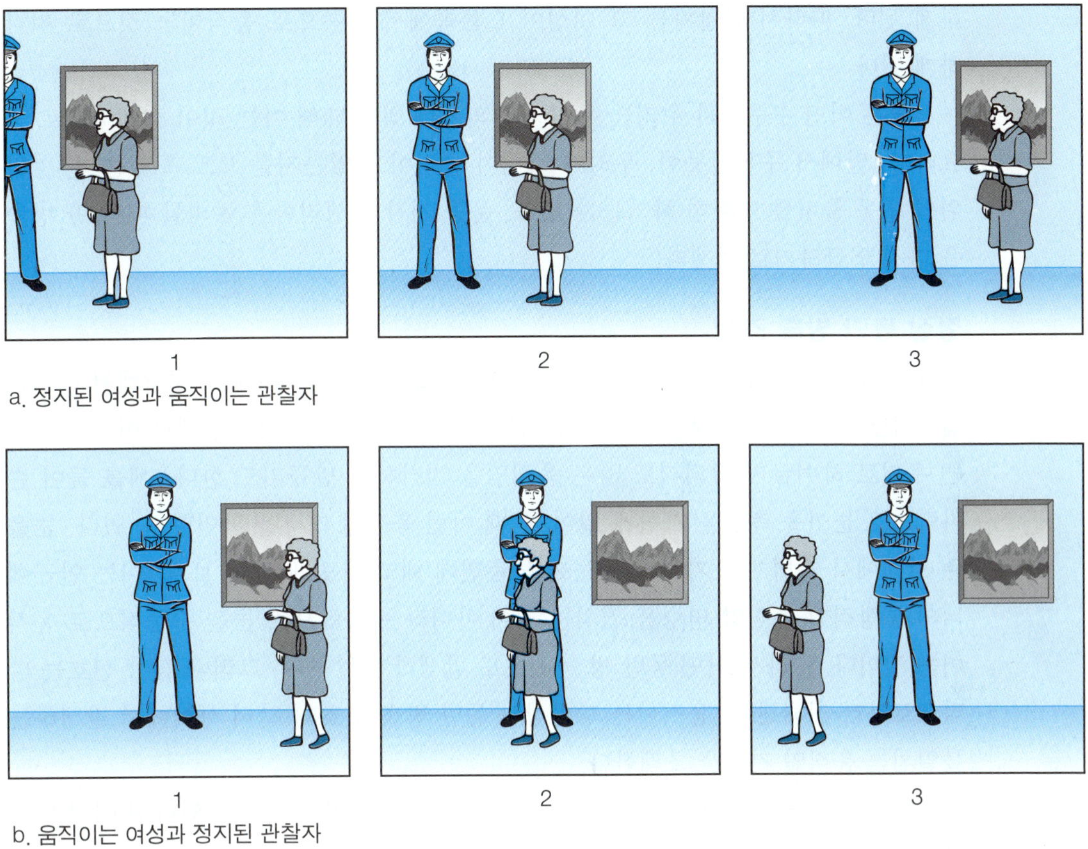

그림 8.7 환경 속에서 발생하는 운동의 두 가지 예시. a에서 관찰자는 오른쪽에서 왼쪽으로 움직이고 있으며, 나머지 대상들은 고정되어 있다. 여성과 사진의 관계는 1프레임에서 3프레임의 순으로 일정하다는 것을 주목하라. b에서는 여성이 오른쪽에서 왼쪽으로 움직이고 있으며, 나머지 대상들(관찰자를 포함)은 고정되어 있다. 그 여성과 사진의 관계는 1프레임에서 3프레임의 순으로 변한다는 것을 주목하라.

직인다. 따라서 감각 입력은 취소되고, 어떤 움직임도 지각되지 않는다.

마지막 예는 눈의 움직임뿐만 아니라 대상의 움직임도 수반되는 상황이다. 가령 그 여성이 이제 관찰자의 오른쪽에서 왼쪽으로 움직이고 있고, 관찰자는 그녀의 움직임을 눈으로 추적하고 있다고 해보자(**그림 8.7b**). 이 경우, 뇌는 안근에 그 여성을 추적하라는 메시지를 보냄으로써 동반 방출 신호가 생성된다. 동반 방출 신호와 일치하는 망막으로부터 나오는 감각 입력 신호는 취소될 것이고, 결국 움직이지 않는 대상(경비원과 사진)을 지각하게 될 것이다. 그러나 관찰자가 추적하고 있는 그 여성의 상은 계속 망막 위의 동일한 위치에 맺히게 되고, 이는 동반 방출 신호와 불일치하게 된다. 따라서 관찰자는 그 여성이 오른쪽에서 왼쪽으로 움직이는 것으로 지각하게 된다.

물론 어떤 수준에서 우리는 우리 자신의 움직임에 대해 아는 것이 절대적으로 중요하다. 앞에서 주목했듯이, 우리가 자신이 움직이고 있는지를 모르고 있는 한 망막 위의 운동 출처를 명확히 하기는 어렵다. 운동 지각의 생리학을 논의할 때 동반 방출을 다시 언급하기로 하겠다.

정상 동반 방출 간섭

동반 방출 이론은 우리가 눈-머리 체계에서 나오는 정보가 상-망막 체계에서 나오는 입력 신호와 일치하지 않을 때마다 움직임을 지각한다고 진술한다. 때로 이런 불일치는 우리로 하여금 발생되지도 않은 움직임을 지각하게 만들기도 한다. 예를 들어 손가락으로 눈꺼풀 측면을 가볍게 밀어 줄 때 이런 움직임 지각을 확인할 수 있다. 눈을 뜬 상태에서 가볍게 손가락으로 눈꺼풀 측면에 대고 가볍게 밀어 보자. 이는 안근에 뇌의 통상적인 움직임 명령을 거치는 것이 아니라 손가락으로 눈을 수동적으로 움직이는 것이다. 따라서 어떤 동반 방출 신호도 발생하지 않는다. 그러나 감각 신호는 망막으로부터 전해진다. 움직이는 망막상과 동반 방출 신호의 결여 사이에서 발생하는 불일치는 움직임 지각을 초래한다.

만약 뇌가 눈을 움직이도록 메시지를 보내지만, 눈이 마비되어 있다면 어떤 일이 발생할까? 4장에서 논의했듯이, John Stevens 등(1976)은 실제로 그런 연구를 수행하였다. Stevens는 뇌가 자신의 마비된 안근에게 움직이라는 메시지를 보내면, 방 전체가 움직이는 것처럼 보일 것으로 예측했다. 동반 방출 이론에 따라, Stevens는 망막으로부터 어떤 감각 입력 신호가 발생되지 않는 동안 운동의 동반 방출 기대를 생성시켰다. 두 정보 간의 불일치는 방의 움직임 지각을 일으켰다.

그림 8.7b의 설명을 다시 살펴보자. 만약 관찰자의 뇌가 눈으로 하여금 오른쪽에서 왼쪽으로 움직이라는 메시지를 보낸다면, 망막에 움직이지 않고 남아 있는 유일한 대상들은 오른쪽에서 왼쪽으로 움직이는 대상들이 된다. 마찬가지로, Stevens는 눈으로 하여금 움직이도록 메시지를 보내서, 망막에 고정되어 있는 유일한 대상들 또한 그 방향으로 움직이게 만들었다. 그러나 그의 안근은 마비되었기 때문에, 방 전체가 망막에서 움직이지 않고 남아 있게 된다. 감각 입력(변화 없음)과 동반 방출(변화 기대) 간의 불일치는 그 방이 움직이는 것처럼 보이는 지각을 일으키게 된다.

직접 지각 접근법

동반 방출 이론이 움직임 지각에서 시각 체계의 처리를 강조한다면, 직접 지각 접근법을 따르는 James Gibson 등은 환경이 움직임에 대한 풍부한 정보를 포함하고 있다고 주장한다(테마 2). 비록 많은 이론가들이 직접 지각 접근법과 다른 입장을 취할지라도, 운동 지각에 대한 Gibson의 기여는 지대하다(Blake, 1994). 따라서 Gibson의 초기 연구는 운동 지각에 대한 많은 후속 연구를 이끌었다. 여기서는 환경으로부터 가용한 다섯 가지 정보 출처를 살펴볼 것이다. Gibson은 그런 출처들이 운동 지각에 중요하다고 주장했다.

1. 광학적 흐름의 장. 6장에서 논의했듯이, 운동 정보(예: 운동 조망)는 깊이나 거리에 대해 중요한 단서를 제공한다. 도로를 운전할 때, 대상의 상들은 각각 다른 속도로 망막을 스쳐 지나간다. 망막에서 그런 움직임은 광학적 흐름을 만들어 내는데, 그것은 환경에서 발생하는 운동 판단에 중요한 역할을 한다(Warren, 2008). 예를 들어 만약 관찰자가 정면을 응시하면서 걸어가고 있다면, 측면 가까이에 있는 대상들은 빠르게 뒤로 지나치며, 더 멀리 있는 대상들은 천천히 지나친다. 관찰자가 움직이는 동안 환경의 부분들은 확장되기도 하고 수축되기도 한다. 다음에 당신이 차를 운전하게 될 때, 지평선의 한 지점을 똑바로 응시하면서 운전을 하는 동안 모든 대상들이 그 지점으로부터 확장되는 것처럼 보인다는 것을 관찰해보라. **그림 6.18**은 그런 광학적 흐름의 장의 정적인 이미지를 보여주고 있다.
2. 상대적 운동. 우리는 배경과 대상의 상대적 움직임을 주시함으로써 우리 자신이 움직이고 있는지, 아니면 대상이 움직이고 있는지를 판단할 수 있다. **그림 8.7a**에서 여성이 계속 그림 앞에 서 있음을 주목하라. 그 여성은 그림과 관련해서 움직이지 않고 있기 때문에, 관찰자는 그녀가 정지해 있고, 관찰자 자신이 움직이고 있다는 결론을 내린다. 이동촬영의 예(**그림 6.14**)에서 보이는 운동 패턴 또한 관찰자가 움직이고, 장면 속 사람들의 움직임은 없다. **그림 8.7b**에서 여성은 배경과 상대적으로 움직이고 있다. 첫 번째 사진에서 그 여성은 그림의 오른쪽에 있다가, 경비원의 앞을 지나 마지막으로 출구 쪽으로 이동하고 있다. 관찰자는 그녀가 움직이고 있으며, 관찰자 자신이 정지해 있다고 결론 내릴 것이다.
3. 가림과 출현. **그림 8.7b**의 예와 일치하는 것으로, 움직이는 대상들은 체계적인 배경의 가림과 출현을 일으킨다. 책을 들어 눈앞에 두고 오른쪽에서 왼쪽으로 움직여 보라. 책이 왼쪽 배경을 체계적으로 가리게 되는데, 이 과정을 **가림**(occlusion)

이라 한다. 동시에 그 책은 체계적으로 오른쪽 배경을 드러나게 하는데, 이 과정을 **출현**(disocculusion)이라 한다. 가림과 출현은 우리에게 대상의 운동 방향을 알려준다(Gibson, 1979).

확장하는 대상들 또한 체계적인 가림과 출현 패턴을 보여준다. 책을 다시 들고 당신의 코와 마주치도록 가까이 움직여보라. 가림이 책의 오른쪽과 왼쪽에서 동일한 정도로 발생한다는 것을 주목하라. 가림이 동일할 때, 우리는 대상이 우리를 향해 다가온다고 지각하게 된다. 한편 가림이 동일하지 않을 때(예: 책을 당신의 왼쪽 귀 쪽을 향해 가까이 움직일 때), 배경의 왼쪽 측면은 오른쪽 측면이 드러나는 동시에 가려지게 된다. 당신은 그 대상이 당신을 지나칠 것으로 지각하게 된다. 만약 가림이 극히 균등하지 않다면, 그 대상은 당신으로부터 멀리서 지나치는 것으로 지각될 것이다.

4. 상의 크기. 앞에서 확장(**그림 8.1**)을 설명하는 가운데 망막에 맺힌 상의 크기가 관찰자가 대상에 접근해가거나 대상이 관찰자에게 접근해옴에 따라 커진다는 것을 주목한 바 있다. 만화가가 운동 효과를 표현하기 위해 상-크기 단서를 어떻게 활용하는지 주목한 적이 있는가? 캐릭터가 절벽에서 떨어지면, 그 캐릭터를 아래 지상 위로 조망하면서 갑자기 크게 확대시킨 그림을 보았을지 모르겠다.
5. 양안 단서. 지금까지는 단안 단서들을 살펴보았다. 그러나 대상들이 관찰자와 매우 가깝다면, 양안 단서들이 운동 지각에 도움이 될 수 있다(Fernandez & Farell, 2005; Hess et al., 2007). 예를 들어 만약 관찰자가 자신의 정면으로 날아오는 공을 보고 있다면, 그 이미지는 같은 속도로 오른쪽과 왼쪽 망막 위 모두에서 움직인다. 그러나 만약 왼쪽 망막상이 오른쪽 망막상보다 더 천천히 움직이고 있다면, 관찰자는 그 공이 오른쪽으로 지나칠 것으로 지각할 것이다. 따라서 왼쪽과 오른쪽 망막상의 속도 비교는 운동 방향에 대한 정보를 제공한다.

계산적 접근법

계산적 접근법 또한 시각 자극 자체에 풍부한 정보가 포함되어 있다는 점을 인정한다. 그러나 직접 지각 접근법과는 달리, 계산적 접근법은 또한 지각이 문제 해결을 요한다는 입장을 취한다. 그렇지만 다른 인지적 접근법들과는 달리, 계산적 접근법은 시각장에 있는 대상들에 대한 특별한 지식보다는 일반 물리학적 지식을 가지고 지각 문제를 해결하려고 시도한다.

망막 정보의 역동적인 성질을 인식하고 있는 계산적 이론가들은 망막의 공간-시간 이미지에 대해 언급한다. 이 접근법의 첫 단계는 역동적 이미지로부터 운동을 추출하는 운동 탐지기를 기술하는 것이다. 초기 운동 탐지기 모형으로는 개발자의 이름을 딴 Reichardt 탐지기가 있다(Krekelberg, 2008). 기본적으로 시간과 공간에 따른 망막 자극의 변화는 가까운 광수용체들에 의해 부호화된다. 즉 빛이 처음에 어느 하나의 수용체에 떨어지고 나면, 그 다음에는 빛이 이웃 수용체에 떨어지고, 처음 수용체는 어둠이 드리워진다. 운동 탐지기는 그런 자극을 특정 방위를 가진 운동으로 해석한다(망막에 있는 두 개의 수용체 위치와 일치).

물론 시각 체계는 두 개의 수용체에 떨어지는 동일한 출처에서 나오는 빛을 해석해야 한다. 이는 시각 체계가 운동을 탐지할 때 해결해야 하는 **대응문제**(correspondence problem)이다(어떻게 시각장의 요소들이 시간이 경과하는 동안 연계가 되는가?). 양안 깊이 지각은 두 망막 자극 사이의 대응문제를 해결해야 한다. 깊이를 지각하기 위해서 한 망막에 맺힌 상은 동시에 다른 망막에 맺힌 약간 다른 상과 연계되어야 한다. 운동 지각도 이와 유사한 문제를 해결할 필요가 있지만, 또한 다른 시기에 동일 망막 위의 점들 간의 대응을 결정해야 한다(Pack & Born, 2008). **그림 8.7b**로 돌아가서 시각 체계가 어떻게 한 프레임에서 제시된 점을 다음 프레임에 제시된 점과 연계시키는지 상상해보라.

운동 탐지에 대한 또 다른 계산적 접근법은 대응문제에 대해 완전히 다른 측면을 고려한다. **에너지 모형**(energy model)은 공간과 시간 경과에 따라 발생하는 변화에 초점을 맞춘다(Bruce et al., 2003). 예를 들어 수평축에 공간을 수직축에 시간을 나타낸 **그림 8.8**을 고려해보자. 이 그래프에서 운동은 강도의 패턴(운동 방향과 속도 모두를 나타내는 패턴)으로 표현될 수 있다. **그림 8.8**은 검은색 배경에서 움직이는 흰색 공으로 표현될 수 있다. 처음에는 공이 왼쪽에 위치해 있고, 시간이 지나면서 오른쪽으로 이동된다. 결과는 이런 공간-시간 좌표에서 흰색 대각선이다. 공이 더 빠르게 이동하면 그래프가 어떻게 달라질지 이해할 수 있는가?

이런 운동 탐지기들은 계산적 이론가들이 명명한 일차 운동(first-order motion)을 지각하는 데 중요하다. 그러나 우리는 또한 휘도차(예: 검은색 배경에서 움직이는 흰색 공)에 의존하지 않으면서 운동을 지각할 수도 있다. 검은색에서 흰색으로 깜박이는 공이 회색 배경에서 움직인다고 해보자. 평균적으로 공과 배경 사이의 휘도차는 없다. 그럼에도 불구하고, 우리는 여전히 운동을 지각할 것이다. 계산적 이론가들은 휘도차 이외의 다른 단서들(예: 깜박임, 대비, 결)에 의한 운동을 언급할 때 이차 운동

그림 8.8 운동 지각의 상대적 에너지 설명 예. 수평축은 공간을, 수직축은 시간을 나타낸다. 흰색 공이 검은색 배경에서 움직이고 있다고 상상하라. 처음(하단)에 그 공은 망막의 왼쪽 위치에 맺힌다. 시간이 경과하면서 그 공은 오른쪽으로 움직인다. 만약 그 공이 더 빠르게 움직인다면, 더 짧은 시간에 공간을 가리게 된다. 따라서 기울기는 더 완만해지고, 이는 운동 속도가 더 빠르다는 것을 나타낸다.

(second-order motion)이라는 용어를 사용한다(Bruce et al., 2003). 분명히 시각 체계의 어느 지점에서 우리는 일차 운동 정보와 이차 운동 정보를 통합해야 한다.

지금까지 운동 지각에 대한 이런 이론적 설명으로 동반 방출 이론, 직접 지각 접근법, 계산적 접근법을 살펴보았다. 운동 지각에 대한 이런 설명들은 자극의 풍부함과 인간의 시각 처리 체계의 경이로운 능력을 강조했다(테마 2).

경험과 상위수준 과정(테마 4)은 동반 방출 이론에서 중요하며, 우리가 움직일 때 안정적인 환경을 지각하는 데도 중요하다. 그러나 Johansson(1982)은 인지적 과정들이 운동 지각에서 그리 큰 역할을 하지 않는다고 주장했다. 그는 잘 알려지지 않았지만 뛰어난 인지 능력을 가지고 있는 집파리를 예로 들었다. Johansson은 수컷과 암컷 집파리가 짝짓기를 어떻게 하는지 설명하였다. 암컷은 수컷 주변을 무선적인 경로로 날고, 수컷은 몇 인치 위에서 암컷과 동일한 패턴으로 쫓는다. 그 수컷 집파리의 짝짓기 운동은 유능한 조종사보다 훨씬 더 정확하다. 분명히 우리의 인지적 과정은 운동을 해석하는 데 중요하지만, 운동 지각의 많은 측면들이 사고나 기억으로 모두 설명되지 않는다.

절 요약

운동 지각에 대한 이론적 설명

1. 동반 방출 이론은 시각 체계가 망막에 등록된 운동(상-망막 체계)을 뇌가 안구 운동에 대해 보내는 어떤 신호(눈-머리 체계)와 비교한다고 주장한다. 우리는 이 두 개의 체계가 불일치하는 정보를 등록할 때 움직임을 지각한다.
2. 직접 지각 접근법은 환경이 배경 정보, 가림/출현 정보, 상의 크기, 운동 시차, 운동 조망, 양안 단서들을 포함하는 정보를 제공한다고 주장한다.
3. 계산적 접근법은 운동 계산을 위한 수학적 모형을 제공한다. 세부특징 분석에 의존하는 운동 탐지기들은 대응문제를 해결해야 한다. 또 다른 계산적 접근법(운동 탐지의 에너지 모형)은 망막 자극의 공간-시간 특성에 초점을 맞춘다.

운동 지각의 생물학적 기초

행동을 더 잘 설명할 수 있는 이론이 보다 강력한 이론이라 할 수 있다. 또한 이론은 이미 알려져 있는 유기체의 생물학과 일치해야 한다는 점에서 실제적이어야 함도 중요하다. 지금부터는 운동 지각의 생물학적 기초에 대해 살펴볼 것이다. 논의를 진행하기 전에 먼저 3장의 내용을 다시 살펴보기 바란다.

V1 이전의 운동 정보 처리

3장에서 살펴보았듯이, 운동 정보는 망막을 거쳐 일차 및 이차시각피질 영역까지 이르면서 처리된다. 망막은 운동 탐지와 분석에서 중요한 초기 역할을 한다(Billino et al., 2008). 예를 들어 스타버스트 아마크린 세포(starburst amacrine cells)는 방향에 민감하기 때문에 운동 지각에 기여한다(Masland, 2005). 망막 또한 M, P, K경로의 근원이다. 이 세 가지 경로 가운데 M경로는 확실히 운동 지각에 중요한 역할을 한다(e.g., Champman et al., 2004; Ray et al., 2005).

그러나 M경로가 운동 지각에만 기여하는 것은 아니다. 이미 알다시피 M경로는 특히 색채 정보에 민감하지 않다. 그럼에도 불구하고, 사람들은 색(휘도는 아님)이 운동의 유일한 단서일 때도 운동을 지각한다(Cropper & Wuerger, 2005; Ruppertsberg et al., 2003). P경로 정보가 운동 지각에 기여할 가능성이 있다(Nassi et al., 2006). 또한 K경로도 운동 지각에 역할을 할 가능성이 있다(Ruppertsberg et al., 2007).

많은 연구자들은 운동 지각이 V1에서 시작된다고 믿는다(Blake et al., 2004). 분명히 연구자들은 V1을 경유하여 이차시각피질에 이르는 운동 정보 경로를 추적했기 때문일 것이다. 그러나 일부 운동 정보는 일차시각피질을 경유하지 않고 LGN에서 곧바로 이차시각피질 영역으로 전송된다(Sincich et al., 2004). 그렇지만, V1과 그 이후의 시각피질 영역들이 분명히 운동 지각에 중요하기에, 지금부터는 이 영역들을 집중적으로 살펴보기로 하겠다.

V1과 이후 영역들에서의 운동 정보 처리

3장에서 언급했듯이, Hubel과 Wiesel은 V1에 있는 많은 세포들이 방향에 민감하다는 것을 밝혔다(Blake et al., 2004). 따라서 LGN에서 V1로 들어오는 입력 신호는 기본적인 운동 정보를 부호화하기 위해 조직된다. 물론 모든 종류의 정보(예: 형태, 색)는 V1을 경유한다. M, P, K경로로부터 애초부터 분리된 입력 신호는 V1에서 V2로 이동하는 두 가지 주요 정보 흐름으로 조합된다(Sincich & Horton, 2005). V1에서 V2로의 정보 흐름 이외에도, 정보는 V2와 기타 이차시각피질 영역들에서부터 V1로의 역방향 이동을 한다. V1로의 정보 피드백은 이 시각피질 영역으로 하여금 우리가 운동을 지각하는 데 중요한 역할을 한다(Silvanto et al., 2005).

V2에서 나오는 일부 정보는 **그림 7.9**에서 볼 수 있듯이 V5(중측두 영역, MT라 부르기도 함)로 들어간다. 연구자들은 MT에 운동과 방향 민감성 세포들이 집중해 있기에 운동 지각의 핵심 사이트로 그 영역을 집중 조명했다. 비록 MT가 운동 정보의 유일한 출처가 아닐지라도, 이 영역은 분명 중추적인 사이트로 보인다. MT 영역은 또한 운동 잔효 사이트로 보인다. 즉 사람들이 이런 착각적 운동을 경험할 때 이 영역이 활성화된다(Snowden & Freeman, 2004).

불행한 사고로 신경 손상을 입은 사람들은 중요한 이론적 지식을 획득하는 데 기여한다. 그런 장애의 하나가 운동을 지각하지 못하는 **동작맹**(akinetopsia)이다. 양쪽 후두 피질 손상으로 얻은 동작맹을 가진 여성인 L.M. 사례를 앞에서 언급한 바 있다(Schenk et al., 2000; Zihl et al., 1983). L.M.은 주변시 움직임 탐지 능력을 상실했고, 3차원 운동을 지각할 수 없다. 그러나 그녀는 정상 시력과 색채시를 가지고 있었으며, 중심와 가까이에서 발생한 일부 선형 운동은 탐지할 수 있었다. 교차로를 건너는 것은 L.M.에게 위험한데, 그녀에게 접근해오는 자동차가 처음에는 멀리 있는 것으로 보이지만, 갑자기 바로 앞까지 점프해 오는 것으로 보이기 때문이다. 찻잔에 차를 따르는 간단한 행위조차도 깊이 지각을 할 수 없기 때문에 어려움을 겪는다. 분명 L.M.의 시각적 경험은 일련의 정지 사진들과도 같다(스냅사진들 사이의 연결감이 전혀 없다).

L.M.의 양측 뇌 손상은 MT도 포함되지만, 그 손상은 매우 광범하여 그녀의 동작맹은 단지 MT 손상에 의해서만 발생된 것으로 볼 수 없다(Blake et al., 2004). 사실 중측두 영역에 손상이 없고, 그 주변 영역이 손상된 사람들도 어느 정도는 운동 지각 능력을 상실한다. 따라서 분명히 MT가 운동 지각에서 중요한 역할을 할지라도, 다른 뇌 영역들도 운동 지각에 관여한다.

지금까지 우리는 3장에서 살펴본 어디 경로(배측 경로)를 추적하였다. 이 경로는 운동 지각에 중요하다. 그 경로는 MT에서부터 내상측두엽(medial superior temporal, MST) 영역으로 이어진다. MST의 배측 부분(MSTd)은 광학적 흐름 정보를 처리하는 데 중요한 역할을 하는 것으로 보인다(Warren, 2008).

운동 지각에서 중요한 또 다른 영역은 상측두열(superior temporal sulcus, STS)이다. 일반적으로 STS는 시각, 청각, 촉각 정보를 통합하는 중요한 역할을 한다(Beauchamp et al., 2008). 앞에서 언급했듯이, STS는 생물학적 운동에 중요한 역할을 한다(Beauchamp et al., 2003; Pelphrey & Morris, 2006; Saygin, 2007). 사실 STS는 실제 행위자들로부터 나온 생물학적 운동에 반응하지만, 유사한 만화 캐릭터로부터 나온 생물학적 운동에는 반응하지 않는다(Mar et al., 2007). STS만큼 중요하게 다른 뇌 영역들 또한 생물학적 운동 지각에 관여한다(Grossman, 2006).

자기 운동 정보 처리

이미 자기 운동에 대해 알아야 하는 두 가지 중요한 측면(우리가 실제로 공간에서 어떤 식으로 움직이는지를 판단하기와 우리가 어떤 식으로 눈에게 움직이도록 명령할 것인지를 판단하기)을 설명한 바 있다. 연구자들은 우리 자신들이 어떻게 공간에서 움직이는지를 판단하는 데 중요한 역할을 하는 두 개의 뇌 영역[내상측두엽과 복측 두정엽내(ventral intraparietal) 영역]을 확인했다(Britten, 2008). 직접 지각 이론가들이 우리가 공간 속을 어떻게 움직이는지를 판단하는 데 광학적 흐름의 장이 중요한 역할을 한다는 점을 강조했음을 기억할 것이다. 광학적 흐름의 장이 그런 자기 운동에 관한 유일한 정보 출처는 아니다. 즉 여러 뇌 영역들이 광학적 흐름 신호에 관여한다.

동반 방출 이론의 핵심은 눈-머리 체계를 통제하기 위해 보내지는 신호에 대한 지식이다. 이 이론은 그런 신호를 처리하는 뇌 기전에 대한 증거가 없는 순수 이론적 접근법이다. Marc Sommer와 Robert Wurz(2008a, 2008b)를 포함해서 많은 연구자들은 그것에 대한 증거를 제시하였다.

3장의 논의를 기억하겠지만, 어떤 신경절세포들은 눈을 떠나 상구로 뻗는다. (상구는 **그림 3.16**에서 볼 수 있다.) 상구는 여러 감각에서 나오는 정보를 통합할 뿐만 아니라 안구 운동을 통제하는 데도 중요한 역할을 한다. 상구는 동반 방출 정보의 근원일 가능성이 높다. 다시 말해서, 상구는 눈을 움직이라는 운동 명령 복사본을 보낸다. 그 정보는 시상의 배내측핵[medial dorsal(MD) nucleus]으로 들어간 다음, 전두 피질의 안구 운동 영역(frontal eye field, FEF)으로 보내진다(Wurtz, 2008).

동반 방출 이론과 일치하는 것으로, 곧 일어날 안구 운동에 관한 정보는 우리로 하여금 운동을 계획하고 안정적인 세계를 지각하도록 돕는다(Sommer & Wurtz, 2008b). 다른 생명체 또한 망막 운동을 명확하게 하기 위해 자기 운동 정보를 필요로 한다. 비록 관여되는 신경 경로들이 인간의 경로들과 다를 수 있지만, 동반 방출은 분명 영장류에게서만 발생되는 것은 아니다(Crapse & Sommer, 2008; Poulet & Hedwig, 2007).

절 요약

운동 지각의 생물학적 기초

1. P와 K경로도 기여를 하기는 하지만, 특히 M경로가 운동 지각에 중요한 역할을 한다.
2. 어디 경로는 운동 지각에 중요하다. M, P, K경로에서 일차시각피질(V1)로 보내지는 입력 신호는 방향에 민감한 많은 피질 세포들이 반응하도록 조직된다. 여러 이유로 V1은 운동 지각에 중요하다.
3. 어디 경로는 V1에서 V2, 그리고 V5(또한 중측두, MT 영역이라고도 함)로 이어진다. MT 영역은 방향에 민감한 여러 세포들을 가지고 있어 운동 지각에 중요하다. 동작맹은 운동을 지각할 수 없는 장애로, MT 주변 영역의 손상으로 발생한다.
4. 내상측두엽의 배측 부위(MSTd)는 광학적 흐름 지각에 중요하다. 상측두열(STS)은 생물학적 운동 지각에 중요하다.
5. 안구 운동으로부터 나오는 동반 방출 신호를 부호화하기 위한 체계는 상구에서 시작되어, 시상의 배내측(MD)핵을 거쳐 전두 피질의 안구 운동 영역(FEF)으로 이어진다.

복습문제

1. 윌리엄 셰익스피어는 "움직이고 있는 것들은 정지되어 있는 것들보다 눈에 띄기 십상이다"고 썼다. 이 말은 시각 체계와 어떻게 관련이 되는가? 운동 탐지와 관련하여 주변시와 중심시를 비교하시오.

2. 한 회사의 직원이 장비에 설치되어 있는 다이얼이 매우 미세하게 움직이는지의 여부를 보고하도록 지시를 받았다고 하자. 얼마나 불확실한지, 그리고 다이얼 뒤판(배경)이 얼마나 중요한지 설명하고, 가현 운동이 문제가 될 수 있는 이유를 언급하시오.

3. 심화학습에서 논의된 생물학적 운동에 관한 연구들을 요약하시오. 당신은 운동에 관한 어떤 종류의 정보를 유기체 전체를 보지 않고도 파악할 수 있는가? 분명히 우리 대부분은 일반적으로 완전한 유기체를 본다. 그렇다면 생물학적 운동에 대한 연구가 지각 이론을 세우는 데 중요한 이유는 무엇일까?

4. 가령 당신이 소프트볼 경기에서 타석에 들어섰다고 하자. 피처가 공을 던지는 순간 그 공에 대한 당신의 움직임 지각을 Gibson의 이론으로 설명하시오. 가령 당신이 피칭을 하고 있고, 2루에 있는 상대방 선수가 3루 도루를 시도할지 판단하기 위해 신속하게 당신의 머리를 그 선수 쪽으로 돌렸다고 하자. 망막 위에서 상이 움직임에도 불구하고, 상은 안정되어 있는데, 이를 동반 방출 이론으로 설명해보시오.

5. 다음 각 상황에서 나타나는 가현 운동의 종류를 대시오.

   a. 어두운 밤에 당신은 이웃집에서 새어나오는 한줄기 작은 불빛을 보고, 그 이웃이 휴가 중임을 알았다. 그런데 그 불빛이 움직이는 것처럼 보여, 당신은 도둑이 침입했을지 모른다고 생각했다.

   b. 당신은 웹 서핑을 하고 있고, 사이트들을 방문할 때마다 불빛들이 연속적으로 켜졌다 꺼짐을 반복하고 있다. 그 불빛들은 마치 모니터 상에서 움직이고 있는 것처럼 보였다.

   c. 천체 망원경으로 별들이 몇 분간 시계방향으로 도는 장면을 보았다. 몇 초 후에 어두운 로비로 나온 당신은 주변이 시계반대방향으로 도는 것을 느꼈다.

   d. 어두운 밤 당신은 무전 송신탑 위로 날아가는 비행기를 관찰하였다. 잠시 후 그 비행기는 멈추어 있고, 송신탑의 불빛이 움직이는 것처럼 보였다.

6. 실제 운동을 착각적 운동(특히 스트로보스코픽 운동)과 비교하시오. 이를 위해 영화

스크린에서 보는 움직임을 실세계에서 발생하는 움직임과 비교하시오. 당신은 동일한 운동 지각 체계가 두 유형의 운동 지각을 일으킬 것으로 생각하는가? 그 이유는 무엇인가?

7. 우리는 어떤 뇌 영역들을 하나의 특정 감각을 전문적으로 처리하거나(예: 시각피질), 특정 지각 경험(예: 운동)을 전문적으로 처리한다고 생각하는 경향이 있다. 물론 뇌 가소성에 대한 지식에 비추어 볼 때, 이 상황은 그리 명확하지 않다. 분명히 여러 감각에서 나오는 정보를 통합하는 역할을 하는 뇌 영역(예: 상구와 상측두열)이 있다. 어떤 뇌 영역들은 좀 더 초점적이고, 다른 뇌 영역들은 좀 더 통합적일 수 있는 이유는 무엇인가? (힌트: 전문화의 이점을 세상을 단일한 것으로 지각할 필요성과 비교하는 것이 도움이 될 것이다).

8. 테니스 경기와 같은 복잡한 운동 지각을 수반하는 상황을 생각해보자. 선수들은 움직이는 상대방과 고정된 네트 위로 움직이는 공을 추적하면서 움직여야 한다. 운동 지각에 대한 각 이론적 접근법으로 이 상황을 설명하시오. 어느 접근법이 이런 복잡한 상황을 가장 잘 설명해주는가? 그 이유는?

9. 여러 지각적 현상들은 당신이 생각하는 것보다 훨씬 더 복잡한 설명을 요구한다. 예를 들어, 운동 지각에 관해 많이 알고 있지 않은 사람은 망막이 대상의 위치 변화를 등록할 때마다 움직임을 지각하게 된다고 추측한다. 그 설명이 적절하지 않은 이유는 무엇일까? 다른 방식의 설명은 어떤 것이 있을까?

10. 이 장에서 우리는 운동 지각에 초점을 맞추면서 그것을 기본 과정이라고 주장했다. 운동 지각의 중요성에 대한 한 가지 항변은 그것이 다른 지각적 처리과정에도 어느 정도는 역할을 한다는 것이다. 이전 장들에서 살펴본 정보를 사용해서 운동이 모양과 거리 지각과 같은 다른 지각 과정에 어떤 역할을 할지 설명하시오.

주요어

가림(occlusion)
광학적 흐름의 장(optic flow field)
대응문제(correspondence problem)
동반 방출 이론(corollary discharge theory)
동작맹(akinetopsia)
생물학적 운동(biological motion)
스트로보스코픽 운동(stroboscopic movement)
에너지 모형(energy model)
운동 잔효(movement aftereffects)
유도된 운동(induced movement)
자기 운동 착각(self-motion illusion)
자동 운동(autokinesis)
점빛 디스플레이(point-light display)
착각적 운동(illusory movement)
출현(disocculusion)

파이 운동(phi movement) 확장(looming)

추천도서

Berthoz, A. (2000). *The brain's sense of movement*. Cambridge, MA: Harvard.

이 책은 1997년에 초판이 발행되었고, 2000년에 영어본을 출간하면서 내용을 갱신했다. Berthoz는 운동 지각과 관련한 여러 연구를 명확하게 수합했다(다중감각적 경험으로). 글과 예들이 훌륭하기 때문에 읽기가 매우 수월한 책이다.

Blake, R., Sekuler, R., & Grossman, E. (2004). Motion processing in human visual cortex. In J. H. Kaas & C. E. Collins (Eds.), *The primate visual system* (pp. 311–344). Boca Raton, FL: CRC.

운동 지각에 관여하는 뇌 영역들에 대해 좀 더 자세히 알고 싶다면, 이 책이 적합하다. Sincich와 Horton(2005)의 Annual Review of Neuroscience에 발표한 논문과 같은 다른 자료는 이 책의 내용을 보완해줄 것이다.

Bruce, V., Green, p. R., & Georgeson, M. A. (2003). *Visual perception: Physiology and ecology* (4th ed.). New York: Psychology Press.

이 책은 다양한 주제를 포괄하고 있다(예: 대상 지각, 깊이 지각). 그러나 몇 개의 장들은 운동 지각과 관련한 주제들을 더 탐색할 수 있는 정보를 다루고 있다. 만약 계산적 접근법에 관심을 가지고 있다면, '운동의 계산'이라는 장이 도움이 될 것이다. 나머지 관련 장들은 광학적 흐름과 생물학적 운동을 다루고 있다.

Knoblich, G., Thornton, I. M., Grosjean, M., & Shiffrar, M. (Eds.). (2006). *Human body perception from the inside out*. New York: Oxford.

이 편저는 인간의 신체 지각을 연구한 흥미로운 장들로 구성되어 있다. 그러나 생물학적 운동을 다룬 장들이 특히 도움이 많이 될 것이다. 예를 들어 Jeannine Pinto는 영아의 생물학적 운동 지각에 관한 풍부한 정보를 담은 개관을 제공하였다.

CHAPTER 9

청각 체계

잠시 주위에서 들리는 다양한 소리들을 음미해보자. 우리는 다른 사람들의 음성과 음악 소리, 덜거덕거리는 소리, 쿵쿵 소리, 우는 소리, 끽끽 소리, 고함 소리, 물방울 떨어지는 소리 등을 듣는다. 어떤 소리들은 크고, 또 어떤 소리들은 부드럽다. 또 어떤 소리들은 높고, 다른 소리들은 낮다. 또한 각 소리는 확인 가능한 방향에서 들린다.

우리 대부분은 시각이 가장 중요한 지각 능력이라고 생각하기에, 세상을 돌아다니는 데 청각과 시각 중 하나만 사용하라고 하면 시각을 선호할 것이다. 그러나 세상에 대한 정보를 제공함에 있어 시각보다 청각을 사용할 때 더 나은 측면들도 있다. 예를 들어 소리의 출처(예: 구급차 사이렌, 접근해 오는 사람의 발자국)를 눈으로 보기 전에 소리를 들을 수 있음으로 해서 얻을 수 있는 이점을 생각해보라. 청각은 또한 사회적 상호작용과 지식을 전할 때 핵심적 역할을 하기 때문에 인간의 의사소통에서 중요하다. 물론 시각 정보만으로도 의사소통은 가능하다. 그리고 Shawn Colvin이 "나는 그 이유는 모릅니다."라고 말했듯이, 음악은 개인의 생존에 중요하지 않을 수 있지만, 음악과 다른 형태의 엔터테인먼트는 분명 우리의 삶을 고양시키기 위해 청각 정보에 의존한다.

3장에서 시각 자극(그리고 시각 체계의 구조)을 소개한 바 있다. 이제 청각에 대해서도 같은 방식[청각 자극(음파)과 청각 체계의 구조]으로 논의하고자 한다. 또한 청각 손상도 고려할 것이다.

청각 자극

청각 자극은 탄성체(elastic medium)의 변위(displacement)로 발생된다. 탄성체를 이해하기 위해 고무줄을 생각해보자. 고무줄은 늘어날 수 있지만, 압력을 가하지 않으면 원래의 모양으로 돌아온다. 탄성체의 분자들은 변위될 수 있지만, 원래의 위치로 돌아가려는 성향이 있다. 탄성체의 몇 가지 예로 액체(물과 같은), 흙, 금속, 나무, 공기(본 논의에서 가장 중요한)를 들 수 있다. 진공 상태에서는 음파가 전달될 수 없다. 따라서 공상 과학 영화에서 보았을지 모르지만, 공간은 항상 불가사의하게 고요하다. 지구에는 탄성체가 널려 있다. 서부 영화에서 땅이나 철로에 귀를 대고, 마차나 기차가 다가오고 있음을 탐지하는 장면을 보았을 것이다. 자동차 정비공은 엔진의 내부 기능을 점검하기 위해 엔진의 여러 부품에 긴 막대를 대고 소리를 듣는다. 이런 예들은 우리의 청각이 제공하는 주요 이점을 잘 보여준다(눈으로 보이지 않는 것들을 들을 수 있다).

가장 일반적인 우리의 소리 경험은 공기 분자의 변위에서 나온다. 대상이 진동하면, 그 진동은 공기 분자로 하여금 위치를 변화시키고, 서로 충돌하게 만들어 기압의 변화를 일으킨다. 이런 압력 변화를 시각화하는 가장 쉬운 방법은 공기 분자들이 라우드 스피커의 진동판에서 어떻게 반응하는지를 고려하는 것이다. 스피커의 진동판 커버를 제거하면, 진동판이 앞뒤로 움직이는 것을 볼 수 있을 것이다.

스피커 진동판의 움직임은 주변 공기 분자에 영향을 준다. 진동판이 앞으로 움직이면, 주변 공기 분자들은 서로 밀착되어 응집되게 된다. 따라서 진동판 근처에 있는 공기 분자들의 밀도는 증가된다. (방 주위에 사람들이 더 많이 모이고, 한쪽 벽으로 그들을 이동시키면 사람들의 밀도가 증가된다는 것을 상상해보라.) 진동판이 움직여 되돌아가면, 스피커 앞의 공기 분자들은 서로 떨어지게 되어 밀도는 감소하게 된다. (이제 벽으로부터 사람들을 흩어지게 하면 벽 바로 앞에는 소수의 사람들만 있게 된다는 것을 고려해보라.)

전형적으로 스피커 진동판의 진동은 너무 빨리 움직이기 때문에 그것을 보기가 어렵다. 예를 들어 중앙 C음 위의 A음을 재생하기 위해서 스피커 진동판은 1초에 총 440회의 앞뒤 움직임 주기를 반복해야 한다. 다시 말해서, 진동판 근처의 기압은 눈 깜박할 사이에 440회나 증감을 반복하게 된다. 그리고 일반적으로 젊은 사람들은 이보다 더 빠른 변화(예: 초당 20,000회)로 발생하는 소리도 들을 수 있다.

압력파는 에너지가 더 이상 공기 분자를 움직이지 않을 때까지 진동판으로부터 계속 퍼져 나간다. **그림 9.1**에서 높은 밀도의 공기 분자들에 의해 나타나는 높은 공기 압력 영역과 낮은 밀도에 의해 나타나는 낮은 공기 압력 영역을 주목하라. (물론 공기 분자들은 눈에 보이지 않기 때문에, 이 그림은 이런 상황을 시각적으로 나타낸 도식적인 도해이다.) 그러나 각각의 공기 분자는 이 과정 동안 거의 움직임이 없다. 연못에 돌을 던졌을 때 중심으로부터 퍼져 나가는 파문을 생각해보라. 개개 물 분자는 거의 움직이지 않지만, 함께 모여 파의 마루를 생성하고 흩어지면서 파의 골을 생성한다. 마찬가지로 음파도 시간이 지나면서 에너지는 소멸되고 파는 에너지가 완전히 소멸될 때까지 점차적으로 작아진다.

그림 9.2는 단순 사인파인 **순음**(pure tone)을 나타낸다. 단순 사인파는 주로 실험실에서 자극으로 사용되지만, 실세계에서 실제로 순음을 접하기는 어렵다. 예를 들어 스테레오는 거의 순음을 발생시키지 않는다. 그러나 논의의 단순화를 위해, 여기

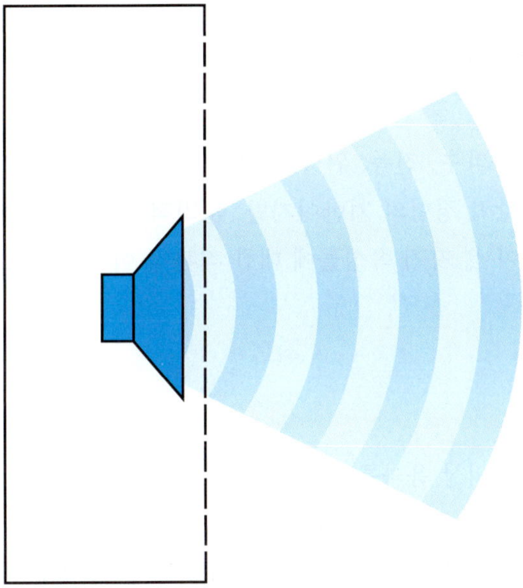

그림 9.1 스피커의 진동판 진동에 의해 발생되는 높은 공기 압력 영역과 낮은 공기 압력 영역

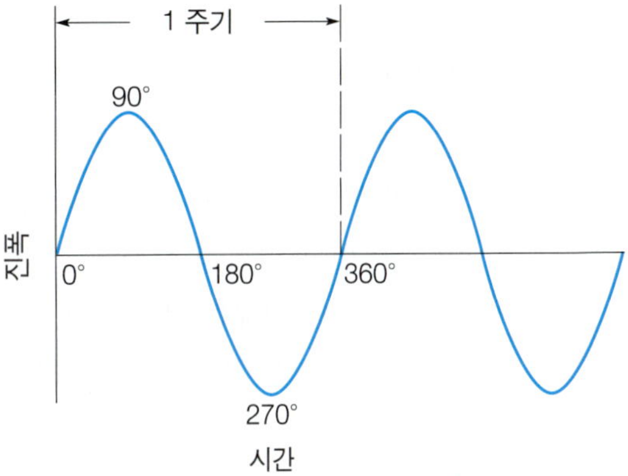

그림 9.2 음파의 특성. 정상 공기 압력에서 그보다 더 높은 공기 압력과 더 낮은 공기 압력으로 변하고 다시 정상 압력으로 되돌아오기까지의 과정을 1주기라 부른다. 주기 내에서 파의 위상각은 0도에서 360도까지 변한다. 음의 주파수는 1초 동안 반복된 주기의 수로 결정된다. 음의 진폭은 파의 높이로 결정된다.

서는 순음에 초점을 맞출 것이다.

가령 스테레오 스피커가 순음을 발생시켰다고 해보자. 우리는 스피커 진동판 근처의 공기 압력에 대해 원래의 압력으로 되돌아오기 전까지 증가 및 감소한 양을 기록함으로써 측정할 수 있다. **그림 9.2**의 순수 사인파는 시간 경과에 따른 공기 압력의 변화를 나타낸다. 안정 상태에서 스피커의 진동판이 앞으로 움직이면 공기 압력은 증가된다. 그 다음 스피커가 다시 안정 상태로 되돌아오면 공기 압력은 감소되고, 종국에는 스피커가 안정 상태로 되돌아온다. 압력 변화의 전체 범위(정상에서 높은, 다시 정상, 낮은, 그리고 정상으로)를 주기(cycle)라 한다. 음파의 모양은 3장과 7장에서 논의된 광파의 사인파 함수와 닮았다는 것을 느꼈을 것이다.

비록 많은 요인들이 음파의 속도에 영향을 줄지라도, 음파는 스테레오에서 고막까지 도달할 때까지 초당 1,000피트 이상까지 퍼져나간다. 공기 압력의 빠른 증가와 감소는 고막을 앞뒤로 움직이게 만든다. 귀에 떨어지는 이런 연속적인 공기 압력의 변화를 소위 **소리**(sounds)라 한다.

우리는 공기 압력의 미세한 요동 때문에 소리를 들을 수 있는 것이다. 이는 믿기 어려울 정도이다. 보이지 않는 공기 분자의 운동이 어떻게 고막을 움직일 정도로 강력할 수 있을까? 소리가 아주 소량으로도(수소 원자 직경의 1/10 이하) 고막을 움직일 수 있다는 것을 깨닫는 순간, 우리는 고막이 매우 민감한 시스템이라는 것을 확실히 이해하게 된다(Puria & Steele, 2008).

이제 음파의 세 가지 물리적 속성(주파수, 진폭, 위상각)에 대해 설명하기로 하겠다. 이런 물리적 속성들은 소리의 지각적 경험의 기반이지만, 물리적 속성과 지각적 속성 간의 연계는 복잡하다. 음파의 이 세 가지 속성들에 대한 직관적 이해를 얻으려면 WWW해보기 9.1을 해보라.

주파수

시각 자극을 파장으로 설명한 바 있다. 편의상 음파를 주파수로 설명하고자 한다. **주파수**(frequency)란 음파가 1초 동안 반복된 주기의 수를 말한다. 따라서 파장이 짧을수록 더 많은 파들이 1초 안에 발생될 수 있기 때문에 더 높은 주파수를 가지게 된다. 일반적으로 말해서, 청각 자극의 파장은 시각 자극의 파장보다 훨씬 더 길다. 예를 들어, 피아노에서 중앙 C음 위의 A음은 초당 440주기(혹은 440Hz)의 기본 주파수를 가진다. (약어 **Hz**는 독일 물리학자 Heinrich Hertz의 이름에서 따온 것이다.) 그 주파수는 약 0.8m의 길이를 가진 파장이다. 이와 반대로 가장 긴 시각적 파장은 0.0000008m 정도이다.

주파수는 일반적으로 음고(pitch)라는 심리적 경험을 일으킨다(그 대응이 완전하지는 않다). 따라서 중앙 C음 위의 A음은 피아노에서 가장 낮은 음(약 27Hz의 주파수)보다 더 높은 소리를 낸다. **그림 9.3a**에서 보여주는 음파는 **그림 9.3b**에서 보여주는 음파보다 더 높은 주파수를 가지며(음원의 진동수가 더 많다), 전형적으로 더 높은 음고를 낸다. WWW해보기 9.2를 통해 세 가지 다른 순음을 청취해보라.

인간이 들을 수 있는 주파수 범위는 어느 정도일까? 젊은 성인은 전형적으로 20Hz에서 20,000Hz 사이의 주파수 음을 들을 수 있다(Yost, 2007). 14장에서도 살펴보겠지만, 나이든 성인은 전형적으로 20,000Hz의 높은 음을 청취하는 데 어려움을 겪는다. 그러나 대부분의 청각 경험은 20~20,000Hz 범위보다 훨씬 더 작은 범위에서 이루어진다. 예를 들어 음성의 전형적인 범위는 약 80Hz(베이스)에서 1,100Hz(소프라노) 사이이다.

우리가 들을 수 있는 소리의 범위 내에서 어느 주파수를 가장 잘 들을 수 있을까? 2장에서 논의한 방법론을 사용해서 인간의 가청 범위에 대한 **절대역**(absolute

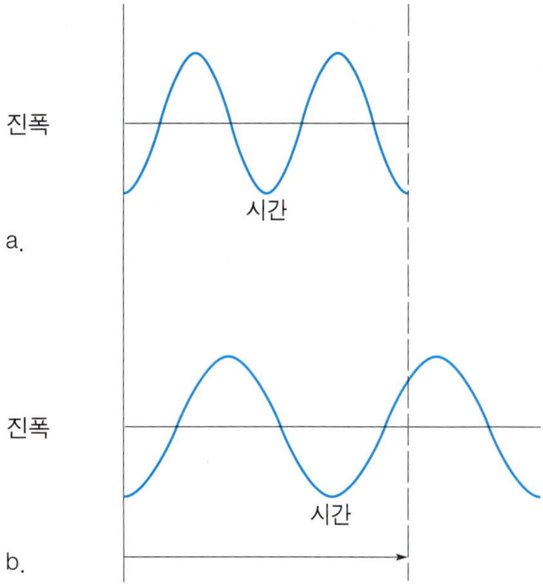

그림 9.3 주파수가 다른 두 개의 음파. 두 파는 진폭에서는 같지만, 같은 시간에 a의 파는 2주기를 이동하는 반면, b의 파는 2주기를 이동하지 못한다.

threshold; 시기의 50%를 탐지할 수 있는 자극의 가장 작은 양)을 계산할 수 있다. 연구는 인간이 1,000Hz에서 4,000Hz 사이의 주파수에 가장 민감하다는 것을 밝혔다(Yost, 2007). 흥미롭게도 아기의 울음소리에 수반되는 에너지는 인간에게 가장 민감한 주파수 범위 안에 떨어진다.

소리 주파수는 변별과 탐지에 영향을 미친다. 2장에서 차이역을 측정하기 위해 정신물리학적 기법들이 사용될 수 있음을 살펴본 바 있다. **차이역**(difference threshold)이란 시기의 50%를 차이가 있음을 탐지할 수 있는 자극의 가장 작은 변화를 말한다. 이런 차이역은 Weber 소수(차이역을 음의 주파수로 나눈 값)로 나타낼 수 있다. 다른 감각의 민감도와 비교해서 Weber 소수는 특히 중간 정도의 주파수 범위(500~2,000Hz)에서 두드러진다. 우리는 이 범위의 주파수 변화에 매우 민감한데, Weber 소수는 0.002 정도로 작다(Yost, 2007). 즉 소리 주파수가 0.2%만 변해도 우리는 차이를 인식할 수 있다(예: 1,000Hz 음과 1,002Hz 음). 우리는 매우 낮은 주파수를 가진 두 개의 음이나 매우 높은 주파수를 가진 두 개의 음 차이를 판단하는 데는 덜 민감하다. 그러나 인간이 광범한 범위의 주파수에 걸쳐 작은 주파수 차이에 매우 민감한 것만은 확실하다.

주파수에 대한 지금까지의 논의에는 단지 순음만을 포함시켰다. 그러나 일상에서 우리가 듣는 대부분의 음들(악기와 가수가 내는 소리를 포함해서)은 복합음이다.

복합음(complex tones)은 단일 사인파로 나태내질 수 없는 음이다. 그럼에도 불구하고 5장의 푸리에 분석에 관한 논의를 기억하겠지만, 음이 얼마나 복합적인지와 관계없이 그것은 순음 성분들로 분석될 수 있다. 게다가 복합음들은 각각 기본 혹은 기초 주파수(fundamental frequency)를 가진다. 예를 들어 **그림 9.4**에 있는 복합음을 보라. 각 복합음은 몇 개의 상이한 순음의 조합으로 이루어져 있다. 순음 조합의 한 가지 유형은 사각형 모양의 파를 발생시킨다(**그림 9.4a**). 그러나 다른 유형의 순음 조

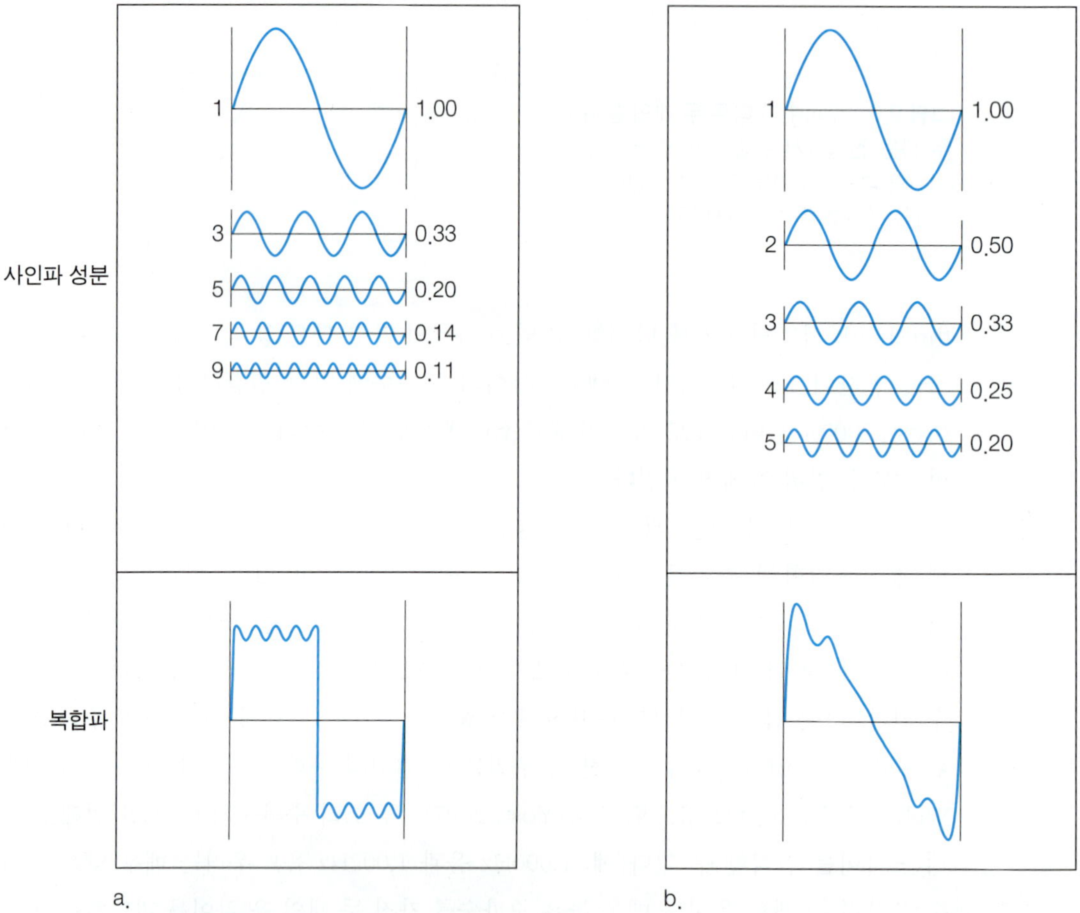

그림 9.4 두 개의 복합파와 그것들의 순수 사인파 구성. 푸리에 분석을 사용하면 두 개의 파가 몇 개의 사인파 조합으로 분해된다는 것을 알 수 있다. 예를 들어 특정 주파수(임의적으로 1.0이라 하자)의 순수 사인파를 3, 5, 7, 9 배의 주파수를 가진 파와 가산하면, **그림 9.4a**에서 보여주는 복합파를 생성시킬 수 있다. 푸리에 분석을 사용하면, 그런 복합파는 그것을 구성하고 있는 순수 사인파들로 분해될 수 있다.

출처: Adapted from Gulick et al., 1989. Used with permission.

합은 톱니 모양의 파를 산출한다(**그림 9.4b**). 두 경우 모두에서 파의 주기적 성질이 드러난다. 더 복잡한 청각 자극에 대해서는 10장과 11장에서 살펴보기로 하겠다.

진폭

또 다른 음파의 측면이 **진폭**(amplitude; 정상으로부터 최대의 압력 변화)이다. 일반적으로 진폭은 음량(loudness)이라는 심리적 경험을 일으킨다. 즉 큰 진폭을 가진 음파는 낮은 진폭을 가진 음파보다 고막을 더 크게 진동시키게 되고, 그 음은 더 크게 들리게 된다. 따라서 **그림 9.5a**에서 보여주는 음파는 **그림 9.5b**의 음파보다 더 큰 진폭을 가지며, 이것은 일반적으로 더 큰 소리로 들리게 된다. 상이한 진폭이 우리의 특정 주파수 경험에 미치는 영향을 확인하기 위해 WWW해보기 9.3을 해보라.

음압(sound pressure)은 제곱센티미터 당 표준 압력(다인, dyne이라 부름)으로 측정될 수 있다. 1,000Hz의 음은 약 0.0002dynes/cm^{2}의 압력으로 산출될 때 이상적인 조건 하에서 겨우 탐지될 수 있다. 인간은 진폭이 2,000dynes/cm^{2}의 압력 이상일 때 통증을 느끼기 시작한다. 따라서 음압의 범위(탐지 수준에서 통증 수준까지)는 약

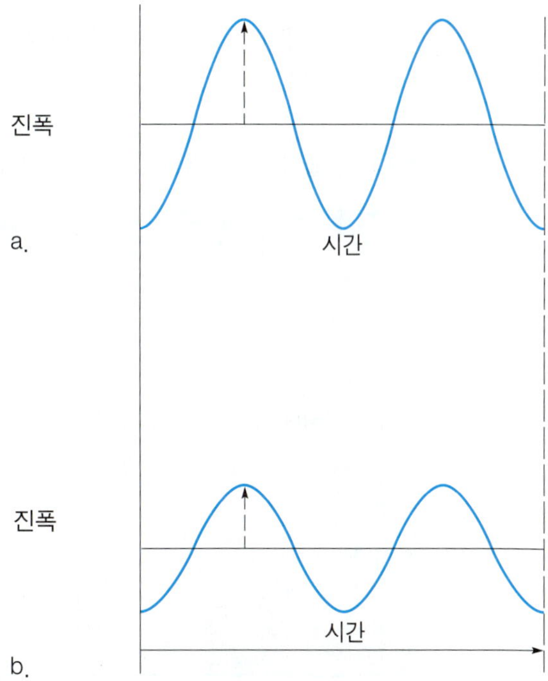

그림 9.5 진폭이 다른 두 개의 음파. 이 두 개의 파는 동일한 주파수를 가지지만, **그림 9.5a**의 파가 최대 및 최소 진폭에서 **그림 9.5b**보다 더 크다.

천만 대 일보다 크다. 이 수치들을 일상에서 사용하기에는 다소 다루기 힘들기 때문에, 연구자들은 역치 압력(0.0002dynes/cm^2)과 비교되는 음압의 로그 척도를 개발했다. 이 척도가 데시벨(decibel) 단위로 측정되는 **음압 수준**(sound-pressure level, SPL)이다.

SPL의 **데시벨**(decibel, dB)은 다음 공식으로 계산될 수 있다:

$$\text{데시벨 값} = 20 \log(P_1/P_0)$$

이 데시벨 공식에 따르면, P_1 대 P_0 비율의 로그값을 20배 해준다. 여기서 P_1은 우리가 데시벨로 전환하기를 원하는 음압 수준이고, P_0은 표준 음압 수준, 0.0002dynes/cm^2를 의미한다. 따라서 2,000dynes/cm^2의 음압 수준은 140dB가 된다. (2,000을 0.0002로 나누고, 그 값의 로그값에 20을 곱한다.) 다른 극단의 경우로 0.0002dynes/cm^2의 역치 압력은 0dB로 해석된다. 따라서 0.0002와 2,000 사이의 값들을 다루는 대신에, 연구자들은 0과 140 사이의 값을 다루면 된다.

데시벨의 로그 척도에 대해 혼동하지 말라. 예를 들어 SPL 140dB는 SPL 20dB보다 7배 더 크다. 실제 음압(2,000과 0.002dynes/cm^2)으로 고려하면, 백만 배의 차이가 나는 것이다! 사실 SPL이 6dB 증가할 때마다, 음압은 2배 증가하는 것으로 고려될 수 있다. **표 9.1**은 인간이 들을 수 있는 소리의 몇 가지 대표적인 데시벨 수준을 보여준다. 데시벨은 표준화된 것이라서 0dB는 당신이 들을 수 있는 가장 약한 1,000Hz

표 9.1 음압의 데시벨 척도로 측정된 여러 소음의 전형적인 진폭

설명	dB	예
	160	
통증 느낌	140	근처의 제트기 이륙
	120	천둥
매우 시끄럽다	100	심한 교통 소음
시끄럽다	80	큰 스테레오 음악
중간	60	일반 대화
약하다	40	조용한 이웃
	20	부드러운 휘파람
매우 약하다	0	겨우 탐지할 수 있는 소음

음을 나타낸다. 140dB에 가까운 값들은 통증을 느끼는 수준으로 영구 청력 상실을 일으킬 수 있다.

지금까지 주파수 차이를 탐지할 수 있는 인상적인 인간의 능력에 대해 논의하였다. 인간은 또한 순음과 백색 소음의 진폭 차이도 변별할 수 있는 능력이 뛰어나다(강도 변별이 많은 다른 방법으로 측정될 수 있지만)(Moore, 2001; Plack, 2005). 강도 변별에 대한 Weber 소수는 다소 부정확하다(항상성이 부족하다). 그러나 확실히 강도 변별에 대한 Weber 소수가 주파수 변별에 대한 Weber 소수보다 더 큰 값을 산출한다(전형적으로 0.2와 0.5 사이). 그럼에도 불구하고, 순음의 범위를 넘어서 우리는 순음보다 백색 소음에서 더 낮지만 1dB와 2dB 사이의 진폭 차이를 탐지할 수 있다. 우리는 또한 복합음에서 작은 진폭차도 탐지할 수 있다. 예를 들어 각각 동일한 주파수를 가진 21개의 단순음으로 구성된 두 개의 복합음을 고려해보자. 우리는 각각 21개의 단순음 가운데 하나의 음이 다소 더 큰 진폭을 가진 복합음과 다른 복합음의 차이를 탐지할 수 있다(Plack, 2005).

위상각

음파를 특징짓는 또 다른 방법은 1주기 이동 동안의 압력의 위치를 진술하는 것이다. **그림 9.2**에서 보듯이, **위상각**(phase angle)은 주기의 각 위상 혹은 위치의 각도를 나타낸 것이다. 만약 공기 중에 발생하는 소리를 생각한다면, 0°는 공기 압력이 증가하기 시작하기 직전의 정상 공기 압력을 나타낸다. 정상 공기 압력은 고도와 관련해서 큰 진폭보다는 낮고, 작은 진폭보다는 높다. 파는 180°에서 정상 공기 압력으로 돌아오는데, 그 이후에는 정상 공기 압력보다 낮아진다. 최대 압력은 90°에서 발생하며, 최소 압력은 270°에서 발생한다.

다음 장에서 살펴보겠지만, 위상각은 두 개의 다른 음파나 두 개의 다른 시점에서 발생한 동일한 음파를 비교하는 데 특히 유용하다. 만약 스테레오 시스템의 두 스피커 중 하나의 진동판이 앞으로 움직이기 시작하고(0°에서 90°), 다른 스피커의 진동판은 뒤로 움직이기 시작한다면(180°에서 270°), 이 두 스피커로부터 발생되는 소리는 동일한 위상을 발생시킬 때만큼 풍부하지(혹은 크지) 않을 것이다. 사실 두 개의 파가 주파수와 진폭에서 동일하지만, 정반대의 위상을 가지게 되면 그 두 개의 파는 서로 상쇄될 것이다(따라서 소리가 죽는다). 이 원리는 원하지 않는 저주파음의 진폭을 줄이는 헤드폰 개발에 적용되어왔다(Biersdorfer, 2004). 자동차 제조업체 또한 자동차 내부 소음을 줄이기 위해 음파 상쇄 기법을 사용한 소음 방지 시스템을 개발해 왔다.

절 요약

청각 자극

1. 음파는 주파수와 진폭으로 기술될 수 있다. 주파수(Hz로 측정)는 음파가 1초 동안 반복된 주기의 수이다. 주파수는 음고를 결정하는 중요한 요인이다. 인간은 20Hz에서 20,000Hz 사이의 주파수 범위 내에서 순음을 들을 수 있다.
2. 우리는 1,000Hz에서 4,000Hz 사이의 범위에서 소리의 존재를 가장 잘 탐지한다. 우리는 Weber 소수가 0.002 정도인 500Hz에서 2,000Hz의 작은 범위에서 매우 유사한 음들을 변별할 수 있다.
3. 순음은 사인파로 나타내진다. 청각 연구자들은 순음을 주로 사용하지만, 실생활에서는 복합음이 더 일반적인 음으로, 복합음은 여러 상이한 순음들의 조합으로 산출된다.
4. 진폭은 음파에 의해 생성되는 최대 압력으로 흔히 데시벨로 측정된다. 진폭은 음량의 중요한 결정 요인이다. 강도 변별에 대한 Weber 소수는 0.2에서 0.5 사이이다.
5. 음파의 위상각은 각도로 측정되며, 이는 주기 내 음파의 위치를 나타낸다.

청각 체계

3장에서는 시각 체계가 전자기 에너지를 어떻게 신경 에너지로 변환시키는지 살펴보았다. 청각 체계도 이와 유사하게 음압 변화를 신경 에너지로 변환시키는 문제를 해결해야 한다. 먼저 청각을 위해 중요한 물리적 자극들을 간략하게 살펴보는 것으로 이런 변환 과정에 대한 논의를 시작해보기로 하자. 음파가 귀에 도달되면 어떤 일이 발생하고, 귀의 여러 부위들은 음파의 신경 정보로의 변환에 어떻게 기여할까?

귀는 세 가지 해부학적 영역으로 분류된다. 다행히도 그 명칭은 명확해서 이해하기 쉽다(외이, 중이, 내이). 곧 논의하겠지만, 외이와 중이는 모두 유입되는 소리 자극에 영향을 미치지만, 내이의 수용체들은 변환에 직접적인 기여를 한다.

청각 자극을 살펴보는 과정에서, 청각 자극이 여러 측면에서 시각 자극과 차이가 있음을 주목하게 될 것이다. 따라서 소리 자극의 변환 과정이 시각 자극의 변환 과정과 차이가 있을 것으로 예측할 수 있을 것이다. 동시에 청각과 시각 체계의 유사성도 예측할 수 있을 것이다(테마 1).

외이

외이는 사람들이 일반적으로 '귀'라고 부르는 부위이다. 이런 외부로 튀어나온 조직을 칭하는 전문 용어는 **귓바퀴**(pinna)이다. 귓바퀴는 소리가 내이에 도달하기 전에 진폭(특히 1,500Hz에서 7,000Hz 사이)을 증폭시키는 역할을 하기 때문에 중요하다(Yost, 2007). 귓바퀴는 또한 소리가 들어오는 방향을 결정하는 데도 도움을 준다. 그러나 귓바퀴는 고양이, 개, 박쥐와 같은 동물의 경우처럼 크거나 움직일 수 있으면 더 유용하다(e.g., Chiu & Moss, 2007).

그림 9.6은 외이의 다른 구조들을 보여준다. 귓바퀴로부터 안으로 이어지는 **외이도**(external auditory canal)를 주목하라. 외이도는 0.3인치의 직경과 1인치의 길이를 가지고 있다. 이 구조는 곤충이나 먼지 같은 작은 물체들을 막아 주고, 고막을 보호해주는 역할을 한다(Yost, 2007). 또한 외이도는 오르간 파이프의 공명관과 같은

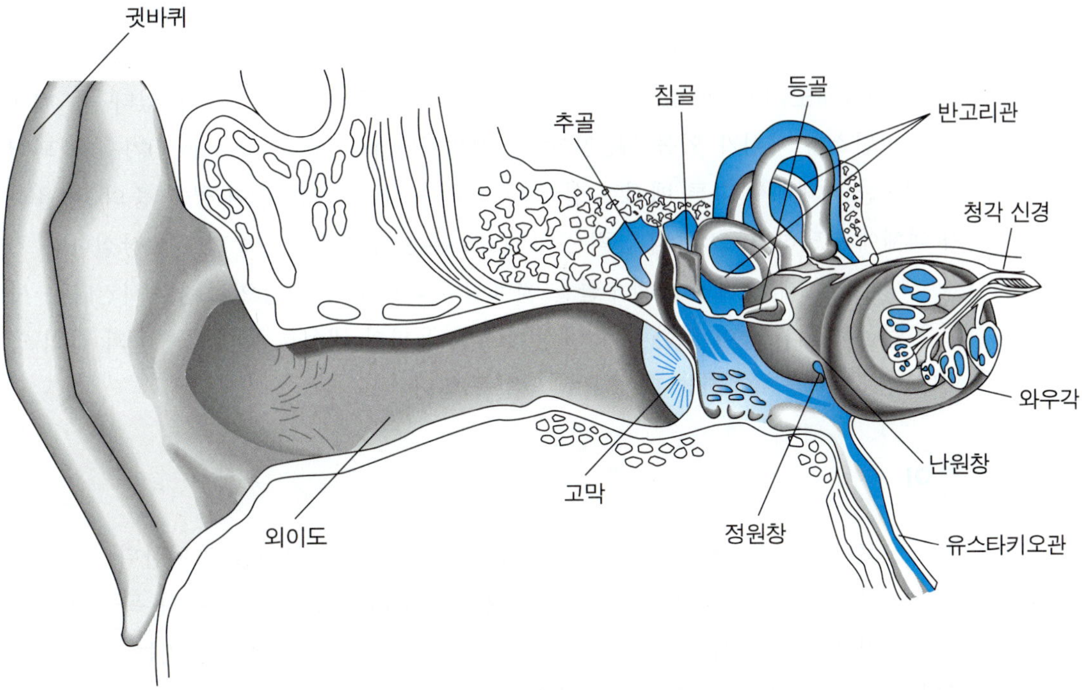

그림 9.6 외이, 중이, 내이의 주요 부분을 보여주는 귀의 해부학

작용을 하여, 일부 주파수를 크게 증폭시킨다. 귓바퀴와 외이도 때문에, 1,000Hz에서 6,000Hz 사이의 주파수들은 20dB까지 증폭될 수 있다(Plack, 2005; Yost, 2007). (앞에서 제시된 데시벨 공식을 사용하면, 20dB 증가는 음압 진폭이 거의 3배가 증가 된다는 것을 알 수 있다.) 만약 당신이 심포니 오케스트라에서 피콜로 소리를 들을 수 있다면, 그것은 부분적으로 외이도 덕분이다!

마지막으로, 외이와 중이 사이의 경계를 이루고 있는 **고막**(eardrum 혹은 tympanic membrane)을 살펴보자. 작은 조각의 막은 음파에 반응하여 진동하며, 이 진동은 중이의 뼈들을 움직이게 한다. 고막이 파열되면 청각 결함이 초래된다. 파열된 크기와 위치에 따라, 청각 결함은 매우 극적일 수 있다(Martin & Clark, 2005). 이런 이유로 귀 속을 후비지 않는 것이 바람직하다. 또한 고막을 파열시킬 수 있는 크고 빠른 압력 변화를 피해야 한다(예: 폭발, 사격, 수상 스포츠 사고 등)(e.g., Carson, 2004).

음파는 고막에 당도될 때까지는 공기로 이동된다. 공기는 음파의 흐름에 크게 저항하지 않는다. 이런 음파 이동에 대한 저항을 **임피던스**(impedence)라 한다(Yost, 2007). 따라서 공기는 비교적 낮은 임피던스를 가진다. 그러나 고막은 공기 이동을 더 어렵게 하며, 따라서 고막은 공기보다 더 큰 임피던스를 가진다. 게다가 곧 논의하겠지만, 내이는 공기보다 더 큰 임피던스를 가지는 매체인 액체로 채워져 있다.

WWW해보기 9.4를 통해 공기와 물의 임피던스 차이를 확인할 수 있다. 두 매체의 임피던스가 차이가 있을 때, **임피던스 불일치**(impedence mismatch)가 초래되어 음파는 한 매체에서 다른 매체로 쉽게 넘어갈 수 없다. 예를 들어 공기 중의 한 음파가 액체에 도달하면, 그 파의 압력은 약 30dB 혹은 파워의 99.9% 정도를 상실한다.

외이가 실제로 어떤 주파수들을 귓바퀴와 외이도의 공명으로 증폭시킨다는 사실을 언급하였다. 중이 또한 주위 세상에 있는 음파와 내이로 들어오는 음파 간의 임피던스 불일치를 극복하는 데 중요한 역할을 한다.

중이

중이는 고막의 안쪽 영역으로 약 2cm^3(0.1 cubic inch)의 부피를 차지한다. 이 중이 공간은 공기로 채워져 있으며, **유스타키오관**(eustachian tube)이 중이와 목구멍을 연결하고 있다. 유스타키오관은 청각 체계 내 기압을 동일하게 유지시키는 데 도움을 준다. 우리가 물을 삼키면, 유스타키오관이 열려 공기가 중이 안이나 밖으로 흐르게 된다. 당신은 비행기나 고층 빌딩의 엘리베이터에서 고도가 변하면서 귀에서 '툭' 소리가 나는 경험을 해봤을 것이다. 이런 작은 파열음은 압력이 갑자기 변하여 공기가 한 순간 이동하면서 발생되는 소리이다.

그림 9.6에서 중이가 인간의 신체에서 가장 작은 뼈인 **이소골**(ossicles)이라는 세 개의 뼈를 포함하고 있음을 주목하라. 그것들은 각각 그 모양에서 이름을 딴 **추골**(malleus, 망치뼈), **침골**(incus, 모로뼈), **등골**(stapes, 등자뼈)이다. 추골은 고막과 연결되어 있고, 등골은 난원창과 연결되어 있다.

중이의 두 가지 측면은 소리가 내이로 전달되는 효율성을 증가시킴으로써 임피던스 불일치 문제를 해결하는 역할을 한다. 가장 중요한 첫 번째 처리과정은 고막이 난원창보다 훨씬 크기 때문에 발생한다. **그림 9.6**에서 이 관계성을 볼 수 있다. 인간에게 있어 등골의 기저부 크기에 대한 고막의 효율적인 크기 비율은 대략 17 대 1이다(Yost, 2007). 이런 차이는 더 큰 영역(고막)이 더 작은 영역(난원창)을 더 효율적으로 움직일 수 있기 때문에 임피던스 불일치를 최소화하는 데 도움이 된다.

세 개의 뼈는 또한 중요한 기계적 이점을 제공한다. 고막의 모양은 추골에서 발생되는 힘을 증가시킨다. 더구나 이소골의 레버 작용도 등골에 힘을 증가시켜 준다. 고막과 난원창의 크기 차이 때문에 유입되는 소리 압력의 크기는 등골에서 30dB 이상까지 증가될 수 있다(Yost, 2007). 이런 중이에서 발생되는 파워의 증폭은 공기와 내이를 채우고 있는 액체 간의 임피던스 불일치로 인한 많은 손실을 보상한다. 테마 2가 강조하듯이, 우리의 지각 체계는 지각 과제를 완수하기에 매우 적합한 구조들이다.

지각 체계의 능력을 보여주는 또 다른 예가 중이 근육, 특히 등골에 부착되어 있는 근육으로부터 나온다. 이소골은 소리를 증폭시키는 역할을 하지만, 매우 큰 소리가 귀에 들어오면 어떤 일이 발생할까? 만약 이 소리가 이소골에 의해 더 증폭되면, 내이의 정교한 구조들뿐만 아니라 이소골 자체도 손상될 수도 있다. 중이 근육은 귀가 80dB 이상의 소리에 노출되자마자 즉시 반사적으로 수축되어, 30dB 정도를 감소시킨다(Yost, 2007). 그러나 이런 반사의 주요 이점은 저주파음의 차폐 효과를 최소화시키는 것이다(Møller, 2006). 중이의 이런 반사 작용이 없다면, 우리는 말소리를 분명하게 듣지 못할 것이다.

비록 큰 소리에 반응하기 전에 짧은 지연(25msec)이 있기는 하지만, 근육들은 실제로 어떤 큰 소리를 미리 예기하여 수축할 수 있다. 우리가 말을 할 때 인식하지 못하지만 실제로 머리 내부에는 음압이 발생된다. 그 소리를 예기하여 등골에 부착되어 있는 중이 근육은 우리가 말을 시작하기도 전에 미리 수축된다.

내이

인간의 신체에서 가장 단단한 뼈는 머리의 양 측면에 있는 뼈로, 이 뼈 안쪽에는 내이를 구성하는 두 개의 구조가 포함되어 있는 공동(cavity)이 있다. 눈의 동공은 실제로 별개의 구조로 존재하지 않으며, 단지 홍채가 수축되는 영역임을 살펴본 바 있다. 마찬가지로 내이는 실제로 독립적인 구조로 존재하지 않지만, 단지 뼈가 없을 뿐이다. **그림** 9.6에서 볼 수 있듯이, 반고리관과 와우각은 내이를 구성하고 있다. 내이는 "아이가 갖고 노는 구슬 속에 소형화시킨 3차원적 관성 유도 시스템이며 음향 증폭기이자 주파수 분석기인 진화의 승리물"이다(Hudspeth, 1989, p.397).

청각이 아닌 방향감각을 처리하는 반고리관은 12장에서 논의하기로 하겠다. 청각에서 중요한 구조는 청각 자극을 처리하는 수용체가 포함되어 있는 액체로 채워져 있는 **와우각**(cochlea)이다. 와우각은 꼬여진 모양을 나타내는 라틴어의 '달팽이'를 의미한다. 와우각은 청각 이해를 위해 중요하기 때문에, 지금부터 상세히 논의하기로 하겠다.

등골은 와우각에 난 작은 구멍을 덮고 있는 막인 **난원창**(oval window)에 직접 부착되어 있다. 등골이 진동하면, 난원창도 진동함으로써 와우각 안의 액체에 압력

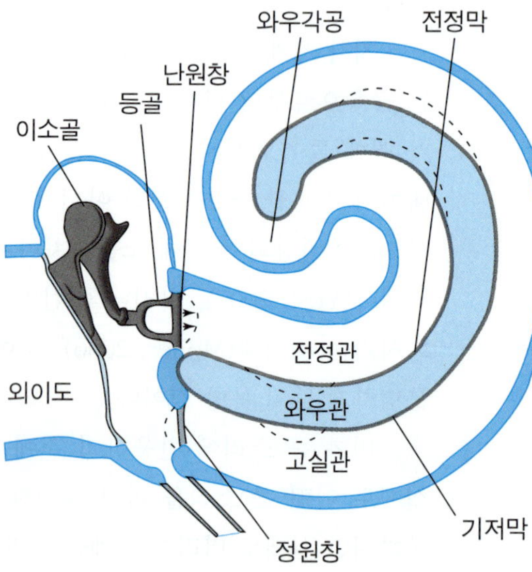

그림 9.7 내이의 도식적 도해(부분적으로 꼬여 있지 않은 것으로 나타낸 와우각). 등골이 난원창에 압력을 가하게 되면(점선으로 막에 압력이 가해지는 것을 나타냄), 전정관에 있는 액체는 변위된다. 그 액체는 와우각공을 거쳐 고실관으로 들어가고, 등골의 움직임과 반대 방향에서 정원창을 움직이게 된다(점선). 와우관은 두 관 사이에 위치하며, 전정막에 의해 전정관과 분리되고, 기저막에 의해 고실관과 분리된다. 등골의 움직임은 진행파를 기저막을 따라 움직이게 만든다. 기저막과 전정막을 따라 그려진 점선은 그 움직임을 나타낸다.

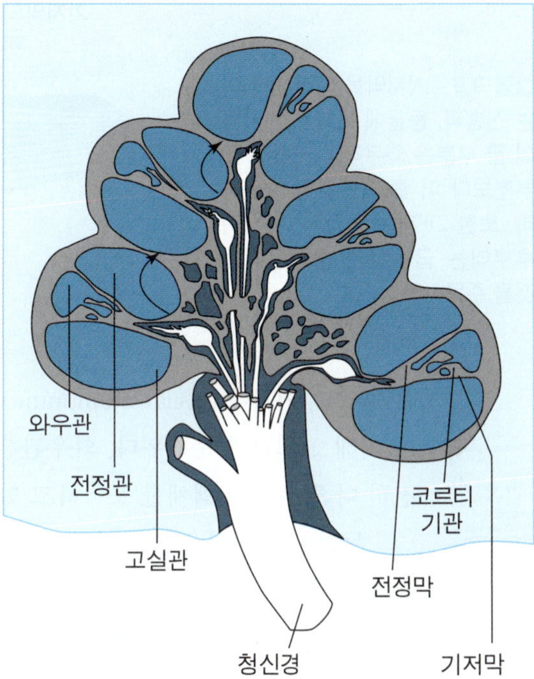

그림 9.8 와우각의 횡단면. 관들이 와우각을 중심으로 어떻게 꼬여 있는지 보라. 특별히 와우각 전체에 걸쳐 감겨져 있는 기저막과 코르티기관에 주목하라. 청신경 섬유들과 그것들이 코르티기관의 융모세포에 어떻게 도달되어 있는지 주목하라. 다만 반듯이 서 있는 자세에서 와우각의 실제 방향은 그림과는 사뭇 다르다(그림 9.6을 보라).

변화를 일으킨다. **그림 9.7**은 등골과 난원창의 관계성을 포함하여 와우각의 도식적 도해를 보여준다. 만약 와우각을 펼치면, 그 길이는 1.4인치(약 3.6cm) 정도가 된다.

그림 9.7은 또한 와우각이 전체에 걸쳐 세 개의 관으로 구성되어 있음을 보여준다. **그림 9.7**의 도식적 도해는 혼동을 줄 수 있기에, **그림 9.8**에 와우각의 횡단면을 제시하였다. **그림 9.7**은 세 관들의 관계성을 보여주고 있는데, 이는 마치 와우각이 펼쳐져 있는 것처럼 보인다. 반면에 **그림 9.8**은 와우각이 실제로 그 명칭이 시사하듯이 달팽이의 껍질 모양처럼 꼬여 있다는 점을 확실하게 보여주고 있다.

등골이 압력을 주는 관은 **전정관**(vestibular canal)이다. 전정관의 끝에 난 작은 구멍은 **와우각공**(helicotrema)이다. 여기서 액체는 **고실관**(tympanic canal)이라는 두 번째 관으로 흐른다. 고실관은 **정원창**(round window)이라는 자체 막이 있는 구멍을 가지고 있음을 주목하라. 정원창은 전정관과 고실관을 채우고 있는 액체에 가해진 압력을 경감시키기 위해서 난원창과는 반대로 움직여야 한다. 만약 우리의 청각 체계가 정원창을 가지고 있지 않다면, 등골은 난원창에 압력을 가하기 어려울 것이다.

와우관(cochlear duct)은 와우각 내 세 개의 관 가운데 가장 작은데, 이 안에 청각 수용체가 자리 잡고 있다. 와우관은 **전정막**(Reissner's membrane)에 의해 전정관과

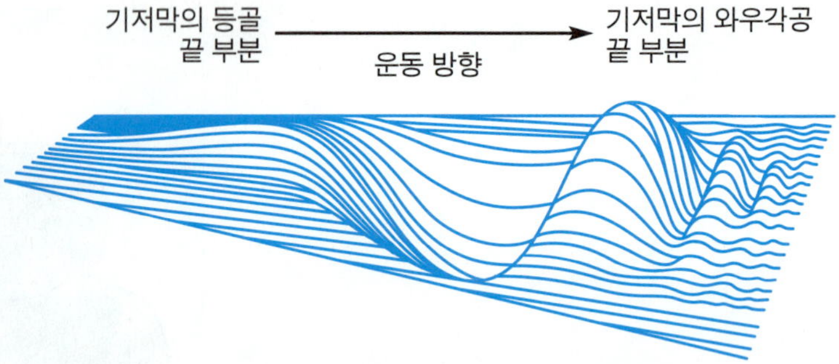

그림 9.9 기저막을 따라 움직이는 진행파. 등골에 가까운 기저막의 끝 부분은 와우각공 근처의 끝 부분보다 더 좁다는 것을 주목하라. 또한 그 파는 정점에 이른 이후부터는 급속하게 줄어든다는 것을 주목하라.

분리되고, **기저막**(basilar membrane)과 기저막이 부착되어 있는 골단(bony shelves)에 의해 고실관과 분리된다. 와우관은 다른 두 개의 관과 분리되어 있을 뿐만 아니라, 전혀 다른 유형의 액체를 포함하고 있다.

등골이 난원창을 진동시키면, 그 진동은 전정막과 청각 수용체가 있는 기저막에 전달되어 수용체들을 자극하게 된다. 기저막의 기저부(등골 근처)는 비교적 좁고 단단하며, 와우각공으로 진행되면서 점점 넓어지고(그것이 부착되어 있는 골단은 점점 더 좁아진다), 더 유연해진다. 기저막 내 진동 패턴을 **진행파**(traveling wave)라 한다. 호스로 멀리 있는 꽃밭에 물을 준 적이 있을 것이다. 그 호스를 끈이나 돌로 고정시킨 다음, 뒤로 물러나 호스의 끝을 잡고 위아래로 튕겨보면, 진행파를 볼 수 있다. 호스를 따라 이동하는 파는 수도꼭지에 가까워지면서 훨씬 작아진다. **그림 9.9**는 기저막을 따라 움직이는 진행파의 도식적 표상을 제공한다.

기저막 운동과 내이의 기능은 1961년 노벨상을 수상한 Georg von Békésy에 의해 밝혀졌다. 기계적 모형과 시체를 사용하여 von Békésy(1960)는 등골의 진동이 기저막의 진행파를 발생시킨다는 것을 확인했다. 10장에서 von Békésy에 대해 더 언급하기로 하고, 여기서는 상이한 주파수에 의해 발생되는 진행파가 기저막의 다른 지점에서 최대 진폭(peak)을 발생시킨다는 것을 이해하는 것이 중요하다. 구체적으로 주파수가 높을수록 등골 근처에서 최대 진폭을 발생시키고, 주파수가 낮을수록 와우각공 근처에서 최대 진폭을 발생시킨다.

이제 청취에 중요한 몇 개의 구조들을 가지고 있는 와우관으로 들어가 보자. **그림 9.10**은 삼각형 모양의 와우관과 코르티기관을 확대시킨 것이다. **코르티기관**(organ of Corti)은 음파에서 나온 압력 에너지를 청각 체계의 상위 경로로 전달될 수 있는 전기적 및 화학적 에너지로 변환시켜 주는 수용체를 포함하고 있다.

기저막은 코르티기관의 기저부를 이루며, **개막**(tectorial membrane)은 코르티기

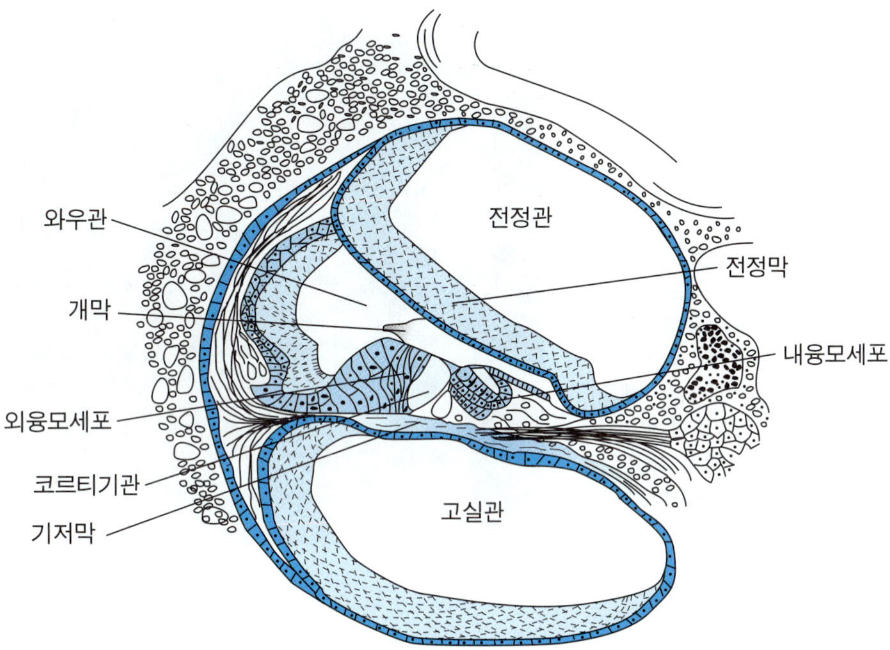

그림 9.10 와우각의 확대 횡단면. 이 그림을 그림 9.8과 비교해보라. 내융모세포와 외융모세포, 기저막, 그리고 개막의 위치를 주목하라.

출처: Adapted from Bloom & Fawcett(1975)

관의 상부에 놓여 있다. 코르티기관은 또한 두 종류의 **융모세포**(hair cells)를 포함하고 있는데, 이중 일부는 실제 청각 수용체이다.

심화학습

내융모세포와 외융모세포

와우각은 두 종류의 융모세포(내융모세포와 외융모세포)를 포함하고 있다. **그림 9.11**은 개막을 제거한 상태에서 이 구조를 전자현미경으로 관찰한 사진이다. **내융모세포**(inner hair cells)는 코르티기관의 내부 측면을 따라 한 줄로 배열되어 있으며, 그 숫자는 상대적으로 적다(약 3,500개). 세 줄 혹은 네 줄로 배열되어 있는 **외융모세포**(outer hair cells)는 코르티기관의 바깥 측면에 위치해 있으며, 그 숫자는 상대적으로 많다(약 12,000개).

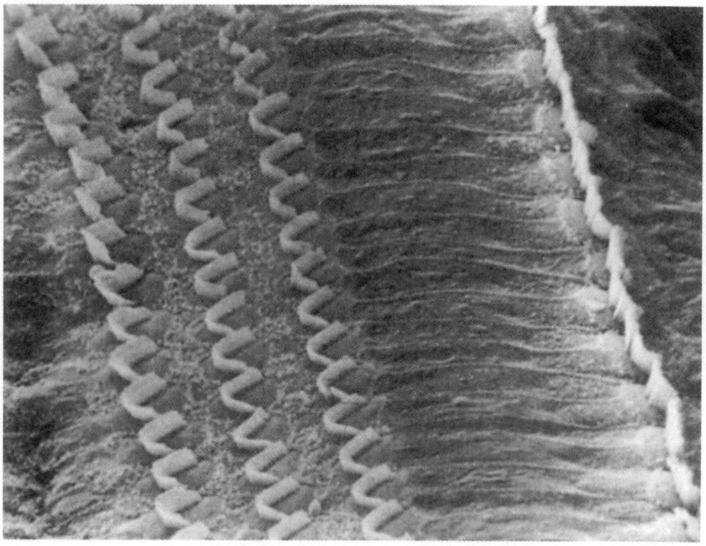

그림 9.11 개막을 걷어내고 관찰한 내융모세포와 외융모세포. **내융모세포**(오른쪽에 있는 한줄)와 외융모세포(왼쪽에 있는 세줄)의 부동섬모가 보이고, 기저막 또한 보인다. (Photo courtesy of Dr. David Lim)

최근 연구는 이들 두 유형의 융모세포들의 역할을 더 많이 밝혀냈다. 비록 내융모세포와 외융모세포의 수에서의 차이를 망막에 있는 원추체와 간상체의 수 차이와 비교할 수 있을지라도, 이들 두 유형의 융모세포의 기능은 원추체 및 간상체와는 다르다. 기억하겠지만, 원추체와 간상체는 모두 넓은 범위의 빛 강도에 걸쳐 시각을 제공한다(원추체는 큰 강도, 간상체는 약한 강도). 청각의 경우는 이와 동일한 문제가 없다. 더 나아가 우리의 뛰어난 청각 능력은 내융모세포와 외융모세포가 함께 작용하여 얻어지는 결과이다.

융모세포의 신경전달

내융모세포와 외융모세포의 기능 차이에 대한 단서는 이들 두 세포 유형의 신경전달의 성질에서 찾을 수 있다. 시각 체계를 논의할 때, 우리는 수용체에서 나오는 정보를 뇌 영역(정보 처리 영역)으로 전송하는 뉴런들에 초점을 맞춘 바 있다. 일반적으로 수용체나 하위 수준의 뇌 구조에서 나오는 정보를 상위 수준의 뇌 구조로 전송하는 신경섬유를 **구심성 섬유**(afferent fibers)라 한다. 그러나 상위 수준의 뇌 구조로부터 아래 방향, 즉 하위 수준의 뇌 구조로 정보를 전송하는 중요한 신경섬유도 논의했음을 기억할 것이다. 이런 신경들을 **원심성 섬유**(efferent fibers)라 한다. 이들 원심성 섬유에서 나오는 입력 신호는 구심성 경로를 통해 흐르는 정보를 조정한다는 것을 기억할 것이다.

청신경(auditory nerve)은 약 30,000개의 구심성 섬유와 500개의 원심성 섬유를 포함하고 있다(Møller, 2006). 청지각에 관여하는 뇌 영역들을 살펴보기 전에, 지금은 청신경에 있는 구심성과 원심성 섬유들에 초점을 맞추기로 하겠다. 중요한 차이점은 내융모세포와 외융모세포가 청신경 섬유들을 동등하게 공유하고 있지 않는다는 것이다. 비교적 적은 수의 내융모세포들은 구심성 섬유의 90~95% 정도를 차지하고 있다(Yost, 2007). 이와 반대로, 비교적 많은 수의 외융모세포들은 구심성 섬유의 나머지 5~10% 정도를 공유한다.

내융모세포는 대부분의 구심성 입력 신호를 받지만, 원심성 입력 신호는 전혀 받지 않는다. 대신에 청신경에는 비교적 소수의 원심성 섬유들이 있지만, 그 대부분은 외융모세포로 들어간다. 나머지 원심성 섬유들은 실제로 구심성 섬유들과 연결된다. 그러면 그렇게 많은 구심성 섬유들이 내융모세포와 연결하고, 소수만이 외융모세포와 연결하는 이유는 무엇일까? 이런 주요 해부학적 차이는 중요한 기능의 차이와 연계된다.

내융모세포와 외융모세포의 해부학과 생리학

그림 9.11에서 보여주는 융모세포의 머리 부분에서 뻗어 나온 작은 융모는 **부동섬모**(stereocilia)라 불린다. 한 개의 내융모세포에는 약 40개 정도의 부동섬모가 얕은 깊이의 U자 모양으로 형성되어 있다. 한 개의 외융모세포에는 약 150개 정도의 부동섬모가 V나 W 모양으로 형성되어 있다. **그림 9.12**에서 볼 수 있듯이 각 융모세포는 두 개 이상의 부동섬모열을 포함하고 있으며, 바깥 열이 안쪽 열보다 더 긴 부동섬모를 포함하고 있다. 부동섬모들은 **팁 링크**(tip links; 단백질 복합체)라 불리는 가는 가닥들로 서로 연결되어 있다. 부동섬모의 너비가 고작 0.05micrometer(0.000005cm) 밖에 안 된다는 것을 고려하면 팁 링크가 얼마나 가는지 이해할 수 있을 것이다.

소리 정보는 융모세포의 부동섬모가 자극을 받은 결과로 변환된다. 기저막이 아주 작은 양의 변위가 일어나도, 우리는 소리를 지각할 수 있다. 부동섬모의 작은 움직임에도 융모세포의 전위 변화를 일으키기에 충분하기 때문이다. 0.3nm(nm=10억분의 1미터)의 변위면 소리 지각을 일으키기에 충분하다. Dallos(1996)에 따르면, 이 정도의 변위는 비율적으로 시카고에 있는 Sears Tower의 꼭대기가 약 5cm 움직인 것과 같다!

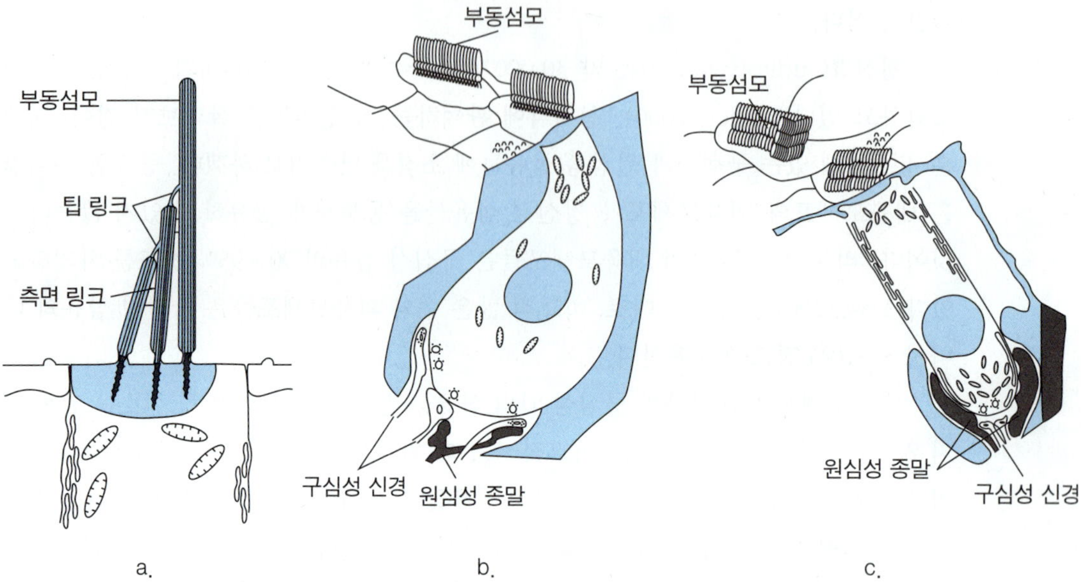

그림 9.12 융모세포의 상세도. 그림 9.12a는 부동섬모들을 연결하는 팁 링크와 측면 링크를 가진 일반 융모세포의 횡단면을 보여주고 있다. 그림 9.12b는 내융모세포, 그림 9.12c는 외융모세포를 보여주고 있다.

출처: Adapted from Pickles(1988)

융모세포는 작은 변위에 매우 민감할 뿐만 아니라, 그 움직임이 망막에 떨어지는 시각 자극이라면 탐지할 수 없을 정도로 빠르게 변하는 자극에도 반응한다. 이런 능력은 어디에서 나올까? 대답은 **그림 9.12**에서 보여주는 팁 링크에 있다. 팁 링크는 기계적 장치로, 기저막 변위에 대해 융모세포의 반응을 촉발시킨다(Fettiplace & Ricci, 2006; Furness & Hackney, 2006).

부동섬모들이 와우각 바깥 부분으로 변위될 때, 그 부동섬모들은 연결된 팁 링크를 끌어당기게 된다. 팁 링크를 끌어당기면 융모세포의 내림프액으로부터 더 많은 양이온들이 흐르게 되어 탈분극이 일어난다. 이와 반대로 움직임이 와우각의 안쪽 부분으로 부동섬모를 변위시키면, 팁 링크에 가해지는 압력은 줄어들게 된다. 그 결과 융모세포 안의 양이온 흐름은 멈추게 되고, 융모세포의 전위는 음전하를 더 많이 띠게 된다(과분극).

3장에서 우리는 광수용체가 양극세포와 연결 뉴런들에서 활동전위를 일으키는 등급전위(graded potential)를 발생시킨다는 것을 알았다. 마찬가지로, 융모세포들도 청신경의 구심성 양극세포들에 활동전위(발화)를 일으키는 등급전위를 발생시킨다.

부동섬모가 와우각의 안쪽 부분으로 변위될 때, 융모세포들은 과분극 상태가 된다(안정전위보다 더 많은 음전위). 부동섬모가 와우각의 바깥 부분으로 변위될 때, 융모세포들은 탈분극 상태가 된다(안정전위보다 더 적은 음전위). 과분극은 구심성 양극세포의 발화를 억제하고, 탈분극은 구심성 양극세포를 흥분시킨다.

내융모세포와 외융모세포의 구조는 실제로는 매우 유사하다. 따라서 외융모세포는 내융모세포와 마찬가지로 등급전위 변화(탈분극과 과분극)를 일으킬 수 있다(He et al., 2006). 그러나 내융모세포와 비교해서, 외융모세포는 사실상 어떤 구심성 연결도 갖지 않는다. 이런 이유로 내융모세포가 유입되는 음압 변화를 신경 충동으로 변환시키는 일을 담당하는 것이 확실하다(Jia et al., 2007; Yost, 2007).

내융모세포는 기저막을 따라 분포되어 있으며, 각 내융모세포는 약 10개 정도의 구심성 뉴런들과 연결되어 있다. 소리 자극이 내융모세포를 변위시키는 기저막의 진행파를 만들어 낸다는 것을 기억할 것이다. 낮은 주파수음들은 기저막의 느린 진동을 일으키며, 와우각공 근처에서 최대 진폭을 가지는 파를 형성한다. 주파수가 높은 음은 기저막의 빠른 진동을 일으키고, 등골 근처에서 최대 진폭을 가지는 파를 형성한다. 기저막이 변위될 때마다, 파의 고점과 저점은 내융모세포의 탈분극과 과분극을 일으킨다(**그림 9.13**). 탈분극의 결과로서 특정 내융모세포와 연결된 구심성 뉴런들이 발화될 때 변환이 일어난다.

그러나 구심성 섬유들 간의 발화 차이는 실제로 우리의 정교한 주파수 변별 능력을 설명해 줄 수 있을까? 10장에서 주파수 부호화와 음고 지각을 더 자세히 논의하기로 하겠다. 지금은 인간이 주파수가 다른 자극들을 매우 정교하게 변별할 수 있다는 정도로만 이해하고 넘어가기로 하자. (이미 논의된 주파수 변별에 대한 Weber 소수를 기억하라.) 음파의 주파수에 따라 진행파가 기저막의 다른 위치에서 최대 진폭을 형성하게 된다는 것을 von Békésy의 연구에서 살펴본 바 있다. 그러나 von Békésy가 연구한 기저막에서는 우리가 쉽게 변별할 수 있는 주파수들에 대해서조차 진행파들이 매우 유사하다. 문제는 내이가 액체로 채워져 있어 기저막 운동을 둔화시키기 때문에 발생한다(Brownell, 2006).

만약 진행파 속의 정보가 우리의 주파수 변별 능력을 설명하기에 충분치 않다면, 다른 출처는 무엇이 있을까? Thomas Gold(1948, 1989; Gold & Pumphrey, 1948)는 융모세포의 활동력이 있는 섬유들이 일종의 와우각 증폭기로서 정적 피드백을 발생시킨다는 초기 이론을 제안했다. von Békésy는 여러 종의 시체를 가지고 자신의 연구를 수행했기 때문에, 활동성 섬유들을 다루지 못했다. 그러나 von Békésy

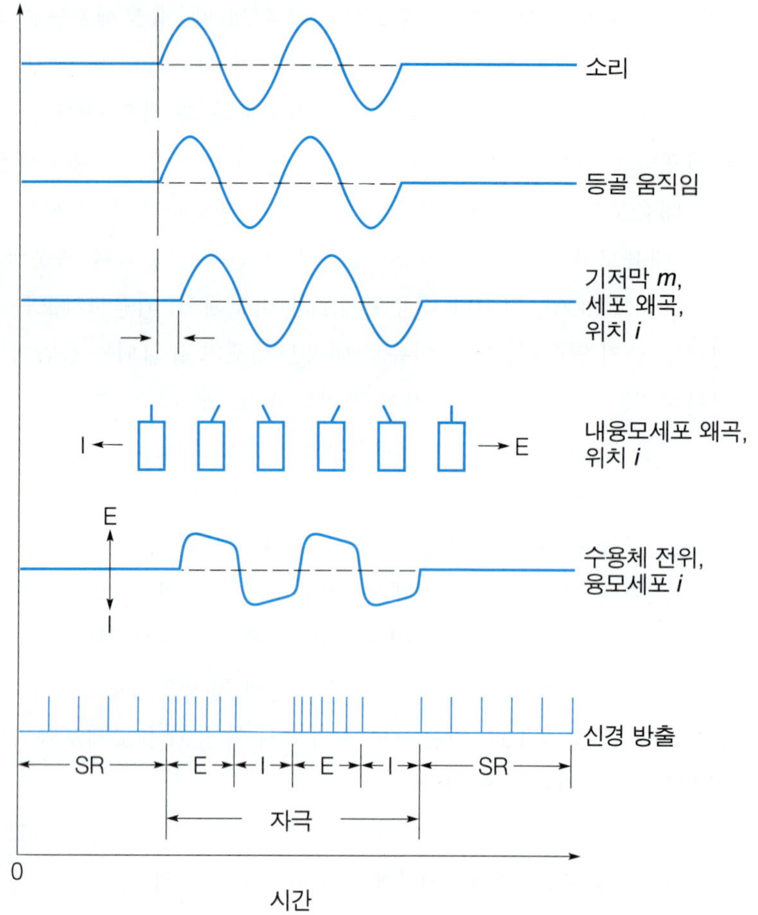

그림 9.13 청각 변환 과정. 그림에서 왼쪽에서 오른쪽 방향으로는 시간 경과를 나타낸다. 위에서 아래 방향으로는 수반되는 과정을 나타낸다. 상단 그림은 유입되는 소리 자극의 변화를 보여준다. 음압 변화는 등골의 움직임을 일으키고, 그것은 다시 기저막의 움직임을 일으킨다. 기저막 움직임은 다시 부동섬모의 움직임을 유발하여 융모세포의 등급전위 반응을 일으킨다. 융모세포의 탈분극은 연결된 뉴런들의 발화를 증가시킨다(E). 융모세포의 과분극은 표준 발화율과 비교해서(SR) 연결된 뉴런들의 발화를 감소시킨다(I).

출처: Adapted from Gulick et al.(1989). Used with permission.

는 매우 영향력이 있는 학자였기에, 대부분의 연구자들은 청각 체계가 선형적이라는 그의 이론을 인정해 버렸다. 결국 비선형적 와우각 증폭기에 관한 Gold의 이론은 무시되었다.

와우각 증폭기라는 개념이 제시되고 수십 년이 지나 청각 연구자들은 우리의 뛰어난 주파수 변별 능력이 부분적으로 외융모세포의 활동에 기인하는 것임을 주장하기 시작했다. 연구자들은 외융모세포가 늘어나고 수축할 수 있어, 이런 움직임이 우리에게 뛰어난 주파수 변별 능력을 제공한다는 것을 발견하였다.

외융모세포의 기능

기저막이 진동하면서 그 움직임은 내융모세포와 외융모세포를 모두 자극한다. 개막은 외융모세포를 더 자극하게 된다. 비록 **그림 9.10**에서 명확하게 보이지는 않지만, 적어도 외융모세포의 더 긴 부동섬모들은 개막에 삽입되어 있다. 기저막이 움직이면, 개막은 전단운동(shearing motion)으로 삽입되어 있는 외융모세포들을 끌어당기게 되고, 그 세포들을 자극하게 된다.

소수의 구심성 연결을 가지는 외융모세포들이 자극을 받을 때 어떤 일이 발생할까? 기저막을 따라 수동적으로 움직이는 내융모세포들과는 달리, 외융모세포들은 "아이가 트램폴린 위에서 운동하듯이 상하로 튀는 것 같다"(Gutin, 1993, p.52). 이런 **운동성**(motility)은 그 세포의 연장 및 수축과는 독립적으로 와우각 증폭기의 출처이기도 하다(Brownell, 2006; He et al., 2006; Jia & He, 2005; Yost, 2007). 그네를 타고 있는 사람을 적절한 시기에 뒤에서 밀어 주듯이, 외융모세포는 기저막을 따라 움직이는 파를 증폭시킨다(Plack, 2005).

무엇이 외융모세포들에게 그런 운동성을 부여할까? 두 유형의 융모세포들은 중요한 부동섬모 부분인 마이오신(myosin)과 엑틴(actin)과 같은 중요한 단백질을 많이 포함하고 있다. 그러나 외융모세포만이 그것의 외벽에서 발견되는 프레스틴(prestin)이라는 단백질을 포함하고 있다. 프레스틴은 외융모세포의 운동성을 일으키는 엔진의 중요한 피스톤처럼 보인다(Brownell, 2006; Dallos et al., 2006; He et al., 2003; He et al., 2006).

외융모세포들에 대한 원심성 입력 신호는 외융모세포의 반응을 조정하는 역할을 한다. 예를 들어 원심성 입력 신호는 고강도의 음에 반응하여 외융모세포의 운동성을 억제함으로써 약한 부동섬모의 손상 위험을 최소화시킨다(Luebke & Foster, 2002; Luebke et al., 2002; Maison et al., 2002). 원심성 연결은 또한 어떤 소리에 대한 지각을 고양시키는 반면, 다른 소리들을 억제시킨다. 이런 연결은 시끄러운 배경에서 소리를 쉽게 들을 수 있도록 해준다(Cooper & Guinan, 2006; Tomchik & Lu, 2006).

Gold의 와우각 증폭기 이론이 처음부터 인정을 받지 못했던 이유 가운데 하나는 그가 피드백이 항상 안정적이지만은 않고, 불안정하기 때문에 실제로 우리의 귀에서 소리를 발생시킨다고 주장했다는 점이다. 이런 예측은 눈이 광에너지를 방출한다는 전혀 맞지 않은 개념과 유사하다(Plack, 2005). 따라서 다른 연구자들이 그 이론을 신뢰하지 않은 이유를 이해할 수 있을 것이다. 그럼에도 후속 연구는 우리의 귀가 소리를 발생시킬 수 있다는 사실을 확인해주었다.

이음향방사

낯설게 들리겠지만, 사람들은 실제로 귀에서 소리를 방사시킨다. 이런 소리를 **이음향방사**(otoacoustic emissions)라 한다. 이런 현상을 처음으로 확인한 사람은 David Kemp(1978)이다. 그는 소형 마이크를 외이도에 삽입하고 귀에 클릭음을 제시하였다. 잠시 후(10msec), 매우 약한 반향음(echo)이 기록되었다. 이런 반향음을 **유발 이음향방사**(evoked otoacoustic emissions)라 한다. 수년간 청각 연구자들은 이런 유발 이음향방사의 출처를 탐색하였다. 그러나 Kemp가 연구 결과를 보고하자마자, 연구자들은 자극을 제시하지 않아도 외이도에서 소리를 기록할 수 있다고 보고하기 시작하였다!

클릭음이나 다른 음이 제시되지 않을 때 발생되는 소리 방사를 **자발 이음향방사**(spontaneous otoacoustic emissions)라 부른다. 이런 방사는 정상 청각을 가진 사람의 50% 정도에서 발생된다. 드물기는 하지만, 자발 이음향방사가 (증폭이 없이도) 다른 사람이 들을 수 있을 정도로 큰 경우도 있다. 놀라운 것은 사람들이 그런 방사를 전혀 인식하지 못한다는 것이다. 따라서 지금 이 순간 당신의 귀는 부드러운 소리를 방사하고 있지만, 당신은 그것을 전혀 인식하지 못한다는 것이 얼마나 다행스러운가!

자발 이음향방사는 Gold의 예측처럼 피드백 시스템의 불안정성 때문에 발생된다(Yost, 2007). 그러나 이런 소리 방사는 와우각에서 발생하는 정상파(standing waves)에 의해서도 발생된다(Shera, 2003). 실제로 여러 다른 유형의 유발 이음향방사가 있지만, 그것들은 모두 외융모세포의 기능으로 발생되는 것으로 보인다(Siegel, 2008; Yost, 2007). 사실 외융모세포가 적절히 기능하지 않으면, 유발 이음향방사도 발생되지 않는다(Lonsbury-Martin, 2005; Thornton et al., 2006). 그 결과 임상가들은 외융모세포들이 적절히 기능하고 있는지를 판단하기 위해, 이음향방사 검사를 사용한다. 이 검사는 특히 영아에게 유용한데, 그 이유는 이 검사가 반응을 요구하지 않기 때문이다. 그럼에도 불구하고 이런 검사들은 아직까지 정교하지 않아 이음향방사에 대해 더 많은 것들이 밝혀지게 되면, 더 향상될 수 있을 것으로 보인다(Shera, 2004).

와우각 전기반응

외융모세포들은 또한 또 다른 흥미로운 현상에 관여한다. 1930년 Wever와 Bray는 청신경으로부터 신호를 녹취하고, 증폭기를 통해 스피커로 출력시켰다. 그들은 귀에서 발생되는 어떤 것이든 스피커로 재생시킬 수 있음을 발견했다(Wever & Bray, 1930). 만약 당신이 녹취되고 있는 청신경의 귓속으로 애국가를 부르면, 그 애국가를 스피커를 통해 들을 수 있다. 이와 동일하게 시각과 관련해서도 시신경에 삽입된 미세전극으로부터 나온 출력을 TV 세트에 통과시키면 눈이 보는 것이 무엇이든 화면으로 볼 수 있다.

Wever와 Bray가 청취했던 소리들은 그들이 처음에 생각한 것처럼 청신경으로부터 합산된 활동전위가 아닌 것으로 확인되었다. 대신 그들은 실제로 외융모세포들에 의해 주로 발생된 등급전위(탈분극과 과분극)를 청취한 것이다. 귀에서 발생하는 파형을 모사한 이런 등급전위들을 **와우각 전기반응**(cochlear microphonic)[1]이라 한다. 와우각 전기반응은 귀에서 발생하는 파의 주파수 특성뿐만 아니라 넓은 범위의 압력에 걸쳐 진폭까지도 복제한다(Yost, 2007).

연구자들은 외융모세포들이 와우각 전기반응의 일차 출처라는 것을 어떻게 알았을까? 그들은 청신경의 퇴화가 와우각 전기반응에 어떤 영향을 미치지 않기 때문에 청신경 활동을 배제시킬 수 있었다(Gulick et al., 1989). 또한 내융모세포들은 와우각 전기반응에 거의 기여하지 않음이 분명하다(Chertoff et al., 2002). 게다가, 와우각 전기반응은 전극이 외융모세포의 부동섬모 근처에 삽입될 때 강도가 증가된다(Yost, 2007).

큰 소음에 노출되고 나면, 와우각 전기반응은 감소된다(Pedemonte et al., 2004). 따라서 와우각 전기반응은 사람의 청력을 검사하는 데 중요한 역할을 할 수 있다. 즉 청능사(audiologist)는 와우각 전기반응이 감소되거나 발생되지 않을 때 청

1) 주로 외융모세포에서 발생되는 교류전위로, 자극음의 강도와 주파수를 충실히 전도하는 전기반응이며 음파의 형상을 닮았다. 즉 음의 강도와 주파수를 충실히 반영하는 전기반응으로 자극의 음파를 닮은 반응을 한다.(역자 주)

력 문제가 있음을 진단할 수 있다. 그러나 와우각 전기반응이 있을 때라도 이음향방사가 없다면 외융모세포가 손상되었을 가능성이 있다(Withnell, 2001).

요약하면, 현재 융모세포에 관한 연구는 내융모세포가 청신경의 구심성 섬유를 통해 청각 정보를 전도한다는 것을 밝혔다. 내융모세포는 한 방향이나 다른 방향으로 부동섬모가 변위한 결과로 등급전위 변화(탈분극과 과분극)를 일으킨다. 외융모세포는 자극의 결과로 독립적으로 움직이고, 그에 의해 기저막 운동에 영향을 준다. 외융모세포의 운동성은 우리의 정확한 주파수 변별 능력을 고양시키는 와우각 증폭기로 작용한다.

종합적으로 고려하면, 청각 체계는 음압이 궁극적으로 청각 변환기에 전달되고, 그 다음 청신경으로 전달되도록 골성 구조와 연성 구조가 효과적으로 분포되어 있다. 청각 체계의 작은 구조들은 각기 중요한 기능을 담당한다는 것을 기억하라. 10장에서는 이 구조들이 우리로 하여금 들을 수 있도록 하기 위해 어떤 방식으로 함께 작용을 하는지를 탐색하기로 하고, 지금부터는 청각 정보의 청각피질 내 경로를 살피기로 하겠다.

청각 처리의 상위 수준

시신경이 망막에서 나온 정보를 피질로 전송하듯이, 청신경의 구심성 섬유들은 와우각에서 나온 정보를 피질로 전송한다. 청각 체계에 관심을 가진 연구자들은 시각 연구자들이 사용하는 것과 동일한 방법론(예: 미세전극 기록기법, 뇌파 전위 기록기법, fMRI)을 주로 사용한다. 상위 수준의 청각 처리를 이해하기 위해 청각 체계의 요소에 대한 설명은 간략히 하고, 원심성 경로는 생략하고자 한다.

연구자들은 청신경의 개개 신경섬유의 활동을 기록하여 그 섬유들이 각각 어느 주파수에 가장 민감한지를 결정할 수 있다. 시각 방위 조율 곡선(선분의 방위와 세포의 반응률의 관계성을 보여주는 그래프)을 결정하기 위해 시각피질의 단순 세포에 단일세포 기록법을 적용한 이전 논의를 기억할 것이다(**그림 3.20** 참조).

마찬가지로, **청각 조율 곡선**(auditory tuning curve)은 청각 자극의 주파수와 청신경 섬유의 반응률 간의 관계성을 보여주는 그래프이다. 이 정보는 몇 가지 방식을 통해 그래프로 나타낼 수 있다. **그림 9.14**는 x축에 자극 주파수를, 그리고 y축에 신

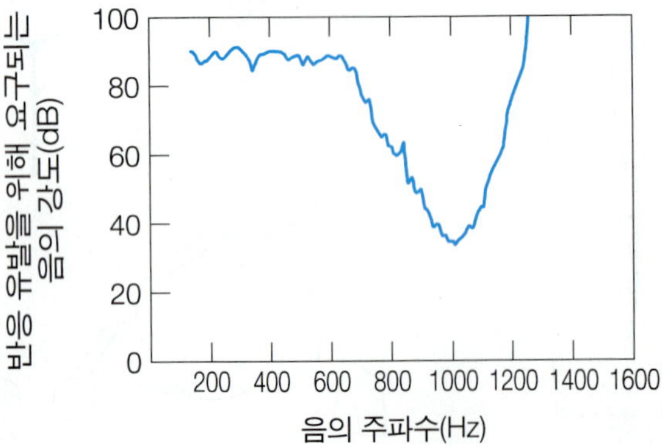

그림 9.14 전형적인 주파수 조율 곡선. 이 곡선은 뉴런이 1,000Hz의 주파수에 조율된 것으로, 이 주파수에서 발화를 일으키는 데 필요로 하는 음압이 가장 낮기 때문이다. 곡선의 오른쪽 부분에서 특징적인 급상승이 나타난다는 것을 주목하라(조율된 주파수보다 더 높은 주파수에 대해).

경 발화를 일으키는 데 요구되는 음의 강도(dB)를 나타낸 전형적인 청각 조율 곡선을 보여준다. 데시벨 값이 작을수록 민감도는 더 커지는데, 이는 그런 낮은 강도가 뉴런을 발화시키기에 충분하기 때문이다. 이 그래프는 신경 섬유가 특히 말소리에서 흔히 발견되는 주파수 대역인 1,000Hz 근처의 자극에 민감하다는 것을 보여주고 있다(가장 낮은 역치를 가진다). 다른 주파수로도 세포를 발화시킬 수 있지만, 그러기 위해서는 그런 주파수들의 강도를 증가시켜야 한다. 예를 들어 800Hz 음의 경우, 진폭을 60dB까지 증가시킬 필요가 있다. 다른 청신경 섬유들은 다른 주파수 대역에 민감도를 보이는 주파수 조율 곡선을 가진다.

지금부터 내이에서 청각피질로 이어지는 청각 자극의 경로를 추적해보기로 하자. 그리고 자극들이 청각피질 내에서 어떻게 처리되는지를 살펴보기로 하겠다.

내이에서 청각피질까지의 경로

내이를 벗어난 후, 청신경은 뇌의 뒷부분 하부에 있는 **와우핵**(cochlear nucleus)으로 들어간다. (**그림 9.15**는 이 경로를 도식적으로 보여주고 있다.) 와우핵에서 청신경 세포들은 정보를 다른 세포로 전달한다. 연구자들은 청신경 내의 억제성 연결들(inhibitory connections)을 발견하지 못했지만, 와우핵에는 그것들이 존재한다. 와우핵에서 발견되는 외측 억제(lateral inhibition)는 아마도 주파수 해상도를 높이기 위해 작용하는 것으로 보인다(Yost, 2007).

시각 체계가 각 눈으로부터 뇌의 양쪽으로 정보를 전송하는 복잡한 기전을 가지고 있음을 기억할 것이다. 마찬가지로 청각 체계도 두 개의 와우핵 각각에서 나온 출력 정보를 와우핵과 뇌의 동측, 그리고 대측에 있는 **상올리브핵**(superior olivary nucleus)으로 보낸다. 뇌의 어느 측면에 있는 청신경과 와우핵은 동측에 있는 와우각

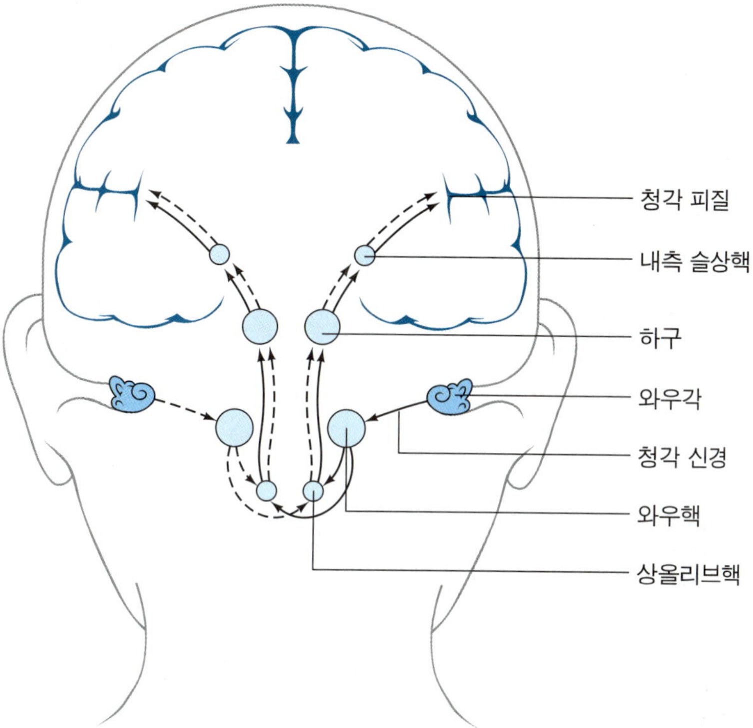

그림 9.15 귀에서 뇌까지의 경로에 대한 도식적 표상. 구조에 대한 명칭은 오른쪽에만 제시되어 있다(왼쪽은 대응 구조들이다). 또한 두 귀에서 오는 입력 신호는 상올리브핵로부터 전진적으로 전송된다는 것을 주목하라.

으로부터만 입력 신호를 수용하기 때문에, 청각 정보는 **단이적**(monaural)이다. 그러나 와우핵 이후부터 청각 정보는 **양이적**(binaural)이다. **그림** 9.15에서 볼 수 있듯이, 두 귀에서 나온 입력 신호는 상올리브핵과 그 너머에까지 보내진다. 상올리브핵과 그 너머에서 양이 정보는 청각 체계로 하여금 두 귀에서 나온 정보를 비교할 수 있도록 해준다. 이런 비교의 중요성에 대해서는 소리가 발생하는 방향을 우리가 어떻게 판단하는지를 다루는 10장에서 논의하기로 하겠다.

각 상올리브핵은 정보를 시각 체계에서 논의된 상구(**그림** 3.16) 바로 아래에 있는 **하구**(inferior colliculus)로 보낸다. 청각 정보는 또한 청각과 시각 체계 모두에서 정렬된 공간 지도를 포함하고 있는 상구로도 보내지며, 운동 정보 또한 그곳으로 보내진다(Carney, 2002). 하구와 상구는 놀람 반응(큰 소음에 반응하여 발생하는 근육 수축)과 음원을 향해 머리 움직이기와 같은 많은 청각적 반사에 관여한다.

하구는 또한 청각 정보의 조직화 원리를 잘 보여준다. 시각 체계의 부분들이 망막위상적 조직(retinotopic organization)을 잘 보여주고 있음을 기억할 것이다. 즉 망막의 이웃 영역들로부터 나온 정보는 외측 슬상핵뿐만 아니라 시각피질에서 이웃하는 영역들에도 대응 표상된다. 마찬가지로, 청각 체계도 주파수 정보에 따라 배열된다. 이런 배열을 **음위상적 조직**(tonotopic organization)이라 하며, 이는 유사 주파수들에 민감한 뉴런들이 하구 안에 서로 근접해 있음을 의미한다.

이미 언급했듯이, 고주파수는 등골 근처의 기저막 부분에 가장 큰 변위를 일으키며, 저주파수는 와우각공 근처의 기저막 부분에 가장 큰 변위를 일으킨다. 따라서 그 대응은 마치 기저막 지도가 하구에 펼쳐져 있는 것처럼 작동한다. 망막 상의 공간적 위치는 망막위상적 조직을 이끌기 때문에 시각에서 중요하다. 주파수 정보는 음위상적 조직을 이끌기 때문에 청각에서 중요하다. 음위상적 조직은 청각피질에서도 형성된다(Hackett & Kaas, 2003). 청각과 시각 체계 모두 피질 영역들이 잘 조직화되어 있다는 것은 감각들이 서로 유사하게 기능을 한다는 단적인 예이다(테마 1).

정보는 하구로부터 시각 체계의 외측 슬상핵과 가까운 구조인 시상의 **내측 슬상핵**(medial geniculate nucleus)으로 전해진다. 내측 슬상핵 또한 음위상적 조직을 보여준다(Hackett & Kaas, 2003). 게다가 내측 슬상핵에 있는 대부분의 세포들은 두 귀로부터 정보를 받는다. 이런 배열은 청각 체계로 하여금 강도와 도달 시간(청각적 위치 파악에 중요한 정보)을 비교할 수 있도록 해준다.

부수적으로(그리고 음위상적 조직과 일치하는 것으로), 앞에서 논의된 청각 조율 곡선이 청신경에게만 나타나는 것이 아님을 언급해야 한다. 내측 슬상핵(뿐만 아니라 와우핵, 상올리브핵, 하구)에 있는 구심성 뉴런들 또한 청각 조율 곡선을 보여준다. 다시 말해서, 와우각과 피질 사이에 있는 모든 지점에 있는 각 신경 섬유는 협소한 주파수 대역에 특히 민감하다.

청각피질에서의 처리

내측 슬상핵에서 나온 정보는 측두엽의 깊은 심연에 위치한 **일차청각피질**(primary auditory cortex)로 전송된다. 영장류의 경우 이 영역에 쉽게 접근할 수 없기 때문에 연구자들은 주로 고양이를 사용한다(Yost, 2007). 하지만 인간과 원숭이의 청각피질 연구는 계속 진전되고 있다(기능 영상을 사용해서)(Recanzone & Sutter, 2008).

청각적 처리와 시각적 처리의 몇 가지 유사성을 지적한 바 있다(테마 1의 부가적 증거를 제공해주는 유사성). 시각 체계에서 명시적으로 '보이지' 않는 많은 뇌 영역들은 시지각에 영향을 미친다. 따라서 청각 체계 밖의 영역들이 청지각에 영향을 미친다는 사실은 그리 새로울 것도 없다(Zatorre, 2007).

청각과 시각피질의 또 다른 유사성은 모두 복합 자극을 처리하는 데 관여하는 영역들을 포함하고 있다는 점이다. 시각피질의 어떤 세포들은 선분의 방위나 운동 패턴과 같은 어떤 시각적 세부특징에 최적으로 반응한다. 마찬가지로, 청각피질에 있는 어떤 세포들은 단순 주파수나 강도보다 더 복잡한 자극 특성에 반응한다(Hackett & Kaas, 2003). 예를 들어, 어떤 종들에게 있어 전문화된 세포들은 그 종의 다른 구성원들이 내는 복잡한 신호와 같은 발성 신호에 반응한다. 시각 체계에서처럼 유효 자극의 성질은 청각 체계의 상위 수준에 있는 세포들의 반응을 측정할수록 더 복잡해진다.

청각피질은 얼마나 중요할까? 이 영역이 손상된 사람들은 소리의 순서에서 타이밍 변화를 구별하지 못한다. 그들은 일반적으로 말소리 지각에 심각한 문제를 가진다. 또한 그들은 공간에서 소리의 위치 파악도 어렵다. 따라서 청각피질은 더 복잡한 유형의 청각 과제에서 없어서는 안 된다.

발달과 가소성

경험이 중요하다는 것은 이미 주목한 바 있다(14장에서 다시 논의될 것이다). 지금은 청각 체계의 신경 조직이 태어날 때부터 완전히 고정된 것이 아니고, 경험에 의해 영향을 받는다는 점을 지적하는 것이 중요하다. 예를 들어 청각 경험이 중요한 결정적 시기가 있다. 적절한 시기에 자기 종들의 울음소리를 듣지 못한 새들은 그 울음소리를 적절히 산출할 수 없다(e.g., Heaton et al., 1999).

청각피질 내 연결들은 분명 유기체의 경험에 의해 변할 수 있다(Chang et al., 2005; de Villers-Sidani et al., 2007; Nakahara et al., 2004; Zhang et al., 2001). 일반적으로 청각피질의 세포들은 시각적 방위에 민감하지 않다. 그러나 가령 당신이 시각 입력을 청각피질 안으로 전달했다고 하자. Sharma 등(2000)은 흰 족제비(ferret)를 대상으로 이런 실험을 하면서 청각 세포들이 방위에 민감해진다는 것을 발견했다. 게다가, 청각이 심하게 손상된 사람의 경우 청각피질은 시각 자극을 처리하는 데 사용될 수 있다(Finney et al., 2001). 그런 가소성은 분명 와우각 이식의 바탕 원리가 된다.

절 요약

청각 체계

1. 외이는 귓바퀴, 외이도, 고막으로 구성된다.
2. 중이는 기압과 내이의 액체간의 임피던스 불일치 효과를 줄이는 데 중요한 역할을 하는 세 개의 뼈(추골, 침골, 등골)를 포함하고 있다.
3. 내이는 코르티기관을 포함하고 있으며, 청각 수용체 혹은 융모세포들을 가지는 와우각을 포함한다. 코르티기관은 기저막 위에 놓여 있으며, 개막으로 덮여 있다.
4. 내이는 비교적 적은 내융모세포들을 가지고 있으며, 이 소수의 내융모세포들은 대부분의 구심성 청신경 섬유들을 독점한다. 이와 반대로, 내이는 비교적 많은 외융모세포들을 가지고 있다. 비록 이 외융모세포들이 적은 수의 구심성 청신경 섬유들을 공유할지라도, 그것들은 대부분의 원심성 섬유들을 수용한다. 외융모세포 운동성은 비록 원심성 입력 신호에 의해 조정되지만 기저막의 진행파를 증폭시키는 역할을 한다.
5. 내이에서 일어나는 변환은 내융모세포의 부동섬모의 변위를 통해 이루어진다. 부동섬모의 팁 링크는 변위에 대한 융모세포들의 신속한 반응을 위해 중요하다.
6. 융모세포들의 등급전위는 청신경의 구심성 섬유들에 대한 입력 신호로 작용한다.
7. 청신경은 특정 주파수에 민감한 신경 섬유들을 가지고 있다. 이 신경은 와우핵으로 들어간다. 청각 경로는 상올리브핵, 하구, 내측 슬상핵, 청각피질로 이어진다.
8. 하구와 청각피질은 음위상적으로 조직되어 있다. 더 나아가, 청각피질의 어떤 세포들은 소리의 복잡한 특성에 반응한다. 청각피질은 소리의 위치 파악, 말소리 지각 및 기타 복잡한 청각 과제를 위해 중요하다.

청각 손상과 치료

관해 이미 논의했듯이, 청각 체계의 많은 요소들(예: 이소골과 융모세포)이 극히 취약한 구조로 이루어져 있다. 큰 음악소리가 있는 콘서트에 참가하거나 iPod 볼륨을 크게 틀어놓을 때 문제가 발생할 수 있다. 큰 소리에 노출되면 심각한 청력 상실이 나타날 수 있다. 청력 문제는 또한 다양한 이유(톨루엔과 같은 어떤 화학물질에 노출되거나, 스트렙토마이신과 같은 항생제나 심지어 아스피린까지도)로 발생될 수 있다. 지금부터 여러 청각 손상에 대해 살펴보고, 청각 결함을 어떻게 평가하는지에 대해서 알아보기로 하자.

청각 민감도 평가

일반적으로 말해서, 청각 민감도 측정은 **청력 측정 검사**(audiometry)라 불린다. 앞에서 이음향방사 검사를 통해 외융모세포들이 잘 기능하고 있는지를 측정할 수 있음을 살펴본 바 있다. 이 검사는 청각 결함에 대해 상세한 정보를 제공해주지는 않는다. 다만 영아에게서 외융모세포의 손상이 있는지를 검사할 때 영아들로 하여금 반응을 요구하지 않기 때문에 바람직한 검사라 할 수 있다.

성인을 검사할 때 청능사들은 전형적으로 한 귀에 제시되는 일련의 순음들에 대한 절대역을 결정하기 위해 항상 자극법을 사용한다. 그들은 흔히 250, 500, 2,000, 3,000, 4,000, 6,000 및 8,000Hz와 같은 음 세트를 사용한다. 청능사들은 각 주파수에 대해 피검자의 역치와 모집단의 평균 역치간의 차이(dB)를 측정한다(Martin & Clark, 2005).

실세계 청각 경험에 좀 더 근접하는 검사로 배경 소음이 있는 가운데서 음을 청취할 수 있는 능력을 검사하는 소음하 검사(Hearing in Noise Test, HINT)가 있다. **전기반응 청력 측정 검사**(electric response audiometry, ERA)라 불리는 다른 검사는 청각 자극에 반응하여 청각 경로에 있는 여러 위치의 전기적 활동을 기록한다. 다른 청력 검사는 말소리 지각을 측정한다.

그런 검사의 결과로 사람들의 청각 민감도는 여러 상이한 방식으로 분류될 수 있다. 일반적으로 말해서, 90dB 이상의 결함을 농(profound hearing loss)으로 기술한다. 시각 결함에서 이런 상실을 고려하면, 20/200 시력은 정상 시력을 가진 사람이 200피트 거리에서 볼 수 있는 것을 20피트 거리에서 본다는 것을 의미한다. 농을 가진 사람은 정상 청력을 가진 사람이 들을 수 있는 수준이 되려면 90dB 이상으로 소리의 강도 수준을 높여야 한다. 소리 강도가 얼마나 큰 것인가! 중등도에서 고도 난청은 약 60dB의 결함으로 특징지어진다. 만약 대략 60dB에서 정상적인 대화가 이루어진다고 생각하면, 중등도에서 고도 난청을 가진 사람은 일반적인 대화 내용 대부분을 놓치게 된다는 것을 의미한다.

미국의 경우, 2,800만 명 이상이 청력 손상을 가지고 있다. 그들 중 3/4 정도는 55세 이상이다. 시각 체계가 노화의 영향을 받듯이(노안), 청각 체계도 연령 증가에 의해 영향을 받는다(노인성 난청). **노인성 난청**(presbycusis 혹은 presbyacusis라고도 함)이라 함은 흔히 노화 과정에서 수반되는 난청(전형적으로 고주파음)을 말한다(Dubno & Mills, 2003; Yost, 2007). 이 난청은 여성보다는 남성에게서 일반적인데,

65세 이상의 남성들에게서 가장 일반적인 만성 조건이다. 낮은 수준의 엽산(folate)[2]이 연령 관련 난청을 포함한 많은 문제와 관련되어 있으므로, 엽산을 섭취하면 도움이 될 수 있다(Dobie, 2007).

난청의 두 가지 일반적인 범주를 고려하기 전에, 먼저 이명이라는 청각 장애를 살펴보기로 하자. 이명은 흔히 난청을 일으키는 많은 장애와 관련되어 있다.

이명

이명(tinnitus)은 실제 청각 자극이 없는데도 귀에서 발생되는 울림이나 치찰음과 같은 지속적인 소음이다(Andersson, 2007; Snow, 2008). 따라서 이것을 환상음(phantom sound)으로 기술하기도 한다(Eggermont, 2005; Eggermont & Roberts, 2004). 대부분의 사람들도 이따금씩 짧은 이명을 경험하기도 하지만, 어떤 사람의 경우는 그 조건이 만성적이다. 울림소리나 소음은 대부분의 경우 크게 지각되지는 않는다. 그러나 일부 사람들(모집단의 약 2%)에게는 삶에 지장을 초래할 정도로 매우 크게 들린다. 예를 들어 피아니스트인 Till Fellner는 이명 때문에 몇 개월 동안 연주나 레슨을 할 수 없었다(mermelstein, 2007). 그는 또한 이명을 동반하는 소리에 대해 과민해지곤 했다.

이명은 다양한 원인으로 발생하기 때문에, 그것을 예방하거나 피할 수 있는 방법을 말하기 어렵다. 그러나 이명은 흔히 이어서 살펴볼 몇 가지 유형의 난청과 연합되어 있다. 이명의 신경적 기초에 대한 이해가 커지면 이 장애에 대한 효과적인 치료법도 개발될 것으로 기대한다(Eggermont, 2005; Norena & Eggermont, 2006). 그러나 지금으로선 이명을 치료하는 효과적인 대처법이 없는 상태이다.

전음성 난청

그 명칭이 시사하듯, **전음성 난청**(conductive hearing loss)은 소리 자극 전도에 문제가 있는 질병이다. 이 문제는 외이나 중이에서 발생된다. 고막의 파열로 초래되는 농도 이 문제의 한 가지 범주이다.

---

2) 비타민 B군에 속하는 수용성 비타민으로, 초록색 식물에 널리 분포되어 있다. 엽산은 아미노산과 핵산의 합성에 필수적인 영양소이며, 특히 유전자를 만드는 핵산인 DNA 복제에 관여하는 효소의 조효소로 관여하므로 세포분열과 성장에 중요하다.(역자 주)

이염증(ear infections)은 또 다른 일반적인 장애로 특히 어린 아이들에게서 흔히 발생된다. 이염증의 경우, 유스타키오관이 부어서, 호흡기로부터 중이로 오는 통로가 막히는 경우에 초래된다. 박테리아가 중이에서 증식하여 고통스런 통증을 일으키며, 수액이 고이면서 소리 전도를 방해하게 된다. **삼출성 중이염**(otitis media with effusion)이라 불리는 이런 조건을 들어 보았을 것이다. 의료계에서는 이염증을 자주 앓는 아이들이 정상적인 언어 발달에 문제를 가진다는 데 관심을 갖고 있다. 이 장애에 대한 두 가지 일반적인 치료법은 항생제를 사용하거나 고막에 작은 튜브를 삽입하는 것이다. 이제 고막 튜브를 삽입하는 방법은 일반화되어 있다. 얼마 전까지만 하더라도 이 방법은 포경수술 다음으로 가장 일반적인 소아 외과술이었다. 다소 논쟁이 있기는 하지만, 최근 연구는 고막 튜브 삽입이 효과적인 치료법이 아님을 시사한다(Paradise et al., 2005; Paradise et al., 2003; Smith et al., 2006).

전음성 난청의 마지막 출처는 이경화증이다. **이경화증**(otosclerosis)은 이소골(특히 등골)이 경화되면서 움직일 수 없게 되는 선천성 골 질환이다. 예측했겠지만, 이소골의 레버 작용이 억제되면서 소리 자극의 전도가 방해를 받게 된다. 이경화증에 대한 치료법은 경화된 이소골을 인공 이소골로 대체시키는 것이다(Yost, 2007).

감각신경성 난청

전음성 난청과는 반대로, **감각신경성 난청**(sensorineural hearing loss)은 와우각이나 청신경에서 발생되는 문제 때문에 초래된다. 예를 들어 매우 큰 소음은 코르티기관에 있는 융모세포의 부동섬모를 손상시킬 수 있다. 외융모세포의 부동섬모는 개막에 삽입되어 있기 때문에, 특히 충격에 취약하다. 사실 큰 소리에 매우 짧게 노출되어도 융모세포 전체가 손상될 수 있다(Hu et al., 2006). 외융모세포들은 소리 자극을 변환시키지 않지만, 만약 그것들이 손상되면 와우각 증폭기는 적절히 작동하지 않게 되어 내융모세포의 손상 효과만큼이나 난청을 일으킬 수 있다.

그러나 새, 물고기, 양서류의 경우 내융모세포와 외융모세포가 재생된다는 사실에 다소 안도감을 가질 수 있다. 인간은 불운하지 않은가! 그러나 인간의 경우도 융모세포의 재생에 대한 희망을 주는 몇몇 연구가 있기는 하다(Kros, 2007; Shou et al., 2003; Tennesen, 2007). 그러나 지금으로선 정밀한 청각 체계를 잘 관리해야 된다는 충고 밖에 다른 방도는 없어 보인다.

큰 소리에 대한 노출

윤리 문제 때문에 심리학자들은 연구를 위해 인간에게 매우 큰 소리를 제시할 수 없다. 따라서 한 가지 접근법은 인간에게 짧은 시간 동안 크지만 안전한 음을 제시하고, 청력의 일시적 변화를 관찰하는 것이다. 두 번째 접근법은 다른 동물들에게 매우 큰 소리를 제시하고 그것이 청각 체계에 어떤 영향을 미치는지 관찰하는 것이다.

어떤 소리들에 대해 노출이 길어지면 그 후에 제시되는 소리들을 듣는 것이 더 어려워진다. 예를 들어 한 음이 계속해서 제시되면 **청각 순응**(auditory adaptation)이 발생할 수 있다. 즉 그 음의 지각된 음 크기는 시간이 경과하면서 감소된다. 정상적인 귀에 연속적으로 음을 짧게 노출시키면 15dB에서 20dB까지 음 크기 순응이 일어난다(Moore, 2004). 따라서 애초에 80dB로 제시된 음은 3분 동안의 노출 이후에는 60dB 정도로 들리게 된다. 많은 요인(예: 주파수, 강도, 복합도)이 순응 정도에 영향을 미치지만, 청각 체계는 시각 체계에서 나타나는 순응과 유사한 유형을 보여준다(테마 1).

어떤 소리는 **청각적 피로**(auditory fatigue)라는 보다 오랫 동안 지속되는 효과를 초래한다. 즉 어떤 소리가 제시된 다음 제거될 때, 이후에 제시되는 소리들은 청취가 더 어렵다. 최소한 청각적 피로는 큰 소리에 노출된 결과로 청각 역치가 일시적으로 증가하는 **일과성 역치 변동**(temporary threshold shift)을 초래한다(Moore, 2004). 많은 요인(예: 주파수, 강도, 지속시간)이 일과성 역치 변동의 정도에 영향을 미친다. 낮은 강도(예: 75dB 이하)의 경우, 사람들은 일반적으로 청각적 피로를 경험하지 않는다. 그러나 중간 정도의 강도(예: 80~105dB)만 되어도 노출 시간이 길어질수록 변동 폭이 증가하는 일과성 역치 변동을 일으킬 수 있다(Yost, 2007).

일과성 역치 변동은 그 명칭이 시사하듯이 더 짧거나 긴 시간 동안 지속되지만, 나중에는 회복된다. 그러나 어떤 소리에 대한 노출은 더 지속적인 효과를 갖는 심각한 해부학적 손상을 일으킬 수 있다(Nordmann et al., 2000). **영구적 역치 변동**(permanent threshold shift)은 큰 소리에 대한 노출의 결과로 나타난 청각 역치의 영구적 증가이다. 영구적 역치 변동은 매우 큰 폭발음과 같은 큰 단일 소음에 의해서 발생되기도 한다. 흔히는 큰 소리에 대한 반복 노출로부터 영구적 역치 변동이 초래된다.

많은 경우, 사람들은 작업장이나 집 주위 환경에서 그런 큰 소리들에 노출된다. 또한 소리 강도가 120dB가 넘는 음악 콘서트를 찾는 사람들도 있다(Moore, 2004).

노화와 함께 수반되는 감각적 결함 때문에, 노인에게 난청이 있을 것으로 예측할 수 있다. 그러나 많은 젊은 사람들 또한 휴대용 음악 재생기와 음악 콘서트를 통해 큰 음악에 반복적으로 노출됨으로써 난청을 경험하게 된다(Daniel, 2007; Maassen et al., 2001). 그런 큰 소리에 대해 안전한 노출은 매우 짧게 청취하는 것이다. 따라서 영구 난청을 예방하기 위해 iPod의 볼륨을 줄이고 콘서트장이나 불꽃놀이를 하는 장소에서 귀마개를 사용할 것을 심각하게 고려해야 한다. 스위스에서는 법적으로 콘서트 프로듀서들에게 그런 귀마개를 제공하도록 요구하고 있다(Mercier et al., 2003). 우리는 청각 체계를 매우 조심히 다루어야 하는 악기로 취급해야 한다. 그렇지 않으면 영구 난청이 초래되고, 다음에 논의할 치료 방법 중 하나를 고려해야 할 것이다.

치료: 보청기와 와우각 이식

전음성 난청과 감각신경성 난청은 모두 보청기로 치료될 수 있다. 보청기는 연구자들이 좀 더 효과적인 장치를 고안하는 연구를 계속 진행해 가면서 점점 더 정교해지고 있다. 과거에는 청각 결함을 가지고 있는 많은 사람들이 그들의 청각 경험이 그런 장치에 의해 충분히 나아지지 않았기 때문에 보청기 사용을 꺼려했다. 여러 청각 장애 유형들을 고려하면 효과적인 보청기 개발이 어려운 이유를 이해할 수 있을 것이다.

전음성 난청은 흔히 전체 주파수 범위에 걸쳐 일정한 강도 상실을 수반하기에, 모든 주파수를 증폭시키는 보청기들이 효과적이다. 전음성 난청을 가지고 있는 어떤 사람들은 또한 귓바퀴 뒷부분에 있는 뼈에 보청기(Baha 골전도체)를 이식함으로써 효과를 보기도 한다. 이런 유형의 보청기는 내이 주변을 감싸고 있는 뼈를 통해 외이와 중이를 거치지 않고 소리를 전도한다.

특정 위치에 있는 융모세포의 손상으로 초래되는 감각신경성 난청 또한 특정 주파수를 증폭시키는 보청기로 보정될 수 있다. 예를 들어 어떤 사람은 저주파음이 아닌 고주파음의 증폭을 필요로 할 수 있다. 그러나 감각신경성 난청을 가지고 있는 많은 사람들은 또한 보충현상이라는 음량 지각과 관련된 장애를 수반한다. **보충현상**(recruitment)은 어떤 감각신경성 난청을 가진 사람이 정상적으로 매우 큰 소리를 지각하는 조건이다. 큰 소리만 고려하면, 이런 사람의 지각은 정상 청력을 가진 사람의 지각과 다르지 않다. 그러나 이런 사람은 어떤 주파수의 낮은 강도를 가진 음을 듣지 못한다. 따라서 보충현상이 보청기 설계 과제를 얼마나 복잡하게 만드는지 알 수 있다. 보청기는 두 가지 문제, 즉 여러 음고와 음량에 대한 차별적 민감도를 처리해야 한다.

좀 더 심한 감각신경성 난청을 가진 사람들은 와우각 이식을 고려할 수 있다. 와우각 이식은 외부 마이크, 신호 처리기, 와우각 전역에 방산되는 많은 미세전극들을 포함한다. 그런 미세전극들은 소리 자극에 제시되는 주파수들에 적절한 구심성 뉴런들을 자극하게 된다. 청신경이 온전한 경우 현재의 와우각 이식은 효과적이다(Clark, 2004; Rubinstein, 2004; Zeng, 2004). 향후 이런 장치들은 청신경을 건너뛰고, 뇌로 직접 정보를 보낼 수 있는 기술로까지 발전될 것이다(Rauschecker & Shannon, 2002).

와우각 이식에 의해 제공되는 신경 정보는 정상적으로 기능하는 청각 체계와 비교해서 분명 열악하다. 그럼에도 불구하고, 와우각 이식은 말소리같은 복합 청각 자극들을 들을 수 있게 해준다(Shannon et al., 2004). 와우각 이식의 효과성을 보여주는 한 가지 징표는 많은 사람들이 이 이식술을 받으려 한다는 것이다. 지금까지 60,000명 이상의 사람들이 와우각 이식 수술을 받았고, 매년 그 숫자가 늘어나고 있다(Niparko, 2004). 또한 한 귀에 보청기를, 그리고 다른 귀에 와우각 이식을 조합하면 와우각 이식만 했을 때보다 더 효과적일 수 있다(Ching et al., 2005).

하지만 와우각 이식이 청각을 회복시키는 데 항상 성공적이지만은 않다(Pisoni & Cleary, 2004). 어떤 사람들이 다른 사람들보다 더 큰 효과를 보이는 이유에 대해서도 아직 분명하게 밝혀지지 않았다. 그러나 계속된 연구 관심과 와우각 이식 환자들의 수가 늘어나면서 향후 더 큰 효과를 이끌어 낼 수 있을 것으로 기대된다.

절 요약

청각 손상과 치료

1. 이명이란 여러 원인으로 초래되는 귀의 울림이다.
2. 전음성 난청을 가진 사람은 모든 주파수에서 일관된 청력 상실을 보여준다. 소리 자극이 적절히 전도되지 않기 때문에, 이런 사람은 보청기로 도움을 받을 수 있다. 전음성 난청은 고막 파열, 이염증, 이경화증과 같은 외이나 중이의 손상으로 초래된다.
3. 감각신경성 난청을 가진 사람은 다른 주파수의 음들에 대해서는 정상적이지만 어떤 특정 주파수의 음들에 대해 결함을 보인다. 이런 사람은 흔히 보충현상을 보여준다. 따라서 다양한 음고와 음량에 대한 그들의 차별적 민감도는 감각신경성 난청을 가진 사람들을 위한 보청기 설계를 난해하게 만드는 이유이다.
4. 청각 순응은 연속적으로 제시된 음에 대한 지각된 음량의 감소를 초래한다.

5. 청각적 피로는 큰 소음이 제시된 다음, 제거될 때, 그 다음에 제시되는 음들을 청취하기 더 어려울 때 발생한다. 청각적 피로는 일과성 역치 변동이나 영구적 역치 변동을 일으킬 수 있다.
6. 보청기와 와우각 이식과 같은 전자 장치는 청력 손상을 가진 많은 사람들에게 청력을 회복시켜 준다.

복습문제

1. 주파수, 진폭, 위상, 복합도에 따라 청각 자극을 기술하시오. 그런 다음, 3장으로 돌아가서 청각 자극을 시각 자극과 비교하시오. 예를 들어 지각할 수 있는 청각과 시각 자극들은 주파수에서 어떻게 다른가?

2. 청각 체계를 스케치로 그려보시오. 외이, 중이, 내이의 부분들과 내이에서 청각피질까지의 경로를 포함시키시오. 상위 수준의 청각 처리와 상위 수준의 시각 처리의 유사성을 지적하시오.

3. 코르티기관은 망막과는 상당히 다르지만, 두 구조는 청각과 시각에 대한 유사한 변환 기능을 수행한다. 두 구조의 유사점과 차이점에 대해 기술하시오. 당신은 얼마나 그런 차이점이 청각과 시각 자극의 본질적인 차이 때문에 발생한다고 생각하는가? 코르티기관과 망막의 유사점의 출처는 무엇인가?

4. 당신은 청각 체계를 게임의 한 유형으로 생각할 수 있다. 그 게임의 목적은 청각 자극을 수용체로 보내는데, 가능한 한 큰 dB 수준을 유지하도록 하는 것이다. 당신은 어떤 사건에 대해서는 점수를 획득하지만, 다른 사건에 대해서는 점수를 잃는다. 장애물(예: 임피던스 불일치)과 그것을 극복하는 수단에 특히 주의하여 이 게임을 기술하시오.

5. 청각 경험을 제공하는 데 기여하는 두 종류의 융모세포와 기능을 논하시오.

6. 청신경에 미세전극을 삽입하는 것은 시신경의 신경절세포의 활동을 연구할 때 사용되는 절차와 유사하다. 청신경과 시신경 활동의 유사점과 차이점을 기술하시오. 와우각 전기반응에 상응하는 시각 체계의 반응이 있다고 생각하는가?

7. 뇌에서의 시각과 청각 경로를 비교하시오. 각 체계에서 정보의 성질과 그 조직화에 초점을 맞추시오. 시각 체계가 두 눈으로 들어오는 정보를 비교할 수 있는 위치와 청각 체계가 두 귀로 들어오는 정보를 비교할 수 있는 위치에 관한 논의를 포함하시오.

그런 비교가 중요한 이유는 무엇인가?

8. 이명은 이음향방사와 혼동될 수 있다. 이명의 정의와 이음향방사에 관한 증거에 입각해서 이 둘이 어떻게 다른지 주장하시오.

9. 가령 청각 장애를 가진 두 사람을 알고 있다고 하자. 한 사람은 전음성 청각 장애자이고 다른 사람은 감각신경성 청각 장애자이다. 이 두 사람의 지각적 경험이 다를 수 있는 여러 측면들을 열거하시오.

10. 와우각 이식술은 40,000달러 이상으로 비용이 많이 든다(그리고 매년 배터리 교체에 드는 비용은 300달러 정도이다). 비용이 많이 드는 수술이지만, 항상 성공적인 것은 아니다. 만약 당신이 청각 장애아를 가지고 있다면, 그 아이에게 와우각 이식술을 시키겠는가? 만약 그렇다면, 그것을 정당화하는 주장을 펴시오. 만약 최근에 청각 장애자가 된 나이든 사람에 대해 이 수술을 적용해야 될지를 고려할 때 당신의 주장이 바뀌겠는가? 청각의 중요성에 관한 당신의 주장은 무엇인가?

주요어

감각신경성 난청(sensorineural hearing loss)
개막(tectorial membrane)
고막(eardrum 혹은 tympanic membrane)
고실관(tympanic canal)
구심성 섬유(afferent fibers)
귓바퀴(pinna)
기저막(basilar membrane)
난원창(oval window)
내융모세포(inner hair cells)
내측 슬상핵(medial geniculate nucleus)
노인성 난청(presbycusis 혹은 presbyacusis)
단이적(monaural)
데시벨(decibel, dB)
등골(stapes)
복합음(complex tones)
부동섬모(stereocilia)
상올리브핵(superior olivary nucleus)
소리(sounds)
순음(pure tone)
양이적(binaural)
영구적 역치 변동(permanent threshold shift)
와우각 전기반응(cochlear microphonic)
와우각(cochlea)
와우각공(helicotrema)
와우관(cochlear duct)
와우핵(cochlear nucleus)
외융모세포(outer hair cells)
외이도(external auditory canal)
운동성(motility)
원심성 섬유(efferent fibers)
위상각(phase angle)
유발 이음향방사(evoked otoacoustic emissions)
유스타키오관(eustachian tube)
융모세포(hair cells)
음압 수준(sound-pressure level, SPL)
음위상적 조직(tonotopic organization)
이경화증(otosclerosis)
이명(tinnitus)
이소골(ossicles)
이염증(ear infections)
이음향방사(otoacoustic emissions)

일과성 역치 변동(temporary threshold shift)
일차청각피질(primary auditory cortex)
임피던스 불일치(impedence mismatch)
임피던스(impedence)
자발 이음향방사(spontaneous otoacoustic emissions)
전기반응 청력 측정 검사(electric response audiometry, ERA)
전음성 난청(conductive hearing loss)
전정관(vestibular canal)
전정막(Reissner's membrane)
절대역(absolute threshold)
정원창(round window)
주파수(frequency)
진폭(amplitude)
진행파(traveling wave)
차이역(difference threshold)
청각 순응(auditory adaptation)
청각 조율 곡선(auditory tuning curve)
청각적 피로(auditory fatigue)
청력 측정 검사(audiometry)
청신경(auditory nerve)
추골(malleus)
침골(incus)
팁 링크(tip links)
하구(inferior colliculus)

추천도서

Baird, Everest, F. A. (2001). *Master handbook of acoustics* (4th ed.). New York: McGraw-Hill.

만약 당신이 소리의 응용적인 측면에 관심을 가진다면, 이 책이 적절할 것이다. 이 책은 녹음기사에 매우 유용한 여러 장면에서의 음파 진행 특성을 잘 설명해주고 있다.

Martin, F. N., & Clark, J. G. (2005). *Introduction to audiology* (9th ed.). Boston: Allyn & Bacon.

이 책은 임상적 정향을 가지고 청각 체계에 대한 일반 조망은 물론 청각 손상과 청각 평가에 대한 특별한 정보를 제공해준다. 부록으로 제공되는 CD는 청각을 강의하는 유용한 재료로 사용될 수 있다.

Møller, A. R. (2006). *Hearing: Anatomy, physiology, and disorders of the auditory system* (2nd ed.). New York: Academic.

비록 Møller의 책이 개론 수준에서는 벗어나 있지만, 각종 예시는 큰 도움을 주며 해부학을 다룬 장들이 명쾌하게 작성되어 있다.

Rossing, T. D., Moore, F. R., & Wheeler, p. A. (2002). *The science of sound* (3rd ed.). San Francisco: Addison-Wesley.

만약 당신이 음파에 대해 좀 더 알고 싶고 악기, 인간의 음성, 스테레오가 어떻게 소리를 산출하는지 알고 싶다면, 이 책이 도움을 줄 것이다. 매우 흥미로운 주제들을 풍부하게 다루고 있다.

Yostr, W. A. (2007). *Fundamentals of hearing: An introduction* (5th ed.). New York: Academic.

이 책은 우리가 학습한 주제에 대해 매우 상세한 개관을 제공하고 있다. Yost는 특히 청각의 복잡한 해부학과 생리학을 잘 설명해주고 있다.

CHAPTER 10

청각의 기본 기능

음고 지각

배경: 음 높이 지각에 대한 초기 이론

장소설의 발전

시간설의 발전

우리는 음고를 어떻게 지각할까?

주파수와 음고의 복합 관계성

음고 측정

음량 지각

우리는 음량을 어떻게 지각할까?

진폭과 음량의 복합 관계성

강도 식별

음량 측정

소리 위치 파악

소리 위치 파악을 위한 정보 출처

소리 위치 파악의 생리적 기초

소리 위치 파악 능력 측정

양이 차이가 충분하지 않을 때의 소리 위치 파악 문제

- 심화학습: 동물의 소리 위치 파악 능력

시각과 청각 위치 파악 통합

동시적 음 지각

순음 결합음에 대한 지각

차폐

소음

극장에서 영화를 볼 기회가 있다면, 몇 분간 눈을 감고 주위에서 발생하는 모든 청각 정보에 주의를 기울여보라. 어떤 소리들은 높고, 다른 소리들은 낮을 것이다. 또한 음고가 거의 같더라도 배우의 음성들을 구별할 수 있을 것이다. 또 어떤 소리들은 더 크고, 다른 소리들은 더 작을 것이다. 만약 오디오 시스템의 질이 좋다면, 어떤 소리는 한 방향에서 들려오는 것처럼 느끼고, 다른 소리들은 다른 방향에서 들려오는 것처럼 느낄 것이다. 이런 모든 지각적 경험은 머리의 양 측면에 있는 매우 작고 미세한 피부조직들을 복잡한 방식으로 움직이게 만드는 음파로부터 나온다. 지금부터 유기체가 어떻게 환경에서 발생하는 음압의 변화로부터 이런 상이한 지각적 특성을 추출하는지에 대해 논의하기로 하겠다. 먼저 음고에 대한 지각적 경험부터 살펴보기로 하자.

음고 지각

음고(pitch)는 멜로디를 구성할 때 사용될 수 있는 낮은 음계에서부터 높은 음계로 정렬될 수 있는 소리 자극의 속성이다(Plack & Oxenham, 2005). 단순 사인파와 복합파 모두 음고의 지각적 경험을 일으킬 수 있다. 그러나 논의의 단순화를 위해 일단은 소리 자극을 단순 사인파로 고려하는 것이 도움이 될 것이다. 즉 저주파수 사인파는 낮은 음을 발생시키고, 고주파수 사인파는 높은 음을 발생시킨다. 주파수의 물리적 속성이 어떻게 음고의 지각적 경험과 관련되는지 이해하기 위해 WWW해보기 9.2를 다시 해보자. 주파수-음고가 관계가 있다는 사실을 알고, 주파수 정보가 내이에서 어떻게 부호화되는지를 살피면 음고 지각에 대해 많은 것을 알 수 있다. 그러나 주파수와 음고의 관계성이 그리 단순하지 않다는 것을 기억해야 한다. 그럼 먼저 주파수 정보의 부호화를 살펴본 다음, 그 관계성이 얼마나 복잡한지 논의하기로 하자.

9장에서 음파가 내이에서 어떻게 변환되는지를 살펴본 바 있다. 또한 특정 주파수의 음들이 기저막을 따라 움직이는 상이한 진행파를 어떻게 생성하는지에 대해서도 간략하게 살펴보았다. 이제 주파수 부호화에 대한 두 개의 접근법, 즉 장소설과 시간설을 살펴보도록 하겠다.

배경: 음고 지각에 대한 초기 이론

장소설(place theory)은 특정 주파수들이 기저막의 특정 위치에서 부호화된다고 주장한다(**그림** 9.7을 보라). 이런 주장은 1600년대 이후에 이미 제기되기는 했지만, 근대에 와서 19세기 연구자인 Hermann von Helmholtz(1863)가 공식적으로 이 이론을 제안하였다. Helmholtz는 기저막의 폭이 등골 근처에서 와우각공으로 가면서 넓어진다는 것을 알았다. 그는 기저막이 각각 특정 주파수의 음에 반향하는 긴장 상태에 있는 일련의 가로 섬유들로 구성되어 있다고 주장했다(Bell, 2004). 하프나 피아노의 특정 줄이 고진폭 음파에 반응하여 진동하는 것처럼, Helmholtz는 기저막에 있는 섬유들이 소리 자극에 반응하여 진동한다고 생각했다.

Helmholtz의 이론은 몇 가지 결점을 가지고 있다. 예를 들어 기저막은 긴장 상태에 있지 않다. 더 나아가, 기저막 섬유들이 긴장상태에 있다하더라도, 기저막 전체가 인간에게 민감한 넓은 범위의 주파수를 다 산출할 수 없다. 초기 장소설이 갖고 있는 문제는 당연히 경쟁 이론의 등장을 자극했다.

William Rutherford(1886)는 기저막의 진동율이 음고 지각에 중요하다고 주장했다. 그는 당시 의사소통 테크놀로지의 발달(예: 전화기)에 큰 영향을 받았다. 전화기 진동판의 진동은 복잡한 청각 자극을 부호화하는 전기적 변화를 발생시킨다. Rutherford는 기저막의 진동이 청신경의 뉴런들에 전기적 변화를 일으킬 것으로 추론했다.

시간설(temporal theory)에 따르면, 기저막은 음의 주파수와 일치하는 주파수로 진동한다. 오리지널 이론의 이 부분은 정확하다. 예를 들어 기저막은 25Hz의 음에 대해 매초 25회 진동하고, 1,600Hz의 음에 대해서는 매초 1,600회의 진동을 한다. 차례로 진동율은 청신경에 있는 신경 섬유들을 그와 일치하는 비율(예: 매초 25회)로 발화하게 만든다. 뉴런들은 25Hz의 음에 대해 수월하게 보조를 맞출 수 있다. 그러면 1,600Hz의 음에 대해서는 어떨까? 시각 체계를 논의할 때 언급했듯이, 뉴런들은 발화 후에는 불응기(refractory period)라는 안정 상태로 돌아간다. 이 불응기는 뉴런으로 하여금 매초 1,000회의 최대 반응률(여전히 인상적인 비율)을 제한한다. 뉴런이 초당 1,000회의 반응으로 제한되면, 우리는 어떻게 1,600Hz의 주파수를 들을 수 있을까? 또 초당 20,000주기는? 따라서 초기 시간설은 초기 장소설만큼이나 문제점을 가지고 있다.

장소설의 발전

Georg von Békésy는 Helmholtz의 이론을 발전시켰다. **그림** 9.9에서 볼 수 있듯이,

진행파(traveling wave)가 기저막의 물리적 운동을 기술해준다는 것을 기억할 것이다. 진행파는 어느 지점에서 최대 변위를 일으키게 되는데, 그 최대 지점에 있는 부동섬모로 하여금 이런 최대 변위를 일으킨다.

이런 최대변위 지점의 위치는 청각 자극의 주파수에 달려 있다. 예를 들어 25Hz의 저주파수음은 와우각공 근처 영역에서 최대 변위를 일으킨다. 이와 반대로, 1,600Hz의 고주파수음은 기저막 중간 영역에서 최대 변위를 일으킨다. 따라서 1,600Hz의 음이 제시되면, 코르티기관의 내융모세포들에 있는 부동섬모들은 진행파가 최대 진폭을 일으키는 지점에서 가장 많이 구부러진다. 따라서 이런 특정 부동섬모들은 융모세포에서 가장 큰 전기적 전위 변화를 일으키고, 이 신호는 청신경을 통해 전송된다.

소리의 주파수는 기저막에서의 최대 진폭을 일으키는 위치뿐만 아니라 그 정점의 첨예도(sharpness)도 결정한다. 이를 간략하게 이해시키기 위해 연구자들은 흔히 진행파 **봉투**(envelope; 파가 진행하는 동안 그 파의 정점들을 연결한 선)를 제시한다. **그림 10.1a**는 기저막을 따라 이동하는 전형적인 진행파의 측면 스냅사진으로 각 정점들을 선으로 연결하여 형성된 봉투 모양을 보여준다. **그림 10.1b**에서 **10.1d**까지의 진행파 봉투들은 저주파수 자극들(예: **그림 10.1b**)이 와우각공 근처에서 최대 진폭에 도달하며, 비교적 넓은 정점을 가진다는 것을 보여주고 있다. 이와 반대로, 고주파수 자극들(예: **그림 10.1d**)은 등골 근처에서 최대 진폭에 도달하고, 비교적 첨예하고 좁은 정점을 가진다. Békésy는 기저막이 와우각공보다는 등골 근처에서 더 경직되어 있어, 진행파가 등골 근처에서는 더 빠르게 소멸된다고 판단했다(Yost, 2007).

진행파의 정점은 또한 자극에 의한 귀먹음 연구에서 명확해진다. **자극에 의한 귀먹음 실험**(stimulation deafness experiment)에서는 동물들에게 매우 큰 진폭을 가진 특정 주파수의 음을 노출시킨다. 이 기법은 윤리적 문제가 있긴 하지만, 주파수가 기저막에 차별적 영향을 끼친다는 것을 잘 보여준다. 약한 부동섬모들은 이런 큰 소리에 의해 손상된다. 큰 저주파수음은 와우각공 근처의 부동섬모들을 손상시키며, 그 손상은 매우 넓은 영역으로 확산된다. 큰 고주파수음은 등골 근처의 부동섬모들을 손상시키며, 손상의 범위는 비교적 협소하다. 부동섬모의 손상 형태는 **그림 10.1**에서 보여주는 진행파 봉투와 일치한다. (iPod의 볼륨을 높이려고 할 때 이런 자극에 의한 귀먹음 실험을 떠올리기 바란다.)

인간을 대상으로 하는 자극에 의한 귀먹음 실험은 비윤리적이지만, 자연 상

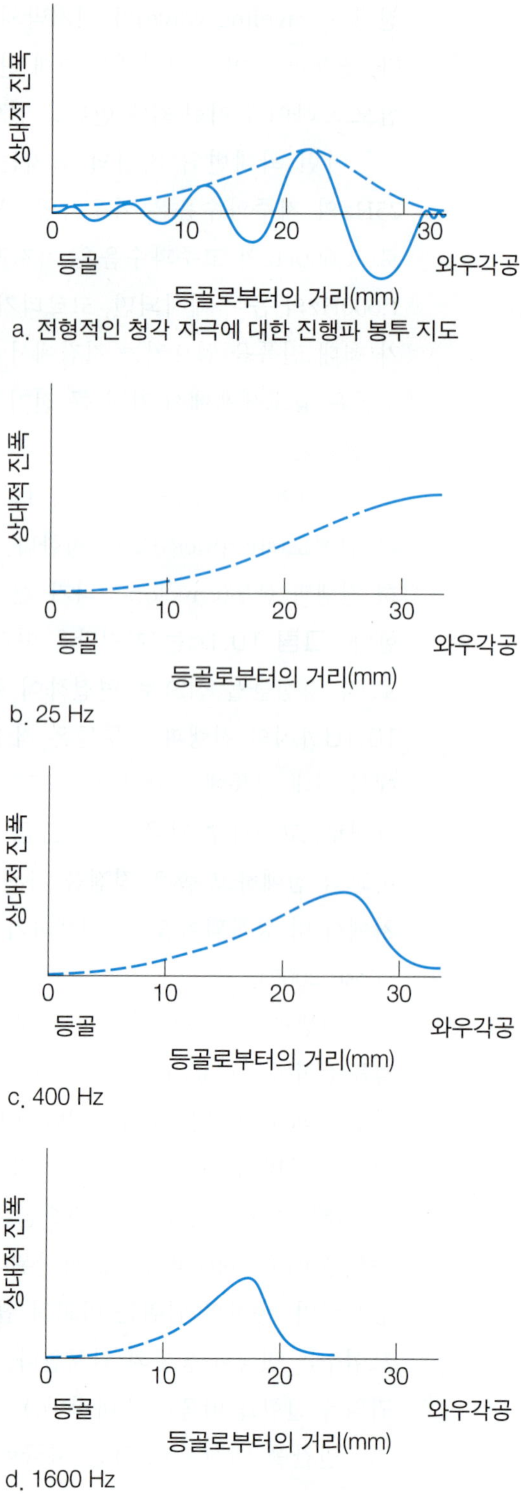

그림 10.1 진행파 봉투. a는 봉투가 진행파의 정점들을 연결해서 얻어진다는 것을 보여주고 있다. b에서 d까지는 주파수 증가에 따른 진행파 봉투의 변화를 보여주고 있다. 봉투의 정점들이 저주파수음들에 대해서는 와우각공 근처에서 더 넓어지고, 고주파수음에 대해서는 등골 근처에서 더 협소해진다는 것을 주목하라. 또한 파들의 상대적 진폭이 최대에 이른 다음에는 빠르게 감소된다는 것을 주목하라.

출처: von Békésy(1960)

황에서 수행되는 연구를 통해 유사한 데이터를 얻을 수 있다. 매우 큰 소음이 발생하는 환경에서 작업을 하는 사람들은 흔히 특정 주파수에 대해 청력 상실을 경험한다. 그런 청력 상실을 가진 일부 불치병 환자들은 그들의 내이를 사후 검시용으로 기증하기도 한다. 융모세포 손상은 사망 전 환자들에게서 관찰되는 난청의 예측 부위에서 정확하게 발생한다.

또한 **그림 9.14**에서 보았던 것과 같은 청각 조율 곡선은 장소 정보의 중요성을 확인시켜 준다. **그림 10.2**는 각각 상이한 청각 뉴런의 차별적 민감도를 나타내는 세 개의 청각 조율 곡선을 보여준다. 청각 조율 곡선은 특정 주파수와 진폭을 가진 음이 제시될 때 발생하는 청각 뉴런의 반응을 나타낸다는 것을 기억하라. x축은 제시된 음의 주파수를, 그리고 y축은 뉴런의 발화를 일으키는 데 필요한 음의 진폭을 나타낸다.

뉴런은 해당 주파수에서 발화하기 위한 최소 자극을 요구하기 때문에, **그림 10.2**에서 곡선의 저점은 그 뉴런이 조율되는 주파수이다. 고주파수들과 저주파수들은 뉴런의 발화를 일으키지만, 이 자극들은 더 큰 진폭을 요구한다. 측정이 되는 뉴런은 기저막의 어느 특정 지점에 있는 융모세포들과 연결된다. 따라서 뉴런이 연결되는 장소는 특정 주파수에 가장 민감하다. 그러한 장소 정보는 청각 정보에 관여하는 뇌 영역들에서 발견되는 음위상 시스템에 수반된다.

모든 지지 증거에도 불구하고, 장소설은 몇 가지 문제점을 가지고 있다. 예를 들어 인간의 주파수 변별 능력은, von Békésy에 의해 연구된 진행파의 비교적 넓은 정점에 기초하여 예측할 수 있는 것보다 훨씬 더 정확하다. 9장에서 주목했듯이, 이런

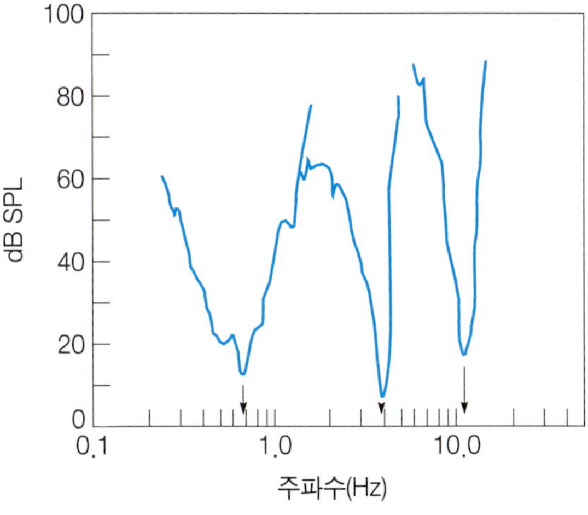

그림 10.2 세 가지 종류의 청신경 뉴런에 대한 조율 곡선. 각 곡선의 저점은 가장 작은 음압(y축)으로 그 뉴런의 발화를 일으킬 수 있는 주파수(x축)이다. 이 저점이 고주파수음에 대해 더 첨예하다는 것을 주목하라. 곡선들은 또한 모든 경우에서 저점의 왼쪽보다는 오른쪽이 더 기울기가 크다. 기울기는 두 가지 요인에 기인한다. 첫째, 고주파수음의 진행파는 급격히 소멸된다. 따라서 고주파수음의 진폭이 커진다고 기저막에서 더 이동하는 데 영향을 줄 만큼은 아니다. 둘째, 주파수 축은 고주파수들을 서로 가까이에 위치시키는 로그 값이다.

출처: Kiang(1975)

역설은 부분적으로 von Békésy가 실험 모형으로 시체에 의존했기 때문에 그런 불일치가 나타났다는 사실이 분명해지면서 해결되었다. 외융모세포는 진행파를 증강시키기 때문에 살아 있는 사람의 경우에 활발한 역할을 한다. 그러나 이런 세포들은 사람이 죽고 나면 기능을 멈춘다.

더 최근에 나온 기법들은 연구자로 하여금 살아 있는 동물의 내이 기능을 관찰할 수 있게 해준다. 예를 들어 어떤 기법(Mossbauer 기법)에서는 작은 방사선원(radioactive source)을 기저막에 방사시킨다. 방사 주파수의 변동을 측정함으로써 연구자는 방사선원의 위치에서 기저막의 속도를 결정할 수 있다. 또 다른 기법은 레이저 광선을 기저막에 설치된 소형 금경(gold mirror)에 투사시킨다. 이런 기법을 사용하여 연구자들은 진행파의 정점이 von Békésy가 생각했던 것보다 훨씬 더 첨예하다는 것을 밝혔다(Yost, 2007).

그럼에도 우리는 진행파들이 유사한 정점을 갖는 많은 저주파수음들을 변별할 수 있음도 확실하다. 연구자들이 복합파를 연구할 때도 음고 지각에 대한 장소설은 문제를 노출시킨다.

복합파와 음색

만약 우리가 단순 사인파만을 다룬다면, 음고 지각에 대한 이론도 간단하게 도출할 수 있었을 것이다. 그러나 세상은 그리 단순하지만은 않다. 우리의 일상의 경험에서 복합파가 순수 사인파보다 훨씬 더 일반적인 청각 현상이라는 것을 기억하라. 따라서 우리는 음성, 악기 소리, 다양한 환경 소음 등 모두 복합파를 일으키는 소리를 듣는다. 사실 대부분의 사람들은 일상에서 순음에 가까운 소리를 경험하기는 어려울 것이다.

그러나 푸리에 분석(5장)에서 알았듯이, 어떤 복합파도 순수 사인파 성분으로 분해될 수 있음을 이해할 것이다. 푸리에 분석 도구를 사용하면 어떤 복합파의 성분도 결정할 수 있다. **그림 10.3**은 그런 분석의 결과를 그래프로 나타낸 것이다.

복합파의 순수 사인파 성분들을 **조화음**(harmonics)이라 부른다. 가장 낮은 주파수를 가진 어떤 복합음의 성분을 **기초 주파수**(fundamental frequency), 혹은 제1조화음(first harmonic)이라 한다. 따라서 200Hz는 200Hz, 400Hz, 600Hz, 800Hz로 구성된 복합음에서 기초 주파수가 된다. 복합음의 다른 조화음들을 또한 **배음**(overtones)이라고도 한다. 400Hz, 600Hz, 800Hz는 제2, 제3, 제4조화음 혹은 제1, 제2, 제3배음으로 고려될 수 있다. 다른 예를 사용하면, 피아노 건반의 중앙 C음 위

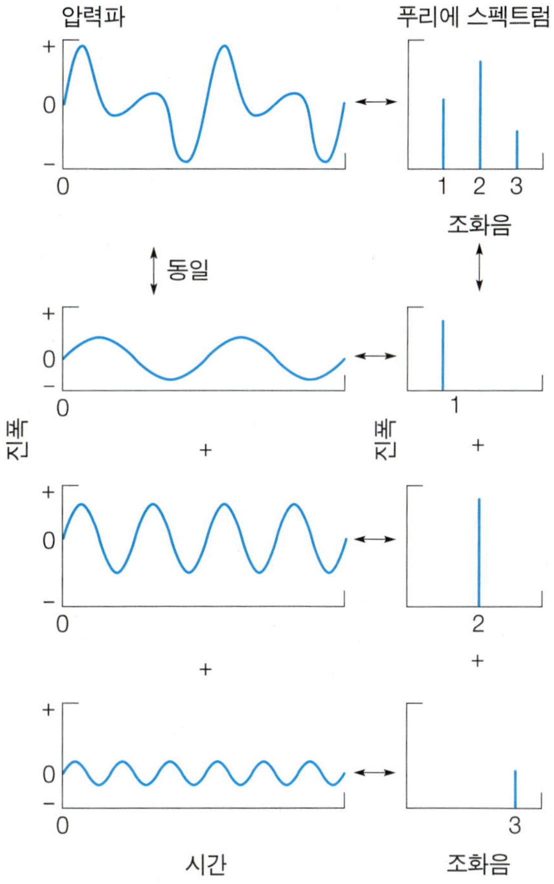

그림 10.3 복합파에 대한 푸리에 분석. 복합파는 그림의 상단에 제시되어 있다. 그 오른쪽에는 푸리에 분석의 전형적인 표상을 보여주고 있다. 푸리에 분석은 복합파가 (1) 중간 진폭을 가진 기초 주파수의 2배음, (2) 고진폭을 가진 기초 주파수의 3배음, 그리고 저진폭을 가진 기초 주파수로 구성되어 있음을 시사한다. 그림 하단에 이런 세 개의 각 파를 개별적으로 보여주고 있다. 만약 하단 세 개의 파에서 x축 상의 시간 경과에 따른 각 지점을 택하고, 해당 진폭 세 개를 가산하면, 상단에 있는 복합파를 얻을 수 있다(푸리에 분석).

출처: Handel(1989)

의 A음 건반을 누르면, 440Hz의 기초 주파수가 생성된다. 이외에 여러 피아노선의 진동은 880Hz(2×440)와 1,320Hz(3×440) 배음뿐만 아니라 더 높은 주파수 배음도 생성시킨다.

기초 주파수는 전형적으로 복합음의 가장 큰 진폭에 기여하지만, 조화음들도 실질적으로 기여한다. 가령 여러 악기에서 중앙 C음 위의 A음 건반을 누른다고 하자. 각각의 경우에 440Hz의 기초 주파수가 생성되어, 음고는 모든 악기에서 동일하다. 그러나 한 개의 악기가 880Hz의 배음을 강조할 수 있다. 즉 이 배음은 다른 배음보다 더 큰 진폭을 가진다. 이와 반대로, 다른 악기는 1,320Hz의 배음을 강조할 수도 있다.

우리의 귀는 복합음을 분석하고 기초 주파수와 조화음의 에너지를 탐지하는 푸리에 분석기로 고려될 수 있다. 그렇게 하여 우리는 각각 다른 악기들로부터 나온 소리들을 식별할 수 있는 정보를 얻는다. 플루트, 피콜라와 같은 악기들은 매우 적은 배음들을 가지며, 어떤 배음들은 비교적 낮은 진폭을 가진다. 그래서 이 악기들로부터 산출된 음들은 순음에 가깝다. 이와 반대로, 기타와 같은 다른 악기들은 많은 고진폭 배음들을 가지기 때문에 기타에서 생성된 음들은 둔하지만 풍부한 소리로 들린다.

심리적 음 특성인 **음색**(timbre, 'tamber'로 발음)은 복합도라는 물리적 특성과 대응된다. 음색은 음의 소리 특성이다. 두 개의 음은 동일한 음고와 음량을 갖더라도, 음색에서는 다를 수 있다. 칠판에 분필이 긁히는 소리는 바이올린 소리와는 질적으로 다르다. 또한 그 두 소리는 모두 소프라노 음성과도 다르다. 이 세 개의 소리가 모두 음고와 음량에서 같을지라도 음색에서는 다르다. 더 나아가, 당신이 알고 있는 음고와 음량에서 유사한 음성을 가지고 있지만, 음색이 매우 다른 두 명의 남성을 생각해 보라. 음색에 대해서는 다음 절에서 더 살펴보기로 하고, 지금은 기초 주파수와 조화음의 특별한 조합에서의 차이가 소리의 음색에 기여한다는 정도로만 이해하고 넘어가기로 하자.

복합파와 기초 주파수 누락 효과

Helmholtz 등은 복합음에서 기초 주파수가 그 음의 음고를 결정한다고 생각했다. 그러나 다른 조화음들이 실제로 소리의 음고를 결정하는 데 더 중요하다는 것이 밝혀졌다(Plack, 2005). 사실 기초 주파수는 전혀 없어도 될 정도이다! **기초 주파수 누락 효과**(missing fundamental)란 상 조화음들(upper harmonics)은 있지만, 기초 주파수가 없는 복합음을 말한다.

이제 기초 주파수가 누락된 복합음의 예를 살펴보기로 하자. 가령 실험자가 복합음을 생성시키기 위해 600Hz, 800Hz, 1,000Hz의 음들을 조합시킨다고 하자. 나중에 동시에 제시되는 음들에 대해서는 더 언급하겠지만, 지금은 개별적 순음들을 듣지 못할 것이라는 것을 이해할 필요가 있다. 그러나 우리는 그것을 400Hz의 기본 주파수를 가진 복합음으로 듣지 못한다. (600Hz와 1,000Hz는 400Hz 기본 주파수의 배음이 아님을 주목하라.) 대신에 청취자는 200Hz 음에 의해 발생되는 음고와 유사한 음고를 듣는 것으로 보고한다. 비록 200Hz의 음이 존재하지 않을지라도, 복합음에 있는 모든 음들은 200Hz 음의 배음들이다.

어떤 면에서 기초 주파수 누락 효과의 경우는 착각적 윤곽과 유사하다. 충분한 맥락을 가지고, 시각 체계는 물리적으로 존재하지 않는 착각적 윤곽을 볼 수 있다. 마찬가지로 충분한 맥락을 제공하는 배음들을 가지고, 청각 체계는 물리적으로 존재하지 않는 음을 들을 수 있다. 기초 주파수 누락 효과는 WWW해보기 10.1을 통해 확인할 수 있다.

기초 주파수 누락 효과가 장소설과 부합되지 않는 이유를 알 수 있겠는가? 복합음에 200Hz의 성분이 없으면, 기저막에서 200Hz 위치에서는 어떤 활성화도 일어나지 않는다. 그럼에도 불구하고, 사람들은 200Hz 음과 일치하는 음고를 들을 수 있다고 보고한다. 실제로 기초 주파수를 제거하는 대신, 여러 소음을 통해 기초 주파수를 차폐시키는 것이 더 낫다. J. C. R. Licklider(1915~1990)는 기초 주파수 누락 효과를 확인하기 위해 이런 접근법을 사용했다. Licklider(1954)는 순음 음계를 복합음으로 구성된 음계와 교대로 제시하였다. 그런 다음, 그는 순음과 복합음의 기본 주파수를 차폐시키는 소음을 제시하였다. 사람들은 더 이상 순음으로 내는 음계를 듣지 못했지만, 그들은 여전히 복합음으로 내는 음계를 들을 수 있었다. 따라서 음계 정보가 부호화될 것으로 추정되는 기저막 장소는 소음이 기저막의 그 장소에서 일어나는 활동을 소거시켰기 때문에 청취자가 듣는 음계에 대한 출처가 될 수 없다.

시간설의 발전

이제 막 장소설이 몇 가지 문제점을 가지고 있음을 알았다. 대안 이론(시간설)은 음고 지각에 대한 적절한 설명을 제공해 줄 수 있을까? Rutherford의 시간설의 문제점은 뉴런들이 인간이 분명히 들을 수 있는 고주파수를 부호화하기에 충분히 빠른 속도로 발화할 수 없다는 것이었음을 기억하라. E. Glen Wever(1902~1991)는 저명한 시간설 주창자이다. 그는 뉴런군들이 요구되는 발화율을 일으키기 위해 협동적으로 작용한다는 **연사 원리**(volley principle)를 제안했다(Wever, 1949). 유추를 고려해보자. 가령 어떤 특별한 이유는 없지만 당신은 1분 동안 매초 한 번씩 비명 소리를 산출하기를 원한다고 해보자. 이 과제는 당신 혼자로는 불가능하기에, 친구 4명과 함께 차례로 비명 소리를 내도록 계획할 수 있다. 각자 5초마다 한 번의 비명 소리만 내면 된다(따라서 충분히 운용할 수 있는 과제가 되었다). 그러나 정확하게 1초에 한 번씩의 비명소리를 내야 한다. 마찬가지로, 1,000Hz의 음은 다섯 개의 뉴런이 초당 200회의 발화를 하면 등록될 수 있다(다시 가능한 과제가 된다).

그러나 주파수 정보를 부호화하기 위해 연사 원리의 경우, 청각 뉴런들은 조직적이고 체계적인 방식으로 발화할 필요가 있다. 뉴런들은 체계적인 순서로 발화하지 않지만 5kHz 이하의 주파수의 경우, 뉴런들은 음파의 정점 근처에서 발화하는 경

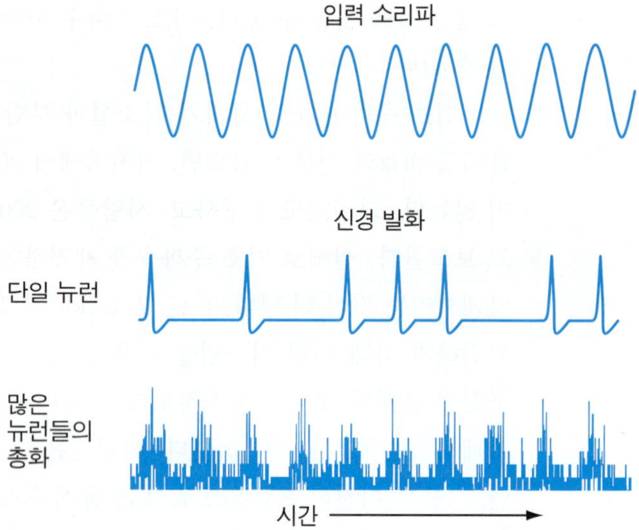

그림 10.4 위상결속. 상단 그림은 음압의 변화가 있는 입력 소리파이다. 중간 그림은 그 음파의 정점 근처에서 발화하는 경향이 있는 단일 뉴런의 활동이다. 그러나 이 뉴런은 각 정점에서 발화하지는 않으며, 따라서 그것만으로는 그 음파의 주파수를 부호화할 수 없다. 또 다른 단일 뉴런이 동일 정점에서 발화할 수 있다. 그러나 그것 또한 다른 정점에서도 발화할 수 있다. 결과적으로, 하단 그림에서 보듯이, 많은 뉴런들의 누적 활동이 입력 소리파를 모사한다. 각 수직선을 뉴런의 수로 생각해보면, 수직선이 높을수록 일시에 더 많은 뉴런들이 발화한다는 것을 나타낸다.

향이 있다. **위상 결속**(phase locking)[1]에 기인하여 뉴런들은 파의 정점 근처에서 결속하여 발화한다. **그림 10.4**에서 볼 수 있듯이, 각 뉴런이 파의 정점에서 발화하는 경향이 있는 한, 많은 뉴런들의 집합적 발화는 그 음파의 주파수와 일치하게 된다(Plack, 2005; Yost, 2007). 뉴런이 아무런 자극이 없이도 발화하기에(자발적 유지 활동), 신경 발화 패턴은 정확하게 음파 입력을 그대로 반영하지는 않는다. 고주파수(예: 5,000Hz 이상)에서 위상 결속은 와해되는 것으로 보이며, 따라서 시간설은 매우 높은 주파수에 대해서는 적용되지 않는다. 그러나 우리가 그런 주파수를 들을 수 있더라도, 그런 주파수들은 선율 구조를 가지고 있지 않기에, 음고 감각을 일으키지는 않는다. 따라서 시간 정보는 음고 지각을 일으키는 주파수 범위에 한해서 효과적일 수 있다.

우리는 음고를 어떻게 지각할까?

지금까지 우리는 음고 지각과 관련된 이론들을 간략하게 살펴보았다. 당신은 지금쯤 연구자들이 음고 지각에 대한 결정적인 이론을 제안한 것으로 생각할지 모르겠다. 그러나 아직 그런 이론이 제안되지는 않은 상태이다. 순음들은 실험실에서 자주 접할

---

1) 소리의 주파수 위상에 동기화되어 청각 신경세포 집단이 시간을 맞추어 동시에 흥분하는 것.(역자 주)

수 있지만, 실세계에서는 거의 접하기 어렵다. 장소 정보와 시간 정보는 모두 이런 순음들에 대해 잘 적용될 수 있다. 저주파수 순음의 음고는 아마도 시간 정보에 의해 부호화되는 것으로 보인다. 이와 반대로, 고주파수 순음의 음고는 장소 정보에 의해 부호화되는 것 같다(Moore, 2004). 도처에서 경험하게 되는 복합음의 경우, 음고 지각 이론들은 매우 복잡해진다. 그렇지만 장소 정보와 시간 정보는 여전히 중요한 역할을 한다.

많은 이론들은 복합음의 음고 지각에서 시간적 정보의 역할을 강조한다(de Cheveigne, 2005; Moore, 2004; Plack, 2005). 그러나 Andrew Oxenham 등(2004)은 장소 정보의 중요성을 보여주는 기발한 실험을 수행했다. 그들은 저주파수음에 대한 시간 정보를 정상적으로 고주파수음을 부호화하는 융모세포들을 흥분시킬 수 있도록 변화시켰다. 따라서 청각 체계는 저주파수음을 지각하는 데 필요한 시간 정보만을 가졌다. 그러나 이 음들을 들은 사람들은 적절한 음고를 듣지 못했는데, 이는 복합음이 기저막을 따라 흥분시키는 장소들이 음고 지각에 중요하다는 것을 시사한다(Shamma, 2004).

연구자들은 음고 지각에서 장소 정보와 시간 정보의 역할에 대한 연구를 계속 진행하겠지만, 두 정보가 모두 중요한 역할을 하는 것으로 드러나기 십상이다. 더 나아가, 비록 내이와 청신경이 음고 정보를 부호화하는 데 중요한 역할을 할지라도, 그 정보를 받는 뇌 영역들 또한 음고 지각에 중요하다.

고전적 연구에서 Houtsma와 Goldstein(1972)은 음고 지각이 내이 이후의 처리 단계에서 일어난다는 것을 보여주었다. 그들은 기초 주파수 누락 효과 실험을 수정하여 왼쪽 귀에 하나의 배음을 제시하고, 다른 귀에 다른 배음을 제시하였다. 사람들은 두 개의 배음을 들려주는 상황에서 기초 주파수를 들었다고 보고했다. 어느 귀도 기초 주파수 누락 효과를 결정하기 위해 충분한 정보를 가지지 않기 때문에, 음고 지각은 내이 활동뿐만 아니라 두 귀로부터 나오는 입력 신호를 포함하는 상위 수준의 처리에 기인해야 한다.

9장에서 살펴보았듯이, 청각 체계의 여러 영역이 청각 체계의 근처 영역들에서 부호화되는 유사 주파수를 가진 음위상적 조직을 보여준다. 그러나 이런 뉴런 중 일부는 주파수보다는 음고에 민감할 수 있다. 즉 이 뉴런들은 특정 음(예: 200Hz)에 반응할 뿐만 아니라, 기초 주파수가 없을지라도 그것의 배음(예: 400Hz, 600Hz, 800Hz 등)에도 반응한다(Bendor & Wang, 2005; Zatorre, 2005).

사실 음고 지각에 관여하는 뇌 영역은 일차청각피질 밖에 있다. 많은 연구들은 일차청각피질 근처의 헤쉘 이랑(Henschl's gyrus)이 음고 지각에 중요한 역할을 한다고 밝히고 있다(Bendor & Wang, 2006; Krumbholz et al., 2003; Penagos et al., Schneider et al., 2005). 그러나 음고 중추가 어디에 위치하는지는 아직 확실히 밝혀지지 않았다(Hall & Plack, 2007). 게다가 신경 가소성이 있어 경험은 음고 정보를 처리하는 뇌 영역들에 영향을 미치기도 한다(Pantev, Weisz et al., 2003; Schulte et al., 2002).

주파수와 음고의 복합 관계성

비록 물리적 자극이 지각적 경험을 유도할지라도, 완전하지 않다는 점을 강조해왔다. 이제 소리의 주파수와 그 소리의 음고 지각간의 관계성이 복잡하다는 것을 보여주는 많은 예들을 살펴보기로 하겠다.

연구에 따르면, 경험은 우리의 음고 지각에 영향을 미친다. 따라서 어떤 음악가들은 실제로 일반인보다 음고 정보에 더 민감하다(Fujioka et al., 2004; Micheyl et al., 2006; Pantev, Ross et al., 2003; Seither-Preisler et al., 2007; Tervaniemi et al., 2005). 혹은 이른 시기에 시각 장애인이 된 사람들은 청각 정보에 주로 의존해오지 않았던 사람들보다 음고를 더 잘 지각한다(Gougoux et al., 2004). 따라서 동일한 주파수 입력이라 해도 경험에 따라 약간 다른 음고 지각을 이끈다.

기초 주파수 누락 효과에 대한 논의는 소리 주파수와 음고 간의 복잡한 관계성을 보여주는 또 다른 예를 제공한다. 조건등색 맞추기(metameric matching)에서 특정 파장의 색이 세 개의 다른 파장들을 혼합해서 얻어질 수 있다는 것을 기억할 것이다. 따라서 색채 경험은 특정 주파수와 연계되지는 않는다. 마찬가지로 기초 주파수 누락의 경우, 배음의 상이한 결합을 통해 동일한 음고 지각을 일으킬 수 있다.

주파수의 물리적 자극과 음고의 심리적 경험 간의 관계성을 복잡하게 만드는 다른 원인이 있다. 그 가운데는 일반 정신물리학적인 원인들이 있다. 예를 들어, 어떤 소리 주파수들은 너무 낮거나 높아서 인간이 들을 수 없다. 따라서 음고 지각이 일어날 수 없다. 가청 주파수라 하더라도, 너무 높은 경우(예: 5,000Hz 이상)는 음고 지각이 일어나지 않는다(Plack, 2005).

매우 짧은 시간 동안 음을 제시할 때도 음고 지각이 방해를 받는다. 극히 짧게 제시되는 음의 경우, 즉 음을 켜자마자 끄면 주파수 성분의 분포가 넓어져 그 음은 클릭음으로 들린다.

맥락의 중요성을 줄곧 강조해왔듯이, 음고 지각은 맥락에 의해 영향을 받을 수 있다. 다음 장에서 더 논의되겠지만, 우리는 시각과 관련해서 논의된 동일한 게슈탈트 원리들을 사용하여 소리를 조직한다(Plack, 2005). 200Hz의 기초 주파수와 400Hz, 600Hz, 800Hz, 1,000Hz의 배음을 가진 복합음을 고려해보자. 만약 세 번째 배음을 800Hz에서 900Hz로 증가시킨다면, 그 복합음의 지각된 음고는 증가될 것이다. 그러나 만약 처음부터 900Hz 음으로 시작하고, 200Hz, 400Hz, 600Hz, 1,000Hz로 구성된 복합음을 제시하면, 그 음의 높이는 증가하지 않는다. 대신 우리는 200Hz의 음고를 가진 복합음(동시에 제시되는 900Hz 음과)으로 듣게 된다. 다시 말해서 두 개의 복합음(200Hz, 400Hz, 600Hz, 900Hz, 1,000Hz를 포함하는)은 동일하지만 900Hz 음이 나머지 음과 동시에 제시되지 않으면, 그복합음들의 음고 지각은 매우 다르다.

음고는 음의 주파수와 관련 있을까? 분명 관련이 있다! 그러나 이미 살펴보았듯이, 주파수와 음고 간의 관계성은 단순하지 않다. 주파수(물리적 특성)와 음고(심리적 특성) 간의 복잡한 관계성은 지각적 처리과정이 복잡하다는 것을 보여주는 또 다른 증거이다. 다음 절에서 소리 강도와 음량의 복잡한 관계성에 대해 논의할 것이다. 그러나 그것을 논의하기에 앞서 소리 강도가 음고에도 영향을 준다는 것을 주목해야 한다. 순수 사인파의 경우, 저주파수음들은 강도가 증가하면 더 낮은 음고를 가지는 것으로 들린다(Everest, 2001; Fas시 & Zwicker, 2007). 이와 비교해서, 고주파수음들은 강도가 증가하면 더 높은 음고를 가지는 것으로 들린다. 트럼펫과 같은 악기로 연주되는 복합파들조차도 강도가 증가하면 고주파수 성분들이 더 강화된다. 도플러 이동(Doppler Shift; 기차가 빠르게 접근해 오면서 경적소리의 음고가 변하는 현상)[2]은 강도 변화가 음고 지각에 영향을 줄 수 있다는 것을 보여주는 또 다른 예이다(McBeath & Neuhoff, 2002).

2) 실생활에서 많이 관측되는 현상으로, 길가에 서 있다가 사이렌을 울리는 구급차가 다가올 때는 높은 음으로 들리고, 멀어져갈 때는 낮은 음으로 들리는 경우가 좋은 예이다. 구급차가 다가올 때 울리는 사이렌소리는 구급차가 다가오는 속도에 의해 압축이 되어 파장이 짧아지게 되는 반면, 구급차가 멀어져갈 때는 사이렌소리의 파장은 길게 늘어지게 되어, 낮은 음으로 들리게 된다. 원래의 파장에서 짧아지거나 늘어나는 차이를 도플러 이동이라 한다.(역자 주)

음고 측정

물리적 속성인 주파수를 측정할 때 사용되는 측정 단위에 대해서는 이미 언급한 바 있다. 소리의 주파수는 매우 정확하게 측정될 수 있다. 그러나 불행히도, 그에 버금가는 정확한 음고 미터는 아직까지 없다. 음고는 심리적 현상이기 때문에, 우리는 그것을 직접 측정할 수 없다. 음고는 단지 청취자의 머리 안에서 존재할 뿐이다.

음악가와 심리학자는 모두 계속해서 음고 측정 문제를 공략해왔다. 음악가들은 음고를 명명하는 모든 종류의 용어를 개발해왔다(Shepard, 1999a). 예를 들어 건반 악기를 고려해보자. 7개의 흰건반(C, D, E, F, G, A, B)이 순환되는 패턴을 가지는데, 이를 **반음계 순환**(tone chroma)이라 한다. 따라서 건반 세트 내에서, D음은 C음보다 더 높은 음을 가지며 E음은 D음보다 더 높은 음을 가진다. **그림 10.5**에서 보여주듯이, 각 반음계 순환은 상이한 **음조 높이**(tone height)를 가진 것으로 들린다. 각각 연속적인 높이는 주파수가 배가되는 **옥타브**(octave)로 분리된다. 따라서 하나의 A음에서 그 다음 위 A음이나 아래 A음은 한 옥타브 차이가 된다. 예를 들어 중앙 A음은 440Hz의 기초 주파수를 가지고 있어, 그것의 음고는 약 262Hz의 주파수를 가지는 중앙 C음보다 높다. 한 옥타브 위의 A음은 880Hz의 주파수를 가지고 있으며, 한 옥타브 아래 A음은 220Hz의 주파수를 가진다.

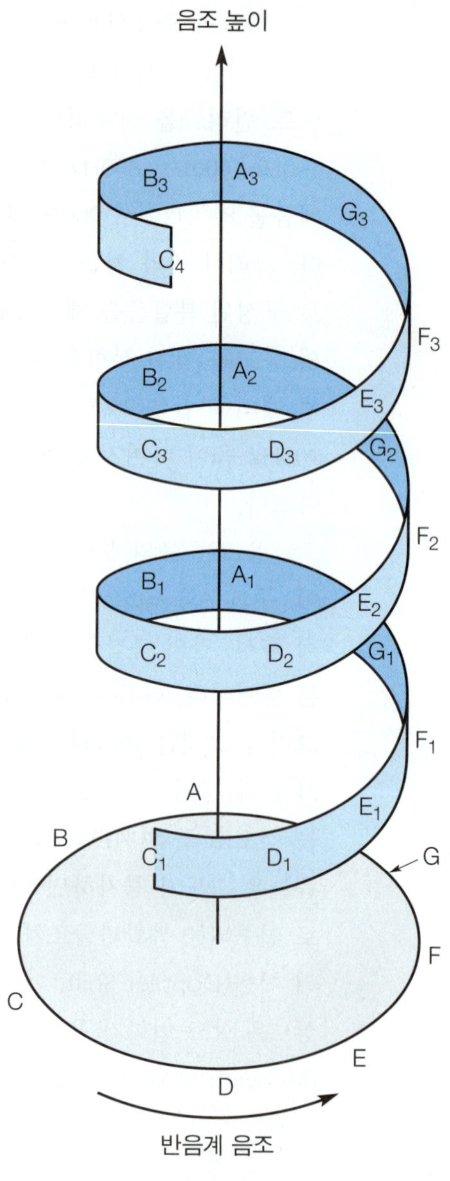

그림 10.5 반음계 음조와 음조 높이를 보여주는 음고의 도식적 도해. 이 나선형 표상은 기본적인 반음계 음조의 유사성을 나타내주기 때문에 선형 표상(예: 피아노 건반)보다 더 나은 음고 지각의 성질을 잘 보여준다.

순음의 음고를 기술함에 있어 심리학자들은 흔히 S. S. Stevens, John Volkman, 그리고 Edwin Newman(1937)이 제시한 멜 척도를 사용한다. Stevens의 이름은 이미 2장에서 Stevens의 멱함수와 크기추정법을 논의할 때 언급된 바 있다. **멜 척도**(mel scale)에서는 1,000Hz 순음에 임의로 1,000멜이라는 음고값을 할당한다. 청취자들에게 1,000Hz 음고의 절반 높이가 될 때까지 비교음을 조정하도록 요청한다. 이렇게 조정된 비교음에 500멜이라는 값을 할당하게 된다. 척도를 완성하기 위해 청취자는 표준 1,000Hz 음의 다른 분수와 배수를 나타내는 비교음을 위치시키면 된다.

절 요약

음고 지각과 관련 현상

1. 두 가지 주요 이론은 귀가 주파수 정보를 어떻게 등록하는지를 설명한다:
   a. 장소설은 각 음파의 주파수가 진행파를 일으키고, 그것은 기저막의 특정 장소를 다른 장소보다 더 큰 정도로 진동시킨다고 주장한다.
   b. 시간설은 음파의 주파수가 기저막의 진동율과 일치하여, 청신경에 있는 신경세포들로 하여금 주파수와 일치하는 비율로 발화하도록 만든다고 주장한다. 연사원리는 더 높은 주파수를 설명해준다.
2. 음색(음의 소리의 질)은 복합도에 상응하는 것으로, 이는 음파의 조합을 수반한다. 청각 체계는 복합 음파를 성분 요소로 분석하기 위해 조악한 푸리에 분석을 행한다. 배음의 성질은 악기의 음색과 인간의 음성의 음색을 결정한다.
3. 순수 사인파의 경우 장소 정보는 우리가 고주파수음의 음고를 어떻게 지각하는지를 설명하는 데 충분하고, 시간 정보는 우리가 저주파수음의 음고를 어떻게 지각하는지를 설명하는 데 충분하다. 장소와 시간 정보는 모두 복합파의 음고 지각에 중요하지만, 모든 데이터에 잘 들어맞는 모형은 없다.
4. 음고의 심리적 경험은 주로 주파수의 물리적 자극에 의해 도출된다. 하지만 그 관계성은 단순하지 않다. 주파수들의 상이한 조합이 동일한 음고 지각을 일으키거나, 주파수의 동일한 조합이 상이한 음고 지각을 일으킬 수 있기 때문이다.
5. 음악가들은 많은 방법으로 음고를 측정한다(예: 반음계 순환, 음조 높이, 옥타브). 심리학자들은 멜 척도로 음고를 측정한다.

음량 지각

우리는 음량을 어떻게 지각할까?

테마 1이 시사하듯이, 우리의 시각 체계와 청각 체계는 모두 광범한 범위의 강도를 부호화할 수 있도록 발달되어 왔다. 9장의 논의를 기억하겠지만, 우리는 데시벨 척도를 사용해서 음의 강도를 정확하게 측정할 수 있다. 이것은 로그 척도이기 때문에, 0dB에서 120dB 이상의 강도를 들을 수 있다는 사실이 그리 인상적으로 보이지 않는다. 그러나 이 강도 범위는 대략 1,000,000,000,000 대 1 정도이다(Moore, 2004).

소리 강도(sound intensity)는 **음량**(loudness) 지각을 일으키는 물리적 자극이다. 그러나 반복적으로 언급했듯이, 물리적 자극과 심리적 경험의 관계성은 단순하지 않다. 음량의 경우, 강도가 어떻게 음량으로 지각되는지에 대해 극명하고 기본적으로 올바른 설명을 제공할 수 있다.

음량이 어떻게 부호화되는지를 이해하기 위해 오픈박스 위에서 고무 밴드를 늘어나게 해보라. 이때 고무 밴드는 기저막을 나타낸다. 낮은 강도의 음은 고무 밴드를 가볍게 누르는 정도와 같이 기저막 변위를 거의 일으키지 않는다. 높은 강도의 음은 고무 밴드를 힘을 주어 누르는 것과 같이 기저막 변위를 훨씬 크게 일으킨다. 고무 밴드를 보는 대신, 손가락을 그 위에 올려놓고 아래로 누르는 동안 손가락의 양 측면을 보라. 고무 밴드를 힘껏 누르고 있는 동안 고무 밴드의 먼 지점들이 변위된다는 것을 볼 수 있을 것이다.

이제 기저막 전역에 걸쳐 내융모세포에 부착되어 있는 구심성 뉴런들을 고려하면, 이해가 더 빠를 것이다. 낮은 강도의 음의 경우, 변위 지점에 있는 뉴런들만이 발화될 것이다. **그림 10.2**의 청각 조율 곡선으로 돌아가 보자. 미약한 에너지(혹은 기저막 변위)를 가지는 1,000Hz의 음은 1,000Hz에 조율된 뉴런들을 발화시킬 수 있음을 주목하라. 뉴런은 기저막의 특정 위치에 있는 융모세포들과 연결되어 있기 때문에 특정 주파수에 민감하다는 것을 기억하라.

그러나 강도를 증가시키는 한에 있어 다른 주파수로 그 뉴런을 발화시킬 수 있다. 즉 1,000Hz에 조율된 뉴런은 또한 800Hz 음에도 발화되지만, 800Hz 음은 1,000Hz 음보다 더 큰 강도를 필요로 한다. 일반적으로 소리의 강도를 증가시키면, 기저막은 점점 더 많은 융모세포들을 발화시킬 수 있을 만큼 충분한 변위가 일어나게 된다. 따라서 기저막에서 발화하는 뉴런의 수는 음량을 부호화한다. 따라서 음량은 청신경에 있는 뉴런들의 활동 총화로 고려될 수 있다(Moore, 2004; Plack, 2005).

이런 음량 지각 이론은 설득력이 있지만, 음량 지각 자체가 너무 복잡한 과정이라서 단순히 청신경 뉴런들의 발화 총화로만으로는 설명이 부족하다. 예를 들어 대부분의 뉴런들은 60dB 정도의 강도에서 최대 발화율을 보인다. 그러면 100dB 정도의 큰 음에 대한 지각에 그것들이 어떻게 기여할 수 있을까? 음고 지각의 경우와 같이 많은 요인들이 음량 지각에 영향을 미치기 때문에, 그 물음에 완벽한 설명을 제공하려면 이론 또한 매우 복잡해질 수밖에 없다. 이제 음량 지각에 영향을 미치며, 진폭과 음량의 관계성을 복잡하게 만드는 여러 요인들에 대해 논의하기로 하자.

진폭과 음량의 복합 관계성

음량에 영향을 미치는 여러 다른 요인들을 포괄하기 위해서는 좀 더 완벽한 음량 지각 이론이 요구된다. 음량 지각에 영향을 미치는 한 가지 요인은 음의 지속시간이다. 즉 지속시간이 긴 음이 동일한 진폭을 가진 더 짧은 지속시간을 가진 음보다 더 크게 들린다(Fastl & Zwicker, 2007). 예를 들어 크기추정법을 사용한 경우, 사람들은 200ms 동안 제시된 음이 같은 진폭을 가진 음을 5ms 동안 제시한 경우보다 더 크게 들린다고 보고했다(Epstein & Florentine, 2006).

소리가 발생하는 맥락 또한 음량에 영향을 준다. 우리의 귀가 막 잠에서 깨어날 때처럼 신선할 때, 소리는 여러 큰 소리들을 청취한 이후 듣게 되는 같은 소리보다 더 크게 들린다. 마찬가지로, 동일한 연속음을 청취할 때, 시간이 경과하면서 음량이 감소되는 것으로 들린다. 그런 맥락 효과는 순응의 예라 할 수 있다. 이전에 청취한 소리가 음량 지각에 어떤 영향을 미치는지 확인하기 위해 WWW해보기 10.2를 해보라.

또 다른 유형의 맥락은 표적음과 가까운 위치에서 발생한 다른 음들에 의해 발생된다. 예를 들어 청취자들에게 작은 진폭의 저주파수음과 큰 진폭의 고주파수음을 교대로 제시하였다. 이 청취자들은 제시 맥락에 기인하여 고주파수음이 더 부드럽게 들린다고 판단했다(Marks, 1994). 사람들에게 큰 진폭의 저주파수음과 작은 진폭의 고주파수음을 교대로 반복해서 들려주면, 그들은 고주파수음을 더 크다고 판단한다(Arieh & Marks, 2003).

마지막으로 가장 중요한 요인인 음의 주파수는 음량 지각에 큰 영향을 미친다. 앞에서 음고 지각이 음의 진폭에 달려 있음을 살펴본 바 있다. 마찬가지로 음량 지각은 음의 주파수에 달려 있다. 동일한 진폭을 가진 음(예: 40dB)은 100Hz로 제시될 때보다 1,000Hz에서 제시될 때 더 크게 들린다. 주파수가 음량에 미치는 영향을 확인하기 위해 WWW해보기 10.3을 해보라.

자극 주파수와 음량 지각의 관계성은 등가 음량 곡선(Fletcher-Munson 곡선이라고도 함)에서 잘 드러난다. 등가 음량 곡선을 결정하기 위한 기본 절차는 단순하다. 즉 하나의 음(예: 1,000Hz 음)을 특정 강도(예: 40dB)에서 제시한다. 이 음은 실험 내내 준거음으로 사용된다. 청취자는 다른 주파수의 비교음을 음량에서 준거음과 같다고 판단할 때까지 진폭을 변화시킨다. 음량이 같다고 판단된 진폭을 기록한다. 그 다음, 다른 주파수의 음으로 이 절차를 반복한다. 음의 주파수와 동일 음량을 가진 음을 산출하는 데 요구되는 데시벨의 관계성을 **등가 음량 곡선**(equal loudness contours)이라 한다. 그 명칭에서 알 수 있듯이, 등가 음량 곡선 상의 모든 점들은 동일한 음량으로 들린다.

그림 10.6은 준거음이 120dB SPL까지의 진폭으로 제시되는 일곱 개의 다른 등가 음량 곡선을 보여주고 있다. '청각 역치'로 표시된 가장 하단의 점선으로 표시된 곡선부터 살펴보기로 하자. 이 곡선은 여러 다른 주파수에 대한 청각의 절대역을 나타낸다. 예를 들어 1,000Hz의 준거음은 5dB 정도에서 겨우 들린다. 가령 청취자에게 그 준거음을 동일한 크기(예: 겨우 들리는)를 가진 500Hz의 음과 일치시키도록 요청한다고 해보자. 청취자는 그 진폭을 0dB로 조정하였다. 마찬가지로 준거음을 20Hz 음과 크기가 동일하게 조정하게 했을 때, 청취자는 20Hz의 음을 75dB로 설정하였다. 그래프에서 보이는 '청각 역치'의 나머지는 청취자들에게 전체 범위에 걸친 주파수를 제시하여 각 주파수의 음량을 준거음의 음량과 일치되도록 조정하게 함으로써 산출된 것이다. 가장 하단에 있는 곡선은 전형적인 가청 주파수 범위에 걸친 절대역을 나타낸다.

이 시점에서 가장 하단의 점선으로 표시된 등가 음량 곡선(절대역)을 확실하게 이해했는지 확인해보기로 하자. 그 곡선 상의 모든 지점들은 똑같이 탐지될 수 있으며, 겨우 탐지될 수 있다. 만약 그 곡선 아래로 떨어지는 어느 지점의 진폭으로 주파수음을 제시한다면 어떤 일이 일어날까? , 20Hz의 음을 40dB에서 제시한다고 해보자. 청취자는 그 음을 탐지할까? 탐지하지 못할 것이다. 20Hz 음이 청취되기 위해서는 40dB 이상의 음압이 요구된다. 물리적 차원과 지각적 차원의 구분에 대해 지금까지 언급했던 요지를 확실히 이해하기 위해 다른 주파수(예: 1,000Hz)에서도 같은 음압 수준(40dB)에서 분명히 청취될 것임을 주목하라(예: 하단 곡선 위).

등가 음량 곡선에 대해 두 가지 사항을 더 언급하기로 하자. 첫째, 각 곡선에서

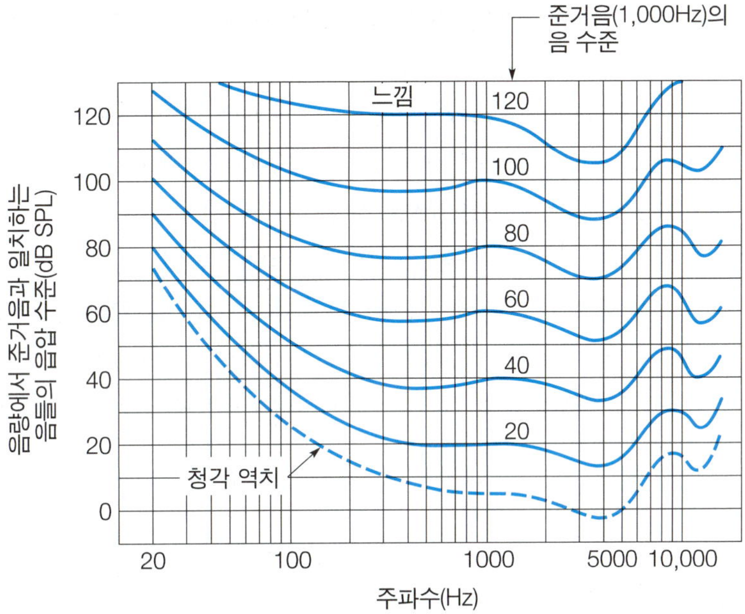

그림 10.6 등가 음량 곡선. 각 그래프는 등가 음량 곡선이기에, 곡선 상의 모든 지점이 같은 음량으로 들린다. 이 그림은 음량 지각을 결정함에 있어 음압과 주파수의 관계성을 보여준다. 각 곡선에서 저점들은 어떤 주파수(대략 1,000에서 5,000Hz)가 그 범위 밖의 다른 주파수들만큼의 크기로 들리기 위해 필요한 음압이 가장 작다는 것을 의미한다. 점선('청각 역치'로 표시)은 각 주파수 수준에서 순음을 듣는 데 필요한 최소 압력을 나타낸다. 점선 아래로 떨어지는 압력-주파수 결합은 청취가 어렵다. 가장 상단에 있는 곡선 위의 영역('느낌'으로 표시)은 압력이나 통증으로 지각되는 압력-주파수 조합을 나타낸다.

출처: Fletcher & Munson(1933)

준거음과 일치시키도록 요구되는 가장 작은 진폭은 3,000에서 5,000Hz 사이의 음이라는 것을 주목하라. 이 결과는 9장에서 언급한 민감도 정보(즉 우리는 이 범위의 주파수음에 대해 가장 민감하다)와 완전히 일치한다. 둘째, 곡선이 상단으로 갈수록 평평해진다. 즉 곡선의 진폭 범위가 점점 줄어든다. 가장 하단의 곡선의 경우, 준거음과 일치시키는 데 필요한 가장 작은 진폭은 0dB 이하이고, 가장 큰 진폭은 70dB 이상이다. 100dB 준거음 곡선은 전체 주파수 범위를 보여주는 가장 높은 주파수 곡선이다. 여기서 가장 작은 진폭과 가장 큰 진폭은 각각 90dB와 130dB이다. 따라서 진폭이 클수록 가청 주파수는 더 작은 진폭을 가진 경우보다 음량이 더 유사하게 지각된다.

이상의 내용을 모두 이해했다면, 이제 여러 스테레오에서 발견할 수 있는 음량(loudness) 버튼의 기능을 이해할 수 있을 것이다. 당신이 스테레오의 소리를 작은 진폭에서 청취한 적이 없다면, 음량 버튼을 조작할 필요가 없다. 음량 버튼은 고주파수음을 그대로 둔 채 저주파수음을 증강시키는 기능을 한다. 앞에서 언급했듯이, 저주파수음과 고주파수음의 차이는 작은 진폭에서 더 두드러진다. 음량 버튼을 누름으로써 다른 주파수(등가 음량 곡선이 평평한)에 영향을 주지 않고 이런 저주파수음들의 진폭을 선별적으로 증가시킬 수 있다. 저 진폭에서 베이스 기타음은 청취하기 어려울 수 있다. 음량 버튼을 누르면 베이스 기타음이 적절하게 더 크게 들리게 된다.

이제 **그림 10.6**에서 1,000Hz의 80dB 참조음을 일치시키면서 얻어진 점들을 살펴보자. 가령 당신이 1,000Hz 음과 20Hz 음을 모두 80dB 진폭에서 제시한다고 해보자. 청취자는 어느 음을 더 크다고 보고할까? 청취자는 1,000Hz 음이 더 크다고 보고할 것이다(비록 진폭은 같지만). 20Hz 음이 1,000Hz 음과 같은 크기로 들린다고 보고하려면 얼마나 더 많은 에너지를 20Hz 음에 제공해야 할까? 대략 110dB 정도이다. 가령 당신이 음량 버튼에서 손을 떼고, 음압이 80dB로 방출되도록 스테레오를 위로 향하게 돌려놓았다고 해보자. 이제 베이스 기타음은 매우 크게 들릴 것이다!

강도 식별

연구자들은 진폭과 음량 지각의 관계성(그리고 그 관계성에 영향을 미칠 수 있는 요인들)에 관심을 가질 뿐만 아니라 강도를 식별할 수 있는 청취자의 능력에도 관심을 가진다. 2장의 논의에서 살펴보았듯이, 심리학자들은 또한 강도차 식별 혹은 최소식별차(jnd)에도 관심을 가진다(즉 비교 자극과 관련하여 새 자극이 다르게 보이기 위해 요구되는 변화).

2장에서 논의했듯이, Weber 소수는 특정 강도에 대한 *jnd* 비율을 나타낸다. 음강도 식별은 그 소리의 성질에 달려 있다. 백색소음(광대역 주파수 성분을 가진 복합음)과 순음 모두, Weber 소수는 작은 강도를 가진 음(예: 30dB 이하)에 대해 매우 크다. 30dB와 80dB 사이의 진폭의 경우, 백색소음과 순음은 모두 약 0.10의 Weber 소수를 산출한다. 그러나 더 큰 강도의 경우, 순음에 대한 Weber 소수는 감소하는 반면, 백색소음에 대한 Weber 소수는 거의 같은 값을 유지한다.

복합음의 경우, 상황은 달라진다. David M. Green(1987)은 사람들이 어느 시점에서 기저막에서 발생하는 활동을 비교함으로써 복합음의 변화를 탐지할 수 있다고 주장했다. 이 과정을 **프로파일 분석**(profile analysis)이라 한다. 복합음들의 강도 식별은 두 음이 성분 주파수에서 크게 다를 때 훨씬 더 어렵다. 반대로 복합음들에 의해 생성된 프로파일들이 유사할수록, 청취자들은 성분 주파수 가운데 단지 어느 하나의 매우 작은 강도 변화도 탐지할 수 있다. 따라서 복합음의 성분 주파수들이 식별에 강력한 영향을 미치기 때문에, 복합 자극들에 대한 Weber 소수는 쉽게 결정되기 어렵다.

음량 측정

음고를 논의할 때 우리는 음악가들과 심리학자들이 음고를 측정하기 위한 방법들을 개발해왔음을 살펴본 바 있다. 이와 마찬가지로, 음악가들과 심리학자들은 음량을 측정하기 위한 방법들을 개발하였다. 예를 들어 음악가들은 음량을 매우 부드러운 소리(약 30dB)에 대해 *ppp*에서부터 매우 큰 소리(약 90dB)에 대해 *fff*에 이르는 8개 수준의 표기 체계(marking system)로 구분한다.

심리학자들은 여러 가지 다양한 방법으로 음량을 측정한다. 가장 널리 사용되는 체계 중 하나가 손 척도이다(Stevens, 1955). **손 척도**(sone scale)는 크기추정법으로 얻어진 음량 척도이다. 손 척도에서 1,000Hz의 40dB 순음에 임의로 1손의 음량값을 할당한다. 연구자들은 청취자들에게 이 표준음과 비교해서 다른 음들의 음량을 판단하도록 요청한다. 따라서 두 배로 크게 들리는 음을 2손으로 판단하게 되고, 표준음 크기의 절반 정도 크기로 판단하면 그 음의 음량은 0.5손이 된다.

Stevens는 40dB 이상의 음압의 경우 청취자가 그 음을 두 배 정도 더 크다고 판단하려면 10dB까지 증가시켜야 한다는 것을 발견하였다. 따라서 50dB의 음은 40dB 음보다 두 배 더 크게 들린다. 따라서 50dB 음은 2손이 된다. 앞에서 약 6dB의 음압은 물리적 강도의 두 배를 나타낸다는 것을 주목했다. 따라서 물리적 강도를 두 배로 증가시킨다고 해서 40dB 이상의 음에 있어 지각된 음량이 두 배가 되는 것은 아니다. 40dB 이하의 음의 경우, 음량은 강도 변화에 따라 더 급속하게 커진다.

사람들의 판단은 자극들의 제시 순서, 자극의 범위, 다른 편향 요인들에 의해 크게 영향을 받기 때문에 손 척도는 비판을 받아왔다(Moore, 2004). 그럼에도 불구하고, 많은 연구자들은 손 척도를 계속 사용하고 있다.

절 요약

음량 지각

1. 음량 지각은 주로 진폭에 달려 있지만, 또한 다른 요인들(특히 주파수)도 영향을 미친다.
2. 등가 음량 곡선 상의 모든 점들은 같은 음량을 가지는 것으로 지각된다. 일반적으로 **그림 10.6**에서 보여주듯이, 1,000Hz에서 5,000Hz 범위의 음들은 그 범위 밖의 같은 진폭을 가진 음들보다 더 크게 들린다.
3. 강도 식별에 대한 Weber 소수는 음의 성질에 따라 달라진다. 순음의 Weber 소수는 강도 증가에 따라 감소하는데, 백색소음의 경우에는 다르다. 복합음에 대한 강도 식별은 음의 프로파일 분석에 달려 있다. 복합음들이 유사한 프로파일을 가질 때, 소리 성분 요소의 작은 강도 변화도 탐지될 수 있다.
4. 음량은 음악가들이 고안한 8개 수준의 표기 체계와 크기추정법에 기초된 측정 체계인 손 척도로 측정될 수 있다.

소리 위치 파악

이른 아침 기상을 알리는 알람소리를 끄기 위해 어둠 속에서 그 불쾌한 소리 출처에 손을 뻗는다. 당신은 Janet Cardiff[3]의 설치미술 작품을 경험하고, 당신 주변 곳곳에서 음성을 듣는다(Schaub, 2005). 그리고 인간의 청각 체계는 소리가 발생되는 위치를 어느 정도 정확하게 확인할 수 있도록 해준다. 다시 말해, 우리는 **소리 위치 파악**[4] (auditory localization: 공간 안에서 대상들이 내는 소리에 기초하여 그것들의 위치를 확인할 수 있는 능력) 능력을 가지고 있다. 실제로 우리가 고려해야 하는 세 가지 종류의 소리 위치 파악이 있다. 첫 번째는 소리가 우리 전면이나 측면에서 발생하는지

---

3) 1957년 캐나다 브루셀 출생으로, 독일 베를린에 거주하고 있는 설치미술가이다. 관객과 작품의 긴밀한 상호작용을 유도하는 작업으로 유명하다. 영상을 매개로 현실과 허구가 교차되는 인터랙티브 멀티미디어 설치 작품으로 2001년 베니스 비엔날레에 참여했다. 특히 1991년작 ≪Paradise Institute≫는 모형극장 안으로 사람들이 들어가서 헤드폰을 쓰면 스크린에서 영화가 시작되면서 객석의 울림이 그대로 귀에 들리고 영화의 픽션과 극장 내의 돌발적인 사건이 서로 간섭하여 구분이 어렵게 된다.(역자 주)

4) 음향학계에서는 음향정위라는 용어를 사용하기도 한다.(역자 주)

의 여부와 관련된 수평면(방위각, azimuth)에서의 위치 파악이다. 두 번째는 소리가 위나 아래에서 발생한다는 것을 말해주는 수직면에서의 위치 파악이다. 마지막으로, 소리가 가깝거나 멀다는 것을 말해주는 거리 판단이다. 청각적 단서를 사용해서 우리는 수평면 판단은 매우 탁월하지만, 수직면 판단은 그리 탁월하지 않다. 그리고 우리는 일상적으로 거리를 과소평가하는 경향이 있다(Plack, 2005).

연구자들은 오랫 동안 인간과 다른 동물들의 소리 위치 파악 능력에 관심을 가져왔다. 소리 위치 파악이 오랫 동안 수수께끼로 남아 있는 한 가지 이유는 음향 공간이 기저막에 직접적으로 표상되지 않는다는 것이다. 주파수, 진폭, 복합도는 모두 표상되어, 음고, 음량, 음색이 단이로 지각될 수 있다. 그러나 우리의 청각 체계는 공간적 위치를 판단하기 위해 양이 단서들에 주로 의존한다.

청각과 시각 체계의 공간 부호화의 차이점을 주목하라. 우리는 망막 정보로부터 수평과 수직 위치 모두를 판단할 수 있다. 그리고 양안 단서들이 깊이를 판단하는 데 도움을 주기는 하지만, 단안 단서만으로도 생생한 깊이감을 경험할 수 있다. 따라서 시각 체계는 공간적 위치를 판단하는 데 단지 단안 입력 정보만으로도 충분하다. 그리고 우리는 시각 공간에서 수평, 수직, 거리 판단이 매우 뛰어나다.

시각적 공간 정보와 상응하기는 하지만, 청각적 공간 정보는 매우 중요하다. 물론 그것은 우리가 볼 수 없을 때 가용할 수 있는 유일한 공간 정보이다. 그러나 우리가 볼 수 있을 때조차도, 한 방향을 보고 사이렌 소리가 다른 방향에서 당신을 향해 접근해 오는지 판단하는 것은 도움을 준다. 여기서는 인간과 다른 돌물들의 소리 위치 파악과 시각 및 청각을 사용한 공간 지각의 관계성을 살펴보기로 하겠다.

소리 위치 파악을 위한 정보 출처

두 귀로 들어오는 입력 정보 때문에 우리는 공간에서 발생되는 소리의 위치를 파악할 수 있다고 말할 수 있다. 청각 체계가 양이 정보를 얼마나 사용하는지는 또 다른 문제이다.

우리가 공간에서 소리의 위치를 얼마나 잘 파악할 수 있는지를 설명하기 위해, 귀가 머리의 측면에 위치해 있다는 사실로 인해 발생하는 두 가지 다른 유형의 정보를 고려할 필요가 있다. **그림 10.7**에서 보여주듯이, 왼쪽 방향에서 들어오는 소리는 두 귀에 도달되는 거리가 다르다. 이런 거리 차이는 시간적 효과와 관련하여 두 가지 결과를 낳는다. 즉 (1) 1,000ft/sec 이상의 속도로 이동하는 소리는 다른 귀에 도달하

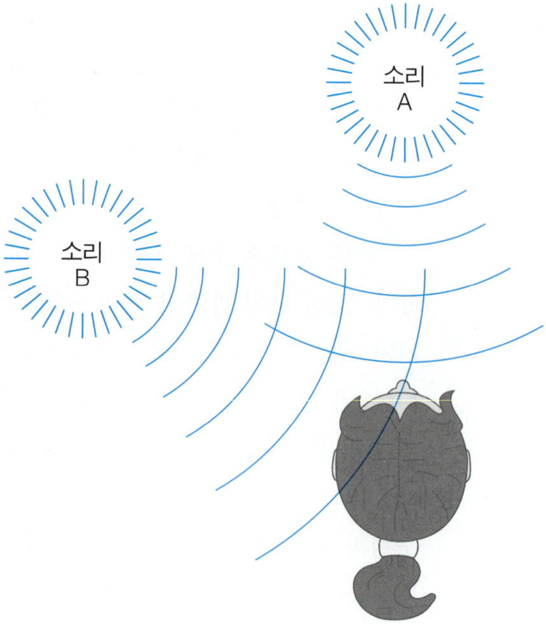

그림 10.7 양이 시간차를 보여주는 도해. A소리는 관찰자의 정면에서 발생하는 것으로 지각되는데, 이는 그 소리가 두 귀에 동시에 도달되기 때문이다. B소리는 청취자의 왼쪽에서 발생하는 것으로 지각되는데, 이는 그 소리가 청취자의 오른쪽 귀에 도달되기 전에 왼쪽 귀에 먼저 도달되기 때문이다.

기 전에 한 귀에 먼저 도달하게 되어 **개시 시간차**(onset difference)를 발생시킨다. (2) 전형적으로 소리는 각 귀에 도달할 때 주기의 위상 차이가 발생한다(주기의 최고점에서 오른쪽 귀에 도달하고, 최저점에서 왼쪽 귀에 도달된다). 이는 **그림 10.8**에서 보여주듯이, **위상차**(phase difference)를 발생시킨다. 이것들이 양이 시간차의 두 가지 성분이다. 따라서 **양이 시간차**(interaural time difference)는 두 귀에 도달하는 시간이 다르기 때문에 소리의 위치 파악을 위한 단서로 작용한다.

개시 시간차는 전체 주파수 범위에 걸쳐 소리에 대한 유용한 정보 출처이다. **그림 10.9**는 소리의 방향과 개시 시간차의 크기 간의 관계성에 대한 전형적인 결과를 보여준다. 그림에서 알 수 있듯이, 소리가 정면에서 들어올 때, 개시 시간차는 없다. 그러나 소리가 측면에서 올 때, 그 소리는 한 귀에 먼저 도달하고, 0.6msec 후에 다른 귀에 도달하게 된다. 이 차이가 커 보이지는 않지만, 청각 체계는 이 작은 시간차를 소리의 위치 파악을 위해 사용할 수 있다.

폭포수 소리나 시끄러운 환풍기 소리와 같은 소리들은 확실한 개시 시간을 제공하지 않는다. 그럼에도 불구하고, 각 귀에 도달하는 파의 위상차를 이용하는 타이밍 정보로 이 소리들의 위치를 파악할 수 있다. 우리의 청각 체계는 저주파수 순음뿐만 아니라 저주파수 성분을 가진 복합음의 위상차도 쉽게 탐지할 수 있다. 한편, 고주파

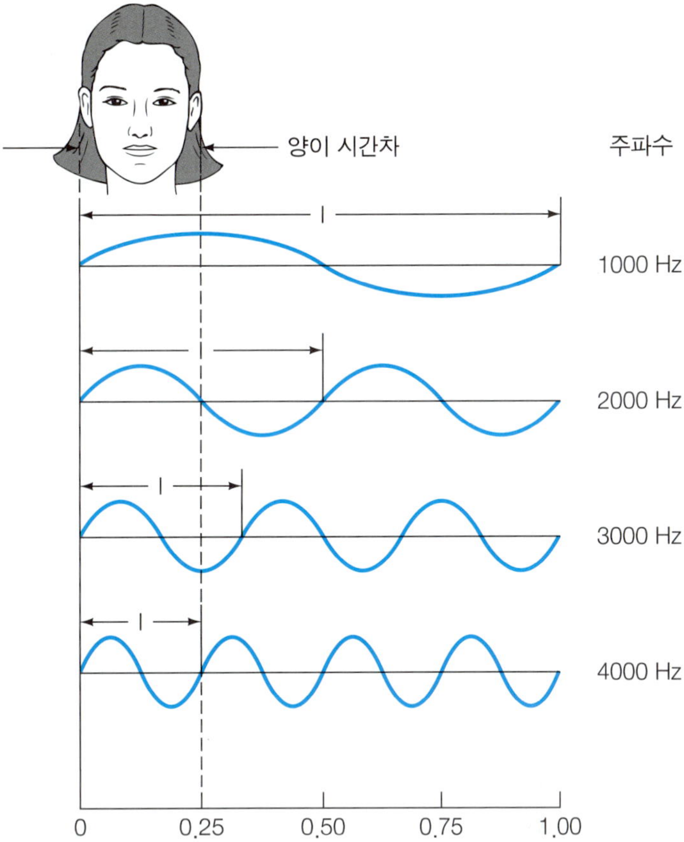

그림 10.8 양이 위상차를 보여주는 도해. 청취자의 머리 너비 때문에, 1,000Hz의 음이 청취자의 오른쪽 정 방향에서 제시되면 오른쪽 귀와는 90도 위상차로 왼쪽 귀에 도달하게 된다. 2,000Hz의 음은 180도의 위상차, 3,000Hz의 음은 270도 위상차, 그리고 4,000Hz의 음은 두 귀에 같은 위상으로 도달하게 된다. 4,000Hz 음에서 위치 파악 정보는 그 음이 관찰자의 정면에서 제시되는 경우도 두 귀에 동일 위상으로 도달하기 때문에 애매해진다는 것을 주목하라.

수 순음들의 경우는 정점들이 서로 근접해 있기 때문에 위상 정보를 사용해서는 위치를 파악하기 어렵다. 결국 두 귀로부터 얻어지는 위상 정보를 비교하기 어렵다. 어떤 고주파수 복합음들은 위상차를 비교함으로써 그 소리들의 위치를 파악할 수 있을 만큼 충분히 식별이 되는 음파 봉투들을 가지기도 한다.

고주파수음들의 경우 타이밍 정보를 사용해서 위치 파악을 하는 데는 문제가 있지만, 위치 파악을 위한 다른 단서가 특히 고주파수 음파에 유용하다. 정면(혹은 뒷면)에서 오는 소리들은 각 귀에서 동일한 음량으로 들린다. 그러나 몇 가지 이유로 그 소리의 강도는 흔히 두 귀에서 다를 수 있다. 이 경우, **양이 강도차**(interaural intensity difference)가 발생된다. 첫 번째 이유는 소리의 강도가 거리가 증가하면서 감소된다는 것이다. **그림 10.7**에서 왼쪽 귀는 오른쪽 귀보다 B소리에 더 가깝기 때문에, 그 소리는 왼쪽 귀에서 약간 더 강하게 들린다. 두 번째 이유는 고주파수 음의 경우, 머리는 소리 음영(sound shadow), 혹은 소리의 강도를 감소시키는 장애물로 작용한다.

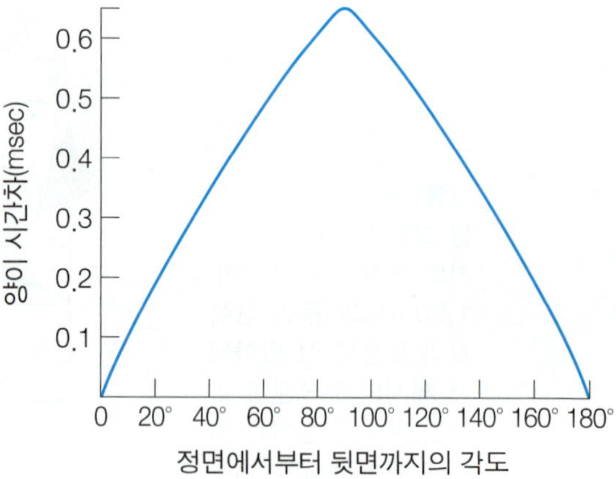

그림 10.9 소리 위치 파악의 함수로서의 양이 시간차. 가장 큰 차이(약 0.6msec)는 청취자의 한쪽 측면(90도)에서 오는 소리에서 발생한다. 청취자의 앞(0도)이나 뒤(180도)에서 오는 소리는 시간차를 발생시키지 않는다.

우리는 어떤 큰 대상(빌딩과 같은)이 음원으로부터 우리를 분리시킬 때 소리의 강도가 감소된다는 사실을 잘 알고 있다. 그러나 머리가 한 귀로 들어오는 소리에 대해 반대 측면은 차단 역할을 한다는 것에 놀라워할 수 있다.

강도차를 일으키기 위해 중요한 것은 머리 크기와 관련된 음의 주파수이다. 머리 크기와 주파수의 관계성을 살피기 위해 바위에 부딪히는 파도를 생각해보자. 바다 위로 돌출되어 있는 큰 바위 형상에 부딪힌 파도는 바위에 부서지면서 다시 파도가 밀려온 바다 쪽으로 물보라를 뿌리게 된다. 바위 바로 뒤편에 있는 바닷물은 고요하다. 이 예에서 파도의 주파수는 바위의 크기와 비교하면 상대적으로 높다.

물에서 돌출된 바위가 더 작은 경우, 그것은 물보라를 일으키지 않고, 파도는 그 바위 위를 넘어서 이동한다. 이 예에서 파도의 주파수는 바위의 크기와 비교해서 낮다. 이 두 예에서 파도의 주파수는 거의 일정하지만, 장애물의 크기는 다르다. 500Hz의 음과 세 가지 생명체(쥐, 인간, 코끼리)를 고려해보자. 그 음은 인간에게는 중간 정도의 소리 음영을 일으킨다. 하지만 쥐에게는 사실상 어떤 소리 음영도 일으키지 않으며, 코끼리의 경우는 훨씬 더 큰 소리 음영을 일으킨다.

이제 고정된 주파수 음과 상이한 머리 크기를 생각하는 대신에, 상이한 주파수와 하나의 머리 크기를 생각해보자. 동일한 원리가 작용한다. 정면(혹은 뒷면)에서 오는 소리들은 각 귀에서 동일한 음량으로 들린다. 측면에서 오는 저주파수음들은 머리 주위를 건너뛸 수 있어 두 귀에 강도차를 거의 발생시키지 않는다. 그러나 고주파수음들은 그 소리가 발생한 쪽의 머리 측면에 있는 귀로는 쉽게 들어오지만, 머리를 건너뛰지는 못할 것이다. 대신에 음파는 머리에 부딪혀, 반대 측 귀에는 강도가 감소된 음파가 들어오게 된다.

지금까지 소리 위치 파악이 양이 시간차와 양이 강도차에 달려 있다는 것을 살펴보았다. 시간차는 저주파수음들의 위치를 파악하는 데 유용하고, 강도차는 고주파수음들의 위치를 파악하는 데 유용하다(Macpherson & Middlebrooks, 2002; Møller, 2006). 그러면 중간 주파수 범위에서는 어떨까? 당신은 중간 범위(1,000~3,000Hz)의 주파수를 가진 순음의 위치 파악이 쉽지 않다는 사실에 놀랄 수 있다. 어떤 단서도 특별히 이런 음들에 대해 효과적인 것 같지 않다. 그러나 이 음들은 우리가 쉽게 탐지할 수 있는 바로 그 주파수를 가지고 있다는 점을 주목하라.

소리 위치 파악의 생리적 기초

공간 정보는 거의 내이에서 부호화되지 않음을 알았다. 사실 소리 위치 파악에 대한 두 단서들은 모두 두 귀의 정보 비교를 필요로 한다. 두 귀에서 나온 정보는 상올리브핵에 도달될 때까지 분리된 채 유지된다. 결국 소리 위치 파악은 정보가 이 청각 체계 영역에 이르기 전까지는 어렵다. 연구는 상올리브핵이 하구, 상구 및 청각피질의 역할처럼 소리 위치 파악에 중요한 역할을 한다는 것을 밝혔다.

극히 작은 양이 시간차가 소리의 위치를 부호화하기 때문에, 내융모세포는 매우 높은 정확도를 가지고 발화해야 한다(Moser et al., 2006). 오래 전, Lloyd Jeffress(1900~1986)는 뉴런들이 두 귀에서 오는 발화 정보를 어떻게 비교하는지를 설명하는 이론을 제안했다. Jeffress(1948)는 발화를 위해 두 개의 다른 뉴런으로부터 오는 동시적 입력 신호를 필요로 하는 뉴런들에 의해 타이밍 정보가 부호화될 수 있다고 생각했다. 그것이 어떻게 작동하는지 살펴보자. **그림 10.10a**에서 보여주는 도식적 도해처럼 만약 소리가 두 귀에 동시에 도달하면, 각 귀에서 발생한 신경 입력 신호는 C뉴런에 동시에 도달하게 된다. 따라서 C뉴런은 소리가 정면(혹은 뒷면)에서 발생한다는 것을 신호한다. 이제 소리가 오른쪽 귀에 먼저 도달하는 경우인 **그림 10.10b**를 살펴보자. 그 귀에서 발생한 신경 발화가 C뉴런에 도달할 때, 왼쪽 귀에서 발생한 입력 신호는 여전히 A뉴런에 도달되어 있다. 따라서 그런 두 뉴런들에 대해 단일 입력 신호만으로는 어느 것도 발화시키지 못한다. 그러나 오른쪽 귀에서 나온 입력 신호가 B뉴런에 도달되면, 왼쪽 귀에서 나온 입력 신호 또한 그 뉴런에 도달될 수 있다. 그런 동시적 입력 신호가 발생할 때, B뉴런은 발화하게 되고, 오른쪽에서 소리가 발생한다는 것을 신호한다.

Jeffress가 그런 동시작용 뉴런들의 존재를 제안한 이후, 많은 세월이 흐른 뒤에

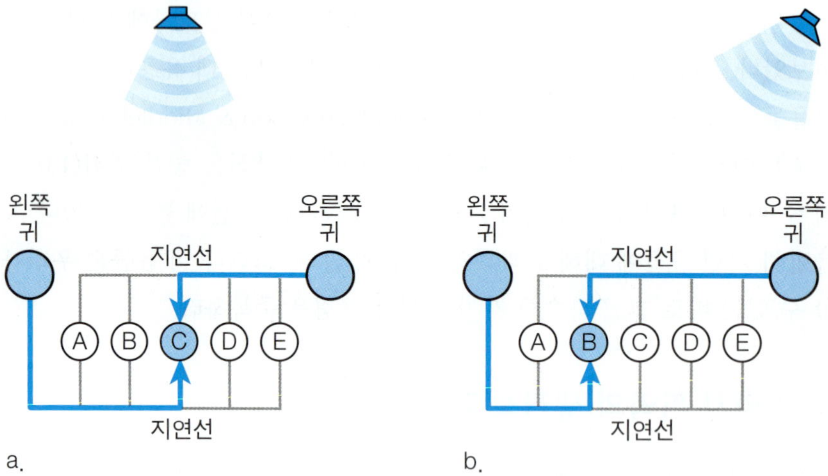

그림 10.10 양이 시간차 부호화에 관한 Webster–Jeffress 모형. 이 모형은 뉴런들(A–E)이 각 귀에서 나오는 입력 신호에 의해 동시에 자극될 때 발화한다고 가정한다. 청취자의 정면에서 오는 소리의 경우(a), 그 소리는 동시에 두 귀에 도달한다. 그 입력 신호가 C뉴런에 도달하면 그 뉴런은 발화하게 된다. 따라서 C뉴런의 활성화는 소리가 정면에서 오는 것임을 의미한다. 청취자의 오른쪽에서 오는 소리의 경우(b), 그 소리는 먼저 오른쪽 귀에 도달하여 신경 신호를 촉발시킨다. 그 소리가 왼쪽 귀에 도달할 때, 그것 또한 신경 신호를 촉발시킨다. 그러나 오른쪽 귀에서 오는 신호가 먼저 출발하기 때문에, 왼쪽 귀에서 나중에 출발한 신호가 B뉴런에 도달할 때 즈음에 오른쪽 귀에서 출발한 신호도 그곳에 도달하게 된다. 따라서 B뉴런의 활성화는 소리가 오른쪽에서 오는 것임을 신호한다.

야 연구자들은 내측 상올리브핵(medial superior olivary nucleus, MSO)에 이런 속성을 가진 뉴런들이 자리 잡고 있음을 확인했다(Joris, 2006). 정보는 MSO로부터 또한 양이 시간 정보를 부호화하는 데 관여하는 하구로 보내진다(chase & Young, 2005; Hancock & Delgutte, 2004; Thompson et al., 2006). 타이밍 정보는 Jeffress가 제안했던 것과 정확히 일치하는 방식으로 부호화되지는 않는 것으로 보인다. 그러나 Jeffress가 제안한 기본 모형은 여전히 뇌가 양이 시간차를 어떻게 처리하는지를 이해하는 데 유용하다(Møller, 2006).

양이 강도차는 외측 상올리브핵(lateral superior olivary nucleus, LSO)에서 부호화된다(Park et al., 2004). 정보는 LSO로부터 하구로 보내지고, 중뇌 부분은 타이밍과 강도 정보를 모두 부호화한다. 사실 타이밍과 강도 정보는 소리 위치 파악을 조력하기 위해 조합되기도 한다(Pena & Konishi, 2001).

이미 언급했듯이, 하구는 음위상적 체계를 갖고 있다. 즉 하구 층들에서 뉴런들은 음위상적으로(예: 음고에 따라) 배열되어 있다. 게다가, 하구는 청각 공간 지도에 기여한다. 따라서 하구는 소리 자극에 대한 중요한 정보(예: 주파수)뿐만 아니라 공간 내 그것의 위치 정보도 처리한다. 하구는 정보를 청각 공간 정보를 시각 공간 정보와 통합하는 상구로 보낸다. 음원을 향해 신속하게 시선을 돌릴 수 있는 우리의 능력은 상구에서 발원된다.

또한 하구는 정보를 청각피질로 보낸다. 많은 연구자들은 시각 체계와 매우 유사하게 청각피질은 무엇과 어디 경로 모두를 가지고 있다고 믿고 있다(Rauschecker & Tian, 2000). 무엇 시스템은 청각 대상의 성질을 처리하고, 어디 시스템은 그 위치를 처리한다. 그러나 일부 증거는 이 모형을 전혀 지지해주고 있지 않다(Middlebrooks, 2002).

소리 위치 파악 능력 측정

이런 음향 위치 파악 능력을 평가하기 위해 개발된 한 가지 측정이 최소 가청각도이다. **최소가청각도**(minimum audible angle, MAA)란 사람이 탐지할 수 있는 두 음원 사이의 최소 각도를 말한다. MAA를 결정하기 위해 연구자들은 먼저 하나의 음을 제시하고, 이어서 두 번째 음을 제시한다. 청취자는 두 음이 같은 위치에서 발생했는지를 보고하면 된다. 예를 들어 MAA가 10°라면, 우리는 10° 이하로 분리되어 있는 두 음원의 방향을 신뢰롭게 식별할 수 없다. 그러나 10° 이상 분리되어 있는 음원들은 서로 다른 위치에서 발생한 것으로 지각된다.

한 고전적 연구가 하버드대학의 한 건물의 옥상에서 수행되었다. S. S. Stevens와 Edwin Newman(1936)은 청취자 주위를 회전할 수 있는 장치에 스피커를 설치하였다. 옥상을 사용함으로써 Stevens와 Newman은 반향음에 대해서 염려할 필요가 없었다. 또한 회전 장치를 사용함으로써, 그들은 스피커를 수평면의 여러 다른 위치로 옮길 수 있었다(따라서 음원의 수직면 상의 위치는 일정하다). 이런 연구에 기초하여, 우리는 인간이 정면에서 발생되는 소리의 위치를 파악하는 데 매우 정확하다는 것을 알게 되었다. 여기서 MAA는 1° 정도로 작다. 우리는 측면에서 발생하는 소리들의 위치를 파악하는 데는 정확하지 않다. 그러나 이런 문제는 머리를 움직임으로써 극복할 수 있다.

몇 가지 이유로 많은 연구가 스피커 대신 헤드폰을 사용하여 수행되었다. 예를 들어 헤드폰은 연구자로 하여금 두 귀에 제시되는 자극들에 대해 통제를 더 잘할 수 있도록 해준다. 헤드폰을 사용하면, 자극들은 전형적으로 그 소리가 스피커가 사용될 때처럼 외부가 아닌 청취자의 머리 안에 위치된다는 경험을 일으킨다. 전형적인 소리 위치 파악 단서들이 헤드폰으로 조작될 때, 소리는 머리 내부에서 오른쪽이나 왼쪽으로 이동하는 것처럼 들린다. 따라서 헤드폰을 사용하는 연구들은 흔히 소리 위치 파악 연구이기보다는 **편재화**(lateralization) 연구라 불리기도 한다.

양이 차이가 충분하지 않을 때의 소리 위치 파악 문제

지금까지 논의된 양이 단서에 따라, 우리가 어려움을 겪을 수 있는 네 가지 유형의 소리 위치 파악을 살펴보기로 하자. 첫째, 우리가 한 귀로만 소리를 듣는다면(단이 청취), 소리 위치 파악에 어려움을 겪을 수 있다. 둘째, 수직 차원에서의 소리 위치 파악은 어렵다. 셋째, 소리가 정면에서 발생하는지 아니면 뒷면에서 발생하는지를 판단하는 것이 어려울 수 있다. 넷째, 우리는 **혼동원추**(cone of confusion)에 떨어지는 소리들의 위치를 파악하는 데 어려움을 겪을 수 있다. 그림 10.11에서 보듯이, 원추 안의 모든 위치는 가까운 귀에서 동일 거리에 있고(예: 2ft), 멀리 있는 귀로부터도 동일 거리에 있다(예: 2ft + 머리 너비). 따라서 이 원추 안의 있는 음원들은 모두 이론적으로 각 귀에 그 음원에 대한 동일한 정보 세트를 보내게 된다. 네 개의 경우 모두, 양이 시간차와 양이 강도차가 이런 소리의 위치를 파악하는 데 도움이 되지 않는다.

그럼에도 불구하고, 우리는 네 개의 시나리오 모두에서 합당한 소리 위치를 파악할 수 있다. 어떻게 그렇게 할 수 있을까? 귓바퀴는 소리 위치 파악에 중요한 역할을 한다. 그 위치 때문에, 귓바퀴는 앞뒤 식별에 도움을 준다. 게다가, 귓바퀴의 굴곡은 위에서 오는 음파를 아래에서 오는 음파와 약간 차이가 나게 만든다. 결과적으로 수직 차원의 경우, 우리는 정면에서 오는 소리들에 대해 약 4°의 MAA를 가진다. 귓바퀴의 모양을 변경시키면(플라스틱 삽입물을 사용해서), 처음에는 소리 위치 파악 능력

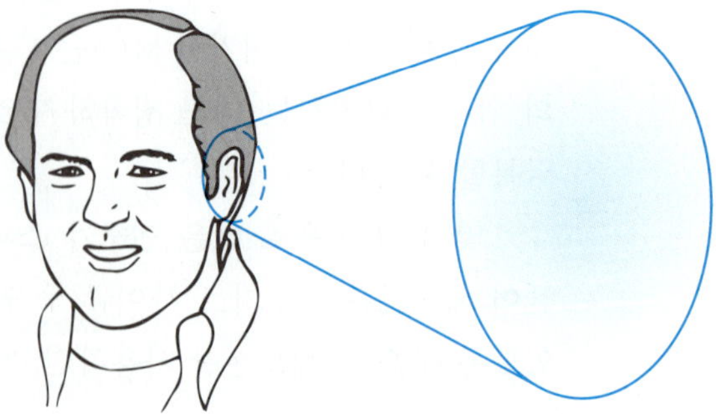

그림 10.11 혼동원추. 혼동원추 내에 위치한 소리들은 동일한 위치에서 발생하는 것으로 지각된다.

이 감소된다(Yost, 2007). 그러나 시간이 지나면 소리 위치 파악 능력이 향상되는데, 이는 학습 및 뇌 가소성과 일치하는 현상이다.

정면에서 발생하는 소리에 대해 정확한 소리 위치 파악 능력을 가지고 있음에 비추어 볼 때, 애매함을 해결하는 간단한 방법이 있다. 머리를 소리가 나는 방향으로 움직이면 된다. 우리는 세상의 능동적 지각자로 진화해왔고, 따라서 애매한 음원을 대할 때, 우리는 자연적으로 그 애매함을 해결하기 위해 움직인다. 사람들은 머리를 움직일 수 있음으로 해서 단이 소리 위치 파악 능력도 향상된다(Moore, 2004).

심화학습

동물의 소리 위치 파악 능력

대부분 동물들은 포식자를 피하거나, 먹잇감을 찾거나 동종의 다른 구성원들을 찾기 위해 환경 속에서 자연적으로 발생하는 복합음들의 위치를 파악할 필요가 있다. 인간과 다른 동물들은 기본적으로 동일한 단이 및 양이 단서들을 사용한다. 따라서 당신은 머리 크기와 귓바퀴 모양과 같은 해부학적 차이를 제외하고 인간과 동물이 유사한 소리 위치 파악 능력을 가지고 있을 것으로 기대할지 모르겠다. 사실 유사점도 있다. 예를 들어 인간과 다른 동물들은 순음보다는 복합음의 위치를 더 잘 파악할 수 있다. 또한 수직면보다 수평면의 소리 위치 파악이 더 낫다(Brown & May, 2005).

그럼에도 불구하고, 인간과 동물은 소리 위치 파악 능력에서 차이를 보이기도 한다. 즉 인간은 대부분 다른 동물보다 더 나은 소리 위치 파악 능력을 가지고 있다. 예를 들어 정면에서 발생하는 소리의 경우 인간에게 있어 MAA가 코끼리나 병코 돌고래와 거의 같은 수준이고, 원숭이나 고양이, 쥐, 주머니쥐, 말보다는 더 낫다(Brown & May, 2005; Moss & Carr, 2003). 수직 음향 위치 파악의 경우, 인간은 돌고래나 고양이와 거의 같은 수준이며, 주머니쥐나 친칠라보다 더 낫다. 그러나 동일한 기본적인 단서를 사용하는 인간은 올빼미만큼 어둠 속에서 잘 항행하지는 못한다. 이런 야행성 동물에 대해 좀 더 살펴보기로 하자.

올빼미의 소리 위치 파악

야행성 조류는 몇 종이 안 되기 때문에 올빼미는 밤에 많은 경쟁을 하지 않고도 작은 쥐나 다른 먹잇감을 사냥하도록 진화했다. 올빼미는 이런 과업을 어떻게 수행할까?

야간시를 발달시켰을까 아니면 특별히 탁월한 촉각이나 후각을 발달시켰을까? 이런 가능성들은 명민한 증명을 통해 제외되었다(Konishi, 1973). 올빼미는 바닥이 소음을 줄여주는 스펀지 고무 패드가 깔린 완전히 어두운 방에서 기다린다. 연구자들은 짧은 줄로 쥐의 꼬리에 작은 종이 뭉치를 매달아서, 방에 풀어 놓는다. 올빼미는 조용히 달리는 쥐 뒤에서 바스락 소리를 내는 종이 뭉치를 공격했다(쥐가 종이 뭉치와 아주 짧은 거리에 있었을지라도). 따라서 조명이 없는 상황에서 올빼미는 청각 정보만을 사용해서 먹잇감의 위치를 파악한다. 물론 어느 정도 조명이 가용한 자연 환경에서 올빼미는 항행을 위해 뛰어난 저광도 시각(low-light vision)과 소리 위치 파악 모두를 사용한다.

올빼미는 지각적 능력이 있고 쥐는 오래된 종이 뭉치 트릭을 알아차릴 만큼 명민하지 못하기 때문에, 올빼미는 야생에서 쥐를 사냥하는 데 매우 성공적인 수행을 보인다. 그러나 올빼미가 이런 야행성 쥐들을 사냥하도록 진화하는 동안, 쥐들은 포식자로부터 피하는 능력을 진화시켰다. 예를 들어 많은 쥐들은 소음을 최소화하기 위해 부드러운 표면으로 이동함으로써 주시 받지 않으려는 시도를 한다. 이 쥐들은 올빼미가 자신들을 사냥하려 한다는 것을 탐지할 때(주로 올빼미가 날 때 발생하는 소리를 감지하여), 다양한 도피 방략을 사용한다. 예를 들어 쥐는 갑자기 정지해(조용히) 있다가 무선적인 방향으로 빠르게 달린다(Edut & Eilam, 2003, 2004).

캥거루 쥐는 특히 올빼미를 탐지하고 피하는 기술이 뛰어나다. 즉 올빼미 배설물을 감지하면, 캥거루 쥐는 움직이는 양을 최소화한다. 분명 캥거루 쥐는 특히 접근하는 올빼미 소리를 잘 감지하고, 올빼미 공격에 공포를 느낄 때는 약 30cm까지 점프를 할 수 있도록 진화했다(Stangl et al., 2005). 그런 도피 방략은 효력을 발휘하는 것 같다.

올빼미의 소리 위치 파악 기술은 몇 가지 중요한 해부학적 특성에서 나온다. 올빼미는 어떤 다른 동물보다 수직면의 소리 위치를 더 잘 파악할 수 있다. 이런 능력은 비대칭적인 귀 구조에서 나온다(오른쪽 귀는 위로 향해 있고, 왼쪽 귀는 아래로 향해 있다). 부가적으로, 올빼미의 얼굴 특징들은 고주파(6,000~12,000Hz) 음 지각을 향상시킬 수 있는 포물선 모양의 반사판 작용을 한다. 이런 두 가지 특징을 **그림 10.12**에서 볼 수 있다.

올빼미는 소리의 위치 파악을 위해 인간과 마찬가지로 양이 단서들(시간차와 강도차)을 사용한다. 인간과 같이 올빼미는 수평면에서 발생하는 소리의 위치 파악을 위해 시간차를 사용한다. 그러나 올빼미의 귀 구조는 비대칭적이기 때문에, 강도차를

그림 10.12 올빼미의 얼굴 구조. 올빼미는 얼굴 특징이 비대칭적이어서 수직면에서 발생하는 소리의 위치를 잘 파악할 수 있다. 그림에서 볼 수 있듯이, 올빼미의 오른쪽 눈 주변 깃털은 왼쪽 눈 주변 깃털보다 작다. 왼쪽 귓구멍은 더 위에 위치해 있고 아래로 기울어져 있기 때문에, 아래 방향에서 발생하는 소리에 더 민감하다. 오른쪽 귓구멍은 아래에 위치해 있고 위로 기울어져 있어, 위에서 발생하는 소리에 더 민감하다. (Photo from PGC/Hal Korber, figure from Kundsen, 1981)

사용해서 수직면에서 발생하는 소리의 위치를 파악할 수 있다(Konishi, 2003).

올빼미의 놀라운 소리 위치 파악 능력 때문에, 연구자들은 특히 올빼미의 청각 체계에 관심을 가져왔다(Konishi, 2000, 2003). 올빼미의 뇌 구조는 소리 위치 파악을 위해 요구되는 마이크로 초(백만분의 1초)의 차이를 정확하게 탐지할 수 있도록 진화했다(Carr & Soares, 2007; Wagner et al., 2005). 또한 청각 공간 지도가 하구와 상구 모두에서 발견된다. 인간에게 있어 상구의 작용과 마찬가지로, 올빼미도 그에 상응하는 구조가 청각 지도로 배열되는 시각적 공간 지도를 가지고 있다(DeBello & Kundsen, 2004). 그러나 청각 지도는 안정적이지 않고, 대신에 올빼미가 움직이는 음원을 추적하는 동안에 이 지도는 변한다(Witten et al., 2006).

테마 4가 시사하듯이, 경험은 올빼미에게 있어 소리 위치 파악에 중요한 역할을 한다(Kundsen, 2002). 예를 들어 두 귀 중 하나를 막게 되면, 올빼미는 막지 않은 귀 방향으로 들어오는 소리의 위치를 엉뚱하게 판단한다. 그러나 올빼미의 소리 위치 파악 능력은 하나만 기능하는 귀를 사용하면 할수록, 즉 경험이 많을수록 향상된다. 귀마개를 제거하면, 올빼미는 다시 이전의 소리 위치 파악 능력으로 돌아가기 위해 어느 정도 적응 시간을 필요로 한다.

경험의 역할을 보여주는 또 다른 예가 청각 공간 지도를 포함하는 올빼미의 하구에서 발견된다. 시각적 공간 정보(올빼미의 상구에 상응하는 구조에서 나오는)는 하구에서 청각 지도를 형성하도록 하는 데 중요하다(Kundsen, 2002). 테마 1의 진술처럼 감각들은 유사성을 공유하고 있고, 서로 상호작용도 한다. 시각 경험이 올빼미의 청각 지도에 미치는 영향은 테마 1을 지지해주는 흥미로운 예이다.

공중과 수중에서의 반향음 위치 판단

어떤 동물들은 소리 위치 파악을 위해 환경적 요인들에 의존하기보다 **반향음 위치 파악**(echlocation)을 사용해서 세상을 항행한다. 즉 음향 신호를 방출하고, 돌아오는 반향음 신호로부터 환경에 대한 정보를 수집한다. 비록 인간이 정상적으로는 그런 방략을 사용하지 않더라도, 우리는 그것을 학습할 수 있다(Amedi et al., 2007; Waters & Abulula, 2007). 예를 들어 시각이 손상된 사람들은 항행을 돕는 자생적 소음(예: 시각장애인용 지팡이)을 오랫 동안 사용한다. 이제부터 반향음 위치 파악의 달인 수준에 있는 동물들을 살펴보기로 하자.

박쥐 대부분의 박쥐들은 주로 청각 정보에 의존해서 생존해간다. 올빼미처럼, 대부분의 박쥐도 야행성이다. 밤에 하늘을 나는 육식동물은 거의 없기 때문에, 박쥐는 희생을 염려하지 않아도 되고, 오로지 사냥에만 집중하면 된다. 어떤 박쥐들은 과일을 먹기도 하고, 다른 박쥐들은 물고기나 작은 양서류를 잡아먹기도 하지만, 대부분의 박쥐들은 곤충을 사냥한다. 우리는 박쥐에 대해 혐오감을 갖고 있기는 하지만, 박쥐들은 인간에게 거의 해를 주지 않는다. 사실 어떤 박쥐 종들은 인간에게 끔찍한 포식자인 모기들을 잡아먹기도 한다. 박쥐에 대한 혐오감은 박쥐의 생김새 같은 몇 가지 이유에서 찾아볼 수 있다(**그림 10.13**을 보라).

1700년대 후반, Lazaro Spallanzani(1729～1799)는 처음으로 박쥐에 대한 연구를 수행한 연구자이다. 그는 박쥐의 눈을 가렸지만 장애물에 부딪치지 않고 여전히 잘 날 수 있다는 사실을 관찰함으로써 박쥐가 항행을 하는 데 시각 정보를 필요로 하지 않는다는 결론을 내릴 수 있었다. 그러나 Spallanzani는 박쥐가 나는 동안 장애물을 피하는 정확한 기전을 확인하지 못하였다. Spallanzani가 눈을 가린 박쥐가 어떻게 항행할 수 있는지를 밝힐 수 없었다는 점은 그리 놀라울 일은 아니다(그는 박쥐들

그림 10.13 캘리포니아 잎코 박쥐. 큰 귀와 이례적인 코 구조를 포함해서 이례적인 얼굴 특징에 주목하라. 박쥐들은 반향음 위치 파악 신호를 코와 입을 통해 방출한다.

이 내는 소리를 들을 수 없었다!). 그 후 오랫 동안 저명한 연구자들은 박쥐의 뛰어난 항행 능력이 촉각으로부터 나온다고 믿었다(Hughes, 1999).

물론 문제는 많은 박쥐 종들이 인간이 들을 수 있는 주파수 범위를 벗어나 훨씬 더 높은 소리를 방출한다는 것이다. 사실 연구자들은 매우 민감한 소리 녹음 장치를 개발해서 박쥐의 복잡한 공간 지각 능력을 밝혀야 했다. 연구자들은 반향음으로 위치를 파악하는 박쥐들이 매우 높은 강도(예: 100dB 이상)의 신호를 방출한다는 것을 알았다. 그러나 그런 신호들은 인간이 들을 수 없는 20,000Hz 이상의 기초 주파수를 가지고 있다. 다양한 박쥐 종들은 상이한 유형의 신호를 방출한다. 어떤 종은 주파수 점진 변화(sweep of frequency)와 결합해서 단일 주파수를 사용하고, 다른 종들은 주파수 점진 변화만을 사용하기도 한다(Moss & Sinha, 2003; Schuller & Moss, 2004). 박쥐는 날고 있는 먹잇감에 접근할 때, **식사 버저음**(feeding buzz)이라는 일련의 매우 짧은 격발음을 낸다. 이런 짧은 신호들의 반향음은 박쥐로 하여금 특히 초목과 같은 배경 경계면이 아닌 먹잇감 위에 안착할 수 있도록 해준다(Moss et al., 2006).

박쥐는 소리를 방출하면서 난다. 따라서 기차의 기적 소리가 당신에게 다가오면서 음고가 변하듯이 되돌아오는 반향음은 압축되거나 도플러 이동 효과(Doppler-shift)를 낸다(Behrend & Schuller, 2004). 박쥐들은 매우 높은 기초 주파수(예: 20,000Hz 이상)를 가진 음을 방출하기 때문에, 되돌아오는 더 높은 주파수(예: 60,000Hz 이상)에 대해서도 민감해야 한다. 그런 고주파수로 인해, 양이 강도차는 반향음의 위치 파악에서 중요한 역할을 한다. 비록 박쥐들이 기본적으로 인간과 동일한 청각 체계를 가지고 있다 하더라도, 외이, 중이, 내이, 그리고 뇌의 차이는 이런 청각적 능력을 갖게 한다(Vater, 2004; Vater & Kossl, 2004).

박쥐의 뇌는 완두콩 크기만 하지만, 청각 체계는 다른 포유류의 청각 체계와 유사하다(Moss & Sinha, 2003). 하구는 반향음 위치 파악에서 중요한 역할을 한다. 게다가 상구는 3차원 청각 공간 지도도 포함하고 있다.

반향음 위치 파악은 매우 민감한 항행 도구이다. 어떤 박쥐들은 0.5mm보다 약간 더 큰 선(무명실 굵기)을 탐지하여 피할 수 있다. 박쥐들은 또한 여러 다른 종의 먹잇감을 식별하는 데도 탁월하다(Houston & Jones, 2004). 그럼에도 불구하고, 박쥐들은 이따금씩 곤충 크기 정도의 공중에 떠다니는 나뭇잎을 공격하기도 한다(Fenton, 2004). 박쥐들은 반향음 위치 파악에서 크기 항등성을 보여주기까지 한다. 즉 대상들을 실제 크기가 변함에도 불구하고 같은 크기로 재인한다(Firzlaff et al., 2007).

비록 박쥐가 반향음 위치 파악에 주로 의존하더라도, "박쥐는 보지 못한다."고 말하는 것은 전혀 근거가 없다. 사실 박쥐의 시각 능력은 다른 야행성 동물의 시각 능력과 같다(Eklof, 2003). 여러 다른 환경에서 박쥐는 실제로 반향음 위치 파악보다는 시각에 의존한다. 예를 들어 박쥐가 야간에 동굴을 벗어나면, 잠정적으로 혼동을 일으키는 청각 정보에 의존하기보다는 동굴 입구에 비친 미광을 향해 날아간다. 마찬가지로, 박쥐가 대낮에 가정집에 들어오면, 도피하기 위해 창문으로 돌진하곤 한다. 박쥐가 시력이 없다면 그렇게 할 수 없다.

올빼미도 그렇지만, 박쥐와 먹이의 관계는 흥미롭다. 예를 들어 많은 곤충들은 박쥐의 신호를 탐지하도록 진화했다(Denzinger et al., 2004; Masters & Harley, 2004). 곤충들이 박쥐의 신호를 탐지할 때, 날 수 있는 곤충들은 실제로 날갯짓을 멈추고 빠르게 낙하한다. 다른 곤충들은 규칙성이 없는 패턴으로 날면서 박쥐에게서 나온 신호를 벗어난다. 또 다른 곤충들(예: 불나방)은 실제로 박쥐의 반향음 위치 파악을 방해하는 클릭음을 방출하기도 한다(Tougaard et al., 2004). 그러나 수컷 나방이 암컷 나방의 페로몬에 끌리는 동시에 박쥐의 신호를 탐지하는 경우 어떻게 할까? 섹스와 생존의 갈림길에서 수컷 나방은 바로 근처에 있다는 것을 암시하는 박쥐의 신호가 실제로 강하지 않는 한 암컷 나방을 택한다(Skals et al., 2005). 신호가 강한 경우라면, 수컷 나방은 먼저 박쥐를 피하고 나중에 좀 더 평화로운 시간이 되었을 때 암컷 나방을 구하려고 할 것이다.

돌고래 바다에 사는 생명체들은 많은 도전에 처한다. 한 가지 문제는 심해로 갈수록 가용할 수 있는 빛이 적어진다는 것이다. 따라서 올빼미나 박쥐처럼 이들 바다 생명체들은 먹이의 위치를 파악하기 위해 시각에 의존할 수 없다. 다행스러운 것은 반향음 위치 파악이 수중 환경에서도 효력을 발휘한다는 것이다. 물은 훌륭한 탄성체이기 때문에, 음파를 잘 전달한다. 그러나 음파에 대한 임피던스를 고려하면, 수중 반향음 위치 파악은 매우 높은 강도의 음파를 필요로 한다는 것을 인식할 것이다.

여러 수중 동물들은 뛰어난 반향음 위치 파악 능력을 지니고 있지만, 여기서는 돌고래에 초점을 맞추기로 하겠다. 박쥐는 후두를 통해 신호를 발생시킨다. 이와 반대로, 돌고래는 이마에 있는 구조들을 통해 매우 높은 강도(200dB 정도)의 클릭음을 발생시킨다(Cranford & Amundin, 2004; Hughes, 1999). 이런 다중 주파수 클릭음은 돌고래에게 시간과 주파수 정보 모두를 제공하는 거의 이상적인 수단이 된다.

박쥐나 인간과 달리, 돌고래는 외이가 기능하지 않는다. 대신에 돌고래의 아래턱은 실제로 음파를 두개골에 포함되어 있지 않는 중이와 내이로 전송한다. 돌고래의 뇌는 고도로 발달되어 있어 돌고래를 대상으로 하는 연구 유형에 윤리적인 제한이 따른다(예: 단일세포 기록법은 적용되지 못한다). 결과적으로, 우리는 돌고래의 청각 체계보다는 박쥐의 청각 체계가 반향음 위치 파악을 어떻게 처리하는지에 대해서 훨씬 더 많이 알고 있다. 그럼에도 불구하고, 박쥐의 경우처럼 돌고래의 하구는 반향음 위치 파악에 중요한 역할을 하는 것이 확실하다(Glezer et al., 2004).

돌고래는 지능이 높기 때문에, 연구자들은 전형적으로 잘 훈련된 포획 돌고래를 사용하여 여러 인지적 및 지각적 능력을 연구했다(Masters & Harley, 2004). 예를 들어 반향음 위치 파악을 사용해서 돌고래는 다른 방향에서 제시되는 간단한 사물들(예: 정육면체나 원통)을 식별할 수 있다.

몇몇 연구들은 돌고래가 인간과 동일한 유형의 대상 통합 경험을 한다는 것을 밝혔다(Pack et al., 2004). 즉 돌고래가 대상을 보고 음향 신호를 방출할 수 있을 때, 두 종류의 정보를 그 대상의 이미지로 통합시킨다. 이제 인간의 시각과 청각적 소리 위치 정보 통합에 대한 논의로 돌아가기로 하자.

시각과 청각 위치 파악 통합

테마 1은 다중 감각에 대해 진술하고 있다. 그러나 9장에서 청각 체계를 논의하기 전까지 우리는 전적으로 시각 체계에 집중하였었다. 공간 내 대상들의 위치 파악을 논의하면서 이제 청각과 시각 정보에 대한 풍족한 비교를 할 수 있게 되었다.

물론 우리 주위의 세상은 3차원이다. 우리는 전형적으로 청각과 시각 체계 모두를 통해 세상에 대한 공간 정보를 수용한다. 그러나 시각 체계가 청각 체계보다 더 정확한 공간 위치 정보를 제공함은 분명하다. 따라서 공간 내 대상의 위치를 판단하기 위해 우리가 시각 정보에 주로 의존한다는 것은 그리 놀라운 일은 아니다. 이런 의존성은 시각과 청각 정보가 불일치할 때 분명해진다.

예를 들어 극장에서 영화를 감상하거나 TV를 시청할 때, 우리는 청각 정보를 발생시키는 스피커들이 다른 곳에 위치해 있더라도 마치 음성이 화면 속 배우의 입에서 나오는 것으로 지각한다. 이런 '변사효과(ventriloquism effect)'는 소리가 마치 시각적 출처로부터 나온다고 오지각하는 **시각 포획**(visual capture)의 결과로 발생한다. 그런 시각 포획 현상은 시각 대상이 움직일 때도 발생할 수 있다(Vroomen & de Gelder, 2003).

비록 우리가 주로 시각 정보에 의존할지라도, 시각 입력 정보가 일반적으로 청각 입력 정보를 지배하는 것으로 생각하지 않는 것이 최선이다. 대신에 인간은 더 나은 정보를 제공하는 입력을 선택하도록 진화한 것으로 보인다(Witten & Knudsen, 2005). 청각 체계는 일반적으로 시간 정보(temporal information)를 처리함에 있어 시각 체계보다 더 낫다. 결과적으로 속도에 대한 청각 정보(예: 가볍게 두드리는 소리)가 속도에 대한 시각 정보(예: 깜박이는 불빛)와 다를 때, 우리는 청각 정보를 신뢰한다. 그러나 청각 정보가 약해지면, 사람들은 시각 정보에 더 의존하게 된다(Roach et al., 2006). 마찬가지로, 우리는 시각 위치 파악 정보에 주로 의존한다. 그러나 그 정보가 약해지면, 우리는 다시 공간적 위치를 판단하기 위해 청각 정보에 더 의존하게 된다(Recanzone & Sutter, 2008).

우리가 특히 공간 내 대상들의 위치를 파악하는 데 시각과 청각 정보를 모두 사용하는 것만은 분명하다. 그러나 뇌의 어느 영역에서 그런 통합이 일어나는지는 분명하지 않다. 청각과 시각 공간 지도가 밀접하게 관련되어 있기 때문에, 상구가 아마도 통합적 공간 지각을 일으키는 중요한 역할을 하는 것으로 보인다(Stein & Meredith, 1993). 그러나 측두피질, 전두피질 및 시각피질을 포함해서 많은 피질 영역들 또한 이런 지각 통합에 관여한다(Zimmer et al., 2004).

소리 방출 대상의 위치에 대한 시각과 청각 정보는 전형적으로 일치한다. 따라서 감각들의 상호작용(테마 1)은 공간 내 대상들의 위치를 파악하는 우리의 능력을 고양시킨다. 자극 속에서 가용한 소리에 대한 정보의 풍부함(테마 2)과 청각 체계가 이런 정보를 사용하는 능력(테마 3)이 결합적으로 작용하기 때문에, 우리는 소리의 방향을 확인하는 과제를 노력을 들이지 않고도 해낼 수 있는 것이다.

절 요약

소리 위치 파악

1. 소리 위치 파악은 소리의 방향과 거리 확인을 포함한다. 소리의 방향에 대한 한 가지 단서는 소리가 두 귀에 도달되는 거리의 차이 때문에 발생하는 양이 시간차, 개시 시간차 및 위상차로부터 얻어진다. 양이 시간차는 특히 저주파수음에 대해 유용하다.
2. 소리의 방향에 대한 두 번째 단서는 소리가 두 귀에 도달될 때 발생하는 강도 차이에 기인하는 양이 강도차이다. 양이 강도차는 특히 고주파수음에 대해 유용하다.
3. 청각 체계가 양이 시간차와 양이 강도차에 대한 정보만을 가질 때, 모호성이 나타날 수 있다. 귓바퀴 모양과 머리나 신체 움직임에 기초된 정보가 이런 모호성을 해결하는 데 도움을 준다.
4. 상올리브핵은 소리 위치 파악을 위해 중요한 구조이다. 그 구조 안쪽의 내측 올리브핵은 양이 시간차 정보를 처리한다. 외측 올리브핵은 양이 강도차를 처리한다.
5. 올빼미, 박쥐, 돌고래는 모두 탁월한 시각 체계를 가지고 있다. 그러나 그것들은 어둠 속에서 매우 효과적인 소리 위치 파악 능력에 의존한다. 특히 올빼미는 비대칭적 귀 구조를 가지고 있어 수직면에서 발생하는 소리의 위치 파악에 효력을 발휘한다.
6. 박쥐와 돌고래는 모두 환경 속 대상들의 위치를 파악하기 위해 반향음 위치 파악(그들이 방출하는 신호의 반향음을 청취하는) 능력을 사용한다. 그러나 그 기전은 박쥐가 공중에서, 돌고래는 수중에서 기동하기 때문에 다르다.
7. 우리의 공간 지도는 청각과 시각 정보의 강력한 상호작용으로 통합된 것이다. 시각과 청각 정보 간에 갈등이 발생할 때, 사람들은 더 나은 정보를 제공하는 감각에 의존하는 경향이 있다.

동시적 음 지각

전형적으로, 우리는 하나의 소리를 고립적으로 청취하지 않는다. 근로자가 새롭게 설치되는 문에 망치질을 하는 동안 멀리서는 새소리가 들리고, 이웃이 대화하는 소리도 들린다. 즉 이 소리들을 일시에 듣는다. 연구자들은 특히 어떤 유형의 동시에 발생하는 소리들에 관심을 가져왔다. 세 가지 예(순음 결합, 차폐, 소음)를 하나하나 살펴보기로 하자.

순음 결합음에 대한 지각

만약 몇 개의 순음을 동시에 재생한다면, 우리는 어떤 소리를 청취하게 될까? 답변은 간단하지 않다. 부분적으로는 두 개의 순음 위치에 달려 있다고 말할 수 있다. 한 위치에서 발생하는 순음들이 서로 배가되는 복합음(예: 200Hz, 400Hz, 600Hz, 800Hz 등)을 논의한 바 있다. 그 경우, 우리는 개별 성분 요소를 청취하지 않지만, 200Hz 순음에 가까운 음고를 가진 복합음을 듣는다.

만약 그 순음들이 기초 주파수의 배가 아니라면 어떤 일이 벌어질까? 주파수가 유사한 두 개의 음이 동시에 제시되면, 우리는 하나의 복합음으로 듣지 않으며, 또한 식별할 수 있는 두 개의 음으로도 듣지 않는다. 대신 우리는 하나의 낯선 음을 듣게 된다. 두 음의 주파수 차이에 따라, 우리는 음량을 가진 단일 펄스음으로 듣거나 불쾌한 거칠음을 듣게 된다. 이런 음량 펄스음을 **비트음**(beats)이라 한다.

이런 비트음들은 머리 외부에서 발생하는 두 개의 소리를 결합함으로써 발생하며, 한 귀로도 들을 수 있다(단이 비트). 흥미롭게도 비트음들은 하나의 저주파수음이 왼쪽 귀에 제시되고, 다른 음이 오른쪽 귀에 제시될 때도 발생할 수 있다(Moore, 2004). 그런 비트음들을 **단이 비트음**(monaural beats)과 구분하기 위해 **양이 비트음**(binaural beats)이라 한다. 양이 비트음은 두 귀에서 나온 정보의 신경적 결합으로부터 발생된다. 이는 소리 위치 파악에 토대가 되는 동일한 위상 비교 능력으로 인해 발생되는 것으로 보인다. 비록 두 유형의 비트음의 청각적 경험이 유사할지라도, 양이 비트음은 전형적으로 단이 비트음보다는 덜 두드러진다. 청각적 비트음은 WWW해보기 10.4를 통해 경험해볼 수 있다.

매우 다른 두 음의 단이 결합을 제시하면 어떤 일이 발생할까? 두 음이 주파수에서 10% 이상 차이가 있을 때, 우리는 두 개의 식별이 가능한 음을 들을 수 있다. **협화음**(consonance)은 동시에 제시되는 두 개 이상의 음 결합으로 쾌 지각을 일으키는 음이다. 일반적으로 음 결합은 두 음의 주파수 비율이 2/3와 같이 단분수이면 협화음이 된다(Pierce, 1999). 이와 반대로, **불협화음**(dissonance)은 동시에 두 개 이상의 음 결합으로, 불쾌 지각을 일으키는 음이다. 일반적으로 두 음의 비율이 단분수가 아닐 때, 그 결합음은 불협화음이 된다. 11장에서 음악을 논의를 할 때 협화음과 불협화음에 대해서 좀 더 언급하기로 하겠다.

차폐

두 개의 음을 동시에 제시할 때, 우리는 이따금씩 두 개의 개별 음을 듣지 못할 뿐만 아니라, 두 음이 결합된 단일음도 듣지 못한다. 대신 하나의 음은 다른 음을 더 듣기 어렵게 만들기도 한다. 이런 현상을 **차폐**(masking)라 한다(Yost, 2007). 하나의 음이 다른 음을 차폐시킬 수 있는 능력은 두 음의 성질(음이 순음이든 복합음이든 관계없이 주파수와 강도)에 달려 있다. 물론 일반적으로 말해서 강도가 더 강한 음이 더 약한 음을 차폐시킨다.

특정 음에 의해 차폐될 수 있는 주파수 범위를 그 음의 **임계대역**(critical band)이라 한다(Moore, 2004). 일반적으로 음은 주파수가 같거나 더 높은 다른 음들을 차폐시킨다. 음은 주파수가 더 낮은 다른 음들을 차폐시키는 데는 덜 성공적이다(Plack, 2005; Yost, 2007). 임계대역폭은 고주파수음들에 대해서는 더 크고, 저주파수음들에 대해서는 작다(Fastl & Zwicker, 2007). 임계대역이라는 개념이 청각 조율 곡선을 상기시킬지 모르겠다. 청각 조율 곡선에 기초가 되는 내이 해부학과 생리학은 임계대역을 이해하는 데 도움을 준다. 청각 조율 곡선과 장소설에 기초하여, 저주파수음이 고주파수음을 쉽게 차폐시킬 수 있는 이유는 무엇일까?

차폐는 우리가 두 개의 음을 동시에 제시할 때 일어나지만, 또한 동시에 제시되지 않는 음들에 대해서도 일어날 수 있다(Moore, 2004). 5장에서 논의된 시각적 차폐를 기억할 것이다. 모양 지각에서 역행 차폐(backward masking)는 순행 차폐(forward masking)보다 더 수월하다. 다시 말해서, 검사 자극 다음에 제시되는 차폐 자극은 검사 자극보다 앞에 제시되는 차폐 자극보다 지각을 차단시키는 데 더 효과적이다. 이와 반대로, 청각 자극의 경우는 순행 차폐가 역행 차폐보다 더 효과적인 경향이 있다(Moore, 2004). 따라서 음은 나중에 제시되는 다른 음 청취를 차단시킬 수 있다.

소음

소음(noise)은 원하지 않는 소리로 정의될 수 있지만, 특히 부정적인 효과를 주는 소리들을 의미한다(Hygge, 2007). 물론 사람들은 소음 판단과 관련해서 차이를 보인다. 어떤 소리는 당신에게 무관하고, 과도하며, 원하지 않는 것일 수 있지만, 다른 사람에게는 달콤한 음악이 될 수도 있다. 게다가, 청각적 현상에 관심을 가지고 있는 사람들에게 있어 많은 유형의 소음들(예: 백색소음, 대역통과 소음)은 연구를 위해 중요하다(Plack, 2005).

심리학자, 공학자, 청각학자는 소음이 건강에 미치는 영향에 대해 점점 더 많은 관심을 보인다. 앞장에서 논의했듯이, 가장 확실한 효과는 큰 소음에 노출되면 영구 난청이 발생될 수 있다는 것이다(Daniel, 2007; Hygge, 2007; Rabinowitz, 2000). 특히 소음이 짧게 제시되지만 폭발음(예: 날카로운 총성이나 폭죽)이거나, 오랫 동안 매우 높은 강도를 가진 음에 노출되면 코르티기관이 영구 손상될 수 있다(Price, 2007). 소음은 또한 청각 체계에서 상위 수준의 처리에도 부적 영향을 끼칠 수 있다(Kujala et al., 2004; Salvi et al., 2007). 연구에 따르면, 마그네슘을 섭취하면 소음으로 발생될 수 있는 난청을 어느 정도 차감시킬 수 있는데, 그렇게 하기에 앞서 먼저 의사와 상담하는 것이 바람직하다(Attias et al., 2004; Nageris et al., 2004; Scheibe et al., 2001).

소음이 청각 손상을 넘어 건강에까지 부정적인 영향을 끼친다는 사실을 의외라고 생각할지 모르겠다. 한 가지 예로 만성적 소음은 스트레스와 심혈관 문제를 일으킬 수 있다(Hygge, 2007; Ising & Kruppa, 2004, 2007). 그런 효과는 공항 근처에서 살면서 큰 항공기 소음에 노출된 아동들에게서조차 발견된다(Matheson et al., 2003). 또한 소음은 수면 능력을 크게 손상시킬 수 있다(Griefahn, 2007).

소음은 비교적 복잡한 인지 과제 수행 능력에도 영향을 준다(Evans & Hygge, 2007; Hygge, 2007). 예를 들어 사람들은 저주파수 소음이 존재하는 상황에서 교정 과제 수행이 저조했다(또한 더 많은 짜증을 내기도 한다)(Persson Waye et al., 2001). 또한 공항 근처에 살고 있는 아이들도 항공기 소음으로 인해 저조한 인지 과제 수행(예: 어려운 독서 숙제)을 보였다(Matheson et al., 2003; Stansfeld & Matheson, 2003).

소음의 부정적인 결과를 모두 고려할 때, 소음 완화는 지대한 관심사임이 분명하다. 작업장에 대해 현재 정부는 산업체로 하여금 근로자들이 하루 8시간을 기준으로 85dB 이상의 소음에 노출되지 않도록 규제하고 있다(Martin & Clark, 2005). 더구나 소음이 클수록, 이런 조건에서 작업자가 일할 수 있는 시간의 양은 감소되어야 한다. 예를 들어 소음 수준이 96dB인 경우, 작업자는 2시간 정도만 작업할 수 있다. 비록 그런 작업자들이 청력 보호장구를 착용할 것을 요구받더라도, 그 보호장구들은 경고음과 같은 다른 중요한 소리까지 차단시키는 부정적인 효과를 가진다(Starck et al.,

2007).

사람들은 또한 환경 소음을 줄이려는 노력을 기울이고 있다. 예를 들어 사람들은 작업장에서 사용되는 기계 소음을 줄여주는 설계를 하고 있으며, 소음이 작업자에게 미치는 효과를 줄이기 위해 기계를 폐쇄형으로 만들기도 한다(Bramer, 2007). 자동차나 항공기에서 발생하는 것과 같이, 우리가 일상적으로 경험하는 많은 소음들은 점점 더 심각한 사회적 문제가 되고 있다(Lercher, 2007). 공학자들은 자동차와 항공기에 의해 발생되는 소음을 줄이려는 노력을 하고 있지만, 교통 소음의 영향을 적게 받는 주거지와 지역사회를 설계하는 것도 도움이 된다.

절 요약

동시적 음 지각

1. 두 개의 음이 결합될 때 그 결합음은 두 음의 주파수에 따라 단일 복합음, 비트음, 거칠음, 혹은 두 개의 식별 가능한 음으로 들릴 수 있다.
2. 두 개의 식별이 가능한 음의 결합은 두 음의 주파수 비율이 단분수일 때는 협화음으로 들리고, 그렇지 않은 경우는 불협화음으로 들린다.
3. 두 음의 상대적 진폭과 주파수에 따라 하나의 음은 음 결합에서 다른 음을 차폐시킬 수 있다.
4. 원하지 않는 소리, 즉 소음은 현대사회의 문제로 대두되고 있으며, 청각 손상을 넘어 광범한 건강 문제도 일으킨다.
5. 소음 공해는 그 소음의 강도를 줄이거나 큰 소음에 대한 작업자의 노출을 규제하고 청력 보호장구를 제공하여 그 효과를 최소화시키는 것으로 다루어지고 있다.

복습문제

1. 음고 지각의 장소설과 시간설을 논하시오. 각 이론을 지지해주는 증거를 제시하시오. 두 이론이 가지고 있는 문제점을 지적하고, 또 이 이론들이 모두 음고 지각에 어떤 기여를 하는지 예를 드시오.

2. **그림 10.2**에서 보여주는 청각 조율 곡선에서 곡선들이 고주파수음에 대해 더 첨예해지고, 왼쪽보다는 오른쪽에서 기울기가 더 크다는 것을 주목하라. 이런 현상을 당신이 알고 있는 것(특히 **그림 10.1**)을 이용해서 설명하시오.

3. 음고가 주파수와 완전 상관을 보이지 않는 이유를 논하시오. 음고 지각에 영향을 주는 요인들을 고려하시오. 주파수가 음량에 미치는 영향을 포함해서 음량과 강도의 관계성에 대해서도 동일한 방식으로 논하시오.

4. **그림 10.6**에서 보여주는 등가 음량 곡선을 사용하여 다음 질문에 답하시오(답은 후미에 제시되어 있음):

   a. 40dB, 1,000Hz 음의 경우, 어떤 음압이 300Hz 음과 동일한 음량을 갖는가? 50Hz 음은?

   b. 100dB, 1,000Hz 음의 경우, 어떤 음압이 150Hz 음과 동일한 음량을 갖는가? 50Hz 음은?

5. 음의 강도와 주파수를 측정하는 방법을 논하고, 이를 음고와 음량 크기를 측정하는 방법과 비교하시오.

6. 현재 상황에서 어느 한 소리에 주목하고, 그 음원의 방향을 판단하는 데 도움을 주는 단서들을 열거하시오. 그 음의 위치에 대해 잠정적 모호함을 해결하는 데 도움을 줄 수 있는 요인들은 무엇인가? 강도차만 사용해서 쥐, 인간, 코끼리 각각에 대해 소리 위치 파악이 가장 효과적인 주파수 영역은 무엇인가?

7. 공간 지각은 단일하다. 즉 청각과 시각 정보는 세상에 대한 일치된 세부를 제공한다. 6장에서 논한 시각적 공간 지각에 대한 정보를 이 장에서 논한 정보와 비교하시오. 정보가 통합될 수 있다고 생각하는가?

8. 박쥐와 돌고래 같은 반향음 위치 파악 능력이 있는 동물의 청각 체계를 고려하시오. 그 동물들은 인간과 어떻게 다른가? 반향음 위치 파악을 통해 세상을 완전하게 지각할 수 있을 것으로 생각하는가? (참조: Nagel, 1974)

9. 단이와 양이 비트음의 차이점을 논하시오. 음악가가 악기를 조율하는 데 단이 비트음은 어떻게 도움을 줄 수 있을까?

10. 이전에 논의된 시각 자극의 결합(예: 가산 색 혼합)과 이 장에서 논의된 청각 자극의 결합(예: 순음 결합, 차폐, 소음)을 고려하시오. 이런 결합 자극들을 부호화하는 데 있어 시각 체계는 청각 체계와 어떻게 다른가? 그 차이점은 지각적 차이를 이끌 수 있는가?

문제 4의 정답:

a. 40dB, 300Hz 음은 40dB, 1,000Hz 음과 음량이 동일하다. 65dB, 50Hz 음은 40dB,

1,000Hz 음과 음량이 동일하다.

b. 100dB, 150Hz 음은 100dB, 1,000Hz 음과 음량이 동일하다. 110dB, 50Hz 음은 100dB, 1,000Hz 음과 음량이 동일하다.

주요어

개시 시간차(onset difference)
기초 주파수 누락 효과(missing fundamental)
기초 주파수(fundamental frequency)
등가 음량 곡선(equal loudness contours)
멜 척도(mel scale)
반음계 순환(tone chroma)
반향음 위치 파악(echlocation)
배음(overtones)
봉투(envelope)
불협화음(dissonance)
비트음(beats)
소리 위치 파악(auditory localization)
소음(noise)
손 척도(sone scale)
시각 포획(visual capture)
시간설(temporal theory)
양이 강도차(interaural intensity difference)
양이 시간차(interaural time difference)
연사 원리(volley principle)
옥타브(octave)
위상 결속(phase locking)
위상차(phase difference)
음고(pitch)
음량(loudness)
음색(timbre)
음조 높이(tone height)
임계대역(critical band)
자극에 의한 귀먹음 실험(stimulation deafness experiment)
장소설(place theory)
조화음(harmonics)
차폐(masking)
최소가청각도(minimum audible angle, MAA)
편재화(lateralization)
프로파일 분석(profile analysis)
협화음(consonance)
혼동원추(cone of confusion)

추천도서

Hughes, H. C. (1999). *Sensory exotica: A world beyond human experience*. Cambridge, MA: MIT Press.

이 책은 다양한 주제(예: 개미, 벌, 새의 항행, 화학적 의사소통)를 다루고 있어 많은 흥미를 안겨준다. 이 장에서 다룬 돌고래와 박쥐의 반향음 위치 파악에 관한 논의는 특히 이 책과 관련이 있다. Hughes는 매혹적인 글쓰기 스타일을 발휘하고 있어 책을 읽는 즐거움을 안겨준다.

Luxon, L., & Prasher, D. (Eds.). (2007). *Noise and its effects*. Chichester, England: Wiley.

이 편저는 소음 지각과 소음 완화 분야의 전문가들이 집필한 장들로 구성되어 있다. 어떤 장들은 기초를 다루었고(예: 소음 측정, 소음이 청각 체계에 미치는 영향), 다른 장들은 매우 구체적인 주제를 다루었다(예: 군인에게 미치는 소음의 영향, 병원 환경에서의 소음).

Moore, B. C. J. (2004). *An introduction to the psychology of hearing* (5th ed.). Burlington, MA: Elsevier.

Moore는 이 분야의 권위 있는 연구자로, 이 책 역시 권위가 있다. 음고, 음량, 청각 공간 및 특히 차폐 현상 모두 이 장에서 다룬 내용에 대해 큰 도움을 준다.

Plack, C. J. (2005). *The sense of hearing*. Mahwah, NJ: Erlbaum.

이 책은 우리가 논의한 복잡한 주제들을 즐겁게 읽을 수 있도록 쓰여 졌다. 비록 Plack이 다른 책에서 발견할 수 있는 만큼 상세한 내용을 제공하지 않았을지 몰라도, 넓은 범위에 걸쳐 쉽게 읽을 수 있는 내용으로 구성했다. 음고 지각에 대한 Plack 자신의 관심사 때문에, 이 주제를 특히 흥미롭게 다루었다는 점이 특징이다.

CHAPTER 11

청각 패턴 지각

이 시점에서 당신은 우리의 지각적 세계가 매우 복잡하다는 것을 확실히 알았을 것이다. 우리의 시각 체계가 표상해야 하는 주변 대상들은 크기, 모양, 반사광의 파장, 거리를 포함해서 여러 측면에서 다르다. 그런 대상들은 또한 청각 체계가 표상해야 하는 매우 복잡한 음파를 발생시키기도 한다.

9장과 10장에서는 청각 체계의 구조와 기본 기능을 살펴보았다. 비록 많은 연구들이 순음의 파를 사용할지라도, 우리의 청각 체계는 복합음을 처리하도록 발달되어 있다. 따라서 이 장에서는 우리가 그런 복합적 청각 자극들을 어떻게 처리하는지를 살펴볼 것이다. 잠시 멈추고 주위에서 나는 소리들에 주의를 기울여보라. 독서하기에 조용한 장소를 물색하려는 최선의 노력에도 불구하고 주위에서 음악소리, 대화소리, 기계 소리 등이 들릴 수 있다. 이런 소리들은 복합파를 가지고 있다. 더구나 그 소리들이 동시에 발생할 때, 그것들은 기저막에 하나의 복합파를 생성시킨다.

그러나 기저막의 복합 운동은 파의 잔물결이 기타 소리에 의해 발생한 것인지, 아니면 음성이나 바람소리, 혹은 환풍기 소리에 기인한 것인지를 알려 주는 푯말을 포함하고 있지 않다. 하지만 대부분의 청각 경험은 노력을 들이지 않고도 분석이 가능하다. 우리는 어떤 복합 파형을 듣는 것이 아니라, 단순히 기타 소리, 음성, 환풍기 소리를 듣는다. 어떻게 그렇게 할 수 있을까?

10장에서 언급했듯이, 연구자들은 실험실에서 복합음을 점점 더 많이 사용하고 있다. 청각 장치(내이)는 충분히 단순음들을 분석할 수 있다. 그러나 더 복잡한 음들은 내이의 분석 능력을 압도하기 시작한다. 테마 4의 진술과 일치하듯이, 지식과 기대는 복합음 지각에 중요하다.

여기서 논의될 음파들은 시간이 경과하면서 주파수 구성이 변하거나 변조되는 매우 복잡한 자극들이다. 그런 복합적 청각 자극의 패턴 지각에 대한 연구를 논의한 후에, 두 가지 특별한 복합적 청각 자극의 예(음악과 말소리)를 살펴보기로 하자.

복합적 청각 자극의 패턴 지각

심리학자들이 복합음 연구를 시작하기까지 왜 그렇게 오랜 세월이 흐른 것일까? 가로등 밑에서 열쇠를 찾고 있는 만취한 사람에게 한 이방인이 다가왔다. 그 이방인은 잠시 동안 찾지 못할 열쇠를 같이 찾다가, 만취한 사람에게 열쇠를 어디에서 분실했는지 물어본다. 만취한 사람은 도로 먼 곳을 손가락으로 가리켰다. 이방인은 만취한 사람에게 "그런데 왜 이곳에서 열쇠를 찾고 있는 겁니까?"라고 물었다. 만취한 사람은 "여기가 저기보다 더 밝으니까"라고 대답했다.

실험실에서는 정확한 통제가 필요하기 때문에 흔히 연구자들로 하여금 가용한 테크놀로지에 의해 제한된 연구 문제만을 공략하게 만든다(비록 더 중요한 문제가 다른 곳에 놓여 있더라도 밝은 곳을 찾는다). 앞 장들에서 살펴본 것처럼, 기술적 진보는 흔히 중요한 경험적 진보를 위한 도로 포장을 해준다.

마찬가지로, 연구자들로 하여금 소리 자극의 몇 가지 파라미터들을 동시에 통제할 수 있도록 해주는 기술적 진보는 복합적 청각 자극의 패턴 지각에 관심을 가질 수 있도록 해주었다. 연구자들은 이런 복합적 청각 자극들을 연구하면서 곧 경험, 기억, 주의가 음향 지각에 중요한 역할을 한다는 것을 인식하게 되었다(Watson & Kidd, 2007). 이런 상위 수준의 처리는 완전히 테마 4와 일치한다.

복합적 청각 자극은 복합적 시각 자극과 유사한 도전을 안겨주기 때문에, 앞으로의 논의는 사실상 이미 논의된 시각 패턴 지각과 많이 중복될 것이다. 기억하겠지만, 복합적 시각 자극을 이해하기 위해 시각 체계가 사용하는 중앙 처리에 논의의 초점을 맞춘 바 있다(게슈탈트와 인지 심리학자들의 기여). 먼저 청각 체계가 처하는 복잡성을 기술하고, 게슈탈트 접근법과 인지적 접근법으로 돌아가, 청각 자극들에 그 접근법들을 적용해보기로 한다.

복합음 자극의 성질

테마 2의 진술처럼, 우리의 지각적 세계는 풍부한 정보를 포함하고 있다. 우리가 기타와 같은 하나의 음원에서 나온 복합파를 처리할지, 아니면 여러 음원에서 나온 복합파들의 결합을 처리할지와 관계없이 청각 체계는 많은 정보로 부담을 갖게 된다.

그런 정보는 청각 체계에 복잡한 분석적 문제를 일으킨다. 당신은 많은 사람들이 모여 있는 장소에서 주위에서 들리는 여러 대화를 따라가기 힘들었던 경험이 있을 것이다. 당신은 '칵테일 파티' 문제를 경험한 것이다. 논의의 목적 상, 여기서는 각 사람의 음성을 청각적 대상으로 언급할 수 있다(Griffiths & Warren, 2004; Kubovy & Van Valkenburg, 2001). 그러면 우리가 기저막의 복합 운동에서 청각적 대상들을 추출할 수 있을까?

이 문제의 본질을 다음의 Albert Bregman(1994)이 제시한 예로 조명해볼 수 있다:

AI CSAITT STIOTOS

이것의 의미는 무엇인가?

문제는 두 개의 다른 메시지가 혼합되어 있기 때문에 발생한다. 기저막에서 그런 정보의 혼합은 매우 전형적이다. 우리의 청각 체계는 우리로 하여금 여러 정보의 흐름을 분리시킬 수 있도록 발달되어 있다. 시각적 예를 쉽게 분리시키기 위해 우리는 일부 낱자들을 약간 더 드러나게 할 수 있다:

AI CSAITT STIOTOS

이제 의미가 명료해졌을 것이다. 우리는 귀로 들어오는 여러 청각적 정보 흐름들을 어떻게 분리시킬까? 우리가 하나의 청각적 메시지('A cat sits')를 다른 메시지('I sit too')와 분리시킬 수 있게 해주는 요인은 무엇일까?

청각적 대상을 추출하고 정보의 개별 흐름을 판단하기 위해 청각 체계는 소리 자극의 두드러진 특징들에 걸쇠를 거는 것으로 보인다(McAdams & Drake, 2002). 그런 특징들은 주파수, 음색, 공간적 위치, 타이밍을 포함한다. 따라서 청각적 대상들이 유사하면 할수록(예: 같은 장소에서 깊은 저음으로 대화하는 두 남자), 정보를 두 개의 흐름으로 분리시키는 것은 더 어렵다.

Bregman(1994, 2008)은 동시에 발생하는 복합음들을 분석할 수 있는 청각 체계의 능력을 청각 장면 분석(auditory scene analysis)이라 했다. 그는 청각 장면 분석이 복잡한 것은 아마도 몇 개의 처리과정들이 수반되기 때문일 것이라고 주장했다. 우리가 어떻게 중복되는 음향 정보를 분리된 흐름으로 조직하는지를 살피는 한 가지 방법은 시각 자극의 맥락에서 살펴본 몇몇 게슈탈트와 인지적 원리들을 적용하는 것이다.

복합음 이해하기

게슈탈트 접근법(예: 유사성)과 인지적 접근법(예: 하향처리)에서 나온 원리들은 청각적 대상을 판단하고 청각적 흐름을 분리시키는 데 중요한 역할을 한다. 이 원리들이 음악과 말소리 지각에 어떻게 적용될지에 대해서는 잠시 뒤에 살펴보기로 하겠다. 여전히 사람들은 동물이 내는 소리, 장비나 기계에서 발생하는 소리와 같은 많은 환경음을 구별할 필요가 있다(Gygi et al., 2004, 2007). 따라서 당신은 하나의 음원에서 나온 정보를 다른 음원에서 나온 정보와 분리시킬 수 있도록 해주는 어떤 원리의 유용성을 인식하게 될 것이다.

세부특징들을 시각 대상으로 연결시키는 동일한 집단화 원리들이 또한 세부특징들을 청각 대상으로 체제화시키는 데도 적용될 수 있다. 당신이 파도소리, 보트소리, 부표에 달린 벨소리, 갈매기 우는소리가 들리는 해변을 거닐고 있다고 하자. 그 소리들을 구별할 수 있도록 해주는 게슈탈트 원리들을 생각할 수 있는가? 예를 들어 주파수나 음색의 유사성이 어떻게 벨소리를 파도 소리와 구별할 수 있게 해주는지 고려해보라. 시간적으로 근접해서 발생하는 파도소리는 그 청각 대상을 확인하는 좋은 연속성을 만들어낸다. 벨소리에 주의를 주게 되면, 나머지 소리들은 배경음들이 된다(전경과 배경 분리의 청각 장면 적용).

앞에서 우리는 복합적 청각 자극들을 어떻게 처리하는지를 설명하기 위해 상위수준의 처리에 의존할 필요성이 있음을 보여주는 몇 가지 예를 살펴본 바 있다. 인지적 처리가 중요한 역할을 하는 한 가지 이유는 음악과 말소리 같은 복합적 청각 자극이 매우 장기간에 걸쳐 발생된다는 것이다. 또한 기억의 중요성은 시간이 지나면서 점차 수행이 향상된다는 증거를 발견할 때 명확해진다. 따라서 지각과 기억이 긴밀하게 연계를 맺고 있기 때문에 기억은 복합적 청각 자극을 처리하는 데도 중요한 역할을 한다(Dowling, 2001).

Charles Watson과 Gary Kidd는 소리 지각에서 인지적 요인들의 중요성을 보여주는 많은 흥미로운 실험을 수행해왔다. 그들의 전형적인 실험을 살펴보기로 하자. 사람들에게 각각 짧은 간격으로 분리된 10개의 음 연속으로 이루어진 많은 쌍을 청취하도록 요청했다. 청취자는 그 음 연속들이 동일한지 혹은 다른지를 판단하였다. 시행의 반은 그 음 연속 쌍들이 동일하였다. 음 연속 쌍들이 다른 경우는, 음 연속에서 하나의 음을 다른 주파수, 강도, 혹은 지속시간에서 변화를 준 것이었다. **그림 11.1**은 네 번째 음의 지속시간이 다른 음 연속 쌍을 보여주고 있다.

사람들은 연습을 하지 않을 때와 차이가 어디에서 있는지 전혀 알아차리지 못할 때 변별(단순음들을 개별적으로 변별할 때와 비교해서) 수행이 훨씬 더 저조하다. 그러나 연습 시행을 하고 나면 수행이 향상되는데, 이는 중앙 처리가 중요하다는 것을 시사한다. 비록 개인차가 크긴 하지만, 많은 연구를 통해 사람들이 복합음에 친숙해지면, 그 복합음의 미세한 세부를 훨씬 더 잘 탐지하는 것으로 나타났다(Watson & Kidd, 2007).

Watson과 Kidd가 발견한 학습과 기억의 효과는 David Green의 프로파일 분석 연구에서 발견된 결과와 상통한다. 10장에서 논의했듯이, 프로파일 분석은 사람들에게 동시에 제시되는 복합적 청각 자극들을 구별하도록 요청한다. 다중 복합음의 단일

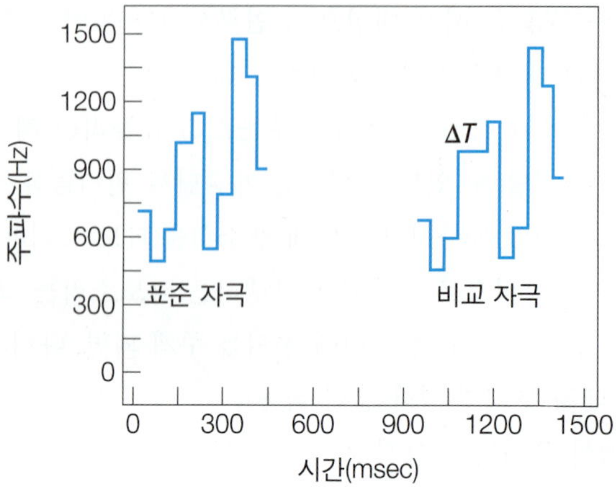

그림 11.1 Warson, Kidd 등의 연구에서 사용된 전형적인 복합 자극. 10개 음의 연속은 한 가지 다른 것을 제외하고는 표준 자극과 비교 자극 모두 동일하다. 이 경우, 연속에서 네 번째 음이 비교 연속에서만 약간 더 긴 지속시간을 가지고 있다. 일부 시행에서는 표준 자극이 두 번 반복되었고, 다른 시행에서는 표준 자극 다음에 비교 자극이 제시되었다. 사람들은 일련의 시행을 통해 두 연속음들의 쌍을 청취하고, 두 음의 연속쌍이 동일한지(표준–표준), 아니면 다른지(표준–비교)를 판단하였다. 연습 시행을 통해 음 연속을 구별할 수 있는 사람들의 능력은 향상되었고, 이는 복합 자극에 대한 지각에서 경험이 중요하다는 것을 시사한다.

출처: Espinoza-Varas & Watson(1989)

성분의 작은 변화를 확인하는 과제는 매우 어렵다. 그러나 프로파일 분석에 대한 연구는 또한 사람들이 많은 경험을 할 때 그런 과제를 훨씬 더 잘 수행한다는 것을 밝혔다(Green, 1987).

요약하면 상위 수준의 처리가 게슈탈트로 특징지어지든, 인지적인 것으로 특징지어지든지 간에 청각 기능의 많은 측면에 기여한다. 그런 처리는 특히 복합적 청각 자극을 처리할 때 중요한 역할을 한다. 이제 복합적 청각 자극의 두 가지 유형, 즉 음악과 말소리에 논의의 초점을 맞추기로 하자.

절 요약

복합적 청각 자극의 패턴 지각

1. 복합적 청각 자극의 패턴에 대한 연구가 점점 늘어나고 있는 경향성은 기술적 진보와 중앙 처리가 음향 지각에 중요하다는 신념에 기인한다.
2. 복합음은 흔히 동시에 발생되기는 하지만, 우리는 많은 다른 정보 흐름들을 분리시

킬 수 있다. 우리는 주파수, 음색, 위치, 타이밍과 같은 소리 자극의 여러 속성들에 기초하여 흐름을 분리시킨다.

3. 게슈탈트의 조직화 원리들과 전경-배경 관계성은 복합적 청각 패턴 지각에 쉽게 적용될 수 있다.
4. 인지적 처리의 중요성은 기억이 복합적 청각 자극 패턴들의 미세한 차이를 탐지할 수 있도록 돕는다는 연구 결과를 통해 잘 드러난다.

음악 지각

음악은 당신의 삶에 어떤 역할을 하는가? 일주일 동안 당신이 음악을 청취한 시간은 얼마나 되는가? 음악은 모든 문화에 걸쳐 존재하고 영아의 음악 지각이 초기에 발달된다는 사실 때문에 중요한 인간의 활동이라고 주장할지 모르겠다(Justus & Bharucha, 2002; Patel, 2008; Radocy & Boyle, 2003). 음악의 진화에 관한 이론들을 둘러싸고 많은 논쟁들이 벌어지고 있다. 그러나 여러 수준에서 음악이 복잡한 청각적 현상이라는 것은 의심의 여지가 없다. 음악 심리학의 이해에 크나큰 기여를 한 Diana Deutsch와 같은 심리학자들에게 음악은 큰 연구 관심사이다.

음악 자극의 다양한 복잡성을 이해하기 위해 음악 연주를 고려해보자. 악기가 내는 각 소리는 복합파를 발생시킨다. 어떤 주어진 시기의 음악 연주에서는 몇 개의 다른 악기들이 동시에 연주되기 십상이다. 그러나 그 소리들은 거의 두드러진 개별 음으로 들리지 않는다. 대신 그 악기들은 어떤 음고와 리듬의 선율 윤곽을 생성한다. 선율 윤곽(melodic contour)은 전형적으로 수분 동안 이어지기 때문에, 기억과 조직화 또한 음악의 통합에 중요한 역할을 한다(McAdam & Drake, 2002).

더 나아가(테마 4), 청취자는 수동적으로 지각하는 것이 아니라, 능동적으로 음악을 처리하는 데 가담한다. 이전 경험에 대한 기억은 당신으로 하여금 음악 작품을 감상하는 동안 음향 기억, 심미적 판단, 기대를 가져오게 한다. 당신이 잘 알고 있는 노래를 생각해보라. 마음속에서 연주되는 그 노래를 청취할 수 있는가? 가수의 음성과 악기의 음색을 재인할 수 있는가? 가사와 음악이 함께 떠오르는가? 연구에 따르면, 우리는 음고, 음색, 리듬과 같은 음향 자극의 여러 측면들을 기억한다(Dowling, 2001).

이런 복잡성에도 불구하고, 조금 전에 논의된 조직화 원리들은 분명 음악 지각에 적용되기 십상이다. 먼저 10장에서 논의한 지각적 특성(음고, 음 결합, 음색, 음량)을 다시 살펴보고, 이런 특성들이 음악에서 얼마나 중요한지 알아보기로 하자.

음악 자극

이 장에서 우리는 주로 청각 패턴으로서의 음악에 초점을 맞추었다. 그러나 이미 논의된 음향 특성들을 다시 살펴보기로 하겠다. 이런 기본 특성들은 음악 자극에 핵심이며, 청각 패턴의 출현에 중요한 역할을 한다. 그런 다음, 음악 자극의 다른 특성들을 알아보기로 하자.

음고

10장에서 우리는 5,000Hz 이상의 기본 주파수를 가진 음이 음고를 가지는 것으로 지각하지 않지만 20Hz에서 20,000Hz 범위의 주파수를 들을 수 있음을 알았다. 결과적으로 음악에 중요한 기초 주파수는 지각할 수 있는 주파수 범위의 하위 세트들을 형성한다. 예를 들어 **그림 11.2**에서 볼 수 있듯이 피아노의 경우 기초 주파수는 27.5에서 4,186Hz의 범위를 가진다. 또한 오케스트라를 구성하는 모든 악기(그리고 인간의 음성)는 더 제한된 범위를 가진다. 그 범위는 전형적으로 피아노가 가진 범위의 절반에 못 미친다. 협소한 기초 주파수 범위가 음악에 중요하다는 사실을 알고, 당신은 스테레오 시스템이 더 넓은 범위(흔히 전체 가청범위, 즉 20~20,000Hz)의 소리를 재생할 수 있는 능력을 발휘하는 이유에 대해 의아해할지 모르겠다. 대답은 악기에서 생성되는 배음들이 청각 능력의 상위 범위에 쉽게 도달할 수 있다는 것이다. 악기의 풍부한 음색은 기초 주파수와 배음들의 신뢰할 만한 연주에서만 재생될 수 있다.

그림 11.2는 낮은 음에서 높은 음으로 진행하는 피아노 건반을 보여준다(음고가 한 차원임을 시사하는 배열). 그러나 조직화 원리들은 음고와 같은 기본 특성들에 대해서도 작용한다. 이런 원리들은 반복되는 건반의 배열에서 자명해진다. 12개의 건반 이후부터는 모든 패턴이 반복된다. 흰 건반들은 C, D, E, F, G, A, B로 명칭이 부여된다. 흰 건반 사이에 있는 검은 건반에 의해 발생되는 음들을 반 올린 음(sharp)이나 반 내린 음(flat)이라 부른다(C#, D#, F#, G#, A# 혹은 D_b, E_b, G_b, A_b, B_b).

10장에서 논의했듯이 한 음의 주파수가 다른 음의 두 배라면, 그 두 음은 1**옥타브**(octave) 떨어져 있는 것이다. 여러 서구나 비서구 문화에서 사는 사람들조차 이런 2 대 1 주파수 관계성을 가진 음들을 유사한 것으로 지각하는 경향이 있다(Patel, 2008; Sethares, 2005). 이러한 유사성 때문에, 이 음들은 같은 명칭이 부여된다. 예를

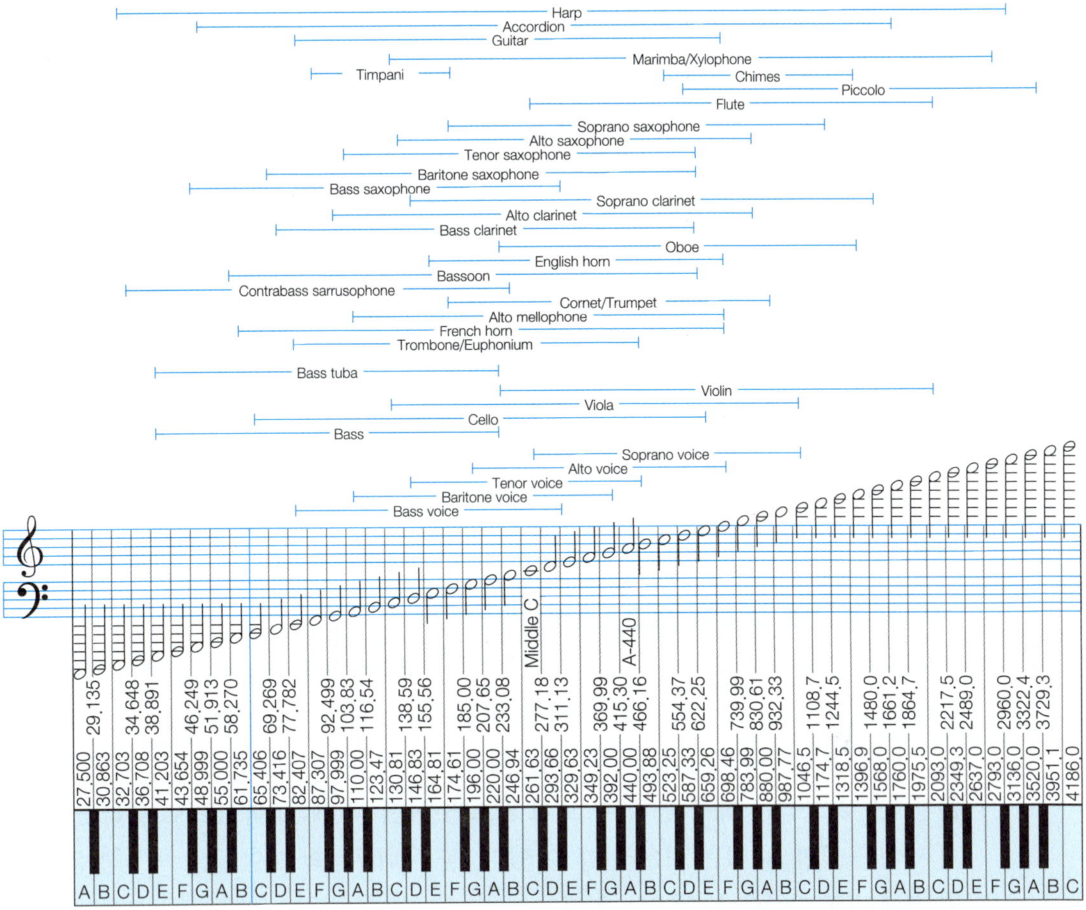

그림 11.2 피아노 건반을 기준으로 비교한 다른 악기의 음고. 흰 건반은 온음, 검은 건반은 반 올린 음(sharp)이나 반 내린 음(flat)을 발생시킨다. 하나의 건반에서 동일한 음계 명칭을 가진 다음 건반으로 이동하면, 1옥타브 위로 이동하게 된다. 각 옥타브마다 주파수는 두 배가 된다. 다른 악기들은 피아노보다 범위가 더 좁은 기초 주파수를 가진다.

출처: Pierce(1983)

들어 피아노에서 모든 C음들은 주파수에서 차이가 있고, 여러 다른 음들에 의해 분리되어 있더라도 유사하게 들린다. **반음계 순환**[1](tone chroma) 혹은 음고 계층(pitch class)이란 같은 명칭을 가진 모든 음조들이 공유하는 유사성을 일컫는 용어이다.

다른 옥타브에서 발견되는 동일 반음계 음조는 **음조 높이**(tone height)가 다르다. 따라서 피아노에서 가장 높은 C음의 음고는 나머지 다른 C음들보다도 더 높다. 피아

---

1) 하나 이상의 옥타브로 나누어진 음들이 지각적으로 유사하게 들리는 현상.(역자 주)

노 건반의 음계 위치를 나타내는 음악 기호에 따라, C_1은 가장 낮은 C음, C_2는 그 다음 높은 C음 등으로 해서 C_8까지 분류되어 있다. C_1은 32.7Hz의 주파수를 가지고 있기 때문에, C_2는 32.7×2 혹은 65.4Hz의 주파수를 가진다. 개념적으로 **그림 11.2**에서 보여주는 선형 건반 방식보다는 **그림 10.5**에서 보여주는 조직된 음고를 생각해야 한다. **그림 10.5**는 음조 높이가 증가하는 것을 나타내는 각 반음계 순환으로 음고가 반복되는 조직임을 강조하고 있다.

서양 음악가와 작곡가들은 흔히 12개 반음계 음조를 7개의 음으로 구성되는 음계로 조직한다. 예를 들어 C장조 음계는 C, D, E, F, G, A, B음(다음 음계 높이에서 반복됨)으로 구성된다. F장조 음계는 F, G, A, B_b, C, D, E음으로 구성된다. 악기가 C음으로 연주되든 아니면 F음으로 연주되든 관계없이(따라서 다른 음표를 사용해서), 그것들이 동일하다는 것을 쉽게 확인할 수 있다. 따라서 음표들 간의 관계성은 음악 지각에서 중요하다.

상대적 음고와 절대적 음고, 그리고 음치

음고의 중요성을 잘 드러내듯이, 많은 사람들은 **상대적 음고**(relative pitch) 지각을 하는데, 이는 비교 음고가 없는 한 어떤 음의 높이를 정확하게 판단할 수 없음을 의미한다. Deutsch(2006)가 지적했듯이, 시각에서도 이에 상응하는 상황으로 다른 색(예: 주황색으로 불리는 파장)을 먼저 보지 않으면 어떤 색(예: 초록색으로 불리는 파장)의 명칭을 말할 수 없는 경우라 할 수 있다. 물론 대부분의 사람들은 색 명칭을 말하기 전에 비교 자극을 볼 필요는 없다.

소수의 사람들(대략 1만 명 당 1명)은 개별적으로 제시되는 음의 음표를 말할 수 있는데, 그들은 **절대적 음고**(absolute pitch) 지각 능력을 가진 사람들이다. 절대적 음고 지각을 평가하는 다른 방법은 사람들에게 해당 음표의 음을 발생시키도록 하는 것이다. 즉 연구자는 어떤 음표(예: F#)를 지정해주고, 일정 지연 시간 후에 그 음을 내보도록 요청한다(혹은 악기로 그 음을 재생시키도록 한다). 음 산출 방법은 연구자로 하여금 동물이나 음계 명칭을 모르는 사람들의 절대적 음고 지각을 연구할 수 있도록 해준다. 이런 접근법을 사용해서, 즉 원곡과 같은 키로 대중가요를 부르거나 첫 음표를 정확하게 재인하도록 함으로써 사람들의 절대적 음고 지각을 향상시킬 수 있다(Levitin, 2006; Schellenberg & Trehub, 2003). 우는 새 종을 포함하여 다른 종들 또한 절대적 음고 지각을 보인다(Weisman et al., 2006).

음계를 정확하게 말할 수 있는 능력을 가진 사람이 드물기는 하지만, 그런 절대적 음고 지각은 일반인보다 음악가들에게 더 일반적이다. 그러나 절대적 음고 지각이 부족하다고 해서 음악을 연주하거나 감상하는 데 심각한 장애요소가 되는 것은 아니다. 사실 음악 훈련은 전형적으로 상대적 음고 지각에 초점을 맞추고 있다. 음악가들은 멜로디에 서로 근접해 있는 음조들의 관계성이 일정하게 유지되는 한, 사람들이 멜로디를 잘 확인할 수 있다는 것을 알고 있다(Deutsch, 1999b). 예를 들어 악기의 높이를 C장조에서 F장조로 변화시키면 각 음조의 높이는 변하지만, 여전히 음조 관계성은 보존된다. 그런 변화를 **조옮김**(transposition)이라 한다. 흥미로운 점은 절대 음고 지각 능력을 가진 사람들은 실제로 멜로디가 정확하게 조옮김되었는지 탐지하는 데 불리하다는 것이다(Miyazaki, 2004).

대부분 사람들은 실제 음표들을 극적으로 변화시켜도 멜로디를 쉽게 확인할 수 있다. 따라서 조옮김은 크기 및 모양 항등성과 같은 시각 항등성과 유사한 일종의 청각 항등성의 예로 볼 수 있다. 그러나 멜로디에서의 관계성은 반음계 순환뿐만 아니라 음조 높이에 의해서도 결정된다. Deutsch(1995)는 비록 반음계 음조가 적절히 조옮김된다 할지라도 매우 익숙한 음[예: 성조기의 행진(Yankee Doodle Dandy), 세 마리 눈먼 쥐(Three Blind Mice)]조차 음조 높이가 무선적인 형태(예: 옥타브를 위와 아래로 변화)로 변화되면 재인될 수 없음을 확인했다. 음악에서의 지각적 조직화에 대해서는 잠시 뒤에 더 언급하기로 하겠다. 그러나 게슈탈트의 유사성과 근접성 원리는 분명 음조를 멜로디로 조직화하는 데 중요한 역할을 한다. 옥타브 도약은 음표를 응집성 있는 멜로디로 조직화하기 어렵게 만든다. 이런 효과를 WWW해보기 11.1을 통해 확인해볼 수 있다.

절대적 음고 지각(절대음감)은 청각 연구자들, 특히 음악 지각에 관심을 가진 연구자들의 큰 관심사 중 하나이다. 그러나 심리학에서 항상 논쟁이 되고 있듯이, 이런 능력의 기원을 설명하려고 시도하는 사람들은 본성과 양육의 상대적 기여에 대해 서로 동의하지 않는다(Deutsch, 2006). 많은 증거들은 유전적 성분이 주로 기여한다는 것을 시사한다. 예를 들어, 동일 가족 구성원들은 절대적 음고 지각을 가지기 십상이다. 더구나 많은 어린 영아들은 실험 과제를 변화시켜 상대적 음고 정보를 사용하도록 유도할 수 있더라도 절대적 음고 지각을 보여준다(Saffran, 2003a; Saffran & Griepentrog, 2001; Saffran et al., 2005). 그러나 성인이 절대적 음고 능력를 발달시키기 위해서는 적절한 유전적 성향과 초년기 시절의 음악 훈련이 중요하다(Deutsch, 2006; Levitin & Rogers, 2005; Levitin & Zatorre, 2003; Zatorre, 2003).

경험의 역할을 보여주는 또 다른 예는 절대적 음고 능력을 가진 사람들이 특히 C

장조 키(일반 키)에서 발견되는 음표 확인은 탁월하지만, 이례적인 키에서 발견되는 음표 확인은 잘 못한다는 것이다(Takeuchi & Hulse, 1993). 그리고 절대적 음고 능력을 가진 사람들이 실제로 음조 확인에 실수를 범하기도 한다는 것을 이해하는 것이 중요하다(예: 반음계는 정확하게 명명할 수 있지만, 높이 명명은 종종 실패한다).

비록 초년기에 음악 훈련을 하는 것이 절대적 음고를 발달시키는 데 중요하긴 하지만, 다른 증거에 따르면 음악과 관련이 없는 이유로 음고에 초점을 맞추어도 절대적 음고를 향상시킬 수 있다. 예를 들어 어떤 언어(예: 중국어)에서는 음고가 중요한 의미를 수반한다. 이런 언어를 사용하는 많은 사람들은 절대적 음고 능력이 발달되어 있다(Deutsch, 2006; Deutsch et al., 2004a).

절대적 음고 능력을 가진 사람들의 대극에는 **음치**(tone-deafness)가 있다. 음치인 사람들은 음고를 정확하게 지각하는 데 어려움을 겪는다(Hyde & Peretz, 2004). 예를 들어 Oliver Sacks(2007)는 음고 지각의 왜곡이 주파수 스펙트럼의 작은 일부에 음향의 위치를 정하는 Jacob 사례를 기술하였다. 매우 소수의 사람들(약 4%)은 음치 때문에 여러 가지 손해를 보기도 한다. 이런 사람들은 음악을 즐기지 않으며, 멜로디를 지각하고 재인하지 못한다(Ayotte et al., 2002; Cuddy et al., 2005; Foxton et al., 2004; Sloboda et al., 2005). 그들이 겪는 문제는 우측 청각피질의 비정상적인 뇌 발달에 기인하기도 한다(Hyde et al., 2007).

많은 사람들은 자신들이 음치라고 생각한다. 그러나 그들은 실제로 멜로디를 정확하게 산출하지 못한다는 것을 의미한다(예: 그들은 노래를 부를 때 키를 제대로 잡지 못한다). 이런 사람들은 단지 음악 감상을 즐길 수 있고, 음악을 정확히 지각할 수도 있기에 실제 음치는 아닐 수 있다.

동시적 음 결합 지각

어떤 음 결합은 쾌하게 들리는데 그 이유는 무엇일까? 이 질문은 간단하지 않다. 10장에서 논의했듯이, 주파수가 유사한 두 개의 음은 동시에 제시될 때 불협화음이 된다. 예를 들어, 만약 두 개의 악기가 조율이 되지 않은 채 동일한 음표를 연주하면, 다소 차이가 있는 두 개의 기초 주파수를 발생하게 된다. 이때 우리는 비트음이나 불협화음을 지각하게 된다. 마찬가지로, 같은 악기로 두 개의 서로 가까운 반음계(예: C음과 C#음 혹은 C음과 D음)를 연주하면 불협화음으로 들린다. 다양한 협화음과 불협화음 결합을 경험하기 위해 WWW해보기 11.2를 해보라. 이 WWW해보기는 또한 일반적으로 사용되는 음정(musical intervals)에 대한 명칭을 열거하고 있다.

근접 주파수들이 불협화음을 내는 이유는 무엇일까? 음 결합이 협화음을 발생시킬지는 주로 두 음의 주파수가 단순 비율을 이루는지에 달려 있다. 한 옥타브 떨어져 있는 두 개의 주파수(예: 880Hz와 440Hz, 2:1 비율)는 서로 유사하게 들리고, 따라서 협화음을 낸다는 것을 이미 언급한 바 있다. 한편 만약 단순 비율이 아니라면, 두 개의 동시에 제시되는 음은 서로 주파수가 근접한지(예: 440Hz와 441Hz) 혹은 서로 떨어져 있는지(예: 440Hz와 700Hz)와 관계없이, 불협화음으로 들릴 것이다.

음악가들은 고대 그리스시대 이전에도 이런 단순 비율을 알고 있었던 것으로 보인다. 그러나 BC 16세기 그리스 철학자 피타고라스는 진동 줄들의 길이에 대한 비율에 대해 이론들을 정리하였다(Patel, 2008; Pierce, 1999). 세월이 지나 데카르트, 갈릴레오와 같은 다른 저명한 사상가들과 Helmholtz 또한 주파수 비율이 협화음에 미치는 영향에 대해 관심을 가졌다.

그러나 일반적으로 지각과 생리학 영역에서 그렇듯이, 그런 설명들은 단순하지 않다. 즉 협화음은 오로지 단순 비율로만 결정되지 않는다(Shepard, 1999b). 예를 들어 C장조 키로 노래를 만드는 작곡가는 C#을 사용하지 않을 것이다. 이는 그 키에서 음표들(C, D, E, F, G, A, B) 간에 불협화음으로 들리기 때문이다. 그러나 만약 그 작곡가가 적절한 선행 음악 맥락을 제공한다면, C#은 불협화음으로 들리지 않을 것이다.

다른 문화권의 음악을 고려하면 상황은 더 복잡해진다(Sethares, 2005). 동인도 음악을 처음 접하는 북미인은 그 음악에서 발생하는 음 결합을 불협화음으로, 그리고 불쾌한 음으로 지각할 수 있다. 물론 동인도권 청취자들은 협화음으로 들을 것이다. 문화적 선호도는 노출과 비례해서 변한다. 스트라빈스키의 음악(예: *The Rite of Spring*)은 1세기 전만해도 불쾌한 불협화음으로 비난을 받았었다. 그러나 오늘날 우리에게 그의 음악은 협화음으로 들린다. 테마 4의 진술처럼, 경험은 협화음과 불협화음 지각에 영향을 미친다.

음량

음량은 특정 악기와 멜로디를 강조하고, 음악에 강약을 주어, 정서적 반응을 일으킬 수 있기 때문에 음악에 중요한 역할을 한다. 어떤 노래를 청취할 때 노래의 부분들이 어떻게 음량에서 변하는지 주목하라. 또한 특정 악절에서 다른 악기들이 다른 음량으로 연주된다는 것을 주목하라.

앞 장에서 지적했듯이, 음악가들은 *ppp*(가장 부드러운)에서 *fff*(가장 강한)로 진행하는 체계로 음량을 분류한다. 음압 수준의 강도는 음량 산출에서 중요한 역할을 한다. 그러나 Fletcher-Munson 곡선(**그림 10.6**)에서 보여주듯이, 음의 주파수 또한 음량에 영향을 준다. 또한 음량은 음고에도 영향을 주는데, 이는 음량의 증가(크레셴도, crescendo)가 우리로 하여금 낮은 음량 수준에서 들을 수 없는 더 높은 주파수를 들을 수 있게 해주기 때문이다.

음색

음고와 음량이 일치할 때조차도 음원들은 흔히 식별이 가능하다. 예를 들어 플룻과 오보에가 모두 동일한 음량으로 같은 음을 연주할 수 있지만, 우리는 여전히 오보에의 비성(nasal quality)과 플룻의 순음을 구별할 수 있다. 음원의 식별이 가능한 '소리 서명(sound signature)'을 그것의 음색(timbre)이라 한다.

음색에 대한 Helmholtz의 고전적 관점은 악기들의 음질 차이는 전적으로 조화음들의 분포에 달려 있다는 것이다(Risset & Wessel, 1999). **그림 11.3a**는 오보에 음 범위에서 높은 음 가운데 하나에 대한 푸리에 분석으로 얻어진 기초 주파수와 조화음들을 보여준다. 그 조화음들은 기초 주파수와 비교해서 비교적 큰 진폭을 가지고 있고, 이런 특정 음은 8개의 조화음을 포함하고 있다. 이 조화음 분포를 **그림 11.3b**에 있는 플룻 음 범위에서 고음 중 하나를 선택해서 그것의 조화음 분포와 비교해보라. 인상적인 것은 이 음이 하나의 조화음만 가지고 있으며, 진폭이 작아서 처음에는 놓칠 수 있다는 것이다. 플룻 음의 에너지 분포의 중요한 한 가지 특징은 높은 음역에 있는 한 음이 연주될 때 기초 주파수가 거의 모든 에너지 출력을 수반한다는 것이다. 사실상 조화음들은 존재하지 않는다. 결과적으로, 이 범위에 있는 음은 맑고 순수하게 들린다(Rossing et al., 2002).

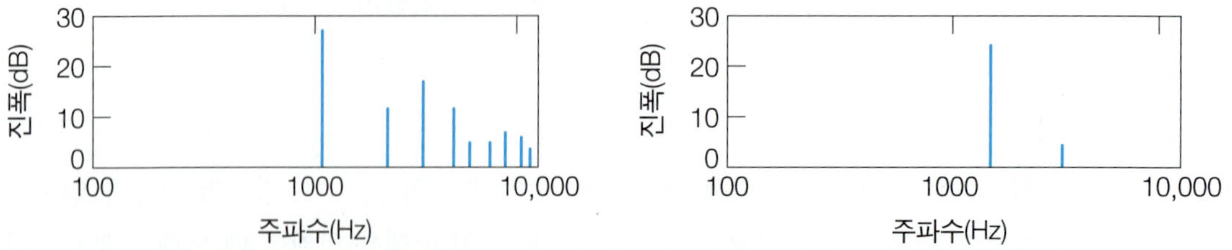

a. 오보에로 연주되는 1046Hz의 음표

b. 플룻으로 연주되는 1568Hz의 음표

그림 11.3 오보에(a)와 플룻(b)으로 연주되는 음표들에 대한 푸리에 분석. 두 악기의 기초 주파수들이 유사하더라도, 오보에가 더 많은 조화음을 발생시킨다.

출처: Olson(1967)

그러나 조화음만으로 음색을 완전히 설명할 수 없다. 예를 들어 역방향으로 소리를 연주하면 모든 기여 주파수들을 보존하지만, 원음과 현저히 다른 음색을 갖는다. 음색에 대한 보다 최근 이론들은 소리 봉투 모양의 중요성, 특히 음의 개시 시간을 강조한다. **조음 개시**(attack: 음이 나기 시작할 때까지의 지연 시간으로, 건반을 눌렀을 때 천천히 음이 나오는 것)는 음의 개시 구축으로, 이후의 소리는 최종 방출되기 전에 음표의 길이 유지 부분까지 약해진다. 음의 개시 시간은 우리가 악기를 재인하려고 할 때 중요한데, 재인 정확성은 음의 개시 시간 부분을 녹음에서 제거했을 때 감소되기 때문이다(Levitin, 2006; Patel, 2008; Sethares, 2005).

템포와 리듬

기억하겠지만, 우리의 청각 체계는 특히 타이밍 정보에 민감하다. 결국 타이밍의 여러 측면들이 음악에 중요하다(Radocy & Boyle, 2003). 각 음악은 메트로놈에 의해 분당 비트수로 측정되는 **템포**(tempo; 빠르기)나 속도(pace)를 가지고 있다. 그러나 주어진 템포 안에서 노래들은 비트를 다른 리듬 구조(미터)로 조직할 수 있다. 따라서 왈츠는 행진곡과는 다른 리듬 구조를 가지고 있다.

제한된 범위에서 사람들은 템포를 지각하고 재인하는 데 매우 뛰어나다(Levitin, 2006; Patel, 2008; Quinn & Watt, 2006). 우리는 분당 약 100회의 비트를 유지하는 데 어려움이 없지만, 분당 300회의 비트를 가진 매우 빠른 템포를 따라잡기는 어렵다. 또한 분당 50회의 비트보다 더 느린 템포에 대해서도 어려움을 보인다.

앙상블 멤버들의 수행이나 동반 무용을 돕는 데도 템포와 리듬의 역할이 중요하다는 것을 쉽게 이해할 것이다(Patel, 2008). 그러나 독주를 하거나 단지 음악을 청취하는 사람을 고려하면, 템포와 리듬은 그 음악을 조직하는 데 중요한 역할을 한다. 우리로 하여금 음표들을 하나의 멜로디 구조 속에 연결시킬 수 있도록 해주는 음고와 음색의 유사성은 리듬 구조 내 음표들의 시간적 근접성에 의해 도움을 받는다(Krumhan니, 2000; Palmer & Jungers, 2003).

지금까지 10장에서 처음 소개했던 여러 기본적인 청각 과정들을 음악 지각의 맥락에서 다시 살펴보았다. 이제 소리 지각에 관여하는 뇌 영역들에 초점을 맞추고, 음악 지각에서 그것들의 역할을 논의하기로 하자.

음악과 뇌

음악과 말소리 같은 복잡한 청각적 현상은 분명 청각피질에서 처리되어야 한다. 그러나 한 가지 제기되고 있는 논쟁은 그 뇌 영역들이 음악을 처리하는 데 전문화되어 있는지의 여부이다. (이 문제는 말소리를 논의하면서 다시 언급될 것이다.) 이 질문에 대해 종국적으로 어떻게 대답을 할지와 관계없이, 연구자들은 음악을 청취하는 동안 나타나는 뇌 활동과 관련된 많은 물음들을 계속해서 연구하고 있다. 여기서는 이렇게 활발히 연구되고 있는 분야의 몇몇 연구들을 간략하게 살펴보기로 하겠다.

음고와 리듬은 개별적으로, 혹은 통합적으로 처리되는지 불분명하지만 음악 지각에서 핵심적인 역할을 한다는 점은 확실하다(Peretz & Zatorre, 2005). 뇌 영상 연구는 반음계 순환을 부호화하는 데 중요한 역할을 하는 것으로 보이는 전두 피질 영역을 확인했다(Janata et al., 2002; Zatorre & Krumhan니, 2002). 10장의 논의를 기억하겠지만, 상측두 피질(superior temporal cortex) 영역들이 또한 음고 지각에 관여하며, 따라서 연구자들은 여전히 상측두 피질과 전두 피질간의 연결 고리를 지도화해야 한다.

음고 지각을 논의하면서, 우리는 절대적 음고 지각을 논의한 바 있다. 연구자들은 그 능력의 신경적 기반에 큰 관심을 가져왔다. 그런 연구를 수행함에 있어 연구자들은 절대적 및 상대적 음고 지각 능력을 가지고 있는 음악가들을 비교하는 것이 중요하다. 음악 훈련은 음악가의 뇌를 일반인의 뇌와 차이를 일으킬 수 있기 때문이다(Pascual-Leone, 2003; Schlaug, 2003). 그럼에도 불구하고, 절대적 음고 능력을 가진 음악가의 뇌는 상대적 음고 능력을 가진 음악가의 뇌와 다른 것으로 보인다(Levitin & Rogers, 2005; Zatorre, 2003). 예를 들어 어떤 음을 확인할 때, 절대적 음고 능력을 가진 음악가는 연합 학습을 담당하는 전두 피질 영역에서 활성화가 나타났다. 상대적 음고 능력을 가진 음악가는 음의 쌍들에 대한 상대적 판단을 할 때만 유사한 활성화가 나타났다.

우리는 뇌 손상이 수행에 미치는 영향을 연구함으로써 뇌 기능에 대해 많은 것을 알게 되었다. 그것은 분명 음악 지각의 경우도 마찬가지다. 신경학자이며 아마추어 음악가인 Ian McDonald 사례를 고려해보자(McDonald, 2006). 우측 두정엽 피질의 작은 영역에 발생한 뇌졸중 때문에, McDonald 박사는 악보를 읽고 음악을 연주할 수 있는 능력을 상실했다. 게다가 그는 더 이상 음악의 정서적 성분을 음미할 수 없었다. 이 두정엽 영역의 정확한 기능은 아직 연구 문제로 남아 있다. 그러나 이 영역은 음악의 음표에 대한 시각적 정보와 그것을 악기로 연주하는 데 필요한 행위와 같은 특정 정보들을 함께 통합시키는 역할을 하는 것으로 보인다(Janata, 2007).

뇌 손상이 단지 부정적인 결과만을 초래한다고 생각할지 모르기에 번개에 맞은 의사인 Tony Cicoria박사의 놀라운 경우를 고려해보자(Sacks, 2007). 회복되고 몇 주일이 지난 후, Cicoria박사는 처음으로 피아노 음악을 너무나도 듣고 싶어 했는데, 그때 머릿속에서 연주되고 있는 새로운 음악을 듣기 시작했다. 이런 효과는 음악가들에게는 놀랄 만한 일인데 Cicoria박사는 번개에 맞기 전까지만 해도 음악에는 전혀 관심이 없었던 사람이었다. 그러나 그는 얼마 지나지 않아서 음악에 심취하기 시작하였다. 연주는 물론 작곡까지 배우기 시작했다. 비록 신경 배열이 어떤 변화를 일으켰는지 분명치 않지만, Cicoria박사의 변신은 우리의 뇌가 음악에 심취할 수 있는 중추를 가지고 있음을 보여주는 사례이다.

음악 지각에서 인지의 역할

음악을 만들기 위해 작곡가는 시간 흐름에 따라 음표 순서를 조직한다. 노래가 연주될 때, 청취자는 일련의 불연속 음들을 듣지 못한다. 대신에 그들은 작곡가가 생성시킨 선율 악구(melodic phrases)를 듣는다. 개개 음표를 선율 구조로 조직하도록 만드는 요인들은 무엇일까? 우리로 하여금 복잡한 청각 장면을 분석할 수 있게 해주는 요인들이 또한 음악에도 적용된다. 따라서 음표의 특성(음고, 음색, 공간 위치, 음량)과 그것들이 어떻게 시간적으로 위치하느냐(리듬)가 음표를 선율로 조직할 수 있도록 해주는 요인들이다(Deutsch, 1999a). 기타 솔로연주를 청취할 때, 당신은 음의 특성(음고와 음색)이 서로 유사하고 시간상 가깝게 발생하기 때문에 선율을 따라갈 수 있다.

앞에서 언급했듯이, 게슈탈트의 조직화 법칙과 전경-배경 관계성이 음악에 적용될 수 있다(Deutsch, 1999a; Radocy & Boyle, 2003). 예를 들어 유사한 대상들이 하나의 단위로 지각되는 경향을 이끄는 유사성의 법칙을 고려해보자. **그림 11.4**에 있는 베토벤 음악을 살펴보자. 이것은 하나의 악기로 연주되는 선율이다. 음들은 두 개의 다른 음고 구간 사이에서 반복된다. 일반적인 음악에서 청취자들은 근접성의 법칙 때문에 음을 바로 전과 후의 음들과 집단화시키는 경향이 있다. 그러나 베토벤 음구를 빠르게 연주하면, 청취자들은 유사 음고 구간으로부터 음들을 함께 집단화시키는 것을 선호한다. 결국 청취자들은 높은 음고와 낮은 음고를 반복하는 하나의 선율이 아닌 두 개의 동시에 발생되는 선율 흐름(하나는 높은 음 선율, 다른 하나는 낮은 음 선율)을 듣게 된다고 보고한다. 연주 속도를 느리게 하면, 청취자들은 집단화를 강요하지 않더라도 근접성보다는 유사성에 의거하여 집단화시키는 경향이 있다.

또 다른 중요한 게슈탈트 원리는 전경-배경 관계성이다. 시각 자극의 경우처럼,

그림 11.4 유사성의 법칙에 기초하여 전형적으로 두 개의 선율 흐름으로 듣게 되는 멜로디.

출처: Beethovens's Six Variations on the Duet "Nel cor piu non mi sento" from Paisiello's Molinara

주어진 시간에는 하나의 선율만이 전경으로 들릴 수 있다. 이런 선율에 초점을 맞춤으로써 멜로디 내 관계성들을 주목하게 되고 그것을 재인할 수 있다. 이와 반대로, 다른 선율들은 배경을 이룬다. 우리는 다른 선율들을 인식하지만, 그것들은 단지 별개의 관심사이다. 유명한 꽃병-얼굴 착시(**그림** 5.9)처럼, 우리는 동시에 전경과 배경에 모두 주의를 줄 수 없다. 그러나 일반적으로 배경은 전경이 되기도 한다. 라디오를 켜고 대중가요를 듣는 동안, 기타 선율에 주의를 주고 그 선율을 전경으로 지각할 때, 가수의 음성은 배경으로 물러나게 된다.

고전적 실험으로 Dowling(1973)은 두 개의 선율을 분리시키고 전경-배경 관계성을 지각할 수 있는 청취자의 능력을 살폈다. 그는 두 개의 친숙한 음악('Mary Had a Little Lamb'과 'Three Blind Mice')을 동시에 들려주었다. 그러나 이런 이례적인 제시에서 두 음악의 음조들은 서로 섞여서, 'Three Blind Mice'가 1, 3, 5 등의 음으로 재생되고, 'Mary Had a Little Lamb'은 2, 4, 6 등의 음으로 재생되었다. 두 음악이 유사한 음고 구간에서 제시되었을 때, 청취자들은 두 개의 다른 음악을 지각할 수 없었다. 그러나 두 개의 분리된 선율은 그 음악들이 1옥타브 정도의 차이가 있는지, 혹은 두 음악의 음색이나 음고가 차이가 있는지를 재인할 수 있었다(Dowling, 2001). 그러나 일단 선율이 재인되고 나면, 청취자들은 흥미로운 전경-배경 관계성을 보고했다. 예를 들어 그들이 'Three Blind Mice'에 주의를 주면, 'Mary Had a Little Lamb'은 배경이 되었다. 두 선율이 동시에 전경으로 지각될 수 없었다. 마찬가지로, 'Mary Had a Little Lamb'에 주의를 주면, 'Three Blind Mice'는 배경이 되었다.

물론 이 실험은 사람들이 이 두 개의 노래를 알지 못하면 의미가 없다. 음악에 대한 우리의 경험(테마 4)은 우리가 청취하는 음악에 대한 지각을 조성한다. 친숙한 노래에서 다음 음표에 대한 기대인지, 아니면 음악의 특정 장르에서 발생할 수 있는 코드 진행에 대한 더 일반적인 예측인지와 관계없이, 경험은 중요한 역할을 한다(Huron, 2006). 일반인들조차 친숙한 노래에서 어떤 음표들을 연주하지 않고 건너뛰거나, 친숙하지 않은 노래가 불협화음을 일으키는 음표를 가질 때 그것을 재인할 수 있다. 그리고 음악가들의 창의성은 부분적으로 우리의 기대를 위반하고 우리를 놀라게 하는 능력에서 나온다. Levitin(2006)은 비틀즈가 활동하던 당시에는 대부분의 팝음악이 8마디를 사용하고 있었지만 'Yesterday'라는 노래에서 7마디(seven-measure)의 선율 악구를 사용한 것과 같은 많은 예들을 언급하였다.

말소리 지각에서도 논의하겠지만, 영아들은 광범한 소리들에 대해 매우 개방적이다. 그러나 언어 경험이 많아지면서 영아들은 그 언어의 음소 지각 능력이 더 향상된다. 마찬가지로, 영아들은 광범한 음악 성분(예: 리듬, 협화음)에 매우 개방적이다. 그러나 경험이 더해지면서 영아들은 점점 더 주위에서 들리는 음악의 여러 측면을 지각하는 데 능숙해진다(Hannon & Trainor, 2007; Hannon & Trehub, 2005a, 2005b; Tillmann, 2005).

경험의 영향(테마 4)과 뇌 가소성에 대해서 이미 잘 인식하고 있을 것이다. 따라서 당신은 영아의 청각 영역이 음악가의 뇌와 크게 다를 것으로 예측할 것이다(Peretz & Zatorre, 2005; Rauschecker, 2001). 같은 논리로, 일반 성인들은 음악가와 다른 방식으로 음악을 지각할 것이다. 사실 많은 증거들이 그런 주장을 지지해주고 있다(Fujioka et al., 2004; Granot & Donchin, 2002; Krumhan니, 2003; Schubert & Stevens, 2006). 예를 들어 영아들조차 노래의 멜로디 윤곽(패턴)에 민감하여, 노래의 키를 조옮김시켜도 그 노래를 재인할 수 있는 영아들의 능력에 영향을 주지 않는다(Justus & Bharucha, 2002). 음악을 잘 모르는 초보 일반인들조차도 멜로디 윤곽을 재인할 수 있기 때문에, 기본적으로 음악을 지각할 수 있다. 그러나 그런 기본 능력에 대해서조차 음악가들은 멜로디 윤곽을 처리함에 있어 비음악가들보다 훨씬 더 자동적으로 작동하는 더 정교한 부호화 방략을 발달시킨다. 결국 음악가들은 바흐의 코랄 전주곡의 조화음 성분 구성에서 예측을 벗어나는 것에 대해 일반인들보다 더 민감하다(Steinbeis et al., 2006).

음악에서의 착각

이 책의 테마 가운데 하나는 지각적 처리과정들이 유사성을 공유하고 있다는 것이다. 따라서 조직화와 항등성은 음악과 같은 복잡한 시각 및 청각 자극들의 지각에 중요한 역할을 한다. 마찬가지로, 음악 연구자들은 많은 음악 착각을 보고해왔다. 착각은 시각적 처리에 국한되지 않는다. 예를 들어 Roger Shepard(1964)는 컴퓨터를 사용해서 음고가 끝없이 증가하는 것처럼 보이는 일련의 복합음을 산출하였다. 각 음은 직전의 음보다 확실히 더 높았지만, 많은 음들이 제시된 후에 청취자들은 처음 출발했던 음으로 되돌아오게 된다! 조화음을 주의 깊게 조작함으로써, Shepard는 음고 증가 착각을 생성시켰다. WWW해보기 11.3에서 이런 Shepard가 산출한 음을 청취할 수 있다. 이런 착각이 뒤틀린 선 묶음 착시(**그림 5.27**)에서 가현적 나선 모양을 떠올리게 만드는가?

음악 지각에 대한 Diana Deutsch의 많은 기여 가운데는 이런 착각들이 있다. 가장 흥미로운 착각 가운데 하나는 **옥타브 착각**(octave illusion)이다(Deutsch, 2004, 2008). **그림 11.5**에서 보여주듯이, 하나의 음을 한쪽 귀에 제시하고, 1옥타브 차이가 나는 다른 음을 동시에 다른 귀에 제시한다. 예를 들어 청취자의 왼쪽 귀에 첫 번째 음으로 G_4(392Hz)를 들려주는 동시에, 오른쪽 귀에 G_5(784Hz)를 들려준다. 그러나 다음 음 결합으로 음고가 두 귀 사이에서 이동된다. 즉 G_4는 오른쪽 귀에, 그리고 G_5는 왼쪽 귀에 제시된다.

만약 당신이 이런 단순 청각 자극을 듣는다면, 어떤 음을 듣게 될 지 예측해보라. 당신은 그저 제시된 소리를 들을 것으로 생각할지 모르겠다(왼쪽 귀에 G_4, 그리고 오른쪽에 G_5를 교대로 들려주면, G_5가 오른쪽에서 시작하여 그 다음에는 왼쪽에서 들리고, 또 다시 오른쪽에서 들리는 식으로 반복될 것이라 생각할지 모르겠다). 놀랍게도 그런 생각은 완전히 틀린 것이다. 사실 당신은 두 음을 동시에 듣지 못한다(비록

그림 11.5 Diana Deutsch가 연구한 옥타브 착각. a에서 보여주듯이, 교대되는 음들(오른쪽 귀에 H–L–H......, 왼쪽 귀에 L–H–L......)이 동시에 오른쪽 귀와 왼쪽 귀에 제시된다. 그러나 b에서 보여주듯이, 사람들은 전형적으로 오른쪽 귀에서는 높은 음만 듣고, 왼쪽 귀에서는 낮은 음만 듣는다. 사람들은 높은 음이 실제로 왼쪽 귀에 제시되더라도, 그 귀에서 낮은 음을 듣는다는 것을 주목하라.

출처: Deutsch(1987)

자극들이 각 귀에 동시에 들어오긴 하더라도). 대신에 당신은 전형적으로 하나의 음을 듣게 되는데, 먼저 오른쪽 귀에서 G_5를 듣고, 그 다음에 왼쪽 귀에서 G_4를 듣게 되는 식으로 두 귀 사이에서 순차적으로 교대되는 음을 듣게 된다. 그런 지각은 비록 음(예: G_5)이 왼쪽 귀에 제시되더라도, 그 음이 오른쪽 귀에서 들리는 것으로 착각할 가능성이 있음을 의미한다. 이런 당혹스런 결과를 넘어 대부분의 사람들은 오른쪽 귀는 단지 높은 음만 듣고, 왼쪽 귀는 낮은 주파수음만을 듣는다. 왼쪽 귀에서 낮은 주파수음을 청취하는 이런 편향은 주파수 정보를 처리함에 있어 뇌 반구 간의 비대칭에 기인하는 것으로 보인다. 이런 현상을 WWW해보기 11.4를 통해 경험해보라.

Deutsch는 **증4도 역설**[2)](tritone paradox)이라는 또 다른 흥미로운 청각적 경험을 연구했다. [3온음(tritone)은 반 옥타브를 의미하는 음악적 용어이다.] 증4도 역설은 음고 변화의 오지각을 수반한다. 이는 앞에서 언급한 Shepard 착각과 관련이 된다. **그림 11.6**에서 당신은 원으로 나타낸 음계환을 볼 수 있다. 만약 시계 방향으로 이웃하는 음들을 듣는다면, 첫 번째 음보다 두 번째 음이 더 높다고 지각할 것이다. 만약 시계 반대 방향으로 이웃하는 음들을 듣는다면, 첫 번째 음보다 두 번째 음을 더 낮다고 지각할 것이다.

그러나 음들이 E와 A#처럼 이웃해 있지 않고 멀리 떨어져 있다면 어떤 일이 일어날까? 증4도 역설 실험에서는 음고환에서 서로 반대쪽에 있는 복합음 쌍들을 청취자에게 제시한다. 청취자들은 단지 두 번째 음이 첫 번째 음보다 음고가 더 높은지 혹은 낮은지를 판단하면 된다.

이런 음의 쌍들에 대한 판단으로부터 두 가지 흥미로운 결과가 얻어졌다. 첫째, 어떤 사람들은 첫 번째 음보다 두 번째 음을 더 높다고 지각하고, 다른 사람들은 첫 번째 음보다 두 번째 음이 더 낮다고 지각한다. **그림 11.7**에서 보여주듯이, 동일 음 쌍들에 대해 한 사람(a)은 다른 사람(b)과 전혀 다른 방식으로 듣는다. 둘째, 동일인의 경우, 하나의 복합음으로부터 다른 복합음으로 동일한 상향 이동을 시켰을 때, 한

2) 증4도(반 옥타브, 3온음, 6플랫)의 거리를 두고 쌍을 이루는 음의 인지가 개인마다 조금씩 달라지는 현상이다. 옥타브 관계로 이루어진 복합음이 한 쌍을 이루어 연속으로 제시될 때 발생한다. 이 복합음의 진폭은 종모양으로, 쌍을 이룬 음고 집합들은 옥타브의 반인 증4도 만큼 떨어져 있다. 이런 형태로 주어진 음고 집합 쌍은 어떤 음고에서는 상향으로 지각되지만, 다른 음고에서는 하향으로 지각된다. 또 어떤 특정 음의 높이에서 어떤 사람들에게 상향으로 지각되던 음고 집합 쌍이 다른 사람들에게는 하향으로 지각되는 차이를 보인다.(역자 주)

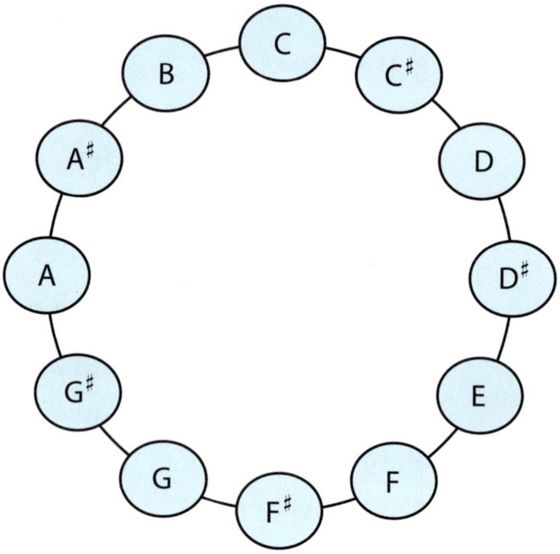

그림 11.6 음고환. 이 원에 표기된 음들은 시계 방향으로 높이가 점진적으로 증가한다. 시계 반대 방향으로는 음고가 감소된다. 서로 이웃해 있지 않은 음의 쌍(예: D와 G#)을 제시할 때, 어떤 사람들은 첫 번째 음보다 두 번째 음을 더 높다고 지각하고, 다른 사람들은 더 낮다고 지각한다.

출처: Deutsch(1991)

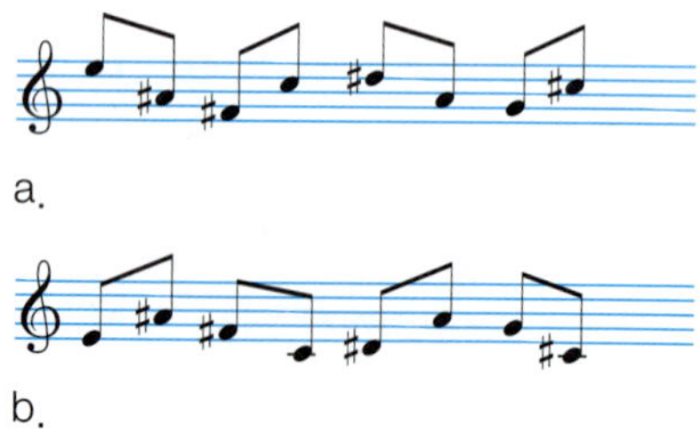

그림 11.7 Diana Deutsch가 생성시킨 특정 자극의 결과로 나타날 수 있는 지각적 차이를 보여주는 예. 어떤 사람들은 a에서 보여주는 식으로 음의 순서를 듣고, 다른 사람들은 b에서 보여주는 식으로 음의 순서를 듣는다.

음은 더 높아지고, 다른 음은 더 낮아지는 것으로 지각한다!

이런 복합음 쌍들의 순서 지각에서 개인차를 일으키는 것은 무엇일까? 일련의 연구로 Deutsch 등은 경험이 증4도 역설에 근간이 되는 여러 증거들을 제시하였다(Deutsch, 1997, 2007, 2008; Deutsch et al., 2004b). 즉 영국 남부 거주자들은 D보다 G#을 더 높은 음으로 듣지만, 캘리포니아 거주자는 G#보다 D를 더 높은 음으로 듣는다. 더구나 같은 가족 내 구성원들(예: 엄마와 자녀들)은 유사한 방식으로 음의 상향이나 하향을 듣는 경향이 있다. Deutsch는 이런 차이가 특별한 지정학적 위치나 더 좁게는 가족 내에서 경험되는 말소리(음성)의 전형적인 음고 범위에서 초래된다고 가정했다.

착시의 경우처럼, 이런 청각적 착각이 매우 흥미롭다고 느꼈을 것이다. 우리의 청각 체계(말초 및 중심 성분 모두)는 복합음을 지각하는 데 매우 탁월하다. 그러나 때로 청각 체계는 특정 자극(착각 경험을 일으키는)에 의해 무용지물이 되기도 한다.

그러나 착각은 우리의 지각 과정에 대해 중요한 함의를 제공한다. 이런 청각적 착각에 대한 연구는 복잡한 청각 자극에 대한 지각에서 신경생리학적 및 인지적 과정의 역할을 조명해준다.

지금까지 음악 지각에 대한 짧은 개관을 통해 많은 내용을 다루었다. 매우 기본적인 수준에서 우리는 이제 주파수, 진폭, 그리고 복합도에서 변하는 음파들을 수용하는 두 개의 외이도와 함께, 음악 용어를 물리적 용어로 설명할 수 있다. 인간이 음악 자극을 처리하는 기본적인 소인을 가지고 태어난다고는 하지만, 음악 자극에 대한 경험 또한 매우 중요하다. 이런 두 가지 성분의 상대적 기여도를 확인하기 위해 연구자들은 영아의 음악 지각 발달에 큰 관심을 기울이고 있다(Dowling, 2002; Ilari, 2002; Saffran, 2003b; Trainor, 2005; Trehub & Hannon, 2006). 인지적 과정은 복잡한 청각 패턴에도 그렇지만, 음악 체제화에도 중요하다(테마 4).

절 요약

음악 지각

1. 음고의 두 가지 측면은 반음계 음조(순환)와 음조 높이이다. 높이가 다른 반음계는 옥타브(주파수의 배가)로 분리되며, 그것들은 심리적으로 유사하다.
2. 대부분의 사람들은 상대적 음고 지각을 하고 비록 음표의 명칭을 말하지 못하더라도 친숙한 음악에서 첫 음표의 음고를 매우 잘 기억한다. 소수의 사람들은 뛰어난 음고 지각(절대음감)을 하거나 형편없는 음고 지각(음치)을 한다.
3. 협화음 결합의 주파수 비율은 단분수인 경우가 많다. 협화음과 불협화음 지각은 또한 개인차와 문화적 경험에 달려 있다.
4. 악기마다 음색의 중요한 성분인 조화음 패턴이 다르다. 그러나 악기의 음파의 첫(조음 개시) 성분 또한 중요하다.
5. 음악은 복잡한 청각적 현상이기 때문에, 그런 청각 자극을 처리하는 뇌 영역을 활성화시킨다. 그러나 뇌의 다른 여러 영역들도 음악 지각에 중요하다.
6. 음악 지각은 복잡한 청각 자극들의 조직을 지배하는 게슈탈트 집단화 원리와 같은 원리들에 기초하는 패턴과 조직을 보여준다. 예를 들어 유사성의 법칙은 청취자가 음고에서 유사한 음들을 함께 집단화시킴으로써 동시에 두 개의 음악 흐름을 지각할 때 적용될 수 있다. 전경-배경 관계성이 음악에서도 관찰된다. 이 효과는 또한 두 개의 노래가 결합될 때도 확인될 수 있다.
7. 자극의 물리적 측면(음고, 음색, 음량, 리듬)과 함께, 인지적 처리도 음악의 패턴을 지각하는 데 중요하다. 경험은 음악 지각 발달에 중요한 역할을 한다.

8. 연구자들은 몇 가지 음악 착각(예: 옥타브 착각)을 찾아냈다. 이는 우리의 음악 지각이 전적으로 음악 자극과 일치하지 않음을 시사한다.

말소리 지각

우리는 사회적 동물이기 때문에, 인간들 사이에서 이루어지는 의사소통은 지극히 중요하다. 우리는 분명 다른 의사소통 수단이 있기는 하지만 흔히 구두어(spoken word)로 의사소통을 한다. 음악도 그렇지만, 인간의 말소리(speech) 또한 매우 복잡한 청각 자극이다. 그러나 우리는 전형적으로 음악과 말소리의 복잡성을 과소평가한다. 이는 우리가 노력을 들이지 않고도 그것들을 지각할 수 있기 때문일 것이다. 말소리와 그것의 처리과정의 복잡성을 이해하기 위해, 외국어로 진행되는 대화를 엿들을 기회가 있다고 해보자. 화자들은 단어들 사이에 멈춤이 없이 매우 빠르게 대화를 이어가는 듯이 보일 것이다. 곧 알게 되겠지만, 모국어에서는 단어들을 분명하게 들을 수 있다. 그러나 그런 단어들조차 말소리 흐름 속에서는 쉽게 확인되지 않는다.

말소리가 인지적 노력을 요구한다는 또 다른 징표는 자동차 운전과 같은 다른 과제를 수행하는 동안 나타나는 대화의 어려움에서 찾아볼 수 있다. 운전을 하는 동안 대화하기는 수월하다(이례적인 일이 벌어지지 않는 한). 그러나 대화에 주의를 기울이면, 운전을 하는 동안 주위에서 벌어지는 다른 사건들에 모두 주의를 기울일 수 없다. 그런 이유로 운전을 하는 동안 전화 통화를 하는 것은 매우 위험하다(Horrey & Wickens, 2006). 핸즈프리 장치를 사용하는 것도 똑 같이 위험하기는 마찬가지기 때문에, 문제의 근원이 핸드폰을 손으로 들고 있다는 데 있지 않음을 알 수 있다. 대신에 문제는 전화로 대화를 나누고 운전을 하면서 주위를 살피는 과제에서 주의를 분할하기 어렵다는 데 있다(Spence & Read, 2003; Strayer & Drews, 2008).

지금부터 말소리 지각에 영향을 주는 여러 인지적 요인들을 논의하기로 하자. 그렇지만 먼저 물리적 자극(말소리가 어떻게 산출되고, 말소리가 귀에 도달될 때 그 음파는 어떤 모양인가)부터 살펴보기로 하겠다.

말소리 자극

우리가 말소리 지각에 관심을 가질 때, 말소리 **산출**의 특징을 논의해야 하는 이유는 무엇일까? 첫째, 말소리 산출의 규칙성과 그렇게 산출된 복잡한 청각 자극에 대해 더 많이 알 때, 우리는 청각 체계가 직면하는 문제를 더 잘 이해할 수 있다. 둘째, 나중에 알게 되겠지만, 어떤 이론가들은 말소리 산출이 말소리 지각에 중요하다고 생각한다.

말소리 산출

음소(phoneme)는 말소리의 기본 단위(말소리들 간의 중요한 차이를 만들어 내는 최소 단위)이다(Cleary & Pisoni, 2001). 따라서 /h/와 /r/은 모두 *hat*이나 *rat*을 발음할 때 그 단어들을 구별할 수 있게 해주기 때문에 영어에서 음소가 된다. 그러나 말소리 파형(동시조음)의 복잡성에 대해 더 학습하고 나면, 파의 분절을 음소 /h/나 /r/로 확인하는 것이 다소 허구적이라는 것을 이해하게 될 것이다(Greenberg, 2006).

음소는 또한 어떤 언어의 원어민이 식별할 수 없는 소리 집단으로 정의될 수 있다(Plomp, 2002). 예를 들어 음소 /p/가 어떻게 발음되는지 주의를 기울이면서 단어 *pie*와 *top*을 발음해보라. *pie*에서 /p/를 발음할 때, 당신은 공기를 약간 입 밖으로 방출하게 되지만, *top*에서 /p/를 발음할 때는 공기를 방출하지 않게 된다. 이 두 소리는 실제로 약간 차이가 있고, 이런 차이점은 다른 언어에서 중요할 수 있다. 그러나 영어 원어민은 이 소리들을 모두 동일한 /p/ 음소 범주에 속하는 것으로 분류한다.

영어에서 기본 음소들이 어떻게 산출되는지 살펴보기로 하자. **그림 11.8**은 성대(vocal cord) 위로 확장되는 말하기에 관여되는 해부학적 구조인 **성도**(vocal track)의 주요 특징들을 보여준다. **표 11.1**은 혀가 모음 산출에서 얼마나 중요한지를 보여준다. 예를 들어, 혀의 앞부분을 입안에서 들어 올릴 때, *tree*에서 ee음이 산출되거나 *hid*에서 i음을 산출할 수 있음을 주목하라.

자음 소리는 WWW해보기 11.5에서 확인할 수 있는데, 세 가지 차원에서 변한다: (1) 자음 소리를 낼 때 공기흐름이 차단되는(두 입술이 닫힘으로써) 위치를 나타내는 **조음 위치**(place of articulation); (2) 공기가 얼마나 완전하게 차단되고(예: 완전 폐쇄나 차단) 어디로 통과하는지를 나타내는 **조음 방법**(manner of articulation); (3) 성대가 진동하는지를 나타내는 **유성음화**(vocing). WWW해보기 11.5에서 각 단어 쌍의 상단에 있는 단어는 **무성 자음**(voiceless consonant)으로, 이는 성대가 진동하지 않음을 의미한다. 음소 /p/를 발음하면서 목에 손바닥을 대보라. 당신은 진동을 느끼지 못할 것이다. 반대로, WWW해보기 11.5에서 각 단어 쌍의 하단에 있는 단어는 **유성 자음**(voiced consonant)으로, 성대가 진동한다. 목에 손바닥을 대보고, /p/와 대비되는 음소 /b/에 대한 진동을 느껴보라.

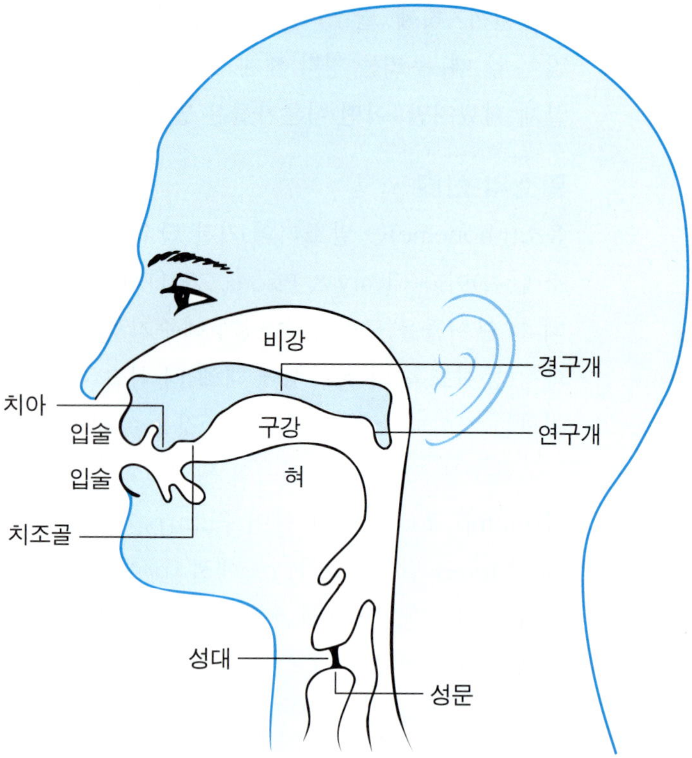

그림 11.8 성도의 주요 부위. 성대 진동은 유성음을 만들어 낸다. 이 그림은 조음의 여러 위치를 보여준다.

표 11.1 모음 산출

	들어 올린 혀의 높이		
혀의 사용 부위	**고**	**중**	**저**
앞부분	tree	late	fat
	hid	let	
중간 부분	carry	sofa	nut
뒷부분	root	coat	top
	nut	sought	

우리는 또한 말을 할 때 단어의 특정 철자를 강조한다. 또한 말소리에 리듬을 주고, 음성을 변화시킨다. 집합적으로 이런 말소리의 음악에 가까운 측면들을 **운율**(prosody)이라 한다. 운율은 말소리 이해에 매우 중요하며, 이는 앞에서 논의된 세 가지 말소리 차원과 관련되어 있다(Greenberg, 2006).

말소리 자극의 물리적 특성

앞에서 연구자들은 산출되는 방식에 따라 말소리를 분류한다는 것을 알았다. 그러나 만약 우리가 말을 하고 있는 다른 사람을 주시한다면 매 순간 입, 혀, 성대가 어떻게 작용하고 있는지 정확하게 판단하기 어렵다는 것을 즉시 알아차릴 수 있다. 주변 사람들과 의사소통을 원하는 영아가 처하게 되는 문제를 상상해보라. 말하는 사람을 주시하는 외에도 영아는 들리는 말소리와 자신이 산출하는 말소리에 초점을 맞추어야 한다.

말소리에 관심을 갖고 있는 연구자들은 **말소리(혹은 소리) 분음파형도**(speech or sound spectrogram)를 개발했다. 이는 말소리의 주파수 성분을 보여주는 다이어그램이다(Plomp, 2002). **그림 11.9**는 화자가 단어 *dough*를 말할 때 산출되는 말소리 분음파형도를 보여주고 있다. 그림에서 볼 수 있듯이, 분음파형도는 시간 경과를 나타내는 *x*축 상에서 단어 *dough*를 산출하는 데 0.5초 이하가 요구된다는 것을 보여준다. *y*축은 음파의 주파수를 나타낸다. 각 주파수–시간 조합에서 에너지의 양은 음영으로 나타낸다. 음영이 옅을수록 특정 시간에 해당 주파수의 에너지가 적다는 것을 나타낸다.

그림 11.9는 **포만트**(formants)라 불리는 소리 에너지가 집중된 수평 대역을 보

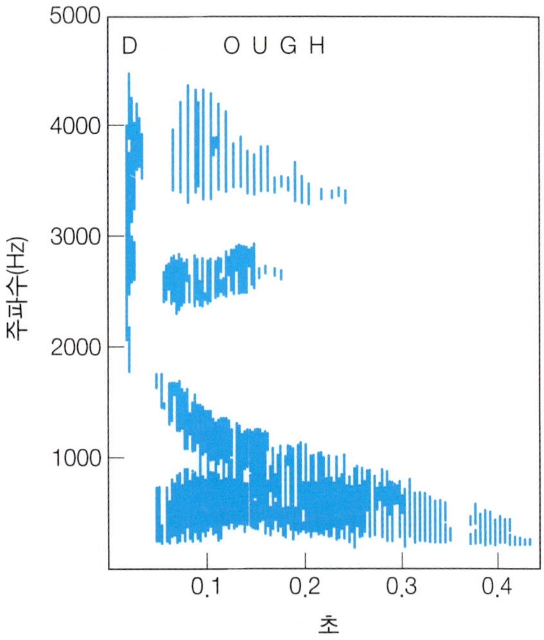

그림 11.9 단어 *dough*의 말소리 분음파형도. *x*축은 시간을, *y*축은 주파수를 나타낸다. 그림에서 음영이 진한 영역은 특정 주파수–시간 조합에서 소리 에너지의 양이 증가한다는 것을 나타낸다. 따라서 0.1초 후에 2,000Hz에는 에너지가 없다(그림은 0.1초 후의 2,000Hz 영역 전체를 흰 여백으로 나타냈다). 음영을 가진 4개의 영역들을 포만트(formants)라 한다. 하단 포만트(F1)는 약간 상승하는 포만트 이동을 보여주고 있고, 두 번째 포만트(F2)는 하향 포만트 이동을 보여주고 있다(1,500Hz에서 약 1,000Hz까지). (Speech spectrogram courtesy of Speech Science Laboratory, Department of Speech Pathology and Audiology, State University of New York at Geneseo)

여주고 있다. 그림에서는 첫 번째(가장 낮은 주파수) 포만트가 대략 500Hz에 위치되며, 두 번째 포만트는 처음에는 1,500Hz에 위치되는데, 1/10초 후에는 하향 이동된다. 당신은 또한 2,500Hz 정도에서 세 번째 포만트, 그리고 3,800Hz 정도에서 네 번째 포만트를 볼 수 있다.

말소리 분음파형도 분석은 몇 가지 흥미로운 인간의 말소리 특성들을 밝혀준다. 예를 들어 우리는 구두어의 음소들이 염주알과 같이, 시간에 따른 개별 단위로 보일 것으로 예측할지 모르겠다. 따라서 당신은 단어 *dog*가 차례로 /d/, /o/, /g/의 세 개 분절을 가진 분음파형도를 가질 것으로 예측할지 모른다. 그러나 이런 예측과 달리, 말소리 분음파형도는 전형적으로 음소 분절(phonetic segments)이 상당히 중복되어 있음을 보여준다. 마지막 음소인 /g/에서 나오는 일부 소리 에너지는 첫 음소 /d/에서 나오는 에너지가 완전히 소멸되기도 전에 발생된다. Hockett(1955)가 구두어를 도해방식으로 기술했듯이, 자극은 청취자에게 염주알과 같은 형태가 아닌 일렬로 늘어선 한 줄의 삶지 않은 울긋불긋한 부활절 달걀이 연이어 이동하는 것처럼 도달된다.

음절의 어떤 소리들이 한 번에 하나씩이 아닌 거의 동시에 전송되는 이런 경향성을 **동시조음**(coarticulation)이라 한다(Fowler & Galantucci, 2005; Plomp, 2002). 따라서 단어를 음소들로 구성된 것으로 정의할 수 있을지라도, 동시조음은 말소리 분음파형도 내에서 개개 음소로 분리시키기 어렵게 만든다.

음소는 정상적으로는 개별적으로 발음되지 않는다. 결과적으로, 주변 음소들을 산출할 때 실제로 개개 음소의 소리가 변경된다. 다시 말해서, 음소들은 흔히 하나의 동일한 발음을 가지지 않는다는 것이다. WWW해보기 11.5에 있는 정보는 자음 음소가 항상 일관된 발음을 가진다는 것을 시사한다. 예를 들어 /s/는 /s/ 음소를 사용하는 어떤 단어든 관계없이 항상 혀와 입의 동일한 위치, 공기 흐름의 제한, 성대의 진동을 요구한다. 그러나 단어 *seat*와 *sorry*를 발음할 때 /s/ 소리에 대한 입모양을 살펴보라. *seat*를 발음할 때는 입의 가장자리가 외곽으로 확장되고, *sorry*를 발음할 때는 오므라든다. 입은 /s/ 소리 다음에 오는 소리들을 예기해주기에, 말소리 분음파형도는 동일한 음소에 대해서도 달라진다.

말소리 분음파형도는 또한 많은 단어들의 말소리 흐름을 연구하는 데도 유용한 도구가 된다. 개개 단어들의 분음파형도에서 개개 음소들을 확인하기 어렵다는 것을 알았기에, 이제 말소리 분음파형도에서 단어들 간의 경계를 확인하는 것도 어렵다는 것을 예측할 수 있을 것이다. 어떤 언어든 말소리 흐름에서 분명한 경계가 없음에도 불구하고, 그 언어를 사용하는 화자는 개개 단어들을 들을 수 있다(Jusczyk & Luce, 2002). Jusczyk(1986)는 우리의 청각 체계가 직면하는 문제와 유사한 시각적 문제를 제공했다. 다음을 읽어 보라:

THEREDONATEAKETTLEOFTENCHIPS.

띄어쓰기가 없고(말소리의 흐름과 유사한 시각적 자극) 여러 잠정적 해석이 가능한 이 글을 읽는 데 애를 먹을 것이다. 당신은 이 글을 'There, Don ate a kettle of ten chips'로 읽었는가? 아니면 'The red on a tea kettle often chips'으로 읽었는가? 아니면 읽는 자체가 어려웠는가?

말소리 흐름에서 단어들의 시작과 끝에 확실한 표지(markers)가 없다면, 우리는 어떻게 개개 단어들을 들을 수 있을까? 여러 접근법이 말소리 자극의 물리적 정보에 기초해서 제안되었다. 다른 접근법들은 자극의 의미나 경험에 기초된 기대를 사용하는 보다 인지적인 지향을 가지고 있다(Jusczyk & Luce, 2002). 예측했겠지만, 많은 과정들이 관여되기 십상이다.

이런 과정들은 입증되지 않는다. Bond(1999, 2005)는 '청취 실수(slips of the ear)' 혹은 말소리를 오지각하는 몇 가지 유형을 범주화시켰다. 흔히 이런 실수는 정상적인 말소리에서 단어 경계를 판단하는 문제를 수반한다. 예를 들어 'He works in an herb and spice shop'은 'He works in an urban spice shop'으로 들릴 수 있다. 사실 그런 오지각은 노래 가사를 들을 때 **몬드그린**(mondegreens)[3]이란 명칭이 주어질 정도로 매우 일반적이다. 인터넷을 검색해보면, Hendrix의 노래 가사가 실제로는 'Excuse me while I kiss the sky'인데, 이것을 'Excuse me while I kiss this guy'로 들리는 식의 여러 예를 찾아볼 수 있다.

개개 단어나 여러 단어들의 말소리 흐름을 고려할지를 떠나서, 그런 자극이 매우 복잡한 것만은 확실하다. 따라서 말소리 지각에 대한 이론이라면 우리가 그런 복잡함에도 불구하고 말소리를 어떻게 지각할 수 있는지를 설명해주어야 한다. 그러나 그런 문제는 사람마다 말소리 산출이 다르다는 사실을 고려할 때 더 심화된다(Luce & McLellan, 2005).

---

3) 의미를 알 수 없는 외국어의 전부 혹은 일부가 의미를 가진 청자의 모국어처럼 들리는 일종의 착각.(역자 주)

말소리 산출의 변동

만약 당신이 영어 원어민이라면, 지역마다 구두어 소리가 얼마나 다른지 고려해보라. 그런 다음, 영국식 강세를 가진 사람들이나 제1언어가 영어 단어 발음에 영향을 주는 사람들의 말을 청취해보자. 특정 음들의 발음이 크게 다르지만, 그래서 이따금씩 듣는 데 어려움을 겪기는 하지만 그들의 말소리를 이해하는 데 문제가 없다.

같은 방언 내에서도 말소리에서 변동이 나타난다. 예를 들어 발성 기관의 물리적 차이가 어떻게 다양성을 생성해 내는지 고려해보자. 6세 남아가 *cat*이라는 단어를 말할 때, 음파의 물리적 특성은 60세 할아버지가 동일한 단어를 말할 때와 진폭, 주파수, 복잡도에서 완전히 다르다. 성인들 사이에서도 성도(말소리를 산출하기 위해 사용되는)가 여성보다는 남성이 15% 더 길다. 결국 여성 화자는 남성보다 상대적으로 더 높은 주파수를 낸다(Jusczyk & Luce, 2002).

또한 같은 사람의 말소리에서도 변동이 나타난다. 예를 들어 당신이 빈정거리는 투로 'Isn't that just marvelous?'라는 문장을 말하기를 원한다면 진지할 때보다 음성의 음고가 변할 것이다. 확실히 정서는 말소리 자극에 영향을 준다(Juslin & Scherer, 2005; Trainor et al., 2000). 예를 들어 사람들이 미소를 지을 때, 그들의 성도는 약간 짧아지면서 음성의 음고가 높아지게 된다. 정서는 말소리 운율의 여러 다른 측면에도 영향을 준다. 물론 발성 또한 화자가 말하는 동안 무엇을 하고 있는지에 의해 영향을 받을 수 있다. 만약 과자를 먹고 있거나 이를 닦는 동안 말을 하고 있을 때, 말소리 자극이 얼마나 달라질지 생각해보라.

발성의 변산도를 일으키는 또 다른 근원은 우리 자신의 부주의이다. 만약 사람들이 개별 단어 목록을 읽도록 요청을 받으면, 그들의 발성은 정확하고 표준적이다. 그러나 거의 모든 말소리 지각은 단어열들을 수반한다. 일상의 언어에서 우리의 단어 발성은 부정확하고 변동이 있다. Cole와 Jakimik(1980)는 단어 *what*이 문장 'What are you doing?'에서 많은 방식으로 발음될 수 있음을 지적하였다. 그들은 그런 변이로 'Whacha doing?', 'Whadaya doing?', 'Whaya doing?' 등을 언급하였다.

정상적인 말소리를 사용하는 동안에도 우리의 발음은 흔히 맥락을 벗어나 발생할 때 단어나 구를 겨우 확인할 수 있을 만큼 부주의하다. 예를 들어 고전적 연구에서 Pollack과 Pickett(1963)는 실험이 시작될 때까지 대기하고 있는 사람들의 대화를 녹음하였다. 나중에 그 사람들에게 대화에서 나온 단어들과 구들을 확인하도록 요청하였다. 하나의 단어를 들은 사람들은 약 50% 정도만 정확했고, 두 개 이상의 단어가 제시되었을 때 약 70% 정도로 재인율이 증가했다.

요약하면 어떤 주어진 단어는 화자의 연령차와 성차, 다른 개인차 요인, 방언, 정서, 부주의 때문에 매우 다양한 방식으로 발음될 수 있다. 그러나 놀라운 것은 우리가 일반적으로 말소리를 정확하게 지각한다는 것이다. 이런 측면에서 말소리 지각은 두 개의 시각 처리와 닮았다. 패턴 재인에 대한 논의에서 낱자 M이 크기와 스타일에서 매우 다양하게 표기될 수 있지만 모두 낱자 M을 확인할 수 있음을 지적한 바 있다. 더 나아가 항등성 논의에서 거리, 방위각, 밝기가 볼 때마다 다를지라도, 우리는 대상의 특성을 지각할 수 있는 능력이 있음을 언급하였다. 지각 체계의 고유 속성은 그것이 잠정적으로 혼잡한 가운데서도 중요한 정보를 추출할 수 있다는 것이다.

해독을 위해 준비되어야 하는 수많은 패턴들은 우리의 청각 체계가 직면하는 과제를 더 복잡하게 만든다. 평균 미국인 고등학교 졸업자의 어휘는 45,000자 정도이다(Comings et al., 2006). 그런데 그렇게 많은 잠정적 단어들이 존재하고, 그런 단어들의 발음이 많은 변동이 있으며, 개개 단어들 사이에 분명한 경계가 존재하지 않음에도 우리가 매우 빠르고 정확하게 말소리를 지각할 수 있다는 것은 수수께끼이다. 말소리 지각에 수반되는 문제의 복잡성을 인식하고 몇몇 이론가들은 인간이 말소리에 대한 전문적인 처리기를 발달시켰다고 주장한다. 지금부터 이런 주장과 관련된 말소리 지각 이론을 살펴보기로 하겠다.

말소리 지각 이론

이 시점에서 당신은 말소리 지각 이론이 처하는 문제들을 인식해야 한다. 말소리 자극은 매우 복잡하고 애매하게 보이기도 하지만, 우리는 전형적으로 분명한 개개 단어들과 의미 있는 메시지를 추출한다. 우리가 어떻게 그렇게 할 수 있을까? 연구자들이 말소리 지각에 대한 여러 다른 이론들을 제안했지만, 여기서는 말소리 지각의 특수 기전 이론과 일반 기전 이론에 초점을 맞추기로 하겠다(Diehl et al., 2004).

특수 기전 이론(Special Mechanism accounts)은 말소리 지각이 특수한 말소리 모듈에 의존한다는 것이다. **모듈**(module)은 대상 재인이나 색채 지각과 같은 특별한 과제를 위해 설계된 개별적인 특수 목적의 신경 기전이다(Fodor, 1983). 모듈을 휴리스틱 장치나 인공 구조물로 생각할 수도 있다. 즉 과학자들은 비록 신경 기전이 실제로 존재한다는 증거가 없더라도 이론을 개발하기 위해 모듈을 제안하는 것이 유용하다는 것을 발견하였다.

특수 기전 이론을 선호하는 사람들은 우리가 올빼미의 소리 위치 파악 능력과 박쥐의 반향음 위치 파악 능력과 같이 청취자에게 두드러진 능력들을 부여해주는 개별 말소리 모듈을 가지고 있다고 생각한다. 이런 제안된 말소리 모듈은 청취자로 하여금 분음파형도에서 나타나는 청각 정보의 흐릿한 흐름을 개별 음소와 단어들로 분절시킬 수 있게 해주는 것으로 고려된다. 이를 지지하는 이론가들에 따르면, 좀 더 일반적인 청각 지각 모듈은 다른 음향 정보를 다루는 것으로 믿는다. 많은 이론가들은 또한 인간이 음성 수준(phonetic level)에서 말소리를 표상할 수 있는 타고난 능력을 가지고 태어난다고 믿는다.

이와 반대로 **일반 기전 이론**(General Mechanism accounts)을 옹호하는 사람들은 더 절약적인 해석, 즉 특수한 말소리 모듈이 존재하는 것이 아님을 주장한다. 이런 이론가들은 우리의 청각 체계가 말소리와 말소리가 아닌 자극들을 모두 동일한 기전을 통해서 처리할 수 있다고 주장한다. 예를 들어 Lori Holt(2005, 2006)는 말소리가 아닌 자극(음)을 말소리 분절에 앞서 제시하면 말소리 분절 지각이 영향을 받는다는 것을 보여주었다. 그런 결과는 말소리 지각이 모든 소리 지각을 지지해주는 동일한 지각 및 인지적 기전에 의해 설명될 수 있다는 생각을 뒷받침해준다.

앞에서 말소리 산출을 논의하면서, 우리는 어떤 말소리 지각 이론들은 말소리 산출 이론들과 긴밀하게 관련되어 있음을 주목한 바 있다. 이제 말소리 지각과 말소리 산출을 이어 주는 말소리 지각의 운동 이론에 대해서 살펴보기로 하겠다.

말소리 지각의 운동 이론

운동 이론은 말소리 지각에 대한 특수 기전을 제안한다. 이 이론의 첫 버전은 1950년대에 제안되었고, 이후 후속 연구들이 진행되면서 상당 기간에 걸쳐 수정이 이루어졌다(Galantucci et al., 2006; Plomp, 2002). **말소리 지각의 운동 이론**(motor theory of speech perception)에 따르면, 사람들은 그들로 하여금 말소리 자극을 해독할 수 있도록 해주고, 그들이 들은 자극들을 화자가 이 소리들을 산출하는 방식과 연계시킬 수 있도록 해주는 특수 장치(음성 모듈)를 가지고 있다. 말소리 지각의 운동 이론을 제안한 선구자 가운데 한 사람은 2000년에 82세를 일기로 세상을 뜬 Alvin Liberman(1982, 1992, 1996)이다.

예를 들어 Liberman은 동시조음을 문제가 아닌, 음성 정보를 전달하는 효과적인 방법으로 생각했다. 그러나 동시조음의 진화와 함께 인간은 또한 복잡한 말소리 자극에서 개개 음소와 단어를 지각하는 방법을 발달시켰다. 이 이론의 초기 버전에서는 사람들이 말소리를 산출하는 데 관여하는 운동 명령을 결정함으로써 말소리를 지각할 수 있다고 주장했었다. 예를 들어 당신은 어떤 단어에서 음소 /p/를 듣고, 즉시로 그것이 치조골에 혀를 밀착시켜 공기 흐름을 차단하고 성대를 진동시키지 않음으로써 산출된다는 것을 인식할 수 있다.

이런 재인은 인지적 분석이 없이도 해부학적으로 일어날 수 있음을 강조해야 한다. 이런 설명은 8장에서 기술된 인간이 생물학적 운동을 즉시 지각할 수 있는 능력에 대한 설명과 다소 유사하다(Johansson, 1985). 우리의 지각 체계는 다른 인간에게서 나오는 메시지를 처리하도록 특별히 설계되어 있다(그런 메시지가 말소리의 신체 움직임을 나타내는 것과 무관하게).

Liberman 등은 수년에 걸쳐 연구를 거듭하면서 운동 이론을 계속해서 수정하였다(Galantucci et al., 2006; Plomp, 2002). 그러나 종국적으로 말소리 처리가 특별하다는 생각은 지지를 받지 못하였다. 그럼에도 불구하고, 말소리 산출과 말소리 지각의 중요한 연계성을 포함한 운동 이론의 다른 측면들은 여전히 가치가 있다.

예를 들어 Carol Fowler(2003; Fowler & Galantucci, 2005)는 Gibson의 '직접 지각' 접근법에 영향을 받아 직접 실재론자 이론(direct realist theory)을 제안했다(Cleary & Pisoni, 2001). 운동 이론과 마찬가지로, 이 이론은 말소리 산출(예: 성대 운동)의 중요성을 강조하지만, 어떤 특수 기전을 강조하지는 않는다(Diehl et al., 2004).

일반 기전 이론가들은 말소리 산출과 말소리 지각의 상관을 인정하기는 하지만, 그 관계성이 인과적이지는 않다고 주장한다. 즉 말소리 산출은 풍부한 정보를 포함하는 말소리 자극을 초래한다. 그러나 말소리 지각의 본질적인 부분은 말소리 산출 자체에 있는 것이 아니라, 말소리의 풍부한 청각적 산물에 있다. 이제 특수 기전과 일반 기전 이론가들 간에 논쟁으로 발전한 두 개의 주요 쟁점(범주 말소리 지각과 이중 지각)을 살펴보기로 하자.

범주 말소리 지각

7장에서는 400nm에서 700nm까지 이어지는 색 스펙트럼에 의해 표상되는 부드러운 연속선이 우리의 지각에서 이와 유사한 부드러운 연속선을 일으키지 않음을 언급한 바 있다. 대신 우리는 스펙트럼의 색들을 범주화시키는 경향이 있다. 예를 들어 490nm 영역에서 급격한 경계를 이루어지면서 초록색과 파란색이 분리된다. 우리는 경계의 한쪽을 초록색이라 부르고, 반대쪽을 파란색이라 부른다.

또한 앞에서 음악가와 일반인 모두 연속적 청각 주파수를 반음계(chroma)라 불리는 분절로 범주화시킬 수 있음을 살펴보았다. 비록 음표 명칭을 댈 수 없을지라도, 사람들은 한 음표와 다른 음표를 구별할 수 있다. 그런 청각 자극의 범주화는 말소리 지각에서도 중요하다.

일반적으로, **범주 지각**(categorical perception)은 같은 범주의 구성원들을 식별하기 어렵지만, 서로 다른 범주의 구성원들을 쉽게 식별할 수 있을 때 발생한다(Diehl et al., 2004). 예를 들어 말소리를 고려할 때, 청취자들은 /p/와 /b/ 같은 두 개의 다른 범주에 속하는 소리를 쉽게 구별할 수 있다. 만약 인간이 범주 지각을 한다면, 동일 화자에게서 나오는 두 개의 다른 /p/ 소리를 구별하기 어려울 수 있다.

그러면 /p/와 /b/를 구별할 수 있게 해주는 것은 무엇일까? 이미 언급했듯이, /b/는 유성 자음 소리이고, /p/는 무성 자음 소리이다(이런 차이가 없다면 유사한 소리로 들릴 것이다). *pad*에서 /a/와 같은 모음은 유성음이다. 따라서 *pad*란 단어를 말할 때, 유성음화는 음소 /a/에 이르러서야 가능하다. 그러나 /b/는 유성 자음이기에, 유성음화는 *bad*란 단어를 말할 때 /b/와 함께 시작된다. *bad*의 유성음화 개시는 *pad*의 유성음화 개시보다 약간 빠른데, 이는 우리가 *bad*를 들었는지, 아니면 *pad*를 들었는지를 결정할 수 있게 해준다. 유성음화가 비로소 시작되는 말의 시작 시간을 **음성 구동 시간**(voice onset time, VOT)이라 한다.

인위적으로 만들어진 '말소리' 자극을 사용하는 연구자들은 VOT를 체계적으로 변화시킬 수 있다. 연속적으로 0에서 60msec으로 /a/ 앞의 음성 구동 시간을 변화시키면 연속적인 지각적 변화가 초래되지 않는다. 대신에 사람들은 'ba'나 'pa' 소리가 들린다고 보고한다(**그림 11.10a**를 보라). 매우 짧은 VOT의 경우, 사람들은 항상 'ba' 소리를 보고하고, 더 긴 VOT의 경우는 'pa' 소리를 보고한다. (이런 식별은 1초 이내의 매우 짧은 시간차에서 발생한다는 것을 기억하라.)

약 25msec 정도의 음성 구동 시간에서 사람들은 'ba'에서 'pa' 소리 청취로 이동한다. **음소경계**(phonetic boundary)는 사람들이 하나의 음소에서 다른 음소를 청취했다고 보고하는 변경 지점이다. 음소경계의 양쪽에서 사람들은 소리를 구별하기 어렵다. 예를 들어 0에서 20msec 사이의 VOT는 모두 'ba' 소리로 들린다.

범주 말소리 지각이 어떻게 말소리 지각 연구자들 간에 논쟁이 벌어지는 쟁점이 되었을까? 특수 기전 이론가들은 범주 지각이 특별한 말소리 모듈에 의해 이루어진다고 주장하였다. 그들은 연속적인 말소리가 아닌 소리(예: 새소리, 망치소리)는 전체로 지각되고, 범주화되지 않는다고 주장했다. 후속 증거로 그들은 사람들이 순응을 보여줄 때까지 특정 말소리(예: 'ba')를 제시했다. 시각 자극으로 관찰된 것과 유사한

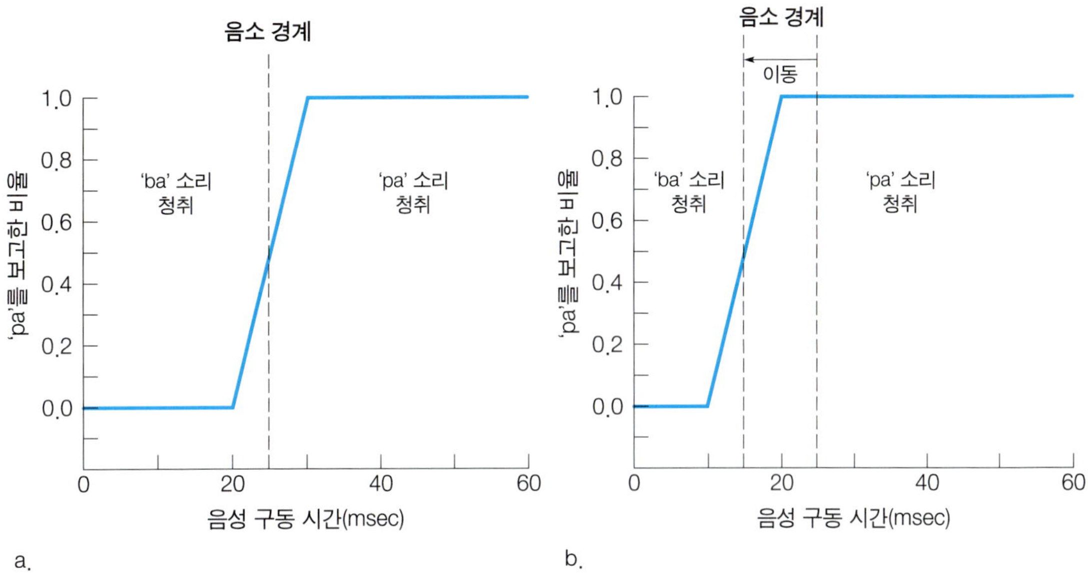

그림 11.10 범주 지각의 예. x축은 음성 구동 시간을, y축은 사람들이 'pa' 소리를 보고한 비율을 나타낸다. 그림 a는 'ba'와 'pa' 사이의 음소경계가 약 25msec의 음성 구동 시간에서 이루어진다는 것을 보여준다. 유성음화가 25msec이 될 때까지 시작되지 않을 때, 사람들은 'pa' 소리를 들었다고 보고하기 십상이다. 유성음화가 더 일찍 시작되면, 사람들은 'ba' 소리를 들었다고 보고한다. 그림 b는 청취자가 'ba'에 처음 순응한 효과를 보여준다(더 짧은 구동시간에서 'pa' 지각을 이끄는 음소경계 이동).

출처: Reprinted from *Cognitive Psychology*, *4*(1), Peter D. Eimas & John D. Corbit, "Selective Adaptation of Linguistic Feature Detectors," p. 11, copyright© 1973, with permission from Elseiver.

형태로 순응은 말소리 모듈을 피로하게 만들어, **그림 11.10b**에서 보여주는 음소경계에서의 이동을 일으키는 것으로 보았다. 사람들이 오랫 동안 'ba' 소리를 청취하고 나면, 음소경계는 훨씬 더 짧은 VOT만으로도 충분히 'pa' 소리를 청취했다고 보고하도록 이동된다.

그런 증거는 매우 강력해 보이지만, 일반 기전 이론가들은 더 강한 반박 증거를 제시하였다. 인간 이외의 다른 종들은 말소리 능력을 가지고 있지 않기 때문에, 말소리 모듈을 가지고 있지 않다. 따라서 다른 종들은 범주 지각을 보여주지 않을 것으로 기대된다. 그러나 여러 종들을 대상으로 순응 방법을 사용한 연구자들은 잉꼬, 친칠라, 메추라기, 짧은 꼬리 원숭이를 포함한 동물원 동물들도 범주 지각을 한다는 것을 확인했다(Dooling et al., 1995; Kuhl, 1989).

부가적인 특수 기전 이론가들이 안고 있는 문제는 인간이 복잡한 말소리가 아닌 소리들에 대해서도 범주 지각을 보인다는 것이다(Diehl et al., 2004). 이런 결과는 인간에게 있어 범주 지각은 보다 일반적인 청각 처리기의 산물이라는 것을 보여주는 것이다. 더 나아가, 연구자들은 (집중적인 훈련을 통해) 사람들이 음소경계의 동측에서도 말소리를 변별할 수 있다는 것을 발견하였다(Cleary & Pisoni, 2001).

따라서 증거는 특수 말소리 모듈이 범주 지각을 일으키는 것이 아니라는 것을 강력하게 시사한다. 그러나 특수 기전 이론을 옹호하는 사람들은 특수 말소리 모듈의 존재를 지지해주는 또 다른 증거를 제시했다. 이제 그 논제를 살펴보기로 하자.

이중 지각

특수 말소리 모듈의 운용을 반영해주는 또 다른 효과로 이중 지각이 있다. **이중 지각**(duplex perception)은 동일한 소리가 말소리와 말소리가 아닌 소리의 특성 모두를 가질 수 있을 때 발생한다(Cleary & Pisoni, 2001; Liberman & Mattingly, 1989). 일반적으로는 **그림 11.11a**에서 보여주듯이, 말소리는 두 귀(양이)에서 복합음으로 들린다. 이중 자극은 **그림 11.11c**에서 보여주듯이, 말소리의 작은 일부(포만트 이동)를 잘라냄으로써 생성된다. 이 소리는 새가 지저귀는 소리(짹짹)로 들린다. 전형적인 실

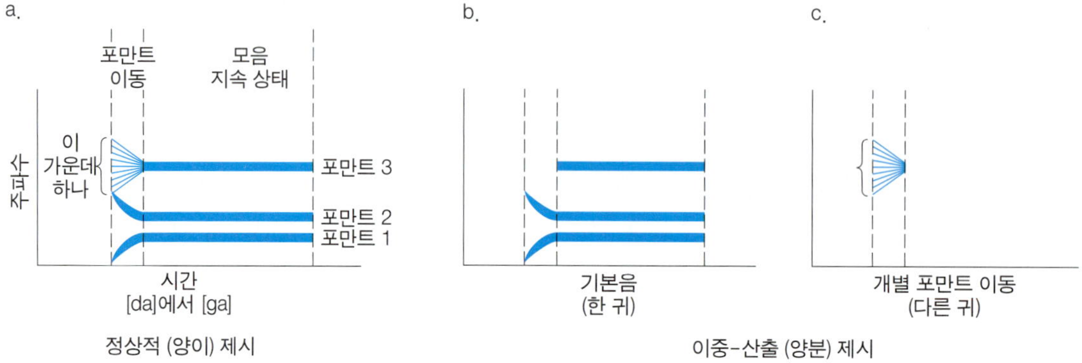

그림 11.11 이중 지각 연구의 예를 보여주는 말소리 분음파형도의 도식적 도해. **그림 11.9**와 같이, x축은 시간, y축은 주파수를 나타내지만, 분음파형도의 경우, 포만트와 포만트 이동을 더 명확하게 보여주기 위해 단순화시켰다. 그림의 상단은 기본음과 'da'에서 'ga'로의 소리 지각 변화를 일으키는 세 번째 포만트(F3)의 9개의 가능한 포만트 이동을 보여준다. 전형적으로 기본음만 청취할 때 사람들은 'da' 소리를 보고한다(b). 한 귀에 포만트 이동만을 제시할 때 사람들은 상향이나 하향 짹짹 소리를 보고한다(c). 포만트 이동이 한 귀에 제시되는 동시에, 다른 귀에 기본음을 제시할 때 어떤 소리를 보고하는지가 중요한 검사이다. 청취자가 포만트 이동이 제시되는 귀에서 짹짹 소리를 청취한다는 것은 놀라운 사실이 아닐 것이다. 그러나 청취자는 다른 귀에서 포만트 이동(반대 귀에 제시되는)과 기본음(해당 귀에 제시된)이 결합된 말소리를 청취한다. 동일한 청각 정보(포만트 이동)가 비언어와 말소리 특성 모두에서 얻어질 수 있다는 사실은 인간이 일반 음향 모듈과 특수 말소리 모듈을 모두 가지고 있다는 증거로 고려된다.

출처: Liberman(1982)

험으로, 포만트 이동을 한 귀에 제시하고, 전형적으로 'da' 소리로 들리는 나머지 말소리 분절을 다른 귀에 제시한다(그림 11.11b를 보라). 흥미롭게도 이 두 소리 자극이 함께 제시되면, 사람들은 한 귀에는 '짹짹' 소리를, 다른 귀에는 'da'나 'ga' 소리를 들었다고 보고한다(9개의 포만트 이동 가운데 어느 것이 제시되는지에 따라). 3~4개월 된 영아들을 대상으로 한 실험에서도 이와 유사한 결과가 얻어졌다(Eimas & Miller, 1992).

따라서 동일한 소리(포만트 이동)가 단순 비언어음(한 귀)으로 들리고, 말소리(다른 귀)의 일부로 들리기도 한다. 동일한 음향 정보가 일반 청각 정보로서, 그리고 말소리의 일부로서 처리되기 때문에 이 결과는 특수 기전 이론을 지지해주는 것으로 보인다.

그러나 범주 지각의 경우처럼, 일반 기전 이론을 옹호하는 사람들은 이중 지각의 이런 해석을 반박하는 증거를 제시할 수 있었다(Mattingly & Studdert-Kennedy, 1991). 예를 들어 Cicca와 Bregman(1989)은 이중 지각 절차에 약간 변화를 주었다. 이전 이중 지각 연구들은 한 귀에 단지 하나의 포만트 이동(짹짹)을 제시하고, 동시에 다른 귀에 기본음을 제시하였다. Cicca와 Bregman은 한 귀에 하나의 포만트 이동만 제시하는 대신에 포만트 이동을 반복해서 제시했다(연속적인 짹짹). 그 다음, 짹짹 소리열을 제시한 후, 포만트 이동 중 하나(한 귀)와 함께 동시에 다른 귀에 기본음을 제시하였다. 이 마지막 절차는 전형적인 이중 지각 연구에서 사용된 것과 동일하다.

Ciocca와 Bregman의 연구에서는 사람들이 어떤 소리를 보고할 것으로 예측하는가? (먼저 좋은 연속선 및 유사성과 같은 게슈탈트 원리들을 생각하는 것이 도움이 될 것이다.) 일련의 포만트 이동이라는 약간의 맥락적 변화에 따라, 사람들은 포만트 이동을 기본음과 통합시킬 가능성이 현저히 감소되었다. 좋은 연속선과 유사성이라는 게슈탈트 원리와 일치하듯, 연속적인 포만트 이동(짹짹)은 통합된 흐름을 형성한다. 그 결과, 각각의 짹짹 소리는 다른 짹짹 소리와 함께 움직이고, 기본음과는 함께 움직이지 않게 된다. 따라서 사람들은 기본음을 마치 포만트 이동이 제시되지 않은 것처럼 듣는다(예: 'da'로 듣는다). 말소리를 위한 특수 모듈은 항상 포만트 이동과 기본음을 통합시키는 것으로 가정된다. Ciocca와 Bregman은 이런 결과를 특수 말소리 모듈을 반박하는 증거로 해석하였다.

결국 Liberman(1992)조차도 특수 말소리 모듈이 널리 인정을 받지 못하는 개념이라는 것을 인정할 수밖에 없었다. 그러나 말소리 지각의 운동 이론의 모든 요소들을 완전히 버리기보다, 몇몇 이론가들은 일부 성분 요소를 살리기를 원했다

(Galantucci et al., 2006). 설령 특수 말소리 모듈이 존재하지 않을지라도 말소리는 분명 특별한 인간의 능력임에는 틀림없다(Massaro, 2004). 사실 특수 모듈이 없이도 말소리를 지각할 수 있는 우리의 능력은 매우 인상적이다. 말소리를 전문적으로 처리하는 뇌의 어떤 영역들을 찾는 연구가 있다면, 그것은 말소리를 지각하는 동안 발생하는 뇌 활성화를 연구하는 분야일 것이다.

말소리와 뇌

음악의 경우처럼, 말소리도 복잡한 청각 자극으로, 10장에서 논의된 청각 체계에 의해 처리된다(Adams, 2006; Greenberg & Ainsworth, 2004). 비록 말소리가 특별하다 하더라도, 지금까지 말소리 지각에만 특별하게 관여하는 뇌 영역이 존재한다는 증거는 없다(Meyer, 2006). 예를 들어 말소리를 듣는 세 살짜리 영아조차도 청각 영역뿐만 아니라 전전두엽 피질에서도 활성화가 나타난다(Dehaene-Lambertz et al., 2002; Dehaene-Lambertz et al., 2006). 후반부에 언급되겠지만, 시각과 청각 정보는 모두 말소리 지각에 중요한 역할을 한다. 따라서 시각 정보를 처리하는 뇌 영역들은 말소리 지각에도 중요한 역할을 한다(Bernstein, 2005). 청각피질은 분명 말소리를 포함한 모든 복합적 청각 자극의 처리를 위해서 중요하다. 그러나 뇌의 어느 영역이 말소리에만 특별히 관여하는지를 명시하기 어려울 만큼 뇌의 여러 영역들이 말소리 지각에 관여한다. 그럼에도 불구하고, 당신은 특별히 두 개의 뇌 영역이 말소리에 관여한다는 것을 배웠을 것이다.

1800년대 후반 Paul Broca는 구두어에 제한되지는 않지만, 언어 처리에 관여하는 전두 피질(전형적으로 좌측) 영역을 확인했다(Horwitz et al., 2003). 브로카 영역이 손상된 사람들은 전형적으로 말소리 산출에 문제가 있는 실어증을 보이지만, 어느 정도는 말소리를 이해한다. **브로카 실어증**(Broca's aphasia)을 가진 사람들은 주로 소수의 연결 단어들로 내용어(content words)를 구성하는 전보어(telegraphic speech)식 말소리를 산출한다. 그들은 논리적인 말소리 산출이 어렵고, 의사소통의 질이 형편없다는 것을 잘 인식하고 있다.

Carl Wernicke는 Broca가 활동했던 동시대 인물로 말소리에 관여하는 뇌의 다른 영역을 확인했다. 청각피질 근처의 측두 피질(전형적으로 좌측)에 있는 이 영역을 베르니케 영역이라 부른다. 이 영역이 손상된 사람들은 언어 이해에 결함을 가지는 것으로 특징지어지는 **베르니케 실어증**(Wernicke's aphasia)을 보인다. 그들의 언어 산출은 운율과 통사론이 정상적인 것처럼 보이기는 하지만 전형적으로 장황하고 혼란스럽다.

청각피질을 벗어난 뇌 영역들의 기여는 분명히 인지적 처리가 말소리 지각에 중요한 역할을 한다는 주장과 일치한다. 이제 이런 인지적 처리가 어떻게 작동하는지를 보여주는 많은 상이한 현상들을 살펴보기로 하자.

말소리 지각에서 인지의 역할

10장과 지금까지 논의된 소리 지각은 주로 소리 자극의 물리적 특성 및 청각 체계가 이 자극들을 어떻게 변환시키는지에 초점을 맞추었다. 그러나 우리가 가지고 있는 지식, 맥락, 기대 또한 지각 조성에 중요하다(테마 4). 말소리가 복잡한 청각적 현상이라는 사실에 비추어, 이런 상위 정신적 과정들은 분명 말소리 지각에도 영향을 미칠 것으로 기대된다. 예를 들어 말소리 지각은 하향처리뿐만 아니라 상향처리에 의해서도 도움을 받을 것이다. 즉 우리는 인지적 과정과 청각 자극에서 가용한 정보를 조합해서 말소리를 지각한다. 그러면 하향처리가 말소리 지각에 영향을 주는 몇 가지 측면에 대해 논의하기로 하자.

사전 지식이 말소리 지각에 미치는 영향

만약 당신이 청각 자극이 말소리라는 것을 알고 있다면, 말소리 지각은 더 수월해진다. 예를 들어 Remez 등(1981)은 'Where were you a year ago?'라는 구두 문장을 녹음한 다음, 음향 정보의 일부를 제거하여 그 문장을 변형시켰다. 한 집단의 청취자들은 소리의 성질에 대해 아무런 정보도 제공받지 못했다. 그들은 단지 자극에 대한 인상만을 보고하도록 요청받았다. 대부분은 그것이 말소리라는 것을 알지 못했고, 18명 중에서 단지 2명만이 그 문장을 정확하게 확인했다. 다른 청취자 집단에게는 컴퓨터로 산출된 문장을 청취하게 될 것이라는 정보를 알려주었다. 그 가운데 반은 이 조건에서 문장을 정확하게 확인했다. 만약 말소리를 청취하려는 준비가 되어 있다면, 우리가 말소리를 지각할 가능성이 더 크다.

사실 사전 지식은 매우 강력해서 사람들은 단어들이 제시되지 않았을 때도 단어들을 청취할 수 있다. 말소리를 역으로 재생하면, 실제 단어들은 제시되지 않게 된다. 그 결과, 사람들이 말소리나 음악을 거꾸로 청취할 때(어떤 특별한 지시 없이), 거의 어떤 단어도 청취하지 못하는 대신, 악마의 메시지를 들었다고 말하기도 한다. 그러나 만약 사람들이 처음에 구절의 내용에 대한 암시를 받는다면, 그들은 암시된 메시지를 청취할 가능성이 훨씬 높다(Vokey & Read, 1985). 역으로 재생된 말소리를 경험하려면 WWW해보기 11.6을 해보라.

맥락이 말소리 지각에 미치는 영향

1901년에 William Bagley(1874~1946)는 처음으로 새롭게 개발된 Edison 축음기를 사용해서 맥락이 말소리 지각에 미치는 영향을 경험적으로 연구하였다(Plomp, 2002). 사실 1980년대에 연구자들이 Bagley의 연구를 발견하였을 때, 그들은 Bagley의 결론이 근대적이었음을 발견하였다. 예를 들어 Bagley는 희미하게 들리는 다음절(polysyllabic) 단어들이 희미하게 들리는 단음절(monosyllabic) 단어들보다 더 쉽게 재인된다는 점을 주목했다. 그는 또한 '다국어' 단어들이 맥락에서 벗어나서 제시될 때보다 완전한 문장의 중간에 제시될 때 정확하게 해석된다는 점도 주목했다. 이런 결과는 60년이 지나 수행된 Pollack과 Pickett(1963)의 연구 결과를 벌써 예견했다는 데 의의가 있다. 주위 맥락의 중요한 역할은 특히 소음이 말소리 분절을 압도할 때 드러난다.

가령 당신이 몇 명의 친구들과 저녁 식사를 함께한다고 하자. 당신이 의자를 움직이면서 바닥에서 끌리는 마찰음을 내는 사이에 한 친구가 당신에게 소금을 건네 달라고 요청한다. 당신은 여전히 친구의 메시지를 음소를 놓치지 않고 온전한 말로 지각한다. 매일 가능한 모든 장면에서 우리의 말의 일부는 의도되거나 의도되지 않은 짧게 발생되는 소음에 의해 가려진다. 그럼에도 불구하고, 우리는 놓친 소리에 연연해하지 않고 말소리를 정확하게 지각한다. 일상에서(그리고 또한 실험실에서), 우리는 말소리가 관련이 없는 소리에 의해 대치되거나 차폐될 때, 지각 체계는 그 틈을 적절히 복원하거나 채우는 **음소복원**(phonemic restoration)을 경험한다. 대부분의 경우, 음소복원은 잘 작동하기에 청취자는 어떤 말소리를 놓쳤는지 확인할 수 없다.

Richard Warren과 Roslyn Warren(1970)은 음소복원 효과에 관한 고전적 연구를 보고했다. 그들은 'The state governors met with their respective legislatures convening in the capital city'라는 문장을 녹음했다. 그 다음, 그들은 녹음된 문장에서 한 부분을 삭제했다. 기본적으로 'legislatures'에서 첫 번째 /s/를 잘라냈다. 그 잘라낸 틈에 기침 소리를 삽입했다. (따라서 실험실 연구에서는 음소 하나가 실제로 기침 소리로 더빙되는 것이 아니라 기침 소리로 대치된다.) 청취자들이 이 조작된 문장을 청취할 때, 그들은 청각적 착각을 경험했다. 그들은 /s/ 소리가 실제로 제시된 다른 음소들만큼이나 분명하게 들렸다고 보고했다. 그들이 문장을 반복해서 청취했을 때조차도 그들은 여전히 문장을 온전한 것으로 판단했다. 기침 소리는 어떤 말소리를 대체한 것이 아닌 그 문장을 보충해주는 것으로 보였다. WWW해보기 11.7을 통해 음소복원을 경험해보라.

단어 *legislatures*가 간섭을 받는 연구에서, 음소들은 's'가 의미 있는 방식으로 그 단어를 완성해주는 유일하게 놓친 음일 가능성이 있을 정도로 매우 제한되어 있다. 음소들이 크게 제한되지 않으면 어떤 일이 발생할까? 다른 연구에서, Warren과 Warren(1970)은 각 문장의 끝에 있는 단어를 다른 단어로 교체한 것을 제외하고 나머지가 동일한 네 개의 문장을 재생시켰다. 이 문장들에서 별표 표시(*)는 큰 기침 소리가 음소를 대치한 위치를 나타낸다.

1. It was found that the *eel was on the axle.
2. It was found that the *eel was on the shoe.
3. It was found that the *eel was on the orange.
4. It was found that the *eel was on the table.

청취자들은 무엇을 청취했다고 보고했을까? Warren과 Warren은 애매한 단어 **eel*의 해석이 청취자들이 들은 마지막 단어에 달려 있음을 발견했다. 청취자들은 첫 문장에서는 'wheel'을, 두 번째 문장에서는 'heel'을, 세 번째 문장에서는 'peel'을, 그리고 마지막 문장에서는 'meal'을 들었다고 보고했다. 맥락은 확실히 말소리 지각에 영향을 주며, 사람들이 문장이 끝날 때까지 맥락 단서를 청취하지 못했기 때문에 기억이 관여되는 것으로 보인다.

음소복원은 맥락 정보를 필요로 한다. *of course*란 단어가 일반적인 일상 언어인 완전한 형태(*natuurrlijk*)나 줄임말 형태(*n'tyk*)로 발음되는 네덜란드어를 고려해보자. 줄임말이 독립적으로 제시될 때, 청취자들은 그 단어를 확인하기 어려웠다. 그러나 같은 단어들이 일상 언어에서 발견되는 단어열 맥락에서 제시될 때, 청취자들은 더 쉽게 확인하였다(Ernestus et al., 2002). 청취자들은 단어열 맥락에서 발생하는 이런 줄임말 형태에 대해 음소복원을 한다. 그러나 줄임말 형태가 독립적으로 발생하면 음소복원을 하는 데 어려움이 있다(Kemps et al., 2004).

요약하면, 음소복원은 하향처리가 말소리 지각에서 중요한 역할을 한다는 것을 시사한다(Samuel, 1996, 2001). 우리는 말소리를 지각하기 위해 모든 음소를 정확하게 청취할 필요가 없기 때문에, 말소리 지각 이론이 되려면 어떤 하향처리 요소들을 통합해야 한다. 그런 인지적 요인들은 말소리 지각에서 중요한 역할을 한다(테마 4).

그러나 Bagley의 결과와 일치하는 것으로, 많은 다른 종류의 맥락이 말소리 지각에 영향을 미친다.

한 가지 중요한 맥락 유형은 시각적인 것이다. 즉 청취자들은 입술의 움직임을 볼 수 있을 때 말소리를 더 분명하게 지각할 수 있다. 끝으로, 시각이 말소리 지각에 미치는 영향을 살펴보는 것을 시작으로, 청각과 시각 정보의 관계성에 대한 연구를 개관하기로 하겠다.

절 요약

말소리 지각

1. 말소리 지각은 주의 자원을 요구하는 복잡한 과정이다. 따라서 운전을 하면서 핸드폰으로 대화를 하는 것은 위험하다.
2. 음소는 말소리 차이를 일으키는 가장 작은 단위이다. 우리는 조음 위치, 조음 방법, 유성음화와 같은 특성들의 독특한 결합에 의해 음소를 산출한다.
3. 말소리 분음파형도는 포만트라 부르는 소리 에너지 대역을 포함한 말소리의 주파수 성분들을 보여준다. 말소리 분음파형도는 음절 소리들이 동시조음을 일으키기 때문에 하나의 음소가 분음파형도에서 쉽게 구분되지 않음을 보여준다. 이외에도, 음소의 소리는 주변 소리에 의해 변할 수 있다.
4. 말소리 흐름의 분음파형도는 단어들 사이의 분리를 거의 보여주지 않는다. 그럼에도 불구하고, 사람들은 단어들을 재인하고, 단어들 간의 경계를 확인할 수 있다.
5. 말소리 지각 이론가들은 전형적으로 두 개의 기본 정향(특수 기전이나 일반 기전) 중 하나를 따른다. 특수 기전을 옹호하는 이론가들은 인간이 말소리 지각을 위한 특수 모듈을 가지고 있다고 주장한다. 일반 기전을 옹호하는 이론가들은 말소리는 모든 음향 자극들을 처리하는 동일한 기전으로 처리된다고 주장한다.
6. 말소리 지각의 특수 기전 이론을 지지하는 두 가지 증거로 범주 말소리 지각과 이중 지각을 들 수 있다. 그러나 일반 기전 이론을 옹호하는 사람들은 범주 말소리 지각이나 이중 지각이 특수한 말소리 모듈을 요구하지 않는다는 더 설득력 있는 증거를 제시하였다. 결국, 현재는 일반 기전 이론이 더 널리 인정을 받고 있다.
7. 뇌의 여러 영역들은 말소리와 다른 복합음을 처리한다. 그러나 적어도 두 개의 뇌 영역이 말소리 지각에 중요하다. 브로카 영역이 손상되면 주로 말소리 산출 능력이 떨어지는 실어증을 겪게 된다. 베르니케 영역이 손상되면 말소리 이해 능력이 떨어지는 실어증을 겪게 된다.
8. 경험과 맥락은 모두 말소리 지각을 돕는다. 따라서 우리는 청각 자극이 말소리라는

것을 알고 있거나, 말소리의 화제를 알고 있다면 말소리를 더 잘 지각할 수 있다. 우리는 또한 구절이나 문장 맥락에서 말소리가 발생할 때 말소리를 더 잘 지각할 수 있다.

9. 음소복원은 지각 체계가 관련이 없는 소리가 대치된 틈을 사라진 음소로 채울 때 발생한다. 청취자들은 사라진 음소의 위치를 인식할 수 없으며, 음소복원은 문장의 성질에 의해 영향을 받는다. 맥락은 확실히 말소리 지각에 영향을 준다(테마 4).

심화학습

청각과 시각 자극의 상호작용

테마 1의 진술처럼, 감각들 간의 상호작용은 매우 중요하다. 우리의 일상적인 경험에서 함께 산출되는 소리와 대상들은 함께 연결되는 경향이 있다. 동시에 발생될 때, 청각 정보는 시각 자극에 영향을 줄 수도 있고, 시각 자극이 소리 지각에 영향을 줄 수도 있다. 먼저 입술 움직임과 말소리 지각의 상호작용에 관한 연구를 개관한 다음, 음악과 영화의 상호작용에 대한 연구를 살펴보기로 하겠다.

말소리와 시각 정보의 상호작용

만약 10장에서 논의한 변사효과를 기억한다면, 시각 자극이 소리 지각에 영향을 미친다는 것을 알 것이다. 게다가 앞 장들에서 논의했듯이, 얼굴은 특별한 시각 자극이다. Lawrence Rosenblum은 시청각적 말소리(audiovisual speech)의 중요한 연구자이다. 그는 말소리는 흔히 화자의 얼굴에서 나오는 시각 정보를 수반한다는 것을 지적했다. 따라서 말소리는 실제로 단지 청각적이기보다는 다중감각적인 것으로 고려된다(Rosenblum, 2005). 비록 우리가 말소리를 순수한 청각적인 현상(예: 핸드폰 대화)으로 지각할 수 있을지라도, 말소리는 분명 대면 대화로 발전되어 왔다. 그리고 우리는 말소리 지각 이론들이 말소리가 어떻게 산출되고 지각되는지를 밝히는 데 화자의 얼굴을 볼 수 있는 우리의 능력에 의존함을 알았다.

말소리 지각에 대해 그런 시각적 정보의 중요성을 확인하기 위해, 다음 해보기를 해보라. TV에서 뉴스 프로그램을 시청하고 있을 때(진행자는 당신을 정면으로 보면서 말을 하고 있다), 볼륨을 줄여 소리가 겨우 들릴 수 있도록 해보라. 화면에서 눈을 떼고 어떤 소리가 들리는지 확인해보라. 이것이 매우 어려운 과제임을 발견하게 될 것이다. 이제 화면을 보면서 청취해보라. 그 과제는 훨씬 더 수월하다는 것을 발견할 것이다. 사실 일상적으로 우리는 시끄러운 환경에서 누군가의 말을 청취하려고 할 때 그 화자의 입 움직임에 의존한다(Bernstein et al., 2004; Schwartz et al., 2004).

예를 들어 시끄러운 환경에서 말소리를 청취할 때, 우리가 화자의 입술 움직임에 친숙할 때 말소리를 훨씬 더 잘 지각할 수 있다(Rosenblum, Miller et al., 2007). 입술 움직임에 대한 경험은 매우 중요하다. 친한 친구들이 말을 하는 동안 그들의 입술 움직임의 점빛 디스플레이(생물학적 운동 연구에서 사용된)를 본다면 그 친구들을 확인할 수 있다는 사실을 고려하라(Rosenblum, Niehus et al., 2007). 입술 움직임이 중요함에도 불구하고, 조용한 환경에서 우리는 화자의 입보다는 눈을 더 많이 본다는 점이 흥미롭다(Everdell et al., 2007).

분명 얼굴 움직임과 말소리 정보는 일반적으로 일치한다. 그러나 얼굴 정보가 청각 정보와 일치하지 않을 때 어떤 일이 발생할까? 외국 배우의 대화를 모국어로 더빙한 외국 영화를 본 적이 있을 것이다. 또는 배우의 입술 움직임이 말소리와 일치하지 않는 영화를 본 적이 있을 것이다. 당신은 그런 입술 움직임과 말소리 사이의 불일치가 얼마나 짜증을 일으키는지 잘 알고 있다. 영아들조차도 그런 불일치에 짜증을 낸다(Summerfield, 1992).

어떤 경우에는 시각과 청각 정보의 불일치가 혼란을 주기보다는 더 명료하게 해주는 역할을 하기도 한다. 예를 들어 Dominic Massaro(1998, 2004)와 동료들은 말소리 지각에서 시각 정보의 역할을 확인하기 위해 컴퓨터로 생성된 얼굴('발디'라 불리는)을 사용한 광범위한 연구를 수행했다. 전형적인 연구로 Massaro는 'ba'와 'da'음, 그리고 세 개의 중간 음을 제시했다. 그는 또한 발디의 입술이 'ba'와 'da' 음을 산출하는 움직임을 보이도록 했고, 세 개의 중간 음에 대한 입술 움직임도 일치시켰다. 물론 청각과 시각 정보가 완전히 일치할 때, 사람들은 'ba'나 'da'음을 들었다고 보고했다. 그러나 발디가 'ba'라고 말하는 것을 보았을 때, 청취자들은 청각 정보에만 의존할 때보다 중간 음들을 훨씬 더 빈번하게 'ba'음으로 들었다고 보고했다. 중간음에 대한 입술 움직임은 청각 자극 지각을 편향시켰다.

청각과 시각 정보의 또 다른 불일치는 입술 움직임과 말소리의 불일치가 청각과 시각 정보 둘 다 다른 지각을 이끄는 **McGurk 효과**(McGurk effect)에서 발견된다. 이 효과는 McGurk와 McDonald(1976)이 우연히 발견한 것이다. 그들은 한 여성이 말하고 있는 비디오를 사용해서, 비디오에 대해 상이한 청각 정보가 제시되도록 편집했

그림 11.1 McGurk 효과. 관찰자는 'ga'음을 되풀이하는 사람의 입술을 본다. 그러나 관찰자가 청취하는 음성은 'ba'음의 반복이다(화자의 입술과 동기화된). 놀랍게도 관찰자는 'ga'음도 'ba'음도 아닌, 'da'음이 반복되는 소리를 청취했다. McGurk 효과는 말소리 지각에서 청각과 시각 정보가 상호작용한다는 것을 잘 보여주는 예이다.

다. **그림 11.2**에서 보여주듯이, 사람들은 'ba'와 같은 다른 소리를 청취하는 동안 화자의 입술이 'ga'와 같은 한 음절 소리를 내는 모양을 보았다.

이 예에서 사람들은 어떤 소리를 들을 것으로 생각하는가? 만약 시각이 지배적이라면, 그들은 'ga'음을 청취할 것이다. 만약 청각이 지배적이라면, 그들은 'ba'음을 청취할 것이다. 결과는 사람들이 'ba'나 'ga'도 아닌 다른 음을 청취하는 것으로 나타났다. 대신에 그들은 청각과 시각 입력을 융합하여 전혀 다른 소리(이 경우, 'da'음)를 청취하였다. 이런 예기치 않은 효과는 매우 강력해서 여러 다른 연구자들도 반복해서 동일한 결과를 확인했다(Campbell, 2008). McGurk 효과를 경험하기 위해 WWW해보기 11.8을 해보라.

McGurk 효과는 시각 정보의 변화에 민감하다. 예를 들어 McGurk 효과는 얼굴 정보가 크게 제한될 때 감소된다(그러나 그 효과가 사라지는 것은 아니다)(McDonald et al., 2000). 5장의 얼굴 지각 논의에서, 거꾸로 돌려놓은 얼굴을 볼 때 정확하게 얼굴을 지각하기 어렵다는 것을 기억할 것이다. Rosenblum 등(2000)은 화자의 얼굴(혹은 입술)을 거꾸로 회전시켰을 때, McGurk 효과가 감소된다는 것을 확인했다. 비록 어떤 시각적 방해 요인이 McGurk 효과를 최소화시킬 수 있을지라도, 시각과 청각 정보가 시간이나 공간에 따라 다를 때조차도 그 효과는 강력하게 나타난다(Campbell, 2008). McGurk 효과는 또한 클릭음과 같은 말소리가 아닌 자극에 대해서도 나타나지만, 청각 자극의 변화에도 민감하다(Brancazio et al., 2006).

시각과 청각의 상호작용을 강조하는 연구는 테마 1을 지지해주기 때문에 중요하다. 따라서 감각들을 독립적으로 연구할 수 있더라도, 대부분의 지각은 다중양상적이기 십상이다. 즉 사람들은 여러 감각들로부터 나오는 입력 신호들을 통합한다. 후속장들에서 다른 감각들의 상호작용을 다시 논의할 것이다. 지금은 시각과 청각의 상호작용에 대한 다른 예만 살펴보기로 하겠다.

음악과 시각 정보의 상호작용

시각 정보가 말소리 지각에 영향을 미칠 수 있듯이, 음악의 가사 지각에도 영향을 미칠 수 있다. 당신은 사람들이 종종 노래 가사를 엉뚱하게 해석한다는 것을 기억할 것이다(몬드그린, mondegreens). Hidalgo-Barnes와 Massaro(2007)는 사람들이 발디(컴퓨터로 생성된 얼굴)가 노랫말을 정확하게 발음하는 것을 볼 때 가사를 더 정확하게 확인할 수 있음을 발견하였다.

그러나 음악이 시각 정보 지각에 영향을 미칠 수 있을까? 이 질문과 관련하여 배경 음악이 영화 지각에 미치는 영향에 대해 살펴보기로 하자. 우리는 이미 음악이 정서적 반응을 일으킬 수 있음을 살펴본 바 있다(Sloboda, 2005; Watt & Quinn, 2007; Zatorre & McGill, 2005). 배경 음악이 어떤 장면에서 우리가 느끼는 긴장이나 흥분을 고양시키는 역할을 할까? Marilyn Boltz(2001, 2004)는 배경 음악이 영화 지각에 미치는 역할에 대해 많은 연구를 수행했다. 한 연구로 Boltz 등(1991)은 짧은 영화 클립을 제시했다. 클립의 반은 긍정적인 정서(행복한 결말), 그리고 나머지 반은 부정적인 정서(비극적 결말)를 묘사한 것이다. 음악 또한 영화에서 녹음된 것으로, 반은 긍정적 정서, 나머지 반은 부정적인 정서를 일으키는 것으로 판단된 것이다.

한 실험에서, 사람들은 16개의 영화 클립을 보았다. 클립의 반은 적절한(기분 일치) 음악과 짝이 맺어졌고, 나머지 반은 부적절한(기분 불일치) 음악과 짝이 맺어졌다. 따라서 행복한 결말을 맺는 영화 클립의 절반은 적절하게 유쾌한 음악이 수반되었고, 나머지 절반은 부적절하게 침울한 음악이 수반되었다. 비극적인 결말을 가진 영화 클립의 절반은 침울한 음악이 적절하게 수반되었고, 나머지 절반은 부적절하게 유쾌한 음악이 수반되었다. 사람들은 먼저 영화 내용에 대해 가능한 상세하게 회상하도록 요청받았다. 기억은 적절한 배경 음악을 가진 영화 클립 장면들에 대해 더 우수했다.

그 다음, 사람들은 32개의 멜로디(친숙한 멜로디 16개, 새로운 멜로디 16개)를 청취하고 어느 멜로디가 실험 회기에서 들었던 멜로디인지 확인할 것을 요청받았다. 비록 사람들이 이전에 그 배경 음악을 들었어도, 음악 자체에 대한 기억을 검사받을 때는 쉽게 재인할 수 없었다. 따라서 배경 음악 자체에 대한 기억은 저조했다.

마지막으로, Boltz 등은 사람들이 음악과 영화 클립 장면을 정확하게 일치시킬 수 있는지 살펴보았다. 사람들은 배경 음악과 적절한 영화 클립을 잘 일치시켰다(이전 검사에서 회상하지 못했던 영화 클립에 대해서조차). 따라서 이 결과는 배경 음악이 실제로 시각 장면에 대한 기억을 고양시킬 수 있음을 보여주었다.

절 요약

청각과 시각 자극의 상호작용

1. 우리는 모든 말소리 지극을 시청각적으로 특징지을 수 있다. 시각 정보는 특히 소음 조건에서 말소리 지각을 돕는다.
2. McGurk 효과는 입술 움직임과 청취되는 소리 간에 불일치가 있을 때 발생된다. 사람들은 입술 움직임을 수반하는 소리와 실제로 청취한 소리의 중간 소리를 청취했다고 보고한다.
3. McGurk 효과는 사람들이 방해 시각 자극을 보거나 얼굴 정보를 잘 확인하지 못할 때 감소되지만, 시각과 청각 정보의 공간적 혹은 시간적 불일치에 의해서 감소되지는 않는다.
4. 배경 음악은 영화의 시각적 이미지에 대한 사람들의 처리에 영향을 준다. 즉 장면 회상 능력을 고양시킨다.

복습문제

1. 복합적 청각 자극을 9장과 10장에서 자주 논의된 단순 청각 자극과 비교하시오. 복합적 청각 자극은 복합적 시각 자극과 많은 유사점을 공유하고 있다. 청각과 시각 패턴 지각의 유사점을 가능한 한 많이 열거하시오. 인지적 요인에 특별히 주의를 기울이고, 이런 유사점들을 공유하는 이유가 무엇이라고 생각하는가?

2. 이 장과 10장에서 음고 지각을 논의하였다. 음고가 낮은 음에서 높은 음으로의 단순한 음계 배열보다 더 복잡한 이유는 무엇인가? 이 논의에서 반음계 순환과 옥타브 개념을 언급하시오. 그런 다음, 다른 옥타브로부터 유사한 반음계 순환을 가진 음표들이

어떻게 서로 유사한지 논의하시오. 당신은 물리적 자극과 심리적 자극을 비교하기 위해 어떻게 음고를 사용할 수 있는가?

3. 당신이 좋아하는 음악 콘서트에 가 있다고 하자. 음악 지각에 관한 내용이 어떻게 음악의 지각적 특성을 더 잘 인식할 수 있게 해줄지 논하시오. 이 논의에 음고, 음질, 음량, 음색, 음 결합을 언급하시오.

4. 말소리 지각은 매우 수월하고 노력을 들이지 않아도 된다. 그럼에도 불구하고, 말소리 지각 이론들은 복잡하다. 왜? 말소리 지각의 특수 기전과 일반 기전 이론을 설명하시오. 특수 기전에 반하는 증거에도 불구하고, 여전히 말소리가 특수하다고 믿는 이유는 무엇인가?

5. 착각은 지각 체계의 작동을 이해하는 데 중요한 역할을 한다. 음악과 말소리 착각(예: 음소복원)이 청각 체계를 이해하는 데 어떤 식으로 도움을 주는가? 이런 청각적 착각을 시각적 착시와 연계시킬 수 있는가?

6. 음악과 말소리를 청취하는 동안 뇌에서 어떤 변화가 일어나는지 기술하기 위해 이전 두 개의 장에서 얻은 정보를 이 장에서 얻은 정보와 통합시키시오. 뇌 활동의 복잡성은 음악과 말소리를 전문적으로 담당하는 뇌 영역들이 있다는 주장을 어떻게 반박할 수 있을까?

7. TV에서 리포터가 전하는 말소리를 청취하고 있다고 해보자. 당신이 그 리포터를 보는 동안, 한 단어의 일부를 제외하고 한 문장을 확실히 청취했다. 이 장에서 얻은 정보를 사용해서 어떻게 당신이 불완전한 청각 정보에도 불구하고 리포터의 말을 이해할 수 있을지 설명하시오.

8. 앞 장들에서 맥락이 시지각에 중요하다는 점을 언급하였다. 이 장에서도 맥락이 청지각에 영향을 미치는 여러 예를 다루었다. 지각에서 맥락의 역할을 명료화하기 위해 이 장에서 다룬 몇 가지 예를 사용하시오. 맥락의 역할은 청각 자극을 다룰 때 다를까?

9. 하향(혹은 개념 주도적)처리는 특히 복합 자극 지각에서 중요하다. 하향처리가 우리의 복합 자극 지각에 어떻게 작동하는지 설명하시오. 상향(혹은 자료 주도적)처리는 우리가 복합 청각 자극을 지각할 때 어떻게 작동할까? 복합 자극 지각에서 어떤 처리 유형이 지배적이라고 생각하는가?

10. 시지각을 학습한 후, 당신은 이제 세 개 장에 걸쳐 청지각을 학습했다. 이제 당신이 학습한 내용을 기반으로, 시각과 청각의 관계성을 특징지어 보시오. 이 장에서 얻은 정보(예: McGurk 효과)를 사용해서 당신의 주장을 지지해주는 근거를 제시하시오.

주요어

동시조음(coarticulation)
말소리 지각의 운동 이론(motor theory of speech perception)
모듈(module)
반음계 순환(tone chroma)
범주 지각(categorical perception)
베르니케 실어증(Wernicke's aphasia)
브로카 실어증(Broca's aphasia)
상대적 음고(relative pitch)
성도(vocal track)
옥타브 착각(octave illusion)
옥타브(octave)
옥타브(octave)
유성 자음(voiced consonant)
유성음화(vocing)
음성 구동 시간(voice onset time, VOT)
음소(phoneme)
음소경계(phonetic boundary)
음소복원(phonemic restoration)
음조 높이(tone height)
음치(tone-deafness)
이중 지각(duplex perception)
일반 기전 이론(General Mechanism accounts)
절대적 음고(absolute pitch)
조옮김(transposition)
조음 개시(attack)
조음 방법(manner of articulation)
조음 위치(place of articulation)
템포(tempo)
특수 기전 이론(Special Mechanism accounts)
포만트(formants)
McGurk 효과(McGurk effect)

추천도서

Bregman, A. S. (1994). *Auditory scene analysis: The perceptual organization of sound*. Cambridge, MA: MIT Press.

Bregman은 우리가 어떻게 지속적으로 변하는 복합적 음파 흐름(음악이나 말소리 같은)을 분리시키고 이해할 수 있는지에 대한 연구에 중요한 기여를 하였다. 책의 두께(700쪽 이상)에 낙담하지 말라. Bregman의 충고를 따르면, 첫 장과 둘째 장을 읽고 나면, 연구에 대한 명확한 그림을 얻을 수 있다. 당신은 청각 장면 분석에 대한 더 많은 최근 논문들을 발견하게 될 테지만, 이 책은 그 연구 분야의 고전이라 할 수 있다.

Diehl, R. L., Lotto, A. J., & Holt, L. L. (2004). Speech perception. *Annual Review of Psychology*, *55*, 149–179.

이 개관 논문은 말소리 지각에 대한 이론적 접근법과 여러 접근법들이 당면하는 도전에 대해 유용한 도움을 준다.

Levitin, D. J. (2006). *This is your brain on music*. New York: Dutton.

Levitin은 흥미로운 개인사를 가지고 있다. 그는 애초에 음악가이면서 연출가로 음악계에서 일을 하였고, 지금은 음악에 관심을 가진 연구자로서 학문계에서 연구를 하고 있다. 그가 집필한 유명한 저서는 그 두 세계를 잘 이어주고 있다. 즉 그 세계를 이해(설명)하려는 음악가로서의 민감성과 연구자로서의 바람을 잘 보여주고 있다. 이 책은 자서전적 반영과 과학적 탐구의 결정체라 할 수 있다.

Patel, A. D. (2008). *Music, language, and the brain*. New York: Oxford.

만약 음악과 말소리 연구를 잘 통합시킨 책을 찾고 있다면, 이 책은 특히 유용하다. Patel은 음악과 말소리 모두에 대해 기초(예: 음고, 음색, 리듬)뿐만 아니라 더 복잡한 측면(예: 통사론과 의미)의 통합 탐구를 제공하고 있다.

CHAPTER 12

피부 감각

초등학교 시절 교사는 당신에게 5개 감각(시각, 청각, 촉각, 미각, 촉각)에 대해 가르쳐 주었을 것이다. 아리스토텔레스는 2,300년 전에 이미 이런 분류 체계를 사용했고, 아직까지 일반적인 분류 체계로 사용되고 있다. 그러나 분명 우리는 5개 감각 이상에 의존한다. 이장에서는 집합적으로 **체감각 체계**(somatosensory system; 라틴어와 그리스어로 *soma*는 '신체'를 의미)라 부르는 우리의 신체에 내장되어 있는 감각 세트를 탐색할 것이다.

체감각 체계는 서로 상호작용하는 세 개의 체계를 가지고 있다(Pinel, 2006). 이 가운데 신체의 내부 상태를 감시하는 체계는 제외하고, 여기서는 주로 바깥 세계가 신체에 미치는 영향을 해석하는 다른 체계에 초점을 맞추기로 하겠다. 이 체계는 촉각, 온도 지각, 통증 지각을 제공한다. 마지막으로, 당신이 똑바로 서 있는지 아니면 기울어져 있는지와 어떻게 신체 부위들이 서로 관련되어 있는지를 알려주는 체계를 다룰 것이다. 체감각 체계는 내이(9장)의 전정계에서 나온 정보에 의해 증강된다.

피부

우리의 피부는 성인의 경우 약 2 평방야드(약 1.67 평방미터)의 표면적을 가진 거대한 감각계이다(Weisenberger, 2001). 이 크기를 시각과 청각의 비교적 작은 수용체 표면과 비교해보라. 피부 감각은 크기에서 이점이 있기는 하지만, 시각과 청각이 우리에게 더 중요해 보인다. 그러나 우리의 피부와 피부 감각이 어떤 목적을 달성하는지 생각해본 적이 있는가? 첫째, 보호라는 피부의 가치를 고려해보자. 피부 감각은 우리에게 벌레가 다리로 기어오르고 있다는 것을 알려준다. 피부 감각은 또한 온도 변화를 탐지하고, 매우 뜨겁거나 차가운 온도로부터 우리를 보호한다. 피부 색소(멜라닌)는 태양의 어떤 해로운 효과로부터 우리를 보호해준다. 더 나아가, 피부 감각은 우리에게 통증 신호를 보냄으로써 잠정적 조직 손상을 막아 준다. 그리고 우리가 부주의한 경우(그래서 햇볕에 데거나 피부가 베인 경우), 우리의 피부는 스스로 그 부분을 복원시킬 것이다.

피부 수용체

그림 12.1은 신체 대부분을 덮고 있고 겨우 보이거나 거의 보이지 않는 털을 포함하는 **유모피부**(hairy skin)의 도해를 보여주고 있다. **평활피부**(glabrous skin)라는 또 다

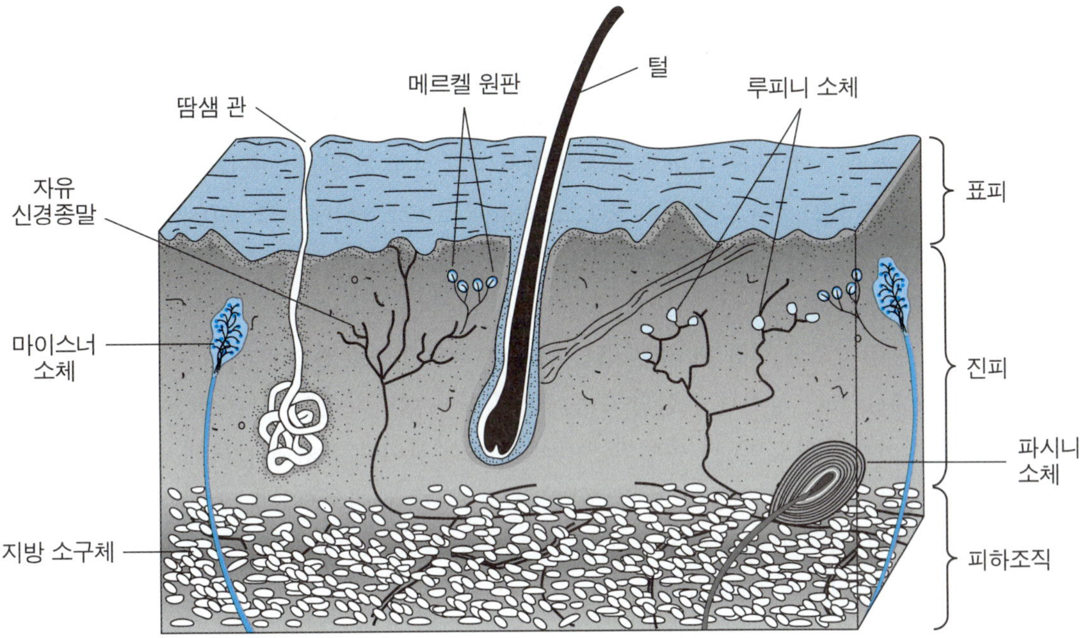

그림 12.1 유모피부의 부분 횡단면. 피부의 두 개 층과 수용체 분포를 주목하라.

른 유형의 피부는 발바닥, 손바닥, 발가락과 손가락의 부드러운 표면에서 발견된다. 평활피부는 외피가 더 두껍고, 수용체들이 더 복잡하게 혼재되어 있다는 점을 제외하고 유모피부와 유사하다. 이런 복잡성은 아마도 이 부위들이 자극에 민감하고, 우리는 대상의 물리적 특성을 적극적으로 탐색하기 위해 이 피부 부위들(특히 손)을 사용한다는 사실과 관련이 있는 것으로 보인다(Carlson, 2007).

그림 12.1에서 피부가 두 개의 주요 층으로 구분될 수 있음을 주목하라. **표피**(epidermis) 혹은 외층은 여러 층의 죽은 피부 세포들로 이루어져 있다. **진피**(dermis)는 새 세포들을 생성하는 층이다. 이런 새 세포들은 표면으로 이동하여 닳은 표피 세포들을 대체한다. 또한 피부는 정맥, 동맥, 땀샘, 털, 수용체들의 인상적인 배열을 포함하고 있음을 주목하라. 피부는 또한 다양한 피부색을 일으키는 멜라닌을 생성하는 멜라닌 형성세포들을 포함하고 있다(Jablonski, 2006). 피부 두께는 약 0.2mm에서 발바닥의 경우 약 6mm에 이르기까지 큰 차이가 있다(Mountcastle, 2005).

피부 전역에는 많은 종류의 수용체들이 퍼져 있다. 수용체의 다양성 때문에 우리는 초기 이론가들이 왜 특수성 이론을 개발하게 되었는지를 쉽게 이해할 수 있다. **특수성 이론**(specificity theory)은 상이한 유형의 수용체 각각이 오직 한 가지 종류의 물리적 자극(예: 통증)에만 독단적으로 반응하고, 따라서 각 수용체 유형은 오직 한 가지 유형의 감각만을 책임진다고 진술한다. 특수성 이론은 **특정 신경 에너지 이론**(doctrine of specific nerve energy)으로부터 파생되었다. Johannes Müller(1801~1858)는 애초에 다른 감각 신경들이 자체의 특징적 활동 유형을 가지고 있어, 상이한 감각들을 일으킨다고 주장하였다. Maximilian von Frey(1852~1932)는 촉각, 온각, 냉각, 통각을 담당하는 상이한 유형의 수용체를 가정함으로써 특정 신경 에너지 이론을 확장시켰다.

체감각계에 대한 또 다른 이론 역시 수용체의 중요성을 강조한다. **패턴 이론**(pattern theory)은 상이한 유형의 수용체들의 활동 패턴이 감각을 결정한다고 진술한다. 패턴 이론에 따르면, 각 유형의 수용체는 여러 상이한 유형의 자극에 반응하지만, 다른 유형보다 어떤 유형에 더 많이 반응한다. 특수성 이론과 패턴 이론을 지지하는 연구자들은 피부 감각을 이해하는 데 큰 기여를 했다. 그러나 현대적 조망에서 보면, 두 접근은 완전하지 않다.

시각과 청각을 논의할 때 이해했겠지만, 지각은 물리적 자극의 신경 에너지로의 변환을 요구한다. 그러나 수용체를 넘어 많은 처리가 일어날 만큼 수용체에만 초점을 맞추게 되면 지각을 과도하게 단순화시키는 개념으로 이해할 수 있다. 체감각계에도 같은 이치가 적용된다. 뉴런과 수용체 간의 연계 복잡성은 그 상황을 더 복잡하게 만든다. 예를 들어 단일 뉴런은 많은 수용체를 자극할 수 있고, 단일 수용체가 다른 뉴런들에 의해 자극될 수도 있다. 따라서 각각의 수용체가 구심성 뉴런의 활동에 어떻게 기여하는지 결정하기는 매우 어렵다. 결국 연구자들은 특정 유형의 수용체보다 구심성 뉴런의 기능에 더 집중하게 되었다(Goodwin & Wheat, 2004; Weisenberger, 2001).

앞으로 수용체를 논의하는 과정에서 특수성 이론이나 패턴 이론 어느 것도 적절하지 않다는 것을 알게 될 것이다. 본질적으로, 이런 이론들의 변형 대부분은 상향처리를 강조한다. 그렇지만 인지 역시 체감각 체계의 기능에 중요한 역할을 한다(테마 4). 나중에 알게 되겠지만, 피부 감각이 어떻게 작동하는지를 전체적으로 이해하기 위해서 우리는 하향처리를 고려해야 한다.

피부에서 뇌까지의 경로

이미 수용체에서 뇌까지의 시각과 청각 경로들을 논의한 바 있다. 시각과 청각 체계의 경우, 수용체들은 뇌에서 가까운 비교적 작은 영역에 위치한다. 이와 달리, 체감각 수용체들은 신체 전역에 분포되어 있다. 분포되어 있는 거리로 보면, 발가락의 구심성 뉴런들이 신체에서 가장 긴 뉴런들임을 고려하라(Pinel, 2006). 이런 광범하게 펴져 있는 수용체들로부터 나온 정보는 척수를 거쳐 뇌에 도달된다.

척수 내에는 체감각 정보에 중요한 두 가지 체계(척수시상 체계와 섬유띠 체계)가 있다(Weisenberger, 2001). **척수시상 체계**(spinothalamic system)는 작은 신경섬유를 가지고 있고 전송이 느리다. 척수시상 체계는 약간 조악한 촉각 정보를 전송하기도 하지만 주로 온도와 날카롭고 강한 통증 정보를 전송한다. 이와 반대로, **섬유띠 체계**(lemniscal system)는 큰 섬유를 가지고 있고, 전송이 빠르다. 이것은 주로 세밀한 촉각과 진동 정보를 전송한다.

척수시상 체계와 섬유띠 체계는 모두 종국적으로는 정보를 **그림** 12.2에서 보듯이 체감각 피질로 보낸다. 그러나 경로는 약간 차이가 있다(그 명칭이 시사하듯이). 척수시상 체계는 정보를 척수와 중뇌의 시상을 거쳐 전송한다. 섬유띠 체계는 정보를 척수에서 내측 섬유띠와 시상을 거쳐 전송한다. 두 체계는 모두 정보를 시상으로부터 **체감각 피질**(somatosensory cortex)과 주변 뇌 영역으로 보낸다.

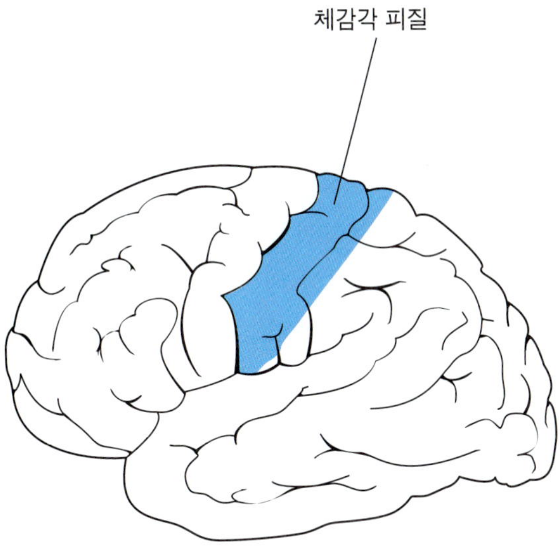

그림 12.2 체감각 피질의 위치. 피부 수용체로부터 척수시상 체계와 섬유띠 체계를 통해 전송되는 정보의 최종 종착지.

절 요약

피부

1. 피부는 가장 큰 감각계이다: 여러 유형의 수용체가 피부에서 발견된다. 수용체의 다양성은 각 유형이 특정 기능을 가진다는 것을 시사한다. 그러나 여러 상이한 수용체들이 하나의 자극에 반응하기 십상이기 때문에, 수용체들 간의 활동 패턴이 더 중요할 수 있다.
2. 두 개의 체계, 즉 척수시상 체계와 섬유띠 체계가 수용체에서 나온 정보를 뇌로 전송한다. 척수시상 체계는 주로 온도와 날카로운 강한 통증 정보를 전송한다. 섬유띠 체계는 주로 촉각 정보를 전송한다.
3. 척수시상 체계와 섬유띠 체계는 모두 정보를 체감각 피질로 전송한다.

촉각

촉각은 피부의 변형에 의해 발생된 감각을 포함한다. 즉 우리가 사물을 만지거나 사물에 접촉될 때 피부는 약간 변형된다. 여기서는 촉각의 감각적 측면에 초점을 맞추기로 하겠다. 그러나 촉각의 여러 사회적 및 심리적 함의를 염두에 두어야 한다. 예를 들어 촉각 연구소(Touch Research Institute)의 Tiffany Field의 연구를 고려해보자. Field와 그녀의 동료들은 접촉과 마사지가 여러 다른 문제들을 가지고 있는 영아와 성인들에 긍정적인 효과가 있음을 확인했다(Field, 2007; Field, Diego et al., 2006; Field, Hernandez-Reif et al., 2006). 그들은 마사지가 미숙아의 성장을 촉진시킨다는 것을 발견하였다. 또한 마사지는 주의력을 증가시키고, 통증을 줄여주며, 면역기능을 향상시켜준다. 접촉은 또한 정서적 및 성적 상황에서의 의사소통을 포함하여 여러 중요한 의사소통 기능을 돕는다(Hertenstein, Keltner et al., 2006; Hertenstein, Verkamp et al., 2006). 그렇지만, 여기서는 촉각을 어떻게 부호화하는지와 같은 좀 더 기본적인 주제를 다루기로 하겠다.

촉각의 구심성 신경계

피부에 있는 여러 유형의 수용체 중에 네 가지 수용체가 촉각 정보를 전달한다. 기능에 따른 모양을 잘 보여주는 예처럼, 각 수용체는 다른 정보를 부호화한다. 네 가지

표 12.1 촉각의 네 가지 구심성 신경계

구심성 신경계 유형	SA1	SA2	RA1	RA2
수용체 유형	메르켈 원판	루피니 소체	마이스너 소체	파시니 소체
감각 기능	형태와 결 지각	운동 방향, 손 모양	운동 탐지, 쥐기 통제	진동 지각
유효 자극	경계, 점, 모서리, 곡률	피부 확장	피부 운동	진동
지속적 압력에 대한 반응	느린 순응과 지속	느린 순응과 지속	무	무
수용장 영역	매우 작음	매우 큼	비교적 작음	비교적 큼
민감도	중간	매우 낮음	높음	매우 높음

유형의 수용체 각각은 정보를 다른 유형의 구심성 뉴런에 보냄으로써 네 개의 구심성 신경계를 형성하게 된다(Fain, 2003; Johnson, 2002). 이 체계들이 여러 측면에서 다르다는 것을 논의하겠지만, **표 12.1**에 이를 간략하게 요약하였다.

이 구심성 신경계가 한 가지 서로 차이를 보이는 것은 수용장의 크기이다. 촉각 뉴런들은 시각 체계에서 발견되는 것들과 유사한 수용장을 생성하기 위해 피부 수용체들과 연결된다. 즉 피부의 비교적 작은 부위를 자극하면 구심성 촉각 뉴런들이 흥분하는 반면, 피부의 주변 영역을 자극하면 이런 뉴런들의 활동이 억제된다. 게다가 시각 체계에서처럼, 어떤 뉴런들은 작은 수용장을 가지고 있으며, 다른 뉴런들은 큰 수용장을 가지고 있다. **그림 12.1**에서 볼 수 있듯이, 수용체들이 피부 표면에 가깝게 위치하면(메르켈 원판과 마이스너 소체), 구심성 뉴런들은 더 작은 수용장을 가지게 된다. 수용체들이 피부에 더 깊숙이 위치하면(루피니 소체와 파시니 소체), 구심성 뉴런들은 더 큰 수용장을 가지게 된다.

이런 구심성 신경계들은 정보를 체감각 피질로 전송한다. 체감각 피질의 일부 세포들은 또한 비교적 단순한 수용장을 가지지만, 다른 것들은 더 복잡하다. 예를 들어 어떤 세포들은 방위에 민감한데, 피부에 제시되는 작은 수직 막대보다 작은 수평 막대에 더 잘 반응한다(Haggard, 2006). 이제 네 가지 구심성 촉각 체계 각각에 대해 간략하게 살펴보기로 하자.

두 가지 유형의 **느린 순응 뉴런들**[slowly adapting(SA) neurons]이 있다. 피부에 지속적인 압력이 가해지면 이 두 유형의 뉴런들은 연속적으로 발화하게 되고, 순응은 거의 일어나지 않는다. 그러나 뉴런들은 여러 면에서 차이를 보인다. SA1 체계는 수용장이 작기 때문에 형태와 결 지각에 중요하다. SA2는 비교적 큰 수용장을 가지고 있기 때문에 피부 신장(skin stretching)과 손 및 손가락 모양의 변화에 중요하다. SA1 뉴런의 축색은 표피 바로 아래에 있는 진피에서 발견되는 메르켈 원판(Merkel disks)과 연결된다. SA2 뉴런의 축색은 진피 내에서 보다 더 깊숙이 자리 잡고 있는 루피니 종말(Ruffini endings)과 연결된다. **그림 12.1**에서 메르켈 원판과 루피니 종말을 확인해보라.

표 12.1은 또한 두 가지 유형의 **빠른 순응 뉴런들**[rapidly adapting(RA) neurons]을 보여준다. 이 뉴런들은 피부에 압력이 가해지기 시작하거나 제거됨으로써 발화하지만, 지속적 압력에 계속해서 발화 상태를 유지하지는 않는다. RA1 체계는 비교적 작은 수용장을 가지고 있으며, 저주파수 진동 탐지를 담당한다. RA1 뉴런들은 메르켈 소체처럼 진피 바깥 부위에서 발견되는 마이스너 소체(Meissner corpuscles)와 연결된다. RA2 뉴런들은 파시니 소체(Pacinian corpuscles)와 연결된다. 파시니 소체는 피부에 가해지는 빠른 진동뿐만 아니라 표면의 거칠기 탐지를 담당한다(Bensmaia & Hollins, 2005). 다른 촉각 수용체들과 비교해서, 파시니 소체는 진피 내 보다 더 깊숙한 곳에 위치해 있으며, 숫자도 비교적 적지만, 매우 민감하다. 이런 민감성 때문에, RA2 뉴런의 수용장을 정확하게 지도화하기는 어렵다. 그러나 분명 다른 촉각 뉴런들보다는 더 큰 수용장을 가지고 있다.

파시니 소체는 우리의 신체에서 가장 큰 감각 종말 기관이다. 물론 모든 것은 상대적이다. 각 파시니 소체는 축색 종말에 양파 모양처럼 배열된 많은 층들로 구성되어 있다. 이런 이례적인 층 구조는 연속적인 층들로 하여금 서로 미끄러지도록 해준다. 이 구조는 파시니 소체로 하여금 지속적인 접촉보다 접촉의 변화에 더 민감하도록 해준다. 따라서 발바닥에 있는 파시니 소체는 연회장에서 3시간 동안 서 있음으로 해서 그 구조가 점진적으로 변형되는데, 이때부터는 더 이상 신호를 전송하지 않는다. 그러나 이 수용체는 특히 자극의 고주파수 변화에 민감하다. 따라서 이 수용체는 역사로 접근해오는 기차가 발생시킨 진동을 쉽게 신호할 것이다.

피부와 피질 위치의 대응

우리는 시각과 청각피질 모두에서 조직적 도식(예: 망막위상적 조직, 음위상적 조직, 공간 조직)에 대해 논의한 바 있다. 따라서 체감각 피질도 자체의 독특한 조직을 가지고 있을 것으로 예상해볼 수 있다. 한 고전적 논문에서 Penfield와 Rasmussen(1950)은 종양제거를 위해 두개골을 개방시킨 환자들에 대한 연구 결과를 보고했다. Penfield와 Rasmussen은 체감각 피질의 여러 부위에 전기 자극을 가했다. 그 다음,

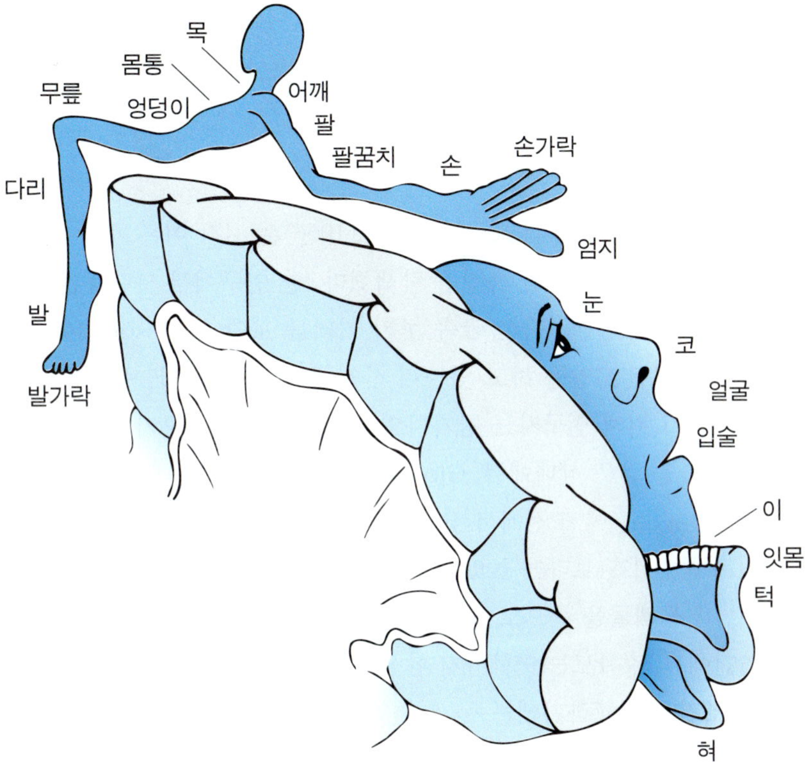

그림 12.3 정면에서 본 체감각 피질 영역과 신체 부위들 간의 대응. 도해에서 신체 부위를 크게 나타낼수록, 그 부위에서 오는 입력 신호에 더 큰 피질 영역이 기여한다. (Based on Penfield & Rasmussen, 1950)

국소마취만 했기에 의식이 있는 환자들에게 신체의 어느 부위에서 따끔따끔한 감각이 느껴지는지 확인하도록 요청했다.

그림 12.3은 그들이 발견한 대응 위치를 보여준다. 이 왜곡된 생명체는 우리의 실제 신체와 전혀 닮지 않은 모양으로 피질의 테두리를 따라 신체 부위를 펼쳐 놓았음을 주목하라. 예를 들어 손에 해당하는 영역은 얼굴 영역 바로 옆에 위치되어 있다. 게다가 엉덩이와 같은 큰 신체 부위들은 입술과 같은 훨씬 작은 신체 부위들보다 훨씬 작은 피질 공간이 할당되어 있다. 다음 절에서 피질에 할당되는 공간의 양이 여러 신체 부위들의 역치와 관련된다는 것을 살펴볼 것이다.

그림 12.3은 체감각 피질이 신체 위치에 따라 (이례적인 방식으로) 조직된다는 것을 보여준다. 이외에도 광 접촉과 같은 특별한 유형의 입력 신호에 민감한 체감각 피질대가 있다(Pinel, 2006). 따라서 얼굴 자극에 가장 민감한 영역에서 얼굴 접촉에

가장 민감한 뉴런대와 얼굴 온도에 가장 민감한 뉴런대 등을 발견할 수 있다. 더구나, 체감각 피질의 앞부분에서 뒷부분으로 가면서, 수용장은 더 복잡해진다.

수동적 촉각

이전에 언급했듯이 James J. Gibson(1966)은 시각 이론 개발에 큰 기여를 했다. 그는 또한 촉지각의 중요한 특징을 탐색했다. 한 연구에서 사람들은 먼저 눈물, 별, 삼각형 모양 등 여섯 개의 작은 금속 쿠키 커터를 보았다(Gibson, 1962). 따라서 그들은 자극들이 어떤 모양을 하고 있는지 사전에 알 수 있었다. **수동적 촉각**(passive touch)을 연구하기 위해 연구자는 참가자의 피부를 그 금속 쿠키 커터로 누르게 된다. 참가자들이 눈을 감은 상태에서, Gibson은 쿠키 커터 가운데 하나를 참가자의 손바닥 위에 놓고 눌렀다. 이 조건에서 사람들의 확인 정확도는 29% 밖에 되지 않았다(여전히 우연 수준인 17%보다는 높았지만). 그 다음에 Gibson은 참가자들에게 눈을 감도록 한 뒤, 그 물체들을 손으로 만져보도록 하는 **능동적 촉각**(active touch)을 연구했다. 이 조건에서, 정확도는 95%까지 향상되었다. 손가락 끝이 손바닥보다 더 민감하기 때문에 조건을 비교하기에는 문제가 있기는 하다. (다시 말해서, 두 유형의 촉각과 피부 영역 모두 변동이 있다.) 그럼에도 불구하고, 수행의 차이는 두 가지 다른 유형의 촉각 구분을 조명해주고 있다. 나중에 능동적 촉각에 대해서 살펴보기로 하고, 여기서는 먼저 수동적 촉각부터 다루기로 하자.

촉각의 절대역

수동적 촉각에 관한 고전적 연구에서 연구자들은 단일 피부 식별(single skin identification) 탐지역을 측정하였다. 신체 부위들이 민감도에서 얼마나 다른지 확인하기 위해, 작은 면 조각으로 신체 여러 부위(예: 발바닥, 뺨, 등, 코, 엄지)에 가볍게 접촉시킨다(혹은 주위 사람들에게 그것을 요청한다). 면은 뺨에 접촉될 때 특히 식별이 용이하지만, 발바닥의 경우는 자극이 매우 미미해서 면이 실제로 발바닥에 접촉되었는지 확인하기 위해 눈으로 보아야 할 것이다.

기억하겠지만, **절대역**(absolute threshold)은 사람들이 시행의 절반을 자극을 탐지했다고 보고한 경계 지점이다. Weinstein(1968)은 촉각 역치에 대해 광범한 연구를 수행했다. 그는 가해지는 힘을 정확하게 측정할 수 있는 머리털 굵기의 나일론 줄로 남녀의 20여 개의 신체 부위에 접촉시켰다. **그림 12.4**는 여성과 남성의 민감도를 보여준다. 이 그림에서 세 가지 특징을 확인할 수 있다: (1) 여성이 몇몇 신체 부위에

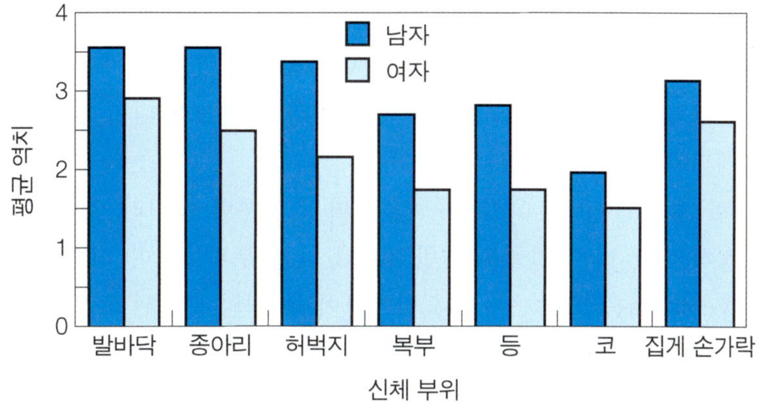

그림 12.4 남성과 여성의 탐지역 비교. 수치가 낮을수록 민감도가 더 높다는 것을 의미한다. 여성은 전형적으로 남성보다 민감도가 더 높다. 어떤 신체 부위들은 남성과 여성에게 있어 다른 부위보다 더 민감하다.

출처: Adapted from Weinstein(1968)

서 남성보다 더 민감하다(즉 역치가 더 낮다); (2) 신체 부위들은 민감도에서 차이를 보인다. 예를 들어 여성은 발 주변보다 얼굴 부위에서 더 민감하다; (3) 여성과 남성은 특정 민감도 패턴에서 차이를 보인다. 예를 들어 여성의 복부와 등은 얼굴만큼이나 민감한데, 이 신체 부위들은 남성의 경우 비교적 덜 민감하다.

촉각에 대한 두 점 역치

우리는 절대역에 대해 논의해왔다. 또 다른 유형의 역치로 **두 점 식별 역치**(two-point discrimination threshold)가 있는데, 이는 두 자극이 피부의 한 지점이 아닌 두 지점에 닿았음을 탐지할 수 있는 능력을 측정하는 것이다(Hollins, 2002). 전형적으로 연구자들은 끝이 무디기는 하지만 직경이 작은 두 발 갈래 포크를 거리를 조정하면서 피부 위에 위치시킴으로써 두 점 식별 역치를 평가하도록 한다. 한계법(2장)을 사용하여 관찰자에게 자극이 하나 혹은 두 개인지를 보고한다. 내림차순 시행에서 두 자극간 거리는 관찰자가 일관되게 하나의 자극을 보고할 때까지 체계적으로 감소된다. 오름차순 시행에서는 두 자극간 거리가 관찰자가 일관되게 두 자극을 보고할 때까지 체계적으로 증가된다.

두 점 식별 역치를 WWW해보기 12.1을 통해 경험해보라. 만약 당신이 신경학적 집중 검사를 위해 신경과 의사를 방문한다면, 이런 증명과 유사한 검사를 받기 십상이다. 또한 사람들은 연습을 통해 그런 식별 검사를 더 잘 수행할 수 있음을 언급해야 한다(테마 4). WWW해보기 12.1은 두 점 식별 역치가 신체 위치에 따라 변한다는 것을 지적한다. 두 개의 이쑤시개를 종아리에 대면 두 개가 종아리에 접촉되기보다, 하나가 접촉된 것으로 느낄 것이다. 그러나 만약 코에 대면, 당신은 명확하게 분리된 두 개의 촉감각을 경험할 것이다.

Weinstein(1968)은 두 점 식별 역치뿐만 아니라 앞에서 논의한 절대역도 측정하였다. 다시 얼굴은 일반적으로 다른 부위들보다 더 민감한 것으로 나타났다. Weinstein은 또한 손가락과 발가락이 두 개의 분리된 촉감각 탐지에 매우 민감하다는 것을 발견하였다.

그림 12.3은 어떤 신체 부위들이 피질에서 더 큰 영역과 대응하고, 다른 신체 부위들은 더 작은 피질 영역과 대응한다는 것을 보여주고 있다. Weinstein은 피질 영역의 크기와 두 점 식별 역치 간에 일관된 관계성이 있음을 발견하였다. 예를 들어 피질에서 큰 공간이 입술에 할당되어 있는데, 입술은 또한 두 점 식별 역치에서도 매우 민감하다. 이와 반대로 다리는 피질에서 비교적 작은 공간이 할당되어 있고, 식별 역치 또한 이 부위에서 높다.

3장에서 논의된 이와 유사한 관계성을 떠올릴 수 있을 것이다. 시각피질에서 가장 큰 공간이 중심와(피질 배율)에 할당되어 있으며, 이 영역은 변별이 가장 뛰어나다. 따라서 이 패턴은 모든 감각에 걸쳐 동일하다. 피질의 큰 영역이 피부 표면의 특정 영역에서 오는 정보에 할당될 때, 우리는 그 피부 부위에 가해지는 자극에 매우 민감하다. 촉각과 시각 사이의 이런 유사성은 테마 1을 지지하는 또 다른 예이다.

촉각 순응

시각과 청각 자극을 논의하면서 알았듯이 변화는 지각에서 중요하다. 자극이 변하지 않을 때, 우리는 흔히 그 자극에 순응하게 된다. **촉각 순응**(touch adaptation)에서 변하지 않는 촉각 자극의 지각된 강도는 시간이 지나면서 감소된다. 처음에 옷을 입게 되면 아마도 바지, 셔츠, 양말의 촉감을 느낄 것이다. 그러나 빠르게 그 감각은 둔화된다. 이 단락을 읽고 있는 동안에 당신은 아마도 입고 있는 의복에 주의를 주었을 것이고, 피부에 느껴지는 압력을 느꼈을 것이다. 촉각 순응을 경험하기 위해 WWW해보기 12.2를 해보라.

촉각 순응은 오로지 수용체만으로 발생하지는 않는다. 그것은 또한 신경적 요인들을 수반한다(Hollins, 2002). 기억하겠지만(**표 12.1**), 두 가지 빠르게 순응하는 구심성 신경계(RA1과 RA2)가 있지만, 또한 느리게 순응하는 두 가지 구심성 신경계

(SA1과 SA2)도 있다. 이런 네 가지 체계의 다양성과 그것들이 탐지하는 자극의 성질에 비추어, 촉각 순응은 복잡한 과정임에 틀림없다. 따라서 피부에 연속적으로 가해지는 압력에 대한 순응은 다른 유형의 촉각 자극에 대한 순응과 다를 수 있다.

예를 들어 우리의 피부는 피부에 가해지는 진동에 순응한다. 고주파수 진동(예: 200Hz 이상)은 다른 고주파수 진동에 대한 순응을 이끈다. 마찬가지로, 저주파수 진동(예: 10Hz 이하)은 다른 저주파수 진동에 대한 순응을 이끈다. 그러나 고주파수 진동이 저주파수 진동에 대한 순응을 일으키지는 않는다. 또한 저주파수 진동이 고주파수 진동에 대한 순응을 일으키지도 않는다. 따라서 인간은 진동을 탐지하는 두 가지 분리된 체계를 가지는 것으로 보인다(Hollins, 2002).

우리의 피부는 또한 고운 사포 및 거친 사포와 같은 표면의 결을 판단할 수 있다. 그러나 또한 순응에서는 차이를 보인다. 예를 들어 우리는 부드러운 표면에 순응을 하지만, 거친 표면에는 순응하지 않는다(Hollins & Bensmaia, 2007; Hollins et al., 2001). 사실 더 부드러운 표면에 대한 순응은 아마도 우리가 진동에 대해 순응을 하는 동일한 이유가 적용되는 것 같다. 한편 거친 표면의 경우, 우리는 공간 정보(예: 거친 사포의 융기 밀도)를 사용하기 때문에 순응하지 않는다.

수동적 촉각과 시각 손상을 가진 사람

지금까지 우리는 단순 자극(예: 하나 혹은 두 개의 접촉점)이나 소수의 접촉점들의 진동을 사용한 수동적 촉각에 대한 연구를 살펴보았다. 더 복잡한 촉각 지각을 제시하는 장치는 이론적 및 실용적 함의를 모두 제공해준다. 예를 들어 Sliman Bensmaia(2006)는 집게손가락의 끝 면만큼이나 작은 면적($1cm^2$) 안에 400개의 독특한 진동 발생점이 구비된 장치를 사용하여 연구를 수행했다.

Bensmaia 장치의 한 버전은 이미 맹인을 위한 보조 장치로 사용될 수 있을 정도이다. 사람들은 신체의 여러 부위(예: 등, 혀)에 더 단순한 자극을 제시하는 장치를 개발한 바 있다. 그런 장치 중 하나가 문장어와 숫자를 24×6 진동 디스플레이로 번역해주는 옵타콘(Optacon, 맹인용 점자 해독기)이다(Johnson, 2002). 사용자가 인쇄된 구절에 카메라의 초점을 맞추면, 그 정보는 진동 배열로 번역되어 집게손가락을 자극하게 된다. 본질적으로, 촘촘하게 배열된 핀들이 카메라가 검정 영역을 인식한 위치에서 진동으로 변환되어, 카메라가 초점을 맞추고 있는 기호에 대한 촉각 이미지를 생성하게 된다. 옵타콘을 사용하는 시각 장애자는 광범한 텍스트를 읽고 학습할 수 있다.

능동적 촉각

지금까지 우리는 가만히 앉아서, 자극이 발생하기만을 기다리는 상황에 대해 논의했다. 그러나 사람들은 훨씬 더 능동적으로 촉각을 통해 세상을 탐색하는 경향이 있다. 촉각에 의한 대상 지각은 **촉지각**(haptic perception)이라 불린다.

촉감에 의한 대상 탐색

Roberta Klatzky, Susan Lederman 및 동료들은 촉지각 연구에 큰 영향을 끼쳤다. 그들은 대상의 다른 속성들을 탐색할 때 사람들이 어떤 절차를 사용하는지를 확인했다(Klatzky & Lederman, 2008). 예를 들어 비록 우리가 대상을 볼 수 있을지라도, 우리의 손은 경도와 결에 대한 가치 있는 정보를 제공한다. 경도를 더 정확하게 판단하기 위해 우리는 손가락으로 대상을 눌러볼 것이다. 이와 반대로 우리는 대상의 결을 판단하기 위해 손가락으로 그 표면을 좌우로 문질러 볼 것이다. 촉지각과 촉각을 이용해 대상을 탐색하는 여러 방법들을 WWW해보기 12.3을 통해 경험해보라.

해보기를 통해 확인하겠지만, 당신은 다양한 촉감 탐색을 통해 대상의 속성을 판단할 수 있다. 게다가 촉감 탐색은 대상을 확인할 수 있게 해준다. 사실 당신은 촉감으로 단지 몇 초 정도만 탐색해도 비교적 작은 많은 대상들을 확인할 수 있다(Klatzky & Lederman, 2003a; Lederman & Klatzky, 2004a).

당신도 알다시피, 인간의 얼굴은 매우 중요한 자극이다. 통상적으로 우리는 얼굴을 확인하기 위해 시각 체계를 사용한다. 그러나 눈을 가리는 경우 촉감 정보만으로도 얼굴을 확인할 수 있고, 어느 정도까지는 얼굴의 정서적 표현도 확인할 수 있다(Lederman, Kilgour et al., 2007; Lederman, Klatzky et al., 2007).

능동적 촉각과 시각 손상을 가진 사람

시각을 잃은 사람들은 촉감을 이용해서 대상을 능숙하게 탐색할 수 있을 만큼 풍부한 경험을 가지고 있다(테마 4). 이런 능력의 일부는 뇌 가소성에 기인한다(Merabet et al., 2008; Vanlierde et al., 2008). 정상 시력을 가진 사람들조차도 시각피질은 촉감 탐색에서 중요한 역할을 한다(Sathian & Lacey, 2008). 그러나 시각을 잃은 사람의 경우(수 시간 동안 눈을 가린 사람들 포함), 시각피질은 더 많은 역할을 한다(Sathian & Lacey, 2007).

Morton Heller는 특히 시각을 상실한 사람의 촉지각 연구 분야의 주요 공헌자이다. Heller는 주로 이른 연령에 시각장애인이 된 사람들과 나중에 시각장애인이 된

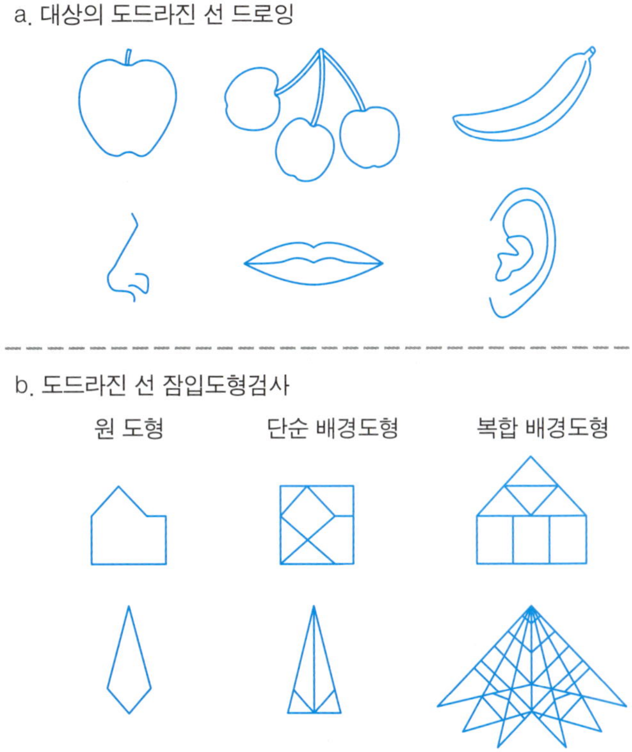

그림 12.5 Morton Heller가 자신의 연구에서 사용한 도드라진 선 드로잉 표본. a는 범주(예: 신체 부위, 과일) 내에서 제시되는 대상들을 보여준다. b는 잠입도형검사(embedded figure test)를 보여준다. 도형은 왼쪽에 제시되고, 그 다음 사람들은 그 도형이 두 가지 유형의 배경 도형(단순 및 복합) 안에 포함되어 있는지를 판단해야 한다.

사람들, 그리고 정상 시각을 가진 사람들의 능동적 촉각을 비교하였다(Heller, 2006; Heller et al., 2005). 그러나 Heller는 실제 대상 대신에 도드라진 선 드로잉(raised line drawing)을 연구에 사용했는데, 그것을 '2차원 그림'으로 생각하면 된다. 이런 복잡한 그림 표상은 도전적인 촉각 자극이다. 몇몇 연구에서 사용된 이런 선 드로잉은 **그림 12.5a**에서 보여주는 것과 같은 일반 대상을 묘사하였다. 이런 도드라진 드로잉에 대해 촉감 탐색만을 사용할 때 어느 집단이 자극의 명칭을 가장 잘 보고할 수 있을 것으로 보이는가? 오로지 촉각만을 사용할 때 세상에 대해 학습한 경험이 많은 시각장애인으로 구성된 두 집단이 가장 잘 수행할 것으로 예측할 것이다. 하지만 Heller는 나이가 들어 나중에 시각장애인이 된 집단이 나머지 두 집단(차이가 없었다)보다 훨씬 더 잘 수행했음을 발견하였다. 따라서 대상의 명칭을 가장 잘 확인할 수 있는 사람들은 그림 표상에 대한 이전 경험과 실질적인 촉각 경험 모두를 가지고 있는 사람들이었다.

그 다음, Heller는 사람들에게 먼저 대상(예: 바나나)이 속하는 범주(예: 과일)를 말해줌으로써 과제를 좀 더 쉽게 만들었다. 다시 초년기에 시각장애인이 된 사람들은 수행이 저조했다. 그러나 그 과제는 여전히 중요한 의미적 요소를 가지고 있다. 과제를 순수 지각적인 것으로 만들기 위해 먼저 사람들에게 도드라진 선 드로잉을 제시하고, 네 개의 선택지 가운데 그것이 일치하는 것을 찾도록 요청했다. 이런 조건에서 세 집단 모두 매우 좋은 수행을 보였다.

또한 Heller(2003)는 대상의 도드라진 선 드로잉 대신에 잠입도형검사(embedded figure test)라는 시각 과제에 준하는 촉각 과제를 사용하였다(**그림 12.5b**). 본질적으로 이 과제는 사람들에게 단지 촉각만을 사용해서 비교적 단순하거나 복잡한 배경도형 속에 포함되어 있는 어떤 도형을 탐지하도록 요청한다. 단지 **그림 12.5b**에 있는 자극을 보는 것만으로도 이 과제의 난이도를 짐작할 수 있을 것이다. 다시 나이가 들어 시각장애인이 된 사람들은 초년기에 시각장애인이 된 사람들과 정상 시각 능력을 가진 눈을 가린 사람들보다 훨씬 더 나은 수행을 보였다. 이런 과제에서 흔한 경우지만, 정상 시각 능력을 가진 사람들은 시각을 상실한 사람들보다 과제를 수행하는 데 시간이 더 오래 소요되었다(Postma et al., 2007).

능동적 촉각의 중요한 적용은 맹인을 위한 점자 해독기 개발이다. 3세 때 시각을 상실한 Louis Braille(1809~1852)는 15세라는 어린 나이에 가장 잘 알려진 시스템을 개발했다. 그는 특별히 시각장애인을 위해 도드라진 표준 문자 버전으로 만들어진 몇 안 되는 책들을 읽는 데 어려움을 겪으면서 낙담하였다. 시각 체계는 P와 R을 쉽게 구별할 수 있지만, 촉각 체계로는 그런 과제가 큰 도전이다.

그림 12.6은 **브라유**(Braille) 알파벳 낱자들을 보여준다. 각각의 검은 점은 3x2 격자에서 도드라진 부분을 나타낸다. 그림을 보고 느꼈겠지만, 브라유 점자를 읽기 위해서는 숙련이 필요하다. 사실 브라유 점자의 확대에도 불구하고, 상당수의 시각장애인들은 브라유 점자를 배우지 않는다. 그러나 숙련된 독자들은 분당 약 100단어의 속도로 표준 브라유 점자를 처리한다(Mountcastle, 2005). 어떤 기술은 특히 뇌 가소성에 기인한다. 즉 브라유 점자를 읽는 사람들은 실제로 집게손가락에서 나오는 입력 신호를 담당하는 피질 할당 영역이 더 커진다(Melzer & Ebner, 2008).

이제 시각장애인을 위해 여러 다른 촉각 보조기들이 개발되었다. 예를 들어 몇몇 시스템은 시각장애인들로 하여금 도드라진 선 그림을 탐색할 수 있도록 해준다. 전자식 터치 테이블과 같은 많은 시스템들은 항행을 위한 촉각 지도를 제공해준다(Klatzky & Lederman, 2003b).

촉각은 시각장애인뿐만 청각장애인에게도 유용할 수 있다. 예를 들어 **타도마법**(Tadoma method, 촉화법이라고도 함)을 사용하면, 청각과 시각장애인은 자신들의

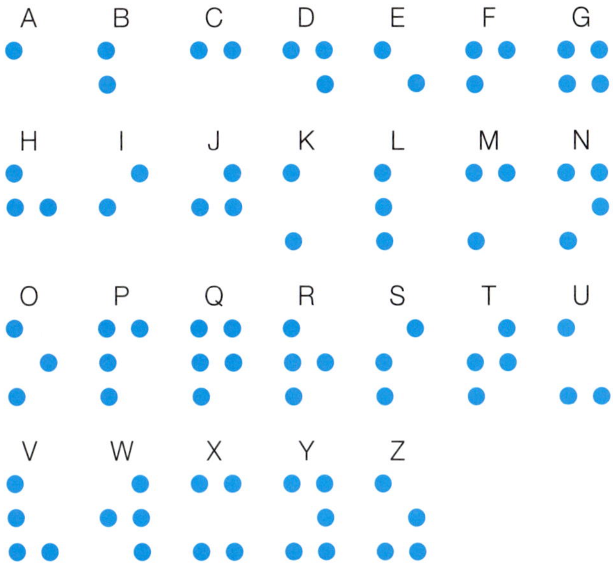

그림 12.6 브라유 알파벳 예

손을 화자의 입술과 턱에 대고 공기 흐름, 입술과 턱의 움직임, 진동과 같은 말소리의 촉감각 정보를 얻을 수 있다(Klatzky & Lederman, 2003b; Mountcastle, 2005).

촉각과 시각의 상호작용

테마 1은 감각들 간의 관계성을 강조했고, 10장과 11장에서는 시각과 청각의 상호작용을 살펴본 바 있다. 청각 체계는 시각 체계와 용량을 공유한다(예: 공간 지각). 그것은 또한 독립적인 정보도 제공한다(예: 보이지는 않지만, 기차가 접근하는 소리를 들을 수 있는 능력). 마찬가지로, 우리의 촉감각은 시각 체계가 수행할 수 있는 과제(예: 도드라진 낱자 지각)를 수행할 수 있다. 그러나 촉각 체계는 또한 독립적인 정보도 제공한다(예: 대상의 경도나 고운 사포의 평활도 지각). 지금부터 촉각과 시각을 비교하면서 감각들 간의 관계성에 초점을 맞추기로 하겠다.

이전에 우리는 시각과 청각이 통상적으로 일치하는 정보를 제공한다는 것을 주목한 바 있다. 시각과 촉각도 통상적으로 이와 동일한 일관성을 보여준다. 예를 들어 자동차를 운전할 때, 우리가 운전대를 보는 것과 느끼는 것은 상당 부분 일치할 것이다. 따라서 우리는 여러 감각들에서 오는 정보를 통합해 세상을 지각한다(Ernst & Newell, 2007; Lederman & Klatzky, 2004b). 그러나 다른 감각들에서 나오는 정보가 일치한다고 해서 항상 동일한 것은 아니다. 사실 출처의 신뢰도에 따라 다른 가중치를 갖는 상이한 정보를 통합하는 것이 이로울 수 있다(Helbig & Ernst, 2007, 2008).

Farley Norman 등은 3차원 대상에 대한 시각과 청각적 정보가 유사하지만, 동일하지 않음을 시사하는 몇 가지 연구를 수행하였다(Norman et al., 2008; Norman et al., 2004). 그들은 유사하지만 구별할 수 있는 모양을 가진 피망 모형들을 자극으로 사용했다. 연습을 통해 사람들은 눈을 감고 피망의 모양을 촉각으로 충분히 느낀 다음, 눈을 뜨고 12개의 피망 가운데 촉각으로 느낀 것과 동일한 피망을 찾는 과제를 수행했다. 그러나 사람들이 피망 쌍을 가지고 동일한지를 판단하는 경우는 시각 정보가 촉각 정보보다 더 정확했다. 연구자들은 2장에서 논의한 바 있는 신호탐지법을 사용했다. 사람들은 동일 감각양상(예: 첫 번째 피망을 눈으로 본 다음, 두 번째 피망을 보도록 함)이나 교차 감각양상(예: 눈을 감고 첫 번째 피망을 촉각으로 느끼게 한 다음, 두 번째 피망을 눈으로 보도록 함)으로 피망을 경험했다. 그런 다음, 그들은 두 피망 모양이 동일한지의 여부를 판단했다. 사람들의 민감도(*d′*으로 측정)는 두 피망을 모두 눈으로 보았을 때 가장 높았다. 그러나 사람들에게 교차 감각양상 판단(예: 첫 번째 피망을 촉각으로 느끼고, 두 번째 피망은 눈으로 보도록 함)을 하도록 했을 때는 수행(*d′*와 적중률로 측정)이 저조했다.

단순 곡선도 피망 모양만큼이나 까다롭다는 것이 밝혀졌다. Norman의 연구와 유사하게, Ittyerah와 Merks(2008)는 사람들에게 나무판에 새긴 두 개의 곡선을 식별(같은지 아니면 다른지)하도록 요청했다. 기억의 개입을 최소화하기 위해 사람들에게 두 곡선을 동시에 보여주거나 두 곡선을 동시에 만져보게 하거나, 혹은 한 곡선은 보여주고 다른 하나는 만져보게 하였다. Norman의 결과와 일치하는 것으로, 이 연구자들은 사람들이 시각 조건에서 가장 수행이 좋았고, 교차 감각양상 조건에서 가장 저조했음을 발견했다.

촉각 연구에서는 시각 정보와 촉각 정보 사이에서 오랫 동안 논쟁이 지속되어왔다. 당신은 어느 감각을 더 신뢰하는가? 시각과 청각 정보의 경우처럼, 우리는 특정 과제를 더 잘할 수 있는 감각을 신뢰하는 경향이 있다. 촉각은 특히 결 및 경도를 판단하는 데 유리하고, 그런 판단을 할 때는 시각보다는 촉각에 의존할 것이다. 이와 반대로, 우리의 시각 체계는 공간 위치, 크기, 모양을 판단하는 데 유리하기에, 통상적으로 그런 판단을 할 때는 시각이 다른 감각보다 더 우세하다.

촉각보다 시각을 더 신뢰하게 되는 흥미로운 사건이 있다. 예를 들어 가령 당신이 손을 특수 제작된 나무상자 안에 넣는다고 해보자. 만약 당신이 상자 속을 들여다보면, 당신의 손이라고 생각되는 또 다른 손을 보게 될 것이다. 그러나 그것은 당신의 손이 아니다. 대신 당신의 숨겨진 손과 같은 방향에 놓여 있는 고무손(rubber hand)이다. 그런 장치를 통해 Frank Durgin 등(2007)은 고무손에 레이저빔을 투사하면 대부분의 사람들이 자신의 손에 레이저빔이 투사된 것처럼 느낀다는 것을 발견했다. 따라서 실제로 손에 어떤 자극이 가해지지 않더라도, 자신의 손이라고 생각하는 손에 투사된 레이저빔을 보는 것만으로도 그 레이저빔을 느끼게 된다.

그러나 여러 상황에서 우리는 시각 정보보다 촉각 정보를 더 신뢰하기도 한다. Morton Heller(1992)는 사람들이 실제로 시각보다 촉각에 더 많이 의존하는 흥미로운 상황을 제시하였다. 시지각을 논의하면서 우리는 이례적인 방위를 갖는 시각 자극들(특히 상하가 뒤바뀐 경우)을 처리하기 어렵다는 것을 살펴본 바 있다. 가령 당신이 오로지 거울에 비친 상만을 보고 볼록한 낱자 쌍(p와 q, b와 d, W와 M)을 구별하도록 요청받았다고 하자. 당신은 p를 b라고 생각할 것이다. 다른 문자들도 그런 식으로 생각할 것이다. (직접 이를 거울을 가지고 관찰해보라.) Heller는 만약 사람들이 이런 볼록한 낱자들을 만지면서 거울을 통해 자신들의 손을 볼 수 있도록 한 경우, 그들은 본 것보다는 어떻게 느꼈는지를 토대로 낱자를 보고한다는 것을 발견했다.

촉각이 우리의 삶에 중요한 역할을 하는 것은 확실하다. 시각과 청각은 멀리 떨어져 있는 자극들에 대한 정보를 제공한다. 그러나 촉각은 매우 가까이 있는 자극들에 대한 정보, 특히 결 정보에 관해서는 전문이다(Heller & Clark, 2008). 일반적인 조건에서 세상에 대한 지각은 다중감각적 융합의 산물이라 할 수 있다. 시각이나 청각 정보가 가용하지 않을 때, 촉각 정보는 우리로 하여금 복잡한 세상을 항행할 수 있도록 해준다.

절 요약

촉각

1. 연구자들은 촉각 정보를 전송하는 네 가지 구심성 신경계를 확인하였다. 그 가운데 두 개의 체계는 빠른 순응 뉴런들을 가지고 있으며, 나머지 두 개의 체계는 느린 순응 뉴런들을 가지고 있다. 이런 구심성 신경계는 정보를 체감각 피질로 보낸다.
2. 수동적 촉각에 대한 연구들은 흔히 여성이 남성보다 더 민감하고, 어떤 신체 부위(예: 입술)는 다른 신체 부위(예: 등)보다 더 민감하다는 것을 밝혔다.
3. 두 점 식별 역치 또한 신체 부위마다 차이가 있다. 이런 역치들은 신체 부위가 피질에서 차지하는 면적과 대응된다.
4. 인간은 지속된 자극 노출의 결과로 촉감각의 점진적 감소를 보여주는 식으로 어떤

촉각 자극들에 순응한다.

5. 능동적 촉각은 우리가 대상을 탐색하고 그 속성을 파악하려고 할 때 중요하다. 이는 또한 촉지각이라고도 불린다. 우리는 관찰하려는 대상들의 특성에 따라 다른 촉각 사용 절차를 사용한다. 능동적 촉각은 수동적 촉각보다 더 정확하고 유용하다.
6. 능동적 촉각의 적용에는 시각장애인에게 도움을 주도록 설계된 브라유 점자와 농아나 시각 및 청각장애인을 위해 설계된 타도마법이 있다.
7. 감각들은 특히 각각의 전문 영역에서 우세하다. 시각 기능은 공간 위치, 모양, 크기와 같은 자극의 구조적 세부특징 지각에서 촉각보다 우세하다. 촉각 기능은 경도와 결 지각에서 시각보다 우세하다. 촉각은 또한 자극이 시각 체계에서 이례적인 방위로 제시될 때 더 믿을 만한 정보를 제공한다.

온도

지금 당신은 얼마나 덥거나 춥다고 느끼는가? 아마도 당신은 편안하게 느끼고 있을 것이다. 당신의 신체는 자체 온도를 조절하여 약 37℃(98.9°F)를 유지할 수 있는 인상적인 능력을 가지고 있다. 만약 폭설이 내려 체온이 떨어지기 시작하면, 당신의 신체는 더 많은 열을 발생시키는 유용한 절차로 온몸을 떨 것이다. 이외에도, 피부 표면 가까이에 있는 혈관은 수축되어 혈액으로부터 온기가 표면에서 손실되지 않도록 할 것이다. 반대로 만약 당신이 무더운 여름 뙤약볕 아래서 격렬한 테니스 경기를 한다면, 피부 온도를 낮추기 위해 땀이 배출될 것이다. 이런 조건에서 혈관은 확장되면서, 혈액의 상승된 온도를 더 많이 방출시킬 수 있다.

물론 온도를 조절하기 위해 신체는 온도를 지각할 수 있어야 한다(Jessen, 2001). 피부에 있는 많은 수용체 가운데는 온도를 부호화하는 것들도 있다. 온도 지각을 간략하게 논의하면서, 체감각계가 어떻게 온도를 부호화하고, 온도 역치를 탐지하며, 냉온에 적응하는지를 살펴보기로 하자.

온도에 대한 구심성 신경계

촉각을 논의하면서 우리는 다른 유형의 체감각 뉴런들과 접속하는 네 가지 유형의 촉각 수용체를 기술하였다. 그러나 온도 수용체는 이렇게 구별되기 어렵다. 대신 온도 수용체는 체감각 뉴런의 자유신경종말이다. 이런 자유신경종말들은 모양이 유사하긴 하지만, 기능은 서로 다르다. 특수성 이론의 예측과 달리, 이 자유신경종말들은 온도이외의 다른 정보도 부호화한다.

민트 맛을 볼 때, 당신은 그 경험을 '시원하다'고 표현할까? 칠리 맛을 볼 때, 당신은 그 경험을 '뜨겁다'고 표현할까? 어떤 대상이 매우 차거나 뜨거워서 촉각에 통증을 일으킬 정도의 경험을 한 적이 있는가? 만약 있다면 당신은 온도 수용체가 미각 및 통증과 연계를 맺기 때문에, 그 성질이 복잡하다는 것을 이해할 것이다.

일시적 수용체 전위 채널[transient receptor potential(TRP) channels]이라 불리는 단백질군은 자유신경종말들의 민감도 차이를 일으킨다(carlson, 2007; Story & Cruz-Orengo, 2007). 연구자들은 여섯 개 유형의 온도 수용체를 확인했고, 그것들의 TRP 채널에 따라 각각에 이름을 붙였다. 각 TRP 수용체는 매우 차가운 것에서 매우 뜨거운 것에 이르는 독특한 온도 범위를 신호한다. 미각과의 연결은 열 신호를 보내는 수용체가 칠리에 있는 화학물질에 반응하고, 또한 냉 신호를 보내는 수용체는 민트에 있는 화학물질에 반응하기 때문에 발생한다. 통증과의 연결은 일부 수용체들이 통증도 신호하기 때문에 발생한다(Venkatachalam & Montell, 2007). 미각은 다음 장에서 논의하기로 하고, 통증 지각에 대해서 잠시 뒤에 더 상세히 살펴보기로 하겠다.

두 가지 유형의 뉴런들(A섬유와 B섬유)이 피부에서 뇌까지 온도 정보를 전송한다. 또한 이 뉴런들은 통증 지각에도 관여한다. 따라서 통증 지각을 논의할 때 이 뉴런들에 대해 더 언급하기로 하겠다. 온도 수용체에서 나온 정보는 척수시상로를 거쳐 체감각 피질과 그 외의 다른 뇌 영역으로 보내진다(Gracely et al., 2002).

상이한 온도 수용체들이 존재하기에 당신은 매우 높은 열감을 담당하는 수용체를 자극함으로써만 매우 높은 열감을 느낄 것으로 생각할지 모르겠다. 그러나 상황은 훨씬 더 복잡하다. 예를 들어 대부분의 사람들은 역설적 열감이라는 현상을 경험할 수 있다. 역설은 어떤 사건이 모순이 되는 특성들을 가지고 있는 것으로 보일 때 발생하는데, **역설적 열감**(paradoxical heat)은 온 자극과 냉 자극을 교대로 제시할 때 통증을 느끼는 열감을 경험하게 되는 현상이다(Bouhassira et al., 2005).

이런 현상은 온타리오 과학센터(Ontario Science Center)와 같은 박물관을 방문할 때 경험해볼 수 있으며, 그런 경험은 매우 인상적이다. 예를 들어 당신의 손을 하나의 튜브 세트에 올려놓게 되면 냉 지각이 발생하고, 다른 튜브 세트에 올려놓으면 온 지각이 발생한다. 그러나 손을 동시에 두 튜브 세트 모두에 올려놓으면, 작열감(burning heat)을 느끼게 된다. 만약 당신이 역설적 열감을 느끼는 사람이라면, 그 튜브가 뜨겁지 않을 것이라는 것을 알고 있음에도 그런 강력한 경험을 하게 된다. 따라서 매우 뜨거운 열감을 담당하는 수용체를 자극하거나 냉온 수용체를 동시에 자극함으로써도 당신은 고통을 느낄 만한 뜨거운 온도를 지각할 수 있다.

온도 역치

온도 수용체는 신체 전역에 퍼져 있다. 결국 어떤 피부 부위는 냉감에 민감하고(온감에는 민감하지 않고), 다른 부위는 온감에 민감하다(냉감에는 민감하지 않다). 신체 부위마다 온도 민감도가 얼마나 차이가 있는지 알아보기 위해 WWW해보기 12.4를 해보라.

우리는 흔히 피부에서 0.003℃(0.006°F) 정도의 작은 온도 변화도 감지할 수 있다(Weinsenberger, 2001). 그런데 역치는 몇 가지 요인에 의해 변할 수 있기 때문에 온각과 냉각의 절대역으로 하나의 값을 지정할 수 없다. 예를 들어 따뜻한 자극과 차가운 자극에 노출되는 피부 부위가 넓을수록, 역치는 작아진다. 점 크기 정도의 피부 부위보다는 팔 전체에서 중간 정도의 온도 변화를 더 쉽게 탐지할 수 있다.

사람들은 역치 근처의 자극에 대해 온도 감각을 쉽게 느끼지 못한다. 예를 들어 사람의 가슴에 복사열을 쪼이면, 그것이 등 쪽에서 자극되는 것으로 보고하는 경향이 있다. 그러나 우리는 더 극단의 온도에 대해서는 쉽게 위치를 파악할 수 있다(Gracely et al., 2002). 그리고 대부분의 환경에서 우리는 온 자극보다는 냉 자극의 위치를 더 정확하게 파악할 수 있다.

온도 순응

뜨거운 욕탕에 앉아 있을 때 처음에는 온도에 대해 불쾌할 정도로 뜨겁다고 느낀다. 조금 지나면 그 온도는 편안하게 느껴진다. 만약 등이 잠길 정도로 탕 속에 신체를 담그면, 등 주변의 수온은 불쾌할 정도로 뜨겁게 느껴진다. 신체의 다른 부위들은 뜨거운 온도에 순응되었지만, 새로 잠긴 피부는 그렇지 않기 때문이다.

이미 알다시피, 순응은 자극이 연속적으로 제시될 때 발생한다. 즉 자극의 지각된 강도는 시간이 경과하면서 감소된다. 따라서 **온도 순응**(thermal adaptation)은 시간 경과에 따른 뜨겁거나 차가운 온도의 지각된 강도의 감소이다. 사람들은 약 29℃에서 37℃(84°F에서 99°F) 범위의 피부 온도에 순응하는 것으로 보인다. 그러나 온도 순응은 극히 뜨겁거나 차가운 자극에 대해서는 훨씬 덜 일어난다. 이 범위 밖의 온도에 대해서도 순응이 일어나기는 하지만, 그 온도는 계속해서 차갑거나 뜨거운 것으로 느껴진다(Gracely et al., 2002).

사람들은 냉감 조건에서는 비교적 잘 순응할 수 있고, 온감 조건에서 상당히 잘 순응할 수 있다. 예를 들어 Jessen(2001)은 추운 겨울에도 물속으로 들어가 해물을 채취하는 한국의 해녀를 예로 들었다. 한국의 해녀들은 방수복을 입기 시작한 1970년대 이전에는 10℃(50℉)의 차가운 물속을 25분 동안 잠수를 했는데, 이 경우 체온은 35℃(95℉)까지 떨어진다. 다른 극단의 경우로, 지구력을 요하는 운동선수들은 건조하거나 습한 것과 관계없이 무더운 환경에서 1시간 넘게 경기를 한다. 이런 운동선수들은 체온이 39.7℃(103.5℉)까지 상승할 수 있다.

John Locke가 17세기에 보고한 순응 효과를 WWW해보기 12.5를 통해 확인해 보라. 이 해보기의 결과를 통해 당신은 사람들이 절대적 온도보다는 상대적 온도를 지각한다는 것을 주목할 것이다. 특정 온도는 우리가 순응하는 온도에 따라 차갑거나 뜨겁게 느껴질 수 있다. 당신은 물리적 세계와 지각적 세계의 괴리에 다시 주목하게 될 것이다.

절 요약

온도

1. 신체는 온도를 조절하는 몇 가지 기전을 가지고 있다.
2. 서로 다른 일시적 수용체 전위(TRP) 채널을 가진 여섯 가지 유형의 수용체들은 극단의 냉감에서 극단의 열감에 이르는 다른 온도 수준에 대한 정보를 신호한다. 이 수용체들은 신체 전역에 퍼져 있다.
3. 온도 역치는 신체 부위나 노출되는 피부의 양과 같은 요인들에 의해 영향을 받는다. 사람들은 온도 자극의 위치를 잘 파악하지 못한다(특히 자극이 역치 근처일 때).
4. 온도 순응은 반복 노출에 따른 차가운 온도나 뜨거운 온도의 지각된 강도의 감소이다. 사람들은 냉감 조건에서 비교적 잘 순응하지만, 온감 조건에서는 더 잘 순응한다.

통증

국제 통증연구학회(International Association for the Study of Pain) 회원으로 등록된 통증 연구자들은 **통증**(pain)을 '실질적 혹은 잠정적 조직 손상과 연합되는 불쾌한 감각 및 정서적 경험'으로 정의한다(Merskey, 2008, p.13). 다른 감각과 달리 통증의 감각적 요소와 정서적 요소의 밀접한 연계성을 주목하라. 어떤 심리학자들은 무시하긴 하지만, 정서는 지각을 포함한 여러 심리학 영역에서 중요한 역할을 한다. 이와 같은 복잡성을 인식한 David Krech(1909~1977)는 지각, 정서, 사고의 상호연계성을 강조하기 위해 **퍼핑크**(perfink)[1]라는 용어를 만들었다(Aldous, 2001). 통증을 복잡한 현상으로 고려해야 하는 이유는 부분적으로 이것이 수많은 처리과정을 수반하기 때문이다.

지각적 경험은 주관적이다. 즉 우리는 물리적 자극을 세심하게 측정하고 통제하지만, 지각적 경험은 쉽게 측정되지 않는다. 이런 괴리는 통증 연구보다 더 명확하게 드러나는 것은 없다. 가령 당신이 부상을 당한 친구를 본다고 하자. 그 친구가 얼마나 심한 통증을 경험하고 있는지 알기는 매우 어렵다(비록 그 친구가 통증을 밖으로 드러내려고 시도하더라도). 게다가, 많은 사람들은 외형상 멀쩡하더라도 통증을 크게 느끼기도 한다.

만약 극심한 두통을 가지고 있거나 망치로 엄지를 내리쳤다면, 당신은 통증 경험을 포기하고 싶을 것이다. 그러나 그것은 성급한 결정이다. 다른 감각과 인지 능력이 정상인 어떤 아이들은 통증에 대해 무감각증을 가지고 태어난다(Butler et al., 2006; Nagasako et al., 2003). 불행히도 그들은 자신들의 신체 손상에 대해 통증을 느끼지 못하기 때문에 조기 사망하는 경우가 많다. 따라서 부모는 그런 자녀들을 스스로 보호하도록 하기 위해 고글과 헬멧을 쓰게 하는 등 험난한 여정을 걷는다. 통증은 더 이상의 손상으로부터 신체를 보호해주기 때문에 중요한 생존적 가치를 지닌다.

이장은 피부 감각을 다루고 있기 때문에, 주로 피부 외상으로부터 초래되는 통증에 초점을 맞추도록 하겠다. 먼저 통증 지각의 배후 물리적 체계를 살펴본 다음, 통증을 어떻게 측정하고 우리가 통증에 어떻게 순응하는지 논의하기로 하겠다. 마지막으로, 다양한 통증 경감 방법에 대해 알아볼 것이다.

통증에 대한 구심성 신경계와 출입문 제어 이론

체감각계의 다른 측면들에서도 그랬듯이, 연구자들은 통증의 특수성과 패턴 이론을

---

1) 동시에 지각하고(perception), 느끼며(feeling), 사고한다(thinking)는 의미로, 이 세 영어 단어에서 따온 신조어이다.(역자 주)

모두 제안했다(melzack & Katz, 2007a). 통증 지각에 대한 이 이론들의 한 가지 특징은 소위 **위해탐지기**(nociceptors, 통각수용체라고도 함)라는 피부의 통증 수용체들의 기능에 초점을 맞추었다는 것이다. 위해탐지기는 실제로 다른 유형의 체감각 뉴런들의 자유신경종말이다. 이 위해탐지기들은 극도로 높은 온도, 높은 압력, 아니면 해로운 화학물질 등 종류에 관계없이 잠정적으로 위해한 자극에 대한 경고 신호를 촉발시킨다. 여기서는 다른 자유신경종말에서 나오는 입력 신호를 받는 구심성 뉴런의 유형에 초점을 맞추고자 한다. 정서와 인지가 통증 지각에 중요한 역할을 하기 때문에, 또한 원심성 신경계에 대한 논의와 함께 중요한 하향처리를 고려해야 한다. 전반적으로 통증 지각은 복잡하기 때문에, 통증 이론은 특수성이나 패턴 이론보다 더 많은 것을 포괄할 필요가 있다.

Ronald Melzack과 Patrick Wall(1965)은 큰 영향력을 끼친 적당히 복잡한 이론을 제시했다. **출입문 제어 이론**(gate-control theory)은 통증 지각을 여러 신경 섬유들의 상호작용이 수반되는 복잡한 처리 과정으로 기술한다. 이 이론은 또한 뇌가 통증 지각에 중요한 영향을 미친다고 주장한다.

여기서는 출입문 제어 이론을 통증 지각을 설명하는 모형으로 사용할 것이다. **그림 12.7**은 이 이론의 개요를 제공한다. 이 도해는 뉴욕시 지하철 지도보다는 약간 덜 복잡해 보일 것이다. 다시 말해 통증 지각은 단순한 과정이 아니다. 지금은 이 이론의 세 가지 중요한 요소에 주목하는 것이 중요하다: 뇌로 올라가는 통증 정보, 뇌의 통증 처리, 그리고 뇌에서 내려오는 정보. 그림으로 돌아가서 통증 지각의 이 세 가지 요소를 살펴보기로 하자.

구심성 신경계

실제 위해탐지기(**그림 12.7**의 왼쪽에 '소섬유'라고 표기된 상자)부터 살펴보기로 하자. 이 섬유들은 온도 지각에서 논의된 것과 동일한 작은 직경(A와 C섬유)을 가진 섬유들이다. 이 소섬유들은 또한 통증 수용체이기도 하다. 따라서 온도 지각에 기반이 되는 일시적 수용체 전위(TRP) 단백질은 통증 지각에도 중요하다(Story & Cruz-Orengo, 2007).

연구자들은 또한 TRP 단백질 외에도 나트륨(Na) 채널이 통증 지각에 중요하다는 것을 발견했다(Wood, 2008). 나트륨 채널은 뉴런의 활동 전위를 생성시키는 화학적 처리에서 중요한 역할을 담당한다. 통증 지각에서 나트륨 채널의 일반적인 역할은 나트륨 채널을 차단하는 리도카인(lidocaine)이라는 국소 마취제의 효능으로 명

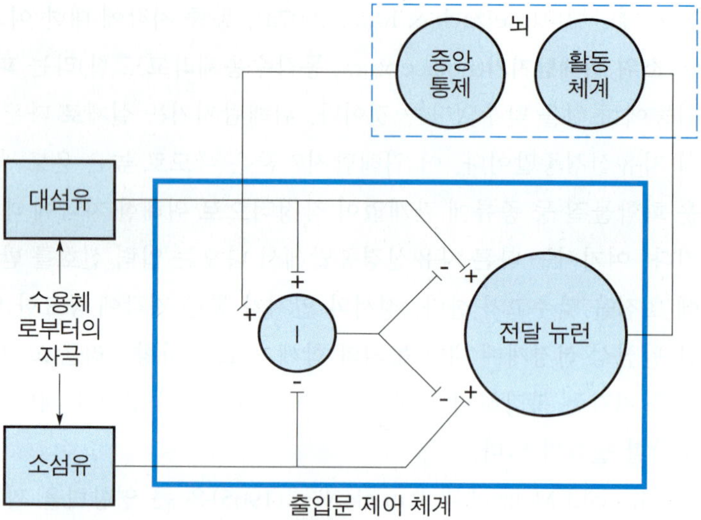

그림 12.7 Melzack과 Wall의 통증에 대한 출입문 제어 이론에 대한 도식적 도해. 통증 자극이 수용체를 발화시키면, 그 신호는 대섬유와 소섬유를 따라 전송된다. 소섬유로부터 나온 입력 신호는 통증 신호를 뇌로 보내기 위해 전달 세포를 직접 흥분시킨다(+). 그런 다음, 활동 체계(action system)는 통증을 피하기 위한 시도를 한다. 전달 세포에 영향을 주는 이외에, 소섬유들은 또한 척수의 교양질 내에 있는 억제성 간재뉴런(I) 섬유들을 억제한다. 대섬유는 또한 억제성 간재뉴런(I)을 자극하여 전달 세포의 억제(−)를 이끈다. 뇌가 억제성 간재뉴런을 자극함으로써 통증 지각을 줄이기 위해 억제성 신호를 아래로 보낼 수 있음도 주목하라.

확하게 드러난다. 연구자들은 통증 지각에 영향을 주는 여러 상이한 나트륨 채널(예: $Na_v1.7$)을 확인했다. 사실 연구자들은 앞에서 기술한 선천성 무통증을 이끄는 유전자(SCN9A)를 확인했다(Cox et al., 2006).

이런 작은 A섬유 위해수용체는 몇 가지 유형이 있다(Caterina et al., 2005; Ringkamp & Meyer, 2008). 이런 가는 수초를 가진 유수초 섬유들 가운데 일부는 열에 가장 잘 반응하며, 다른 것들은 피부에 가해지는 압력이나 위해 화학물질에 가장 잘 반응한다. 이 위해수용체들은 아마도 예리하거나 따끔거리는 통증을 일으키는 것으로 보인다.

무수초 C섬유들은 극단의 열뿐만 아니라 기계적이고 화학적인 자극으로 인한 통증을 신호하는 비교적 작은 뉴런들이다(Ringkamp & Meyer, 2008). 이 C섬유들은 매우 뜨거운 열이나 따가운 듯 아픈 통증을 전송하기 위해 비교적 느리게 반응한다. 부상을 입게 되면, 먼저 예리한 통증이 느껴지다가 둔한 통증이 따른다. 이를 **이중 통증**(double pain)이라 한다(Caterian et al., 2005; Craig, 2003). 이중 통증은 A섬유의 빠른 반응과 C섬유의 느린 반응으로 발생된다.

그림 12.7을 다시 보고, 왼쪽에 '대섬유'로 표기된 상자를 주목하라. Aβ(A베타)로 불리는 더 큰 유형의 A섬유 또한 통증 지각에서 중요한 역할을 담당한다. 그러나 Aβ섬유는 위해수용체가 아니다. 이 섬유들이 실제로 통증 반응을 억제하기 위해 어떤 식으로 작용하는지에 대해서는 곧 설명하기로 하겠다.

이런 구심성 섬유는 모두 척수의 배측 각(dosal horn)을 통해 정보를 보내는 척수시상로의 일부이다(High, 2008; Lima, 2008). 그것들은 **전달 뉴런**(transmission cells)이라는 통증 정보를 전송하는 뉴런들과 연결된다. 이 세포들은 통증 정보를 뇌 영역으로 보낸다.

교양질(substantia gelatinosa)이라는 척수 영역은 간재뉴런들(interneurons)을 포함하고 있다(그리고 그것들은 흔히 신경 발화에 대해 억제적 효과를 나타낸다). 즉 억제성 간재뉴런(전달 뉴런과 연결되어 있는)을 자극하면 발화를 감소시키는 메시지를 보내게 된다. 따라서 억제성 간재뉴런은 통증 정보를 차단시키는 출입문의 역할을 한다. **그림** 12.7로 돌아가서 그런 출입문이 어떻게 작동하는지 알아보기로 하자.

첫째, 위해수용체의 효과를 고려해보자. 소섬유들로부터 나온 입력 신호는 교양질의 억제성 간재뉴런을 억제하여(–), 출입문을 개방하게 만든다. 위해수용체들은 또한 통증 정보를 전송하는 전달 세포들을 자극한다(+). 이제 대(Aβ)섬유의 효과를 고려해보자. 대섬유들에서 나온 입력 신호는 교양질의 억제성 간재뉴런들을 자극하여(+), 전달 세포들을 억제시킨다(–). 이 효과는 출입문을 폐쇄하여 통증 지각을 감소시키는 것이다.

그림 12.7에서 전달 세포들이 통증 정보를 뇌로 보낸다는 것을 주목하라. 또한 뇌도 통증 지각에 영향을 주는 정보를 보낸다는 점을 주목하라. 이제 통증 지각에서 뇌가 담당하는 중요한 역할을 살펴보기로 하자.

뇌와 통증

지금까지는 지각이 단지 감각 정보 처리 이상임을 강조했고, 따라서 통증 지각도 별반 다르지 않을 것으로 기대할 것이다. 통증 지각에 영향을 주는 요인들의 복잡한 상호작용을 설명하기 위해, Melzack은 각 개인의 뇌가 **신경행렬**(neuromatrix)이라는 독특한 형상을 가지고 있다고 주장했다. 신경행렬이란 '패턴을 생성하고, 그것을 통해 흐르는 정보를 처리하여, 궁극적으로 전체로 느껴지는 패턴을 산출하는 널리 퍼져 있는 뉴런의 신경망'을 말한다(Melzack & Katz, 2007a, p.6). 신경행렬의 손상은 어떤 사람이 침대에서 자신의 다리를 바닥으로 내리려 하지만, 그것이 다른 사람의 다리로 생각하는 이유를 잘 설명해준다(Sacks, 1985). 따라서 신경행렬은 자기감을 생성시키는 데 중요하다.

많은 뇌 영역들이 시각과 청각 정보 처리에 관여하는 것처럼, 여러 뇌 영역들 또한 통증 정보 처리에 관여한다(Apkarian, 2008; Treede & Apkarian, 2008). Melzack은 세 개의 모듈(감각, 정서, 인지)이 신경행렬에 중심적인 역할을 한다고 주장했다. 체감각 피질은 통증의 감각 처리를 담당하는 일차 사이트이다.

감정(혹은 정서) 모듈은 전대상회 피질(anterior cingulate cortex), 변연계, 편도체를 포함하여 여러 다른 영역에서 나온다. 전대상회 피질은 인지, 공감, 정서적 기능을 포함해서 여러 중요한 기능을 담당한다. Pinel(2006)이 주목했듯이, **변연계**(limbic system)는 동기(도망, 섭식, 투쟁, 성행동)에 관여하는 시상을 둘러싸고 있는 여러 구조들로 이루어져 있다. 정서를 지각함에 있어 편도체의 역할에 대해서는 이미 주목한 바 있는데, 통증 신호 역시 이 영역으로 보내진다(Flor & Bushnell, 2005).

인지 모듈은 주의, 사고, 기억에 중요한 기여를 한다(테마 4). 전전두엽 피질은 통증 지각의 이런 측면에 기여하는 사이트로 보인다.

마지막으로, **그림 12.7**로 돌아가 보자. 뇌는 통증 지각에 영향을 줄 수 있음을 주목하라. 우리는 반복해서 지각에서 인지적 처리의 중요성을 강조해왔는데(테마 4), 이런 인지적 통제는 또한 출입문 제어 이론의 중요한 부분이다. 뇌(중앙 제어)로부터 나오는 신호는 대섬유처럼 억제성 간재뉴런들을 흥분시킨다. 따라서 뇌는 전달 뉴런의 발화를 억제시켜, 통증 지각을 감소시킬 수 있다. 통증 조절에 대한 심리적 접근법을 논의할 때 출입문 제어 이론의 이 측면을 기억하기 바란다.

뇌는 통증을 감소시킬 뿐만 아니라, 통증을 증가시킬 수도 있다. 만약 당신이 통증 경험에 대해 염려해본 적이 있다면, 그때의 불안으로 통증을 더 크게 느꼈음을 경험했을 수 있다. Jeffrey Mogil의 실험실에서 행해진 흥미로운 연구는 정서와 인지가 통증 지각에서 중요한 역할을 한다는 것을 잘 보여주고 있다(Loggia et al., 2008). 사람들은 높은 공감('......그리고 이는 어떻게 나의 여자 친구가 죽었는지를 알려준다...')과 낮은 공감('......그리고 이는 어떻게 내가 그 장님을 속였는지를 보여준다...')을 일으키는 연기자를 비디오로 시청했다. 그런 다음, 열 자극을 받는 비디오 속의 연기자를 보고 있는 동안 사람들에게 동일한 고통을 주는 열 자극을 주었다. 물론 연기자에게 큰 공감을 가졌던 사람들은 그들이 받은 통증을 작은 공감을 가졌던 사람들보다 유의미하게 더 크다고 평가했다.

통증 지각에서 뇌의 중요한 역할을 더 강조하기 위해, 이제 환상지 통증에 대해 살펴보기로 하겠다. 환상지 경험은 그 자체로도, 특히 Melzack의 신경행렬 맥락에서 흥미를 끈다. 그러나 실제로는 존재하지 않는 사지에서 통증을 느낀다는 것은 상상하기 어려운 일이다.

심화학습

환상지와 통증

사지가 절단된 사람들은 흔히 존재하지 않는 사지에서 계속 감각을 느낀다(Brugger, 2006). 따라서 **환상지**(phantom limb)는 피부 수용체가 더 이상 존재하지 않으므로 피부 수용체에서 나오는 입력 신호에 의해 발생되는 것이 아니다. 환상지의 정확한 원인은 다소 불명확하지만, Melzack의 신경행렬은 이런 현상을 설명하는 데 도움을 줄 수 있다. 즉 뇌에 있는 뉴런들이 신체 지도를 생성한다면, 절단된 후라도 뇌는 없어진 신체 부위를 계속해서 표상할 것이다.

그러나 환상지는 사지 사용 학습에 기인하지 않으며, 사지에서 나오는 입력 신호 처리에 기인하지도 않음을 강조해야 한다. 그것에 대한 확실한 증거가 있다. 즉 사지가 없이 태어난 사람도 환상지를 경험한다(Brugger, 2006). 팔이 없이 태어난 한 젊은 여성은 그럼에도 불구하고 대화를 하는 동안 손짓을 하기 위해 팔을 사용한다(Ramachandran & Hirstein, 1998). 따라서 신경행렬의 어떤 형태는 본래적이라 할 수 있다.

환상지의 범위는 매우 광범하다는 것을 확실히 해야할 것 같다. 환상지 경험은 팔과 다리뿐만 아니라, 가슴과 성기, 심지어는 제거된 내장 기관에서도 발생한다(Melzack & Katz, 2007b; Ramachandran & Hirstein, 1998). 잠시 환상음경(phantom penis)에 초점을 맞추어 보자. 음경이 절단된(흔히 암으로 인해) 대다수의 남자들은 환상음경을 경험한다고 보고한다. 그러면 성전환 수술을 받은 성전환자들은 어떨까? 성전환자들은 흔히 반대 성의 신체에 갇히게 된다고 보고한다. 그런 진술을 해석하는 한 가지 방법은 성전환자의 신경행렬이 그 사람의 신체와 일치하지 않는다고 말하는 것이다. 그런 추론에 기초하여 Ramachandran과 McGeoch(2007)는 성전환자들이 음경암으로 성기를 절단한 남자들보다 남성에서 여성으로의 성전환 수술을 받은 후 환상음경 경험을 훨씬 적게 보고한다는 가설을 세웠다. 데이터는 이런 가설을 지지해주었다. 게다가, 여성에서 남성으로 성전환을 한 사람들은 수술 전에 환상음경 경험을 보고했다.

환상지를 경험한다는 것은 어떤 것일까? 일반적으로 시간이 지나면서 위치가 변할 수 있지만, 정상 위치에 의족이 부착되어 있는 것으로 느낀다. 예를 들어 환상손은 시간이 지나면서 절단된 손과 가까운 남아 있는 부위에서 움직이는 것처럼 느껴진다(Manchikanti et al., 2007). 그러나 어떤 경우는 환상지를 이례적인 위치에서 느끼기도 한다. 한 남성은 환상팔이 등 뒤에서 느껴져서, 등을 대고 편안하게 잠을 잘 수 없다고 보고하였다(Melzack, 1992). 다른 남성은 환상팔을 측면 부위와 직각을 이루는 위치에서 느낀다고 보고했다. 그는 출입구에 이 환상팔이 걸리지 않게 하기 위해서 옆으로 지나간다. 어떤 뇌졸중 환자들은 실제로 가슴 중앙에서 뻗은 팔이나 한쪽 무릎에 부착되어 있는 두 개의 다리와 같이 과도한 환상지를 경험하기도 한다(Bakheit & Roundhill, 2005; Halligan et al., 1993). 이런 사례들은 절단이 아닌, 뇌 세포 손상에 의해 수반된 것이다(신경행렬에 영향).

신경행렬은 선천적인 것일 수 있지만, 경험 또한 환상지에 영향을 줄 수 있다. 예를 들어 절단 이후의 경험은 환상지가 흔히 시간이 경과하면서 사라지는 이유를 잘 설명해준다. 신경행렬이 새로운 경험에 의해 어느 정도나 둔화될 수 있는지를 확인하기 위해, WWW해보기 12.5에서 피노키오 효과[2](Pinocchio effect)를 쉽게 느낄 수 있는지 시도해보라.

우리는 경험이 지각에 중요한 역할을 한다는 것을 반복적으로 주목해왔다(테마 4). 앞 장들에서 주목했듯이, 우리의 뇌 속 연결들은 매우 가변적이다. 그런 뇌 가소성은 환장지 경험에서 중요한 역할을 하는 것으로 보인다. Michael Merzenich와 Timothy Pons(1956~2005)와 같은 연구자들은 절단 이후에 발생하는 뇌의 재조직화를 확인했다(Merzenich et al., 1984; Pons et al., 1991).

당신은 팔꿈치 아래까지 팔을 잃은 사람의 뇌가 어떤 식으로 재조직화될 것으로

---

2) 거짓말을 할 때 나타나는 몸짓 중 코 만지기가 있다. 시카고에 있는 후각 및 미각 치료 조사 연구원에 근무하는 과학자들은 사람들이 거짓말을 하면 카테콜아민이라는 화학물질이 분비되어 코 속의 점막을 팽창시키게 된다는 것을 발견하였다. 또 몸속의 혈액 흐름을 특수카메라로 관찰하여 거짓말을 할 때 혈압이 상승한다는 사실을 확인하였다. 결국 상승한 혈압은 코를 팽창시키고, 코끝의 신경 조직을 가렵게 만들기 때문에 코를 만지는 몸짓을 하게 되는데, 이를 피노키오 효과라 한다.(역자 주)

예측하는가? 이 질문에 대답하기 전에 **그림** 12.3을 다시 보자. 팔, 손, 얼굴은 체감각 피질의 인접 영역으로 정보를 보낸다는 것을 주목하라. Vilayanur Ramachandran은 최근에 사고로 왼팔을 잃은 남성을 연구했다. 체감각 피질의 조직화에 대한 지식을 기반으로, Ramachandran은 그 젊은 남성의 눈을 가리고, 그 남성의 얼굴 부위들을 면봉으로 문질렀다. 그 젊은 남성은 얼굴에서 압력을 느꼈지만, 또한 잃은 손에서도 압력을 느꼈다(Ramachandran & Blakeslee, 1998). 면봉으로 다른 신체 부위들(예: 등)을 문질렀을 때는 환상손에서 어떤 자극도 감지하지 못했다. 물론 과학자들은 면봉을 정확한 도구로 생각하고 싶어 하지 않을 것이다. Ramachandran은 후속 뇌 영상 연구를 통해 뇌의 재조직화를 확인하였음을 보고했다.

그러나 여러 이유에서 Ramachandran은 뇌 재조직화가 환상지를 완벽하게 설명해주지는 못한다고 믿었다. 예를 들어 환상지가 절단 직후에 발생한다는 사실을 고려해보자. 분명히 새로운 입력 신호 패턴이 뇌의 재조직화를 이끌 만큼 충분한 시간을 가질 수 없다. 대신에 그는 절단 전에 온전한 팔과 얼굴 부위들 사이를 잇는 체감각 피질의 '환상 연결(phantom connections)'이 이미 존재하지만, 더 강력한 입력 신호가 우리의 지각을 결정한다고 믿는다. 즉 얼굴을 어떤 것으로 문지를 때, 그것은 또한 팔에서 오는 입력 신호를 수용하는 피질 영역도 자극하게 된다. 그러나 팔에서 오는 입력의 부재 신호가 너무 강력하기 때문에 우리는 얼굴 자극만 지각하게 되는 것이다. 팔이 절단된 후에는 더 강력한 부재 신호를 보낼 수 없게 되고, 얼굴을 문지르면 그것은 또한 팔을 자극하는 것으로 지각하게 되는 것이다.

아직까지 환상지 현상은 완벽하게 설명되지 않고 있다. 더 당혹스러운 것은 환상지 통증의 경험이다. 환상지는 환상지 통증으로 발달하지 않는 한, 절단 후 몇 년이 지나면 사라지는 경향이 있다(Manchikanti et al., 2007). 그러나 불행히도 절단 환자의 80% 정도가 환상지에서 통증을 경험한다(Rosenquist & Haider, 2008). 의사들은 다른 통증을 다루듯이 환상지 통증을 통제하려고 시도하지만 거의 성공적이지 않다. 환상지 통증의 근원을 더 잘 이해할 때까지, 아마도 효과적인 치료를 기대하기는 힘들 것이다(Flor, 2008).

물론 환상지 통증이 여러 이유로 발생될 수 있다는 사실은 진단과 치료를 복잡하게 만든다. 절단이 말초신경에 미치는 영향은 일부 사람들에게 있어 환상지에 기여할 수 있다. 이외에, 이미 논의한 뇌의 재조직화는 환상지 통증을 일으키는 데 중요한 역할을 한다(Flor et al., 2006).

신경행렬로 전해지는 입력 신호가 부족하다는 것으로 환상지 통증을 설명할 수 있다. 사지에서 오는 억제 입력 신호가 부재한 경우, 신경행렬의 여러 부분들이 격렬하게 발화를 시발하기도 하는데, 이 경우에 해당되는 사람은 이런 감각을 타는듯한 통증으로 경험한다(Melzack & Katz, 2007b). 어떻게 하면 억제성 입력 신호를 복원시킬 수 있을까? 거울 앞에 서서 가슴과 대략 직각을 이루도록 오른쪽으로 향하고 거울을 보라. 만약 당신이 거울을 보고 있는 동안 오른쪽 팔을 움직이면, 당신은 왼쪽 팔이 움직이고 있다고 생각하게 된다. Ramachandran은 이와 같이 거울을 이용해서 잃은 사지가 존재한다고 생각하여 뇌를 속일 것을 제안하였다. 비록 연구자들이 여전히 이런 접근법을 체계적으로 테스트 해보고 있긴 하지만, 초기 결과는 그리 고무적인 것 같지는 않다(Rosenquist & Haider, 2008).

매우 당혹스런 환상지 경험은 체감각 경험(사실상 지각 전반)에 대해 많은 것을 알려준다. Melzack(1992)은 "뇌는 탐지하고 분석하는 이상의 것을 한다; 그것은 외부 입력 신호가 발생하지 않을 때도 지각적 경험을 일으킨다.......감각 입력 신호들은 경험을 조율한다; 그것들은 직접적으로 경험을 일으키지는 않는다.......우리는 신체로 하여금 신체를 느끼도록 할 필요가 없다"(p.126)고 했다. 사실상 이 말은 중요한 가르침이다.

통증 측정

연구자들은 통증을 측정하기 위해 여러 다른 접근법들을 사용한다. 통증을 단일 차원으로 고려하는 연구자들은 2장에서 논의한 방법들을 사용해서 통증을 측정한다. 따라서 어떤 연구자들은 통증을 연구하기 위해 고전적 정신물리학적 방법들을 사용하였다(Gracely & Eliav, 2008). 신호탐지법의 사용에 대해 논란이 있기는 하지만 다른 연구자들은 통증을 판단하기 위해 사용된 준거로부터 감각 능력을 분리시키는 신호탐지법을 사용했다(Craig & Rollman, 1999). 여전히 다른 연구자들은 통증의 정도를 판단하기 위해 범주 척도와 크기추정법을 사용했다. 그리고 통증 지각 연구에 여러 뇌 영상 기법들의 사용이 증가되고 있다(Moisset & Bouhassira, 2007; Wager et al., 2004). 통증을 연구하기 위해 사용되는 방법들은 매우 다양하다.

압력, 온도, 전기 자극을 포함하여 통증을 일으키기 위해 사용되는 자극의 범위 또한 광범하다. 그러나 통증 지각 연구의 가치를 인식하고 있음에도 불구하고, 이런 유형의 연구 수행은 중요한 윤리적 고려들로 인해 어려움이 따르게 마련이다(American Psychological Association, 2002). 청각 연구자들이 실험에 참가하는 사람들에게 제시하는 자극의 강도를 제한해야 하듯이, 인간의 통증 지각에 관심을 가진 연구자들은 연구에 세심한 주의를 기울여야 한다.

고전적 정신물리학적 방법을 사용하는 연구자들은 통증 역치를 결정하려는 시도를 한다(Gracely et al., 2002). **통증 역치**(pain threshold)는 관찰자가 시행의 절반을 '통증을 느낍니다.'라고 보고하고, 나머지 절반을 '통증을 느끼지 않습니다.'라고 보고하는 자극의 강도로 결정된다. 다른 감각 경험(예: 특정 주파수의 소리 자극)에 대한 역치와 달리, 통증 역치는 거의 질적인 변화를 나타낸다. 소리 자극은 때로 들리지 않다가(예: 역치 이하) 또 때로 들리기도(예: 역치 이상) 한다. 그러나 통증 지각을 평가하기 위해 온도 자극을 사용하는 경우를 고려해보자. 낮은 온도에서 참가자는 '통증을 느끼지 않습니다.'라고 보고할 것이다. 그러나 그는 확실히 따뜻한 자극을 느낄 수 있다. 더 높은 온도에서 그가 '통증을 느낍니다.'라고 보고할 때, 그 자극은 온도에서 통증으로 이동된다.

통증 역치는 여러 다른 요인들에 의해 변한다. 촉각 민감도에 대해 알고 있는 것과 마찬가지로, 신체의 어떤 부위(예: 손가락 끝)는 더 낮은 통증 역치를 갖고, 다른 부위(예: 등)는 더 높은 통증 역치를 갖는다. 통증 지각에서도 그랬듯이, 심리적 요인들은 사람의 통증 역치에 큰 역할을 담당한다. 이 요인들은 또한 **통증 내성**(pain tolerance), 즉 사람들이 수의적으로 참을 수 있는 최대 통증 수준을 판단하는 데도 영향을 준다. 심리적 요인으로 인해 통증 역치와 통증 내성은 모두 개인마다 큰 차이를 보인다.

통증에 정서적 요소가 관여된다는 점을 인식한 연구자들은 통증의 감각적 요소와 정서적 요소를 분리시키려는 시도로 몇 가지 통증 측정 도구를 개발하였다(Gracely & Eliav, 2008; Heapy & Kerns, 2008). 그 중 하나인 McGill 통증 질문지(McGill Pain Questionnaire)는 응답자들에게 통증의 감각적 요소(예: 날카롭다, 뜨겁다, 묵직하다)나 정서적 요소(예: 역겹다, 겁난다, 처벌이다)로 적당하다고 생각되는 진술을 선택하도록 요청한다(McDowell, 2006). 그런 구분은 임의적으로 보일 수 있다('처벌이다'가 순수한 정서적 용어일까?). 만약 그렇다고 생각한다면, 당신은 통증의 여러 차원을 측정해주는 도구 개발이 매우 어렵다는 것을 느낀 것이다.

통증에 대한 순응

일반적으로 사람은 감각 자극에 순응적이다. 즉 동일한 강도를 가진 자극은 시간이 지나면서 약하게 지각된다. 중간 정도의 통증 자극에 대해서도 마찬가지이다. 만약 통증이 지나치게 강하지 않다면(예: 중간 정도의 통증을 일으키는 차가운 자극이나 뜨거운 자극), 통증은 치료 없이도 시간이 지나면 완화될 것이다. 그러나 대부분 다른 감각 자극과 달리, 강한 통증을 일으키는 자극들은 시간이 지나도 지각된 강도가 크게 감소되지 않는다.

물론 지금까지 통증 논의를 하는 동안 통증 경험이 다차원적임을 기술하였다. 통증의 여러 차원들은 사람이 통증에 순응하는지를 판단하기 어렵게 만든다. 예를 들어 통증은 동일한 강도를 유지하지만, 더 이상 처벌을 받는다거나 심장을 뛰게 하는 것으로 지각되지 않을 수 있다. 일반적으로 심한 통증을 느끼는 사람들은 통증에 순응하지 않지만, 통증에 대처할 수 있는 전략을 개발해낸다(Sofaer-Bennett et al., 2007; Turk & Okifuji, 2004). 이제 몇 가지 통증 조절 전략에 대해 살펴보기로 하자.

통증 조절

비록 통증이 우리 신체의 잠정적 손상을 신호하는 중요한 기능을 할지라도, 그 문제를 인식하면 그것의 생존적 가치는 떨어진다. 우리는 심한 통증에는 순응하지 않기 때문에, 지속적인 통증은 우리의 삶에 심히 부정적인 영향을 끼치게 된다. 따라서 이집트인들이 BC 4000년에 이미 통증 조절법에 대한 기록을 남긴 사실에서 알 수 있듯이, 사람들이 수세기에 걸쳐 통증 조절을 시도해왔다는 것은 그리 놀랄 만한 일이 아니다(Gatchel, 1999). 통증 지각의 배후 원리가 알려지면서, 통증 치료 기법들도 더 발전되었다. 계속된 연구를 통해 통증 기전이 더 완전하게 확인되면, 더 효과적인 치료법도 제시될 것이다(Basbaum & Julius, 2006; Stix, 2007).

한 가지 기본적인(그렇지만 여전히 중요한) 고려 사항은 통증을 경험하는 사람의 성별이다. 여러 자료들이 통증 지각에 성차가 있음을 지적하고 있다(Fillingim, 2008; Greenspan et al., 2007). 또한 통증 지각의 차이는 배후 기전의 차이를 의미하는 것일 수 있기에, 다른 치료법이 필요할 수 있음을 시사한다. 예를 들어 출산 때 여성이 경험하는 극심한 산통을 고려해보자(Wesselmann, 2008). 산통을 가장 잘 조절할 수 있으려면 어떻게 하여야 할까? 약물(예: 경막외 마취)은 산통을 감소시키는 데 매우 효과적이다. 어떤 의학적 접근법(예: 침술, 척수 기저부 피하에 멸균용수 주사) 또한 어느 정도는 효과적이다(Tournaire & Theau-Yonneau, 2007). 심리적 접근법(예: 라마즈법과 같은 준비된 출산법)은 여성으로 하여금 통증을 참도록 하는 방식인

데 그리 효과적인 것으로 보이지는 않는다. 이제 통증 조절에 대한 이들 세 가지 일반 접근법(약물, 물리적, 심리적)을 간략하게 살펴보기로 하겠다.

약물 개입

의학계에서는 다양한 유형의 통증 경감 약물, 즉 **진통제**(analgesic medication)를 개발해왔다. 불행히도, 이런 약물들은 특히 처방된 복용량을 초과할 때 종종 부작용을 일으킨다. 아스피린, 아세트아미노펜, 이부프로펜과 같은 안전한 일반 진통제라 하더라도 주의해야 한다(Aronoff et al., 2002). 이런 약물을 과용하면 심각한 문제가 발생할 수 있다(특히 아동에게).

소위 **국소마취제**(local 혹은 topical anesthetics)라는 일부 진통제들은 처치 부위에만 작용한다. 이런 진통제에는 코카인, 노보카인, 리도카인과 같은 약물들이 포함된다. 다른 진통제들은 한 부위(예: 팔에 주사)에만 처치되지만, 통증을 크게 줄여준다. 이런 약물들에는 옥시코돈(oxycodone), 코데인(codeine), 메타돈(methadone), 모르핀(morphine)과 같은 아편 물질들이 포함된다(Lipman & Jackson, 2004). 모르핀은 그것의 진통 효과 때문에 다른 진통제와 비교해서 표준 약물로 취급된다(Cortazzo & Fishman, 2008).

모르핀은 주로 도취감을 얻기 위해 복용할 때 헤로인만큼이나 중독성이 강하다. 그러나 통증 경감을 위해 사용할 때는 거의 중독을 일으키지 않는다. 물론 통증을 겪는 사람이 계속해서 더 많은 모르핀을 필요로 한다는 점에서 모르핀 사용은 중독성이 강한 것으로 보인다. 그러나 사용자의 동기(통증을 경감시키기 위함)를 이해하는 것이 중요하다. 그런 조건에서 모르핀과 다른 아편제들은 심리적으로 건강한 사람에게는 거의 중독 위험이 없이 통증을 경감시키는 효과적인 수단으로 보인다(Lipman & Jackson, 2004).

모르핀과 같은 아편성 약물은 중추신경계의 세포들이 그런 약물에 대해 수용적이기 때문에 효과를 낸다. 이런 **마약성 수용체들**(opioid receptors)은 자물쇠와 열쇠처럼 아편제에 반응하는 세포 표면의 특정 사이트들이다(Lipman & Jackson, 2004). 우리의 뇌가 최근에 개발된 약물들에 민감하도록 진화된 이유는 무엇일까? 논리적인 결론은 우리의 신체가 모르핀과 유사한 **내인성 아편제**(endogenous opiates)를 만들어 내야 한다는 것이다. 사실 격렬한 운동은 그런 내인성 아편물질을 생산하게 하여 도취감을 일으킨다. 일부 이런 물질들은 통증을 경감시키는 모르핀의 역량과 닮은 진통효과를 지니고 있다(Yaksh, 2008).

물리적 개입

아마도 당신은 다친 부위의 주변을 문질러 통증의 강도를 줄일 수 있음을 알고 있을 것이다. 몇 가지 통증 조절법에는 한 부위를 자극하여 다른 부위에서 느끼는 통증을 경감시키는 **역(유도) 자극법**(counterirritants)가 포함된다. 이 접근법들은 자체로도 효과가 있지만, 다른 통증경감 접근법들과 조합해서 사용할 때도 효과가 있다.

한 가지 역 자극법 유형으로 침술이라 불리는 중국의 전통 치료기법을 들 수 있다. **침술**(acupuncture)은 가는 바늘을 신체의 **경혈**(acupuncture points)에 찌르는 치료기법이다(Lin, 2008). 경혈이란 압력에 민감한 신체 부위로, 흔히 관절이나 근육 연접부위에 위치해 있다(Garcia & Chiang, 2007). 이런 접근법을 신봉하는 사람들은 경혈을 자극하면 특정 증상이 완화된다고 믿는다. 놀랍게도, 자극을 주는 부위는 흔히 통증을 느끼는 부위와 멀리 떨어져 있는 위치이다. 예를 들어 새끼발가락에 있는 경혈은 시각에 영향을 줄 수 있다. fMRI 연구는 경혈을 자극할 때 시각피질이 활성화된다는 것을 확인함으로써 이러한 경혈과 시각의 관계를 확인해주었다(Audette, 2004).

침술은 수세기에 걸쳐 중국에서 널리 사용되어 왔지만, 미국에서는 1970년대에 들어서야 겨우 알려지기 시작했다. 미국인들은 침술을 진통 수단으로 인정하기까지 느린 행보를 보였다. 그러나 대체의학에 대한 관심이 증가하면서 침술은 특히 다른 통증 경감 방법들과 병행해서 널리 사용되기 시작했다.

통증 경감을 위한 또 다른 효과적인 자극 기법인 **경피성 전기신경 자극법**(transcutaneous electrical nerve stimulation, TENS)은 피부 표면에 설치된 자극기로 전기 자극을 주는 것이다(Waldman, 2007). 임상가들은 TENS가 어떤 유형의 통증에 대해서 효과적이라고 믿는다. 그러나 환자는 자극기가 작동하고 있음을 알 수 있기 때문에, TENS의 효과를 검증하기 위한 이중 맹검(double-blind) 연구는 수행이 어렵다. 그럼에도 불구하고, 연구들은 TENS와 침술이 요통(lower back pain) 치료에 모두 효과적이라는 것을 확인해주었다(Lin, 2008).

역 자극법도 이와 유사한 기전으로 작용하는 것 같다. 출입문 제어 이론은 이런 과정을 이해하는 데 유용하다. 어떤 진통 효과는 통증 신호를 억제하는 대섬유(Aβ)를 자극시킴으로써 얻어진다. 부가적인 진통 효과는 위약 효과를 포함한 좀 더 중추 통제 과정으로 얻어질 수 있다.

심리적 개입

지금까지 우리는 통증이 진통제, 엔도르핀 방출, 침술과 전기적 자극에 의해 조절될 수 있다는 것을 살펴보았다. 그러나 통증의 인지적 및 정서적 요소 때문에, 심리적 원리에 기반을 둔 개입들이 통증 통제에 효과적일 수 있다. 심리적 원리에 기반을 둔 몇 가지 절차(위약 효과, 최면, 인지-행동적 치료)를 살펴보기로 하자.

위약(placebo)이란 환자가 효과적인 치료라고 믿는 설탕으로 만든 알약과 같은 비활성 치료제나 물질을 말한다. 이미 통증 지각에서 하향처리의 중요한 역할을 강조한 바 있다. 따라서 사람이 믿는 것은 그 사람의 통증 지각에도 영향을 줄 수 있다(Price, Finniss et al., 2008; Price, Hirsh et al., 2008). 또한 만약 당신이 치료를 받았다고 믿지 않게 되면, 치료 효과를 덜 보게 될 것이다. 만약 어떤 환자에게 그도 모르게 진통제 치료를 한다면, 진통제를 투여했다고 말해주었을 때보다 효과가 덜 나타날 수 있다(Benedetti, 2008).

그러면, 순전히 위약 처치만 하면 어떻게 될까? 위약 처치를 받았다는 것을 알면 위약 효과가 거의 나타나지 않을까? Chung 등(2007)은 사람들이 위약 처치를 받았다는 것을 알고도 화를 내지 않았으며, 이것이 차후의 위약 효과에도 영향을 주지 않았음을 발견했다. 따라서 위약 효과임을 알았거나 과거에 위약 처치를 받았다는 것을 안다고 해도 이것이 차후의 위약 효과의 효과성을 감소시키지는 않는다.

위약이 효과적인 이유는 무엇일까? 통증은 복잡한 심리사회적 환경에서 발생하기 때문에, 많은 요인들이 위약의 효능에 기여한다. 효능의 일부는 아마도 심리적인 것으로 보인다. 즉 통증 감소에 대한 기대를 일으키는 위약과 통증 감소라는 환자의 바람과 맞아 떨어지기 때문이다(Price, Finniss et al., 2008). 위약은 또한 통증을 줄여주는 엔도르핀이나 다른 내인성 물질의 방출을 촉진시킨다(Benedetti, 2008). 흥미롭게도 뇌 영상 연구는 아편 진통제에 의해 활성화되는 뇌 영역들이 위약을 통해서도 활성화된다는 것을 보여주었다.

마음의 힘에 의존하는 또 다른 접근법은 최면이다. **최면**(hypnosis)은 최면술사의 암시에 의해 초래되는 의식의 변경된 상태이다(Turk & Swanson, 2008). 어떤 연구는 최면이 여러 유형의 통증을 치료하는 데 효과적임을 시사하고 있지만, 다른 진통 방법들과 병행해서 사용될 때 가장 큰 효과를 볼 수 있다(Hall, 2007).

인지-행동적 접근법(cognitive-behavioral approaches)은 환자로 하여금 적극적으로 개입하여 통증에 대한 좀 더 적응적인 인지적, 정서적 및 행동적 반응을 개발하도록 돕는다(Levin & Janata, 2007; Turk & Swanson, 2008). 이 접근법에는 매우 다양한 기법들이 포함된다. 인지적 측면을 강조하는 일부 기법들은 환자에게 통증과 관련된 부정적 사고를 확인할 수 있도록 가르치고, 좀 더 적응적 사고로 대체시켜 고통을 최소화시키기 위한 주의분산과 같은 대처 전략을 사용하도록 한다, 인지-행동적 접근법들은 또한 행동주의 원리를 적용하기도 한다. 예를 들어 환자들에게 조작적 조건형성을 시킨다. 즉 통증과 관련이 없는 행동(예: 신체 활동 증진)을 강화해준다. 이런 접근법들은 여러 상이한 유형의 통증 치료에 효과가 있는 것으로 밝혀졌다.

절 요약

통증

1. 통증은 감각적, 정서적, 인지적 요소들을 수반한다. 그것은 우리에게 신체의 손상 위험을 경고함으로써 생존적 가치를 지니고 있다. 통증에 둔감한 아동은 흔히 심각한 신체 손상을 겪는다.
2. 위해탐지기(통각 수용체)는 다른 구심성 신경섬유들(A섬유와 C섬유)과 연결을 가지는 피부의 자유신경종말이다.
3. Melzack과 Wall은 통증 지각이 대섬유와 소섬유들의 간재뉴런과 전달 세포들과의 복잡한 상호작용의 결과라고 가정하는 출입문 제어 이론을 제안했다. 이외에 뇌의 인지적 통제가 통증 지각에 중요한 영향을 미친다.
4. Melzack의 신경행렬은 우리가 자신의 신체를 고유한 '내 것'으로 지각하는 이유를 잘 설명해준다. 세 개의 모듈(감각, 감정, 인지)은 통증 지각에 관여하는 뇌 영역들 간의 복잡한 상호작용을 설명해준다.
5. 환상지와 환상지 통증은 절단 이후에 발생하는 재조직화나 신경 연결들을 포함한 중추 처리에서 발생한다. 환상지 통증은 통증 지각에 대한 몇몇 이론들이 해결해야 하는 특별한 문제들을 제기한다.
6. 통증 역치는 우리가 통증을 지각하는 가장 작은 자극 강도이다. 통증 내성치란 사람들이 통증을 참을 만한 최대 통증 수준을 말한다. 통증 내성치는 개인마다 다르다.
7. 인간은 중간 정도의 통증에 순응하지만, 심한 통증에 대해서는 순응하지 않는다. 대신에 인간은 통증에 대한 대처와 통증 조절 방법을 학습한다.
8. 통증은 모르핀과 같은 아편제를 포함한 진통제로 조절될 수 있다. 자연적으로 만들어지는 내인성 아편제는 진통 효과를 가지며, 격렬한 운동과 그 밖의 다른 경험에 의해 방출된다.
9. 역 자극제는 다른 신체 부위를 자극함으로써 통증 부위의 통증을 감소시킨다. 이

역 자극제에는 침술과 경피성 전기 신경 자극법이 있다.
10. 통증 조절을 위한 심리적 기법에는 위약, 최면, 인지-행동적 접근법이 있다.

운동감각과 전정감각

지금 당신은 앉아 있는가? 앉아 있다면, 다음을 따라해보라. 두 눈을 감고, 손으로 무릎을 감싼 다음, 앞뒤로 몸을 움직여보라. 눈을 감았지만 당신은 언제 몸이 반듯한지, 그리고 언제 몸이 앞으로 기울여져 있는지 말할 수 있다. 또한 몸을 앞뒤로 움직이는 동안 당신은 팔꿈치가 구부려지고, 펴지는 것을 느낄 수 있다. 손가락은 무릎을 단단히(혹은 느슨하게) 잡고 있다. 신체의 방위, 움직임, 자세에 대한 정보는 비록 시각 또한 그런 정보를 제공해주기는 하지만, 일반적으로 운동 및 전정감각을 통해 나온다 (Cole, 1991).

운동감각은 피부 수용체로부터 나오기 때문에, 이는 체감각계의 일부로 고려된다. 그러나 전정감각은 피부 감각과 공통점이 거의 없다. 대신에 전정감각의 배후 기전은 피부 감각보다는 청각 체계와 더 공통점이 많다. 먼저 우리의 여러 신체 부위의 위치에 대한 감각 정보를 제공하는 운동감각을 살펴볼 것이다. 그 다음, 9장에서 언급했듯이, 내이의 반고리관에 대해 논의하기로 하겠다. 이 기관은 전정감각에 기여한다. 이 관의 내부에 있는 액체의 움직임이 신체 방위와 움직임에 대한 감각을 어떻게 발생시키는지 알아보기로 하겠다.

운동감각

운동감각은 '운동지각'을 뜻하는 그리스어에서 파생된 용어이다. 오늘날 **운동감각**(kinesthesia)은 일반적으로 운동감각이나 정적 사지 위치감각을 뜻하는 용어로 사용된다. 넓은 의미에서 운동감각은 신체 부위의 위치와 운동으로부터 나오는 감각을 포함한다. 이 운동은 능동적이거나 수동적일 수 있다. 운동감각과 흔히 상호 교환적으로 사용되는 유사 용어로 **고유수용성감각**(proprioception)이 있다. 운동감각에 대한 이해를 위해 WWW해보기 12.7을 해보라.

운동감각의 기전

중추신경계는 신체 부위들의 위치와 운동에 대한 정보를 획득하기 위해 두 가지 방법을 사용한다. (1) 중추신경계는 근육이 명령을 수행한다는 가정에서 근육으로 보내는 명령을 감찰할 수 있다(송출). (2) 중추신경계는 적절한 감각 수용체들로부터 오는 정보를 수용할 수 있다(유입). 시각 체계가 대상의 거리를 판단하기 위해 한 가지 이상의 정보 출처를 사용하듯이(6장), 운동감각 체계도 신체 부위의 위치를 판단하기 위해 한 가지 이상의 정보 출처를 활용한다. 당신이 펜을 잡기 위해 오른쪽으로 팔을 뻗을 때, 중추신경계는 팔의 위치를 안다. 이는 중추신경계가 팔에게 이런 특정 명령을 보내기 때문이고, 팔로부터 오는 피드백이 중추신경계에게 팔의 위치를 알려주기 때문이다. 이런 두 가지 종류의 운동감각 정보는 다른 감각들에 의해 보조된다. 예를 들어 당신의 시각은 중추신경계에게 팔의 위치에 대해 알려주고, 촉각은 당신으로 하여금 손가락이 언제 펜과 접촉하는지를 알게 해주며, 청각까지 당신의 손이 목적지에 도달하면서 펜이 책상 표면에서 긁히는 작은 소리 정보를 제공한다.

펜을 잡기 위해 손을 뻗는 것과 같이 운동감각적 판단을 내릴 때 우리는 신체를 능동적으로 움직인다. 그러나 가끔씩 정지해 있을 때나 사지를 움직일 때도 우리는 사지의 위치에 대한 판단을 내린다. 어느 경우든 근육에 있는 수용체들은 사지의 위치 감각에 중요한 역할을 하는 것으로 보인다. 광범하게 연구된 한 가지 수용체 유형은 골지건기관이다. 이 건은 근육을 뼈에 부착시키는 질긴 섬유로 이루어져 있다. 이런 건에 위치해 있는 **골지건기관**(Golgi tendon organs)은 근육이 건에 긴장을 가할 때 반응한다(Carlson, 2007). 결과적으로 골지건기관은 우리가 능동적으로 움직일 때 사지의 위치를 신호하는 데 효과적이다.

수동적 움직임에 따른 사지 위치 파악의 경우, 근방추가 중요하다. **근방추**(muscle spindles)는 건이 아닌 근육 내에 위치한 수용체이다. 골지건기관과 달리, 근방추는 건에 반응하지 않고, 근육의 길이에 반응한다. 근방추는 우리로 하여금 수동적 사지 위치를 탐지할 수 있도록 돕는다. 예를 들어 근방추의 발화를 일으킬 수 있을 정도의 속도로 근육이 진동하면, 사람들은 사지 위치에 대해 착각적 감각을 경험하게 된다. 어떤 경우에는 사람들이 사지가 해부학적으로 불가능한 위치(예: 손이 전박에서 뒤로 구부러져 있다)에 있다고 보고하기도 한다.

운동감각 지각

계단에서 걸어 내려오는 간단한 과제를 고려해보자. 공간에서 신체가 어느 방향으로 향하고 있는지를 안다는 것은 대단히 중요하다. 당신은 각 계단을 내려오면서 발을 보지 않아도 되지만, 발의 위치를 오산하면 굴러 떨어지기 십상이다. 물론 운동감각 지각은 당신이 사고 없이 계단을 내려갈 수 있는 능력에 기여한다. 불행히도 나이가 들어가면서, 감각 입력은 흔히 감소된다(14장 참조). 운동감각 지각 또한 연령이 증가하면서 저하되는데, 이는 노인들이 잘 넘어지는 이유를 설명해준다(Lackner & DiZio, 2005).

운동감각 지각의 저하에 대한 한 가지 대처법은 신발 안에 진동 깔창을 사용하는 것이다(McCredie, 2007; Priplata et al., 2003). 반듯한 자세를 유지하기 위해서 실제로 우리의 신체는 다소 흔들릴 수 있는 작은 조정을 해야 한다. James Collins 등은 나이든 사람들이 젊은 사람들보다 흔들림이 더 큰 경향이 있음을 밝혔다. 그러나 나이든 사람들이 지각할 수 없을 정도의 미세한 무작위 진동을 발생시키는 깔창에 발을 위치시킬 때 신체의 흔들림은 줄어든다. 발바닥에 있는 수용체들을 자극하는 것만으로도 균형감을 향상시킬 수 있다는 것이다.

운동감각은 중요한 만큼, 쉽게 속아 넘어가기도 한다. 예를 들어 진동기로 움직일 수 없는 사지를 자극하면 사람들은 사지가 움직이고 있다고 생각하게 된다(Collins et al., 2005). 더 놀라운 것은 고무손을 사용한 연구에서 얻어진 것과 유사한 효과이다(Durgin et al., 2007). 고무손 연구에서, 사람들은 (숨겨진) 자신들의 손 바로 옆에 놓인 고무손 위에 레이저빔을 쪼이고 움직이면 자신들의 (숨겨진) 손에서 온기를 느낀다. 고무손 착각에 관한 연구와 유사하게 사람들은 바로 옆에 놓인 고무손을 자신들의 손으로 오인한다는 것이다(Makin et al., 2008). 또한 사람들은 그들의 손을 자극하는 동시에 바로 옆에 놓인 고무손을 자극하면 입력 신호가 고무손에서 나오는 것으로 지각한다(de Vignemont et al., 2006; Tsakiris & Haggard, 2005).

전정감각

전정감각(vestibular sense)은 신체의 방향 변화와 움직임에 대한 정보를 제공해준다. 우리는 이를 전정감각이라 부르는데, 그것은 수용체들이 내이의 입구(전정)에 있기 때문이다.

전정감각의 기전

전정계는 반규관(semicircular canals)과 이석기관(otolith organs)으로 이루어져 있다. **그림 12.8**에서 보여주는 세 개의 반규관은 액체로 채워져 있으며, 유모세포들이 열을 지어 있다. 반규관은 내이의 일부이기 때문에, 그 내부의 액체와 유모세포들은 와우각에 있는 것들과 유사하다. 따라서 내이의 수용체에 대해 알고 있는 것이 그대로 전정감각에도 적용된다.

2차원 그림으로 설명하기 어렵지만, 반규관은 3차원 그래프의 x축, y축, z축처럼 배열되어 있다. 결국 반규관은 전후, 좌우, 상하 회전 탐지에 매우 적합하다. 신체가 움직이면, 반규관 안에 있는 액체도 움직이게 된다. 이 액체의 움직임은 유모세포의 부동섬모를 구부리게 되는데(**그림 9.12**를 보라), 이때 발생하는 발화는 우리에게 운동 속도와 방향을 알려준다. 전정감각을 좀 더 이해하기 위해 WWW해보기 12.8을 해보라.

그림 12.8에서 볼 수 있듯이, **이석기관**(otolith organs)은 반규관 기저부의 난형낭(작은 파우치)과 구형낭(작은 자루)으로 이루어져 있다. 장난스럽게 표현하자면, 실제로 머리에 돌이 있어 큰 도움을 준다. 이석은 '귀의 돌'이라는 의미이며, 이는 이 기관이 작은 탄산칼슘 결정체를 포함하고 있기 때문이다. 이 돌의 움직임은 난형낭과 구형낭의 기저부에 있는 유모세포의 변화를 일으킨다. 이런 변화는 중력과 같은 선형가속(linear acceleration)에 대해 알려준다(Angelaki & Cullen, 2008).

전정 지각

일반적으로 전정감각에 대해 인식하지 못하고 있지만, 이 지각 체계는 매우 중요하다. 운동감각 정보와 함께 전정계는 자세 유지, 움직임 탐지, 공간에서 어디를 향하고 있는지 등의 판단에 중요하다(Cullen, 2004). 가령 당신이 머리를 좌우로 흔들면, 눈은 머리 움직임과 반대 방향으로 회전한다. 전정 정보와 안근 기능의 이런 협응은 세상을 안정적으로 볼 수 있도록 해주는 **전정안구반사**(vestibuloocular reflex, VOR) 때

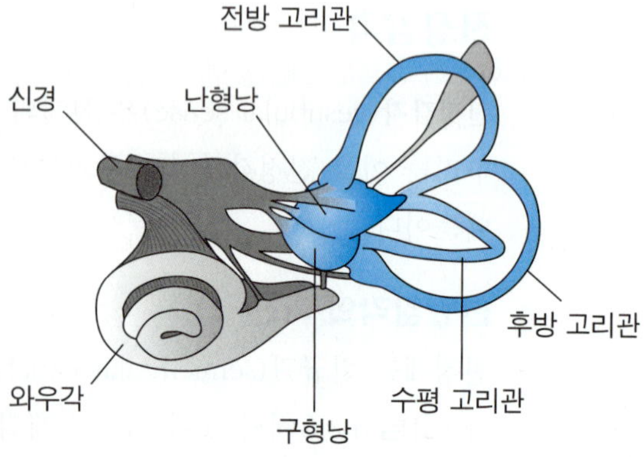

그림 12.8 와우각, 이석기관(난형낭과 구형낭), 반규관을 보여주는 내이. 이석기관과 반규관은 전정감각 기관이다.

문에 발생한다(Lackner & DiZio, 2005).

우리는 이례적인 환경에서만 전정감각에서 나오는 입력 신호를 의식적으로 인식하게 된다. 예를 들어 오랜 시간 동안 제자리에서 빙글빙글 돌다가 갑자기 멈추면 움직임이 지속되는 것 같은 착각을 경험하게 된다(McCredie, 2007). 내이의 메니에르병[3](Meniere's disease)을 가지거나 단순한 내이염을 가진 사람들은 현기증이나 균형감 상실을 경험할 수 있다(Harris & Salt, 2008). 만약 당신이 멀미(motion sickness)를 경험한 적이 있다면, 이는 분명 전정감각이 관여된 것이다. 전정계 기능을 상실한 사람들은 멀미를 경험하지 않기 때문이다. 사람들은 보트에서부터 낙타, 우주선에 이르기까지 다양한 수송 수단을 탑승한 후 멀미를 경험한다. 아직까지 멀미에 대해 완전하게 파악되지는 않았지만, 주범은 바로 눈에서 나온 입력 신호와 전정감각에서 나온 입력 신호 사이의 충돌이다(Zajonc & Roland, 2005).

우리의 전정감각은 지상을 벗어날 수 없는 조건에 적합하도록 진화된 것이기 때문에, 우주비행은 특별한 도전이 될 것이다. 우주비행사가 무중력을 경험할 때, 전정계 속의 액체는 부유하면서, 비정형적인 정보를 제공하게 된다. 우주비행사들은 흔히 우주멀미(space motion sickness)를 경험하는데, 이는 부유하는 액체 때문만은 아니다(Lackner & DiZio, 2006).

전정계에서 이례적인 입력 신호가 나온다는 사실 때문에, 무중력 상태의 우주비행사들은 방향을 판단하기 위해 다른 감각들에 의존할 필요가 있다. 간단하게는 우주선 내부를 '상'과 '하'라는 라벨을 붙이는 식으로 시각 보조 장치의 도움을 받을 수 있다(혹은 격벽에 똑바로 서 있는 사람의 포스터를 부착할 수도 있다). 연구자들은 또한 촉각 조끼에 진동을 발생시켜 '아래'라는 신호를 보내는 장치를 개발하기도 했다(Clement et al., 2005; van Erp & van Veen, 2006).

이제 피부 감각의 중요한 기여에 대해 많이 이해했을 것으로 생각된다. 우리가 주로 시각과 청각 입력 신호에 의존할지라도, 다른 감각들 역시 일상에서 우리의 존재감에 기여하고 있음은 분명하다. 피부 감각은 특히 공간에서 방향 선택을 도와주

---

3) 귀 질환 중 주기적인 이명과 난청이 있다가 돌연히 회전성의 심각한 어지럼과 귀의 팽만감을 증상으로 나타내는 신체의 평형감각 장애 상태로, 30~60대 사이에서 잘 나타난다. 통계적으로 한 달에 3~10회 정도로 발생하며, 심한 경우는 매일 계속된다. 대개 한쪽 귀에만 침범하지만 수년이상 지속되면 다른 귀까지 감염된다.(역자 주)

고, 주위 표면을 탐색하게 하는 데도 도움을 준다. 게다가 온도와 통증 경험은 우리로 하여금 신체를 보호할 수 있도록 해준다. 따라서 감각들은 서로를 보완해주는 기능을 한다.

절 요약

운동감각과 전정감각

1. 운동감각(혹은 고유수용성감각)은 움직이고 있거나 움직이고 있지 않는 사지의 위치에 대한 감각이다. 운동감각에 대한 정보 출처는 근육에 보내는 명령 감찰하기와 시각, 청각, 촉각 정보에 의해 보완되는 감각 수용체에서 오는 정보 감찰하기를 포함한다.
2. 운동감각 수용체에는 골지건기관과 근방추가 있다.
3. 나이든 사람들은 운동지각의 저하를 경험하는데, 이는 낙상의 원인이 된다. 연구에 따르면, 노인의 발바닥을 진동시키면 균형감을 향상시킬 수 있다.
4. 운동감각 정보가 중요하긴 하지만, 고무손 착각을 통해 우리는 시각 입력 신호가 사지의 위치를 판단하는 데도 기여한다는 것을 알 수 있다.
5. 전정감각은 방향, 운동, 가속에 관여한다. 전정 수용체들은 내이의 반규관과 이석기관이다.
6. 우리는 전정감각의 기능을 거의 인식하지 못한다. 그러나 이것은 전정안구반사를 통한 눈과 머리 운동의 협응에 중요하다. 우리는 내이염, 멀미, 무중력과 같은 이례적인 조건에서 전정감각을 인식하게 된다.

복습문제

1. 다음에 제시한 촉각에 대한 각 관찰을 설명하시오:

   a. 무엇인가가 당신의 다리에 닿았고, 당신은 그것이 어떻게 생겼는지 알 수 없다. 그런데 그것을 당신의 얼굴에 대면, 그 모양을 확실하게 안다.

   b. 의자에 처음 앉을 때 당신은 팔에서 느껴지는 의자의 천이 거칠다고 느끼는데, 5분 정도가 지나면 거칠다는 것을 느끼지 못한다.

   c. 잔가지가 있다는 것을 모르고, 그 위에 침낭을 깔았다. 사실 그 잔가지는 두 개의 튀어나온 부분이 있지만, 그 위에 몸을 누이면 한 부분만 튀어나온 것으로 느껴진다.

2. Heller의 연구는 태어날 때부터 맹인이 아니었던 사람들의 경우 촉지각에서 몇 가지 이점을 가진다는 것을 시사해준다. 지금 당신이 정상적인 시각을 가지고 있는데, 점점 시력을 잃어가고 있다고 해보자. 당신이 시력을 잃고 있다는 것을 미리 감지하였을 때 유리하게 사용할 수 있는 특별한 방략을 기술해보시오. 이제 완전히 앞을 보지 못하게 되었다면, 당신의 지각 경험은 정상인과 어떤 차이가 있겠는가?

3. 이 장에서 우리는 촉각, 온도(온각과 냉각), 통증 역치에 대해 논의하였다. 우리는 각 역치가 신체 부위마다 다르다는 것을 알았다. 이런 여러 유형의 역치에 대한 연구 결과들을 요약하고 유사점과 차이점에 대해 기술하시오.

4. 순응은 여러 번 반복해서 논의된 주제이다. 촉각, 온도, 통증에 대한 순응을 논하시오. 이런 각 순응 유형에 대해 당신이 최근에 경험한 예를 떠올려보시오. 순응이 발생하지 않은 적이 있는가? 이 감각들의 순응 경험을 다른 감각들의 순응과 관련지어 설명하시오.

5. 통증이란 무엇인가? 이것이 다른 지각적 경험과 다른 이유는 무엇이고, 역치들이 서로 다른 이유는 무엇인가? 통증은 어떤 기능을 하는가? 환상지 통증이란 무엇이고, 이것은 특히 통증 지각과 일반 지각 이론들에 대해 무엇을 말해주는가?

6. 특수성 이론과 패턴 이론에 대해 일반 피부 감각에 대한 그것들의 적용과 통증 지각에 대한 적용 모두와 관련지어 논의하시오. 일시적 수용체 전위 채널(TRP)이나 나트륨 채널 단백질(sodium channel proteins)의 발견은 특수성 이론을 지지해주는가? 통증을 이해하기 위한 특수성이나 패턴 접근법을 지지해주는 정도를 고려하여 출입문 제어 이론을 설명하시오.

7. 지각에서 중추 처리의 중요성을 여러 번 강조한 바 있다. 다음에 제시된 각 주제가 통증 지각에서 중추 심리적 처리의 중요성을 반영해주는 이유를 설명하시오: (a) 환상지 통증, (b) 위약 효과, (c) 침술, (d) 인지-행동적 접근법, (e) 최면. 그런 다음, 중추 처리의 작용을 시사하는 촉지각의 다른 측면을 논의하시오.

8. 지금 당신은 손을 어디에 두고 있는가? 어떻게 그것을 알고 있는가? 고무손 착각에 대한 연구에 따르면, 사람들은 그들의 사지 위치에 대해 쉽게 혼동을 일으킨다. 왜 우리는 사지 위치에 대해 계속해서 혼돈을 일으키지 않는가? 운동감각에 대한 연구를 어떤 식으로 Melzack의 신경행렬 개념과 관련지을 수 있는가?

9. McCredie, Angelaki, 그리고 Cullen과 같은 연구자들은 우리의 균형감각을 여섯 번째 감각으로 고려해야 한다고 주장한다. 우리가 균형감각을 유지할 수 있도록 해주는 다중감각 정보를 설명하시오. 당신은 균형이 별개의 감각으로 고려되어야 한다고 주장

하겠는가?

10. 이 장에서 논의된 감각들을 시각 및 청각과 비교하시오. 예를 들어 (a) 자극의 성질, (b) 감각계의 크기, (c) 수용체의 유형, (d) 각 체계의 민감도를 언급하시오. 세상에 대한 '사진'을 제공하기 위해 모든 감각들이 어떤 식으로 함께 작동하는가? 감각들이 갈등을 일으키는 정보를 제공할 때 어떤 일이 벌어지는가?

주요어

경피성 전기신경 자극법(trans-cutaneous electrical nerve stimulation, TENS)
고유수용성감각(proprioception)
골지건기관(Golgi tendon organs)
교양질(substantia gelatinosa)
근방추(muscle spindles)
내인성 아편제(endogenous opiates)
느린 순응 뉴런[slowly adapting(SA) neurons]
능동적 촉각(active touch)
두 점 식별 역치(two-point discrimination threshold)
마약성 수용체(opioid receptors)
브라유(Braille)
빠른 순응 뉴런[rapidly adapting(RA) neurons]
섬유띠 체계(lemniscal system)
수동적 촉각(passive touch)
신경행렬(neuromatrix)
역(유도) 자극법(counterirritants)
역설적 열감(paradoxical heat)
온도 순응(thermal adaptation)
운동감각(kinesthesia)
위약(placebo)
위해탐지기(nociceptors)
유모피부(hairy skin)
이석기관(otolith organs)
이중 통증(double pain)
인지-행동적 접근법(cognitive-behavioral approaches)
일시적 수용체 전위 채널[transient receptor potential(TRP) channels]
전달 뉴런(transmission cells)
전정감각(vestibular sense)
전정안구반사(vestibuloocular reflex, VOR)
절대역(absolute threshold)
진통제(analgesic medication)
진피(dermis)
척수시상 체계(spinothalamic system)
체감각 체계(somatosensory system
체감각 피질(somatosensory cortex)
촉각 순응(touch adaptation)
촉지각(haptic perception)
최면(hypnosis)
출입문 제어 이론(gate-control theory)
침술(acupuncture)
타도마법(Tadoma method)
통증 내성(pain tolerance)
통증 역치(pain threshold)
통증(pain)
특수성 이론(specificity theory)
특정 신경 에너지 이론(doctrine of specific nerve energy)
패턴 이론(pattern theory)
평활피부(glabrous skin)
표피(epidermis)
환상지(phantom limb)

추천도서

Baird, Basbaum, A. I. et al. (Eds.). (2008). *The senses: A comprehensive reference*. New York: Academic Press.

6권으로 구성된 책으로 지각에 대한 훌륭한 참고서이다. 특히 이 책은 이 장의 논의와 관련이 많다. 6권 가운데 두 권이 각각 체감각 지각과 통증 지각을 다루고 있다.

Benzon, H. T., Rathmell, J. P., Wu, C. L., Turk, D. C., & Argoff, C. E. (Eds.). (2008). *Raj's practical management of pain* (4th ed.). Philadelphia: Mosby.

이 책은 통증 기전과 치료와 관련된 광범한 주제를 다루는 70개 장으로 구성되어 있다. 어떤 장들은 일반 독자에게는 너무 구체적일 수 있지만(예: 요추천골 경막외 내시경), 여러 장들에 걸쳐 통증 기전과 치료를 다루고 있다.

McCredie, S. (2007). *Balance: In search of the lost sense*. New York: Little, Brown.

McCredie는 우리의 균형감각이 사실상 별개의 감각이라고 주장할 수 있는 연구 결과들에 대해 흥미로운 개관을 제공하고 있다. 그는 멀미에서부터 비상한 균형감을 가진 사람들에 이르는 많은 주제들을 다루었다. McCredie는 또한 James Collins가 개발한 진동 깔창에 대한 설명을 포함해서 균형감각을 증진시키는 연구의 대변자이기도 하다(예: 균형 향상 운동).

Rieser, J. J., Ashmead, D. H., Ebner, F. F., & Corn, A. L. (Eds.). (2008). *Blindness and brain plasticity in navigation and object perception*. New York: Erlbaum.

이 책의 편저자들은 20여 개의 장들을 집필했다. 어떤 장들은 시각 입력의 붕괴 이후에 따르는 뇌 가소성을 다루었다. 그러나 나머지 장들은 체감각 지각에 대한 일반적인 정보와 시각장애인들을 위한 적용에 관한 특별한 정보를 제공하고 있다.

CHAPTER 13

화학물질 감각: 미각과 후각

미각

미각의 감각적 측면

맛 지각 변경

맛 지각 측정

맛 지각의 개인차

후각

후각의 감각적 측면

후각의 인지적 측면

냄새 지각 변경

냄새 지각 측정

냄새 지각의 개인차

냄새 재인과 확인

● 심화학습: 냄새의 행동적 영향

향미: 미각, 후각 및 기타 감각들의 상호작용

향미에 대한 맛과 냄새의 기여

향미에 대한 체감각 입력 신호의 기여

향미에 대한 온도의 기여

향미에 대한 시각의 기여

향미에 대한 인지의 기여

결론: 음식의 쾌락설

지금까지 여러 장에 걸쳐 다소 임의적으로 구분한 여러 감각들을 살펴보았다. 그렇지만 감각들은 서로 연계되어 있고, 사람들의 지각 경험이 통합적이라는 점을 반복해서 지적하였다(테마 1). 경험의 다중감각적 성질은 다른 감각보다도 미각과 후각에서 더 분명하게 드러난다. 이 두 감각은 흔히 화학적 자극에 민감하기 때문에 **화학물질 감각**(chemical senses)으로 분류된다.

미각과 후각이 복잡하다는 것을 이해하기 위해, 당신이 특별히 즐겼던 맛있는 음식을 생각해보라. 이제 자신에게 무엇이 그 음식을 그토록 맛있게 만들었는지 자문해보라. 음식의 중요한 한 가지 영향력은 그 음식의 향미이다. **향미**(flavor)는 미각과 후각은 물론, 촉각 경험까지 포함하는 용어이다(Prescott, 2004; Taylor & Hort, 2004). 당신이 어떤 음식을 맛이 좋다고 말할 때는 실제로 그 음식의 향미를 반영하고 있음이다. 따라서 맛을 언급할 때는 당신의 미각만큼이나 코에 대한 자극까지 보고하는 것이라 할 수 있다.

향미와 더불어 시각적 입력 정보(눈으로 음식 보기)도 분명히 중요하다. 음식은 또한 감각적 특질을 넘어 여러 이유로 맛을 느끼게 해준다. 음식 자체에서 제공되는 정보만큼 풍부하게 우리가 음식을 먹는 맥락도 영향을 준다(테마 2). 특히 배가 고팠었나? 장소가 특별히 아름다웠나? 특별한 친구들과 함께 음식을 먹었는가? 맥락을 넘어 우리의 기대 역시 영향을 미치기 십상이다(테마 4). 위에서 언급했던 것을 통해 무엇을 말하려는지 알겠는가? 음식의 향미도 중요하지만, 몇 가지 다른 요인들도 음식의 맛에 기여한다.

지금부터는 향미에 대해서만 초점을 맞추기로 하겠다. 단지 음식의 이름을 대지만 말고 그 맛있는 음식의 향미를 기술해보도록 하라. 이 과제가 다소 어렵지는 않은가? 인간은 시각과 청각 경험을 기술하는 데는 풍부한 언어를 발달시켜 왔지만, 미각과 후각을 기술하기 위한 일반적인 언어는 비교적 빈약하다(Wilson & Stevenson, 2006). 시각장애인과 '빨간 색조'라는 개념을 의사소통하기 어렵다는 것을 바로 알 수 있다. 왜냐하면 시각장애인은 당신이 그 개념을 설명하기 위해 끌어들이려는 시각적 경험을 가지고 있지 않기 때문이다. 그러나 정상적인 미각과 후각을 가진 친구에게 버터, 마늘, 혹은 브로콜리라는 말을 사용하지 않고 버터와 마늘을 넣고 살짝 볶은 브로콜리에 대해서 이야기해보라. 맛과 냄새는 분명 독특하다. 그러나 우리는 그 경험을 기술하기 위한 풍부한 언어를 가지고 있지 않아 보인다. 맛과 향을 기술하는 데 있어 어휘가 부족하다는 것이 이 분야의 연구를 수행하는 데 제한이 된다는 사실을 곧 알게 될 것이다.

비록 미각과 후각이 서로 밀접하게 연관되어 있다 할지라도, 여기서는 먼저 미각과 후각을 개별적으로 다룰 것이다. 지금까지 다른 감각에 대해서도 그랬듯이, 미각과 후각에 수반되는 자극들을 그 자극들이 처리되는 체계와 함께 논의하게 될 것이다. 또한 각 감각의 몇몇 측면들을 개별적으로 논의할 것이다. 후반부에 가서는 감각들 간의 상호작용을 포함하여 향미에 대해 좀 더 자세히 논의하기로 하겠다.

미각

사람들은 흔히 미각이라는 말과 향미라는 말을 같은 의미로 사용한다. 그러나 엄격히 말해서 **미각**(taste 혹은 gustation)은 단지 입(주로 혀)에 있는 수용체들과 물질의 접촉을 통해 초래되는 지각을 일컫는다(Bailey, 2003). 따라서 미각은 미각 자극이 수용체와 직접 접촉을 하기 때문에 피부 감각과 유사하다. 나중에 미각과 다른 감각들 간의 상호작용에 대해서 논의하겠지만, 여기서는 이런 미각의 한정된 정의를 사용하고자 한다.

입에 있는 미각 수용체들의 위치는 그것들의 목적에 대한 단서가 된다. 맛 지각은 우리에게 입에 들어온 물질의 특성에 대해서 알려준다. 따라서 이것은 음식 소비에 중요하다(Fain, 2003). 먼저 미각 자극을 살펴보고, 미각 정보를 처리하는 감각 장치, 그리고 다양한 미각 처리과정을 차례로 살펴보기로 하자.

미각의 감각적 측면

맛의 감각적 경험은 미각 자극이 미각 수용체를 자극하고, 여기서 정보가 처리되어 처리된 정보가 미각을 담당하는 뇌 영역들로 중계되면서 발생된다. 그러면 미각 정보가 부호화되는 경로의 각 측면에 대해 살펴보기로 하자.

미각 자극

미각의 기본 자극(**tastant**, 미각자극물질)은 타액과 같은 용액에 용해되는 화학 성분이다(DuBois et al., 2008). 따라서 사실상 모든 물질은 잠정적 미각자극물질이라 할 수 있다. 당신은 미각이 음식을 섭취하는 동안 경험하게 되는 풍부한 향미를 일으킨다고 생각할지 모르겠다. 그러나 이 방정식에서 시각과 후각을 제거하면, 당신은 맛 지각의 한계를 알게 된다. 미각을 경험하기 위해 WWW해보기 13.1을 해보라. 많은 미각 자극들이 매우 제한된 맛 특성만을 일으킨다는 것을 알게 될 것이다.

미각의 기본 범주를 찾으려면 고대 그리스까지 거슬러 올라간다. 예를 들어 아리스토텔레스는 이런 기본 범주 목록으로 '단맛, 쓴맛, 짠맛, 신맛, 떫은맛, 매운맛, 강한맛'을 제시하였다. Hans Hnning(1927)은 일반적으로 네 개의 기본 맛(단맛, 쓴맛, 짠맛, 신맛)을 제안했다. 이런 미각을 일으키는 네 개의 대표적인 물질은 각각 설탕, 퀴닌, 소금, 산(식초와 같은)이다. 이 네 개의 기본 맛에 대해서 많은 연구자들은 다섯 번째 미각(감칠맛 혹은 풍미)을 추가시켰다(DuBois et al., 2008). 글루탐산나트륨(MSG)과 같은 글루타메이트가 첨가된 음식은 감칠맛(umami taste)을 자극하게 된다(Bailey, 2003). 비록 연구자들이 맛 특성의 수를 확장시켰음에도 불구하고(예: 지방은 독특한 미각을 가짐), 여전히 맛 특성의 개수는 적다(Kinnamon & Margolskee, 2008).

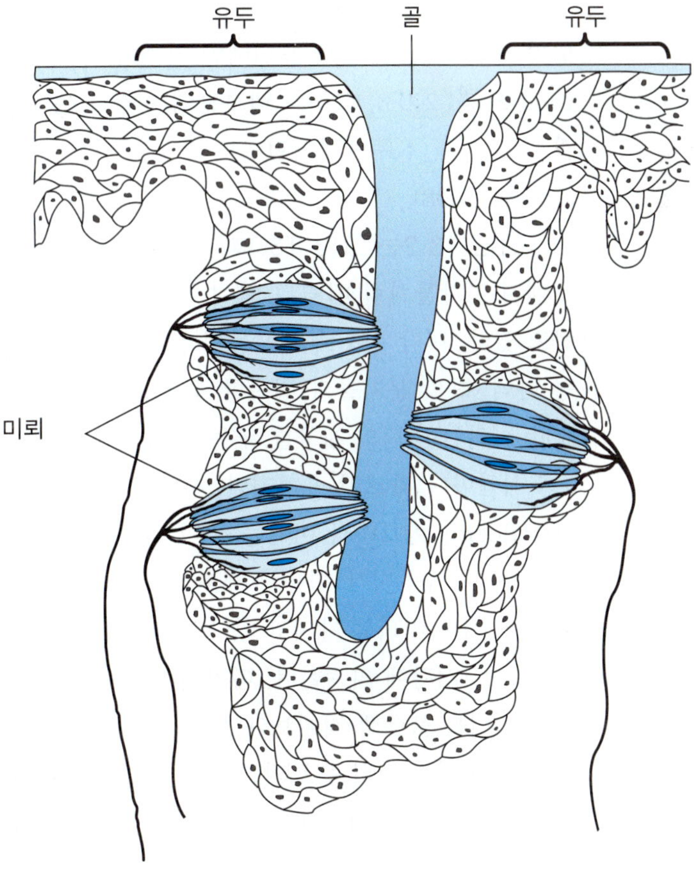

그림 13.1 혀 표면에 있는 유두(많은 유두가 미뢰를 포함하고 있다)를 확대한 그림.

맛 특성이 왜 그렇게 적은지는 이유가 분명치 않지만, 각 특성은 생존의 가치를 지니는 것으로 보인다. 예를 들어 사람들은 단맛이나 짠맛이 나는 물질을 섭취하려는 경향이 있는데, 그 이유는 이 물질들이 흔히 에너지나 중요한 영양소를 제공하기 때문이다. 사람들은 시거나 쓴맛이 나는 물질을 피하려는 경향이 있는데, 이는 그런 물질들은 종종 썩었거나(신 우유) 독성을 지니고 있기 때문이다. 감칠맛에 대해서는 명확하게 정의내리기 힘들지만, 그것은 단백질이 풍부한 음식을 신호하는 것으로 보인다(Bailey, 2003).

미각 수용체

혀는 **유두**(papillae)라는 상이한 유형의 작은 돌기들을 가지고 있다. 각 유두는 작지만, WWW해보기 13.2에서 실제로 유두를 관찰할 수 있다. **그림 13.1**은 유두를 확대한 그림을 보여주고 있다. 유두의 가장 일반적 유형은 미뢰를 포함하고 있지 않은 것이지만, 다른 유형의 유두는 미뢰를 포함하고 있다(Breslin & Huang, 2006).

미각 자극의 기본 수용체는 **미뢰**(taste bud)이다. 미뢰는 현미경을 통해서만 보인다. 미뢰는 단지 혀의 표면에만 있는 것이 아니라 입과 목에 걸쳐서 분포되어 있다(Witt et al., 2003). 그러나 대부분의 연구와 논의는 혀의 위쪽 표면에 있는 미뢰를 대상으로 한다. 유두에서처럼 연구자들은 다른 유형의 미뢰를 확인하였다(Kinnamon & Yang, 2008).

그림 13.2는 **그림 13.1**의 미뢰를 확대시킨 그림이다. 배 모양의 미뢰는 마치 오렌지 조각들처럼 배열된 몇 가지 **미각 수용체 세포들**(taste receptor cells)을 포함하고 있다. 미각 수용체 세포들의 끝부분은 열린 공간으로 뻗어 있어, 골(pit)로 흐르는 타액 속 맛 분자들과 접촉할 수 있다. 미각 수용체 세포의 끝부분에는 **미공**(taste pore)이라는 미뢰의 개구를 채우고 있는 **미세융모**(microvilli)가 있다.

사람마다 다르기는 하지만, 사람의 혀에는 일반적으로 5,000여 개의 미뢰가 있다(Halpern, 2002). 각 미뢰는 60여 개 이상의 수용체 세포들을 포함하고 있어, 대략 300,000여 개의 미각 수용체 세포들이 혀에 분포되어 있다고 할 수 있다. 다른 종들은 훨씬 적은 미뢰를 가지고 있다. 알다시피, 새들은 시각 체계가 고도로 발달되어 있어서 주로 시각에 의존한다. 따라서 닭들은 시각을 이용해서 음식을 선별한다(예: 초록색 먹이를 붉은색 먹이보다 선호). 닭들은 단지 360여 개 정도의 미뢰만을 가지고 있는데, 혀에는 거의 분포되어 있지 않다(Ferket & Gernat, 2006). 그러나 닭들은 먹이의 맛을 볼 수 있다. 예를 들어 잠시 동안 저에너지 먹이를 주게 되면, 닭들은 단 용

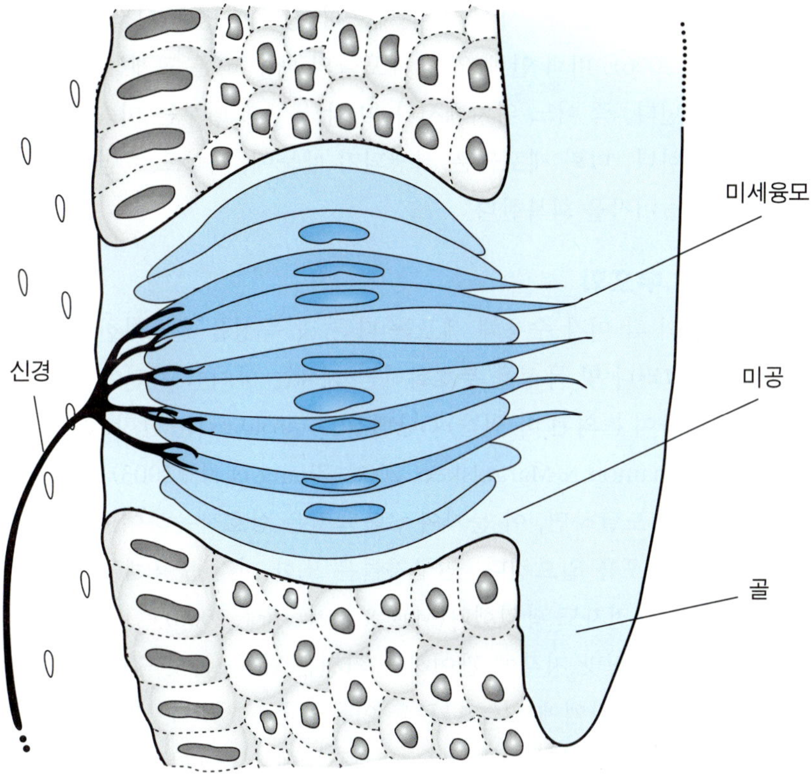

그림 13.2 미뢰의 확대 그림. 타액 속 미각 자극들은 미세융모막에 있는 분자들과 상호작용한다.

액을 선호한다. 비교적 적은 수의 미뢰를 가지고 있는 다른 종의 새들 역시 맛 혐오를 발달시킨다(Werner et al., 2008).

많은 새들은 먹이를 먹는 방식 때문에 미뢰가 혀에 분포되지 않도록 진화해왔다. 반면에 인간은 대부분의 미뢰가 혀에 위치되도록 진화해왔다. 그러나 인간의 혀의 중앙 부위에는 미뢰가 없어서, '맹점'으로 여겨질 수 있다. 망막의 맹점과 같이 이 위치에는 수용체가 없다.

당신은 혀의 특정 영역들이 서로 다른 맛 특성에 민감하다고 배웠을 것이다(혀지도). 초창기 독일 논문을 잘못 해석한 결과로 이렇게 널리 퍼져 있는 신화를 만들어 낸 것이다(Snyder et al., 2006). 실제로 혀의 수용 영역은 모두 다섯 개의 맛 특성에 반응한다(Chandrashekar et al., 2006).

우리의 입은 특히 환대할 만한 환경이 아니다. 매우 뜨겁거나 차가운 액체들이 미뢰를 거쳐 가고, 치아와 입 내부는 미뢰로 덮여 있다. 결국 미뢰 안에 있는 세포들은 쉽게 죽는다. 사실 미각 세포의 평균 수명은 고작 10일 정도이다(Breslin & Huang, 2006). 미뢰 안에 있는 세포들의 매우 빠른 교체는 미각에 있어서 중요한 함의를 지닌다. 즉 어느 위치에서나, 미각 세포의 일부는 미숙한 상태여서 제대로 기능하지 못한다. 미뢰 세포들은 재생되기 때문에, 외상으로 인해 미각을 잃은 사람들은 종국에는 미각을 회복한다.

맛 특성 부호화

미뢰 안의 각 미각 수용체 세포는 다른 맛 특성을 부호화한다(Chandrashekar et al., 2006). 그러나 맛 특성을 부호화하는 데에는 상이한 기전이 수반된다. (3장에서 시각과 관련하여 논의된 바 있는) **G단백질**(G-proteins)은 단맛, 쓴맛, 감칠맛 지각을 담당한다(Kinnamon & Margolskee, 2008; Zhang et al., 2003). 적절한 분자가 미각 수용체 세포에 도달하면, 이 분자와 G단백질은 상호작용하여 신경충동을 초래하는 화학적 변화 폭포를 일으킨다. 연구자들은 또한 미각 수용체 세포들의 상이한 민감도에 관여하는 유전자도 확인했다(Max & Meyerhof, 2008).

짠맛과 신맛 지각에 관여하는 기전은 단맛, 쓴맛, 감칠맛 지각에 관여하는 기전과는 다르다. 타액에 있는 나트륨 이온의 농도 증가는 짠맛 지각을 일으키기 십상이다(Fain, 2003). 이런 이온들은 그 세포들에 있는 나트륨 이온 채널을 직접 경유하여 흐른다(Beauchamp & Stein, 2008). 짠맛 지각은 다른 변환 기전들도 수반하는 것으로 보이며, 이에 연구자들은 그 가능성을 탐구하고 있다. 신맛 지각은 12장에서 논의된 일과성 수용체 전위(transient receptor potential, TRP) 단백질을 포함하기는 하지만 이 역시 매우 복잡하다(Kinnamon & Margolskee, 2008). 유전자 증거는 이런 미각 수용체 세포들이 기능하는 방식의 탐색 범위를 좁혀주는 데 도움을 준다.

따라서 각 미각 수용체 세포에 대한 기전들도 다르다. 어떤 기전들이 수반되는지와 무관하게, 각 미각 수용체 세포는 특정 맛 특성의 존재를 신호하는 신경 섬유와 연계된다. 이런 증거를 통해 몇몇 연구자들은 맛 특성에 대한 정보가 특정 경로[지정선(labeled lines)이라 불리는]를 거쳐 뇌에 전달된다고 제안했다(Chandrashekar et al., 2006).

수용체에서 뇌까지의 경로

입과 목의 신경들은 세 가지 다발로 분류되는데, 하나는 혀의 앞부분에서 분기되는 것이고, 또 다른 다발은 혀의 뒷부분에서부터 분기되는 것이고, 나머지 다발은 목에서 분기되는 것이다. 이런 세 가지 유형의 신경들은 입에서부터 고립로핵(nucleus of the solitary tract)이라는 연수(medulla)의 한 영역으로 이어진다. 그 다음, 정보는 또한 시상을 거쳐 뇌섬엽피질(insular cortex)에 위치해 있고 전두피질의 이웃 영역인 일차미각피질로 전달된다(Rolls, 2008). 정보는 또한 이차미각피질, 편도체, 시상하부를 포함한 뇌의 몇몇 다른 영역으로도 전달된다.

다른 감각들과는 달리, 혀의 오른쪽 측면에서 나온 정보는 뇌의 오른쪽 측면으로, 혀의 왼쪽 측면에서 나온 정보는 뇌의 왼쪽으로 이동된다(Carlson, 2007). 다섯 가지 기본 맛은 지정선 개념에 부합하듯이 신경학적으로 미각 경로를 거쳐 표상되는 것으로 보인다. 즉 일차와 이차미각피질 내에 다섯 가지 맛 각각에 특히 민감한 뉴런들이 발견된다.

fMRI와 PET 스캔과 같은 여러 뇌 영상 기법들은 인간에게 있어 맛 지각에 관여하는 영역들을 확인시켜주었다(Faurion et al., 2008). 예를 들어 미각 정보는 안와전두피질(orbitofrontal cortex; 안구 윗부분에 있는 전두 피질의 한 영역)로 전송된다. 이런 이차미각피질은 연합피질의 일부로, 음식이 쾌하다거나 보상받을 만한 것으로 느끼도록 하는 중요한 역할을 담당한다(Yamamoto & Shimura, 2008).

맛 지각 변경

맛 지각의 감각적 측면들을 간략하게 개관하고 나면, 미각 자극 물질이 얼마나 정확하게 부호화되는지를 이해하게 될 것이다(테마 2). 그러나 맛 지각은 단독으로 발생하는 것이 아님을 기억하라. 즉 우리는 맛 자체보다는 향미에 더 관심을 가진다. 먼저 후각을 논의한 후에 향미를 다루기로 하겠다.

여기서는 맛 지각의 어떤 복잡성을 지적하고자 한다. 예를 들어 순응 때문에 동일한 미각 자극이라도 항상 동일한 강도의 특정 맛을 일으키는 것은 아니다. 사실 곧 알게 되겠지만, 우리가 경험하는 맛 특성을 완전히 변화시킬 수도 있다.

순응

순응(adaptation)이란 어떤 자극이 지속적으로 제시될 때 민감도가 감소되는 현상으로, 이런 순응은 미각에서도 발생한다(Breslin & Huang, 2006). 동일한 미각 자극 물질이 그것에 대한 민감도 상실을 이끌 때, 이 과정을 **자기 순응**(self-adaptation)이라 한다. 즉 특정 물질이 혀에 닿으면, 그 물질에 대한 역치가 증가하게 된다(당신은 그 맛을 느끼기 위해서 그 물질의 더 강한 농도를 요구하게 된다). 역치는 1분 정도가 지나면 최대가 된다. **그림 13.3**은 이런 관계성을 보여준다. 그 물질이 제거되면, 역치

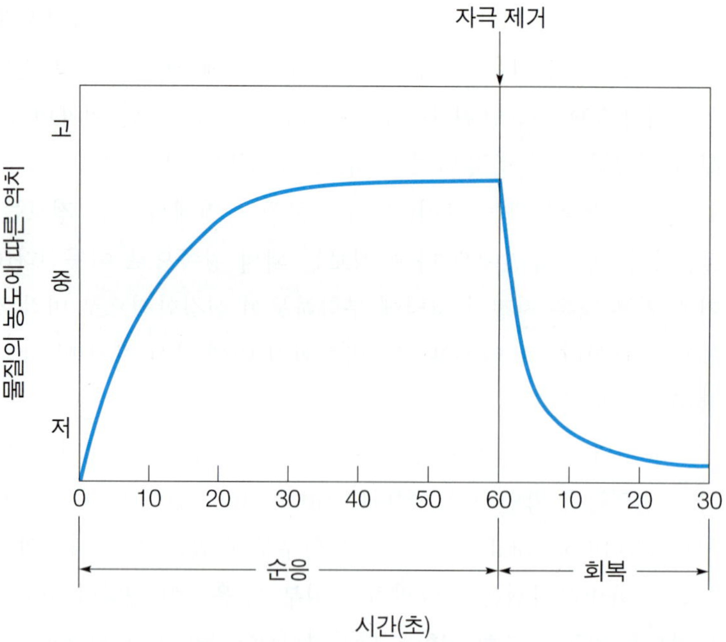

그림 13.3 특정 맛에 대한 순응. 자극 물질이 수용체와 계속 접촉하게 되면 역치는 30초 정도가 지나면서 최대로 증가한다. 자극 물질이 제거되면, 역치는 빠르게 떨어지는데, 자극이 제거되고 30분 정도가 지나면 역치는 원래의 수준으로 회복된다.

가 빠르게 정상 수준으로 회복된다는 점을 기억하라.

맛 순응이 어떻게 작용하는지를 보기 위해 WWW해보기 13.3을 해보라. 혀가 타액 속 소금에 순응될 때, 소금에 대한 역치는 비교적 높아진다. 그러나 증류수나 수돗물로 입을 헹구고 나면, 혀는 소금으로부터 자유로운 환경에 순응하게 된다. 이제 수용체는 소금에 더 민감해진다. 즉 역치는 더 낮아진다.

교차 순응(cross-adaption)은 한 물질에 대한 순응이 다른 물질에 대한 역치를 증가시키는 현상이다(즉 두 번째 물질에 덜 민감하게 된다). 교차 순응을 경험해 보았던 상황을 떠올려 보라. 만약 당신이 레몬차를 마셨다면, 식초 샐러드드레싱의 신맛을 느끼지 못할 것이다.

일반적으로 교차 순응은 맛 특성에 대해 특정적이다(Breslin & Huang, 2006). 예를 들어 당신이 어떤 신맛에 순응하고 나면, 다른 신맛에 대해서 민감성이 떨어진다. 당신이 미각 수용체 세포 내의 부호화에 대해 알고 있듯이, 신맛에 대한 순응은 다른 맛 특성에 대한 민감도를 떨어뜨리지는 않을 것이다. 그러나 물질들이 동일한 맛 특성을 일으킨다고 해서 그것들이 교차 순응을 일으키는 것은 아니다. 예를 들어 쓴맛이 나는 어떤 자극들(예: 퀴닌)은 다른 쓴맛이 나는 자극들(예: PTC)에 교차순응을 일으키지 않는다.

물맛

물처럼 아무런 맛이 없을 수 있을까? 실제로 물은 혀가 다른 맛에 순응되었을 때, 분명한 맛을 가질 수 있다. 이를 **물맛**(water taste)이라 한다(Lawless, 2001). 물이 어떻게 이전에 섭취했던 것에 의존하여 특정 맛을 획득할 수 있는지를 보여주는 WWW 해보기 13.4를 해보라. 달콤한 탄산음료를 마시고 난 뒤, 평범한 물맛은 약간 쓴맛이 날까? 일반적으로 달거나 짠맛이 나는 물질들은 약간 시거나 쓴 물맛을 일으킨다. 식초와 같이 시고 쓴 물질들은 약간 달콤한 물맛을 일으킨다. 부수적으로, 요소(사람들의 소변 성분)는 평범한 물에서 약간 짠맛을 일으키는 몇 안 되는 물질 중 하나이다.

미각 변형물질

많은 기업들은 미각 응용 연구에 관심을 가지고 있다(Wenner, 2008). 예를 들어 카페인은 음료의 첨가제로 널리 사용되고 있지만, 쓴맛을 지니고 있다(Keast, 2008; Keast & Riddell, 2007). 많은 약물 역시 쓰거나 신맛을 가지고 있다. 연구자들은 쓰면서 신맛이 나는 것을 더 좋은 맛으로 변형시킬 수 있는 방법들을 추적하고 있다(Reinberger, 2006). 한 가지 접근법은 쓴맛을 다른 맛(특히 단맛)으로 차폐시키는 것이다.

또 다른 접근법은 미각 경험 자체를 변형시키는 것이다. **미각 변형물질**(taste modifiers)이라는 어떤 특정 물질들은 실제로 다른 물질들의 맛을 변화시킨다. 미라쿨린(miraculin)은 **기적의 과일**(miracle fruit; 적철과의 관목 과일)에서 추출되는 미각 변형물질이다. 미라쿨린 자체는 단맛이 나지 않지만, 신맛이 나는 물질들을 단맛이 나도록 해준다(Paladino et al., 2008). 단맛(G단백질)과 신맛(이온)의 기전은 매우 다르다는 것을 기억하라. 따라서 미라쿨린은 신맛이 나는 물질을 변형시켜 단맛 수용체 세포들로부터 G단백질을 활성화시킬 수 있다(Danilova & Hellekant, 2006). 뇌 영상 연구는 (기적의 과일을 섭취한 후) 구연산(일반적으로 신맛)이 미각피질의 단맛 담당 영역들을 활성화시킨다는 것을 확인했다(Yamamoto et al., 2006).

또 다른 새로운 맛 변형물질은 인도와 아프리카에서 발견되는 덩굴 식물인 김네마 실베스터(gymnema sylvestre)이다. 인도에서 근무했던 한 영국 영사가 처음으로 그 효과들을 서구 문헌에 보고하였다. 이 식물의 잎을 씹고 나면, 차에 넣은 설탕의 맛을 느낄 수 없었다. 이 식물의 잎을 우려낸 차를 맛 보고나면, 설탕은 전혀 단맛을 내지 못한다(Schroeder & Flannery-Schroeder, 2005). 반면에 이 차는 짠맛에는 전혀 영향을 주지 않는다.

맛 지각 측정

연구자들은 다른 감각들에 대해서도 그랬듯이 사람들이 탐지할 수 있는 최소한의 맛 자극에 관심을 가진다. 연구자들은 또한 사람들의 맛 경험이 미각 자극의 농도 증가에 따라 어떻게 변하는 지에 대해서도 관심을 가진다. 당신은 자신의 경험을 통해 어떤 자극이 다른 자극보다 더 탐지되기 쉽다는 것을 예측할 수 있다. 예를 들어 미각은 해로운 물질들을 섭취하지 않도록 도와주기 때문에, 우리는 쓴맛과 신맛을 쉽게 탐지할 수 있다.

우리는 몇 가지 유형의 역치를 구분할 수 있다. 2장에서 논의했듯이, **절대역**(absolute threshold)은 사람이 어떤 물질의 존재를 탐지할 수 있는지의 여부를 알려준다(비록 그 사람이 어떤 맛인지를 확인할 수 없을지라도). 물론 어떤 자극의 존재 여부를 탐지하는 것은 그 자극을 확인하는 것(예: '그것은 사과주스다')과는 크게 다르다.

미각의 경우, **재인 역치**(recognition threshold)는 맛 특성에 의해 확인될 수 있는 용액의 농도이다(Snyder et al., 2006). 즉 재인 역치는 맛을 보는 사람이 맛이 달다, 짜다 등으로 재인할 수 있을 만큼 증류수에 첨가되는 물질의 양을 명시해준다. 따라서 재인 역치는 일반적으로 절대역보다 높은데, 그 이유는 맛을 보는 사람이 '짜다'처럼 맛을 확인하기 위해 비교적 진한 물질의 농도를 필요로 하기 때문이다.

예측했겠지만, 역치는 물질마다 다르다. 황산 퀴닌용액(quinine sulphate)의 쓴맛은 소량으로도 탐지가 쉽다. 반면에 포도당은 그것의 단맛이 탐지되기 위해서 비교적 많은 양이 필요하다. 2장의 해보기를 통해서, 당신은 이미 설탕에 대한 역치를 학습했을 것이다.

차이역(difference threshold)은 사람이 겨우 식별할 수 있는 두 자극 간 차이이다(최소 식별차이). 따라서 맛 지각의 경우, 차이역은 사람이 차이를 보고할 수 있을 만큼의 가장 작은 농도의 증가량이 된다. 그러나 미각 자극 물질의 상역치(above-threshold)를 연구할 때 연구자들은 흔히 크기추정법과 같은 다른 방법들을 사용한다

(Fast et al., 2002).

맛 지각의 개인차

지금까지는 일반인의 맛 지각에 대해서 기술하였다. 그러나 사람들은 미각 능력에서 큰 차이를 보인다. 이런 맛 지각의 개인차는 유전자 차이, 질병, 약물의 부작용, 노화 과정에 기인한다. 맛 지각의 이런 변산성을 일으키는 각 요인에 대해 살펴보기로 하자.

대부분의 사람들은 페닐티오카르바미드(phenylthiocarbamide; **PTC**)와 6-n-프로필티오우라실(6-n-propylthiouracil; **PROP**)을 쓴맛으로 지각한다(Snyder et al., 2006). 쓴맛이 나는 물질들에서 G단백질의 역할을 주목한 바 있다. 또한 연구자들이 G단백질에 관여하는 유전자들을 어떻게 확인했는지도 논의한 바 있다. 따라서 이런 쓴맛이 나는 물질들을 지각할 수 있는 능력은 눈의 색깔이나 키처럼 유전적으로 획득되는 것이다.

어떤 사람들(예: 미맹자, **nontasters**)의 경우 PTC와 PROP를 고농도인 경우를 제외하고 쓴맛으로 지각하지 못한다(Snyder et al., 2008). 다른 사람들(중간 정도의 미각자)의 경우는 PTC와 PROP의 농도 증가에 따라 쓴맛도 증가하는 것으로 지각한다. 그러나 어떤 사람들(미각 전문가, **supertasters**)은 매우 저농도의 PTC와 PROP에도 쓴맛을 지각한다(그리고 당연히 고농도에서는 쓴맛을 강하게 지각한다). 미각이 뛰어난 사람들은 쓴맛뿐만 아니라, 모든 맛과 향미에도 민감하다(Kamerud & Delwiche, 2007).

무미각증(ageusia)은 어떤 물질의 맛 지각 능력을 상실한 조건이다. 완전 무미각증(total ageusia)은 어떤 맛도 지각할 수 없는 드문 조건이다. 부분 무미각증이 좀 더 일반적이다. 두부 외상이나 뇌졸중과 같은 다양한 의학적 조건은 어떤 수준의 무미각증을 일으킨다(Kim et al., 2007). 또한 여러 질병에 따른 약물 복용은 맛 지각을 변형시키는 부작용을 일으킬 수 있다(Doty et al., 2008).

다른 감각들과 마찬가지로, 맛 지각도 흔히 나이가 들어감에 따라 저하된다. 즉 노인들은 절대역과 재인 역치 모두에서 젊은 사람보다 높다(Schiffman, 2008). 물론 나이든 사람들이 복용하고 있는 다양한 약물들로 맛 지각이 영향을 받을 수도 있다. 따라서 연구자들은 약물 사용에 주목할 필요가 있다. 즉 이는 연구자들이 맛 지각의 변화를 연구할 때 혼입 변수(confounding variable)가 될 수 있기 때문이다.

마지막으로 어떤 사람들은 존재하지 않는 맛을 지각하기도 하는데, 이런 장애를 **이상 미각증**(dysgeusia)이라 한다. 어떤 의학적 조건이나 치료가 이상 미각증을 일으킬 수 있다(Schiffman, 2008). 이상 미각증을 가진 사람들은 자극이 존재하지 않음에도 불구하고 입에서 단맛, 짠맛, 쓴맛, 혹은 쇠맛(금속맛)을 경험하기도 한다.

절 요약

미각

1. 미각은 단지 입 안에 존재하는 특정 수용체와 접촉하는 물질들로부터 초래되는 지각을 의미한다. 대부분의 심리학자들은 인간이 다섯 가지 유형의 기본 맛(단맛, 쓴맛, 짠맛, 신맛, 그리고 감칠맛)을 지각할 수 있다고 믿는다.
2. 미뢰는 혀의 일부 유두의 측면에 위치한다. 미뢰 내부에는 기본적인 맛 특성에 반응하는 미각 수용체 세포들이 있다. 미각 수용체 세포들은 약 10일 정도의 수명을 가지고 있다.
3. 각각의 맛 특성은 미뢰가 존재하는 부위면 어디에서나 경험될 수 있다. 그러나 혀의 중앙 부위에는 미각 수용체 세포가 존재하지 않는다.
4. 여러 G단백질은 단맛, 쓴맛, 감칠맛을 부호화하는 미각 수용체 세포들을 위한 기전을 제공하는 반면, 이온 채널들은 짠맛과 신맛을 부호화하는 미각 수용체 세포들을 위한 기전을 제공한다.
5. 입과 목에 있는 신경은 시상까지 뻗어 있고, 미각 정보는 시상에서 미각피질로 전송된다.
6. 자기 순응은 동일 자극이 지속적으로 제시될 때, 민감도가 감소되는 현상이다. 교차 순응은 어떤 물질에 대한 순응이 다른 물질에 대한 민감도를 감소시킬 때 발생한다.
7. 여러 물질들이 물맛을 변형시킬 수 있다. 예를 들어 식초를 맛 본 후에는 물맛이 달다.
8. 맛 지각의 응용 연구는 기적의 과일(신맛이 나는 물질을 단맛이 나도록 하는)과 김네마 실베스터(단맛이 나지 않도록 만드는)와 같은 미각 변형물질에 대한 연구를 포함한다.
9. 사람들은 맛 지각에서 차이를 보인다. 유전자 차이로 인한 미맹은 PTC와 PROP와 같은 어떤 물질들에 둔감하다. 미각이 뛰어난 사람은 특히 동일 물질들에 대해 민감하다. 여러 의학적 조건과 약물들은 맛 지각에 영향을 줄 수 있다. 어떤 경우에는 맛 지각의 상실을 이끌기도 한다(무미각증).

후각

후각의 중요성이 Partick Süskind의 향수(*Perfume*)(1987)라는 소설에서 잘 드러나고 있다:

> 사람들은 웅장함에 대해, 공포에 대해, 아름다움에 대해 눈을 감아 버리고, 멜로디나 기만하는 말에 귀를 닫아버릴 수 있지만, 향기로부터는 벗어날 수 없다. 향기는 호흡과 호형호제지간이라, 살기를 원치 않는다면 몰라도, 호흡과 함께 향기는 그것으로부터 스스로를 방어할 수 없는 인간의 내부로 들어온다. 내부 깊숙이 침입한 향기는 곧바로 마음으로 가서 선한 것 그리고 애정과 경멸, 혐오와 욕정, 사랑과 증오의 모든 것을 결정짓는다. 향기를 지배하는 사람은 인간의 마음을 지배하게 된다(p.189).

Süskind가 말하고자 하는 요지는 일상에서 잘 드러난다. 예를 들어 모임에서 누군가를 만났는데 그의 로션 냄새가 싫어하는 누군가를 떠올리게 해서 그를 싫어할 수 있다. 생선 냄새에서 생선이 상한 것 같아서 버린 경험이 있을 것이다. 새로 개업한 중국 음식점의 입구에서 잠시 멈추어 서서, 마늘, 생강, 참기름이 적절히 섞인 냄새 때문에 그곳에 들어가기로 결정했던 적이 있을 것이다. 친구의 집에 들어서는 순간 풍기는 냄새가 10년 동안 찾아뵙지 못했던 할머니의 다락방을 떠올리게 할 수도 있다.

이처럼 냄새가 중요함에도 불구하고, 후각 연구는 시각이나 청각과 비교해서 상대적으로 그리 많이 이루어지지 않았다. Mimi Teghtsoonian(1983)은 시각과 청각이 응석받이 딸들이라면, 후각은 마치 지각의 신데렐라와 같다고 말하였다. 이 책도 분명히 시각과 관련해서 여섯 개 장을, 그리고 청각과 관련해서는 세 개의 장을 할애했다. 결국 종반부에 와서 고작 후각에 대해 한 개의 장만을 할애했음을 알 것이다.

후각(olfaction), 즉 냄새는 왜 이런 무시를 받아왔을까? Teghtsoonian이 언급한 것처럼 후각 자극은 분류가 어렵지만, 시각과 청각 자극은 차원을 명시하기가 훨씬 더 쉽다. 미각 연구도 마찬가지지만, **취기제**(odorant)라는 후각 자극 제시도 통제가 쉽지 않다. 결국 이런 문제는 연구마다 결과의 큰 변산성을 일으키는 데 기여한다 (Zelano & Sobel, 2005).

후각의 감각적 측면

먼저 후각의 감각적 측면부터 살펴보기로 하자. 우선 후각 자극에 대해서 논의하고, 다음으로 감각 수용체의 구조와 후각 자극의 처리 체계를 살펴보기로 하겠다. 마지막으로 인지적 영향과 같은 후각의 다른 측면을 다루기로 하겠다.

후각 자극

시각의 기본 자극은 전자기파이며, 청각의 기본 자극은 음압 변화이다. 후각의 기본 자극은 공기를 통해서 수용체에 도달하는 휘발성 물질 분자이다. 이런 분자들은 무수히 많다. 그러나 많은 향들은 단일 휘발성 물질의 결과가 아니라, 휘발성 혼합물의 결과이다. 갓 뽑은 커피의 향을 생각해보자. 600개 이상의 다른 휘발성 성분들이 이 향에 기여한다(Wilson & Sevenson, 2006). 커피점마다 동일한 커피에서 다른 향이 난다는 것을 경험했을 것이다. 당신은 구성 휘발성분 가운데 공통 성분이 있기 때문에 두 향을 커피향으로 확인할 수 있다. 대조적으로, 두 향을 변별할 수 있다는 것은 여러 휘발성분의 차이를 어느 정도 탐지할 수 있는 능력을 반영한다.

아리스토텔레스까지 거슬러 올라가면, 취기제를 더 작은 수의 기본 범주로 분류하려는 시도가 있었음을 발견하게 된다. 맛 지각 연구와 함께, Hans Henning(1916)은 일반적으로 논의되고 있는 취기제 분류 체계를 제안했다. **그림 13.4**는 그가 여섯

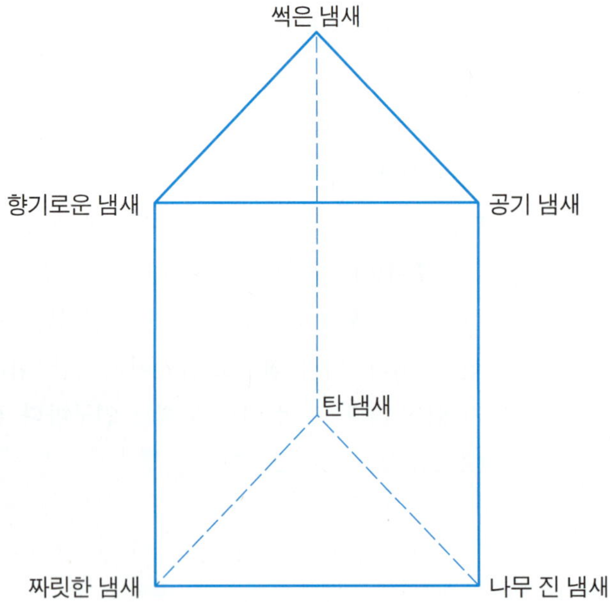

그림 13.4 Henning이 제안한 냄새 프리즘. Henning에 따르면, 단순 향들은 프리즘의 내부가 아닌 표면에 위치되어야 한다.

표 13.1 Amoore(1970)가 제안한 기본 향

향	예
장뇌향	나프탈린
쏘는 향	식초
꽃향	장미
에테르향	드라이크리닝 액체
박하향	페퍼민트사탕
곰팡내	머스크(musk) 향수
썩은내	썩은 달걀

가지의 기본 향으로 냄새를 정의한 프리즘 모양의 도형을 보여주고 있다.

그러나 Amoore(1970)는 다른 분류 체계를 제안했다. 대부분의 체계들은 향에 대한 지각하는 사람들의 반응을 강조한 반면, Amoore의 체계는 향의 화학적 구조에 초점을 맞추었다. Amoore의 **입체화학 이론**(streochemical theory)에 따르면, 냄새 분자들은 우리가 맡는 냄새의 유형을 결정해주는 확연한 모양을 가지고 있다. 후에 목록을 확장시키긴 했지만, Amoore는 애초에 일곱 개의 기본 향을 제안했다. 표 13.1은 초기 기본 향 목록과 예를 정리한 것이다.

미각 체계와 달리, 후각 체계는 확실히 몇 안 되는 기본적인 취기제에 기반을 두지 않는다. 여러 이유로 연구자들은 '기본적인' 취기제 확인에는 관심을 두지 않았다(Wilson & Stevenson, 2006). 대신에 후각 체계를 이해하려는 최근의 시도들은 취기제의 화학적 속성들과 수용체 사이트의 상호작용에 대해 초점을 맞추고 있다. 후각 수용체 기능에 대한 연구의 흥미로운 진전을 포함해서 후각 체계로 주의를 돌려보기로 하자.

후각 수용체

그림 13.5는 코 부위의 해부학적 도해이다. 우선 각 콧구멍 뒤의 빈 공간인 **비강**(nasal cavity)부터 살펴보자. 취기제를 포함하고 있는 공기는 두 개의 경로를 통해 비강에 도달하게 된다. 즉 코로 외부 공기를 들이마신다(Mainland & Sobel, 2006). 공기는 또한 입을 통해 호흡하고, 음식을 씹거나 음료를 마실 때 목 뒤까지 도달될 수 있다. 이 경로는 입 안에 있는 음식으로 하여금 광범한 향미를 일으키는 후각 정보를 제공해준다. WWW해보기 13.1을 통해 후각 정보가 향미 지각에 얼마나 중요한지 확

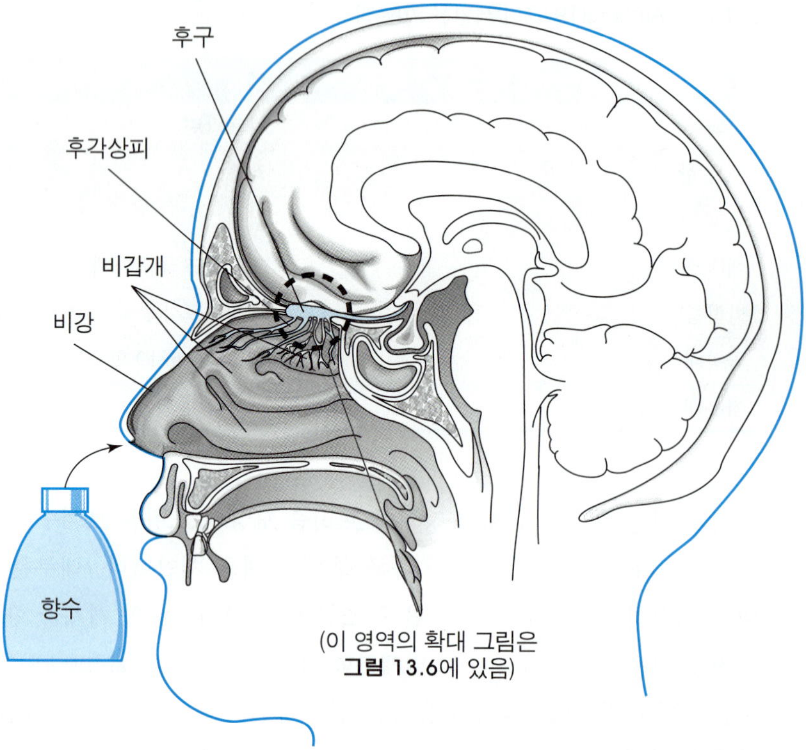

그림 13.5 후각 체계의 해부학. 냄새는 코와 입을 통해 후각상피로 들어오게 된다. 전두 피질(눈 근처의)은 수용체가 신경적 후각 정보를 전송하는 위치이다.

인해보라.

비강에는 세 개의 뼈가 차례로 줄지어 있는데, 이를 **비갑개**(turbinate bone)라 한다. (흐르는 강물 속에 있는 바위들처럼, 이 뼈들이 어떻게 난기류를 일으키는지 생각해보라.) 그 위치 때문에 이 뼈들은 우리가 들이마신 공기의 대부분을 목 아래 방향으로 보내게 된다. 따라서 약간의 공기만이 비강의 상단에 있는 후각 수용체로 올라가게 된다(Hornung, 2006). 부수 이익으로, 비강의 상단으로 흐르는 공기는 그 경로에 있는 대부분의 먼지를 깨끗이 청소해준다.

비강의 상단에는 후각상피가 있다. 상피라는 말은 피부를 의미하기 때문에, **후각상피**(olfactory epithelium)는 냄새를 맡을 수 있는 피부의 일종이라 할 수 있다. 후각상피의 크기는 각 콧구멍에서 $2cm^2$ 정도이며, 1,200만 개 정도의 수용체를 포함하고 있다(Fain, 2003). (이 수치가 매우 인상적으로 느낄지 모르겠지만, 독일산 셰퍼드는 40억 개나 되는 수용체를 가지고 있다!) 이 수용체들을 확대시킨 그림이 **그림 13.6**

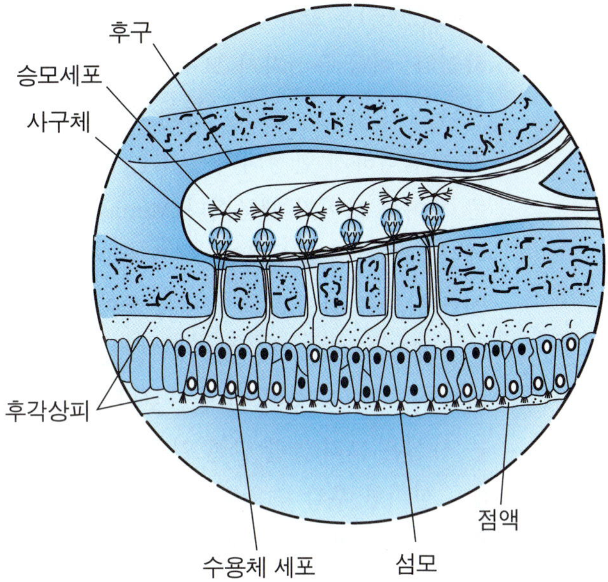

그림 13.6 후각 체계의 부분 확대. 후구는 후각 정보를 처리하는 여러 세포층을 포함하고 있다. 일부 원심성 신경의 종말 또한 후구에 있다.

에 제시되어 있다.

머리카락 굵기의 가느다란 **섬모**(cilia)가 각 수용체로부터 돌기되어 있다. 섬모는 비강 내 점액 속으로 뻗어 있다. 점액은 섬모를 보호할 뿐만 아니라, 우리가 지각하는 취기제에도 영향을 미친다. 섬모는 후각상피로 들어오는 취기제 분자들을 잡는 중요한 역할을 한다. 하나의 분자와 섬모의 상호작용은 후각 처리과정의 시작이다(Takeuchi & Kurahashi, 2008). 미각 수용체들과 마찬가지로, 후각 수용체들도 끊임없이 교체된다(Cowart & Rawson, 2001). 대부분의 수용체는 한 달에 한 번씩 교체된다.

냄새 특성의 부호화

미각은 각 맛 특성을 담당하는 수용체를 가지는 식의 제한된 수의 맛 특성만을 가지고 있는 반면에, 후각은 매우 많은 특성을 가지고 있다. 이런 모든 냄새 특성들이 어떻게 후각 수용체에서 부호화될까? Linda Buck과 Richard Axel(1991)은 이 질문에 대해 설득력 있는 답변을 내놓았다. 그들은 후각 수용체들의 차이에 관여하는 유전자들을 확인하였고, 이 공로로 2004년 생리학/의학 분야에서 노벨상을 받았다.

출발점은 후각 G단백질의 발견이었다(Buck, 2004). 기억하겠지만 G단백질은 다른 감각(예: 시각과 미각)의 정보 처리에도 중요한 역할을 담당한다. 그러나 인간이 지각할 수 있는 취기제의 범위가 넓기 때문에, 고유 수용체는 비교적 많아야 한다.

Buck(2005)은 고유 G단백질 수용체를 생성하는 약 1,000여 개의 후각 유전자를 확인하였다. 이들 유전자가 모두 인간에게 기능하는 것은 아니며, 대략 300에서 400개 사이의 후각 유전자들만 기능하고 있다(Gilad et al., 2003; Malnic et al., 2004). 그 숫자는 엄격하게 한정되어 있지는 않다. 왜냐하면 인간은 후각 유전자의 구성에 있어 큰 차이를 보이기 때문이다(Menashe et al., 2003). 후각 유전자의 차이는 지각 능력에서 개인차에 기여한다. 예를 들어, 우리 대부분은 노린내를 불쾌하게 느끼지만, 어떤 사람들은 실제로 그 냄새를 좋아하기도 한다(Herz, 2007).

개들은 인간보다 훨씬 더 많은 후각 수용체를 가지고 있다. 따라서 개와 다른 종(예: 쥐, 여우 원숭이)이 인간보다 기능하는 후각 유전자를 훨씬 더 많이 가지고 있다는 사실은 그리 놀랄 만한 일은 아니다(Olender et al., 2004).

상이한 후각 수용체들의 섬모 표면에서 여러 G단백질을 발견할 수 있다. 따라서 비록 수용체가 하나 이상의 취기제 유형에 반응할지라도, 각 수용체는 전문화되어 있다. 게다가 하나의 취기제는 다른 G단백질로 수용체를 자극한다. 따라서 후각 수용체들이 조합적으로 발생시키는 특정 활성 패턴은 다양한 취기제들을 부호화할 수 있게 된다(Buck, 2005). 색채시각을 다룬 장에서 세 가지 유형의 원추체의 발화 패턴들이 광범한 색채 지각을 일으킨다는 것을 언급한 바 있다. 마찬가지로, 상이한 냄새 지각은 아마도 후각 수용체들의 다양한 발화 패턴 조합으로 발생되는 것으로 보인다.

실제 변환 과정은 복잡하지만, 수용체의 섬모에서부터 그 과정은 시작된다. 냄새 분자와 섬모의 G단백질의 접촉은 일련의 화학적 반응을 촉발시켜, 활동전위를 일으킨다(Takeuchi & Kurahashi, 2008). 이런 후각 수용체들의 발화 패턴은 후구에 전달된다.

수용체에서 뇌까지의 경로

그림 13.6을 다시 보자. 수용체 세포 위에 있는 **후구**(olfactory bulb)라는 구조는 후각 수용체에서 나온 신호들을 제일 먼저 처리한다(Greer et al., 2008). 후각 수용체는 정보를 조직화하여 후구로 보낸다. 정보는 후구에서 승모세포(mitral cells)를 통해 빠져나간다. 후구는 약 10,000여 개의 **후각신경 사구체**(olfactory glomeruli)를 포함하고 있는데, 이는 후각 수용체에서 나온 둥근 축색 다발과 승모세포에서 나온 수상돌기들로 이루어져 있다. 각 사구체는 동일한 G단백질을 가진 후각 수용체에서 나오는 입력 신호를 받는다(Carlson, 2007).

승모세포들은 후구에서 나온 정보를 여러 종착지로 전송한다. 일부 정보들은 머리의 대측에 있는 후구로 전송된다. 또 다른 일부 정보들은 편도체 부분과 변연피질 부분(이상엽피질과 내후각뇌피질)으로 전송된다. 대부분의 연구자들은 후각 피질을 후구로부터 입력 신호를 직접 수용하는 피질 영역으로 고려한다. 따라서 이 세 개의 영역들이 후각 피질을 이루게 된다(Wilson, 2008).

물론, 이 영역들은 안와 전두피질을 포함하여 뇌의 다른 영역들과도 연결된다. 편도체와 마찬가지로, 이 피질 영역도 맛 지각에 중요한 역할을 한다는 것을 기억할 것이다. 안와 전두 피질은 냄새를 쾌하거나 불쾌하다고 느끼게 하는 역할을 한다(Zelano & Sobel, 2005).

후각의 인지적 측면

후각의 감각적 측면은 미각보다 더 복잡하다. 동시에 테마 2와 부합하는 것으로 후각의 감각 장치가 정밀하다는 점이다. 결과적으로 냄새 지각이 주로 상향처리에 의존하는 것으로 생각할지 모르겠다. 그러나 이런 생각은 냄새 지각이 뇌의 여러 영역들 간의 상호작용에 의존한다는 점을 확인하면 달라질 것이다(Doop et al., 2006; Petrulis & Eichenbaum, 2003). 냄새 지각은 12장에서 언급한 것과 동일한 인지적 및 정서적 요인들이 관여하는 매우 복잡한 과정이라 할 수 있다.

연구자들은 후각의 감각 처리과정에 관한 연구의 중요성을 인식하고 있다. 그러나 많은 연구자들은 하향처리의 중요성을 주장한다. 예를 들어, Donald Wilson과 Richard Stevenson(2006)은 후각을 '기대, 맥락, 내적 상태에 의해 추가적으로 조율되는 매우 통합적이면서 기억에 의존적인 처리과정의 산물'(p.243)로 기술하였다. 다시 말해서, 지각은 물리적 자극 이상을 수반한다.

냄새 지각에서 기억과 경험이 중요한 역할을 한다는 상당한 증거가 있다(테마 4). Wilson과 Stevenson(2006)은 통제 집단에 비해 친숙하지 않은 냄새들을 경험해본 사람들이 그 냄새들을 더 잘 식별할 수 있다는 것을 보여주는 몇 개의 논문들을 고찰하였다. 일부 사람들이 냄새를 맡지 못하는 스테로이드 안드로스테논(androstenone)[1]을 고려해보자. 그러나 이런 사람들도 시간이 지나면서 반복적으

1) 휘발성 스테로이드는 체취의 주요물질이며 미생물(죽은 세포와 땀, 피지 등의 분비물에 존재하는)에 의해 생성되는 것으로, 악취를 발생시키기도 한다. 남녀 간에 민감성 차이는 있지만, 특히 여성이 남성보다 이런 휘발성 스테로이드, 특히 안드로스테논에 대해 더 불쾌감을 느낀다(예: 겨드랑이 땀 냄새).(역자 주)

로 그 냄새를 맡고 나면 안드로스테론 냄새를 더 잘 탐지할 수 있다(Johnson et al., 2008). 게다가 그 냄새들이 불쾌하지 않는 한, 냄새에 대한 친숙성은 사람들로 하여금 그 냄새를 선호하게 만든다. 이런 결과는 전적으로 Robert Zajonc(1974)의 단순 노출 효과(mere exposure effect)[2)]와 일치한다.

냄새에 대해 풍부한 경험을 한 사람들(예: 향수 제조자)은 냄새를 더 잘 분류할 수 있기 때문에 냄새 변별을 더 잘한다(Stevenson et al., 2007). 의미적 라벨은 분명히 냄새 지각에 영향을 미친다. 예를 들어 냄새에 대해 붙여진 명칭은 꽤 지각에 영향을 준다(Djordjevic et al., 2008). 따라서 향수 제조회사들이 새 향수제품의 이름을 선정할 때 신중을 기하는 이유를 이해할 것이다!

기대 또한 냄새 경험에 영향을 미친다(Gilbert, 2008). 사람들에게 냄새가 날 것이라고 말해주면, 대다수의 사람들은 냄새가 실제로 존재하지 않더라도 냄새를 지각할 것이다. 물을 분무하여 연무를 일으키고, 그것이 쾌하다고 사람들에게 말해주면, 그들도 그 방의 냄새를 좋아하게 된다. 사람들은 라벨에 따라 동일한 냄새라도 매우 다르게 지각한다. 예를 들어 de Araujo 등(2005)은 사람들에게 체다 치즈 냄새가 나는 향을 제시하였다. 일부 사람들에게는 그 향이 체다 치즈 냄새라고 알려주었고, 다른 사람들에게는 체취라고 말해주었다. 그 향이 체취라고 생각했던 사람들은 체다 치즈라고 생각했던 사람들에 비해 그 향을 덜 쾌하다고 평가했다. 다른 감각들에 대해서도 그렇지만, 물리적 자극은 우리의 지각 경험을 단지 부분적으로만 결정한다.

냄새 지각 변경

후각 경험이 여러 인지적 요인들에 의해서 영향을 받을 수 있음을 알았다. 그런 인지적 조작이 없이도, 동일한 취기제는 항상 동일한 냄새로 지각되지 않는다. 다른 감각에 대해서 이미 알고 있듯이, 동일한 취기제가 시간이 지남에 따라 강도가 약해지기 시작할 것이라는 정도는 예측할 수 있을 것이다. 먼저 후각 순응에 대해 간략하게 개관한 다음, 어떻게 다른 농도의 취기제가 지각에 영향을 미칠 수 있는지 살펴보기로 하겠다.

---

2) 어떤 대상을 자주 보면 볼수록(반복 노출) 친밀감이 증가하고, 그 대상에 더 호의적인 태도를 형성한다.(역자 주)

순응

당신은 아마도 다음과 같은 경험을 했을 것이다. 양파를 볶고 있는 방에 들어가면 처음에는 그 냄새에 압도된다. 그러나 몇 분이 지나고 나면 그 냄새는 점차 약해진다. 잠시 후 당신은 아주 미세한 냄새만을 인식하게 된다. 당신은 계속된 자극의 결과로 일시적인 민감도 상실, 즉 순응을 경험한 것이다(Johnson et al., 2008). 순응은 단일 취기제가 반복적으로 제시되거나, 하나의 취기제에 반복 노출된 후 유사 자극이 이어질 때 발생한다.

맛 지각에서도 기술했듯이, 자기 순응은 동일한 취기제 냄새가 시간이 지나면서 점점 강도가 약해질 때 발생한다. 자기 순응 파워는 특히 냄새에 순응된 방을 떠나면 커진다. 그 방으로 다시 돌아올 때, 당신은 그 냄새를 쉽게 지각할 수 있다. 자기 순응 과정을 WWW해보기 13.5를 통해 경험해보라.

자기 순응은 생리학적으로 단지 높은 수준의 자극을 받은 후에 수용체들이 피로해짐으로써 발생되는 것으로 설명될 수 있다. 후각 수용체는 아마도 순응을 일으키는 역할을 하는 것 같다. 그러나 상위처리 수준(예: 후구와 피질) 역시 후각 순응에 중요한 역할을 한다(Johnson et al., 2008). 사람들이 냄새에 주의를 주면, 그만큼 빠르게 그 물질에 순응하지 않기 때문에 순응을 전적으로 감각 처리과정만으로 볼 수 없다(Doty & Laing, 2003). 예를 들어 향이 자연적인 것이라고 들려주면, 사람들은 정상적으로 그 향에 순응한다. 그러나 그 향이 위험할 수 있다고 알려주면, 사람들은 그 향에 순응하지 않는다(Dalton, 2002). 앞에서 인지 과정의 역할을 살펴보았듯이, 주의가 냄새 지각에 영향을 미친다는 것은 그리 놀랄 일은 아니다(Zelano et al., 2005).

지금까지 냄새가 수분 동안 제시될 때 그 냄새에 대한 민감도가 일시적으로 상실되는 자기 순응을 살펴보았다. 교차 순응(미각에서 이미 논의)은 어떤 냄새에 노출되면 다른 냄새에 대한 민감도가 감소되는 현상이다. 교차 순응은 자기 순응에 비해 민감도 감소를 덜 일으킨다(Doty & Laing, 2003). 결국 우리는 일상에서의 냄새 경험에서 교차 순응을 덜 인식한다.

취기제 강도의 역할

다른 감각에서도 살펴보았듯이, 물리적 자극의 강도를 증가시키면 지각 경험의 변화를 일으킬 수 있다. 예를 들어 청각 자극의 강도를 고통을 느끼는 수준까지 증가시킬 수 있다. 취기제에 대한 후각 경험 역시 그 취기제의 농도를 증가시킴으로써 변할 수 있다.

다 그런 것은 아니지만, 많은 취기제들은 매우 높은 농도 수준에서 불쾌감을 일으킨다(Doty, 2006). 곰팡내나 꽃향기로 기술되는 어떤 물질들은 높은 수준의 농도에서 배설물 냄새나 악취를 낸다(Wilson & Stevenson, 2006). 비록 그 냄새들이 고농도에서 불쾌감을 일으키지 않더라도, 많은 취기제들은 농도가 높아질수록 특성의 변화를 일으킨다. 예를 들어 향기로운 냄새 또는 흙냄새로 기술되는 어떤 물질들은 고농도에서 기름 냄새나 향긋한 냄새가 난다.

냄새 지각 측정

연구자들은 지각이 자극의 강도에 따라 어떻게 변하는지에 관심을 가진다. 한편으로, 연구자들은 사람들이 탐지할 수 있는 최소의 강도에 관심을 두고 있으며, 다른 한편으로는 냄새의 특성이 매우 높은 강도에서 변할 수 있음을 확인하기도 했다. 이 두 극단 사이에서, 연구자들은 강도 변화와 지각된 강도 변화의 관련 함수에 관심을 가진다.

역치

2장에서 살펴보았듯이, 연구자들은 절대역(시행의 절반을 자극을 탐지했다고 보고하는 경계 지점)을 측정하기 위해 몇 가지 방법을 사용한다. 이런 방법들을 사용하면, 절대역은 시행의 절반을 "예, 냄새가 있습니다."라고 말하고, 나머지 절반을 "아니오, 냄새가 없습니다."라고 말한 화학물질의 농도가 된다.

그러나 후각의 절대역 측정이 그리 수월하지는 않다. 그 이유 중에는 부분적으로 후각 수용체에 도달하는 후각 자극의 농도를 통제하는 것이 매우 어렵다는 점이 있다. 연구자들은 후각 자극을 제시하기 위해 여러 방법들을 사용할 수 있다(Johnson et al., 2008). 어떤 연구자들은 기계를 사용해서 실험 참가자에게 고정된 농도의 취기제를 제시하기도 한다. 다른 연구자들은 실험 참가자의 정면에 일정 농도의 취기제를 놓아두고 냄새를 맡도록 요청하기도 한다.

방법론적인 차이 외에도, 절대역을 정밀하게 측정하기란 매우 어려운 과정이다. **표 13.2**에 여러 취기제들의 역치들을 열거하였다. 그러나 각 역치는 근사치라는 점을 기억해야 한다. 그렇지만 사람이 어떤 냄새에 대해서 매우 민감하다는 점도 분명한 사실이다. 이런 역치 가운데 몇 가지를 조망하기 위해, 각 면이 100개의 공기 분자로 구성된 정육면체가 있다고 해보자. 이 정육면체는 100만 개의 공기 분자를 포함하

표 13.2 인간의 냄새 탐지역

화학 물질	공기 중 냄새 역치(1/백만, PPM)
메탄올	141.0
아세톤(메니큐어 제거제)	15.0
이소프로필알코올	10.0
포름알데히드	0.87
염소	0.50
장뇌(나프탈린)	0.05
박하향	0.04
황화수소(썩은 달걀)	0.017
바닐린*	0.000035

* 성숙한 바닐라 열매를 따서 발효시키면 바닐린(vanillin)이라는 독특한 향이 나는 무색 결정체를 얻을 수 있다. 바닐린은 초콜릿, 아이스크림 및 음료의 향료로도 널리 사용된다.

출처: Dalton(2002)

게 된다. 이소프로필알코올[3]을 탐지하기 위해서 당신은 그 공기 분자 중 적어도 10개의 분자를 알코올 분자와 교체시킬 필요가 있다. 이와는 반대로, 황화수소[4]를 탐지하기 위해서는 단지 공기 분자 하나의 작은 일부(.2 이하)만 황화수소로 교체시키면 된다. 실제로 당신은 썩은 달걀 냄새에 민감하며, 이는 당신으로 하여금 잠정적 독성 물질의 섭취를 피할 수 있도록 해준다.

천연 가스와 프로판은 냄새가 나지 않지만 위험하다. 이런 가스의 존재를 사람들에게 알려주기 위해 흔히 취기제가 첨가된다. 예를 들면 흔히 에틸메르캅탄(ethyl mercaptan)[5]이 프로판에 첨가된다. 에틸메르캅탄은 1조 분의 1 이하의 농도에서도 탐지될 수 있다. 두 개의 올림픽 규모의 수영장에 물이 차 있다고 해보자. 고작 에틸메르캅탄 세 방울을 두 개의 수영장 중 하나에 떨어뜨렸다고 해보자. 놀랍게도 사람들은 두 개의 수영장 가운데 어느 것에 그 취기제가 포함되어 있는지를 냄새로 확인

3) 무색이며, 인화성의 화학약품.(역자 주)

4) 썩은 달걀 냄새를 가진 무색의 기체나 액체.(역자 주)

5) 마늘 냄새 같은 악취가 나는 무색 액체로, 천연가스의 부취제, 살충제 등의 제조원료나 중간제로 쓰인다.(역자 주)

할 수 있다(Johnson et al., 2008).

앞에서 언급했듯이, 절대역은 재인역과는 다르다. 절대역 과제는 사람들에게 단지 냄새가 존재하는지의 여부만을 판단하도록 요청하게 되고, 그 냄새가 어떤 냄새인지 판단하게 할 필요는 없다. 미각에 대해서도 그렇듯이, 냄새의 재인역은 탐지역보다 더 높다. 역치 이상의 냄새들을 확인할 수 있는 사람들의 능력에 대해서는 나중에 논의하기로 하자. 지금은 역치 이상의 냄새를 측정하는 문제에 초점을 맞추기로 하겠다.

더 강한 냄새 자극

사람들은 아주 작은 농도에서도 어떤 물질들을 탐지할 수 있다. 우리의 차이역은 다소 떨어진다. 연구자들이 변별 측정을 위해 고전적 정신물리학적 방법의 변형 방법들을 사용하여 얻은 많은 냄새들의 차이역 추정치들은 연구자들마다 큰 편차를 보인다. 다시 말해서 방법론에서의 차이가 이런 변산성을 잘 설명해준다. 항상자극법을 사용하여 차이역을 측정하는 것이 얼마나 어려운지 살펴보자. 당신은 취기제를 어떤 농도로 제시하기 시작하여, 그 다음에 다른 농도를 제시해야 한다. 이때 참가자들은 두 취기제가 '같은지' 혹은 '다른지'를 보고해야 한다. 당신은 신뢰할 만한 차이역에 도달할 때까지 이 과정을 계속해서 반복해야 한다.

이런 절차를 사용하는 연구자들은 흔히 다른 감각에서 보다 훨씬 더 큰 Weber 소수를 얻는다. 즉 우리는 취기제의 강도 증가에 그리 민감하지 않다. 그렇지만 인간은 다른 취기제보다 어떤 취기제에 대해 훨씬 더 작은 Weber 소수를 보이기도 한다(Johnson et al., 2008).

고전적 정신물리학 방법 대신에, 연구자들은 종종 크기추정법과 같은 다른 기법들을 사용한다. 기억하겠지만, 크기추정법은 사람에게 어떤 자극의 강도를 수치를 할당하여 보고하도록 요청한다. 따라서 이런 방법을 사용하는 연구자는 일련의 다른 취기제 농도를 제시하게 된다. 각 시행에서 참가자는 냄새의 강도를 나타내는 수치를 보고해야 한다. 다른 감각들과 마찬가지로, 판단과 냄새 강도의 관계성은 1이하의 지수를 가진 멱함수로 잘 표현된다. 이런 소수 지수는 추정치 증가를 산출하는 데 냄새 농도의 비교적 큰 증가를 필요로 한다는 것을 의미한다. (이와 반대로, 전기 쇼크는 1보다 큰 지수를 가지고 있어서 전기 쇼크가 조금만 증가하더라도 더 큰 추정치를 산출한다.)

냄새 지각의 개인차

역치와 같은 후각 경험을 측정하는 데 있어서 한 가지 잠재적인 문제점은 사람들마다 차이가 클 수 있다는 것이다. Avery Gilbert(2008)는 그 범위를 '믿을 수 없을 정도로 뛰어난 인재를 찾는 *American-Idol-tryout*(미국 아이돌 선발 프로그램)'(p.48)으로 묘사하였다. 무엇이 그런 차이를 만들어 내는가? 이 질문에 답하기 위해, 우리는 보편적 논제(본성과 양육)로 돌아가야 한다. 사람들은 상이한 후각 유전자를 가질 수도 있고, 상이한 후각 경험을 가질 수도 있다. 결국 사람들은 다양한 냄새에 대해 민감도에서 차이를 보이고, 또 냄새에 대한 선호에서도 차이를 보일 수 있다(Hudson & Distel, 2002).

후각 민감도 결핍에 대한 논의부터 시작해보자. 후각을 상실한 사람들은 **후각 상실증**(anosmia)을 겪는다. 후각 상실증은 두부 외상으로 후구와 후각 피질 간의 연결이 끊어진 결과로 초래된다(von Bothmer, 2006). 서두에 언급했듯이, 음식의 향미는 후각 정보에 의존한다. 그래서 후각 상실증을 가진 사람들에게 모든 음식의 맛은 지극히 밋밋하게 느껴진다.

후각의 다른 부분은 정상적이지만, 어떤 특정 취기제의 냄새를 맡지 못하는 사람들은 특별한 후각 상실증을 겪게 된다. 이런 특별한 후각 상실증은 유전 가능성이 높다. 앞에서 스테로이드 안드로스테논을 언급한 바 있는데, 적기는 하지만 이 냄새를 맡지 못하는 사람들이 있다(Bremner et al., 2003). 비록 많은 요인들이 관여되기는 하지만, 유전적 차이는 특정 안드로스테논 후각 상실증을 잘 설명해준다.

연구에 따르면, 여성이 남성에 비해 안드로스테논에 더 민감하다(Good & Kopala, 2006). 이런 결과는 특별히 놀랄 만한 것은 아닌데, 그 이유는 여러 연구에서 여성의 후각 능력이 더 뛰어나다는 것을 지적하고 있기 때문이다(Gilbert, 2008). 좀 더 인지적인 설명으로, 여성은 남성보다 냄새의 학습, 기억, 라벨 붙이기에서 더 우수하다. 그러나 후각 뇌 구조에서도 성차가 존재한다(Garcia-Falgueras et al., 2006). 게다가 어떤 연구는 여성 호르몬과 관계된다는 것을 밝혔는데, 폐경기 여성이 종종 동년배의 남성과 유사한 후각 능력을 보여주고 있음을 확인했다(Gilbert, 2008).

물론 연령이 미각과 다른 감각에 미치는 영향에 대해서는 이미 살펴본 바 있기에, 후각 능력 또한 연령 증가에 따라 감소될 것으로 예측할 수 있다(Hummel et al., 2002; Johnson et al., 2008). 사실 후각 민감도는 중년기에 들어서면서 떨어지기 시작한다. 그러나 훨씬 더 나이가 든 사람들이라 하더라도 젊은 사람만큼이나 불쾌한 냄새는 잘 확인할 수 있다(Konstantinidis et al., 2006).

이전 장들에서 우리는 감각의 상실이 뇌 가소성에 영향을 미친다는 것을 논의한 바 있다. 따라서 당신은 맹인이 더 나은 후각 능력을 가지고 있을 것으로 예측할지 모르겠다. 연구들이 이런 예측을 확증해주긴 했지만, 이는 감각 능력이 향상되었기 때문이 아니라, 시각 상실이 보상적인 인지 능력(냄새를 명명하는 능력)을 이끌었기 때문이다(Gilbert, 2008; Wakefield et al., 2004).

미각의 개인차를 논의하면서, 착미각(phantom taste)을 경험한 사람들에 대해 언급한 바 있다. 사람들이 존재하지 않는 냄새도 맡을 수 있을까? 실제로 그런 현상이 존재한다! 사람들은 다양한 냄새 환각(olfactory hallucinations)을 경험한다(Valakoulis, 2006). 예를 들어 정신 분열증 환자들은 종종 존재하지 않는 냄새(예: 가스 냄새, 암모니아 냄새, 향수 냄새)를 맡는다고 보고한다. 어떤 사람들은 모든 냄새가 토스트 타는 냄새처럼 느껴진다는 식의 냄새 혼동을 경험하기도 한다. 혹은 (훨씬 더 안 좋은 것으로) 모든 냄새가 마치 배설물 냄새로 느껴진다는 악취증(cacosmia)을 가진 사람들도 있다(Gilbert, 2008).

냄새 재인과 확인

사람은 냄새를 얼마나 정확하게 재인할까? 우리의 후각이 블러드하운드와 같은 뛰어난 개의 후각을 따라잡을 수 있을까? 만약 당신에게 식초나 오렌지 같은 일반적인 취기제를 제시하면, 냄새의 명칭을 잘 댈 수 있을까? 마지막으로 우리는 체취로만 다른 사람들을 얼마나 정확하게 확인할 수 있을까? 먼저 친숙한 냄새 확인을 살펴본 다음에, 냄새를 토대로 사람들이 어떻게 재인을 잘 할 수 있는지 논의하기로 하자.

냄새 재인

앞에서 학습과 기억을 포함한 인지적 요인들이 냄새 지각에 중요한 역할을 한다는 것을 살펴보았다. 예를 들어 기억은 분명 어느 한 가지 냄새를 맡은 다음, 몇 가지 냄새 가운데 조금 전에 맡은 냄새를 가려낼 수 있는 능력에 기반이 된다(Wilson & Stevenson, 2003).

사람은 실제로 매우 유사한 분자 구성을 가진 두 가지 냄새를 빠르고 정확하게 식별해 낼 수 있다(Johnson et al., 2008). 그러나 친숙성과 경험이 그런 식별 능력을 향상시킨다는 점을 기억하라.

한 가지 냄새 식별 과제로 냄새를 추적하는 블러드하운드가 행하는 일을 들 수 있다. 여러 상이한 냄새들이 코를 방해하지만, 그 개는 어떤 특정 냄새를 포착하여 그 냄새를 따라간다. 매우 인상적이다! 개들이 우수한 후각 장치를 갖추고 있다는 것을 알고 있기에 사람은 이런 과제를 수행할 수 없을 것으로 예측할지 모르겠다. 그러나 사람도 블러드하운드를 모사하는 전략을 사용해서 냄새를 추적할 수 있다(Porter et al., 2007). 먼저 연구자들은 냄새 흔적을 남긴 다음, 눈을 가린 사람들에게 무릎을 꿇고 그 냄새 흔적을 따라가도록 요청한다. 그렇게 하기 위해서 사람들은 마치 블러드하운드가 하는 것처럼 손을 좌우로 움직이면서 코를 킁킁거려야 한다. 그러다 어느 방향에서 냄새가 약해지면, 다시 냄새가 더 강해질 때까지 반대 방향으로 움직일 것이다. 이런 방략으로 사람들은 냄새 흔적을 잘 추적할 수 있다.

친숙한 냄새 확인

친숙한 냄새 확인을 평가하는 실험의 비공식적 변형 버전을 WWW해보기 13.6을 통해 경험해보라. 냄새 확인은 단순히 두 냄새가 서로 다르다는 것(식별 과제)을 판단하는 것보다 훨씬 더 어렵다. 비록 인간이 무수히 많은 냄새들을 식별할 수 있을지라도, 냄새 확인 능력은 훨씬 더 제한적이다.

하나의 실험 접근법으로 친숙한 냄새(예: 팝콘, 자동차 엔진오일, 커피)를 사람들에게 제시하고 냄새의 명칭을 보고하도록 하는 방법이 있다. 이런 확인 접근법을 사용한 결과, 훈련받지 않은 사람들은 약 절반 정도의 정확도를 보였고, 전문가들은 훨씬 더 정확도가 높았다(Johnson et al., 2008). 이미 언급했듯이, 문제는 열약한 냄새 라벨 세트로 보인다(Wilson & Stevenson, 2006).

명칭 문제를 제거하기 위해서, 일부 연구자들은 다지 선다 절차(multiple-choice procedure)를 사용한다. 예를 들어 펜실베니아대학에서 개발한 냄새 확인 검사(University of Pennsylvania Smell Identification Test)는 긁어서 냄새를 확인할 수 있는 40개의 취기제(scratch-and-sniff odorants)를 사용한다. 사람들은 각 냄새에 대해 4개의 명칭 중 하나의 명칭을 선택해야 한다. 이 검사와 이 검사의 변형은 여러 상이한 연구 장면에서 사용되고 있다(Doty, 2006). 사람들은 라벨이 없이 냄새를 확인하는 검사보다 이런 다지 선다 검사에서 더 정확한 수행을 한다.

체취

주위에서 냄새를 일으키는 자극들 중에는 사람들도 포함되어 있다. 체취(body odor)는 박테리아와 땀의 상호작용으로 발생하게 된다. 땀의 성분은 주로 물이지만, 또한 **조직적합성 항원**(human leukocyte antigen; HLA)[6] 체계의 분자도 포함하고 있다(Wilson & Stevenson, 2006). 특히 다른 종들의 경우에는 **주 조직적합성 복합체**(major histocompatibility complex; HMC)라는 이런 유전자 물질이 있다. 사람들은 각각 HLA에 의해 대부분 생성되는 매우 독특한 체취를 가지고 있다. 따라서 유전적으로 서로 관련이 있는 사람일수록 체취도 유사하다. 유전자 물질을 공유하는 일란성 쌍생아는 블러드하운드조차도 이들을 구분하기 어려울 만큼 체취가 유사하다(Harvey et al., 2006).

미국인들은 체취를 없애는 데 대해 강박감을 가지고 있다. 따라서 매년 엄청난 돈을 향수, 냄새 제거제, 구강 청결제 등의 구매에 소비한다. 2007년에만 사람들은 약 200억 달러를 향수 구매에 소비했다(Leffingwell, 2008). 개인 위생용품의 일반적인 사용에 비추어, 연구자들은 어떻게 순수한(다른 냄새가 섞이지 않은) 인간의 체취를 연구할 수 있을까?

전형적인 체취 연구에서 사람들은 하루나 이틀 동안 몸을 씻거나 냄새 제거제를 사용하지 않는다. 이 기간 동안, 사람들은 티셔츠를 입거나 팔에 거즈로 된 패드를 붙인다. 연구자들은 조심스럽게 이 티셔츠나 거즈 패드를 모아서 실험 자극으로 사용한다. 연구자들은 전형적으로 사람들이 그 냄새의 출처를 알지 못하도록 하고 자극을 제시한다.

냄새 확인의 어려움을 알고 있기에, 당신은 그런 자극의 냄새를 맡는 사람들이 그 냄새를 인간의 체취로 확인할 수 없다는 것에 대해 그리 놀라지는 않을 것이다(McClintock et al., 2005). 그러나 사람들은 무엇을 냄새 맡고 있는지 알지 못하더라도 체취를 구분하는 데에는 능숙하다(Herz, 2007). 예를 들어 어머니는 신생아 자녀와 접촉한 시간이 매우 짧지만 자기 자녀의 냄새를 매우 정확하게 확인할 수 있다. 게다가 기저귀가 누구의 것인지를 알지 못하는 어머니들은 자기 아이의 기저귀 냄새를 다른 아이의 기저귀 냄새보다 더 좋다고 생각한다(Case et al., 2006). 물론 이런 선호도는 단순 노출 효과에 기인하는 것일 수도 있다.

앞에서 살펴본 개인차와 마찬가지로, 여성은 남성보다 체취를 더 잘 확인할 수

---

6) 조혈모세포(골수) 및 장기 등의 이식시 거부반응을 일으키는 주요 인자를 생성하는 면역반응 조절 유전자(6번째 염색체에 위치)로, 비슷한 장기가 이식될 경우 이식된 장기가 잘 생존하고, 그렇지 않은 경우 거부하는 유전자들과 이들 유전자들이 생성하는 물질을 총칭한다.(역자 주)

있다(Platek et al., 2001). 사람들은 자신의 체취와 다른 네 사람의 체취가 있는 다섯 개의 거즈 패드 냄새를 맡았다. 대부분의 여성들(60%)은 자신의 냄새를 확인할 수 있었지만, 남성들은 단지 약 6%만이 자신의 냄새를 정확하게 확인할 수 있었다. 여성들은 냄새에 대해 명칭을 더 잘 부여할 수 있기 때문에 남성보다 더 나은 수행을 한다.

체취 확인에 관한 연구는 주로 유전적으로 결정된 냄새를 맡는 것이 어떤 적응적 이점을 부여하는 것일 수 있기 때문에 매우 흥미롭다. 즉 동물들은 유전적으로 밀접한 친족 관계가 아님을 신호하는 냄새를 가진 짝을 잠정적으로 선택할 수 있다. 사실 많은 동물들은 자신들의 종에 속한 다른 구성원들의 체취의 유전적 측면에 민감하다. 예를 들어 다람쥐는 친족 관계를 결정하기 위해 다람쥐마다 독특한 냄새를 발달시킨다(Mateo, 2006a, 2006b). 이 과정은 심지어 종들 간에도 작동한다. 오로지 냄새에만 의존하는 쥐들은 인간의 유전적 친족 관계를 판단할 수 있으며, 인간 역시 쥐의 유전적 친족 관계를 판단할 수 있다(Abels et al., 2007u; Gilbert, 2008).

사람(특히 여성)은 체취로만 다른 사람들을 확인할 수 있다. 게다가 그런 정보 역시 선호도를 이끌어 낸다. 예를 들어, Claus Wedekind 등(e.g., Wedekind & Penn, 2000)은 경구 피임약을 복용하지 않은 여성들이 자신들과 유전적으로 먼 남성의 냄새를 선호한다는 것을 발견하였다. 인간의 배우자 선택은 분명 냄새에 의해서만 결정되는 것은 아니다. 그러나 냄새도 일정 부분 역할을 하며, 냄새가 인간과 다른 동물의 행동에 영향을 미치는 것만은 확실하다.

심화학습

냄새의 행동적 영향

많은 요인들이 인간의 행동에 영향을 미친다. 후각 자극은 우리의 행동을 결정하는 데 어떤 역할을 할까? 우리(특히 여성이라면)는 비교적 냄새 지각에 능숙하다. 지금까지 우리의 경험에 비추어 볼 때, 냄새가 일상에서 어떤 역할을 한 것 같지는 않다고 여길 수 있다. 그러나 냄새는 은밀하다. 우리가 그 영향을 인식하지 못할 뿐이지, 냄새는 분명 우리의 행동에 영향을 미친다.

냄새는 종 구성원들 간의 의사소통에 매우 중요한 역할을 한다. 연구자들은 특히 동일 종내 다른 구성원들과 의사소통하는 화학적 신호로 작용하는 **페로몬**(pheromones)이라는 물질에 관심을 갖고 있다(Wyatt, 2003). 페로몬은 신체의 한 부위에서 다른 부위로 신호를 전달하는 데 사용되는 화학물질인 호르몬과 닮았다. 호르몬은 내부에 존재하지만, 페로몬은 외부에 존재한다. 페로몬은 소변과 다양한 땀샘을 통해 분비된다.

이런 화학적 신호들을 처리하는 장소는 서비골 기관(혹은 보습코 기관)이다. **서비골 기관**(vomeronasal organs; VNO)은 두 개의 콧구멍을 분리시키는 중격(septum)의 측면에 위치한 후각 기관이다(Witt & Wozniak, 2006). 이 기관은 많은 포유류에서 발견되지만, 인간의 경우는 퇴화되어 있다. 그러나 어떤 연구자들은 서비골 기관이 기능하는 사람들도 있다고 믿는다(Meredith, 2001). 어떤 의미에서, 이런 논란은 동일한 화학적 신호들이 또한 주요 후각 체계 내에서 처리되기 때문에 무관해 보인다(Kelliher, 2007; Liberles & Buck, 2006; Zufall & Leinders-Zufall, 2007). 따라서 이런 화학적 감각들은 서비골 기관이 존재하지 않더라도 인간의 행동에 영향을 줄 수 있다. 지금부터 하등동물과 인간에게 있어 화학적 신호들의 기능에 대한 몇 가지 증거들을 간략하게 살펴보기로 하자.

냄새가 동물의 행동에 미치는 영향

페로몬은 영역 표시를 포함하여 여러 역할을 한다. 그런 역할을 하는 이유는 분명치 않지만, 영장류가 아닌 여러 동물의 수컷들은 화학적 신호로 자신들의 영역을 표시한다(Wyatt, 2003). 쥐, 여우, 개는 소변으로 자신들의 영역을 표시한다. 사슴과 남아프리카산 큰 영양은 이마에 있는 냄새 분비선을 이용하여 자신들의 영역을 표시한다. 이 동물들은 흔히 뿔과 이마를 나무에 비벼서 영역을 표시한다.

어떤 페로몬은 경고신호로도 사용된다. 예를 들어 영양은 포식자와 마주치면 강력한 냄새를 분비한다(Wyatt, 2003). 개미와 벌도 다른 동물이 자신들의 보금자리를 위협할 때 경고 페로몬을 분비하여 다른 동료들을 불러 모으고 보금자리를 지키려는 시도를 한다.

마지막으로 성적 행동에 영향을 주는 페로몬을 살펴보자. 예를 들어 많은 암컷 동물들은 발정기에 페로몬을 분비한다. 이 냄새는 같은 종의 수컷들에게 성적 호기심을 불러일으킨다. 사실 이 효과는 매우 강력해서 수컷 거북은 발정 난 암컷 거북이 이미 기어 올라갔던 양상추 위로 흔적을 따라 기어 올라간다. 암컷 누에나방이 분비하는 성 페로몬인 봄비콜(bombykol)은 수컷 나방으로 하여금 이 암컷을 찾아 수 마일을 날아오도록 유도한다(Gottfried, 2006).

페로몬은 또한 일부 종에게서는 수태의 역할을 한다. 오래전 영국의 동물학자인 Hilda Bruce는 새끼를 밴 암컷 쥐의 우리 주변에 친숙하지 않은 수컷 쥐를 두면 저절로 유산된다는 것을 발견했다(Herz, 2007). 이 Bruce효과는 많은 실험실 연구에서 반복적으로 관찰되었지만, 야생에서는 나타나지 않았다(Wolff, 2003). 아마도 페로몬 이외의 요인들이 이 효과를 잘 설명해 줄지 모른다(Doty, 2003).

어떤 종들에게 있어 이런 페로몬은 강력한 영향력을 발휘한다는 것을 주목하라. 이런 강박적인 행동으로부터 이득을 취한 과학자들은 유해동물을 통제하는 페로몬을 개발하기도 했다. 예를 들어 과학자들은 암컷 매미 나방이 수컷을 유인하기 위해 분비하는 성 페로몬을 복제하였다. 한 가지 책략은 가짜 페로몬을 사용하여 수컷들을 유인하는 덫을 놓아 짝짓기를 하지 못하도록 하는 것이다(Sharov et al., 2002).

냄새가 인간의 행동에 미치는 영향

하등 동물에게 미치는 냄새의 효과는 흥미롭다. 그러나 냄새가 인간의 행동을 통제할 수는 없지 않을까? 분명히 우리는 단지 냄새 때문에 다른 사람에게 성적으로 끌리거나 신뢰하지는 않을 것이다. 연구에서 확인된 것들을 살펴보도록 하자.

Martha McClintock는 후각 분야의 뛰어난 연구자다. 그러나 그녀가 냄새의 행동적 영향을 밝힌 결과를 발표한 때가 웰즐리대학 졸업반 때이다(McClintock, 1971). McClintock는 여성들이 함께 살면, 그들의 월경 주기가 유사해진다는 민간 신앙을 검증하였다. 학기 초에 가까운 친구들과 룸메이트들은 월경 주기 시작일이 8일에서 9일정도 달랐다. 그런데 학기말이 되면서 그 차이는 평균 5일 정도로 줄어들었다.

월경주기의 유사성은 여성들이 유사한 시간 주기적 스트레스를 겪는다는 사실에 기인할 수 있지만, McClintock는 페로몬이 관여될 수 있다고 생각했다. 후속 연구는 여성들 간의 화학적 신호들은 그들로 하여금 무의식적으로 월경주기를 동기화시키게 만든다는 것을 밝혔다. 그러나 좀 더 최근의 연구는 가현적 동기화가 연구방법의 오류에 의한 것일 수 있음을 시사한다(Schank, 2006; Ziomkiewicz, 2006).

만일 후각 정보가 월경 동기화를 이끌지 않는다면, 후각이 성적 매력을 이끌 수 있다고 믿기는 더더욱 어렵다. 그럼에도 불구하고, 당신은 인간의 성 페로몬 광고를 본 적이 있을 것이다. 어떤 광고는 연구에 의해 지지되었다고 주장하기까지 한다. 우리는 이런 주장을 건전한 회의론적 입장에서 평가해야 한다(Jacob, Zelano et al., 2002). 지금은 성적으로 매력적으로 만들어 준다는 페로몬은 구매할 수 없다.

그러나 다양한 호르몬에서 파생되는 향들은 인간의 행동에 상이한 영향을 미칠 수도 있다(Gilbert, 2008). 예를 들어 안드로스타디에논(androstadienone)[7]은 성 호르몬인 테스토스테론에서 유도된 것이다. 이 물질의 냄새를 맡게 되면 여성들에게 기분을 좋게 해주는 효과가 있다(Bensafi et al., 2004; Jacob, Garcia et al., 2002). 안드로스타디에논 냄새를 맡는 여성들은 흔히 스트레스에 반응하여 분비되는 코티졸(cortisol) 호르몬 수준의 증가를 보인다(Wyart et al., 2007). 또 다른 호르몬인 옥시토신 냄새는 사람들로 하여금 다른 사람들을 더 신뢰하게 만든다(Kosfeld et al., 2005).

많은 상인들은 쇼핑객의 구매 행동을 자극시키기 위해 매점을 향으로 채운다. 아직까지 매점에서 사용되는 이런 향들은 호르몬에서 파생된 것은 아니지만, 연구는 이것들이 행동에 영향을 미칠 수 있음을 확인했다. 예를 들어 사람들은 쾌한 향(예: 시나몬과 커피)을 맡을 때 더 도움을 주려는 행동을 한다. 남성용 향은 남성복 판매 증가를, 여성용 향은 여성복 판매 증가를 이끈다(Gilbert, 2008).

후각은 또한 기억과도 연관된다. 예를 들어 오랫 동안 플레이도(Play-Doh; 아동의 찰흙 놀이용 점토) 냄새를 맡지 않았더라도, 우리는 지금 당장이라도 그 독특한 냄새를 재인할 수 있다. 냄새와 기억의 연관성에 대한 고전적인 예로, 프랑스 작가인 Marcel Proust는 프랑스식 패스트리 냄새를 맡고는 자신의 어릴 적 기억을 떠올렸다. 당신도 또한 플레이도와 같은 특별한 냄새가 과거의 사건을 기억하게 만든 경험을 한 적이 있을 것이다. 냄새의 정서적 요소는 기억(특히 오래 전 사건)에 대한 효과적인 단서가 될 수 있다(Wyatt, 2003). 그러나 이런 주장을 연구를 통해 지지하기는 매우 어렵다(Gilbert, 2008).

냄새가 다른 종들보다 인간에게 미치는 영향력은 더 미미하다. 그러나 냄새는 우리가 인식하는 것보다는 우리의 삶에 더 많은 영향을 미친다. 사업가들은 과학자들의 발꿈치를 좇아 과학을 이윤 창출에 이용하려고 한다. 당신이 다른 사람을 통제할 수 있도록 해준다는 향에 대한 광고의 수가 급증하는 것에 놀라지 마라. 광고에서 주장하듯이 이런 제품들이 실제로 효과를 주는 미래를 상상할 수 있겠는가?

---

7) 남성의 땀 속에 들어 있는 사향 냄새가 나는 화학물질로 여성의 호르몬, 생리, 심리에 급격한 각성반응을 일으킨다는 연구 결과가 보고되었다.(역자 주)

절 요약

후각

1. 미각과 마찬가지로 후각은 화학물질 감각이다. 맛 지각의 경우, 타액 속에 용해된 분자들이 미각 수용체와 접촉한다. 냄새 지각의 경우, 공기 중에 퍼져 있는 분자들이 후각 수용체와 접촉한다.
2. 사람들은 취기제에 대해 여러 상이한 분류 체계를 제안해왔다. Henning의 고전적 분류 체계는 냄새를 여섯 개의 기본 향으로 정의한다. Amoore는 냄새 분자의 모양이 그 냄새를 결정한다는 분류 체계를 제안했다. 현대 연구자들은 그런 분류 도식에 거의 관심을 두지 않는다.
3. 비강은 코 내부의 빈 공간으로, 비강의 상단에 있는 후각상피는 후각 수용체 세포들을 포함하고 있다. 수용체 세포의 섬모가 취기제와 접촉한다. 섬모의 표면에 위치한 G단백질은 그 수용체가 가장 민감하게 반응하는 취기제를 결정한다.
4. 후구는 후각 수용체에서 나오는 정보를 처리하며, 이 정보는 여러 다른 뇌 영역으로 전송된다.
5. 연구자들은 후각 수용체에 대해 심도 있는 연구를 수행했다. 그러나 후각은 복잡한 인지적 과정으로, 여러 하향처리에 의해서 영향을 받는다.
6. 자기 순응(하나의 특정 냄새에 오랫 동안 노출됨으로써 역치가 증가하는 것)은 수용체 외에도 더 상위의 신경 수준까지 수반한다. 교차 순응에서는 한 가지 냄새에 대한 노출이 다른 냄새나 유사한 냄새에 대한 역치를 증가시킨다. 자기 순응은 전형적으로 교차 순응보다 더 강력하다.
7. 절대역은 어떤 향에서는 매우 낮을 수 있다. 대부분의 취기제의 농도 증가는 지각된 강도에 비교적 미미한 영향을 미친다.
8. 사람들은 후각 능력에서 차이를 보인다. 일반적으로 말해서, 여성은 남성보다 더 나은 후각 능력을 가지고 있다. 후각 상실증은 냄새를 맡을 수 없는 장애이다. 어떤 사람들은 특수한 후각 상실증을 가지고 있는데, 이로 인해 그들은 특정 취기제의 냄새를 맡을 수 없다.
9. 두 개의 다른 향을 식별하는 것은 어떤 향을 확인(명명)하는 것보다 쉽다. 체취(조직적합성 항원에 의해 결정되는)는 사람들로 하여금 냄새에 기초하여 유전적 유사성을 결정할 수 있도록 해준다.
10. 페로몬은 화학적 신호로서, 인간보다는 동물의 행동을 결정하는 중요한 요인이다. 이런 화학적 신호들은 일부 사람들의 행동에 영향을 미치지만(예: 여성의 코티졸 수준을 증가시킨다), 아직까지 인간의 성 페로몬이 확인된 바는 없다.

향미: 미각, 후각 및 기타 감각들의 상호작용

피자 한 조각을 먹는다고 생각해보라. 피자의 향미는 어디에서 나오는 것일까? 대부분의 사람들은 입 속에서 나온다고 말할 것이다(Taylor & Hort, 2004). 그러나 이런 경험은 인형이 음성의 출처라고 생각하는 변사효과(ventriloquism effect)와 매우 닮았다. 입에 있는 미각 수용체들은 제한된 수의 맛 특성을 제공한다. 향미는 맛 입력신호와 함께 코에서 나오는 입력 신호의 결과로 초래된다. 맛 정보와 함께 빵 껍질, 토마토소스, 오레가노(향신료로 이용되는 박하속 다년초), 모짜렐라의 향이 조합되어 친숙한 향미를 만들어낸다. 그러나 향미는 맛과 냄새 그 이상을 수반한다(Delwiche, 2004; Keast et al., 2004). 우선 맛과 냄새가 향미에 미치는 결합 효과를 살펴보고, 향미에 영향을 주는 다른 요인들을 탐색해보기로 하자.

향미에 대한 맛과 냄새의 기여

냄새와 맛이 향미 지각의 중요한 요소들이긴 한데, 이것들이 향미를 일으키기 위해 어떻게 상호작용할까? 먼저 우리는 음식이나 음료가 입으로 접근해오는 동안 그 냄새를 맡게 된다. 일단 음식이나 음료가 입안으로 들어오면, 미각 수용체는 이 미각 자극 물질을 처리한다. 동시에 후각 정보는 입 뒷부분을 통해 후각 수용체에 도달된다. WWW해보기 13.1에서 경험했겠지만, 냄새 성분을 제거하면 향미 경험은 크게 떨어진다.

미각과 후각 수용체들은 정보를 뇌의 각 관련 영역들로 보낸다. 기억하겠지만, 미각피질과 후각 피질에서 나온 정보는 안와 전두피질로 전송된다. 이 뇌 영역은 맛과 냄새 정보들을 조합해서 향미를 생성시킨다(Rolls, 2008; Small & Prescott, 2005). 게다가 이 영역은 우리가 음식에서 얻는 쾌감에 기여한다(Small et al., 2007). 그러나 향미 정보는 향미 지각에 기여하는 여러 뇌 영역들을 관여시킨다(Jones et al., 2006).

향미에 대한 체감각 입력 신호의 기여

여전히 피자 한 조각을 생각하고 있는가? 만약 당신이 딥디쉬(deep-dish) 피자를 생각하고 있다면, 부드럽고 쫄깃쫄깃한 빵 껍질을 상상할지 모르겠다. 혹은 딱딱하면서 바삭바삭한 빵 껍질을 상상할 수도 있다. 요점은 음식의 질감(texture)이 우리가 경험하는 향미에 영향을 준다는 것이다(Green, 2004; Taylor & Hort, 2004).

연구자들은 음식과 음료의 체감각적 특성을 '입맛(mouth feel)'이라 칭한다. 이런 정보의 대부분은 삼차 신경에서 처리된다. 따라서 이것은 미각과 후각 체계와는 완전히 별개의 감각 체계이다. **삼차 신경**(trigeminal nerve)은 입과 후각 상피 내에 자유신경종말을 가진다(Keast et al., 2004; Key, 1999). 이런 신경종말은 질감, 모양, 온도, 심지어 통증과 같은 체감각 경험을 부호화한다. 매운 고추나 고추냉이를 먹고 입안이나 코의 화끈거리는 통증은 분명 향미 경험의 일부이다.

향미 지각을 이해하는 것이 얼마나 더 복잡해졌는지 주목하라. 이제 당신은 삼차 신경에서 나온 입력 신호가 향미를 일으키기 위해서 맛과 냄새 정보와 어떤 식으로 조합되는지 살펴보아야 한다. 이런 체감각 정보가 최종적으로 도달되는 뇌의 영역을 추측할 수 있는가? 향미의 모든 측면들이 조합되는 장소는 바로 안와 전두 피질이다(Rolls, 2005, 2008). 음식의 온도 정보 역시 이 부위에서 처리된다. 이제 온도가 향미에 미치는 영향에 대해 좀 더 살펴보기로 하자.

향미에 대한 온도의 기여

식은 피자 조각을 먹어 본 적이 있는가? 그 피자의 맛은 따뜻할 때와 같을까? 모든 성분은 동일하지만, 향미는 다르다. 따라서 온도가 향미에 영향을 미칠 것으로 예측할 수 있다.

열은 분자들의 휘발성을 더 강하게 만들어주기 때문에, 음식과 음료에 열을 가하면 더 강한 향이 코에 전달된다. 그러나 또한 단순히 혀의 온도를 변화시킴으로써 미각을 일으키기도 한다(Delwiche, 2004). 연구자들은 온도가 향미에 영향을 미치는 기전을 밝힐 필요가 있다. 그러나 입에서 나오는 온도 정보는 체감각 피질과 안와 전두 피질을 포함한 뇌의 다른 영역들로 전달된다(Guest et al., 2007).

향미에 대한 시각의 기여

만약 빵 껍질이 초록색이고, 소스가 보라색이며, 치즈가 분홍색이라면 피자에 대한 향미는 변할까? 만약 Dr. Seuss의 『초록색 계란과 햄(Green Eggs and Ham)』을 주의 깊게 살펴보면, 시각 정보가 향미에 영향을 미친다는 것을 깨달을 수 있다. 시각은 다른 감각에도 그렇지만 향미에도 영향을 줄 수 있다(테마 1).

우리가 단지 Dr. Seuss의 연구에만 의존할 필요는 없다. 즉 많은 사람들이 색이 향미에 미치는 영향을 연구하였다(Delwiche, 2004). 특정 색-향미 조합에 대한 우리의 경험은 색의 영향에 기여하기 십상이다. 즉 연구자들은 흔히 색 정보가 제거되거나 변할 때, 향미도 변한다는 것을 발견했다. 게다가 색 강도가 증가할 때 향미의 강도도 증가한다.

사람들은 레드와 화이트 와인을 매우 다른 향미 특성으로 기술한다. 향미 경험은 와인 색에 의해서 유도된 기대에 얼마나 기인할까? Calvin Trillian(2002)은 사람들이 오로지 향미만을 가지고 레드와 화이트 와인을 정확하게 구분할 수 없다고 주장하였다. 여러 연구자들은 와인의 색이 와인의 향미에 영향을 미친다는 것을 입증했다. 예를 들어 동일한 화이트 와인이라 해도 사람들이 그것을 화이트 와인으로 보는지, 아니면 로제 혹은 레드 와인으로 보는지에 따라 다른 향미를 갖게 된다(Delwiche, 2003; Morrot et al., 2001).

물론 시각이 향미에 미치는 효과를 인정하고 나면, 뇌의 시각 영역들이 향미 지각에 매우 중요하다는 것을 이해하게 된다. 다른 지각 경험들과 마찬가지로, 향미 지각은 많은 뇌 영역들을 관여시킨다. 시각이 향미를 변화시킨다는 증거는 명확하다. 그러나 사람들이 여전히 시각 입력 정보가 없이도 향미를 지각한다는 것 또한 확실하다.

향미에 대한 인지의 기여

만약 당신이 아직 책을 읽고 있는 도중이고 피자를 찾지 않았다면, 두 가지 추가 질문에 대해 생각해보자. 당신이 선호하는 피자집이 있는가? 당신이 좋아하는 피자를 막 먹으려고 한다는 사실 자체가 향미에 영향을 미칠까? 경험과 기대 같은 인지 과정은 향미 지각에 영향을 준다. 그런 인지 과정의 영향을 보여주는 연구를 살펴보자.

Leonard Lee 등(2006)은 술집 손님들에게 두 가지 다른 맥주 중 하나를 선택하도록 요청했다. 실제로 두 맥주는 Lee가 맥주 하나에 발사믹 식초 몇 방울을 떨어뜨린 것(MIT Brew라고 명명)을 제외하고는 동일한 맥주였다. 일부에게는 먼저 MIT Brew의 성분에 대해 들려주었고, 다른 사람들에게는 그것에 대해 아무런 언급도 해주지 않았다. 식초가 첨가된 것에 대해 모르는 사람들은 실제로 MIT Brew를 선호했다. 그러나 식초가 첨가되었다는 것을 아는 사람들은 아무것도 첨가되지 않은 순수한 맥주를 선호했다. Lee는 식초에 대한 정보가 실제로 향미 지각을 변화시켰다고 주장했다. 그 이유는 다른 집단에게는 그들이 맥주를 맛본 후에 식초가 첨가되었다는 것을 알려주었기 때문이다. 식초에 대해 나중에 알게 된 사실은 이 집단의 향미 지각에 영향을 미치지 않았다. 즉 그들은 통제 집단만큼 MIT Brew를 선호하였다. 이 연구는 '모르는 게 약이다'라는 속담을 지지해주는 항목으로 추가될 만하다.

결론: 음식의 쾌락설

쾌락 선호 혹은 **쾌락설**(hedonics)은 음식의 향미에 대한 우리의 지각적 반응에 중요한 쾌와 불쾌 판단을 수반한다. 가령 당신이 maple-pecan-fudge-ripple 아이스크림을 한 숟가락 퍼서 입으로 가져간다고 해보자. 당신이 부분적으로 퍼지 소스에 의해 차폐될 수 있는 메이플향을 탐지할 수 있는지를 고려한다면 역치 문제가 중요할 수 있다. 첫 숟가락 이후부터는 단맛이 덜 느껴질 수 있기 때문에 순응도 중요하다. 그러나 대부분의 사람들에게 있어 실제로 가장 중요한 지각적 반응은 '이 맛이 좋은가?'라는 것이다.

한 문화권의 사람들이 맛있다고 느끼는 음식은 많지만, 다른 문화권의 사람들은 입에 맞지 않을 수 있기 때문에 쾌락 선호는 대체로 학습되는 것임에 틀림없다(Zellner, 1991). 이미 언급했듯이, 단순 노출 효과는 특정 음식에 대한 단순 노출이 사전에 노출된 바 없는 음식보다 그 음식을 더 선호하게 만든다는 것을 시사한다. 예를 들어, 대부분의 동물과 인간 영아는 고추를 좋아하지 않는다. 고추는 고통스럽고, 화끈거리는 감각을 일으킨다! 그러나 가족 식사에 반복해서 고추가 함유된 음식을 접하게 되면, 아마도 당신은 고추를 좋아하게 될 것이다(Logue, 2004).

문화 또한 음식의 온도에 대한 쾌락 선호에서 차이를 보인다. 그리스에서 휴가를 보내는 미국인들은 그들이 이따금씩 먹는 음식이 뜨겁게 조리되기보다 상온에 가깝게 조리되기 때문에 맛이 떨어진다고 말한다. 그리스인들에게 있어 무사카(moussaka; 양[쇠]고기 조각과 가지 조각을 번갈아 겹쳐 치즈 소스를 쳐서 구운 그리스, 터키 요리)는 25℃에서 가장 좋은 맛을 내지만, 북미인들은 45℃에서 그 음식을 선호한다. 북미인들은 시원한 맥주를 선호하는 반면, 다른 문화권에서는 상온의 맥주를 선호한다.

그러나 같은 문화권 내에서도 사람들마다 음식 선호가 다르다. 예를 들면, 미각이 뛰어난 사람들을 생각해보라. 그들의 향미 경험은 맛에 민감하지 않은 사람들과 차이를 보이기 십상이다(Logue, 2004). 유전자가 영향을 미치기는 하지만, 사람들의 경험 역시 쾌락 선호에 영향을 미친다. 당신은 브로콜리를 좋아하는가? 만약 그렇다면, 그것은 분명히 초기 음식 경험과 관련이 있다. Julie Mennella 등(2004, 2006)은 향미 선호 발달에 대해 연구하였다. 그녀는 영아들에게 쓴맛이 나는 분유를 먹이면 그 영아들은 단맛이 나는 분유보다 쓴맛이 나는 분유를 선호한다는 것을 발견하였다. 예를 들어 분유의 쓴맛은 브로콜리의 맛과 유사하기 때문에, 이 영아들은 또한 그런 맛이 나는 채소들을 좋아하게 된다. 모유의 향미는 어머니가 섭취하는 음식에 의해서 영향을 받는다. 따라서 모유 수유하는 영아들은 어머니가 섭취하는 음식을 반영하는 향미 선호를 발달시키게 된다.

경험은 다른 방식으로 쾌락 선호를 조성할 수 있다. 대부분의 사람들은 다른 사람들이 좋아하는 음식들을 싫어할 수도 있다. 당신 역시 학습된 향미 혐오를 가지고 있을 것이다(Logue, 2004). John Garcia(e.g., 1966, 1985)가 수년 전에 발견했듯이, 이런 음식 혐오는 특정 음식과 한번 연합된 구토나 배앓이 이후에 발달될 수 있다. 비록 당신이 다른 이유(예: 감기)로 메스꺼움을 경험할지라도, 아프기 전에 섭취한 음식(특히 평소에 먹지 않던 음식)에 대해 혐오를 발달시킬 수 있다. 예를 들어 암 치료를 위해 화학적 치료를 받는 사람들은 종종 화학적 치료를 받기 전에 섭취한 음식들에 대해 혐오를 발달시킨다(Bernstein, 2008). 음식 혐오는 이런 사람들이 화학적 치료 때문에 음식에 대한 메스꺼움이 유발된다는 사실을 알고 있음에도 나타난다. 논리와 이성은 우리를 아프게 만드는 음식 소비로부터 우리를 보호하는 깊이 뿌리박힌 원리들과 경쟁을 한다.

이제 이해했겠지만, 맛과 냄새에 대한 개별적인 논의가 마치 두 개의 감각이 서로 독립적인 것처럼 다루었기에 다소 오해의 소지가 있을 수 있다. 실험실에서는 두 감각들을 분리시킬 수 있다. 그러나 실제 삶에서 이것들은 서로 불가분의 관계를 가지고 있다(테마 1). 다른 감각들 또한 향미 지각에 영향을 미친다.

기능하는 유기체로서 인간은 풍부한 감각 정보에 둘러싸여 있다(이 모두는 우리의 감각 체계에 의해서 거의 동시에 처리된다). 어느 특정 시기에 우리는 다른 감각보다 어느 하나의 감각을 강조하기 위해 선택을 할 수 있는데, 증거에 따르면 우리는 시각 입력 정보에 강력하게 의존한다. 그러나 모든 감각 체계에서 나오는 입력 정보는 지속적으로 처리된다. 우리는 시각 세계나 청각 세계, 혹은 촉각 세계에서만 살고 있는 것이 아니라, 모든 종류의 정보를 가진 풍부한 세상에서 살고 있다. 후각이나 미각 정보를 2류 정보라고 생각하는 것은 마치 풍부한 정보들로 채워진 생동감 넘치고 복잡한 세상에서 우리가 겪는 통합적 경험을 무시하는 것과도 같다.

절 요약

향미 : 미각, 후각 및 기타 감각들의 상호작용

1. 향미는 다중 감각적 경험으로 미각, 후각 및 기타 감각들의 영향을 받는다. 안와 전두 피질은 향미 정보가 부호화되는 뇌 사이트이다.
2. 어떤 물질에 대한 '입맛'에는 질감, 온도, 통증까지도 포함된다. 이런 체감각 특성들은 모두 향미에 영향을 미친다. 그런 정보는 삼차 신경을 통해서 전송된다.
3. 색을 포함하여 시각 입력 정보는 향미에 영향을 미친다. 예를 들어, 음식과 음료의 전형적인 색의 변화는 향미에 영향을 미친다. 더 강한 색들은 흔히 더 강한 향미를 이끈다.
4. 경험이나 기대와 같은 인지적 요인들은 향미 지각에 영향을 미친다.
5. 쾌락적 맛 판단, 혹은 사람들이 쾌하다고 느끼는 것은 문화마다 매우 다르다. 동일 문화권 내에서도 사람들마다 상당히 차이를 보이는데, 다른 사람들이 좋아하는 음식을 싫어하는 사람들에게서 발견되는 학습된 맛 혐오가 그 예이다.

복습문제

1. 맛과 향미를 구분하시오. 향미의 성분에는 어떤 것이 있는가? 완전한 무미각증과 후각 상실증을 가진 사람들을 상상해보라. 이런 사람들의 음식 경험을 기술해보시오.

2. 인간이 지각하는 다섯 가지의 기본 맛 특성을 기술하시오. 이런 특성들이 어떤 식으로 입에서 부호화되고 뇌에서 처리되는가?

3. 인간의 행동을 이해하고자 할 때, 심리학자들은 흔히 본성(예: 생물학, 유전자)과 양육(예: 경험, 기억)의 역할을 살핀다. 본성과 양육이 맛, 냄새, 향미에 어떤 역할을 하는가?

4. 이 책을 통해 동일한 사람이라도 맥락에 따라 한 자극을 다르게 지각할 수 있음을 알았다. 더 나아가, 다른 사람들도 동일한 자극을 다르게 지각할 수 있다. 물리적 자극과 지각적 경험 간의 괴리를 보여주는 화학적 감각의 예를 제시하시오.

5. 악취를 결정하는 자극의 중요한 특성은 무엇인가? 오렌지와 레몬 냄새를 맡고 그것들이 유사한 냄새를 가진다고 해보자. Henning과 Amoore의 체계로 그 유사성을 어떻게 설명할 수 있는가?

6. 한 대학 실험실에서 교수가 특정 냄새에 대해 학생들의 역치를 측정했고 역치가 높게 나왔다고 해보자. 그런데 다른 대학교의 다른 교수가 실험실에서 그 냄새에 대해 학생들의 역치를 측정한 결과, 역치가 낮았다고 해보자. 이렇게 다른 결과가 나타나는 이유를 설명해주는 요인들을 가능한 한 많이 제시해보시오.

7. 향수를 개발하는 사람들과 관련되는 다음과 같은 주제들을 지적해보시오: 절대역, 차이역, 순응, 교차순응, 냄새 재인, 냄새 항등성.

8. 본문에서 인간의 체취(냄새 재인과 페로몬)에 대해 살펴보았다. 그 결과를 요약하시오. 인간의 성 호르몬 발달은 어떻게 사회적 상호작용의 변화를 가져오는가?

9. 연구자들은 화학적 감각 수용체들이 어떻게 정보를 부호화하는지 밝혀내는 데 관심을 가져왔다. 그들은 또한 정보 부호화를 담당하는 뇌 영역들에 대해서도 여러 사실들을 밝혀왔다. 이런 과정을 간략하게 설명한 다음 인지적 과정이 향미, 맛, 냄새 경험에 어떤 식으로 중요한 역할을 하는지 설명하시오.

10. 향미가 다중감각적 경험이라는 것을 설명하시오. 화학물질 감각을 강조하고, 또한 다른 감각에 대해서도 언급하시오. 당신이 설명하는 이 원리들을 예증해주는 생활 속 경험을 인용하시오.

주요어

교차 순응(cross-adaption)
기적의 과일(miracle fruit)
무미각증(ageusia)
물맛(water taste)
미각 변형물질(taste modifiers)
미각 수용체 세포(taste receptor cells)
미각 전문가(supertasters)
미각(taste 혹은 gustation)
미뢰(taste bud)
미맹자(nontasters)
미세융모(microvilli)
비갑개(turbinate bone)
비강(nasal cavity)
삼차 신경(trigeminal nerve)
서비골 기관(vomeronasal organs; VNO)
섬모(cilia)
순응(adaptation)
악취증(cacosmia)
유두(papillae)
이상 미각증(dysgeusia)
입체화학 이론(streochemical theory)
자기 순응(self-adaptation)
재인 역치(recognition threshold)
절대역(absolute threshold)
조직적합성 항원(human leukocyte antigen; HLA)
차이역(difference threshold)
취기제(odorant)
쾌락설(hedonics)
페로몬(pheromones)
페틸티오카르바미드(PTC)
향미(flavor)
화학물질 감각(chemical senses)
후각 상실증(anosmia)

후각(olfaction)	후구(olfactory bulb)
후각상피(olfactory epithelium)	6-n-프로필티오우라실(PROP)
후각신경 사구체(olfactory glomeruli)	G단백질(G-proteins)

추천도서

Baird, Gilbert, A. N. (2008). *What the nose knows: The science of scent in everyday life*. New York: Crown.

Gilbert는 저명한 후각 연구자이다. 그러나 이 책을 읽을 때, 당신은 그가 가장 유쾌한 여행 동반자라는 것에 깊은 인상을 받게 될 것이다. Gilbert는 이 책의 내용을 자신의 일화와 흥미를 주는 연구들로 꾸몄다. 이 책은 당신에게 분명 미소를 짓게 해줄 것이다.

Logue, A. W. (2004). *The psychology of eating and drinking* (3rd ed.). New Yo가: Routledge.

Logue의 책은 본 장의 논의와 관련된 많은 주제들을 다루었다. 이외에도 식욕 부진증, 비만, 알코올 남용과 같은 관련 주제들도 논의하였다. 그녀의 글쓰기 스타일은 명쾌하고 흥미를 준다. 따라서 지각 영역을 잘 모르는 사람들도 이 책을 읽는 데 무리가 없을 정도이다.

Wilson, D. A., & Stevenson, R. J. (2006). *Learning to smell: Olfactory perception from neurobiology to behavior*. Baltimore: Johns Hopkins.

오클라호마주 노만 출신의 한 동물학자와 오스트레일리아의 시드니 출신의 한 심리학자가 공동 집필을 하면 어떻게 될까? 분명히 당신은 냄새 지각과 관련된 매우 풍부한 정보를 제공하는 책을 접하게 된다. 이 책은 냄새 지각을 알고자 하는 일반 독자에게 학술적이기는 하지만 쉽게 접할 수 있는 책이다. 전체적으로 볼 때, 이 책은 냄새 지각에서 인지의 역할에 대해 매우 설득력 있는 주장을 제공한다. 후각에 관심을 가진 학생들의 필독서라 할 수 있다.

Wyatt, T. D. (2003). *Pheromones and animal behavior: Communication by smell and taste*. New York: Cambridge.

Wyatt는 동물과 인간에게 있어 페로몬의 흥미로운 역할을 요약하였다. 그는 많은 예를 제공하였지만, 화제를 선정적으로 다루지는 않았다. 페로몬의 화학적 측면들에 대해 요약해놓은 부록은 매우 유용하다.

CHAPTER 14

지각 발달

지금까지 13개 장에 걸쳐 사람들이 세상을 어떻게 지각하는지를 살펴보았다. 마지막장에서는 태어나서 노년기에 이르기까지의 시각과 청각 발달에 초점을 맞추기로 한다. 또한 여기서는 앞장들에 다루었던 여러 주요 개념들을 다시 고찰하게 될 것이다.

인간 발달에 있어서 핵심 논쟁은 **본성과 양육 문제**(nature–nuture question)이다. 즉 능력들은 타고난 요인에 기인하는 것인가(본성), 아니면 학습과 경험의 결과(양육)인가? 이 논쟁은 또한 두 개의 철학적 입장, 즉 생득론(nativism)과 경험론(empiricism)에서 조망해볼 수 있다(Gordon & Slater, 1998; Lamb et al., 2002). 이 책에서는 지각 체계들의 긴요하게 진화된 본성을 강조해왔다(예: 테마 2). 동시에 경험의 중요한 역할도 강조해왔다(예: 테마 4). 따라서 지각과 지각 발달의 이해에 관심을 가지고 있다면, 본성과 양육 모두가 관여된다는 점을 고려해야 할 것이다.

그러나 어떤 심리학자들은 다소 극단의 입장을 취하기도 한다. 19세기 미국 심리학자인 William James는 신생아들의 세상이 '뒤죽박죽, 혼돈스러운 것'이라고 주장하였다(James, 1890, p. 488). 이런 경험주의자의 조망에 따르면, 신생아들은 눈을 뜨고, 무질서한 무작위적인 혼돈을 보는 것이다. 신생아들의 제한된 운동 및 의사소통 능력들을 감안하면, James가 어떻게 이런 결론에 도달했는지 쉽게 알 수 있다. 영민한 발달 심리학자들은 이런 어려움들을 극복하고 영아의 지각적 능력을 파악할 수 있는 방법들을 찾아냈다. 다음 절에서 발달 심리학자들이 사용하는 몇 가지 연구 방략들을 고찰할 것이다. 그들이 얻어낸 결과로부터 이제 우리는 매우 어린 영아들조차도 꽤나 유능하다는 것을 알게 되었다. 영아들은 William James가 언급한 혼돈의 세상이 아닌 어떤 구조를 세상에 부과한다(Johnson et al., 2005; Newcombe & Sluzenski, 2004).

곧 알게 되겠지만, 우리는 여러 선천적 능력들과 매우 유능한 감각 체계들을 가지고 태어난다. 그러나 유능하기는 해도 태어나자마자 이런 감각 체계들이 최적으로 기능하는 것은 아니다. 대신에 이런 체계들은 생애 전반에 걸쳐 발달해 간다. 지각적 능력의 변화 가운데 어떤 것들은 자연적인 발달에 의한 것이며, 다른 것들은 경험에 의한 것이고, 나머지는 자연적인 발달과 경험의 조합에 기인한다. 우리의 지각적 능력은 연령이 들어감에 따라 발생할 수도 있는 감각 능력에서의 어떤 저하를 보상해주는 중요한 역할을 하는 이전 경험과 함께 변화를 계속한다는 것을 기억하라. 따라서 본성과 양육의 상호작용은 한 사람의 인생 전체에 걸쳐 일어난다.

이전 장들에서 개인의 사적인 지각 경험을 완전하게 이해하기 어렵다는 점을 언급한 바 있다. 이 문제는 연구자들이 언어능력이 부족하고, 제한된 운동 능력을 가진 영아들을 연구할 때 더 복잡해진다. 지금부터 발달심리학자들이 영아 연구에 수반되는 복잡성에도 불구하고 어떻게 큰 진전을 이룩했는지 살펴보기로 하자.

영아의 지각 발달 연구

영아는 연구자에게 "왼쪽 도형이 더 멀리 있어요."와 같은 식으로 말을 할 수 없다. 영아는 걸어가서 파란색 공 대신에 초록색 공을 잡을 수도 없다. 그렇다면, 어떻게 우리는 영아의 깊이 또는 색채 지각에 대해서 알 수 있을까? 심리학자들은 영아의 지각적 능력들을 확인하기 위한 많은 명민한 방법들을 개발하였다.

이런 대부분의 방법들의 핵심에는 비록 영아가 운동 능력 부족으로 탐색이 제한되어 있기는 하지만 능동적으로 세상을 탐색할 수 있다는 점이 근간을 이루고 있다. 그럼에도 불구하고, 우리는 Eleanor Gibson의 말을 통해 다음과 같은 사실을 직시해야 한다.

> 지각은 심지어 신생아에게조차도 능동적이고, 탐색적이며, 동기화된다. 매우 어린 영아들은 원하든 원하지 않든 간에 수용체 표면에 떨어지는 에너지의 수동적인 수용자이기보다 적극적으로 정보를 획득하려는 그런 존재인 것이다(Gibson, 1987, p.515).

이런 능동적 개입은 분명 지금 논의하려는 세 가지 기본적인 방법들(선호법, 습관화법, 조건형성법)의 핵심이다. 먼저 이런 방법들의 기본 절차를 살펴본 다음, 영아에게 외현적 반응을 요구하지 않는 생리적 방법에 대해 설명하기로 하겠다.

선호법

선호법(preference method)은 '영아가 일관되게 다른 것보다 어느 하나의 대상을 적극적으로 바라보는 데 더 많은 시간을 소요한다면, 그는 분명 두 대상을 구분하고 있는 것이다'라는 아이디어에 기초된 것이다(Bornstein et al., 2005; Cohen & Cashon, 2003). 이 절차에 대해 당신은 직관적으로 발달 심리학에서 오랫 동안 사용되어 왔던 것임을 예측할 수 있을 만큼 명확한 그림을 떠올릴 수 있었을 것이다. 그러나 연구자들은 이 기법의 사용을 1958년에 처음으로 보고하였다(Berlyne, 1958; Fantz, 1958). 즉 직관적으로 오랜 역사를 가지고 있을 거라는 생각과 달리, 이 기법은 비교적 최근에 사용되기 시작하였다.

Fantz(1961)는 특수 제작된 '관찰실' 안에 설치된 작은 영아용 침대에 영아들을 눕혀 놓았다. 그는 검사 대상의 쌍(서로 약간 거리를 두고)을 관찰실 천장에 매달아 놓았다. 연구자는 두 대상의 중간 위치에 있는 벽에 낸 작은 구멍을 통해 영아들의 눈을 관찰하였다. 동공 바로 위, 눈의 중심에 검사 대상의 작은 상이 비치도록 하여 영아의 눈이 그것에 초점을 맞추는지 관찰하였다(예: 줄무늬 천 조각이나 회색 천 조각). Fantz는 영아가 줄무늬 천 조각을 응시한 시간과 회색 천 조각을 응시한 시간의 양을 기록하였다. 예를 들어 어떤 영아는 줄무늬 천 조각을 전체 시간의 65%를, 회색 천 조각에 35%를 응시할 수 있다. 위치 선호의 효과가 연구에 혼입되지 않도록 하기 위해 검사 회기들을 세심하게 통제하여 줄무늬 천 조각이 전체 시간의 절반은 왼쪽에, 나머지 절반은 오른쪽에서 제시되도록 하였다.

이런 영아의 응시 시간에 대한 정보는 우리에게 무엇을 알려 줄까? 만약 두 대상에 대한 영아의 응시 시간이 거의 같다면, 그 영아는 두 대상이 별반 차이가 없다는 것을 알려주는 것이다. 예를 들어 그 아기는 한 도형을 전체 시간의 48%를 응시하고, 다른 도형에 대해서는 52%를 응시할 수 있다. 그러나 만약 그 아기가 일관되게 한 도형을 더 길게 응시한다면(줄무늬 천 조각에 대해 65%, 회색 천 조각에 대해 35%와 같이), 그 아기는 두 도형이 차이가 있음을 알려주는 것으로 결론을 내릴 수 있다. 이런 기법은 광범한 지각 능력들(예: 시력, 색채시각, 얼굴과 같은 대상 지각 등)을 연구하는 데 사용되어 왔다.

영아가 두 자극의 차이를 알려 줄 수 있다는 사실을 넘어, 영아의 응시 시간에 대한 해석이 정확한지를 판단하기는 매우 어렵다는 것을 인식해야 한다(Aslin, 2007). 예를 들어 영아가 확실하게 탐지할 수 있는 두 개의 자극을 고려해보자. 응시 선호의 차이가 없다는 것은 두 자극이 모두 흥미롭다는 것을 의미하는 것일까, 아니면 두 자극이 모두 지루하다는 것을 의미하는 것일까? 어느 한 자극을 더 오랫 동안 응시한다는 것은 그것이 다른 자극보다 더 흥미롭다는 것을 의미하는 것일까, 아니면 놀랍거나, 혼란스럽거나, 무섭거나, 친숙하지 않다는 것을 의미하는 것일까?

게다가 한 영아가 전체 시간 중 80%를 어느 하나의 블록을 지속적으로 응시했고, 다른 영아는 전체 시간의 20%를 네 개의 블록을 응시했다고 가정해보자(네 개의 블록을 하나하나에 각각 5%의 응시 시간 분할). 전체 응시 시간은 동일하지만, 이들 두 영아가 유사한 방식으로 수행을 한 것이라고 생각하는가? 응시 선호법이 강력하기는 하지만, 이 방법은 대부분의 다른 행동 측정치와 동일한 문제를 겪는다. 즉 관찰

가능한 행동은 쉽게 측정될 수 있지만, 행동의 배후에 있는 심리적 원인들이 항상 명확한 것은 아니다.

습관화법

영아는 능동적으로 세상에 개입하기 때문에, 통상적으로 새 자극(전형적으로 동질적 배경에서 제시되는)은 영아의 주의를 끈다. 그러나 자극이 지속적, 혹은 반복적으로 제시되면, 영아는 그 자극에 대해 흥미를 잃는다. **습관화법**(habituation method)은 반복되는 자극에 대해 주의가 감소되는 **습관화**(habituation)라는 현상에 근간을 두고 있다(Bornstein et al., 2005). 아기가 여러 차례 제시된 대상에 관심을 덜 보일 때, 이는 그 아기가 그 대상을 기억하고 있음을 의미한다.

그러면 이제 전혀 다른 자극을 제시하면 어떤 일이 일어날까? 만약 그 영아가 그 자극이 새롭다는 것을 탐지할 수 있다면, 그 영아는 **탈습관화**(dishabituation), 혹은 응시 시간의 증가를 보일 것이다. 우리는 영아들로 하여금 "그래, 나는 이 새로운 자극과 전에 나한테 계속해서 보여주었던 싫증나는 자극이 다르다는 것을 말해 줄 수 있어!"라고 알려 줄 수 있도록 고무시키기 위해 이런 습관화 기법을 사용할 수 있다. 그러나 만약 아기가 이 새로운 자극을 무시한다면, 그 아기는 기본적으로 "지루하군. 이것은 이전 20회의 시행에서 계속 보여주었던 것과 같은 자극이잖아!"라고 말하는 것으로 결론을 내릴 수 있다.

조건형성법

조건형성에는 두 가지 유형이 있다. 즉 고전적 조건형성과 조작적 조건형성이 모두 발달 연구에서 사용된다(Rovee-Collier & Barr, 2001). **고전적 조건형성법**(classical conditioning method)의 경우, 실험자는 반복적으로 관심 조건 자극(예: 특정음)과 무조건 자극(예: 눈에 바람 불어 넣기)을 반복해서 짝지어 제시한다. 영아는 훈련 없이도 무조건 반응(예: 눈 깜박임)을 보일 것이다. 조건형성이 되고 나면, 영아는 눈에 바람을 불어 넣지 않고 음만 제시해도 눈을 깜빡일 것이다(조건 반응). 이는 그 영아가 음을 지각할 수 있음을 시사한다.

조작적 조건형성법(operant conditioning method)의 경우, 연구자들은 영아가 할 수 있는 반응을 선택하고, 영아가 그 특정 반응을 보일 때 보상을 해준다. Carolyn Rovee-Collier 등은 영아의 발차기(foot-kicking) 반응을 유용하게 사용하였다

(Rovee-Collier & Barr, 2001). 영아는 특별히 자주 하지는 않지만, 자연스럽게 발차기를 한다. 그러나 아이의 발 한쪽과 천정에 매달린 모빌(밝게 색칠되어 있는 여러 대상들을 포함하고 있는)을 끈으로 연결시켜 놓으면, 영아는 모빌을 움직이기 위해서(이 패러다임에서 보상) 발차기를 많이 할 것이다. 끈이 모빌과 연결되지 않을 때는(발차기에 대한 기준선을 설정하거나 검증할 때의 경우에서처럼), 조건형성이 된 영아는 모빌을 움직이려고 격렬하게 발차기를 할 것이다. 물론 영아는 모빌이 움직이지 않기 때문에 낙담할 것이다. 그러나 검사 단계가 비교적 짧은 경우, 영아의 발차기 행동은 멈추지 않을 것이다. 이런 조건형성 패러다임은 기억과 지각의 여러 영역에 적용되어 왔다.

생리적 방법

선호법, 습관화법, 조건형성법은 영아가 보여주는 행동적 반응에 의존한다. 다음절에서는 4장에서 처음 언급되었던 안구 운동에 대해 논의할 것이다. 이런 행동적 반응 역시 영아의 지각적 능력에 대한 통찰을 제공해준다. 그러나 2장에서 논의하였듯이,

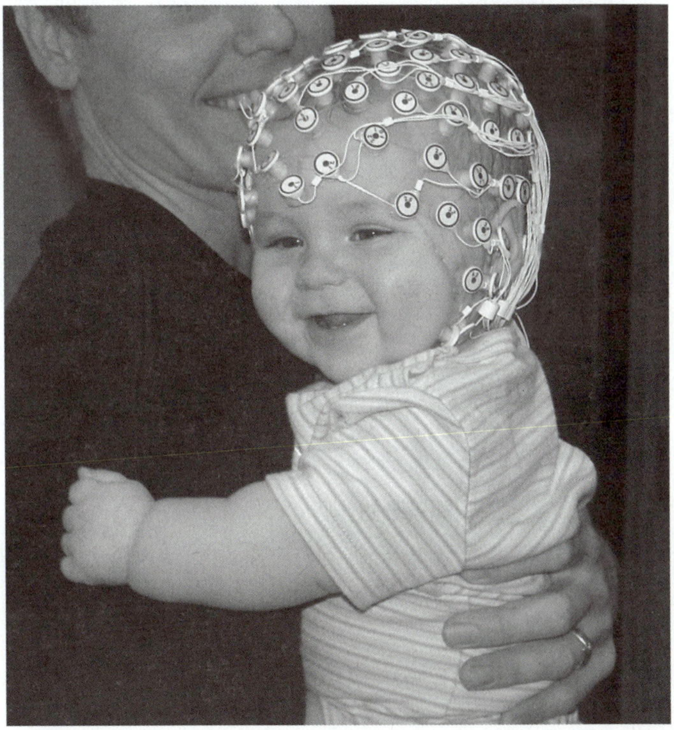

그림 14.1 EEG/ERP 측정을 위해 HydroCel Geodesic Sensor Net을 착용시킨 영아. Photo courtesy of EGI.

여러 상이한 방법들은 외현적 행동 반응보다는 생리적 변화에 의존한다. 이런 생리적 방법들은 영아로부터 외현적 반응을 요구하지 않기 때문에 유용하다.

성인의 지각 경험 연구에서 사용되는 여러 생리적 측정 기법들이 발달 연구에도 적용되어 왔다(Thomas & Casey, 2003). 예를 들어 심장박동율의 변화는 영아의 각성이나 주의의 지표로 사용될 수 있다(Bornstein et al., 2005). 시각 유발 전위는 연구자들로 하여금 시각 자극의 처리에 대한 추론을 가능하게 해주는 후두엽에서 발생하는 전기적 신호이다(Gwiazda & Birch, 2001). 연구자들이 이런 유발 전위나 다른 뇌 활동의 전기 생리적 측정치들을 연구할 때 영아들의 머리에 캡을 착용시킨다. **그림 14.1**에서 보듯이, 이 캡은 많은 전극들이 설치되어 있다. 아동에게 적용해 왔던 다른 방법들로는 신경 기능 영상을 들 수 있다. 한 가지 예로 기능 자기공명 영상(fMRI)이 있다(Scerif et al., 2006; Spelke, 2002; Stiles et al., 2003).

절 요약

영아의 지각 발달 연구

1. 영아들은 제한된 의사소통과 운동 능력을 가지고 있는데, 이것 때문에 사람들은 영아들의 지각적 능력을 과소평가할 수 있다. 연구자들은 의사소통 장벽을 극복할 수 있도록 해주는 여러 방법들(선호법, 습관화법, 조건형성법 포함)을 개발하였다.
2. 영아들은 세상을 적극적으로 탐색한다. 이는 영아들로 하여금 관심 자극들을 보도록 유도할 수 있게 해준다. 이런 사실은 선호법의 개발을 이끌었다. 만약 영아들이 다른 자극보다 어느 한 자극을 더 오랫 동안 바라본다면, 그 영아들이 자극들을 변별하고 있음을 의미하는 것이다.
3. 습관화법 역시 영아들의 타고난 능동적 특성을 근간으로 한다. 자극이 반복적으로 제시될 때 영아들은 그 자극에 습관화되는데, 이는 영아들이 그 자극에 관심을 덜 준다는 것을 의미한다. 새로운 자극이 제시되면, 영아들은 그것이 다르다는 것을 말하는 것처럼 관심을 기울일 것이다(탈습관화). 그러나 영아들이 그 새로운 자극을 원래의 자극과 구분하지 못하면, 그들은 새 자극에 관심을 덜 주게 된다.
4. 연구자들은 지각 발달을 연구하기 위해서 고전적 조건형성과 조작적 조건형성법을 모두 사용한다.
5. 행동적 반응에 의존하지 않는 생리적 측정과 같은 기법들은 영아의 지각적 능력을 연구하는 데 유용하다.

초기 시각 능력 발달

이미 언급했듯이, 아주 어린 영아들조차도 적극적으로 환경을 탐색한다. 그런 적극적인 탐색은 타고난 성향이다. Held와 Hein(1963)은 그들의 초기 연구에서 경험만으로는 이것이 환경에 대한 능동적 관여만큼 가치가 있지는 않음을 밝혔다. 이 연구자들은 새끼 고양이를 몇 주 동안 완전히 어두운 환경에서 길렀다. 이후 새끼 고양이들은 두 집단으로 분류되었다. 한 집단의 고양이는 **그림 14.2**에서 보여주는 것과 같은 시각적 환경을 적극적으로 탐색하도록 허용해주었다. 이 고양이들은 자유롭게 주변을 걸어 다닐 수 있었다. 이와 반대로, 다른 집단의 고양이들은 환경을 수동적으로 탐색하였다. 이 고양이들은 단지 능동적인 탐색이 가능하도록 허용된 고양이들의 움직임에 의해 따라 움직이도록 장치된 작은 카트를 통해서만 이동할 수 있었다.

나중에 이 고양이들을 검사했을 때, 능동적 고양이들은 정상적인 깊이 지각을 보

그림 14.2 수직 줄무늬 환경에 노출된 이전에 어두운 환경에서 자란 두 마리 고양이. 오른쪽에 있는 고양이는 능동적 환경 탐색이 허용되었다. 왼쪽에 있는 고양이는 동일한 수직 줄무늬 환경이라는 시각적 경험을 하지만 맞은편 고양이의 움직임에 의해 수동적으로 이동되는 카트에 실려 있다. 수동적 고양이는 줄어든 경험의 결과로 지각적 능력을 잘 발달시키지 못했다.

출처: Held & Hein(1963)

인 반면, 수동적 고양이들은 그렇지 않았다. 만약 당신이 정상적인 새끼 고양이를 탁자와 같은 평평한 표면 근처에 놓아두면, 표면에 오르기 위해 발을 쭉 뻗을 것이다. Held와 Hein의 연구에서 능동적 고양이들은 적절히 발을 뻗었지만, 수동적 고양이들은 그렇게 하지 못했다. 주목할 점은 고양이들이 모두 동일한 시각 경험을 했다는 것이다. 다만 고양이들은 능동적 환경 개입에서만 차이가 있었다. 따라서 유기체들은 발달을 위해 경험이 필요할 뿐만 아니라, 특정 유형의 경험에 능동적인 개입도 해야 한다.

시각 체계 발달에 대해서는 곧 논의하겠지만, 시각 처리에 기여하는 뇌 영역들의 발달에 있어 상당 부분은 시각적 경험에 의존한다는 점을 기억해야 한다. 4장에서 논의했듯이, 초년기부터 시각 입력을 박탈당했던 사람들은 회복된 시각 능력에 적응하기 어려운 것으로 보인다. 이런 어려움의 상당 부분은 발달하는 뇌의 가소성 때문에 발생하는 것으로 추정된다. 즉 발달하는 뇌 회로는 완전히 고정되는 것이 아니라, 신경 발화 패턴의 특성에 따라 변한다. 시각 경로에서 나오는 입력 정보가 없는 경우, 시각피질은 정상적인 시각 입력 정보가 있을 때 나타나는 연결과는 다른 연결 패턴을 생성시킨다. 초년기에 경험한 시각 박탈이 부정적인 영향을 끼친다는 증거가 많다(Maurer, Ellemberg et al., 2006; Maurer et al., 2007). 그러나 S. R. D. 사례(4장에서 논의되었던 선천적 백내장을 가진 젊은 여성)처럼, 상황이 완전히 암울한 것만은 아니다. 즉 발달 중인 뇌뿐만 아니라 성인의 뇌도 새로운 입력 정보에 적응할 수 있다(Maurer et al., 2005).

시각 체계 발달

어린 영아들의 눈은 광학적 질에 있어서 우수하다. 그러나 이들의 시각 체계는 애초에는 많은 물리적 한계를 지닌다. 예를 들어 눈과 수정체는 모두 완전히 발달했을 때보다 작다. (눈은 약 10센트 동전 크기에서부터 약 25센트 동전 크기까지 자란다.) 결국 망막에 형성되는 상은 작다. 게다가 망막 자체, 특히 중심와는 아직 완전하게 발달하지 않은 상태이다(Hainline, 1998; Kellman & Arterberry, 1998; Oyster, 1999). 예를 들어 원추체는 아직 영아의 중심와에 조밀하게 자리를 잡지 못한 상태이며, 그 모양도 들어오는 빛을 잡을 수 있을 만큼 최적 형태는 아니다. 결국 영아의 중심와는 덜 세밀한 시각 정보를 시신경으로 보내게 된다. 망막은 6세경에 이르러서야 완전히 발달되지만, 눈은 청소년기까지 계속해서 발달된다.

눈과 피질 사이의 신경 경로(시각피질 자체뿐만 아니라)는 태어날 때 완전히 발달된 상태가 아니다. 그러나 어떤 시각적 경험이 있기 전에도 상당한 기본적인 기능은 작동한다(Finlay et al., 2003). 예를 들어 시교차가 존재하고, LGN은 이미 왼쪽과 오른쪽 눈에서 들어오는 정보를 분리시키는 층들로 구분되어 있다(Huberman et al., 2005). 영아의 시각피질은 성인에게서 보여 지는 층으로 구분된 구조들을 보여주지만, 완전하게 조직화되어 있지는 않다(예: 눈우세 기둥이 존재하지 않음).

시각 체계의 부분들이 태어난 이후에 발달된다는 사실은 초기 영아의 시지각이 최적 상태가 아님을 의미한다. 그러나 그것은 또한 경험을 통해 어떤 신경적 발달이 조성될 수 있는 충분한 기회가 존재함을 의미하기도 한다(Maurer & Lewis, 2001b, Mrsic-Flogel et al., 2007; Westermann et al., 2007). 따라서 시각 체계는 발달의 일부는 고정되어 있으며, 다른 일부는 경험에 의존한다는 본성-양육 논쟁의 축소판이기도 하다.

지금부터는 이전 장들에서 이미 살펴보았던 여러 시각 능력들을 살펴보기로 하겠다. 경험과 시각 체계의 발달 사이의 복잡한 상호작용이 있다는 점을 알고 나면, 특정 연령기에 어떤 능력들이 다른 능력들보다 더 빨리 발달된다는 사실이 그리 놀랄 일은 아닐 것이다.

시력

4장에서 시력을 논의할 때, 정상 성인의 시력을 20/20으로 기술한 바 있다. 선호법과 시각 유발 전위를 포함한 다양한 방법들을 사용한 결과, 신생아의 시력은 20/400으로 기술될 수 있는데, 이는 거의 앞을 못 보는 수준에 해당된다(Bornstein et al., 2005).

신생아는 형편없는 시력을 가지고 있을 뿐만 아니라, 성인에 비해 대비 민감도도 떨어진다(Kellman & Arterberry, 2006; Maurer & Lewis, 2001a). 이미 논의했듯이, 시력은 전형적으로 높은 대비 조건(예: 흰색 바탕에 검은색 자극)에서 검사가 이루어진다. 성인 시력은 전형적으로 대비가 감소할 때(예: 밝은 회색 바탕에 짙은 회색 자극) 감소한다. 신생아들은 고대비 자극을 대비가 훨씬 덜한 자극으로 보기 때문에 그 자극을 구분하기 어렵다. 결국 신생아가 보는 것은 성인이 보는 것과 상당히 다르다. 이는 **그림 14.3**에서 잘 보여주고 있다.

다행스러운 것은 신생아가 대부분 최고의 시각 능력들을 요구하지 않는 입출력을 수반하는 수월한 삶을 산다는 것이다. 신생아는 엄마, 아빠와 같은 가까이에 있는

그림 14.3 이 두 개의 이미지는 성인과 신생아의 시지각 차이를 특징화시키기 위한 것이다. 오른쪽 이미지의 경우, 세밀함이 떨어질 뿐만 아니라 대비 또한 떨어진다는 것(밝기의 범위 제한)을 주목하라.

대상들을 볼 수 있다(그리고 냄새를 맡거나 소리를 들을 수 있다). 게다가 영아의 시력은 빠르게 발달한다. 보기 선호법을 사용한 결과, 연구자들은 생후 1개월 된 영아들이 회색 조각과 1/16인치 너비를 가진 검은색-흰색 줄무늬 자극을 구분할 수 있음을 발견하였다. 생후 6개월 정도가 되면, 영아들은 회색 조각과 1/64인치 너비의 검은색-흰색 줄무늬 자극을 구분할 수 있다. 영아들의 대비 민감도가 시력보다 더 느리게 발달하긴 해도, 이 민감도 또한 잘 발달된다. 5~6세경에 이르면, 시력과 대비 민감도는 모두 거의 성인 수준에 도달된다. 물론 정상적인 시각 발달 과정은 테마 4에서 진술하듯이 시각적 경험을 필요로 한다.

안구 운동

4장에서 몇 가지 다른 유형의 안구 운동을 논의한 바 있다. 두 눈의 중심와를 대상에 조절하기 위해 **이향 안구 운동**(vergence eye movement)이 필요하다는 것을 기억할 것이다. 매우 어린 영아들은 아직 양안시를 통해 깊이를 획득할 수 없지만, 이향 안구 운동만은 매우 정확하다(Gwiazda & Birch, 2001).

연구자들은 명확한 시각에 기여하는 **도약 안구 운동**(saccadic eye movement)과 같은 동향 안구 운동(version eye movement)에 관심을 가진다. 그러나 그런 안구 운동 역시 성인이나 영아가 무엇을 지각하는 지에 대해 알 수 있는 중요한 방법론을 제공해준다. 성인에게도 마찬가지지만, 영아들은 실제로 어떤 대상에 안구 운동을 일으키기 전에 먼저 그 대상에 주의를 이동시킨다. 따라서 우리는 세상 속 무엇이 그들의 관심을 끄는 지에 대해 알 수 있다(Aslin & McMurray, 2004; Hayhoe, 2004). 안구 운동 측정 기술과 관련한 최근의 진전과 함께 이런 비언어적 반응은 영아의 지각과 인지를 연구하는 데 사용되는 중요한 도구로 포함될 수 있다.

어린 아이와 함께 까꿍놀이를 해본 적이 있다면, 그 아이가 숨겨진 대상이 다시 나타났을 때 매우 기뻐한다는 것을 알고 있을 것이다. 아직 대상 영속성을 획득하지 않은 아주 어린 영아들의 경우, 숨겨진 대상은 사라진 것이다! 연구자들은 영아 발달을 연구함에 있어 대상 숨기기 방법을 많이 사용해 왔다(Hepos & Baillargeon, 2006; Kaufman, Csibra et al., 2003, Kaufman et al., 2005). 그 결과 아이들이 생후 2.5개월 정도가 되면 대상 영속성을 획득한다는 것을 알게 되었다(Baillargeon, 2004). 또한 숨겨진 대상들에 대한 어린 아이들의 기대와 관련하여 동향 안구 운동이 어떻게 사용될 수 있는지 살펴보기로 하자.

Gredeback과 von Hofsten(2004)은 컴퓨터 화면에 제시된 원 주위를 이동하는 작은 스마일리 페이스(주로 노란색 바탕에 웃고 있는 얼굴 그림)를 바라보도록 하는 동안 영아들의 안구 운동을 측정하였다. 스마일리 페이스는 다른 속도로 움직였고, 그 얼굴 이동 경로의 20%를 가리게 되는 검은색 사각형 뒤로 이동하여 나타나기도 하였다. 영아들은 이동하는 스마일리 페이스를 추적(부드러운 추적 운동)하지만, 그 얼굴이 차폐 사각형 뒤로 이동할 때 영아들은 어떻게 할까? 그 과제를 처음 해보았을 때조차(생후 6개월 정도) 영아들은 매우 정확하게 그 스마일리 페이스가 어디에서, 언제 나타날 것인지를 예측하는 도약 안구 운동을 보였다. 영아들은 또한 스마일리 페이스의 이동 속도에 따라 안구 운동도 조절하였다. 따라서 생후 6개월 정도가 되면, 안구 운동은 매우 정교해져서 영아가 세상에 대해 무엇을 알고 있는지를 잘 알려준다.

심화학습
모양 지각

5장에서 성인이 대상을 지각하기 위해 사용하는 여러 단서들을 논의한 바 있다. 이 단서들은 모서리 탐지, 게슈탈트 원리, 농담에 의한 모양, 운동에 의한 모양 등을 포함한다. 이 단서들은 모두 영아의 모양 지각에도 중요한 역할을 하기 십상이다(Kellman & Arterberry, 2006; Quinn, 1999). 영아가 모양을 지각하기 위해 모든 단서들을 학습할 필요가 있을까? 만약 필요하다면, 영아는 어떻게 그런 묘기를 발휘할까? 영아의 모양 지각과 관련된 문제는 많은 연구들이 수행되었을 만큼 조명을 받은 연구 주제이다.

비록 신생아가 대상에 대해 어떤 관념을 가지고 태어날지라도, 대상 지각의 발달은 수개월 혹은 수년에 걸쳐 이루어진다(Mondloch et al., 2003). 예를 들어 영아는 4개월이 되기 전에 대상의 어떤 속성들(예: 견고함)에 대해 민감하고, 대상들을 보다면 배경 위에 있는 전경들로 본다(Johnson, 1998). 이미 언급했듯이, 어떤 환경에서 이 영아들은 대상이 보이지 않을 때조차도 계속 존재한다는 것을 인식한다(대상 영속성). 4개월 정도가 된 영아들은 대상이 다른 대상에 의해 부분적으로 가려졌을 때도 그 대상 전체를 보는 식의 학습을 한다(Johnson, 2004). 그 연령에 이르면 영아들은 또한 가능한 대상과 M. C. Escher의 그림에서 보는 것과 같은 불가능한 대상을 구분할 수 있다(Shuwairi et al., 2007). 그러나 영아가 대상의 정체에 대해 분명한 감각을 갖게 되려면 한 살은 되어야 한다(Carey & Xu, 2001). 예를 들어 그 시점에서 영아들은 서로 접촉해 있는 두 개의 대상들이 사실은 분리되어 있는 객체라는 것을 말할 수 있다.

지금부터 영아에게 매우 중요한 유형의 대상에 대해 초점을 맞춘 연구들에 주의를 돌려보기로 하자. 사회적 상호작용이 중요하다는 점에 비추어, 영아는 가능한 이른 시기에 얼굴을 인식하고 읽을 수 있어야 한다. 영아들은 얼마나 이른 시기에 얼굴을 지각할 수 있을까?

영아의 얼굴 지각에 관한 초기 연구 중 하나로 Fantz(1961)는 2~3개월 된 영아들이 다른 패턴이나 밝은 색판보다는 만화 얼굴 보기를 더 선호한다는 것을 확인하기 위해 선호법을 사용했다. 그러나 그 영아들은 어느 정도 경험이 있는 아이들이다. 그러면 신생아들은 얼굴을 보는 것을 선호할까? 만약 그렇다면 그 결과는 본성-양육 논쟁에서 본성 측면을 지지하는 것일까?

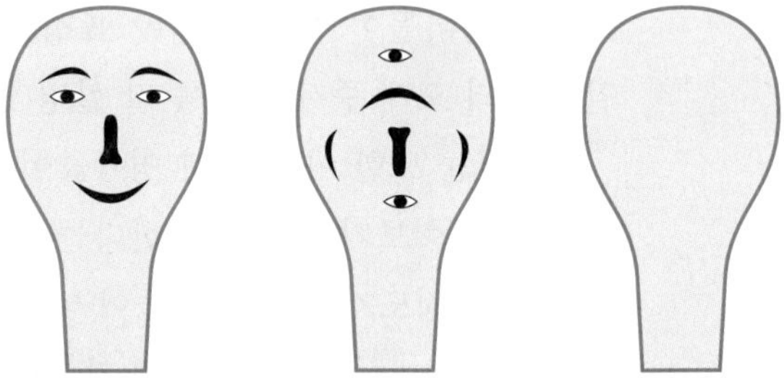

그림 14.4 Morton과 Johnson(1991)의 연구에서 신생아들은 눈, 코, 입이 뒤 섞여 있는 얼굴(가운데)이나 눈, 코, 입이 없는 얼굴 형상(우)과 비교해서 얼굴 형상이 잘 갖추어져 있는 도식적 얼굴을 더 멀리까지 눈으로 추적하였다.

얼마나 이른 시기에 얼굴 보기 선호가 나타나는지 알기 위해 Goren 등(1975)은 태어난 지 9분 정도 된, 얼굴을 본 적이 없는 신생아들을 연구했다. 경험이 없음에도 불구하고, 이 신생아들은 **그림 14.4**에서 보여주는 것처럼 눈, 코, 입이 뒤 섞인 얼굴 자극(scrambled-face)이나 눈, 코, 입이 없고 얼굴의 형상만 있는 자극(blank-face)보다 도식적 얼굴 모양 자극(schematic face)을 눈으로 추적하였다. 좀 더 나이든 신생아들(이 경우, 약 1시간)을 대상으로 연구한 Morton과 Johnson(1991) 또한 영아들이 눈, 코, 입이 뒤 섞인 얼굴 자극과 얼굴 형상만 있는 자극보다는 얼굴 자극을 눈으로 추적한다는 것을 발견하였다. 항상 그런 결과만 얻어진 것은 아니지만(Easterbrook, Kisilevsky, Hains et al., 1999; Easterbrook, Kisilevsky, Muir et al., 1999), 상이한 자극과 방법론을 사용한 다른 연구들도 신생아들이 얼굴 보기를 선호한다는 것을 확인했다(Farroni et al., 2005; Mondloch et al., 1999).

신생아의 시각 능력에 비추어, 신생아가 성인의 얼굴을 볼 때 실제로 얼굴을 보는 것인지는 분명치 않다. **그림 14.3**에서 보여주었듯이, 세부와 대비는 분명 떨어진다. 그럼에도 생후 30분 정도 밖에 되지 않은 신생아들은 종종 성인의 얼굴 표정을 모방한다(Slater, 1998). 따라서 영아들은 특정 얼굴 운동(예: 혀를 내미는 것)을 탐지할 수 있을 만큼 충분한 세부를 보는 것만큼은 확실하다. 또한 영아들이 거울에 비친 모양을 본 적이 없음에도 불구하고, 그들은 그들이 보고 있는 성인과 어떤 등가성을 공유하고 있음을 이해하고 있음에 틀림없다(Meltzoff, 2002a, 2002b; Meltzoff & Moore, 1999). 이 영아들이 자신들의 얼굴을 볼 수 없다는 사실에 비추어 볼 때 어떻게 그런 행동을 모방할 수 있는지는 흥미로운 문제이다.

영아들이 성인을 모방하는 이유 또한 흥미로운 문제이다. 대답은 인간이 사회적 동물이기 때문에 다른 인간과 관계성을 발달시키는 것이 매우 중요하다는 사실(특히 매우 의존적인 영아에게)에서 찾아볼 수 있다. 사회적 상호작용이 중요하다는 것은 또한 신생아들이 성인의 얼굴 표정에 민감한 이유(공포를 보이는 얼굴보다 행복한 얼굴을 더 오래 주시한다)를 잘 설명해준다(Farroni , Monon et al., 2007).

연구는 또한 아주 어린 영아들이 낯선 사람의 얼굴과 비교해서 엄마의 얼굴이나 친숙한 얼굴 보기를 더 좋아한다는 것을 확인했다. 예를 들어 Walton 등(1992)은 생후 24시간 정도가 된 신생아들이 낯선 여성이 나오는 비디오보다 엄마가 등장하는 비디오에 유의미하게 더 많은 빨기 반응을 보인다는 것을 발견하였다. 어린 영아들은 또한 자신들을 직접 응시하는 얼굴 보기를 더 선호한다(Farroni et al., 2002; Farroni, Massaccesi et al., 2007; Farroni et al., 2006). 예를 들어 연구자들은 먼저 영아를 자신을 직접적으로 응시하는 것으로 보이는 성인 사진에 습관화시켰다. 후에 동일한 얼굴이나 새로운 얼굴을 볼 기회가 주어질 때, 그 영아는 새로운 얼굴을 더 오래 본다. 그러나 만약 애초의 사진이 영아를 직접적으로 보는 것이 아닌 다른 곳을 보는 성인이면, 영아들은 더 빠르게 습관화되었다. 이는 영아를 직접적으로 응시하는 것으로 보이는 얼굴을 더 선호한다는 결과와 일치한다. 나중에 시선을 피하고 있는 애초의 사진이나 시선을 피하고 있는 성인의 새로운 사진 중 하나를 선택하도록 했을 때, 이 조건의 영아들은 새로운 얼굴에 대한 선호를 보여주지 않았다.

얼굴에 대한 제한된 경험에도 불구하고, 어린 영아들은 매력이 없는 얼굴보다는 매력적인 얼굴 보기를 선호한다. 아이의 얼굴 매력도 지각은 경험을 통해 지속적으로 발달된다(Cooper et al., 2006).

지각된 매력도가 경험의 중요한 역할을 확인시켜 주는 얼굴 지각의 유일한 영역은 아니다. 일반적으로 말하면 어린 아이들은 얼굴 특징에 더 초점을 맞추는 반면, 성인들은 특징뿐만 아니라 전체적인 형상도 처리한다. 즉 성인들은 사람의 눈뿐만 아니라 눈의 상대적 배치와 전체 얼굴에 민감하다. 아동의 얼굴 지각이 언제 성인의 얼굴 지각과 유사해지는지는 명확하지 않은데, 4세경일 수도 있고, 청소년기일 수도 있다(de Heering et al., 2007; Mondloch et al., 2004; Mondloch et al., 2002; Mondloch, Leis et al., 2006; Mondloch, Maurer et al., 2006).

얼굴 지각의 변화 가운데 일부는 전적으로 경험에 기인하기보다 아이의 시각과 인지 능력 발달에 기인할 수 있다. 그러나 백내장을 가지고 태어난 아동과 같이 시각 입력 정보를 박탈당한 사람들의 경우 경험이 중요한 것만은 확실하다. 시각적 경험이 없는, 특히 우반구로의 입력 정보가 박탈당한 사람들은 얼굴 지각에서 결함을 보인다(Geldart et al., 2002; Le Grand et al., 2003, 2004).

따라서 일반적인 모양 지각과 얼굴 지각은 특히 경험의 중요한 역할이 타고난 능력을 기반으로 영향을 미친다는 것을 잘 보여준다. 발달 과정 전반에 걸쳐 본성과 양육의 상호작용을 확인할 수 있지만, 말소리 지각의 발달에서 제기되는 논쟁에 특히 관심을 갖기 바란다.

깊이 지각과 거리 지각

2층 복도를 따라 기어가다 아래로 내려가는 계단에 멈춘 다음, 1층 바닥과 상단 첫 번째 계단을 번갈아 보고 있는 생후 10개월 된 영아를 생각해보자. 이 영아는 깊이를 지각할까? 이 질문은 James J. Gibson(직접 지각 접근법을 기억하라)의 아내인 Eleanor J. Gibson (1910~2002)에게 큰 관심사였다. 고전적 연구에서, Eleanor Gibson과 Richard Walk(1960)는 시각 절벽을 사용하여 깊이 지각을 연구했다.

그림 14.5에서 보여주는 것처럼, **시각 절벽**(visual cliff)은 영아들로 하여금 얕아 보이는 면과 깊어 보이는 면 사이에서 선택을 하도록 한 장치이다. 영아들은 두 면을 모두 커버하는 강화유리가 깔려 있는 보드에 놓여진다. 한쪽 면에는 체크무늬 패턴이 유리 바로 아래에 놓여 있으며, 다른 면에는 동일한 체크무늬 패턴이 유리 아래에 일정 거리를 두고 놓여 있다. 이 장치를 시각 절벽이라 부르는 이유는 보드의 깊은 면이

그림 14.5 Gibson과 Walk(1960)는 영아의 깊이 지각을 연구하기 위해 이 그림과 유사한 시각 절벽을 사용했다.

가현적 절벽으로 보이기 때문이다. 성인에게 있어 **그림 14.5**의 왼쪽에 있는 패턴은 패턴의 요소들이 작기 때문에 더 멀어 보인다. Gibson과 Walk는 영아들의 지각이 이와 유사한지를 확인해보고 싶어 했다.

한 실험에서, Gibson과 Walk는 생후 6~14개월 된 36명의 영아를 대상으로 실험을 진행하였다. 그들은 한 명의 영아를 보드에 올려놓고, 엄마에게 얕은 면과 깊은 면에 서서 아이를 불러보도록 요청했다. Gibson과 Walk는 27명의 영아들이 실험이 진행되는 동안 보드 중앙의 깊은 면이 시작되는 지점에서 뒤로 물러나려고 했다(27명 모두는 적어도 한 번은 얕은 면 위를 기어갔다). 이와는 반대로, 단지 3명의 영아만이 깊은 면 위로 기어갔다. 따라서 이 결과는 기어 다닐 수 있는 연령의 영아들은 깊은 면과 얕은 면을 구분할 수 있음을 시사한다. 그들의 깊이 지각은 잠재적으로 위험한 깊은 면을 피할 수 있도록 잘 발달되어 있다.

Gibson의 연구는 일단 영아들이 주변을 움직일 수 있을 만큼의 연령에 이르면 깊이 지각과 같은 필요한 지각 능력들을 발달시킨다는 생각을 지지해준다(Campos et al., 2000). 그러나 영아들이 기어 다닐 수 있기 전, 아주 어린 영아들도 깊이와 거리 지각 능력을 가지고 있다. 예를 들어 생후 1개월 밖에 되지 않은 영아들이라 하더라도 대상이 자신들에게 가까이 다가온다는 것을 표현할 수 있다(Kellman & Arterberry, 2006). 생후 2개월 정도가 되면 영아들은 운동을 깊이 단서로 사용하기 시작한다. 생후 3개월에 이르면 영아들은 양안 깊이 정보를 사용하기 시작한다(Johnson et al., 2005). 수개월이 지나면, 영아들은 중첩과 같은 회화 깊이 정보 단서들을 사용하기 시작한다. 생후 6개월이 되면, 영아들은 자신들의 발가락이 무릎보다 더 멀리 떨어져 있으며, 침대 위에 매달린 모빌이 천정보다 더 가깝다는 것을 알 정도로 깊이 지각에서 전문가 수준에 이른다.

자신과 다른 대상 사이의 공간적 관계를 이해하기 어려운 경우가 종종 있다. 만약 낯선 도시에서 특정 식당을 찾으려고 시도한 적이 있다면, 이 말이 무슨 의미인지 잘 알 것이다. 따라서 공간적 지식을 관념화하는 방법들은 많은데, 어떤 과제의 경우 생후 6개월 된 영아들은 애를 먹는다(Newcombe & Huttenlocher, 2000; Newcombe & Learmonth, 2005; Newcombe & Sluzenski, 2004). 예를 들어 당신이 아이 앞에 놓인 커다란 모래상자 안에 인형 하나를 숨긴 다음, 몇 분 동안 그 아이를 다른 곳에 있도록 했다고 하자. 모래상자가 있는 곳으로 돌아왔을 때, 2세 된 아이는 그 인형을 매우 쉽게 찾아낼 수 있을 것이다. 그러나 그보다 어린 영아들은 그렇게 하지 못할 것이다. 어린 영아들이 유능한 만큼, 그들은 수년에 걸쳐 깊이와 거리 관계성을 계속해서 학습해 나갈 것이다.

색채 지각

영아들은 색을 볼 수 있을까? 간단한 질문처럼 생각할지 모르지만, 이 질문은 연구를 통해 쉽게 대답을 찾을 수 없는 질문이다. 잠시 색각 결함을 가진 성인들이 어떤 식으로 정상 시각을 가진 사람들과 현저히 다르게 보는 파장들의 세계를 처리하는지 고려해보자. 그들은 다른 사람들이 파장에 기초하여 행할 수 있는 변별을 미세한 밝기 차이를 사용하여 변별할 수 있다. 따라서 영아가 지각된 밝기 차이가 아닌 지각된 색 차이로 색을 변별한다고 확신하기는 어렵다.

하지만 이런 어려움에도 불구하고, 정교한 연구는 이제 생후 8주 정도의 영아들이 기능하는 M과 L원추체를 가지고 있음을 확인했다(Orel-Bixler, 2002). 따라서 그 나이의 어린 연령의 영아들은 다른 많은 포유류처럼 이색형 색각자이다(Bowmaker & Hunt, 2006). S원추체는 나중에 나타나는데, 생후 4개월 정도가 되어야 영아들의 색채 지각이 성인과 유사해진다(Kellman & Arterberry, 2006).

운동 지각

시각능력 발달 목록의 마지막 항목에 이르면서 아마도 당신은 운동 지각 발달을 평가하기가 쉽지 않음을 직감할 것이다. 더 복잡하게 만드는 것은 운동 지각 자체의 본질이다. 9장에서 살펴보았듯이, 운동에 관한 망막 정보는 애매하다. 망막에서의 움직임은 세상 속에서 일어나는 움직임을 신호하거나 신호하지 않을 수 있기 때문이다.

태어나자마자 아기들은 불쑥 나타나는 대상과 같은 어떤 유형의 움직임에 반응한다. 그들은 또한 근거리에서 움직이는 대상을 눈으로 추적하는데, 이는 신생아들의 정상적인 시각 검사에서 적용되는 부분이다(Ricci et al., 2007). 그러나 그들은 성인이 탐지할 수 있는 매우 느리거나 빠른 움직임을 탐지할 수 없다. 운동 방향에 대한 민감도는 신생아에게는 존재하지 않지만, 6주 정도가 지나면 나타난다.

생후 6개월 정도가 되면, 아기들은 비교적 감지하기 힘든 일부 운동을 변별할 수 있다. 예를 들어 그들의 방향에 대한 민감도는 향상된다(Mason et al., 2003). 그들은 또한 가리는 대상 뒤로 움직이는 표적의 움직임을 추적하는 데 유능해진다(Bremmer et al., 2005; Johnson et al., 2003; Spelke & von Hofsten, 2001). 하지만 여전히 차폐물은 도전을 안겨준다(Spelke & von Hofsten, 2001). 이 연령의 영아들은 전역적 생물학적 운동을 지각하기 시작한다(Pinto, 2005).

그러나 어떤 유형의 움직임 지각은 여러 해에 걸쳐 발달된다. 예를 들어, 만약 당신이 시각적 잡음 속에 점빛 자극을 삽입하면, 6세 아이들은 생물학적인 운동을 지각하는 데 있어 성인보다 더 어려움을 겪는다(Freire et al., 2006). 그리고 5세 아이들은 두 가지 느린 속도로 움직이는 검은색과 흰색 격자들을 구분하는 데 있어 성인보다 더 어려움을 겪는다(Ahmed et al., 2005).

누적된 증거들에 따르면, 아기들은 어떤 원시적 운동(primitive motion)을 즉시 지각할 수 있다. 더 나아가, 생후 6개월 정도가 되면 좀 더 감지하기 힘든 유형의 움직임들을 이해하기 시작한다. 그러나 아이들은 여러 해에 걸쳐 일부 복잡한 유형의 운동 지각을 점진적으로 발달시킨다.

절 요약

초기 시각 능력 발달

1. 영아의 지각은 수동적인 과정이 아닌 능동적이고 탐색적인 과정이다. 그런 능동적인 환경에의 개입은 지각 발달에 중요하다.
2. 신생아는 잘 발달된 중심와를 가지고 태어나지 않는다. 시각 경로와 시각피질 역시 완전하게 발달된 상태가 아니다. 그러나 시각 체계는 매우 빠르게 발달한다.
3. 시력은 여러 방법으로 측정될 수 있지만, 신생아들의 시력은 거의 시각장애인(20/400) 수준이라는 일관된 증거들이 있다. 시력은 빠르게 발달하여, 5~6세에 이르면 거의 성인 수준에 도달한다.
4. 아주 어린 영아라도 매우 정확한 이향 안구 운동이 가능하다. 연구자들은 안구 추적 장치를 사용하여 도약 안구 운동을 측정함으로써 영아의 인지적 및 지각적 능력을 연구한다.
5. 영아는 태어나면서 몇몇 대상들을 지각할 수 있지만, 대상 지각은 수년에 걸쳐 서서히 발달된다.
6. 출생한 지 수 분 내에 신생아들은 얼굴 보기를 선호한다. 특히 신생아들은 엄마의 얼굴, 자신들을 직접 응시하고 있는 얼굴, 성인들이 매력적으로 느끼는 얼굴 보기를 선호한다.
7. 얼굴 지각은 얼굴의 세부특징에 중점을 두는 것에서 시작하여 점차 세부특징들의 전역적 형상에 중점을 두는 식으로 오랜 기간에 걸쳐 서서히 발달된다.
8. 연구들에 따르면, 생후 3개월 된 영아들은 거리를 지각함에 있어 양안 깊이 정보를 사용한다. 6개월 정도가 되면 이들은 회화 단안 단서 종류를 사용할 수 있다.

9. 4~8주 사이의 영아들은 기능하는 M과 L원추체를 가지고 있고, 따라서 그들은 이색형 색각자이다. 그러나 4개월 정도가 되면 영아의 색채시각은 거의 성인과 유사하게 된다.
10. 신생아들은 단순한 움직임에 주목하며, 6개월이 되면 생물학적 운동과 같은 더 복잡한 운동 자극을 지각할 수 있다. 그럼에도 불구하고, 운동 지각은 여러 해에 걸쳐 점진적으로 발달된다.

초기 청각 능력 발달

지금까지 신생아들의 시각능력은 태어난 직후에는 매우 제한적이긴 하지만, 영아기 동안 적절한 경험을 통해 급격히 발달된다는 것을 살펴보았다. 이와 반대로, 신생아들의 청각 능력은 비교적 정교하다. 먼저 청각 체계의 발달에 대해 살펴본 다음, 말소리 지각 발달에 초점을 맞추기로 하겠다.

청각 체계 발달

청각 체계는 임신 20주에서 출생 사이의 시기에 상당히 발달된다(Lasky & Williams, 2005). 약 25주가 되면, 태아는 꽤 큰 외부 소리에 반응한다. 만약 임피던스 불일치(impedence mismatch)라는 개념을 떠 올린다면, 양수로 채워진 태아의 환경이 소리 전달을 위한 이상적인 환경이 아님을 깨닫게 될 것이다. 외이와 중이는 액체로 채워져 있기 때문에, 내이의 융모세포를 발화시키려면 외부 소리가 상당히 강해야 한다.

태아가 경험하는 소리가 모두 다 외부 소리만은 아니다. 자궁의 삶은 어둡지만, 분명히 조용한 것만은 아니다! 예를 들어 태아의 머리 주변 음수준(sound level)은 약 80dB 정도로, 이는 주로 엄마의 맥박에서 나오는 소음에 기인한다. 일정한 소리에 습관화되는 대신, 신생아는 실제로 심작박동 소리에 대해 선호를 보인다. 출생이 가까워지면 태아는 또한 엄마의 음성에 대해서도 선호를 보이는데, 이는 낯선 사람의 음성에 비해 엄마의 음성을 들을 때 심장박동수가 증가되는 것을 통해 알 수 있다(Kisilevsky et al., 2003).

비록 신생아들이 일반적으로 다른 음성에 비해 엄마의 음성을 더 선호하더라도, 그들은 실제로 공기를 통해 전송되는 음성보다는 액체를 통해 전송되는 엄마의 음성을 더 선호한다(Lasky & Williams, 2005). 신생아는 심지어 다른 언어보다는 엄마가 구사하는 언어 청취를 선호한다(Werner & Bernstein, 2001). 그리고 이런 선호도는 매우 특정적일 수 있다. 예를 들어 신생아의 엄마가 임신 마지막 6주 동안에 Dr. Seuss의 '*The Cat in the Hat*'을 반복해서 큰 소리로 읽어 주었을 때, 신생아는 유사한 다른 이야기보다 '*The Cat in the Hat*'을 듣기를 더 선호한다(De Casper & Spencer, 1986). 확실히 태아는 태어나기 몇 주 전부터 다양한 소리를 듣는다.

신생아의 청각적 능력을 평가하기 위해서, 청각학자들은 전형적으로 9장에서 논의했던 이음향방사(otoacoustic emission)를 포함한 청력 선별 검사를 행한다(Morton & Nance, 2006). 신생아는 성인만큼 잘 들을 수 없는데, 강도 역치가 40dB 정도까지 증가되고, 특정 주파수에 덜 민감한 특성을 보인다(Werner & Bernstein, 2001). 소리의 위치 파악(auditory localization)은 신생아로 하여금 소리가 나는 방향으로 머리를 움직이도록 할 때, 거의 정확하다(Slater et al., 2002). 생후 3개월 정도가 되면, 영아들은 약 20도의 최소 가청각도(MAA)를 보인다. 그러나 5세 정도가 되면, 아이들은 성인 수준의 MAA(1도)를 보인다(Werner & Bernstein, 2001).

내이는 태어날 때 비교적 잘 발달된 상태이기 때문에, 신경 발달은 청각 능력의 발달을 잘 설명해준다(Saffran et al., 2006). 6개월 정도가 되면, 영아들은 고주파수음에 훨씬 더 민감해지지만, 여전히 유사 주파수들을 구분하는 데는 어려움을 겪는다. 이 시기에, 소리의 위치 파악은 10도의 MAA까지 향상된다. 여러 청각 능력들은 점진적으로 발달되는데, 어떤 능력들은 6세 이상이 되어야 완전하게 발달된다.

분명히 영아의 청각 체계 발달은 그들로 하여금 넓은 범위의 청각 자극을 지각할 수 있도록 점차적으로 이루어진다. 그러나 영아가 접하는 가장 중요한 청각 자극은 말소리이다. 지금부터는 인간 발달에 있어서 흥미를 일으키는 말소리에 대해서 살펴보기로 하자.

말소리 지각

발달에 있어서 말소리의 중요한 역할을 이해하기 위해서 영아(infant)라는 단어가 '말소리가 없는(without speech)'이라는 뜻의 라틴어에서 유래되었음을 고려해야 한다. 어떻게 아이들이 말소리가 없는 상태에서 그렇게 빠르게 말소리를 이해하고 산출할 수 있을까? 11장에서 논의했듯이, 연구자들은 이런 핵심적 인간의 능력을 설명하기 위해서 여러 이론들을 제안하였다.

6세가 되면, 아이들은 약 14,000개의 단어를 숙달한다. 이렇게 많은 어휘를 습득하기 위해서, 아이들은 6세가 될 때까지 생후 1년부터 매일 평균 8개 정도의 새 단어들을 학습해야 한다. 어떻게 아이들은 언어를 그렇게 쉽게 숙달할 수 있을까? 인간의 뇌가 언어를 위한 하드웨어 내장형이라서 그럴까?

언어 발달 분야는 본성-양육 논쟁이 벌어지는 비옥한 땅임에 틀림없다(Bates et al., 2002; Diehl et al., 2004; Lamb et al., 2002). 비록 어느 편의 손을 들어 줄 만큼 세세하게 그 논쟁을 기술할 수는 없을지라도, 양측 모두 각자의 입장을 지지해주는 설득력 있는 증거를 가지고 있음을 알아야 한다. 그리고 만약 당신이 도박사라면, 논쟁의 두 극단 사이의 어느 지점에 놓인 해결책에 돈을 걸어야만 한다. 즉 뇌는 언어 발달을 지지하지만, 경험은 뇌 발달을 조성하고 특정 언어 기술을 획득하는 데 중요한 역할을 한다.

말소리 지각 발달에서 중요한 세 가지 영역을 살펴보도록 하자. 11장에서 살펴보았듯이, 의미 있는 말소리들(음소)은 음향의 내용에서 약간만 변한다. 영아들은 이런 음소들을 변별하는 능력을 언제 발달시킬까? 다른 화자들에 의해(혹은 다른 시점에서 같은 화자에 의해) 산출되는 음소들도 많은 차이가 있다. 비록 매우 다르게 소리가 나더라도 두 음소가 동일하다는 것을 영아들은 언제 학습할까? 마지막으로 당신은 정상적인 말소리에서 음향 정보가 단어들 간의 분명한 경계가 없는 소리 흐름 속에 도달한다는 것을 알고 있다. 영아는 언제 이런 청각적 흐름에서 단어들을 추출하는 학습을 할까?

음소 변별: 무엇이 다른지 학습하기

연구에 따르면, 영아들은 11장에서 논의된 말소리의 기본 단위인 매우 유사한 음소들을 변별할 수 있는 뛰어난 능력을 가지고 있다. Peter Eimas(1934~2005)와 그의 동료들(1971)은 생후 1~4개월 사이의 영아들을 대상으로 말소리 지각을 검증하는 고전적인 연구를 수행하였다. 기본적으로 그들은 습관화법을 고 진폭 빨기 절차와 조합해서 사용했다. **고 진폭 빨기 절차**(high-amplitude sucking procedure)에서 영아들은 조건형성을 통해 말소리와 같은 자극을 산출하기 위해서 고무 젖꼭지를 빠는 학습을 했다. 예를 들어 영아들은 'bah' 소리를 내기 위해서 빨기를 활발하게 한다. 처음에 영아들은 'bah' 소리를 내기 위해서 활발하게 빨기를 하지만, 5분 후면 영아들은 습관화되어 빨기 반응을 줄인다. 이 시점에서 연구자들은 영아의 빨기와 'pah'와 같은 새로운 소리를 짝지어 준다. 11장의 논의 내용을 기억하겠지만, 이런 두 소리는 성대진동 시작 시간의 아주 작은 차이를 제외하고는 거의 동일하다.

그럼에도 불구하고, 더 어린 영아들조차도 탈습관화를 보여주었다. 즉 새로운 말소리가 제시될 때, 그들의 빨기는 이전의 활발한 수준으로 되돌아갔다. 다시 말해서, 생후 1개월 밖에 되지 않은 영아도 'pah'와 'bah'를 구분할 수 있다. 후속 연구들은 이런 전 언어 단계의 영아들이 많은 다른 음소들을 변별할 수 있음을 확인했다(Houston, 2005; Jusczyk et al., 1998; Jusczyk & Luce, 2002; Saffran et al., 2006). 그러나 이런 영아들은 여전히 말소리 능력이 없기 때문에, 음소는 영아들의 언어 단위가 될 수 없다. 따라서 영아는 음향적 속성에 기초하여 소리들을 구별해야만 한다. 그리고 11장의 범주 지각에 관한 논의 내용을 기억하겠지만, 말소리를 낼 수 없는 동물조차도 유사한 변별을 할 수 있다.

전 세계의 이런 초기 연령의 영아들은 모두 유사하게 음소 구분을 한다. 그러나 7개월 정도가 되면 영아들은 모국어에 대한 풍부한 경험을 하면서 어떤 구분을 못하게 된다(Kuhl, 2004; Saffran et al., 2006). 예를 들어 힌디어에서 구분이 되지만 영어에서는 구분이 되지 않는 두 개의 음소에 대해 영어를 사용하는 가정에서 자란 6개월 된 아이는 구분할 수 있다. 그러나 이 아이가 1세 정도가 되면 그 두 음소를 더 이상 구분하지 못한다. 물론 힌디어를 모국어로 사용하는 1세 된 영아들은 이 음소들을 구분할 수 있다. 게다가 아이의 모국어 안에서 어떤 음소 구분은 실제로 경험을 통해서 더 정교해진다. 이런 나이가 더 먹은 아이들은 또한 다른 언어의 단어들에 비해 모국어 단어 청취와 모국어 단어들과 닮은 비단어 청취를 더 선호한다(Dahaene-Lamberts et al., 2001).

신생아들은 언어를 잘 학습할 수 있는 선행경향성을 가지고 있는 것으로 보인다. 신생아들은 말소리를 정교하게 변별할 수 있다(심지어 그들이 습득하는 언어와 궁극적으로 관련이 없는 말소리들조차). 우리는 사회적 동물이기 때문에 영아들은 모든 종류의 대화를 우연히 청취하게 되고, 자신들에게 직접적으로 전달되는 말소리도 청취한다. 이런 노출의 결과로, 신생아들은 점점 더 특정 언어의 음소 지각에 능숙해진다.

말소리 항등성: 무엇이 같은지 학습하기

지금까지 논의한 영아의 말소리 지각은 두 말소리가 다른지의 여부를 결정함에 있어 영아들의 변별 능력을 강조했다. 그러나 언어기술은 단순히 **차이**(differences)를 탐지하는 것뿐만 아니라 **유사성**(similarities) 이해에도 의존한다(Kuhl, 1992). 영아는 3세 된 언니가 /a/라는 소리를 말할 때, 이 소리가 깊은 저음을 가진 삼촌이 발음한 /a/와 같다는 말소리 항등성을 발달시킬 필요가 있다. 언어숙달은 어떤 차이에 주의를 주고, 또 어떤 차이를 무시해야 하는지의 학습에 의존한다.

예를 들어 Patricia Kuhl의 랩에서 수행된 연구를 살펴보자(Marean et al., 1992). 이 연구는 생후 2개월 된 영아로 하여금 모음 소리의 변화를 확인할 수 있도록 강화해주기 위해 고개 돌리기 조건형성 절차(conditioned head-turning method)를 사용하였다. 생후 2개월 된 철수가 엄마의 무릎에 앉아 있다고 상상해보자. 엄마와 연구자는 모두 헤드폰을 착용하였고, 그들은 철수가 발성하는 모음 소리를 들을 수 없다. 실험자는 철수 바로 앞에 앉아서 그 아이가 정면을 응시하도록 호기심을 불러일으키는 장난감을 흔들고 있다. 그 다음, 한 남성의 음성으로 일련의 음소들을 들려준다. 무변화 시행에서, 연구자는 다섯 개의 /a/ 소리(*pop*이라는 단어에서 나는 모음 소리와 같은)를 제시한다. 모음 변화 시행에서 철수는 하나의 /a/ 소리를 듣고, 그 다음은 /i/ 소리(*peep*이라는 단어에서 나는 모음 소리와 같은), 그 다음은 연속해서 세 개의 /a/ 소리를 더 듣는다. 이 연구의 훈련 시행 동안, 모음 변화 시행에서 철수가 고개를 측면으로 돌린다면, 관심을 끄는 기계 장난감을 작동시킴으로써 보상을 받게 된다. 그러나 철수가 무변화 시행에서 고개를 측면으로 돌리면, 보상을 받지 못한다. 훈련은 철수가 두 번째 음소가 변하는 시행에서 고개를 돌릴 때까지 지속된다.

다음으로 철수는 다섯 개의 모음 순서에서 첫 번째, 세 번째, 네 번째, 그리고 다섯 번째 시행에서는 남성의 음성으로 /a/ 소리를 듣지만, 두 번째 시행에서는 여성의 음성으로 /a/ 소리를 듣는다. 만약 철수가 고개를 측면으로 돌린다면, 그것은 /a/ (여성의 음성으로 들려준)가 변했음을 감지했다는 신호이다. 그러나 만약 철수가 정면을 계속 응시하고 있다면, 그것은 남성의 음성이든, 여성의 음성이든 관계없이 다섯 개의 /a/ 소리들을 동일한 것으로 여긴다는 신호이다. 생후 2개월, 3개월, 혹은 6개월이든 관계없이, 영아들은 시행의 80% 정도를 계속 정면을 응시하였으며, 따라서 이는 말소리 항등성을 보여주는 것이다. 그러나 두 번째 위치에서 여성의 음성으로 /i/ 소리를 들려주면, 그 영아들은 고개를 돌렸다.

따라서 생후 2개월 된 영아들은 언어의 변별 요소들을 식별할 수 있는 한편, 말소리로부터 의미를 추출하는 데 도움이 되지 않는 언어의 다른 요소들은 무시한다.

말소리 분절: 흐름에서 단어 포착하기

처음 외국어를 듣게 되면 영아가 직면하는 문제와 매우 유사한 경험을 하게 된다. 즉 사람들의 말소리가 매우 빠르게 느껴지기도 하고, 언어의 흐름 속에서 특정 단어들을 식별하기도 어렵다. 멈춤이 없는 말 흐름에서 단어들을 추출할 수 있도록 해주는 것은 무엇일까?

Peter Jusczyk(1948~2001)는 이 문제와 관련하여 큰 기여를 했다(Gerken & Aslin, 2005). 예를 들어 Jusczyk는 생후 8개월 된 영아들이 단어의 의미를 알지 못하지만 이전에 들었던 단어들을 기억한다는 것을 보여주었다. 후에 이 영아들은 이전에 들었던 단어들이 어떤 이야기 속에 포함되어 있을 때, 그 이야기를 더 오랫 동안 집중해서 청취하였다(Houston & Jusczyk, 2000, 2003; Jusczyk & Aslin, 1995; Newman & Jusczyk, 1996). 따라서 경험과 기억은 유창한 말소리에서 단어를 분리시키는 데 기여한다(테마 4).

Jusczyk 등은 영아들도 말소리 흐름에서 단어들을 추출하기 위해 운율 단서들을 사용한다는 것을 알게 되었다(Saffran et al., 2006). **운율**(prosody)이란 강세, 억양, 리듬과 같은 단어들의 음향적 특성을 말한다. 예를 들면 영어에서 많은 2음절 단어들은 첫 음절에 강세를 둔다. 약 9개월 즈음이 되면, 영아들이 말소리 분절을 어떻게 학습하는지는 분명하지 않지만 이런 강세를 사용하는 방법을 학습한다. Jusczyk의 다른 연구 결과로 추론해볼 때, 영아들은 성인들이 어떤 단일 단어들을 분리시켜 말하는 것을 청취함으로써 강세의 규칙성을 학습하는 것으로 보인다. 어린 영아들은 강세를 사용하지 않지만, 단어들 간의 변환에 대한 다른 규칙성에는 민감한 것으로 보인다.

절 요약

초기 청각 능력 발달

1. 청각 체계는 태아기 초기에 발달하지만, 태어난 직후, 청각 처리의 상위 수준은 아직 미숙하다.
2. 영아는 성인보다 더 높은 청각 역치를 가지고 있지만, 민감도는 점차적으로 향상된다. 생후 6세 정도가 되면, 아이들은 성인 수준의 청각 능력을 갖게 된다.
3. 어린 영아들은 매우 유사한 음운들을 변별할 수 있다(비록 이 능력이 그들의 언어 환경에서는 활용되지 않는 음소 대비에 대해서는 떨어지더라도).
4. 같은 음소를 매우 다른 음성을 가진 사람들이 말할 때조차, 어린 영아들은 그것이 같은 음소라는 것을 재인한다.
5. 영아들은 초기 언어적 경험에 대한 기억을 적극 사용함으로써, 말소리 흐름을 개개 단어들로 분절시키기는 여러 다른 방략들을 발달시킨다.

초기 감각 통합 능력의 발달

세상 속 대상들은 영아의 감각 체계 발달에 영향을 미치는 다양한 에너지를 발생시킨다. 따라서 영아는 부모, 애완동물, 장난감을 보고, 듣고, 냄새 맡고, 맛볼 수 있다. 그러나 영아는 어느 날 아침 일어나서 '오늘은 내 청각을 향상시키는 일을 해야겠다.'라고 생각하지 않는다. 대신 영아는 동시에 여러 감각에 영향을 미치는 세상 속 다중 감각양상 자극들(multimodal stimuli)과 상호작용한다. 비록 영아가 어느 하나의 특정 감각을 발달시키는 데 집중하지 않더라도, 연구자들은 흔히 실험 세팅을 더 잘 통제하기 위한 노력으로 단일 감각양상의 자극을 사용한다. 따라서 우리는 일반적으로 말하고 있는 상대의 얼굴을 보게 되지만, 연구자들은 순수하게 청각 자극만을 제시함으로써 말소리를 연구한다.

성인들은 이러한 다중 감각양상 자극들을 지각하는 데 매우 능숙하여, 여러 감각들에서 나오는 정보를 통합하여 다중 감각양상 자극들을 단일 대상으로 지각하게 된다. 많은 연구자들의 관심을 끈 흥미로운 한 가지 질문은 성인들이 어떻게 그런 능력을 발달시키는가이다(Bahrick, 2003, 2004; Bahrick et al., 2004).

Lorraine Bahrick 등은 감각 간 중복성 가설(Intersensory Redundancy Hypothesis)을 제안했는데, 이는 아주 어린 영아들의 지각 발달이 다중 감각양상 자극들의 공통 측면들에 의해 조력을 받는다고 진술한다(Bahrick & Lickliter, 2002; Bahrick et al., 2004). 예를 들어 리듬은 손뼉을 치거나 말을 하는 사람을 볼 때처럼, 시각과 청각 모두에 공통적이다. 다중 감각양상 정보의 중복성은 두 감각 모두의 발달에 도움을 줄 뿐만 아니라, 감각 정보를 하나의 단일 경험으로 통합시키는 데에도 도움을 준다. 다중 감각양상 자극의 몇 가지 예를 살펴보기로 하자.

시각과 청각의 통합

영아들에게 있어 얼굴은 매우 중요한 자극이라는 것을 이미 언급한 바 있다. 많은 연구자들 또한 영아의 얼굴과 음성 사이의 연합 발달에 관심을 갖는다. 예를 들어 생후 4개월 된 아이들은 9세 아이에게서는 아이의 음성이, 그리고 성인에게서는 성인의 음성이 나온다는 것을 정확하게 기대한다(Bahrick et al., 1998). 따라서 4개월 정도가 되면 영아들은 이런 구분을 매우 정교하게 할 수 있다. 그렇다면 더 어린 영아들은 어떨까?

Bahrick 등(2005)은 2개월 된 영아들이 어떤 사람의 얼굴이나 음성의 변화에 민감하다는 것을 발견하였다. 이 연구자들은 이런 단일 감각양상 자극들을 가지고 습관화법을 사용했다. 그들은 2개월 된 영아가 영희의 얼굴(또는 음성)에 습관화된 후에 숙희의 얼굴(혹은 음성)이 제시될 때 탈습관화를 보인다는 것을 발견하였다. 이 중요한 연구는 말하는 얼굴의 다중 감각양상 자극도 포함시켰다. 그들은 먼저 두 사람의 얼굴(예: 영희와 숙희)과 두 사람 각자의 음성으로 자장가를 교대로 불러주는 비디오를 보여주었다. 영아들은 습관화(첫 관찰 시간의 50%까지 감소된 관찰 시간)될 때까지 번갈아 제시되는 얼굴을 관찰하였다. 그런 다음, 영아들은 동일한 자장가를 부르는 동일한 얼굴들을 보지만, 이제 그들의 음성이 서로 교환되었다(숙희의 음성으로 자장가+영희의 얼굴, 영희의 음성으로 자장가+숙희의 얼굴). 비록 관찰 시간이 4~6개월 된 영아들에서는 통계적으로 유의미하게 증가되었고, 2개월 된 영아들에게서는 통계적으로 유의미하지는 않았지만, 모든 영아들에게서 탈습관화가 나타났다. 따라서 4개월 정도가 되면(그보다 어릴 가능성도 있지만), 영아들은 얼굴과 음성을 연계시킬 수 있다.

2.5~3.5세가 되면, 아이들은 대상의 시각과 청각적 속성들에 대해 매우 정교한 수준의 관념을 갖게 된다. 따라서 이들은 바닥에 튕겨진 작은 흰색 공을 날카로운 마찰음과 연계시키는 반면, 바닥에 튕겨지는 크고 묵직한 검은색 공은 둔탁한 마찰음과 연계시킨다(Mondloch & Maurer, 2004). 그들은 또한 대상의 모양을 토대로 그 대상을 명명하는 성인과 동일한 특성을 보여준다. 예를 들어, **그림 14.6**을 보라. 어느 도형이 부바(bouba)이고 어느 도형이 키키(kiki)인가? 만약 당신이 일반 성인들과 같다면, 당신은 둥근 모양을 부바와 연합시키고, 뾰족한 모양을 키키와 연합시켰을 것이다. 매우 흥미로운 점은, 명칭이 매우 임의적일 지라도 2.5세 정도 밖에 되지 않은 아동들조차도 모양과 명칭을 일치시키는 데 있어서 성인들과 유사하다는 것이다(Maurer, Pathman et al., 2006).

시각과 촉각의 통합

어린 영아들은 3개월 정도가 되면 주변 환경에 존재하는 대상들에 손을 뻗기 시작한다. 이제 그들은 시각과 촉각 정보를 통합시킬 때가 된 것이다. 다중 감각양상 자극의 중요성과 부합하듯이, 그들은 손을 뻗으면 닿을 수 있는 거리에 있는 대상들과 비교해서 원거리에 있는 대상들(순수하게 시각적인 자극)을 다르게 처리하는데, 따라

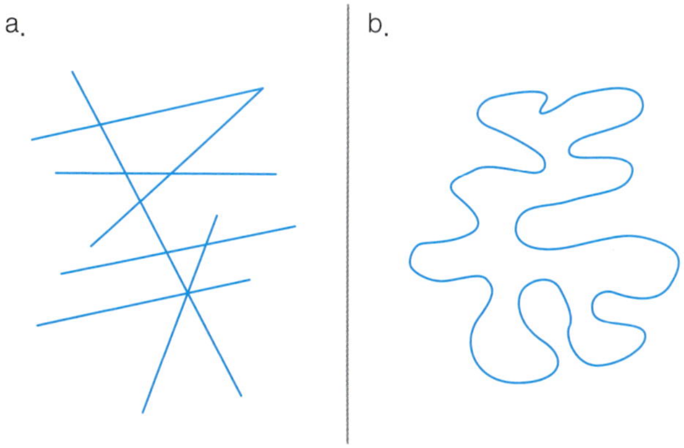

그림 14.6 어느 도형이 부바(bouba)이고 어느 도형이 키키(kiki)인가? 성인과 어린 아동 모두 도형과 그 명칭을 유사하게 연결시킨다.

서 이는 잠정적으로 다중 감각양상적 처리를 보여주는 것이라 할 수 있다(Kaufman, Mareschal et al., 2003).

비록 그들이 손을 뻗어 대상들을 잡아 본 경험이 거의 없을지라도, 5개월 정도가 되면 영아들은 대상들이 손을 뻗어 잡을 수 있는 지를 예기할 수 있다(Barrett et al., 2007). 그들은 크고 더 푹신푹신한 공과 작고 딱딱해 보이는 공이 주어질 때 다른 식으로 손을 뻗는다. (그들은 또한 더 나이든 영아들에 비해 작고 딱딱한 공을 입으로 가져가기 십상이다!) 그러나 이 연구에서는 영아들에게 실제 공을 제시하였다. 만약 영아들에게 공을 찍은 사진을 제시하면 어떤 일이 일어날까? 9개월 된 영아들은 통상적으로 실제감을 주는 사진을 잡으려고 시도하기 때문에, 이 상황에서 아마도 이들은 '가짜' 공을 잡으려고 손을 뻗을 것이다(DeLoache et al., 2003; Pierroutsakos & DeLoache, 2003).

절 요약

초기 감각 통합 능력의 발달

1. 세상 속 대상들의 대부분은 동시에 여러 감각을 자극하는 다중 감각양상의 자극들이다. 영아들은 감각 간 통합을 발달시키는데, 이는 영아들로 하여금 대상들을 다중 감각 자극 출처로 지각하게 해준다.
2. 4개월 된 영아들과 2개월 된 영아들까지도 사람의 얼굴과 그 사람의 음성을 연결시킬 수 있다.
3. 5개월 밖에 안 된 영아들은 대상들마다 다른 방식으로 접근한다.

후기 지각 능력 발달

지금부터는 노년기의 지각적 변화에 대해 살펴보기로 하겠다. 먼저 노인들을 대상으로 한 연구들의 몇 가지 잠정적인 방법론적 문제점에 대해 논의하기로 하자. 한 가지 문제점은 연령을 제외한 모든 중요한 특성들에 있어서 노인 집단과 일치하는 젊은 성인 집단을 구성하기 어렵다는 것이다. 예를 들어, 청각 민감도가 나이를 먹어감에 따라 감소하는지를 결정하기를 원한다고 해보자. 평균 연령이 19세인 대학생 집단과 평균 연령이 78세인 요양원에 거주하는 노인집단을 비교하였고 대학생들이 더 민감한 청각 능력을 가지고 있음을 발견했다고 하자.

문제는 두 집단이 연령뿐만 아니라, 여러 혼입 변수들과 관련해서도 차이가 있다는 것이다. **혼입 변수**(confounding variable)란 두 집단에 다른 방식으로 작용하여 종속 변수에 영향을 줄 수 있는 요인(연구 초점이 되는 요인이외의)을 말한다. 예를 들어 대학생들은 요양원 노인들보다 훨씬 더 건강하고, 교육 수준도 더 높을 뿐 아니라, 더 편안한 상태에서 검사를 받을 수 있다. 또한 특히 요양원 노인들은 젊은이들보다 지각 과정에 영향을 줄 수 있는 약물을 상용하기 십상이다.

연구자들이 실험 참가자들의 반응 지연시간을 측정할 때는 부가적인 문제가 발생한다. 연구자들은 흔히 노인들이 **인지적 지연**(cognitive slowing), 혹은 여러 과제에서 느린 반응 속도를 보인다고 보고한다(e.g., Bashore & Ridderinkhof, 2002; Rabbitt, 2002). 몇몇 사례에서 나타나듯이, 젊은 성인들과 노인들은 유사한 지각적 능력을 가지고 있지만, 단지 노인들의 반응 속도가 느린 것뿐이다(Der & Deary, 2006). 게다가 노인들은 어떤 지각 과제들에 있어서는 젊은이들만큼 빠르게 학습하지 못하더라도, 충분한 연습을 통해 젊은이들과 동등한 수행을 보이기도 한다(Richards et al., 2006).

여기에 딜레마가 존재한다. 만약 연구자들이 혼입 변수를 통제하지 않는다면, 젊은이들과 노인들 간에 존재하는 수행의 차이는 노화로 인해 발생하는 지각 처리과정의 변화이기보다는 이런 변수들에 기인할 수 있다. 따라서 우리는 연령을 비교하는 연구들을 해석할 때 신중을 기해야 하는데, 특히 다른 요인들이 수행의 어떤 차이를 일으킬 수 있을 때 그렇다.

그러나 잠정적인 연구 문제들을 피할 때조차도, 어떤 감각 처리과정들은 연령의 증가와 함께 저하되는 것만은 분명하다. 만약 당신이 대학생이라면, 지각적 경험에서의 이런 변화가 나이가 들어감에 따라 당신의 일상에 어떻게 영향을 줄 것인지 상상해보라. 당신은 어떻게 이런 변화들을 보상할 것인가?

성인 후기와 노년기 시각

먼저 노화가 진행되는 동안 일어나는 시각의 변화를 살펴보기로 하자. 시각 체계에 대한 논의를 시작으로, 노화가 시지각의 어떤 측면들에 영향을 주는지 논의하기로 하겠다.

시각 체계의 노화

시각 체계의 여러 물리적 변화들은 노인의 시지각에 부정적인 영향을 끼친다. 예를 들어 나이를 먹어감에 따라 동공의 크기는 감소하고, 수정체는 점점 더 두꺼워진다(Whitbourne, 2002, 2005). 이런 변화들로 인해 60세 노인의 망막은 20세 젊은이의 망막에 들어오는 빛의 1/3만 수용한다(Scialfa & Kline, 2007). 따라서 노인들은 희미한 빛을 보는 데 더 어려움을 겪는다. 이와 관련된 문제는 두꺼워진 수정체가 노인들로 하여금 섬광(glare)에 더 민감해지도록 만든다는 것이다. 따라서 노인은 글을 읽기 위해 밝은 빛을 필요로 하지만, 유광 종이에 원색 사진이 곁들여진 잡지의 경우 빛이 반사되기 때문에 밝은 전등 밑에서는 읽기가 어렵다.

3장의 내용을 기억하겠지만, **노안**(presbyopia)은 수정체가 두꺼워짐으로써 발생하는 것이다. 이 문제는 40대에 즈음해서 나타나며, 조절력의 저하를 이끈다. 따라서 노안을 보정하기 위해 흔히 이중초점 안경이 사용된다. 또 다른 수정체 문제는 **백내장**(cataract; 수정체의 혼탁)으로, 75세 이상의 사람들에게 매우 흔하다(Kline, 2006). 백내장은 특히 운전과 같은 많은 일상의 과제 수행에 문제를 일으킨다(Kline & Li, 2005). 혼탁해진 수정체를 인공 수정체로 교체하는 것이 백내장 치료의 한 가지 접근법이다.

망막 자체는 간상체의 큰 손실과 함께 노화의 징후를 잘 보여준다(Scialfa & Kline, 2007). 그 결과, 노인들은 희미한 조명 조건에서 어려움을 겪는다. 또한 노인들의 눈은 망막 신경절세포의 손실을 겪는다.

3장에서 **녹내장**(glaucoma)에 대해서도 논의한 바 있는데, 이는 안구 내부에서 여분의 액체가 너무 많은 압력을 일으켜, 시신경을 손상시키는 경우이다. 녹내장은 실명을 일으키는 직접적인 원인 중 하나이며, 특히 60세 이상의 사람들에게서 흔하다(Whitbourne, 2005). 그러나 이미 살펴보았듯이, 녹내장은 이른 시기에도 발병할 수 있어 젊은 성인이라 하더라도 녹내장 검사를 포함해서 안과 검진을 정기적으로 받을 필요가 있다.

시지각 변화

지금까지 사람들이 나이가 들어가면서 나타나는 눈 내부의 구조적 변화를 살펴보았다. 이런 변화들이 전형적으로 기본적인 시각 능력에 어떤 방식으로 부정적인 영향을 미치는지 살펴보도록 하자.

시력 시력은 40세를 기점으로 떨어지기 시작하는데, 특히 낮은 대비와 희미한 조명 조건에서 확연한 저하를 보인다(Haegerstrom-Portnoy, 2005). 시력은 또한 노인의 시각장 주변부에 제시된 대상들에 대해서도 떨어진다. 따라서 노인들의 가용 시각장은 작다(Kline & Dewar, 2004). 물론 스넬렌(Snellen) 시력 검사와 같은 전형적인 시력 검사들은 움직이지 않는 고대비 표적을 사용한다. 표적이 움직일 때(역동적 시력), 노인들은 표적의 세부를 보기 어렵다.

이런 요인들을 종합해보면, 노인들의 시력은 특히 대상이 움직일 때, 조명 수준과 대비가 낮을 때, 대상들이 주변 시각장에 놓일 때 좋지 않다. 이미 언급했듯이, 노인들은 또한 섬광이 있을 때도 시각적 곤란을 겪는다. 이런 요인들은 모두 노인의 운전이 도전적인 과제임을 시사한다. 문제는 특히 가로등 불빛의 번쩍임과 전방 차량의 전조등이 매우 어두운 불빛과 아우러져 있는 야간에 두드러진다. 많은 노인들이 야간 운전을 꺼려한다는 것은 의심의 여지가 없다(Scialfa & Kline, 2007; Whitbourne, 2002). 그러나 남성 노인들은 여성 노인들보다 더 많은 시각 결함을 가짐에도 운전을 지속하기 십상이다(Brabyn et al., 2005).

얼굴 지각 앞에서 얼굴 지각 발달을 살펴보았는데, 그렇다면 노인들의 얼굴 지각 연구도 흥미가 있을 것이다. 2장에서 사람들은 일반적으로 목격자 식별이 좋지 못하지만, 노인들은 더 형편없는 목격자가 될 수 있음을 주목한 바 있다(Lott et al., 2005). 사람들은 일반적으로 일정 시간이 지나고 나면 얼굴을 잘 식별하지 못한다. 그러나 얼굴을 본 시점과 라인업에 서 있는 사람들 가운데 목격한 얼굴을 지목하도록 요청하는 시점 사이에 오랜 지연이 있는 경우 노인의 얼굴 식별을 더 어렵게 만든다(Memon et al., 2003). 노인 목격자들은 또한 표적이 아닌 다른 얼굴을 잘못 식별하는, 소위 긍정 오류(false positive)를 범할 가능성이 높다(Memon et al., 2003; Memon et al., 2002).

깊이 지각 노인들의 깊이 지각 능력이 떨어진다는 몇몇 증거들이 있다(Whitbourne, 2002). 예를 들어 양안 부등 정보는 50세 이상의 사람들에게 덜 효과적이다. 깊이 지각과 시력의 감소는 분명 노인들이 경험하는 쇠퇴에 일정 부분 기여한다(Lord & Dayhew, 2001; Lord et al., 2007). 게다가 노인들이 노안을 보상하기 위해 사용하는 다초점 안경은 주변시 깊이 지각의 저하를 야기하기도 한다(Lord et al., 2002).

색채시각 수정체의 변화를 포함하여 여러 이유로 노인들의 색채시각은 저하된다(Scialfa & Kline, 2007). 이런 저하는 노란색-파란색 대립 체계에서 주로 나타나지만, 노인들은 또한 일반적인 색채시각 결함을 경험한다. 색 부호화는 사회에서 보편적으로 사용되는 것이기에 특히 노인들에게 주의가 요구된다(예: 약품, 라벨, 교통표지판).

운동 지각 노인들은 움직이는 대상의 세부를 보는 데 더 많은 어려움을 겪을 뿐만 아니라(역동적 시력), 특히 대비가 낮은 자극들의 움직임 탐지에도 곤란을 겪는다(Scialfa & Kline, 2007). 움직임에 관한 여러 연구에서 얻어진 결과들은 실제적인 적용 가치가 있다. 예를 들어 노인들은 움직이는 표적의 속도를 판단하는 데 있어 젊은이들보다 덜 정확하다(Norman et al., 2003). 또한 노인들은 곧 닥치게 될 충돌을 탐지하는 데도 젊은이들보다 정확하지 않다(Andersen & Enriquez, 2006).

운동 탐지 문제는 특히 70세 이상의 사람들에게서 현저하다. 신호 탐지 접근법을 사용한 연구에서, Patrick Bennett 등(2007)은 젊은 집단과 노인 집단에게 컴퓨터 모니터의 흰색 배경에 나타나는 검은색 점들을 주시하도록 요청했다. 소음 시행의 경우, 점들은 무선적인 형태로 화면의 주위를 움직였고, 어떤 응집력을 가진 운동은 보이지 않았다. 신호+소음 시행의 경우, 모든 점들은 같은 방향(예: 화면의 오른쪽)으로 움직였다. 이런 응집력 있는 운동은 점들이 전형적으로 오른쪽과 같이 특정 방향으로 움직인다는 감각을 발생시킨다. 70세 이상의 관찰자들은 매우 짧은 시간에 노출된 자극들의 운동을 탐지하는 데 어려움을 겪는다. 노출 시간이 길어지면, 나이든 참가자들도 운동을 탐지할 수 있었다. 그러나 그들은 젊은 참가자들에 비해 운동 방향 판단력이 떨어진다.

성인 후기와 노년기 청각

9장에서 논의했듯이, 청각 체계의 상당부분은 매우 섬세하다. 따라서 더 오래 산 사람들이 청각 체계에 어떤 손상을 입을 가능성이 높다는 것을 예측할 수 있을 것이다. 그런 문제들을 간략하게 살펴본 다음, 나이든 사람들이 직면하는 청각 문제들을 논의하기로 하자.

청각 체계의 노화

노화와 관련해서 가장 일반적인 청각 문제는 전도성 청력 상실(conductive hearing loss; 이소골의 석회화로 인해)과 양쪽 귀에서 발생하는 감각신경성 청력 상실, 즉 **노인성 난청**(presbycusis)이다(Whitbourne, 2005). 전도성 청력 상실은 광대역 주파수에 부정적인 영향을 미치며, 노인성 난청은 500Hz 이상의 주파수음에 부정적인 영향을 미친다. 대부분의 노인들은 이런 청각 결함을 경험할 때 보청기를 사용한다.

노인성 난청은 부분적으로 노화 자체보다는 청각 체계에 영향을 주는 큰 소리나 화학물질에 대한 누적된 노출에 기인한다는 것을 기억하라. 말하자면, 내이의 섬세한 융모세포들이 청신경내 신경섬유처럼 연령의 증가와 함께 퇴화될 수 있다(Whitbourne, 2002). 게다가 청성 뇌간(auditory brainstem)과 청각피질은 고령자의 말소리 지각 연구에서 시사하듯이, 시간이 경과함에 따라 어느 정도 쇠퇴하기 십상이다.

청지각의 변화

청력 상실(특히 고주파수에서)은 개인의 삶에 많은 영향을 끼친다. 예를 들어 음악 감상의 즐거움이 줄고, 전화 벨소리를 잘 듣지 못한다. 그러나 의사소통이 중요하기 때문에, 노화가 말소리 지각에 미치는 부정적 영향에 논의의 초점을 맞추기로 하겠다.

고주파수 대역에 대한 청력 상실은 나이든 사람들이 고주파수 대역의 음성을 내는 사람들(주로 여성)을 이해하는 데 곤란을 겪게 만든다. 그들은 또한 고주파수 성분을 가지고 있는 영어의 음소를 듣는 데도 문제가 있다. 이런 음소에는 다음 단어들의 밑줄 친 소리들이 포함된다: *plus*, *zebra*, *ship*, *azure*, *wrench*, *drudge*(Whitbourne, 2002). 노인성 난청을 가진 사람은 종종 *fifty*와 *sixty*와 같이 음향적으로 유사한 두 단어를 혼동한다. 물건값, 친구의 주소, 어떤 사람의 나이 등을 언급할 때 이런 혼동이 어떤 영향을 줄지 생각해보라. 또한 음소 /s/는 특히 어렵기 때문에 노인성 난청을 가진 영어 화자들은 단어의 단수와 복수 형태를 구분하는 데 곤란을 겪는다.

청력 상실이 말소리 지각에 미치는 영향에 대한 증거들은 혼재되어 있다. 어떤 연구자들은 노인의 말소리 지각 문제가 주로 청력 상실에 기인한다고 주장한다(Schneider et al., 2005; Schneider et al., 2000; Schneider et al., 2002). 그들의 연구에서는 통상적으로 젊은 사람들이나 노인들이 동일하게 들을 수 있을 만큼 충분히 큰 말소리 자극을 사용했다. 이런 연구에서는 말소리 지각에서 어떤 차이도 발견하지 못했다. 그러나 다른 연구자들은 유사한 방략을 사용하지만, 노인들이 말소리 지각 과제에서 저조한 수행을 보임을 발견하였다(Sommers, 2005). 더구나 과제의 인지적 요구를 줄이면(예: 맥락 정보를 통해서), 노인들의 말소리 지각이 향상되었다. 이런 논쟁은 후속 연구를 통해 해결되어야 하지만, 노인들이 한 사람 이상과 대화를 할 때 말소리를 따라가기 어려운 것은 분명하다(Murphy et al., 2006; Sommers, 2005).

감각과 노화

지금까지 연령이 증가함에 따라 쇠퇴하는 여러 지각적 능력들을 기술하였다. 예상했겠지만, 미각과 후각과 같은 다른 감각들도 연령 증가와 함께 쇠퇴된다(Whitbourne, 2002). 노화로 인한 대부분의 지각적 변화는 매우 점진적으로 일어나기 때문에, 노인들은 현재의 지각적 능력을 훨씬 이전의 지각적 능력과 비교할 때 비로소 변화를 탐지하기 십상이다. 그리고 당신에게는 결함만큼 도전적인 것으로 보이기는 하겠지만, 전체 노인 가운데 낮은 비율만이 무기력한 시각이나 청각 문제를 경험한다.

비록 여기서는 지각 능력에 주로 초점을 맞추고 있기는 하지만, 노화는 흔히 주의와 인지 능력의 쇠퇴(앞에서 논의된 인지적 지연과 같은)도 가져온다. 인지적 능력의 쇠퇴가 지각적 능력을 평가하는 데 영향을 끼치듯이, 지각적 능력의 쇠퇴도 인지 능력을 평가하는 데 영향을 미친다(Glass, 2007; Schialfa, 2002). 이처럼 지각과 인지는 긴밀하게 서로 연관되어 있다(테마 4).

낙관적인 조망에서 논의를 끝맺기로 하겠다. 지각적 자극 처리를 돕기 위해 새로운 뇌 영역들로부터 재원을 사용하는 나이든 뇌의 탄력성이 밝혀지고 있다(Bennett et al., 2007; Kemmer et al., 2004; Wingfield & Grossman, 2006). 뇌의 가소성을 진보된 의학적 절차, 보청기 기술 및 기타 보조 기술과 결합시키기 위한 연구가 진행되고 있음에 비추어, 노화의 미래는 밝아 보인다.

절 요약

성인 후기와 노년기의 시각과 청각

1. 노인과 대학생을 비교하는 연구들은 혼입 변수의 영향을 받는다. 이런 두 집단은 연령에서 차이가 날 뿐만 아니라 교육 수준, 지능, 건강, 약물 복용 상태에서도 차이가 날 수 있기 때문이다.
2. 눈의 수정체는 나이를 먹어감에 따라 두꺼워진다. 이렇게 두꺼워지는 현상은 몇 가지 함의를 갖는다: 망막에 도달하는 빛의 감소, 색채 지각의 변화, 노안, 섬광 조건에서의 시각 문제.
3. 노화에 따른 시력 감소가 나타난다. 특히 노인들은 움직이는 대상들과 주변시에 제시된 대상들에 대해서 곤란을 겪는다. 이는 운전과 관련하여 중요한 함의를 갖는다.
4. 말소리 지각은 나이를 먹어감에 따라 쇠퇴하는데, 감각의 변화, 인지의 변화, 혹은 그 둘의 조합에 기인한다.
5. 나이가 들어감에 따라 감각과 인지 쇠퇴가 나타나는 것은 당연하지만, 그렇다고 이런 쇠퇴가 불능을 의미하지는 않는다.

복습문제

1. 영아의 시각적 세계는 William James가 말했듯이 얼마나 '뒤죽박죽, 혼돈스러운 세상'과 닮았을까? 이 장을 읽기 전에 당신이 상상했던 것보다 영아들이 어떤 영역에서 더 많은 지각적 능력을 가지고 있는가?

2. 영아에 대해 논의하면서 세 가지 실험 방법을 소개한 바 있다. 그 방법들의 명칭을 대시오. 그리고 각 방법이 지각적 기술을 검사하기 위해 어떤 식으로 사용되고, 영아의 후각 능력을 연구하기 위해 각 방법들을 어떤 식으로 적용할 수 있는지 논하시오.

3. 6개월 이하의 영아들을 위해 그들이 관심을 보일 장난감을 디자인하도록 요청받았다고 하자. 이 장난감에 어떤 유형의 특성을 적용시켜야 할까?

4. 발달 심리학에서 자주 언급되는 논제는 본성-양육 문제이다. 이와 관련하여 당신은 얼굴의 요소와 말소리 지각에 대해 어떤 결론을 내리겠는가? 당신의 결론이 언어 발달에 대해 시사하는 함의는 무엇인가?

5. 어린 영아들은 어떤 방식으로 시각(보는 것)과 청각(듣는 것)의 관계를 이해하고 있는가? 방 주위를 잠시 걸어 보고, 대상들을 움직여 보고, 소리도 내 보라. 감각 간 지각의

어떤 다른 측면들이 영아들을 검사할 때 흥미롭겠는가? 어떤 실험 방법을 사용할 것인지 구상하고, 가설을 검증하기 위해 설계하려는 연구를 자세히 기술하시오.

6. 초기 지각 발달의 타임라인(예: 생후 몇 개월째에 어떤 능력이 발달하는지)을 개발하시오. 시각과 청각을 포함시키시오. 다양한 과정들이 서로 관련되어 있고, 그것들이 다른 속도로 발달한다는 사실에 비추어, 여러 지각 능력 발달에서의 차이로부터 어떤 함의를 도출할 수 있는가?

7. 아주 어린 아동들과 나이 든 노인들의 지각을 연구하는 것은 연구자에게 특별한 도전이다. 이를 연구하려는 연구자들이 처하게 되는 문제와 그들이 채택할 수 있는 방법론적 해결책을 기술하시오.

8. 영아의 시각과 청각 능력은 노인의 그것들과 어떻게 다른가? 당신이 주목하는 유사점과 차이점은 무엇인가? 영아들과 노인들은 6인치 이하의 가까운 거리에 있는 대상들이나 멀리 떨어져 있는 대상들을 얼마나 잘 볼 수 있을까? 영아와 노인은 말소리를 얼마나 쉽게 들을 수 있는가?

9. 가령 친척 노인 한분이 주말에 당신 집을 방문할 계획이라고 해보자. 이 장에서 학습한 어떤 유형의 정보가 가능한 한 성공적인 방문이 되도록 하는 데 도움이 될까? 시각과 청각 모두와 관련하여 논의하시오.

10. 맥락이 지각에 중요하다는 점과 그것을 보여주는 예들을 살펴본 바 있다(테마 2). 이 장에서 언급된 맥락의 역할을 이전 장들에서 언급된 예들과 비교하시오.

주요어

고 진폭 빨기 절차(high-amplitude sucking procedure)
고전적 조건형성법(classical conditioning method)
노안(presbyopia)
노인성 난청(presbycusis)
녹내장(glaucoma)
도약 안구 운동(saccadic eye movement)
백내장(cataract)
본성과 양육 문제(nature-nuture question)
선호법(preference method)
습관화(habituation)
습관화법(habituation method)
시각 절벽(visual cliff)
운율(prosody)
이향 안구 운동(vergence eye movement)
인지적 지연(cognitive slowing)
조작적 조건형성법(operant conditioning method)
탈습관화(dishabituation)
혼입 변수(confounding variable)

추천도서

Kellman, p. J., & Aeterberry, M. E. (2006). Infant visual perception. In D. Kuhn, R. S. Siegler, W. Damon, & R. M. Lerner (Eds.), *Handbook of child psychology: Vol. 2, Cognition, perception, and language* (6th ed., pp. 109-160). Hoboken, NJ: Wiley.

Kellman과 Arterberry(1998)는 영아의 지각 발달에 관한 훌륭한 책도 저술한 바 있다. 앞서 출간된 책의 일부 내용들을 보완하고 영아의 지각 발달의 복잡한 많은 내용들을 매우 읽기 쉽게 논의해 놓았다.

Pascalis, O., & Slater, A. (Eds.). (2003). *The development of face processing in infancy and early childhood: Current persepectives*. Hauppauge, NY: Nova.

이 편저는 영아의 얼굴 지각 분야의 전문가들이 집필한 흥미로운 장들로 구성되어 있다. 당신은 얼굴 지각의 본래적 측면에 초점을 맞춘 장들과 경험의 역할에 초점을 맞춘 장들을 비교해볼 수 있다.

Saffran, J. R., Werker, J. F., & Werner, L. A. (2006). The infant's auditory world: Hearing, speech, and the beginnings of language. In D. Kuhn, R. S. Siegler, W. Damon, & R. M. Lerner (Eds.), *Handbook of child psychology: Vol. 2, Cognition, perception, and language* (6th ed., pp. 58-108). Hoboken, NJ: Wiley.

영아의 청각 발달에 대한 뛰어난 개관을 제공하는 이외에도 세 명의 저자가 공히 실질적인 기여를 한 영역인 말소리 발달에 대해 포괄적이면서 상세한 내용을 다루었다.

Whitbourns, S. K. (2002). *The aging individual: Physical and psychological perspectives* (2nd ed.). New York: Springer-Verlag.

Whitbourns은 노화에 대해 집중적으로 연구해 왔고, 이 책은 그녀의 전문성을 잘 반영하고 있다. 감각과 지각 과정을 다룬 장은 특히 여기서 다룬 주제를 이해하는 데 도움을 준다.

용어 해설

가림(Occlusion) 움직이는 대상이 점차적으로 배경을 가리는 과정.

가산혼합(Additive mixture) 색 혼합에서 여러 스펙트럼 부분들로부터 나오는 빛들의 혼합.

가상 선분(Virtual line) 디스플레이에서는 실제로 존재하지 않지만, 그 디스플레이를 어떤 대상으로 조직하기 위해 우리의 지각 체계가 생성해 내는 선분. (또한 착각적 윤곽을 보라).

각막(Cornea) 홍채 바로 앞에 있는 투명막.

간상체 양극세포(Rod bipolar cell) 원추체에서 나오는 정보를 받는 동일 신경절세포에 최종적으로 정보를 보내는 세포.

간상체(Rod) 낮은 조명 조건에서 흑백 시각을 위해 사용되는 광수용체.

간얼룩(Interblob) 방위에 민감하고 파장에는 민감하지 않은 얼룩들 사이에 있는 세포.

간접 지각(Indirect perception) 감각들에 의해 수용된 정보 자체만으로 세상을 정확하게 기술하기에는 불충분하다고 가정하는 접근법.

감각(Sensation) 고립된 단순 자극들에 의해 생성되는 즉시적이고 기본적인 경험.

감각신경성 난청(Sensorineural hearing loss) 와우각이나 청신경에 발생된 문제로 발생되는 청력 상실.

감산혼합(Subtractive mixture) 색 혼합에서 물감이나 염료를 혼합하거나 두 개 이상의 색필터를 겹치게 하는 것.

개념주도처리(Conceptually driven processing) 지각을 조성함에 있어 관찰자의 개념과 인지 과정의 중요성을 강조하는 접근법.

개막(Tectorial membrane) 내이의 코르티 기관의 상부막.

개시 시간차(Onset difference) 한 측면에서 발생된 소리는 반대 측 귀에 도달하기 전에 동측 귀에 먼저 도달하기 때문에 소리 위치파악의 중요한 단서가 된다. (또한 양이 시간차를 보라).

거리 지각(Distance perception) 거리 지각이란 시각 장면 내에서 거리 관계성을 지각할 수 있는 능력을 일컫는다. (또한 깊이 지각을 보라).

검사자극(Test stimulus) 암순응 연구에서 빛이 꺼진 후 역치가 측정되는 작은 광점.

검안경(Ophthalmoscope) 눈의 내부를 들여다보기 위해 사용되는 특수 장비.

게슈탈트 접근법(Gestalt approach) 우리가 대상을 분리되거나 고립된 부분들이 아닌 잘 조직된 전체 구조로 지각한다는 것을 강조하는 지각의 접근법.

게슈탈트(Gestalt) 형상 혹은 패턴

결밀도(Texture gradient) 표면의 결이 거리가 멀어질수록 조밀해진다는 사실에 의해 제공되는 거리단서.

경계확장(Boundary extension) 어떤 장면에서 실제로 보이는 것보다 더 많은 것을 보았다고 보고하는 경향성.

경로(Pathway) 양안부등에 중요한 정보를 옮기는 경로; 양안부등 정보에 중요하다.

경피성 신경자극법(Transcutaneous electrical nerve stimulation, TENS) 피부 표면을 자극하여 통증을 감소시키는 효과적인 기법.

경험주의(Empiricism) 기본적인 감각 경험들이 학습을 통해 결합되어 단위 지각을 일으킨다고 말하는 지각의 접근법.

계산적 접근법(Computational approach) 자극 자체가 풍부한 정보를 가지고 있을지라도, 일반 물리학적 원리들을 수반하는 상위 처리과정 또한 지각을 일으키기 위해 필요하다고 주장하는 지각의 접근법

계속 색 대비(Successive color contrast) 어떤 색이 앞서 제시된 다른 색 때문에 다르게 보이는 상황.

계열처리(Serial process) 표적이나 과제들을 한 번에 하나씩 처리할 것을 요구하는 정보 처리.

고도원시(Hypermetropic) 원시이면서 근거리 대상을 볼 수 없는 조건.

고막(Eardrum) 음파에 반응하여 진동하는 얇은 막.

고막(Tympanic membrane) 소리 파동에 반응하여 진동하는 얇은 막.

고실관(Tympanic canal) 와우각의 내부 관.

고유수용성감각(Proprioception) 움직임이나 사지 위치에 대한 감각으로 운동감각과 동의어.

고전적 조건형성법(Classical conditioning method) 실험자가 조건자극을 무조건자극과 짝을 지어 반복적으로 제시하는 조건형성법.

고진폭 빨기 절차(High-amplitude sucking procedure) 영아들로 하여금 기록장치에 부착되어 있는 고무 젖꼭지를 빨도록 한 영아 지각 연구에 사용되는 기법으로, 말소리와 같은 자극들은 매우 빠른 빨기 반응을 일으킨다.

골지건기관(Golgi tendon organs) 근육이 건(힘줄)에 긴장을 일으킬 때 반응하는 건(힘줄)에 있는 수용체.

공간 주파수 분석 접근법(Spatial frequency analysis approach) 시각 정보를 처리하기 위해 시각 체계는 자극을 일련의 밝은 줄무늬와 어두운 줄무늬로 분해한다고 주장하는 모양지각의 접근법. (또한 푸리에 분석을 보라).

공간 주파수 통로(Spatial frequency channels) 협소한 공간 주파수 범위에 민감한 시각 체계의 통로들.

공막(Sclera) 눈 바깥쪽에 있는 밝은 흰색 부분.

공통 영역(Common region) 모서리나 그림자에 의해 결정되는 영역으로 우리는 그 안에 있는 자극들을 함께 집단으로 묶는 경향이 있다(**그림** 5.11 참조).

공통운명의 법칙(Law of common fate) 같은 방향으로 움직이는 것으로 지각되는 항목들은 함께 소속되어 있는 것으로 보인다는 게슈탈트 법칙.

과분극화(Hyperpolarization) 뉴런이 안정 전위에서 음 전위로 변하는 과정.

광색소(Photopigment) 빛의 변환을 일으키는 화학물질.

광수용체(Photoreceptor) 간상체와 원추체.

광학적 흐름(Optic flow) 세상 속 움직임의 결과로 망막 위를 통과하는 상의 흐름.

광학적 흐름의 장(Optic flow field) 주변 대상들이 중심 대상들보다 더 빠르게 움직이는 망막에서의 복합 패턴. 광학적 흐름의 장은 운동 지각에 중요하다.

교양질(Substantia gelatinosa) 출입문 제어 이론의 부분으로 제안된 것으로 대섬유에서 나오는 입력 신호를 통해 흥분하고, 소섬유에서 나오는 입력 신호를 통해 억제된다.

교차부등(Crossed disparity) 응시점보다 더 가까이에 있는 대상들은 교차부등을 일으킨다.

교차 순응(Cross-adaptation) 후각에서 어떤 냄새 자극이 다른 냄새 자극에 노출된 후의 역치 변화.

교차양상 대응(Cross-modality matching) 관찰자에게 한 지각 양상(예: 청각)의 자극을 다른 지각양상(예: 시각)에 대한 반응을 제공함으로써 판단하도록 요청하는 기법.

구성주의 이론(Constructivist theory) 지각자가 입력 자극을 지각으로 변환시키는 내부 구성적(혹은 문제해결) 처리과정을 가지고 있다고 주장하는 이론.

구심성 섬유(Afferent fiber) 수용체에서 뇌로 정보를 전송하는 신경 섬유.

구조주의자(Structuralist) 지각을 설명함에 있어

개개 요소에 초점을 두고자 했던 집단.

귓바퀴(Pinna) 음향 위치파악에 일조하는 흔히 '귀'라고 불리는 외부 돌출 조직.

균일 연결성(Uniform connectedness) 균일 연결성 원리에 따르면 우리가 밝기, 색 등과 같은 균일한 시각적 속성들이 연결되어 있는 영역을 지각할 때 입력을 단일 단위로 조직한다.

그림자를 통한 모양(Shape from shading) 대상의 그림자로부터 야기되는 모양의 3차원성에 대한 단서.

근방추(Muscle spindles) 근방추는 근육에 있는 수용체들로 운동감각에 중요한 역할을 한다.

근시(Myopic) 먼 거리에 있는 대상들을 볼 수 없는 근거리 시야를 가진 조건.

근시(Nearsighted) 먼 거리의 대상들을 볼 수 없는 조건.

근점(Near point) 관찰자가 선명하게 볼 수 있는 가장 가까운 지점.

근접성의 법칙(Law of proximity) 서로 가까이에 있는 대상들은 하나의 단위로 집단화된다는 게슈탈트 법칙.

근접 자극(Proximal stimulus) 원격 자극과는 반대로 망막에서의 표상과 같은 감각기관과 접촉하는 대상들의 표상.

기능적 자기공명 영상(Functional magnetic resonance imaging) 적은 밀리미터 내에서 정확하게 뇌 활동 지도를 측정하는 비침습적 뇌지도 작성 기법.

기대 오류(Errors of anticipation) 관찰자가 이전 시행에서 보인 대답과 다른 대답을 하는 정신물리학적 검사에서 발생하는 오류. 이는 마치 총성이 울리기도 전에 출발을 하는 식의 오류를 범하는 것이다.

기둥(Column) 시각피질에서 어떤 특정 방위에 대해 가장 높은 반응률을 보이는 세포들의 수직 계열.

기억색(Memory color) 대상 고유의 색이 그 대상의 실제 색에 대한 관찰자의 지각에 영향을 주는 현상.

기저막(Basilar membrane) 내이의 코르티기관 기저부에 있는 막.

기적의 과일(Miracle fruit) 신맛이 나는 물질을 단맛이 나게 하는 미각변형물질.

기준(Criterion) "자극을 탐지했습니다."라고 말하려는 관찰자의 의지를 평가하는 신호탐지이론의 측정치.

기초 주파수 누락(Missing fundamental) 복합음의 기초 주파수를 누락시키고 배음들만 제시할 때 발생하는 착청(auditory illusion). 그럼에도 청취자들은 누락을 지각하지 못한다.

기초 주파수(Fundamental frequency) 가장 낮은 주파수를 가진 복합음파의 성분.

길항적 주변(Antagonistic surround) 중심 혹은 내부 영역에 대해 대립적으로 반응하는 수용장의 주변 혹은 외부 영역. 예를 들어 내부 영역이 광자극에 의해 흥분되면, 외부 영역 혹은 길항적 주변은 광자극에 의해 억제된다.

김네마 실베스터(가가이모과)(Gymnema sylvestre) 단 물질의 강도를 줄여주는 미각변형물질.

깁슨 접근법(Gibsonian approach) 사고 과정이 지각의 풍부함을 제공하기 때문이기보다는 환경 내 자극들이 자체로 풍부한 정보를 가지고 있기 때문에 풍부하고 정교한 지각을 일으킬 수 있다는 것을 강조하는 지각의 접근법; 깁슨 접근법은 심리학자인 J. J. Gibson으로부터 시작되었다. (또한 **직접** 지각을 보라).

깊이 지각(Depth perception) 높이와 너비 이외에 깊이를 가지는 3차원 대상 지각.

끝-멈춤 세포(End-stopped cells) 어떤 단순 세포들과 복합 세포들은 자극이 그 세포의 수용장 안에서 멈출 때 가장 격렬하게 반응하기 때문에 끝-멈춤 세포라 불린다.

나노미터(Nanometer, nm) 10억 분의 1미터; 파장의 길이를 측정할 때 사용되는 단위.

난시(Astigmatism) 각막이 둥근 모양을 유지하지 못하는 시각 장애. 따라서 눈이 각막의 어느 부분에 초점이 맞추어질 때, 다른 부분에는 초점이 맞추어지지 않는다.

난원창(Oval window) 와우각에 난 구멍을 덮고 있는 막.

내림차순(Descending series) 자극의 강도를 체계적으로 감소시켜 제시하는 한계법의 시행 계열.

내유모세포(Inner hair cell) 코르티기관의 내부에 있는 청각 수용체로 소리 주파수에 민감하다.

내인성 아편성 물질(Endogenous opiates) 통증을 감소시키는 모르핀 효능과 유사한 진통효과를 가진 물질.

내측슬상핵(Medial geniculate nucleus) 하구와 청각피질 사이에 놓여 있는 청각 정보 처리에 관여하는 구조.

냄새 항등성(Odor constancy) 냄새 항등성이란 어떤 냄새의 지각된 강도가 물리적 변동이 있을지라도 변하지 않는 것으로 지각함을 의미한다.

노안(Presbyopia) 노화에서 오는 수정체의 경화로 유발되는 원시의 일종.

노인성 난청(Presbycusis) 노화와 함께 발생하는 고주파수음에 대한 두 귀에서 나타나는 진행성 청력 상실.

녹내장(Glaucoma) 눈 내부에 수액이 과도하게 많아지면서 압력이 상승하여 망막의 신경절세포와 시신경 손상을 초래하게 되는 시각 장애.

농담(Shading) 빛의 패턴과 그림자에 의해 제공되는 거리단서.

높이 단서(Height cues) 지평선에 가까운 대상들이 지평선에서 멀리 떨어진 대상들보다 더 멀리 있다는 사실에 의해 제공되는 거리 정보.

뇌 유발전위 청력검사(Electric response audiometry, ERA) 청각 자극에 반응하여 발생하는 전위 변화를 두피에서 측정하는 기법.

뇌성 색맹(Cerebral achromatopsia) 색을 볼 수 없는 시각피질 장애.

뇌파(Electroencephalograph) 두피에 전극을 부착하여 많은 뉴런들의 집중적 반응을 연구하는 장치로 EEG로도 불린다.

눈우세(Ocular dominance) 두 눈 중 어느 한 눈에 대해 더 높은 반응률을 보이는 시각피질 세포들의 경향성.

뉴런(Neurons) 신경섬유.

느린 순응(SA) 수용체[Slowly adapting (SA) receptors] 연속 자극(피부 압력)에 계속해서 반응하는 촉각 수용체 유형.

능동적 접촉(Active touch) 능동적으로 대상을 탐색하고 그것을 접촉할 때의 촉지각.

다인(Dyne) 에너지 측정 단위.

단색(Monochromatic color) 단일 파장에 의해 생성되는 색.

단색형 색각자(Monochromat) 모든 다른 색들의 지각에 일치시키기 위해 단지 하나의 색만을 사용하는 사람; 이런 사람에게 모든 색은 동일하게 보인다.

단서(Cue) 관찰자로 하여금 자동적으로 판단을 내리도록 만드는 거리 단서와 같은 요인; 단서들은 심사숙고를 요구하지 않는다.

단순 세포(Simple cells) 선분에 가장 격렬하게 반응하는 일차시각피질의 IVb층의 세포들.

단안 단서(Monocular cues) 한 눈만으로도 깊이 지각을 할 수 있게 만드는 단서(예: 중첩과 같은 회화 깊이단서).

단안 요인(Monocular factors) 한 눈에 거리에 대한 정보를 제공할 수 있는 요인들.

단어 우월 효과(Word-superiority effect) 낱자들이 서로 관련이 없는 낱자들 사이에 있는 것보다 단어 속에 있을 때 더 잘 지각되는 현상.

단어 이해 효과(Word-apprehension effect) 단어 우월 효과.

단일세포기록법(Single-cell recording) 미세 전극을 하나의 신경절세포에 의해 생성되는 것과 같은 활동전위를 기록하려는 정확한 위치에 삽입시키는 연구 기법.

단파 색각 결함(Tritanopes) 파란 색조를 지각하는 데 어려움을 가지고 있는 이색시.

달 착시(Moon illusion) 지평선에 있는 달이 정점에 있는 달보다 더 크게 보이는 착시.

대기 조망(Atmospheric perspective) 흔히 원거리 대상들이 근거리 대상들과 비교해서 흐릿하고 푸르스름하게 보인다는 사실에 의해 제공되는 거리 단서.

대립과정설(Opponent-process theory) 시각 체계에는 하나의 색이 제시될 때 활동이 증가하고, 다른 색이 제시될 때 활동이 감소하는 세포들이 있다고 진술하는 색채시 이론.

대비 민감도 함수(Contrast sensitivity function) 공간 주파수와 민감도의 관계성을 보여주는 그래프.

대상중심 거리(Allocentric distance) 두 대상이 서로 얼마나 떨어져 있는지를 말하는 것으로, 이 거리는 관찰자를 포함하지 않는다. (또한 상대적 거리를 보라).

대수(Logarithm) 어떤 수의 대수는 10을 밑으로 하고 그 수와 같아지기 위해 몇 제곱에 해당하는 지수를 찾는 수학적 연산.

대응문제(Correspondence problem) 대응문제란 시각 체계가 두 개의 망막으로부터 오는 입력 신호를 결합시킬 때 당면하는 어려움을 말한다. 그러한 곤란은 두 망막의 유사 영역들에서 입력 정보가 다를 때 거리와 운동 지각 모두에서 발생한다.

대지 이론(Ground theory) J. J. Gibson이 제안한 이론으로 거리 지각은 환경 내 표면에 의해 제공되는 정보에 의존한다.

데시벨(Decibel, dB) 음파와 같은 자극에 의해 생성되는 압력의 양에 대한 측정치.

도약(Saccade) 한 위치에서 다른 위치로 눈이 한 번에 움직일 때의 빠른 안구 운동.

도약 안구 운동(Saccadic eye movement) 한 응시점에서 다른 응시점으로 눈이 움직일 때 발생하는 매우 빠른 안구운동.

도약 운동 억제(Saccadic suppression) 마음이 도약안구운동 동안 시각적 처리를 선별적으로 차단시킴으로써 눈의 움직임, 그로 인해 나타나는 상의 흐림, 혹은 시지각에서의 틈이 관찰자에게 식별되도록 하는 과정.

동공(Pupil) 홍채 중앙의 개구.

동반 방출 이론(Corollary discharge theory) 시각 체계가 망막에 등록되는 움직임을 뇌가 안구 운동 정보를 보내는 신호와 비교한다는 운동 지각 이론.

동시 색 대비(Simultaneously color contrast) 주변 색에 의한 대상의 지각된 색채 혹은 색상 변화.

동시조음(Coarticulation) 철자의 소리 일부가 한 번에 하나씩이 아닌 동시에 전송되는 경향성.

동작맹(Akinetopsia) 피질 손상으로 유발된 운동을 지각할 수 없는 장애.

동향운동(Version movement) 두 시선이 이루는 각도가 변하지 않으면서 눈이 같은 방향으로 움직이는 안구운동.

두 점 식별 역치(Two-point discrimination threshold) 지각자가 두 개의 구별이 되는 자극(하나가 아닌)이 제시되고 있다고 판단할 수 있는 지점. 촉지각의 경우, 이는 두 개의 핀 끝으로 피부에 자극을 줌으로써 행해진다.

두발 갈라진 작은 신경절세포(Small bistratified ganglion cell) S원추체 입력을 M과 L원추체 입력과 비교하는 기능을 하는 세포.

등가 음량 곡선(Equal loudness contour) 등가의 음량을 산출하기 위해 요구되는 소리의 주파수와 데시벨의 관계성을 보여주는 그래프.

등골(Stapes) 중이에 있는 작은 등자모양의 뼈.

레티날(Retinal) 광색소의 두 부분 중 하나(나머지는 옵신이라는 큰 단백질)로, 간상체와 원추체에서 발견되는 시각 색소를 구성하는 유기 분자.

레티넥스 이론(Retinex theory) 레티넥스 이론은 주로 자극으로부터 오는 반사 형태에 대한 지각에 기초하여 색채 지각과 색채 항등성을 설명하려고 시도한다.

로돕신(Rhodopsin) 간상체에서 발견되는 광색소.

마하의 띠(Mach band) 밝은 영역과 어두운 영역이 그에 대응하는 빛의 물리적 분포가 변동이 없는데도 한 줄에서 지각되는 현상.

말소리 지각의 운동 이론(Motor theory of speech perception) 사람들에게 말소리 자극들을 판독

할 수 있도록 해주며, 그들이 들은 자극들을 화자가 산출한 소리들과 연계시킬 수 있도록 해주는 특수 장치를 가지고 있다는 이론.

맛 사면체(Taste tetrahedron) 네 개의 기본 맛(단맛, 짠맛, 쓴맛, 신맛)을 각각 꼭지점에 나타낸 네 개의 면을 가진 도형.

맛(Taste) 입안의 특정 수용체들에 물질이 접촉되면서 발생되는 지각.

망막(Retina) 광선을 흡수하는 눈의 부분으로 광수용체를 포함하고 있다.

망막위상적(Retinotopic) 공간적 분포가 망막에서 발견되는 것과 유사한 배열. 예를 들어 외측슬상핵(LGN)에서 망막의 이웃하는 부분들에서 기원하는 신경절세포들은 또한 LGN의 이웃하는 부분들에 대응된다.

맥락막(Choroid) 공막(sclera) 바로 안쪽에 있는 눈의 후면 막. 맥락막은 망막에 영양분을 공급하고 여분의 빛을 흡수한다.

맹점(Blind spot) 시신경 유두가 광수용체를 포함하고 있지 않아서 대상을 볼 수 없는 눈의 영역.

멕시코 모자 필터(Mexican-hat filter) 시각 체계에서 발견되는 수용장과 유사한 특성을 가진 필터(**그림 5.14**와 **5.15c** 참조). 계산적 접근 이론가들은 이 필터가 시각 입력으로부터 모서리를 추출할 수 있음을 확인했다.

멜 척도(Mel scale) 청각에서 크기추정법으로 산출된 척도로, 1,000Hz의 60dB를 가진 음에 대해 음고로 1,000멜이 할당되고, 비교음들은 다른 상대 멜값이 할당된다.

명도(Lightness) 대상에 의해 반사되는 빛의 양에 대응하는 심리적 반응.

명소시(Photopic vision) 원추체를 사용하는 시각.

명순응(Light adaptation) 눈이 빛에 계속 노출될 때 발생되는 민감도의 감소.

모듈(Module) 한 종류의 정보를 처리하기 위해 사용되는 특수 목적의 신경기전.

모서리(Edge) 명도, 밝기, 혹은 색의 급격한 변화가 있는 장소로 시각을 위해 필요하다.

모양 항등성(Shape constancy) 대상이 그 방위가 변하여도 동일한 모양을 유지하는 것으로 보이는 현상.

모양(Shape) 시각 자극이 윤곽을 가지고 있어 다른 주변과 분리되는 영역.

모양근(Ciliary muscle) 수정체의 모양을 조절하는 근육.

모양소대(Zonules) 수정체와 모양근을 연결시키는 작은 섬유들.

무미각증(Ageusia) 맛을 지각할 수 없는 장애.

무성자음(Voiceless consonant) 성대의 진동이 없이 발성되는 자음.

무엇 경로(Waht pathway) 대상 재인에 중요한 경로; 일차시각피질에서 이차시각피질을 거쳐 측두엽으로 뻗는다.

무의식적 추론(Unconscious inference) 관찰자가 의식적 인식이 없이 추리와 같은 과정을 통해 지각에 도달하는 항등성에 대한 제안된 설명.

무채색 잔상(Achromatic afterimage) 자극 제시 후에 발생하는 상; 자극과 잔상 모두 색조가 없으며, 그 둘은 서로 반대로 나타난다.

무채색(Achromatic colors) 색 방추의 중심축에 배열되는 색(흰색, 회색, 검은색).

무채색의(Achromatic) 색조가 없는.

무형완성(Amodal completion) 미완성 이미지의 탈루된 윤곽을 완성시킨다는 개념으로 게슈탈트의 폐쇄성의 원리와 거의 유사하다.

물맛(Water taste) 다른 맛에 순응한 이후에 제시되는 물의 구분이 되는 맛. 예를 들어 물맛은 신맛이 나는 물질에 순응한 이후에는 단맛이 난다.

뮬러라이어 착시(Müler-Lyer illusion) 같은 길이를 가진 두 선분이 한 선분에서는 날개의 방향이 바깥쪽으로 벌어져 있고, 다른 선분에서는 안으로 벌어져 있어서 길이가 다르게 보이는 착시(**그림 6.25** 참조).

미각 수용체(Taste receptor cell) 미뢰를 포함하고 있으며 오렌지 조각과 같이 배열되어 있는 세포. 미각 수용체의 끝은 구멍으로 뻗어 타액에 있는 어떤 미각 분자들과 접촉할 수 있다.

미각 변형물질(Taste modifier) 혀에 있는 수용체들을 변경시킴으로써 다른 음식의 향미를 변화시키는 특수 물질.

미각 자극물질(Tastant) 맛의 기본 자극.

미각 전문가(Supertaster) 모든 맛과 향미에 매우 민감한 사람들.

미공(Taste pore) 미뢰에 난 구멍.

미뢰(Taste bud) 미각 자극 수용체.

미맹자(Nontaster) 맛 지각에서 어떤 특정 맛에 민감하지 않은 사람.

미세분광측정법(Microspectrophotometry) 색 스펙트럼의 한 부분에서 나오는 극히 미세한 빛줄기를 박리된 망막 조직의 개개 수용체에 통과시켜 각 파장에서 흡수된 빛의 양을 측정하는 절차.

미세안구도약운동(Microsaccade) 빠른 경련 운동으로 특징지어지는 불수의적 안구 운동.

미세융모(Microvilli) 미각 수용체의 끝.

미세전극(Microelectrode) 단일세포 기록법에서 사용되는 매우 작은 전극.

민감도(Sensitivity) 자극 변화를 탐지할 수 있는 능력; 민감도는 역치 수준과 역 관계이다.

바른 기각(Correct reject) 신호탐지이론에서 바른 기각은 신호가 제시되지 않은 상태에서 관찰자가 바르게 신호가 제시되지 않았다고 보고하는 경우이다.

박명시 조건의(Mesopic) 박명시 조건은 빛이 원추체가 여전히 기능할 수 있을 만큼 충분히 밝지만, 간상체 또한 기능할 수 있을 만큼 충분히 어두울 때 존재한다.

박명시(Mesopic vision) 간상체와 원추체 모두를 사용하는 시각.

반음계 순환(Tone chroma) 동일한 명칭을 가진 모든 악음이 공유하고 있는 유사성.

반향 위치 파악법(Echolocation) 초음파를 내어 그 소리가 되돌아오는 데까지 걸린 시간에 기초하여 거리 측정을 하는 박쥐가 사용하는 감각 기법.

밝기 항등성(Lightness constancy) 대상이 그것에 떨어지는 빛의 양이 변할지라도 동일한 밝기를 가지는 것으로 보이는 현상.

밝기(Brightness) 광파의 강도에 상응하는 심리적 반응; 광원의 가현적 강도.

방위 조율 곡선(Orientation tuning curve) 선분의 각 방향과 세포의 반응률간의 관계성을 보여주는 그래프.

배경(Ground) 모양지각에서 전경 뒤로 보이는 배경.

배음(Overtone) 복합음의 배음 혹은 기초 주파수를 제외한 그 기초 주파수의 배가 되는 성분들.

백내장(Cataract) 상해나 질병으로 유발된 혼탁한 수정체.

범주 지각(Categorical perception) 지각의 범주 집단화. 사람들은 다른 범주의 구성 요소들은 쉽게 변별하지만, 동일 범주의 구성 요소들은 쉽게 변별하지 못한다.

범주화(Categorization) 범주 지각에서처럼 대상들을 유사하거나 동일하게 다루는 처리과정.

베르니케 실어증(Wernicke's aphasia) 언어 이해의 결함으로 특징지어지는 조건; 이 장애를 가진 사람들은 리듬과 통사론에서는 거의 정상적이지만 전형적으로 장황하고 혼란스러운 어휘들을 산출한다.

벽판(Tapetum) 야행성 동물에게 있어 인간의 맥락막과 같다. 맥락막과 다른 점은 벽판이 빛을 흡수하지 않고 반사시킨다는 것이다.

변별 측정을 위한 조정법(Method of adjustment for measuring discrimination) 관찰자 자신이 비교자극을 표준자극과 일치할 때까지 조정하는 정신물리학적 기법.

변별 측정을 위한 한계법(Method of limits for measuring discrimination) 표준자극을 고정시키고, 비교자극을 어떤 시행에서는 약한 것에서부터 강한 것으로, 다른 시행에서는 강한 것에서 약한 것으로 변화시키는 정신물리학적 기법.

변별 측정을 위한 항상자극법(Method of constant stimuli for measuring discrimination) 실험자가 무선 순으로 비교자극들을 제시하고, 관찰자로 하여금 각 비교자극이 표준자극보다 더 큰지 혹은 더 작은지를 판단하도록 하는 정신물리학 적 기법.

변별(Discrimination) 정신물리학에서 자극이 최소식별차로 지각되기 위해 변해야 되는 최소량.

변연계(Limbic system) 도망가기, 싸우기, 먹기, 성행위 등과 같은 규칙적인 행동에 관여하는 뇌 부분.

변형 이론(Transformation theory) Wagner와 Baird가 제안한 이론. 이 이론은 망막에 근접자극을 생성시키는 엄격하게는 물리적 과정이 이루어지는 첫 번째 단계와 망막상을 공간지각으로 전환시키는 심리적 과정이 이루어지는 두 번째 단계를 포함한다. 두 번째 단계에서는 오류를 일으킬 여지가 있다(예: 자극의 시각도 지각에서).

변환(Transduction) 물리적 자극을 지각 체계를 통해 전송이 가능한 형태로 전환시키는 과정.

병렬처리(Parallel process) 전형적으로 다른 감각 양상을 통해 몇 개의 표적이나 과제를 동시에 다루도록 하는 처리. (또한 모듈을 보라).

보색(Complementary hues) 파란색과 노란색과 같은 가산혼합시 회색이 되는 색들.

보충현상(Recruitment) 청력이 손상된 사람이 정상적으로 매우 큰 소리는 지각할 수 있지만, 약한 소리는 전혀 들을 수 없는 조건.

보편론자(Universalist) 색 범주들이 모든 사람들에게 공통적이지만, 언어가 그런 범주들에 대해 서로 다른 명칭들을 부여했다고 믿는 사람들.

복합 세포(Complex cell) 움직이는 자극들에 대해 가장 잘 반응하는 일차시각피질 세포.

복합음(Complex tone) 어떤 단순 음파로 표상될 수 없으며 일상생활에서 흔히 접하기 십상인 음.

본성-양육 문제(Nature-nurture question) 지각 능력과 같은 능력들이 타고난 요인(선천성)인지, 아니면 학습과 경험의 결과(후천성)인지의 논쟁.

봉투(Envelope) 파동의 최대 및 최소점들을 연결함으로써 형성되는 진행파동의 모양.

부동섬모(Stereocilia) 내융모세포와 외융모세포의 끝단에 부착되어 있는 작은 돌출부. 부동섬모의 전치는 활동전위를 일으키게 되는데, 이것은 음향지각의 첫 단계이다.

부등-선택적 세포(Disparity-selective cell) 부등 선택적 세포들은 자극들이 두 망막의 다른 영역에 등록될 때 높은 전기적 방사율을 보이기 때문에 깊이 지각에서 중요하다.

부유물(Floater) 적절한 조건이 되면 보이게 되는 수양액 속에서 떠다니는 고체.

부적 잔상(Negative afterimage) 자극 제시 후에 나타나는 상. 잔상은 원래의 자극과 반대의 상이다. (또한 계속 색 대비를 보라).

부정확 비교 설명(Incorrect comparison explanation) 관찰자들이 그들의 판단 근거를 전경의 적절하지 않은 부분들에 두고 있다고 진술하는 착시 설명.

부조화(Dissonance) 동시에 발생되는 불쾌한 것으로 판단되는 두 개 이상의 음 조합.

부호 변환점(Zero-crossing) 모서리 지각과 관련되는 것으로 시각장 내 강도 변화 지점.

분광감도(Spectral sensitivity) 빛이 흡수되는, 즉 특정 유형의 원추체가 빛을 흡수하는 영역과 같은 스펙트럼의 영역.

분석적 감각(Analytic sense) 관찰자가 분리된 부분들을 탐지할 수 있는 감각. 예를 들어 음악을 청취할 때 관찰자는 전형적으로 함께 연주되는 두 개의 음표를 분리시킬 수 있다.

분석적 지향(Analytical orientation) 전역적 지향과는 대조적으로, 분석적 지향은 지각적 경험을 형성하기 위해 조합하는 성분 요소들의 중요성을 강조한다.

분할법(Divisionism) 점묘법보다 더 큰 색 패치들의 상호작용 효과에 기초를 두는 페인팅 기법. (또한 점묘법을 보라).

불변성(Invariants) J. J. Gibson의 이론에서 언급되는 것으로, 시공간 상에서 지속되고, 어떤 유형의 변형에 의해서도 변하지 않는 지각의 측면들.

불수의적 안구 운동(Involuntary eye move-ments) 응시 동안에 발생되는 자발적 미세 안구 움직임.

불응기(Refractory period) 활동전위 이후 즉시

신경세포가 안정기로 돌아가는 동안의 시간.

브라유 점자(Braille) 시각장애인의 점자책에서 사용되는 도드라진 점 체계에 의한 알파벳 낱자 표상.

브로카 실어증(Broca's aphasia) 말소리 산출은 어렵지만, 어느 정도 말소리 이해가 유지되는 조건.

비갑개(코선반)(Turbinate bone) 비강에 있는 세 개의 뼈.

비강(Nasal cavity) 각 코의 안쪽 빈 공간.

비교론자(Relativist) 색 명칭이 임의적이라고 주장하는 이론가.

비교자극(Comparison stimulus) 변별연구에서 실험 내내 변하는 자극.

비교차부등(Uncrossed disparity) 호롭터 뒤에 있는 대상들은 비교차 부등을 일으키는데, 이는 대상이 관찰자로부터 멀리 있다는 단서가 된다. (또한 호롭터를 보라).

비분광 색상(Nonspectral hues) 스펙트럼의 어떤 부분에 해당하는 단일 파장으로는 기술될 수 없는 색상.

비율원리(Ration principle) 비율원리에 따르면, 대상이 얼마나 밝게 보일지를 결정하는 중요한 한 가지 요인이 장면 속의 다른 대상들과 관련한 그 대상의 상대적 자극 강도이다.

비트(Beats) 주파수가 유사한 순음들의 합성에 의해 발생되는 음량 변화.

빛(Light) 약 400nm에서 700nm까지의 파장을 가지는 파들로 이루어진 전자기 스펙트럼의 일부.

빠른 순응(RA) 섬유(Rapidly adapting fibers) 자극 변화에 반응하는 촉각 수용체의 유형.

산재성 원추체 양극세포(Diffuse cone bipolar cells) 산재성 원추체 양극세포들은 다른 광수용체, 통상적으로는 간상체들과 수렴과정을 일으키는 접속을 한다.

삼원색설(Trichromatic theory) 각각 스펙트럼의 다른 부분에서 오는 빛에 민감한 세 종류의 색 수용체가 있다고 말하는 색채시각 이론.

삼차신경(Trigeminal nerve) 후각과 미각에서 중요한 신경; 후각상피로 뻗는 자유신경종말을 가지고 있으며, 또한 칠리 고추와 같은 음식의 매운 맛 정보를 등록하는 신경.

상구(Superior colliculus) 대상과 그것의 움직임을 파악하는 데 중요한 뇌의 부분.

상대적 거리(Relative distance) 깊이 지각에서 사용되는 용어로 두 대상간 거리.

상대적 음고(Relative pitch) 어떤 사람들은 비교음을 제시하지 않으면 어떤 음의 높이를 정확하게 판단할 수 없다.

상대적 크기(Relative size) 거리 지각 단서로 사용되는 다른 대상들과 관련한 그 대상의 크기.

상올리브핵(Superior olivary nucleus) 와우핵과 하구 사이에 있는 소리 정보를 처리하는 구조.

상향처리(Bottom-up processing) 감각 수용체가 어떻게 자극들을 등록하는지, 즉 이런 하위 수준에서부터 더 상위(더 인지적) 수준으로 정보를 어떤 식으로 전송하는지를 강조하는 접근법.

색 방추(Color spindle) 색 입체.

색 입체(Color solid) 모든 색의 색상, 채도, 명도를 나타낸 두 개의 원추체를 결합시킨 것과 닮은 3차원 도형으로 색 방추(color spindle)라고도 함.

색 입체시(Color stereopsis) 어떤 렌즈(확대경과 같은)를 통해 두 눈으로 색채 자극을 볼 때 발생하는 깊이의 차이.

색각 결함(Color vision deficiencies) 일반적으로 색맹이라 불리며, 다른 색들을 구별하지 못하는 장애나 문제.

색맹(Achromatopsia) 색을 볼 수 없는 시각피질 장애.

색상(Hue) 광파의 길이에 대응하는 색에 대한 심리적 반응.

색환(Color wheel) 모서리를 따라 다른 파장들을 배열한 원으로 스펙트럼 색들을 나타내기 위해 사용된다.

색채 순응(Chromatic adaptation) 오랜 시간 연속적으로 색을 본 이후에 나타나는 그 색에 대한 반응 감소.

색채 항등성(Color constancy) 어떤 대상에 떨어

지는 빛의 색이 변하더라도, 그 대상의 고유한 색을 보는 경향성.

생득론(Nativism) 생득적, 본래적 능력의 중요성을 강조하는 이론.

생물학적 운동(Biological motion) 살아 있는 유기체의 운동 패턴.

서비골기관(Vomeronasal organ) 코를 분할시키는 격막의 어느 한 측면에 위치한 후각 기관.

선조외피질(Extrastriate cortex) 일차시각(혹은 선조)피질에서 이미 처리된, 그리고 상구에서 오는 정보를 받는 시각피질 영역.

선조피질(Striate cortex) 외측슬상핵에서 나온 뉴런들의 종착지인 시각피질 영역으로 현미경으로 보면 줄무늬가 보이기 때문에 선조라는 명칭이 붙여졌다. 이 영역은 또한 일차시각피질 혹은 17 영역으로도 불린다.

선형 조망(Linear perspective) 평행선들이 먼 지점에서 만나는 것으로 보인다는 사실에 의해 제공되는 거리단서.

선호법(Preference method) 영아의 지각 연구에서 사용되는 방법으로, 영아가 다른 전경보다 선호하는 어떤 전경을 일관성 있게 더 오래 주시한다면, 그 영아는 두 전경을 변별할 수 있는 것이라는 아이디어에 기초를 두고 있다.

섬모(Cilia) 청각과 후각 체계에서 수용체 세포에서 융기되어 있는 가는 머리칼 모양.

섬유띠신경로(Lemniscal system) 피부 감각을 담당하는 두 개의 신경계 가운데 하나. 척수시상로보다 더 큰 신경섬유를 가지고 있어 전송도 더 빠르다.

성도(Vocal tract) 성대 위에 있으며 말하기에 관여하는 해부학적 구조.

성분에 의한 재인 접근법(Recognition-by-components approach) 복잡한 모양에 대한 재인은 기본 구성요소를 분석함으로써 이루어진다고 주장하는 접근법.

세부특징통합 접근법(Feature-integration approach) 우리가 여러 다른 유형의 모양지각을 위해 상이한 처리수준을 사용한다고 주장하는 접근법.

소리 위치 파악(Auditory localization) 환경 내 음원들의 위치 확인 능력.

소리(Sound) 대기압의 연속적 변화.

소리(말소리) 분음파형도(Sound or speech spectrogram) 말소리의 주파수 성분을 보여주는 그림.

소음(Noise) 신호탐지이론에서는 신호가 발생하지 않는 상황. 청각과 관련해서는 관련이 없고, 과도하거나, 원하지 않는 소리.

소형신경절세포(Midget ganglion cell) 소형양극세포에서 나온 정보를 전송하는 세포들로, 소세포 경로를 확장한다. (또한 파라솔 신경절세포를 보라).

소형양극세포(Midget bipolar cell) 하나의 원추체나 소량의 원추체들과 접속하는 세포들로 소세포(parvo) 경로를 형성한다. (또한 산재성 원추체 양극세포를 보라).

손 척도(Sone scale) 크기추정법으로 얻어지는 음량 척도로 1,000Hz의 40dB 음에 1손의 음량값이 할당된다.

수동적 촉각(Passive touch) 대상이 피부에 제시될 때의 촉지각.

수렴(눈의)(Convergence) 근거리 대상을 볼 때 사용되는 (눈의) 이향운동 유형.

수렴(수용체의)(Convergence) 각 신경절세포와 연접하는 많은 광수용체를 일컫는다. 간상체의 경우, 상당한 수렴이 발생한다(하나의 신경절세포에 대해 약 100개 정도의 간상체). 원추체의 경우, 훨씬 적은 수렴이 발생한다(하나의 신경절세포에 대해 몇 개의 원추체).

수렴하다(Converge) 근거리 대상을 볼 때, 각 눈이 회전하여 동공을 코 쪽으로 향하게 한다. (또한 '확산하다'를 보라).

수양액(Aqueous humor) 각막과 수정체 사이에서 발견되는 수액.

수용자 조작 특성곡선[Receiver operating characteristic(ROC) curve] 신호탐지이론에서 적중확률과 허위경보 확률 간의 관계성을 보여주는 곡선.

수용장(Receptive field) 어떤 세포가 자극될 때, 그 세포의 활동 변화가 발생하는 망막의 부분.

수정체(Lens) 대상의 초점을 맺기 위해 모양이 변하는 눈의 내부 구조.

수축(Constrict) 동공의 크기를 더 작게 만드는 홍채의 작용.

수평세포(Horizontal cells) 광수용체들이 서로 소통할 수 있도록 해주는 망막 세포들.

수평-수직 착시(Horizontal-vertical illusion) 거꾸로 선 T 모양의 착시로 수직선이 수평선보다 더 길게 보인다.

순도(Purity) 색을 묘사할 때, 흰 빛의 결여 정도를 나타낸다. 색의 순도가 낮다는 것은 단색광에 많은 양의 흰 빛이 첨가된 색을 의미한다.

순음(Pure tone) 단일 정현파로 묘사될 수 있는 음.

순응(Adaptation) 민감도의 변화. (또한 암순응과 명순응을 보라).

순응자극(Adaptation stimulus) 암순응 연구에서 관찰자가 어둠 속에 들어가기 전에 노출되는 강한 불빛

스트레스에 의한 무통증(Stress-induced analgesia) 스트레스에 의해 유발되는 통증 지각의 감소.

스트로보스코픽(혹은 가현) 운동(Stroboscopic movement) 망막의 다른 부분들에 빠른 자극 패턴을 줌으로써 발생되는 운동 착각.

습관화 오류(Errors of habituation) 관찰자가 이전 시행에서 보인 대답과 동일한 대답을 유지하는데서 오는 정신물리학적 검사에서 발생하는 오류.

습관화(Habituation) 시간에 따른 자극의 반복 노출 후에 발생되는 그 자극의 지각된 강도 감소.

습관화법(Habituation method) 유아 지각 검사 시 사용되는 반복 자극에 대한 주의 감소에 기초를 두는 방법.

시각 실인증(Visual agnosia) 측두엽 손상으로 유발되며 기본적인 시각 능력은 손상되지 않지만, 사진 속 대상을 확인할 수 없는 장애.

시각 절벽(Visual cliff) 영아들이 얕게 보이는 면과 깊게 보이는 면을 선택하도록 한 장치.

시각도(Visual angle) 관찰자의 눈에서 표적물의 외곽 모서리까지 뻗는 두 시선에 의해 형성되는 각의 크기.

시각적 대상 실인증(Visual object agnosia) 기본 시각 능력은 가지고 있지만, 대상을 재인할 수 없는 장애.

시각포획(Visual capture) 소리가 시각 자극의 위치에서 발생하는 것으로 오지각하는 현상.

시각피질(Visual cortex) 시각에 관여하는 대뇌피질의 부분.

시간설(Temporal theory) 기저막이 음의 주파수와 일치하는 주파수에서 진동한다고 주장하는 이론.

시교차(Optic chiasm) 두 시신경이 같은 방향과 교차 방향으로 동시에 뻗는 영역.

시냅스(Synapse) 화학적 메시지를 보내는 뉴런들 사이의 틈.

시력(Acuity) 사물의 세부를 볼 수 있는 정확도.

시력(Visual acuity) 장면의 세부를 볼 수 있는 능력.

시신경(Optic nerve) 눈에서 벗어나 시교차로 뻗는 신경절세포의 종말 다발.

시신경로(Optic tract) 시교차와 상구 혹은 외측슬상핵 사이에 뻗어 있는 시각 체계의 신경섬유 다발.

시신경 유두(Optic disc) 시신경이 눈을 떠나는 망막의 영역.

신경절세포(Ganglion cell) 망막의 양극세포에서 뇌 쪽으로 진행하는 세포들.

신경행렬(Neuromatrix) Ronald Melzack이 제시한 것으로, 신경행렬은 자기를 확인하는 데 도움을 주는 독특한 충격 패턴들을 생성하기 위해 세 개의 뇌 시스템에서 나오는 입력신호를 받는다.

신호(Signal) 정신물리학 연구, 대부분은 신호탐지이론에서 사용되는 자극.

신호+소음(Signal + noise) 신호탐지이론에서 적

절한 신호가 관련이 없는 '소음'과 함께 발생되는 상황.

신호탐지이론(Signal detection theory, SDT) 관찰자의 민감도와 그의 의사결정 방략 모두를 평가하는 정신물리학적 접근법.

아마크린세포(Amacrine cell) 신경절세포들이 서로 교신할 수 있도록 해주는 망막 세포들. 이 세포들은 또한 양극세포들이 서로 교신할 수 있도록 해준다.

아편 수용체(Opiate/opioid receptor) 잠금-해제 형식으로 아편제에 반응하는 뇌 세포 표면의 특정 위치.

안과의(Ophthalmologist) 눈의 질환을 전문으로 다루는 의사.

안구 운동 설명(Eye-movement explanation) 안구의 운동 패턴 관점에서 착시 설명.

안구전방(Anterior chamber) 각막 바로 뒤와 홍채 앞에 위치해 있는 눈의 영역으로 수양액이 포함되어 있다.

안구후방(Posterior chamber) 망막과 수정체 사이에 있는 방.

안면실인증(Prosopagnosia) 얼굴 재인을 위해 필요하지만 얼굴 세부특징들을 조직할 수 없는 장애.

안압측정법(Tonometry) 특수 장비를 사용해서 눈 내부의 압력을 측정하는 기법.

알베도(Albedo) 사물에서 반사되는 빛의 비율; 사물에 떨어지는 빛의 양이 변해도 알베도는 일정하게 유지된다.

암소시(Scotopic vision) 간상체를 사용하는 시각.

암순응 곡선(Dark adaptation curve) 어두운 환경에 머문 시간과 검사 자극에 대한 역치 사이의 관계성을 보여주는 그래프.

암순응(Dark adaptation) 눈이 컴컴한 환경에 계속 노출될 때 발생되는 민감도의 증가.

암점(Scotoma) 시각피질 손상으로 시야에서 보이지 않는 부분(복수는 scotomata).

애매한 전경-배경 관계(Ambiguous figureground relationships) 전경과 배경이 수시로 역전되는 상황. 즉 전경이 배경이 되었다가, 다시 전경으로 돌아온다.

양극세포(Bipolar cell) 간상체와 원추체에서 나오는 정보를 수용하고, 그것을 신경절세포로 보내는 망막 세포.

양안 단서(Binocular cue) 두 눈에 의존하는 깊이 단서(예: 입체시).

양안경합(Binocular rivalry) 각 눈에 맺혀지는 상들이 단일 지각체로 융합되기에 너무 큰 차이가 있을 때 발생.

양안부등(Binocular disparity) 두 눈이 약간씩 다른 세상을 본다는 사실에 의해 제공되는 거리 정보 출처.

양이 강도차(Interaural intensity difference) 두 귀사이의 소리 강도의 작은 차이에 기초된 소리의 위치파악 단서.

양이 시간차(Interaural time difference) 각 귀에 소리가 도달한 시간의 작은 차이에 기초된 소리의 위치파악 단서.

양이(의)(Binaural) 두 귀(의).

양전자방출촬영법(Positron emission tomography) 혈류에 방사선 물질을 주입하고 그것이 뇌에 도달될 수 있도록 하여 뇌의 활성화를 컴퓨터 영상으로 생성시키는 절차.

어디 경로(Where pathway) 공간 위치에 중요한 경로; 일차시각피질에서 이차시각피질을 거쳐 두정엽으로 뻗는다.

억제(Inhibition) 활동전위의 감소를 초래하는 뉴런의 자극.

얼룩(Blob) 일차피질의 기둥 구조 전역에 분포되어 있는 얼룩 모양의 세포; 이 세포들은 색에 반응한다.

에너지 모형(Energy model) 공간과 시간에 걸쳐 발생하는 변화에 초점을 맞추는 운동 탐지에 대한 계산적 접근법.

에임즈 방(Ames room) 거리와 크기 착시를 일으키도록 설계된 방(**그림 6.31 참조**).

여백착시(Margin illusion) 일반적으로 우리는 페이지의 흰 여백들이 거의 채워져 있는 것으로 지각하지만, 실제로 페이지의 1/3이 여백이다.

역설적 냉감(Paradoxical cold) 매우 뜨거운 자극이 냉점을 자극함으로써 냉감을 일으키는 현상.

역설적 열감(Paradoxical heat) 따뜻한 자극과 차가운 자극에 교대로 노출시키면 고통스런 열감이 발생한다.

역행 차폐(Backward masking) 한 자극이 제시된 후 신속하게 두 번째 자극이 따를 때 첫 번째 자극에 대한 탐지 정확도가 감소되는 현상. 역행 차폐는 시각과 청각 모두에서 발견된다.

연구개(Soft palate) 혀의 뒷부분 위에 있는 입의 상부 영역.

연사(일제사격)원리(Volley principle) 뉴런군들이 요구되는 발화율을 산출하는 데 협동으로 기여할 수 있다고 진술하는 청각 처리의 주파수 이론에 부가되는 제안.

영구적 난청(Permanent threshold shift) 소음에 대한 노출의 결과로서 발생하는 가청 역치의 영구적 증가.

오른쪽 시각장(Right visual field) 시각적 세계의 오른쪽 부분.

오름차순(Ascending series) 한계법에서 사용되는 것으로 자극의 강도를 점진적으로 증가시키는 시행 계열.

옥타브 착각(Octave illusion) 하나의 음이 한 귀에 제시되고, 동시에 한 옥타브 떨어져 있는 다른 음을 다른 귀에 제시할 때 발생하는 음악 착각. 음들을 한 귀에서 다른 귀로 교대시켜도, 청취자는 한 귀에서는 높은 음만, 그리고 다른 귀에서는 낮은 음만을 듣는다.

옥타브(Octave) 피아노에서 두 개의 연속적인 C 음과 같이 동일한 명칭의 두 음 사이의 거리를 나타내기 위해 음악가들이 사용하는 주파수 배가(doubling).

온도순응(Thermal adaptation) 시간이 경과하면서 뜨겁거나 찬 온도의 지각된 강도 감소.

옵신(Opsin) 광색소의 큰 단백질.

옵타콘 II(Optacon II) 인쇄되거나 손으로 쓴 문자들과 숫자들을 진동 표시기로 번역해주어 시각장애자가 손으로 읽을 수 있도록 한 장치.

와우 전기반응(Cochlea microphonic) 귀에 도달한 파형이 외융모세포에서 발생되는 등급전위(graded potentials)에 의해 복제되는 현상.

와우각(Cochlea) 청각 자극 수용체를 포함하는 액체가 채워져 있는 골질 구조.

와우각공(Helicotrema) 내이의 전정관 끝에 난 작은 구멍.

와우관(Cochlea duct) 와우각 내부 관 중 하나.

와우핵(Cochlea nucleus) 내이를 떠난 청신경이 경유하는 청각 처리 구조.

외융모세포(Outer hair cells) 코르티기관의 바깥에 있는 청각 수용체로 대부분 기저막에서 이동하는 파동을 조율하여 세부 주파수 변별을 허용하는 역할을 담당한다. (또한 운동성을 보라).

외이도(External auditory canal) 귓바퀴에서 고막까지 이어지는 관.

외측슬상핵(Lateral geniculate nucleus, LGN) 대부분의 신경절세포가 정보를 새 뉴런으로 전송하게 되는 시상의 부분.

외측억제(Lateral inhibition) 빛으로 자극을 받는 망막 주변 지점들의 신경활동 억제.

왼쪽 시각장(Left visual field) 시각적 세계의 왼쪽 부분.

운동 깊이 효과(Kinetic depth effect) 전경이 움직이지 않을 때는 평평해 보이지만 일단 움직이기 시작하면 깊이를 가지는 것으로 보이는 현상.

운동 시차(Motion parallax) 관찰자가 머리를 측면으로 움직임에 따라 다른 거리에 있는 대상들이 다른 방향과 다른 속도로 움직이는 것처럼 보인다는 사실에 의해 제공되는 거리단서.

운동 조망(Motion perspective) 관찰자가 세상 속에서 움직일 때 대상의 보이는 면이 지속적으로 변한다.

운동감각 정보(Kinesthetic information) 거리 판단을 위해 사용될 수 있는 비시각적 정보(근육 정보와 같은).

운동감각(Kinesthesia) 움직임이나 고정된 사지의 위치에 대한 감각.

운동성(Motility) 세부 주파수 변별을 일으킬 수 있는 능력을 고양시키는 외융모세포들의 독립적 신장과 수축.

운동 잔효(Movement aftereffects) 연속적인 움직임을 관찰한 후 발생하는 움직임 착각. 다른 표면을 볼 때, 원래의 움직임과 반대 방향으로 움직이는 것처럼 보인다.

운율(Prosody) 말소리의 음악적 측면(음절의 강세, 말소리의 리듬, 음성의 변화).

움직임을 통한 모양(Sahpe from motion) 대상의 움직임으로부터 야기되는 모양의 3차원성에 대한 단서.

원격 자극(Distal stimulus) 근접 자극과 반대되는 세상에 존재하는 자극이나 대상.

원시(Farsighted) 근거리 대상들을 선명하게 볼 수 없는 조건을 일컫는 용어.

원심성 신경섬유(Efferent fibers) 뇌에서 수용체로 정보를 전송하는 신경섬유.

원점(Far point) 관찰자가 선명하게 볼 수 있는 가장 먼 지점.

원추체(Cones) 좋은 조명 조건에서 색채시각을 위해 사용되는 광수용체.

원판 박리(Disc shedding) 광수용체에서 오래된 원판을 박리하는 과정.

원형(Prototype) 패턴 재인에 대한 원형 맞추기 접근법에서 제안된 비교의 기초로 사용되는 이상적인 전경.

원형 대응 접근법(Prototype-matching approach) 우리는 기억 속에 저장되어 있는 다양한 추상적 모양과 패턴(원형)에 관한 정보를 가지고 있으며, 재인은 새롭게 제시된 자극을 원형과 대응시킬 때 발생된다고 주장하는 모양지각에 대한 접근법.

위상 결속(Phase locking) 뉴런들이 파동의 정점에서 결속하여 발화하는 현상.

위상각(Phase angle) 위상각이란 하나의 주기에 대해 파동의 위치를 각도(0도, 90도 등)로 나타낸 것이다. 이는 각 위치에서 파동의 압력을 기술하는 데 도움을 준다. 예를 들어 압력은 90도에서 최대이며, 270도에서 최소이다.

위상차(Phase difference) 두 귀에 들어오는 소리의 위상각 차이. 이는 음원의 위치에 대한 단서로 작용한다(그림 10.8을 보라).

위약(Placebo) 환자가 약이라고 믿는 설탕으로 만든 환과 같은 비활성 물질.

위해탐지기(Nociceptors) 잠정적인 해를 줄 수 있는 자극(매우 높은 온도, 높은 압력, 해로운 화학물질)에 대한 경고 신호를 촉발시키는 피부의 통각 수용체.

유도된 운동(Induced movement) 시각적 참조틀이 한 방향으로 움직이고, 정지된 표적이 반대 방향으로 움직이는 것처럼 보이는 움직임 착시.

유도자극제(Counterirritants) 한 부위를 자극하여 다른 부위에서 통증이 감소되도록 하는 통증 조절법.

유두(Papillae) 미뢰를 포함하고 있는 혀 표면의 작은 돌기들.

유리체액(Vitreous humor) 눈의 수정체 뒤에서 발견되는 진한 젤리 같은 물질.

유모 피부(Hairy skin) 인간의 신체 대부분에 분포되어 있는 피부 유형으로 털이 있다.

유발 이음향방사(Evoked otoacoustic emissions) 귀에 제시된 소리가 반향되는 현상.

유사성의 법칙(Law of similarity) 서로 유사한 항목들이 함께 집단화된다는 게슈탈트 법칙.

유성(음)화(Voicing) 자음의 세 가지 차원 중 하나로, 성대가 진동되는지의 여부.

유성자음(Voiced consonant) 성대의 진동으로 발성되는 자음.

유스타키오관(Eustachian tube) 귀와 인후를 연결하는 중이 구조.

윤곽(Contour) 밝기, 명도 혹은 색이 급격하게 변하는 위치; 모서리(edge)라고도 함.

융모세포(Hair cells) 코르티기관에 있는 청각 자극 수용체.

으뜸음(기준음)(Tonic) 한 옥타브 내 12개 음 중 하나로, 그것을 중심으로 옥타브 내 나머지 음고들이 정해진 간격으로 정렬된다.

음량(Loudness) 소리의 진폭에 대응하는 심리적 반응.

음색(Timbre) 음질(음의 질적 특성).

음성구동시간(Voice onset time, VOT) 말할 때, 모음이 발성되기 시작할 때까지의 시간.

음소(Phoneme) /h/ 혹은 /r/ 음과 같은 말소리의 기본 단위.

음소경계(Phonetic boundary) 청지각에서 음소 지각이 변하는 연속선상의 지점. 우리는 경계의 왼쪽에서 어떤 음소를 지각하며, 오른쪽에서 다른 음소를 듣는다.

음소복원(Phonemic restoration) 말소리가 관련 없는 다른 소리로 대체되거나 차폐될 때 지각 체계가 적절하게 그 틈을 복원하거나 메우는 현상.

음압수준(Sound-pressure level, SPL) 역치 압력과 관련한 음압의 로그 척도. 진폭을 측정하기 위해 데시벨이 사용된다.

음위상(Tonotopic) 유사 주파수에 민감한 뉴런들이 하구에서 서로 인접하여 정렬.

음조 높이(Tone height) 주파수 상승을 수반하는 음고 증가.

음조(가락)(Tonality) 하나의 특정 음을 중심으로 조직되어 있는 음고들.

응시정류(Fixation pause) 두 안구 도약 운동 사이에서 나타나는 지체.

이경화증(Otosclerosis) 등골이 움직이지 않아서 소리 자극의 진도에 문제를 일으키는 골 질환.

이명(Tinnitus) 고열, 이염, 혹은 아스피린 과다 복용에 의해 귀에서 발생되는 고음의 울림.

이상 미각증(Dysgeusia) 미각 신경의 손상으로 존재하지 않는 맛 지각을 경험할 수 있다.

이상 삼색형 색각자(Anomalous trichromat) 색각 결함의 가장 일반적인 형태. 이상 삼색형 색각자는 세 개의 원추체 시스템을 모두 가지고 있지만, 그 시스템 가운데 어느 하나가 비정상적인 흡수 스펙트럼을 가지는 경우이다.

이색형 색각자(Dichromat) 하나의 원추체 시스템 상실로 인해 두 개의 일차색만을 사용해서 다른 모든 색채 지각에 대응시키는 사람.

이석기관(Otolith organs) 반고리관의 기저부에 있으며, 난형낭(utricle)과 구형낭(saccule)으로 구성된 기관.

이성체(Metamers) 정확히 동일하게 보이지만 물리적으로 다른 자극들로 구성된 빛의 쌍.

이소골(Ossicles) 중이에 있는 세 개의 소골(추골, 침골, 등골).

이시하라 색각검사(Ishihara test) 관찰자가 여러 상이한 색을 가진 원들 속에 숨겨진 숫자를 탐지하는 색각 결함 검사. (또한 색판6을 보라).

이염증(Ear infection) 유스타키오관이 부어서 중이가 기도에서 분리된 조건.

이음향방사(Otoacoustic emissions) 자극에 반응하거나 반응하지 않든지와 관계없이 귀에 의해 발생되는 모든 방사.

이중 이론(Duplex theory) 망막이 매우 다른 두 가지 유형의 광수용체(간상체와 원추체)를 포함하고 있다는 사실을 강조하는 이론.

이중 지각(Duplex perception) 애초에는 독특한 말소리 모듈을 지지하는 것으로 생각되었던 것으로, 청취자가 동일한 음향 정보로부터 말소리와 말소리가 아닌 소리 모두를 지각하는 음향지각의 유형.

이중 체계 이론(Duplicity theory) 두 가지 별개의 광수용체 유형(간상체와 원추체)을 제안하는 시각 접근법.

이중 초점 안경(Bifocals) 두 가지 유형의 렌즈, 즉 원거리 대상을 보기 위한 렌즈와 근거리 대상을 보기 위한 렌즈를 포함시킨 특수 안경.

이중 통증(Double pain) 날카로운 통증 다음에 따르는 둔한 통증으로 A델타 섬유(대섬유)와 C섬유(소섬유)에 의해 유발되는 것으로 추정.

이차시각피질(Secondary visual cortex) 일차시각피질과 상구에서 이미 처리된 정보를 수용하는 시각피질 영역.

이향운동(Vergence movement) 두 시선이 이루는 각도가 변하고 눈이 서로를 향해 혹은 반대로 움직이는 안구운동.

인공수정체(Intraocular lens) 결함이 있는 수정체를 수술로 제거한 후 눈에 이식되는 대체 수정체.

인식론(Epistemology) 어떻게 지식을 획득하는지에 관심을 두는 철학의 분파.

인지(Cognition) 지식의 획득, 저장, 인출 및 사용.

인지적 지연(Cognitive slowing) 노인에게서 흔히 발견되는 과제 수행에서의 느린 반응.

인지행동적 접근법(Cognitive-behavioral approaches) 통증 치료에서 환자로 하여금 신체 문제에 대해 보다 적응적인 인지 및 행동 반응을 발달시킬 수 있도록 돕는 방법.

일과성 역치 변동(Temporary threshold shift) 소음에 대한 노출의 결과로 나타나는 청각 역치의 일시적 증가.

일반 기전 이론(General mechanism account) 말소리와 다른 유형의 청각 정보가 동일한 기전(특별한 말소리 모듈이 있는 것이 아닌)으로 처리된다고 주장하는 말소리지각 이론.

일시적 수용체 전위 채널[Transient receptor potential(TRP) channel] 자유신경종말 간에 민감도 차이를 일으키는 단백질군.

일주기 생체 리듬(Circadian rhythm) 수면과 섭식을 포함하여 여러 행동 측면에 영향을 주는 24시간 주기의 생리적 변화.

일차시각피질(Primary visual cortex) 외측슬상핵에서 나온 뉴런들의 최종 종착지가 되는 시각피질 영역.

일차청각피질(Primary auditory cortex) 측두엽에 위치하며, 내측슬상핵으로부터 정보를 받는다.

임계대역(Critical band) 특정 음에 의해 차폐될 수 있는 주파수 범위를 그 음의 임계대역이라 한다.

임피던스 불일치(Impedance mismatch) 두 매체에 대한 임피던스가 다른 조건; 음파는 임피던스 불일치가 발생할 때 쉽게 전도될 수 없다.

임피던스(Impedance) 음파의 진행에 대한 저항.

입체 사진(Stereoscopic picture) 각각 왼쪽 눈과 오른쪽 눈에 제시되어 입체감을 일으키는 두 장의 사진.

입체경(Stereoscope) 어떤 장면을 약간 다른 관점에서 촬영한 두 장의 사진을 제시하는 장치; 각 사진을 각 눈에 제시하면 입체감을 경험할 수 있다.

입체시(Stereopsis) 양안부등에 의해 제공되는 것으로 두 눈으로 깊이를 판단할 수 있는 능력.

입체화학 이론(Stereochemical theory) 냄새 분자가 우리가 맡는 냄새의 유형을 결정하는 명확한 모양을 가진다는 Amoore가 제안한 이론.

자극에 의한 귀먹음 실험(Stimulation deafness experiment) 동물을 매우 큰 진폭을 가진 음에 노출시켜, 부동섬유를 손상시키는 실험. 손상 위치는 사용된 주파수에 달려 있다.

자기 순응(Self-adaptation) 특정 취기제가 그것에 대한 민감도 상실을 일으킬 때의 과정.

자기운동 착시(Self-motion illusion) 움직이지 않지만 자신이 움직이는 것으로 지각.

자기중심적 거리(Egocentric distance) 깊이 지각에서 사용되는 관찰자와 대상 사이의 거리.

자동운동(Autokinesis) 명확한 배경이 없는 가운데 정지된 대상이 움직이는 것처럼 보이는 운동 착각

자동입체도(Autostereogram) Tyler가 개발한 것으로 양안 깊이 정보를 포함하고 있는 단일 이미지.

자료주도적 처리(Data-driven processing) 감각 수용체들이 자극을 어떻게 등록하는지, 즉 하위 수준에서 상위 인지 수준으로의 정보 흐름을 강조하는 접근법.

자발 이음향방사(Spontaneous otoacoustic emission) 자극이 제시되지 않음에도 귀에 의 해 발생되는 방사.

잘못 적용된 항등성 설명(Misapplied constancy explanation) 잘못 적용된 항등성 설명에 따르면, 관찰자들이 착시의 부분들을 크기 항등성 단서로 해석하기 때문에 착시가 발생한다.

장소설(Place theory) 주파수 정보가 기저막에 걸쳐 상이한 위치에서 부호화된다고 제안하는 음향처리이론.

장파색각결함(Protanopes) 이색시로 진한 빨간색에 둔감한 사람.

재인역치(Recognition threshold) 맛 지각에서 특성적으로 재인될 수 있는 용액의 농도.

적중(Hit) 신호탐지이론에서 적중은 신호가 제시되었을 때, 관찰자가 신호가 존재한다고 보고할 때 발생한다.

전경(Figure) 모양지각에서 명확하게 정의된 모서리를 가진 두드러지는 모양.

전달 세포(Transmission cell) 척수에 있으며 두 유형의 신경섬유들로부터 오는 입력을 받는 출입문 제어 이론에서 제안된 세포들.

전역적 지향(Holistic orientation) 게슈탈트 접근법으로부터 나온 전역적 지향이란 우리가 경험하는 최종 지각체가 단지 부분들의 합이 아님을 주장한다. (또한 분석적 지향을 보라).

전음성 난청(Conductive hearing loss) 소리 자극을 전도하는 데 있어 문제가 수반되는 조건; 외이나 중이에서 문제가 발생한다.

전자기 복사(Electromagnetic radiation) 전기적으로 충전된 분자들에 의해 생성된 모든 형태의 파.

전정 안구 반사(Vestibuloocular reflex, VOR) 전정 안구 반사(VOR)는 안근 기능으로 전정 정보를 조절하며, 세상을 안정적으로 볼 수 있게 해준다.

전정 감각(Vestibular sense) 방향, 움직임, 가속에 대한 정보를 제공하는 체계.

전정관(Vestibular canal) 등골이 부착되어 있는 와우각의 내부 관.

전정막(Reissner's membrane) 와우관과 전정관을 분리시키는 막.

전주의 처리(Preattentive processing) Treisman의 세부특징통합 이론에서 자극 세부특징의 자동적 등록.

전체장(Ganzfeld) 독일어로 '전체장', 즉 윤곽이 없는 시각장을 뜻한다.

절대적 음고(Absolute pitch) 절대 음고(감)를 가진 사람들은 개개 음의 높이를 확인하거나 요구된 음 산출이 거의 정확하다.

절대역(Absolute threshold) 자극 탐지를 위한 최소 강도로 시행의 50%가 탐지되는 강도.

점묘법(Pointillism) 여러 색의 점들을 찍어 표현하는 화법으로 멀리서 보면 점으로 찍은 두 색의 중간색이 보이게 된다.

점빛 디스플레이(Point-light display) 유기체의 관절에서 빛만 보이게 한 디스플레이. 그런 디스플레이는 생물학적 운동을 연구하는 데 유용하다.

정보처리 접근법(Information-processing approach)심리적 과정들을 확인하고 정보흐름의 특정 패턴에 의해 그것들을 연결 짓는 접근법. (또한 인지를 보라).

정상 삼색시(Normal trichromat) 모든 다른 색들을 대응시키기 위해 세 개의 색을 필요로 하는 사람들.

정신물리학(Psychophysics) 물리적 자극과 그 자극에 대한 심리적 반응간의 관계성 연구.

정원창(Round window) 고실관의 열려 있는 구멍을 덮고 있는 막.

정지된 망막상(Stabilized retinal image) 여러 장치를 통해 망막의 동일 부위에 고정된 상. 고정된 망막상은 점차로 사라지는데, 이는 지각을 위해 변화가 중요하다는 것을 시사한다.

정현파 격자(Sinusoidal grating) 어둡고 밝은 것이 교차되는 흐릿하고 경계가 없어 보이는 줄무늬 세트.

정현파(Sine wave) 광파나 순음 패턴과 닮은 부드러운 파동 패턴.

조건등색 맞추기(Metameric matching) 피험자가 세 가지 다른 색(일반적으로 빨간색, 초록색, 파란색)을 가진 빛의 양을 조합하여 어떤 단일 파장의 색과 같아지도록 대응시키는 과정.

조건형성 방법(Conditioning method) 영아의 지각을 연구함에 있어 실험자는 영아가 할 수 있는 반응을 선택하고, 영아가 그런 특정 반응을 할 때 보상을 주는 방법. 나중에 실험자는 새 자극들에 대한 일반화를 검사한다.

조옮김(Transposition) 음악에서 동일한 공간 관계성을 유지하면서 각 음표의 음고를 변화시키는 것.

조음 개시(Attack) 음악 지각에서 음을 시작할 때의 소리 조성.

조음방식(Manner of articulation) 자음 발성과 관련된 세 개 차원 중 하나; 이것은 공기를 얼마나 차단시켰다가 방출시키면서 소리를 낼 것인지를 상술한다.

조음위치(Place of articulation) 자음 발성과 관련한 세 가지 차원중 하나로, 자음을 발성할 때 날숨이 차단되는 위치를 상술한다.

조작적 조건형성법(Operant conditioning method) 통증과 관련이 없는 신체 활동 증가와 같은 행동을 강화해주는 조건형성.

조절(Accommodation) 망막에 상이 적절하게 초점을 맺게 하는 데 필요한 눈의 수정체 모양의 변화; 관찰자가 다른 거리에 있는 대상들의 초점을 맞출 때 발생한다.

조정법(Method of adjustment) 관찰자가 겨우 탐지할 수 있을 때까지 자극의 강도를 조정하는 정신물리학적 기법.

조직 적합성 항원(Human leukocyte antigen) 인간의 유전자군 명칭으로 인간은 면역계 기능과 관련된 많은 유전자를 가지고 있다.

조화음(Harmonics) 복합음에 있는 기본 주파수의 배음들; 배음(overtone)이라고도 함.

종합감각(Synthetic sense) 관찰자가 개별 부분들을 탐지할 수 없는 감각 중 하나. 예를 들어, 시각에서 관찰자는 색 혼합의 성분들을 탐지할 수 없다.

좋은 연속성의 법칙(Law of good continuation) 한 선분이 다른 선분에 의해 교차되기 전에 진행되었던 동일 방향으로 연속되는 것으로 지각된다는 게슈탈트 법칙.

좋은 형태의 법칙(Law of Pränanz) 몇 가지 대안적 지각에 당면할 때, 실제로 발생하는 지각은 최상의 가장 단순하며 안정적인 모양을 가지는 것이라는 게슈탈트 법칙.

주관색(Subjective colors) 무채색 자극(Benham의 팽이와 같은)에 의해 유발된 색채 지각.

주관적 동등점(Point of subjective equality) 비교자극이 표준자극과 동등하다고 판단되는 지점.

주기(Cycle) 소리 자극의 경우 압력이 증가하면서 정상으로, 그리고 낮아졌다가 다시 정상으로 돌아오는 변화의 전체 범위를 말한다.

주의(Attention) 정신적 활동의 집중.

주파수(Frequency) 음파의 초당 주기 수.

중심와(Fovea) 시각이 가장 선명한 망막의 중심 영역.

중첩(Interposition) 한 대상이 다른 대상을 부분적으로 가리는 거리단서.

중파색각결함(제2색맹)(Deuteranopes) 이색형 색각자로 빨간색과 초록색에 둔감한 사람.

증4도 역설(Tritone paradox) 음조 높이에 대한 오지각.

지각 폭(Perceptual span) 눈으로 하여금 글을 읽기에 충분히 선명한 시각을 갖도록 허용하는 수직(상하) 및 수평(좌우) 폭.

지각(Perception) 의미와 조직화를 포함하는 감각의 해석.

지불(Payoffs) 신호탐지이론에서 특정 반응과 연합되는 보상과 처벌.

지온(Geons) 대상들을 구성할 수 있는 기본 모양들.

지속 상태(Steady state) 음악 지각에서 음의 중간 부분.

직접 지각(Direct perception) J. J. Gibson이 제안한 지각의 접근법으로, 자극 자체에 지각을 일으키는 데 필요한 모든 정보가 포함되어 있음을 강조한다.

진통제(Analgesic medication) 특별히 통증을 경감시키기 위해 개발된 약품들.

진폭(Amplitude) 시각에서 광파의 높이; 진폭은 시각 자극의 명도 혹은 밝기와 관련된다. 청각에서 음파에 의해 생성되는 압력의 변화; 진폭은 청각 자극의 크기와 관련된다.

진피(Dermis) 새로운 피부 세포를 만드는 피부의 중간층.

진행파(Traveling wave) 와우각의 기저부에서 정점으로 진행하는 청각 처리에서의 압력파.

집단화 법칙(Laws of grouping) 우리가 정보를 조직하거나 묶는 방식을 설명하는 원리.

차이역(Difference threshold) 시행의 50%가 차이 식별을 일으키는 데 요구되는 자극의 최소 변화.

차폐(Masking) 한 자극이 다른 자극의 지각을 어렵게 만드는 현상. 차폐 자극은 차폐당하는 자극보다 선행되거나(순행 차폐) 차폐당하는 자극 다음에 올 수 있다(역행 차폐).

착각접합(Illusion conjunction) Treisman의 세부특징통합 이론에서 제시된 지각 현상으로 두 자극의 세부특징들이 부적절하게 결합될 때 발생한다.

착각적 움직임(Illusory movement) 대상이 실제로는 움직이지 않지만 그것이 움직이는 것으로 지각되는 현상.

착각적 윤곽(Illusory contour) 물리적으로 존재하지 않는 윤곽이 보이는 현상.

착시(Illusion) 부정확한 지각.

채도(Saturation) 빛의 순도에 대한 심리적 반응. 채도가 높은 빛은 흰 빛이 거의 포함되지 않은 것으로 보인다.

척수시상로(Spinothalamic system) 피부 감각을 담당하는 두 개의 신경 체계 중 하나. 척수시상로는 작은 신경섬유들을 가지고 있으며, 섬유띠 신경로보다 전도율이 느리다.

청각 순응(Auditory adaptation) 어떤 소리를 계속해서 제시한 이후에 그 소리의 지각된 음량 감소.

청각 조율 곡선(Auditory tuning curve) 청각 자극의 주파수와 청각 신경섬유의 반응률 간의 관계성을 보여주는 그래프.

청각적 피로(Auditory fatigue) 큰 소리가 제시된 다음, 제거시킬 때 발생하는 다른 음에 대한 역치 변화.

청력 측정 검사(Audiometry) 전형적으로 상이한 주파수음들에 대한 역치를 측정하는 청각의 민감도 측정.

청신경(Auditory nerve) 내이에서 청각피질까지 정보를 전송하는 신경섬유 다발.

체감각 피질(Somatosensory cortex) 촉각과 미각 정보를 처리하는 피질 영역.

체감각계(Somatosensory system) 신체에 내장되어 있는 감각 세트.

초기둥(Hypercolumn) 시각피질 내에 서로 이웃해 있는 18개에서 20개 정도의 기둥 계열. 초기둥은 자극-방위 선호 전체 주기를 가질 만큼의 기둥을 포함하고 있다.

초벌 스케치(Primal sketch) 모서리와 강도차를 파악하는 시각 체계에 의해 생성되는 모양지각에 대한 지도의 일종.

초점주의(Focused attention) Treisman의 세부특징통합론에서 이차 처리단계에서 이루어지는 대상 확인.

촉 지각(Haptic perception) 촉각에 의한 대상 지각.

촉각 순응(Touch adaptation) 촉각 자극을 반복해서 제시할 때 발생하는 그 자극의 지각된 강도 감소.

최면(Hypnosis) 최면술사의 암시에 영향을 받아 의식이 변경된 상태. 최면은 때로 만성 통증을 겪고 있는 사람들을 돕기 위해 사용된다.

최소 가청각도(Minimum audible angle, MAA) 청취자가 두 개의 음원이 두 개의 다른 출처에서 발생된다고 지각할 수 있는 두 음원의 최소 차이(각도로 측정되는).

최소식별차(Just noticeable difference, *jnd*) 식별이 가능한 감각의 가장 작은 차이.

추골(Malleus) 중이의 망치 모양의 소골.

추적운동(Pursuit movement) 정지된 배경 위에서 움직이는 대상을 추적할 때 사용되는 느리고 부드러운 안구 운동.

출입문 제어 이론(Gate-control theory) 통증 지각은 신경섬유들이 상호작용하고, 뇌 또한 영향을 주는 복잡한 과정이라고 주장하는 이론.

출현(Disocclusion) 움직이는 대상이 배경에서 서서히 보이는 과정.

취기제(Odorant) 냄새자극.

친숙한 크기(Familiar size) 거리 지각에서 정보의 출처로 사용되는 대상의 통상적 혹은 표준적 크기.

침골(Incus) 중이에 있는 모루 모양의 소골.

침술(Acupuncture) 가는 바늘을 여러 신체 부위에 삽입시켜 통증을 경감시키는 절차.

켐프 반향(Kemp echoes) 귀에 제시된 소리가 다시 반향되는 현상.

코르티기관(Organ of Corti) 청각 수용체를 포함하고 있는 와우각의 부분.

쾌락설(Hedonics) 쾌와 불쾌 판단을 수반하는 지각의 영역.

크기 항등성(Size constancy) 거리 변화가 있음에도 그 대상이 동일한 크기를 가지고 있는 것으로 보이는 현상.

크기-거리 불변 가설(Size-distance invariance hypothesis) 관찰자가 대상의 망막 크기와 지각된 거리를 조합시켜 그 대상의 지각된 크기를 추정한다는 항등성 이론.

크기단서(Size cues) 상대적 크기에 의해 발생되는 거리 정보.

크기추정법(Magnitude estimation) 관찰자에게 특정 자극에 어떤 값을 할당하도록 요청하는 기법으로, 이 값은 다른 모든 후속 자극들의 크기를 추정하기 위한 기준으로 사용된다.

타도마법(촉화법)(Tadoma method) 청각장애를 가지고 있는 사람이 자신의 손을 화자의 입술과 턱에 대고 말소리의 촉각적 정보를 파악하는 의사소통 방법.

탈분극(Depolarization) 뉴런이 휴지기에서 음 전위로 변하는 과정.

탈습관화(Dishabituation) 다른 자극을 반복해서 제시한 이후 새 자극이 제시될 때 발생하는 주시시간의 증가.

탐지(Detection) 관찰자에게 표적이 제시되었는지를 판단하게 하는 과제.

탐지실패(Miss) 신호탐지이론에서 탐지실패는 신호가 제시되었지만, 관찰자가 그 신호를 보고하지 못할 때 발생한다.

템포(Tempo) 분당 비트수로 측정되는 노래의 속도.

통증 내성(Pain tolerance) 통증을 수의적으로 허용하는 최대 통증 수준.

통증 역치(Pain threshold) 시행의 절반을 통증을 느낀다고 보고한 자극의 강도.

통증(Pain) 조직 손상과 불쾌함의 사적 경험 지각.

트롱프뢰유(Trompe I'oeil) 표면이 실제로 2차원적이지만 깊이 인상을 생성시킴으로써 눈을 속이는 화법.

특수 기전 이론(Special Mechanism account) 말소리는 다른 음향 정보에 대해 사용되는 것과 분리된 구별 단위에 의해 처리된다는 입장을 취하는 말소리 지각 이론.

특정 신경 에너지 이론(Doctrine of specific nerve energies) 각기 다른 감각 신경이 자체의 특징적 반응 유형을 가지고 있어 상이한 감각들을 일으킨다는 Müler가 제안한 이론.

특정성 이론(Specificity theory) 각 유형의 피부 수용체가 단지 한 종류의 물리적 자극에만 반응하며, 각 유형의 수용체는 단지 한 가지 유형의 감각을 담당한다고 진술하는 특수 신경 에너지설(doctrine of specific nerve energies)에 기반을 둔 이론.

팁연결(Tip link) 부동섬모(융모세포에서 뻗어 있는 작은 융모)끼리 접속시키는 가는 실.

파눔영역(Panum's area) 두 망막에 맺힌 대상의 상들이 융합될 수 있는 호롭터 상이나 근처 영역. (또한 호롭터를 보라).

파라솔 신경절세포(Parasol ganglion cell) 주로 간상체들과 접속하는 광범하게 퍼져 있는 수상돌기를 가진 신경절세포. 이 세포들은 산재성 양극세포로부터 입력신호를 받고, 대세포(magno) 경로로 진행한다. (또한 산재성 원추체 양극세포를 보라).

파이 운동(Phi movement) 관찰자가 움직임을 보았다고 보고하지만, 실제 움직이는 대상을 지각할 수 없는 움직임 착각; 파이 운동은 두 개의 불빛을 약 100msec 간격으로 교대로 비추어 줌으로써 유발될 수 있다.

파장(Wavemength) 빛이 1주기 동안 진행한 거리.

패턴 이론(Pattern theory) 신경충동 패턴이 감각을 결정한다고 주장하는 피부 감각 이론.

페로몬(Pheromones) 동종의 구성원들 간에 소통을 함에 있어 화학적 신호처럼 작용하는 물질.

편재화(Lateralization) 헤드폰으로 소리를 청취할 때, 그 소리는 청취자의 머리 안에서 측면에서 측면으로 움직이는 것처럼 지각되는 현상. (또한 소리 위치 파악을 보라).

평행사변형 착시현상(Sander parallelogram) 평행사변형에서 대각선들을 포함하는 선분길이 착시(그림 6.27을 보라).

평활피부(Glabrous skin) 발과 손바닥의 피부 유형으로 체모가 없는 것이 특징이다.

폐쇄성의 법칙(Law of closure) 전경이 틈이나 공백이 없이 완전한 형태로 지각된다는 게슈탈트 법칙.

포만트(Formants) 말소리 스펙트럼에서 청각 에너지가 집중되는 수평 띠.

폰조착시(Ponzo illusion) 같은 길이를 가진 두 선분이 깊이단서 때문에 다른 길이로 보이는 착시.

표준자극(Standard stimulus) 실험 내내 일정하게 유지되는 변별연구에서 사용되는 자극.

표피(Epidermis) 많은 죽은 피부 세포층들을 가지고 있는 피부의 바깥층.

푸르킨예 이동(Purkinje shift) 원추체에서 간상체 조건으로 이동됨에 따라 여러 파장에 대한 관찰자의 민감도가 단파장으로 이동되는 현상.

푸리에 분석(Fourier analysis) 자극을 그것의 성분 정현파(sine wave)로 분석하는 과정.

푸리에 합성(Fourier synthesis) 일련의 정현파를 모두 결합시키는 과정; 푸리에 분석의 역 과정.

프로파일 분석(Profile analysis) 피험자가 기저막에서 발생하는 각 활동을 비교함으로써 복합음의 강도 차이를 탐지할 수 있는 과정.

피질 배율(Cortical magnification) 피질과 관련하여 중심와에서 나오는 정보의 확대표상.

피하조직(Subcutaneous tissue) 연결조직과 지방구(fat globules)를 포함하고 있는 피부의 내층.

하구(Inferior colliculus) 상올리브핵과 내측슬상핵 사이에 있는 청각 정보를 처리하는 구조.

하이라이트를 통한 모양(Shape from high-lights) 대상의 표면에서 반사된 빛으로부터 야기되는 모양의 3차원성에 대한 단서.

하측두피질 영역(Inferior temporal cortex) 하측두피질은 피질의 측면 하부에 위치해 있으며 대상지각에 중요한 역할을 한다.

하측두피질(Inferiortemporal cortex, IT) 피질의 측면 하부에 위치해 있으며 '무엇' 경로의 종착지로 고려된다.

하향처리(Top-down processing) 지각 조성에 관찰자의 개념과 인지적 과정의 중요성을 강조하는 접근법.

한계법(Method of limits) 확실하게 식별할 수 있는 자극에서 시작하여 관찰자가 그 자극을 탐지할 수 없을 때까지 점진적으로 강도를 약하게 제시하는 정신물리학적 기법; 이 시행들은 점진적으로 자극의 강도를 높여가는 시행과 함께 교대로 사용된다.

한귀의(Monaural) 한귀와 관계되는.

항등성(Constancy) 사람들이 대상을 보는 조망이 변해도, 그 대상의 특성이 변하지 않는 것으로 보는 경향성.

항상자극법(Method of constant stimuli) 자극들을 무선 순으로 제시하는 정신물리학적 기법.

행동 유도성(Affordances) 대상으로 수행할 수 있는 행위(James J. Gibson이 도입한 개념).

행동주의(Behaviorism) 유기체 행동의 객관적 기술을 강조하는 심리학적 접근.

향미(Flavor) 입안에 있는 물질과 연합되는 맛, 냄새, 감촉, 압력 및 통증 경험.

허위 경보(False alarm) 신호탐지이론에서 허위 경보는 신호가 제시되지 않았지만, 관찰자가 신호가 존재한다고 보고할 때 발생한다.

헤르츠(Hz) Heinrich Hertz의 이름에서 따온 약어; Hz는 초당 반복된 음파의 주기수를 나타낸다.

협화음(Consonance) 쾌한 음으로 판단되는 두 개 이상의 음 조합.

형태(Form) 모서리에 의해 주변과 분리되는 영역.

형판 대응 접근법(Template-matching approach) 기억 속에 특정 정보 패턴을 저장하고, 새롭게 제시된 자극을 형판에 맞출 때 재인이 발생된다고 주장하는 모양지각 접근법.

호롭터(단시 궤적)(Horopter) 관찰자로부터 초점 대상과 동일 거리에 있는 모든 지점들을 표상하기 위해 그려질 수 있는 상상의 곡선.

혼동원추(Cone of confusion) 청각 체계가 음원의 위치에 대한 동일한 정보 세트를 받는 각 귀를 중심으로 형성되는 원추모양 영역.

혼입 변수(Confounding variable) 연구되는 요인 이외에 관찰 효과에 영향을 줄 수 있는 실험 요인.

홍채(Iris) 동공 주변의 안구 내 근육환; 눈의 색을 결정하는 부분.

화학물질 감각(Chemical senses) 후각과 미각.

확산(Divergence) 눈들이 서로 반대 방향으로 회전하는 이향운동의 유형. (또한 확산하다를 보라).

확산하다(눈)(Diverge) 먼 거리에 있는 대상을 보기 위해 동공을 눈의 중앙으로 위치시키는 눈의 회전. (또한 수렴을 보라).

확장(Looming) 접촉 시간 지각(time-to-contact) 단서.

확장하다(동공)(Dilate) 동공을 크게 하는 홍채의 작용.

환상지(Phantom limb) 절단된 팔과 다리에서 지각되는 통증.

환 안구 도약 운동 통합(Transsaccadic integration) 안구 도약 운동 시작 시점의 응시점에서 얻는 정보와 도약 안구 운동 종료 시점의 응시점에서 얻는 정보의 수집과 조합.

활동전위(Action potential) 신경절세포에서 생성되는 것과 같은 전기적 활동의 짧은 격발.

활성유지(Maintained activity) 시각 자극이 없어도 신경절세포는 비교적 낮은 비율로 발화하는데, 이를 자발적 활성 혹은 활성유지라 한다.

회화 단서(Pictorial cues) 그림에서 깊이를 지각하기 위해 사용되는 단서들.

후각(Olfaction) 냄새.

후각사구체(Olfactory glomeruli) 후각 수용체에서 나온 축색과 승모세포에서 나온 수상돌기의 둥근 다발.

후각상실증(Anosmia) 냄새를 지각할 수 없는 장애.

후각상피(Olfactory epithelium) 후각 수용체 세포들을 포함하고 있는 비강의 상단 영역.

후구(Olfactory bulb) 후각 수용체로부터 신호를 받는 구조.

흥분(Excitation) 활동전위를 생성시키는 뉴런의 자극.

17영역(Area 17) 외측슬상핵에서 나오는 입력 신호가 도달되는 시각피질 영역. 또한 선조피질 혹은 일차시각피질로도 불림.

2.5D 스케치(2.5-D sketch) Marr의 공간 지각 이론과 관련하여, 초벌 스케치를 획득한 이후의 단계로, 3D 지각표상을 달성하기 전 단계이다. 이는 관찰자 중심이며, 움직임과 초벌 스케치에 대한 정보를 포함한다.

2지선다형 판별 절차(Two-alternative forced choice procedure, 2AFC) 몇 가지 변형이 있는 정신물리학적 절차. 한 가지 변형으로 피험자에게 자극을 제시한 다음, 두 연속 자극 중 어느 것이 원래의 자극과 동일한지를 판단하게 하는 방법이 있다. 이 절차는 자극이 항상 두 개의 연속적으로 제시되는 자극 중 하나이기 때문에 기준을 고려할 여지를 제거시켜 준다.

3D 스케치(3-D sketch) Marr의 공간지각 이론과 관련하여 3차원 지각표상에 도달하는 세 번째 단계. 이 단계에서 지각표상은 관찰자 중심에서 대상 중심으로 변하면서 2.5D 스케치보다 더 정확한 깊이 표상을 제공한다.

d′ 신호탐지이론에서 민감도 지수; *d′*는 자극의 강도와 관찰자의 민감도에 달려 있다.

Emmert의 법칙(Emmert's law) 잔상이 더 먼 거리의 표면에 투사되면 더 크게 보이는 원리.

Fechner의 법칙(Fechner's law, $R = k \log I$) Fechner의 법칙은 정신물리학적 반응(R)을 상수(k)에 물리적 자극 강도(I)의 대수를 곱한 값으로 진술한다.

G단백질(G-protein) GTP 결합 단백질(GTP-binding protein)을 줄여서 부르는 용어; 약 1,000여 종의 단백질군으로 시각과 화학적 감각에 중요한 역할을 한다.

K경로(K pathway) S원추체에서 오는 입력 신호를 '홍분성' 양극세포를 거쳐 작은 두층 신경절세포로 보내는 경로.

McGurk 효과(McGurk effect) 청취자가 어떤 음소에 노출되고 동시에 다른 음소를 발음하는 화자를 관찰할 때 발생하는 현상. 청취자는 이 두 음소가 조합된 전혀 다른 음소를 들었다고 보고한다.

M경로(M pathway) 산재성 양극세포에서 시작되어 파라솔 신경절세포로 정보를 전송하는 경로.

PROP 쓴 맛이 나는 물질(6-n-propylithiouracil)로 어떤 사람들은 이 맛을 느낄 수 없다.

PTC(Phenylthiocarbamide) 쓴 맛이 나는 물질로 어떤 사람들은 그 맛을 지각하지 못한다.

Stevens의 멱함수 법칙(Steven's power law) Stevens의 멱함수 법칙은 심리적 반응의 크기(R)가 상수(k)에 자극 강도(I)의 n승을 곱해서 얻어진다고 진술한다.

Weber 소수(Weber's fraction) 변별 연구에서 자극 강도의 변화를 원래의 강도로 나누었을 때 얻어지는 값(k).

Weber의 법칙(Weber's law) Weber의 법칙($\Delta I / I$)은 강도 변화(ΔI)를 원래의 자극 강도(I)로 나눌 때, 상수(k)를 얻는다고 진술한다.

참고 문헌

Ables, E. M., Kay, L. M., & Mateo, J. M. (2007). Rats assess degree of relatedness from human odors. *Physiology & Behavior*, *90*, 726–732.

Adams, J. C. (2006). Neuroanatomical considerations of speech processing. In S. Greenberg & W. A. Ainsworth (Eds.), *Listening to speech: An auditory perspective* (pp. 79–90). Mahwah, NJ: Erlbaum.

Adelson, E. H. (2000). Lightness perception and lightness illusions. In M. S. Gazzaniga (Ed.), *The new cognitive neurosciences* (2nd ed., pp. 339–351). Cambridge, MA: MIT Press.

Adolphs, R. (2007). Looking at other people: Mechanisms for social perception revealed in subjects with focal amygdala damage. *Novartis Foundation Symposium*, *278*, 146–159; discussion 160–144, 216–121.

Agostini, T., & Proffitt, D. R. (1993). Perceptual organization evokes simultaneous lightness contrast. *Perception*, *22*, 263–272.

Ahmed, I. J., Lewis, T. L., Ellemberg, D., & Maurer, D. (2005). Discrimination of speed in 5-year-olds and adults: Are children up to speed? *Vision Research*, *45*, 2129–2135.

Albert, M. K. (2007). Mechanisms of modal and amodal interpolation. *Psychological Review*, *114*, 455–469.

Albright, T. D., & Stoner, G. R. (2002). Contextual influences on visual processing. *Annual Review of Neuroscience*, *25*, 339–379.

Aldous, C. R. (2001). Measuring cognitive and non-cognitive systems of reasoning: Some preliminary findings. *International Education Journal*, *2*, 1–16.

Allman, J., & Brothers, L. (1994). Faces, fear and the amygdala. *Nature*, *372*, 613–614.

Amedi, A., Stern, W. M., Camprodon, J. A., Bermpohl, F., Merabet, L. B., Rotman, S., et al. (2007). Shape conveyed by visual-to-auditory sensory substitution activates the lateral occipital complex. *Nature Neuroscience*, *10*, 687–689.

American Psychological Association. (2002). Ethical principles of psychologists and code of conduct. *American Psychologist*, *57*, 1060–1073.

Ames, A. (1952). *The Ames demonstrations in perception*. New York: Hafner.

Amoore, J. E. (1970). *Molecular basis of odor*. Springfield, IL: Thomas.

Anastasi, A. (1936). The estimation of areas. *Journal of General Psychology*, *14*, 201–225.

Andersen, G. J., & Enriquez, A. (2006). Aging and the detection of observer and moving object collisions. *Psychology and Aging*, *21*, 74–85.

Anderson, B. L. (2003). The role of occlusion in the perception of depth, lightness, and opacity. *Psychological Review*, *110*, 785–801.

Anderson, B. L., Singh, M., & Meng, J. (2006). The perceived transmittance of inhomogeneous surfaces and media. *Vision Research*, *46*, 1982–1995.

Anderson, B. L., & Winawer, J. (2005). Image segmentation and lightness perception. *Nature*, *434*(7029), 79–83.

Andersson, G. (2007). Tinnitus. In S. Ayers, A. Baum, C. McManus, S. Newman, K. Wallston, J. Weinman, & R. West (Eds.), *The Cambridge handbook of psychology, health, and medicine* (pp. 906–907). New York: Cambridge.

Angelaki, D. E., & Cullen, K. E. (2008). Vestibular system: The many facets of a multimodal sense. *Annual Review of Neuroscience*, *31*, 125–150.

Anstis, S. (2002). The Purkinje rod-cone shift as a function of luminance and retinal eccentricity. *Vision Research*, *42*, 2485–2491.

Anstis, S. (2007). The flash-lag effect during illusory chopstick rotation. *Perception*, *36*, 1043–1048.

Anstis, S., & Casco, C. (2006). Induced movement: The flying bluebottle illusion. *Journal of Vision*, *6*, 1087–1092.

Apkarian, A. V. (2008). Pain and brain changes. In H. T. Benzon, J. P. Rathmell, C. L. Wu, D. C. Turk, & C. E. Argoff (Eds.), *Raj's practical management of pain* (pp. 151–170). Philadelphia: Mosby.

Arend, L. (1994). Surface colors, illumination, and surface geometry: Intrinsic-image models of human color perception. In A. Gilchrist (Ed.), *Lightness, brightness, and transparency* (pp. 159–213). Hillsdale, NJ: Erlbaum.

Arieh, Y., & Marks, L. E. (2003). Recalibrating the auditory system: A speed-accuracy analysis of intensity perception. *Journal of Experimental Psychology: Human Perception & Performance*, *29*, 523-536.

Arkes, H. R., & Mellers, B. A. (2002). Do juries meet our expectations? *Law and Human Behavior*, *26*, 625-639.

Aronoff, G. M., Gallagher, R. M., & Patel, J. G. (2002). Pharmacological management of chronic pain: A review. In C. D. Tollison, J. R. Satterthwaite, & J. W. Tollison (Eds.), *Practical pain management* (pp. 253-277). Philadelphia: Lippincott Williams & Wilkins.

Arrese, C. A., Beazley, L. D., & Neumeyer, C. (2006). Behavioural evidence for marsupial trichromacy. *Current Biology*, *16*, R193-194.

Arrese, C. A., Hart, N. S., Thomas, N., Beazley, L. D., & Shand, J. (2002). Trichromacy in Australian marsupials. *Current Biology, 12*, 657-660.

Asbury, T., & Sanitato, J. J. (1992). Trauma. In D. Vaughn, T. Asbury, & P. Riordan-Eva (Eds.), *General ophthalmology* (13th ed., pp. 363-370). Norwalk, CT: Appleton & Lange.

Aslin, R. N. (2007). What's in a look? *Developmental Science*, *10*, 48-53.

Aslin, R. N., & McMurray, B. (2004). Automated corneal-reflection eye tracking in infancy: Methodological developments and applications to cognition. *Infancy*, *6*, 155-163.

Atkinson, R. C., & Schiffrin, R. M. (1968). Human memory: A proposed system and its control processes. In K. W. Spence & J. T. Spence (Eds.), *The psychology of learning and motivation: Advances in research and theory* (Vol. 2, pp. 89-195). New York: Academic Press.

Attias, J., Sapir, S., Bresloff, I., Reshef-Haran, I., & Ising, H. (2004). Reduction in noise-induced temporary threshold shift in humans following oral magnesium intake. *Clinical Otolaryngology and Allied Sciences*, *29*, 635-641.

Audette, J. F. (2004). Acupuncture. In C. A. Warfield & Z. H. Bajwa (Eds.), *Principles and practice of pain medicine* (pp. 785-791). New York: McGraw-Hill.

Awater, H., Kerlin, J. R., Evans, K. K., & Tong, F. (2005). Cortical representation of space around the blind spot. *Journal of Neurophysiology*, *94*, 3314-3324.

Ayotte, J., Peretz, I., & Hyde, K. (2002). Congenital amusia: A group study of adults afflicted with a music-specific disorder. *Brain*, *125*, 238-251.

Bahill, A. T. (2005). Predicting a baseball's path. *American Scientist*, *93*, 218-225.

Bahill, A. T., & Baldwin, D. G. (2004). The rising fastball and the perceptual illusions of batters. In G. Hung & J. Pallis (Eds.), *Biomedical engineering principles in sports* (pp. 257-287). New York: Kluwer.

Bahrick, L. E. (2003). Development of intermodal perception. In L. Nadel (Ed.), *Encyclopedia of cognitive science* (pp. 614-617). London: Nature.

Bahrick, L. E. (2004). The development of perception in a multimodal environment. In G. Bremner & A. Slater (Eds.), *Theories of infant development* (pp. 90-120). Malden, MA: Blackwell.

Bahrick, L. E., Hernandez-Reif, M., & Flom, R. (2005). The development of infant learning about specific face-voice relations. *Developmental Psychology*, *41*, 541-552.

Bahrick, L. E., & Lickliter, R. (2002). Intersensory redundancy guides early perceptual and cognitive development. *Advances in Child Development and Behavior*, *30*, 153-187.

Bahrick, L. E., Lickliter, R., & Flom, R. (2004). Intersensory redundancy guides the development of selective attention, perception, and cognition in infancy. *Current Directions in Psychological Science*, *13*, 99-102.

Bahrick, L. E., Netto, D., & Hernandez-Reif, M. (1998). Intermodal perception of adult and child faces and voices by infants. *Child Development*, *69*, 1263-1275.

Bailey, S. A. (2003). Taste. In S. F. Davis (Ed.), Handbook of research methods in experimental psychology (pp. 285-298). Malden, MA: Blackwell.

Baillargeon, R. (2004). Infants' reasoning about hidden objects: Evidence for event-general and event-specific expectations. *Developmental Science*, *7*, 391-414.

Baird, J. C. (1997). *Sensation and judgment: Complementarity theory of psychophysics*. Mahwah, NJ: Erlbaum.

Baird, J. C., & Noma, E. (1978). *Fundamentals of scaling and psychophysics*. New York: Wiley.

Baker, C. I., Peli, E., Knouf, N., & Kanwisher, N. G. (2005). Reorganization of visual processing in macular degeneration. *Journal of Neuroscience*, *25*, 614-618.

Bakheit, A. M., & Roundhill, S. (2005). Supernumerary phantom limb after stroke. Postgraduate Medical Journal, 81(953), e2.

Bar, M., Kassam, K. S., Ghuman, A. S., Boshyan, J., Schmid, A. M., Dale, A. M., et al. (2006). Top-down facilitation of visual recognition. *Proceedings of the National Academy of Sciences of the USA*, *103*, 449-454.

Barinaga, M. (2002). Circadian clock. How the brain's clock gets daily enlightenment. *Science*, *295*(5557), 955-957.

Barlow, R. B., Jr. (1990). What the brain tells the eye. *Scientific American*, *262*, 90-95.

Barlow, R. B., Jr., & Kaplan, E. (1993). Intensity coding and circadian rhythms in the Limulus lateral eye. In R. T. Verrillo (Ed.), *Sensory research: Multimodal perspectives* (pp. 55–73). Hillsdale, NJ: Erlbaum.

Barrett, H. C. (2005). Adaptations to predators and prey. In D. M. Buss (Ed.), *The handbook of evolutionary psychology* (pp. 200–223). New York: Wiley.

Barrett, T. M., Traupman, E., & Needham, A. (2007). Infants' visual anticipation of object structure in grasp planning. *Infant Behavior & Development, 31*, 1–9.

Bartlett, J. C., Searcy, J. H., & Abdi, H. (2003). What are the routes to face recognition? In M. A. Peterson & G. Rhodes (Eds.), *Perception of faces, objects, and scenes: Analytic and holistic processes* (pp. 21–47). New York: Oxford.

Basbaum, A. I., Bushnell, M. C., Smith, D. V., Beauchamp, G. K., Firestein, S. J., Dallos, P., et al. (Eds.). (2008). *The senses: A comprehensive reference*. New York: Academic Press.

Basbaum, A. I., & Julius, D. (2006). Toward better pain control. *Scientific American, 294*, 61–67.

Baseler, H. A., Brewer, A. A., Sharpe, L. T., Morland, A. B., Jagle, H., & Wandell, B. A. (2002). Reorganization of human cortical maps caused by inherited photoreceptor abnormalities. *Nature Neuroscience, 5*, 364–370.

Bashore, T. R., & Ridderinkhof, K. R. (2002). Older age, traumatic brain injury, and cognitive slowing: Some convergent and divergent findings. *Psychological Bulletin, 128*, 151–198.

Bates, E., Thal, D., Finlay, B. L., & Clancy, B. (2002). Early language development and its neural correlates. In S. J. Segalowitz & I. Rapin (Eds.), *Handbook of neuropsychology* (2nd ed., pp. 109–176). Amsterdam: Elsevier.

Beason, R. C., & Loew, E. R. (2008). Visual pigment and oil droplet characteristics of the bobolink (Dolichonyx oryzivorus), a new world migratory bird. *Vision Research, 48*, 1–8.

Beauchamp, G. K., & Stein, L. J. (2008). Salt taste. In A. I. Basbaum, M. C. Bushnell, D. V. Smith, G. K. Beauchamp, S. J. Firestein, P. Dallos, D. Oertel, R. H. Masland, T. D. Albright, J. H. Kaas, & E. P. Gardner (Eds.), *The senses: A comprehensive reference* (Vol. 4, pp. 401–408). New York: Academic Press.

Beauchamp, M. S., Lee, K. E., Haxby, J. V., & Martin, A. (2003). FMRI responses to video and point-light displays of moving humans and manipulable objects. *Journal of Cognitive Neuroscience, 15*, 991–1001.

Beauchamp, M. S., Yasar, N. E., Frye, R. E., & Ro, T. (2008). Touch, sound and vision in human superior temporal sulcus. *Neuroimage, 41*, 1011–1020.

Becker, M. W., & Anstis, S. (2004). Metacontrast masking is specific to luminance polarity. *Vision Research, 44*, 2537–2543.

Becker, M. W., Pashler, H., & Lubin, J. (2007). Object-intrinsic oddities draw early saccades. *Journal of Experimental Psychology: Human Perception & Performance, 33*, 20–30.

Beckers, G., & Homberg, V. (1992). Cerebral visual motion blindness: Transitory akinetopsia induced by transcranial magnetic stimulation of human area V5. *Proceedings of The Royal Society B: Biological Sciences, 249*(1325), 173–178.

Behrend, O., & Schuller, G. (2004). New aspects of Doppler-shift compensation in the Horseshoe Bat, Rhinolophus rouxi. In J. A. Thomas, C. F. Moss, & M. Vater (Eds.), *Echolocation in bats and dolphins* (pp. 17–21). Chicago: University of Chicago.

Behrmann, M., & Avidan, G. (2005). Congenital prosopagnosia: Face-blind from birth. *Trends in Cognitive Sciences, 9*, 180–187.

Behrmann, M., & Kimchi, R. (2003a). Visual perceptual organization: Lessons from lesions. In R. Kimchi, M. Behrmann, & C. R. Olson (Eds.), *Perceptual organization in vision: Behavioral and neural perspectives* (pp. 337–376). Mahwah, NJ: Erlbaum.

Behrmann, M., & Kimchi, R. (2003b). What does visual agnosia tell us about perceptual organization and its relationship to object perception? *Journal of Experimental Psychology: Human Perception & Performance, 29*, 19–42.

Behrmann, M., Marotta, J., Gauthier, I., Tarr, M. J., & McKeeff, T. J. (2005). Behavioral change and its neural correlates in visual agnosia after expertise training. *Journal of Cognitive Neuroscience, 17*, 554–568.

Behrmann, M., Peterson, M. A., Moscovitch, M., & Suzuki, S. (2006). Independent representation of parts and the relations between them: Evidence from integrative agnosia. *Journal of Experimental Psychology: Human Perception & Performance, 32*, 1169–1184.

Bell, A. (2004). Hearing: Traveling wave or resonance? *PLoS Biol, 2*(10), e337.

Bendor, D., & Wang, X. (2005). The neuronal representation of pitch in primate auditory cortex. *Nature, 436*(7054), 1161–1165.

Bendor, D., & Wang, X. (2006). Cortical representations of pitch in monkeys and humans. *Current Opinion in Neurobiology, 16*, 391–399.

Benedetti, F. (2008). The placebo effect. In A. I. Basbaum, M. C. Bushnell, D. V. Smith, G. K. Beauchamp, S. J. Firestein, P. Dallos, D. Oertel, R. H. Masland, T. D. Albright, J. H. Kaas, & E. P. Gardner (Eds.), *The senses: A comprehensive reference* (Vol.

5, pp. 1003–1008). New York: Academic Press.

Benham, C. E. (1894). The artificial spectrum top. *Nature*, *51*, 200.

Benjamin, L. T., Jr. (2008). *A history of psychology: Original sources and contemporary research* (3rd ed.). Malden, MA: Blackwell.

Bennett, A. T. D., & Théry, M. (2007). Avian color vision and coloration: Multidisciplinary evolutionary biology. *The American Naturalist*, *169*, S1–S6.

Bennett, P. J., Sekuler, R., & Sekuler, A. B. (2007). The effects of aging on motion detection and direction identification. *Vision Research*, *47*, 799–809.

Bensafi, M., Tsutsui, T., Khan, R., Levenson, R. W., & Sobel, N. (2004). Sniffing a human sex-steroid derived compound affects mood and autonomic arousal in a dose-dependent manner. *Psychoneuroendocrinology*, *29*, 1290–1299.

Bensmaïa, S. J., Craig, J. C., Yoshioka, T., & Johnson, K. O. (2006). SA1 and RA afferent responses to static and vibrating gratings. *Journal of Neurophysiology*, *95*, 1771–1782.

Bensmaïa, S. J., & Hollins, M. (2005). Pacinian representations of fine surface texture. *Perception & Psychophysics*, *67*, 842–854.

Benzon, H. T., Rathmell, J. P., Wu, C. L., Turk, D. C., & Argoff, C. E. (Eds.). (2008). *Raj's practical management of pain*. Philadelphia: Mosby.

Berkeley, G. (1709/1957). *An essay towards a new theory of vision*. London: Dent.

Berlin, B., & Kay, P. (1969). *Basic color terms*. Berkeley, CA: University of California.

Berlyne, D. E. (1958). The influence of the albedo and complexity of stimuli on visual fixation in the human infant. *British Journal of Psychology*, *49*, 315–318.

Bernstein, I. L. (2008). Flavor aversion learning. In A. I. Basbaum, M. C. Bushnell, D. V. Smith, G. K. Beauchamp, S. J. Firestein, P. Dallos, D. Oertel, R. H. Masland, T. D. Albright, J. H. Kaas, & E. P. Gardner (Eds.), *The senses: A comprehensive reference* (Vol. 4, pp. 429–435). New York: Academic Press.

Bernstein, L. E. (2005). Phonetic processing by the speech perceiving brain. In D. B. Pisoni & R. E. Remez (Eds.), *The handbook of speech perception* (pp. 79–98). Malden, MA: Blackwell.

Bernstein, L. E., Auer, E. T., & Moore, J. K. (2004). Audiovisual speech binding: Convergence or association? In G. A. Calvert, C. Spence, & B. E. Stein (Eds.), *The handbook of multisensory processes*. Cambridge, MA: MIT Press.

Berson, D. M. (2003). Strange vision: Ganglion cells as circadian photoreceptors. *Trends in Neurosciences*, *26*, 314–320.

Bertamini, M., Latto, R., & Spooner, A. (2003). The Venus effect: People's understanding of mirror reflections in paintings. *Perception*, *32*, 593–599.

Bertenthal, B. I., & Pinto, J. (1994). Global processing of biological motions. *Psychological Science*, *5*, 221–225.

Berthoz, A. (2000). *The brain's sense of movement* (G. Weiss, Trans.). Cambridge, MA: Harvard University.

Best, P. J., White, A. M., & Minai, A. (2001). Spatial processing in the brain: The activity of hippocampal place cells. *Annual Review of Neuroscience*, *24*, 459–486.

Bhadri, P. R., Rowley, A. P., Khurana, R. N., Deboer, C. M., Kerns, R. M., Chong, L. P., et al. (2007). Evaluation of a stereoscopic camera-based three-dimensional viewing workstation for ophthalmic surgery. *American Journal of Ophthalmology*, *143*, 891–892.

Bhayani, S. B., & Andriole, G. L. (2005). Three-dimensional (3D) vision: Does it improve laparoscopic skills? An assessment of a 3D head-mounted visualization system. *Reviews in Urology*, *7*, 211–214.

Bian, Z., Braunstein, M. L., & Andersen, G. J. (2006). The ground dominance effect in the perception of relative distance in 3-D scenes is mainly due to characteristics of the ground surface. *Perception & Psychophysics*, *68*, 1297–1309.

Biederman, I. (1987). Recognition-by-components: A theory of human image understanding. *Psychological Review*, *94*, 115–147.

Biederman, I. (2007). Recent psychophysical and neural research in shape recognition. In N. Osaka, I. Rentschler, & I. Biederman (Eds.), *Object recognition, attention, and action* (pp. 71–88). New York: Springer.

Biersdorfer, J. D. (2004, September 30). Headphones that make the world go away. *The New York Times*, p. G6.

Billino, J., Bremmer, F., & Gegenfurtner, K. R. (2008). Motion processing at low light levels: Differential effects on the perception of specific motion types. *Journal of Vision*, *8*(3), 14, 1–10.

Birch, J. (2001). *Diagnosis of defective colour vision* (2nd ed.). New York: Elsevier.

Biswell, R. (2004). Cornea. In P. Riordan-Eva, T. Asbury, & J. P. Whitcher (Eds.), *Vaughn & Asbury's general ophthalmology* (16th ed., pp. 129–153). New York: McGraw-Hill Medical.

Blake, R. (1993). Cats perceive biological motion. *Psychological Science*, *4*, 54–57.

Blake, R. (1994). Gibson's inspired but latent prelude to visual motion perception. *Psychological Review*, *101*, 324–348.

Blake, R. (2003). Binocular rivalry. In L. M. Chalupa & J. S. Werner (Eds.), *The visual neurosciences* (Vol. 2, pp. 1313–1323). Cambridge, MA: MIT Press.

Blake, R., Rizzo, M., & McEvoy, S. (2008). Aging and perception of visual form from temporal structure. *Psychology and Aging*, *23*, 181–189.

Blake, R., Sekuler, R., & Grossman, E. (2004). Motion processing in human visual cortex. In J. H. Kaas & C. E. Collins (Eds.), *The primate visual system* (pp. 311–344). Boca Raton, FL: CRC.

Blake, R., & Shiffrar, M. (2007). Perception of human motion. *Annual Review of Psychology*, *58*, 47–73.

Blaser, E., Papathomas, T., & Vidnyanszky, Z. (2005). Binding of motion and colour is early and automatic. *The European Journal of Neuroscience*, *21*, 2040–2044.

Bloom, W., & Fawcett, D. W. (1975). *A textbook of histology*. Philadelphia: W. B. Saunders.

Bochud, F. O., Abbey, C. K., & Eckstein, M. P. (2004). Search for lesions in mammograms: Statistical characterization of observer responses. *Medical Physics*, *31*, 24–36.

Boltz, M. G. (2001). Musical soundtracks as a schematic influence on the cognitive processing of filmed events. *Music Perception*, *18*, 427–454.

Boltz, M. G. (2004). The cognitive processing of film and musical soundtracks. *Memory & Cognition*, *32*, 1194–1205.

Boltz, M. G., Schulkind, M., & Kantra, S. (1991). Effects of background music on the remembering of filmed events. *Memory & Cognition*, *19*, 593–606.

Bonaiuto, P., Giannini, A. M., & Bonaiuto, M. (1991). Visual illusory productions with or without amodal completion. *Perception*, *20*, 243–257.

Bond, Z. S. (1999). *Slips of the ear: Errors in the perception of casual conversation*. San Diego: Academic Press.

Bond, Z. S. (2005). Slips of the ear. In D. B. Pisoni & R. E. Remez (Eds.), *The handbook of speech perception* (pp. 290–310). Malden, MA: Blackwell.

Boothe, R. G. (2002). *Perception of the visual environment*. New York: Springer.

Boring, E. G. (1942). *Sensation and perception in the history of experimental psychology*. New York: Appleton-Century-Crofts.

Boring, E. G. (1961). Fechner: Inadvertent founder of psychophysics. *Psychometrika*, *26*, 3–8.

Born, R. T., & Bradley, D. C. (2005). Structure and function of visual area MT. *Annual Review of Neuroscience*, *28*, 157–189.

Bornstein, M. H., Arterberry, M. E., & Mash, C. (2005). Perceptual development. In M. H. Bornstein & M. E. Lamb (Eds.), *Developmental science: An advanced textbook* (5th ed., pp. 283–325). Mahwah, NJ: Erlbaum.

Bouhassira, D., Kern, D., Rouaud, J., Pelle-Lancien, E., & Morain, F. (2005). Investigation of the paradoxical painful sensation ("illusion of pain") produced by a thermal grill. *Pain*, *114*, 160–167.

Bouvier, S. E., & Engel, S. A. (2006). Behavioral deficits and cortical damage loci in cerebral achromatopsia. *Cerebral Cortex*, *16*, 183–191.

Bowmaker, J. K., & Hunt, D. M. (2006). Evolution of vertebrate visual pigments. *Current Biology*, *16*, R484–489.

Brabyn, J. A., Schneck, M., Haegerstrom-Portnoy, G., & Lott, L. (2001). The Smith-Kettlewell Institute (SKI) longitudinal study of vision function and its impact among the elderly: An overview. *Optometry & Vision Science*, *78*, 264–269.

Brabyn, J. A., Schneck, M. E., Haegerstrom-Portnoy, G., & Lott, L. A. (2007). Dual sensory loss: Overview of problems, visual assessment, and rehabilitation. *Trends in Amplification*, *11*, 219–226.

Brabyn, J. A., Schneck, M. E., Lott, L. A., & Haegerstrom-Portnoy, G. (2005). Night driving self-restriction: Vision function and gender differences. *Optometry & Vision Science*, *82*, 755–764.

Brady, T. F., Konkle, T., Alvarez, G. A., & Oliva, A. (2008). Visual long-term memory has a massive storage capacity for object details. *Proceedings of the National Academy of Sciences of the USA*, *105*(38), 14325–14329.

Bramer, T. P. C. (2007). Industrial noise control. In L. Luxon & D. Prasher (Eds.), *Noise and its effects* (pp. 650–666). Chichester, England: Wiley.

Brancazio, L., Best, C. T., & Fowler, C. A. (2006). Visual influences on perception of speech and nonspeech vocal-tract events. *Language and Speech*, *49*, 21–53.

Bregman, A. S. (1990). *Auditory scene analysis: The perceptual organization of sound* (cloth). Cambridge, MA: MIT Press.

Bregman, A. S. (1994). *Auditory scene analysis: The perceptual organization of sound* (paper). Cambridge, MA: MIT Press.

Bregman, A. S. (2008). Auditory scene analysis. In A. I. Basbaum, M. C. Bushnell, D. V. Smith, G. K. Beauchamp, S. J. Firestein, P. Dallos, D. Oertel, R. H. Masland, T. D. Albright, J. H. Kaas, & E. P. Gardner (Eds.), *The senses: A comprehensive reference* (Vol. 3, pp. 861–870). New York: Academic Press.

Breitmeyer, B. (2007). Visual masking: Past accomplishments, present status, future developments. *Advances in Cognitive Psychology*, *3*, 9–20.

Bremner, E. A., Mainland, J. D., Khan, R. M., & Sobel,

N. (2003). The prevalence of androstenone anosmia. *Chemical Senses*, *28*, 423–432.

Bremner, J. G., Johnson, S. P., Slater, A., Mason, U., Foster, K., Cheshire, A., et al. (2005). Conditions for young infants' perception of object trajectories. *Child Development*, *76*, 1029–1043.

Brenner, E., & Cornelissen, F. W. (2005). A way of selectively degrading colour constancy demonstrates the experience dependence of colour vision. *Current Biology*, *15*, R864–866.

Breslin, P. A., & Huang, L. (2006). Human taste: Peripheral anatomy, taste transduction, and coding. *Advances in Oto-Rhino-Laryngology*, *63*, 152–190.

Bressan, P. (2001). Explaining lightness illusions. *Perception*, *30*, 1031–1046.

Bressan, P. (2006). The place of white in a world of grays: A double-anchoring theory of lightness perception. *Psychological Review*, *113*, 526–553.

Britten, K. H. (2008). Mechanisms of self-motion perception. *Annual Review of Neuroscience*, *31*, 389–410.

Broadbent, N. J., Squire, L. R., & Clark, R. E. (2004). Spatial memory, recognition memory, and the hippocampus. *Proceedings of the National Academy of Sciences of the USA*, *101*(40), 14515–14520.

Brockmole, J. R., & Henderson, J. M. (2005). Prioritization of new objects in real-world scenes: Evidence from eye movements. *Journal of Experimental Psychology: Human Perception & Performance*, *31*, 857–868.

Brockmole, J. R., & Henderson, J. M. (2008). Prioritizing new objects for eye fixation in real-world scenes: Effects of object-scene consistency. *Visual Cognition*, *16*, 375–390.

Bronstad, P. M., Langlois, J. H., & Russell, R. (2008). Computational models of facial attractiveness judgments. *Perception*, *37*, 126–142.

Brown, C. H., & May, B. J. (2005). Comparative mammalian sound localization. In A. N. Popper & R. R. Fay (Eds.), *Sound source localization* (Vol. 25, pp. 124–178). New York: Springer.

Brown, R. J., & Thurmond, J. B. (1993). Preattentive and cognitive effects on perceptual completion at the blind spot. *Perception & Psychophysics*, *53*, 200–209.

Brownell, W. E. (2006). The piezoelectric outer hair cell. In R. A. Eatock, R. R. Fay, & A. N. Popper (Eds.), *Vertebrate hair cells* (Vol. 27, pp. 313–347). New York: Springer.

Bruce, V., Green, P. R., & Georgeson, M. A. (2003). *Visual perception: Physiology, psychology, and ecology* (4th ed.). New York: Psychology Press.

Brugger, P. (2006). From phantom limb to phantom body: Varieties of extracorporeal awareness. In G. Knoblich, I. M. Thornton, M. Grosjean, & M. Shiffrar (Eds.), *Human body perception from the inside out* (pp. 171–209). New York: Oxford.

Buck, L. B. (2004). The search for odorant receptors. *Cell*, *116*(Suppl), S117–119.

Buck, L. B. (2005). Unraveling the sense of smell (Nobel lecture). *Angewandte Chemie International Edition*, *44*(38), 6128–6140.

Buck, L. B., & Axel, R. (1991). A novel multigene family may encode odorant receptors: A molecular basis for odor recognition. *Cell*, *65*, 175–187.

Bullier, J. (2002). Neural basis of vision. In H. Pashler & S. Yantis (Eds.), *Stevens' handbook of experimental psychology* (3rd ed., pp. 1–40). Hoboken, NJ: Wiley.

Burke, M. R., & Barnes, G. R. (2006). Quantitative differences in smooth pursuit and saccadic eye movements. *Experimental Brain Research*, *175*, 596–608.

Butler, J., Fleming, P., & Webb, D. (2006). Congenital insensitivity to pain—Review and report of a case with dental implications. *Oral Surgery*, *Oral Medicine*, *Oral Pathology*, *Oral Radiology*, *and Endodontics*, *101*, 58–62.

Campana, G., Cowey, A., & Walsh, V. (2006). Visual area V5/MT remembers "what" but not "where." *Cerebral Cortex*, *16*, 1766–1770.

Campbell, F. W., & Robson, J. G. (1964). Application of Fourier analysis of the modulation response of the eye. *Journal of the Optical Society of America*, *54*, 518A.

Campbell, F. W., & Robson, J. G. (1968). Application of Fourier analysis to the visibility of gratings. *Journal of Physiology*, *197*, 551–566.

Campbell, R. (2008). The processing of audio-visual speech: Empirical and neural bases. *Philosophical Transactions of The Royal Society of London B: Biologial Sciences*, *363*, 1001–1010.

Campos, J. J., Anderson, D. I., Barbu-Roth, M. A., Hubbard, E. M., Hertenstein, M. J., & Witherington, D. (2000). Travel broadens the mind. *Infancy*, *1*, 149–219.

Cao, A., & Schiller, P. H. (2002). Behavioral assessment of motion parallax and stereopsis as depth cues in rhesus monkeys. *Vision Research*, *42*, 1953–1961.

Capaldi, E. J., & Proctor, R. W. (1994). Contextualism: Is the act in context the adequate metaphor for scientific psychology? *Psychonomic Bulletin & Review*, *1*, 239–249.

Carbon, C. C., Gruter, T., Weber, J. E., & Lueschow, A. (2007). Faces as objects of non-expertise: Processing of Thatcherised faces in congenital prosopagnosia. *Perception*, *36*, 1635–1645.

Carbon, C. C., & Leder, H. (2005). The wall inside the

brain: Overestimation of distances crossing the former Iron Curtain. *Psychonomic Bulletin & Review*, *12*, 746–750.

Carey, S., & Xu, F. (2001). Infants' knowledge of objects: Beyond object files and object tracking. *Cognition*, *80*, 179–213.

Carlson, N. R. (2007). *Physiology of behavior* (9th ed.). Boston: Allyn & Bacon.

Carney, L. H. (2002). Neural basis of audition. In H. Pashler & S. Yantis (Eds.), *Stevens' handbook of experimental psychology* (3rd ed., Vol. 1, pp. 341–396). Hoboken, NJ: Wiley.

Carpenter, R. H. S. (2000). The neural control of looking. *Current Biology*, *10*, R291–293.

Carpenter, R. H. S. (2005). Visual pursuit: An instructive area of cortex. *Current Biology*, *15*, R638–640.

Carr, C. E., & Soares, D. (2007). Shared features of the auditory system of birds and mammals. In J. H. Kaas (Ed.), *Evolution of nervous systems: A comprehensive reference*. London: Elsevier.

Carroll, J., Choi, S. S., & Williams, D. R. (2008). In vivo imaging of the photoreceptor mosaic of a rod monochromat. *Vision Research*.

Carroll, J., Neitz, M., Hofer, H., Neitz, J., & Williams, D. R. (2004). Functional photoreceptor loss revealed with adaptive optics: An alternate cause of color blindness. *Proceedings of the National Academy of Sciences of the USA*, *101*, 8461–8466.

Carson, W. G., Jr. (2004). Wakeboarding injuries. *The American Journal of Sports Medicine*, *32*, 164–173.

Case, T. I., Repacholi, B. M., & Stevenson, R. J. (2006). My baby doesn't smell as bad as yours: The plasticity of disgust. *Evolution and Human Behavior*, *27*, 357–365.

Castet, E., Jeanjean, S., & Masson, G. S. (2002). Motion perception of saccade-induced retinal translation. *Proceedings of the National Academy of Sciences of the USA*, *99*, 15159–15163.

Castet, E., & Masson, G. S. (2000). Motion perception during saccadic eye movements. *Nature Neuroscience*, *3*, 177–183.

Caterina, M. J., Gold, M. S., & Meyer, R. A. (2005). Molecular biology of nociceptors. In S. P. Hunt & M. Koltzenberg (Eds.), *The neurobiology of pain* (pp. 1–34). New York: Oxford.

Cattell, J. M. (1886). The time it takes to see and name objects. *Mind*, *11*, 63–65.

Cavanagh, P. (2005). The artist as neuroscientist. Nature, 434(7031), 301–307.

Chandrashekar, J., Hoon, M. A., Ryba, N. J., & Zuker, C. S. (2006). The receptors and cells for mammalian taste. *Nature*, *444*(7117), 288–294.

Chang, D. F. (2004). Ophthalmologic examination. In P. Riordan-Eva, T. Asbury, & J. P. Whitcher (Eds.), *Vaughn & Asbury's general ophthalmology* (16th ed., pp. 29–61). New York: McGraw-Hill Medical.

Chang, E. F., Bao, S., Imaizumi, K., Schreiner, C. E., & Merzenich, M. M. (2005). Development of spectral and temporal response selectivity in the auditory cortex. *Proceedings of the National Academy of Sciences of the USA*, *102*(45), 16460–16465.

Chapanis, A. (1949). How we see: A summary of basic principles. In *Human factors in undersea warfare*. Washington, DC: National Research Council.

Chapman, C., Hoag, R., & Giaschi, D. (2004). The effect of disrupting the human magnocellular pathway on global motion perception. *Vision Research*, *44*, 2551–2557.

Chase, S. M., & Young, E. D. (2005). Limited segregation of different types of sound localization information among classes of units in the inferior colliculus. *Journal of Neuroscience*, *25*, 7575–7585.

Chen, J. C., Schmid, K. L., & Brown, B. (2003). The autonomic control of accommodation and implications for human myopia development: A review. *Ophthalmic and Physiological Optics*, *23*, 401–422.

Chertoff, M. E., Amani-Taleshi, D., Guo, Y., & Burkard, R. (2002). The influence of inner hair cell loss on the instantaneous frequency of the cochlear microphonic. *Hearing Research*, *174*, 93–100.

Ching, T. Y., Hill, M., Brew, J., Incerti, P., Priolo, S., Rushbrook, E., et al. (2005). The effect of auditory experience on speech perception, localization, and functional performance of children who use a cochlear implant and a hearing aid in opposite ears. *International Journal of Audiology*, *44*, 677–690.

Chiu, C., & Moss, C. F. (2007). The role of the external ear in vertical sound localization in the free flying bat, Eptesicus fuscus. *Journal of the Acoustical Society of America*, *121*, 2227–2235.

Chung, S. K., Price, D. D., Verne, G. N., & Robinson, M. E. (2007). Revelation of a personal placebo response: Its effects on mood, attitudes and future placebo responding. *Pain*, *132*, 281–288.

Ciocca, V., & Bregman, A. S. (1989). The effects of auditory streaming on duplex perception. *Perception & Psychophysics*, *46*, 39–48.

Clark, G. (2004). Cochlear implants. In S. Greenberg, W. A. Ainsworth, R. R. Fay & A. N. Popper (Eds.), *Speech processing in the auditory system* (Vol. 18, pp. 422–462). New York: Springer.

Clark, S. E. (2005). A re-examination of the effects of biased lineup instructions in eyewitness identification. *Law and Human Behavior*, *29*, 395–424.

Cleary, M., & Pisoni, D. B. (2001). Speech perception

and spoken word recognition: Research and theory. In E. B. Goldstein (Ed.), *Blackwell handbook of perception* (pp. 499–534). Malden, MA: Blackwell.

Clément, G., Reschke, M., & Wood, S. (2005). Neurovestibular and sensorimotor studies in space and Earth benefits. *Current Pharmaceutical Biotechnology*, *6*, 267–283.

Cohen, L. B., & Cashon, C. H. (2003). Infant perception and cognition. In R. Lerner, A. Easterbrooks, & J. Mistry (Eds.), *Comprehensive handbook of psychology* (Vol. 6: Developmental psychology, pp. 65–89). New York: Wiley.

Coimbra, J. P., Marceliano, M. L., Andrade–da–Costa, B. L., & Yamada, E. S. (2006). The retina of tyrant flycatchers: Topographic organization of neuronal density and size in the ganglion cell layer of the great kiskadee Pitangus sulphuratus and the rusty margined flycatcher Myiozetetes cayanensis (Aves: Tyrannidae). *Brain, Behavior, and Evolution*, *68*, 15–25.

Cole, G. G., Heywood, C., Kentridge, R., Fairholm, I., & Cowey, A. (2003). Attentional capture by colour and motion in cerebral achromatopsia. *Neuropsychologia*, *41*, 1837–1846.

Cole, J. (1991). *Pride and a daily marathon*. Cambridge, MA: MIT Press.

Cole, R. A., & Jakimik, J. (1980). A model of speech perception. In R. A. Cole (Ed.), *Perception and production of fluent speech* (pp. 133–163). Hillsdale, NJ: Erlbaum.

Collins, D. F., Refshauge, K. M., Todd, G., & Gandevia, S. C. (2005). Cutaneous receptors contribute to kinesthesia at the index finger, elbow, and knee. *Journal of Neurophysiology*, *94*, 1699–1706.

Comings, J., Garner, B., & Smith, C. (2006). *Review of adult learning and literacy: Connecting research, policy, and practice* (Vol. 6). Mahwah, NJ: Erlbaum.

Cook, N. D., Yutsudo, A., Fujimoto, N., & Murata, M. (2008). Factors contributing to depth perception: Behavioral studies on the reverse perspective illusion. *Spatial Vision*, *21*, 397–405.

Cooper, N. P., & Guinan, J. J., Jr. (2006). Efferent–mediated control of basilar membrane motion. *Journal of Physiology*, *576*, 49–54.

Cooper, P. A., Geldart, S. S., Mondloch, C. J., & Maurer, D. (2006). Developmental changes in perceptions of attractiveness: A role of experience? *Developmental Science*, *9*, 530–543.

Cornelissen, F. W., Wade, A. R., Vladusich, T., Dougherty, R. F., & Wandell, B. A. (2006). No functional magnetic resonance imaging evidence for brightness and color filling–in in early human visual cortex. *Journal of Neuro science*, *26*, 3634–3641.

Cornish, E. E., Xiao, M., Yang, Z., Provis, J. M., & Hendrickson, A. E. (2004). The role of opsin expression and apoptosis in determination of cone types in human retina. *Experimental Eye Research*, *78*, 1143–1154.

Cortazzo, M. H., & Fishman, S. M. (2008). Major opiods and chronic opioid therapy. In H. T. Benzon, J. P. Rathmell, C. L. Wu, D. C. Turk, & C. E. Argoff (Eds.), *Raj's practical management of pain* (pp. 597–611). Philadelphia: Mosby.

Cowart, B. J., & Rawson, N. E. (2001). Olfaction. In E. B. Goldstein (Ed.), *Blackwell handbook of perception* (pp. 567–600). Malden, MA: Blackwell.

Cox, J. J., Reimann, F., Nicholas, A. K., Thornton, G., Roberts, E., Springell, K., et al. (2006). An SCN9A channelopathy causes congenital inability to experience pain. *Nature*, *444*(7121), 894–898.

Craig, A. D. (2003). Pain mechanisms: Labeled lines versus convergence in central processing. *Annual Review of Neuroscience*, *26*, 1–30.

Craig, J. C., & Rollman, G. B. (1999). Somesthesis. *Annual Review of Psychology*, *50*, 305–331.

Cranford, T. W., & Amundin, M. (2004). Biosonar pulse production in Odontocetes: The state of our knowledge. In J. A. Thomas, C. F. Moss, & M. Vater (Eds.), *Echolocation in bats and dolphins* (pp. 27–35). Chicago: University of Chicago.

Crano, W. D., & Brewer, M. B. (2001). *Principles and methods of social research* (2nd ed.). Mahwah, NJ: Erlbaum.

Crapse, T. B., & Sommer, M. A. (2008). Corollary discharge across the animal kingdom. *Nature Reviews Neuroscience*, *9*, 587–600.

Crompton, A., & Brown, F. (2006). Distance estimation in a small–scale environment. *Environment and Behavior*, *38*, 656–666.

Cropper, S. J., & Wuerger, S. M. (2005). The perception of motion in chromatic stimuli. *Behavioral and Cognitive Neuroscience Reviews*, *4*, 192–217.

Cuddy, L. L., Balkwill, L.–L., Peretz, I., & Holden, R. R. (2005). Musical difficulties are rare: A study of "tone deafness" among university students. In G. Avanzini, L. Lopez, S. Koelsch, & M. Manjno (Eds.), *The neurosciences and music II: From perception to performance* (pp. 311–324). New York: New York Academy of Sciences.

Cullen, K. E. (2004). Sensory signals during active versus passive movement. *Current Opinion in Neurobiology*, *14*, 698–706.

Cumming, B. G., & DeAngelis, G. C. (2001). The physiology of stereopsis. *Annual Review of Neuroscience*, *24*, 203–238.

Curcio, C. A., Sloan, K. R., Kalina, R. E., & Hendrickson, A. E. (1990). Human photoreceptor topography.

Journal of Comparative Neurology, *292*, 497–523.

Cutting, J. E. (1993). Perceptual artifacts and phenomena: Gibson's role in the 20th century. In S. C. Masin (Ed.), *Foundations of perceptual theory* (pp. 231–260). New York: Elsevier.

Cutting, J. E. (2007). Framing the rules of perception: Hochberg versus Galileo, Gestalts, Garner, and Gibson. In M. A. Peterson, B. Gillam, & H. A. Sedgwick (Eds.), *In the mind's eye: Julian Hochberg on the perception of pictures, films, and the world* (pp. 495–503). New York: Oxford.

Cutting, J. E., Moore, C., & Morrison, R. (1988). Masking the motions of human gait. *Perception & Psychophysics*, *44*, 339–347.

Cutting, J. E., & Vishton, P. M. (1995). Perceiving layout and knowing distances: The integration, relative potency, and contextual use of different information about depth. In W. Epstein & S. J. Rogers (Eds.), *Perception of space and motion* (pp. 69–117). San Diego: Academic.

Dain, S. J. (2004). Clinical colour vision tests. *Clinical and Experimental Optometry*, *87*, 276–293.

Dallos, P. (1996). Overview: Cochlear neurobiology. In P. Dallos, A. N. Popper, & R. R. Fay (Eds.), *The cochlea* (pp. 1–43). New York: Springer.

Dallos, P., Zheng, J., & Cheatham, M. A. (2006). Prestin and the cochlear amplifier. *Journal of Physiology*, *576*, 37–42.

Dalton, J. (1798/1948). Extraordinary facts relating to the vision of colours: With observations. In W. Dennis (Ed.), *Readings in the history of psychology* (pp. 102–111). New York: Appleton-Century-Crofts.

Dalton, P. H. (2002). Olfaction. In H. Pashler & S. Yantis (Eds.), *Stevens' handbook of experimental psychology* (3rd ed., pp. 691–746). Hoboken, NJ: Wiley.

Daniel, E. (2007). Noise and hearing loss: A review. *The Journal of School Health*, *77*, 225–231.

Danilova, V., & Hellekant, G. (2006). Elucidating coding of taste qualities with the taste modifier miraculin in the common marmoset. *Brain Research Bulletin*, *68*, 315–321.

Davidoff, J., Davies, I., & Roberson, D. (1999). Colour categories in a stone-age tribe. *Nature*, *398*(6724), 203–204.

Davies, W. L., Carvalho, L. S., Cowing, J. A., Beazley, L. D., Hunt, D. M., & Arrese, C. A. (2007). Visual pigments of the platypus: A novel route to mammalian colour vision. *Current Biology*, *17*, R161–163.

Day, R. H. (1993). The Ames room from another viewpoint. *Perception*, *22*, 1007–1011.

Day, R. H. (2006). Two principles of perception revealed by geometrical illusions. *Australian Journal of Psychology*, *58*, 123–129.

de Araujo, I. E., Rolls, E. T., Velazco, M. I., Margot, C., & Cayeux, I. (2005). Cognitive modulation of olfactory processing. *Neuron*, *46*, 671–679.

De Casper, A. J., & Spencer, M. J. (1986). Prenatal maternal speech influences newborns' perception of speech sounds. *Infant Behavior & Development*, *9*, 133–150.

de Cheveigné, A. (2005). Pitch perception models. In C. J. Plack, A. J. Oxenham, R. R. Fay, & A. N. Popper (Eds.), *Pitch: Neural coding and perception* (pp. 169–233). New York: Springer.

de Fockert, J., Davidoff, J., Fagot, J., Parron, C., & Goldstein, J. (2007). More accurate size contrast judgments in the Ebbinghaus Illusion by a remote culture. *Journal of Experimental Psychology: Human Perception & Performance*, *33*, 738–742.

De Haan, E. H. F. (1999). A familial factor in the development of face recognition deficits. *Journal of Clinical and Experimental Neuropsychology*, *21*, 312–315.

de Heering, A., Houthuys, S., & Rossion, B. (2007). Holistic face processing is mature at 4 years of age: Evidence from the composite face effect. *Journal of Experimental Child Psychology*, *96*, 57–70.

de Vignemont, F., Tsakiris, M., & Haggard, P. (2006). Body mereology. In G. Knoblich, I. M. Thornton, M. Grosjean, & M. Shiffrar (Eds.), *Human body perception from the inside out* (pp. 147–170). New York: Oxford.

de Villers-Sidani, E., Chang, E. F., Bao, S., & Merzenich, M. M. (2007). Critical period window for spectral tuning defined in the primary auditory cortex (A1) in the rat. *Journal of Neuroscience*, *27*, 180–189.

de Wit, T. C. J., Bauer, M., Oostenveld, R., Fries, P., & van Lier, R. (2006). Cortical responses to contextual influences in amodal completion. *Neuroimage*, *32*, 1815–1825.

DeBello, W. M., & Knudsen, E. I. (2004). Multiple sites of adaptive plasticity in the owl's auditory localization pathway. *Journal of Neuroscience*, *24*, 6853–6861.

Dedrick, D. (2006). Explanation(s) and the petterning of basic colour words across languages and speakers. In N. J. Pitchford & C. P. Biggam (Eds.), *Progress in colour studies: Vol. 2, Psychological aspects* (Vol. 2, pp. 1–12). Philadelphia: John Benjamin.

Dehaene-Lambertz, G., Dehaene, S., & Hertz-Pannier, L. (2002). Functional neuroimaging of speech perception in infants. *Science*, *298*(5600), 2013–2015.

Dehaene-Lambertz, G., Hertz-Pannier, L., & Dubois, J. (2006). Nature and nurture in language acquisition: anatomical and functional brain-imaging studies in infants. *Trends in Neurosciences*, *29*, 367–373.

Dehaene-Lambertz, G., Mehler, J., & Pena, M. (2001). Cerebral bases of language aquisition. In A. F. Kalverboer & A. Gramsbergen (Eds.), *Handbook of brain and behaviour in human development* (pp. 939–966). Boston: Kluwer.

Delahunt, P. B., Webster, M. A., Ma, L., & Werner, J. S. (2004). Long-term renormalization of chromatic mechanisms following cataract surgery. *Visual Neuroscience*, *21*, 301–307.

DeLoache, J. S., Pierroutsakos, S. L., & Uttal, D. H. (2003). The origins of pictorial competence. *Current Directions in Psychological Science*, *12*, 114–118.

Delwiche, J. F. (2003). Impact of color on perceived wine flavor. *Foods and Food Ingredients Journal*, *208*, 349–352.

Delwiche, J. F. (2004). The impact of perceptual interactions on perceived flavor. *Food Quality and Preference*, *15*, 137–146.

Dennett, D. C. (1978). Where am I? In D. C. Dennett (Ed.), *Brainstorms* (pp. 310–323). Cambridge, MA: MIT Press.

Denzinger, A., Kalko, E. K. V., & Jones, G. (2004). Ecological and evolutionary aspects of echolocation in bats. In J. A. Thomas, C. F. Moss, & M. Vater (Eds.), *Echolocation in bats and dolphins* (pp. 311–326). Chicago: University of Chicago.

Der, G., & Deary, I. J. (2006). Age and sex differences in reaction time in adulthood: Results from the United Kingdom Health and Lifestyle Survey. *Psychology and Aging*, *21*, 62–73.

Deutsch, D. (1986). A musical paradox. *Music Perception*, *3*, 275–280.

Deutsch, D. (1987, March). Illusions for stereo headphones. *Audio*, *71*, 36–48.

Deutsch, D. (1991). The tritone paradox: An influence of language on music perception. *Music Perception*, *8*, 335–347.

Deutsch, D. (1995). Musical illusions and paradoxes [CD]. La Jolla, CA: Philomel Records.

Deutsch, D. (1997). The tritone paradox: A link between music and speech. *Current Directions in Psychological Science*, *6*, 174–180.

Deutsch, D. (1999a). Grouping mechanisms in music. In D. Deutsch (Ed.), *The psychology of music* (2nd ed., pp. 99–134). New York: Academic.

Deutsch, D. (1999b). The processing of pitch combinations. In D. Deutsch (Ed.), *The psychology of music* (pp. 349–411). San Diego: Academic.

Deutsch, D. (2004). The octave illusion revisited again. *Journal of Experimental Psychology: Human Perception & Performance*, *30*, 355–364.

Deutsch, D. (2006). The enigma of absolute pitch. *Acoustics Today*, *2*, 11–19.

Deutsch, D. (2007). Mothers and their offspring perceive the tritone paradox in closely similar ways. *Archives of Acoustics*, *32*, 3–14.

Deutsch, D. (2008). Musical illusions. In L. Squire (Ed.), *Encyclopedia of neuroscience*. New York: Elsevier.

Deutsch, D., Henthorn, T., & Dolson, M. (2004a). Absolute pitch, speech, and tone language: Some experiments and a proposed framework. *Music Perception*, *21*, 339–356.

Deutsch, D., Henthorn, T., & Dolson, M. (2004b). Speech patterns heard early in life influence later perception of the tritone paradox. *Music Perception*, *21*, 357–372.

Diehl, R. L., Lotto, A. J., & Holt, L. L. (2004). Speech perception. *Annual Review of Psychology*, *55*, 149–179.

Djordjevic, J., Lundstrom, J. N., Clement, F., Boyle, J. A., Pouliot, S., & Jones-Gotman, M. (2008). A rose by any other name: Would it smell as sweet? *Journal of Neurophysiology*, *99*, 386–393.

Dobie, R. A. (2007). Folate supplementation and age-related hearing loss. *Annals of Internal Medicine*, *146*, 63–64.

Donderi, D. C. (2006). Visual complexity: A review. *Psychological Bulletin*, *132*, 73–97.

Dooling, R. J., Best, C. T., & Brown, S. D. (1995). Discrimination of synthetic full-formant and sinewave/ra-la/continua by budgerigars (Melopsittacus undulatus) and zebra finches (Taeniopygia guttata). *Journal of the Acoustical Society of America*, *97*, 1839–1846.

Doop, M., Mohr, C., Folley, B., Brewer, W. J., & Park, S. (2006). Olfaction and memory. In W. J. Brewer, D. Castle & C. Pantelis (Eds.), *Olfaction and the brain* (pp. 65–82). New York: Cambridge.

Doty, R. L. (2003). Mammalian pheromones: Fact or fantasy? In R. L. Doty (Ed.), *Handbook of olfaction and gustation* (pp. 345–383). New York: Marcel Dekket.

Doty, R. L. (2006). Assessment of olfaction. In W. J. Brewer, D. Castle, & C. Pantelis (Eds.), *Olfaction and the brain* (pp. 235–258). New York: Cambridge.

Doty, R. L., & Laing, D. G. (2003). Psychophysical measurement of human olfactory function, including odorant mixture assessment. In R. L. Doty (Ed.), *Handbook of olfaction and gustation* (pp. 203–228). New York: Marcel Dekker.

Doty, R. L., Saito, K., & Bromley, S. M. (2008). Disorders of taste and smell. In A. I. Basbaum, M. C. Bushnell, D. V. Smith, G. K. Beauchamp, S. J. Firestein, P. Dallos, D. Oertel, R. H. Masland, T. D. Albright, J. H. Kaas, & E. P. Gardner (Eds.), *The senses: A comprehensive reference* (Vol. 4, pp. 859–887). New York: Academic Press.

Dowling, J. E., & Boycott, B. B. (1966). Organization of the primate retina: Electron microscopy. *Proceedings of the Royal Society of London, Series B, 166*, 80–111.

Dowling, W. J. (1973). The perception of interleaved melodies. *Cognitive Psychology, 5*, 372–377.

Dowling, W. J. (2001). Perception of music. In E. B. Goldstein (Ed.), *Blackwell handbook of perception* (pp. 469–498). Malden, MA: Blackwell.

Dowling, W. J. (2002). The development of music perception and cognition. In D. J. Levitin (Ed.), *Foundations of cognitive psychology: Core readings* (pp. 481–502). Cambridge, MA: MIT Press.

Drivonikou, G. V., Kay, P., Regier, T., Ivry, R. B., Gilbert, A. L., Franklin, A., et al. (2007). Further evidence that Whorfian effects are stronger in the right visual field than the left. *Proceedings of the National Academy of Sciences of the USA, 104*, 1097–1102.

Dubno, J. R., & Mills, J. H. (2003). Presbyacusis. In R. D. Kent (Ed.), *The MIT encyclopedia of communication disorders* (pp. 527–530). Cambridge, MA: MIT Press.

DuBois, G. E., DeSimone, J., & Lyall, V. (2008). Chemistry of gustatory stimuli. In A. I. Basbaum, M. C. Bushnell, D. V. Smith, G. K. Beauchamp, S. J. Firestein, P. Dallos, D. Oertel, R. H. Masland, T. D. Albright, J. H. Kaas, & E. P. Gardner (Eds.), *The senses: A comprehensive reference* (Vol. 4, pp. 27–74). New York: Academic Press.

Duchaine, B. C., & Nakayama, K. (2005). Dissociations of face and object recognition in developmental prosopagnosia. *Journal of Cognitive Neuroscience, 17*, 249–261.

Duchaine, B. C., & Nakayama, K. (2006). Developmental prosopagnosia: A window to content-specific face processing. *Current Opinion in Neurobiology, 16*, 166–173.

Duchaine, B. C., & Yovel, G. (2008). Face recognition. In A. I. Basbaum, M. C. Bushnell, D. V. Smith, G. K. Beauchamp, S. J. Firestein, P. Dallos, D. Oertel, R. H. Masland, T. D. Albright, J. H. Kaas, & E. P. Gardner (Eds.), *The senses: A comprehensive reference* (Vol. 2, pp. 330–352). New York: Academic Press.

Duncker, K. (1929). Uber induzierts Bewegung. *Psychologische Forschung, 12*, 180–259.

Durand, J. B., Celebrini, S., & Trotter, Y. (2007). Neural bases of stereopsis across visual field of the alert macaque monkey. *Cerebral Cortex, 17*, 1260–1273.

Durgin, F. H., Evans, L., Dunphy, N., Klostermann, S., & Simmons, K. (2007). Rubber hands feel the touch of light. *Psychological Science, 18*, 152–157.

Easterbrook, M. A., Kisilevsky, B. S., Hains, S. M. J., & Muir, D. W. (1999). Faceness or complexity: Evidence from newborn visual tracking of facelike stimuli. *Infant Behavior & Development, 22*, 17–35.

Easterbrook, M. A., Kisilevsky, B. S., Muir, D. W., & Laplante, D. P. (1999). Newborns discriminate schematic faces from scrambled faces. *Canadian Journal of Experimental Psychology, 53*, 231–241.

Ebert, J., & Westhoff, G. (2006). Behavioural examination of the infrared sensitivity of rattlesnakes (Crotalus atrox). *Journal of Comparative Physiology, 192*, 941–947.

Edut, S., & Eilam, D. (2003). Rodents in open space adjust their behavioral response to the different risk levels during barn-owl attack. *BMC Ecology, 3*, 10.

Edut, S., & Eilam, D. (2004). Protean behavior under barn-owl attack: Voles alternate between freezing and fleeing and spiny mice flee in alternating patterns. *Behavioural Brain Research, 155*, 207–216.

Eggermont, J. J. (2005). Tinnitus: Neurobiological substrates. *Drug Discovery Today, 10*, 1283–1290.

Eggermont, J. J., & Roberts, L. E. (2004). The neuroscience of tinnitus. *Trends in Neurosciences, 27*, 676–682.

Eimas, P. D., & Corbit, J. D. (1973). Selective adaptation of linguistic feature detectors. *Cognitive Psychology, 4*, 99–109.

Eimas, P. D., & Miller, J. L. (1992). Organization in the perception of speech by young infants. *Psychological Science, 3*, 340–345.

Eimas, P. D., Siqueland, E. R., Jusczyk, R., & Vigorito, J. (1971). Speech perception in infants. *Science, 171*, 303–306.

Eklöf, J. (2003). *Vision in echolocating bats*. Unpublished doctoral, Göteborg University.

Ekman, P., & O'Sullivan, M. (1991). Who can catch a liar? *American Psychologist, 46*, 913–920.

Ekman, P., O'Sullivan, M., & Frank, M. G. (1999). A few can catch a liar. *Psychological Science, 10*, 263–266.

Ekroll, V. (2005). *On the nature of simultaneous color contrast*. Christian-Albrechts-Universität zu Kiel, Kiel, Germany.

Ekroll, V., Faul, F., & Niederee, R. (2004). The peculiar nature of simultaneous colour contrast in uniform surrounds. *Vision Research, 44*, 1765–1786.

Ekroll, V., Faul, F., Niederee, R., & Richter, E. (2002). The natural center of chromaticity space is not always achromatic: A new look at color induction. *Proceedings of the National Academy of Sciences of the USA, 99*, 13352–13356.

Engbert, R., & Kliegl, R. (2004). Microsaccades keep the eyes' balance during fixation. *Psycholological Science, 15*, 431–436.

Enns, J. T., & Austen, E. (2007). Mental schemata and the limits of perception. In M. A. Peterson, B. Gillam, & H. A. Sedgwick (Eds.), *In the mind's eye: Julian Hochberg on the perception of pictures, films, and the world* (pp. 439–447). New York: Oxford.

Epstein, M., & Florentine, M. (2006). Loudness of brief tones measured by magnitude estimation and loudness matching. *Journal of the Acoustical Society of America, 119*, 1943–1945.

Ernestus, M., Baayen, H., & Schreuder, R. (2002). The recognition of reduced word forms. *Brain and Language, 81*, 162–173.

Ernst, M. O., & Newell, F. N. (2007). Multisensory recognition of actively explored objects. *Canadian Journal of Experimental Psychology, 61*, 242–253.

Espinoza-Varas, B., & Watson, C. S. (1989). Perception of complex auditory patterns by humans. In R. J. Dooling & S. H. Hulse (Eds.), *The comparative psychology of audition: Perceiving complex sounds* (pp. 67–94). Hillsdale, NJ: Erlbaum.

Esterman, M., Prinzmetal, W., & Robertson, L. (2004). Categorization influences illusory conjunctions. *Psychonomic Bulletin & Review, 11*, 681–686.

Esterman, M., Verstynen, T., & Robertson, L. C. (2007). Attenuating illusory binding with TMS of the right parietal cortex. *Neuroimage, 35*, 1247–1255.

Evans, G. W., & Hygge, S. (2007). Noise and cognitive performance in children and adults. In L. Luxon & D. Prasher (Eds.), *Noise and its effects* (pp. 549–566). Chichester, England: Wiley.

Everdell, I. T., Marsh, H., Yurick, M. D., Munhall, K. G., & Paré, M. (2007). Gaze behaviour in audiovisual speech perception: Asymmetrical distribution of face-directed fixations. *Perception, 36*, 1535–1545.

Everest, F. A. (2001). *Master handbook of acoustics*. New York: McGraw-Hill.

Fain, G. L. (2003). *Sensory transduction*. Sunderland, MA: Sinauer.

Fantz, R. L. (1958). Pattern vision in young infants. *The Psychological Record, 8*, 43–47.

Fantz, R. L. (1961). The origin of form perception. *Scientific American, 204*, 66–72.

Farah, M. J. (2004). *Visual agnosia: Disorders of object recognition and what they tell us about normal vision* (2nd ed.). Cambridge, MA: MIT Press.

Farroni, T., Csibra, G., Simion, F., & Johnson, M. H. (2002). Eye contact detection in humans from birth. *Proceedings of the National Academy of Sciences of the USA, 99*, 9602–9605.

Farroni, T., Johnson, M. H., Menon, E., Zulian, L., Faraguna, D., & Csibra, G. (2005). Newborns' preference for face-relevant stimuli: Effects of contrast polarity. *Proceedings of the National Academy of Sciences of the USA, 102*(47), 17245–17250.

Farroni, T., Massaccesi, S., Menon, E., & Johnson, M. H. (2007). Direct gaze modulates face recognition in young infants. *Cognition, 102*, 396–404.

Farroni, T., Menon, E., & Johnson, M. H. (2006). Factors influencing newborns' preference for faces with eye contact. *Journal of Experimental Child Psychology, 95*, 298–308.

Farroni, T., Menon, E., Rigato, S., & Johnson, M. H. (2007). The perception of facial expressions in newborns. *European Journal of Developmental Psychology, 4*, 2–13.

Fast, K., Duffy, V. B., & Bartoshuk, L. M. (2002). New psychophysical insights in evaluating genetic variation in taste. In C. Rouby, B. Schaal, D. Dubois, R. Gervais, & A. Holley (Eds.), *Olfaction, taste, and cognition* (pp. 391–407). New York: Cambridge.

Fastl, H., & Zwicker, E. (2007). *Psychoacoustics: Facts and models* (3rd ed.). New York: Springer.

Faurion, A., Kobayakawa, T., & Cerf-Ducastel, B. (2008). Functional magnetic resonance imaging study of taste. In A. I. Basbaum, M. C. Bushnell, D. V. Smith, G. K. Beauchamp, S. J. Firestein, P. Dallos, D. Oertel, R. H. Masland, T. D. Albright, J. H. Kaas, & E. P. Gardner (Eds.), *The senses: A comprehensive reference* (Vol. 4, pp. 271–279). New York: Academic Press.

Fechner, G. T. (1860). *Element der psychophysik*. Leipzig: Breitkopf & Harterl.

Fenske, M. J., Aminoff, E., Gronau, N., & Bar, M. (2006). Top-down facilitation of visual object recognition: Object-based and context-based contributions. *Progress in Brain Research, 155*, 3–21.

Fenton, M. B. (2004). Aerial-feeding bats: Getting the most out of echolocation. In J. A. Thomas, C. F. Moss, & M. Vater (Eds.), *Echolocation in bats and dolphins* (pp. 350–355). Chicago: University of Chicago.

Ferket, P. R., & Gernat, A. G. (2006). Factors that affect feed intake of meat birds: A review. *International Journal of Poultry Science, 5*, 905–911.

Fernandez, J. M., & Farell, B. (2005). Seeing motion in depth using inter-ocular velocity differences. *Vision Research, 45*, 2786–2798.

Fettiplace, R., & Ricci, A. J. (2006). Mechanoelectrical transduction in auditory hair cells. In R. A. Eatock, R. R. Fay, & A. N. Popper (Eds.), *Vertebrate hair cells* (Vol. 27, pp. 154–203). New York: Springer.

Field, T. (2007). Massage therapy research. *Developmental Review, 27*, 75–89.

Field, T., Diego, M. A., Hernandez-Reif, M., Deeds, O., & Figuereido, B. (2006). Moderate versus light pressure massage therapy leads to greater weight gain in preterm infants. *Infant Behavior & Development*,

29, 574–578.

Field, T., Hernandez-Reif, M., & Diego, M. (2006). Newborns of depressed mothers who received moderate versus light pressure massage during pregnancy. *Infant Behavior & Development*, *29*, 54–58.

Fillingim, R. B. (2008). Sex, gender, and pain. In A. I. Basbaum, M. C. Bushnell, D. V. Smith, G. K. Beauchamp, S. J. Firestein, P. Dallos, D. Oertel, R. H. Masland, T. D. Albright, J. H. Kaas, & E. P. Gardner (Eds.), *The senses: A comprehensive reference* (Vol. 5, pp. 253–257). New York: Academic Press.

Findlay, J. M., & Gilchrist, I. D. (2003). *Active vision: The psychology of looking and seeing*. New York: Oxford.

Fine, I., Wade, A. R., Brewer, A. A., May, M. G., Goodman, D. F., Boynton, G. M., et al. (2003). Long-term deprivation affects visual perception and cortex. *Nature Neuro science*, *6*, 915–916.

Finlay, B. L., Clancy, B., & Kingsbury, M. A. (2003). The developmental neurobiology of early vision. In S. P. Johnson & B. Hopkins (Eds.), *Advances in infancy research* (pp. 1–42). Greenwich, CT: Ablex.

Finney, E. M., Fine, I., & Dobkins, K. R. (2001). Visual stimuli activate auditory cortex in the deaf. *Nature Neuroscience*, *4*, 1171–1173.

Firzlaff, U., Schuchmann, M., Grunwald, J. E., Schuller, G., & Wiegrebe, L. (2007). Object-oriented echo perception and cortical representation in echolocating bats. *PLoS Biology*, *5*, e100.

Fleming, R. W., Torralba, A., & Adelson, E. H. (2004). Specular reflections and the perception of shape. *Journal of Vision*, *4*, 798–820.

Fletcher, H., & Munson, W. A. (1933). Loudness, its definition, measurement, and calculation. *Journal of the Acoustical Society of America*, *5*, 82–108.

Flor, H. (2008). Phantom limb pain. In A. I. Basbaum, M. C. Bushnell, D. V. Smith, G. K. Beauchamp, S. J. Firestein, P. Dallos, D. Oertel, R. H. Masland, T. D. Albright, J. H. Kaas, & E. P. Gardner (Eds.), *The senses: A comprehensive reference* (Vol. 5, pp. 699–706). New York: Academic Press.

Flor, H., & Bushnell, M. C. (2005). Central imaging of pain. In S. P. Hunt & M. Koltzenberg (Eds.), *The neurobiology of pain* (molecular and cellular neurobiology) (pp. 311–331). New York: Oxford.

Flor, H., Nikolajsen, L., & Jensen, T. S. (2006). Phantom limb pain: A case of maladaptive CNS plasticity? *Nature Reviews Neuroscience*, *7*, 873–881.

Fodor, J. A. (1983). *The modularity of mind*. Cambridge, MA: MIT Press.

Foley, J. M., Ribeiro-Filho, N. P., & Da Silva, J. A. (2004). Visual perception of extent and the geometry of visual space. *Vision Research*, *44*, 147–156.

Foley, M. A., Foley, H. J., & Korenman, L. M. (2002). Adapting a memory framework (source monitoring) to the study of closure processes. *Memory & Cognition*, *30*, 412–422.

Foley, M. A., Foley, H. J., Scheye, R., & Bonacci, A. M. (2007). Remembering more than meets the eye: A study of memory confusions about incomplete visual information. *Memory*, *15*, 616–633.

Foster, D. H. (2003). Does colour constancy exist? *Trends in Cognitive Sciences*, *7*, 439–443.

Foster, D. H. (2008). Color appearance. In A. I. Basbaum, M. C. Bushnell, D. V. Smith, G. K. Beauchamp, S. J. Firestein, P. Dallos, D. Oertel, R. H. Masland, T. D. Albright, J. H. Kaas, & E. P. Gardner (Eds.), *The senses: A comprehensive reference* (Vol. 2, pp. 119–132). New York: Academic.

Fowler, C. A. (2003). Speech production and perception. In A. F. Healy & R. W. Proctor (Eds.), *Handbook of psychology: Experimental psychology* (Vol. 4, pp. 237–266). Hoboken, NJ: Wiley.

Fowler, C. A., & Galantucci, B. (2005). The relation of speech perception and speech production. In D. B. Pisoni & R. E. Remez (Eds.), *The handbook of speech perception* (pp. 633–652). Malden, MA: Blackwell.

Foxton, J. M., Dean, J. L., Gee, R., Peretz, I., & Griffiths, T. D. (2004). Characterization of deficits in pitch perception underlying "tone deafness." *Brain*, *127*, 801–810.

Francis, G., & Cho, Y. S. (2008). Effects of temporal integration on the shape of visual backward masking functions. *Journal of Experimental Psychology: Human Perception & Performance*, *34*, 1116–1128.

Franklin, A., Clifford, A., Williamson, E., & Davies, I. R. L. (2005). Color term knowledge does not affect categorical perception of color in toddlers. *Journal of Experimental Child Psychology*, *90*, 114–141.

Franklin, A., & Davies, I. R. L. (2004). New evidence for infant colour categories. *British Journal of Developmental Psychology*, *22*, 349–377.

Franklin, A., & Davies, I. R. L. (2006). Converging evidence for pre-linguistic colour categorisation. In C. P. Biggam & N. J. Pitchford (Eds.), *Progress in colour studies: Vol. 2, Psychological aspects* (Vol. 2, pp. 101–120). Philadelphia: John Benjamins.

Franklin, A., Drivonikou, G. V., Bevis, L., Davies, I. R. L., Kay, P., & Regier, T. (2008). Categorical perception of color is lateralized to the right hemisphere in infants, but to the left hemisphere in adults. *Proceedings of the National Academy of Sciences of the USA*, *105*, 3221–3225.

Freire, A., Lewis, T. L., Maurer, D., & Blake, R. (2006).

The development of sensitivity to biological motion in noise. *Perception*, *35*, 647–657.

Frishman, L. J. (2001). Basic visual processes. In E. B. Goldstein (Ed.), *Blackwell handbook of perception* (pp. 53–91). Malden, MA: Blackwell.

Fujioka, T., Trainor, L. J., Ross, B., Kakigi, R., & Pantev, C. (2004). Musical training enhances automatic encoding of melodic contour and interval structure. *Journal of Cognitive Neuroscience*, *16*, 1010–1021.

Furness, D. N., & Hackney, C. M. (2006). The structure and composition of the stereociliary bundle of vertebrate hair cells. In R. A. Eatock, R. R. Fay, & A. N. Popper (Eds.), *Vertebrate hair cells* (Vol. 27, pp. 95–153). New York: Springer.

Galanter, E. (1962). Contemporary psychophysics. In R. Brown, E. Galanter, E. H. Hess, & G. Mandler (Eds.), *New directions in psychology* (pp. 87–156). New York: Holt, Rinehart and Winston.

Galantucci, B., Fowler, C. A., & Turvey, M. T. (2006). The motor theory of speech perception reviewed. *Psychonomic Bulletin & Review*, *13*, 361–377.

Garcia, J., & Koelling, R. A. (1966). Relation of cue to consequence in avoidance learning. *Psychonomic Science*, *4*, 123–124.

Garcia, J., Lasiter, P. S., Bermudez-Rattoni, F., & Deems, D. A. (1985). A general theory of aversion learning. *Annals of the New York Academy of Science*, *443*, 8–21.

Garcia, M. K., & Chiang, J. S. (2007). Acupuncture. In S. D. Waldman (Ed.), *Pain management* (pp. 1093–1105). Phildelphia: Saunders.

Garcia-Falgueras, A., Junque, C., Gimenez, M., Caldu, X., Segovia, S., & Guillamon, A. (2006). Sex differences in the human olfactory system. *Brain Research*, *1116*, 103–111.

Gardner, M. (1988). *Perplexing puzzles and tantalizing teasers*. New York: Dover.

Gaschler, K. (2006). One person, one neuron? *Scientific American Mind*, *17*, 77–82.

Gatchel, R. J. (1999). Perspectives on pain: A historical overview. In R. J. Gatchel & D. C. Turk (Eds.), *Psychosocial factors in pain: Critical perspectives* (pp. 3–17). New York: Guilford.

Gauthier, I., & Bukach, C. (2007). Should we reject the expertise hypothesis? *Cognition*, *103*, 322–330.

Gegenfurtner, K. R. (2003). Cortical mechanisms of colour vision. *Nature Reviews Neuroscience*, *4*, 563–572.

Gegenfurtner, K. R., & Kiper, D. C. (2003). Color vision. *Annual Review of Neuroscience*, *26*, 181–206.

Geisbauer, G., Griebel, U., Schmid, A., & Timney, B. (2004). Brightness discrimination and neutral point testing in the horse. *Canadian Journal of Zoology*, *82*, 660–670.

Gelb, A. (1929). Die "Farbenkonstanz" der Sehding. *Handbuch der normalen and pathologischen Physiologie*, *12*, 594–678.

Geldart, S., Mondloch, C. J., Maurer, D., de Schonen, S., & Brent, H. P. (2002). The effect of early visual deprivation on the development of face processing. *Developmental Science*, *5*, 490–501.

Georgieva, S. S., Todd, J. T., Peeters, R., & Orban, G. A. (2008). The extraction of 3D shape from texture and shading in the human brain. *Cerebral Cortex*, *18*, 2416–2438.

Gerardin, P., de Montalembert, M., & Mamassian, P. (2007). Shape from shading: New perspectives from the Polo Mint stimulus. *Journal of Vision*, *7*(11), 13, 1–11.

Gerken, L., & Aslin, R. N. (2005). Thirty years of research on infant speech perception: The legacy of Peter W. Jusczyk. *Language Learning and Development*, *1*, 5–21.

Gescheider, G. A. (1985). *Psychophysics: Method, theory, and application* (2nd ed.). Hillsdale, NJ: Erlbaum.

Gescheider, G. A. (1997). *Psychophysics: The fundamentals* (3rd ed.). Mahwah, NJ: Erlbaum.

Giaschi, D. (2006). The processing of motion-defined form. In M. R. M. Jenkin & L. R. Harris (Eds.), *Seeing spatial form* (pp. 101–119). New York: Oxford.

Gibson, B. S., & Peterson, M. A. (1994). Does orientation-independent object recognition precede orientation-depen dent recognition? Evidence from a cuing paradigm. *Journal of Experimental Psychology: Human Perception & Performance*, *20*, 299–316.

Gibson, E. J. (1987). Introductory essay: What does infant perception tell us about theories of perception? *Journal of Experimental Psychology: Human Perception & Performance*, *13*, 515–523.

Gibson, E. J., & Walk, R. D. (1960). The "visual cliff." *Scientific American*, *202*, 64–71.

Gibson, J. J. (1950). *The perception of the visual world*. Boston: Houghton Mifflin.

Gibson, J. J. (1959). Perception as a function of stimulation. In S. Koch (Ed.), *Psychology: A study of a science* (Vol. 1, pp. 456–501). New York: McGraw-Hill.

Gibson, J. J. (1962). Observations on active touch. *Psychological Review*, *69*, 477–491.

Gibson, J. J. (1966). *The senses considered as perceptual systems*. Boston: Houghton Mifflin.

Gibson, J. J. (1979). *The ecological approach to visual perception*. Boston: Houghton Mifflin.

Gilad, Y., Bustamante, C. D., Lancet, D., & Paabo, S. (2003). Natural selection on the olfactory receptor gene family in humans and chimpanzees. *American Journal of Human Genetics*, *73*, 489–501.

Gilbert, A. L., Regier, T., Kay, P., & Ivry, R. B. (2006). Whorf hypothesis is supported in the right visual field but not the left. *Proceedings of the National Academy of Sciences of the USA*, *103*, 489–494.

Gilbert, A. N. (2008). *What the nose knows: The science of scent in everyday life*. New York: Crown.

Gilchrist, A. (1977). Perceived lightness depends on perceived spatial arrangement. *Science*, *195*, 185–187.

Gilchrist, A. (1980). When does perceived lightness depend on perceived spatial arrangement? *Perception & Psycho physics*, *28*, 527–538.

Gilchrist, A. (2005). Lightness perception: Seeing one color through another. *Current Biology*, *15*, R330–332.

Gilchrist, A. (2006). *Seeing black and white*. New York: Oxford.

Gilchrist, A., Kossyfidis, C., Bonato, F., Agostini, T., Cataliotti, J., Li, X., et al. (1999). An anchoring theory of lightness perception. *Psychological Review*, *106*, 795–834.

Gillam, B. (1998). Illusions at century's end. In J. Hochberg (Ed.), *Perception and cognition at century's end* (pp. 95–136). San Diego, CA: Academic.

Gillam, B. (2007). Stereopsis and motion parallax. *Perception*, *36*, 953–954.

Gillam, B., & Nakayama, K. (2002). Subjective contours at line terminations depend on scene layout analysis, not image processing. *Journal of Experimental Psychology: Human Perception & Performance*, *28*, 43–53.

Girard, B., & Berthoz, A. (2005). From brainstem to cortex: Computational models of saccade generation circuitry. *Progress in Neurobiology*, *77*, 215–251.

Glass, J. M. (2007). Visual function and cognitive aging: Differential role of contrast sensitivity in verbal versus spatial tasks. *Psychology and Aging*, *22*, 233–238.

Glasser, A. (2006). Accommodation: Mechanism and measurement. *Ophthalmology Clinics of North America*, *19*, 1–12.

Glasser, A., Croft, M. A., & Kaufman, P. L. (2001). Aging of the human crystalline lens and presbyopia. *International Ophthalmology Clinics*, *41*, 1–15.

Glezer, I. L., Hof, P., Morgane, P. J., Fridman, A., Isakova, T., Joseph, D., et al. (2004). Chemical neuroanatomy of the inferior colliculus in brains of echolocating and nonecholocating mammals: Immunocytochemical study. In J. A. Thomas, C. F. Moss, & M. Vater (Eds.), *Echolocation in bats and dolphins* (pp. 161–172). Chicago: University of Chicago.

Glickstein, M. (1988). The discovery of the visual cortex. *Scientific American*, *259*, 118–127.

Goffaux, V., & Rossion, B. (2007). Face inversion disproportionately impairs the perception of vertical but not horizontal relations between features. *Journal of Experimental Psychology: Human Perception & Performance*, *33*, 995–1002.

Gogel, W. C. (1993). The analysis of perceived space. In S. C. Masin (Ed.), *Foundations of perceptual theory* (pp. 113–182). New York: Elsevier.

Gold, J. M., Tadin, D., Cook, S. C., & Blake, R. (2008). The efficiency of biological motion perception. *Perception & Psychophysics*, *70*, 88–95.

Gold, T. (1948). Hearing II. The physical basis of the action of the cochlea. *Proceedings of the Royal Society of London*, *Series B*, *135*, 492–498.

Gold, T. (1989). Historical background to the proposal, 40 years ago, of an active model for cochlear frequency analysis. In J. P. Wilson & D. T. Kemp (Eds.), *Cochlear mechanisms: Structure, function, and models* (pp. 299–305). New York: Plenum.

Gold, T., & Pumphrey, R. J. (1948). Hearing I. The cochlea as a frequency analyzer. *Proceedings of the Royal Society of London*, *Series B*, *135*, 462–491.

Goldsmith, T. H. (2006). What birds see. *Scientific American*, *295*, 69–75.

Goldstein, E. B. (2001). Pictorial perception and art. In E. B. Goldstein (Ed.), *Blackwell handbook of perception* (pp. 344–378). Malden, MA: Blackwell.

Good, K. P., & Kopala, L. (2006). Sex differences and olfactory function. In W. J. Brewer, D. Castle, & C. Pantelis (Eds.), *Olfaction and the brain* (pp. 183–202). New York: Cambridge.

Goodwin, A. W., & Wheat, H. E. (2004). Sensory signals in neural populations underlying tactile perception and manipulation. *Annual Review of Neuroscience*, *27*, 53–77.

Gordon, I. E. (2004). *Theories of visual perception* (3rd ed.). New York: Psychology Press.

Gordon, I. E., & Slater, A. (1998). Nativism and empiricism: The history of two ideas. In A. Slater (Ed.), *Perceptual development: Visual, auditory, and speech perception in infancy* (pp. 73–103). Hove, UK: Psychology Press.

Goren, C. C., Sarty, M., & Wu, P. Y. K. (1975). Visual following and pattern discrimination of face-like stimuli by newborn infants. *Pediatrics*, *56*, 544–549.

Gottfried, J. A. (2006). Smell: Central nervous processing. *Advances in Oto-Rhino-Laryngology*, *63*, 44–69.

Gougoux, F., Lepore, F., Lassonde, M., Voss, P., Zatorre, R. J., & Belin, P. (2004). Neuropsychology: Pitch discrimination in the early blind. *Nature*, *430*(6997),

309.

Goutcher, R., & Mamassian, P. (2005). Selective biasing of stereo correspondence in an ambiguous stereogram. *Vision Research*, *45*, 469–483.

Goutcher, R., & Mamassian, P. (2006). Temporal dynamics of stereo correspondence bi-stability. *Vision Research*, *46*, 3575–3585.

Gracely, R. H., & Eliav, E. (2008). Psychophysics of pain. In A. I. Basbaum, M. C. Bushnell, D. V. Smith, G. K. Beauchamp, S. J. Firestein, P. Dallos, D. Oertel, R. H. Masland, T. D. Albright, J. H. Kaas, & E. P. Gardner (Eds.), *The senses: A comprehensive reference* (Vol. 5, pp. 927–959). New York: Academic Press.

Gracely, R. H., Farrell, M. J., & Grant, M. A. B. (2002). Temperature and pain perception. In H. Pashler & S. Yantis (Eds.), *Stevens' handbook of experimental psychology* (3rd ed., pp. 619–651). Hoboken, NJ: Wiley.

Graham, C. H., & Hsia, Y. (1958). Color defect and color theory. *Science*, *127*, 675–682.

Grainger, J., Bouttevin, S., Truc, C., Bastien, M., & Ziegler, J. (2003). Word superiority, pseudoword superiority, and learning to read: A comparison of dyslexic and normal readers. *Brain and Language*, *87*, 432–440.

Grainger, J., Rey, A., & Dufau, S. (2008). Letter perception: From pixels to pandemonium. *Trends in Cognitive Sciences*, *12*, 381–387.

Grainger, J., & Whitney, C. (2004). Does the huamn mnid raed wrods as a wlohe? *Trends in Cognitive Sciences*, *8*, 58–59.

Granot, R., & Donchin, E. (2002). Do Re Mi Fa Sol La Ti—Constraints, congruity, and musical training: An event-related brain potentials study of musical expectancies. *Music Perception*, *19*, 487–528.

Gray, R., Geri, G. A., Akhtar, S. C., & Covas, C. M. (2008). The role of visual occlusion in altitude maintenance during simulated flight. Journal of Experimental Psychology: *Human Perception & Performance*, 34, 475–488.

Gray, R., & Sieffert, R. (2005). Different strategies for using motion-in-depth information in catching. *Journal of Experimental Psychology: Human Perception & Performance*, *31*, 1004–1022.

Gredebäck, G., & von Hofsten, C. (2004). Infants' evolving representations of object motion during occlusion: A longitudinal study of 6- to 12-month-old infants. *Infancy*, *6*, 165–184.

Green, B. G. (2004). Oral chemesthesis: An integral component of flavour. In A. J. Taylor & D. D. Roberts (Eds.), *Flavor perception* (pp. 151–171). Malden, MA: Blackwell.

Green, D. M. (1987). *Profile analysis: Auditory intensity discrimination*. New York: Oxford.

Green, D. M., & Swets, J. A. (1966). *Signal detection theory and psychophysics*. New York: Wiley.

Greenberg, S. (2006). A multi-tier framework for understanding spoken language. In S. Greenberg & W. A. Ainsworth (Eds.), *Listening to speech: An auditory perspective* (pp. 411–433). Mahwah, NJ: Erlbaum.

Greenberg, S., & Ainsworth, W. A. (2004). Speech processing in the auditory system: An overview. In S. Greenberg, W. A. Ainsworth, R. R. Fay, & A. N. Popper (Eds.), *Speech processing in the auditory system* (Vol. 18, pp. 1–62). New York: Springer.

Greene, M. R., & Oliva, A. (2008). Recognition of natural scenes from global properties: Seeing the forest without representing the trees. *Cognitive Psychology*.

Greeno, J. G. (1994). Gibson's affordances. Psychological Review, 101, 336–342.

Greenspan, J. D., Craft, R. M., LeResche, L., Arendt-Nielsen, L., Berkley, K. J., Fillingim, R. B., et al. (2007). Studying sex and gender differences in pain and analgesia: A consensus report. *Pain*, *132 Suppl 1*, S26–45.

Greer, C. A., Whitman, M. C., Rela, L., Imamura, F., & Rodriguez Gil, D. (2008). Architecture of the olfactory bulb. In A. I. Basbaum, M. C. Bushnell, D. V. Smith, G. K. Beauchamp, S. J. Firestein, P. Dallos, D. Oertel, R. H. Masland, T. D. Albright, J. H. Kaas, & E. P. Gardner (Eds.), *The senses: A comprehensive reference* (Vol. 4, pp. 623–640). New York: Academic Press.

Gregory, R. L. (1974). *Concepts and mechanisms of perception*. New York: Scribner's.

Gregory, R. L. (1996). *Mirrors in mind*. New York: Oxford.

Gregory, R. L. (1997). Eye and brain: The psychology of seeing (5th ed.). *Princeton*, NJ: Princeton.

Griefahn, B. (2007). Noise and sleep. In L. Luxon & D. Prasher (Eds.), *Noise and its effects* (pp. 567–587). Chichester, England: Wiley.

Griffiths, T. D., & Warren, J. D. (2004). What is an auditory object? *Nature Reviews Neuroscience*, *5*, 887–892.

Grill-Spector, K., & Malach, R. (2004). The human visual cortex. *Annual Review of Neuroscience*, *27*, 649–677.

Gross, C. G. (2002). Genealogy of the "grandmother cell." *Neuroscientist*, *8*, 512–518.

Grossberg, S. (2003). Filling-in the forms: Surface and boundary interactions in visual cortex. In L. Pessoa & P. De Weerd (Eds.), *Filling-in: From perceptual completion to cortical reorganization* (pp. 13–37). New York: Oxford.

Grossman, E. D. (2006). Evidence for a network of brain

areas involved in perception of biological motion. In G. Knoblich, I. M. Thornton, M. Grosjean, & M. Shiffrar (Eds.), *Human body perception from the inside out* (pp. 361–384). New York: Oxford.

Guest, S., Grabenhorst, F., Essick, G., Chen, Y., Young, M., McGlone, F., et al. (2007). Human cortical representation of oral temperature. *Physiology & Behavior*, *92*, 975–984.

Gulick, W. L., Gescheider, G. A., & Frisina, R. D. (1989). *Hearing: Physiological acoustics, neural coding, and psychoacoustics*. New York: Oxford.

Gutin, J. A. C. (1993). Good vibrations. *Discover*, *14*, 44–54.

Gwiazda, J., & Birch, E. E. (2001). Perceptual development: Vision. In E. B. Goldstein (Ed.), *Blackwell handbook of perception* (pp. 636–668). Malden, MA: Blackwell.

Gygi, B., Kidd, G. R., & Watson, C. S. (2004). Spectral–temporal factors in the identification of environmental sounds. *Journal of the Acoustical Society of America*, *115*, 1252–1265.

Gygi, B., Kidd, G. R., & Watson, C. S. (2007). Similarity and categorization of environmental sounds. *Perception & Psychophysics*, *69*, 839–855.

Hackett, T. A., & Kaas, J. H. (2003). Auditory processing in the primate brain. In M. Gallagher & R. J. Nelson (Eds.), *Handbook of psychology: Biological psychology* (Vol. 3, pp. 187–210). Hoboken, NJ: Wiley.

Haegerstrom-Portnoy, G. (2005). The Glenn A. Fry Award Lecture 2003: Vision in elders—Summary of findings of the SKI study. *Optometry & Vision Science*, *82*, 87–93.

Haggard, P. (2006). Sensory neuroscience: From skin to object in the somatosensory cortex. *Current Biology*, *16*, R884–886.

Hainline, L. (1998). The development of basic visual abilities. In A. Slater (Ed.), *Perceptual development: Visual, auditory, and speech perception in infancy* (pp. 5–50). Hove, UK: Psychology Press.

Hall, D. A., & Plack, C. J. (2007). The human "pitch center" responds differently to iterated noise and Huggins pitch. *Neuroreport*, *18*, 323–327.

Hall, H. (2007). Hypnosis. In S. D. Waldman (Ed.), *Pain management* (Vol. 2, pp. 1021–1024). Philadelphia: W. B. Saunders.

Hallett, P. E. (1986). Eye movements. In K. R. Boff, L. Kaufman, & J. P. Thomas (Eds.), *Handbook of perception and human performance* (pp. 10.11–10.112). New York: Wiley.

Halligan, P. W., Marshall, J. C., & Wade, D. T. (1993). Three arms: A case study of supernumerary phantom limb after right hemisphere stroke. *Journal of Neurology, Neurosurgery, and Psychiatry*, *56*, 159–166.

Halpern, B. P. (2002). Taste. In H. Pashler & S. Yantis (Eds.), *Stevens' handbook of experimental psychology* (3rd ed., pp. 653–690). Hoboken, NJ: Wiley.

Hammond, C. J., Andrew, T., Mak, Y. T., & Spector, T. D. (2004). A susceptibility locus for myopia in the normal population is linked to the PAX6 gene region on chromosome 11: A genomewide scan of dizygotic twins. *American Journal of Human Genetics*, *75*, 294–304.

Hancock, K. E., & Delgutte, B. (2004). A physiologically based model of interaural time difference discrimination. *Journal of Neuroscience*, *24*, 7110–7117.

Handel, S. (1989). *Listening: An introduction to the perception of auditory events*. Cambridge, MA: MIT Press.

Hanke, F. D., Dehnhardt, G., Schaeffel, F., & Hanke, W. (2006). Corneal topography, refractive state, and accommodation in harbor seals (Phoca vitulina). *Vision Research*, *46*, 837–847.

Hannon, E. E., & Trainor, L. J. (2007). Music acquisition: Effects of enculturation and formal training on development. *Trends in Cognitive Sciences*, *11*, 466–472.

Hannon, E. E., & Trehub, S. E. (2005a). Metrical categories in infancy and adulthood. *Psychological Science*, *16*, 48–55.

Hannon, E. E., & Trehub, S. E. (2005b). Tuning in to musical rhythms: Infants learn more readily than adults. *Proceedings of the National Academy of Sciences of the USA*, *102*, 12639–12643.

Hansen, T., Olkkonen, M., Walter, S., & Gegenfurtner, K. R. (2006). Memory modulates color appearance. *Nature Neuroscience*, *9*, 1367–1368.

Hardy, J. L., Frederick, C. M., Kay, P., & Werner, J. S. (2005). Color naming, lens aging, and grue: What the optics of the aging eye can teach us about color language. *Psychological Science*, *16*, 321–327.

Harper, R. A., & Shock, J. P. (2004). Lens. In P. Riordan-Eva, T. Asbury, & J. P. Whitcher (Eds.), *Vaughn & Asbury's general ophthalmology* (16th ed., pp. 173–181). New York: McGraw-Hill Medical.

Harris, A. M., & Aguirre, G. K. (2007). Prosopagnosia. *Current Biology*, *17*, R7–8.

Harris, J. M., & German, K. J. (2008). Comparing motion induction in lateral motion and motion in depth. *Vision Research*, *48*, 695–702.

Harris, J. P., & Salt, A. N. (2008). Ménière's disease. In A. I. Basbaum, M. C. Bushnell, D. V. Smith, G. K. Beauchamp, S. J. Firestein, P. Dallos, D. Oertel, R. H.

Masland, T. D. Albright, J. H. Kaas, & E. P. Gardner (Eds.), *The senses: A comprehensive reference* (Vol. 3, pp. 157-163). New York: Academic Press.

Hartline, H. K., Wagner, H. G., & Ratliff, F. (1956). Inhibition in the eye of Limulus. *Journal of General Physiology*, *39*, 651-673.

Harvey, E. M., Dobson, V., Miller, J. M., & Clifford-Donaldson, C. E. (2007). Amblyopia in astigmatic children: Patterns of deficits. *Vision Research*, *47*, 315-326.

Harvey, E. M., Dobson, V., Miller, J. M., & Clifford-Donaldson, C. E. (2008). Changes in visual function following optical treatment of astigmatism-related amblyopia. *Vision Research*, *48*, 773-787.

Harvey, L. M., Harvey, S. J., Hom, M., Perna, A., & Salib, J. (2006). The use of bloodhounds in determining the impact of genetics and the environment on the expression of human odortype. *Journal of Forensic Sciences*, *51*, 1109-1114.

Hayashi, T., Umeda, C., & Cook, N. D. (2007). An fMRI study of the reverse perspective illusion. *Brain Research*, *1163*, 72-78.

Hayhoe, M. (2007). Integration of visual information across saccades. In M. A. Peterson, B. Gillam & H. A. Sedgwick (Eds.), *In the mind's eye: Julian Hochberg on the perception of pictures, films, and the world* (pp. 448-453). New York: Oxford.

Hayhoe, M., & Ballard, D. (2005). Eye movements in natural behavior. *Trends in Cognitive Sciences*, *9*, 188-194.

Hayhoe, M. M. (2004). Advances in relating eye movements and cognition. *Infancy*, *6*, 267-274.

He, D. Z., Jia, S., & Dallos, P. (2003). Prestin and the dynamic stiffness of cochlear outer hair cells. *Journal of Neuroscience*, *23*, 9089-9096.

He, D. Z., Zheng, J., Kalinec, F., Kakehata, S., & Santos-Sacchi, J. (2006). Tuning in to the amazing outer hair cell: Membrane wizardry with a twist and shout. *Journal of Membrane Biology*, *209*, 119-134.

He, Z. J., Wu, B., Ooi, T. L., Yarbrough, G., & Wu, J. (2004). Judging egocentric distance on the ground: Occlusion and surface integration. *Perception*, *33*, 789-806.

Heapy, A., & Kerns, R. D. (2008). Psychological and behavioral assessment. In H. T. Benzon, J. P. Rathmell, C. L. Wu, D. C. Turk, & C. E. Argoff (Eds.), *Raj's practical management of pain* (pp. 279-295). Philadelphia: Mosby.

Heaton, J. T., Dooling, R. J., & Farabaugh, S. M. (1999). Effects of deafening on the calls and warble song of adult budgerigars (Melopsittacus undulatus). *Journal of the Acoustical Society of America*, *105*, 2010-2019.

Hecht, H., Bertamini, M., & Gamer, M. (2005). Naive optics: Acting on mirror reflections. *Journal of Experimental Psychology: Human Perception & Performance*, *31*, 1023-1038.

Hecht, S., Shlaer, S., & Pirenne, M. H. (1942). Energy, quanta, and vision. *Journal of General Physiology*, *25*, 819-840.

Heft, H. (2003). Affordances, dynamic experience, and the challenge of reification. *Ecological Psychology*, *15*, 149-180.

Helbig, H. B., & Ernst, M. O. (2007). Optimal integration of shape information from vision and touch. *Experimental Brain Research*, *179*, 595-606.

Helbig, H. B., & Ernst, M. O. (2008). Visual-haptic cue weighting is independent of modality-specific attention. *Journal of Vision*, *8*(21), 21-16.

Held, R. (1965). Plasticity in sensory-motor systems. *Scientific American*, *213*, 84-94.

Held, R. (1980). The rediscovery of adaptability in the visual system: Effects of extrinsic and intrinsic chromatic dispersion. In C. S. Harris (Ed.), *Visual coding and adaptability* (pp. 69-94). Hillsdale, NJ: Erlbaum.

Held, R., & Hein, A. (1963). Movement-produced stimulation in the development of visually guided behavior. *Journal of Comparative and Physiological Psychology*, *56*, 872-876.

Heller, M. A. (1992). Haptic dominance in form perception: Vision versus proprioception. *Perception*, *21*, 655-660.

Heller, M. A. (2006). Picture perception and spatial cognition in visually impaired people. In M. A. Heller & S. Ballesteros (Eds.), *Touch and blindness: Psychology and neuroscience*. (pp. 49-71). Mahwah, NJ: Erlbaum.

Heller, M. A., & Clark, A. (2008). Touch as a "reality sense." In J. J. Rieser, D. H. Ashmead, F. Ebner, & A. L. Corn (Eds.), *Blindness and brain plasticity in navigation and object perception* (pp. 259-280). New York: Erlbaum.

Heller, M. A., McCarthy, M., & Clark, A. (2005). Pattern perception and pictures for the blind. *Psicológica*, *26*, 161-171.

Heller, M. A., Wilson, K., Steffen, H., Yoneyama, K., & Brackett, D. D. (2003). Superior haptic perceptual selectivity in late-blind and very-low-vision subjects. *Perception*, *32*, 499-511.

Henderson, J. M. (2006). Eye movements. In C. Senior, T. Russell, & M. S. Gazzaniga (Eds.), *Methods in mind* (pp. 171-191). Cambridge, MA: MIT Press.

Henderson, J. M., & Ferreira, F. (2004a). Scene perception for psycholinguists. In J. M. Henderson & F. Ferreira (Eds.), *The interface of language, vision, and action: Eye movements and the visual world* (pp.

1–58). New York: Psychology Press.

Henderson, J. M., & Ferreira, F. (Eds.). (2004b). *The interface of language, vision, and action: Eye movements and the visual world*. New York: Psychology Press.

Hendry, S. H. C., & Reid, R. C. (2000). The koniocellular pathway in primate vision. *Annual Review of Neuroscience*, 23, 127–153.

Henning, H. (1916). Die Qualitätsreibe des Geschmacks. *Zeitschrift für Psychologie*, *74*, 203–219.

Henning, H. (1927). Psychologische Studien am Geschmacksinn. In E. Abderhalden (Ed.), *Handbuch der biologischen Arbeitsmethoden*. Berlin: Urban & Schwarzenberg.

Herbert, A. M., Beall, P. M., & Faubert, J. (2005). Last but not least: Ambiguous depth planes: Perceiving depth from motion. *Perception*, *34*, 757–759.

Hertenstein, M. J., Keltner, D., App, B., Bulleit, B. A., & Jaskolka, A. R. (2006). Touch communicates distinct emotions. *Emotion*, *6*, 528–533.

Hertenstein, M. J., Verkamp, J. M., Kerestes, A. M., & Holmes, R. M. (2006). The communicative functions of touch in humans, nonhuman primates, and rats: A review and synthesis of the empirical research. *Genetic, Social, & General Psychology Monographs*, *132*, 5–94.

Herz, R. (2007). *The scent of desire: Discovering our enigmatic sense of smell*. New York: HarperCollins.

Hespos, S. J., & Baillargeon, R. (2006). Decalage in infants' knowledge about occlusion and containment events: converging evidence from action tasks. *Cognition*, *99*, B31–41.

Hess, R. F., Hutchinson, C. V., Ledgeway, T., & Mansouri, B. (2007). Binocular influences on global motion processing in the human visual system. *Vision Research*, *47*, 1682–1692.

Hesse, G. S., & Georgeson, M. A. (2005). Edges and bars: Where do people see features in 1-D images? *Vision Research*, *45*, 507–525.

Heywood, C. A., & Cowey, A. (2003). Colour vision and its disturbances after cortical lesions. In M. Fahle & M. Greenlee (Eds.), *The neuropsychology of vision* (pp. 259–281). New York: Oxford.

Heywood, C. A., & Kentridge, R. W. (2003). Achromatopsia, color vision, and cortex. *Neurologic Clinics*, *21*, 483–500.

Heywood, C. A., & Zihl, J. (1999). Motion blindness. In G. W. Humphreys (Ed.), *Case studies in the neuropsychology of vision* (pp. 1–16). Hove, UK: Psychology Press.

Hidalgo-Barnes, M., & Massaro, D. W. (2007). Read my lips: An animated face helps communicate musical lyrics. *Psychomusicology*, *19*, 3–12.

Higashiyama, A., & Shimono, K. (1994). How accurate is size and distance perception for very far terrestrial objects? Function and causality. *Perception & Psychophysics*, *55*, 429–442.

High, K. N. W. (2008). Pain pathways: Peripheral, spinal, ascending, and descending pathways. In H. T. Benzon, J. P. Rathmell, C. L. Wu, D. C. Turk, & C. E. Argoff (Eds.), *Raj's practical management of pain* (pp. 119–134). Philadelphia: Mosby.

Hill, H., & Johnston, A. (2007). The hollow-face illusion: Object-specific knowledge, general assumptions or properties of the stimulus? *Perception*, *36*, 199–223.

Hiris, E. (2007). Detection of biological and nonbiological motion. *Journal of Vision*, *7*(4), 1–16.

Hiris, E., Humphrey, D., & Stout, A. (2005). Temporal properties in masking biological motion. *Perception & Psychophysics*, *67*, 435–443.

Hirt, B., & Wagner, H. J. (2005). The organization of the inner retina in a pure-rod deep-sea fish. *Brain, Behavior, and Evolution, 65*, 157–167.

Hochberg, J. (1971). Perception: II. Space and movement. In J. W. Kling & L. A. Riggs (Eds.), *Woodworth & Schlosberg's experimental psychology* (3rd ed., pp. 475–550). New York: Holt, Rinehart and Winston.

Hockett, C. F. (1955). A manual of phonology, memoir 11. *International Journal of American Linguistics*, *21*.

Hofer, H., Carroll, J., Neitz, J., Neitz, M., & Williams, D. R. (2005). Organization of the human trichromatic cone mosaic. *Journal of Neuroscience*, *25*(42), 9669–9679.

Hoffman, D. D. (1998). *Visual intelligence: How we create what we see*. New York: Norton.

Hoffman, D. D., & Richards, W. A. (1984). Parts of recognition. *Cognition*, *18*, 65–96.

Hoffmann, J., & Sebald, A. (2007). Eye vergence is susceptible to the hollow-face illusion. *Perception*, *36*, 461–470.

Hollingworth, A., & Henderson, J. M. (1998). Does consistent scene context facilitate object perception? *Journal of Experimental Psychology: General*, *127*, 398–415.

Hollins, M. (2002). Touch and haptics. In H. Pashler & S. Yantis (Eds.), *Stevens' handbook of experimental psychology* (3rd ed., pp. 585–618). Hoboken, NJ: Wiley.

Hollins, M., & Bensmaïa, S. J. (2007). The coding of roughness. *Canadian Journal of Experimental Psychology*, *61*, 184–195.

Hollins, M., Bensmaïa, S. J., & Washburn, S. (2001). Vibrotactile adaptation impairs discrimination of fine, but not coarse, textures. *Somatosens Mot Res*, *18*, 253–262.

Holt, L. L. (2005). Temporally nonadjacent nonlinguistic sounds affect speech categorization. *Psychological Science*, *16*, 305–312.

Holt, L. L. (2006). Speech categorization in context: Joint effects of nonspeech and speech precursors. *Journal of the Acoustical Society of America*, *119*, 4016–4026.

Holway, A. F., & Boring, E. G. (1941). Determinants of apparent visual size with distance variant. *American Journal of Psychology*, *54*, 21–37.

Hood, D. C., & Finkelstein, M. A. (1986). Sensitivity to light. In K. R. Boff, L. Kaufman & J. P. Thomas (Eds.), *Handbook of perception and human performance* (pp. 5.1–5.66). New York: Wiley.

Hornung, D. E. (2006). Nasal anatomy and the sense of smell. *Advances in Oto-Rhino-Laryngology*, *63*, 1–22.

Horrey, W. J., & Wickens, C. D. (2006). Examining the impact of cell phone conversations on driving using meta-analytic techniques. *Human Factors*, *48*, 196–205.

Horwitz, B., Amunts, K., Bhattacharyya, R., Patkin, D., Jeffries, K., Zilles, K., et al. (2003). Activation of Broca's area during the production of spoken and signed language: A combined cytoarchitectonic mapping and PET analysis. *Neuropsychologia*, *41*, 1868–1876.

Hoss, R. A., & Langlois, J. H. (2003). Infants prefer attractive faces. In O. Pascalis & A. Slater (Eds.), *The development of face processing in infancy and early childhood: Current perspectives* (pp. 27–38). Happauge, NY: Nova.

Hou, C., Pettet, M. W., Vildavski, V. Y., & Norcia, A. M. (2006). Neural correlates of shape-from-shading. *Vision Research*, *46*, 1080–1090.

Houston, D. M. (2005). Speech perception in infants. In D. B. Pisoni & R. E. Remez (Eds.), *The handbook of speech perception* (pp. 417–448). Malden, MA: Blackwell.

Houston, D. M., & Jusczyk, P. W. (2000). The role of talker-specific information in word segmentation by infants. *Journal of Experimental Psychology: Human Perception & Performance*, *26*, 1570–1582.

Houston, D. M., & Jusczyk, P. W. (2003). Infants' long-term memory for the sound patterns of words and voices. *Journal of Experimental Psychology: Human Perception & Performance*, *29*, 1143–1154.

Houston, R. D., & Jones, G. (2004). Discrimination of prey during trawling by the insectivorous bat, Myotis daubentonii. In J. A. Thomas, C. F. Moss, & M. Vater (Eds.), *Echolocation in bats and dolphins* (pp. 356–361). Chicago: University of Chicago.

Houtsma, A. J. M., & Goldstein, J. L. (1972). The central origin of the pitch of complex tones: Evidence from musical interval recognition. *Journal of the Acoustical Society of America*, *51*, 520–529.

Howard, I. P. (2002). Depth perception. In H. Pashler & S. Yantis (Eds.), *Stevens' handbook of experimental psychology* (3rd ed., pp. 77–120). Hoboken, NJ: Wiley.

Howe, C. Q., & Purves, D. (2005a). *Perceiving geometry: Geometrical illusions explained by natural scene statistics*. New York: Springer Science & Business Media.

Howe, C. Q., & Purves, D. (2005b). The Müller-Lyer illusion explained by the statistics of image-source relationships. *Proceedings of the National Academy of Sciences of the USA*, *102*, 1234–1239.

Howe, P. D., Thompson, P. G., Anstis, S. M., Sagreiya, H., & Livingstone, M. S. (2006). Explaining the footsteps, belly dancer, Wenceslas, and kickback illusions. *Journal of Vision*, *6*, 1396–1405.

Hu, B. H., Henderson, D., & Nicotera, T. M. (2006). Extremely rapid induction of outer hair cell apoptosis in the chinchilla cochlea following exposure to impulse noise. *Hearing Research*, *211*, 16–25.

Hubel, D. H. (1982). Explorations of the primary visual cortex, 1955–1978. *Nature*, *299*, 515–524.

Hubel, D. H. (1990, February). Interview. *Omni*, *12*, 74–110.

Hubel, D. H., & Wiesel, T. N. (1965). Receptive fields of single neurons in two nonstriate visual areas (18 and 19) of the cat. *Journal of Neurophysiology*, *28*, 229–289.

Hubel, D. H., & Wiesel, T. N. (1979). Brain mechanisms and vision. *Scientific American*, *241*, 150–162.

Hubel, D. H., & Wiesel, T. N. (2005). *Brain and visual perception: The story of a 25-year collaboration*. New York: Oxford.

Huberman, A. D., Dehay, C., Berland, M., Chalupa, L. M., & Kennedy, H. (2005). Early and rapid targeting of eye-specific axonal projections to the dorsal lateral geniculate nucleus in the fetal macaque. *Journal of Neuroscience*, *25*, 4014–4023.

Hudson, R., & Distel, H. (2002). The individuality of odor perception. In C. Rouby, B. Schaal, D. Dubois, R. Gervais, & A. Holley (Eds.), *Olfaction, taste, and cognition* (pp. 408–420). New York: Cambridge.

Hudspeth, A. J. (1989). How the ear's works work. *Nature*, *341*, 397–404.

Hughes, H. C. (1999). *Sensory exotica: A world beyond human experience*. Cambridge, MA: MIT Press.

Hummel, T., Heilmann, S., & Murphy, C. (2002). Age-related changes in chemosensory functions. In C. Rouby, B. Schaal, D. Dubois, R. Gervais, & A. Holley (Eds.), *Olfaction, taste, and cognition* (pp. 441–456). New York: Cambridge.

Humphreys, G. W., & Riddoch, M. J. (2001). The neuropsychology of visual object and space perception. In E. B. Goldstein (Ed.), *Blackwell handbook of perception* (pp. 204–236). Malden, MA: Blackwell.

Hurlbert, A. C. (1999). Colour vision: Is colour constancy real? *Current Biology*, *9*, R558–561.

Hurlbert, A. C. (2003). Colour vision: Primary visual cortex shows its influence. *Current Biology*, *13*, R270–272.

Hurlbert, A. C., & Ling, Y. (2005). If it's a banana, it must be yellow: The role of memory colors in color constancy. *Journal of Vision*, *5*, 787–787.

Hurlbert, A. C., & Wolf, K. (2004). Color contrast: A contributory mechanism to color constancy. *Progress in Brain Research*, *144*, 147–160.

Huron, D. (2006). *Sweet anticipation: Music and the psychology of expectation*. Cambridge, MA: MIT Press.

Hurvich, L. M., & Jameson, D. (1957). An opponent-process theory of color vision. *Psychological Review*, *64*, 384–404.

Hyde, K. L., Lerch, J. P., Zatorre, R. J., Griffiths, T. D., Evans, A. C., & Peretz, I. (2007). Cortical thickness in congenital amusia: When less is better than more. *Journal of Neuroscience*, *27*(47), 13028–13032.

Hyde, K. L., & Peretz, I. (2004). Brains that are out of tune but in time. *Psychological Science*, *15*, 356–360.

Hygge, S. (2007). Noise: Effects on health. In S. Ayers, A. Baum, C. McManus, S. Newman, K. Wallston, J. Weinman, & R. West (Eds.), *Cambridge handbook of psychology, health, and medicine* (2nd ed., pp. 137–140). New York: Cambridge.

Ichikawa, M., Saida, S., Osa, A., & Munechika, K. (2003). Integration of binocular disparity and monocular cues at near threshold level. *Vision Research*, *43*, 2439–2449.

Ilari, B. S. (2002). Music perception and cognition in the first year of life. *Early Child Development and Care*, *172*, 311–322.

Ilg, U. J., Churan, J., & Schumann, S. (2005). The physiological basis for visual motion perception and visually guided movements. In J. Kremers (Ed.), *The primate visual system* (pp. 285–310). New York: Wiley.

Inhoff, A. W., Weger, U. W., & Radach, R. (2005). Sources of information for the programming of short- and long-range regressions during reading. In G. Underwood (Ed.), *Cognitive processes in eye guidance* (pp. 33–52). New York: Oxford.

Intraub, H. (2007). Scene perception: The world through a window. In M. A. Peterson, B. Gillam, & H. A. Sedgwick (Eds.), *In the mind's eye: Julian Hochberg on the perception of pictures, films, and the world* (pp. 454–466). New York: Oxford.

Intraub, H., Hoffman, J. E., Wetherhold, C. J., & Stoehs, S. A. (2006). More than meets the eye: The effect of planned fixations on scene representation. *Perception & Psychophysics*, *68*, 759–769.

Ising, H., & Kruppa, B. (2004). Health effects caused by noise: Evidence in the literature from the past 25 years. *Noise Health*, *6*, 5–13.

Ising, H., & Kruppa, B. (2007). Stress effects of noise. In L. Luxon & D. Prasher (Eds.), *Noise and its effects* (pp. 516–533). Chichester, England: Wiley.

Ittelson, W. H., & Kilpatrick, F. P. (1951). Experiments in perception. *Scientific American*, *185*, 50–55.

Ittyerah, M., & Marks, L. E. (2008). Intramodal and cross-modal discrimination of curvature: Haptic touch versus vision. *Current Psychology Letters*, *24*, 1–11.

Jablonski, N. G. (2006). *Skin: A natural history*. Berkeley, CA: University of California Press.

Jacob, S., Garcia, S., Hayreh, D. J. S., & McClintock, M. K. (2002). Psychological effects of musky compounds: Comparison of androstadienone with androstenol and muscone. *Hormones and Behavior*, *42*, 274–283.

Jacob, S., Zelano, B., Hayreh, D. J. S., & McClintock, M. K. (2002). Assessing putative human pheromones. In C. Rouby, B. Schaal, D. Dubois, R. Gervais, & A. Holley (Eds.), *Olfaction, taste, and cognition* (pp. 178–195). New York: Cambridge.

Jacobs, G. H. (2003). Comparative psychology of vision. In M. Gallagher & R. J. Nelson (Eds.), *Handbook of psychology: Biological psychology* (Vol. 3, pp. 47–70). Hoboken, NJ: Wiley.

Jacobs, G. H., & Rowe, M. P. (2004). Evolution of vertebrate colour vision. *Clinical and Experimental Optometry*, *87*, 206–216.

Jacobs, G. H., Williams, G. A., Cahill, H., & Nathans, J. (2007). Emergence of novel color vision in mice engineered to express a human cone photopigment. *Science*, *315*(5819), 1723–1725.

Jacobsen, A., & Gilchrist, A. (1988). The ratio principle holds over a million-to-one range of illumination. *Perception & Psychophysics*, *43*, 1–6.

James, W. (1890). *The principles of psychology*. New York: Henry Holt.

Jameson, K. A. (2005a). Culture and cognition: What is universal about the representation of color experience? *The Journal of Cognition and Culture*, *5*, 293–347.

Jameson, K. A. (2005b). On the role of culture in color naming: Remarks on the articles of Paramei, Kay, Roberson, and Hardin on the topic of cognition, culture, and color experience. *Cross-Cultural*

Research, 39, 88–106.

Jameson, K. A., Bimler, D. L., & Wasserman, L. M. (2006). Re-assessing perceptual diagnostics for observers with diverse retinal photopigment genotypes. In N. J. Pitchford & C. P. Biggam (Eds.), *Progress in colour studies: Vol. 2, Psychological aspects* (Vol. 2, pp. 13–33). Philadelphia: John Benjamin.

Jameson, K. A., Highnote, S. M., & Wasserman, L. M. (2001). Richer color experience in observers with multiple photopigment opsin genes. *Psychonomic Bulletin & Review, 8*, 244–261.

Janata, P. (2007). When music stops making sense: Lessons from an injured brain. [Electronic]. *Cerebrum*.

Janata, P., Birk, J. L., Van Horn, J. D., Leman, M., Tillmann, B., & Bharucha, J. J. (2002). The cortical topography of tonal structures underlying Western music. *Science, 298*(5601), 2167–2170.

Jankowiak, J., Kinsbourne, M., Shalev, R. S., & Bachman, D. L. (1992). Preserved visual imagery and categorization in a case of associative visual agnosia. *Journal of Cognitive Neuroscience, 4*, 119–131.

Jeffress, L. A. (1948). A place theory of sound localization. *Journal of Comparative and Physiological Psychology, 41*, 35–39.

Jessen, C. (2001). Temperature regulation in humans and other mammals. New York: Springer.

Jia, S., Dallos, P., & He, D. Z. (2007). Mechanoelectric transduction of adult inner hair cells. *Journal of Neuroscience, 27*, 1006–1014.

Jia, S., & He, D. Z. (2005). Motility-associated hair-bundle motion in mammalian outer hair cells. *Nature Neuroscience, 8*, 1028–1034.

Johansson, G. (1973). Visual perception of biological motion and a model for its analysis. *Perception & Psychophysics, 14*, 201–211.

Johansson, G. (1975). Visual motion perception. *Scientific American, 232*, 76–88.

Johansson, G. (1982). Visual space perception through motion. In A. H. Wertheim, W. A. Wagenaar, & H. W. Leibowitz (Eds.), *Tutorials on motion perception* (pp. 19–39). New York: Plenum.

Johansson, G. (1985). About visual event perception. In W. H. Warren, Jr. & R. W. Shaw (Eds.), *Persistence and change: Proceedings of the First International Conference on Event Perception* (pp. 29–54). Hillsdale, NJ: Erlbaum.

Johnson, B., Khan, R. M., & Sobel, N. (2008). Human olfactory psychophsyics. In A. I. Basbaum, M. C. Bushnell, D. V. Smith, G. K. Beauchamp, S. J. Firestein, P. Dallos, D. Oertel, R. H. Masland, T. D. Albright, J. H. Kaas, & E. P. Gardner (Eds.), *The senses: A comprehensive reference* (Vol. 4, pp. 823–857). New York: Academic Press.

Johnson, K. (2002). Neural basis of haptic perception. In H. Pashler & S. Yantis (Eds.), *Stevens' handbook of experimental psychology* (3rd ed., pp. 537–583). Hoboken, NJ: Wiley.

Johnson, R. L., Perea, M., & Rayner, K. (2007). Transposed-letter effects in reading: Evidence from eye movements and parafoveal preview. *Journal of Experimental Psychology: Human Perception & Performance, 33*, 209–229.

Johnson, S. P. (1998). Object perception and object knowledge in young infants: A view from studies of visual development. In A. Slater (Ed.), *Perceptual development: Visual, auditory, and speech perception in infancy* (pp. 211–239). Hove, UK: Psychology Press.

Johnson, S. P. (2004). Development of perceptual completion in infancy. *Psychological Science, 15*, 769–775.

Johnson, S. P., Bremner, J. G., Slater, A., Mason, U., Foster, K., & Cheshire, A. (2003). Infants' perception of object trajectories. *Child Development, 74*, 94–108.

Johnson, S. P., Hannon, E. E., & Amso, D. (2005). Perceptual development. In B. Hopkins (Ed.), *The Cambridge encyclopedia of child development* (pp. 210–216). New York: Cambridge.

Jones, B. C., DeBruine, L. M., & Little, A. C. (2007). The role of symmetry in attraction to average faces. *Perception & Psychophysics, 69*, 1273–1277.

Jones, B. C., DeBruine, L. M., Perrett, D. I., Little, A. C., Feinberg, D. R., & Law Smith, M. J. (2008). Effects of menstrual cycle phase on face preferences. *Archives of Sexual Behavior, 37*, 78–84.

Jones, K. S. (2003). What is an affordance? *Ecological Psychology, 15*, 107–114.

Jones, L. M., Fontanini, A., & Katz, D. B. (2006). Gustatory processing: A dynamic systems approach. *Current Opinion in Neurobiology, 16*, 420–428.

Joris, P. X. (2006). A dogged pursuit of coincidence. *Journal of Neurophysiology, 96*, 969–972.

Julesz, B. (2006). *Foundations of cyclopean perception*. Cambridge, MA: MIT Press.

Jusczyk, P. W. (1986). Speech perception. In K. R. Boff, L. Kaufman, & J. P. Thomas (Eds.), *Handbook of perception and human performance* (Vol. 2, pp. 27.21–27.57). Hillsdale, NJ: Erlbaum.

Jusczyk, P. W., & Aslin, R. N. (1995). Infants' detection of the sound patterns of words in fluent speech. *Cognitive Psychology, 29*, 1–23.

Jusczyk, P. W., Houston, D. M., & Goodman, M. (1998). Speech perception during the first year. In A. Slater (Ed.), *Perceptual development: Visual, auditory, and speech perception in infancy* (pp. 357–388). Hove,

UK: Psychology Press.

Jusczyk, P. W., & Luce, P. A. (2002). Speech perception. In H. Pashler & S. Yantis (Eds.), *Stevens' handbook of experimental psychology* (3rd ed., pp. 493–536). Hoboken, NJ: Wiley.

Juslin, P. N., & Scherer, K. R. (2005). Vocal expression of affect. In K. R. Scherer & P. Ekman (Eds.), *The new handbook of methods in nonverbal behavior research* (pp. 65–135). New York: Oxford.

Justus, T. C., & Bharucha, J. J. (2002). Music perception and cognition. In H. Pashler & S. Yantis (Eds.), *Stevens' handbook of experimental psychology* (3rd ed., pp. 453–492). Hoboken, NJ: Wiley.

Kaas, J. H. (2000). The reorganization of sensory and motor maps after injury in adult mammals. In M. S. Gazzaniga (Ed.), *The new cognitive neurosciences* (2nd ed., pp. 223–236). Cambridge, MA: MIT Press.

Kamerud, J. K., & Delwiche, J. F. (2007). Individual differences in perceived bitterness predict liking of sweeteners. *Chemical Senses*, *32*, 803–810.

Kanizsa, G. (1976). Subjective contours. *Scientific American*, *234*, 48–52.

Kanwisher, N. (2003). The ventral visual object pathway in humans: Evidence from fMRI. In L. Chalupa & J. Werner (Eds.), *The visual neurosciences* (Vol. 2, pp. 1179–1189). Cambridge, MA: MIT Press.

Kanwisher, N. (2006). What's in a face? *Science*, *311*(5761), 617–618.

Kanwisher, N., & Yovel, G. (2006). The fusiform face area: A cortical region specialized for the perception of faces. *Philosophical Transactions of the Royal Society of London*, *361*(1476), 2109–2128.

Kaplan, E., Mukherjee, P., & Shapley, R. (1993). Information filtering in the lateral geniculate nucleus. In R. Shapley & D. M.-K. Lam (Eds.), *Contrast sensitivity: Proceedings of the Retina Research Foundation Symposia* (Vol. 5, pp. 183–200). Cambridge, MA: MIT Press.

Kasthurirangan, S., & Glasser, A. (2006). Age related changes in accommodative dynamics in humans. *Vision Research*, *46*, 1507–1519.

Kaufman, J., Csibra, G., & Johnson, M. H. (2003). Representing occluded objects in the human infant brain. *Proceedings of The Royal Society B: Biological Sciences*, *270 Suppl 2*, S140–143.

Kaufman, J., Csibra, G., & Johnson, M. H. (2005). Oscillatory activity in the infant brain reflects object maintenance. *Proceedings of the National Academy of Science*, *102*(42), 15271–15274.

Kaufman, J., Mareschal, D., & Johnson, M. H. (2003). Graspability and object processing in infants. *Infant Behavior & Development*, *26*, 516–528.

Kaufman, L., Vassiliades, V., Noble, R., Alexander, R., Kaufman, J., & Edlund, S. (2007). Perceptual distance and the moon illusion. *Spatial Vision*, *20*, 155–175.

Kay, P., & Regier, T. (2006). Language, thought and color: Recent developments. *Trends in Cognitive Sciences*, *10*, 51–54.

Kay, P., & Regier, T. (2007). Color naming universals: The case of Berinmo. *Cognition*, *102*, 289–298.

Kayed, N. S., & van der Meer, A. L. (2007). Infants' timing strategies to optical collisions: A longitudinal study. *Infant Behavior & Development*, *30*, 50–59.

Keast, R. S. J. (2008). Modification of the bitterness of caffeine. Food Quality and Preference, 19, 465–472.

Keast, R. S. J., Dalton, P. H., & Breslin, P. A. S. (2004). Flavor interactions at the sensory level. In A. J. Taylor & D. D. Roberts (Eds.), *Flavor perception* (pp. 228–255). Malden, MA: Blackwell.

Keast, R. S. J., & Riddell, L. J. (2007). Caffeine as a flavor additive in soft-drinks. *Appetite*, *49*, 255–259.

Kelliher, K. R. (2007). The combined role of the main olfactory and vomeronasal systems in social communication in mammals. *Hormones and Behavior*, *52*, 561–570.

Kellman, P. J., & Arterberry, M. E. (1998). *The cradle of knowledge: Development of perception in infancy*. Cambridge, MA: MIT Press.

Kellman, P. J., & Arterberry, M. E. (2006). Infant visual perception. In D. Kuhn, R. S. Siegler, W. Damon, & R. M. Lerner (Eds.), *Handbook of child psychology: Vol 2, Cognition, perception, and language* (6th ed., pp. 109–160). Hoboken, NJ: Wiley.

Kemmer, L., Coulson, S., De Ochoa, E., & Kutas, M. (2004). Syntactic processing with aging: An event-related potential study. *Psychophysiology*, *41*, 372–384.

Kemp, D. T. (1978). Stimulated acoustic emissions from within the human auditory system. *Journal of the Acoustical Society of America*, *64*, 1386–1391.

Kemps, R., Ernestus, M., Schreuder, R., & Baayen, H. (2004). Processing reduced word forms: the suffix restoration effect. *Brain and Language*, *90*, 117–127.

Kentridge, R. W., Heywood, C. A., & Cowey, A. (2004). Chromatic edges, surfaces and constancies in cerebral achromatopsia. *Neuropsychologia*, *42*, 821–830.

Kenyon, G. T., Hill, D., Theiler, J., George, J. S., & Marshak, D. W. (2004). A theory of the Benham Top based on center-surround interactions in the parvocellular pathway. *Neural Networks*, *17*, 773–786.

Key, B. (1999). Anatomy of the peripheral chemosensory systems: How they grow and age in humans. In G. A. Bell & A. J. Watson (Eds.), *Tastes and aromas: The chemical senses in science and industry* (pp. 138–148). New York: Blackwell.

Khang, B. G., Koenderink, J. J., & Kappers, A. M. (2007). Shape from shading from images rendered with various surface types and light fields. *Perception*, *36*, 1191–1213.

Kiang, N. Y.-S. (1975). Stimulus representation in the discharge patterns of auditory neurons. In E. L. Eagles (Ed.), *The nervous system* (Vol. 3, pp. 81–96). New York: Raven.

Kim, J. E., Song, H., Jeong, J. H., Choi, K.-G., & Na, D. L. (2007). Bilateral ageusia in a patient with a left ventroposteromedial thalamic infarct: Cortical localization of taste sensation by statistical parametric mapping analysis of PET images. *Journal of Clinical Neurology*, *3*, 161–164.

Kim, N. G., & Grocki, M. J. (2006). Multiple sources of information and time-to-contact judgments. *Vision Research*, *46*, 1946–1958.

Kimchi, R. (2003a). Relative dominance of holistic and component properties in the perceptual organization of visual objects. In M. A. Peterson & G. Rhodes (Eds.), *Perception of faces, objects, and scenes: Analytic and holistic processes* (pp. 235–263). New York: Oxford.

Kimchi, R. (2003b). Visual perceptual organization: A microgenetic analysis. In R. Kimchi, M. Behrmann, & C. R. Olson (Eds.), *Perceptual organization in vision: Behavioral and neural perspectives* (pp. 117–153). Mahwah, NJ: Erlbaum.

Kimchi, R., Hadad, B., Behrmann, M., & Palmer, S. E. (2005). Microgenesis and ontogenesis of perceptual organization: Evidence from global and local processing of hierarchical patterns. *Psychological Science*, *16*, 282–290.

Kingdom, F. A., & Kasrai, R. (2006). Colour unmasks dark targets in complex displays. *Vision Research*, *46*, 814–822.

Kinnamon, J. C., & Yang, R. (2008). Ultrastructure of taste buds. In A. I. Basbaum, M. C. Bushnell, D. V. Smith, G. K. Beauchamp, S. J. Firestein, P. Dallos, D. Oertel, R. H. Masland, T. D. Albright, J. H. Kaas, & E. P. Gardner (Eds.), *The senses: A comprehensive reference* (Vol. 4, pp. 135–155). New York: Academic Press.

Kinnamon, S. C., & Margolskee, R. F. (2008). Taste transduction. In A. I. Basbaum, M. C. Bushnell, D. V. Smith, G. K. Beauchamp, S. J. Firestein, P. Dallos, D. Oertel, R. H. Masland, T. D. Albright, J. H. Kaas, & E. P. Gardner (Eds.), *The senses: A comprehensive reference* (Vol. 4, pp. 219–236). New York: Academic Press.

Kisilevsky, B. S., Hains, S. M., Lee, K., Xie, X., Huang, H., Ye, H. H., et al. (2003). Effects of experience on fetal voice recognition. *Psychological Science*, *14*, 220–224.

Klatzky, R. L., & Lederman, S. (2008). Object recognition by touch. In J. J. Rieser, D. H. Ashmead, F. Ebner, & A. L. Corn (Eds.), *Blindness and brain plasticity in navigation and object perception* (pp. 185–207). New York: Erlbaum.

Klatzky, R. L., & Lederman, S. J. (2003a). The haptic identification of everyday life objects. In Y. Hatwell, A. Streri, & E. Gentaz (Eds.), *Touching for knowing: Cognitive psychology of haptic manual perception* (pp. 105–121). Amsterdam: John Benjamins.

Klatzky, R. L., & Lederman, S. J. (2003b). Touch. In A. F. Healy & R. W. Proctor (Eds.), *Handbook of psychology: Experimental psychology* (Vol. 4, pp. 147–176). Hoboken, NJ: Wiley.

Kline, D. W. (2006). Vision: System function and loss. In R. Schulz (Ed.), *The encyclopedia of aging* (pp. 1212–1215). New York: Springer.

Kline, D. W., & Dewar, R. (2004). The aging eye and transport signs. In C. Castro & T. Horberry (Eds.), *The human factors of transport signs* (pp. 115–134). Boca Raton, FL: CRC Press.

Kline, D. W., & Li, W. (2005). Cataracts and the aging driver. *Ageing International*, *30*, 105–121.

Knoblauch, K. (2002). Color vision. In H. Pashler & S. Yantis (Eds.), *Stevens' handbook of experimental psychology* (3rd ed., pp. 41–75). Hoboken, NJ: Wiley.

Knoblich, G., Thornton, I. M., Grosjean, M., & Shiffrar, M. (Eds.). (2006). *Human body perception from the inside out*. New York: Oxford.

Knox, P. C., & Bruno, N. (2007). When does action resist visual illusion? The effect of Müller-Lyer stimuli on reflexive and voluntary saccades. *Experimental Brain Research*, *181*, 277–287.

Knudsen, E. I. (1981). The hearing of the barn owl. *Scientific American*, *245*, 112–125.

Knudsen, E. I. (2002). Instructed learning in the auditory localization pathway of the barn owl. *Nature*, *417*(6886), 322–328.

Koenderink, J. J., & van Doorn, A. J. (2003). Shape and shading. In L. M. Chalupa & J. S. Werner (Eds.), *The visual neurosciences* (Vol. 2, pp. 1090–1105). Cambridge, MA: MIT Press.

Koenderink, J. J., van Doorn, A. J., & Kappers, A. M. L. (2006). Picotrial relief. In M. R. M. Jenkin & L. R. Harris (Eds.), *Seeing spatial form* (pp. 11–33). New York: Oxford.

Koffka, K. (1935). Principles of Gestalt psychology. New York: Harcourt Brace.

Kohl, S., Varsanyi, B., Antunes, G. A., Baumann, B., Hoyng, C. B., Jagle, H., et al. (2005). CNGB3 mutations account for 50% of all cases with autosomal recessive achromatopsia. *European Journal of Human Genetics*, *13*, 302–308.

Köhler, W. (1947). Gestalt psychology: An introduction to new concepts in modern psychology. New York: Liveright.

Konishi, M. (1973). How the owl tracks its prey. *American Scientist*, *61*, 414–424.

Konishi, M. (2000). Study of sound localization by owls and its relevance to humans. *Comp Biochem Physiol A Mol Integr Physiol*, *126*, 459–469.

Konishi, M. (2003). Coding of auditory space. *Annual Review of Neuroscience*, *26*, 31–55.

Konstantinidis, I., Hummel, T., & Larsson, M. (2006). Identification of unpleasant odors is independent of age. *Archives of Clinical Neuropsychology*, 21, 615–621.

Koretz, J. F., & Handelman, G. H. (1988). How the human eye focuses. *Scientific American*, *259*, 92–99.

Kosfeld, M., Heinrichs, M., Zak, P. J., Fischbacher, U., & Fehr, E. (2005). Oxytocin increases trust in humans. *Nature*, *435*(7042), 673–676.

Krauskopf, J. (1963). Effect of retinal image stabilization on the appearance of heterochromatic targets. *Journal of the Optical Society of America*, *53*, 741–743.

Krauzlis, R. J. (2004). Recasting the smooth pursuit eye movement system. *Journal of Neurophysiology*, *91*, 591–603.

Krauzlis, R. J. (2005). The control of voluntary eye movements: New perspectives. *Neuroscientist*, *11*, 124–137.

Krekelberg, B. (2008). Motion detection mechanisms. In A. I. Basbaum, M. C. Bushnell, D. V. Smith, G. K. Beauchamp, S. J. Firestein, P. Dallos, D. Oertel, R. H. Masland, T. D. Albright, J. H. Kaas, & E. P. Gardner (Eds.), *The senses: A comprehensive reference* (Vol. 2, pp. 133–155). New York: Academic.

Kros, C. J. (2007). How to build an inner hair cell: Challenges for regeneration. *Hearing Research*, *227*, 3–10.

Krueger, L. E. (1991). Toward a unified psychophysical law and beyond. In S. J. Bolanowski & G. A. Gescheider (Eds.), *Ratio scaling of psychological magnitude: In honor of the memory of S. S. Stevens* (pp. 101–114). Hillsdale, NJ: Erlbaum.

Krumbholz, K., Patterson, R. D., Seither-Preisler, A., Lammertmann, C., & Lutkenhoner, B. (2003). Neuro magnetic evidence for a pitch processing center in Heschl's gyrus. *Cerebral Cortex*, *13*, 765–772.

Krumhansl, C. L. (2000). Rhythm and pitch in music cognition. *Psychological Bulletin*, *126*, 159–179.

Krumhansl, C. L. (2003). Experimental strategies for understanding the role of experience in music cognition. In G. Avanzini, C. Faienza, D. Minciacchi, L. Lopez, & M. Majno (Eds.), *The neurosciences and music* (Vol. 999, pp. 414–428). New York: NY Academy of Sciences.

Kubovy, M., Epstein, W., & Gepshtein, S. (2003). Foundations of visual perception. In A. F. Healy & R. W. Proctor (Eds.), *Handbook of psychology: Experimental psychology* (Vol. 4. pp. 87–119). Hoboken, NJ: Wiley & Sons.

Kubovy, M., & Van Valkenburg, D. (2001). Auditory and visual objects. *Cognition*, *80*, 97–126.

Kuhl, P. K. (1989). On babies, birds, modules, and mechanisms: A comparative approach to the acquisition of vocal communication. In R. J. Dooling & S. H. Hulse (Eds.), *The comparative psychology of audition: Perceiving complex sounds* (pp. 379–419). Hillsdale, NJ: Erlbaum.

Kuhl, P. K. (1992). Psychoacoustics and speech perception: Internal standards, perceptual anchors, and prototypes. In L. A. Werner & E. W. Rubel (Eds.), *Developmental psychoacoustics* (pp. 293–332). Washington, DC: American Psychological Association.

Kuhl, P. K. (2004). Early language acquisition: Cracking the speech code. *Nature Reviews Neuroscience*, *5*, 831–843.

Kujala, T., Shtyrov, Y., Winkler, I., Saher, M., Tervaniemi, M., Sallinen, M., et al. (2004). Long-term exposure to noise impairs cortical sound processing and attention control. *Psychophysiology*, *41*, 875–881.

Kurson, R. (2007). *Crashing through: A true story of risk, adventure, and the man who dared to see*. New York: Random House.

Lackner, J. R., & DiZio, P. (2005). Vestibular, proprioceptive, and haptic contributions to spatial orientation. *Annual Review of Psychology*, *56*, 115–147.

Lackner, J. R., & DiZio, P. (2006). Space motion sickness. *Experimental Brain Research*, *175*, 377–399.

Lamb, M. E., Bornstein, M. H., & Teti, D. M. (2002). *Development in infancy: An introduction* (4th ed.). Mahwah, NJ: Erlbaum.

Lamb, T. D. (1990). The role of photoreceptors in light-adaptation and dark-adaptation of the visual system. In C. Blakemore (Ed.), *Vision: Coding and efficiency* (pp. 161–168). Cambridge: Cambridge University Press.

Lamb, T. D., & Pugh, E. N., Jr. (2004). Dark adaptation and the retinoid cycle of vision. *Progress in Retinal and Eye Research*, *23*, 307–380.

Lamb, T. D., & Pugh, E. N., Jr. (2006). Phototransduction, dark adaptation, and rhodopsin regeneration the proctor lecture. *Investigative Ophthalmology & Visual Science*, *47*, 5137–5152.

Land, E. H. (1977). The retinex theory of color vision. *Scientific American*, *237*, 108–128.

Land, M. F. (2006). Visual optics: The shapes of pupils. *Current Biology*, *16*, R167–168.

Land, M. F., Furneaux, S. M., & Gilchrist, I. D. (2002). The organization of visually mediated actions in a subject without eye movements. *Neurocase*, *8*, 80–87.

Land, M. F., & Hayhoe, M. (2001). In what ways do eye movements contribute to everyday activities? *Vision Research*, *41*(2526), 3559–3565.

Land, M. F., Mennie, N., & Rusted, J. (1999). The roles of vision and eye movements in the control of activities of daily living. *Perception*, *28*, 1311–1328.

Land, M. F., & Nilsson, D.-E. (2002). *Animal eyes*. New York: Oxford.

Lanthony, P. (1997). Seurat's pointillism: Optical mixture and color texture. In M. F. Marmor & J. G. Ravin (Eds.), *The eye of the artist* (pp. 118–129). St. Louis: Mosby.

Lappin, J. S., Shelton, A. L., & Rieser, J. J. (2006). Environmental context influences visually perceived distance. *Perception & Psychophysics*, *68*, 571–581.

Lashley, K. S. (1941). Patterns of cerebral integration indicated by the scotomas of migraine. *Archives of Neurology and Psychiatry*, *46*, 331–339.

Lasky, R. E., & Williams, A. L. (2005). The development of the auditory system from conception to term. *NeoReviews*, *6*, 141–152.

Laszlo, S., & Federmeier, K. D. (2007). The acronym superiority effect. *Psychonomic Bulletin & Review*, *14*, 1158–1163.

Lawless, H. T. (2001). Taste. In E. B. Goldstein (Ed.), *Blackwell handbook of perception* (pp. 601–635). Malden, MA: Blackwell.

Lawson, R., Bertamini, M., & Liu, D. (2007). Overestimation of the projected size of objects on the surface of mirrors and windows. *Journal of Experimental Psychology: Human Perception & Performance*, *33*, 1027–1044.

Le Grand, R., Mondloch, C. J., Maurer, D., & Brent, H. P. (2003). Expert face processing requires visual input to the right hemisphere during infancy. *Nature Neuroscience*, *6*, 1108–1112.

Le Grand, R., Mondloch, C. J., Maurer, D., & Brent, H. P. (2004). Impairment in holistic face processing following early visual deprivation. *Psychological Science*, *15*, 762–768.

Lederman, S. J., Kilgour, A., Kitada, R., Klatzky, R. L., & Hamilton, C. (2007). Haptic face processing. *Canadian Journal of Experimental Psychology*, *61*, 230–241.

Lederman, S. J., & Klatzky, R. L. (2004a). Haptic identification of common objects: Effects of constraining the manual exploration process. *Perception & Psychophysics*, *66*, 618–628.

Lederman, S. J., & Klatzky, R. L. (2004b). Multisensory texture perception. In G. A. Calvert, C. Spence, & B. E. Stein (Eds.), *The handbook of multisensory processes*. Cambridge, MA: MIT Press.

Lederman, S. J., Klatzky, R. L., Abramowicz, A., Salsman, K., Kitada, R., & Hamilton, C. (2007). Haptic recognition of static and dynamic expressions of emotion in the live face. *Psychological Science*, *18*, 158–164.

Lee, H., & Vecera, S. P. (2005). Visual cognition influences early vision: The role of visual short-term memory in amodal completion. *Psychological Science*, *16*, 763–768.

Lee, L., Frederick, S., & Ariely, D. (2006). Try it, you'll like it: The influence of expectation, consumption, and revelation on preferences for beer. *Psychological Science*, *17*, 1054–1058.

Leffingwell (2008). *Flavor & fragrance industry leaders*. Retrieved July 2008, from www.leffingwell.com/top_10.htm.

Lehrer, M. (1999). Shape perception in the Honeybee: Symmetry as a global framework. *International Journal of Plant Sciences*, *160*(S6), S51–S65.

Lennie, P. (2000). Color vision: Putting it together. *Current Biology*, *10*, R589–591.

Lennie, P., & Movshon, J. A. (2005). Coding of color and form in the geniculostriate visual pathway (invited review). *Journal of the Optical Society of America*, *22*, 2013–2033.

Lercher, P. (2007). Environmental noise: A contextual public health perspective. In L. Luxon & D. Prasher (Eds.), *Noise and its effects* (pp. 345–377). Chichester, England: Wiley.

Lesher, G. W., & Mingolla, E. (1993). The role of edges and line-ends in illusory contour formation. *Vision Research*, *33*, 2253–2270.

Levin, J. B., & Janata, J. W. (2007). Psychological interventions. In S. D. Waldman (Ed.), *Pain management* (pp. 1003–1009). Philadelphia: W. B. Saunders.

Levitin, D. J. (2006). *This is your brain on music*. New York: Dutton.

Levitin, D. J., & Rogers, S. E. (2005). Absolute pitch: Perception, coding, and controversies. *Trends in Cognitive Sciences*, *9*, 26–33.

Levitin, D. J., & Zatorre, R. J. (2003). On the nature of early music training and absolute pitch: A reply to Brown, Sachs, Cammuso, and Folstein. *Music Perception*, *21*, 105–110.

Li, X., & Gilchrist, A. L. (1999). Relative area and relative luminance combine to anchor surface lightness values. *Perception & Psychophysics*, 61, 771–785.

Li, Z., & Milgram, P. (2008). An empirical investigation of a dynamic brake light concept for reduction of rear-end collisions through manipulation of optical looming. *International Journal of Human-Computer Studies*, *66*, 158–172.

Liberles, S. D., & Buck, L. B. (2006). A second class of chemosensory receptors in the olfactory epithelium. *Nature*, *442*(7103), 645–650.

Liberman, A. M. (1982). On the finding that speech is special. *American Psychologist*, *37*, 148–167.

Liberman, A. M. (1992). Plausibility, parsimony, and theories of speech. In J. Alegria, D. Holender, J. Junça de Morais, & M. Radeau (Eds.), *Analytic approaches to human cognition* (pp. 25–40). Amsterdam: North-Holland.

Liberman, A. M. (1996). *Speech: A special code*. Cambridge, MA: MIT Press.

Liberman, A. M., & Mattingly, I. G. (1989). A specialization for speech perception. *Science*, *243*, 489–494.

Licklider, J. C. R. (1954). "Periodicity" pitch and "place" pitch. *Journal of the Acoustical Society of America*, *26*, 945.

Lima, D. (2008). Ascending pathways: Anatomy and physiology. In A. I. Basbaum, M. C. Bushnell, D. V. Smith, G. K. Beauchamp, S. J. Firestein, P. Dallos, D. Oertel, R. H. Masland, T. D. Albright, J. H. Kaas, & E. P. Gardner (Eds.), *The senses: A comprehensive reference* (Vol. 5, pp. 477–526). New York: Academic Press.

Lin, Y.-C. (2008). Acupuncture. In H. T. Benzon, J. P. Rathmell, C. L. Wu, D. C. Turk, & C. E. Argoff (Eds.), *Raj's practical management of pain* (pp. 785–791). Philadelphia: Mosby.

Lindsay, P. H., & Norman, D. A. (1977). *Human information processing* (2nd ed.). New York: Academic Press.

Lindsay, R. C. L., Ross, D. F., Read, J. D., & Toglia, M. P. (Eds.). (2007). *The handbook of eyewitness psychology: Memory for people* (Vol. 2). Mahwah, NJ: Erlbaum.

Ling, Y., & Hurlbert, A. C. (2008). Role of color memory in successive color constancy. *Journal of the Optical Society of America*, *25*, 1215–1226.

Link, S. W. (1994). Rediscovering the past: Gustav Fechner and signal detection theory. *Psychological Science*, *5*, 335–340.

Lipman, A. G., & Jackson, K. C. (2004). Opioid pharmacotherapy. In C. A. Warfield & Z. H. Bajwa (Eds.), *Principles and practice of pain medicine* (pp. 583–600). New York: McGraw-Hill.

Little, A. C., Apicella, C. L., & Marlowe, F. W. (2007). Preferences for symmetry in human faces in two cultures: Data from the UK and the Hadza, an isolated group of hunter-gatherers. *Proceedings of The Royal Society B: Biological Sciences*, *274*(1629), 3113–3117.

Little, A. C., Jones, B. C., Waitt, C., Tiddeman, B. P., Feinberg, D. R., Perrett, D. I., et al. (2008). Symmetry is related to sexual dimorphism in faces: Data across culture and species. *PLoS ONE*, 3, e2106.

Liu, B., & Todd, J. T. (2004). Perceptual biases in the interpretation of 3D shape from shading. *Vision Research*, *44*, 2135–2145.

Loggia, M. L., Mogil, J. S., & Bushnell, M. C. (2008). Empathy hurts: Compassion for another increases both sensory and affective components of pain perception. *Pain*, *136*, 168–176.

Logothetis, N. K. (1999). Vision: A window on consciousness. *Scientific American*, 69–75.

Logue, A. W. (2004). *The psychology of eating and drinking* (3rd ed.). New York: Routledge.

Logvinenko, A. D. (2002). The anchoring effect in lightness perception in humans. *Neuroscience Letters*, *334*, 5–8.

Logvinenko, A. D., Epelboim, J., & Steinman, R. M. (2001). The role of vergence in the perception of distance: A fair test of Bishop Berkeley's claim. *Spatial Vision*, *15*, 77–97.

Lonsbury-Martin, B. L. (2005). Otoacoustic emissions: Where are we today? *The ASHA Leader*, *19*, 6–7.

Loomis, J. M., Beall, A. C., Macuga, K. L., Kelly, J. W., & Smith, R. S. (2006). Visual control of action without retinal optic flow. *Psychological Science*, *17*, 214–221.

Lord, S. R., & Dayhew, J. (2001). Visual risk factors for falls in older people. *Journal of the American Geriatrics Society*, *49*, 508–515.

Lord, S. R., Dayhew, J., & Howland, A. (2002). Multifocal glasses impair edge-contrast sensitivity and depth perception and increase the risk of falls in older people. *Journal of the American Geriatrics Society*, *50*, 1760–1766.

Lord, S. R., Sherrington, C., Menz, H. T., & Close, J. C. T. (2007). *Falls in older people: Risk factors and strategies for prevention* (2nd ed.). New York: Cambridge.

Lott, L. A., Haegerstrom-Portnoy, G., Schneck, M. E., & Brabyn, J. A. (2005). Face recognition in the elderly. *Optometry & Vision Science*, *82*, 874–881.

Lou, L. (2007). Apparent afterimage size, Emmert's law, and oculomotor adjustment. *Perception*, *36*, 1214–1228.

Loula, F., Prasad, S., Harber, K., & Shiffrar, M. (2005). Recognizing people from their movement. *Journal of Experimental Psychology: Human Perception & Performance*, *31*, 210–220.

Love, B. C., Medin, D. L., & Gureckis, T. M. (2004). SUSTAIN: A network model of category learning. *Psychological Review*, *111*, 309–332.

Luce, P. A., & McLellan, C. T. (2005). Spoken word recognition: The challenge of variation. In D. B. Pisoni & R. E. Remez (Eds.), *The handbook of speech perception* (pp. 591–609). Malden, MA: Blackwell.

Luebke, A. E., & Foster, P. K. (2002). Variation in inter-animal susceptibility to noise damage is associated with alpha 9 acetylcholine receptor subunit expression level. *Journal of Neuroscience*, *22*, 4241–4247.

Luebke, A. E., Foster, P. K., & Stagner, B. B. (2002). A multifrequency method for determining cochlear efferent activity. *Journal of the Association for Research in Otolaryngology*, *3*, 16–25.

Luxon, L., & Prasher, D. (Eds.). (2007). *Noise and its effects*. Chichester, England: Wiley.

Maassen, M., Babisch, W., Bachmann, K. D., Ising, H., Lehnert, G., Plath, P., et al. (2001). Ear damage caused by leisure noise. *Noise Health*, *4*, 1–16.

MacDonald, J., Andersen, S., & Bachmann, T. (2000). Hearing by eye: How much spatial degradation can be tolerated? *Perception*, *29*, 1155–1168.

Mack, M. L., Gauthier, I., Sadr, J., & Palmeri, T. J. (2008). Object detection and basic-level categorization: Sometimes you know it is there before you know what it is. *Psychonomic Bulletin & Review*, *15*, 28–35.

MacLaury, R. E., Paramei, G. V., & Dedrick, D. (Eds.). (2007). *Anthropology of color: Interdisciplinary multilevel modeling*. Philadelphia: John Benjamins.

MacLeod, D. I. A. (2003a). Colour discrimination, color constancy, and natural scene statistics. In J. D. Mollon, J. Pokorny, & K. Knoblauch (Eds.), *Normal and defective colour vision* (pp. 189–217). New York: Oxford.

MacLeod, D. I. A. (2003b). New dimensions in color perception. *Trends in Cognitive Sciences*, *7*, 97–99.

MacLeod, D. I. A., Chen, B., & Stockman, A. (1990). Why do we see better in bright light? In C. Blakemore (Ed.), *Vision: Coding and efficiency* (pp. 169–174). Cambridge: Cambridge University Press.

Macmillan, N. A., & Creelman, C. D. (2005). *Detection theory: A user's guide* (2nd ed.). Mahwah, NJ: Erlbaum.

Macpherson, E. A., & Middlebrooks, J. C. (2002). Listener weighting of cues for lateral angle: The duplex theory of sound localization revisited. *Journal of the Acoustical Society of America*, *111*, 2219–2236.

Macuga, K. L., Loomis, J. M., Beall, A. C., & Kelly, J. W. (2006). Perception of heading without retinal optic flow. *Perception & Psychophysics*, *68*, 872–878.

Maertens, M., & Pollmann, S. (2005). fMRI reveals a common neural substrate of illusory and real contours in V1 after perceptual learning. *Journal of Cognitive Neuroscience*, *17*, 1553–1564.

Maier, J. X., & Ghazanfar, A. A. (2007). Looming biases in monkey auditory cortex. *Journal of Neuroscience*, *27*, 4093–4100.

Mainland, J., & Sobel, N. (2006). The sniff is part of the olfactory percept. *Chemical Senses*, *31*, 181–196.

Maison, S. F., Luebke, A. E., Liberman, M. C., & Zuo, J. (2002). Efferent protection from acoustic injury is mediated via alpha9 nicotinic acetylcholine receptors on outer hair cells. *Journal of Neuroscience*, *22*, 10838–10846.

Makin, T. R., Holmes, N. P., & Ehrsson, H. H. (2008). On the other hand: Dummy hands and peripersonal space. *Behavioural Brain Research*, *191*, 1–10.

Malnic, B., Godfrey, P. A., & Buck, L. B. (2004). The human olfactory receptor gene family. *Proceedings of the National Academy of Sciences of the USA*, *101*, 2584–2589.

Manchikanti, J., Singh, V., & Boswell, M. V. (2007). Phantom pain syndromes. In S. D. Waldman (Ed.), *Pain management* (pp. 304–315). Philadelphia: W. B. Saunders.

Mandler, G. (2007). *A history of modern experimental psychology: From James and Wundt to cognitive science*. Cambridge, MA: MIT Press.

Mar, R. A., Kelley, W. M., Heatherton, T. F., & Macrae, C. N. (2007). Detecting agency from the biological motion of veridical vs animated agents. [ElectronicElectronic;Print]. *Social Cognitive and Affective Neuroscience*, *2*, 199–205.

Marean, G. C., Werner, L. A., & Kuhl, P. K. (1992). Vowel categorization by very young infants. *Developmental Psychology*, *28*, 396–405.

Marks, L. E. (1994). "Recalibrating" the auditory system: The perception of loudness. *Journal of Experimental Psychology: Human Perception & Performance*, *20*, 382–396.

Marks, L. E., & Gescheider, G. A. (2002). Psychophysical scaling. In H. Pashler (Ed.), *Stevens' handbook of experimental psychology* (3rd ed., Vol. 4, pp. 91–138). New York: Wiley.

Marr, D. (1982). *Vision: A computational investigation into the human representation and processing of visual information*. San Francisco: Freeman.

Marr, D., & Nishihara, H. K. (1978). Representation and recognition of the spatial organization of three-dimensional shapes. *Proceedings of the Royal Society of London B*, *200*, 269–294.

Martin, F. N., & Clark, J. G. (2005). *Introduction to audiology* (9th ed.). Boston: Allyn & Bacon.

Martinez-Conde, S., Macknik, S. L., & Hubel, D. H. (2004). The role of fixational eye movements in visual perception. *Nature Reviews Neuroscience*, *5*, 229–240.

Martinez-Conde, S., Macknik, S. L., Troncoso, X. G., & Dyar, T. A. (2006). Microsaccades counteract visual fading during fixation. *Neuron*, *49*, 297–305.

Masland, R. H. (2001a). Neuronal diversity in the retina. *Current Opinion in Neurobiology*, *11*, 431–436.

Masland, R. H. (2001b). The fundamental plan of the retina. *Nature Neuroscience*, *4*, 877–886.

Masland, R. H. (2005). The many roles of starburst amacrine cells. *Trends in Neurosciences*, *28*, 395–396.

Masland, R. H., & Raviola, E. (2000). Confronting complexity: Strategies for understanding the microcircuitry of the retina. *Annual Review of Neuroscience*, *23*, 249–284.

Mason, A. J., Braddick, O. J., & Wattam-Bell, J. (2003). Motion coherence thresholds in infants—Different tasks identify at least two distinct motion systems. *Vision Research*, *43*, 1149–1157.

Massaro, D. W. (1998). *Perceiving talking faces: From speech perception to a behavioral principle*. Cambridge, MA: MIT Press.

Massaro, D. W. (2004). From multisensory integration to talking heads and language learning. In G. A. Calvert, C. Spence, & B. E. Stein (Eds.), *The handbook of multisensory processes*. Cambridge, MA: MIT Press.

Masters, W. M., & Harley, H. E. (2004). Performance and cognition in echolocating mammals. In J. A. Thomas, C. F. Moss, & M. Vater (Eds.), *Echolocation in bats and dolphins* (pp. 249–259). Chicago: University of Chicago.

Mateo, J. M. (2006a). Development of individually distinct recognition cues. *Developmental Psychobiology*, *48*, 508–519.

Mateo, J. M. (2006b). The nature and representation of individual recognition odours in Belding's ground squirrels. *Animal Behaviour*, *71*, 141–154.

Matheson, M. P., Stansfeld, S. A., & Haines, M. M. (2003). The effects of chronic aircraft noise exposure on children's cognition and health: 3 field studies. *Noise Health*, *5*, 31–40.

Matlin, M. W. (2009). *Cognition* (7th ed.). New York: Wiley.

Mattingly, I. G., & Studdert-Kennedy, M. (Eds.). (1991). *Modularity and the motor theory of speech perception: Proceedings of a conference to honor Alvin M. Liberman*. Hillsdale, NJ: Erlbaum.

Maurer, D., Ellemberg, D., & Lewis, T. L. (2006). Repeated measurements of contrast sensitivity reveal limits to visual plasticity after early binocular deprivation in humans. *Neuropsychologia*, *44*, 2104–2112.

Maurer, D., & Lewis, T. L. (2001a). Visual acuity and spatial contrast sensitivity: Normal development and underlying mechanisms. In C. A. Nelson & M. Luciana (Eds.), *Handbook of developmental cognitive neuroscience* (pp. 237–250). Cambridge, MA: Bradford.

Maurer, D., & Lewis, T. L. (2001b). Visual acuity: The role of visual input in inducing postnatal change. *Clinical Neuroscience Research*, *1*, 239–247.

Maurer, D., Lewis, T. L., & Mondloch, C. J. (2005). Missing sights: Consequences for visual cognitive development. *Trends in Cognitive Sciences*, *9*, 144–151.

Maurer, D., Mondloch, C. J., & Lewis, T. L. (2007). Sleeper effects. *Developmental Science*, *10*, 40–47.

Maurer, D., Pathman, T., & Mondloch, C. J. (2006). The shape of boubas: Sound-shape correspondences in toddlers and adults. *Developmental Science*, *9*, 316–322.

Mausfeld, R., & Heyer, D. (Eds.). (2003). *Colour perception: Mind and the physical world*. New York: Oxford.

Max, M., & Meyerhof, W. (2008). Taste receptors. In A. I. Basbaum, M. C. Bushnell, D. V. Smith, G. K. Beauchamp, S. J. Firestein, P. Dallos, D. Oertel, R. H. Masland, T. D. Albright, J. H. Kaas, & E. P. Gardner (Eds.), *The senses: A comprehensive reference* (Vol. 4, pp. 197–217). New York: Academic Press.

May, P. J. (2006). The mammalian superior colliculus: Laminar structure and connections. *Progress in Brain Research*, *151*, 321–378.

McAdams, S., & Drake, C. (2002). Auditory perception and cognition. In H. Pashler & S. Yantis (Eds.), *Stevens' handbook of experimental psychology* (3rd ed., pp. 397–452). Hoboken, NJ: Wiley.

McBeath, M. K., & Neuhoff, J. G. (2002). The Doppler effect is not what you think it is: Dramatic pitch change due to dynamic intensity change. *Psychonomic Bulletin & Review*, *9*, 306–313.

McClintock, M. K. (1971). Menstrual synchrony and suppression. *Nature*, *229*, 244–245.

McClintock, M. K., Bullivant, S., Jacob, S., Spencer, N., Zelano, B., & Ober, C. (2005). Human body scents: Conscious perceptions and biological effects. *Chemical Senses*, *30 Suppl 1*, i135–137.

McCloskey, M. (2004). Spatial representations and multiple-visual-systems hypotheses: Evidence from a developmental deficit in visual location and orientation processing. *Cortex*, *40*, 677–694.

McCloskey, M., Rapp, B., Yantis, S., Rubin, G., Bacon, W. F., Dagnelie, G., et al. (1995). A developmental deficit in localizing objects from vision. *Psychological Science*, *6*, 112–117.

McCredie, S. (2007). *Balance: In search of the lost sense*. New York: Little, Brown.

McCullough, C. (1965). Color adaptation of edge detectors in the human visual system. *Science*, *149*, 1115–1116.

McDonald, I. (2006). Musical alexia with recovery: A personal account. *Brain*, *129*, 2554–2561.

McDowell, I. (2006). *Measuring health: A guide to rating scales and questionnaires* (3rd ed.). New York: Oxford.

McGurk, H., & McDonald, J. (1976). Hearing lips and seeing voices. *Nature*, *264*, 746–748.

McIntyre, S. E. (2008). Capturing attention to brake lamps. *Accident: Analysis and Prevention*, *40*, 691–696.

McKee, S. P. (1993). Editorial: Psychophysics and perception. *Perception*, *22*, 505–507.

McKone, E. (2008). Configural processing and face viewpoint. *Journal of Experimental Psychology: Human Perception & Performance*, *34*, 310–327.

McKone, E., Kanwisher, N., & Duchaine, B. C. (2007). Can generic expertise explain special processing for faces? *Trends in Cognitive Sciences*, *11*, 8–15.

McNeil, J. E., & Warrington, E. K. (1993). Prosopagnosia: A face-specific disorder. *The Quarterly Journal of Experimental Psychology*, *46A*, 1–10.

McQuiston-Surrett, D., Malpass, R. S., & Tredoux, C. G. (2006). Sequential vs. simultaneous lineups: A review of methods, data, and theory. *Psychology, Public Policy, and Law*, *12*, 137–169.

Meissner, C. A., & Brigham, J. C. (2001). Thirty years of investigating the own-race bias in memory for faces: A meta-analytic review. *Psychology, Public Policy, and Law*, *7*, 3–35.

Meissner, C. A., & Kassin, S. M. (2002). "He's guilty!": Investigator bias in judgments of truth and deception. *Law and Human Behavior*, *26*, 469–480.

Meissner, C. A., Tredoux, C. G., Parker, J. F., & MacLin, O. H. (2005). Eyewitness decisions in simultaneous and sequential lineups: A dual-process signal detection theory analysis. *Memory & Cognition*, *33*, 783–792.

Meltzoff, A. N. (2002a). Elements of a developmental theory of imitation. In A. N. Meltzoff & W. Prinz (Eds.), *The imitative mind: Development, evolution, and brain bases* (pp. 19–41). Cambridge: Cambridge University Press.

Meltzoff, A. N. (2002b). Imitation as a mechanism of social cognition: Origins of empathy, theory of mind, and the representation of action. In U. Goswami (Ed.), *Handbook of childhood cognitive development* (pp. 6–25). Oxford: Blackwell.

Meltzoff, A. N., & Moore, M. K. (1999). Resolving the debate about early imitation. In A. Slater & D. Muir (Eds.), *The Blackwell reader in developmental psychology* (pp. 151–155). Malden, MA: Blackwell.

Melzack, R. (1992). Phantom limbs. *Scientific American*, *266*, 120–126.

Melzack, R., & Katz, J. (2007a). A conceptual framework for understanding pain in the human. In S. D. Waldman (Ed.), *Pain management* (pp. 3–10). Philadelphia: W. B. Saunders.

Melzack, R., & Katz, J. (2007b). Amputation and phantom limb pain. In S. Ayers, A. Baum, C. McManus, S. Newman, K. Wallston, J. Weinman, & R. West (Eds.), *Cambridge handbook of psychology, health, and medicine* (2nd ed., pp. 548–550). New York: Cambridge.

Melzack, R., & Wall, P. D. (1965). Pain mechanisms: A new theory. *Science*, *150*, 971–979.

Melzer, P., & Ebner, F. (2008). Braille, plasticity, and the mind. In J. J. Rieser, D. H. Ashmead, F. Ebner, & A. L. Corn (Eds.), *Blindness and brain plasticity in navigation and object perception* (pp. 85–112). New York: Erlbaum.

Memon, A., Bartlett, J., Rose, R., & Gray, C. (2003). The aging eyewitness: Effects of age on face, delay, and source-memory ability. *Journals of Gerontology: Series B: Psychological Sciences and Social Sciences*, *58B*, P338–P345.

Memon, A., Hope, L., Bartlett, J., & Bull, R. (2002). Eyewitness recognition errors: The effects of mugshot viewing and choosing in young and old adults. *Memory & Cognition*, *30*, 1219–1227.

Menashe, I., Man, O., Lancet, D., & Gilad, Y. (2003). Different noses for different people. *Nat Genet*, *34*, 143–144.

Mendola, J. D., Conner, I. P., Sharma, S., Bahekar, A., & Lemieux, S. (2006). fMRI Measures of perceptual filling-in in the human visual cortex. *Journal of Cognitive Neuroscience*, *18*, 363–375.

Mennella, J. A., Griffin, C. E., & Beauchamp, G. K. (2004). Flavor programming during infancy. *Pediatrics*, *113*, 840–845.

Mennella, J. A., Kennedy, J. M., & Beauchamp, G. K. (2006). Vegetable acceptance by infants: Effects of formula flavors. *Early Human Development*, 82, 463–468.

Merabet, L. B., Pitskel, N. B., Amedi, A., & Pascual-Leone, A. (2008). The plastic human brain in blind individuals: The cause of disability and the opportunity for rehabilitation. In J. J. Rieser, D. H. Ashmead, F. Ebner, & A. L. Corn (Eds.), *Blindness and brain plasticity in navigation and object perception* (pp. 23–41). New York: Erlbaum.

Mercier, V., Luy, D., & Hohmann, B. W. (2003). The sound exposure of the audience at a music festival. *Noise Health*, *5*, 51–58.

Meredith, M. (2001). Human vomeronasal organ function: A critical review of best and worst cases. *Chemical Senses*, *26*, 433–445.

Mermelstein, D. (2007, January 28). Hearing things. The wrong kind of things. *The New York Times*.

Merskey, H. (2008). Taxonomy and classification of chronic pain syndromes. In H. T. Benzon, J. P. Rathmell, C. L. Wu, D. C. Turk, & C. E. Argoff (Eds.), *Raj's practical management of pain* (pp. 13–18). Philadelphia: Mosby.

Merzenich, M. M., Nelson, R. J., Stryker, M. P., Cyander, M. S., Schoppman, A., & Zook, J. M. (1984). Somatosensory cortical map changes following digit amputation in adult monkeys. *Journal of Comparative Neurology*, *224*, 591–605.

Meyer, G. (2006). Anatomical and physiological bases of speech perception. In S. Greenberg & W. A. Ainsworth (Eds.), *Listening to speech: An auditory perspective* (pp. 143–156). Mahwah, NJ: Erlbaum.

Micheyl, C., Delhommeau, K., Perrot, X., & Oxenham, A. J. (2006). Influence of musical and psychoacoustical training on pitch discrimination. *Hearing Research*, *219*, 36–47.

Middlebrooks, J. C. (2002). Auditory space processing: Here, there or everywhere? *Nature Neuroscience*, *5*, 824–826.

Mitchell, J. F., Stoner, G. R., & Reynolds, J. H. (2004). Object-based attention determines dominance in binocular rivalry. *Nature*, *429*(6990), 410–413.

Mitsudo, H., & Ono, H. (2007). Additivity of retinal and pursuit velocity in the perceptions of depth and rigidity from object-produced motion parallax. *Perception*, *36*, 125–134.

Miyazaki, K. (2004). Recognition of transposed melodies by absolute-pitch possessors. *Japanese Psychological Research*, *46*, 270–282.

Mohamed, F. B., Faro, S. H., Gordon, N. J., Platek, S. M., Ahmad, H., & Williams, J. M. (2006). Brain mapping of deception and truth telling about an ecologically valid situation: Functional MR imaging and polygraph investigation—Initial experience. *Radiology*, *238*, 679–688.

Moisset, X., & Bouhassira, D. (2007). Brain imaging of neuropathic pain. *Neuroimage*, *37* Suppl 1, S80–88.

Mø ller, A. R. (2006). *Hearing: Anatomy, physiology, and disorders of the auditory system*. New York: Academic Press.

Mollon, J. D. (2003). The origins of modern color science. In S. K. Shevell (Ed.), *The science of color* (pp. 1–39). New York: Elsevier.

Mondloch, C. J., Dobson, K. S., Parsons, J., & Maurer, D. (2004). Why 8-year-olds cannot tell the difference between Steve Martin and Paul Newman: Factors contributing to the slow development of sensitivity to the spacing of facial features. *Journal of Experimental Child Psychology*, *89*, 159–181.

Mondloch, C. J., Geldart, S., Maurer, D., & de Schonen, S. (2003). Developmental changes in the processing of hierarchical shapes continue into adolescence. *Journal of Experimental Child Psychology*, *84*, 20–40.

Mondloch, C. J., Le Grand, R., & Maurer, D. (2002). Configural face processing develops more slowly than featural face processing. *Perception*, *31*, 553–566.

Mondloch, C. J., Leis, A., & Maurer, D. (2006). Recognizing the face of Johnny, Suzy, and me: Insensitivity to the spacing among features at 4 years of age. *Child Development*, *77*, 234–243.

Mondloch, C. J., Lewis, T. L., Budreau, D. R., Maurer, D., Dannemiller, J. L., Stephens, B. R., et al. (1999). Face perception during early infancy. *Psychological Science*, *10*, 419–422.

Mondloch, C. J., & Maurer, D. (2004). Do small white balls squeak? Pitch-object correspondences in young children. *Cognitive, affective & behavioral neuroscience*, *4*, 133–136.

Mondloch, C. J., & Maurer, D. (2008). The effect of face orientation on holistic processing. *Perception*, *37*, 1175–1186.

Mondloch, C. J., Maurer, D., & Ahola, S. (2006). Becoming a face expert. *Psychological Science*, *17*, 930–934.

Montaser-Kouhsari, L., Landy, M. S., Heeger, D. J., & Larsson, J. (2007). Orientation-selective adaptation to illusory contours in human visual cortex. *Journal of Neuroscience*, *27*, 2186–2195.

Moore, B. C. J. (2001). Loudness, pitch and timbre. In E. B. Goldstein (Ed.), *Blackwell handbook of perception* (pp. 408–436). Malden, MA: Blackwell.

Moore, B. C. J. (2004). *An introduction to the psychology of hearing* (5th ed.). Burlington, MA: Academic.

Morgan, M. (2003). *The space between our ears: How the brain represents visual space*. New York: Oxford.

Morrot, G., Brochet, F., & Dubourdieu, D. (2001). The color of odors. *Brain and Language*, *79*, 309–320.

Morton, C. C., & Nance, W. E. (2006). Newborn hearing screening—A silent revolution. *New England Journal of Medicine*, *354*, 2151–2164.

Morton, J., & Johnson, M. H. (1991). CONSPEC and

CONLERN: A two-process theory of infant face recognition. *Psychological Review*, *98*, 164–181.

Moscovitch, M., Winocur, G., & Behrmann, M. (1997). What is special about face recognition? Nineteen experiments on a person with visual object agnosia and dyslexia but normal face recognition. *Journal of Cognitive Neuroscience*, *9*, 555–604.

Moser, E. I., Kropff, E., & Moser, M. B. (2008). Place cells, grid cells, and the brain's spatial representation system. *Annual Review of Neuroscience*, *31*, 69–89.

Moser, T., Neef, A., & Khimich, D. (2006). Mechanisms underlying the temporal precision of sound coding at the inner hair cell ribbon synapse. *Journal of Physiology*, *576*, 55–62.

Moss, C. F., Bohn, K., Gilkenson, H., & Surlykke, A. (2006). Active listening for spatial orientation in a complex auditory scene. *PLoS Biology*, *4*, e79.

Moss, C. F., & Carr, C. E. (2003). Comparative psychology of audition. In M. Gallagher & R. J. Nelson (Eds.), *Handbook of psychology: Biological psychology* (Vol. 3, pp. 71–107). Hoboken, NJ: Wiley.

Moss, C. F., & Sinha, S. R. (2003). Neurobiology of echolocation in bats. *Current Opinion in Neurobiology*, *13*, 751–758.

Mountcastle, V. B. (2005). *The sensory hand: Neural mechanisms of somatic sensation*. Cambridge, MA: Harvard.

Mrsic-Flogel, T. D., Hofer, S. B., Ohki, K., Reid, R. C., Bonhoeffer, T., & Hubener, M. (2007). Homeostatic regulation of eye-specific responses in visual cortex during ocular dominance plasticity. *Neuron*, *54*, 961–972.

Munoz, D. P. (2006). Stabilizing the visual world. *Nature Neuroscience*, *9*, 1467–1468.

Murphy, D. R., Daneman, M., & Schneider, B. A. (2006). Why do older adults have difficulty following conversations? *Psychology and Aging*, *21*, 49–61.

Murray, S. O., Boyaci, H., & Kersten, D. (2006). The representation of perceived angular size in human primary visual cortex. *Nature Neuroscience*, *9*, 429–434.

Nadler, J. W., Angelaki, D. E., & DeAngelis, G. C. (2008). A neural representation of depth from motion parallax in macaque visual cortex. *Nature*, *452*, 642–645.

Nagasako, E. M., Oaklander, A. L., & Dworkin, R. H. (2003). Congenital insensitivity to pain: An update. *Pain*, *101*, 213–219.

Nagel, T. (1974). What is it like to be a bat? *The Philosophical Review*, *83*, 435–450.

Nageris, B. I., Ulanovski, D., & Attias, J. (2004). Magnesium treatment for sudden hearing loss. *Annals of Otology, Rhinology, and Laryngology*, *113*, 672–675.

Nakagama, H., Tani, T., & Tanaka, S. (2006). Theoretical and experimental studies of relationship between pinwheel centers and ocular dominance columns in the visual cortex. *Neuroscience Research*, *55*, 370–382.

Nakahara, H., Zhang, L. I., & Merzenich, M. M. (2004). Specialization of primary auditory cortex processing by sound exposure in the "critical period." *Proceedings of the National Academy of Sciences of the USA*, *101*, 7170–7174.

Nassi, J. J., Lyon, D. C., & Callaway, E. M. (2006). The parvocellular LGN provides a robust disynaptic input to the visual motion area MT. *Neuron*, *50*, 319–327.

Nathans, J. (1989). The genes for color vision. *Scientific American*, *260*, 42–49.

Nathans, J. (1999). The evolution and physiology of human color vision: Insights from molecular genetic studies of visual pigments. *Neuron*, *24*, 299–312.

Nathans, J., Thomas, D., & Hogness, D. S. (1986). Molecular genetics of human color vision: The genes encoding blue, green, and red pigments. *Science*, *232*, 193–202.

Nawrot, M., Frankl, M., & Joyce, L. (2008). Concordant eye movement and motion parallax asymmetries in esotropia. *Vision Research*, *48*, 799–808.

Nawrot, M., & Joyce, L. (2006). The pursuit theory of motion parallax. *Vision Research*, *46*, 4709–4725.

Neisser, U. (1981). Obituary: James J. Gibson (1904–1979). *American Psychologist*, *36*, 214–215.

Neitz, J., Carroll, J., Yamauchi, Y., Neitz, M., & Williams, D. R. (2002). Color perception is mediated by a plastic neural mechanism that is adjustable in adults. *Neuron*, *35*, 783–792.

Neitz, J., Neitz, M., & Jacobs, G. H. (1993). More than three different cone pigments among people with normal color vision. *Vision Research*, *33*, 117–122.

Neitz, M., & Neitz, J. (1998). Molecular genetics and the biological basis of color vision. In W. G. K. Backhaus, R. Kleigl, & J. S. Werner (Eds.), *Color vision: Perspectives from different disciplines* (pp. 101–119). Berlin: de Gruyter.

Neppi-Mòdona, M., Auclair, D., Sirigu, A., & Duhamel, J.-R. (2004). Spatial coding of the predicted impact location of a looming object. *Current Biology*, *14*, 1174–1180.

Newcombe, N. S., & Huttenlocher, J. (2000). *Making space: The development of spatial representation and reasoning*. Cambridge, MA: MIT Press.

Newcombe, N. S., & Learmonth, A. E. (2005). Development of spatial competence. In P. Shah & A. Miyake (Eds.), *The Cambridge handbook of visuospatial thinking* (pp. 213–256). New York: Cambridge University Press.

Newcombe, N. S., & Sluzenski, J. (2004). Starting points and change in early spatial development. In G. L. Allen (Ed.), *Human spatial memory: Remembering where* (pp. 25–40). Mahwah, NJ: Erlbaum.

Newman, R. S., & Jusczyk, P. W. (1996). The cocktail party effect in infants. *Perception & Psychophysics*, *58*, 1145–1156.

Ni, R., Braunstein, M. L., & Andersen, G. J. (2005). Distance perception from motion parallax and ground contact. *Visual Cognition*, *12*, 1235–1254.

Ninio, J. (2007). The science and craft of autostereograms. *Spatial Vision*, *21*, 185–200.

Niparko, J. K. (2004). Cochlear implants: Clinical applications. In F.-G. Zeng, A. N. Popper, & R. R. Fay (Eds.), *Cochlear implants: Auditory prostheses and electric hearing* (Vol. 20, pp. 53–100). New York: Springer.

Nordmann, A. S., Bohne, B. A., & Harding, G. W. (2000). Histopathological differences between temporary and permanent threshold shift. *Hearing Research*, *139*, 13–30.

Noreña, A. J., & Eggermont, J. J. (2006). Enriched acoustic environment after noise trauma abolishes neural signs of tinnitus. *Neuroreport*, *17*, 559–563.

Norman, J. F., Bartholomew, A. N., & Burton, C. L. (2008). Aging preserves the ability to perceive 3D object shape from static but not deforming boundary contours. *Acta Psychologica*, *129*, 198–207.

Norman, J. F., Clayton, A. M., Norman, H. F., & Crabtree, C. E. (2008). Learning to perceive differences in solid shape through vision and touch. *Perception*, *37*, 185–196.

Norman, J. F., Clayton, A. M., Shular, C. F., & Thompson, S. R. (2004). Aging and the perception of depth and 3-D shape from motion parallax. *Psychology and Aging*, *19*, 506–514.

Norman, J. F., Norman, H. F., Clayton, A. M., Lianekhammy, J., & Zielke, G. (2004). The visual and haptic perception of natural object shape. *Perception & Psychophysics*, *66*, 342–351.

Norman, J. F., Norman, H. F., Pattison, K., Taylor, M. J., & Goforth, K. E. (2007). Aging and the depth of binocular rivalry suppression. *Psychology and Aging*, *22*, 625–631.

Norman, J. F., Ross, H. E., Hawkes, L. M., & Long, J. R. (2003). Aging and the perception of speed. *Perception*, *32*, 85–96.

Norman, J. F., Todd, J. T., & Orban, G. A. (2004). Perception of three-dimensional shape from specular highlights, deformations of shading, and other types of visual information. *Psychological Science*, *15*, 565–570.

Norton, T. T., & Corliss, D. A. (2002). Adaptation to light and dark. In T. T. Norton, D. A. Corliss & J. E. Bailey (Eds.), *The psychophysical measurement of visual function* (pp. 75–103). Boston: Butterworth-Heinemann.

Nutter, F. W., & Esker, P. D. (2006). The role of psychophysics in phytopathology: The Weber-Fechner law revisited. *European Journal of Plant Pathology*, *114*, 199–213.

O'Toole, A. J. (2004). Psychological and neural perspectives on human face recognition. In S. Z. Li & A. Jain (Eds.), *Handbook of face recognition*. New York: Springer-Verlag.

O'Toole, A. J., Bartlett, J. C., & Abdi, H. (2000). A signal detection model applied to the stimulus: Understanding covariances in face recognition experiments in the context of face sampling distributions. *Visual Cognition*, *7*, 437–463.

O'Toole, A. J., & Kersten, D. J. (1992). Learning to see random-dot stereograms. *Perception*, *21*, 227–243.

Olender, T., Fuchs, T., Linhart, C., Shamir, R., Adams, M., Kalush, F., et al. (2004). The canine olfactory subgenome. *Genomics*, *83*, 361–372.

Oliva, A. (2005). Gist of the scene. In L. Itti, G. Rees, & J. K. Tsotsos (Eds.), *Encyclopedia of neurobiology of attention* (pp. 251–256). San Diego, CA: Elsevier.

Oliva, A., & Torralba, A. (2006). Building the gist of a scene: The role of global image features in recognition. *Progress in Brain Research*, *155*, 23–36.

Oliva, A., Torralba, A., & Schyns, P. G. (2006). Hybrid images. *ACM Transactions on Graphics (Siggraph)*, *25*, 527–532.

Olson, H. F. (1967). *Music, physics, and engineering* (2nd ed.). New York: Dover.

Ölveczky, B. P., Baccus, S. A., & Meister, M. (2003). Segregation of object and background motion in the retina. *Nature*, *423*(6938), 401–408.

Ono, H., & Wade, N. J. (2005). Depth and motion in historical descriptions of motion parallax. *Perception*, *34*, 1263–1273.

Orban, G. A., Janssen, P., & Vogels, R. (2006). Extracting 3D structure from disparity. *Trends in Neurosciences*, *29*, 466–473.

Orban, G. A., Van Essen, D. C., & Vanduffel, W. (2004). Comparative mapping of higher visual areas in monkeys and humans. *Trends in Cognitive Sciences*, *8*, 315–324.

Orel-Bixler, D. (2002). Postnatal human vision development. In T. T. Norton, D. A. Corliss, & J. E. Bailey (Eds.), *The psychophysical measurement of visual function* (pp. 289–308). Boston: Butterworth-Heinemann.

Ostrovsky, Y., Andalman, A., & Sinha, P. (2006). Vision following extended congenital blindness. *Psychological Science*, *17*, 1009–1014.

Ostrovsky, Y., Cavanagh, P., & Sinha, P. (2005). Perceiving illumination inconsistencies in scenes. *Perception*, *34*, 1301–1314.

Owens, D. A., Antonoff, R. J., & Francis, E. L. (1994). Biological motion and nighttime pedestrian conspicuity. *Human Factors*, *36*, 718–732.

Oxenham, A. J., Bernstein, J. G., & Penagos, H. (2004). Correct tonotopic representation is necessary for complex pitch perception. *Proceedings of the National Academy of Sciences of the USA*, *101*, 1421–1425.

Oyster, C. W. (1999). *The human eye: Structure and function*. Sunderland, MA: Sinauer.

Pack, A. A., Herman, L. M., & Hoffmann-Kuhnt, M. (2004). Dolphin echolocation shape perception: From sound to object. In J. A. Thomas, C. F. Moss, & M. Vater (Eds.), *Echolocation in bats and dolphins* (pp. 288–298). Chicago: University of Chicago.

Pack, C. C., & Born, R. T. (2008). Cortical mechanisms for the integration of visual motion. In A. I. Basbaum, M. C. Bushnell, D. V. Smith, G. K. Beauchamp, S. J. Firestein, P. Dallos, D. Oertel, R. H. Masland, T. D. Albright, J. H. Kaas, & E. P. Gardner (Eds.), *The senses: A comprehensive reference* (Vol. 2, pp. 189–218). New York: Academic.

Paffen, C. L. E., Naber, M., & Verstraten, F. A. (2008). The spatial origin of a perceptual transition in binocular rivalry. *PLoS ONE*, 3, e2311.

Paladino, A., Costantini, S., Colonna, G., & Facchiano, A. M. (2008). Molecular modelling of miraculin: Structural analyses and functional hypotheses. *Biochemical and Biophysical Research Communications*, *367*, 26–32.

Palanca, B. J., & DeAngelis, G. C. (2005). Does neuronal synchrony underlie visual feature grouping? *Neuron*, *46*, 333–346.

Palczewski, K., Hofmann, K. P., & Baehr, W. (2006). Rhodopsin—Advances and perspectives. *Vision Research*, *46*, 4425–4426.

Palmer, C., & Jungers, M. K. (2003). Music cognition. In L. Nadel (Ed.), *Encyclopedia of cognitive science* (Vol. 3, pp. 155–158). New York: Nature Publishing Group.

Palmer, S. E. (1975). Visual perception and world knowledge: Notes on a model of sensory-cognitive interaction. In D. A. Norman & D. E. Rumelhart (Eds.), *Explorations in cognition* (pp. 279–307). San Francisco: Freeman.

Palmer, S. E. (1992). Common region: A new principle of perceptual grouping. *Cognitive Psychology*, *24*, 436–447.

Palmer, S. E. (1999). *Vision science: Photons to phenomenology*. Cambridge, MA: MIT Press.

Palmer, S. E. (2002). Perceptual organization in vision. In H. Pashler & S. Yantis (Eds.), *Stevens' handbook of experimental psychology* (3rd ed., pp. 177–234). Hoboken, NJ: Wiley.

Palmer, S. E. (2003a). Perceptual organization and grouping. In R. Kimchi, M. Behrmann, & C. R. Olson (Eds.), *Perceptual organization in vision: Behavioral and neural perspectives* (pp. 3–43). Mahwah, NJ: Erlbaum.

Palmer, S. E. (2003b). Visual perception of objects. In A. F. Healy & R. W. Proctor (Eds.), *Handbook of psychology: Experimental psychology* (Vol. 4, pp. 179–211). Hoboken, NJ: Wiley.

Palmer, S. E., & Rock, I. (1994). Rethinking perceptual organization: The role of uniform connectedness. *Psychonomic Bulletin & Review*, *1*, 29–55.

Pantev, C., Ross, B., Fujioka, T., Trainor, L. J., Schulte, M., & Schulz, M. (2003). Music and learning-induced cortical plasticity. *Annals of the New York Academy of Science*, *999*, 438–450.

Pantev, C., Weisz, N., Schulte, M., & Elbert, T. (2003). Plasticity of the human auditory cortex. In L. Pessoa & P. De Weerd (Eds.), *Filling-in: From perceptual completion to cortical reorganization* (pp. 231–251). New York: Oxford.

Papathomas, T. V. (2007). Art pieces that "move" in our minds—An explanation of illusory motion based on depth reversal. *Spatial Vision*, *21*, 79–95.

Paradise, J. L., Campbell, T. F., Dollaghan, C. A., Feldman, H. M., Bernard, B. S., Colborn, D. K., et al. (2005). Developmental outcomes after early or delayed insertion of tympanostomy tubes. *New England Journal of Medicine*, *353*, 576–586.

Paradise, J. L., Dollaghan, C. A., Campbell, T. F., Feldman, H. M., Bernard, B. S., Colborn, D. K., et al. (2003). Otitis media and tympanostomy tube insertion during the first three years of life: Developmental outcomes at the age of four years. *Pediatrics*, *112*, 265–277.

Paramei, G. V. (2007). Russian "blues": Controversies of basicness. In R. E. MacLaury, G. V. Paramei, & D. Dedrick (Eds.), *Anthropology of color: Interdisciplinary multilevel modeling* (pp. 75–106). Philadelphia: John Benjamins.

Park, T. J., Klug, A., Holinstat, M., & Grothe, B. (2004). Interaural level difference processing in the lateral superior olive and the inferior colliculus. *Journal of Neurophysiology*, *92*, 289–301.

Pascalis, O., & Slater, A. (Eds.). (2003). *The development of face processing in infancy and early childhood:*

Current perspectives. Hauppauge, NY: Nova.

Pascual-Leone, A. (2003). The brain that plays music is changed by it. In R. J. Zatorre & I. Peretz (Eds.), *The cognitive neuroscience of music* (pp. 396–409). New York: Oxford.

Pasternak, T., Bisley, J. W., & Calkins, D. (2003). Visual processing in the primate brain. In M. Gallagher & R. J. Nelson (Eds.), *Handbook of psychology: Biological psychology* (Vol. 3, pp. 139–185). Hoboken, NJ: Wiley & Sons.

Patel, A. D. (2008). *Music, language, and the brain*. New York: Oxford.

Pearson, J., Clifford, C. W., & Tong, F. (2008). The functional impact of mental imagery on conscious perception. *Current Biology*, *18*, 982–986.

Pedemonte, M., Drexler, D. G., & Velluti, R. A. (2004). Cochlear microphonic changes after noise exposure and gantamicin administration during sleep and waking. *Hearing Research*, *194*, 25–30.

Peirce, J. W., Solomon, S. G., Forte, J. D., & Lennie, P. (2008). Cortical representation of color is binocular. *Journal of Vision*, *8*(6), 1–10.

Peissig, J. J., & Tarr, M. J. (2007). Visual object recognition: Do we know more now than we did 20 years ago? *Annual Review of Psychology*, *58*, 75–96.

Pellicano, E., Rhodes, G., & Peters, M. (2006). Are preschoolers sensitive to configural information in faces? *Developmental Science*, *9*, 270–277.

Pelphrey, K. A., & Morris, J. P. (2006). Brain mechanisms for interpreting the actions of others from biological-motion cues. *Current Directions in Psychological Science*, *15*, 136–140.

Peña, J. L., & Konishi, M. (2001). Auditory spatial receptive fields created by multiplication. *Science*, *292*(5515), 249–252.

Penagos, H., Melcher, J. R., & Oxenham, A. J. (2004). A neural representation of pitch salience in nonprimary human auditory cortex revealed with functional magnetic resonance imaging. *Journal of Neuroscience*, *24*, 6810–6815.

Penfield, W., & Rasmussen, T. (1950). *The cerebral cortex of man*. New York: Macmillan.

Pepperberg, I. M., Vicinay, J., & Cavanagh, P. (2008). Processing of the Müller-Lyer illusion by a Grey parrot (Psittacus erithacus). *Perception*, *37*, 765–781.

Peretz, I., & Zatorre, R. J. (2005). Brain organization for music processing. *Annual Review of Psychology*, *56*, 89–114.

Persson Waye, K., Bengtsson, J., Kjellberg, A., & Benton, S. (2001). Low frequency noise "pollution" interferes with performance. *Noise Health*, *4*, 33–49.

Pessoa, L., & De Weerd, P. (Eds.). (2003). *Filling-in: From perceptual completion to cortical reorganization*. New York: Oxford.

Peterson, M. A. (2001). Object perception. In E. B. Goldstein (Ed.), *Blackwell handbook of perception* (pp. 168–203). Malden, MA: Blackwell.

Peterson, M. A. (2003). Overlapping partial configurations in object memory: An alternative solution to classic problems in perception and recognition. In M. A. Peterson & G. Rhodes (Eds.), *Perception of faces, objects, and scenes: Analytic and holistic processes* (pp. 269–291). New York: Oxford.

Peterson, M. A. (2007). The piecemeal, constructive, and schematic nature of perception. In M. A. Peterson, B. Gillam, & H. A. Sedgwick (Eds.), *In the mind's eye: Julian Hochberg on the perception of pictures, films, and the world* (pp. 419–428). New York: Oxford.

Peterson, M. A., & Enns, J. T. (2005). The edge complex: Implicit memory for figure assignment in shape perception. *Perception & Psychophysics*, *67*, 727–740.

Peterson, M. A., & Gibson, B. S. (1994). Must figure-ground organization precede object recognition? An assumption in peril. *Psychological Science*, *5*, 253–259.

Peterson, M. A., Gillam, B., & Sedgwick, H. A. (Eds.). (2007). *In the mind's eye: Julian Hochberg on the perception of pictures, films, and the world*. New York: Oxford.

Peterson, M. A., & Grant, E. S. (2003). Memory and learning in figure-ground perception. In B. Ross & D. E. Irwin (Eds.), *Cognitive vision* (Vol. 42, pp. 1–34). New York: Elsevier.

Peterson, M. A., Harvey, E. M., & Weidenbacher, H. J. (1991). Shape recognition contributions to figure-ground reversal: Which route counts? *Journal of Experimental Psychology: Human Perception & Performance*, *17*, 1075–1089.

Peterson, M. A., & Rhodes, G. (2003). *Perception of faces, objects, and scenes: Analytic and holistic processes*. New York: Oxford.

Peterson, M. A., & Skow, E. (2008). Inhibitory competition between shape properties in figure-ground perception. *Journal of Experimental Psychology: Human Perception & Performance*, *34*, 251–267.

Petrulis, A., & Eichenbaum, H. (2003). Olfactory memory. In R. L. Doty (Ed.), *Handbook of olfaction and gustation* (pp. 409–438). New York: Marcel Dekker.

Peuskens, H., Claeys, K. G., Todd, J. T., Norman, J. F., Van Hecke, P., & Orban, G. A. (2004). Attention to 3-D shape, 3-D motion, and texture in 3-D structure from motion displays. *Journal of Cognitive Neuroscience*, *16*, 665–682.

Pezdek, K., Blandon-Gitlin, I., & Moore, C. (2003). Children's face recognition memory: More evidence for the cross-race effect. *Journal of Applied Psychology*, *88*, 760–763.

Phillips, V. L., Saks, M. J., & Peterson, J. L. (2001). The application of signal detection theory to decision-making in forensic science. *Journal of Forensic Sciences*, *46*, 294–308.

Pianta, M. J., & Gillam, B. J. (2003). Paired and unpaired features can be equally effective in human depth perception. *Vision Research*, *43*, 1–6.

Pickles, J. O. (1988). *An introduction to the physiology of hearing* (2nd ed.). London: Academic Press.

Pierce, J. R. (1983). *The science of musical sound*. New York: Freeman.

Pierce, J. R. (1999). Consonance and scales. In P. R. Cook (Ed.), *Music, cognition, and computerized sound: An introduction to psychoacoustics* (pp. 167–185). Cambridge, MA: MIT Press.

Pierroutsakos, S. L., & DeLoache, J. S. (2003). Infants' manual exploration of pictorial objects varying in realism. *Infancy*, *4*, 141–156.

Pinel, J. P. J. (2006). *Biopsychology* (6th ed.). Boston: Allyn & Bacon.

Pinna, B., & Brelstaff, G. J. (2000). A new visual illusion of relative motion. *Vision Research*, *40*, 2091–2096.

Pinto, J. (2005). Developing body representations: A review of infants' responses to biological motion displays. In G. Knoblich, I. M. Thornton, M. Grosjean, & M. Shiffrar (Eds.), *Human body perception from the inside out* (pp. 305–322). New York: Oxford.

Pisoni, D. B., & Cleary, M. (2004). Learning, memory, and cognitive processes in deaf children following cochlear implantation. In F.-G. Zeng, A. N. Popper, & R. R. Fay (Eds.), *Cochlear implants: Auditory prostheses and electric hearing* (Vol. 20, pp. 377–426). New York: Springer.

Pizlo, Z. (2008). *3D shape: Its unique place in visual perception*. Cambridge, MA: MIT Press.

Plack, C. J. (2005). *The sense of hearing*. Mahwah, NJ: Erlbaum.

Plack, C. J., & Oxenham, A. J. (2005). Overview: The present and future of pitch. In C. J. Plack, A. J. Oxenham, R. R. Fay, & A. N. Popper (Eds.), *Pitch: Neural coding and perception* (pp. 1–6). New York: Springer.

Platek, S. M., Burch, R. L., & Gallup, G. G., Jr. (2001). Sex differences in olfactory self-recognition. *Physiology & Behavior*, *73*, 635–640.

Plomp, R. (2002). *The intelligent ear: On the nature of sound perception*. Mahwah, NJ: Erlbaum.

Pokorny, J. (2004). The evolution of knowledge: Trichromacy as theory and in nature. *Clinical and Experimental Optometry*, *87*, 203–205.

Pollack, I., & Pickett, J. M. (1963). The intelligibility of excerpts from conversational speech. *Language & Speech*, *6*, 165–171.

Pons, T. P., Preston, E., Garraghty, A. K., Kaas, J., Taub, E., & Mishkin, M. (1991). Massive cortical reorganization after sensory deafferentation in adult macaques. *Science*, *252*, 1857–1860.

Porter, J., Craven, B., Khan, R. M., Chang, S. J., Kang, I., Judkewitz, B., et al. (2007). Mechanisms of scent-tracking in humans. *Nature Neuroscience*, *10*, 27–29.

Post, D. L., & Task, H. L. (2006). Visual display technology. In W. Karwowski (Ed.), *International encyclopedia of ergonomics and human factors* (pp. 850–855). Boca Raton, FL: CRC Press.

Postma, A., Kessels, R. P. C., & van Asselen, M. (2004). The neuropsychology of object-location memory. In G. L. Allen (Ed.), *Human spatial memory: Remembering where* (pp. 143–160). Mahwah, NJ: Erlbaum.

Postma, A., Zuidhoek, S., Noordzij, M. L., & Kappers, A. M. (2007). Differences between early-blind, late-blind, and blindfolded-sighted people in haptic spatial-configuration learning and resulting memory traces. *Perception*, *36*, 1253–1265.

Potter, T., Corneille, O., Ruys, K. I., & Rhodes, G. (2007). "Just another pretty face": A multidimensional scaling approach to face attractiveness and variability. *Psychonomic Bulletin & Review*, *14*, 368–372.

Poulet, J. F. A., & Hedwig, B. (2007). New insights into corollary discharges mediated by identified neural pathways. *Trends in Neurosciences*, *30*, 14–21.

Poulton, E. C. (1989). *Bias in quantifying judgments*. Hove, UK: Erlbaum.

Prescott, J. (2004). Psychological processes in flavour perception. In A. J. Taylor & D. D. Roberts (Eds.), *Flavor perception* (pp. 256–277). Malden, MA: Blackwell.

Pressey, A. W., & Epp, D. (1992). Spatial attention in Ponzo-like patterns. *Perception & Psychophysics*, *52*, 211–221.

Price, D. D., Finniss, D. G., & Benedetti, F. (2008). A comprehensive review of the placebo effect: Recent advances and current thought. *Annual Review of Psychology*, *59*, 565–590.

Price, D. D., Hirsh, A., & Robinson, M. E. (2008). Psychological modulation of pain. In A. I. Basbaum, M. C. Bushnell, D. V. Smith, G. K. Beauchamp, S. J. Firestein, P. Dallos, D. Oertel, R. H. Masland, T. D. Albright, J. H. Kaas, & E. P. Gardner (Eds.), *The senses: A comprehensive reference* (Vol. 5, pp. 975–1002). New York: Academic Press.

Price, G. R. (2007). Predicting mechanical damage to the organ of Corti. *Hearing Research*, *226*, 5–13.

Prinzmetal, W., & Beck, D. M. (2001). The tilt-constancy theory of visual illusions. *Journal of Experimental Psychology: Human Perception & Performance*, *27*, 206–217.

Prinzmetal, W., Shimamura, A. P., & Mikolinski, M. (2001). The Ponzo illusion and the perception of orientation. *Perception & Psychophysics*, *63*, 99–114.

Priplata, A. A., Niemi, J. B., Harry, J. D., Lipsitz, L. A., & Collins, J. J. (2003). Vibrating insoles and balance control in elderly people. *Lancet*, *362*(9390), 1123–1124.

Proffitt, D. R. (2006a). Distance perception. *Current Directions in Psychological Science*, *15*, 131–135.

Proffitt, D. R. (2006b). Embodied perception and the economy of action. *Perspectives on Psychological Science*, *1*, 110–122.

Proffitt, D. R., Stefanucci, J., Banton, T., & Epstein, W. (2003). The role of effort in perceiving distance. Psychological Science, 14, 106–112.

Pugh, E. N., Jr. (1988). Vision: Physics and retinal physiology. In R. C. Atkinson, R. J. Herrnstein, G. Lindzey, & R. D. Luce (Eds.), *Stevens' handbook of experimental psychology* (2nd ed., Vol. 1, pp. 75–163). New York: Wiley.

Pullum, G. K. (1991). *The great Eskimo vocabulary hoax and other irreverent essays on the study of language*. Chicago: University of Chicago.

Puria, S., & Steele, C. R. (2008). Mechano-acoustical transformations. In A. I. Basbaum, M. C. Bushnell, D. V. Smith, G. K. Beauchamp, S. J. Firestein, P. Dallos, D. Oertel, R. H. Masland, T. D. Albright, J. H. Kaas, & E. P. Gardner (Eds.), *The senses: A comprehensive reference* (Vol. 3, pp. 166–201). New York: Academic.

Purves, D., & Lotto, R. B. (2003). *Why we see what we do: An empirical theory of vision*. Sunderland, MA: Sinauer.

Purves, D., Williams, S. M., Nundy, S., & Lotto, R. B. (2004). Perceiving the intensity of light. *Psychological Review*, *111*, 142–158.

Putnam, N. M., Hofer, H. J., Doble, N., Chen, L., Carroll, J., & Williams, D. R. (2005). The locus of fixation and the foveal cone mosaic. *Journal of Vision*, *5*, 632–639.

Qiu, F. T., & von der Heydt, R. (2005). Figure and ground in the visual cortex: V2 combines stereoscopic cues with Gestalt rules. *Neuron*, *47*, 155–166.

Qiu, J., Li, H., Zhang, Q., Liu, Q., & Zhang, F. (2008). The Müller-Lyer illusion seen by the brain: An event-related brain potentials study. *Biological Psychology*, *77*(2), 150–158.

Quinn, P. C. (1999). Development of recognition and categorization of objects and their spatial relations in young infants. In L. Balter & C. S. Tamis-LeMonda (Eds.), *Child psychology: A handbook of contemporary issues* (pp. 85–115). New York: Psychology Press.

Quinn, P. C., Kelly, D. J., Lee, K., Pascalis, O., & Slater, A. M. (2008). Preference for attractive faces in human infants extends beyond conspecifics. *Developmental Science*, *11*, 76–83.

Quinn, S., & Watt, R. (2006). The perception of tempo in music. *Perception*, *35*, 267–280.

Quiroga, R. Q., Mukamel, R., Isham, E. A., Malach, R., & Fried, I. (2008). Human single-neuron responses at the threshold of conscious recognition. *Proceedings of the National Academy of Sciences of the USA*, 105, 3599–3604.

Quiroga, R. Q., Reddy, L., Kreiman, G., Koch, C., & Fried, I. (2005). Invariant visual representation by single neurons in the human brain. *Nature*, *435*(7045), 1102–1107.

Rabbitt, P. (2002). Aging and cognition. In H. Pashler & J. T. Wixted (Eds.), *Stevens' handbook of experimental psychology* (3rd ed., pp. 793–860). Hoboken, NJ: Wiley.

Rabinowitz, P. M. (2000). Noise-induced hearing loss. *American Family Physician*, *61*, 2749–2756, 2759–2760.

Radocy, R. E., & Boyle, J. D. (2003). *Psychological foundations of musical behavior* (4th ed.). Springfield, IL: Thomas.

Ramachandran, V. S. (2003). Foreword. In L. Pessoa & P. De Weerd (Eds.), *Filling-in: From perceptual completion to cortical reorganization* (pp. xi–xxii). New York: Oxford.

Ramachandran, V. S., & Blakeslee, S. (1998). *Phantoms in the brain: Probing the mysteries of the human mind*. New York: William Morrow.

Ramachandran, V. S., & Gregory, R. L. (1991). Perceptual filling in of artificially induced scotomas in human vision. *Nature*, *350*, 699–702.

Ramachandran, V. S., & Hirstein, W. (1998). The perception of phantom limbs. The D. O. Hebb lecture. *Brain*, *121*, 1603–1630.

Ramachandran, V. S., & McGeoch, P. D. (2007). Occurrence of phantom genitalia after gender reassignment surgery. *Medical Hypotheses*, *69*, 1001–1003.

Ramachandran, V. S., & Rogers-Ramachandran, D. (2008). Illusions: Sizing things up. *Scientific American Mind*, *19*(1), 18–20.

Ratliff, F. (1984). Why Mach bands are not seen at the edges of a step. *Vision Research*, *24*, 163–165.

Rauschecker, J. P. (2001). Cortical plasticity and music. In R. J. Zatorre & I. Peretz (Eds.), *Biological foundations of music* (Vol. 930, pp. 330–336). New York: NY Academy of Sciences.

Rauschecker, J. P., & Shannon, R. V. (2002). Sending sound to the brain. *Science, 295*(5557), 1025–1029.

Rauschecker, J. P., & Tian, B. (2000). Mechanisms and streams for processing of "what" and "where" in auditory cortex. *Proceedings of the National Academy of Sciences of the USA, 97*, 11800–11806.

Ray, N. J., Fowler, S., & Stein, J. F. (2005). Yellow filters can improve magnocellular function: Motion sensitivity, convergence, accommodation, and reading. *Annals of the New York Academy of Science, 1039*, 283–293.

Rayner, K. (1998). Eye movements in reading and information processing: 20 years of research. *Psychological Bulletin, 124*, 372–422.

Rayner, K., & Johnson, R. L. (2005). Letter-by-letter acquired dyslexia is due to the serial encoding of letters. *Psychological Science, 16*, 530–534.

Rayner, K., & Liversedge, S. P. (2004). Visual and linguistic processing during eye fixations in reading. In J. M. Henderson & F. Ferreira (Eds.), *The interface of language, vision, and action: Eye movements and the visual world* (pp. 59–104). New York: Psychology Press.

Rayner, K., Reichle, E. D., & Pollatsek, A. (2005). Eye movement control in reading and the E-Z Reader model. In G. Underwood (Ed.), *Cognitive processes in eye guidance* (pp. 131–162). New York: Oxford.

Rayner, K., White, S. J., Johnson, R. L., & Liversedge, S. P. (2006). Raeding wrods with jubmled lettres: There is a cost. *Psychological Science, 17*, 192–193.

Read, J. C. A. (2005). Early computational processing in binocular vision and depth perception. *Progress in Biophysics and Molecular Biology, 87*, 77–108.

Read, J. C. A., & Cumming, B. G. (2004). Understanding the cortical specialization for horizontal disparity. *Neural Computation, 16*, 1983–2020.

Read, J. C. A., & Cumming, B. G. (2005). All Pulfrich-like illusions can be explained without joint encoding of motion and disparity. *Journal of Vision, 5*, 901–927.

Read, J. C. A., & Cumming, B. G. (2006). Does depth perception require vertical-disparity detectors? *Journal of Vision, 6*, 1323–1355.

Read, J. C. A., & Cumming, B. G. (2007). Sensors for impossible stimuli may solve the stereo correspondence problem. *Nature Neuroscience, 10*, 1322–1328.

Recanzone, G. H., & Sutter, M. L. (2008). The biological basis of audition. *Annual Review of Psychology, 59*, 119–142.

Reed, C. L., Stone, V. E., Bozova, S., & Tanaka, J. (2003). The body-inversion effect. *Psychological Science, 14*, 302–308.

Regan, D. (2000). *Human perception of objects: Early visual processing of spatial form defined by luminance, color, texture, motion, and binocular disparity*. Sunderland, MA: Sinauer.

Regier, T., Kay, P., & Khetarpal, N. (2007). Color naming reflects optimal partitions of color space. *Proceedings of the National Academy of Sciences of the USA, 104*, 1436–1441.

Reicher, G. M. (1969). Perceptual recognition as a function of meaningfulness of stimulus materials. *Journal of Experimental Psychology, 81*, 275–280.

Reichle, E. D., & Laurent, P. A. (2006). Using reinforcement learning to understand the emergence of "intelligent" eye-movement behavior during reading. *Psychological Review, 113*, 390–408.

Reinberger, S. (2006, June/July). Bitter could be better. *Scientific American Mind, 17*, 56–61.

Reinhardt-Rutland, A. H. (2003). Induced rotational motion with nonabutting inducing and induced stimuli: Implications regarding two forms of induced motion. *Journal of General Psychology, 130*, 260–274.

Remez, R. E., Rubin, P. E., Pisoni, D. B., & Carrell, T. D. (1981). Speech perception without traditional speech cues. *Science, 212*, 947–950.

Renouf, D. (1989). Sensory function in the harbor seal. *Scientific American, 260*, 90–95.

Revonsuo, A. (1999). Binding and the phenomenal unity of consciousness. *Consciousness and Cognition*, 8, 173–185.

Rhodes, G. (2006). The evolutionary psychology of facial beauty. *Annual Review of Psychology, 57*, 199–226.

Rhodes, G., Peters, M., & Ewing, L. A. (2007). Specialised higher-level mechanisms for facial-symmetry perception: Evidence from orientation-tuning functions. *Perception, 36*, 1804–1812.

Rhodes, G., Sumich, A., & Byatt, G. (1999). Are average facial configurations attractive only because of their symmetry? *Psychological Science, 10*, 52–58.

Ricci, D., Cesarini, L., Groppo, M., De Carli, A., Gallini, F., Serrao, F., et al. (2007). Early assessment of visual function in full term newborns. *Early Human Development, 84*, 107–113.

Ricci, F., Cedrone, C., & Cerulli, L. (1998). Standardized measurement of visual acuity. *Ophthalmic Epidemiology, 5*, 41–53.

Rich, A. N., Williams, M. A., Puce, A., Syngeniotis, A., Howard, M. A., McGlone, F., et al. (2006). Neural correlates of imagined and synaesthetic colours.

Neuropsychologia, *44*, 2918–2925.

Richards, E., Bennett, P. J., & Sekuler, A. B. (2006). Age related differences in learning with the useful field of view. *Vision Research*, *46*, 4217–4231.

Richards, W., Nishihara, H. K., & Dawson, B. (1988). CARTOON: A biologically motivated edge detection algorithm. In W. Richards (Ed.), *Natural computation* (pp. 55–69). Cambridge, MA: MIT Press.

Riedel, E., Stephan, T., Deutschlander, A., Kalla, R., Wiesmann, M., Dieterich, M., et al. (2005). Imaging the visual autokinetic illusion with fMRI. *Neuroimage*, *27*, 163–166.

Rieser, J. J., Ashmead, D. H., Ebner, F., & Corn, A. L. (Eds.). (2008). *Blindness and brain plasticity in navigation and object perception*. New York: Erlbaum.

Riggs, L. A. (1971). Vision. In J. W. Kling & L. A. Riggs (Eds.), *Woodworth & Schlosberg's experimental psychology* (3rd ed., pp. 273–314). New York: Holt, Rinehart and Winston.

Ringkamp, M., & Meyer, R. A. (2008). Physiology of nociceptors. In A. I. Basbaum, M. C. Bushnell, D. V. Smith, G. K. Beauchamp, S. J. Firestein, P. Dallos, D. Oertel, R. H. Masland, T. D. Albright, J. H. Kaas, & E. P. Gardner (Eds.), *The senses: A comprehensive reference* (Vol. 5, pp. 97–114). New York: Academic Press.

Riordan-Eva, P. (2004). Glaucoma. In P. Riordan-Eva, T. Asbury & J. P. Whitcher (Eds.), *Vaughn & Asbury's general ophthalmology* (16th ed., pp. 212–229). New York: McGraw-Hill Medical.

Riordan-Eva, P., & Whitcher, J. P. (Eds.). (2007). *Vaughn & Asbury's general ophthalmology* (17th ed.). New York: McGraw Hill Medical.

Risset, J.-C., & Wessel, D. L. (1999). Exploration of timbre by analysis and synthesis. In D. Deutsch (Ed.), *The psychology of music* (2nd ed., pp. 113–169). San Diego: Academic.

Rizzo, M., Nawrot, M., & Zihl, J. (1995). Motion and shape perception in cerebral akinetopsia. *Brain*, *118(Pt 5)*, 1105–1127.

Roach, N. W., Heron, J., & McGraw, P. V. (2006). Resolving multisensory conflict: A strategy for balancing the costs and benefits of audio-visual integration. *Proceedings of The Royal Society B: Biological Sciences*, *273*(1598), 2159–2168.

Robbins, R., & McKone, E. (2003). Can holistic processing be learned for inverted faces? *Cognition*, *88*, 79–107.

Robbins, R., & McKone, E. (2007). No face-like processing for objects-of-expertise in three behavioural tasks. *Cognition*, *103*, 34–79.

Roberson, D., Davidoff, J., Davies, I. R. L., & Shapiro, L. R. (2005). Color categories: Evidence for the cultural relativity hypothesis. *Cognitive Psychology*, *50*, 378–411.

Roberson, D., Davies, I. R. L., & Davidoff, J. (2000). Color categories are not universal: Replications and new evidence from a stone-age culture. *Journal of Experimental Psychology: General*, *129*, 369–398.

Roberson, D., & Hanley, J. R. (2007). Color vision: Color categories vary with language after all. *Current Biology*, *17*, R605–607.

Roberts, B., Harris, M. G., & Yates, T. A. (2005). The roles of inducer size and distance in the Ebbinghaus illusion (Titchener circles). *Perception*, *34*, 847–856.

Robertson, L. C. (2003). Binding, spatial attention and perceptual awareness. *Nature Reviews Neuroscience*, *4*, 93–102.

Robertson, L. C. (2004). *Space, objects, minds, and brains*. New York: Psychology Press.

Robinson, F. R., & Fuchs, A. F. (2001). The role of the cerebellum in voluntary eye movements. *Annual Review of Neuroscience*, *24*, 981–1004.

Rock, I. (1997). *Indirect perception*. Cambridge, MA: MIT Press.

Rock, I., Nijhawan, R., & Palmer, S. E. (1992). Grouping based on phenomenal similarity of achromatic color. *Perception*, *21*, 779–789.

Rock, P. B., Harris, M. G., & Yates, T. (2006). A test of the tau-dot hypothesis of braking control in the real world. *Journal of Experimental Psychology: Human Perception & Performance*, *32*, 1479–1484.

Rodieck, R. W. (1998). *The first steps in seeing*. Sunderland, MA: Sinauer.

Rogers, T. B., Kuiper, N. A., & Kirker, W. S. (1977). Self-reference and the encoding of personal information. *Journal of Personality and Social Psychology*, *35*, 677–688.

Rollag, M. D., Berson, D. M., & Provencio, I. (2003). Melanopsin, ganglion-cell photoreceptors, and mammalian photoentrainment. *Journal of Biological Rhythms*, *18*, 227–234.

Rolls, E. T. (2005). Taste, olfactory, and food texture processing in the brain, and the control of food intake. *Physiology & Behavior*, *85*, 45–56.

Rolls, E. T. (2008). The representation of flavor in the brain. In A. I. Basbaum, M. C. Bushnell, D. V. Smith, G. K. Beauchamp, S. J. Firestein, P. Dallos, D. Oertel, R. H. Masland, T. D. Albright, J. H. Kaas, & E. P. Gardner (Eds.), *The senses: A comprehensive reference* (Vol. 4, pp. 469–478). New York: Academic Press.

Rolls, E. T., & Deco, G. (2002). *Computational neuroscience of vision*. New York: Oxford.

Rose, D. (2000). Psychophysical methods. In G. M.

Breakwell, S. Hammond, & C. Fife-Schaw (Eds.), *Research methods in psychology* (2nd ed., pp. 194-210). Thousand Oaks, CA: Sage Publications.

Rose, D., & Bressan, P. (2002). Going round in circles: Shape effects in the Ebbinghaus illusion. *Spatial Vision*, *15*, 191-203.

Rosenbaum, R. S., Gao, F., Richards, B., Black, S. E., & Moscovitch, M. (2005). "Where to?" remote memory for spatial relations and landmark identity in former taxi drivers with Alzheimer's disease and encephalitis. *Journal of Cognitive Neuroscience*, *17*, 446-462.

Rosenblum, L. D. (2005). Primacy of multimodal speech perception. In D. B. Pisoni & R. E. Remez (Eds.), *The handbook of speech perception* (pp. 51-78). Malden, MA: Blackwell.

Rosenblum, L. D., Miller, R. M., & Sanchez, K. (2007). Lip-read me now, hear me better later: Cross-modal transfer of talker-familiarity effects. *Psychological Science*, *18*, 392-396.

Rosenblum, L. D., Niehus, R. P., & Smith, N. M. (2007). Look who's talking: Recognizing friends from visible articulation. *Perception*, *36*, 157-159.

Rosenblum, L. D., Yakel, D. A., & Green, K. P. (2000). Face and mouth inversion effects on visual and audiovisual speech perception. *Journal of Experimental Psychology: Human Perception & Performance*, *26*, 806-819.

Rosenquist, R. W., & Haider, N. (2008). Phantom limb pain. In H. T. Benzon, J. P. Rathmell, C. L. Wu, D. C. Turk, & C. E. Argoff (Eds.), *Raj's practical management of pain* (pp. 445-453). Philadelphia: Mosby.

Rosenzweig, S. (1987). The final tribute of E. G. Boring to G. T. Fechner: Concerning the date October 22, 1850. *American Psychologist*, *42*, 787-790.

Ross, H., & Plug, C. (2002). *The mystery of the moon illusion: Exploring size perception*. New York: Oxford.

Rossing, T. D., Moore, F. R., & Wheeler, P. A. (2002). *The science of sound* (3rd ed.). San Francisco: Addison-Wesley.

Rossion, B. (2008). Picture-plane inversion leads to qualitative changes of face perception. *Acta Psychologica*, *128*, 274-289.

Rotello, C. M., Macmillan, N. A., & Reeder, J. A. (2004). Sum-difference theory of remembering and knowing: A two-dimensional signal-detection model. *Psychological Review*, *111*, 588-616.

Roumes, C., Meehan, J. W., Plantier, J., & Menu, J.-P. (2001). Distance estimation in a 3-D imaging display. *International Journal of Aviation Psychology*, *11*, 381-396.

Rovee-Collier, C., & Barr, R. (2001). Infant cognition. In H. Pashler (Ed.), *Stevens' handbook of experimental psychology* (3rd ed., Vol. 4, pp. 693-791). New York: Wiley.

Rowe, M. H. (2002). Trichromatic color vision in primates. *News in Physiological Sciences*, *17*, 93-98.

Rubin, E. (1915/1958). Synoplevede figurer (Figure and ground) (M. Wertheimer, Trans.). In D. C. Beardslee & M. Wertheimer (Eds.), *Readings in perception* (pp. 194-203). Princeton, NJ: Van Nostrand.

Rubinstein, J. T. (2004). How cochlear implants encode speech. *Current Opinion in Otolaryngology & Head and Neck Surgery*, *12*, 444-448.

Ruppertsberg, A. I., Wuerger, S. M., & Bertamini, M. (2003). The chromatic input to global motion perception. *Visual Neuroscience*, *20*, 421-428.

Ruppertsberg, A. I., Wuerger, S. M., & Bertamini, M. (2007). When S-cones contribute to chromatic global motion processing. *Visual Neuroscience*, *24*, 1-8.

Rushton, W. A. H. (1958). Kinetics of cone pigments measured objectively in the living human fovea. *Annals of the New York Academy of Sciences*, *74*, 291-304.

Rutherford, M. D., & Brainard, D. H. (2002). Lightness constancy: A direct test of the illumination-estimation hypothesis. Psychological Science, 13, 142-149.

Rutherford, W. (1886). A new theory of hearing. *Journal of Anatomy and Physiology*, *21*, 166-168.

Sachtler, W. L., & Gillam, B. (2007). The stereoscopic sliver: A comparison of duration thresholds for fully stereoscopic and unmatched versions. *Perception*, *36*, 135-144.

Sacks, O. (1985). *The man who mistook his wife for a hat, and other clinical tales*. New York: Summit Books.

Sacks, O. (1995). *An anthropologist on Mars: Seven paradoxical tales*. New York: Knopf.

Sacks, O. (2007). *Musicophilia: Tales of music and the brain*. New York: Knopf.

Saffran, J. R. (2003a). Absolute pitch in infancy and adulthood: The role of tonal structure. *Developmental Science*, *6*, 37-49.

Saffran, J. R. (2003b). Musical learning and language development. In G. Avanzini, C. Faienza, D. Minciacchi, L. Lopez, & M. Majno (Eds.), *The neurosciences and music* (Vol. 999, pp. 397-401). New York: NY Academy of Sciences.

Saffran, J. R., & Griepentrog, G. J. (2001). Absolute pitch in infant auditory learning: Evidence for developmental reorganization. *Developmental Psychology*, *37*, 74-85.

Saffran, J. R., Reeck, K., Niebuhr, A., & Wilson, D. (2005). Changing the tune: The structure of the input affects infants' use of absolute and relative pitch.

Developmental Science, *8*, 1–7.

Saffran, J. R., Werker, J. F., & Werner, L. A. (2006). The infant's auditory world: Hearing, speech, and the beginnings of language. In D. Kuhn, R. S. Siegler, W. Damon, & R. M. Lerner (Eds.), *Handbook of child psychology: Vol 2, Cognition, perception, and language* (6th ed., pp. 58–108). Hoboken, NJ: Wiley.

Salvi, R. J., Wang, J., & Caspary, D. M. (2007). Functional changes in the central auditory system after noise-induced cochlear damage. In L. Luxon & D. Prasher (Eds.), *Noise and its effects* (pp. 110–126). Chichester, England: Wiley.

Samuel, A. G. (1996). Does lexical information influence the perceptual restoration of phonemes? *Journal of Experimental Psychology: General*, *125*, 28–51.

Samuel, A. G. (2001). Knowing a word affects the fundamental perception of the sounds within it. *Psychological Science*, *12*, 348–351.

Sasaki, Y., Vanduffel, W., Knutsen, T., Tyler, C., & Tootell, R. (2005). Symmetry activates extrastriate visual cortex in human and nonhuman primates. *Proceedings of the National Academy of Sciences of the USA*, *102*, 3159–3163.

Sathian, K., & Lacey, S. (2007). Journeying beyond classical somatosensory cortex. *Canadian Journal of Experimental Psychology*, *61*, 254–264.

Sathian, K., & Lacey, S. (2008). Visual cortical involvement during tactile perception in blind and sighted individuals. In J. J. Rieser, D. H. Ashmead, F. Ebner, & A. L. Corn (Eds.), *Blindness and brain plasticity in navigation and object perception* (pp. 113–125). New York: Erlbaum.

Saygin, A. P. (2007). Superior temporal and premotor brain areas necessary for biological motion perception. *Brain*, *130*, 2452–2461.

Scerif, G., Kotsoni, E., & Casey, B. J. (2006). The functional neuroimaging of development. In R. Cabeza & A. Kingstone (Eds.), *Functional neuroimaging of cognition* (pp. 351-378). Cambridge, MA: MIT Press.

Schank, J. C. (2006). Do human mesntrual-cycle hormones exist? *Human Nature*, *17*, 448–470.

Schaub, M. (2005). *Janet Cardiff: The walk book*. New York: Walther Konig.

Scheibe, F., Haupt, H., Mazurek, B., & Konig, O. (2001). Therapeutic effect of magnesium on noise-induced hearing loss. *Noise Health*, *3*, 79–84.

Schellenberg, E. G., & Trehub, S. E. (2003). Good pitch memory is widespread. *Psychological Science*, 14, 262–266.

Schenk, T., Ellison, A., Rice, N., & Milner, A. D. (2005). The role of V5/MT+ in the control of catching movements: An rTMS study. *Neuropsychologia*, *43*, 189–198.

Schenk, T., Mai, N., Ditterich, J., & Zihl, J. (2000). Can a motion-blind patient reach for moving objects? The European Journal of Neuroscience, 12, 3351–3360.

Schermer, M. (2008). *The brain is not modular: What fMRI really tells us*. Scientific American.

Schieber, F. (2006). Vision and aging. In J. E. Birren & K. W. Schaie (Eds.), *Handbook of the psychology of aging* (6th ed., pp. 129–162). New York: Academic.

Schiffman, H. R. (2003). Psychophysics. In S. F. Davis (Ed.), *Handbook of research methods in experimental psychology* (pp. 441–469). Malden, MA: Blackwell.

Schiffman, S. S. (2008). The aging gustatory system. In A. I. Basbaum, M. C. Bushnell, D. V. Smith, G. K. Beauchamp, S. J. Firestein, P. Dallos, D. Oertel, R. H. Masland, T. D. Albright, J. H. Kaas, & E. P. Gardner (Eds.), *The senses: A comprehensive reference* (Vol. 4, pp. 479–498). New York: Academic Press.

Schiller, P. H. (1986). The central visual system. *Vision Research*, *26*, 1351–1386.

Schiller, P. H., Slocum, W. M., & Weiner, V. S. (2007). How the parallel channels of the retina contribute to depth processing. *The European Journal of Neuroscience*, *26*, 1307–1321.

Schiltz, C., & Rossion, B. (2006). Faces are represented holistically in the human occipito-temporal cortex. *Neuroimage*, *32*, 1385–1394.

Schlaug, G. (2003). The brain of musiciants. In I. Peretz & R. J. Zatorre (Eds.), *The cognitive neuroscience of music* (pp. 366–381). New York: Oxford.

Schmuckler, M. A., Collimore, L. M., & Dannemiller, J. L. (2007). Infants' reactions to object collision on hit and miss trajectories. *Infancy*, *12*, 105–118.

Schneider, B. A., Daneman, M., & Murphy, D. R. (2005). Speech comprehension difficulties in older adults: Cognitive slowing or age-related changes in hearing? *Psychology and Aging*, *20*, 261–271.

Schneider, B. A., Daneman, M., Murphy, D. R., & See, S. K. (2000). Listening to discourse in distracting settings: The effects of aging. *Psychology and Aging*, *15*, 110–125.

Schneider, B. A., Daneman, M., & Pichora-Fuller, M. K. (2002). Listening in aging adults: From discourse comprehension to psychoacoustics. *Canadian Journal of Experimental Psychology*, *56*, 139–152.

Schneider, P., Sluming, V., Roberts, N., Scherg, M., Goebel, R., Specht, H. J., et al. (2005). Structural and functional asymmetry of lateral Heschl's gyrus reflects pitch perception preference. *Nature Neuroscience*, *8*, 1241–1247.

Schor, C. M. (2003). Stereopsis. In L. M. Chalupa & J. S. Werner (Eds.), *The visual neurosciences* (Vol. 2, pp. 1300–1312). Cambridge, MA: MIT Press.

Schroeder, J. A., & Flannery-Schroeder, E. (2005, June). Use of the herb Gymnema sylvestre to illustrate the principles of gustatory sensation: An undergraduate neuroscience laboratory exercise. *The Journal of Undergraduate Neuroscience Education*, *3*, A59-A62.

Schubert, E., & Stevens, C. (2006). The effect of implied harmony, contour and musical expertise on judgments of similarity in familiar melodies. *Journal of New Music Research*, *35*, 161-174.

Schuller, G., & Moss, C. F. (2004). Vocal control and acoustically guided behavior in bats. In J. A. Thomas, C. F. Moss, & M. Vater (Eds.), *Echolocation in bats and dolphins* (pp. 3-16). Chicago: University of Chicago.

Schulte, M., Knief, A., Seither-Preisler, A., & Pantev, C. (2002). Different modes of pitch perception and learning-induced neuronal plasticity of the human auditory cortex. *Neural Plast*, *9*, 161-175.

Schwartz, J.-L., Berthommier, F., & Savariaux, C. (2004). Seeing to hear better: Evidence for early audio-visual interactions in speech identification. *Cognition*, *93*, B69-B78.

Schwartz, S. H. (2004). *Visual perception: A clinical orientation*. New York: McGraw-Hill.

Schwarzschild, B. (2006, September). Neural-network model may explain the surprisingly good infrared vision of snakes. *Physics Today*, 18-20.

Schyns, P. G., & Oliva, A. (1999). Dr. Angry and Mr. Smile: When categorization flexibly modifies the perception of faces in rapid visual presentations. *Cognition*, *69*, 243-265.

Scialfa, C. T. (2002). The role of sensory factors in cognitive aging research. *Canadian Journal of Experimental Psychology*, 56, 153-163.

Scialfa, C. T., & Kline, D. W. (2007). Vision. In J. E. Birren (Ed.), *Encyclopedia of gerontology* (pp. 653-660). San Diego: Elsevier.

Sedgwick, H. A. (2001). Visual space perception. In E. B. Goldstein (Ed.), *Blackwell handbook of perception* (pp. 128-167). Malden, MA: Blackwell.

Seghier, M. L., & Vuilleumier, P. (2006). Functional neuroimaging findings on the human perception of illusory contours. *Neuroscience and Biobehavioral Reviews*, *30*, 595-612.

Seither-Preisler, A., Johnson, L., Krumbholz, K., Nobbe, A., Patterson, R., Seither, S., et al. (2007). Tone sequences with conflicting fundamental pitch and timbre changes are heard differently by musicians and nonmusicians. *Journal of Experimental Psychology: Human Perception & Performance*, *33*, 743-751.

Sekuler, A. B., Gaspar, C. M., Gold, J. M., & Bennett, P. J. (2004). Inversion leads to quantitative, not qualitative, changes in face processing. *Current Biology*, *14*, 391-396.

Sekuler, R., Watamaniuk, S. N. J., & Blake, R. (2002). Perception of visual motion. In H. Pashler & S. Yantis (Eds.), *Stevens' handbook of experimental psychology* (3rd ed., pp. 121-176). Hoboken, NJ: Wiley.

Sekunova, A., & Barton, J. J. (2008). The effects of face inversion on the perception of long-range and local spatial relations in eye and mouth configuration. *Journal of Experimental Psychology: Human Perception & Performance*, *34*, 1129-1135.

Sereno, M. I., & Tootell, R. B. (2005). From monkeys to humans: What do we now know about brain homologies? *Current Opinion in Neurobiology*, *15*, 135-144.

Sethares, W. A. (2005). *Tuning, timbre, spectrum, scale* (2nd ed.). New York: Springer.

Shaffer, D. M., Krauchunas, S. M., Eddy, M., & McBeath, M. K. (2004). How dogs navigate to catch frisbees. *Psychological Science*, *15*, 437-441.

Shaffer, D. M., & McBeath, M. K. (2002). Baseball outfielders maintain a linear optical trajectory when tracking uncatchable fly balls. *Journal of Experimental Psychology: Human Perception & Performance*, *28*, 335-348.

Shaffer, D. M., & McBeath, M. K. (2005). Naive beliefs in baseball: Systematic distortion in perceived time of apex for fly balls. *Journal of Experimental Psychology: Learning, Memory, & Cognition*, *31*, 1492-1501.

Shaffer, D. M., McBeath, M. K., Krauchunas, S. M., & Sugar, T. G. (2008). Evidence for a generic interceptive strategy. *Perception & Psychophysics*, *70*, 145-157.

Shaffer, D. M., McBeath, M. K., Roy, W. L., & Krauchunas, S. M. (2003). A linear optical trajectory informs the fielder where to run to the side to catch fly balls. *Journal of Experimental Psychology: Human Perception & Performance*, *29*, 1244-1250.

Shamma, S. A. (2004). Topographic organization is essential for pitch perception. *Proceedings of the National Academy of Sciences of the USA*, *101*, 1114-1115.

Shannon, R. V., Fu, Q.-J., Galvin, J., & Friesen, L. (2004). Speech perception with cochlear implants. In F.-G. Zeng, A. N. Popper, & R. R. Fay (Eds.), *Cochlear implants: Auditory prostheses and electric hearing* (Vol. 20, pp. 334-376). New York: Springer.

Shapiro, P. N., & Penrod, S. (1986). Meta-analysis of facial identification studies. *Psychological Bulletin*, *100*, 139-156.

Shapley, R., Kaplan, E., & Purpura, K. (1993). Contrast sensitivity and light adaptation in photoreceptors or in the retinal network. In R. Shapley & D. M.-K. Lam (Eds.), *Contrast sensitivity: Proceedings of the Retina Research Foundation Symposia* (Vol. 5, pp. 103–116). Cambridge, MA: MIT Press.

Sharma, J., Angelucci, A., & Sur, M. (2000). Induction of visual orientation modules in auditory cortex. *Nature*, *404*, 841–847.

Sharov, A. A., Leonard, D., Liebhold, A. M., & Clemens, N. S. (2002). Evaluation of preventive treatments in low-density gypsy moth populations using pheromone traps. *Journal of Economic Entomology*, *95*, 1205–1215.

Sharpe, L. T., de Luca, E., Hansen, T., Jagle, H., & Gegenfurtner, K. R. (2006). Advantages and disadvantages of human dichromacy. *Journal of Vision*, *6*, 213–223.

Sharpe, L. T., Stockman, A., Jägle, H., & Nathans, J. (1999). Opsin genes, cone photopigments, color vision, and color blindness. In K. Gegenfurtner & L. T. Sharpe (Eds.), *Color vision: From genes to perception* (pp. 3–51). New York: Cambridge.

Shepard, R. N. (1964). Circularity in judgments of relative pitch. Journal of the Acoustical Society of America, 36, 2346–2353.

Shepard, R. N. (1999a). Pitch perception and measurement. In P. R. Cook (Ed.), *Music, cognition, and computerized sound: An introduction to psychoacoustics* (pp. 149–165). Cambridge, MA: MIT Press.

Shepard, R. N. (1999b). Tonal structure and scales. In P. R. Cook (Ed.), *Music, cognition, and computerized sound: An introduction to psychoacoustics* (pp. 187–194). Cambridge, MA: MIT Press.

Shera, C. A. (2003). Mammalian spontaneous otoacoustic emissions are amplitude-stabilized cochlear standing waves. *Journal of the Acoustical Society of America*, *114*, 244–262.

Shera, C. A. (2004). Mechanisms of mammalian otoacoustic emission and their implications for the clinical utility of otoacoustic emissions. *Ear and Hearing*, *25*, 86–97.

Shevell, S. K. (2003a). Color appearance. In S. K. Shevell (Ed.), *The science of color* (pp. 149–190). New York: Elsevier.

Shevell, S. K. (Ed.). (2003b). *The science of color* (2nd ed.). New York: Elsevier.

Shevell, S. K., & Kingdom, F. A. (2008). Color in complex scenes. *Annual Review of Psychology*, *59*, 143–166.

Shiffrar, M. (1994). When what meets where. *Current Directions in Psychological Science*, *3*, 96–100.

Shiffrar, M. (2001). Movement and event perception. In E. B. Goldstein (Ed.), *Blackwell handbook of perception* (pp. 237–271). Malden, MA: Blackwell.

Shinoda, H., Hayhoe, M. M., & Shrivastava, A. (2001). What controls attention in natural environments? *Vision Research*, *41*(2526), 3535–3545.

Shou, J., Zheng, J. L., & Gao, W. Q. (2003). Robust generation of new hair cells in the mature mammalian inner ear by adenoviral expression of Hath1. *Molecular and Cellular Neurosciences*, *23*, 169–179.

Shrager, Y., Bayley, P. J., Bontempi, B., Hopkins, R. O., & Squire, L. R. (2007). Spatial memory and the human hippocampus. *Proceedings of the National Academy of Sciences of the USA*, *104*, 2961–2966.

Shrager, Y., Kirwan, C. B., & Squire, L. R. (2008). Neural basis of the cognitive map: Path integration does not require hippocampus or entorhinal cortex. *Proceedings of the National Academy of Sciences of the USA*, *105*, 12034–12038.

Shuwairi, S. M., Albert, M. K., & Johnson, S. P. (2007). Discrimination of possible and impossible objects in infancy. *Psychological Science*, *18*, 303–307.

Sidaway, I. (2002). *Color mixing bible: All you'll ever need to know about mixing pigments in oil, acrylic, watercolor, gouache, soft pastel, pencil, and ink.* New York: Watson-Guptill.

Siegel, J. (2008). Otoacoustic emissions. In A. I. Basbaum, M. C. Bushnell, D. V. Smith, G. K. Beauchamp, S. J. Firestein, P. Dallos, D. Oertel, R. H. Masland, T. D. Albright, J. H. Kaas, & E. P. Gardner (Eds.), *The senses: A comprehensive reference* (Vol. 3, pp. 237–261). New York: Academic.

Silvanto, J., Cowey, A., Lavie, N., & Walsh, V. (2005). Striate cortex (V1) activity gates awareness of motion. *Nature Neuroscience*, *8*, 143–144.

Simion, F., Regolin, L., & Bulf, H. (2008). A predisposition for biological motion in the newborn baby. *Proceedings of the National Academy of Sciences of the USA*, *105*, 809–813.

Sincich, L. C., & Horton, J. C. (2005). The circuitry of V1 and V2: Integration of color, form, and motion. *Annual Review of Neuroscience*, *28*, 303–326.

Sincich, L. C., Park, K. F., Wohlgemuth, M. J., & Horton, J. C. (2004). Bypassing V1: A direct geniculate input to area MT. *Nature Neuroscience*, *7*, 1123–1128.

Singh, M., & Anderson, B. L. (2006). Photometric determinants of perceived transparency. *Vision Research*, *46*, 879–894.

Sinha, P., Balas, B. J., Ostrovsky, Y., & Russell, R. (2006). Face recognition by humans: Nineteen results all computer vision researchers should know about. *Proceedings of the IEEE*, *94*, 1948–1962.

Skals, N., Anderson, P., Kanneworff, M., Lofstedt, C., & Surlykke, A. (2005). Her odours make him deaf: Crossmodal modulation of olfaction and hearing in a male moth. *The Journal of Experimental Biology*, *208*, 595–601.

Slater, A. (1998). The competent infant: Innate organisation and early learning in infant visual perception. In A. Slater (Ed.), *Perceptual development: Visual, auditory, and speech perception in infancy* (pp. 105–130). Hove, UK: Psychology Press.

Slater, A., Field, T., & Hernandez-Reif, M. (2002). The development of the senses. In A. Slater & M. Lewis (Eds.), *Introduction to infant development* (pp. 83–98). New York: Oxford.

Sloboda, J. A. (2005). *Exploring the musical mind: Cognition, emotion, ability, function*. New York: Oxford.

Sloboda, J. A., Wise, K. J., & Peretz, I. (2005). Quantifying tone deafness in the general population. In G. Avanzini, L. Lopez, S. Koelsch, & M. Manjno (Eds.), *The neurosciences and music II: From perception to performance*. (pp. 255–261). New York: New York Academy of Sciences.

Small, D. M., Bender, G., Veldhuizen, M. G., Rudenga, K., Nachtigal, D., & Felsted, J. (2007). *The role of the human orbitofrontal cortex in taste and flavor processing*. Annals of the New York Academy of Science, 1121, 136–151.

Small, D. M., & Prescott, J. (2005). Odor/taste integration and the perception of flavor. *Experimental Brain Research*, *166*, 345–357.

Smith, C. G., Paradise, J. L., Sabo, D. L., Rockette, H. E., Kurs-Lasky, M., Bernard, B. S., et al. (2006). Tympanometric findings and the probability of middle-ear effusion in 3686 infants and young children. *Pediatrics*, *118*, 1–13.

Smith, G., & Atchison, D. A. (1997). *The eye and visual optical instruments*. New York: Cambridge.

Smith, J. D., Redford, J. S., & Haas, S. M. (2008). Prototype abstraction by monkeys (Macaca mulatta). *Journal of Experimental Psychology: General*, *137*, 390–401.

Smith, V. C., & Pokorny, J. (2003). Color matching and color discrimination. In S. K. Shevell (Ed.), *The science of color* (pp. 103–148). New York: Elsevier.

Snow, J. B., Jr. (2008). Tinnitus. In A. I. Basbaum, M. C. Bushnell, D. V. Smith, G. K. Beauchamp, S. J. Firestein, P. Dallos, D. Oertel, R. H. Masland, T. D. Albright, J. H. Kaas, & E. P. Gardner (Eds.), *The senses: A comprehensive reference* (Vol. 3, pp. 301–308). New York: Academic Press.

Snowden, R. J., & Freeman, T. C. (2004). The visual perception of motion. *Current Biology*, *14*, R828–831.

Snyder, D. J., Duffy, V. B., Hayes, J. E., & Bartoshuk, L. M. (2008). Propylthiouracil (PROP) taste. In A. I. Basbaum, M. C. Bushnell, D. V. Smith, G. K. Beauchamp, S. J. Firestein, P. Dallos, D. Oertel, R. H. Masland, T. D. Albright, J. H. Kaas, & E. P. Gardner (Eds.), *The senses: A comprehensive reference* (Vol. 4, pp. 391–399). New York: Academic Press.

Snyder, D. J., Prescott, J., & Bartoshuk, L. M. (2006). Modern psychophysics and the assessment of human oral sensation. *Advances in Oto-Rhino-Laryngology*, *63*, 221–241.

Soderquist, D. R. (2002). *Sensory processes*. Thousand Oaks, CA: Sage.

Sofaer-Bennett, B., Holloway, I., Moore, A., Lamberty, J., Thorp, T., & O'Dwyer, J. (2007). Perseverance by older people in their management of chronic pain: A qualitative study. *Pain Medicine*, *8*, 271–280.

Solomon, S. G., & Lennie, P. (2007). The machinery of colour vision. *Nature Reviews Neuroscience*, *8*, 276–286.

Solso, R. L., MacLin, O. H., & MacLin, M. K. (2008). *Cognitive psychology* (8th ed.). Boston: Allyn & Bacon.

Sommer, M. A., & Wurtz, R. H. (2008a). Brain circuits for the internal monitoring of movements. *Annual Review of Neuroscience*, *31*, 317–338.

Sommer, M. A., & Wurtz, R. H. (2008b). Visual perception and corollary discharge. *Perception*, *37*, 408–418.

Sommers, M. S. (2005). Age-related changes in spoken word recognition. In D. B. Pisoni & R. E. Remez (Eds.), *The handbook of speech perception* (pp. 469–493). Malden, MA: Blackwell.

Spelke, E. S. (2002). Developmental neuroimaging: A developmental psychologist looks ahead. *Developmental Science*, *5*, 392–396.

Spelke, E. S., & von Hofsten, C. (2001). Predictive reaching for occluded objects by 6-month-old infants. *Journal of Cognition and Development*, *2*, 261–281.

Spence, C., & Read, L. (2003). Speech shadowing while driving: On the difficulty of splitting attention between eye and ear. *Psychological Science*, *14*, 251–256.

Stangl, F. B., Shipley, M. M., Goetze, J. R., & Jones, C. (2005). Comments on the predator-prey relationship of the Texas kangaroo rat (Dipodomys elator) and barn owl (Tyto alba). *American Midland Naturalist*, *153*, 135–141.

Stansfeld, S. A., & Matheson, M. P. (2003). Noise pollution: Non-auditory effects on health. *British Medical Bulletin*, *68*, 243–257.

Starck, J., Toppila, E., & Pyykkö, I. (2007). Hearing protectors. In L. Luxon & D. Prasher (Eds.), *Noise and its effects* (pp. 667–680). Chichester, England:

Wiley.

Stefanucci, J. K., Proffitt, D. R., Banton, T., & Epstein, W. (2005). Distances appear different on hills. *Perception & Psychophysics*, *67*, 1052–1060.

Stefanucci, J. K., Proffitt, D. R., Clore, G. L., & Parekh, N. (2008). Skating down a steeper slope: Fear influences the perception of geographical slant. *Perception*, *37*, 321–323.

Stein, B. E., & Meredith, M. A. (1993). The merging of the senses. Cambridge, MA: MIT Press.

Steinbeis, N., Koelsch, S., & Sloboda, J. A. (2006). The role of harmonic expectancy violations in musical emotions: Evidence from subjective, physiological, and neural responses. *Journal of Cognitive Neuroscience*, *18*, 1380–1393.

Sterzer, P., & Rees, G. (2006). Perceived size matters. *Nature Neuroscience*, *9*, 302–304.

Stevens, J. K., Emerson, R. C., Gerstein, G. L., Kallos, T., Neufeld, G. R., Nichols, C. W., et al. (1976). Paralysis of the awake human. Vision perceptions. *Vision Research*, *16*, 93–98.

Stevens, S. S. (1955). The measurement of loudness. *Journal of the Acoustical Society of America*, *27*, 815–829.

Stevens, S. S. (1962). The surprising simplicity of sensory metrics. *American Psychologist*, *17*, 29–39.

Stevens, S. S. (1986). *Psychophysics: Introduction to its perceptual, neural and social prospects*. New Brunswick: Transaction.

Stevens, S. S., & Newman, E. B. (1936). The localization of actual sources of sound. *American Journal of Psychology*, *48*, 297–306.

Stevens, S. S., Volkman, J., & Newman, E. B. (1937). A scale for the measurement of the psychological magnitude of pitch. *Journal of the Acoustical Society of America*, *8*, 185–190.

Stevenson, R. J., Case, T. I., & Mahmut, M. (2007). Difficulty in evoking odor images: The role of odor naming. *Memory & Cognition*, *35*, 578–589.

Stiles, J., Moses, P., Passarotti, A., Dick, F. K., & Buxton, R. (2003). Exploring developmental change in the neural bases of higher cognitive functions: The promise of functional magnetic resonance imaging. *Developmental Neuropsychology*, *24*, 641–668.

Stix, G. (2007). Better ways to target pain. *Scientific American*, *296*, 84–88.

Story, G. M., & Cruz-Orengo, L. (2007). Feel the burn. *American Scientist*, *95*, 326–333.

Strayer, D. L., & Drews, F. A. (2008). Cell-phone-induced driver distraction. *Current Directions in Psychological Science*, *16*, 128–135.

Stryker, M. P. (1992). Elements of visual perception. *Nature*, *360*, 301.

Sugita, Y. (2004). Experience in early infancy is indispensable for color perception. *Current Biology*, *14*, 1267–1271.

Summerfield, Q. (1992). Lipreading and audio-visual speech perception. In V. Bruce, A. Cowey, A. W. Ellis, & D. I. Perrett (Eds.), *Processing the facial image* (pp. 71–78). Oxford: Clarendon.

Sumner, P., & Mollon, J. D. (2003). Did primate trichromacy evolve for frugivory or folivory? In J. D. Mollon, J. Pokorny, & K. Knoblauch (Eds.), *Normal and defective colour vision* (pp. 21–30). New York: Oxford.

Sundin, O. H., Yang, J. M., Li, Y., Zhu, D., Hurd, J. N., Mitchell, T. N., et al. (2000). Genetic basis of total colourblindness among the Pingelapese islanders. *Nature Genetics*, *25*, 289–293.

Süskind, P. (1987). *Perfume: The story of a murderer* (J. E. Woods, Trans.). New York: Pocket Books.

Suzuki, T., Yi, Q., Sakuragawa, A., Tamura, H., & Okajima, K. (2005). Comparing the visibility of low-contrast color Landolt-Cs: Effect of aging human lens. *Color Research and Application*, *30*, 5–12.

Takeuchi, A. H., & Hulse, S. H. (1993). Absolute pitch. *Psychological Bulletin*, *113*, 345–361.

Takeuchi, H., & Kurahashi, T. (2008). Signal transduction in the olfactory receptor cell. In A. I. Basbaum, M. C. Bushnell, D. V. Smith, G. K. Beauchamp, S. J. Firestein, P. Dallos, D. Oertel, R. H. Masland, T. D. Albright, J. H. Kaas, & E. P. Gardner (Eds.), *The senses: A comprehensive reference* (Vol. 4, pp. 499–509). New York: Academic Press.

Tan, L. H., Chan, A. H., Kay, P., Khong, P. L., Yip, L. K., & Luke, K. K. (2008). Language affects patterns of brain activation associated with perceptual decision. *Proceedings of the National Academy of Sciences of the USA*, *105*, 4004–4009.

Tanaka, J. W., & Farah, M. J. (2003). The holistic representation of faces. In M. A. Peterson & G. Rhodes (Eds.), *Perception of faces, objects, and scenes: Analytic and holistic processes* (pp. 53–71). New York: Oxford.

Tarr, M. J., & Gauthier, I. (2000). FFA: A flexible fusiform area for subordinate-level visual processing automatized by expertise. *Nature Neuroscience*, *3*, 764–769.

Tarr, M. J., & Vuong, Q. C. (2002). Visual object recognition. In H. Pashler & S. Yantis (Eds.), *Stevens' handbook of experimental psychology* (3rd ed., pp. 287–314). Hoboken, NJ: Wiley.

Tayama, T. (2000). The minimum temporal thresholds for motion detection of grating patterns. *Perception*, *29*, 761–769.

Taylor, A. J., & Hort, J. (2004). Measuring proximal

stimuli involved in flavour perception. In A. J. Taylor & D. D. Roberts (Eds.), *Flavor perception* (pp. 1–38). Malden, MA: Blackwell.

Taylor, M. J., Arsalidou, M., Bayless, S. J., Morris, D., Evans, J. W., & Barbeau, E. J. (2008). *Neural correlates of personally familiar faces: Parents, partner and own faces*. Human Brain Mapping.

Technical Working Group for Eyewitness Evidence. (2003). *Eyewitness evidence: A trainer's manual for law enforcement*. Retrieved from www.ncjrs.org/nij/eyewitness.

Teghtsoonian, M. (1983). Olfaction: Perception's Cinderella. *Contemporary Psychology*, *28*, 763–764.

Teghtsoonian, R. (1973). Range effects in psychophysical scaling and a revision of Stevens' law. *American Journal of Psychology*, *86*, 3–29.

Tennesen, M. (2007). Gone today, ear tomorrow. *New Scientist*, *193*, 42–45.

Terry, H. R., Charlton, S. G., & Perrone, J. A. (2008). The role of looming and attention capture in drivers' braking responses. *Accident; Analysis and Prevention*, *40*, 1375–1382.

Tervaniemi, M., Just, V., Koelsch, S., Widmann, A., & Schroger, E. (2005). Pitch discrimination accuracy in musicians vs. nonmusicians: An event-related potential and behavioral study. *Experimental Brain Research*, *161*, 1–10.

Thiele, A., & Stoner, G. (2003). Neuronal synchrony does not correlate with motion coherence in cortical area MT. *Nature*, *421*(6921), 366–370.

Thomas, K. M., & Casey, B. J. (2003). Methods for imaging the developing brain. In M. de Haan & M. H. Johnson (Eds.), *The cognitive neuroscience of development* (pp. 19–41). New York: Psychology Press.

Thompson, P. (1980). Margaret Thatcher—A new illusion. *Perception*, *9*, 483–484.

Thompson, R. F. (1985). *The brain: An introduction to neuroscience*. New York: Freeman.

Thompson, S. K., von Kriegstein, K., Deane-Pratt, A., Marquardt, T., Deichmann, R., Griffiths, T. D., et al. (2006). Representation of interaural time delay in the human auditory midbrain. *Nature Neuroscience*, *9*, 1096–1098.

Thompson, W. B., Dilda, V., & Creem-Regehr, S. H. (2007). Absolute distance perception to locations off the ground plane. *Perception*, *36*, 1559–1571.

Thornton, A. R., Lineton, B., Baker, V. J., & Slaven, A. (2006). Nonlinear properties of otoacoustic emissions in normal and impaired hearing. *Hearing Research*, *219*, 56–65.

Thornton, I. M. (2006). Biological motion: Point-light walkers and beyond. In G. Knoblich, I. M. Thornton, M. Grosjean, & M. Shiffrar (Eds.), *Human body perception from the inside out* (pp. 271–303). New York: Oxford.

Tiddeman, B. P., Perrett, D. I., & Burt, D. M. (2001). Prototyping and transforming facial textures for perception research. *IEEE Computer Graphics and Applications*, *21*, 42–50.

Tillmann, B. (2005). Implicit investigations of tonal knowledge in nonmusician listeners. In G. Avanzini, S. Koelsch, L. Lopez, & M. Majno (Eds.), *The neurosciences and music II: From perception to performance* (Vol. 1060, pp. 100–110). New York: NY Academy of Sciences.

Todd, J. T. (2004). The visual perception of 3D shape. *Trends in Cognitive Sciences*, *8*, 115–121.

Todd, J. T., & Akerstrom, R. A. (1987). Perception of three-dimensional form from patterns of optical texture. *Journal of Experimental Psychology: Human Perception & Performance*, *13*, 242–255.

Todd, J. T., & Norman, J. F. (2003). The visual perception of 3- D shape from multiple cues: Are observers capable of perceiving metric structure? *Perception & Psychophysics*, *65*, 31–47.

Todd, J. T., & Reichel, F. D. (1990). The visual perception of smoothly curved surfaces from double-projected contour patterns. *Journal of Experimental Psychology: Human Perception & Performance*, *16*, 665–674.

Toglia, M. P., Read, J. D., Ross, D. F., & Lindsay, R. C. L. (Eds.). (2006). *The handbook of eyewitness psychology: Memory for events* (Vol. 1). Mahwah, NJ: Erlbaum.

Tolman, E. C. (1948). Cognitive maps in rats and men. *Psychological Review*, *55*, 189–208.

Tomchik, S. M., & Lu, Z. (2006). Modulation of auditory signal-to-noise ratios by efferent stimulation. *Journal of Neurophysiology*, *95*, 3562–3570.

Tootell, R. B., & Hadjikhani, N. (2001). Where is "dorsal V4" in human visual cortex? Retinotopic, topographic and functional evidence. *Cerebral Cortex*, *11*, 298–311.

Tosini, G. (2000). Melatonin circadian rhythm in the retina of mammals. *Chronobiology International*, *17*, 599–612.

Tougaard, J., Miller, L. A., & Simmons, J. A. (2004). The role of arctiid moth clicks in defense against echolocating bats: Interference with temporal processing. In J. A. Thomas, C. F. Moss, & M. Vater (Eds.), *Echolocation in bats and dolphins* (pp. 365–372). Chicago: University of Chicago.

Tournaire, M., & Theau-Yonneau, A. (2007). Complementary and alternative approaches to pain relief during labor. *Evidence-Based Complementary*

& *Alternative Medicine*, *4*, 409–417.

Tozawa, J., & Oyama, T. (2006). Effects of motion parallax and perspective cues on perceived size and distance. *Perception*, *35*, 1007–1023.

Trainor, L. J. (2005). Are there critical periods for musical development? *Developmental Psychobiology*, *46*, 262–278.

Trainor, L. J., Austin, C. M., & Desjardins, R. N. (2000). Is infant-directed speech prosody a result of the vocal expression of emotion? *Psychological Science*, *11*, 188–195.

Treede, R. D., & Apkarian, A. V. (2008). Nociceptive processing in the cerebral cortex. In A. I. Basbaum, M. C. Bushnell, D. V. Smith, G. K. Beauchamp, S. J. Firestein, P. Dallos, D. Oertel, R. H. Masland, T. D. Albright, J. H. Kaas, & E. P. Gardner (Eds.), *The senses: A comprehensive reference* (Vol. 5, pp. 669–697). New York: Academic Press.

Trehub, S. E., & Hannon, E. E. (2006). Infant music perception: Domain-general or domain-specific mechanisms? *Cognition*, *100*, 73–99.

Treisman, A. M. (2006a). How the deployment of attention determines what we see. *Visual Cognition*, *14*, 411–443.

Treisman, A. M. (2006b). Object tokens, binding, and visual memory. In H. D. Zimmer, A. Mecklinger, & U. Lindenberger (Eds.), *Handbook of binding and memory: Perspectives from cognitive neuroscience* (pp. 315–338). New York: Oxford.

Treisman, A. M., & Gelade, G. (1980). A feature-integration theory of attention. *Cognitive Psychology*, *12*, 97–136.

Treisman, A. M., & Souther, J. (1985). Search asymmetry: A diagnostic for preattentive processing of separable features. *Journal of Experimental Psychology: General*, *114*, 285–310.

Trillin, C. (2002, August 19 & 26). Annals of taste: The red and the white. *The New Yorker*.

Troje, N. F. (2008). Biological motion perception. In A. I. Basbaum, M. C. Bushnell, D. V. Smith, G. K. Beauchamp, S. J. Firestein, P. Dallos, D. Oertel, R. H. Masland, T. D. Albright, J. H. Kaas, & E. P. Gardner (Eds.), *The senses: A comprehensive reference* (Vol. 2, pp. 231–238). New York: Academic.

Troje, N. F., & Westhoff, C. (2006). The inversion effect in biological motion perception: Evidence for a "life detector"? *Current Biology*, *16*, 821–824.

Troje, N. F., Westhoff, C., & Lavrov, M. (2005). Person identification from biological motion: Effects of structural and kinematic cues. *Perception & Psychophysics*, *67*, 667–675.

Trotter, Y., Celebrini, S., & Durand, J. B. (2004). Evidence for implication of primate area V1 in neural 3-D spatial localization processing. *Journal of Physiology*, *98*, 125–134.

Tsakiris, M., & Haggard, P. (2005). The rubber hand illusion revisited: Visuotactile integration and self-attribution. *Journal of Experimental Psychology: Human Perception & Performance*, *31*, 80–91.

Tsao, D. Y., & Livingstone, M. S. (2008). Mechanisms of face perception. *Annual Review of Neuroscience*, *31*, 411–437.

Turk, D. C., & Okifuji, A. (2004). Psychological aspects of pain. In C. A. Warfield & Z. H. Bajwa (Eds.), *Principles and practice of pain medicine* (pp. 139–147). New York: McGraw-Hill.

Turk, D. C., & Swanson, K. S. (2008). Psychological interventions. In H. T. Benzon, J. P. Rathmell, C. L. Wu, D. C. Turk, & C. E. Argoff (Eds.), *Raj's practical management of pain* (pp. 739–755). Philadelphia: Mosby.

Tyler, C. W. (2006). Spatial form as inherently three dimensional. In M. R. M. Jenkin & L. R. Harris (Eds.), *Seeing spatial form* (pp. 67–88). New York: Oxford.

Tyler, C. W., & Clarke, M. B. (Eds.). (1990). *The autostereogram* (Vol. 1256). Bellingham, WA: SPIE.

Ullman, S. (1996). *High-level vision: Object recognition and visual cognition*. Cambridge, MA: MIT Press.

Underwood, G. (2005). Eye fixations on pictures of natural scenes: Getting the gist and identifying the components. In G. Underwood (Ed.), *Cognitive processes in eye guidance* (pp. 163–187). New York: Oxford.

Valberg, A. (2005). *Light vision color*. Chichester: Wiley.

Vallortigara, G., Regolin, L., & Marconato, F. (2005). Visually inexperienced chicks exhibit spontaneous preference for biological motion patterns. *PLoS Biology*, *3*, e208.

van Erp, J. B., & van Veen, H. A. (2006). Touch down: The effect of artificial touch cues on orientation in microgravity. *Neuroscience Letters*, *404*, 78–82.

Van Essen, D. C., Anderson, C. H., & Felleman, D. J. (1992). Information procession in the primate visual system: An integrated systems perspective. *Science*, *255*, 419–422.

Van Essen, D. C., Lewis, J. W., Drury, H. A., Hadjikhani, N., Tootell, R. B., Bakircioglu, M., et al. (2001). Mapping visual cortex in monkeys and humans using surface-based atlases. *Vision Research*, *41*, 1359–1378.

Vanlierde, A., Renier, L., & De Volder, A. G. (2008). Brain plasticity and multisensory experience in early blind individuals. In J. J. Rieser, D. H. Ashmead, F. Ebner, & A. L. Corn (Eds.), *Blindness and brain plasticity in navigation and object perception* (pp. 67–83). New York: Erlbaum.

Vasilyev, N. V., Novotny, P. M., Martinez, J. F., Loyola, H., Salgo, I. S., Howe, R. D., et al. (2008). Stereoscopic vision display technology in real-time three-dimensional echocardiography-guided intracardiac beating-heart surgery. *The Journal of Thoracic and Cardiovascular Surgery*, *135*, 1334–1341.

Vater, M. (2004). Cochlear anatomy related to bat echolocation. In J. A. Thomas, C. F. Moss, & M. Vater (Eds.), *Echolocation in bats and dolphins* (pp. 99–103). Chicago: University of Chicago.

Vater, M., & Kössl, M. (2004). The ears of whales and bats. In J. A. Thomas, C. F. Moss, & M. Vater (Eds.), *Echolocation in bats and dolphins* (pp. 89–89). Chicago: University of Chicago.

Velakoulis, D. (2006). Olfactory hallucinations. In W. J. Brewer, D. Castle & C. Pantelis (Eds.), *Olfaction and the brain* (pp. 322–333). New York: Cambridge.

Venkatachalam, K., & Montell, C. (2007). TRP channels. *Annual Review of Biochemistry*, *76*, 387–417.

Verde, M. E., MacMillan, N. A., & Rotello, C. M. (2006). Measures of sensitivity based on a single hit rate and false alarm rate: The accuracy, precision, and robustness of d′, Az, and A′. *Perception & Psychophysics*, *68*, 643–654.

Verdon, W. A., & Adams, A. J. (2002). Color vision. In T. T. Norton, D. A. Corliss, & J. E. Bailey (Eds.), *The psychophysical measurement of visual function* (pp. 217–287). Boston: Butterworth-Heinemann.

Viguier, A., Clement, G., & Trotter, Y. (2001). Distance perception within near visual space. *Perception*, *30*, 115–124.

Vitu, F. (2005). Visual extraction processes and regressive saccades in reading. In G. Underwood (Ed.), *Cognitive processes in eye guidance* (pp. 1–32). New York: Oxford.

Vokey, J. R., & Read, J. D. (1985). Subliminal messages: Between the Devil and the media. *American Psychologist*, *40*, 1231–1239.

von Békésy, G. (1960). *Experiments in hearing*. New York: McGraw-Hill.

von Bothmer, E. (2006). When the nose doesn't know. *Scientific American Mind*, *17*, 62–67.

von der Heydt, R. (2003). Image parsing mechanisms of the visual cortex. In L. M. Chalupa & J. S. Werner (Eds.), *The visual neurosciences* (Vol. 2, pp. 1139–1150). Cambridge, MA: MIT Press.

von Helmholtz, H. (1863). *Die Lehre von den Tonempfindungen als physiologische Grundlege für die Theorie der Musik. (The sensations of tone)*. (A. J. Ellis, Trans.). New York: Longmans, Green.

von Helmholtz, H. (1866). *Handbuch der physiolgischen optik*. Hamburg & Leipzig: Voss.

Vroomen, J., & de Gelder, B. (2003). Visual motion influences the contingent auditory motion aftereffect. *Psychological Science*, *14*, 357–361.

Wachtler, T., Dohrmann, U., & Hertel, R. (2004). Modeling color percepts of dichromats. *Vision Research*, *44*, 2843–2855.

Wade, N. J. (2008). The Thatcherisation of faces. *Perception*, *37*, 807–810.

Wager, T. D., Rilling, J. K., Smith, E. E., Sokolik, A., Casey, K. L., Davidson, R. J., et al. (2004). Placebo-induced changes in fMRI in the anticipation and experience of pain. *Science*, *303*(5661), 1162–1167.

Wagner, H., Brill, S., Kempter, R., & Carr, C. E. (2005). Microsecond precision of phase delay in the auditory system of the barn owl. *Journal of Neurophysiology*, *94*, 1655–1658.

Wagner, M. (2006). *The geometries of visual space*. Mahwah, NJ: Erlbaum.

Wakefield, C. E., Homewood, J., & Taylor, A. J. (2004). Cognitive compensations for blindness in children: An investigation using odour naming. *Perception*, *33*, 429–442.

Waldman, S. D. (2007). Transcutaneous electrical nerve stimulation. In S. D. Waldman (Ed.), *Pain management* (pp. 1052–1054). Philadelphia: Saunders.

Wallach, H. (1948). Brightness constancy and the nature of achromatic colors. *Journal of Experimental Psychology*, *38*, 310–324.

Wallach, H. (1959). Perception of motion. *Scientific American*, *201*, 56–60.

Wallach, H., & O'Connell, D. N. (1953). The kinetic depth effect. *Journal of Experimental Psychology*, *45*, 205–217.

Walton, G. E., Bower, N. J. A., & Bower, T. G. R. (1992). Recognition of familiar faces by newborns. *Infant Behavior & Development*, *15*, 265–269.

Wandell, B. A. (1995). *Foundations of vision*. Sunderland, MA: Sinauer.

Wang, R., & Spelke, E. S. (2002). Human spatial representation: Insights from animals. *Trends in Cognitive Sciences*, 6, 376.

Warren, R. M., & Warren, R. P. (1970). Auditory illusions and confusions. *Scientific American*, *223*, 30–36.

Warren, W. H. (2008). Optic flow. In A. I. Basbaum, M. C. Bushnell, D. V. Smith, G. K. Beauchamp, S. J. Firestein, P. Dallos, D. Oertel, R. H. Masland, T. D. Albright, J. H. Kaas, & E. P. Gardner (Eds.), *The senses: A comprehensive reference* (Vol. 2, pp. 219–230). New York: Academic.

Warrington, E. K., & Taylor, A. M. (1978). Two categorical stages of object recognition. *Perception*, *7*, 695–705.

Waters, D. A., & Abulula, H. H. (2007). Using batmodelled sonar as a navigation tool in virtual environments. *International Journal of Human-Computer Studies*, *65*, 873-886.

Watson, C. S., & Kidd, G. R. (2007). Studies of tone sequence perception: Effects of uncertainty, familiarity, and selective attention. *Frontiers in Bioscience*, *12*, 3355-3366.

Watt, R., & Quinn, S. (2007). Some robust higher-level percepts for music. *Perception*, *36*, 1834-1848.

Wedekind, C., & Penn, D. (2000). MHC genes, body odours, and odour preferences. *Nephrology Dialysis Trans plantation*, *15*, 1269-1271.

Weinstein, S. (1968). Intensive and extensive aspects of tactile sensitivity as a function of body part, sex, and laterality. In D. R. Kenshalo (Ed.), *The skin senses* (pp. 195-218). Springfield, IL: Thomas.

Weisberg, D. S., Keil, F. C., Goodstein, J., Rawson, E., & Gray, J. R. (2008). The seductive allure of neuroscience explanations. *Journal of Cognitive Neuroscience*, *20*, 470-477.

Weisenberger, J. M. (2001). Cutaneous perception. In E. B. Goldstein (Ed.), *Blackwell handbook of perception* (pp. 535-566). Malden, MA: Blackwell.

Weisman, R. G., Williams, M. T., Cohen, J. S., Njegovan, M. G., & Sturdy, C. B. (2006). The comparative psychology of absolute pitch. In E. A. Wasserman & T. R. Zentall (Eds.), *Comparative cognition: Experimental explorations of animal intelligence* (pp. 71-86). New York: Oxford.

Welchman, A. E., Deubelius, A., Conrad, V., Bulthoff, H. H., & Kourtzi, Z. (2005). 3D shape perception from combined depth cues in human visual cortex. *Nature Neuroscience*, *8*, 820-827.

Welling, L. L., Jones, B. C., DeBruine, L. M., Smith, F. G., Feinberg, D. R., Little, A. C., et al. (2008). Men report stronger attraction to femininity in women's faces when their testosterone levels are high. *Hormones and Behavior*, *54*, 703-708.

Wells, G. L., Malpass, R. S., Lindsay, R. C. L., Fisher, R. P., Turtle, J. W., & Fulero, S. M. (2000). From the lab to the police station: A successful application of eyewitness research. *American Psychologist*, *55*, 581-598.

Wells, G. L., Memon, A., & Penrod, S. D. (2006). Eyewitness evidence: Improving its probative value. *Psychological Science in the Public Interest*, *7*, 45-75.

Wells, G. L., & Olson, E. A. (2003). Eyewitness testimony. *Annual Review of Psychology*, *54*, 277-295.

Wenner, M. (2008). Magnifying taste. *Scientific American*, *299*, 96-99.

Werner, H. (1935). Studies on contour. *American Journal of Psychology*, *37*, 40-64.

Werner, L. A., & Bernstein, I. L. (2001). Development of the auditory, gustatory, olfactory, and somatosensory systems. In E. B. Goldstein (Ed.), Blackwell handbook of perception (pp. 669-708). Malden, MA: Blackwell.

Werner, S. J., Kimball, B. A., & Provenza, F. D. (2008). Food color, flavor, and conditioned avoidance among red-winged blackbirds. *Physiology & Behavior*, *93*, 110-117.

Wertheimer, M. (1923). Untersuchungen zür Lehre von der Gestalt, II. (Translated as Laws of organization in perceptual forms.). In W. D. Ellis (Ed.), *A source book of Gestalt psychology* (pp. 71-88). London: Routledge & Kegan Paul.

Wesselmann, U. (2008). Pain in childbirth. In A. I. Basbaum, M. C. Bushnell, D. V. Smith, G. K. Beauchamp, S. J. Firestein, P. Dallos, D. Oertel, R. H. Masland, T. D. Albright, J. H. Kaas, & E. P. Gardner (Eds.), *The senses: A comprehensive reference* (Vol. 5, pp. 579-583). New York: Academic Press.

Westermann, G., Mareschal, D., Johnson, M. H., Sirois, S., Spratling, M. W., & Thomas, M. S. (2007). Neuro constructivism. *Developmental Science*, *10*, 75-83.

Westheimer, G. (2008). Illusions in the spatial sense of the eye: Geometrical-optical illusions and the neural representation of space. *Vision Research*, *48*, 2128-2142.

Westhoff, C., & Troje, N. F. (2007). Kinematic cues for person identification from biological motion. *Perception & Psychophysics*, *69*, 241-253.

Wever, E. G. (1949). *Theory of hearing*. New York: Wiley.

Wever, E. G., & Bray, C. W. (1930). Action currents in the auditory nerve in response to acoustical stimulation. *Proceedings of the National Academy of Sciences of the USA*, *16*, 344-350.

Wheeler, D. D. (1970). Processes in word recognition. *Cognitive Psychology*, *1*, 59-85.

Wheeler, M. E., & Treisman, A. M. (2002). Binding in short-term visual memory. *Journal of Experimental Psychology: General*, *131*, 48-64.

Whitbourne, S. K. (2002). *The aging individual: Physical and psychological perspectives* (2nd ed.). New York: Springer.

Whitbourne, S. K. (2005). *Adult development and aging: Biopsychosocial perspective* (2nd ed.). New York: Wiley.

Whitcher, J. P. (2004). Blindness. In P. Riordan-Eva & J. P. Whitcher (Eds.), *Vaughn & Asbury's general ophthalmology* (pp. 413-418). New York: McGraw-Hill Medical.

Whitney, D. (2006). Contribution of bottom-up and top-down motion processes to perceived position. *Journal of Experimental Psychology: Human Perception & Performance*, *32*, 1380–1397.

Wickens, T. D. (2001). *Elementary signal detection theory*. New York: Oxford.

Wiechmann, A. F., Vrieze, M. J., Dighe, R., & Hu, Y. (2003). Direct modulation of rod photoreceptor responsiveness through a Mel(1c) melatonin receptor in transgenic Xenopus laevis retina. *Investigative Ophthalmology & Visual Science*, *44*, 4522–4531.

Wilcox, M. (2002). *Blue and yellow don't make green* (2nd ed.). Tampa. FL: School of Color.

Wilkie, R. M., & Wann, J. P. (2005). The role of visual and nonvisual information in the control of locomotion. *Journal of Experimental Psychology: Human Perception & Performance*, *31*, 901–911.

Wilmer, J. B., & Backus, B. T. (2008). Self-reported Magic Eye stereogram skill predicts stereoacuity. *Perception*, *37*, 1297–1300.

Wilson, D. A. (2008). Olfactory cortex. In A. I. Basbaum, M. C. Bushnell, D. V. Smith, G. K. Beauchamp, S. J. Firestein, P. Dallos, D. Oertel, R. H. Masland, T. D. Albright, J. H. Kaas, & E. P. Gardner (Eds.), *The senses: A comprehensive reference* (Vol. 4, pp. 687–706). New York: Academic Press.

Wilson, D. A., & Stevenson, R. J. (2003). Olfactory perceptual learning: The critical role of memory in odor discrimination. *Neuroscience and Biobehavioral Reviews*, *27*, 307–328.

Wilson, D. A., & Stevenson, R. J. (2006). *Learning to smell: Olfactory perception from neurobiology to behavior*. Baltimore: Johns Hopkins.

Winawer, J., Witthoft, N., Frank, M. C., Wu, L., Wade, A. R., & Boroditsky, L. (2007). Russian blues reveal effects of language on color discrimination. *Proceedings of the National Academy of Sciences of the USA*, *104*, 7780–7785.

Wingfield, A., & Grossman, M. (2006). Language and the aging brain: Patterns of neural compensation revealed by functional brain imaging. *Journal of Neurophysiology*, *96*, 2830–2839.

Winter, Y., Lopez, J., & von Helversen, O. (2003). Ultraviolet vision in a bat. *Nature*, *425*(6958), 612–614.

Withnell, R. H. (2001). Brief report: The cochlear microphonic as an indication of outer hair cell function. *Ear and Hearing*, *22*, 75–77.

Witt, J. K., Linkenauger, S. A., Bakdash, J. Z., & Proffitt, D. R. (2008). Putting to a bigger hole: Golf performance relates to perceived size. *Psychonomic Bulletin & Review*, *15*, 581–585.

Witt, J. K., & Proffitt, D. R. (2005). See the ball, hit the ball. *Psychological Science*, *16*, 937–938.

Witt, J. K., & Proffitt, D. R. (2008). Action-specific influences on distance perception: A role for motor simulation. *Journal of Experimental Psychology: Human Perception & Performance*, *34*, 1479–1492.

Witt, J. K., Proffitt, D. R., & Epstein, W. (2005). Tool use affects perceived distance, but only when you intend to use it. *Journal of Experimental Psychology: Human Perception & Performance*, *31*, 880–888.

Witt, M., Reutter, K., & Miller, I. J., Jr. (2003). Morphology of the peripheral taste system. In R. L. Doty (Ed.), *Handbook of olfaction and gustation* (pp. 651–677). New York: Marcel Dekker.

Witt, M., & Wozniak, W. (2006). Structure and function of the vomeronasal organ. *Advances in Oto-Rhino-Laryngology*, *63*, 70–83.

Witten, I. B., Bergan, J. F., & Knudsen, E. I. (2006). Dynamic shifts in the owl's auditory space map predict moving sound location. *Nature Neuroscience*, *9*, 1439–1445.

Witten, I. B., & Knudsen, E. I. (2005). Why seeing is believing: Merging auditory and visual worlds. *Neuron*, *48*, 489–496.

Wixted, J. T., & Stretch, V. (2004). In defense of the signal detection interpretation of remember/know judgments. *Psychonomic Bulletin & Review*, *11*, 616–641.

Wolff, J. O. (2003). Laboratory studies with rodents: Facts or artifacts? *Bioscience*, *53*, 421–427.

Wong, K. Y., Dunn, F. A., & Berson, D. M. (2005). Photoreceptor adaptation in intrinsically photosensitive retinal ganglion cells. *Neuron*, *48*, 1001–1010.

Wood, J. N. (2008). Sodium channels. In A. I. Basbaum, M. C. Bushnell, D. V. Smith, G. K. Beauchamp, S. J. Firestein, P. Dallos, D. Oertel, R. H. Masland, T. D. Albright, J. H. Kaas, & E. P. Gardner (Eds.), *The senses: A comprehensive reference* (pp. 89–95). New York: Academic Press.

Wu, B., He, Z. J., & Ooi, T. L. (2007). The linear perspective information in ground surface representation and distance judgment. *Perception & Psychophysics*, *69*, 654–672.

Wu, B., Ooi, T. L., & He, Z. J. (2004). Perceiving distance accurately by a directional process of integrating ground information. *Nature*, *428*, 73–77.

Wurtz, R. H. (2008). Neuronal mechanisms of visual stability. *Vision Research*, *48*, 2070–2089.

Wyart, C., Webster, W. W., Chen, J. H., Wilson, S. R., McClary, A., Khan, R. M., et al. (2007). Smelling a single component of male sweat alters levels of cortisol in women. *Journal of Neuroscience*, *27*, 1261–1265.

Wyatt, T. D. (2003). *Pheromones and animal behaviour: Communication by smell and taste*. New York:

Cambridge.

Xu, X., Bonds, A. B., & Casagrande, V. A. (2002). Modeling receptive-field structure of koniocellular, magnocellular, and parvocellular LGN cells in the owl monkey (Aotus trivigatus). *Visual Neuroscience*, *19*, 703–711.

Yaksh, T. L. (2008). A review of pain-processing pharmacology. In H. T. Benzon, J. P. Rathmell, C. L. Wu, D. C. Turk, & C. E. Argoff (Eds.), *Raj's practical management of pain* (pp. 135–149). Philadelphia: Mosby.

Yamamoto, C., Nagai, H., Takahashi, K., Nakagawa, S., Yamaguchi, M., Tonoike, M., et al. (2006). Cortical representation of taste-modifying action of miracle fruit in humans. *Neuroimage*, *33*, 1145–1151.

Yamamoto, T., & Shimura, T. (2008). Roles of taste in feeding and reward. In A. I. Basbaum, M. C. Bushnell, D. V. Smith, G. K. Beauchamp, S. J. Firestein, P. Dallos, D. Oertel, R. H. Masland, T. D. Albright, J. H. Kaas, & E. P. Gardner (Eds.), *The senses: A comprehensive reference* (Vol. 4, pp. 437–458). New York: Academic Press.

Yost, W. A. (2007). *Fundamentals of hearing: An introduction* (5th ed.). New York: Academic Press.

Young, F. A. (1981). Primate myopia. *American Journal of Optometry & Physiological Optics*, *58*, 560–566.

Yovel, G., & Kanwisher, N. (2005). The neural basis of the behavioral face-inversion effect. *Current Biology*, *15*, 2256–2262.

Zajonc, R. B., Crandall, R., & Kail, R. V., Jr. (1974). Effect of extreme exposure frequencies on different affective ratings of stimuli. *Perceptual and Motor Skills*, *38*, 667–678.

Zajonc, T. P., & Roland, P. S. (2005). Vertigo and motion sickness. Part I: Vestibular anatomy and physiology. *Ear, Nose, & Throat Journal*, *84*, 581–584.

Zatorre, R. J. (2003). Absolute pitch: A model for understanding the influence of genes and development on neural and cognitive function. *Nature Neuroscience*, *6*, 692–695.

Zatorre, R. J. (2005). Neuroscience: Finding the missing fundamental. *Nature*, *436*(7054), 1093–1094.

Zatorre, R. J. (2007). There's more to auditory cortex than meets the ear. *Hearing Research*, *229*, 24–30.

Zatorre, R. J., & Krumhansl, C. L. (2002). Neuroscience. Mental models and musical minds. *Science*, *298*(5601), 2138–2139.

Zatorre, R. J., & McGill, J. (2005). Music, the food of neuroscience? *Nature*, *434*(7031), 312–315.

Zeki, S. (1993). *A vision of the brain*. Oxford: Blackwell Scientific Publications.

Zeki, S. (2001). Localization and globalization in conscious vision. *Annual Review of Neuroscience*, *24*, 57–86.

Zelano, C., Bensafi, M., Porter, J., Mainland, J., Johnson, B., Bremner, E., et al. (2005). Attentional modulation in human primary olfactory cortex. *Nature Neuroscience*, *8*, 114–120.

Zelano, C., & Sobel, N. (2005). Humans as an animal model for systems-level organization of olfaction. *Neuron*, *48*, 431–454.

Zellner, D. A. (1991). How foods get to be liked: Some general mechanisms and some special cases. In R. C. Bolles (Ed.), *The hedonics of taste* (pp. 199–217). Hillsdale, NJ: Erlbaum.

Zeng, F.-G. (2004). Auditory prostheses: Past, present, and future. In F.-G. Zeng, A. N. Popper & R. R. Fay (Eds.), *Cochlear implants: Auditory prostheses and electric hearing* (Vol. 20, pp. 1–13). New York: Springer.

Zhang, L. I., Bao, S., & Merzenich, M. M. (2001). Persistent and specific influences of early acoustic environments on primary auditory cortex. *Nature Neuroscience*, *4*, 1123–1130.

Zhang, Y., Hoon, M. A., Chandrashekar, J., Mueller, K. L., Cook, B., Wu, D., et al. (2003). Coding of sweet, bitter, and umami tastes: Different receptor cells sharing similar signaling pathways. *Cell*, *112*, 293–301.

Zhang, Y., Weiner, V. S., Slocum, W. M., & Schiller, P. H. (2007). Depth from shading and disparity in humans and monkeys. *Visual Neuroscience*, *24*, 207–215.

Zihl, J., von Cramon, D. Y., & Mai, N. (1983). Selective disturbance of movement vision after bilateral brain damage. *Brain*, *106*, 313–340.

Zihl, J., von Cramon, D. Y., Mai, N., & Schmid, C. (1991). Disturbance of movement vision after bilateral posterior brain damage. Further evidence and follow up observations. *Brain*, *114*, 2235–2252.

Zimmer, U., Lewald, J., Erb, M., Grodd, W., & Karnath, H. O. (2004). Is there a role of visual cortex in spatial hearing? *The European Journal of Neuroscience*, *20*, 3148–3156.

Ziomkiewicz, A. (2006). Menstrual synchrony: Fact or artifact? *Human Nature*, *17*, 419–432.

Zone, R. (2007). *Stereoscopic cinema and the origins of 3-D film, 1838–1952*. Lexington: University Press of Kentucky.

Zufall, F., & Leinders-Zufall, T. (2007). Mammalian pheromone sensing. *Current Opinion in Neurobiology*, *17*, 483–489.

Zur, D., & Ullman, S. (2003). Filling-in of retinal scotomas. *Vision Research*, *43*, 971–982.

찾아보기

[ㅇ]

[ㅈ]

[ㅎ]

[기타]

역자 소개

■ **민윤기** (ykmin@cnu.ac.kr)

충남대학교 심리학과 교수

충남대학교 심리학과를 졸업하고, 미국 노스캐롤라이나주립대 심리학과에서 박사학위를 받았다. 세종대학교 겸임교수를 거쳐, 현재 충남대학교 심리학과에 재직 중이다. 2005년과 2006년에 걸쳐 치의학교육입문검사(DEET) 출제위원과 출제위원장, 2012년 공채 5급 출제위원 및 국가직 7급 공채 면접위원을 지낸 바 있다. 2012년에는 대한민국디자인전람회 심사위원으로 활동하기도 했다. 현재는 심리학회 심리학용어사전 편찬위원회 위원장과, 자료분석학회 편집위원 및 지역이사로 활동하고 있다. 또한 대전보호관찰심사위원과 한국연구재단 문화융복합단 전문위원(RB)으로 활동 중에 있다. 2009년 한국산업경영시스템학회로부터 우수연구상을 수상했고, 2010년 한국자료분석학회로부터 학술상을 수상했다. 인지, 응용인지, 감각과 지각 분야의 기초 및 응용 연구를 수행하면서, 최근 5년간 국제저명학술지와 등재지에 다수의 논문 발표와 '인지심리학' 등 저서 및 역서 9편을 펴냈다.

■ **김보성** (navyk439@gmail.com)

공주대학교 그린에너지기술연구소 연구교수

충남대학교 심리학과에서 학사학위를 받고 동 대학원에서 응용심리 전공으로 석 · 박사학위를 받았다. 이후 공주대학교 그린에너지기술연구소에서 '감성연구'를 주제로 약 3년간 연구교수로 근무했으며, 현재 충북대학교 인간심리연구소에서 동일 주제를 가지고 전임연구원으로 재직 중이다. 2009년 한국산업경영시스템학회로부터 우수연구상을 수상했으며, 2010년 충남대학교에서 총장 표창을 수상한 바 있다.

감각과 지각, 제5판

발 행 일 | 2013년 3월 10일 초판 1쇄 발행
저 자 | Hugh J. Foley · Margaret W. Matlin
역 자 | 민윤기 · 김보성
발 행 인 | 구본하
발 행 처 | 도서출판 박학사
주 소 | 서울시 마포구 서교동 460-26 동아빌딩 2층
전 화 | (02)3142-3764~5
팩 스 | (02)3142-3766
웹사이트 | www.pakhaksa.co.kr
등록번호 | 제10-2230호

정가 27,000원 ISBN 978-89-98521-03-5

색판 4

색 입체에서 색채 배열

(Courtesy of Inmont Corporation)

색판 5

Georges Seurat의 점묘화 작품

Georges Seurat, French, 1859-1891, *A Saturday on La Grand Jatte-1884*, 1884-1886, Oil on canvas, 81-3/4 ×121-1/4 inc. (207.5 × 308.1 cm), Helen Birch Barlett Memorial Collection, 1926.224. Reproduction, The Art Institute of Chicago. Detail (right) From Georges Seurat, *A Saturday on La Grand Jatte-1884*, 1884-1886, Oil on canvas, 81-3/4 ×121-1/4 inc. (207.5 × 308.1 cm), Helen Birch Barlett Memorial Collection, 1926.224. Reproduction, The Art Institute of Chicago.

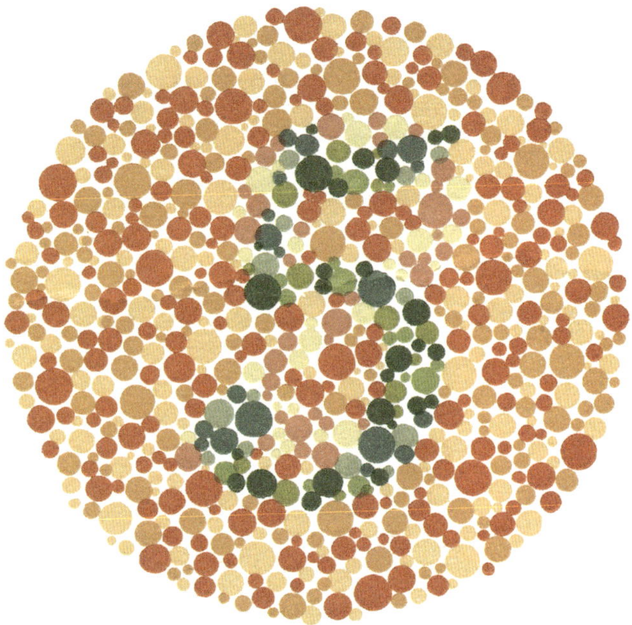

색판 6

이시하라 색각 결함 검사의 예

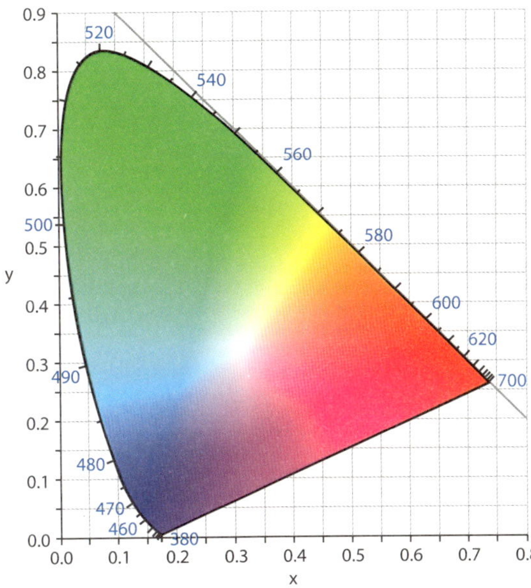

색판 7

CIE 색 공간

색판 8

연속 색 대비 자극